Preußisches Privatrecht.

Auf der Grundlage des Werkes

von

Dr. Franz Förster

bearbeitet

von

Dr. M. E. Eccius.

II. Band.

Siebente Auflage.

(Vierte der neuen Bearbeitung.)

Berlin.
Druck und Verlag von Georg Reimer.
1896.

Preußisches Privatrecht.

Zweiter Band.

Das Recht der Schuldverhältnisse.

Inhalts-Verzeichniß des II. Bandes.

Zweites Buch.

Das Recht der Schuldverhältnisse.

Zweiter Theil. Die einzelnen Schuldverhältnisse.

Zweites Buch.

Das Recht der Schuldverhältnisse.

Zweiter Theil.

Die einzelnen Schuldverhältnisse.

Die einzelnen Schuldverhältnisse.

§ 121. Systematische Ordnung.

Von den Entstehungsgründen der Obligation im Allgemeinen ist an anderer Stelle gehandelt [1]), auch einzelne Schuldverhältnisse haben im Zusammenhang der allgemeinen Erörterungen eine eingehende Behandlung gefunden; insbesondere gilt dies von den Obligationen aus einseitigen Willenserklärungen, welche ohne hinzutretende Annahme Verpflichtungen hervorrufen, den Inhaberpapieren [2]) und der Auslobung [3]). Ebenso ist aus dem Kreise der gesetzlichen Schuldverbindlichkeiten die desjenigen erörtert worden, an den durch eine der Anfechtung unterliegende Rechtshandlung ein zur Befriedigung der Gläubiger zurückzugewährender Vermögensvortheil gelangt ist [4]). Auch davon ist bereits gesprochen, daß die sich an die dinglichen Rechte, das Familienrecht und das Erbrecht anschließenden Zustandsobligationen erst im Zusammenhang mit diesen Materien näher erörtert werden können [5]). Auf diese wird im Anhang dieses Buchs ein zusammenfassender Blick geworfen werden [6]). Für die nähere Betrachtung bleiben hiernach übrig 1) die einzelnen Vertragsverhältnisse, 2) die gesetzlichen Verbindlichkeiten aus der Bereicherung durch fremde Rechtshandlungen und 3) die Besonderheiten einzelner Schuldverhältnisse aus rechtswidrigen Handlungen, nachdem die letzteren im Allgemeinen ebenfalls bereits besprochen sind [7]).

Das A.L.R. gruppirt die Verträge nach der Beziehung, die sie zum Eigenthum haben; zuerst diejenigen, die einen Titel zu dessen Erwerb dar-

---

[1]) B. I. § 70.
[2]) B. I. § 64.
[3]) B. I. § 71.
[4]) B. I. § 114.
[5]) B. I. § 70 a. E.
[6]) Unten § 155.
[7]) B. I. §§ 89. 90.

bieten (I. 11), sodann die Verträge, die den Erwerb und die Erhaltung von Sachen und Rechten durch Vermittelung Dritter betreffen (I. 13), und diejenigen, die das Eigenthum erhalten und sichern sollen (I. 14). Andere Verträge haben entferntere Stellen gefunden: der Gesellschaftsvertrag wird bei der Lehre vom gemeinschaftlichen Eigenthum abgehandelt (I. 17), die Leihe, Miethe, Pacht bei den dinglichen Rechten (I. 21), das Receptum bei dem Bürgerstande (im Gewerberecht), der Versicherungsvertrag im Handelsrecht (II. 8). Die im Folgenden festgehaltene Anordnung sollte sich nach Förster's Idee an die Scheidung der Leistung in ein Geben und Thun anknüpfen, schied aber aus der letzteren Gruppe den recht eigentlich auf ein Thun gerichteten Dienstmiethe- und Werkverdingungsvertrag aus. Als dritte Gruppe schloß Förster die auf Sicherung zielenden Verträge an. Bei Festhaltung der von Förster angenommenen Reihenfolge der Erörterungen läßt sich die folgende von Förster abweichende Gruppirung der Verträge nach den dabei verfolgten wirthschaftlichen Zwecken gewinnen, die um so geeigneter erscheint, als das Landrecht selbst auf diese Verschiedenheit wirthschaftlicher Zwecke Gewicht legt.

A. Verträge, die auf Begründung von Vermögensrechten der einzelnen Kontrahenten abzielen:
   I. Verträge über ein Geben:
      a) über ein Geben zu Eigenthum.
         1. Schenkung,
         2. Zweiseitige Verträge über ein Geben, Tausch, Kauf und Verwandtes[3]),
      b) über ein Geben oder Belassen zum Gebrauch:
         Leihvertrag, Miethe und Pacht, Darlehn;
   II. Verträge über ein Thun:
         Dienstmiethe und Werkverdingung.

B. Verträge, die auf Erhaltung von Rechten durch ein stellvertretendes Thun abzielen.
   Verwahrung, Vollmacht, Verwaltung.

C. Vertrag zur Begründung eines gemeinsamen Vermögensrechts der Kontrahenten:
   Gesellschaftsvertrag.

D. Verträge zum Zweck der Sicherung von Rechten:
   a) Bürgschaft,
   b) Versicherungsvertrag.

---

[3]) Der Verlagsvertrag (§ 134) ist nach der Auffassung des Landrechts wesentlich Vertrag über Handlungen. Wegen der damit verbundenen Veräußerung des Verlagsrechts hängt er aber auch mit dem Kauf zusammen. Es ist deshalb die ihm von Förster angewiesene Stellung beibehalten worden.

Erstes Kapitel. Schuldverhältnisse aus Verträgen.

A. Verträge, die auf Begründung von Vermögensrechten der einzelnen Kontrahenten abzielen.

I. Verträge über ein Geben.

a. Ueber ein Geben zu Eigenthum.

§ 122. 1) Die Schenkung.

A.L.R. I. 11 § 1037—1177. — Bornemann III. S. 210f. v. Daniels III. S. 110f. Koch, Pr.R. II. S. 276f. R. d. F. III. S. 150f. Gruchot in s. Beitr. B. 13 S. 779f. Dernburg II. §§ 161—165. Fischer § 86. — Unterholzner II. S. 518f. Savigny, System B. IV. S. 1fg. Vangerow I. S. 194f. Arndts S. 99fg. Sintenis I. S. 198f. II. S. 545fg. v. Keller S. 123fg. Windscheid, Pand. II. §§ 365—369. Dernburg, Pand. II. §§ 106—108. Unger, Oesterr. Priv.R. II. S. 189fg. — Meyerfeld, Die Lehre von den Schenkungen nach römischem R. B. 1. 1. 1835, B. 2. Abth. 1 1837 (unvollendet geblieben). Dr. Pollack, Der Schenkungswiderruf insbesondere seine Vererblichkeit 1886. Mamroth bei Gruchot B. 30 S. 583. — Zachariä (Crome) IV. § 656f.

I. **Stellung im Rechtssystem.** Während die Institutionen Justinians die Schenkung im Zusammenhang mit dem Erwerb des Eigenthums abhandeln [1]), hat das Landrecht sie den obligatorischen Verträgen angereiht [2]). Eigenthumserwerb kann der durch die Schenkung gleichzeitig zur Ausführung gebrachte Zweck des Geschäfts sein, ist es aber nicht immer; auch ein obligatorischer Vertrag ist sie freilich nur in dem besonderen Fall des Schenkungsversprechens [3]). Hiernach wird die Schenkung von der Theorie häufig in den allgemeinen Theil verwiesen [4]). Immerhin ist sie im Landrecht definirt: „Schenkungen sind Verträge, wodurch Einer dem Andern das Eigenthum einer Sache oder eines Rechts unentgeltlich zu überlassen sich verpflichtet" [5]);

---

1) J. II. 7. Höpfner, Kommentar § 408.

2) So bei Mühlenbruch, Göschen, Seuffert. Das österreich. G.B. stellt die Schenkung an die Spitze der Verträge (II. 18). Ebenso das sächs. G.B. (III. 2). Der bairische Entwurf behandelt sie bei der Lehre von den Rechtsgeschäften im Allgemeinen (I. Art. 91fg.). Der Code verbindet Schenkungen und Testamente unter dem Gesammtbegriff der freigebigen Verfügungen (Art. 893—1100). Ansprüche aus freigebigen Verfügungen (unter Lebenden und von Todes wegen) faßt auch das Konkursrecht (K.O. § 56 Nr. 4, preuß. K.O. § 84 Nr. 3) zusammen. Im Entw. des B.G.B. steht die Schenkung im Obligationenrecht.

3) Unger S. 197. 198c.

4) Puchta, Institutionen B. 2 § 205. Pand. § 68. Savigny B. 4 S. 3. Ihnen sind gefolgt Arndts, Vangerow, Sintenis, Unger (s. B. 2 S. 200).

5) I. 11. 1037. Oesterr. G.B. definirt 5. 938: Ein Vertrag, wodurch eine Sache Jemand unentgeltlich überlassen wird. Sächs. G.B. § 1049: Das Rechtsgeschäft, durch welches Jemand ohne Gegenleistung und aus Freigebigkeit einem Anderen einen Vermögensgegenstand zuwendet. Vergl. auch C. civ. Art. 894. Der Entw. des B.G.B. § 437, II. Entw. § 463, Reichstagsvorl. § 511 bezeichnet eine Zuwendung, bei der beide Theile einig sind, daß sie unentgeltlich erfolge, als Schenkung.

und wenn auch diese Begriffsbestimmung nicht völlig erschöpfend ist, so sind doch einerseits die obligatorischen Beziehungen der Schenkung die rechtlich erheblichsten[6]), andererseits ist die Begriffsbestimmung insofern eine allgemein giltige, als sie die Willenseinigung des Geschenkgebers und Geschenknehmers für die Annahme des Schenkungsbegriffs auch bei den sofort erfüllten Schenkungen als wesentlich erkennen läßt[7]). Findet ohne Vertrag eine Freigebigkeit, z. B. eine Leistung animo donandi im Interesse eines Andern statt, so kann von einer Schenkung im Sinne des Landrechts nicht die Rede sein, insofern sie nicht dem Andern gegenüber erfolgt und nicht von ihm acceptirt wird.

II. Begriff[8]). Schenkung ist die vertragsmäßige Einigung über freiwillige und unentgeltliche Bereicherung des Vermögens einer Person durch Verminderung des Vermögens der andern. Der Geber vermindert freiwillig sein Vermögen und wendet den Werth dieser Verminderung dem Vermögen des Beschenkten zu, das um diesen Werth ohne Gegenleistung bereichert wird.

Die Schenkung geschieht freiwillig[9]), der Geber muß zur Zuwendung rechtlich in keiner Weise verpflichtet gewesen sein, darf sich auch nicht irrthümlich für verpflichtet gehalten haben; gleichgiltig ist aber, ob die den Geber veranlassenden sittlichen oder anderen Gründe von ihm als zwingend angesehen sind[10]). — Sie geschieht unentgeltlich[11]); der Empfänger darf durch die Annahme des Geschenks zu keiner Art Gegenleistung verpflichtet werden. Aus der Unentgeltlichkeit folgt aber nicht, daß dem Beschenkten nicht, sofern er das Geschenk behalten will, eine Last aufgelegt werden darf, eine besondere Art der Schenkung hat gerade darin ihre Eigenthümlichkeit. — Die Schenkung ist eine Verminderung des Vermögens des Gebers[12]), dieser muß um den Werth des Geschenks ärmer werden. Wenn

---

[6]) Die Stellung im System rechtfertigt sich danach a potiori.

[7]) Vergl. unten Anm. 34.

[8]) Savigny §§ 142. 143. Meyerfeld I. S. 1 fg. Unger II. 189. Vgl. Anm. 5. Darüber, was in § 38 der Vormundschaftsordnung unter Schenkung verstanden wird, vergl. unten B. IV. § 232 Anm. 7. — Der Begriff „unentgeltliche Verfügungen" Konk.Ordn. § 25 ist nicht identisch mit Schenkungen, wenn auch diese als unentgeltliche Verfügungen hauptsächlich in Betracht kommen. Der Begriff ist ein weiterer. — Vergl. Entw. des B.G.B. § 437, II. § 463, Reichstagsvorlage § 511.

[9]) l. 1 pr., l. 29 pr. D. XXXIX. 5. Donari videtur, quod nullo jure cogente conceditur. Vergl. l. 28 de R. J. Meyerfeld I. S. 22 f. Die donatio necessaria, die Leyser, med. sp. 434 erfunden, ist ein Widerspruch in sich selbst. Die in besonderen Fällen vom Gesetz gebotene Remission des Pachtzinses (A.L.R. I. 21. § 299 fg.) ist nicht Schenkung.

[10]) Sog. Liebespflichten, Freundschaft, Dankbarkeit und dergl. Ein Beispiel aus der Praxis Entsch. B. 13 S. 182. Rehbein II. 388.

[11]) l. 1 pr. D. XXXIX. 5 propter nullam aliam causam, quam ut liberalitatem et munificentiam exerceat. l. 28 § 2 D. II. 14. Es ist also auch nicht Schenkung, wenn man etwas giebt, um zu verpflichten (ob causam dare). l. 19 §§ 5. 6. D. XXXIX. 5. Meyerfeld I. S. 17. Verzicht auf ein noch zweifelhaftes Recht ist nicht nothwendig Schenkung. Oesterr. G.B. § 939.

[12]) Savigny S. 23 fg. Sehr bestimmt ausgesprochen in der l. 31 § 7 D. XXIV. 1: non

Einer dem Anderen unentgeltlich Dienste verspricht, die ihm bezahlt zu werden pflegen und eine Verbesserung des Vermögens des Letzteren herbeiführen sollen, so liegt eine Schenkung vor, weil die so übernommene Pflicht zu handeln das Vermögen belastet[13]). Aber es ist keine Schenkung, wenn Jemand zu Gunsten eines Anderen einen Erwerb ausschlägt, denn der noch nicht eingetretene Erwerb ist noch kein realer Bestandtheil seines Vermögens gewesen, dieses ist nicht vermindert, nur nicht vermehrt[14]). Dagegen hat es die Wirkungen einer Schenkung, wenn man eine begründete Forderung erläßt, und zwar auch dann, wenn diese Forderung erst künftig fällig ist, z. B. künftige Zinsen[15]). — Die Schenkung ist eine **Bereicherung des Vermögens des Empfängers**[16]). Der Beschenkte muß einen Werth erwerben,

---

videtur ea esse donatio, quia nihil ex bonis meis deminuitur. Der Schenkende muß zum Besten des Beschenkten sein Vermögen vermindern **wollen**. Die Verminderung des eigenen Vermögens muß sich als Zuwendung an den Anderen charakterisiren. Es ist nicht Schenkung, wenn man nicht aus eigenen Mitteln hergiebt. **Striethorst** B. 42 S. 121. Man kann keine fremde Sache als solche schenken. Das Hingeben eines unverzinslichen Darlehns ist nicht Schenkung, weil das Vermögen des Darleihers nicht vermindert ist, er hat statt der Summe die Forderung, durch die er jene wiedererlangt. Wissentliches Anerkennen einer Nichtschuld kann Schenkung sein (l. 7 § 2 D. XLI. 4, l. 9 pr. C. IV. 5, Glück B. 13 S. 397), dagegen nicht das Anerkennen einer wirklich bestehenden, aber nicht klagbaren Schuld, einer oblig. natur., nach Landrecht einer ohne die nothwendige Schriftform übernommenen Verbindlichkeit. I. 5. § 185 fg. **Seuffert** B. 7 Nr. 174.

[13]) I. 11. § 1037 spricht nur von Sachen und Rechten, nicht von Handlungen. Deshalb war **Förster** mit **Unger** S. 192 Note 12 anderer Ansicht. Besonders klar tritt aber hier die Schenkung hervor, wenn Jemand einem Anderen mit dessen Zustimmung unentgeltlich eine Arbeit leistet oder zu leisten verspricht, die sonst zu einer Gewerbsthätigkeit gehört. Hier nimmt auch **Savigny** S. 35 fg. Schenkung an (s. auch sächs. G.B. § 1050). **Förster** hielt für entscheidend dagegen, daß es an einem deminuere bona im eigentlichen Sinne fehle und hielt gegen **Dankwardt's** (a. a. O. S. 48) Ausführung, daß die Produktivdienste an sich Güter, Werthe sind, wenn sie auch nicht als Bestandtheile des Vermögens gelten, daran fest: vom ökonomischen Standpunkte könne der Andere dabei reicher werden, einen Vortheil erreichen, aber vom juristischen Standpunkt sei er nicht beschenkt. Vergl. auch **Daniels** III. 246. Gerade vom Standpunkt des preuß. Rechts aus muß man hiergegen erinnern, daß, da § 873 I. 11 A.L.R. dem Leistenden, der eine Berufsthätigkeit übt, bei mangelnder Lohnabrede schlechthin das Recht auf angemessenen Lohn giebt, die übernommene Leistungspflicht eine Vermögensbelastung in Höhe der Lohnforderung ist.

[14]) l. 5 § 13 D. XXIV. 1, l. 28 pr. D. de V. S. **Savigny** S. 29. A.L.R. I. 11 § 1039. Ueber dessen Verhältniß zu I. 16 § 393 s. **Koch**, Komm. Note zu § 1039. Der bloße Verzicht auf eine Erbschaft ist keine Schenkung: selbst wenn der Verzichtende dabei die Absicht gehabt hätte, der nächstberechtigte solle sich bereichern. Der Verzicht ist unwiderruflich, auch wenn diese Absicht nicht erreicht wird, weil auch der Zweite ausschlägt. Vergl. Entsch. B. 8 S. 250. Eine Willenseinigung zwischen A und B, kraft deren A zu Gunsten des nicht berechtigten B auf die Erbschaft verzichtet und B die Erbschaft annimmt, wäre nur dann als Schenkung anzusehen, wenn sie die Interpretation zuließe, das Erbrecht des A solle durch eine dem Erbschaftskauf analoge Schenkung auf B übertragen werden. Sonst wird B nicht aus dem Vermögen des A bereichert. Vergl. Entwurf des B.G.B. § 439 Abs. 2 u. 3, Entw. II. § 464, Reichstagsvorlage § 512.

[15]) Vergl. oben B. I. § 18 und § 87 unter 6, insbesondere Anm. 47. Der Erlaß ist Schenkung auch dann, wenn der Schuldner zahlungsunfähig ist. l. 22 § 3, l. 82 D. XXXV. 2, l. 31 § 1. 4. D. XXXIX. 6. **Savigny** S. 128. **Seuffert** B. 6 Nr. 39, B. 8 Nr. 133. **Unger** S. 192 Note 11. Daß er formell unter besonderen Regeln steht, ist bereits erwähnt.

[16]) **Savigny** S. 52 f. l. 5 § 8. 16. D. XXIV. 1.

der ihm noch nicht gehörte, auf den er kein Recht hatte. Die Bestellung einer Sicherheit für ein zustehendes Recht, oder das Aufgeben der Sicherung für ein solches sind nicht Schenkungen: dort wird das Vermögen nicht vermehrt, hier noch nicht gemindert [17]). Die Bereicherung kann bestehen in der Uebertragung des Eigenthums an einer Sache, in der Einräumung eines dinglichen Rechts, in der Abtretung einer Forderung des Gebers an einen Dritten — dare — oder in der Begründung einer persönlichen Forderung an den Geber — obligare — oder in der Befreiung von einer Schuld oder Last gegenüber dem Schenkenden oder einem Dritten — liberare —, in allen Fällen muß die Bereicherung des Vermögens des Beschenkten eine definitive sein. — Vorausgesetzt wird endlich noch ausdrücklich: „daß durch das Geschenk nicht unerlaubte Absichten befördert werden" [18]).

Die äußeren Merkmale vollenden den Begriff der Schenkung nicht. Es gehören noch innere Voraussetzungen in der Willensrichtung beider Theile dazu: auf Seiten des Gebers, daß er schenken will, auf Seiten des Empfängers, daß er die Gabe als Geschenk annehmen will. Die Schenkungsabsicht (animus donandi) besteht darin, daß der Geber nicht in eigenem Interesse, sondern um des Vortheils des Beschenkten willen ihm die Zuwendung macht, daß er dies weiß und will [19]). Das donare steht also in einem Gegensatz zum credere und solvere [20]). Die Absicht braucht nicht aus-

---

[17]) l. 1 § 19. D. XXXVIII. 5, l. 18. D. XLII. 8, l. 1 § 1, l. 11. D. XX. 6., Unger S. 194. Sächs. G.B. § 1051. Der Satz des Textes, insoweit er sich auf den Verzicht auf Bürgschaft und Pfandrecht bezieht, ist nicht zweifellos, da § 393 I. 16 einen Unterschied nicht macht. Daß der Vermögenswerth „nicht bestimmt meßbar ist", wie Dernburg II. § 161 bei Anm. 13 hervorhebt, kann nicht in Betracht kommen. Es ist weder im Gesetz noch in der Natur der Sache ein Grund zu finden, weshalb nur solche Gegenstände, die schon zur Zeit des Akts einen bestimmten erkennbaren Werth haben, geschenkt werden können. Aber der die Sicherheit Bestellende oder Aufgebende leidet in Folge dessen nicht nothwendig wirthschaftlich einen Vermögensverlust. Jedenfalls behandelt auch die neuere Gesetzgebung den Verzicht auf eine Sicherheit nicht als Schenkung, die Vormundschaftsordnung § 41 läßt ersteren unter Zustimmung des Gegenvormunds zu, während sie letztere als nichtig ansieht. § 38. S. auch Entwurf des B.G.B. § 439 Abs. 1, der die Bestellung einer Sicherheit vom Schenkungsbegriff ausschloß. Im Entw. II. gestrichen.

[18]) Dann hat der Fiskus das Recht der Rückforderung des wirklich Gegebenen I. 11 §§ 1070. 1071. Der Anh. § 27 gab dem Fiskus das Recht, Schenkungen ausgetretener Kantonisten anzufechten; Koch, Kommentar (zu Anh. 27) und, ihm zustimmend Förster hielt das nach heutigem Recht für analog dahin anwendbar, daß Fiskus befugt ist, solche Schenkungen anzufechten, so weit es nöthig ist, um die wegen Verletzung der Wehrpflicht erkannte Geldstrafe beizutreiben. Das läßt sich nicht aufrecht erhalten. Die frühere Konfiskation des Vermögens des austretenden Kantonisten ergab Rechte des Staats, die durch Schenkungen geschmälert wurden: hier konnte von einer Vermuthung einer auf Schmälerung gerichteten Absicht die Rede sein; dagegen besteht jetzt auf die möglicher Weise zu erkennende Geldstrafe noch kein Recht des Staats, von dessen Schmälerung geredet werden könnte. Abgesehen hiervon aber handelt es sich in Anh. § 27 um eine Anfechtung des in fraudem creditoris Geschenkten; diese ist zur Zeit nur noch nach den reichsgesetzlichen Bestimmungen zuläßig.

[19]) Savigny S. 77 fg.

[20]) Man pflegt in der heutigen Theorie die Vermögenszuwendungen auf die drei causae credendi, solvendi, donandi zurückzuführen. Diese Scheidung, schon bei Unterholzner, Verjähr. I. § 108, hat besonders Meyerfeld I. S. 26 f. zur Bestimmung

drücklich erklärt zu sein, wenn sie nur aus den Umständen erkennbar ist. Es kann insbesondere durch Hingeben ohne vorangegangenes Versprechen geschenkt werden, ohne daß eine ausdrückliche Willenserklärung des Gebers die Gabe begleitet. Wo die Schenkung dagegen nur durch eine Willenserklärung vollzogen werden kann, wie bei dem Verpflichten und Befreien, da wird regelmäßig auch die Absicht zum Ausdruck kommen. Das Landrecht hat in seiner Weise gesetzliche Anhaltspunkte[21]) dafür gegeben, unter welchen Umständen auf die Absicht zu schließen sei. An die Spitze stellt es den Satz: „daß eine Sache als Geschenk gegeben worden, wird nicht vermuthet“[22]), aber in den gesetzlichen Ausnahmefällen wird gegen jene Regel eine entgegengesetzte Vermuthung begründet[23]), die dann durch Gegenbeweis widerlegt werden kann. Dieser richtet sich entweder darauf, daß Umstände vorliegen, welche die freigebige Absicht ausschließen[24]), oder darauf, daß beim Hingeben selbst eine die Schenkungsabsicht beseitigende Willensäußerung erfolgt, daß, wie das A.L.R. sich ausdrückt, „mit Vorbehalt“ gegeben worden ist[25]).

Vermuthet wird die Absicht zu schenken, wenn der Geber gegen den Empfänger eine besondere sittliche Verpflichtung zur Wohlthätigkeit hat[26]). Dies trifft in der Regel zu bei Verwandten in auf- und absteigender Linie, bei Geschwistern, Eheleuten[27]). Aber die Vermuthung beschränkt sich auf den

---

des donare, Liebe, Stipulation S. 86, und Gneist, Die formellen Verträge S. 116f., zur Feststellung des Begriffs der Vertragscausa überhaupt verwandt. Andere haben sich gegen diese Eintheilung erklärt, nicht allein, weil sie in den römischen Rechtsquellen als solche nicht aufgestellt werde, sondern auch weil sie nicht erschöpfend sei. Windscheid, Voraussetzung S. 89. Erxleben, Die condictiones I. S. 33. Unger S. 195 Note 25. Witte, in der krit. Vierteljahrschr. B. 6 S. 341, u. A. Beide Angriffspunkte können und müssen als begründet zugegeben werden. Der erste würde freilich nicht viel Gewicht haben, der zweite ist insofern richtig, als einzelne Vermögenszuwendungen nicht unter einen der drei Begriffe gebracht werden können, aber einerseits sind dergleichen Zuwendungen (z. B. conditionis implendae causa) praktisch von sehr geringer Wichtigkeit, andererseits können trotzdem jene drei Begriffe sehr gut dazu dienen, das Verständniß des einen klar zu machen an dem Gegensatz der beiden anderen. Vergl. Arndts, Pand. § 233 S. 376.

21) Koch, Kommentar Note zu I. 11 § 1040.

22) I. 11 § 1040. Vergl. Seuffert IX. 288. Gruchot B. 13 S. 795.

23) I. 11 §§ 1041—1045.

24) Die Absicht zu schenken wird nicht vermuthet, wenn Jemand die Schuld eines Anderen bezahlt. I. 16 § 46. Entsch. B. 7 S. 88. Striethorst B. 6 S. 332b.

25) I. 11 §§ 1041. 1044. Schles. Archiv B. 4 S. 368. Durch die Worte „ohne Vorbehalt“ ist nur so viel ausgesprochen, daß bei dem Geben eben nichts Besonderes, das gegenseitige Rechtsverhältniß Bestimmendes erklärt worden. Das Geben ohne Vorbehalt setzt eine positive Handlung voraus; daß man eine Zeit lang unterläßt, eine vertragsmäßige Forderung geltend zu machen, kann die Vermuthung der Schenkung nicht begründen. Striethorst B. 57 S. 222.

26) I. 11 § 1041. Hierzu Koch, im Kommentar. Eine Leistung auf Grund einer erzwingbaren Pflicht ist Zahlung, nicht Schenkung.

27) I. 11 § 1042. Daß dieser § nur ein Beispiel, spricht das Präj. 260 (Samml. I. S. 71) aus. Andere Beispiele: Rechtsfälle B. 3 S. 164 und Arnsb. Arch. B. 4 S. 61. Strieth. B. 60 S. 246 (im Verhältniß der Schwägerschaft). Ob die Vermuthung auch bei Stiefeltern, Stiefkindern und weiteren Verwandten eintritt, wird nach den Umständen zu ermessen sein. Für gemeines Recht bejaht es Meyerfeld I. S. 215. 222, dagegen verneinen Glück B. 5 S. 384 und Unterholzner II. S. 610 Note m.

Fall, wenn das zwischen dem Bereichernden und dem zu Bereichernden stattfindende Rechtsgeschäft ein Geben war. Hat ohne solches zu Gunsten des Empfängers eine Leistung stattgefunden, so muß die Schenkungsabsicht erklärt sein[28]). Auch dürfen im erstern Fall die begleitenden Umstände nicht widersprechen[29]). Es soll die Absicht zu schenken auch angenommen werden, wenn man einem Armen etwas zum Unterhalt giebt, oder wenn man einer Armenanstalt und milden Stiftung etwas zuwendet, ohne gesetzlich dazu verpflichtet zu sein und ohne daß ein Vorbehalt zum Ausdruck gebracht wird[30]); kurz in allen Fällen, wo sich „gar keine andere Absicht des Gebenden denken läßt", wo also die Umstände die Annahme der Schenkungsabsicht rechtfertigen[31]). Wo dagegen eine unentgeltliche Zuwendung in Folge einer gesetzlichen Verpflichtung geschieht, fehlt es an der Freiwilligkeit, eine solche Zuwendung ist daher keine Schenkung. Dahin gehört das Versprechen oder Geben einer gewissen Sache oder Summe zur Ausstattung oder als Brautschatz von dem, der dem Empfänger gegenüber zur Ausstattung verpflichtet ist[32]). Endlich schließt eine Gegenleistung, weil sie dem Begriff der Unentgeltlichkeit widerspricht, auch dann die Schenkung aus, wenn die Gegenleistung nicht dem Geber zufällt. So wenn dem Versprechen einer Mitgift, das von einem dazu nicht Verpflichteten gegeben ist, als bedungene Gegenleistung das Versprechen eine bestimmte Ehe zu schließen, gegenüber steht[33]).

III. **Vertragscharakter.** Der Geschenkgeber muß vertragsfähig und über den Gegenstand zu verfügen berechtigt sein. Um für einen Anderen zu schenken, bedarf man spezieller Vollmacht[33a]). Dies gilt auch von dem

---

28) Entsch. B. 7 S. 88, Rehbein II. 391; Striethorst B. 6 S. 331, B. 44 S. 84, B. 57 S. 222.

29) Z. B. Schles. Arch. B. 4 S. 368. Entsch. B. 20 S. 288 (wenn der Empfänger Gläubiger war, vergl. aber Strieth. B. 73 S. 204), Arnsb. Arch. B. 5 S. 605 (bei fehlgeschlagener Erwartung der formlos zugesicherten Hofesfolge). Strieth. B. 60 S. 246.

30) I. 11 §§ 1043. 1044. Ueber das „Ebenso" in § 1043 s. Koch's Note zu diesem §. Rechtsfälle B. 4 S. 121. Entsch. B. 11 S. 410.

31) I. 11 § 1045. Ein Beispiel in der jurist. Wochenschr. 1838 S. 729 und Schles. Arch. IV. 138 (gastliche Gefälligkeiten). Dahin gehören auch die Fälle, wo man sich wissentlich eine unmögliche Gegenleistung versprechen läßt, z. B. I. 11 § 41, I. 5 § 55. S. hierüber Koch, R. d. F. III. S. 155fg.

32) I. 11 §§ 1046. 1047. Ueber den Begriff der gewissen Sache oder Summe s. Entscheid. B. 31 S. 398. — Auch was auf Grund öffentlich rechtlicher Verpflichtungen gewährt wird, z. B. die vom Armenverbande gegebene Unterstützung ist im Rechtssinne kein Geschenk, Entsch. B. 11 S. 410. Ob dieselbe aus anderen Gründen zurückverlangt werden kann, wird in § 148 erörtert werden.

33) Wenn die Verheirathung als Gegenleistung bedungen ist, so daß der andere Theil sich zur Eingehung der Ehe verpflichtet hat, liegt in der That ein zweiseitiger Vertrag vor. Auch die Schenkung unter dem modus der Eheschließung wird „einem lästigen Vertrage gleichgeachtet". I. 11 § 1048. Die Ehe darf nicht bloß die Veranlassung oder Gelegenheit zur Zuwendung gegeben haben (§ 1049); denn dann ist letztere eine einfache Schenkung. Vergl. noch das Präj. 765 Samml. I. S. 71. Den Ausdruck „in rechtsgiltiger Form versprochen" deutet die Praxis dahin, daß ein nur schriftlich (nicht in gerichtlicher Form) ertheiltes Versprechen klagbar ist. Wenn ein wirklicher zweiseitiger Vertrag vorliegt, so macht die Leistung der Handlung (Eheschluß mit dem Dritten) auch das mündliche Versprechen klagbar. Vergl. Entsch. B. 12 S. 159. Striethorst B. 66 S. 159, B. 67 S. 70, B. 83 S. 308, B. 85 S. 290, B. 88 S. 332. R.G. Entsch. B. 17 S. 252. R.G. bei Gruchot B. 25 S. 733, B. 31 S. 710, B. 34 S. 965.

33a) I. 11 § 109.

Verwalter. Auch wer kraft des Gesetzes als Verwalter des Vermögens eines Anderen den letzteren vertritt, kann regelmäßig nicht für ihn schenken. Indessen machen solche Geschenke, die gerade durch die Vermögensverwaltung begründet werden, eine Ausnahme: z. B. die für gewisse Dienste üblichen Trinkgelder, die den Charakter einer eigentlichen Liberalität nicht haben. Daß die Hingabe von Geschenken durch die Vermögensverwaltung „begründet" sein kann, erkennt die Vormundschaftsordnung § 38 ausdrücklich an. Der Vormund ist darüber hinaus auch zu „üblichen" Geschenken berechtigt. Ein unzulässiges Schenkungsversprechen des Vormunds kann den Mündel nicht verpflichten.

Daß der Empfänger die Gabe als Geschenk annehme, verlangt das A.L.R. für alle Schenkungen[34]), sie mögen durch Geben oder durch Versprechen geschehen. In der gemeinrechtlichen Theorie ist dieses Erforderniß namentlich von Savigny geleugnet worden[35]), die ältere Doktrin zur Zeit der Redaktion aber hielt die Annahme für nöthig zur Vollendung der Schenkung[36]). Die bestimmte Vorschrift des A.L.R. schließt jeden Zweifel aus; übrigens wird die ältere Ansicht auch durch die Zeugnisse des römischen Rechts begründet[37]). Wie die Absicht zu schenken einer strengeren, so soll im Gegensatz die Absicht anzunehmen einer günstigeren Auslegung unterliegen. Die Annahme ist an keine Form gebunden[38]), sie kann ausdrücklich und durch Handlungen geschehen, und im zweifelhaften Fall sollen die Worte und Handlungen so gedeutet werden, daß der Empfänger das Geschenk habe annehmen wollen[39]). Annehmen kann aber gerade nur der, dem das Geschenk angeboten ist. Seine Erben haben wider den Willen des Gebers nicht das Recht anzunehmen[40]). Stirbt der Geber vor der Annahme, so wird nach den allgemeinen Grundsätzen entschieden, ob seine Erben sich die An=

[34]) I. 11 § 1058 „wie bei anderen Verträgen". Diesen Worten wird von Förster jede besondere Bedeutung abgesprochen; sie stellen aber klar, daß über den Bereich des Schenkungsversprechens hinaus die Schenkung ein Vertrag ist. Vergl. oben Anm. 7. — Das sächs. G.B. § 1054 verlangt die Annahme nur bei dem Schenkungsversprechen. — Die Schenkung zu Gunsten eines Dritten verlangt auch dessen Beitritt. Gruchot II. 243. Oben B. I. § 75 A. 21. Vergl. Striethorst B. 81 S. 192.

[35]) Savigny S. 145 fg. Meyerfeld I. S. 34 fg. Dagegen Mühlenbruch II. S. 477, Vangerow I. S. 174, Windscheid II. § 365 Anm. 5.

[36]) Schilter, exerc. 43. th. 24. Leyser, sp. 433 med. 8. Höpfner, Komm. § 411. Von den Neueren behaupten die Nothwendigkeit der Acceptation Puchta, Instit. § 205 Note p. Vangerow I. § 121 Nr. III. Arndts § 80. Unger II. S. 195 f. Windscheid § 365 Anm. 5.

[37]) l. 19 § 2 D. XXXIX. 5. Non potest liberalitas nolenti acquiri. l. 69 de R. J. Invito beneficium non datur. l. 1 § 6 D. XXXVIII. 5. In liberalitatibus, quas non admisit is, cui quis donatum voluit. Vgl. Cic. Top. c. 8 in f. neque donationem sine acceptatione intelligi posse. Darüber daß Niemand dem Andern wider seinen Willen schenken kann, auch nach deutschem Rechtsbewußtsein, s. Grimm, Rechtsalterthümer 1. A. S. 606. Seuffert B. 2 Nr. 45, B. 26 Nr. 129. Vergl. Entwurf des B.G.B. § 438, II. Entw. § 463 Abs. 2, Reichstagsvorlage § 511 Abs. 2, wo Fälle angegeben werden, in denen die nicht erklärte Ablehnung als Annahme gilt.

[38]) Vergl. I. § 79 Anm. 21.

[39]) I. 11 § 1059.

[40]) I. 11 § 1061. Vergl. I. 5 § 107.

nahme noch gefallen lassen müssen oder den Antrag des Geschenks zurücknehmen können[41]). Dies hängt davon ab, ob der Tod des Versprechenden an sich den Rücktritt vom Vertrage motiviren würde, d. h. ob der Gegenstand der Schenkung eine Handlung war, die nur vom Erblasser persönlich geleistet werden konnte[42]). Im Uebrigen unterliegt die Annahme einer Schenkung, namentlich was die Zeit ihrer Erklärung betrifft, den allgemeinen Grundsätzen, und nur von Willensunfähigen gilt noch die besondere, begünstigende Vorschrift, daß „jeder Dritte" zum Besten eines wegen Kindheit, Krankheit oder Geistesschwäche an der Annahmeerklärung Behinderten annehmen darf[43]).

IV. Wie aus Obigem folgt, kann Gegenstand einer Schenkung Alles sein, was geeignet ist, als Werth aus dem einen Vermögen in das andere übertragen zu werden[44]). — Bei der Schenkung einer Sache oder eines dinglichen Rechts an der Sache des Gebers (einer Servitut, eines Gebrauchs- oder Nutzungsrechts) vollendet die Uebergabe oder der für die Bestellung des dinglichen Rechts sonst vorgeschriebene Akt (Auflassung, schriftliche Bestellung, Gestattung der Ausübung) den Erwerb; die Schenkung einer Forderung, die dem Geber bisher zustand, geschieht durch Cession oder Delegation[45]); das Schenkungsversprechen begründet eine Forderung an den Geber, den Anspruch auf Erfüllung; auch von dem Versprechen, etwas zu schenken, gilt dies; es ist nicht als ein vorbereitendes Versprechen einer künftigen Schenkung aufzufassen[46]). Ein Gläubiger befreit schenkungsweise seinen Schuldner, indem er ihm eine rechtsbeständige Schuld erläßt[47]), eine Quittung über die nicht bezahlte Schuld ausstellt und den Schuldschein zurückgiebt oder kassirt. Auch durch Expromission kann geschenkt werden, indem der Schenkende im Einverständniß mit dem Beschenkten dessen Schuld an einen Dritten übernimmt[48]).

---

[41]) I. 5 §§ 90—108. I. 11 § 1062. In dem letzteren ist statt „anzunehmen" zu lesen: „zurückzunehmen". Reskr. v. 29. Dezember 1837 (Jahrb. B. 50 S. 469).

[42]) I. 5 §§ 108. 416.

[43]) I. 11 § 1060. Striethorst B. 17 S. 184. Krankheit nur, wenn sie die Unfähigkeit begründet, die Annahme der Schenkung zu erklären. R.G. Entsch. B. 25 S. 295. Eine Entsch. des Obertribunals B. 47 S. 113 nimmt die Möglichkeit der Vertretung noch ungeborener in ihrer künftigen Existenz ungewisser Personen in der Annahme eines ihnen zugedachten Geschenkes durch jeden Dritten an. Vergl. dagegen Gruchot B. 13 S. 817. In dem gedachten Fall war das Ergebniß des Obertribunals zu gewinnen, wenn die Schenkung als unter dem Modus erfolgt angenommen wurde, daß der Beschenkte später geborenen Geschwistern das Geschenk antheilsweise herausgeben sollte.

[44]) Mithin kann auch der Miteigenthümer seinem Miteigenthümer schenken, s. Koch, Komment. zu § 1037 gegen die Entsch. im Arnsberger Archiv B. 8 S. 173.

[45]) Das geschieht dadurch, daß ein Gläubiger seinen Schuldner anweist, einem Dritten (dem Delegatar) die Schuld zu versprechen, daß der Delegat dem Folge leistet und vom Delegatar als Schuldner angenommen wird. Der Delegatar, der nichts von dem Delegaten zu fordern hatte, ist der Beschenkte l. 4 § 1. l. 21 § 1 D. XXXIX. 5. A.L.R. I. 16 § 264.

[46]) Unger II. S. 198 fg.

[47]) Unger S. 198 Note 37 a. E. Der Erlaß erfordert ausdrückliche Erklärung und ist nicht schon aus der Aushändigung der Schuldurkunde zu entnehmen. Entsch. B. 7 S. 88.

[48]) Ohne dieses Einverständniß wird der Schuldner zwar seinem Gläubiger gegenüber be-

Besonders hervorzuheben ist als Gegenstand ein ganzes Vermögen oder ein aliquoter Theil davon[49]). Das A.L.R. erwähnt eine solche Schenkung nur beiläufig als möglich[50]), ohne bestimmte Regeln darüber zu geben; und aus einer Aeußerung von Svarez[51]) geht hervor, daß die Redaktoren wenigstens zeitweise sie nur von Todeswegen als denkbar aufgefaßt haben. Bereits an anderer Stelle ist ausgeführt, daß bei einem Rechtsgeschäft unter Lebenden unter Vermögen nur der Inbegriff aller dem Verfügenden gehörenden Sachen und Rechte gemeint sein kann, und daß selbst wenn zugleich die Uebernahme der Schulden bedungen sein sollte, nur eine Singularsuccession in alle unter dem Gesammtnamen zusammengefaßten Gegenstände eintritt[52]). Die Schenkung eines ganzen Vermögens kann also nur dadurch vollzogen werden, daß jede einzelne Sache, jedes einzelne Recht in der ihm eigenthümlichen Art und Weise in das Vermögen des Beschenkten gelangt, durch Tradition oder Auflassung oder Cession u. s. w. Die aus einem Schenkungsversprechen solchen Inhalts abgeleitete Erfüllungsklage muß sich auf Uebereignung der einzelnen Sachen und dinglichen Rechte, auf Cession der einzelnen Forderungen richten. Die abweichende Anschauung Kochs[53]), daß das Eigenthum eines geschenkten ganzen Vermögens schon durch den Vertrag übergehe, ist dem A.L.R. durchaus fremd[54]). Gegenüber dem unbedingt ausgesprochenen Satz: „zur Erwerbung des Eigenthums ist die Besitznehmung erfordert“[55]), einem Satze, welcher insoweit Geltung beansprucht, als nicht das Gesetz selbst ausdrücklich eine Ausnahme macht[56]), beruft sich zwar Koch auf I. 11 §§ 474. 475: „durch Abschluß des Erbschaftskaufs (d. h. durch den Vertrag) geht das Eigenthum auf den Käufer über“. Aber beim Erbschaftskauf wird nicht der Nachlaß in seinen Bestandtheilen oder als Inbegriff, es wird das Erbschaftsrecht[57]) veräußert; bei einer Veräußerung des Vermögens liegt die Sache also anders.

Unter ganzem Vermögen kann im Zweifel nur das gegenwärtig oder im Augenblick der in Aussicht genommenen Erfüllung vorhandene, nicht auch das zukünftig etwa zu erwerbende Vermögen verstanden werden[58]). Es ent-

---

freit, und die Regreßklage gegen ihn kann ausgeschlossen sein, aber es liegt kein Schenkungsvertrag vor.

[49]) Meyerfeld II. S. 1 (§ 21). Savigny S. 134. Unger S. 207.

[50]) I. 11 § 1087.

[51]) Jahrb. B. 52 S. 18: sie sei widerruflich, weil sie nur mortis causa geschehen könne.

[52]) Oben B. I. § 21 Anm. 2. Entsch. B. 43 S. 128. Rehbein II. 393.

[53]) Note zu § 1087. Gegen ihn auch Göppert, Beiträge z. L. v. Miteigenthum. S. 116 Note 1.

[54]) Oben B. I. § 23.

[55]) I. 9 § 3.

[56]) Erbschaftserwerb I. 9 § 367, der sogleich zu erwähnende Erbschaftskauf, Eigenthumserwerb an Grundstücken durch Auflassung nach dem Gesetz v. 5. Mai 1872 und andere Fälle.

[57]) I. 11 § 447.

[58]) Meyerfeld II. S. 5fg. Savigny S. 142. Unger S. 212. Entsch. B. 43 S. 128 erkennt die Möglichkeit eines Schenkungsversprechens bezüglich des künftigen Vermögens (des Vermögens nach seinem Stand am Todestage des Geschenkgebers) an;

scheidet die Auslegungsregel, daß für die mindere Verpflichtung zu deuten ist[59]). Wird dagegen das ganze Vermögen auf den Todesfall verschenkt, so begreift es auch das später erworbene. Der Grundsatz des römischen Rechts, daß Vermögen nur dasjenige sei, was nach Abzug der Schulden übrig bleibt[60]), hat bei solcher Schenkung seine volle Bedeutung; nur soweit das Vermögen schuldenfrei ist, soll es den Empfänger bereichern. Der Geber ist daher berechtigt, den Betrag der Schulden vorweg abzuziehen, und nur was übrig bleibt, zu übergeben. Von dem Verhältniß des Geschenknehmers zu den Gläubigern ist an anderem Orte gehandelt[61]).

Eine Erbschaft, die dem Geschenkgeber noch nicht angefallen ist, kann ebenso wenig wirksam verschenkt werden, wie sie verkauft werden kann[62]). Die Schenkung einer angefallenen Erbschaft ist, wenn das Erbrecht selbst oder eine Quote davon geschenkt sein soll, nach den Grundsätzen zu behandeln, die das Landrecht für den Erbschaftskauf aufstellt[63]). Wenn der Inbegriff der Erbschaftssachen geschenkt ist, so liegt Schenkung eines quantitativen Theils des eigenen Vermögens vor[64]).

Die einzige ausdrückliche Regel, die das A.L.R. über die Schenkung

---

eine schon gegenwärtig wirksame Eigenthumsübertragung von erst künftigem Vermögen ist selbstverständlich undenkbar. Strieth. B. 18 S. 178, B. 38 S. 110 gegen die Zulässigkeit einer Schenkung des künftigen Vermögens. Der in der gemeinrechtlichen Literatur (vergl. Savigny S. 142, Sintenis I. 209) erörterte Gegengrund, daß eine solche Schenkung die Testirfreiheit beschränke und ein versteckter Erbvertrag sei, kann im heutigen Recht nicht entscheiden. Von größerem Gewicht ist die Erwägung, ob der Vertragsgegenstand bestimmt genug bezeichnet sei. Jedenfalls muß klar sein, nach dem Vermögensstande welches künftigen Momentes das Vermögen geschenkt sein solle. Ist dies aber der Fall, und soll die Schenkung erst dann perfizirt werden, so ist auch ihr Gegenstand deutlich genug bestimmt. Anders läge die Sache, wenn man dem Vertrag die Wirkung gäbe, das Vermögen als Ganzes ohne Weiteres zum Eigenthum des Beschenkten zu machen. Das österr. G.B. § 944 läßt das ganze gegenwärtige Vermögen schenken, das künftige nur so weit, als das Geschenk nicht die Hälfte des Vermögens übersteigt. Vergl. Unger II. 212. Für nichtig erklärt das sächs. Ges.B. § 1053 jede Schenkung des ganzen Vermögens, oder einer Quote desselben. Bez. des code civ. s. Art. 943, 947, 1084.

59) I. 5 § 268.

60) l. 39 § 1 de V. S. Es werden nur die Schulden z. Z. der Schenkung abgezogen.

61) Oben B. I. § 102. Anm. 18, wo auch auf den abweichenden Standpunkt des Entwurfs des B.G.B. hingewiesen ist.

62) Schenkung einer bestimmten Sache oder Summe aus einer künftigen Erbschaft ist Entsch. B. 38 S. 89 für zulässig erklärt, da §§ 445. 446 I. 11 nur von der Erbschaft als Erbschaftsrecht handeln. Nach gemeinem Recht wäre auch eine solche Schenkung unzulässig. l. 30. C. II. 30.

63) Gegensatz der §§ 448. 450. Auch bei der geschenkweisen Uebertragung des Erbschaftsrechts im Sinne des eigentlichen Erbschaftskaufs hat das R.G. Entsch. B. 28 S. 351 zur Abwendung des Rücktritts wegen Mangels der gerichtlichen Form die Ausführung durch Uebergabe aller einzelnen Stücke als erforderlich bezeichnet, obgleich er anerkennt, daß der Beschenkte schon durch den Vertrag das Eigenthum erlangt habe, weil aus I. 11 §§ 475, 476 die Uebergabepflicht sich ergebe. Mit demselben Rechte wäre die Schenkung eines Grundstücks durch Auflassung noch nicht als ausgeführt anzusehen, so lange die Uebergabe noch nicht erfolgt ist, die der Beschenkte aus dem wirksamen Schenkungsversprechen fordern kann. In beiden Fällen kann der Beschenkte aber schon vorher als Eigenthümer klagen. Sein Recht kann durch Weigerung der Erfüllung nicht mehr erschüttert werden.

64) Förster war auch hier anderer Ansicht.

eines ganzen Vermögens enthält, ist die[65]): wenn der Schenkende sich die Verfügung über einen gewissen Theil (einen Antheil oder einen einzelnen Bestandtheil) oder eine gewisse Summe vorbehalten und hierüber (bis zu seinem Tode) nicht verfügt hat, so fällt dieser Theil oder diese Summe an den Beschenkten, wenn der Geschenkgeber nicht als gesetzliche Erben Verwandte in auf- und absteigender Linie, Geschwister oder Geschwisterkinder ersten Grades hinterläßt; diese sollen einen vorzüglichen Anspruch haben.

V. Wird Mehreren geschenkt, so erwerben sie an dem Geschenk Miteigenthum; kann das Einer von ihnen nicht, so wächst sein Antheil nicht wie bei Zuwendungen von Todeswegen den Uebrigen zu, sondern bleibt bei dem Schenkenden und dieser bleibt auf diesen Antheil Miteigenthümer[66]).

VI. Abgesehen von dem Klagerecht aus der Schenkungsobligation ist die Schenkung hauptsächlich aus drei Gründen Gegenstand besonderer Regeln[67]). Man hat das Schenken, um leichtsinnigen Vermögensminderungen entgegen zu wirken, durch besondere Formen erschwert; man hat aus gleichem Grunde unter gewissen Voraussetzungen dem Geber einen Widerruf gestattet; man hat Schenkungen unter Eheleuten untersagt. Von diesen Rechtsregeln hat das A.L.R. die letzte nicht aufgenommen, Geschenke unter Eheleuten sind wie unter Fremden giltig[68]). Das Erforderniß einer besonderen Form ist im preußischen Recht abweichend vom römischen Recht verallgemeinert. Der Widerruf ist auch im A.L.R. zu einer umfangreichen Theorie entwickelt.

A. Die Form[69]). Nach neuestem[70]) römischem Recht muß eine Schenkung, deren Betrag 500 Solidi[71]) übersteigt, gerichtlich insinuirt werden. Bis zu diesem Betrage ist sie formfrei[72]). Die Insinuation ist eine Erklärung der Schenkung vor Gericht und die Abfassung eines gerichtlichen Protokolls darüber. Der Richter beglaubigt, aber er hat nicht zu genehmigen,

---

65) I. 11 § 1087.

66) §§ 1085. 1086.

67) Savigny S. 4. Arndts S. 102 oben Anm. 4. Unger S. 189 Note 2.

68) II. 1 § 310. Ebenso österr. G.B. § 1246 und der Entwurf des B.G.B. Wegen der erweiterten Anfechtbarkeit der unentgeltlichen Zuwendungen an Ehegatten zu Gunsten der Gläubiger vergl. Bd. I. § 114 Anm. 45.

69) Savigny S. 194fg. §§ 165—167.

70) Ueber das ältere römische Recht, die lex Cincia, fragm. Vatic. § 249 l. 1. Cod. Theod. VIII. 12 l. 25. C. VIII. 54. l. 29 eod. l. 31 eod., worauf hier nicht weiter eingegangen werden kann, s. Savigny S. 194 und die Note a. Citirten, dazu noch Puchta, Cursus der Justit. § 206. Das heutige röm. R. ruht auf l. 36 § 3. C. XIII. 54 und § 2 J. II. 7.

71) 500 Solidi nach Savigny S. 210 vergl. Seuffert XVIII. 32 = 1400 Thlr. angenommen, richtiger, wie von Francke im civ. Arch. B. 47 Nr. 18 dargelegt, = 2000 Gulden im 18 Guldenfuß = 1555 5/9 Thlr. oder 4666,66 M. Vergl. Seuffert B. 27 Nr. 229. R.G. Entsch. B. 1 S. 313, B. 8 S. 145. Bez. der Schenkung von Renten, die auf die Lebensdauer eines der beiden Theile beschränkt sind vergl. Seuffert XVIII. 37, R.G. Entsch. B. 8 S. 143. Begründung einer Familienstiftung als Schenkung über 500 solidi. R.G. Entsch. B. 5 S. 138. Das sächs. G.B. steckt in § 1056 bei 1000 Thlr. die Grenze.

72) Savigny S. 210fg. Seuffert V. 165, VI. 39, VIII. 133, XVIII. 38, 40.

auch nicht über die Wirkung des Geschäfts zu belehren oder seine Rechtsgiltigkeit zu untersuchen[73]). Die Nichtbeachtung dieser Form wirkt Nichtigkeit der Schenkung, soweit sie jenen Betrag übersteigt. Bis zu ihm bleibt sie giltig[74]). Soweit die Schenkung nichtig ist, kann das Geschenkte auch durch Ersitzung nicht erworben, es kann kondizirt, auch gegen den dritten Besitzer vindizirt werden[75]). Welche Wirkung die Nichtigkeit der Schenkung gegenüber dem Dritten im Obligationsverhältniß hat, falls durch Expromission oder Delegation geschenkt worden, ist streitig[76]).

Das A.L.R. bestimmt: „Schenkungsverträge sollen gerichtlich abgeschlossen werden"[77]). Hier, wie im römischen Recht ist die gerichtliche Form, Erklärung zu gerichtlichem Protokoll zur Beglaubigung, nicht zur Bestätigung[78]). Aber die gerichtliche Form ist für alle Fälle vorgeschrieben, jedoch nur für das obligatorische Schenkungsversprechen. Dies ergiebt die Aeußerung von Svarez bei der Schlußrevision[79]); „es ist als Vorbeugungsmittel angenommen, daß aus pactis de donando, wenn sie außergerichtlich geschlossen, auf Erfüllung nicht soll geklagt werden können. Es giebt Leute, die sich sehr bedenken, wenn sie nur etliche Louisd'or baar aus ihrem Beutel weggeben sollen, die es aber gar nichts kostet, ein Versprechen, das erst in der Zukunft erfüllt werden soll, auszustellen und zu unterschreiben."

Durch die gerichtliche Form soll also nur das noch nicht erfüllte Schenkungsversprechen getroffen werden[80]); die ausgeführte Schenkung fällt nicht darunter[81]). Daher kann, wenn eine geschenkte bewegliche Sache oder

---

[73]) Savigny S. 216. Seuffert XVI. 111, XVII. 242. Es genügt daher die bloße gerichtliche Anerkennung der Schuldurkunde. Seuffert B. 1 343, R.G. Entsch. B. 6 S. 181. Dagegen genügt nicht, wie mit guten Gründen bei Seuffert XVI. 111 ausgeführt ist, daß eine versiegelte Schenkungsurkunde dem Gericht überreicht werde.

[74]) Savigny § 167 S. 217. 218. R.G. Entsch. B. 5 S. 135, B. 8 S. 144.

[75]) Savigny S. 219. Für das Uebermaß ist die Schenkung nicht Usukapionstitel, und der Beschenkte ist insoweit als unredlicher Besitzer anzusehen, „weil er weiß, daran kein Eigenthum zu haben", freilich auch wieder insoweit nicht, als er annehmen kann, mit dem Willen des Eigenthümers zu besitzen. Savigny S. 219. Daß auch gegen den dritten Besitzer vindizirt werden kann, folgt aus der Nichtigkeit der Schenkung. l. 5 § 18 D. XXIV. 1. l. 36 pr. eod. l. un. § 5 C. V. 13.

[76]) S. hierüber Savigny S. 587 fg., bes. S. 596 f. 599. Beilage X.

[77]) I. 11 § 1063. Wirklich gerichtliche Form, dorfgerichtliche Form genügt nicht. Strieth. B. 100 S. 243. Nur schriftliche Form verlangt das österr. G.B. § 943. Erklärung zu gerichtlichem Protokoll oder gerichtliche Bestätigung nach sächs. G.B. § 1056. Der Entwurf des B.G.B. § 440, Entw. II. § 465, Reichstagsvorlage § 513 Abs. 1 fordert gerichtliche oder notarielle Form des Schenkungsversprechens und der schenkungsweise übernommenen abstrakten Verpflichtung.

[78]) Koch, R. d. F. III. S. 167 a. E. 168. Nicht bloßes Anerkennen der Unterschrift eines Schenkungsakts, sondern Erklärung vor Gericht. War die Schenkung unter ein anderes verpflichtendes Geschäft verdeckt, für das dissimulirende Geschäft aber die gerichtliche Form gewahrt, so genügt dies der Formvorschrift. R.G. Entsch. B. 15 S. 293.

[79]) Jahrb. B. 41 S. 23 f.

[80]) Auch so nach österr. Recht. Unger S. 205.

[81]) Vergl. Entwurf des B.G.B. § 441. Entw. II. § 465 Abs. 2, Reichstagsvorlage § 513 Abs. 2. Der Ausführung der Schenkung kann ein formell unverbindliches Schenkungsversprechen vorgegangen sein; die Ausführung erledigt dann das Schenkungsversprechen nach der obligatorischen Seite.

Summe wirklich [82]) übergeben worden, das Geschenk nicht wegen mangelnder Form widerrufen werden [83]).

Bei körperlich übergebenen unbeweglichen Sachen schloß das Landrecht die Rückforderung aus, wenn die justa causa der Uebergabe, der Titel, in schriftlicher Form erklärt worden war. Dem außergerichtlichen schriftlichen Vertrag war insofern die Kraft einer verbindlichen Punktation beigelegt [84]). Zur Zeit vollendet bei Grundstücken erst die Auflassung die bei der Schenkung beabsichtigte Bereicherung des Beschenkten. Diese heilt aber auch in diesem Falle die mangelnde Form des Schenkungsversprechens, sodaß es auf die Schriftform nicht mehr ankommt [85]). Ist aber das Grundstück nicht aufgelassen, sondern nur übergeben, so läßt sich zwar ausführen, daß die Uebergabe, weil dadurch der Eigenthumsübergang nicht mehr ausgeführt wird, die alte Bedeutung nicht mehr haben könne; das Gesetz hat aber diese Folgerung nicht gezogen, und es rechtfertigt sich deshalb nicht, der landrechtlichen Bestimmung, die neben der dinglichen Wirkung der Uebergabe eine obligationsrechtliche Einwirkung der Schriftform für den Fall des Hinzukommens der Uebergabe regelt, die noch fortdauernde Geltung zu versagen. Noch jetzt kann also ein schriftliches Schenkungsversprechen bezüglich eines übergebenen Grundstücks die Kraft einer Punktation beanspruchen und die Klage auf Auflassung begründen.

---

[82]) I. 11 § 1068. Die geschenkte Sache muß nach der herrschenden Auffassung in den Gewahrsam des Beschenkten oder eines von der Person des Schenkenden verschiedenen Stellvertreters gekommen sein. Zwischen Schenker und Beschenktem muß die Rechtsübertragung völlig abgemacht sein. Bloß symbolische Uebergabe genügt nicht. Entsch. B. 62 S. 385. Striethorst B. 77 S. 190. Rehbein II. 398. R.G. bei Gruchot B. XXIV. S. 442. Auch beim constitutum possessorium wurde dies von Förster und anderen angenommen, weil es noch eine Klage auf Erfüllung übrig lasse; hiergegen spricht aber, daß § 1068 nur die von unbeweglichen Sachen handelnden §§ 1066. 1067 in Bezug nimmt, nicht den von der Uebergabe beweglicher Sachen redenden § 1065. Eine durch formgerechtes Konstitut übergebene bewegliche Sache ist im Eigenthum des Geschenknehmers; er vindizirt sie und braucht nicht mehr aus dem Vertrage zu klagen. Jedenfalls ist nicht abzusehen, weshalb brevi manu traditio nicht genügen soll, wie Förster ebenfalls ausführte. Bei dieser ist die geschenkte Sache nicht bloß in den Besitz des Beschenkten gelangt, sie findet sich auch in seinem Gewahrsam. Dem hat sich Dernburg II. § 162 Anm. 11 angeschlossen; wenigstens sagt er, die br. m. traditio werde „meist" den Effekt haben, dem Schenker die körperliche Herrschaft über die Sache zu nehmen. Eine Erklärung des besitzenden und thatsächlich fortbesitzenden Schiffseigenthümers an den das Schiff nur führenden, es nicht innehabenden Schiffer, diesem werde auf Grund einer Schenkung der Besitz übertragen, möchte ich nicht als br. m. traditio anerkennen; war aber dem Schiffer die Innehabung des Schiffs übertragen, und nun folgt jene Erklärung, so kann der Umstand, daß der frühere Schiffseigenthümer auf dem Schiffe bleibt, weder den Besitzwechsel noch den Eigenthumswechsel, also auch nicht die Perfektion der Schenkung hindern. — Ueber Erbschaftsschenkung s. oben Anm. 63.

[83]) I. 11 §§ 1065. 1066. In dem bei Strieth. B. 11 S. 71 behandelten Falle war das Geschenk der 1000 Thlr. durch Einhändigung an den Vormund vollwirksam geworden, ohne daß es der gerichtlichen Form bedurft hatte.

[84]) §§ 1066. 1067. Vergl. § 135 I. 5 und Koch's Note hierzu. Entsch. B. 1 S. 363.

[85]) E. Erwges. v. 5. Mai 1872 § 10. Dernburg B. II. § 162 Anm. 13 (vergl. auch Mamroth bei Gruchot B. 34 S. 603) hält §§ 1066. 1067 im Wesentlichen für antiquirt und mißt ihnen Bedeutung nur für den Fall bei, daß die geschenkten Grundstücke noch kein Blatt im Grundbuch haben, wobei er wohl stillschweigend voraussetzt, daß auch die Anlegung des Blatts nicht möglich sei.

Es bedarf ferner die schenkungsweise erfolgende Cession nicht der gerichtlichen Form, weil die Abtretungshandlung, der Uebergabe körperlicher Sachen analog, die Schenkung vollzieht[86]). Schenkweise Einräumung eines dinglichen Rechts, in dessen Besitz und Genuß der Beschenkte gesetzt wird, muß ebenfalls ohne gerichtlichen Vertrag als wirksam angesehen werden[87]). Nur bei dem noch zu erfüllenden Schenkungsversprechen hängt die Erzwingbarkeit von der

---

[86]) Entsch. B. 51 S. 121. Die Cession muß aber rechtsgiltig ausgeführt sein, d. h. es muß also die Abtretung bei verbriefter Forderung schriftlich erfolgt sein. Auch ist regelmäßig nothwendig, daß die schriftliche Cession dem dadurch Beschenkten eingehändigt, nicht etwa in der Hand des Geschenkgebers geblieben ist: aber auch letzteres genügt, wenn Beschenkter in derselben Urkunde acceptirt hat. Vergl. Schles. Arch. B. 4 S. 472. Entsch. B. 20 S. 128, B. 2 S. 260. Strieth. B. 9 S. 192c. B. 43 S. 268b. R.G. bei Gruchot B. 34 S. 956. Boots in der Arnsb. jurist. Monatsschr. I. 321. Aushändigung der Schuldurkunde und, bei Abtretung hypothekarischer Forderungen, notarielle Beglaubigung waren von Förster zu Unrecht erfordert. Sie gehören nicht zur Perfektion der Abtretung. Vergl. in erster Beziehung gegen Entsch. B. 82 S. 16 Rehbein II. 401: R.G. Entsch. B. 4 S. 225. S. B. I. § 99 unter IV. Auch nach österr. R. ist die Cession von der besonderen Schenkungsform befreit. Unger S. 205 Note 15. — Schenkung durch Delegation, Expromission, Erlaß bedarf nicht der gerichtlichen Form (Entsch. B. 5 S. 261, B. 13 S. 190. Rehbein II. 400. Strieth. B. 43 S. 269c). Dabei wird aber vorausgesetzt, daß der Beschenkte bei der Delegation wirklich in die Lage gebracht ist, über die geschenkte Forderung wie über seine eigene zu verfügen, d. h. gegen den Delegaten zu klagen, und daß er bei der Expromission und dem Erlaß durch die Befreiung von seiner Schnld eine Vermögensvermehrung erhalten hat, d. h. er muß bei der Expromission eine Einrede gegen den Gläubiger, bei dem Erlaß eine Einrede gegen den Schenkenden gebrauchen können. Der beschenkte Delegatar hat also auch das Recht, die etwaige Schenkungsurkunde zu beanspruchen. — Daß die Schenkung eines Sparkassenbuchs über mehr als 150 Mk. nicht durch dessen Uebergabe vollzogen werde, sondern schriftliche Cession der Forderung an die Sparkasse verlange, ist mit Recht ausgeführt bei Gruchot II. 424, V. 403. So auch Striethorst B. 65 S. 78, B. 89 S. 111. Dabei ist aber zu beachten: Wenn A. dem B. das Sparkassenbuch schenkungsweise übergeben, und B. es in Gemäßheit der ihm ertheilten Ermächtigung realisirt hat, so kann A. den ausgezahlten Betrag von B. nicht kondiziren. Strieth. B. 89 S. 111, B. 97 S. 237, Rehbein II. 404. Vergl. auch Lehmann bei Gruchot B. 12 S. 840. R.G. Entsch. B. 9 S. 243, B. 17 S. 295. Anders ist die Sache angesehen, wenn B. nur das Buch auf einen anderen Namen hat umschreiben lassen. R.G. bei Gruchot B. 32 S. 965. Förster nahm im Anschluß an v. Krätwel bei Gruchot XVI. 323 an, daß die bloße Uebergabe genüge. Aber der Grund, daß der Inhaber des Buchs berechtigt werde, die Einlage einzuziehen, ist unrichtig: die Sparkasse ist nur befugt, nicht verpflichtet, an ihn ohne Legitimationsprüfung zu zahlen.

[87]) Entsch. B. 13 S. 239 ist die gerichtliche Form für nothwendig erachtet, — im vorliegenden Fall richtig, weil die Einräumung der Nutzung nur versprochen war; aber die Gründe verlangen unrichtig allgemein die Wahrung der gerichtlichen Form. Schenkweise Einräumung einer Grundgerechtigkeit erfordert als Modus die Schriftform. In R.G. Entsch. B. 2 S. 4 wird auch in der schenkweise erfolgten Ausstellung eines eigenen Wechsels des Schenkers eine perfekte Schenkung gesehen, gewiß mit Recht, wenn eben der Wechselanspruch den Gegenstand der Schenkung bilden sollte, Bedenken wären zu erheben, wenn der Wechsel nur Zahlungshalber zur Deckung des auf Geld gerichteten Schenkungsversprechens ausgestellt wäre. Eine Schenkung, die in der Weise auszuführen versucht ist, daß der Geschenkgeber simulatim eine Schuldurkunde über ein Darlehn an eine interposita persona ausstellt, welche sodann die Darlehnsforderung dem Geschenknehmer cedirt, ist nicht ausgeführt, weil die cedirte Darlehnsforderung in Wahrheit nicht besteht. Entsch. B. 69 S. 25. Sollte der ursprüngliche Scheindarlehnsgläubiger beschenkt werden, so ist das Schenkungsversprechen mangels der gerichtlichen Form unverbindlich. Eine Hinüberziehung der Bähr'schen Ansicht, daß solchen Falls eine abstrakte Schuld konstituirt werde, ist für das preußische Recht jedenfalls abzulehnen.

gerichtlichen Form ab, weder notarielle noch einfache Schriftlichkeit begründen die Klage auf Erfüllung[88]).

Das A.L.R. hat noch die weitere Vorschrift, daß der Schenkende bei gerichtlicher Abschließung des Vertrages ausdrücklich zu versichern habe, daß das Geschenk die Hälfte seines Vermögens nicht übersteige; dabei soll ihm das Gesetz nebst den Folgen seiner Angabe deutlich ausgelegt werden, und wie dieses geschehen sei, in dem Protokoll ausdrücklich bemerkt werden[89]). Diese Bestimmung findet sich aber bei der Regelung des Widerrufs der Schenkung wegen Uebermaßes, nicht da, wo von der Form des Schenkungsvertrages die Rede ist. Danach besteht jetzt[90]) volle Uebereinstimmung darüber, daß Nichtbeachtung dieser Vorschrift die Schenkung nicht formell ungiltig macht, sondern nur diesen besonderen Grund zum Widerruf nicht ausschließt. Darum ist es auch möglich und zulässig, die Schenkung eines ganzen Vermögens, obschon bei ihr jene Erklärung nach ihrem widersprechenden Inhalt nicht abgegeben werden kann, „rechtsgiltig" vorzunehmen. Wird die Schenkung des ganzen Vermögens ohne gerichtlichen Vertrag sofort durch Uebergabe (Tradition der einzelnen Sachen und Cession der Rechte) vollzogen, so ist freilich die Schenkung erst gesichert, wenn der Zeitablauf von drei Jahren das Widerrufsrecht beseitigt hat, weil der Verzicht auf den Widerruf wegen Uebermaßes nur in der gerichtlichen Form wirksam ist[91]).

Wie bereits oben erwähnt, kann die Annahme der Schenkung in jeder Form erfolgen. Ein gerichtlicher Vertrag[92]) liegt zwar nur vor, wenn auch der Geschenknehmer die Annahmeerklärung gerichtlich abgegeben hat. Aber wie derjenige, der schriftlich oder zu Protokoll sich zum Abschluß eines schriftlich zu schließenden Vertrages bekennt oder einseitig die Vertragserklärung abgegeben hat[93]), sich auf den Mangel der Schriftform nicht berufen kann, muß dasselbe von dem Schenker gelten, der in gerichtlicher Form das Schenkungsversprechen abgegeben oder sich dazu bekannt und die Urkunde dem Promissar eingehändigt hat.

B. Der mögliche Widerruf der Schenkung ist die zweite Besonderheit dieses Rechtsgeschäfts[94]); sie trifft nicht nur das Schenkungsversprechen, sondern ebenso die schon vollzogene Schenkung. Die Möglichkeit der Widerrede ist eine Ausnahme von dem Rechtssatz, daß giltig errichtete Geschäfte

[88]) I. 11 § 1069. Ueber die Nachwirkung deutschrechtlicher Ideen bei der Klage auf Erfüllung eines Schenkungsversprechens s. Laband, Die vermögensrechtlichen Klagen nach den sächsischen Rechtsquellen des Mittelalters. 1869 S. 150.

[89]) I. 11 § 1094. 1095.

[90]) Abweichend Koch im Komm. zu § 1094, R. d. F. S. 168f. 213. Vergl. Svarez, Jahrb. B. 41 S. 29f.

[91]) S. auch Göppert, Beitr. z. Lehre v. Miteigenthume S. 116 Note 1. Im Privatrecht B. 2 S. 286 § 611 a. A. hat Koch im Widerspruch mit seinen anderen Schriften die richtige Ansicht.

[92]) I. 11 § 1063.

[93]) I. 5 § 185. Vergl. B. I. § 75 Anm. 21.

[94]) Savigny S. 214f. §§ 168. 169. Koch, R. d. F. S. 174fg. Unger S. 212fg. Pollack a. a. O.

unwiderruflich sind[95]); der Widerruf wird auch hier nicht anders gestattet als aus besonderen Gründen. Eine ungiltige Schenkung bedarf nicht des Widerrufs[96]); aber die giltige Schenkung, das gerichtliche Schenkungsversprechen, die durch Uebergabe vollzogene Schenkung kann durch Widerruf ihre ursprüngliche Kraft verlieren. Beim Widerruf handelt es sich nicht um Vertragsaufhebung[97]). Vielmehr entzieht sich der Verpflichtete einseitig seiner Verpflichtung und fordert darauf hin auch das Gegebene zurück. Der Fall ist verwandt mit den Rückforderungsrechten (den Kondiktionen, die wegen mangelnden Rechtsgrundes gegeben sind), insofern mit dem Widerruf der Grund zum Haben des Geschenks wegfällt[98]).

Das römische Recht gestattet in zwei Fällen dem Geber, seinen Willen zu ändern: wegen nachgeborener Kinder und wegen Undankbarkeit des Empfängers. Beide Fälle knüpften sich im älteren Recht an das Patronatsverhältniß an[99]), der letztere hat dann durch Justinian[100]), der erstere durch die gemeinrechtliche Praxis[101]) eine allgemeine Anwendbarkeit erhalten. Ein Widerruf wegen Uebermaßes war dem römischen Recht fremd, weil es hiergegen schon durch seine Vorschrift über die Form Vorsorge getroffen hatte. Das steht nach A.L.R. anders. Die gerichtliche Form hat zur Höhe des Geschenks keine Beziehung, sie soll nur das Schenkungsversprechen klagbar machen. Deshalb war, um übermäßige Schenkungen zu verhüten, folgerecht, daß man einen besonderen Widerrufsgrund aufstellte. Damit erschöpften sich aber die Fälle des eigentlichen Widerrufs, soweit solcher dem Geber selbst zusteht, und wenn das A.L.R. unter diese noch die spätere Verarmung des Gebers zählt[102]), so giebt es doch bei solcher dem Schenkenden nur ein Recht auf Unterhalt, das sich wesentlich vom Widerruf unterscheidet.

Die einzelnen Regeln des A.L.R. über den Widerruf sind folgende:

1. Ohne besonderen Grund für die Willensänderung kann der Geber jede außergerichtliche Schenkung, also jede ohne gerichtliche Schenkungsversprechen durch Uebergabe vollzogene, innerhalb von sechs Monaten seit der Uebergabe widerrufen[103]). Dies ist eine dem preußischen Recht ganz

[95]) Grundsätzlich ist die Unwiderruflichkeit auch für die Schenkung anerkannt in § 1089 d. T. Vergl. österr. Ges.B. § 946.
[96]) Oben B. I. § 41, § 87 im Eingang.
[97]) Oben B. I. § 87. Savigny S. 226.
[98]) Savigny S. 225.
[99]) Savigny S. 228. 229 f.
[100]) l. 10 C. VIII. 56.
[101]) Lauterbach ad. XXXIX. 5 §§ 53—57. Wernher II. 10 obs. 371. Höpfner, § 412 Nr. 3, der diesen Widerrufsgrund auf die stillschweigende Klausel rebus sic stantibus zurückführt. Koch, R. d. F. S. 177. Windscheid § 367 a. E. gegen die gemeinrechtliche Geltung dieses Widerrufsgrundes.
[102]) I. 11 § 1123 fg.
[103]) I. 11 § 1090. Dem Entwurf des B.G.B. fremd. Ein Vertreter, der im Namen des Schenkers widerruft, muß sich nach allgemeinen Grundsätzen über sein Vertretungsrecht ausweisen. Strieth. B. 65 S. 122. Bei einer Schenkung durch Eheleute aus dem gütergemeinschaftlichen Vermögen kann der Widerruf nicht kraft des Verwaltungsrechts

eigenthümliche Bestimmung. Außer der Zeitgrenze hat die Willkür des Gebers hier keine Schranken. Aber eben darum weil dieser Widerruf allein aus der Willensänderung des Schenkenden hervorgeht, keiner besonderen objektiven oder thatsächlichen Gründe bedarf, ist es der Natur der Sache widersprechend und ein Fehlgriff, einen solchen Widerruf dem Erben des Gebers zu gestatten. Der Erbe kann den Willen des Erblassers nicht ändern, und die bloße Fähigkeit oder Möglichkeit, den Willen zu ändern, läßt sich nicht vererben[104]). Mit Ablauf der sechs Monate erlischt dieses willkürliche Widerrufsrecht, aber nur dieses Widerrufsrecht, das nicht die Bedeutung der Anfechtung einer ungiltigen Schenkung hat. Die davon ganz verschiedene Anfechtung aus allgemeinen gesetzlichen Gründen z. B. wegen wesentlichen Irrthums wird auch später nicht versagt[105]). Als Schenkung durch „Uebergabe" sind alle die-

---

des Ehemanns von diesem, sondern nur gemeinschaftlich ausgeübt werden. R.G. Entsch. B. 33 S. 247.

[104]) Präj. 1554. Entsch. B. 11 S. 256, B. 66 S. 46. Rehbein II. S. 407, Striethorst B. 93 S. 157, B. 100 S. 112, R.G. bei Gruchot B. 26 S. 971, R.G. Entsch. B. 12 S. 289, B. 15 S. 226 zeigen, daß die Praxis an der entgegengesetzten Ansicht festhält und das Revokationsrecht dem Erben und dem Nachlaßpfleger zuschreibt. Die Regel von der Vererblichkeit aller Rechte ist richtig für alle an objektive Voraussetzungen geknüpften Vermögensrechte: die von den sonstigen Regeln des Vertragsrechts abweichende gesetzliche Möglichkeit eines Widerrufs wegen einfachen Sinneswechsels ist aber etwas streng persönliches. Deutlicher als im § 1065 geschehen, kann ein Gesetz nicht aussprechen, daß die ausgeführte Schenkung einer beweglichen Sache nachher nicht mehr wegen Formmangels angefochten werden kann, daß also § 1090 nicht von solcher Anfechtung, sondern von der Neubegründung einer Rückforderung durch den erklärten Willen des Widerrufs handelt. Allerdings hebt § 1112 die Unvererblichkeit des Widerrufs nur bei dem Widerruf wegen Uebermaßes hervor. Hier konnte man aber den Zweifel haben, ob es sich nicht um ein an objektive Voraussetzungen geknüpftes Recht, das vererblich sei, handle. Auch beim Wiederkauf und dem Reukauf geht das Landrecht (I. 11 §§ 314. 316. 318. 332) von der Regel der Unvererblichkeit aus; nur wenn eine bestimmte Zeit festgestellt ist, mit der das Recht erlöschen soll, wird diese Willenserklärung dahin gedeutet, daß dadurch das Recht auch für die Erben stipulirt sei. — Hat der Geschenkgeber dem Beschenkten den Widerruf formlos kund gegeben, so ist die Rückforderung (Kondiktion) für ihn als eine vererbliche begründet. — Konsequenz des Standpunkts der Praxis wäre, daß das Widerrufsrecht auch für Gläubiger des Geschenkgebers gepfändet werden könnte, um gegen den Willen des Geschenkgebers bei den für den Gläubiger unanfechtbaren Gelegenheitsgeschenken geübt zu werden, und daß auch der Konkursverwalter bei solchen Geschenken, die er nicht anfechten kann, zu widerrufen berechtigt ist. Die Theorie ist einstimmig — Dernburg mit Resignation gegenüber der einmal feststehenden Praxis — gegen deren Richtigkeit. In R.G. Entsch. B. 34 S. 204 wird der Standpunkt der Praxis wenigstens als fragwürdig anerkannt, indem zugleich der Satz ausgesprochen wird, daß eine Erbenmehrheit den Widerruf jedenfalls nur gemeinschaftlich üben dürfen. Auch das am Schluß der Anm. 103 erwähnte Urtheil ist nur richtig, weil die Rückforderung erst nach dem vom Schenker gefaßten Willensentschluß des Widerrufs besteht.

[105]) Das hat jedoch das O.Trib. (Striethorst B. 21 S. 128, Rehbein I. 248) verneint. Es handelte sich nicht um Widerruf im technischen Sinn, sondern um Anfechtung einer außergerichtlich vollzogenen Schenkung wegen ausdrücklich erklärten irrigen Beweggrundes, nach Ablauf von 6 Monaten. Der erste Richter hatte § 150 I. 4 angewendet. Das O.Trib. sagt ohne weitere Ausführung, § 150 passe nicht, es müsse § 1090 f. I. 11 oder § 166 f. I. 16 zur Anwendung kommen. Der § 150 I. 4, welcher auf freigebige Willenserklärungen sich bezieht, macht aber keinen Unterschied zwischen Schenkungen, Zahlungen und anderen freigebigen Zuwendungen. Es ist auch in der That kein Grund zu finden, weshalb eine Schenkung und deshalb nicht mehr als „unkräftig", d. h. als ungiltig angefochten werden soll, weil der Widerruf aus § 1090 nicht mehr statthaft ist.

jenigen Schenkungen anzusehen, die im Sinne der obigen Ausführungen durch die in's Werk gesetzte Zuwendung des Vermögensvortheils perfekt geworden sind. Auch die Schenkung eines Grundstücks durch Auflassung gehört hierher. Daß bei ihr der Mangel der Form geheilt wird, hat, wie oben angegeben, die Bedeutung, daß es nicht neben der Auflassung, wie früher bei der Uebergabe, einer Schenkungsschrift bedarf. Die ausgeführte Schenkung ist ebenso giltig wie die gerichtliche, es liegt bei ihr nicht wegen des Mangels eines gerichtlichen Schenkungsversprechens ein noch zu heilender Formmangel vor. Das Gesetz sagt nicht, daß die Auflassung einem Geschäft, das bei Anwendung besonderer Formen in seinen Wirkungen besser gesichert ist, als das formlose, die besonderen Wirkungen beilege; es heilt nur die aus dem Formmangel entspringende Ungiltigkeit. Aus der in der Praxis der Gerichte bezüglich der Vererblichkeit des Widerrufs hervortretenden Auffassung sind freilich andere Folgerungen herzuleiten.

2. Die besonderen Gründe sind: a. Uebermaß läßt innerhalb dreier Jahre vom Tage der Uebergabe oder des gerichtlichen Vertragsschlusses widerrufen[106]). Uebermäßig ist jede Schenkung, welche die Hälfte des Vermögens zur Zeit des gerichtlichen Vertrags oder der Uebergabe übersteigt. Wird zwischen dem bindenden Vertrag und der Zeit der Uebergabe widerrufen, so wird auf den Zustand des Vermögens, wie er alsdann (d. h. zur Zeit der Ausübung des Widerrufs) beschaffen war, Rücksicht genommen[107]). Die Schenkung des ganzen Vermögens ist stets eine übermäßige und also innerhalb jener Zeit unbeschränkt widerruflich. Bei der Schenkung eines Vermögenstheils kommt es auf sein Verhältniß zum Ganzen an. Dies kann oft eine sehr schwierige und zweifelhafte Berechnung nöthig machen, namentlich wenn das Geschenk in fortlaufenden, zu bestimmten Zeiten sich wiederholenden Zuwendungen besteht, oder wenn dieselbe Person zu gleicher Zeit und durch denselben Akt mehreren Personen schenkt. Das A.L.R. hat nicht unterlassen, solche Fälle kasuistisch zu behandeln[108]). Das Widerrufsrecht wegen Uebermaßes wird beseitigt durch die oben schon erwähnte Erklärung des Gebers in dem gerichtlichen Schenkungsvertrage, daß das Ge-

---

[106]) I. 11 §§ 1091—1112. Koch, R. d. F. III. S. 197. Dem Entwurf des B.G.B. fremd.

[107]) I. 11 §§ 1097. 1098.

[108]) S. I. 11 §§ 1099—1111. Die Erörterung dieser §§ hat wissenschaftlich kein Interesse. Koch, R. d. F. III. S. 198f. Ueber § 1106 vergl. Entsch. B. 61 S. 54. Im röm. R. werden diese Fragen erörtert, um die Nothwendigkeit der Insinuation festzustellen. Seuffert B. 8 Nr. 131. 285, B. 1 S. 308. Holzschuher, 3. A. IV. S. 480fg. In § 1111 ist angeordnet: sobald sich findet, daß Jemand mehr als die Hälfte seines Vermögens verschenkt habe, ist der Richter befugt und schuldig, zu untersuchen, ob nicht ein solcher Mensch als Verschwender unter Vormundschaft zu stellen sei. Diese Vorschrift sagt aber nicht, daß Jeder, der mehr als die Hälfte verschenkt, deshalb für einen Verschwender anzusehen ist, sondern es solle nur untersucht werden, ob Verschwendung vorliege; also Leichtsinn, Unbesonnenheit müssen ermittelt werden. Gegenwärtig ist die Vorschrift antiquirt, weil nach § 621 C.P.O. die Erklärung für einen Verschwender nur auf Antrag eines nach § 595 Abs. 1 ebenda Antragsberechtigten, und dann nur unter freier Würdigung der Thatsachen erfolgen kann.

schenk die Hälfte seines Vermögens nicht übersteigt. Diese Erklärung ruft eine Belehrung des Richters hervor, die darin besteht, daß er dem Geber das Gesetz und die Folgen seiner Angabe erklärt. Er hat ihm also klar zu machen, daß nach einer solchen Angabe das Geschenk wegen Uebermaß nicht mehr widerrufen werden darf — es sei denn, daß er nachweisen könne, er habe irrthümlich ohne grobes Versehen sein Vermögen für größer gehalten[109]). Jene Erklärung des Gebers und diese Belehrung des Richters muß ausdrücklich im Protokoll, und zwar so, wie sie geschehen ist, vermerkt werden[110]). Nur wenn dieses beobachtet, ist der Widerruf wegen Uebermaßes ausgeschlossen. Aber es ist zu bemerken: der Geber ist nicht verpflichtet zu jener Erklärung, und die Belehrung des Richters wird erst nöthig, wenn jener freiwillig diese Erklärung abgegeben hat. Unterbleibt sie, so folgt daraus, daß der Geber sich den Widerruf für die nächsten drei Jahre offen halten will. Hat der Geber seinen Entschluß, wegen Uebermaßes zu widerrufen, bereits gerichtlich erklärt — aber nur in diesem Fall —, so sind auch seine Erben berechtigt, diesen begonnenen Widerruf zur Ausführung zu bringen[111]).

b. Grober Undank[112]). Wenn der Empfänger[113]) den Geber[114]) vorsätzlich oder aus grobem Versehen getödtet, verwundet, geschlagen, oder sonst dessen Leben und Gesundheit gefährdet hat, wenn er ihm eine schwere Ehrenkränkung[115]) zugefügt, wenn er boshaft oder aus unerlaubtem Eigennutz sein Vermögen beschädigt hat oder hat beschädigen wollen, und der Nachtheil nur zufällig nicht eingetreten ist[116]), in allen diesen Fällen kann sowohl das Schenkungsversprechen als eine vollzogene Schenkung widerrufen werden. Die Annahme der Undankbarkeit ist ausgeschlossen, wenn sich der Empfänger

---

109) I. 11 §§ 1094—1096.

110) I. 11 § 1095.

111) I. 11 § 1112. Mehrere Erben gemeinschaftlich; ist der Beschenkte ein Miterbe, so genügt die Uebereinstimmung der anderen. Strieth. B. 59 S. 264, B. 100 S. 112. Wegen der Form vergl. Anm. 138.

112) I. 11 §§ 1151—1161. I. 10 C. VIII. 56. Koch, R. d. F. III. S. 178. Savigny S. 230. Unger S. 213. Nach österr. Gesetzbuch § 948 entscheidet, ob die Handlung des Beschenkten von Amtswegen oder nach Verlangen des Gebers nach dem Strafgesetz verfolgt werden kann. Sächs. G.B. § 1059. Vergl. Entwurf des B.G.B. §§ 449—452, Entw. II §§ 175—178, Reichstagsvorlage §§ 523—526.

113) Der Undank seiner Erben begründet den Widerruf nicht.

114) Die Undankbarkeit muß sich gegen den Geber selbst richten.

115) Das Reichs-Strafgesetz (auch schon das preußische von 1851) hat die Eintheilung der Ehrenkränkungen des II. 29 A.L.R. nicht aufgenommen. Der Richter hat nach der auch von Dernburg II. § 164 Anm. 20 angenommenen Ausführung Förster's im einzelnen Fall zu ermessen, ob die Beleidigung eine schwere ist. Nach Ansicht des Herausgebers ist freilich diese Ansicht nicht durch den Wegfall der strafrechtlichen Unterscheidung zu begründen, vielmehr sind die an die Unterscheidung in §§ 576 ff. II. 20 geknüpften civilrechtlichen Folgen noch immer nach dieser Bestimmung zu beurtheilen, und dies müßte selbst dann geschehen, wenn Injurien jetzt ganz straflos wären: Materiell ist aber der Satz doch begründet, da nächst den speciellen Vorschriften der §§ 576—581 auch § 582 II. 20 auf das Ermessen verweist, ob unter den besonderen Umständen, die dem Beleidiger bekannt waren, die Ehre des Beleidigten empfindlich gekränkt ist.

116) Also auch der Versuch gilt als Undankbarkeit. Die einzelnen Fälle sind nicht analog auf andere auszudehnen (ex his tantummodo causis). Savigny S. 233.

bei seiner Handlung in der Selbstvertheidigung befunden hat[117]). Der Erbe des Gebers hat, wenn dieser durch den Empfänger sein Leben oder den Gebrauch seiner Verstandeskräfte verloren hat, das Recht des Widerrufs aus der Person des Erblassers auszuüben, indem, wie sich Koch richtig ausdrückt, die Willensänderung des letzteren fingirt wird[118]). Sonst ist an sich auch hier dieses Recht nicht vererblich, wenn nicht schon der Erblasser seinen Willen, das Geschenk zu widerrufen, gerichtlich erklärt hat, es sich also nur um eine Ausführung des bereits begonnenen Widerrufs handelt[119]). Die Erklärung muß aber regelmäßig eine gerichtliche gewesen sein, um die Vererbung zu begründen. Ist die Erklärung nur außergerichtlich abgegeben, so kann der Erbe den Widerruf nur dann fortsetzen, wenn erhellet, daß der Erblasser gerade nur durch den Tod verhindert worden ist, den Undank gerichtlich zu rügen[120]). Dies muß vom Erben bewiesen werden[121]). Korporationen können nicht undankbar sein, daher ist ein ihnen zugewiesenes Geschenk aus diesem Grunde nicht widerruflich, aber der Schenkende soll doch berechtigt sein, diejenigen Mitglieder der Korporation, von denen er beleidigt worden, von den Vortheilen des Geschenks auszuschließen[122]).

c. Nachgeborene Kinder[123]). Ein Widerruf aus diesem Grunde darf nur gegen ein Schenkungsversprechen, nicht gegen eine durch Uebergabe vollzogene Schenkung gerichtet werden[124]); er ist ausgeschlossen, wenn der Geber zur Zeit des Versprechens schon Kinder hatte und deren Zahl in der Folge sich nur vermehrt, sowie wenn das Geschenk einem Verwandten in aufsteigender Linie oder einem außer einer Ehe zur rechten Hand erzeugten Kinde zugewendet ist. Unter nachgeborenen Kindern sind die Descendenten, die aus einer Ehe zur rechten Hand erzeugt oder die nachträglich legitimirt sind, nicht aber adoptirte Kinder zu verstehen. Eine Mutter kann auch widerrufen, wenn sie nachher außerehelich oder in einer Ehe zur linken Hand

---

117) I. 11 § 1156.

118) I. 11 § 1157. Koch, R. d. F. III. S. 181c.

119) I. 11 § 1158. Grundsätzlich stimmt das A.L.R. mit dem röm. R. l. 7. 10 C. VIII. 56. Koch, R. d. F. III. S. 179. Anders nach österr. R. § 949, welches die Widerrufsklage aktiv und passiv vererblich erklärt. Das sächs. G.B. §§ 1060. 61 stimmt mit dem preußischen Recht. Nach dem Entwurf des B.G.B. (vgl. Anm. 112) steht der Widerruf dem Erben nur zu, wenn der Beschenkte den Schenker getödtet oder am Widerruf verhindert hat.

120) I. 11 § 1159. Nach dem Entwurf genügt jede Erklärung gegenüber dem Beschenkten.

121) Der Streit, ob das Wort „erhellen" den nothwendigen Eid ausschließt (Koch zu § 1159 und R. d. F. III. 81b) ist nach dem Beweissystem der Civilprozeßordnung jetzt ein müßiger.

122) I. 11 §§ 1160. 1161.

123) I. 11 §§ 1140—1150. Die neuere Theorie will im Widerspruch mit der herrschenden Praxis diesen Widerrufsgrund für das gemeine Recht verwerfen. Savigny S. 228. Oesterr. Ges.B. § 954 verwirft diesen Widerruf. Dem Entwurf des B.G.G. ist dieser Widerruf fremd.

124) I. 11 § 1142. Entsch. B. 38 S. 96. Striethorst B. 28 S. 251c. In der gemeinrechtlichen Praxis (vergl. l. 6 C. VIII. 56) wurde die Schenkung durch nachgeborene Kinder als ipso jure aufgehoben angesehen, indem man annahm, die Schenkung sei nur unter der Klausel rebus sic stantibus zugewendet. Von dieser Auffassung ist das A.L.R. frei, es nimmt hier einen eigentlichen Widerruf an.

Kinder geboren hat. Auf die Zahl der nachgeborenen Kinder kommt nichts an. Sind sie wieder gestorben, so kann hinterher nicht widerrufen werden, aber war bei ihrem Tode der Widerruf bereits ausgeübt, so kehrt das Geschenk nicht an den Beschenkten zurück[125]). Vererblich ist auch dieses Widerrufsrecht nicht. Das Recht pflichttheilsberechtigter Kinder gegenüber einem Geschenk, das der Erblasser nicht widerrufen hat, die Verletzung ihres Pflichttheils geltend zu machen, beruht auf anderem Grund[126]).

3. Der Widerruf wird durch den Geber, abgesehen von dem unter 2a und b Hervorgehobenen, in jeder Form erklärt; er kann durch eine Klage und Einrede verfolgt werden. Durch letztere vertheidigt sich der Schenkende gegen die Klage auf Erfüllung des Schenkungsversprechens, durch erstere strebt er, das wieder zu erlangen, was er durch die Schenkung fortgegeben hat, um was er durch diese ärmer geworden. Der nur gegenüber einem Schenkungsversprechen zuläßige Widerruf wegen nachgeborener Kinder kann also nur als Einrede oder als negative Feststellungsklage praktisch vorkommen. Die Widerrufsklage (a. revocatoria) hat nicht die Natur einer Vindikation; es wird vom Empfänger zurückgefordert, was der Geber giltig veräußert hatte[127]). Die Klage geht auf Rückgabe beziehungsweise Zurückauflassung der geschenkten Sache, Rückcession des geschenkten Rechts, Erstattung des Gezahlten, Zahlung der erlassenen Schuld, auf Früchte und Zinsen. Die Forderung erleidet aber die Beschränkung, daß der beklagte Empfänger durch die Restitution nicht ärmer werden darf, als er ohne das Geschenk gewesen wäre[128]). Er hat also nur die wirklich noch vorhandene Bereicherung herauszugeben, an die Stelle der veräußerten Sache tritt ihr gelöster Werth[129]). Ist aber dem Beschenkten die Erklärung des Widerrufs gerichtlich zugestellt[130]) oder ist deshalb schon Klage erhoben, so haftet er von da ab dem Widerrufenden gegen-

[125]) Das ist eine von der gemeinrechtlichen Praxis abweichende Einschränkung. Koch, R. d. F. III. S. 186. Entsch. B. 38 S. 96f.

[126]) Vergl. Entsch. B. 15 S. 175.

[127]) Förster bezeichnete die Klage im Anschluß an Savigny S. 231. Koch, R. d. F. III. S. 175, als condictio ex lege, richtiger scheint sie als condictio ob causam finitam bezeichnet werden zu müssen. Vergl. v. Bothmer im Arch. f. civ. Prax. B. 61 S. 345. Ueber die Verwechselung der actio revocatoria mit der Anfechtung einer Schenkung als unkräftig, in Strictborst B. 21 S. 129f., s. oben Note 104. — Sächs. G.B. § 1061.

[128]) Savigny S. 239. Koch, R. d. F. III. S. 182.

[129]) I. 11 § 1165. Savigny S. 237. Koch S. 182. Gegen Dritte ist die Klage niemals zu richten. Hat der Beschenkte die Sache weiter verschenkt, oder ist sie zufällig untergegangen, und befindet sich in Folge dessen in dem Vermögen des Beschenkten keine Bereicherung mehr, so ist die Klage auch gegen ihn unstatthaft. Unger, S. 215f. Ueber den Beweis der „noch vorhandenen Bereicherung“, wenn die Zuwendung in baarem Gelde bestanden, vergl. Entsch. B. 49 S. 106. Unten § 148 bei Note 28.

[130]) So hat die Praxis — vergl. Striethorst B. 9 S. 192, bes. S. 200, — den gerichtlichen Widerruf aufgefaßt, nicht einfach als gerichtliche Klage. Die bei Bornemann III. S. 389 mitgetheilte Aeußerung von Svarez führt, wie Koch zu § 1168 mit Recht annimmt, nicht zu einem andern Ergebniß, aber zwischen dem Widerruf und der von Dernburg als analog herangezogenen Protestation ist eine Analogie nicht zu erkennen. Gegenwärtig erfolgt die gerichtliche Erklärung nach § 1 Abs. 3 des Ausf.Ges. z. C.P.O. vom 24. März 1879.

über so wie der unredliche Besitzer dem vindizirenden Eigenthümer haftet[131]); von diesem Zeitpunkt hat er also zu vertreten, was ein unredlicher Besitzer zu vertreten haben würde. Beim Widerruf wegen Undanks wird die Obligation des undankbar Beschenkten sogar dahin erstreckt, daß er schon von dem Augenblick der begangenen Undankbarkeit als unredlicher Besitzer angesehen werden soll[132]). Er ist freilich in Wahrheit nicht unredlicher Besitzer, da er Eigenthümer der geschenkten Sache geworden ist; es handelt sich nur um eine an die Undankbarkeit sich knüpfende Erweiterung der Obligation[133]).

Weder vor noch bei dem Schenkungsversprechen, auch nicht bei der Uebergabe besteht die rechtliche Möglichkeit für den Geber, seinem Recht zum Widerruf zu entsagen[134]), außer wegen Uebermaßes — wie oben dargestellt — bei dem gerichtlichen Vertragschluß[135]). Daß das Widerrufsrecht, abgesehen vom Falle der Tödtung des Geschenkgebers, in deren Fall überhaupt nur von einem Rückforderungsrecht der Erben die Rede sein kann, nur unter der Voraussetzung vererbt wird, wenn der Erblasser seinen Willen zu widerrufen bereits erklärt hat, ist erwähnt; grundsätzlich ist also das Widerrufsrecht unvererblich[136]); gegen die Erben des Beschenkten gehen aber beide Rechtsmittel, wie gegen diesen selbst[137]). Die Widerrufsklage verjährt in 30 Jahren[138]); die Einrede gegen die Klage aus dem Schenkungsversprechen ist als solche unverjährbar, die Einrede wegen Undankbarkeit und wegen nachgeborener Kinder erlischt hiernach durch Zeitablauf überhaupt nicht, die Einrede wegen Uebermaßes geht zwar durch unbenutzten Ablauf der drei-

---

[131]) I. 11 § 1166. Die gerichtliche Erklärung des Widerrufs hat also die zwei besonderen Wirkungen, daß der Beschenkte in schlechten Glauben versetzt wird und daß der Erbe des Gebers die Ausführung des Widerrufs fortsetzen kann.

[132]) I. 11 § 1167.

[133]) Vergl. Koch's Note zu § 1167. Ebenso nach österr. G.B. § 949. Unger S. 216.

[134]) I. 11 § 1162. Vgl. Entw. des B.G.B. § 451, II. Entw. § 479, Bundesrathsvorlage § 528.

[135]) I. 11 §§ 1163. 1094—1096.

[136]) Das ist die Lehre des gemeinen Rechts, und das preuß. Recht ist nicht davon abgewichen. Selbst die Erwähnung des Erben in § 1162 beweist nichts dagegen, denn es versteht sich von selbst, daß hier nur an die Fälle gedacht ist, wo Erben ausnahmsweise den bereits begonnenen Widerruf des Erblassers fortsetzen dürfen. Ueber die unrichtige Entscheid. B. 11 S. 256 s. oben Note 104; über gemeines R. Savigny S. 231 a. E. Vergl. Entwurf des B.G.B. § 450.

[137]) § 1164. Hier weicht das gemeine Recht ab, da es auch gegen die Erben des Beschenkten den Widerruf versagt, wenn er nicht gegen ihren Erblasser bereits ausgesprochen war. Savigny S. 232f. Koch, R. d. F. III. S. 182.

[138]) Ein nicht aufrecht zu erhaltender unrichtiger Ausdruck Förster's war es, daß die Widerrufsklage wegen Uebermaßes in 3 Jahren verjähre. Die dreijährige Frist des § 1093 ist wie die sechsmonatige des § 1090 eine Frist zur Erklärung des Widerrufs, die nicht nach den Verjährungsgrundsätzen in ihrem Laufe gehindert und unterbrochen wird, und die durch jede rechtzeitige Erklärung des Widerrufs gewahrt ist. Daneben läuft die Verjährung der durch Rechtzeitigkeit jener Erklärung bedingten Revokationsklage. Die Widerrufserklärung braucht auch nicht gerichtlich zu sein, um die Frist zu wahren; an die gerichtliche Form sind nur die besonderen in Anm. 131 bezeichneten Wirkungen geknüpft. Der Entwurf des B.G.B. knüpft in § 451 Entw. II. § 478, Reichstagsvorlage § 526, die Erklärung des Widerrufs an eine einjährige Frist — auch hier ist nicht an eine Klageverjährung zu denken. Das Ablaufenlassen der Frist steht der Verzeihung gleich, die der Widerruf ebenfalls ausschließt.

jährigen Frist verloren, ist aber ebenfalls unverjährbar, wenn in dieser Frist der Widerruf irgendwie erklärt ist[139]).

4. An die Lehre vom Widerruf knüpft zum Schluß das A.L.R. noch folgenden sehr allgemein gehaltenen Satz: „wenn der Geschenkgeber eine zum Geschenk versprochene, aber noch nicht wirklich gegebene, bestimmte Sache vor der Uebergabe veräußert oder vernichtet, so ist dieses für einen stillschweigenden Widerruf des Schenkungsversprechens zu achten“[140]). Damit ist nicht gesagt, daß ein Schenkungsversprechen bis zur Erfüllung willkürlich durch Handlungen widerrufen werden könne, auch wenn keiner der gesetzlichen Gründe eingetreten. Wäre dies gemeint, so gäbe es eben kein giltiges und verbindliches Schenkungsversprechen. Vielmehr kann nur mit Koch[141]) angenommen werden, daß für den Fall, in welchem es auf einen vor der Klage erklärten Widerruf ankommt, in jenen Umständen ein wirksamer Widerruf gefunden werden solle.

VII. Wie schon erwähnt, hat das A.L.R. die **Verarmung des Schenkenden** auch unter die Widerrufsgründe aufgenommen[142]). Dies kann aber nur sehr uneigentlich verstanden werden, denn das Geschenk selbst wird nicht widerrufen, der Beschenkte ist nicht verpflichtet, den geschenkten Gegenstand zurückzugeben, das Gesetz bewilligt vielmehr dem Geschenkgeber, wenn er später in Dürftigkeit gerathen ist, einen Anspruch auf **Unterhalt** (Alimente) an den Empfänger[143]), dessen Höhe auf 6 Prozent von der geschenkten Summe oder dem Werthe der geschenkten Sache jährlich bemessen wird. Der Beschenkte muß, wenn er aus eigenen Mitteln diesen Unterhalt nicht gewähren kann, die Substanz des Geschenks, soweit es sich noch in seinem Vermögen befindet, dazu verwenden, mit seinem sonstigen Vermögen haftet er nicht, und er kann

---

139) Vergl. B. I. § 46 Anm. 16a f.

140) I. 11 § 1168.

141) R. d. F. S. 209.

142) I. 11 §§ 1123—1128. Vgl. Pollack bei Gruchot B. 31 S. 358. Auch Oesterr. G.B. § 947 sieht dies Recht als eine Ausnahme der Unwiderruflichkeit an. Dem Entwurf des B.G.B. ist auch dieser Widerruf fremd. Entwurf II. § 466, Reichstagsvorlage § 514, giebt aber gegenüber der Klage auf Erfüllung des Schenkungsversprechens eine Kompetenzeinrede.

143) In I. 11 § 1123 ist das Recht ungenau eine Kompetenz bezeichnet (vergl. B. I. § 113 N. 6), denn der Geber ist nicht ein Schuldner, dem sein Gläubiger etwas übrig lassen muß. Der Beschenkte ist Schuldner für die Entrichtung der 6 Prozent, und ihm ist insofern scheinbar die Kompetenzeinrede gegeben, als er in keinem Fall genöthigt ist, zur Entrichtung der 6 Prozent über den Betrag des Geschenks zu haften. So weit aber dieser Betrag reicht, darf er dem Geber nicht einwenden, daß ihm und seiner Familie dadurch der nöthige Unterhalt entzogen werde, und insofern giebt auch dem Beschenkten § 1124 keine eigentliche Kompetenz wie Koch, im Kommentar annimmt. Vgl. R.G. Entsch. B. 23 S. 207, B. 27 S. 193. Auch im Falle einer späteren Werthvermehrung ist nur der Werth zur Zeit der Schenkung der Betrag, von dem 6 Prozent zur Alimentation zu fordern ist. R.G. Entsch. B. 29 S. 156. Die Forderung ist unabhängig von dem Maße des Bedürfnisses des Verarmten. R.G. B. 28 S. 301. Zinsen können erst von der Zustellung der Widerrufklage an gefordert werden. R.G. Entsch. B. 27 S. 193. Ebensowenig wie das Recht des Schenkenden auf die s. g. Kompetenz ist das Einrederecht des Beschenkten aus § 1124 durch die Reichsprozeßgesetzgebung geändert. Vergl. oben Bd. I. § 113 Anm. 5. — Unger S. 217 bezeichnet das Recht des verarmten Schenkers als „partiellen“ Widerruf.

sich von der Verpflichtung befreien, wenn er das Geschenk oder die bei ihm noch vorhandene Bereicherung dem Schenkenden zurückgiebt[144]). Unter mehreren Empfängern von Geschenken haftet der spätere vor dem früheren, letzterer nur aushilfsweise[145]).

VIII. Aus dem gerichtlichen Schenkungsversprechen erwächst dem Beschenkten eine Klage auf Erfüllung[146]), aber keine Klage auf Gewährleistung, wenn nicht ausdrücklich versprochen ist, dafür einzustehen[147]). Auch die Erfüllungsklage ist eingeschränkt. Die Uebergabe einer nutzbaren Sache und die Uebereignung eines zinsbaren Kapitals muß zwar geleistet werden mit allen seit der widerrechtlichen Zögerung wirklich erhobenen Nutzungen und Zinsen, aber in Betreff der Erhaltungskosten und Verbesserungen hat der Schenkende die Rechte, in Betreff der Verschlimmerungen nur die Pflichten eines redlichen Besitzers[148]) und von geschenktem Gelde hat er erst vom Tage der Rechtskraft des Erkenntnisses Zögerungszinsen zu gewähren[149]). Der Verzug des Gebers hat also nicht seine volle Wirkung. Werden indessen seine Erben belangt, so sind sie „gleich anderen Schuldnern" zur Zahlung von Verzugszinsen verpflichtet[150]); es wird bei ihnen auch anzunehmen sein, daß sie durch die Klageerhebung die Pflichten eines unredlichen Besitzers bei der Restitution überkommen[151]). Außerdem haftet der Schenkende für Arglist und grobes Versehen, die ihm die Erfüllung der Schenkungsverbindlichkeit unmöglich gemacht habe, für Arglist[152]) insbesondere auch wenn er

---

[144]) I. 11 § 1126. Unter Vorbehalt seines Rechts auf den zur Ernährung des Schenkenden nicht erforderlichen Ueberschuß. Davon, daß die Herausgabe zu gerichtlicher Verwaltung erfolge (Koch Note § 1126) enthält das Gesetz nicht. — Die Beschränkung der Haftung des Beschenkten auf das, was er vom Geschenk noch hat, schließt diesen Fall den am Schluß des § 61 erörterten an. Ueber die prozessualische Behandlung vergl. § 112 bei Anm. 4 f.

[145]) I. 11 § 1128. Der Widerruf greift auch gegenüber Schenkungen sub modo durch, wenn es sich bei der Auflage nach dem Inhalt der rechtsgeschäftlichen Erklärung lediglich um den Vortheil des Beschenkten handelt. R.G. Entsch. B. 23 S. 207.

[146]) I. 11 § 1076.

[147]) I. 11 §§ 1082. 1083, l. 18 § 3 D. XXXIX. 5, l. 62 D. XXI. 1. Minderungs- und Wandelklage sind bei der Schenkung undenkbar. Die Klage auf Gewährleistung kann also auch da, wo diese bedungen, immer nur auf das Interesse gehen. Ist die Lieferung eines genus versprochen, und die in Erfüllung dieses Versprechens gelieferten Spezies wird evinzirt, so ist — wie gegen Förster anzuerkennen ist — in Wahrheit nicht erfüllt; auch hier ist die Interesseklage gegeben. Vergl. Entwurf des B.G.B. §§ 443. 444, II. Entw. §§ 470. 471, Reichstagsvorlage §§ 518. 519.

[148]) §§ 1077. 1078. 1080. § 280 I. 5, d. h. er haftet für dolus und culpa lata, wie nach röm. R. l. 22 § 5 D. XIII. 5, l. 108 § 12 D. de leg. I.

[149]) I. 11 § 1079, l. 22 D. XXXIX. 5. Savigny S. 121. Nach gemeinrechtlicher Praxis (Kassel bei Heuser, Ann. I. 915) beginnen die Folgen des Verzugs mit der Insinuation der Klage. Seuffert V. 284, XVII. 220. — Nach Entwurf des B.G.B. § 445, Entw. II. § 469, Bundesrathsvorlage § 516 keine Verzugzinsen; Entw. I. § 446 ist in Entw. II. gestrichen.

[150]) I. 11 § 1081. D. h. aus einem nach Ablauf der Ueberlegungsfrist eintretenden Verzug: so schon Koch, zu § 1081. Seuffert B. 5 Nr. 19 und in Bezug auf diese in etwas undeutlicherer Fassung Förster. Vergl. auch Dernburg II. § 163 Anm. 7.

[151]) Siehe oben B. 1 § 51 Anm. 22.

[152]) I. 11 § 1084. Vergl. oben § 104 Anm. 13. Entw. des B.G.B. §§ 442. 444, II. Entw.

„wissentlich" eine fremde oder schädliche Sache geschenkt und den Empfänger nicht damit bekannt gemacht, nicht gewarnt hat; er hat dann den „dadurch entstehenden" Schaden zu ersetzen, worunter nur der wirkliche Schaden, nicht auch der entgangene Gewinn wird verstanden werden dürfen, weil Verpflichtungen aus freigebigen Rechtsgeschäften immer für das mindere Maß auszulegen sind[153]). Bereits in anderem Zusammenhange (§ 83 unter c) ist erwähnt, daß der Ort der Erfüllung bei der Schenkungsobligation sich im Zweifel durch den Ort bestimmt, wo der Verpflichtete sich gerade aufhält[154]). Ebenso ist bereits (im § 118 unter 4) dargelegt, daß die Obligation aus einem Schenkungsversprechen des Gemeinschuldners als Konkursforderung nicht geltend gemacht werden kann, dagegen kann sie regelmäßig gegen die Erben des Schenkers geltend gemacht werden; natürlich nur soweit der Versprechende für sich und seine Universalnachfolger keine Verpflichtung hat übernehmen wollen[154a].

IX. Besondere Arten der Schenkung sind insofern denkbar, als in einzelnen Fällen die Merkmale der Schenkung modifizirt erscheinen, oder zu ihnen noch besondere Merkmale hinzutreten. Modifizirt ist das Merkmal der Unentgeltlichkeit bei der s. g. gemischten, der belohnenden, der belasteten und der s. g. wechselseitigen Schenkung. Diese Fälle sind hier unten näher besprochen. Besonderheiten treten noch hervor bei den Gelegenheitsgeschenken[155]), den innerhalb einer Verwaltung liegenden Geschenken[156]), den Brautgeschenken unter Verlobten[157]) und den Hochzeitsgeschenken[158]). Ein besonderes Merkmal tritt hinzu bei der unten zu behandelnden Schenkung auf den Todesfall.

a. Unter gemischter Schenkung (negotium cum donatione mixtum) versteht man eine Schenkung, wenn sie mit einem entgeltlichen Geschäfte verbunden oder in ein solches eingekleidet ist, und zwar so, daß die Gegenleistung in einem solchen Mißverhältniß zur Hauptleistung steht, daß durch den überschießenden Werth der letzteren der Empfänger absichtlich bereichert wird.

---

§§ 468. 470. 471; Reichstagsvorlage §§ 516. 518. 519, l. 18 § 3 D. XXXIX. 5, l. 62 D. XXI. 1. Oesterr. G.B. § 945.

153) A. M. Dernburg II. § 163 Anm. 9, weil die Haftung für dolus und culpa lata grundsätzlich weiter gehe: aber dieser Satz ist nicht ausnahmelos richtig, wie B. I. Anm. 32 ff. § 106 gezeigt worden, und unter dem „an seiner Person oder übrigem Vermögen entstehenden Schaden" läßt sich entgangener Gewinn nicht wohl begreifen.

154) I. 5 § 249, nicht, wie Dernburg II. § 163 Anm. 1 lehrt, wo er sich „gewöhnlich" aufhält.

154a) Der Entw. des B.G.B. § 447, II. § 467, Reichstagsvorlage § 515 behandelt besonders den Fall einer zugesicherten in wiederkehrenden Hebungen bestehenden Unterstützung, die im Zweifel mit dem Tode des Schenkgebers für die Zukunft erlischt.

155) Vergl. oben I. § 114 Anm. 43, 44.

156) Vorm. Ordn. § 38, unten B. IV. § 232 Anm. 7; bei Schenkungen durch den gütergemeinschaftliches Vermögen verwaltenden Mann tritt ein besonderes Rückforderungsrecht der Frau hervor. Unten B. IV. § 209 Anm. 69.

157) Unten B. IV. § 204 Anm. 19.

158) A.L.R. II. 1 §§ 172. 754. 776, unten B. IV. § 208 Anm. 27.

Dies kann in sehr verschiedener Weise zur Ausführung gebracht werden; man kann zu niedrigem Preise verkaufen oder vermiethen, zu hohem Preise kaufen oder miethen, gegen eine Valuta unter dem Nennwerth eine Forderung abtreten u. s. w.[159]). Im einzelnen Fall ist zu prüfen, ob nicht das entgeltliche Geschäft trotz der geringen Gegenleistung nur als entgeltliches gewollt war, ob es andererseits als solches nur zum Schein abgeschlossen ist, um der Schenkung das äußere Ansehen eines wirksamen entgeltlichen Vertrags zu geben[160]). Im erstern Fall liegt keine Schenkung, im letztern eine reine Schenkung vor. Eine gemischte Schenkung setzt also voraus, daß neben dem ernstlich gemeinten entgeltlichen Vertrag der die Gegenleistung übersteigende Werth als Geschenk beabsichtigt und angenommen ist[161]). Das A.L.R. hat über gemischte Schenkungen nichts vorgeschrieben, es kann aber nicht bezweifelt werden, daß soweit solche Geschäfte als wirkliche Schenkungen beabsichtigt worden sind, sie den Vorschriften über deren Form und Widerruf unterworfen werden müssen[162]).

b. **Die belohnende Schenkung** (d. remuneratoria)[163]) ist die Vergeltung einer dem Geber zugewendeten löblichen Handlung oder eines ihm geleisteten[164]) wichtigen Dienstes. Zur Zeit der Redaktion des A.L.R. stritt man über die Natur einer solchen Schenkung[165]), deren Aufstellung eine Erfindung der deutschen Praktiker ist[166]). Das römische Recht kennt sie im Allgemeinen nicht als eine besondere Art der Schenkung[167]), denn entweder hat ein Dienst den Charakter einer Leistung mit dem rechtlichen Anspruch auf Gegenleistung, wenn eine solche auch ohne Versprechen nur üblich ist — und dann fällt die Gegenleistung außerhalb des Gebiets der Schenkung —, oder er gehört dem Rechtsgebiet überhaupt nicht an oder war unentgeltlich erzwingbar, und dann ist das Geschenk eine freie Gabe, bei welcher der empfangene Dienst das Motiv für die Schenkungsabsicht bildet und der Schenkung ebenso wenig wie ein anderes Motiv eine besondere Eigenthümlichkeit geben kann[168]). Nur in

---

159) Savigny S. 99. Unger S. 219. l. 18 pr. D. XXXIX. 5. l. 5 § 5. l. 32 § 26 D. XXIV. 1. l. 38 D. XVIII. 1. l. 2 D. III. 6. l. 8 D. XLIII. 11.

160) Unger S. 220 a. E. (nummo uno vendere).

161) Vergl. R.G. Entsch. B. 29 S. 265.

162) Seuffert VI. 38, XVIII. 136. Ebenso liegt das Recht des Entwurfs.

163) Koch, R. d. F. S. 213. Gruchot in s. Beitr. B. 7 S. 159. Meyerfeld I. S. 368. Savigny S. 86. Unger S. 221. Harburger, Remuneratorische Schenkung 1875. A.L.R. I. 11 §§ 1169—1177.

164) Der Dienst muß geleistet sein, er ist also als eine causa praeterita aufzufassen, eine causa futura giebt der Schenkung nicht den Charakter der belohnenden. § 1177. Dresdn. Ann. IV. 285. Vergl. ferner über den Begriff der belohnenden Schenkung Entsch. B. 83 S. 11. Rehbein II. 419, auch Ges. Rev. XIV. 201.

165) Koch, R. d. F. S. 214 f. Komment. Note zu § 1169.

166) Nicht eine Erfindung der Redaktoren des A.L.R., wie Gruchot S. 159 behauptet.

167) Ebenso das österr. G.B. § 940. Das sächs. GB. § 1064 schließt, wenn durch die Schenkung Dienstleistungen vergolten werden sollen, die gewöhnlich bezahlt werden, und wegen Lebensrettung Form und Widerruf aus, im ersteren Fall so weit dem Preis der Dienstleistung die Schenkung gleichkommt. Siehe l. 5 D. XXXIX. 5. Seuffert I. 55. Im Entwurf des B.G.B. fehlen besondere Vorschriften.

168) S. Voet, comm. ad P. XXXIX. 5 Nr. 3. Meyerfeld a. a. O. Marezoll in der

einem Fall hat das römische Recht eine solche angenommen, d. h. die Regeln des Widerrufs und die Nothwendigkeit der Insinuation ausgeschlossen: wenn Etwas gegeben ist für die Rettung aus Lebensgefahr[169]). Allein unter den Praktikern entstand die Meinung, jede Gabe, die wegen eines wichtigen Dienstes zugewendet werde, sei als eine entgeltliche zu betrachten, auf sie seien nicht die Regeln von der Schenkung, sondern die von den s. g. lästigen Verträgen anzuwenden, insbesondere also müsse der Geber Gewähr leisten für Fehler und für Entwehrung einstehen[170]). Dies führte nothwendig zu dem Bemühen, das eigentlich Charakteristische dieses Geschäfts, den geleisteten Dienst, zu fixiren. Zu einer Bestimmtheit, welche Dienste, Gefälligkeiten oder Wohlthaten eine solche Wirkung äußern sollten, konnte es freilich nicht kommen, aber es sollte wenigstens bei der Schenkung, oder in der Urkunde darüber der Dienst genannt[171]), und wenn nöthig — um gegen Widerruf zu sichern — vom Empfänger als wirklich geleistet bewiesen werden[172]). Zwischen diesen beiden Auffassungen als einfacher Schenkung und als lästigen Geschäfts bildeten sich hiernach Mittelmeinungen, die ziemlich haltlos bald die eine, bald die andere der eigenthümlichen Regeln der Schenkung (Form und Widerruf, Verbot unter Ehegatten) theils beschränken, theils ganz ausschließen wollen[173]).

Obwohl bei der Abfassung des A.L.R. die richtige römische Ansicht ihre Vertreter fand[174]), drangen diese doch nicht durch, man schloß sich an die damalige Praxis an: die Voraussetzung ist, daß irgend ein wichtiger Dienst geleistet[175]), und deshalb das Geschenk zugewendet worden ist; der Widerruf

---

Zeitschrift f. Civ.R. u. Prozeß B. 1 S. 30. Savigny S. 88 fg. Blätter f. R.Anw. B. 7 S. 327.

169) l. 34 § 1. D. XXXIX. 5 (vergl. mit Pauli S. R. V., 11 § 6). Siehe hierüber Savigny S. 97 f.

170) Diese Ansicht vertraten schon Mynsinger, obs. IV. 75. Gail, obs. II. 38. 5 n. 6. obs. 39. 14. Carpzov, jurispr. Florens. Rom. Sax. p. II., const. 12 def. 15 n. 5. Stryk, usus mod. lib. 39 tit. 5 § 17 in f. Lauterbach, coll. th. pr. 21. 2 § 17. Böhmer, jus nov. controv. ob. 123. — Von den Neueren Schweppe, röm. Pr.R. § 499.

171) Wie unbestimmt und weit der Begriff des Dienstes blieb, zeigt sich bei Wolff, instit. jur. nat. et gent. 1750 § 482: dicitur autem bene mereri de aliquo, qui operam dat, ut ei quocunque modo prosit, vel agit, quod ad utilitatem vel jucunditatem facit. Dagegen wurde aber andererseits wenigstens verlangt, ut non generalis meritorum mentio fiat, sed in specie exprimatur, quibus meritis donator ad liberalitatem commotus sit. Leyser, spec. 436 m. 2. 3 und der von ihm citirte Stryk.

172) Mynsinger a. a. O. n. 2—4. Leyser, med. sp. 436 m. 2. Glück B. 26 S. 201 f. Böhmer, Rechtsfälle B. 1 Nr. 51.

173) Vgl. Mühlenbruch, Lehrbuch des Pand.R. § 443 (B. 2) und andere.

174) S. Koch's Note zu § 1169.

175) Das O.Trib. hat die einem Beamten bewilligte Pension unter den Begriff der belohnenden Schenkung gestellt. Der wichtige Dienst wäre hier die frühere Amtsführung. Striethorst B. 29 S. 11. Bei der Unbestimmtheit des Begriffs des wichtigen Dienstes läßt sich hiergegen nichts einwenden, wenn man nur an eine Gnadenpension, also an Fälle denkt, in denen der Beamte keinen Rechtsanspruch auf die Pension hat. Nach der Terminologie des A.L.R. gehört die belohnende Schenkung in die Kategorie der wohlthätigen Verträge oder der freigebigen Verfügungen, es sind alle von Schenkungen geltenden Rechtssätze anzuwenden, soweit nicht Besonderheiten geordnet sind. Auch bezüglich der Anfechtbarkeit gelten sie als „unentgeltliche" Verfügungen im Sinne

ist dann nur wegen Uebermaßes gestattet [176]); der Empfänger muß die löbliche Handlung oder den wichtigen Dienst beweisen, wenn das Geschenk ihm aus anderen Gründen streitig gemacht oder widerrufen werden soll [177]). Gelingt ihm dieser Beweis nicht, so steht die Schenkung bezüglich des Widerrufs einer nicht remuneratorischen gleich. Das belohnende Schenkungsversprechen bedarf zur Klagbarkeit nur der schriftlichen Form mit Angabe der Handlung, die belohnt werden soll; dieses Bekenntniß des Gebers befreit den Empfänger von der Beweislast und überträgt sie auf den, der die Schenkung anfechten will [178]). Wird der Beweis geführt, so kann das nicht erfüllte Versprechen zurückgenommen werden, das erfüllte wird als nichtremuneratorische Schenkung dem Widerruf auch in diesem Fall unterworfen [179]). Eigenthümlich dem preußischen Recht ist die Bestimmung, daß bei der belohnenden Schenkung die Rückforderung durch verletzte Pflichttheilserben ausgeschlossen ist [180]). Die Klage aus dem belohnenden Schenkungsversprechen weicht nicht ab von der aus dem Versprechen einer einfachen Schenkung [181]).

c. Bei der **belasteten Schenkung** (d. sub modo) [182]) erfolgt das Versprechen oder die Leistung des Geschenkgebers unter der Einschränkung, daß der Empfänger verpflichtet werde, einen mit der Schenkung vom Geber beabsichtigten Endzweck (modus) [183]) zu erfüllen. Der Zweck kann zum Besten des Empfängers oder eines Dritten oder im Interesse des Gebers selbst [184])

---

des § 25 Konk.O. § 2 Nr. 3 u. 4 des Anf.G. vom 21. Juli 1879. Vergl. aus dem älteren Recht § 102 N. 2 Preuß. K.O., Entsch. B. 62 S. 356. Striethorst B. 76 S. 87.

176) I. 11 § 1170. Striethorst B. 51 S. 103. Uebermaß im Verhältniß zum Vermögen des Schenkers: Gruchot S. 171. — Da das Landrecht das Recht des Schenkers auf Kompetenz unter den Fällen des Widerrufs (als partiellen Widerruf) aufführt, so schließt das „nur" des § 1170 auch ein Recht auf Kompetenz des remuneratorisch Schenkenden aus.

177) I. 11 §§ 1171. 1172. Striethorst B. 51 S. 103.

178) I. 11 §§ 1173. 1174. 1175. Gruchot S. 169.

179) Förster vertrat unter Berufung auf Gruchot S. 173 und Baron, Abhandlungen aus dem Gebiete des preuß. Rechts 1860 S. 84, sowie Unger a. a. O. S. 221 f. den Satz, daß, wenn ausgemittelt wird, daß der Beschenkte die Handlung nicht gethan hat, die Gabe nicht bloß nach den Regeln der gewöhnlichen Schenkung zu widerrufen sei, daß vielmehr ohne Weiteres die Kondiktion stattfinde, eine eigentliche condictio ob causam, weil die Voraussetzung falsch war. Der Ausdruck § 1175 „zurückgenommen", auf den dabei Gewicht gelegt wird, bezieht sich nicht auf die Gabe, sondern auf das (unerfüllte) Schenkungsversprechen. Mit dem Text übereinstimmend Koch zu § 1175 und Dernburg II. § 165 Anm. 8.

180) Anh. § 28 zu I. 11 § 1113. Vgl. B. IV. § 248 Anm. 161.

181) Der Verklagte kann nicht einwenden, daß das versprochene Geschenk im Mißverhältniß zum geleisteten Dienst stehe, wenn es nur wirklich als remuneratorische Schenkung gemeint ist. S. Koch, Note zu § 1175 und das am Schluß der Anm. 164 oben citirte Erkenntniß.

182) I. 11 §§ 1048. 1053—1057. Wegen § 1048 s. oben Anm. 33. Koch, R. d. F. III. S. 224. Meyerfeld I. § 20 S. 412. Savigny S. 280. Unger S. 233. Vergl. Entwurf des B.G.B. I. § 448, II. §§ 473. 474, Reichstagsvorl. §§ 521. 522.

183) Ueber Zweckbestimmung s. oben B. I. § 38. Seuffert V. 167.

184) Z. B. daß der Beschenkte dem Schenker Alimente gebe, l. 8 C. IV. 64, l. 3 C. IV. 38, l. 1 C. VIII. 55, Seuffert IX. 155, oder daß der Beschenkte den Gläubiger des Schenkers befriedige, l. 22 C. VIII. 54, l. 2 C. IV. 6. Zum Besten des Beschenkten

bestimmt sein, er ist eine Beschränkung des Geschenks, das sich um den Werth der für die Erfüllung des Zwecks nothwendigen Aufwendungen vermindert[185]). Wenn der Zweck des Geschenks nur auf das Beste des Beschenkten abzielt, so findet der Widerruf aus allen gesetzlichen Gründen statt[186]). War aber der Zweck nicht lediglich zum Vortheil des Empfängers beigefügt, ergiebt vielmehr die Schenkungserklärung das Ziel, überhaupt oder neben dem Vortheil des Beschenkten auch den Vortheil des Geschenkgebers oder eines Dritten zu befördern, und zwar so, daß dies nicht ein ausgesprochenes Motiv sondern ausgesprochenes Ziel des Geschäfts ist, so findet kein Widerruf statt. Das Geschäft ist vielmehr wie ein lästiger Vertrag unwiderruflich, es sei denn, daß klar erhellt, daß die Zweckbestimmung nur zum Schein beigefügt war[186a]). In diesem Fall findet der Widerruf statt, aber mit der Maßgabe, daß dem Beschenkten alles ersetzt werden muß, was er zur Erfüllung des Zwecks aufgewendet hat und zwar nach dem höchsten Werth[187]). War mit dem Zweck der Vortheil des Empfängers beabsichtigt, so kann er Entschädigung für seine Aufwendungen nur bei nicht verschuldetem Widerruf (also wegen Uebermaßes, wegen nachgeborener Kinder) beanspruchen[188]).

Wenn ein nicht zur Ausstattung verpflichteter Fremder unter der Bedingung oder zum Zwecke einer zu schließenden Ehe einem der künftigen Ehegatten „in rechtsgiltiger Form" etwas schenkt, und in anderen zweifelhaften Fällen soll „die belastete Schenkung den lästigen Verträgen gleichgeachtet werden"[189]). Diese Bestimmungen können nicht dahin verstanden werden, daß der Beschenkte eine Vertragspflicht übernimmt, die gegen ihn eingeklagt werden kann. Sie schließen nur die Widerruflichkeit aus und begründen die Annahme, daß gegen den Geschenkgeber auch die Gewährleistungspflicht geltend gemacht werden kann[190]). Weigert sich also der Beschenkte,

---

(Meyerfeld S. 418f.): l. 2 § 7 D. XXXIX. 5, l. 13 § 2 D. XXIV. 1. Zum Besten eines Dritten oder eines öffentlichen Interesse (Meyerfeld S. 422): l. 9 § 1 D. XIV. 6, l. 2 § 7 D. XXXIX. 5.

185) Als ein Modus kann es nicht aufgefaßt werden, wenn Jemand einen Anderen während seiner Ausbildung und zu deren Zweck unterstützt. Das ist eine einfache Schenkung. Entsch. B. 13 S. 182. Ueberhaupt ist, wenn eine Verwendung zum Besten des Beschenkten der Zweck der Schenkung ist, nicht immer Modus im technischen Sinn anzunehmen; dazu gehört, daß die Erfüllung des Modus den Betrag der Zuwendung beschränkt oder vermindert. S. Seuffert B. 5 Nr. 167.

186) I. 11 § 1054. Savigny § 154 Note m und § 175, l. 25 C. VIII. 54. Seuffert B. 1 Nr. 341, B. 5 Nr. 168.

186a) R.G. Entsch. B. 23 S. 207.

187) I. 11 § 1055.

188) I. 11 §§ 1056. 1057. Ueber die Schwierigkeit, unter Umständen eine solche Entschädigung zu berechnen, s. Koch, Note zu § 1057.

189) Vergl. oben Anm. 33. Förster nahm, insofern ein Schenkungsversprechen sub modo eine wirkliche Belastung bewirke und also dem lästigen Vertrage gleich geachtet werde, also auch außer dem Fall des § 1048 an, daß das Versprechen verbindlich sei ohne Wahrung der gerichtlichen Form. Das kann nach Ansicht des Herausgebers aus den Worten, daß die (als wirksam vorausgesetzte) Schenkung den lästigen Verträgen gleich geachtet wird, nicht gefolgert werden. Die Gleichachtung bezieht sich nur auf den Widerruf.

190) Vergl. auch R.G. bei Gruchot B. 15 S. 435.

die Auflage zu erfüllen, so darf zwar nicht auf Erfüllung, aber es kann in allen Fällen auf Zurückgabe des Geschenks geklagt werden[191]). Ob eine belastete oder eine **bedingte** Schenkung vorliegt, kann dann zweifelhaft sein, wenn in der Form einer Bedingung eine Leistung oder Handlung des Beschenkten selbst gefordert wird[192]). Es liegt dann in Wahrheit eine mit einem Endzweck belastete Schenkung, oder ein lästiger Vertrag vor[193]), auf dessen Erfüllung zu klagen ist, während es bei der wirklich bedingten Schenkung jedenfalls keine Klage auf Erfüllung der Bedingung giebt[194]).

d. Ohne Grund wird die **wechselseitige** Schenkung (d. reciproca)[195]) als eine besondere Art aufgeführt; jede der beiden Schenkungen ist selbständig, wenn auch die eine in Beziehung auf die andere zugewendet oder versprochen worden ist. Das A.L.R. hat diesen richtigen Gesichtspunkt[196]) — aber von einer Singularität der damaligen Praxis, die solche Schenkungen als belohnende auffaßte, hat es sich nicht freigehalten; wenn der Eine widerruft, so soll der Andere für das, was er schon gegeben oder geleistet hat, entschädigt werden[197]). Man wird, um dieser Bestimmung wenigstens einigen juristischen Sinn beizulegen, annehmen müssen, daß die Entschädigungs**berechtigung** des anderen Theils nur dann eintritt, wenn es zwischen beiden Theilen zur Willenseinigung darüber gekommen ist, daß das eine Geschenk mit Rücksicht auf das andere, als Erkenntlichkeit dafür, gegeben werde, und daß die Entschädigungs**pflicht** des Widerrufenden nicht in der Leistung eines Vertragsinteresses, sondern in der Zurückgabe des empfangenen Geschenks besteht, daß also in jener Bestimmung der Rechtssatz ausgedrückt ist: bei wechselseitigen Ge-

---

191) Oben B. I. § 38. R.G. Entsch. B. 23 S. 211. Nach gemeinem Recht nimmt man an, daß der Schenker auf Erfüllung des Modus mit einer a. praescr. verbis oder einer a. ex stipulatu klagen, l. 9. 22 C. VIII. 54, sächs. G.B. § 1066, oder das Gegebene mit einer condictio ob causam zurückfordern kann, l. 3. 8 C. IV. 6, **Unger** S. 226. Das A.L.R. giebt nur die Klage auf Zurückgabe (§§ 154. 157. 158. I. 4). Entsch. B. 37 S. 22fg. **Koch** läßt die Klage auf Erfüllung des Zwecks zu (Kommentar Note zu § 1053) mit Berufung auf Entsch. B. 12 S. 150. Diese Entscheidung handelt aber nur von dem Klagerecht der Kontrahenten auf Erfüllung eines Vertrages zu Gunsten eines Dritten, also von einem ganz anderen Fall. Zu I. 4 § 155 behauptet dagegen **Koch**, daß nach § 158 I. 4 nur die Zurückforderung des Gegebenen zustehe — also nicht eine Klage auf Erfüllung des Modus. — War die Erfüllung des Modus von Anfang an unmöglich und dies dem Schenkenden bekannt, so liegt einfache Schenkung vor. — Der Entw. des B.G.B. § 448 (II. Entw. §§ 472. 473, Bundesrathsvorlage § 519. 520) giebt Klage auf Erfüllung mit Berücksichtigung des Falls der Minderwerthigkeit des Geschenks, und Entw. II. § 474, Bundesrathsvorl. § 521 Rücktrittsrecht.

192) **Savigny** S. 164f.

193) I. 11 § 1053.

194) Oben B. I § 36. Tritt die Bedingung nicht ein, so muß das schon vorher gegebene Geschenk zurückgegeben werden. **Seuffert** XI. 242.

195) **Koch**, R. d. F. S. 158. **Meyerfeld** I. S. 370. **Savigny** S. 92. **Unger** S. 222. Nicht wechselseitige Schenkung, sondern ein lästiger Vertrag liegt vor, wenn eine Schenkung genannte Leistung gegen eine andere ebenso genannte Leistung von vornherein versprochen ist. R.G. bei **Gruchot** B. 36 S. 452.

196) I. 11 § 1051.

197) I. 11 § 1052. **Koch**'s Note hierzu.

schenken berechtigt der Widerruf des einen Theils (der ihm wie bei jeder anderen Schenkung nur aus den gesetzlichen Gründen zusteht) auch den anderen Theil zur Zurückforderung, die dann nicht aus einem besonderen Widerrufsrecht herzuleiten ist, sondern den Charakter einer Kondiktion hat[198]).

e. Wichtiger ist die Schenkung auf den Todesfall (mortis causa d.)[199]). Der Tod des Schenkenden[200]) kann in verschiedener Art mit der Schenkung in Verbindung gebracht werden. Der bevorstehende Tod oder eine bestimmte Todesgefahr kann der Beweggrund für die Schenkung sein: dann tritt nur die Besonderheit ein, daß dem Geschenkgeber nach überstandener Gefahr der Widerruf ohne Weiteres gestattet ist[201]). Dieses Recht ist ebenso wenig wie sonst der Widerruf vererblich, wenn nicht der Geber bereits den Widerruf „rechtlich" erklärt hat[202]). Sonst hat die Schenkung keine Besonderheit. Oder zweitens, das Geschenk soll dem Bereicherten nur bis oder erst vom Tode des Gebers zugewendet werden: hier ist der Todestag die Zeitbestimmung[203]). Mit seinem Eintritt hört entweder das geschenkte dauernde oder wiederkehrende Recht auf, oder es beginnt jetzt erst seine Wirksamkeit und der Beschenkte hat gegen den Erben die Ansprüche auf Uebergabe, Abtretung u. s. w. Auch dieser Fall unterscheidet sich nicht von der einfachen Schenkung. Es kann drittens aber das Geschenk unter der Bedingung[204]) zugewendet oder versprochen sein, daß der Beschenkte den Geber überlebe[205]). Dies ist der Fall der in der Rechtssprache so genannten Schen-

---

198) Vergl. Pollack S. 215. War bei der ersten Schenkung eine Gegenschenkung bedungen, so ist es velut genus quoddam permutationis. l. 25 § 11 D. de H. P. Oesterr. G.B. § 942.

199) I. 11 § 1134—1139. Bornemann III. S. 228. Koch, Pr.R. II. S. 278. 279. R. d. F. III. S. 152. Dernburg III. § 154. — v. Schröter, in der Z. f. C.R. u. Proz. B. 2 S. 97f. Wiederhold, daselbst B. 15 S. 96f. Savigny B. 4 S. 239fg. Unger, österreich. Pr.R. B. 6 (Erbrecht) S. 322fg. — Unterholzner II. S. 499. Vangerow II. S. 656. Arndts S. 862fg. Sintenis III. S. 721. Keller S. 134. S. Entwurf des B.G.B. I. § 1963, II. § 2167, Reichstagsvorlage § 2274.

200) Der Tod eines Dritten oder des Beschenkten qualifizirt die Schenkung in keiner Weise. l. 11. 18 pr. D. XXXIX. 6. l. 37 § 3 de leg. III. l. 2 C. VIII. 55. Savigny S. 243. Unger S. 325 Note 4.

201) I. 11 § 1138, l. 3 D. XXXIX. 5. Sehr bezeichnend sind in l. 42 § 1 D. XXXIX. 6 die Worte: non tam mortis causa, quam morientem donare. l. 27 D. XXXIX. 6.

202) I. 11 § 1139. Was ist „rechtlich" erklärter Widerruf. Nach § 1168 ist der irgend wie deutlich erklärte an sich erheblich, zur Vererbung bedarf es aber auch nach §§ 1112. 1158 der gerichtlichen Erklärung; eine solche ist gemeint.

203) S. oben B. I § 37. Unger S. 332 Note 22. Seuffert XII. 31, XX. 34.

204) I. 11 § 1136 erwähnt zwar nicht den Fall, wo der Tod des Gebers überhaupt das bedingende Ereigniß ist, sondern nur den speziellen Fall, wo der Tod durch eine bestimmte Gefahr zur Bedingung gemacht ist. Aber auch der erstere gehört hierher. — Wo der Eintritt des Todes die Bedingung ist, da gilt, was l. 32 D. XXXIX. 6 sagt: non videtur perfecta donatio mortis causa facta, antequam mors insequatur, d. h. bis zum Eintritt der Bedingung ist das davon abhängig gemachte Rechtsverhältniß noch nicht perfekt. S. oben B. 1 § 36.

205) § 1 J. II. 7. Mortis causa donatio est, quae propter mortis fit suspicionem: cum quis ita donat, ut, si quid humanitus ei contigisset, haberet is, qui accepit; sin autem supervixisset is, qui donavit, reciperet, vel si eum donationis poenituisset aut prior decesserit is, cui donatum sit. Vergl. l. 2 (sola cogitatione mortalitatis), l. 32 D. XXXIX. 6. Dresdener Annalen IV. 281.

kung auf den Todesfall, die wegen der Eigenthümlichkeit, daß ihre Wirksamkeit den früheren Tod des Gebers voraussetzt, als ein besonderes Rechtsinstitut behandelt wird. Die Römer sagen hier: der Schenker will die Sache lieber haben, als sie dem Beschenkten geben, letzterem sie aber lieber geben, als sie dem Erben hinterlassen[206]). Das ist eine vulgäre Ausdrucksweise (quare vulgo dicatur). Das Rechtsprinzip ergiebt sich aus dem Wesen der Bedingung. Bei schon vollzogener Schenkung äußert der frühere Tod des Beschenkten die Wirkung einer auflösenden Bedingung[207]), der Geber fordert den Gegenstand von dem Erben des Beschenkten zurück. Es handelt sich hier nicht um einen Widerruf im technischen Sinn[208]), obgleich das A.L.R. von „widerrufen"[209]) spricht. Vielmehr ist die Klage des Gebers gemeinrechtlich eine Vindikation oder eine Kondiktion[210]), nach preußischem Recht eine Klage aus dem auflösenden Nebenvertrage. Bei einem Schenkungsversprechen bleibt die Ausführung bis zum früheren Tode des Gebers in der Schwebe, und der Beschenkte hat dann erst gegen den Erben die Klage aus dem Schenkungsversprechen. Das Versprechen bedarf der gerichtlichen, oder wenn die Schenkung von Todeswegen als eine remuneratorische gekennzeichnet ist, der Schriftform; und der Widerruf steht dem Geber aus den gesetzlichen Gründen und in den gesetzlichen Fristen wie bei anderen Schenkungen zu. Ein besonderer Fall dieser bedingten Schenkung ist der, wenn die Bedingung darein gesetzt wird, daß der Geber eine bestimmte, ihm bevorstehende Todesgefahr nicht überleben würde. Eine solche Schenkung fällt weg, wenn der Geber diese Gefahr überlebt oder auf andere Art gestorben ist, und die Klage auf Rückleistung des bereits übergebenen Gegenstandes steht auch hier unter dieser Voraussetzung dem Geber und dessen Erben zu. Unterliegt der Geber der Gefahr, so hat der Beschenkte die Erfüllungsklage gegen den Erben, der seinerseits nicht widerrufen darf, aber nicht gehindert ist, einen von dem Geschenkgeber selbst bereits gerichtlich erklärten Widerruf aus gesetzlichen Gründen zu verfolgen.

In allen diesen Fällen tritt nichts Besonderes hervor. Sie unterscheiden sich in nichts von anderen Rechtsverhältnissen, die mit dem Eintritt eines ungewissen Ereignisses in Verbindung gebracht, dadurch bedingt oder betagt werden. Ein besonderes Rechtsinstitut hier anzunehmen, ist an sich gänzlich unmoti=

---

206) l. 35 § 2 D. XXXIX. 6. Is, qui mortis causa donat, se cogitat, atque amore vitae recepisse potius, quam dedisse mavult; et hoc est, quare vulgo dicatur, se potius habere vult, quam eum, cui donat, illum deinde potius, quam heredem suum.

207) l. 2. 29 D. XXXIX. 6. Die Tradition kann auch unter aufschiebender Bedingung geschehen, das ist aber im Zweifel nicht anzunehmen. Savigny S. 246 fg. Unger S. 325 Note 3. Vergleiche den in § 263 I. 11 A.L.R. ausgedrückten Rechtssatz.

208) D. h. kein Widerruf, wie er ausnahmsweise aus besonderen gesetzlichen Gründen (wegen Uebermaßes, Undanks, nachgeborener Kinder) bei jeder Schenkung gestattet ist. S. oben bei VI. B. Vergl. Entsch. B. 55 S. 38. Rehbein II. 421.

209) I. 11 § 1137.

210) l. 19 pr. D. XII. 1. l. 29. l. 35 § 3. l. 39 D. XXXIX. 6. l. 12 D. XII. 4 § 1. I. II. 7. Auch die a. praescriptis verbis ist anwendbar. Savigny S. 255. Vergl. A.L.R. I. 11 §§ 261. 262.

virt[211]). Aber ein Gesetz Justinian's[212]) stellte die gemeinrechtliche Doctrin vor die Frage, ob solche Geschäfte nicht erst mit dem Tode Kraft gewinnen, wenn sie bis dahin nicht widerrufen sind. Das A.L.R. behandelt solche Schenkungen grundsätzlich nicht als letztwillige Verfügungen, behandelt sie vielmehr als Geschäfte unter Lebenden, und gestattet nur, daß bei der auf den Tod gestellten Schenkung der Geber sich ausdrücklich vorbehalten darf, das Geschenk willkürlich bis zu seinem Tode, d. h. auch ohne besondere Widerrufsgründe, zu widerrufen[213]). Dann nimmt die Schenkung die Wirkungen eines Geschäfts von Todeswegen an. Es ist nicht zweifelhaft, den ausdrücklichen Vorbehalt willkürlichen Widerrufs auch zu gestatten bei sofort durch einen Uebertragungsakt vollzogenen Schenkungen, wenngleich das A.L.R. ihn nur bei dem Schenkungsvertrage erwähnt.

Widerruft der Schenkende, so fällt jede Wirkung der Zuwendung weg; widerruft er nicht, so soll der Beschenkte auf den Nachlaß „eben die Rechte, wie ein Legatarius" haben[214]). Damit ist zunächst nichts weiter gesagt, als daß er wie ein solcher den persönlichen Anspruch an den Erben auf Erfüllung des Schenkungsversprechens hat[215]), und daß er bei unzureichendem Nachlaß hinter die eigentlichen Nachlaßgläubiger zurücktritt. Er ist aber auch den Abzügen, die der Erbe dem Legatar bei Unzulänglichkeit der Masse ansinnen darf, unterworfen; ob auch dann, wenn er bei Lebzeiten des Erblassers die Sache bereits erhalten hat, ist streitig[216]). Der Erbe hat kein Widerrufsrecht. Die einzige Besonderheit dieser eigentlichen Schenkung auf den Todes-

---

[211]) Deshalb stellt das A.L.R. in I. 11 § 1134 auch mit Recht die Auslegungsregel hin, daß eine gewöhnliche Schenkung vermuthet werden soll, wenn sie auch von Todeswegen genannt worden. Es stimmt hier mit Stryk, us. mod. 39. 6 § 2. Leyser, sp. 438 m. 2. Hofacker, princ. j. civ. II. § 1009 überein

[212]) l. 4 C. VIII. 57.

[213]) I. 11 § 1135 vergl. mit 1134. Auch eine Aeußerung, die klar ersichtlich macht, daß das Geschenk nur gelten soll, wenn der Geschenkgeber die Absicht des Geschenks bis zu seinem Tode aufrecht erhalte, enthält den Vorbehalt eines solchen Widerrufs. Bei einer solchen Schenkung erlangt der Geschenknehmer nur die Rechte eines Legatars; sie kann auch nicht unter Verletzung eines Erbvertrags rechtswirksam geschehen.

[214]) Ausgedrückt ist dies im Gesetz nur für den Fall des ausdrücklich vorbehaltenen Widerrufs (§ 1135), nicht auch für den Fall des § 1138: der letztere Fall muß aber gleich behandelt werden.

[215]) Nach I. 12 § 288 f.

[216]) Verneint wurde die Frage von Förster in Uebereinstimmung mit Koch, Komm. Note zu I. 11 § 1135. J.M.Reſk. v. 27. Novbr. 1840 (J.M.Bl. 397), bejaht von Dernburg III. § 154 Anm. 20 ohne nähere Erörterung. Da § 335 I. 12 die Schenkungen von Todeswegen nicht nur dem Abzug, sondern auch dem Beitrag der Legatarien unterwirft, so glaubt der Herausgeber sich der Dernburg'schen Ansicht anschließen zu müssen. Nach römischem Recht wurde auf die m. c. don. auch das Anwachsungsrecht wie bei Legaten angewendet, l. un. § 14 C. VI. 51, und sie wurde in den Pflichttheil des Beschenkten eingerechnet, l. 1 § 1 D. XXXVIII. 5. Nach preuß. Recht fällt das Anwachsungsrecht weg; in I. 12 § 366 f. ist es nur den Legatarien gegeben, und § 1135 I. 11 spricht nur davon, daß die Rechte des Legatars gegen den Erben dem Beschenkten zustehen sollen. Daß der Pflichttheilserbe sich in den Pflichttheil auch die auf den Todesfall erhaltene Schenkung einrechnen muß, wenn diese in Grundstücken, Gerechtigkeit oder ausstehenden Kapitalien bestanden, ist nichts Besonderes. II. 2 §§ 327. 328. 393. A.L.R.

fall ist also, daß der Geber auf Grund eines ausdrücklichen, sonst formlosen[217]) Vorbehalts oder wenn eine bestimmte Lebensgefahr der Beweggrund der Schenkung war, nicht bloß aus den gesetzlichen Gründen (wegen Uebermaßes, Undankbarkeit, wegen nachgeborner Kinder), sondern willkürlich widerrufen darf. Im Uebrigen bleibt eine solche Schenkung den Regeln der Schenkung unter Lebenden unterworfen, denen der Vermächtnisse entzogen. Namentlich bedarf das nicht ausgeführte Versprechen[218]) der gerichtlichen, beziehungsweise als remuneratorische Schenkung der Schriftform, und jede solche Schenkung der Annahme[219]).

Im Ganzen darf man bei den Abweichungen dieser Lehre vom gemeinen Recht den Redaktoren des Landrechts das Zeugniß nicht versagen, daß es ihnen gelungen ist, diese „dunkelste und verwickeltste" Lehre des römischen Rechts, wie sie Svarez[220]) bezeichnet, von den „inextrikablen Verlegenheiten" befreit und vereinfacht zu haben. Sie haben einen praktisch glücklichen Griff gethan, indem sie den Satz abwiesen, daß jede auf den Tod gestellte Schenkung willkürlich widerruflich sei wie ein Legat, vielmehr eine solche Widerruflichkeit regelmäßig nur in Folge eines ausdrücklichen Vorbehalts zuließen[221]).

X. Das positive Recht[222]) unterwirft einer besonderen Beaufsichtigung die Schenkungen an Korporationen und andere juristische Personen, indem es den Erwerb an die staatliche Genehmigung knüpft, wenn er mehr beträgt, als 3000 Mark, und ohne Unterschied des Betrages, wenn durch die Zuwendung eine neue juristische Person gestiftet oder einer vor-

---

217) Daß Bornemann hier einen gerichtlichen Widerruf verlangt (a. a. O. S. 229 f.), weil er ebenso ausgeübt werden muß, wie der Widerruf von anderen Schenkungen, ist ganz unhaltbar. Auch bei anderen Schenkungen bedarf der Widerruf nicht der gerichtlichen Form; diese ist nur nöthig, wenn der Erbe ihn fortzusetzen berechtigt sein soll. Das bloße Verzehren oder Vernichten der Sache soll ja genügen. § 1168. Siehe oben Note 138 f. Auch formlos nach gem. Recht. Savigny S. 244. Schröter S. 147.

218) Nur das Versprechen bedarf der gerichtlichen Form, um die Erfüllungsklage zu erzeugen. Daher kann eine durch Uebergabe vollzogene Schenkung von Todeswegen nicht von den Erben des Schenkenden wegen Mangels der gerichtlichen Form widerrufen oder angefochten werden. Entsch. B. 55 S. 38.

219) Bei dem Wortlaut des § 1058 d. T. kann dies nicht bezweifelt werden. S. dagegen Seuffert XIX. 246. (Annahme sei nur nöthig, wo die Schenkung in Form und Folge eines Vertrages errichtet werde.)

220) Jahrb. B. 41 S. 25.

221) Das österr. G.B. § 956 behandelt die Schenkung auf den Todesfall durchweg als Vermächtniß, wenn nicht die Widerruflichkeit ausgeschlossen worden. Unger S. 323. Das sächs. G.B. § 2500 schließt sich hier dem österr. R. an, es beurtheilt die Schenkung auf den Todesfall sowohl in Betreff der Form als der Wirkungen wie eine letztwillige Verfügung, im Fall der Annahme wie einen Erbvertrag. Der Entwurf des B.G.B. § 1963, Entw. II. § 2167, Reichstagsvorl. § 2274 behandelt den Schenkungsvertrag unter der Bedingung, daß der Beschenkte den Schenker überlebe, wenn noch nicht vollzogen, als Erbeinsetzungs- oder Vermächtnißvertrag, wenn vollzogen, als Schenkung unter Lebenden.

222) G. v. 23. Febr. 1870. (Aelteres Recht Ges. v. 13. Mai 1833. K.O. v. 22. Mai 1836. V.O. v. 21. Juli 1843.) Ueber den älteren Rechtszustand s. Löwenberg, Motive B. 1 S. 213 f. Seit Friedrich d. Gr. (Edikt. v. 21. Juni 1753 bei Rabe B. 1 S. 317) hat man die freigebigen Zuwendungen an die todte Hand durch die Gesetzgebung zu beschränken gesucht.

handenen ein anderer Zweck gegeben werden soll. Diese Bestätigung wird vom König selbst oder wenn lediglich die Objektshöhe die Genehmigung erforderlich macht, auch von der ein für alle Mal bestimmten Verwaltungsbehörde ausgesprochen. Die Schenkung wird, wenn die Genehmigung ertheilt worden, als von Anfang an giltig betrachtet, so daß die gezogenen Nutzungen der Sache seit dem Tage der Schenkung mitzugeben sind[223]). Die Genehmigung kann auch auf einen Theil der Schenkung beschränkt werden.

2) Zweiseitige Verträge über ein Geben zu Eigenthum.

§ 123. Der Tausch.

A.L.R. I. 11 §§ 363—375. Gruchot XI. 194 fg. Bornemann B. 3 S. 63. v. Daniels B. 3 S. 193. Koch, Pr. R. B. 2 S. 428. R. d. F. B. 3 S. 828. Dernburg II. § 157. Fischer § 68. — Treitschke, Der Kaufkontrakt, 1838. S. 264 f. 2. A. v. Wengler, 1865. S. 391 fg. Dankwardt, Nationalökonomie und Jurisprudenz. 1. Heft. 1858. S. 23 f. 3. H. S. 41, 4. H. S. 29. — Unterholzner B. 2 S. 300. Arndts S. 498. Sintenis B. 2 S. 590. Windscheid II. § 398. Dernburg Pand. II. § 103.

Tausch ist die primitive Rechtsform der Verträge, die bestimmt sind, Eigenthumswerthe entgeltlich in ein anderes Vermögen zu übertragen. Sein Zweck ist, individuelle Werthe zu wechseln und zwar dadurch, daß man eine Sache (Waare) hingiebt, um eine andere Sache zurückzuempfangen[1]). Jeder Kontrahent hat, weil er eine bestimmte Sache zu fordern hat und leistet, dem Wesen und Rechtscharakter nach dasselbe Recht und dieselbe Pflicht, wie der andere. Dieser Gedanke hat im A.L.R. den Ausdruck erhalten: jeder ist Verkäufer und Käufer[2]). Und doch liegt gerade hierin der wesentliche Unterschied vom Kauf[3]). Bei diesem hat jede Partei andere Pflichten und Rechte, weil bei ihm nicht individuelle Werthsachen mit einander gewechselt, sondern eine individuelle Werthsache gegen einen allgemeinen Werth hingegeben wird[4]).

Es ist bekannt, daß die römischen Juristenschulen sich darüber stritten, ob überhaupt Tausch und Kauf verschieden seien[5]). Wer Waare gegen Waare eintauscht, erhält unmittelbar, wessen er bedarf; wer Geld für eine Sache empfängt, hat ein allgemeines Tauschmittel, das ihm dazu dienen soll,

---

[223]) G. v. 23. Febr. 1870 § 3: ein zweifelloser Fall der Rückziehung bei einer conditio legis. Vergl. Entwurf des Einf.Ges. z. B.G.B. Art. 49.

[1]) I. 11 § 363. Endemann, Deutsches Handelsrecht. § 102.

[2]) I. 11 § 364. Vergl. Entwurf des B.G.B. § 502, Entw. II. § 462, Reichstagsvorlage § 510. Der Entwurf erklärt einfach die Vorschriften über den Kauf auf den Tausch für anwendbar.

[3]) Treitschke S. 392 (2. A.) meint mit Unrecht, die Ansicht der Prokulejaner sei nur durch den Sprachgebrauch gehalten worden.

[4]) Dankwardt H. 1 S. 25.

[5]) l. 1 § 1 D. XVIII. 1. Vergl. § 2, I. III. 23. l. 7 C. IV. 64.

sich erst die Sache anzuschaffen, die er bedarf[6]). So geht begrifflich und geschichtlich der Tausch dem Kauf voran[7]).

Im römischen Recht war der Tausch ein unbenannter Realvertrag nach der Formel do ut des[8]). Im heutigen gemeinen Recht wird der Tauschvertrag bindend abgeschlossen durch die erreichte Willenseinigung (consensu), und jeder Theil hat gegen den anderen die Klage auf Erfüllung, d. h. auf Uebergabe der Sache[9]).

Wenig eigenthümliche Regeln hat der Tausch, im Wesentlichen werden sie von dem Kauf entlehnt. Der Satz, daß bei dem Tausch jeder der Kontrahenten bezüglich der Sache, die er giebt, als Verkäufer und bezüglich der Sache, die er empfängt, als Käufer anzusehen ist[10]), stellt die Pflicht jedes der beiden Theile unter die Regeln von der Verbindlichkeit der Verkäufer. Aber es handelt sich nicht um zwei Verkäufe, bei denen der Kaufpreis stillschweigend kompensirt ist; sondern das Charakteristische des Vertrages tritt gerade darin hervor, daß unmittelbar eine Sache gegen eine andere versprochen wird. Gegenstand des Tausches kann übrigens jede Sache sein, Sache im weiteren Sinn, worunter auch Rechte aller Art begriffen sind. Anders als beim Kauf gestaltet sich die Eviktionspflicht[11]). Man hatte in

---

6) Dankwardt H. 1 S. 24. 26.

7) l. 1 pr. D. XVIII. 1. Sed quia non semper nec facile concurrebat, ut, quum tu haberes, quod ego desiderarem, invicem haberem, quod tu accipere velles, electa materia est, cujus publica et perpetua aestimatio difficultatibus permutationum aequalitate quantitatis subveniret.

8) l. 1 § 2 D. XIX. 4: permutatio autem ex re tradita initium obligationi praebet, und l. 3 C. IV. 64: ex placito permutationis nulla re secuta constat nemini actionem competere. l. 4. 8 C. IV. 54, l. 5 § 1 D. XIX. 5.

9) Glück B. 18 S. 115. Höpfner, Inst. S. 872 § 802 Note 6. Treitschke S. 394. Gruchot XI. 196. Dadurch ist der Tausch dem Kauf näher gerückt. Wenn schon vor der Hingabe ein Vertragsverhältniß besteht, so treten die Regeln von gegenseitigen Verbindlichkeiten in Betreff des Verschuldens und Interesses ein, ebenso ist die Frage, wer die Gefahr zu tragen, nach den allgemeinen Grundsätzen zu beantworten. Was letztere betrifft, so läßt das römische R. die Gefahr des Untergangs zwar von demjenigen Kontrahenten tragen, der die untergegangene Sache zu empfangen hat, l. 5 § 1 D. XIX. 5, d. h. er darf keinen Ersatz fordern, aber er darf die Sache, die er hingegeben, zurückfordern. l. ult. C. XII. 4. Hier trifft also im Resultat das römische mit dem preußischen R. überein, das den Vertrag als aufgehoben betrachtet, so daß das bereits Geleistete zurückgeleistet werden muß; jenes Konditionsrecht paßt aber nicht zu der im heutigen gemeinen Recht vorwaltenden Auffassung, daß der Tausch consensu geschlossen wird, und deshalb muß es auch ausgeschlossen bleiben. A. M. Treitschke S. 397, der von dem unrichtigen Satz ausgeht: casum sentit dominus. — Zur Erfüllung des Vertrages gehört wirkliche Uebergabe nach den Vorschriften von Tit. 7 Th. I. § 58 und, wenn der Vertrag schriftlich hätte geschlossen werden sollen, aber nur mündlich geschlossen worden ist, kann der Umstand, daß der andere Theil ohne Bethätigung des Uebergabewillens des Vertauschenden in den Gewahrsam der Sache gekommen ist, allein nicht die Wirkungen der Vertragserfüllung begründen. Striethorst B. 50 S. 206.

10) A.L.R. I. 11 § 364. Die Verwandtschaft von Tausch und Kauf ist auch in den röm. Quellen vielfach betont. l. 2 D. XIX. 4, l. 62 D. XXIII. 3. Insbesondere wird die Gewährleistung für Fehler wie beim Kauf beurtheilt. l. 19 § 5 D. XXI. 1. Fälle, in denen es zweifelhaft war, ob zwei Kaufverträge oder ein Tauschvertrag vorlagen, vergl. in R.O.H.G. B. 3 S. 418, Striethorst. B. 3 S. 30, B. 61 S. 62.

11) Nach gemeinem Recht werden auch auf die Eviktionspflicht die beim Kauf geltenden

der älteren gemeinrechtlichen Praxis den Satz aufgestellt, daß während ein Kauf über eine fremde Sache an sich zulässig sei, dies beim Tausch sich anders verhalte, daß mithin, wenn hier eine fremde Sache hingegeben, und diese dem Empfänger entwehrt worden, letzterer nicht einen Anspruch aus dem Vertrage auf Eviktionsleistung erheben könne, sondern mit einer condictio causa data die von ihm hingegebene Sache zurückfordern müsse[12]). Diese Ansicht ist in das A.L.R. übergegangen: wenn eine ausgetauschte Sache entwehrt worden, so hat der, welcher sie gegeben, insofern er vertretungspflichtig ist, die Pflicht, die dafür empfangene zurückzugeben[13]). Bei einem Betrug des Gebers hat der Empfänger die Wahl zwischen Zurücknahme und Forderung des vollen Interesses aus der erlittenen Entwehrung[14]). Theilweise Entwehrung wird dadurch ausgeglichen, daß beide vertauschten Sachen abgeschätzt und der Werth des entzogenen Theils „verhältnißmäßig" bestimmt wird[15]). Das heißt, der Werth des entwehrten Theils der empfangenen Sache wird von dem Werth der hingegebenen Sache, die als der Preis für jene aufzufassen, nach dem Verhältniß abgezogen, in dem sich der Werth jenes Theils zu seinem Ganzen befindet[16]). Die Differenz muß

Regeln angewendet. Treitschke S. 395. l. 29 C. VIII. 45. l. 1 C. IV. 64. (Der Entwehrte hat die Wahl zwischen Entschädigung und Rückforderung des Gegebenen.)

[12]) Siehe hierüber Gruchot XI. 204. Koch, R. d. F. S. 837 fg., dem bei Note 11 S. 838 zuzusetzen ist: Walch, controv. jur. civ. p. 662. Ferner Marezoll in der Z. f. C.R. u. Pr. B. 1 S. 462. Dunze, im Arch. f. civ. Pr. B. 10 S. 369. Wochenblatt für merkw. Rechtsfälle. 1851. S. 261. Heuser, Annalen IV. 248. In l. 1. § 3 D. XIX. 4 heißt es zwar: alienam rem dantem nullam contrahere permutationem; das paßt aber nur zum re contrahere, weil hier das Hingeben sofort Eigenthum übertragen soll. Bei dem Konsensualvertrag dagegen soll das Eigenthum gewährt werden, und da kann auch eine fremde Sache gegeben werden. Die ältere Praxis hat daher eine Nachwirkung der römischen Auffassung des Tausches als Realkontrakts erlitten. Die Kondiktion ist ausgeschlossen, wenn der Veräußerer das Eigenthum nach Abschluß des Tausches erworben hat. Seuffert I. 207 (Wiesbaden).

[13]) I. 11 § 368. Oder im Fall ihres zufälligen Unterganges deren Werth zu vergüten.

[14]) I. 11 § 369.

[15]) I. 11 § 370. Die Praxis bezieht diesen § nur auf Entziehung eines Theils oder Stücks, nicht auf Lasten, die der Sache anhaften. Präj. 1514 (Samml. I. S. 56). Nach Striethorst B. 58 S. 171 ist der Satz als Anwendung der §§ 170. 171, I. 11 aufzufassen, so daß der absolute Werth des Entzogenen zu ersetzen sei, wenn nicht von der einen oder anderen Seite geltend gemacht wird, daß der relative Werth ein anderer sei.

[16]) Siehe hierüber Bornemann S. 64. Koch, R. d. Ford. S. 839. Er führt als Beispiel an: ein Landgut von 50 Tausend ist gegen ein Landgut von 40 Tausend geradeauf getauscht; von ersterem wird ein Theil zu 25 Tausend evinzirt: dann muß von den 40 Tausend so viel abgezogen werden, als das Verhältniß des evinzirten Stücks zu seinem Ganzen beträgt, d. h. die Hälfte, also 20 T., nicht 25 T. Wenn von dem Gute von 40 T. ein Theil von 20 T. evinzirt worden, so muß demzufolge von dem Gute von 50 T. die Hälfte mit 25 T. abgerechnet werden. Die Gesetzrevisoren wollen anders rechnen. Sie wollen den Werth des entwehrten Stücks von seinem Ganzen abziehen und diese Differenz ersetzen lassen, also nach obigem Beispiel im ersten Fall 25, im zweiten 20 T. Dagegen spricht nicht nur das Wort „verhältnißmäßig" in § 370, welches doch jedenfalls bezeichnen soll, daß eine Vergleichung stattzufinden hat mit dem Werth der als Preis hingegebenen Sache, sondern auch der Begriff der Entschädigung, denn der Entwehrte würde dann entweder mehr oder weniger, als sein Schaden beträgt, erhalten.

dem Entwehrten ersetzt werden. Die Klage auf Rückleistung findet also nicht statt[17]), nur die Klage auf Entschädigung bleibt übrig[18]). Bei drohender Entziehung ist der Bedrohte, wie der Käufer, berechtigt, die als Preis hinzugebende Sache gerichtlich zu hinterlegen[19]). Wie beim Kauf werden ferner, wenn zurückgeleistet wird, die Nutzungen der einen Sache gegen die Nutzungen der anderen aufgerechnet[20]). Endlich hat beim Tausch wie beim Kauf jeder Theil, weil jeder auch in der Lage des Käufers sich befindet, das Rechtsmittel aus der enormen Verletzung[21]), nur dann nicht, wenn die eingetauschte Sache ihrer Seltenheit wegen nicht schätzbar erscheint, z. B. seltene Medaillen oder Münzen[22]).

Der Geldwechsel[23]) ist nichts weiter als Tausch, wenn dabei die ausgewechselten Geldstücke nicht in ihrer Eigenschaft als allgemeine Werthmesser, sondern als individuelle Werthe, als Waaren, in Betracht kommen. Deshalb muß er insoweit unter denselben Regeln stehen, wie der Sachentausch. Das A.L.R. hat aber die besondere Vorschrift: „wenn Geld gegen Geld gewechselt wird, so treten die Gesetze von Zahlungen ein"[24]). Diese Bestimmung kann nicht, wie von Förster geschehen, als „inhaltlos" bezeichnet werden. Die Abrede ist, insoweit sie den Inhalt hat, daß eine Geldsorte gegen eine andere ausgetauscht werden soll, durch Hingabe solchen Geldes zu erfüllen, das als Zahlungsmittel genommen werden muß, und zwar von so viel, als dem hingegebenen Betrag entspricht, nach der Hingabe von der einen und von der anderen Seite aber ist eben nur eine Geldzahlung erfolgt, insofern gesetzliche Zahlungsmittel ausgetauscht sind. Handelt es sich um Umwechselung einer Münze oder eines Geldpapiers, das im Inlande nicht Zahlungsmittel ist, in inländisches Geld, so steht das Geschäft unter den Regeln vom Kauf[25]).

Der Kauf und Verkauf.

A.L.R. I. 11 §§ 1—362. Gruchot IX. S. 69 f. 268 f., X. S. 105 f. 168 f. 569, XI. S. 127 f. Bornemann B. 3 S. 1 fg. Daniels B. 3 S. 159. Koch, Pr.R. B. 2 S. 422. R. d. F. B. 3 S. 715. Dernburg II. §§ 133 ff. Fischer § 68. — Westphal, Lehre des gem. R. von Kauf-, Pacht- und Erbzinsvertrag u. s. w. 2. A. 1807. Glück B. 16 S. 1 f., B. 17. 20. Grath, im Rechtslexikon B. 6 S. 10. Wilda, das. S. 46 (in Beziehung auf Waarenhandel). Treitschke, der Kaufkontrakt in besonderer Beziehung auf den Waarenhandel). 1838. 2. A., bearbeitet von Wengler. 1865 (nach

---

17) Abweichend von I. 11 §§ 164. 169.
18) Entsprechen I. 11 §§ 170. 171. Vergl. Anm. 15.
19) I. 11 § 372. Vergl. I. 11 § 222.
20) I. 11 § 371.
21) I. 11 § 365. Auch nach gemeinem Recht.
22) I. 11 § 375.
23) Unterholzner S. 302 bei IV. Sintenis S. 593. Flesch bei Ihering B. 19 S. 330. Keßler bei Gruchot B. 37 S. 556.
24) I. 11 § 373.
25) Koch S. 836 Note 3.

dieser wird citirt). Bernhoeft in Iherings Jahrb. B. 14 S. 58. Bechmann. Der Kauf. B. I. und II. Die Lehrbücher über Handelsrecht, bes. Thöl, 4. A. §§ 62c. bis 90. Brinkmann §§ 67—104. Gad S. 200 §§ 105—127. Endemann S. 496 fg. Bluntschli 3. A. S. 461—476. Gerber 8. A. S. 450 f. — Unterholzner B. 2 S. 217. Vangerow B. 3 S. 441 f. Arndts S. 481 fg. Sintenis B. 2 S. 594 fg. Keller S. 605 f. Windscheid II. §§ 385 ff. Dernburg Pand. II. §§ 94—102. Zachariä (Crome) II. 444 §§ 329 ff.

§ 124. Begriff und Abschließung.

A. Begriff. Der im Leben mächtigste Typus der zweiseitigen oder entgeltlichen (lästigen) Verträge ist der Kauf und Verkauf in seinen mannigfachen Gestaltungen[1]). Das Landrecht behandelt einzelne Verträge, die im Folgenden als Abarten des Kaufs behandelt sind, als besondere Rechtsgeschäfte „gewagte Geschäfte", und „Lieferungsverträge". Wissenschaftlich aber sind alle Verträge zusammen zu fassen, welche die Uebertragung des Eigenthums an einer Sache aus dem einen in ein anderes Vermögen gegen Empfang des in einer Geldsumme ausgedrückten Werths bezwecken[2]).

Es ist nicht zufällig, daß weder die lateinische noch die deutsche Sprache für die gegenseitigen Beziehungen dieses Rechtsgeschäfts ein gemeinsames Wort hat. Die Römer nennen es emtio-venditio[3]); auch im A.L.R. hat der 1. Abschnitt des 11. Titels die Ueberschrift erhalten: „von Kaufs- und Verkaufsgeschäften". Denn die sich bei diesem gegenseitigen Vertrage gegenüberstehenden Rechte und Verbindlichkeiten haben einen verschiedenen Inhalt[4]), wie es Paulus treffend ausdrückt: aliud est vendere, aliud emere, alius emtor, alius venditor, sic aliud est pretium, aliud merx. Beim Tausch ist dies anders: in permutatione discerni non potest, uter emtor, uter venditor sit[5]). Erst als der abstrakte Werthmesser des Geldes seine wirthschaftliche Bedeutung erlangt hatte, konnte sich das Kaufgeschäft entwickeln[6]). Das gerade ist das wesentliche Moment im Begriff des Kaufs und Verkaufs, daß eine Sache für Geld ausgetauscht wird — Waare für Preis[7]). „Das Kaufgeschäft ist ein Vertrag, wodurch der eine Kontrahent zur Abtretung des Eigenthums einer Sache, und der andere zur Erlegung einer bestimmten Geldsumme dafür sich verpflichtet." Hierbei ist, wie unten näher zu entwickeln, Sache im Sinne der §§ 1. 2, I, 2 als vermögensrechtliches Objekt[8])

---

1) Sintenis S. 593 a. E. 641. Keller S. 606 Abs. 4.

2) Gruchot IX. 70.

3) Doch vergl. l. 19 D. XIX. 1. Veteres in emtione venditioneque appellationibus promiscue utebantur.

4) Ueber den Gegensatz ein- und zweiseitiger Verträge s. B. I. § 83.

5) l. 1 § 1 D. XVIII. 1. Leist, Mancipation und Eigenthumstradition. 1865. S. 46 fg.

6) Dankwardt, National-Oekon. und Jurispr. H. 1 S. 25 fg. Keller S. 605: „Oekonomisch charakterisirt es den Kauf, daß er auf einen Kapitalumsatz abzielt, nicht auf einen bloßen Ertragsumsatz."

7) Vangerow III. S. 442. Thöl § 63. Treitschke S. 3. Wilda a. a. O. S. 47. Gruchot IX. S. 69 § 2 J. III. 24. l. 1 § 1. l. 2 § 1 D. XVIII. 1. l. 1 pr. D. XIX. 4.

8) Oben B. I. § 20.

und Eigenthum allgemein als das eigene, unabhängige, unwiderrufliche Recht an dem Objekt, nicht nur im technischen Sinn als Sacheigenthum aufzufassen[9]).

B. Käufer und Verkäufer. Wenn zum Abschluß eines jeden Kaufs ein bestimmter Verkäufer und ein bestimmter Käufer gefordert wird[10]), so ist damit etwas Besonderes nicht angeordnet, eine Obligation kann regelmäßig nur zwischen bestimmten Personen zu Stande kommen[11]). Das A.L.R. spricht aber hierbei statt vom Käufer von „der Person, auf welche das Eigenthum übergehen soll". Förster nahm an, daß durch diese Bezeichnung und die folgenden §§[12]) die Möglichkeit angedeutet werde, daß jemand zwar im eigenen Namen den Kauf abschließe, also die Pflichten des Käufers persönlich übernehme, aber die Bezeichnung der Person, an welche die Sache als Eigenthümer kommen solle, in der Weise vorbehalte, daß darüber eine bestimmte Begebenheit oder der Ausspruch eines Andern entscheiden solle. Das wäre also ein Vertrag zu Gunsten eines Dritten. Die Aeußerungen von Svarez in den Vorträgen über die Revision der Monita[13]) ergeben indessen, wie auch schon Förster anerkannte, daß bei der Bestimmung davon ausgegangen ist, der unbekannte Dritte sei der Käufer[14]). Wenn z. B. eine Mehrheit von Personen bereit ist, jeder für sich eine Sache zu kaufen, und die Einigung mit dem Verkäufer dahin zu Stande kommt, daß dieser an denjenigen der mehreren Kauflustigen verkauft, der durch ein bestimmtes Ereigniß oder die Wahl eines Dritten bezeichnet werde, oder wenn jemand der berechtigt ist, verschiedene Personen bei dem Kauf zu vertreten oder der auf die Genehmigung eines für sie geschlossenen Kaufs durch verschiedene Personen rechnen kann, unter Zustimmung des Verkäufers verabredet, daß er als Vertreter dessen gekauft habe, der durch das spätere Ereigniß bezeichnet wird, so kann ein guter Grund zu einem solchen Vertragsschluß vorliegen[15]).

---

[9]) So daß auch das pactum de cedendo meistens Kauf ist. Vergl. Entw. des B.G.B. §§ 370. 459, Entwurf I. § 375, Reichstagsvorlage § 428.

[10]) I. 11 § 12. Koch, R. d. F. III. S. 721. Vergl. Entsch. B. 4 S. 193 fg. Vergl. auch Striethorst B. 51 S. 92. (Statt des Verkäufers ein anderer als solcher in der Faktura bezeichnet.)

[11]) B. I. §§ 62. 64 a. A.

[12]) I. 11 §§ 13—18. Vergl. Koch, R. d. F. III. S. 721, und Kommentar Note zu § 13. Schwiete in der Arnsberger juristischen Monatsschrift. 1855. B. 1 S. 714 f. Gad, die Person des Käufers nach altländ. preuß. Recht in Gruchot's Beiträgen B. 3 S. 181 f. und in seinem Handelsrecht S. 89 § 51.

[13]) Ges.Rev.P. XIV. S. 7. Koch, Komm. Note zu § 13 d. T.

[14]) Koch a. a. O. und R. d. F. S. 722 hält die Vorschrift für eine inhaltlose juristische Erfindung. Auch Schwiete S. 723 kommt zu dem Resultat, den §§ 13—18 die Anwendbarkeit abzusprechen, ihre Rechtfertigung sei unmöglich, sie ständen mit den Regeln von Verträgen in offenbarem Widerspruch.

[15]) Auch Gad a. a. O. geht davon aus, daß unter der Person, auf die das Eigenthum übergehen soll, nur der Käufer gemeint sein könne, der andere Kontrahent. Er verweist auf zwei Fälle, wo auch die Person des anderen Kontrahenten unbestimmt sei (Auslobung § 992 I. 11, Versicherung „für wen es angeht" § 2071 II. 8). Beide Fälle beweisen nicht, daß mit einer unbekannten Person ein Vertrag abgeschlossen werden kann. Die Auslobung ist ein einseitiges Geschäft (B. 1 § 71 A. 2), die Ver-

Für solche Fälle also wird bestimmt, daß der Vertrag nur Geltung haben solle, wenn der Eintritt oder Nichteintritt des Ereignisses sich in bestimmter Zeit entscheiden muß, oder wenn es auf die Auswahl eines Dritten ankommt, ohne daß eine bestimmte Frist festgesetzt ist, daß diese Frist auf Ansuchen eines der beiden Theile richterlich bestimmt werde[16]); und daß beim Nichteintritt des Ereignisses oder der nicht rechtzeitig getroffenen Auswahl der Kauf zusammen fällt[17]). Hiermit stimmt völlig zusammen, daß anderwärts ausdrücklich gesagt ist: dadurch, daß die erkaufte Sache für einen Anderen bestimmt ist, wird das Rechtsverhältniß zwischen Käufer und Verkäufer nicht geändert[18]).

Käufer und Verkäufer müssen nach den allgemeinen Grundsätzen vertragsfähig[19]) sein. Das Gesetz will ferner, daß jeder Verkäufer über den Gegenstand des Verkaufs zu verfügen berechtigt, der Käufer ihn zu erwerben und zu besitzen fähig sein soll[20]). Diese Bestimmung darf aber nicht dahin ausgelegt werden, daß der Verkäufer immer Eigenthümer sein muß: denn dann wäre es unnöthig, von einer Pflicht zur Eviktionsleistung noch zu sprechen[21]). Es ist vielmehr zweifellos, daß eine fremde Sache wirksam ver-

---

sicherung für wen es angeht läßt den bestimmten Versicherungsnehmer als solchen verpflichtet werden, und begründet nur das Recht desjenigen, der sich legitimirt als den, um dessen Gefahr es sich gehandelt hat, als Versicherten. Vom Standpunkt des Textes handelt es sich um die Vertretung einer bestimmten erst später zu bezeichnenden Person, die als Käufer berechtigt und verpflichtet sein soll. Diese Person braucht dem für sie Handelnden nicht bekannt zu sein. Es besteht zunächst eine Gebundenheit, wonach das Bestimmtwerden der Person des Käufers abzuwarten ist, erst nach diesem Bestimmtwerden wandelt sie sich in die Gebundenheit des Verkäufers. So ist es sogar möglich, daß für eine sich bildende Aktiengesellschaft gekauft wird, so daß der Vertrag bestehen soll, falls sie sich bildet und das Geschäft genehmigt, während er im entgegengesetzten Fall nicht zur Existenz kommt. Vergl. R.O.H.G. B. 10 S. 200.

16) I. 11 §§ 14. 16. 17. Daß Svarez sich Voet, comment. ad Pand. XVIII. 1 Nr. 8 angeschlossen hat, wie Förster annahm, läßt sich nicht behaupten. Voet geht davon aus, daß der qui emit pro eo, quem postea nominaturus est, sich selbst als emtor verpflichte, und daß ohne diese Verpflichtung der Verkäufer nicht bereit sein werde zu verkaufen, ohne zu wissen, an wen. Svarez wollte den Verkäufer, der sich auf solche Ungewißheit einläßt, auf andere Weise sichern, indem er die Lösung der Ungewißheit in absehbarer Zeit als nothwendig hinstellte. Er setzt voraus, daß Jemand bereit ist, in solcher Weise sich dem später zu bestimmenden Käufer zu verpflichten.

17) Weil sonst — so sagt Svarez a. a. O. — die Sache gar keinen exitum haben könnte und eine inextrikable Ungewißheit des Eigenthümers entstehen würde.

18) I. 11 § 27. Auf diesen weisen auch die Ges.-Rev. hin (S. 8) und Koch, im Komm. zu § 27. Die §§ 13ff. haben praktische Wichtigkeit auch nach der Seite, daß der Dritte das Eigenthum an dem Gegenstande des Kaufs muß erwerben können. Vergl. den Rechtsfall im Arnsb. Arch. B. 13 S. 263.

19) I. 11 § 2. I. 4 § 2.

20) I. 11 § 19. Vergl. Koch, R. d. F. III. S. 723fg. 726fg. Gruchot IX. 113fg. Dernburg II. § 134 Anm. 22 nimmt freilich an, daß das Landrecht grundsätzlich zur Giltigkeit des Kaufvertrags in der That das Eigenthum des Verkäufers fordere, — aber er fügt hinzu, daß dies nur für den Fall Bedeutung habe, wenn beide Theile das Nichteigenthum kannten, und er muß aus § 139 I. 11 u. § 46 I. 5 das Wort „ausdrücklich“ hinausinterpretiren. Vergl. unten Anm. 52. Die französischrechtliche Nichtigkeit des Verkaufs einer fremden Sache (c. c. Art. 1599) betrifft den Kauf als Eigenthumsübertragungsakt.

21) Der Verkäufer kann nicht deshalb, weil ihm das Eigenthum gemangelt hat, den Kauf an-

kauft werden kann. Entweder sollte — wie das Obertribunal angenommen[22]), ausgedrückt werden: dem Eigenthümer gegenüber gilt der Verkauf durch den Richteigenthümer nicht — dann wäre der § eine überflüssige Phrase[23]). Oder es ist, wie Koch annimmt[24]), gemeint, der Vertrag sei zwar giltig, aber unter Kauf ist hier Veräußerung gemeint, und diese ist ungiltig; — auch dies hätte freilich einer besonderen Hervorhebung nicht bedurft. Was die Bestimmung bezüglich des Käufers anlangt, so kann es in Wahrheit nicht auf dessen Besitzfähigkeit zur Zeit des Vertrags, sondern nur darauf ankommen, daß er zur Zeit der Uebergabe besitzfähig ist. Die Bestimmung kann deshalb nur von dem Fall verstanden werden, wenn der Käufer die Besitzfähigkeit überhaupt nicht erlangen kann[25]).

Wie das römische Recht, so hat auch das preußische einzelne Erwerbsverbote aufgestellt. Fremde Sachen und Güter und deren Nutzungen soll der Verwalter nicht ohne Genehmigung des Eigenthümers durch Kauf erwer-

---

fechten. Entsch. B. 29 S. 351. Strieth. B. 14 S. 337. Gruchot B. 7 S. 225. Auch der Käufer, der in der Meinung gewesen, daß der Verkäufer Eigenthümer sei, kann sich nicht auf einen wesentlichen Irrthum beziehen. Strieth. B. 31 S. 55. Mommsen, Beiträge z. Obl.R. I. S. 14. Vergl. unter Anm. 48f.

[22]) Präj. 601 (Samml. B. 1 S. 47 a. E.). Vergl. hierzu Note 12 bei Koch, R. d. F. III. S. 724f.

[23]) Koch, R. d. F. III. S. 724f. Nach Hand.G.B. Art. 306 wird freilich durch den verkaufenden Kaufmann immer Eigenthum übertragen, wenn er auch nicht Eigenthümer ist. Auch nach der Regel „Hand wahre Hand" bleibt die Veräußerung durch den Nichteigenthümer giltig. Dagegen wird die Vindikation des Eigenthümers durch den Verkauf nach gemeinem und preußischem Recht nicht ausgeschlossen, ausgenommen, wenn Fiskus verkauft hat, wenn auch die Vindikation des preußischen Rechts modifizirt ist. A.L.R. I. 15 § 42. l. 2. 3 C. VII. 37, l. 5 C. X. 3. Der Verkauf der ganzen gemeinschaftlichen Sache durch einen Miteigenthümer ist an sich zulässig, der andere Miteigenthümer kann aber seine pars indivisa vindiziren. Strieth. B. 61 S. 130.

[24]) Daselbst S. 726.

[25]) Koch, S. 726. 727. Außer den Sachen, die außerhalb des Verkehrs stehen, konnten namentlich die Besitz- und folgeweise Erwerbunfähigkeit für Grundstücke in Betracht kommen. Zur Zeit ist indessen kaum ein anderer Fall praktisch, als der, daß eine ausländische Korporation ohne die erforderliche landesherrliche Genehmigung (Ges. v. 4. Mai 1846, Ges. v. 23. Febr. 1870 § 4) ein inländisches Grundstück erwerben will. Von anderen Fällen erwähnte Förster, daß nach Entsch. B. 31 S. 78 ein gerichtliches General-Depositorium nicht das Eigenthum an Grundstücken erwerben kann: dies beruhte darauf, daß das frühere General-Depositorium keine juristische Person, sondern lediglich eine Kasse war. Bezüglich der Erwerbsfähigkeit von Ausländern wurde verwiesen auf Entsch. B. 38 S. 448, B. 46 S. 406, Strieth. B. 26 S. 328, B. 41 S. 311; jetzt ist noch hinzuzufügen Ges. v. 28. Mai 1874 (G.S. S. 195) und Art. 3 der Reichsverfassung. Bedingt erwerbsunfähig ferner waren früher in Beziehung auf Grundstücke: Mennoniten und Quäker, wenn sie sich der Militärdienstpflicht nicht unterwarfen, Ed. v. 30. Juli 1789. N. C. C. VIII. S. 2541. Dekl. v. 17. Dezbr. 1801. N. C. C. XI. S. 1277. Kab.Ordre v. 25. Febr. 1824 (Kamptz, Annalen B. 8 S. 189). K.O. v. 16. Mai 1830. (G.S. S. 82) — s. jetzt oben § 19, 3c. u. B.G. v. 9. Nov. 1867 —; ferner Unteroffiziere und Gemeine ohne Genehmigung ihrer Regiments- oder Bataillonskommandeure. A.L.R. II. 10 §§ 27. 28. V.O. v. 18. März 1811 § 2 (G.S. 1812 S. 5): — aufgehoben durch § 42 des Reichs-Militairgesetzes v. 2. Mai 1874 —. Was die Bestimmung anlangt, daß inländische juristische Personen regelmäßig einer Genehmigung der Aufsichtsbehörde bedürfen, um Grundbesitz zu erwerben (A.L.R. II. 6 § 83), so handelt es sich hierbei um eine bedingte Handlungsfähigkeit, nicht um mangelnde Besitz- und Erwerbsfähigkeit; die Bestimmung des § 33 II. 7, daß Dorfgemeinden zum Grunderwerb der Genehmigung der Gerichtsobrigkeit (jetzt des Kreisausschusses)

ben[26]), bei Versteigerungen oder gerichtlichen Verkäufen sollen die dabei thätigen Beamten (insbesondere die Auktionskommissarien, an deren Stelle die öffentlichen beeidigten Auktionatoren getreten sind, aber auch die unbeeidigten Auktionatoren als Bevollmächtigte des Verkäufers — und Ausrufer, Richter und Protokollführer) die ausgebotene Sache nicht erstehen dürfen[27]). Aber der Kauf ist nicht nichtig, er kann von den Interessenten genehmigt werden[28]). Verweigern sie die Genehmigung, so muß der Käufer als unredlicher Besitzer zurückgeben und sich den weiteren Verkauf auf seine Gefahr und Kosten gefallen lassen[29]).

C. Gegenstand. Alle Sachen und alle Rechte, die Vermögensobjekte sind, können gekauft werden[30]). Es gilt dies nicht bloß von körperlichen Sachen und von übertragbaren absoluten Rechten[31]), sondern auch von relativen (persönlichen) Rechten, soweit sie übertragbar sind[32]). Ansprüche auf

bedürfen, ist hiervon lediglich eine Anwendung. Ebenso die Vorschriften der kirchlichen Gemeindeordnungen. Dagegen sind Dorfgemeinden nach K.O. v. 25. Januar 1831 im Erwerb von Rittergütern beschränkt, was indessen im Geltungsgebiet der Kreisordnung v. 13. Dez. 1872 durch deren § 135 IX. antiquirt ist. Für Westphalen vergl. § 53 der Landgemeindeordnung vom 19. März 1856.

26) I. 11 § 20. Z. B. Domainen-Verwaltungsbeamte, K.O. v. 29. Febr. 1812. (G.S. S. 16); Forstbeamte, K.O. v. 5. Septbr. 1821 (G.S. S. 158), diesen ist auch versagt, Grundstücke zu erwerben, die an ihren Amtsbezirk grenzen. Vergl. Koch, R. d. F. III. S. 730fg. l. 34 § 7 D. XVIII. 1.

27) I. II §§ 21. 22. Vergl. auch wegen der Gerichtsvollzieher § 75 Abs. 3 der preuß. Geschäftsanweisung für Gerichtsvollzieher vom 24. Juli 1879. Entsprechend Entwurf des B.G.B. § 468. 469, II. Entw. §§ 395. 396, Bundesrathsvorlage §§ 450. 451. Wenn ein Vormund das Gut des Mündels in der öffentlichen Versteigerung erwerben wollte, so mußte er es vorher dem vormundsch. Gericht anzeigen und dieses hat dem Mündel für diesen Fall einen Pfleger zu bestellen. Dieser Satz des früheren Rechts (vgl. A.L.R. II. 18 § 259. Entsch. B. 12 S. 513, B. 26 S. 54. J.M.Bl. 1853 S. 119. Strieth. B. 21 S. 298) ist in der Vormundschaftsordnung nicht wiederholt, und wenn auch anzunehmen ist, daß in solchem Fall die Interessen des Mündels und des Vormunds kollidiren, so tritt doch diese Kollision erst im Laufe des Verfahrens ein. Zur Zeit der Einleitung des Verfahrens wurde der Mündel gehörig durch den Vormund vertreten, und das genügt. Vergl. Jaeckel, Zwangsvollstreckungsordnung S. 313. Dernburg-Schultzenstein Vormundschaftsrecht S. 317. In Betreff der Beamten: Seuffert XVIII. 222. Glück XVI. 150. 151. l. 46 D. XVIII. 1. l. 18 C. IV. 44.

28) I. 11 § 23. Strieth. B. 10 S. 163. Ein nichtiges Geschäft könnte nicht durch nachträgliche Genehmigung giltig werden.

29) I. 11 §§ 24. 25.

30) I. 11 § 28. I. 8 § 1. I. 11 § 384. Koch, R. d. F. III. S. 734. l. 34 § 1 D. XVIII. 1 omnium rerum, quas quis habere vel possidere vel persequi potest, venditio recte fit. Kann baares Geld als Sache gekauft werden? Vangerow III. S. 442 verneint schlechthin; dagegen Heyer in der Z. f. C.R. u. Pr. XVIII. 216. Vergl. Riesser in den Jahrb. f. Dogm. B. 20 S. 201. Darüber, daß das A.L.R. I, 11 § 373 solche Geschäfte unter die Regeln der Zahlung stellt, s. oben § 123 a. E., ebendort ist ausgeführt, daß das Wechseln von Münzen, die nicht Geld im Rechtssinne sind, als Kauf erscheint. Die Geschäfte des Banquiers und Geldwechslers (H.G.B. Art. 272 Nr. 2) gehören des Näheren in das Handelsrecht.

31) Grundschulden, veräußerliche Renten, Bergwerkskuxen, Patentrechte u. s. w.; ebenso Erbschaften; vgl. unten B. IV. § 277.

32) l. 9 C. IV. 39. I. 11 § 381. Vielfach kann erheblich sein, ob das Recht auf Herausgabe einer Sache oder die Sache selbst als Kaufgegenstand erscheint. Hierbei kann nicht entscheiden, daß die Parteien das Geschäft Cession oder Kauf genannt haben, sondern der Inhalt der Verbindlichkeit. Eine Cession, bei welcher der Cedent des

Handlungen, die ein Dritter leisten soll, sind danach verkäuflich — aber die Einräumung des Rechts auf eine Handlung des Versprechenden ist kein Verkauf[33]).

Im Einzelnen ist zu bemerken: 1. Das Vermögensobjekt muß dem freien Verkehr offen stehen[34]). Wissen beide Theile, oder der Käufer allein, daß ihm diese Eigenschaft fehlt, so ist der Vertrag, weil über Unmögliches geschlossen, nichtig. Der geleistete Preis kann aber nicht immer zurückgefordert werden. Er gilt, wenn der Käufer allein der Wissende war, als geschenkt[35]). Weiß es der Verkäufer allein, so begründet der Vertrag die Interesseforderung des Käufers[36]). War es beiden Theilen unbekannt, so ist ebenfalls ein wirksames Kaufgeschäft nicht zu Stande gekommen[37]). 2. Das Vermögensobjekt muß bestimmt bezeichnet sein, über seine Identität darf kein Zweifel obwalten[38]). Quantitäten werden ihrer Größe nach bestimmt durch Zahl oder Gewicht oder Maß, — im Zweifel gilt das marktgängige Maß oder Gewicht am Erfüllungsorte[39]), — Einzelsachen unterscheiden sich nach ihren Merkmalen. Die Bestimmung kann der Wahl der Parteien überlassen werden[40]), dann müssen aber die in den Kreis der Wahl gehörigen Sachen bestimmt bezeichnet sein[41]). Die Bestimmung kann auch einer künftigen Begebenheit

---

Rechts auf Herausgabe einer Sache die Pflicht übernommen hat, diese Sache dem Cessionar zu übergeben, ist Sachenkauf. Strieth. B. 68 S. 247. Rehbein II. 46. Der Verkauf des Rechts auf noch nicht gewährte Altentheilsprästation mit dem Bekenntniß, daß die Uebergabe als vollzogen angenommen werde, ist als Cession des Rechts aufgefaßt. Strieth. B. 86 S. 94. Vergl. auch Entsch. B. 3 S. 2. Strieth. B. 54 S. 132.

33) Vergl. B. I. § 138 bei Anm. 2.

34) I. 11 § 28. I. 5 §§ 58 ff. l. 8 pr. l. 34 § 1 D. XVIII. 1. l. 7 D. XVIII. 4. Glück XVI. 44. Treitschke S. 21 fg. Ausgeschlossen vom Verkehr so, daß das Hinderniß nicht gehoben werden kann, ist insbesondere auch die künftige Erbschaft eines noch Lebenden I. 11 § 446. l. 1 D. XVIII. 4. Oesterr. G.B. § 879. Insofern das Hinderniß gehoben werden kann, die Sache also bedingt verkehrsfähig ist, gilt der Vertrag nach den näheren Bestimmungen der §§ 58 ff. I. 5. Ueber Sachen außerhalb des Verkehrs und bei der Verkehrsentziehung durch Privatverfügung s. oben B. I. § 21 A. 19 f. § 66 A. 9. Ueber Zulässigkeit der Veräußerung einer res litigiosa vergl. B. I § 51 A. 13, § 99 unter V.

35) I. 5 §§ 67. 54. 55.

36) I. 5 §§ 67. 53. l. 62 § 1 D. XVIII. 1.

37) I. 11 § 28. l. 1 § 9 D. XLIV. 7. Den römischen Juristen war es zweifelhaft, ob der Verkäufer einer dem Verkehr entzogenen Sache, wenn er nur in culpa war, das Interesse leisten müsse. Mommsen, Beitr. z. Obl.R. I. 117 f. In der heutigen Doktrin ist es ebenfalls bestritten, ob dem unwissenden Käufer gegenüber der Vertrag giltig sei, oder nicht. Für die Giltigkeit z. B. Richelmann, Einfluß des Irrthums auf Verträge S. 15. 87. Dagegen Sintenis II. S. 24. Savigny, System III. S. 302 f.

38) I. 11 §§ 12. 30. Gruchot I. 469. IX. 122. Endemann S. 507 fg.

39) Vergl. B. I. § 82 A. 12 Dresden. Ann. IV. 106. A.L.R. I. 11 § 32. Oesterr. G.B. 905. H.G.B. Art. 336. 353. S. unten § 128 unter C. und E. Ob Netto- oder Bruttogewicht s. H.G.B. Art. 352. Ueber Zulässigkeit von Abreden, die dem Verkäufer eine gewisse Freiheit in der Bestimmung der Quantität lassen, durch Beifügung von ungefähr oder in bestimmten Grenzen vergl. Strieth. B. 14 S. 120. R.O.H.G. B. 8 S. 209. Bedenklicher ist Entsch. B. 13 S. 168. Kein genügend bestimmtes Objekt liegt vor bei der Verpflichtung, jedes geforderte Mehrquantum zu liefern. R.G. Entsch. B. 3 S. 64.

40) I. 11 §§ 33 fg. l. 25 pr. D. XVIII. 1. Gruchot IX. 207 f. S. unten § 128 D.

41) I. 11 § 38. Oben B. 1 § 65 und unten § 128 B. Gruchot IX. 275. 276.

vorbehalten sein[42]). Dann soll, sagt das A.L.R., der Vertrag als gewagtes Geschäft beurtheilt werden: er verliert aber damit nicht den Charakter eines Kaufs und Verkaufs. Hierher gehört der Kauf einer Hoffnung und einer gehofften Sache. Dort liegt die Bestimmtheit darin, daß die Hoffnung eine bestimmte, konkrete Richtung hat, in welcher der Gegenstand wirklich werden kann[43]), hier darin, daß der Gegenstand, aus dem die Entstehung der gehofften Sache nach dem natürlichen Laufe der Dinge erwartet wird, ein bestimmter ist[44]). Die Bezeichnung des Objekts muß überhaupt so bestimmt sein, daß „kein gegründeter Zweifel stattfinden kann“[45]).

3. Das Vermögensobjekt braucht nicht das eigene des Verkäufers, aber es darf nicht Eigenthum des Käufers sein[46]). Der Kauf der eigenen Sache ist wegen mangelnden Objekts nichtig; kannte der Käufer den Umstand, so ist der von ihm gezahlte Preis geschenkt, befand er sich im Irrthum, so kann er kondiziren[47]). Der Verkauf einer fremden Sache ist an sich statthaft und verbindlich. Es ist bereits erörtert, daß der Verkäufer dem Käufer nach der Uebergabe dahin einsteht, daß er ihm Eigenthum übertragen hat[48]).

---

[42]) I. 11 § 31. Koch, R. d. F. III. S. 736. l. 8 pr. § 1 D. XVIII. 1. Fructus, partus futuri, alea. l. 11 § 18 in f. D. XIX. 1. Thierfang. Vergl. unten § 128 Anm. 130.

[43]) I. 11 §§ 527. 528. Vgl. § 128 F.

[44]) I. 11 § 529.

[45]) Beispielsfalls s. bei Strieth. B. 32 S. 271. Entsch. B. 13 S. 168. (Die künftig zuzutheilende Ablösungsentschädigung sei eine Rente). Strieth. B. 18 S. 250. (Waaren, die erst noch in einer bestimmten Fabrik zu fabriziren sind). Strieth. B. 27 S. 149. (Ausbeute an einem bestimmten und vorhandenen Flötz). Vergl. auch Strieth. B. 59 S. 79. Bei Heuser, Ann. VII. 171. „Der Branntwein, den Kläger, sobald er das Brennen in seiner Brennerei begonnen haben werde, bis zum Jan. 1847 erzielen werde.“

[46]) Koch III. S. 738. Suae rei emtio non valet, sive sciens sive ignorans emi, sed si ignorans emi, quod solvero, repetere potero, quia nulla obligatio fuit. l. 16 D. XVIII. 1 l. 45 pr. D. de R. J. Oben B. I. § 78 bei Anm. 14. Wer eine ihm unter Bedingung vermachte Sache unwissend vom Erben kauft, kann von diesem den Preis zurückverlangen, und zwar, wie die l. 29 D. XIX. 1 sagt, mit der a. emti. quia non ex causa legati rem habet. Man kann aber eine Sache kaufen, von der man den Nießbrauch schon hat, l. 16 § 1 cit., man kann auch das Besitzrecht an seiner eigenen Sache kaufen, l. 34 § 4 cit. l. 28 D. XLI. 2. Dagegen ist der Kauf des auf der eigenen Sache liegenden Pfandrechts nicht Kauf, sondern Einlösung oder Schuldzahlung. l. 39 eod. Dernburg, Pfandrecht I. S. 160. Das sub conditione emere in der l. 61 D. XVIII. 1 ist auch nicht ein bedingter Kauf der eigenen Sache, sondern ein Ablösen der resolvirenden Bedingung. Vergl. Treitschke a. a. O. S. 34—37.

[47]) l. 16 pr. D. XVIII. 1. Gruchot IX. 115.

[48]) Oben B. I. § 86. I. 11 § 135; l. 28 D. XVIII. 1. Rem alienam distrahere quem posse, nulla dubitatio est: nam emtio est et venditio: sed res emtori auferri potest. l. 30 § 1 D. XIX. 1. Heuser, Annalen II. 652. Ueber die Bedeutung von I. 11 § 19 f. oben bei Anm. 20. Wenn ein Miteigenthümer das Ganze verkauft, so ist dies der Verkauf einer fremden Sache. Strieth. B. 35 S. 226. Vergl. R.G. bei Gruchot B. 34 S. 919. Der Käufer kann die Annahme des Kaufgegenstands jedenfalls nicht um deshalb weigern, weil er zur Zeit des Vertrages noch nicht dem Verkäufer gehörte. Entsch. B. 29 S. 351, Striethorst B. 31 S. 55, B. 74 S. 185. Nach Code 1599 ist der Verkauf einer fremden Sache nichtig, wenn der Verkäufer sie als die seinige ausgegeben, aber der Käufer erhält trotzdem durch die Uebergabe Usukapionsbesitz. a. 2239. Die hiergegen gerichtete ausdrückliche Anerkennung des Vertrags über Sachen oder Rechte eines Dritten im Entwurf I. des B.G.B. § 348 ist von der zweiten Kommission als unnöthig und im Einzelausbau die Auslegung beengend gestrichen. Gruchot B. 37 S. 891.

Der Verkäufer hat auch die Pflicht, dem Käufer die Sache zu verschaffen[49]), er muß, wenn es ihm nicht gelingt, für das Interesse haften, ohne daß es darauf ankommt, ob er wissentlich oder unwissentlich die fremde Sache verkauft hat[50]). Hat der Käufer wissentlich eine dem Verkäufer nicht gehörige Sache gekauft, so hat er keinen Anspruch aus der Entwehrung, kann also den gezahlten Kaufpreis nicht zurückfordern[51]). Wußten beide Theile, daß die Sache eine fremde sei, und haben sie ausdrücklich, d. h. unter erkennbarer Hervorhebung dieser Eigenschaft über die Sache als eine fremde kontrahirt[52]), so wird der Vertrag als ein Vertrag über die Handlung eines Dritten angesehen, wenn nicht der Verkäufer sich ausdrücklich verpflichtet hat, für den Erfolg zu stehen. Aus den Umständen darf auf solche Absicht nicht geschlossen werden. Vielmehr verliert der ein solches ausdrückliches Versprechen nicht enthaltende Vertrag seine Kraft, wenn erhellt, daß die Absicht der Kontrahenten nicht dahin gegangen ist, daß der Verkäufer nur Bemühungen aufwenden sollte, um den Eigenthümer zur Ueberlassung der Sache zu bewegen[53]). Als Regel entsteht hiernach die Verpflichtung, daß der Verkäufer sich in der angegebenen Weise bemühe. Schlägt dies fehl, so besteht keine weitere Verbindlichkeit und auch die Gegenleistung fällt weg, der gezahlte Preis wird kondizirt[54]). Erscheint aber das über den Verkauf geschlossene Geschäft als unerlaubte Handlung (wie bei dem wissentlichen Verkauf und Kauf einer gestohlenen Sache)[55]), so soll der Preis dem Fiskus zufallen[56]).

4. Endlich muß das Objekt, abgesehen von dem Fall, wenn darüber als über eine erst künftig erhoffte Sache kontrahirt wird, wirklich existiren[57]); ist aber die Sache als künftige und gehoffte Sache gekauft worden, so gilt das Geschäft[58]). War es beiden Theilen bekannt oder unbekannt, daß die Sache überhaupt nicht existirt, so ist das Geschäft unwirksam[59]), im

---

49) I. 5 § 46.

50) Das folgt aus I. 11 § 136 und aus dem Gegensatz von § 139. Oben B. I. § 86 a. E.

51) I. 11 § 159. l. 34 § 3 D. XVIII. 1 si emtor solus scit, non obligabitur venditor. Seuffert XVII. 29.

52) Ueber die Ausdrücklichkeit s. Präj. 526. (Samml. B. 1 S. 51.) Koch, R. d. F. III. S. 727. Strieth. B. 75 S. 338, B. 84 S. 127. R.G. Entsch. B. 22 S. 284. R.G. bei Gruchot B. 30 S. 421, B. 34 S. 948, B. 37 S. 983.

53) I. 11 § 139, I. 5 § 47, I. 11 § 549. Koch S. 728.

54) I. 5 §§ 40—42. Oben B. I. § 66 unter a. Seuffert II. 171.

55) Ueber den fahrlässigen Ankauf eines gestohlenen Pferdes s. Verordn. v. 13. Febr. 1843. Entsch. B. 67 S. 84.

56) I. 5 § 50, I. 11 §§ 159. 160; l. 34 § 3 D. XVIII. 1. Si et emtor et venditor scit furtivum esse quod venit, a neutra parte obligatio contrahitur; si emtor solus scit, non obligabitur venditor, nec tamen ex vendito quidquam consequitur, nisi ultro quod convenerit, praestet; quod si venditor scit, emtor ignoravit, utrimque obligatio contrahitur.

57) § 1 I. III. 19, l. 8 pr., l. 15 pr., l. 57 pr. §§ 1. 3, l. 58 D. XVIII. 1: A.L.R. I. 11 § 39. Oben B. I. § 78 c. 2. Treitschke S. 81. Gruchot IX. 277. Oesterr. G.B. § 878, Sächs. G.B. § 793. Strieth. B. 98 S. 242. Rehbein II. 63. R.O.H.G. B. 21 S. 269.

58) L. 15 pr. D. XVIII. 1, l. 8 § 1 eod. venditio sine re, veluti quum quasi alea emitur. Keller S. 607 Abs. 2.

59) I. 11 § 39 l. 15 pr. cit. nulla emtio est u. l. 57 § 3 eod. nihil actum est. l. 1 § 9 D.

ersten Fall kompensirt sich die Arglist Beider[60]). Kannte die Nichtexistenz nur der Verkäufer, so kann zwar wegen der Nichtexistenz des Gegenstands Erfüllung nicht gefordert werden, aber der Vertrag wirkt nichtsdestoweniger verpflichtend[61]), der Verkäufer ist dem Käufer auf das Interesse verpflichtet[62]). Kannte nur der Käufer die Nichtexistenz, so soll der gezahlte wie der versprochene Preis als geschenkt gelten, wenn keine andere Absicht auszumitteln ist[63]). Wenn die zur Zeit des Vertragsabschlusses noch existirende Sache vor der Uebergabe zufällig untergeht, so ist nach preußischem Recht der Vertrag aufgehoben[64]). In gleicher Weise wird der Fall behandelt, wenn ein Gesetz nach Abschluß des Vertrags und vor der Uebergabe den Gegenstand außer Verkehr bringt[65]). Bei theilweiser Nichtexistenz, die beiden Theilen unbekannt war, unterscheidet das römische Recht, je nachdem der nichtexistirende Theil mehr oder weniger als die Hälfte vom Ganzen beträgt. In diesem Fall oder wenn sich das Werthverhältniß des Untergegangenen zum Ganzen nicht mehr ermitteln läßt, darf der Käufer zurücktreten, sonst darf er nur die Gegenleistung mindern[66]). Das A.L.R. unterscheidet in

---

XLIV. 7. Die l. 70 D. XVIII. 1, welche den unwissentlichen Verkauf eines freien Menschen bestehen läßt, kann nicht irre machen, denn sie referirt nur die Meinung Einiger. Treitschke S. 82 Note 3.

60) Es kann daher der Käufer das gezahlte Kaufgeld nicht kondiziren. l. 57 § 3 D. XVIII. 1 dolo inter utramque partem compensando, und die bei Koch, Komm. zu § 39 citirte Entsch. des O.Trib. Es ist auch Koch gegen Bornemann Syst. B. 3 S. 6 beizutreten, daß das Kaufgeld nicht als geschenkt gelten kann; bei dem gegenseitigen dolus eine Schenkungsabsicht anzunehmen, ist unzulässig. — Aus § 357 I. 5 kann gegen die im Text aufgestellte Ansicht ein Argument nicht hergeleitet werden, denn § 357 setzt voraus, daß dem Vertrag trotz des beiderseitigen Betrugs noch ein substanzieller Inhalt geblieben, während, wenn beiden Theilen die Nichtexistenz der Sache bekannt war, der Vertrag ganz gegenstandslos ist. Vergl. §§ 51. 52 I. 5.

61) Wie im Falle des wissentlichen Versprechens einer bedingt unmöglichen Leistung. Oben § 66 A. 16.

62) I. 11 § 40. l. 57 § 1 D. XVIII. 1. Mommsen, Beitr. z. Obl.R. I. 136. Das Interesse besteht nicht, wie Förster ausgehend von der Unverbindlichkeit des Vertrags annahm, in dem Schaden, der dem Käufer durch Abschließung des Vertrages erwachsen, sondern es ist das Erfüllungsinteresse zu beanspruchen. Es liegt nicht ein durch culpa in contrahendo in seiner Wirksamkeit vereitelter, sondern ein verbindlicher Vertrag vor.

63) I. 11 § 41. Die Bestimmung harmonirt nicht mit I. 5 § 55, denn dieser erklärt nur das auf ein unmögliches Versprechen wirklich Gegebene für geschenkt. Aber da das Schenkungsversprechen der gerichtlichen Form bedarf, so würde hier nur bei Beobachtung dieser Form der versprochene Kaufpreis als Geschenk eingeklagt werden können. Oben § 122 Note 77. Gruchot I. 326, IX. 280. Aus § 41 ist zu entnehmen, daß der Umstand, daß der andere Theil das Gebot nur als solches, nicht als Schenkung acceptirt hat, der Auffassung des Vertrags als eines verbindlichen Schenkungsvertrages nicht entgegen steht. Nach l. 57 § 2 D. XVIII. 1 hat der wissende Käufer das versprochene Kaufgeld zu zahlen; es wird mit der a. emti gegen ihn eingeklagt, gilt also nicht als geschenkt.

64) I. 11 § 100. Nach gem. R. trifft den Käufer die Gefahr, er muß trotz des Unterganges das Kaufgeld zahlen. Oben B. I. § 108.

65) I. 11 § 29, § 2 J. III. 19. Gebr. Overbeck, Medit. IX. Nr. 468. Unger, österr. Pr.R. I. S. 125 Note 39. Oesterr. G.B. § 880.

66) Treitschke S. 84. l. 44. 57 pr. 58 D. XVIII. 1. Diese Fälle haben übrigens mit dem Tragen der Gefahr Seitens des Käufers keinen Zusammenhang, weil bei ihnen der Untergang der Sache schon vor dem Vertragsabschluß stattgefunden. Theilweise

anderer Weise[67]). Ohne Rücksicht auf das Größenverhältniß ist der Vertrag unwirksam[68]), wenn kein Theil die theilweise Nichtexistenz gewußt; wußte sie nur der Käufer, so besteht der Vertrag[69]), wußte sie nur der Verkäufer, so hat der Käufer die Wahl zwischen dem Rücktritt vom Vertrage und der Forderung aus der Gewährleistung. Wählt er den Rücktritt, so darf er Leistung des Interesses beanspruchen wegen des Verschuldens bei Eingehung des Vertrages[70]). Wußten beide Kontrahenten, daß ein Theil der Substanz nicht vorhanden sei, so kann der Käufer weder zurücktreten noch Entschädigung fordern[71]).

D. Der Preis ist eine bestimmte Geldsumme, d. h. die Parteien müssen sich über einen dem Verkäufer gebührenden Geldbetrag als Leistung des Käufers geeinigt haben[72]). Nicht nöthig ist, daß die Abrede festhält, daß dieser Geldbetrag wirklich zu zahlen ist, es kann von vornherein eine andere Belegung des Kaufpreises z. B. durch Uebernahme von Hypothekenschulden oder durch andere Leistungen z. B. Hingabe anderer Sachen oder Rechte an Zahlungsstatt verabredet werden[73]), ohne daß das Geschäft dadurch einen anderen Charakter annimmt[74]). Noch weniger ist auf die Natur des Geschäfts der Umstand von Einfluß, daß nachträglich eine Hingabe an Zahlungsstatt verabredet wird oder daß der Käufer mit fremdem Gelde zahlt[75]).

Nichtexistenz des Kaufobjekts ist es nach l. 44 D. XVIII. 1 auch, wenn von mehreren zusammengehörigen Sachen eine vor dem Vertragsabschluß untergegangen. Das setzt aber voraus, daß die mehreren Sachen von den Parteien zusammen als ein Objekt aufgefaßt worden. Mommsen, Beitr. z. Obl.R. I. 173f. Gruchot IX. 281f. Heuser, Ann. II. 669.

[67]) I. 11 §§ 42—45.

[68]) Entsch. B. 11 S. 250. Rehbein II. 74. Der Vertrag wird also nicht wie nach röm. R. im Fall eines minder beträchtlichen Untergangs nur modifizirt.

[69]) I. 11 § 43. Das rechtfertigt sich durch die Annahme, daß der Käufer den versprochenen Preis auch als angemessen für den Ueberrest erachtet hat. Mommsen a. a. O. I. 168f.

[70]) I. 11 § 44. Oben Anm. 61. Mommsen a. a. O. 166f.

[71]) Entscheid. des O.Trib. in Stengels Beitr. 16 S. 168.

[72]) I. 11 §§ 12. 46. Koch, R. d. F. III. 739f. Gruchot IX. 284. Striethorst B. 45 S. 181. Treitschke S. 49f. § 2 I. III. 24, l. 1 § 1, l. 2 § 1 D. XVIII. 1. Sine pretio nulla venditio est. Non autem pretii numeratio, sed conventio perficit emtionem. Oesterr. G.B. § 1054. Ist neben einem Preise noch eine andere Leistung des Käufers bedungen, so wird auch dadurch der Charakter des Geschäfts nicht alterirt. — Aber es muß der Preis als Leistung für die zu übereignende Substanz bedungen sein. Vergl. Strieth. B. 45 S. 181.

[73]) Uebernahme von Schulden, Entsch. B. 50 S. 120. Oben B. I. § 102 Anm. 22f. Andere vertragsmäßige Leistungen, welche zu einem bestimmten Geldwerth fixirt werden können, treten möglicher Weise auch einer bestimmten Kaufgeldsumme hinzu. Entsch. B. 46 S. 27. Strieth. B. 14 S. 16, B. 43 S. 10. Gruchot IX. S. 285. Beispiele aus dem röm. R. außer den angeführten l. 79 D. XVIII. 1. l. 21 § 4 D. XIX. 1 noch l. 6 § 1. 2 eod. — Die Tauschgeschäfte, bei denen für jeden Tauschgegenstand ein bestimmter Werth oder Preis zwischen den Parteien festgestellt wird, sind Käufe mit datio in solutum.

[74]) Oben § 123 Anm. 10. l. 7 C. IV. 64. Glück B. 16 S. 68. Die Praktiker schwankten, ob Kauf oder Tausch anzunehmen. Lauterbach, colleg. th. pr. § 39 entscheidet danach, ob der Preis oder die andere Leistung überwiegt. S. Heuser, Ann. II. 512.

[75]) I. 11 § 27. Doch muß I. 16 § 72 beachtet werden, d. h. der Verkäufer darf nicht

Man sagt, der Preis muß ein wahrer (nicht scheinbarer), ein bestimmter, ein entsprechender (justum) sein. Das letzte Erforderniß ist aber ebenso, wie nach dem richtigen Verständniß des römischen Rechts, auch im preußischen Recht nicht anerkannt[76]). Es giebt keinen objektiven Maßstab für ein entsprechendes Verhältniß, das liegt in der Vorstellung der Kontrahenten. Den Standpunkt obrigkeitlicher Taxen hat auch die Volkswirthschaft im Wesentlichen verlassen[77]).

Der Preis muß ein wahrer sein (pretium verum)[78]), d. h. nicht scheinbar, sondern wirklich als Gegenleistung gewollt; sonst gilt das Geschäft nicht als Kauf, sondern nach den Regeln des dissimulirten wirklich gewollten Geschäfts, insbesondere also als Schenkung, wenn die Absicht zu schenken vorhanden war[79]), oder es ist nichts verhandelt[80]). Ein wahrer Preis im Rechtssinne kann vorhanden sein, obgleich er in der schriftlichen Urkunde falsch angegeben ist. Es kommt dann auf die wirkliche mündliche Willenseinigung an[81]). Späterer Erlaß des Preises ist ohne Einfluß auf die Natur des Geschäfts[82]).

---

wissentlich sich fremdes Geld zahlen lassen. Oben B. I. § 91 Nr. 5. l. 8. 9 C. IV. 50. l. 6 D. III. 32. Gruchot IX. 117.

76) § 58. Keller S. 610. Treitschke S. 64. Das Rechtsmittel aus der Verletzung über die Hälfte, wie es im A.L.R. erscheint, hat zwar eine Beziehung auf das justum pretium, aber der Kauf ist hier bis zur Anfechtung giltig. Ebenso kann man für das gemeine Recht die lex Anastasiana als das Gebot eines justum pretium für eine verkaufte Forderung ansehen.

77) Die Beschränkung des § 594, daß gemeine Landleute ihre künftigen Früchte nicht unter dem Marktpreis verkaufen dürfen, gilt nicht mehr. V.O. v. 9. Nov. 1843. (Ges.S. S. 347.) Vergl. oben Anm. 42. Auch die Zulässigkeit polizeilicher Taxen für den gewerblichen Verkehr ist beseitigt R.G.O. § 72. Dagegen werden Arzeneien noch nach der obrigkeitlichen Taxe vorbehaltlich der Ermäßigung durch Uebereinkunft verkauft. R.Gew.Ordn. § 80: Bäcker und Gastwirthe (R.G.O. §§ 73 bis 75) können zur Selbsttaxe angehalten werden.

78) I. 11 §§ 70. 73. Koch III. 740. Gruchot IX. 334. l. 36 D. XVIII. 1. Ueber simulirten Kaufpreis s. Entsch. B. 64 S. 62.

79) l. 36. 38 D. XVIII. 1. Das bloße minoris vendere ist einflußlos. Der in der Absicht zu schenken stipulirte Scheinpreis darf nicht eingeklagt werden. l. 9 C. IV. 38. Das A.L.R. sagt § 71: ob das durch den Scheinkauf verborgene Geschäft giltig sei oder nicht, ist nach den eigenthümlichen Regeln dieses Geschäfts zu beurtheilen. S. oben § 122 bei Note 152 v. d. gemischten Schenkung.

80) l. 55 D. XVIII. 1.

81) I. 11 §§ 72—74. Vergl. oben Bd. I § 32 A. 4. Auch wenn der wahre mündlich verabredete Preis niedriger ist als der scheinbar schriftlich verabredete, gilt das Geschäft nur wie ein mündlicher Vertrag, es besteht also keine Pflicht zur Erfüllung. Entsch. B. 38 S. 98. Strieth. B. 29 S. 85. Das Publikandum v. 20. Febr. 1802 (N. C. C. XI. 767 auch abgedr. in Koch's Komment. und bei Rehbein und Reincke) suchte solchen Personen, die durch unwahre Angabe des Kaufpreises eines Grundstückes betrogen werden sollen, Schutz zu geben. Es ist zur Zeit unpraktisch geworden.

82) Vergl. die von der Miethe handelnden l. 5 D. XIX. 2 und l. 5 C. IV. 65. Behauptet der Käufer, gegen den der Preis eingeklagt wird, einen ihm bewilligten Rabatt, so sah Förster unter Bezugnahme auf Seuff. XV. 163 (vergl. auch IV. 76, X. 198, XVI. 63) darin eine vom Käufer zu beweisende Einrede des Erlasses. Das kann, wenn der Rabatt beim Vertragsschluß selbst bewilligt sein soll, nicht zugegeben werden. Sind 100 nach Abzug von 5% Rabatt verabredet, so beträgt der Preis nur 95, und der Verkäufer wird dem die Abrede von 100 mit 5% Rabatt behauptenden Käufer gegenüber die Abrede von 100 beweisen müssen.

Der Preis muß entweder in sich, oder durch Beziehung auf ein künftiges Ereigniß bestimmt sein (pretium certum)[83]). Die Bestimmtheit ist objektiv zu nehmen, es ist nicht nöthig, daß die Kontrahenten eine bestimmte Vorstellung von der Höhe des verabredeten Preises haben[84]). Der Betrag kann durch Beziehung auf eine anderwärts schon feststehende, zuverlässig zu ermittelnde Summe gegeben sein[85]). Bei einer Beziehung auf den Marktpreis wird der mittlere zur Zeit des Vertragsschlusses angenommen, und solche Beziehung versteht sich beim Geschäftsschluß über marktgängige Waaren im Handelsverkehr von selbst[86]). Bei der Beziehung auf das Gutbefinden eines oder mehrerer bestimmter Dritter müssen sich beide Theile deren Ausspruch unterwerfen[87]); können sich die mehreren Schätzer nicht einigen, so gilt der

---

[83]) I. 11 §§ 56. 57. Koch III. S. 741 f. Treitschke S. 52 fg. Beispiele von Unbestimmtheit, die den Kaufvertrag nicht bestehen läßt: Entsch. B. 74 S. 1. Rehbein I. 283. Striethorst B. 13 S. 14 (Rehbein II. 65), wo sich die Unbestimmtheit des Kaufpreises erst nachträglich herausgestellt hatte. Vergl. auch Strieth. B. 45 S. 181. Ein zweifelhafter Fall bei Gruchot B. 4 S. 402 fg. Mehrere Alleineigenthümer verschiedener Grundstücke verkaufen diese in einem Vertrage für einen Gesammtpreis. Die Gerichte haben die Bestimmtheit des Preises vermißt, weil so viele verschiedene Käufe geschlossen als verschiedene Verkäufer und Grundstücke. Gruchot ist dagegen, weil der Käufer jedenfalls bestimmt gewußt hat, was er an Alle zusammen zu leisten habe. Die letztere Ansicht wird aber nur dann für die richtige zu halten sein, wenn aus dem Vertrage nur ein gemeinschaftliches Recht der Verkäufer hervorgehen sollte. Soll jeder eine besondere Klage haben, was freilich nach preußischem Recht regelmäßig nicht der Fall sein wird, so ist die fehlende Bestimmung der Einzelpreise wesentlich. — Auf den Eintritt oder Nichteintritt des bestimmenden Ereignisses darf kein Kontrahent einwirken. Striethorst B. 13 S. 14. Soll der Preis nach dem Gewicht berechnet werden, so geht das Gewicht der Verpackung (Tara) ab. Im Handel wird das Taragewicht häufig nach einem bestimmten Verhältniß vom Ganzen abgezogen, oder es wird dem Käufer ein Gutgewicht als eine außer der Tara noch weiter nicht zu bezahlende Zugabe oder eine den Preis mindernde Refaktie, d. h. ein Abzug von dem Gewicht der Waare berechnet. D.H.G.B. 352. Beziehung auf ein künftiges Ereigniß ist es z. B. wenn der Preis gezahlt werden soll, den der Käufer bei dem Wiederverkauf der Waare erzielt. Seuffert XII. 20. l. 7 §§ 1. 2 D. XVIII. 1. l. ult. C. IV. 38. Vergl. auch den Anhang § 79 zu § 648 II. 1. A.L.R. für einen besonderen Fall des späteren höheren Weiterverkaufs. Der Umstand, daß eine dem Käufer bedungene Nebenleistung (Altentheil) nicht genau bestimmt ist, macht den Preis noch nicht unbestimmt. Striethorst B. 14 S. 16. Gruchot VII. 47.

[84]) Seuffert VII. 26. Die Bestimmung des Preises muß nur der Willkür der Kontrahenten durch ihre Verabredung entzogen sein. l. 7 § 1 D. XVIII. 1.

[85]) I. 11 §§ 52. 53. Beispiele: Rechtspr. B. 3 S. 224. Striethorst B. 49 S. 323. Der Preis soll so viel betragen, als in dem vorgezeigten Kasten Geld befindlich: l. 7 § 1. l. 37 D. XVIII. 1. Wenn man bei einem Kaufmann Waaren entnimmt, ohne besonders über den Preis zu verhandeln, so muß die Summe als Preis betrachtet werden, für welche der Kaufmann diese Waaren feil hält. Nach röm. R. war hier nach Ansicht Einiger nicht a. venditi, sondern praescr. verbis gegeben, § 1 I. III. 24. l. 35 § 1 D. XVIII. 1. Auf diesen Klagen-Unterschied kommt im heutigen Rechte nichts an. Vergl. unten Note 93. Striethorst B. 49 S. 323. In der Bestellung bei einem Fabrikanten ohne Preisabrede liegt Unterwerfung unter den Fabrikpreis. Strieth. B. 18 S. 280. Rehbein II. 69. Endemann S. 516. Seuffert IV. 316, bes. S. 331. XI. 223. XII. 20. XVI. 41. XVII. 30.

[86]) I. 11 §§ 52. 54. Vergl. D. H.G.B. Art. 353. R.O.H.G. B. 5 S. 421. Zeit des Vertragschlusses oder Ort der Erfüllung (I. § 82 A. 12).

[87]) I. 11 § 48. Koch's Note dazu. Vergl. die Unterscheidung, die in der l. 76 D. XVII. 2 gemacht ist: si ex compromisso ad arbitrum oder ad boni viri arbitrium itum est, § 1 I. III. 23. Heuser II. 658.

Durchschnitt ihrer Angaben als Preis[88]). Der Kauf kommt nicht zu Stande, wenn der eine oder der andere Dritte einen Ausspruch nicht thun kann oder will[89]), auch nicht, wenn ein Kontrahent auf diesen Ausspruch betrüglich eingewirkt hat[90]). Solches Verhalten ist aber ein schuldhaftes Vereiteln des Vertrages[91]), und dies begründet eine Forderung auf das Interesse[92]). Dem reinen Belieben eines Kontrahenten darf die Preisbestimmung überhaupt nicht überlassen werden, wohl aber kann wie bei dem Verkauf von Quantitäten auch hier in engen Grenzen dem Belieben Raum gegeben werden, jedenfalls ist es zulässig, das Belieben eines Theils mit der Maßgabe entscheiden zu lassen, daß es auf ein objektiv angemessenes Maß zurückzuführen ist[93]). Die Münzsorte kann zur Zeit bei den im Inland zu erfüllenden Verträgen nicht mehr zweifelhaft sein. An die Stelle der Landeswährung ist die Reichsgoldwährung getreten[94]); aber ein in fremder Währung verabredeter Preis bleibt ein Kaufpreis, das Geschäft ein Kauf. Auch entscheidet die Reichsgoldwährung im Zweifel nur, wenn im Inlande zu erfüllen ist; sonst kommt es auf Auslegung des Vertrages an. Vom Gesetze des ausländischen Zahlungsorts wird es abhängen, inwieweit mit der dort geltenden Münze gezahlt werden muß[95]).

Die dem deutschen Recht bekannten Nebenleistungen, die unter verschiedenen Namen vorkommen (Weinkauf, Schlüsselgeld u. s. w.) können nur verlangt werden, wenn sie ausdrücklich bedungen sind[96]). Dann sind sie ein Zusatz zum Preise.

E. Willenseinigung. Die zum Abschluß eines Kaufs und Verkaufs nothwendige Willenseinigung ist erreicht, sobald die beiden Kontrahenten ihre Abreden als fertig abgeschlossen und sich dabei über den Austausch einer dem Käufer zu eigen zu überlassenden bestimmten Waare gegen einen bestimmten Preis geeinigt haben[97]). Die allgemeinen Regeln von der Willens-

[88]) I. 11 § 50. So auch das sächs. G.B. § 805. Es entscheidet also nicht die Mehrheit. Das weicht ab vom röm. R., welches Einigkeit der mehreren Schätzer verlangt. l. ult. C. IV. 38. Ebenso österr. G.B. § 1057. Die Sache muß in dem Zustande taxirt werden, in welchem sie sich zur Zeit des Vertragsabschlusses befindet. S. auch Heuser, Ann. II. 658.

[89]) I. 11 § 51. l. ult. C. IV. 38, welche ältere Zweifel abschnitt. Unterholzner II. S. 230 Note e. Vergl. das bei Gruchot IX. 307 a. E. mitgetheilte Erkenntniß des O.Trib. v. 20. Septbr. 1861.

[90]) I. 11 § 49. Striethorst B. 13 S. 14.

[91]) Oben B. I. § 78 Anm. 26f.

[92]) I. 11 § 49.

[93]) In diesem Sinne wird die stillschweigende Einigung der Kontrahenten über kaufweise Entnahme einer Waare ohne bestimmte Preisabrede regelmäßig zu verstehen sein. I. 36 § 1 D. XVIII. 1. l. ult. C. IV. 38. Vergl. 25 pr. D. XIX. 2. Strieth. B. 20 S. 173. Rehbein II. 66. Vergl. Thon u. Zeitschr. f. Civ.R. u. Proz. B. 10 Nr. 7. R.O.H.G. B. 1 S. 56, B. 13 S. 75, B. 15 S. 334, B. 19 S. 169.

[94]) I. 11 § 56. Reichsmünzgesetz v. 9. Juli 1873.

[95]) Treitschke S. 53. Gruchot IX. 312.

[96]) I. 11 § 55. Anders im Handelsverkehr R.O.H.G. B. 14 S. 27.

[97]) I. 11 § 12. Gruchot IX. 103. l. 1 § 2, l. 9 D. XVIII. 1, l. 8 pr. D. XVIII. 6: si id quod venierit, appareat, quid, quale, quantum sit, sit et pretium, et pure venit, perfecta est emtio. Diese Regel des römischen Rechts bezieht sich aber auf den erst bei perfecta emtio eintretenden Uebergang der Gefahr auf den Käufer. Der Vertrag-

einigung gelten auch hier[98]). Die aufschiebende Bedingung bewirkt, daß das aus dem Kauf und Verkauf entspringende gegenseitige Rechtsverhältniß nicht eher „zur Wirklichkeit gelangt", als bis die Bedingung eingetreten. Damit ist, wie schon an anderer Stelle erörtert ist, die Rückziehung abgewiesen[99]). Bei der auflösenden Bedingung tritt das Rechtsverhältniß sofort in Wirksamkeit[100]), die Uebergabe der Sache giebt dem Käufer Eigenthum, er muß den Preis zahlen, er hat die Pflicht, bei Eintritt der Bedingung die Sache dem Verkäufer zurück zu übergeben, und wenn er das Nichtkönnen verschuldet hat, das Interesse zu leisten, der Rückfall tritt daher nicht von selbst (ipso jure) ein, sondern der Eintritt der Bedingung erzeugt nur eine persönliche Pflicht des Käufers. Sofortige Uebergabe soll im Zweifel zeigen, daß die Bedingung als auflösend gemeint ist[101]); ist sie dennoch nach der Absicht der Parteien aufschiebend, so verwaltet der Käufer die Sache als eine fremde[102]), die Bedingung des Kaufvertrages wirkt also dann als Bedingung der Uebergabe. Der vor der Entscheidung über die aufschiebende Bedingung gezahlte Preis wird bei eintretender Entscheidung in der Art zurückgezahlt, daß die Nutzungen der Sache und die Zinsen des Preises gegen einander aufgehoben werden[103]). Gegen Dritte, die später ein dingliches Recht an der bedingt verkauften Sache erwerben, wirkt die Bedingung nur, wenn sie ihnen bekannt geworden ist[104]), oder aus dem Grundbuche ersichtlich war[105]). Bei Grundstücken wirkt nur noch das im Grundbuche vorgemerkte persönliche Recht auf

---

' schluß ist nach römischem wie nach preußischem Recht auch ohne soweit gehende Klarheit der Parteien wirksam. Die Parteien müssen aber auch darüber einig geworden sein, daß sie mit ihren Abreden fertig sind. Seuffert IV. 33. Wenn also die Parteien über Kaufgegenstand und Preis einig, über sonstige Modalitäten aber uneinig oder auch nur darüber noch nicht einig sind, daß jene Einigung alles enthalte, was sie über den Geschäftsschluß verabreden wollen, liegt noch kein Vertragschluß vor. Ob die Willenseinigung erreicht worden, ist questio facti. Seuffert XIII. S. 187 u. Nr. 219. Es kommt nicht darauf an, wie die Kontrahenten das Geschäft genannt haben. Dresdn. Ann. II. 532. Vergl. oben Anm. 32. Jedenfalls muß es sich um Uebertragung des Eigenthums einer Sache oder eines Rechts gegen einen bestimmten Preis handeln. Ein Beispiel, wie ein Geschäft, welches die Parteien ausdrücklich als Kauf bezeichnet haben, als ein antichretischer Pfandvertrag aufgefaßt werden mußte, im Centralblatt 1838. S. 537. 586. 607. 634. 674. 729. 777. Nach l. 80 § 3 D. XVIII. 1 ist es locatio, aut aliud genus contractus, aber nicht emtio venditio, wenn verabredet worden, ne dominium ad emtorem transeat. Darüber, unter welchen Umständen im Handelsverkehr die Zusendung und das Behalten unbestellter Waaren als stillschweigender Kaufschluß angesehen werden kann und welche Bedeutung das widerspruchslose Entgegennehmen einer Faktura über gesandte Waaren unter verschiedenen Verhältnissen annimmt, kann nur in einer handelsrechtlichen Erörterung näher gehandelt werden.

98) I. 11 § 2. Ueber die Wirkung des Irrthums siehe B. I. § 78 II. Treitschke S. 70 fg.

99) B. I. § 36 Anm. 47. Vergl. I. 11 § 258. Ueber eine aufschiebende Potestativbedingung s. Heuser, Annalen VII. 171. Ueber den im heutigen Verkehr nicht seltenen s. g. Möbelleihvertrag und andere Geschäfte auf Abzahlung vgl. § 126 unter 7.

100) I. 11 §§ 261. 262. Gruchot X 305 f.

101) I. 11 § 263.

102) I. 11 § 259.

103) I. 11 § 260.

104) I. 11 § 264.

105) I. 11 § 265.

Eigenthumserwerb[106]). Auch für bewegliche Sachen ist der Satz in seinem ersten Theil zu allgemein. Unzweifelhaft freilich kann bei auflösender Bedingung der Käufer die Sache mit dinglichen Rechten belasten, denn er ist Eigenthümer, und hier ist Regel, daß der Dritte, der das dingliche Recht erworben hat, ohne von der Bedingung Kenntniß erhalten zu haben, auch nach erfolgter Auflösung gegen den Verkäufer, oder an wen sonst das Eigenthum zurückfällt, geschützt ist[107]). Wenn aber der Käufer unter einer Suspensivbedingung, dem die Sache übergeben ist, während seines Gewahrsams Rechte auf die Sache legen wollte, so könnte sie der Dritte nicht erwerben, denn sein Autor war nur Verwalter. Die suspensive Bedingung wirkt also gegen den Dritten, der aber freilich den Schutz des redlichen entgeltlichen Erwerbs in Anspruch nehmen kann und eventuell durch den Eviktionsanspruch an seinen Autor Ersatz findet[108]).

Eine Reihe von Bedingungen, die bei dem Kauf und Verkauf vorkommen, werden unten abgesondert erörtert werden (§ 126), weil bei ihnen Eigenthümlichkeiten zu erwägen sind, die es zweifelhaft machen, ob solche Verabredungen überhaupt als Bedingungen, oder nicht vielmehr als Nebenverträge (pacta adjecta) aufgefaßt werden müssen. Nur eine im Verkehr oft vorkommende Abrede ist schon hier zu erwähnen, weil sie recht eigentlich die Willenseinigung selbst trifft. Es wird gekauft auf Probe, auf Besicht oder bis zum Besehen, bis zum Kosten[109]); d. h. der Kauf soll abhängig

---

106) Die Auflassung läßt eine Bedingung nicht zu. Derjenige, dem auf Grund eines bedingten Vertrages ein Grundstück aufgelassen ist, wird also nicht bedingter, sondern unbedingter Eigenthümer, gleichviel ob die Vertragsbedingung suspensiv oder resolutiv gemeint war. Der Erfolg der Rückgewähr kann nur durch Eintragung einer Vormerkung des bedingten Rechts auf Zurückauflassung gesichert werden.

107) Die persönliche Verpflichtung des resolutiv bedingten Käufers gegen seinen Verkäufer auf Rückgabe berührt den Dritten nicht. Hierin liegt eine Beschränkung des Grundsatzes resoluto jure dantis etc., die Dinglichkeit ist stärker. S. oben B. I. § 18 Note 28. S. auch Heuser IX. 344f. — Förster fügte hinzu: „Ebenso unzweifelhaft bezieht sich § 264, welcher nur von Rechten auf die Sache spricht, nicht auf den Eigenthumserwerb eines Dritten, denn das Eigenthum ist nicht ein Recht auf die Sache, sondern ergreift die ganze Sache, und kann ohne Rücksicht auf Wissen oder Nichtwissen von einem bedingt berechtigten Autor nicht unbedingt abgeleitet werden.“ Dieser Satz ist aber Förster selbst keineswegs unzweifelhaft geblieben. Dies geht daraus hervor, daß er in § 126 Anm. 51 für den Fall der addictio in diem den § 264 anders auffaßte. Vergl. auch Gruchot B. 8 S. 321, B. 10 S. 305.

108) Der Autor hat dann als Nichteigenthümer veräußert.

109) I. 11 §§ 333—339. Gruchot XI. 132f. Koch, R. d. F. III. S. 746fg. Dernburg II. § 153. Vergl. Entwurf des B.G.B. §§ 470—473, Entw. II. §§ 430—432, Reichstagsvorlage §§ 489—491. — Unterholzner II. S. 253f. Nr. 4. Thöl §§ 71. 72. Brinkmann, Handels-Recht. 1853—60. §§ 82—86. Wilda im Rechtslexikon VI. S. 50. Treitschke S. 192. Bluntschli 3. A. S. 471. Endemann S. 581. Gad S. 242. — Cropp in s. und Heise's Abhandl. B. 1 Nr. 12. Goldschmidt in s. Zeitschr. für Handelsrecht B. 1 S. 66f. 262f. 386f. Fitting daselbst B. 2 S. 203, B. 5 S. 79. Unger daselbst B. 3 S. 386f. Fitting, Arch. für civ. Prax. B. 46 S. 237. — Vangerow III. S. 452. Sintenis II. S. 594. Als Ausdrücke für ein solches Geschäft kommen noch vor: auf Nachstechen, auf Nachziehen. Ueber die verschiedenen Formeln ausführlich Goldschmidt a. a. O. I. S. 435fg. Die Prüfung kann durch Sehen, Fühlen, Hören, Schmecken zu bewirken sein. Koch S. 749. Goldschmidt (I. 118) schlägt vor: Handel nach Belieben, Unger (III. 414), dem Fitting (V. 79)

sein von einer nachmaligen Erklärung des Käufers über Billigung der Waare. Die Schwierigkeit in der rechtlichen Konstruktion[110]) dieses Geschäfts ist bereits oben in der Lehre von der Bedingung erwähnt[111]). Dort ist abweichend von der Auffassung Förster's, der für den Fall dieser Bedingung leugnete, daß bereits ein Vertrag zu Stande gekommen sei, und in der Abrede nichts sehen wollte, als eine mit Zustimmung des andern Theils gemachte den Offerenten bindende Vertragsofferte, die für den andern Theil erst durch die nochmalige Erklärung des Willens gebunden zu sein, als Annahme, verbindlich werde[112]), die Ansicht Goldschmidt's acceptirt[113]), wonach in solchen Fällen ein einseitiger Vertrag vorliegt, der von der conditio juris abhängt, daß der andere Theil sein Recht auszuüben Willens ist, aber mit der Besonderheit, daß diese conditio juris zugleich als wirkliche Bedingung für das Entstehen der eigenen Verpflichtung auf die Gegenleistung verabredet ist[114]). Hiernach liegt im Kauf auf Probe, wie Goldschmidt sich ausdrückt, eine einseitige Verkaufsverpflichtung vor, die nur unter der Bedingung, daß der Käufer das Recht daraus üben will, oder richtiger, daß der Käufer nicht rechtzeitig sein Nichtwollen erklärt, in ein zweiseitiges Vertragsverhältniß übergeht[114a]).

Der Kauf auf Probe hat also die Besonderheit, daß der Vertrag die Wirksamkeit als Kaufvertrag erst von dem Zeitpunkte an erlangen soll, wo der Käufer seine Zufriedenheit mit der regelmäßig ihm sofort übergebenen Sache ausdrücklich oder stillschweigend zu erkennen gegeben hat[115]). Das

beitritt: Handel auf Gefallen. Der Kauf nach Probe gehört nicht hierher, er ist ein unbedingter perfekter Kauf, bei dem die Probe nur zur näheren Bestimmung des Gegenstandes nach Güte und sonstigen Eigenschaften dient; vergl. D.H.G.B. Art. 340. Entwurf des B.G.B. § 470. Bluntschli S. 470. Striethorst B. 12 S. 192, B. 35 S. 125, B. 52 S. 225. Heuser II. 682. Dresd. Ann. I. 155. IV. 83. 111. VI. 266. Seuffert I. 361. II. 169. V. 129. 154. VI. 27. VII. 304. Der Kauf zur Probe besagt juristisch nichts Eigenthümliches; es ist nur der Beweggrund ausgedrückt, daß man von derselben Waare mehr kaufen will, wenn das Gekaufte zusagt. H.G.B. Art. 341. Eine Bestellung zur Probe und Auswahl ist kein perfekter Kauf. Striethorst B. 45 S. 295.

[110]) Vorzüglich Gegenstand der Abhandlungen von Goldschmidt, Fitting und Unger.

[111]) Oben B. I. § 36 Anm. 8.

[112]) Es ist dabei darauf hingewiesen, daß diese Auffassung dahin führe, daß dann noch der Wille der Annahme dem anderen Theil gegenüber erklärt werden müßte und zwar als eine formelle verbindliche Erklärung. Gerade hier zeigt die positive Vorschrift des Landrechts, wonach beim Kauf auf Probe die Erklärung des Behaltenwollens stillschweigend, ja im Falle der Befristung durch bloßes Schweigen erfolgen kann, daß das Landrecht auf einem anderen Standpunkt steht.

[113]) Goldschmidt I. S. 271. 275. 282. Die Ausführungen Goldschmidt's über die vom Kauf auf Probe verschiedene Resolutivbedingung der degustatio vini (I. S. 73 bis 110) haben für das preußische Recht kein Interesse.

[114]) In anderer Weise faßt Fitting a. a. O. B. 2 S. 232. 239. 275, B. 5 S. 83. 140 den Kauf auf Probe als einen nicht auf das bloße Wollen und Belieben, sondern auf Probiren und Kosten, also auf dem objektiven Umstand, daß die Sache befriedige oder gefalle, si placuerit, gestellten Kauf. Unger a. a. O. B. 3 S. 407 gestaltet dies objektiv dahin aus, daß die Sache boni viri arbitratu zu gefallen habe. Das entspricht aber nicht dem Sinn der Abrede.

[114a]) Der Entwurf des B.G.B. verlangt rechtzeitige Billigung bei nicht übergebener, rechtzeitige Mißbilligung bei übergebener Sache.

[115]) I. 11 § 333.

Landrecht faßt hiernach die Abrede als suspensiv bedingend auf[116]). Der Käufer darf inzwischen die Sache nur soweit gebrauchen, wie sie gewöhnlich gebraucht wird, weil dies genügt, um sie kennen zu lernen; ein außerordentlicher Gebrauch gilt aber darum doch nicht als Genehmigung, sondern macht nur verantwortlich[117]). Der gewöhnliche Gebrauch und der damit verbundene Nutzen verbleibt dem Käufer nach dem Willen des Verkäufers, auch wenn der Vertrag in Folge erklärter Unzufriedenheit zusammenfällt[118]). Die Gefahr ist beim Verkäufer, dem der Käufer nur für mäßiges Verschulden einsteht[119]). Abweichend vom gemeinen Recht genügt stillschweigende Genehmigung, um den Käufer zu verpflichten. Als solche gilt nach Entgegennahme der Waare Zahlung des Kaufgeldes, auch der bloße Ablauf der beim Vertrage gestellten Frist oder einer auf Antrag des Verkäufers in Ermangelung solcher Abrede richterlich gestellten Frist, welche ohne Erklärung der Unzufriedenheit verläuft[120]). Es ist keine Voraussetzung der Unzufriedenheitserklärung[121]), daß der Käufer die Sache wirklich probirt hat[122]).

Wie ein Kauf auf Probe, so ist in analoger Anwendung der hier gegebenen Vorschriften der Abschluß anderer zweiseitiger Verträge auf Probe denkbar, insbesondere kann Tausch, Sachmiethe und Dienstmiethe auf Probe geschlossen werden[123]).

---

[116]) Der Umstand, daß das Landrecht den Kauf auf Probe unter der Rubrik Nebenverträge neben dem bedingten Vertrage (Nr. 1) als besonderen Nebenvertrag unter Nr. 7 behandelt, steht nicht entgegen, da auch die Nebenverträge unter 2 und 3 jedenfalls bedingte Käufe sind. Die römisch-rechtliche Streitfrage, ob die Abrede suspensiv oder resolutiv bedingend ist, wird durch den Wortlaut „erlangt erst volle Wirksamkeit" im ersteren Sinn entschieden, also gegen die Regel, daß im Fall der Uebergabe eine Bedingung im Zweifel als auflösend zu interpretiren sei. Daß die Auffassung des Kaufs auf Probe als eines bedingten Geschäfts zur Zeit der Redaktion des Landrechts die herrschende war, ergeben: Carpzow, Jurispr. for II. 26 dec. 23. Lauterbach, Coll. th. pr. XVIII. 6 § 19. Struvii, Syntagma XXIII. § 101. Stryck, De jure sensuum, diss. 6 c. 1 nr. 13. 15. 16. nr. 3. 4. 5. Hofacker, Princ. jur. III. § 1907. Höpfner, Komment. § 871. Westphal, V. Kauf, §§ 583. 585. Glück B. 17 S. 156 fg. Vergl. Entwurf II. des B.G.B. § 431, Reichstagsvorlage § 490.

[117]) I. 11 § 339.

[118]) Gerade das ist ein bleibender vertragsmäßig gewollter Vortheil des Käufers. Entsch. B. 68 S. 55. Rehbein II. 149.

[119]) I. 11 § 338.

[120]) I. 11 §§ 334. 336. 337. In § 334 giebt das Wort das „erhaltene" Kaufgeld keinen Sinn, Koch will lesen: das „gestundet" oder „kreditirt erhaltene", Rehbein und Reincke lassen das Wort einfach weg. Nach H.G.B. Art. 339 hat der Verkäufer die Frist zu setzen. Wie der Richter einzugreifen hat, ist unklar. Vergl. oben § 83 Anm. 28. So auch Glück XVII. 163. — Man kann nicht von einer Vertragspflicht des Käufers, sich zu erklären, sprechen: eine solche erzwingbare Pflicht besteht nicht, vielmehr Gebundenheit an den Vertrag als Kauf im Fall der Nichterklärung. Vergl. auch R.O.H.G. B. 25 S. 118.

[121]) I. 11 § 383. Ebenso H.G.B. Art. 339, sofern die Waare bereits dem Käufer übergeben ist. Sächs. Gesetzb. § 1105.

[122]) R.O.H.G. B. 7 S. 320.

[123]) Strieth. B. 93 S. 357 (Tausch). Seuffert XVIII. 239 (Schauspieler auf Probe).

§ 125. Die Verbindlichkeit aus dem Kaufvertrage.

A. **Verbindlichkeiten des Verkäufers**[1]). Der abgeschlossene Kauf verpflichtet den Verkäufer 1) **zur Uebergabe** des Gegenstandes an den Käufer zu vollem Eigenthum[2]). Der Uebertragungsakt muß sich dem Gegenstand anpassen, also Tradition der beweglichen Sache, daneben bei unbeweglichen wie zu 3 darzulegen, da hier die Uebergabe zur Eigenthumsübertragung nicht ausreicht, Auflassung, Einräumung des dinglichen Rechts durch Gestattung seiner Ausübung, Abtretung (Cession) des verkauften persönlichen Rechts. Der Gegenstand muß vollständig übertragen werden[3]); der Zustand, in dem sich die Sache bei dem Vertragsabschluß befunden[4]), darf nicht willkürlich oder schuldhaft verändert werden; die Sache ist zu übergeben, in der bedungenen Beschaffenheit mit ihren seitdem hinzugetretenen An- und **Zuwüchsen**, mit den noch nicht abgesonderten **Früchten**[5]) und ihrem **Zube-**

---

[1]) I. 11 §§ 76—214. Koch, R. d. F. III. S. 749. Gruchot IX. 340. Treitschke S. 215 fg. Glück B. 16 S. 97 f. Entwurf des B.G.B. § 459 Abs. 1, 462. Entw. II. §§ 375. 385, Reichstagsvorl. §§ 427. 438.

[2]) I. 11 § 76 (§§ 12. 13 s. oben § 110 Anm. 12). §§ 79—94. 124—134; actio emtio l. 11. § 2 D. XIX. 1. Et in primis ipsam rem praestare venditorem oportet, id est tradere. Entwurf des B.G.B. I. § 371, II. § 376, Reichstagsvorlage § 428. Glück B. 16 S. 113. — Die Kosten der Uebergabe hat der Verkäufer zu tragen; hierher gehören z. B. die Kosten des Zuwiegens, Zumessens und der Verpackung und Absendung, wenn er die Waare an einen andern Ort zu liefern hat, sein Wohnort oder der Ort, wo sich die Waare befindet, nicht der Erfüllungsort ist. D.H.G.B. 351. (Die Kosten der Abnahme trägt Käufer.) Code a. 1608. Bair. Entw. II. Art. 297. Entw. des B.G.B. § 466, Entw. II. § 390, Reichstagsvorlage §§ 442. 443. Bei dem Verkauf an mehrere gemeinschaftlich muß ihnen allen übergeben werden. Der einzelne Käufer hat nicht das Recht gegen seine Rate am Preise die Uebergabe des entsprechenden Theils zu verlangen. Seuffert VII. 27. Uebergabe vermietheter Häuser an den Käufer. Striethorst B. 80 S. 222.

[3]) Maßgebend sind §§ 58 fg. I. 7, § 78 I. 11. Ueber Auflassung vergl. unter 3. Regelmäßig genügt der Verkäufer eines Grundstückes seiner Pflicht nicht durch die Auflassung, selbst wenn er das Grundstück nicht im Besitz hat, kann regelmäßig der Käufer von ihm Uebergabe fordern, wenn er auch unter Umständen sich auf andere Art in Folge der Auflassung die Sache verschaffen kann. Der Inhalt des Vertrags kann dahin gehen, daß der Verkäufer die Pflicht der Besitzverschaffung nicht haben soll; aber das ist etwas von der Regel Abweichendes. Auflassung und Besitzübergabe sind nicht selbständig neben einander stehende Verbindlichkeiten; beides gehört zu der einheitlichen Leistung, welche in Uebertragung des vollwirksamen Eigenthums zu sehen ist. — Wie nach röm. R. die Tradition eines Grundstücks, welches sich in der Detention eines Pächters findet, oder einer vermietheten beweglichen Sache an den Käufer bewirkt werden soll, ist zweifelhaft. Die verschiedenen Meinungen s. bei Ziebarth a. a. O. S. 3 f., dessen eigene Ansicht in § 2 S. 10 fg. ausgeführt ist. Constitutum possessorium wird aushelfen können. Für das preuß. R. bietet sich auch die Möglichkeit der Uebergabe durch Anweisung. Auch hat der Miether, dessen Recht dem des Käufers vorgeht, kein Interesse, die Tradition zu hindern. S. unten § 136 Note 74.

[4]) Der Gegenstand bestimmt sich nach dem Moment der Willenseinigung, nicht der schriftlichen Abfassung. Striethorst B. 69 S. 133.

[5]) I. 11 § 108, l. 13 § 10, l. 26. 27. 54 § 1 D. XIX. 1, l. 40 § 4 D. XVIII. 1; Code art. 1614. 1615. — Natürliche Früchte, die zwischen dem Vertragschluß und der zur gehörigen Zeit erfolgenden Uebergabe abgesondert sind, behält der Verkäufer soweit nicht etwas anderes verabredet ist. Vergl. hierüber und über civile Nutzungen oben § 108 Anm. 33 ff. Hat beim Grundstückskauf vertragsmäßig die Uebergabe der Auflassung folgen sollen, so hängt es von Auslegung des Vertrags ab, ob die inzwischen gesonderten Früchte dem seit der Auflassung als Eigenthümer anzusehenden Käufer gebühren.

hör[6]). Zu letzteren gehören bei Grundstücken auch vorhandene Karten, Grenzberichtigungsverhandlungen, Urtheile in Prozessen über dingliche Rechtsverhältnisse und ähnliche Urkunden[6a]). Mangelt hierüber eine nähere Verabredung der Parteien, so wird nach dem Gesetz bestimmt, was von vorhandenen Dingen zum Zubehör zu rechnen[7]). Soll mehr oder weniger gegeben werden, so muß dies ausdrücklich bedungen werden[8]). Quantitäten müssen in vollständiger Zahl, nach vollem Maß oder Gewicht übergeben werden[9]). In welchem Umfang bei der Cession die Forderung übertragen werden muß, ist § 99 erörtert[10]). Die Uebergabe muß sofort oder zur bedungenen Zeit[11]) und an dem Orte erfolgen, der als Erfüllungsort der Obligation anzusehen ist[12]).

Regelmäßig wird ein solcher Vertrag dahin aufgefaßt werden müssen, daß der Besitz und die Nutzung erst mit der Uebergabe auf den Käufer übergehen soll. A. M. Dernburg II. § 141 A. 17.

[6]) I. 11 § 78; l. 67 D. XVIII. 1, l. 11 § 17 D. XIX. 1. Wird ein reeller Theil eines Ganzen, mit welchem letzteren Zubehörstücke verbunden sind, verkauft, so bleiben die letzteren, ebenso die subjektiv dinglichen Rechte des Ganzen von dem Verkauf unberührt, Strieth. B. 70 S. 98. Rehbein II. 72; es sei denn, daß das subjektiv dingliche Recht (z. B. eine Grundgerechtigkeit) gerade für die verkaufte Parzelle bestimmt war, oder unlösbar mit derselben zusammenhängt, z. B. Recht auf das Miteigenthum eines anstoßenden Winkels. Das Recht des Verkäufers einen übergebenen Theil oder eine Pertinenz wegen Ungiltigkeit des Vertrages zu kondiziren, kann nicht als mitverkauft gelten, Entsch. B. 6 S. 279, Strieth. B. 9 S. 51, B. 20 S. 17; ebenso wenig Ansprüche des Verkäufers aus Miethsverträgen, die noch nicht durch Uebergabe erfüllt sind. Entsch. B. 83 S. 28. Inwiefern bei der gerichtlichen Zwangsveräußerung Pertinenzen als mitverkauft gelten, ist im § 130 zu erörtern. Pertinenzen, die erst nach Abschluß des Kaufs hinzugekommen, sind nicht mitverkauft.

[6a]) A.L.R. I. 2 §§ 62. 63. Sächs. Ges.Buch § 1090. Vgl. Entwurf des B.G.B. § 462, Entw. II. § 385, Reichstagsvorlage § 438.

[7]) I. 11 §§ 79. 82. Glück B. 16 S. 99. Treitschke S. 226. Nur für die bei der Sache vorhandenen Pertinenzen kann diese ihre Eigenschaft in Frage kommen. Das Nichtvorhandensein solcher Stücke, die ausdrücklich oder stillschweigend als vorhanden vorausgesetzt worden, kann als mangelhafte Beschaffenheit des Kaufobjekts erheblich werden, also Zurückweisung der Leistung, ev. Gewährsansprüche begründen. Entsch. B. 8 S. 229. Rehbein I. 926. Als Zubehör werden gewöhnlich auch die dem verkauften Grundstück zustehenden affirmativen Rechte (auf Zinsen, Dienste) und folgeweise die Ablösungskapitalien und Landabfindungen angesehen. S. hierüber oben B. I. § 21 Note 40 und § 22 a. E. Solche subjektiv dinglichen Berechtigungen, die eben nur dem Besitzer der Sache gebühren, von diesem Besitz nicht getrennt werden können, gehen aber auf den Käufer über, weil sie Rechtseigenschaften der Sache sind, wenn sie zur Zeit des Vertragsabschlusses ihr noch zustanden. Aus gleichem Grunde, nicht aber als Zubehör (wie es Koch Note zu § 108 aufzufassen scheint), das Vorkaufsrecht an dem Eisenbahnkörper. — Wird ein Grundstück (I. 11 § 82) nach einem Inventarium verkauft, so müssen die einzelnen Inventarienstücke einzeln als Gegenstand des Kaufs gelten. Vergl. l. 14 D. XXXIII. 10.

[8]) I. 11 § 80.

[9]) I. 11 § 207, l. 4 § 1, l. 6 § 4, l. 26. 27. 54 § 1 D. XIX. 1. Theillieferung wird mit Recht zurückgewiesen. Die angenommene Theillieferung kann aber nicht zurückgegeben werden, es ist nur Ersatz des Fehlenden zu fordern. I. 11 § 210. Diese Bestimmung modifizirt sich, wenn es sich um eine bestimmte Sache handelt, die als eine bestimmte Größe entsprechend verkauft ist, weil dann die mangelnde Größe Qualitätsmangel ist.

[10]) B. 1 § 99 ad IV.

[11]) B. 1 § 83 ad b. Treitschke S. 238. Während der Geschäftszeit. H.G.B. 332.

[12]) I. 11 §§ 92—94. Im Zweifel also der Ort, wo der Verkäufer wohnt oder seine Handelsniederlassung hat. D.H.G.B. 342. Befindet sich die Sache an einem dritten Ort, und ist dies beiden Kontrahenten bekannt, so ist dieser der Erfüllungsort, der Verkäufer ist nicht verpflichtet, sie dort wegzuschaffen. l. 3 § 4 in f. D. XIX. 1. D.H.G.B. 342. Treitschke S. 227. Oben B. I. § 84 Note 40.

Unter Abwesenden geschieht die Uebergabe entweder an den Bevollmächtigten des Käufers am Erfüllungsort, oder dadurch, daß die Sache am Erfüllungsort zum Transport nach der Anweisung des Käufers [13]) oder nach dem Gutbefinden des Verkäufers [14]), wenn diesem von jenem ausdrücklich oder stillschweigend die Uebersendungsart überlassen worden, abgesendet wird [15]). Stillschweigende Genehmigung wird angenommen, wenn der Käufer vom Verkäufer die gewählte Art der Zusendung erfahren und nicht mit nächster Post widersprochen hat [16]).

Die Uebergabe kann in den Fällen, wo das Gesetz eine symbolische Besitzergreifung zuläßt, symbolisch erfolgen, muß aber immer so geschehen, daß der Käufer dadurch in den Stand gesetzt wird, über die gekaufte Sache nach

---

[13]) Im Falle einer Abweichung von diesen Weisungen geht Eigenthum nicht über. I. 11 § 129. Nach Art. 345 Abs. 1 geht aber im kaufmännischen Verkehr die Gefahr trotz der Abweichung über, der Verkäufer wird nur für denjenigen Schaden verantwortlich, der aus der ohne dringende Veranlassung gemachten Abweichung hervorgegangen ist.

[14]) Das Gutbefinden unterliegt nach I. 11 § 133 einer Genehmigung, kann also, wenn nicht sachgemäß, als ungehörig gemißbilligt werden. Vergl. H.G.B. Art. 344 „mit der Sorgfalt eines ordentlichen Kaufmanns". Vergl. indessen Anm. 16. Das Gutbefinden erstreckt sich nicht auf andere Dinge, namentlich nicht auf die Zeit; verfrühte Versendung verpflichtet zum Schadensersatz. R.O.H.G. B. 13 S. 161.

[15]) I. 11 §§ 128. 129. Vergl. H.G.B. Art. 344. 345. S. Entw. des B.G.B. § 465, Entw. II. § 388, Reichstagsvorlage § 441. Treitschke S. 234. Gruchot IX. 392 fg. Fick, Ueber den Distancekauf, im Archiv für Wechselrecht IX. S. 371. Goldschmidt, Handelsrecht § 82. Die Hingabe an den Fuhrmann bewirkt die Uebergabe nur dann, wenn sie am Erfüllungsort geschieht. Die gesetzliche Bestimmung der §§ 128. 129 läuft, da die Mittelsperson während des Transports in keinem Verpflichtungsverhältniß zum Käufer steht, vielmehr regelmäßig den Weisungen des Absenders unterworfen bleibt (H.G.B. Art. 402) und als dessen Stellvertreter erscheint, auf eine gesetzliche Fiktion hinaus. Durch eine in den Transport eingreifende Weisung würde sich aber Verkäufer einer Verletzung des Eigenthums des Käufers schuldig machen und sonach in der Regel verantwortlich werden. — Die Hingabe an die vom Verkäufer gewählte Mittelsperson kommt nur dann als „Uebergabe" in Betracht, wenn der Kaufvertrag vorher materiell und formell giltig geschlossen war. Striethorst B. 18 S. 7, S. 281, B. 31 S. 353. Sie muß ferner nicht nur dem Vertrage entsprechen, sondern zugleich eine wirkliche Bethätigung des Uebergabewillens sein. Hat sich der Verkäufer einen Ladeschein, ein Konnossement ausstellen lassen und so die rechtliche Verfügung über die Sache vorbehalten, so erfolgt die Uebergabe erst mit Aushändigung dieser Urkunde. — Auch wenn die Hingabe an die Mittelsperson als Uebergabe anzusehen ist, bleibt daneben die wirkliche Ablieferung, die Entgegennahme am Ziel der Sendung von Bedeutung. Vergl. Entsch. B. 14 S. 86. Stegemann B. 4 S. 230, B. 6 S. 346, R.O.H.G. B. 1 S. 328, B. 5 S. 394, R.G. B. 5 S. 28. An ihren Zeitpunkt knüpft sich beim Handelskauf die Frist, in welcher eine Rüge mangelhafter Beschaffenheit der Waare zulässig ist, und landrechtlich kann sich bei formlosen Käufen über 150 Mark erst an die wirkliche Uebernahme der Sache der Eigenthumsübergang knüpfen (I. 5 §§ 159. 160). Bis zur wirklichen Ablieferung dauert auch das Aussonderungsrecht des nicht vollständig befriedigten Verkäufers im Konkursverfahren nach K.O. § 36 (preuß. K.O. § 26), vergl. oben B. I. § 118 Anm. 3. — Als Uebergabe unter Abwesenden kommt bei diesen Bestimmungen nur die Uebergabe durch Zusendung von Ort zu Ort (Distanzkauf) in Betracht. Ist am Orte des Geschäftsschlusses durch Zusendung aus dem Geschäftslokal des Verkäufers an den Käufer zu erfüllen, so greifen die Bestimmungen nicht ein. Unerheblich ist übrigens bei der Uebergabe unter Abwesenden die Thatsache, ob die Absendung auf Kosten des Verkäufers oder Käufers geschehen soll. Entsch. B. 12 S. 200.

[16]) I. 11 § 133. Koch Note zu § 133 nennt diese Bestimmung überflüssig, was Förster billigte. Nach dem in Anm. 14 Gesagten ergiebt sich als Bedeutung des § 133, daß das Verhalten mit nächster Post gemißbilligt werden darf, wenn es nicht das Gutbefinden eines ordentlichen Mannes war.

dem Inhalt des Vertrages zu verfügen[17]). Es muß der Käufer also freien Besitz (vacuam possessionem) erhalten[18]). Bis zur Uebergabe vertritt der Verkäufer mäßiges Versehen, insbesondere bezüglich der Bewahrung der Sache (custodia)[19]), er hat, wenn durch seine Schuld die Uebergabe sich verzögert, den wirklichen Schaden, und bei Vorsatz oder einem groben Versehen auch den entgangenen Gewinn zu ersetzen[20]). Hat er nicht bloß die Verzögerung, sondern den Verlust oder die Verschlechterung der Sache verschuldet, so haftet er bei grobem Versehen für das volle Interesse, bei mäßigem für den wirklichen Schaden[21]). Geringes Versehen ist nicht zu vertreten[22]). Daß als vertretbare Schuld auch das Verhalten bei Abschluß des Vertrags erscheint, und daß für solche Schuld in demselben Maße wie für die schuldhafte Leistung eingestanden werden muß, ist bereits an anderem Ort erwähnt[23]).

2) Der Verkäufer muß das Kaufgeld, wenn er es vor der Uebergabe erhalten hat, im Zweifel landüblich verzinsen, denn es gilt für beide Theile der Grundsatz: Keiner darf wider Willen des anderen Sache und Kaufgeld zugleich nutzen[24]). Die Verzinsung fällt also weg, wenn die frühere Zahlung

[17]) I. 7 § 58f., I. 11 § 124. Uebergabe durch Einhändigung des Konnossements: Striethorst B. 22 S. 85. Bluntschli S. 473. Treitschke S. 230, über constitutum possessorium und Zeichnung der Waare. Treitschke S. 236. Heuser, Annalen I. 283. Gruchot I. 101. Seuffert III. 143. Wegen Uebergabe der Grundstückpapiere s. oben Anm. 6a. Der Verkäufer muß auch als verpflichtet angesehen werden, den Käufer die Grenzen des verkauften Grundstücks zu bezeichnen. Der „Inhalt des Vertrages ist für die Uebergabe und für das, was der Verkäufer zu leisten hat, maßgebend". Striethorst B. 39 S. 148. Heuser I. 836.

[18]) l. 2 § 1, l. 3 § 1, l. 39 D. XIX. 1. Treitschke S. 228f. Es darf der Besitzergreifung Seitens des Käufers kein faktisches und rechtliches Hinderniß entgegenstehen. Seuffert VIII. 37. S. auch Striethorst B. 45 S. 142.

[19]) B. 1 § 104 Note 14. Sächs. Ges.B. § 1093, Oesterreich § 1061. Aufbewahren mit der Sorgfalt eines ordentlichen Geschäftsmannes D.H.G.B. 343. Ob der Verkäufer die Sache einstweilen auch versichern muß, hängt vom Handelsgebrauch ab. Bluntschli, Pr.R. 462.

[20]) I. 11 §§ 97. 101. Gruchot IX. 268fg. Nach röm. R. ohne diese Unterscheidung das volle Interesse. l. 1 pr. D. XIX. 1. Bei den Folgen des Verzugs kommt es nicht darauf an, daß der Schaden durch den Verzug verursacht, er kann auch zufällig entstanden sein. l. 4 C. IV. 48. Treitschke S. 240f. Der Verkäufer muß auch inzwischen eingetretene Preisminderung ersetzen. l. 3 § 3 D. XIX. 1. Nach D.H.G.B. 355. 356. 357 hat bei verzögerter Uebergabe der Käufer die Wahl, entweder Erfüllung mit dem Verzugsinteresse, oder statt der Erfüllung das volle Interesse zu fordern, oder vom Vertrag abzugehen. Aber in den letzteren beiden Fällen muß dem Verkäufer noch eine angemessene Frist zur Nachlieferung gewährt werden.

[21]) § 104. Dem römischen Recht ist diese Unterscheidung fremd, auch bei levis culpa muß das volle Interesse geleistet werden. Der Verkäufer ist bis zur Uebergabe zur custodia plena, d. h. zur diligentia exactior, quam in suis rebus adhibet, boni patris familias, verpflichtet, l. 2 § 1, l. 11 D. XVIII. 6, l. 31 pr. l. 39 D. XIX. 1, l. 35 § 4, l. 68 pr. D. XVIII. 1.

[22]) I. 5 § 278.

[23]) Vergl. oben B. 1 § 104 Note 42 und die Erörterungen über culpa in contrahendo bei einem Vertragschluß, der gerade dadurch vereitelt wird § 78 unter III. Darüber, daß in den Fällen der §§ 40. 44 nicht Unverbindlichkeit des Vertrages, und eine Haftung aus culpa in contrahendo, sondern ein verbindlicher wegen des Erfüllungsinteresse klagbarer Vertrag vorliegt, vergl. § 124 A. 62 und B. I. § 66.

[24]) I. 11 §§ 109. 110. Glück B. 16 S. 138. Koch, R. d. F. III. S. 765. Treitschke S. 282f. Seuffert II. 283, IX. 24, XII. 118. Vergl. unten Anm. 55. Dem Entwurf des B.G.B. ist eine Verzinsungspflicht des Verkäufers fremd. Eine Beziehung

des Preises bedungen oder freiwillig ohne Vorbehalt vom Käufer geleistet ist[25]), sie steigt aber zum höchsten zulässigen Satz, wenn der Verkäufer die Uebergabe aus mäßigem Versehen verzögert hat[26]), und statt der Zinsen kann der Käufer die Nutzungen der Sache und vorbereitend für diesen Anspruch Rechnungslegung darüber fordern, wenn der Verkäufer aus Vorsatz oder grobem Versehen die Uebergabe verzögert hat[27]). Diese Pflicht hat er in solcher Weise zu erfüllen, daß er dabei auch für geringes Versehen haftet[28]).

3) In der Pflicht der Uebereignung ist für den Verkäufer eines Grundstücks zur Zeit, wie bereits gesagt, die Pflicht enthalten, dem Erwerber vor dem Grundbuchamt die Auflassung zu ertheilen, d. h. die Umschreibung des Eigenthums auf den Käufer zu bewilligen. Das kann in der Regel wirksam nicht geschehen, wenn der Verkäufer nicht als Eigenthümer im Grundbuch eingetragen ist, weil er selbst sein Eigenthum nicht in Folge freiwilliger Veräußerung, sondern aus einem anderen Rechtsgrunde z. B. durch Erbgang oder zwar durch freiwillige Veräußerung, aber vor der Grundbuchgesetzgebung erworben hat, oder weil das Grundstück noch kein Blatt im Grundbuch erhalten hat. In allen diesen Fällen, letzteren Falls, wenn die Anlegung des Grundbuchblatts überhaupt möglich ist, muß der Verkäufer die als Voraussetzung seiner Auflassung erforderliche Eintragung seines Eigenthums herbeiführen[29]). Hat eine Mehrheit von Erben des eingetragenen Eigenthümers aufzulassen, so bedarf es ihrer Eintragung nicht. Die Eigenthumsübertragung durch Auflassung kann als Vertragserfüllung so lange zurückgewiesen werden, als das Grundbuchblatt nicht von allen Eintragungen frei gemacht ist, die vertragsmäßig für den Erwerber nicht verbindlich sein sollen. Der Käufer kann die Herbeiführung ihrer Löschung fordern.

---

auf Verzug hat die Regel an sich nicht, vergl. l. 5 C. IV. 49. Aber da die gleichzeitige Benutzung von Preis und Sache in der Regel die Folge der einseitig verzögerten Erfüllung ist, so ist es erklärlich, wie man dazu kommen konnte, die Zinsen als Verzugszinsen aufzufassen. Dies zeigt sich in I. 11 § 227, während wieder die richtige Ansicht in § 291 hervortritt. Vergl. Entsch. B. 54 S. 64. Rehbein II. 119. R.G. Entsch. B. 2 S. 201. Der Nachdruck liegt immer darauf, daß der eine Kontrahent wider den Willen des anderen Sache und Preis zugleich nutzt. I. 11 § 116. Präj. 62 (Samml. I. S. 49) Entsch. B. 13 S. 178. Auch dann, wenn der Käufer schon vor dem Empfang der Sache den Preis durch Kompensation berichtigt hat, muß der Verkäufer Zinsen zahlen. Striethorst B. 11 S. 37. Eine ungiltige Nebenabrede ist es, wenn neben dem schriftlichen Vertrage mündlich verabredet wird, daß die Regel der §§ 109. 110 wegfallen solle. Striethorst B. 47 S. 50. Die Bestimmung des § 109 ist übrigens nicht analog bei anderen Verträgen, namentlich nicht bei der Werkverdingung anzuwenden. Striethorst B. 79 S. 255.

[25]) I. 11 § 116.

[26]) I. 11 § 113. (Eine jetzt bedeutungslose Vorschrift.)

[27]) I. 11 § 114. Rechtsfälle B. 1 S. 202.

[28]) I. 11 § 115. Der Satz kann nur auf das Geschäft der Rechnungslegung bezogen werden, enthält aber eine unmotivirte Bestimmung. A. M. Koch im Komm. Striethorst B. 83 S. 271.

[29]) Jetziges Recht: Gesetz über den Eigenthumserwerb v. 5. Mai 1872 §§ 1. 2. Weigert der Verkäufer die Ertheilung der Auflassung, so wird er aus dem Vertrage verklagt und verurtheilt. § 3. Ferner § 5 das. und § 2 der Grundbuchordnung vom 5. Mai 1872. Vergl. Entwurf des B.G.B. § 459. — Aelteres Recht: Der Verkäufer mußte Alles thun, was nöthig war, um die gerichtliche Zuschreibung auf den Namen des

4) Der Verkäufer ist ferner schuldig, Gewähr dafür zu leisten, daß der Käufer die Sache bedungenermaßen als sein Eigenthum besitzen, nutzen und darüber verfügen kann[30]). Daraus folgt: der Verkäufer hat für Eviktion einzustehen und den Käufer gegen Ansprüche Dritter auf die Sache zu vertreten, er hat ferner die Gewähr für Fehler zu leisten. Von diesen Pflichten ist bereits ausführlich gehandelt[31]); es bedarf nur noch der Erwähnung der beim Viehhandel bestehenden, mit weit verbreiteter deutschrechtlicher Gewohnheit zusammenhängenden Besonderheiten[32]). Erkrankt verkauftes Vieh innerhalb 24 Stunden nach der Uebergabe[33]), so wird vermuthet, daß es schon vorher krank gewesen und der Verkäufer muß für den Fehler einstehen[34]). Der Käufer hat aber, um sich diese, ihn vom Beweise befreiende Vermuthung zu erhalten[35]), die Pflicht, die Krankheit dem Verkäufer so zeitig anzuzeigen, daß eine Untersuchung über die Zeit ihrer Entstehung stattfinden kann; sonst muß er beweisen, daß die Entstehung vor die Uebergabe fällt. Ist der Verkäufer abwesend, so ist die Anzeige statt an

---

Käufers herbeizuführen, insbesondere also auch seinen eigenen Besitztitel berichtigen zu lassen. §§ 125. 126. I. 11 Entsch. B. 9 S. 17, B. 16 S. 501, B. 21 S. 18. Gruchot IX. 388. Striethorst B. 52 S. 218 u. a. St. — Auch vom Standpunkt des gemeinen Rechts besteht da, wo der Eigenthumsübergang oder auch nur das Recht zur Verfügung bei dem Grundbuch an die Eintragung geknüpft ist, die Verpflichtung, alles zu thun, was erforderlich ist, um den Erwerber zum verfügungsberechtigten Eigenthümer zu machen. Dies ist in der gemeinrechtlichen Praxis schon vor der preußischen Grundbuchgesetzgebung anerkannt gewesen. Vgl. Seuffert VI. 311, X. 156, XXXII. 224. Vgl. l. 80 § 3 in Verbindung mit l. 25 § 1 D. XVIII. 1. Noch weitergehend Eck, Die Verpflichtung des Verkäufers zur Gewährung des Eigenthums. 1874. Vgl. Bernhöft, Kauf, Miethe und verwandte Verträge. S. 21. — Im Entwurf des B.G.B. I. § 371, II. § 376, Reichstagsvorlage § 428 wird betont, daß der Verkäufer dem Käufer die Sache frei von Rechten Dritter verschaffen muß, besonders hat er also die Pflicht zu den an die Stelle der jetzigen Auflassung des verkauften Grundstücks tretenden Erklärungen.

[30]) I. 11 § 135.

[31]) Oben B. I §§ 84 bis 86. Entwurf des B.G.B. I. §§ 381 ff., II. §§ 397 ff., Reichstagsvorlage §§ 453—488.

[32]) I. 11 §§ 199—205. Treitschke S. 342. Loewenberg, Motive der preuß. Gesetzgebung II. S. 114. Das römische und das heutige gemeine Recht beschränkt die Gewährleistung nicht auf bestimmte Fehler oder Krankheiten. Ueber deutsches Recht Bluntschli, Priv.Recht. 3. A. S. 335. Stobbe B. III. § 185. Oben B. I. § 85 Hoffmann im Arch. f. pr. R.W. IV. 185 f. Sachsenhauser, Die Lehre von der Nachwährschaft für verkaufte Hausthiere nach deutschem Recht. 1857. Zimmermann im Archiv f. prakt. R.W. N. F. B. 6 S. 256. Walther, das. B. 8 S. 3. 113. Hachenburg, Das Recht der Gewährleistung beim Thierhandel. 1888. Vergl. Entw. des B.G.B. §§ 399—411, Entw. II. §§ 416—427, Reichstagsvorlage §§ 475—486.

[33]) Nach der in der Praxis geltenden Ansicht, die auch Förster theilte, von Moment zu Moment berechnet, Entsch. B. 17 S. 152. Präj. Samml. I. S. 227 Nr. 2100. Striethorst B. 78 S. 212, — vergl. jedoch dagegen B. I. § 45 Anm. 6.

[34]) I. 11 § 199.

[35]) I. 11 § 200. „Doch muß der Käufer bei Verlust seines Rechts", d. h. des Rechts, sich auf die Vermuthung zu stützen, die ihm § 199 giebt. Präj. 257 a. (Samml. I. S. 51). Auch die ältere gemeinrechtliche Praxis nahm an, daß der Käufer, um beweisfrei zu bleiben, in kurzer Frist (3 Tage) den Fehler anzeigen muß. Wernher, Obs. for. II. 10, obs. 339 Berger, Oecon. for. III. 8 th. 6 n. 3. Glück B. 20 S. 50 geht zu weit, wenn er dies auch auf andere Waaren ausdehnt. Treitschke S. 344 Note 5.

ihn an das Gericht oder einen Sachverständigen zu richten[36]). Die Vermuthung der früheren Entstehung kann der Verkäufer durch Gegenbeweis entkräften, und zwar auch dann, wenn das Vieh innerhalb 24 Stunden stirbt, aber hier mußte nach Landrecht der Gegenbeweis zu einer „klaren Ausmittelung" darüber führen, daß die Todesursache nach der Uebergabe eingetreten[37]). Erkrankt das Thier nach 24 Stunden, so hat der Käufer die Beweislast, daß es zur Zeit der Uebergabe schon krank gewesen[38]). Bei Schweinen, Schafen, Rindvieh und Pferden ist wegen bestimmter Krankheiten eine längere Frist (bis vier Wochen) von der Uebergabe bis zum Krankheitsausbruch für die Vermuthung der früheren Entstehung nachgelassen[39]).

Die bei Nr. 1. 2. und 3. erwähnten Verpflichtungen des Verkäufers und die daraus entspringende Interesseforderung unterliegt regelmäßig der ordentlichen Verjährung, die Ansprüche aus der Gewährleistung unterstehen dem besonderen Recht[40]).

B. **Verbindlichkeiten des Käufers**[41]). 1) Sobald der Verkäufer bereit ist zur vertragsmäßigen und rechtzeitigen Uebergabe, ist der Käufer verpflichtet zur **Uebernahme**[42]). Verschuldete Verzögerung der Uebernahme[43]) befreit den Verkäufer von der Haftung für mäßiges Versehen[44]), aber nicht

---

[36]) I. 11 § 201. Das ist aber nur nothwendig, wenn sich der Käufer auf die Vermuthung des § 199 stützen will. Vergl. Hoffmann a. a. O. S. 191 fg. 195. Oesterr. G.B. § 923.

[37]) I. 11 § 202. Klare Ausmittelung schloß gerichtliche Ergänzungseide aus: jetzt ist diese Beweisregel antiquirt.

[38]) I. 11 § 203. Zu beweisen ist, daß der „kränkliche Zustand", d. h. der Grund zu der später ausgebrochenen Krankheit schon bei der Uebergabe im Thiere gelegen. Strieth. B. 35 S. 279.

[39]) I. 11 § 204. Anh. §§ 13. 14.

[40]) B. I. § 106.

[41]) I. 11 §§ 215—228. Koch, R. d. F. III. S. 760. Treitschke S. 273 fg. Entwurf des B.G.B. § 459 Abs. 2.

[42]) I. 11 § 215. l. 9 D. XIX. 1. H.G.B. Art. 346 und dazu R.G. Entsch. B. 5 S. 394, Goldschmidt, Zeitschr. B. 23 S. 567 ff. Die Kosten der Uebernahme trägt der Käufer, während die der Uebergabe, z. B. die des Messens und Wägens der Verkäufer tragen soll. Vergl. oben Anm. 2. Ueber den Begriff der empfangenen Waare s. Endemann S. 565 f. und über die Ablehnung nicht empfangbarer Waaren H.G.B. Art. 347. — Da das Gesetz ausdrücklich die Pflicht des Käufers den Kaufgegenstand zu nehmen betont, so erscheint eine Klage nicht als unzulässig, ohne daß es, wie Dernburg II. S. 150 meint, darauf ankommt, daß die Pflicht zur Abnahme besonders zum Vertragsinhalt gemacht ist. R.G. Entsch. B. 26 S. 213; bei Gruchot B. 34 S. 121. Abweichend für gemeines Recht R.G. Entsch. B. 14 S. 243. Auch der Entwurf des B.G.B. (Entw. II. § 375 Abs. 2, Reichstagsvorlage § 428 Abs. 2) spricht ausdrücklich von der Pflicht des Käufers abzunehmen. Die Fortdauer des Eigenthums kann Lasten mit sich bringen, von denen der Verkäufer nur befreit wird, wenn ein anderer Eigenthümer an seine Stelle getreten ist. Es ist freilich fraglich, ob ein Erkenntniß, das einfach auf Abnahme einer Sache gerichtet ist, als ein solches vollstreckt werden kann, das auf eine Handlung, die auch ein Anderer vornehmen kann, gerichtet ist; es wird deshalb dasjenige, was der Beklagte thun soll, bestimmter zu bezeichnen sein. Von praktischer Erheblichkeit ist namentlich, daß der Käufer eines Grundstücks genöthigt werden kann, zur Auflassung durch die Erklärung mitzuwirken, daß er die Eintragung beantrage.

[43]) Hier ist zu beachten l. 3 § 4 D. XIX. 1. Oben B. I. § 105 bei II.

[44]) I. 11 § 98. Ebenso l. 5, l. 14 pr., l. 17 pr. D. XVIII. 6.

von der Verpflichtung, das erhaltene Kaufgeld zu verzinsen[45]); doch kann er statt der Zinsen die Nutzungen der Sache ausliefern[46]), und er hat „dabei" nur grobes Versehen zu vertreten[47]). Um sich von aller Verantwortlichkeit zu befreien, kann er zur gerichtlichen Hinterlegung[48]) greifen, oder in Gemäßheit richterlicher Bestimmung zur Versteigerung durch den Gerichtsvollzieher, wenn die Sache dem Verderben ausgesetzt oder zu besorgen ist, daß die Kosten der Aufbewahrung und Verwaltung die Hälfte des Kaufpreises übersteigen werden[49]). Aus dem Erlös erhält der Verkäufer diese Kosten und was er sonst nach dem Vertrage zu fordern hat, der Ueberschuß fällt an den Käufer, der für den Ausfall einstehen muß[50]). Schadlos halten soll der Käufer, der die Uebernahme verzögert, den Verkäufer, und zu dieser Schadloshaltung soll auch die Zahlung des Preises gehören, wenn der Verzug auf mäßigem Versehen beruht[51]). Der Sinn dieser Bestimmung kann nur sein: der aus mäßigem Versehen die Uebernahme verzögernde Käufer bleibt bei für den Verkäufer eintretender Unmöglichkeit der Erfüllung verpflichtet, den Preis zu zahlen und wird durch den Verzug verpflichtet, auch sonstigen wirklichen Schaden dem Verkäufer zu erstatten (z. B. anderweitige baare Auslagen[52]), die ihm durch das Kaufgeschäft erwachsen, Kosten für die Erhaltung oder längere Aufbewahrung, Liegegelder). Der Verkäufer dagegen wird frei von der Verpflichtung zur Uebergabe, wenn sie ihm durch des Käufers Verzug unmöglich geworden[53]).

2) Der Käufer hat den Preis zu zahlen und zwar regelmäßig Zug um Zug bei der vollständigen Uebergabe und an deren Orte[54]). Auch

[45]) S. oben Note 24 und A.L.R. I. 11 §§ 110. 111.
[46]) I. 11 § 111.
[47]) I. 11 § 112. Das „Dabei" bezieht sich auf die Berechnung und Auslieferung der Nutzungen, nicht auf das Ziehen der Nutzungen.
[48]) I. 11 §§ 217. 99. Die gerichtliche Hinterlegung ist Erfüllung. I. 16 § 234. Oben B. I. § 92. Auch nach gemeinem R. kann der Verkäufer deponiren, Treitschke S. 222, und die Uebergabe verweigern, bis seine Forderungen erfüllt sind, l. 13 § 8 D. XIX. 1. Nach D.H.G.B. 343 darf der Verkäufer die Waare auf Gefahr und Kosten des Käufers in einem öffentlichen Lagerhause oder bei einem Dritten niederlegen; er kann sie auch nach vorgängiger Androhung öffentlich verkaufen lassen. Der Androhung bedarf es nicht bei verderblichen Waaren, der öffentlichen Form des Verkaufes nicht, wenn die Waare einen Markt- oder Börsenpreis hat und für diesen verkauft wird. Von der Vollziehung des Verkaufs muß der säumige Käufer sofort benachrichtigt werden, sonst hat der Verkäufer den Schaden (das Interesse) zu ersetzen.
[49]) I. 11 § 218. Das röm. Recht gestattet, den Wein aus den Fässern auslaufen zu lassen. l. 1 §§ 3. 4 D. XVIII. 6 mit der Beschränkung in l. 2 eodem; aber Ulpian sagt doch: si tamen non effundit, laudandus et potius, und commodius est vendere vinum bona fide. Nach gemeinem und preußischem Recht ist Aehnliches dem Verkäufer nicht gestattet. Treitschke S. 275. Seuffert XIV. 122, XVI. 25.
[50]) I. 11 §§ 219. 220.
[51]) I. 11 §§ 102. 103. Gruchot IX. 373 gegen Koch. Oben B. I. § 105 ad II. l. 38 § 1 D. XIX. 1. Arch. f. prakt. R.W. VI. 308.
[52]) Z. B. l. 38 § 1 D. XIX. 1 cibaria.
[53]) I. 5 § 361.
[54]) I. 11 §§ 221. 92. 93. Striethh. B. 29 S. 109. l. 13 § 8 D. XIX. 1. D.H.G.B. 342. Baarkauf (per contant). Goldschmidt, Zeitschr. f. H.R. IV. 166. Treitschke S. 276 f. Der Käufer muß so zahlen, daß der Verkäufer nicht bloß das Geld behalten

er darf nicht Sache und Kaufgeld zugleich nutzen, muß also, wenn er später zahlt, dasselbe verzinsen[55]). Daß er wegen Gewährsmängel und Entwehrung das Recht hat, die Zahlung des Preises oder eines Theiles davon statt an den Verkäufer zur gerichtlichen Hinterlegung zu leisten, ist schon früher erwähnt[56]). Der Verkäufer kann dies abwenden durch Bestellung einer vom Gericht für ausreichend befundenen Sicherheit[57]). Gerichtlich hinterlegen darf der Käufer den Preis auch, wenn ihn der Verkäufer nicht annehmen will, und er wird vom Tage der Hinterlegung von der weiteren Verzinsung frei[58]).

Das Kaufgeld ist kreditirt, wenn die Zahlung nicht sofort, wie bedungen, bei der Uebergabe erfolgt, und der Verkäufer von da ab oder von dem Tage, an welchem er das Ausbleiben der Zahlung erfahren hat, binnen einer Woche (sieben Tage) die Klage nicht anmeldet, d. h. jetzt wenn er in dieser Frist nicht Klage erhebt[59]). Die Kreditirung befreit den Käufer nicht

---

kann, sondern daß es sein eigenes wird. Unterholzner II. S. 294. Dafür muß er ihm einstehen. l. 11 § 2 D. XIX. 1 emtor autem nummos venditoris facere cogitur. Nach A.L.R. I. 16 § 72 ist die Zahlung ungiltig, wenn der Verkäufer wissentlich fremdes Geld angenommen. Oben B. I. § 91 bei 5. Ueber die Leistung Zug um Zug s. Striethorst B. 29 S. 109. Rehbein II. 118. Die Berichtigung des Kaufgeldes kann auch durch Uebernahme von Schulden des Verkäufers erfolgen; dies setzt aber voraus, daß der Käufer nicht schon aus einem anderen Rechtsgrunde verpflichtet war, die übernommene Schuld zu bezahlen. Striethorst B. 81 S. 39. — Ist nach der Abrede nicht Zug um Zug zu erfüllen, so richtet sich der Ort der Zahlung nicht nach dem Ort, an welchem die Vorleistung erfolgen sollte und erfolgt ist. R.G. Entsch. B. 2 S. 121.

[55]) I. 11 §§ 109. 227. R.G. Entsch. B. 2 S. 201. Vergl. den von der zweiten Kommission gestrichenen § 467 im Entwurf I. des B.G.B. Ueber die Gründe des abweichenden Standpunkts s. Gruchot B. 38 S. 854. — Vorausgesetzt ist, daß der Verkäufer seinerseits vollständig erfüllt hat, Strieth. B. 45 S. 142, B. 81 S. 39, also der Käufer in die Möglichkeit gesetzt ist, von der Sache Nutzen zu ziehen. Aus Strieth. B. 21 S. 126 kann nicht entnommen werden, es sei Voraussetzung, daß der Käufer aus der Sache wirklich Nutzen ziehen konnte, § 109 ist nicht bloß bei der Uebergabe nutzenbringender Sachen anwendbar: aber wenn der Verkäufer trotz der Uebergabe der Sache die Nutzung behält, z. B. durch Vorwegzahlung der Einkünfte vorweggenommen hat, oder wenn ein Dritter, z. B. ein Nießbraucher, die Nutzungen trotz der Uebergabe zu ziehen hat, so fällt die Anwendbarkeit des § 109 fort. Dagegen steht der Zinsforderung nicht entgegen, daß das Kaufgeld nach I. 11 § 224 als kreditirt anzusehen ist. Sind aber Zahlungstermine vertragsmäßig vereinbart, so beginnt die Nutzung wider Willen erst mit Eintritt des Termins. Entsch. B. 13 S. 178. Die einmal begründete Zinspflicht wird durch spätere Abreden über Stundung des Kaufgelds nicht geändert. R.O.H.G. B. 22 S. 391.

[56]) I. 11 § 222. Oben B. I. § 86 ad VII. u. § 110.

[57]) I. 11 § 223. Das ist auch gemeinrechtlich zuläßig.

[58]) I. 11 § 228. Oben B. I. § 92. l. 7. 18 § 1 D. XXII. 1. Treitschke S. 285. Wenn der Kaufpreis durch gerichtliche Verfügung arrestirt ist, und der Kläger zahlt in Folge dessen nicht, deponirt aber auch nicht, so ist er nicht frei von der Verzinsung nach § 35 I. 11. Glück B. 16 S. 140. Auch befreit ihn nicht, daß er selbst keine Früchte bezogen. Seuffert VI. 182.

[59]) I. 11 § 224. C.P. § 239. Das O.Trib. schließt § 224 bei Lieferungsverträgen aus Striethorst B. 18 S. 260. Ueber die Zeit acht Tage = einer Woche s. Entsch. B. 31 S. 189. Oben B. I. § 46 a. E. Dem gemeinen Recht ist diese Fiktion des Kredits unbekannt; kreditirt werden kann nur durch besondere Verabredung (Kreditkauf). Treitschke S. 279. Endemann S. 526 f. Doch haben schon ältere Praktiker das Kreditiren aus der bloßen Zusendung der Waare gefolgert. Mevius, decis. IV. 206. Wochenbl. f. merkw. Rf. 1852. Nr. 30. Seuffert VIII. 40. Wird nicht Zug um Zug gezahlt und der Preis nicht ausdrücklich kreditirt, so bewirkt nach röm. Recht

von der Verzinsung[60]), aber sie nöthigt den Verkäufer zur Kündigung[61]) und hindert ihn wegen nicht erfolgter Baarzahlung vom Vertrage abzugehen[62]). Diese Bestimmung harmonirt freilich nicht ganz mit einer anderen, die den Verkäufer, wenn er die versprochene Baarzahlung bei der Uebergabe nicht empfängt, zum Rücktritt berechtigt[63]).

Ist als Leistung des Käufers oder als Theil der Leistung bedungen, daß er eine auf der Sache lastende Verbindlichkeit nicht bloß übernehmen, sondern tilgen solle, so kann die Leistung an den Dritten als Theil der Kaufgeldschuld von dem Verkäufer geltend gemacht werden[64]). Sind die Abreden darüber, daß der Kaufpreis in anderer Weise als durch Baarzahlung zu berichtigen ist, nicht ausführbar, so kann Verkäufer das Recht auf Kaufgeldzahlung geltend machen.

3) Der Käufer haftet, wie der Verkäufer, für mäßiges Versehen bei Abschluß und Erfüllung des Vertrages. Liegt an ihm die Schuld, daß eine von den Sachen, aus denen zu wählen ist, untergeht, so muß er das Kaufgeld zahlen, obgleich keine Wahl mehr übrig ist[65]). Wußte nur er, daß die

---

die Tradition nicht den Uebergang des Eigenthums l. 19. 53 D. XVIII. 1. — Man wird übrigens zu beachten haben, daß ausdrücklich und stillschweigend ein Baarkauf auch im Gebiet des Landrechts in der Weise geschlossen werden kann, daß die Hingabe der Sache vor der Zahlung nicht in der Absicht geschieht, den Besitz des Verkäufers aufzuheben, vielmehr zunächst nur in der Absicht, daß der Käufer die im Besitz und Gewahrsam des Verkäufers bleibende Sache besichtigen, halten, zur Kasse des Verkäufers tragen soll, bis sie ihm nach Zahlung des Preises durch das Gestatten des Verlassens der Kaufstätte übergeben wird. In Fällen dieser Art kann der Verkäufer das Fortnehmen der unbezahlten Waare gewaltsam hindern, und in dem Fortnehmen gegen seinen Willen muß Diebstahl gefunden werden. — Wie der Preis, so kann auch die Waare kreditirt werden. Das ist Pränumerationskauf. Thöl § 68. Beim Handelskauf kommt nicht § 224, sondern H.G.B. Art. 354 ff. zur Anwendung.

60) I. 11 § 227. Koch, R. d. F. III. S. 768. R.G. Entsch. B. II. S. 207.

61) Koch a. a. O. S. 769; anders, wenn der Kredit nur bis zu einem bestimmten Tage ausdrücklich gegeben worden. Die Kündigung ist aber hier nicht an die Fristen wie bei dem Darlehn gebunden, sondern der Ausdruck heißt soviel wie Zahlungsmahnung.

62) I. 11 § 226. Entw. des B.G.B. II. § 393, Bundesrathsvorlage § 447.

63) I. 11 § 230. Ges.Rev.Pens. XIV. S. 33. Vergl. unten § 127 Anm. 9. Der § 230 verhält sich zu den §§ 224—226 so: Der Verkäufer, der die versprochene baare Sofortzahlung nicht erhält, kann die Uebergabe verweigern, also den Vertrag aufheben; dies setzt voraus, daß von ihm auch noch nicht theilweise erfüllt ist. Striethorst B. 23 S. 109. Bis zum Ablauf einer Woche kann er die Aufhebung erklären, auch unter Zurücknahme der Klage, wenn er zunächst auf Kaufpreiszahlung Klage erhoben hat. Entsch. B. 58 S. 79. Tritt er innerhalb 8 Tagen nicht zurück, so darf er nicht mehr zurücktreten, d. h. das Kaufgeld gilt nun als kreditirt, trotz der bedungenen Sofortzahlung. Koch, R. d. F. III. S. 761. Das Rücktrittsrecht hängt nicht ab von der Höhe des Preises (über die Bedeutung des Wortes „ebenso" in § 230: Striethorst B. 6 S. 174). Bei einzelnen, zu verschiedenen Zeiten aufeinander folgenden Lieferungen ist der Verkäufer zum Rücktritt vom ganzen Vertrage berechtigt, wenn der Käufer bei einer Lieferung nicht bedungener Maßen erfüllt. Strieth. B. 12 S. 187. Die Uebergabe der einen Lieferung hindert nicht den Rücktritt in Betreff der ferneren. Entsch. B. 19 S. 145 II. — Für Handelskäufe kommen die Bestimmungen überhaupt nicht in Betracht. Strieth. B. 18 S. 259, R.O.H.G. B. 21 S. 35. — Vgl. Entw. des B.G.B. §§ 276. 277, Reichstagsvorlage §§ 319. 320.

64) Entsch. B. 74 S. 29. Rehbein II. 121. Ueber bloße Uebernahme von Hypotheken in partem pretii s. oben B. I. § 102.

65) I. 11 §§ 33—37. S. unten § 128 B. a. E.

ihm verkaufte Sache zum Theil nicht existirte, so hat er dennoch den Preis zu zahlen[66]). Wurde durch sein schuldhaftes Verhalten das Zustandekommen des Vertrags vereitelt, so erwächst aus seiner culpa in contrahendo ein außerkontraktlicher Entschädigungsanspruch[67]).

An anderer Stelle ist bereits der den gegenseitigen Verträgen gemeinsame Satz hervorgehoben, daß weder der Verkäufer gegen den Käufer, noch der Käufer gegen den Verkäufer mit Erfolg klagt, wenn er nicht selbst erfüllt hat, oder zur vertragsmäßigen Gegenerfüllung bereit ist oder nachweist, daß er nach dem besonderen Inhalt des Vertrags erst später zu leisten habe. Es gehört dies zur Begründung der Klage[68]).

C. **Regelung des Uebergangs von Eigenthum und Gefahr**[69]). Nach römischem Recht hat der Verkäufer nur die Verpflichtung, den Gegenstand dem Käufer so zu übergeben, daß dieser über ihn unbehindert verfügen und daß er ihn behalten kann[70]). Der Zweck, Eigenthum zu übertragen, ist aber so sehr der gewöhnliche[71]), daß das A.L.R. ihn selbst in die Definition des Kaufs aufgenommen[72]) und der Gewährleistungspflicht geradezu

---

66) I. 11 § 43. S. oben § 124 bei Note 63 auch über den Fall, wenn die ganze Sache nicht existirt.

67) Ein Beispiel bietet § 49. Vergl. oben B. I. § 78 zu III.

68) I. 11 § 92. I. 5 § 271. Oben B. I. § 83 A. 7. Gruchot IX. 354 f. Treitschke S. 289 fg. Heuser, Ann. II. 317. 672. 694. Seuffert IX. 138, XV. 11, XVII. 19. Die Erfüllung des Klägers muß vollständig dem Vertrage entsprochen haben, aus der Annahme allein folgt nicht, daß der Beklagte die gehörige Erfüllung anerkannt habe. Strieth. B. 8 S. 55. Ist eine bestimmte Zeit der Vorleistung und der Nachleistung festgesetzt, und bei Säumniß des zur Vorleistung Verpflichteten der Zeitpunkt, der für die Nachleistung festgesetzt war, herangekommen, so wird nunmehr von beiden Theilen nur Leistung gegen sofortige Gegenleistung Zug um Zug verlangt werden können, es sei denn, daß die Vertragsbestimmung dahin interpretirt werden muß, daß auf jeden Fall die eine Leistung der anderen eine bestimmte Zeit vorangehen sollte. Ein Beispiel solcher Auslegung Striethorst B. 31 S. 59.

69) Treitschke S. 299 fg. 311 fg.

70) l. 25 § 1 D. XVIII. 1. l. 11 § 3 D. XIX. 1 quae res siquidem dominus fuit venditor, facit et emtorem dominum: si non fuit, tantum evictionis nomine venditorem obligat. War also der Verkäufer Eigenthümer, so geht durch die Tradition Eigenthum über; der Käufer erwirbt aber jedenfalls durch die Tradition conditionem usucapiendi. l. 13 § 21 D. eod und bes. l. 3 C. VIII. 45: qui rem emit, et post possidet, quamdiu evicta non est, autorem suum propterea, quod aliena vel obligata res dicatur, convenire non potest.

71) Grath im Rechtslex. B. 6 S. 24 bei Note 105. Keller S. 619. Sintenis II. 622. Note 138. Gruchot IX. S. 71. 72. l. 80 § 3 D. XVIII. 1. Nemo potest videri eam rem vendidisse, de cujus dominio id agitur, ne ad emtorem transeat; sed hoc aut locatio est aut aliud genus contractus. Aeltere Juristen, Voet XVIII. 1 nr. I., Westphal § 1, Hellfeld, Jurispr. For. § 972 haben aus dieser Stelle entnommen, der Verkäufer sei verpflichtet Eigenthum zu übertragen. Vgl. auch die in Anm. 29 bezeichneten neueren Rechtslehrer. Daraus erklärt sich die Auffassung im A.L.R. Ebenso Oesterr. G.B. § 1053. Bair. Entw. Art. 264. Das sächs. G.B. § 1082 definirt im römischen Sinn, desgl. der Code art. 1582. 1603. 1604. 1624. — Cocceji, Jus controv. XIX. 1 qu. 4 sagt bezeichnend: non venditur traditio, sed res, nec traditio merx est, sed res tradenda, d. h. die Sache wird verkauft, nicht die obligatorische Handlung des tradere.

72) I. 11 § 1. Ebenso der Entwurf des B.G.B. Die Verabredung zwischen den Parteien, daß auf den Käufer kein Eigenthum übergehen soll, zerstört das Wesen des Kaufvertrages und ergiebt Simulation (I. 11 §§ 70. 71); eine solche liegt schon dann vor, wenn jene Abrede, ohne geradezu zum Ausdruck gebracht zu sein, nur in der bewußten Ab-

den Inhalt gegeben hat, daß der Käufer die Sache „als sein Eigenthum" besitzen könne[73]). Es entsteht die Frage, in welchem Moment erfolgt der Uebergang des Eigenthums. Der Standpunkt des römischen Rechts, daß der Käufer nicht schon durch die den Uebergang des Eigenthums beabsichtigende Tradition, sondern erst, wenn er den Preis gezahlt oder dafür Kredit erhalten hat, das Eigenthum erwirbt[74]), ist dem preuß. Recht fremd. Der Uebergang des Eigenthums geschieht, gleichviel ob der Kaufpreis gezahlt oder gestundet oder rückständig geblieben ist[75]), bei beweglichen Sachen durch die Uebergabe, bei unbeweglichen Sachen durch die Auflassung. Zwischen abwesenden Kontrahenten erfolgt der Uebergang des Eigenthums durch die Absendung, wenn vorher der Vertrag abgeschlossen war und der Absendungsort auch Erfüllungsort ist. Ist aber der Bestimmungsort, der Erfüllungsort, so geht das Eigenthum auf den Käufer erst bei Ankunft der Waare über. Wird der Vertrag abgeschlossen, während die Waare unterwegs ist, so entscheidet entweder der Moment des Abschlusses über den Eigenthumserwerb, oder der spätere Zeitpunkt, wo der Käufer erfährt, daß und auf welchem Transport sich die Waare befindet[76]).

Mit der Frage nach dem Uebergang des Eigenthums hängt landrechtlich die weitere Frage zusammen: in welchem Moment geht die Gefahr vom Verkäufer auf den Käufer über[77])? Daß auch hier das römische und preußische Recht ganz von einander abweichen, und daß in dem letzteren nicht schon mit dem Augenblick des vollendeten Vertragsabschlusses[78]), sondern erst mit der Uebergabe[79]), oder mit der Auflassung, falls diese der

---

sicht der Parteien gelegen hat. Strieth. B. 9 S. 207. Dresden. Ann. II. 216. Vergl. B. I. § 32.

73) I. 11 § 135.

74) § 41 J. II. 1, l. 19. 53 D. XVIII. 1. Nach diesen Stellen gilt Kreditirung des Preises so viel als Zahlung (si fidem emtoris secutus est). S. Heuser, Ann. IV. 278.

75) Koch, R. d. F. III. S. 760. Wegen des nach I. 11 § 230 bestehenden Rücktrittsrechts vergl. oben Anm. 63, wegen der Möglichkeit eine Hingabe der verkauften Sache anders als Tradition aufzufassen Anm. 59; er ist also auch, aber auf andere Art gesichert. Wegen des Aussonderungsrechts des Verkäufers an der auf dem Transport befindlichen noch nicht an den Käufer abgelieferten Waare nach K.O. § 36 (preuß. K.O. §§ 26. 27) vergl. oben Anm. 15.

76) I. 11 §§ 130—132. S. Samhaber in der Zeitschr. f. G. R. u. Pr. B. 13 S. 11. Seuffert IV. 111. — Vergl. oben Anm. 15.

77) Keller S. 616 f. Gruchot IX. S. 357. Oben B. I. § 108. Vergl. Entwurf des B.G.B. §§ 463—465, Entw. II. §§ 387—389, Reichstagsvorlage §§ 440. 441. 444.

78) l. 8 pr. l. 15 D. XVIII. 6. (Bei bedingten Käufen geht die Gefahr auf den Käufer über, wenn sich die Bedingung entscheidet, ohne Rückwirkung, l. 8 cit.) Derselbe Grundsatz gilt für das gemeine deutsche Handelsrecht, da das H.G.B. daran nichts geändert hat. Aber weil letzteres den Grundsatz nicht direkt ausspricht, kann er nicht für das preuß. Handelsrecht gelten. Hier tritt die Regel des A.L.R. ein. Für den Distancekauf disponirt Art. 345. — Die Gefahr geht auch dann auf den Käufer über, wenn sich der Verkäufer den Gebrauch der Sache noch für eine bestimmte Zeit vorbehalten hat. Seuffert I. 42 (Lübeck).

79) I. 11 § 95. Svarez Jahrb. B. 41 S. 16. Vergl. H.G.B. Art. 345. Da die Gefahr erst mit Uebergabe der Sache auf den Käufer übergeht, so bedurfte es keiner besonderen Bestimmungen über den Gattungskauf. Vergl. indessen unten § 128 A. 20.

Uebergabe vorangeht[80]), die Gefahr von dem Käufer zu tragen ist, hat bereits ausführliche Erörterung gefunden, ebenso daß der zufällige Untergang des Kaufobjekts vor der Uebergabe nicht bloß den Verkäufer befreit[81]), sondern Aufhebung des Vertrages zur Folge hat[82]), und daß der Verkäufer bei zufälliger Verschlechterung sich den Rücktritt des Käufers gefallen lasse muß[83]).

Aus dem Tragen der Gefahr folgt, wie ebenfalls bereits erörtert worden, daß man zugleich die Vortheile, in der Regel auch die Nutzungen und Lasten der Sache behält[84]). Nach römischem Recht erlangt der Käufer gleich durch den Vertragsabschluß den Anspruch auf die natürlichen und Civilfrüchte und zufälligen Verbesserungen der Sache[85]); nach preußischem bleiben sie dem Verkäufer bis zur Uebergabe, doch nur „in der Regel“[86]). Was gemeinrechtlich nicht selten verabredete Ausnahme war[87]), ist im A.L.R. zur Regel geworden. Die Zeit der Uebergabe entscheidet auch für Mieth- und Pachtzinsen in der Weise, daß sie zwischen Käufer und Verkäufer nach Verhältniß ihrer Besitzzeit im Jahre der Veräußerung getheilt werden[88]). Es entscheidet also nicht, daß die Miethzinsen vor der Uebergabe fällig geworden waren[89]), und nicht, daß die Ernte, für deren Nutzung der Pachtzins zu zahlen ist, ganz in die Besitzzeit des Erwerbers fällt[90]). Daß die Fälligkeit über die Zugehörigkeit der Nutzungen entscheiden muß, ist dagegen anerkannt bei Geldzinsen, Kornpächten, Zehnten, Dienstgeldern, Abschoß und anderen Hebungen dieser Art. Diese gebühren dem Käufer nur, wenn sie nach der Uebergabe fällig werden[91]). Entsprechend hat der Käufer die nach der Uebereignung fälligen Lasten zu tragen[92]). Die vorher abgesonderten Früchte verbleiben dem Verkäufer, der Käufer erhält die Sache mit den unabgesonderten Früch-

---

80) Vergl. B. I. § 108 Anm. 13.
81) Wie im röm. Recht. Vergl. B. I. § 87 unter 2.
82) I. 11 § 100, I. 5 §§ 364 ff.
83) I. 11 §§ 95. 96. 178. 179. Vergl. Entsch. B. 11 S. 239. Nimmt der Käufer die verschlechterte Sache wissentlich an, so kann er nicht Preisminderung beanspruchen. Vergl. oben § 85 Anm. 13. 14.
84) I. 11 § 105. Oben B. I. § 108 unter II. Oesterr. G.B. §§ 1050. 1064. Bair. Entw. II. 293.
85) l. 13 §§ 10. 11. 13, l. 17 § 1, l. 31 pr. D. XIX. 1, l. 13. 16 C. IV. 49. Glück B. 17 S. 195 f. Mommsen, Erörter. I. 124.
86) § 105. Eine Ausnahme bei dem Kauf in Pausch und Bogen. § 117. S. unten § 128 D.
87) Voet comment. XVIII. 1 § 9. Lauterbach, Coll. theor. pr. XIX. 1 § 22. Westphal, Die Lehre v. Kauf. § 591.
88) I. 11 § 106.
89) l. 13 § 11 D. XIX. 1. Brunnemann, Comm. in Pand. ad. h. l. nr. 43. Die Bestimmung des röm. R. hängt damit zusammen, daß Kauf Miethe bricht. Der Käufer tritt nicht in die Miethsobligation ein, kann also daher einen Anspruch nicht ableiten: nur der Verkäufer steht in dieser Obligation, und behält deshalb den Zins. Nach preuß. R. geht Miethe vor Kauf, der Käufer tritt in den Miethvertrag ein, folglich erwächst ihm ein Anspruch auf Zins. Sintenis II. S. 596 Note 10.
90) Koch, R. d. F. III. S. 756 fg. Vergl. Mevius, Dec. V. 28.
91) I. 11 § 107. Svarez wollte auch die hier gedachten Nutzungen wie die Pacht- und Miethzinsen nach Verhältniß der Besitzzeit theilen, drang aber nicht durch. Ges.Revis. XIV. 37 f.
92) Strieth. B. 87 S. 43. Rehbein II. 124.

ten und den natürlichen An- und Zuwüchsen, also z. B. dem angeschwemmten Land[93]). Zwar geht jetzt bei Grundstücken das Eigenthum mit der Auflassung über. Dennoch muß man auch jetzt den Zeitpunkt der Uebergabe, wenn diese nur vertragsmäßig erfolgt, für den Uebergang der Nutzungen entscheiden lassen, sowohl wenn die Uebergabe der Auflassung vorhergehen soll, als auch wenn sie nach dem Vertragswillen der Auflassung folgt. Wird die Uebergabe zu Unrecht nicht gleichzeitig mit der Auflassung geleistet, so kann der Käufer aus dem Vertrage und als Eigenthümer die inzwischen gezogenen Früchte beanspruchen[94]). Den in der Zwischenzeit zwischen Vertragsabschluß und Auflassung gefundenen Schatz behält regelmäßig der Verkäufer[95]).

§ 126. Nebenverträge beim Kaufvertrag.

Es giebt eine Reihe von Nebenverträgen, die besonders häufig bei Kauf und Verkauf vorkommen, und deshalb am passendsten hier besprochen werden, obgleich sie eine allgemeinere Natur haben und bei jedem auf Veräußerung gerichteten Vertrage vorkommen können.

1. Von ihnen hat der Vorbehalt der Verwirkung, lex commissoria, kassatorische Klausel[1]) im Landrecht keine besondere Ausgestaltung erhalten. Der Verkäufer macht sich danach aus, das Recht des Käufers solle verwirkt sein, wenn er bis zu einer bestimmten Zeit den Kaufpreis nicht zahle[2]). Das A.L.R. erwähnt den kommissorischen Vertrag nur bei dem Pfandvertrage, wo das Verwirken der Rückforderung des Pfandes die Bedeutung eines Verfallens desselben an den Pfandgläubiger annimmt. Hier verbietet ihn das Landrecht[3]). Beim Kauf und anderen Veräußerungsgeschäften ist seine Zulässigkeit unbedenklich[4]).

---

[93]) I. 11 § 108; § 3 J. III. 23.

[94]) Vergl. oben Anm. 5.

[95]) Oben B. I. § 108 Anm. 42. Cocceji, Jus controv. XIX. 1 qu. 15. Dagegen Glück B. 17 S. 191.

[1]) Bornemann III. 44. Daniels III. 182. Koch, Pr.R. II. 523. R. d. F. III. S. 1104. Dernburg § 152 Nr. 1. — Unterholzner II. 222. Vangerow I. 648. 988. Arndts S. 400. Sintenis II. 327. Keller S. 613. Treitschke S. 178. Gerber, Beiträge zur Lehre vom Klagegrunde und der Beweislast. 1858. S. 112—120. Maxen über Beweislast, Einreden und Exceptionen. 1861. S. 242—254. Burkhardt im Arch. f. civ. Prax. B. 51 S. 151.

[2]) Si ad diem pecunia soluta non sit, fundus inemptus sit. l. 2 D. XVIII. 3. Nur zu Gunsten des Verkäufers gilt die Abrede. l. 2 eod.

[3]) I. 20 §§ 33. 35. Ein Vertrag, daß bei ausbleibender Zahlung die verpfändete Sache dem Gläubiger für die Schuld oder für einen im Voraus bestimmten Werth zufallen soll, ist in Ansehung beider Theile ohne Wirkung. — Ein Vertrag, daß das von dem Hauptschuldner eingelegte Pfand dem Bürgen verfallen solle, wenn dieser von der Bürgschaft nicht befreit würde, ist ungiltig. — Das stimmt mit dem röm. Recht, l. 3 C. VIII. 35 und mit der Reichspolizei-Ordn. v. 1577 Tit. 20 § 5: „Und dieweil man in Erfahrung kompt, daß die Juden mit den Christen sondere Geding machen, da die eingesatzte Pfand in benannter Zeit nicht gelöst würden, daß alsdann selbige ihnen verfallen sein sollen: wann aber dasselbe den Rechten zuwider, so ordnen wir, daß solche Geding verboten und nichtig seien." Ob die Bestimmung noch in Kraft steht, ist unten (§ 190) zu erörtern.

[4]) Koch, R. d. F. III. 1106.

In der gemeinrechtlichen Theorie wird diese Nebenabrede meist als eine auflösende Bedingung[5]), zuweilen auch abweichend aufgefaßt[6]). Nach den Quellenzeugnissen des gemeinen Rechts[7]) tritt die Wirkung der Nichterfüllung des Vertrages nicht ohne Weiteres im Fall der Nichterfüllung ein, vielmehr ist dann die Auflösung noch immer vom Willen des Verkäufers abhängig; und die Verbindlichkeit des Käufers zur Rückgabe besteht erst, wenn der Verkäufer den Rücktritt erklärt. Der Käufer ist vertragsmäßig verpflichtet, sich diese nachtheilige Folge seiner Säumniß gefallen zu lassen. Förster sah in dieser Abrede eine besondere Art der Konventionalstrafe, eine Feststellung des Interesses eben dahin, daß der Verkäufer zurücktreten könne[8]). Das ist aber keine Feststellung des Interesses, und also keine Konventionalstrafe[8a]). Es liegt hier ein Nebenvertrag vor, der in ähnlicher Weise, wie das pactum displicentiae eine Aufhebung des Vertrags einfach in die Willkür des Verkäufers stellt, solche Aufhebung unter der Bedingung, daß das Kaufgeld nicht rechtzeitig bezahlt wird, von der Willenserklärung des Verkäufers, daß er zurücktrete, abhängig macht. Der Rücktritt wirkt dann kraft des Nebenvertrags die Aufhebung des aus dem Kauf hervorgegangenen Rechtsverhältnisses[9]), und insofern — aber nur insofern — kann man eine Aehnlichkeit mit der auflösenden Bedingung finden.

2. Verschieden von dem kommissorischen Vertrage ist die Abrede des Vorbehalts des Eigenthums an der Sache für den Fall, daß der Käufer nicht bis zu bestimmter Zeit den kreditirten Preis entrichtet (pactum reservati dominii)[10]). Das A.L.R. sagt, dieser Vorbehalt habe die Kraft einer auflösenden Bedingung[10a]). Das heißt, der Käufer soll zwar durch die

---

5) Die Meinung stützt sich auf l. 1 D. XVIII. 3: si fundus commissoria lege venierit, magis est, ut sub conditione resolvi emtio, quam sub conditione contrahi videatur. Vergl. Seuffert VI. 173, X. 49. S. Windscheid § 323.

6) Vgl. die angef. Schriften von Gerber und Maxen.

7) l. 4 D. XVIII. 3. Bes. l. 6 § 1 D. XVIII. „non omnis obligatio emti et venditi utrimque solveretur". Maxen S. 244. 248fg.

8) Gegen diese Auffassung R. Koch in der preuß. Anw.Z. 1865. Sp. 805, Dernburg II. § 39 Anm. 10, R.O.H.G. B. 11 S. 431.

8a) Vergl. B. I. § 107 Anm. 18. Ueber die Abrede, daß mit der Aufhebung des Vertrages zugleich der Verlust des Rechts auf Zurückforderung der gezahlten Kaufgeldertheile verbunden sein soll, eine wirkliche Konventionalstrafabrede, s. unten am Schlusse des Paragraphen unter 7.

9) Das vorher gezahlte Angeld verliert der Käufer, gleichviel ob es als Angeld oder Draufgeld gezahlt ist, da der Kauf durch seine Schuld zurückgeht. Vergl. Koch, R. d. F. III. 1106.

10) A.L.R. I. 11 §§ 266—271. Gruchot X. 315. Bornemann III. 43. Daniels III. 182. Koch, Pr.R. II. 521. R. d. F. III. 1097. R. Koch bei Gruchot XII. 1fg. Dernburg II. § 152. — Glück B. 16 S. 229fg. Vangerow I. 647. Sintenis I. S. 482fg., bes. Note 21. Keller S. 615. Treitschke S. 186. Windscheid § 172 Anm. 18. 18a.

10a) I. 11 § 266. Das O.Trib. hat angenommen, eine „wörtliche Erklärung" dieser Art sei nicht erforderlich, es genüge, wenn aus der Erklärung der Kontrahenten klar erhelle, daß der Vorbehalt in Absicht gewesen. Es hat damit sagen wollen, es sei nicht gerade nöthig, daß der Vorbehalt ausdrücklich an die Nichtzahlung zum bestimmten Tage geknüpft werde. Strieth. B. 28 S. 27.

Uebergabe[11]) Eigenthümer werden, aber wenn er nicht an dem bestimmten Tage zahlt[12]), soll das Eigenthum zurückgefordert werden können. Es besteht dann eine Pflicht zur Zurückübertragung des Eigenthums[13]); von dieser aber wird der Käufer frei, falls der Verkäufer eine Theilzahlung ohne Vorbehalt annimmt[14]). Die Resolutivbedingung ist hiernach nur für den Vertrag, nicht für die daraufhin erfolgte Uebergabe wirksam; die Auflassung läßt ohnehin eine Bedingung nicht zu. Im gemeinen Recht ist dagegen die Bedingung als Bedingung der Eigenthumsübertragung aufzufassen[15]); hier fällt das Eigenthum beim Eintritt der Bedingung an den Verkäufer zurück. Das ist dem Landrecht fremd. Für die landrechtliche Auffassung liegt danach die Sache gerade so, wie bei der vielleicht deshalb im Landrecht nicht näher erörterten lex commissoria. Die Bestimmungen des Landrechts schließen aber nicht aus, daß der Vorbehalt des Eigenthums im Sinne einer Suspensivbedingung der Uebergabe der beweglichen Sache verabredet wird, so daß die Sache, die den Gegenstand des Kaufvertrages bildet, zunächst für den Verkäufer, der Eigenthümer bleiben soll und bleibt, verwahrt und verwaltet werden soll und daß diese Verwahrung sich in Eigenthum erst bei Zahlung des Kaufgeldes kraft Eintritts der Bedingung verwandelt[16]). Ein Eigenthumsvorbehalt ohne festen Zahlungstermin des Kaufgeldes hat für bewegliche Sachen gar keine Bedeutung[17]), bei unbeweglichen giebt die Abrede nach dem Landrecht einen Titel, die Bewilligung der hypothekarischen Eintragung des Kaufgeldes zu verlangen[18]). Zur Zeit ist auch bei Feststellung eines bestimmten Zahlungstermins der Eigenthumsvorbehalt im Fall einer Grundstücksveräußerung in seiner Wirkung hierauf beschränkt[19]).

3. Eine wirkliche Bedingung für das Kaufgeschäft ist der Vorbehalt

---

11) Strieth. B. 62 S. 262. Entsch. B. 56 S. 101.

12) Der Zahlungstag ist nicht bestimmt, wenn gekündigt werden muß. Bornemann III. 46.

13) I. 11 §§ 262. 264. 265. 270. Die Pflicht zur Rückübertragung steht Dritten nicht entgegen, die davon keine Kenntniß haben, — bei Grundstücken zur Zeit nur die eingetragene Pflicht zur Rückübertragung, auf die zwar nach Eig.Erw.G. v. 5. Mai 1872 § 26 der bloße Eigenthumsvorbehalt auch bei festem Zahlungstermin des Kaufgelds kein Recht mehr giebt, die aber wirksam auf Grund einer Bewilligung eingetragen werden kann.

14) I. 11 § 267.

15) Vergl. R.G. Entsch. B. 7 S. 148.

16) Strieth. B. 74 S. 48. Rehbein II. 136. Der Kaufvertrag ist durch die Abrede niemals suspensiv bedingt. Vgl. R.G. Entsch. B. 7 S. 149. Aus ihm kann auf Erfüllung vor Eintritt der Bedingung geklagt werden. Für das gemeine Recht wird gestritten, ob im Zweifel Suspensivbedingung anzunehmen ist (Dernburg Pand. I. S. 495) oder Resolutivbedingung (Windscheid § 172 Anm. 18a, noch weitergehend Hoffmann im Aech. f. civ. Pr. B. 18 S. 254), oder ob freie Willensauslegung stattfindet. Exner, Rechtserwerb durch Tradition. S. 57.

17) I. 11 § 269.

18) I. 11 § 268. Anknüpfend an eine alte gemeinrechtliche Praxis vergl. Berger Oec. jur. III. 5 Th. 7 Note 6, die sich z. B. in Neuvorpommern bis zur Einführung des Grundbuchrechts erhalten hat, trotz der theoretischen Widerlegung, die sie erfahren hatte.

19) Eig.Erw.Ges. v. 5. Mai 1872 § 26.

eines besseren Käufers (in diem addictio)[20]). Das vom Vertrage unabhängige, das Rechtsverhältniß bedingende Ereigniß ist, daß sich bis zu einem bestimmten Tage entweder ein besserer oder kein besserer Käufer findet[21]). Im ersten Fall wird die bedingte Zusage resolvirt, wenn ein besserer Käufer sich findet, d. h., wenn wirklich an ihn zu besseren Bedingungen verkauft wird, im zweiten Fall wird der Abschluß des Kaufs aufgeschoben, bis sich entscheidet, daß sich keiner findet[22]). Ist die Erklärung unbestimmt, so ergiebt sich ihre Auslegung aus dem Verhalten der Kontrahenten. Wird die Uebereignung (Uebergabe oder Auflassung) thatsächlich bewirkt, so wird für die Auffassung als auflösende Bedingung, sonst für die aufschiebende vermuthet; aber der Gegenbeweis ist freigelassen[23]). Bei der Auflösung giebt der erste Käufer mit den Pflichten und Rechten eines redlichen Besitzers zurück[24]), er behält die gezogenen Früchte, fordert Ersatz für die Verbesserungen, vertritt bei Verschlimmerungen mäßiges Versehen, muß aber, wenn er das Kaufgeld noch nicht gezahlt hat, dessen Zinsen mit den Nutzungen der Sache aufrechnen, und hat die Wahl, das Mindere von beiden herauszugeben[25]). Bei einem Mengekauf darf der Vorbehalt nur für das Ganze, nicht für einzelne Stücke bedungen werden[26]). Die Abrede ist kraftlos, wenn kein Termin zur Entscheidung der Bedingung bestimmt ist[27]); die Bestimmung kann aber bis zur Uebergabe verschoben werden; erfolgt sie auch bei dieser nicht, so ist die Abrede nichtig[28]).

Das Landrecht stellt es in das Ermessen des Verkäufers, ob er den neueren Käufer für den besseren erachtet[29]), mehrere Verkäufer müssen dabei

---

20) I. 11 §§ 272—294. Gruchot X. 569. Bornemann III. 46. Daniels III. 180. Koch, Pr.R. II. 522. R. d. F. III. S. 1100. Dernburg II. § 152. Treitschke S. 169. — Unterholzner II. 219. Arndts S. 400. Sintenis II. 325. Keller S. 612. S. Entwurf des B.G.B. § 474, eine Bestimmung, die im Entwurf II. gestrichen ist, weil der Nebenvertrag im praktischen Leben kaum vorkommt. Gruchot B. 38 S. 860.

21) l. 1 D. XVIII. 2. In diem addictio ita fit: ille fundus centûm esto tibi emtus, nisi si quis intra kalendas Januarias proximas meliorem conditionem fecerit, quo res a domino abeat.

22) I. 11 §§ 272. 273; l. 2 § 4 D. XLI. 4 zeigt eine Meinungsverschiedenheit der römischen Juristen. Julian und ihm beistimmend Paulus entschied für Resolutivbedingung.

23) I. 11 § 274. Koch, R. d. F. III. S. 1101. Der Satz ist eine gesetzliche Auslegungsregel.

24) I. 11 § 290. Altmann bei Gruchot VI. 1 will dies für den Fall der Suspensivbedingung verneinen, indem er besonders das Wort rückgängig betont. Das ist nicht ausreichend, und unrichtig ist die Behauptung, daß bei der aufschiebenden Bedingung noch gar keine Obligation existire, weder quoad exercitium noch quoad jus ipsum.

25) I. 11 §§ 291. 292. Die Parteien können hiervon Abweichendes vereinbaren § 293. Der § 291 ist eine Anwendung von I. 11 § 109.

26) I. 11 § 294.

27) I. 11 § 272. l. 1 D. XVIII. 2.

28) I. 11 §§ 275. 276. Das ist eine sehr verständige Aenderung des gem. R., welches dem Verkäufer 30 Jahre lang die Ausübung des Vorbehalts gestattete. Glück B. 16 S. 257. Bornemann III. 46. Uebrigens muß man nach der l. 1 D. XVIII. 2 annehmen, daß, wenn es an einer Zeitbestimmung fehlt, eigentlich eine addictio in diem gar nicht verabredet worden; sie gehört zu ihrem Begriff Treitschke S. 277 Note 32.

29) I. 11 § 279. Das gemeine Recht ließ (was Förster leugnete, vergl. aber Windscheid § 387 Nr. 3) objektive Anhaltspunkte entscheiden. l. 4 § 6, l. 5, l. 14 § 5 D. XVIII. 2. Vergl. Gruchot X. 575 Note 3. — Der Käufer kann sich nicht durch Stellung eines

übereinstimmen, oder es entscheidet die nach der Größe ihrer Anrechte an der Sache zu berechnende Mehrheit[30]). Keiner der mehreren Verkäufer oder Käufer darf als besserer Käufer auftreten[31]); der neue Käufer muß wirklich kaufen, d. h. einen Preis für die Sache zahlen wollen, durch ein Scheingeschäft, durch ein gemischtes oder anderes Geschäft wird der erste Käufer ebenso wenig verdrängt, als wenn der neue statt des Preises in Geld andere Aequivalente bietet oder Nebenbedingungen eingehen will, die sich einer Geldschätzung entziehen[32]). Insoweit ist das Ermessen des Verkäufers über die Person und bessere Qualität des neuen Käufers begrenzt. Hat sich ein solcher gemeldet, und treffen bei ihm die gesetzlichen Voraussetzungen zu, so muß der Verkäufer den ersten Käufer mit dessen Gebot bekannt machen und ihm freilassen, dafür in den Vertrag einzutreten; der Käufer hat sich darüber binnen einer Woche zu erklären[33]). Auf das bessere Gebot wird dann mit ihm ein neuer Vertrag abgeschlossen[34]). Verübt der Verkäufer bei der Anzeige des neuen Käufers und seines Gebots einen Betrug, so verliert er das Recht aus dem Vorbehalt, und wird für Schaden und Kosten verantwortlich[35]). Das Recht aus dem Vorbehalt ist übrigens vererblich und darf auch von dem Verwalter im Konkursverfahren des Verkäufers ausgeübt werden[36]). Ist die Sache eine bewegliche und vom ersten Käufer in den Drittbesitz übergegangen, so kann der Verkäufer von dem Erwerber vindiziren, wenn letzterer die Abrede gekannt hat[37]). Bei unbeweglichen Sachen kann jetzt nur Eintragung in das Grundbuch die Abrede gegen den Dritterwerber wirksam machen. Der

---

besseren Käufers frei machen, l. 14 § 1 eod.; aber er kann sich den Vorbehalt ausbedingen l. 9 eod.

30) I. 11 §§ 280. 281.

31) I. 11 § 282. Das weicht ab vom röm. R., wonach der Miteigenthümer als besserer Käufer des Antheils des Anderen auftreten darf. l. 13 § 1. l. 18 D. XVIII. 2, auch der neue Käufer einer von denen sein kann, die im ersten Kauf gemeinschaftlich die Sache gekauft haben.

32) I. 11 §§ 283—285.

33) I. 11 §§ 286—289. l. 7. 8 D. XVIII. 2. Wegen der Frist von 8 Tagen gleich einer Woche s. B. I. § 45 Anm. 15. Dieses in § 287 erwähnte „Vorkaufsrecht" ist nur ein vertragsmäßiges Eintrittsrecht und daher durch § 2 Nr. 6. § 4 des Ges. v. 2. März 1850 natürlich nicht aufgehoben. Gruchot V. 168. — Die gemeinrechtlichen Juristen streiten darüber, ob der erste Käufer angenommen werden muß, wenn er nur das Gleiche bietet wie der zweite, oder ob er ihn überbieten muß. Letzteres behauptet Keller a. a. O. Die l. 7. 8 eod. auf die er sich beruft, beweisen es nicht; vergl. l. 35 D. IV. 4. l. ult. D. XLIV. 14. Glück B. 16 S. 258. Gruchot X. 580.

34) Sintenis II. S. 327 oben. Daraus folgt, daß der Käufer die in Folge seines ersten Kaufs gezogenen Früchte dem Verkäufer vergüten muß. l. 6 § 1 D. XVIII. 2.

35) I. 11 § 288.

36) I. 11 §§ 277. 278.

37) Nach gem. R. ist das Vindikationsrecht auch gegen den nichtwissenden Dritten nicht zweifelhaft. Nach A.L.R. muß es wegen I. 11 § 264 auf den Fall beschränkt werden, wo der dritte Erwerber Kenntniß von der addictio in diem gehabt hat. Im anderen Fall hat der Verkäufer nur die a. venditi gegen den ersten Käufer. Eine Auflassung kann nicht unter Bedingungen erfolgen; der Vertrag, welcher der Auflassung zu Grunde liegt, kann nur zur Eintragung des bedingten Rechts auf Rückauflassung führen. Ohne diese Eintragung steht das Recht einem Dritterwerber nicht entgegen. Ein durch Bedingung beschränktes Eigenthum giebt es im Falle des Erwerbs durch Auflassung nicht.

Untergang der Sache beseitigt die Abrede; im Fall des unter Resolutivbedingung erfüllten Vertrages bleibt es beim ersten Kauf — im Fall der Suspensivbedingung ist dieser aufgehoben[38]).

4. Käufer und Verkäufer können sich das Recht vorbehalten, bis zu einer gewissen Zeit vom Vertrage zurückzutreten; das ist ein Reuvertrag (pactum displicentiae)[39]). Das Gesetz sagt, daß er wie eine auflösende Bedingung angesehen werden soll; dadurch wird klar gestellt, daß es sich nach der Uebergabe des Kaufgegenstands nur um obligatorische Rückleistungsansprüche handeln soll. Hiernach kommen nicht die Grundsätze von Rechtsverhältnissen, die in der Schwebe sind, in Betracht, sondern es handelt sich um einen Nebenvertrag, der dem einen Theil das Recht giebt, durch seinen Willen festzustellen, was sonst nur beide gemeinsam verabreden können, die Aufhebung. Wird diese vor der Erfüllung erklärt, so fallen die Wirkungen des Vertrages zusammen; wird sie nach der Uebergabe erklärt, richtet sich die Obligation nach den Grundsätzen vom Wiederkauf[40]).

5. Der Wiederkauf und Wiederverkauf[41]). Die römische Herkunft dieses Instituts ist zweifelhaft[42]), seine Anerkennung in der gemeinrechtlichen Praxis aber unzweifelhaft[43]). Entweder verpflichtet sich der Käufer, die

---

[38]) Das folgt aus den landrechtlichen Grundsätzen über das Tragen der Gefahr: casum sentit dominus. Nach gemeinem R. bleibt es in allen Fällen bei dem ersten Kauf. l. 3. 4 § 1 D. XVIII. 2.

[39]) I. 11 §§ 331. 332. Gruchot XI. 127. Bornemann III. S. 54. Daniels III. 180. Koch, Pr.R. II. 524. R. d. F. III. 1106. — Goldschmidt in s. Zeitschr. f. Handels-R. B. 1 S. 407. Treitschke S. 166. Unterholzner II. 223. Sintenis II. 323. Keller S. 614. Das röm. R. beschränkt das Reuerecht auf 60 Tage (l. 3 D. XVIII. 1. l. 6 D. XVIII. 5. l. 31 § 22 D. XXI. 1). Das A.L.R. fordert eine gewisse Zeitbestimmung, womit aber nicht gesagt ist, eine nach einer Anzahl von Tagen bestimmte. Strieth. B. 37 S. 321. Rehbein II. 142.

[40]) I. 11 § 332.

[41]) I. 11 §§ 296—330. Gruchot X. 585 fg. Bornemann III. 49. Daniels III. 182. Koch, Pr.R. II. 290. R. d. F. III. 249. Treitschke S. 200. Unterholzner II. 224. Sintenis II. 637. Keller S. 615 § 327 a. E. — Plathner, Der Wiederkauf, eine deutsch-rechtsgeschichtliche Abhandlung, in der Zeitschrift für Rechtsgeschichte. B. 4 S. 123 f. 1864. Entwurf des B.G.B. §§ 476—480. II. Entw. §§ 433—438, Reichstagsvorlage §§ 492—498.

[42]) Das pactum de retro emendo kommt vor in der l. 12 D. XIX. 5 und l. 2 C. IV. 54. Es ist jedoch zweifelhaft, ob diese Stellen darauf zu beziehen sind. Glück B. 16 S. 204. Koch, R. d. R. III. 251 fg.

[43]) Glück B. 16 S. 199 fg. Es ist hierbei viel bestritten. Im älteren deutschen Rechtsverkehr hat der Wiederkauf eine große Bedeutung gehabt. Es war eine Form des Kreditgeschäfts, der Geldbedürftige gab seine Sache hin, um ein Kapital zu erlangen, behielt aber das Recht der Einlösung, wie bei der Verpfändung. Förster in der Zeitschr. f. deutsches R. IX. 103 Note 14. Plathner a. a. O. S. 125 fg. 130. Der Wiederkauf diente zur Umgehung der kanonischen Zinsverbote. Das. S. 131 und die Note 21 Angeführten. Selbst zu Gunsten des „Inhabers des Kaufbriefes", gewissermaßen au porteur ist er bedungen worden. Plathner a. a. O. S. 151. Nach deutschem Recht hat der Wiederverkäufer, sobald er sein R. ausübt, nicht bloß einen persönlichen Anspruch an den Wiederverkäufer, sondern eine dingliche Klage. Diese Auffassung hat sich im heutigen gemeinen R. nicht erhalten. Das. S. 155 fg. Die Bestimmungen des A.L.R. basiren auf der deutschrechtlichen Quelle, was Koch verkennt. R. d. F. III. 250 und Komm. Note zu § 296. Uebrigens hat das Institut des Wiederkaufs im heutigen Recht, bei dem vollkommen ausgebildeten Grundbuchrecht, geringe Lebendigkeit. Plathner S. 166.

Sache an den Verkäufer wieder zu verkaufen, oder es verpflichtet sich der Verkäufer, die Sache dem Käufer wieder abzukaufen[44]). Beide Fälle werden nach denselben Grundsätzen geregelt, aber es wird im Zweifel für den ersten Fall vermuthet, d. h. daß der Verkäufer der Berechtigte, der Rückkauf zu seinen Gunsten bedungen sei[45]). — Wie das Wiederkaufsrecht auszuüben, regelt das Landrecht nicht besonders; die Erklärung, das Recht auszuüben gegen den anderen Theil, muß die Pflicht aus dem Wiederkauf für beide Theile begründen. Wenn nichts anderes bedungen worden, so hat der Wiederkäufer denselben Preis zu zahlen, den er als Verkäufer erhalten: das Gesetz sagt baar und in derselben Münzsorte, aber natürlich nur soweit er den Kaufpreis selbst wirklich erhalten hatte[46]). Dagegen ist ihm die Sache in dem Zustand zu übergeben, wie sie sich zur Zeit des Wiederverkaufs befindet[47]): gewöhnliche Abnutzung, zufällige Verschlechterung wird nicht vertreten, der Abgang wird durch den wirthschaftlichen Zugang gedeckt[48]) — aber bei verschuldeter und durch Veräußerungen von Zubehör oder Inventarienstücken verursachter Werthsminderung vertritt der Wiederverkäufer mäßiges Versehen[49]); industrielle Verbesserungen werden ihm vom Eigenthümer erstattet[50]), zufällige Verbesserungen aber nicht vergütet[51]); Erhaltungskosten

---

[44]) Beide Formen sind, wie Plathner urkundlich nachweist, auch im alten deutschen Recht vorgekommen. I. 11 §§ 327. 328. Der Vater kann seinem Sohne das Wiederkaufsrecht vorbehalten. Strieth. B. 9 S. 80. Ein verdecktes Wiederkaufgeschäft das. B. 23 S. 124. Das Oesterr. G.B. § 1070 beschränkt das Wiederkaufsrecht auf unbewegliche Sachen. Es handelt sich hiernach nicht um einen von vorn herein bedingten, beide Theile schon jetzt bindenden Verkauf, sondern um einen Nebenvertrag de contrahendo, dessen Bedingungen entweder besonders festgestellt werden oder aus dem Gesetz zu entnehmen sind. Entsch. B. 55 S. 294. Rehbein II. 138.

[45]) I. 11 §§ 327. 328.

[46]) I. 11 §§ 296. 308. 309. S. Entwurf des B.G.B. § 476. Entw. II. § 433, Reichstagsvorlage § 492. Vergl. Entsch. B. 54 S. 79 und wegen der Einschränkung R.G. Entsch. B. 5 S. 199. Die Vorschrift, die an sich aus der Natur des Kaufgeschäfts nicht hervorgeht, zeigt den deutschrechtlichen Ursprung des Instituts: der Wiederkauf war Rückzahlung eines Darlehns. Deshalb der gleiche Preis und deshalb wirkliche Zahlung, nicht bloßes Anerbieten. Das verkennt Sintenis II. S. 638 bei Note 229. Die älteren Praktiker waren darüber einig, daß derselbe Preis zurückzuzahlen. Glück B. 16 S. 220 Note 23. Vergl. auch Schilter, Spec. de retrovend. II. § 10. Struvii, Syntagm. Ex XXIII. § 45. Berger, oecon. jur. III. 5 th. 8 n. 4. Gebr. Overbeck, Medit. B. V. 299. S. Seuffert VII. 36 (nicht Realoblation des Preises).

[47]) I. 11 § 298. Gruchot X. 593f. Der Wiederkäufer hat kein Recht auf Abtretung der Versicherungsgelder eines abgebrannten Gebäudes. Entsch. B. 55 S. 294. Rehbein II. 138.

[48]) I. 11 § 300.

[49]) I. 11 § 299. Der Abgang muß vergütet werden, d. h. bei mäßigem Versehen Ersatz des wirklichen Schadens, bei grobem Versehen auch Ersatz des entgangenen Gewinnes. Vergl. Entsch. B. 54 S. 79. Arch. f. prakt. R.W. N. F. V. 190. Bei theilweiser Expropriation, Kürzung des Wiederkaufpreises um die Expropriationsentschädigung. Striethorst B. 90 S. 24.

[50]) I. 11 §§ 303. 305. Vergl. I. 7 §§ 204 ff. Kein bloßes jus tollendi, sondern klagbarer Anspruch. Striethorst B. 61 S. 30. Der Anspruch auf Verbesserungskosten muß aber bei Abschluß des Wiederkaufs geltend gemacht werden. Striethorst B. 9 S. 84. Den Anspruch hat dem Wiederverkäufer das O.A.G. Jena versagt, bei Seuffert XIII. 96. Daß der Wiederkaufspreis im Voraus verabredet worden, hindert nicht den Anspruch auf Erstattung der Verbesserungen. Striethorst B. 61 S. 30.

[51]) I. 11 § 304.

begründen, wenn sie durch besondere Unglücksfälle verursacht, und den Betrag der wirthschaftlichen Jahresnutzung überschritten haben, einen Anspruch auf Vergütung dieses Ueberschusses[52]). Die Kosten des Widerkaufs treffen den Wiederkäufer (den Berechtigten)[53]). Das Wiederkaufsrecht fällt weg, wenn die Sache durch Zufall oder durch mäßiges Versehen untergegangen[54]). Durch grobes Versehen und Vorsatz herbeigeführter Untergang verpflichtet zum Interesse[55]). Ist die auf Wiederkauf veräußerte Sache Pertinenz eines Grundstücks gewesen, so kann auch der dritte Erwerber des letzteren sie zurückkaufen[56]); sonst ist das Wiederkaufsrecht nur mit Zustimmung des Verpflichteten abtretbar[57]), es erlischt mit Ablauf der bestimmten Zeit[58]) oder mit dem Tode der Berechtigten, wenn für seine Ausübung keine Zeit festgesetzt ist[59]); es ist nur dann vererblich, wenn es sich der Berechtigte für

---

[52]) I. 11 §§ 306. 307.

[53]) I. 11 § 310. Auch diese Bestimmung zeigt den deutschrechtlichen Ursprung. Der Wiederkauf ist hiernach nicht, wie Koch S. 265 meint, ein neues Geschäft, so daß eigentlich jeder Kontrahent seine eigenen Kosten tragen müßte.

[54]) I. 11 § 301. Daß das Recht wegfallen soll, wenn der Untergang der Sache durch mäßiges Versehen herbeigeführt worden, ist wohl so zu erklären, daß mäßiges Versehen nur Ersatz des wirklichen Schadens nach sich zieht; den hat aber der Wiederkäufer schon in dem Preis, den er früher als Verkäufer erhalten hat.

[55]) I. 11 § 302.

[56]) I. 11 § 331: in der Veräußerung der Hauptsache, liegt hier Abtretung dieses Rechts.

[57]) I. 11 § 312. Mit Zustimmung des Verpflichteten kann es auch für einen Andern stipulirt werden. Striethorst B. 9 S. 80, B. 13 S. 124. Daß es mit dem ganzen Vermögen übertragen werden kann, wird ausgeführt Arnsb. Arch. B. 10 S. 206: der Satz ist unrichtig, weil die Uebertragung eines Vermögens stets nur eine Singularsuccession begründet. In den Entsch. B. 34 S. 102 ist in Betreff von Lehnsagnaten ausgesprochen, daß der nähere dem entfernteren das Wiederkaufsrecht abtreten kann, und daß letzterer kein Dritter ist. — Seuffert VII. 181.

[58]) I. 11 § 314. Innerhalb der Frist muß der Wiederkaufberechtigte von seiner Absicht, das Recht auszuüben, dem andern Theil Kenntniß gegeben und alles gethan haben, was seinerseits zur Ausübung des Rechtes geschehen konnte. Strieth. B. 90 S. 185. Rehbein II. 139. Wenn es hiernach nicht nothwendig ist, daß ein neuer Vertrag in der Frist zu Stande komme, vielmehr Hindernisse, die außerhalb des Willens des Berechtigten liegen, außer Betracht bleiben und aus § 308 I. 11 auch nicht zu folgern ist, daß der Wiederkaufvertrag in der Frist schon durch Zahlung erfüllt sein müsse, so genügte andererseits schon vor der Civilprozeßordnung, nicht zur Wahrung der Frist die bloße Anbringung einer Klage bei dem Richter, der Anspruch mußte vielmehr zur Kenntniß des Beklagten gelangt, also wenn nur durch Klage geltend gemacht, mußte diese demselben insinuirt sein. Es handelt sich nicht um eine Verjährungszeit, sondern um eine Frist. Strieth. B. 16 S. 155.

[59]) I. 11 §§ 315. 316. Oesterr. G.B. § 1070. Nach Code 1660 darf das Wiederkaufsrecht nur auf 5 Jahre bedungen werden. Nach sächs. G.B. § 1133 erlischt es, wenn keine Zeit bedungen, bei Mobilien in 1 J., bei Immobilien in 10 J. Entw. II. des B.G.B. § 438, Reichstagsvorl. § 498 läßt bei nicht bedungener Frist das Recht bei Grundstücken in 30 Jahren, bei beweglichen Sachen in 3 Jahren nach der Vereinbarung erlöschen. Durch die Bestimmung des A.L.R. ist eine lebhafte gemeinrechtliche Kontroverse abgeschnitten. Wenn man an dem deutschrechtlichen Ursprung des Instituts festhält, wie es sich in naher Verwandtschaft mit der Verpfändung entwickelt hat, so wird man die Unverjährbarkeit, das „zu ewigen Zeiten", wie es in unzähligen alten Urkunden vorkommt, begreiflich finden. Daher auch der lebhafte Streit, weil die Romanisten die 30jährige Verjährung verlangten. S. Glück B. 16 S. 206 fg. Bei der Bestimmung des § 316 war nicht nöthig, die Kontroverse über den Anfang der Verjährung zu entscheiden. Nach gemeinem Recht, welches jetzt die 30jährige Verjährung fordert, ist es am richtigsten, ihn auf die Uebergabe zu verlegen.

bestimmte Zeit oder das nicht auf bestimmte Zeit beschränkte Recht ausdrücklich für „seine Erben“ vorbehalten hat. In diesem letzteren Fall ist es unverjährbar. Dem ausdrücklichen Vorbehalt für die Erben steht gleich, wenn aus der Fassung des Vertrages deutlich hervorgeht, daß die Ausübung des Rechts zeitlich unbeschränkt sein soll[60]). Unter Erben sind nicht bloß die gesetzlichen, sondern auch die testamentarischen und Vertragserben zu verstehen[61]). Mehrere zum Wiederkauf Berechtigte müssen das Recht gemeinschaftlich ausüben[62]).

Auf den ersten Kauf und Verkauf, dem dieses Recht beigefügt ist, und dessen Erfüllung äußert der Vorbehalt des Wiederkaufs an sich keine Wirkung; der Käufer wird durch die Uebergabe oder Auflassung Eigenthümer, Dritte können von ihm Rechte auf die Sache erwerben; er hat die freie Verfügung; er hat nur durch den Nebenvertrag eine persönliche Pflicht gegen den Verkäufer übernommen, die ihn persönlich verpflichtet, und die Dritten gegenüber in dem Maße, aber auch nur in dem Maße von Bedeutung ist, wie andere Rechte zur Sache, d. h. so, daß die Kenntniß davon beim Erwerb des Dritten diesem entgegensteht[63]). Bei Grundstücken kann das Recht auf den Wiederkauf eingetragen werden[64]) und steht dann, aber auch nur dann, als Belastung des Eigenthums jedem Dritten entgegen.

Dem Verkäufer eines dinglichen Zins- oder Rentenrechts, welcher die Zinsen zu leisten hat, gab das Landrecht als Regel ein dem Wiederkauf ähnliches Recht auf Ablösung[65]). Auch der Käufer durfte das Kapital,

---

[60]) I. 11 § 317. Das R.G. Entsch. B. 10 S. 218 hat die Abrede des Wiederkaufs auf bestimmte Zeit, als auch zu Gunsten der Erben wirksam angenommen. (§ 316.) S. Koch, R. d. F. III. S. 268 fg. Die Verpflichtung zum Wiederkauf ist unbestritten vererblich. Usukapieren kann der Erbe des Verpflichteten nichts.

[61]) I. 11 § 318.

[62]) § 320. Entw. II des B.G.B. § 437, Reichstagsvorl. § 496.

[63]) §§ 311. 254. 265.

[64]) Daß Wiederkaufsrechte eingetragen werden können, bestimmt die Hyp.Ordn. Titel 1 § 50, Tit. 2 § 80 ausdrücklich. Zur Zeit findet darauf § 12 Eig.Erw.Ges. vom 5. Mai 1872 Anwendung, nicht § 11. Das Wiederkaufsrecht wird erst durch Eintragung dinglich, es kann auch dem Konstituenten desselben gegenüber ohne Eintragung nicht als dingliche Belastung des Grundstücks angesehen werden. Daher ist es auch im Fall einer Subhastation oder des Konkurses nicht zu berücksichtigen. Aber der Berechtigte kann die Eintragung fordern, Entsch. B. 75 S. 36, und das eingetragene Recht ist eine dingliche Belastung. Ueber die Parallele des eingetragenen Wiederkaufsrechts und des vorgemerkten Rechts auf Auflassung s. B. I. § 48 Anm. 23a. Auf die Löschung des eingetragenen Wiederkaufsrechts findet Grundbuchordnung § 102 Anwendung. Strieth. B. 74 S. 82. Im Geltungsgebiet des gemeinen Rechts besteht keine Möglichkeit den Wiederkauf durch Eintragung in ein dingliches Recht zu verwandeln.

[65]) I. 11 § 329. Der Gülten- oder Rentenkauf ist altdeutsch, besonders in den Städten entwickelt. S. Arnold, Zur Geschichte des Eigenthums in den deutschen Städten. 1861. S. 87 f. 225 f. Im heutigen Recht bedarf der dingliche Charakter um Dritten gegenüber erhalten zu werden, der Eintragung in das Grundbuch, und die vertragmäßige Unablöslichkeit war beseitigt durch § 94 des Ges. v. 2. März 1850. Diese Bestimmung ist aber zunächst bezüglich der westpreußischen und posenschen Rentengüter durch Ges. v. 26. April 1886 § 3, dann allgemein für den Fall der Uebertragung eines Grundstücks gegen Geldrente durch Gesetz v. 27. Juni 1890 modifizirt. Vergl. zu letzterem auch das Gesetz betreffend die Beförderung der Errichtung von Rentengütern von 1891.

d. h. das Kaufgeld, zurückfordern, wenn ihm 3 Jahre hinter einander die Rente nicht gezahlt worden[66]). Zur Zeit ist jede Rente, die auf ein Grundstück gelegt ist, auf Antrag des Berechtigten, wie des Verpflichteten regelmäßig ablösbar, und dies kann nur zeitweilig ausgeschlossen werden. Nur für die s. g. Rentengüter kann nach den Bestimmungen neuester Gesetze ein dauernder Ausschluß verabredet werden.

Die besonderen Vorschriften, welche das A.L.R. hat geben müssen, um zu verhüten, daß der Wiederkauf zur Verdeckung wucherlicher Geschäfte benutzt werde, — was leicht geschehen konnte, wenn der Kaufs- und Rückkaufspreis beträchtlich verschieden, auch wenn sie bei einer fruchttragenden Sache gegen deren Werth sehr niedrig bestimmt und zugleich für die Ausübung ein ungewöhnlich kurzer Zeitraum bedungen worden, — sind jetzt bedeutungslos geworden[67]). Ein gesetzliches Wiederkaufsrecht giebt es nicht mehr[68]).

6. Im Zusammenhang mit dem Wiederkauf ist auch der Nebenvertrag über ein Vorkaufsrecht[69]) zu erwähnen, dessen Erörterung jedoch wegen seines engen Zusammenhanges mit dem dinglichen Näherrecht passender bis zur Darstellung des letzteren verschoben bleibt[70]).

7. An die Abreden bei einem Kauf auf Abzahlung, der auch häufig in die Form eines Leih- oder Miethsvertrags gekleidet wurde (Möbelleihvertrag) und bei dem der Käufer oder Leiher der Gefahr unterlag, nach einer Reihe von Abzahlungen aller Rechte aus dem Vertrag, in Folge einer Säumniß verlustig zu gehen[71]), ist aus wirthschaftlichen Gründen ein Reichsgesetz mit

---

66) I. 11 § 330. Vergl. 647. Reichsdeput.-Abschied von 1600 § 35: „Da der Schuldner in Zahlung der jährlichen Gülten sich säumig erzeigen würde, alsdann dem Gläubiger alsobald die Kauf- oder Hauptsumma wiederzugeben . . mandata sine clausula zu erkennen seyn möchten."

67) Nach der Ansicht Förster's durch die Aufhebung der Zinsbeschränkungen in dem Bundesgesetz v. 14. Novbr. 1867. Vergl. Hinschius in s. Zeitschrift f. Rechtspfl. u. Gesetzgebung B. 2 S. 47. S. aber dagegen Strieth. B. 90 S. 340. Danach ist zuzugeben: Es konnte auch nach Aufhebung der Zinsbeschränkungen noch gegenüber einem scheinbaren Kauf mit Wiederkauf in Frage kommen: ob darunter nicht ein Darlehn dissimulirt worden. Und bei Beantwortung dieser Frage, war trotz des Wegfalls der Wuchergesetze der Richter zunächst noch an die in I. 11 §§ 321—325, namentlich in §§ 323—325 enthaltenen Vermuthungen gebunden. Zur Zeit sind aber diese letzteren Vorschriften durch § 14 Nr. 3 des Einf.G. zur C.P.O. aufgehoben, denn nach § 322 sind auch die diesem § folgenden Bestimmungen nur Beweisvermuthungen, nicht Rechtsvermuthungen im Sinne des § 16 Nr. 1 des citirten Einf.Gesetzes.

68) Ges. v. 11. Juni 1874 § 57.

69) I. 11 § 295 und I. 20 § 568 fg. Ges. v. 2. März 1850 § 2 Nr. 6 § 4.

70) Unten B. III. § 189.

71) Vergl. darüber v. Brünneck bei Gruchot B. 10 S. 339, Voigtel B. 11 S. 747. Höhne, Der s. g. Leihvertrag. Derselbe, Die gesetzliche Regelung der Raten- und Abzahlungsgeschäfte. Hausmann, Die Veräußerung beweglicher Sachen gegen Ratenzahlung. Marwitz bei Gruchot B. 35 S. 214. Nach älterem Recht ist die Konstruirung des Vertrags als Miethsvertrag, der sich in Kauf umwandle, versucht, oder auch als pactum de vendendo. Richtiger war er auch nach älterem Recht als Kaufvertrag mit der Nebenabrede zu fassen, daß die Uebergabe das Eigenthum nur unter der Suspensivbedingung voller Kaufgeldzahlung übertrage, bei deren Nichteintritt kraft Nebenvertrags die Abrede als Miethe gelten solle. Ohne letztere Abrede würde der Käufer nach der Regel des Gesetzes I. 11 § 239 nur Verwahrer gewesen sein. Aber

einer neuen Regelung herangetreten[72]). Ein Abzahlungsgeschäft liegt vor, wenn beim Kauf einer beweglichen Sache Theilzahlungen bedungen sind und der Verkäufer sich das Recht vorbehalten hat, wegen Nichterfüllung der Pflichten des Käufers von dem Vertrage zurückzutreten, oder soweit er Kraft des Gesetzes die Auflösung des Vertrages aus diesem Grunde verlangen kann[73]). Hier gilt die durch Abreden nicht zu ändernde öffentlich rechtliche Norm, daß beide Theile einander das Erhaltene Zug um Zug zurückzugewähren haben[74]), und daß nur für die Ueberlassung des Gebrauchs oder der Benutzung eine angemessene, die eingetretene Werthminderung berücksichtigende Entschädigung[75]) zu gewähren ist; daß auch eine auf die Nichterfüllung gesetzte Konventionalstrafe richterlicher Zurückführung auf den angemessenen Betrag[76]) unterworfen ist. Ferner soll bei solchen Geschäften die Abrede, daß Säumniß des Käufers die Fälligkeit aller noch ausstehenden Kaufgeldraten zur Folge haben soll, wirksam nur getroffen werden können, sofern mindestens zwei Theilzahlungen ganz oder zum Theil verzögert sind und die Summe, mit welcher der Käufer in Verzug gerathen ist, mindestens dem zehnten Theil des Kaufgelds gleichkommt. Diese Vorschriften gelten auch, wenn das Geschäft in andere Rechtsformen, insbesondere in die eines Miethsvertrags eingekleidet ist, auch wenn dabei dem Empfänger ein Recht das Eigenthum der Sache zu erwerben nicht eingeräumt ist[77]). Der Verkauf von Lotterieloosen und Inhaberpapieren mit Prämien oder von sie ersetzenden Bezugs- oder Antheilsscheinen auf Abzahlung ist bei Strafe verboten. Die Bestimmungen sind nicht anwendbar, wenn der Käufer ein in das Handelsregister eingetragener Kaufmann ist.

§ 127. Aufhebung und Anfechtung der Kaufverträge.

A. Das A.L.R. regelt einige dem allgemeinen Vertragsrecht angehörige Aufhebungsgründe bei dem Kauf und Verkauf besonders.

---

der Kaufvertrag prävalirt, insbesondere konnte nicht die Pflicht des Veräußerers angenommen werden, die Sache als Vermiether zu erhalten und herzustellen. Kürzung der Konventionalstrafabrede nach § 301 I. 5 fand auch nach älterem Recht statt.

[72]) R.Ges. v. 16. Mai 1894 (R.G.Bl. S. 450) Ausgaben von Hausmann, Schmitt und Fuld. Vgl. auch Fuld bei Gruchot B. 39 S. 564.

[73]) Der Fall liegt vom Standpunkt des Landrechts nur vor, wenn der Käufer schon die erste Anzahlung, gegen welche die Sache übergeben werden soll, nicht leistet (I. 11 § 230); hier sind also die Vorschriften über Rückleistung nicht anwendbar, es greifen aber die Bestimmungen über die Konventionalstrafe ein, auch der Ausschluß sofortiger Fälligkeit des ganzen Kaufgelds.

[74]) Die Interesseforderung bei schuldhafter Vertragsverletzung durch den Käufer ist aufrecht erhalten, ohne reichsgesetzlich abweichend vom Landesrecht geregelt zu sein.

[75]) Vom Richter nach C.P.O. § 260 Abs. 1 frei zu schätzen.

[76]) Abweichend vom A.L.R. I. 5 § 301.

[77]) Hier ist der Freiheit richterlicher Beurtheilung ein sehr weiter Spielraum gegeben. Es wird schwer sein, anzunehmen, daß ein solcher Vertrag ohne Abrede des Eigenthumsüberganges den Zweck des Abzahlungsgeschäfts verfolgt. Immerhin ist es anzunehmen, wenn der beabsichtigte ordnungsmäßige Gebrauch die Sache ganz oder nahezu werthlos machen mußte.

1. **Beiderseitige Einwilligung vor und nach der Uebergabe**[1]). Die aus solcher Aufhebung entstehenden Kosten trägt in Ermangelung anderer Einigung jeder Theil zur Hälfte, das heißt: jeder Theil trägt die seinigen und die gemeinschaftlichen werden halbirt[2]). Besitzveränderungsabgaben, die bei Käufen von Grundstücken zu entrichten sind, fallen weg, wenn der Vertrag vor der Uebergabe, jetzt Auflassung, zurückgeht[3]). So ist die Bestimmung aufzufassen, da nur ein noch nicht vollständig erfüllter Vertrag durch beiderseitige Einwilligung wieder aufgehoben werden kann[4]).

2. **Einseitig wegen ausgebliebener Erfüllung** kann ausnahmsweise[5]) der **Verkäufer**, jedoch in der Regel nur **vor** der Uebergabe[6]), zurücktreten, wenn a. eine bewegliche Sache für weniger als 150 M. verkauft und die Frist zur Abholung verstrichen ist[7]). Der Satz war aus einer durchgehends anerkannten Observanz in Handel und Wandel entnommen[8]). b. Wenn der Käufer beweglicher oder unbeweglicher Sachen Baarzahlung bei der Uebergabe versprochen und sie nicht geleistet hat[9]). Hier kommt es nicht auf die

---

[1]) I. 11 §§ 247. 249.

[2]) S. Koch im Kommentar zu § 248.

[3]) § 249. Besitzveränderungsabgaben (Laudemien) sind in Folge des Gesetzes vom 2. März 1850 größten Theils abgelöst, und das Institut ist daher aus der Praxis fast verschwunden: soweit sie noch vorkommen, werden sie nicht mehr zu Folge der Uebergabe, sondern der Auflassung verfallen.

[4]) I. 5 § 385. Vergl. § 4. J. III. 29, l. 57 D. II. 14, l. 80 D. XLXI. 3, l. 1 C. VI. 45 und überhaupt oben B. I. § 87 unter 7. Voet XVIII, 5 Nr. 1.

[5]) I. 11 § 231. Eine Ausnahme von dem Grundsatz § 393 I. 5. Bei Handelskäufen richtet sich die Wirkung des Verzugs lediglich nach H.G.B. Art. 354. 356. 359. Strieth. B. 72 S. 244.

[6]) Koch, R. d. F. III. S. 770 Nr. 2. Striethorst B. 23 S. 109. Aber die Befugniß zum Rücktritt von Kaufverträgen, die in einzelnen Lieferungen nach und nach zu erfüllen sind, geht nicht dadurch dem Verkäufer verloren, daß er die eine Lieferung schon übergeben hat, wenn er nur — wegen I. 11. 224. 226 — binnen 8 Tagen den Preis dafür eingeklagt hat. Entsch. 19 S. 145, II. Vergl. oben § 125 bei Note 62. — Entwurf des B.G.B. I. 369, II. 277, Reichstagsvorlage § 320.

[7]) I. 11 § 229. Präj. 1951. Samml. I. 53. Die Sache wird im Gesetz auch als „Waare" bezeichnet, ohne daß daraus gefolgert werden dürfte, daß die Bestimmung nur für den Handelsverkehr gilt. Für diesen ist sie jetzt durch H.G.B. Art. 343 ersetzt. Die Vorschrift ist ferner nur anwendbar, wenn die Sache geholt werden sollte.

[8]) Svarez, Schlußrevision in v. Kamptz, Jahrb. B. 41 S. 18. Bornemann III. 42. Mevius dec. VIII. 173. 174. Heuser, IV. 312.

[9]) I. 11 § 230. Vergl. oben § 125 Anm. 63. Präj. 1951. (Samml. I. 53). Auch bei Käufen über unbewegliche Sachen. Rechtsfälle B. 2 S. 258, B. 3 S. 6. Entsch. B. 58 S. 80. Strieth. B. 90 S. 367. Rehbein II. 129. Da gegenwärtig — soweit nichts anderes bedungen worden — die Zahlung des Kaufgelds unbeweglicher Sachen erst gegen die Auflassung zu fordern ist, so kann von dem Rücktrittsrecht in solchem Falle erst nach vergeblicher Aufforderung an den Käufer, auf dem Gericht die Auflassung entgegen zu nehmen, Gebrauch gemacht werden. Entsch. B. 76 S. 288. Rehbein II. 132. Daß bereits vor der Auflassung übergeben worden, kann den Rücktritt nicht hindern; die Uebergabe ist nicht Leistung eines Theils des Schuldigen, sondern Beginn der Erfüllung ohne die rechtliche Wirkung der Uebereignung, ähnlich wie wenn zur Vorbereitung der Uebergabe einer beweglichen Sache schon allerlei geschehen, die Sache transportirt und hingereicht, aber noch nicht genommen ist. Auch in solchem Fall kann also der Verkäufer, wenn die bedingungsmäßig bei der Auflassung zu leistende Zahlung ausbleibt, zurücktreten. — Die Bestimmung ist anwendbar, wenn auch nur ein Theil des Kaufgelds bei der Uebergabe zu zahlen war und nicht gezahlt wird.

Höhe des Preises an[10]. — Der Verkäufer kann wählen, ob er zurücktreten oder auf Erfüllung klagen will[11]. Tritt er zurück, so bedarf seine Erklärung keiner besonderen Form: er verweigert die Uebergabe, veräußert die Sache anderweitig u. s. w.[12]. Dies Rücktrittsrecht kann auch nach bereits erfolgter Uebergabe binnen einer Woche geübt werden[13].

Außer den eben dargelegten besonderen Aufhebungsfällen finden die allgemeinen Bestimmungen über Rücktritt von Verträgen, insbesondere auch wegen verweigerter Erfüllung[14], Anwendung, soweit sie überhaupt als praktisch anzusehen sind[15].

B. Die Anfechtung eines Kaufs und Verkaufs ist aus den allgemeinen Gründen wie bei jedem anderen Vertrage zulässig[16]. Es kommt aber bei dem Kauf ein besonderer Aufechtungsgrund[17] vor, der dem gemeinen Recht entnommen[18] landrechtlich eine wesentlich verschiedene Bedeutung hat, die Verletzung über die Hälfte[19].

Nach römischem Recht wird darunter die Berechtigung des Verkäufers verstanden, den Verkauf eines Grundstücks anzufechten, wenn als Preis dafür weniger als die Hälfte des Werths bedungen worden und der Käufer nicht

---

Entsch. B. 58 S. 79, Strieth. B. 70 S. 232. Ist bereits durch Theilzahlung (nicht bloß durch Uebernahme von Schulden in partem pretii, Strieth. B. 92 S. 265) die Zahlung des vertragsmäßig bei der Uebergabe zu zahlenden Kaufgelds oder Kaufgeldtheils seitens des Käufers begonnen, so fällt der Rücktritt fort. Entsch. B. 19 S. 144. Rehbein II. 126.

[10] Koch, R. d. F. III. 771 und Komment. zu § 230 Präj. 484 und 2087 (Samml. I. 53). Letzteres wendet den Satz auf den Forderungskauf (Cession) an. Strieth. B. 6 S. 175c. B. 9 S. 147. Der Käufer muß also, wenn er auf Uebergabe klagt, nachweisen, daß er zur bestimmten Zeit die Waare habe holen und den Preis baar zahlen wollen. I. 5 § 271. Vergl. auch Entsch. B. 15 S. 502. Bei Verträgen, die in einzelnen Lieferungen gegenseitig zu erfüllen sind, muß der Käufer jede Lieferung baar bezahlen; unterläßt er es, so ließ das Obertribunal nach seiner Auffassung des preußischen Rechts den Verkäufer auch in Betreff der ferneren Lieferungen zurücktreten. Strieth. B. 12 S. 187. Entsch. B. 19 S. 144. Rehbein II. 126. Simon und v. Strampff Zeitschr. B. 1 S. 21. Jetzt wird in solchen Fällen regelmäßig ein Handelsgeschäft vorliegen.

[11] I. 11 § 230 „kann"; § 229 „berechtigt". Die Anstellung der Klage auf Erfüllung hindert die demnächstige rechtzeitige Wahl des Rücktritts nicht. Entsch. B. 58 S. 79.

[12] Präj. 1840 (Samml. I. 53) Entsch. 14 S. 193 H.G.B. 356. 357.

[13] Oben § 125 Anm. 63.

[14] I. 11 §§ 232 ff. I. 5 §§ 393—414.

[15] Vergl. oben Bd. I. § 87 Ziffer 4.

[16] S. oben B. I. §§ 29. 33. 78. Ueber die Wirkung des Irrthums bei Kaufverträgen s. bes. ausführlich Treitschke §§ 24—33 S. 70 fg. Ein Rechtsfall, wo die Sachen mehrerer Eigenthümer gemeinschaftlich verkauft worden, und der Vertrag in Betreff der einen Sache rescindirt wird: Seuffert I. 206.

[17] Es handelt sich bei diesem Rechtsmittel um Anfechtung (rescinditur), nicht um Aufhebung des Vertrags.

[18] l. 2 C. IV. 44. l. 8 eod.

[19] I. 11 §§ 58—69. 250—256. Bornemann III. 35. Daniels III. 175. Koch, Pr.R. II. 417. 433. R. d. F. III. 701. 771. Plathner, in der preuß. Gerichtszeitung Jahrg. 2 Nr. 50 S. 179. Göppert, de remedio ob laesionem ultra duplum jure comm. Boruss. concesso. 1863. Gruchot IX. 313 f. Dernburg II. § 136. — Glück XVIII. 19. Unterholzner II. 245. Vangerow III. 349. Arndts B. 497. Sintenis II. 635. Keller S. 631. — Treitschke S. 373 fg. Chambon, Beiträge z. Obl.R. 1851 I. 111. — Dem Entw. des B.G.B. fremd.

bereit ist, das Fehlende nachzuzahlen[20]). Diese von der Praxis allgemein auf gegenseitige Verträge ausgedehnte Berechtigung ist auch auf den Käufer erstreckt, der den Vertrag anfechten kann, wenn er sich zu einem Preis verpflichtet hat, der den doppelten Werth der Sache übersteigt[21]). Die Anfechtung kann im Wege der Klage und der Einrede ausgeübt werden[22]). Fragt man nach dem Motiv zu diesem absonderlichen Gesetz, das dem Gestatten des invicem se circumvenire widerspricht[23]), so erhält man von den Kaisern die Antwort: humanum est[24]). Es sollte dem Verkäufer geholfen werden, der aus Noth zu billig verkaufen mußte[25]). Dem Käufer war schon anderweitig geholfen, er konnte, wenn die Sache weniger werth war, weil ihr Eigenschaften fehlten, die er vorausgesetzt hatte, Gewährleistung verlangen.

Bei der Redaktion des Landrechts machte sich eine Abneigung gegen das ganze Institut geltend[26]), und nur Svarez suchte es aus praktischen Billigkeitsrücksichten zu retten. Man war darüber einig, das Rechtsmittel dem Verkäufer ganz zu versagen[27]), denn er müsse ja den wahren Werth der Sache kennen; aber der Käufer sollte es behalten, um ihn dagegen zu schützen, daß er durch allerhand Vorspiegelungen zu dem Irrthume verleitet werde, der Werth der Sache entspreche dem Kaufpreis, während er ihn in Wirklichkeit noch nicht bis zur Hälfte erreichte[28]). So kam in das A.L.R. der Satz: wenn der Kaufpreis den doppelten Betrag des Werths der Sache übersteigt, so begründet dieses Mißverhältniß zum Besten des Käufers die rechtliche Vermuthung eines den Vertrag entkräftenden Irrthums[29]).

---

[20]) l. 8 cit. Ueber die Berechnung war Streit. Jetzt ist die herrschende Ansicht, daß der Preis auf den vollen Werth nachzuzahlen und, so weit die Praxis auch dem Käufer das Rechtsmittel einräumt, daß ihm die Hälfte des Preises zurückzuzahlen ist. Vangerow S. 355 III.

[21]) Nach l. 2, l. 8 C. N 44. wohl ohne Grund, aber in fester Rechtsübung. Glück B. 17 S. 20fg. Vangerow S. 351. Chambon S. 166. Vergl. auch Stobbe B. III. S. 250.

[22]) Es war streitig, ob der Kläger alternativ auf Rückempfang der Sache oder Nachzahlung des fehlenden Preises klagen müsse. Die Praxis verneint. Glück B. 17 S. 71f. Vangerow S. 355fg.

[23]) l. 16 § 4 D. IV. 4. l. 22 § 3. l. 23 D. XIX. 2.

[24]) l. 2 C. IV. 44. Chambon S. 168.

[25]) Dies wird hier gewöhnlich als das Motiv der Humanität angesehen. Cujacius, obs. XVI. c. 18. Dadurch erhält die Vorschrift den Charakter der gegen den Wucher erlassenen Gesetze. S. das Citat aus Lassalle, System der erworbenen Rechte. I. S. 106. 107. Note bei Gruchot IX. 318. Chambon S. 121 erklärt sich dagegen, daß ein Nothverkauf vorauszusetzen.

[26]) Unter den Gegnern des Rechtsmittels hatten sich besonders die Lehrer des Naturrechts hervorgethan. Grotius II. c. 12 § 26. Thomasius, diss. de aequitate cerebrina. 1730. c. 3 § 5. Pufendorf, de jure nat. et gent. V. c. 1 § 8. Beide Cocceji ad Grot. II. 12 §§ 8 u. 12. Weber, Die Lehre von der natürlichen Verbindlichk. S. 116. Höpfner, Naturrecht, § 92. Andererseits waren Wolff (a. a. O. § 620), Daries, instit. jurisprud. univ. ed IV. 1751. §§ 484. 485 u. A. Vertheidiger der Rescission, die sie auf das allgemeine Prinzip von der nothwendigen Gleichheit der auszutauschenden Werthe stützten. Vergl. hierüber Chambon S. 126fg. und besonders ausführlich Göppert p. 8seqq.

[27]) I. 11 § 69.

[28]) Jahrb. B. 41 S. 15fg.

[29]) I. 11 § 59. Was die anderen neuen Gesetzbücher betrifft, so kennt der Code 1674 nur

Der vermuthete Irrthum besteht in falscher Schätzung des Werths[30]). Die Vermuthung kann durch Gegenbeweis beseitigt, die Kenntniß des wahren Werths im Verkehr kann aus den Unterhandlungen der Parteien, aus begleitenden Umständen dargethan werden. Es wird z. B. ein sachverständiger Käufer sich darauf meist nicht berufen dürfen[31]). Haben die Parteien bei den Verhandlungen auf den außerordentlichen Werth Rücksicht genommen, so ist das Rechtsmittel ausgeschlossen[32]). Berücksichtigt wird ferner nur der Werth zur Zeit des Vertragsabschlusses[33]). Das Landrecht verlangt Schätzung durch vereidigte Sachverständige nach den zur Zeit des Vertrages geltenden Grundsätzen[34]); es sollte aber dabei von der Annahme ausgegangen werden, daß in der Zwischenzeit keine Veränderung eingetreten sei[35]). Das hatte zur Folge, daß der Käufer etwaige Verbesserungen, der Verkäufer etwaige Verschlechterungen beweisen mußte[36]). Die Annahme war ein Nothbehelf, für den praktische Zweckmäßigkeit, nicht juristische Gründe sprach, denn die Vermuthung der Unveränderlichkeit kann wohl von einem erwiesenen Zustand aus in die Zukunft wirken[37]), nicht aber rückwärts, um vom späteren Zustand auf den älteren zu schließen[38]). Das geltende Prozeßrecht hat die

---

eine Verletzung des Verkäufers einer Liegenschaft um $^7/_{12}$ des Preises. Auf das Anfechtungsrecht darf nicht verzichtet werden. a. 1868. Zachariä (Crome) II. § 338. Das österr. G.B. §§ 934. 935. 1060 läßt bei allen zweiseitigen Verträgen jeden verletzten Theil anfechten, also Käufer und Verkäufer. Das H.G.B. schließt das Rechtsmittel ganz aus. Art. 286. Dem Entwurf des D. B.G.B. ist es unbekannt.

[30]) I. 11 § 59 verweist auf I. 4 §§ 755ff. Daraus kann nicht gefolgert werden, daß die Verfasser den Irrthum als einen der dort bezeichneten wesentlichen Irrthümer ansehen, sondern nur, daß sie ihn für ebenso wesentlich erklären wollten. Insbesondere bleibt trotz des Irrthums über den Werth der Gegenstand derselbe, und ein solcher Irrthum ist denkbar, auch wenn alle Eigenschaften der Sache richtig erkannt sind. Es ist, wie Lassalle a. a. O. mit Recht bemerkt, ein Irrthum im Beweggrund, den das Gesetz ausnahmsweise als wesentlich hinstellt. Koch, R. d. F. III. 706 nimmt Irrthum im Gegenstand an, ebenso Rehbein II. S. 132, Göppert a. a. O. p. 41 Irrthum in einer Eigenschaft. — Gleichgiltig ist, daß der thatsächlich bei der irrigen Schätzung zu Grunde liegende Irrthum über eine Eigenschaft unwesentlich gewesen wäre. Strieth. B. 36 S. 223.

[31]) Die Eigenschaft als Sachverständiger schließt, wie das R.G. bei Gruchot B. 38 S. 716 annimmt, die Annahme des Irrthums nicht schlechthin aus; sie muß aber als thatsächliches Gegenbeweismoment stets berücksichtigt werden.

[32]) I. 11 § 66. Nach I. 11 § 9 also auch bei der Zwangsenteignung. Vergl. unten mit Rücksicht auf Enteign.Ges. v. 11. Juni 1874 §§ 8. 24 über Bedeutung des vollen Werths § 131. Oesterr. G.B. 935. Auch nach gemeinrechtlicher Praxis: Seuffert III. 160. 161. IV. 213. X. 245. XII. 138.

[33]) I. 11 § 62. Ist ein Inbegriff verkauft worden, so kommt es nicht darauf an, ob einzelne Sachen zu doppeltem Preise veranschlagt sind, sondern ob der Preis der Gesammtheit zu hoch angenommen worden. S. Goldschmidt, Zeitschr. f. Handels-R. IV. 463 (ein Erk. v. Dresden).

[34]) I. 11 §§ 61. 64. Also auch wenn die Schätzungsgrundsätze inzwischen verbessert sind, man ein sichereres oder besseres Mittel der Werthserforschung hat, sollte davon nicht Gebrauch gemacht werden. Es kommt hiernach nicht blos auf den damaligen Werth, sondern zugleich auf dessen Erkennbarkeit zu der damaligen Zeit an.

[35]) I. 11 § 63.

[36]) Göppert p. 37. 39.

[37]) Oben B. I. § 18 Anm. 3. Göppert p. 37. 38.

[38]) Multa autem jure civili contra rationem disputandi pro utilitate communi recepta esse innumerabilibus rebus probari potest. l. 51 § 2 in f. D. IX. 2.

Rothwendigkeit, daß der Richter sein Urtheil auf Sachverständigenbeweis gründe, beseitigt, im Uebrigen sind die Bestimmungen unberührt geblieben: es wird also unter Festhaltung an der gesetzlichen Vermuthung des § 63 d. T. festzustellen sein, wie hoch der erkennbare Werth zur Zeit des Kaufs war.

Der Zweck des Rechtsmittels, das übrigens auch nach preußischem Recht durch Klage oder Einrede, und zwar von mehreren Käufern nur gemeinschaftlich[39]) geltend gemacht werden kann[40]), ist, den Zustand so herzustellen, als wäre der Vertrag nicht abgeschlossen worden[41]). Der Verkäufer muß die Sache, der Käufer den Preis zurück erhalten. Der Käufer muß also noch zurückgeben können[42]), zufälliger Untergang schließt die Anfechtung aus[43]). Der Verkäufer hat auch nicht das Recht, durch das Anerbieten einer Ermäßigung des Preises den Vertrag zu erhalten[44]). Die Rückgabe geschieht in dem Zustand der Uebergabe[45]), aber zufällige Verschlimmerung wird nicht vertreten[46]), für Verbesserungen erhält der Käufer den Ersatz des redlichen Besitzers[47]), für Verschlimmerungen durch sein Verschulden, auch wenn es nur geringes Versehen war, haftet er[48]); was sich wohl daraus erklärt, daß der Zurücktretende von einem Geschäft ungünstig (wie ein unrechtfertiger Besitzer) behandelt zu werden pflegt[49]). Die Zinsnutzung des Preises und die Fruchtnutzung der Sache werden, um praktischen Weiterungen auszuweichen, gegen einander aufgerechnet[50]). Wenn bei Landgütern die Nutzung unter dem Betrage der Zinsen geblieben, so erhält der Käufer mit dem Kaufgeld den Ueberschuß der letzteren; dagegen ist er nicht verpflichtet, wenn die gezogenen Nutzungen die Zinsen überstiegen haben, diesen Ueberschuß dem Verkäufer herauszugeben oder zu vergüten[51]).

---

39) Nach I. 5 § 450. Vergl. oben Bd. I. § 88.

40) I. 11 §§ 65. 68. Die Klage geht auf Rücknahme der Sache gegen Rückzahlung des Preises, die Einrede auf Abweisung des Klägers.

41) Göppert p. 56 sq. Koch III. 772.

42) Striethorst B. 37 S. 296. Weitere Veräußerung kommt nur in Betracht, wenn sie die Rückgabe unmöglich macht, wie bei der a. redh. Seuff. I. 45. IV. 212 f. VII. 296. Mevius, decis. III. 192 will, wenn nicht restituirt werden kann, die a. oder exc. quanti minoris gestatten. Bei Seuffert VI. 322 ist die Anfechtung dem Käufer versagt worden, weil der Verkäufer im Vertrage sich neben der Uebergabe zu einer persönlichen Leistung verpflichtet und diese bereits erfüllt hatte. Die Leistung einer Handlung kann nicht zurückgeleistet werden.

43) I. 11 § 67. Anders die vorlandrechtliche Praxis in Preußen (Hymmen VII. 82 f.) und die gemeinrechtliche. Voet, comm. ad. pand. XVIII. 5. 19. Glück XVII. 119 f. Treitschke § 108 S. 385.

44) Das folgt aus I. 11 § 60, welcher nur von Aufhebung spricht; es widerspricht dem röm. R.

45) I. 11 § 250.

46) I. 11 § 252.

47) I. 11 § 253.

48) I. 11 § 251.

49) Oben B. I. § 88.

50) I. 11 § 254. l. 51 § 2 in f. D. IX. 2. Auch von gemeinrechtlichen Schriftstellern vertheidigt. Es enthält die Vorschrift zugleich den Satz: daß die Auflösung nicht ex tunc, sondern ex nunc erfolgt. S. hierüber Glück B. 17 S. 105. Entsch. B. 9 S. 428. Striethorst B. 80 S. 260.

51) §§ 255. 256.

Dem Rechtsmittel kann ausdrücklich **entsagt** werden[52]). Es **verjährt** wie die Ansprüche aus der Gewährleistung wegen natürlicher Fehler, also binnen drei Jahren bei Landgütern, bei städtischen binnen eines Jahres, bei beweglichen Sachen innerhalb sechs Monaten[53]). **Ausgeschlossen** ist es, außer in den oben erwähnten Fällen, in denen die Vermuthung des Irrthums ausgeschlossen ist[54]), und wohin noch der Fall gehört[55]), daß die Preisbestimmung dem Gutbefinden eines Dritten überlassen worden, bei der freiwilligen Subhastation[56]) und beim Kauf seltener Münzen und Medaillen[57]). Die Anfechtung fällt auch weg beim Verkauf von Kuxen oder Bergtheilen des älteren Rechts und jetzt bei Veräußerung von Bergeigenthum und von Kuxen[58]). Auch bei der Ausübung des Wiederkaufs kann man dem Wiederkäufer (dem früheren Verkäufer) die Anfechtung nicht gestatten, denn der Wiederkauf ist nicht ein neues selbständiges Kaufgeschäft, bei dem sich der neue Käufer im Irrthum über den Werth der Sache befinden kann, sondern wesentlich eine Restitution gegen den ersten Kauf, ein Zurückleisten, jedenfalls vom A.L.R. so aufgefaßt. Das Rechtsmittel würde daher hier ein solches für den Verkäufer werden[59]). Auch bei anderen, besonderen Arten des Kaufs, dem Forderungskauf, insofern bei diesem nicht der Gewährleistung entsagt ist[60]), dem Lieferungskauf[61]), dem Kauf eines Verlagsrechts[62]), dem Hoff-

---

[52]) I. 11 § 65. Auch der gemeinrechtlichen Praxis ist die Giltigkeit des Verzichts nicht zweifelhaft. Seuffert II. 356. IV. 213. VIII. 243. XI. 30. Oesterr. G.B. § 935. Es wird nicht auf den Irrthum verzichtet, was widersinnig wäre, sondern auf das Recht der Anfechtung. Stillschweigenden Verzicht schließt das preuß. R. aus. Striethorst B. 36 S. 223 auch genügt nicht ein genereller Verzicht auf Anfechtung. Im Verzicht auf Gewährleistung liegt nicht der Verzicht auf die Anfechtung wegen Verletzung über die Hälfte, auch nicht umgekehrt in diesem jener. Strieth. B. 57 S. 117. Rehbein II. 134. In der gemeinrechtlichen Praxis läßt Berger, Oecon. jur. III. 5 th. 18 n. 12 den Verzicht durch facta contraria zu. Vergl. Seuffert III. 315.

[53]) I. 11 § 68, von dem Tage des Empfangs der Waare. Strieth. B. 34 S. 219. Göppert, p. 65. Auch die Einrede aus der Verletzung geht in dieser Frist verloren, weil es sich auch bei der Einrede um ein angriffsweise erfolgendes Vorgehen handelt. Vergl. Striethorst B. 34 S. 219. Daß deshalb hier nicht von Verjährung, sondern von einer Befristung die Rede sei, wie in die vorige Ausgabe von Förster übernommen ist, kann nicht aufrecht erhalten werden. Gemeinrechtlich 30jährige Verj., nach franz. R. (code 1676) 2, nach österr. R. (1487) 3 Jahre.

[54]) Oben Anm. 32.

[55]) I. 11 § 48. Anders im österr. G.B. § 1060.

[56]) I. 11 § 343. Gerichtl. freiw. Verkauf ist nur die freiwillige Subhastation, nicht ein vor Gericht abgeschlossener Kaufvertrag. Vergl. unten § 130.

[57]) I. 11 § 375.

[58]) A.L.R. II. 16 § 322; jetzt § 52 des Berggesetzes vom 24. Juni 1865.

[59]) S. oben § 126 unter 5. A. M. Göppert, p. 22.

[60]) Oben B. I. § 99 A. 129.

[61]) I. 11 § 876. Jetzt erledigt sich der Zweifel vielfach dadurch, daß der Lieferungskauf meist Handelsgeschäft ist. Vergl. gegen Bornemann III. 39 f. Göppert p. 25 in f. Koch III. 1012 Note 2, Komm. Note zu § 987 I. 11. S. auch Dernburg II. § 136 Anm. 26. Vergl. Bl. f. Rechtsanw. VI. 416. Goldschmidt, Zeitschr. für Handelsr. IV. 402.

[62]) Das Verlagsrecht hat keinen gemeinen Werth. S. unten § 134.

nungskauf[63]), dem Erbschaftskauf[64]) ist es versagt. Es bleibt die Frage, ob die Verletzung über die Hälfte noch bei anderen entgeltlichen Verträgen Anwendung findet, da ja die gemeinrechtliche Praxis ihre Anwendung so weit ausgedehnt hat. Das A.L.R. erwähnt sie nur noch bei dem Tausch[65]). Sonst wird sie ausdrücklich ausgeschlossen bei Verträgen über Handlungen[66]), der Werkverdingung[67]), bei dem Vergleich[68]) und indirekt bei Theilungsgeschäften, weil diese nur wie Vergleiche oder Urtheile anfechtbar sind[69]). Es liegt überdies in der Natur des Rechtsmittels, daß es nur ausnahmsweise stattfinden kann, wo ausdrücklich darauf hingewiesen ist. Deshalb hat die Praxis es mit Recht auch bei Miethe und Pacht verweigert[70]).

Für zahlreiche Fälle wird in Zukunft statt der Verletzung über die Hälfte in Frage kommen, ob das Rechtsgeschäft in solcher Weise geschlossen ist, daß sich dabei der Verkäufer oder der Käufer (gewerbs- oder gewohnheitsmäßig) unter Ausbeute der Nothlage, des Leichtsinns oder der Unerfahrenheit des andern Theils für sich oder einen dritten Vermögensvortheil versprechen oder gewähren läßt, die den Werth der eignen Leistung in einem „auffälligen Mißverhältniß" übersteigen[71]). Das Geschäft wird in solchem Fall, wie in anderen Fällen des strafbaren Wuchers ungiltig[72]). Nur die eigne Leistung kann zurückgefordert, es müssen aber alle erhaltenen Vermögensvortheile mit Zinsen zurückgegeben werden.

§ 128. Besondere Fälle des Sachenkaufs.

A. Der **Antheilskauf** (Quotenkauf)[1]). Der Eigenthümer kann eine Quote seines Eigenthums veräußern und dadurch ein Miteigenthum begründen. Der

---

[63]) I. 11 §§ 528. 529. 530. Göppert, p. 28. Glück XVII. 103. 124. Vangerow S. 353. Seuffert IV. 105. II. 292. VIII. 244. XIII. 148.

[64]) I. 11 § 486. Seuffert VI. 23. Die Bestimmung war nicht für die Käufe in Pausch und Bogen gegeben, sondern nur für den Erbschaftskauf. Trotzdem rechnet Dernburg II. § 136 A. 29 auch die ersteren hierher, weil „sie ein Risiko mit sich führen". Griffe das durch, so hätte es der besonderen Bestimmung des § 486 nicht bedurft. Zustimmend R.G. bei Gruchot B. 38 S. 714.

[65]) I. 11 § 365.

[66]) I. 11 § 876. Striethorst B. 38 S. 317.

[67]) I. 11 § 926.

[68]) I. 16 § 439. Glück a. a. O. Vangerow a. a. O. Risch, Die Lehre vom Vergleich, S. 233. Oben B. I. § 103.

[69]) I. 17 §§ 111. 112. Glück a. a. O. Vangerow a. a. O.

[70]) Präj. 2227. (Samml. B. 2 S. 40.) Entscheid. B. 19 S. 489. B. 48 S. 171. Strieth. B. 45 S. 354. Rehbein III. S. 890. Strieth. B. 72 S. 129. Förster, Klage u. Einrede S. 457. Koch III. 923 behauptet die Zulässigkeit, obgleich das O.Trib. „vor der Hand" das Gegentheil angenommen, und im Kommentar Note zu § 58 I. 11 tritt er der Ansicht des O.Trib. umbedingt bei. Er befindet sich also in offenbarem Widerspruch. Im gemeinen Recht wird das Rechtsmittel auch bei Pacht und Miethe gestattet. Vangerow S. 355. — Auch bei dem Trödelvertrage ist das Rechtsmittel zu versagen. Göppert p. 27.

[71]) Strafgesetzbuch § 302e nach Reichsgesetz v. 19. Juni 1893 Art. I.

[72]) R.G. v. 24. Mai 1880 Art. 3 in der Fassung des in vor. Anm. citirten Gesetzes. Vgl. unten § 137 unter VII.

[1]) A.L.R. I. 17 §§ 60—68. Bekker in s. Jahrb. 5 S. 400. 370 II. a. (Der Fall b. ge-

Kaufvertrag darüber wie über den einen Miteigenthümer zustehenden Antheil hat keine Besonderheit. Das Gesetz läßt letzteren ausdrücklich zu[2]); die Veräußerungsbefugniß setzt aber voraus, daß der Veräußerer wirklich selbst Eigenthümer oder zu bestimmter Quote Miteigenthümer und nicht in Rücksicht des gemeinschaftlichen Eigenthums besonders beschränkt ist, so daß er an seiner Stelle dem Miteigenthümer nicht einen Dritten aufdrängen darf[3]). Die Theilnehmer haben jedenfalls bei allen Quotenveräußerungen ein Vorkaufsrecht[4]).

Das A.L.R. bezeichnet als Gegenstand das Anrecht[5]) des Miteigenthümers, es sagt nicht Antheil[6]). Dennoch soll der Käufer dasjenige Recht an der gemeinschaftlichen Sache, das der Veräußerer gehabt, erlangen, die Sache selbst soll ihm also zum Miteigenthum übereignet werden[7]). Bis zur Uebergabe trägt auch hier der Verkäufer die Gefahr, die nur in dem Untergang oder der Verschlechterung der Sache, nicht des verkauften Antheils bestehen kann[8]). Die Gewährleistung für Fehler liegt dem Verkäufer ob, nicht erst wenn die Quote durch Ausscheidung zu einer Spezies (pars quanta) geworden, sondern auch, wenn der Fehler den Werth der ganzen Sache mindert, weil dadurch der Werth des Antheils auch gemindert wird. Für Entwehrung hat der Verkäufer zu haften, wie bei jedem andern Kauf.

B. Der Wahlkauf[9]). Aus mehreren bestimmten Sachen soll der Käufer die Wahl haben, welche er als gekauft annehmen, oder der Verkäufer, welche von ihnen er als verkauft übergeben will. Im Zweifel ist aber ein solcher Vertrag dahin zu verstehen, daß dem Käufer die Wahl eingeräumt

---

hört nicht hierher, sondern ist ein Kauf nach Maß. Das giebt Bekker selbst zu S. 400.)

[2]) I. 17 §§ 60. 63. 64. Bei Gemeinschaften, die durch Vertrag entstehen (Gesellschaftsvertrag) ist nur der Gewinnantheil frei veräußerlich, aber die Veräußerung des Theilnahmerechts ist unzulässig. Vergl. unten § 143. Wenn Miterben eine einzelne zum Nachlaß gehörige Sache einem der Miterben überlassen, so ist nach der im vierten Band näher darzulegenden Auffassung des preußischen Rechts von dem Miteigenthum der Miterben an der Erbschaft Verkauf der ganzen Sache, nicht bloß der Quoten der Miterben anzunehmen. Verkäufer ist die Gesammtheit der Erben. Vergl. Schles. Arch. II. 26, Strieth. B. 34 S. 208.

[3]) I. 17 § 68.

[4]) I. 17 § 61.

[5]) I. 17 § 60.

[6]) Doch vergl. I. 17 § 46.

[7]) Die Tradition eines ideellen Theils an einer Sache ist nicht unmöglich, sie begründet Mitbesitz; in Betreff der Grundstücke erkennt dies die l. 8 C. IV. 49 (vergl. l. 6 § 8 D. X. 3) an. Auch bei beweglichen Sachen ist sie nicht undenkbar. Es muß dazu die ganze Sache übergeben werden, d. h. es muß dem Käufer des Antheils die Möglichkeit sofortiger körperlicher Beherrschung der Sache verschafft werden, zugleich mit der Erklärung, daß sich die Ueberweisung nur auf den Antheil beziehe. S. Gesterding, L. v. Eigenthum S. 174f. Blätter für Rechtspflege in Thüringen und Anhalt, XII. 241. Bei Striethorst B. 10 S. 293, B. 52 S. 248, Entsch. B. 40 S. 126 ist die Möglichkeit der Tradition eines Antheils verneint. S. dagegen Göppert, z. L. v. Miteigenthum S. 36f., und Entsch. B. 64 S. 113, bes. S. 121. Das Miteigenthum unbeweglicher Sachen ist durch Auflassung zu übertragen.

[8]) Bekker S. 400.

[9]) I. 11 §§ 33—38. Gruchot IX. 270f. Oben B. I. § 65 A. 14ff.

ist[10]). Zufälliger Untergang der einen oder andern Sache bewirkt, daß der wahlberechtigte Verkäufer oder wahlberechtigte Käufer an den Vertrag nicht mehr gebunden ist, sie können also wählen zwischen dem Rücktritt und der Leistung oder Annahme der übrig gebliebenen Sache[11]). Zufällige Verschlechterung ist ebenso zu beurtheilen[12]). Wenn der Untergang oder die Verschlechterung durch das mäßige Versehen des Verkäufers verursacht worden, so kann der wahlberechtigte Käufer entweder die andere Sache nehmen oder Ersatz des wirklichen Schadens fordern, nicht beides zugleich. Wenn der Verkäufer vorsätzlich oder durch grobes Versehen den Verlust einer Sache herbeiführt, so fordert der Käufer, der die andere Sache nicht nehmen will, das Interesse (Ersatz des wirklichen Schadens und entgangenen Gewinnes)[13]). Die Bestimmung des I. 11 § 35 bezieht sich nur auf § 33, nicht auf § 34 zurück: es fragt sich also, büßt der Käufer, der im Fall des § 34 die übrig gebliebene Sache annehmen will, auch dann seine Forderung auf das Interesse ein? Oder hat der Käufer in diesem Fall überhaupt kein Wahlrecht zwischen Interesse und Annahme der anderen Sache? Man wird Beides verneinen müssen. Das Interesse besteht in der Differenz zwischen dem höheren Werth der untergegangenen und dem geringeren der übrig gebliebenen Sache, wenn er diese nimmt, oder in dem ganzen Nachtheil, wenn er sie nicht will. Das Wahlrecht ihm hier zu versagen, würde ihn verletzen, wenn die übrig gebliebene Sache für ihn den höheren Werth hat. Verschuldete dagegen der Käufer den Untergang der Sache, so muß er die übrigbleibende nehmen, oder je nach dem Grade seines Verschuldens dem wahlberechtigten Verkäufer entweder den wirklichen Schaden oder das Interesse ersetzen[14]).

C. Der Gattungs- und Mengekauf (emtio ad mensuram)[15]). Die

---

[10]) Das ist, wie § 65 Anm. 21 gezeigt worden, eine Abweichung vom römischen Recht und von der im Landrecht sonst befolgten Regel, daß der Schuldner die Wahl habe. Bornemann, Rechtsgeschäfte, 2. A. S. 326 bemerkt, daß diese Abweichung aus der Natur des Kaufs folge. Das könnte zugegeben werden, wenn es sich um einen erst noch abzuschließenden Kauf handelte. §§ 33—38 setzen aber voraus, daß der Kauf bereits abgeschlossen worden, der Käufer also schon schlüssig geworden sein muß, daß ihm jede der mehreren Sachen zusage. Gruchot IX. 272 Nr. 2. Der bei Striethorst B. 4 S. 180 ausgesprochene Satz: der Kaufvertrag gelange erst durch Vornahme der Wahl zur Wirklichkeit, ist, wenn unter Wirklichkeit der Abschluß zu verstehen ist, gewiß nicht richtig. Die Wahl gehört hier nur zur Uebergabe oder Uebernahme, d. h. zur Erfüllung.

[11]) I. 11 § 33. Abweichung vom römischen Recht. Oben B. 1 § 65 bei Anm. 26, § 87 Anm. 23, § 108 bei Anm. 27. Vergleiche noch Bekker in s. Jahrb. B. 5 S. 373.

[12]) Bekker a. a. O. Der § 33 d. T. spricht von „vernichtet, verdorben, abhanden gebracht". In verdorben liegt die Verschlechterung. Gruchot IX. 273.

[13]) Oben B. I. § 106 unter I. A.L.R. I. 5 §§ 286. 287. Insofern ist § 34 korrekt, wenn aber § 35 unter Beziehung auf § 33, in welchem wegen des Gegensatzes zu § 34 unter „durch das Zuthun des Verkäufers" nur das mäßige Versehen verstanden werden kann, von Interesse spricht, so ist das inkorrekt, weil mäßiges Versehen nur den Ersatz des wirklichen Schadens nach sich zieht. Vergl. oben B. I. § 106 Anm. 12. 17.

[14]) I. 11 § 37.

[15]) A.L.R. I. 11 §§ 32. 207—214. C.P.O. §§ 769. 770. Oben B. I. § 21 A. 18. Wächter, Würt. Pr.R. II. S. 227 fg. Unger, Oesterr. Pr.R. I. S. 404 fg. Treitschke S. 46.

Verwandtschaft der alternativen und generischen Obligation und die Schwierigkeit der Scheidung ist bereits im § 65 erörtert. Selbst eine regelmäßig als vertretbar im Verkehr angesehene Sache kann so als nicht vertretbar gekauft werden (ad corpus)[16]). Ein Gattungs- oder Mengekauf liegt vor, wenn der Leistungsgegenstand nur nach Qualität oder Quantität, nicht nach seiner individuellen, konkreten Beschaffenheit oder Zugehörigkeit zu einem Kreise bestimmter Gegenstände bestimmt wird[17]).

Nach der Leistung aber kommt die Sache stets als Spezies in Betracht. Sie mußte ihrer Qualität nach ausgewählt werden nach Probe oder Muster oder nach ihrer Zugehörigkeit zu der Gattung, aus welcher die Leistung erfolgen soll[18]), die Quantität nach Gewicht, Maß und Zahl[19]). Den konkreten Leistungsgegenstand bestimmt nach gemeinem Recht die Ausscheidung gegenüber dem Käufer[20]). Die Ausscheidung erfolgt, indem der Schuldner die bedungene Quantität aus der Gattung dem Käufer zumißt, was mindestens eine den Widerspruch ermöglichende Thätigkeit gegenüber dem Käufer voraussetzt[21]). Mit dieser Ausscheidung geht nach gemeinem Recht die Gefahr des Untergangs und der Verschlechterung auf den Käufer über[22]). Nach preußischem Recht aber geht die Gefahr auch hier erst durch die Tradition über[23]).

Die Verpflichtung des Verkäufers besteht darin, die bedungene Menge

---

Fick im Arch. f. Wechselr. B. 8 S. 21 f., S. 129 f., B. 9 S. 371. Goldschmidt in s. Zeitschr. f. Handelsrecht III. 298. Jhering in s. Jahrb. B. 4 S. 366 f. Bekker, Zur Lehre vom Genuskauf, in s. Jahrb. B. 5 S. 350 f. Der Ausdruck emtio ad mensuram hat nur Beziehung auf den Mengekauf; der Gattungskauf kommt in den römischen Quellen nicht vor, woraus an sich nicht gerade zu folgern ist, daß er den Römern unbekannt gewesen. Goldschmidt a. a. O. S. 302. Fick faßt die emtio ad mensuram als suspensiv bedingten Kauf auf. Das widerlegt sich schon dadurch, daß auf Erfüllung einer Bedingung nicht geklagt werden kann. Goldschmidt S. 303. Bekker S. 368 § 1 I. III. 24 (de emt.) nennt nur dann den Kaufvertrag einen suspensiv bedingten, wenn die Preisbestimmung der Schätzung des einen Kontrahenten noch überlassen ist. Das ist bei dem Mengekauf nicht der Fall, wo für das Maß oder Gewicht der Preis fest verabredet ist.

16) Bekker a. a. O. S. 351.

17) Seuffert XVI. 43 (ein Spezieskauf liegt immer vor, wenn der verkaufte Gegenstand ein in sichtbarer Grenze eingeschlossenes Ganze enthält).

18) Simon, Rechtspr. III. 313. (Daß der Besteller die Waare mit dem Muster oder der Probe vergleiche, ist auf den Vertrag ohne Einfluß.) Ueber den Kauf nach Probe s. oben § 124 Anm. 109.

19) I. 11 § 32 vergl. mit § 256 I. 5. S. oben § 124 bei Note 39. Gruchot IX. 122. 268. Die Quantität kann auch bestimmt werden nach einem geringsten und höchsten Maß oder Gewicht, z. B. 1000 bis 1500 Ctr. Striethorst B. 14 S. 120.

20) l. 35 §§ 5—8 D. XVIII. 1. l. 1 § 1 D. XVIII. 6. Thöl § 73. Jhering a. a. O. IV. 366 f. Bekker a. a. O. V. 374 f. Stintzing in Jhering, Jahrb. B. 10 H. 1. 2. Regelsberger im Arch. f. civ. Pr. B. 49 S. 201. — Vergl. auch Heise und Cropp, Abhandl. II. 631. Im deutschen Recht entschied, wenn die Waare die Waage passirt war, also ebenfalls die Ausscheidung, das Zumessen. Nach deutsch. H.G.B. Art. 345 die Zeit der Uebergabe der Waare an den Spediteur oder Fuhrmann, aber wie R.O.H.G. z. B. B. 22 S. 285 betont, der individualisirten, ausgeschiedenen Waare.

21) Seuffert XVI. 42, XIX. 131. Striethorst B. 67 S. 344.

22) Vergl. oben B. I. § 87 A. 19.

23) Gruchot IX. 365. Oben B. I. § 65 Anm. 13.

aus der bedungenen Gattung dem Käufer zu übergeben. Wird quantitativ unvollständig geliefert, so kann der Käufer entweder Alles abweisen oder das Dargebotene annehmen und das Fehlende nachfordern[24]); er kann nur letzteres, wenn er das gelieferte Mindere einmal an sich genommen hat[25]). Dieser Vertragsanspruch wandelt sich, soweit er nicht erfüllt werden kann, in eine Interesseforderung[26]). Inwiefern abweichend hiervon die Abrede einer Quantität als in einer verkauften bestimmt begrenzten Sache enthalten als eine zu gewährleistende Eigenschaft zu behandeln, ist § 85 erwähnt[27]), es kann freilich in solchen Fällen die Bezeichnung der Quantität auch nur der Beschreibung halber, nicht in der Absicht beigefügt sein, daß sie vertreten werde[28]).

Es fragt sich: Sind auch bei dem Gattungskauf bestimmte vorausgesetzte oder bedungene Eigenschaften zu vertreten? Man hat dies ohne hinreichenden Grund bestritten[29]). Der Verkäufer hat gewiß zunächst dafür einzustehen, daß die Ausscheidung aus der bedungenen Gattung erfolgt, etwas anderes ist keine Vertragserfüllung. Er muß aber ferner auch dafür einstehen, daß der übergebenen Sache vorausgesetzte Eigenschaften nicht fehlen, daß sie nicht verborgene Mängel hat; denn nach der Uebergabe unterscheidet sich dieser Kauf in nichts von dem einzelner Sachen. Bestätigt wird dies für das preußische Recht durch die Vorschrift: ist über mehrere Stücke zu-

---

[24]) Ueber ein abweichendes Erkenntniß bei Simon, Rechtspr. III. 314 f. Koch, Komm. Note zu § 207. Selbstverständlich kommt es zunächst auf eine Interpretation des Parteiwillens an; regelmäßig aber wird der Käufer auch erst nach vollständiger Lieferung zur Zahlung des Kaufpreises, nicht zur besonderen Bezahlung der gelieferten Rate verpflichtet sein. Die §§ 207 ff., welche die fr. Ausgaben auf den Fall des Gattungskaufs beziehen, sind nach Ansicht des Herausgebers lediglich auf den Fall zu deuten, daß bei einer bestimmten Sache ein gewisser Umfang versprochen worden.

[25]) I. 11 § 210. Ein Vorbehalt bei der Annahme des Gelieferten ist wirkungslos. Förster fügte unter Bezugnahme auf § 209 hinzu: oder wenn die Nachlieferung innerhalb der zur Uebergabe bestimmten Frist geleistet werden kann: aber zum Theilempfang kann der Käufer wider seinen Willen nicht genöthigt werden; und wenn bei einem Genuskauf unvollständige Erfüllung geboten wird, so kann deshalb der Käufer ebensowenig, wie wenn gar nicht erfüllt wird, vom Vertrage abgehen. Er hat Leistung des Ganzen zu beanspruchen.

[26]) Förster sagte: „Tritt er zurück, hat er die Interesseforderung.“ Dagegen vergl. die vor. Anm. Der Betrag des Interesses bei unvollständiger Erfüllung ist nach § 211 zu ermitteln. Derselbe wird unter Annahme mittlerer Art und Güte berechnet. Striethorst B. 16 S. 298.

[27]) Oben B. I. § 85 Note 21.

[28]) I. 11 § 212.

[29]) R.O.H.G. B. 5 S. 399, R.G. Entsch. B. 6 S. 189. Abweichend Thöl § 83, weil bei einem Verkauf in genere die vertragswidrige Waare ein anderes Objekt sei; Brinkmann S. 305 Note 39, weil das ädilizische Edikt sich nur auf den Verkauf einer Spezies beziehe und bei einem Verkauf in genere die fehlerhafte Waare nicht die vertragsmäßige sei; Fick IX. 374, weil beide Theile bei dem Akt der Ausscheidung, also des Ueberganges des genus in eine Spezies, zusammenwirken. S. hierüber Goldschmidt S. 304. Bekker S. 401 f. Aus der preußischen Praxis Striethorst B. 12 S. 192. Rehbein II. 146. Auch der Kauf einer Gattungssache nach Probe ist ein perfektes Kaufgeschäft, welches, wenn die Waare der Probe nicht entspricht, den allgemeinen Regeln der Gewährleistung wegen vorbedungener Eigenschaften unterliegt. Wegen der Beweislast vergl. Strieth. B. 35 S. 125. B. 52 S. 225. Rehbein II. S. 148 und die Nachweisungen aus der gemeinrechtlichen Praxis s. oben § 124 Note 109.

sammen, aber nicht ausdrücklich als über einen Inbegriff kontrahirt worden, so finden in Ansehung jedes einzelnen Stücks die Vorschriften von der Gewährleistung Anwendung[30]). Nach erfolgter Redhibition lebt nicht etwa der Vertragsanspruch auf generische Leistung wieder auf. Dieser ist durch die erfolgte Leistung völlig erschöpft, nur daß sich die Gewährleistungsansprüche noch daran anknüpfen[30a]).

D. Der Kauf in Pausch und Bogen (e. v. ad corpus per aversionem)[31]). Wenn das Kaufgeschäft über eine Mehrheit von Sachen, über einen Inbegriff oder über eine mit Zubehör ausgerüstete Sache unter der ausdrücklichen Abrede[32]) geschlossen wird, daß alles, wie es steht und liegt, oder in Pausch und Bogen verkauft werde, so steht der Kauf unter besonderen Regeln. Es gilt dann die Sache ohne Rücksicht auf ein Zumessen oder Zuzählen der einzelnen Bestandtheile, in dem Zustand, den sie beim Vertragschluß hat, als der einheitliche Verkaufgegenstand[33]). Das Landrecht beschränkt den Begriff dieser Abart des Kaufs nicht, wie das zuweilen in der Theorie geschehen[34]), auf den Fall des Gattungskaufs, sondern greift weiter[35]). Seine Beispiele sind ein Landgut mit allem, was dazu gehört[36]), ein Haus mit dem, was daran und darin ist[37]), eine Fabrik mit den Vorräthen, Materialien, Waaren[38]), ein Kramladen mit seinen Utensilien[39]), eine Bücher- oder Naturaliensammlung u. s. w.[40]). Hier handelt es sich also zum

---

30) I. 5 § 342.

30a) Dies folgt aus I. 11 §§ 981, 987. R.G. Entsch. B. 34 S. 191. Abweichend die herrschende gemeinrechtliche Auffassung. Die preußischrechtliche Befugniß, Nachlieferung der fehlenden Eigenschaft zu fordern, heißt nicht, daß etwas anderes als Vertragserfüllung gefordert werden kann, — sondern bezieht sich auf den gelieferten Gegenstand, für den die Gewährleistungsansprüche abgewendet werden, wenn der Verkäufer ihm auf Verlangen jene Eigenschaft geben kann. — Abweichend Entw. des B.G.B. § 398 § 408, II. Entw. § 415, § 426, Reichstagsvorlage §§ 474, 485.

31) A.L.R. I. 11 §§ 83 — 91. 95. 117—122. 186. 213. Vergl. I. 11 § 925. I. 21 §§ 409. 421. 432. Gruchot in Goldschmidt's Zeitschr. f. Handelsrecht III. 471 f. Degenkolb in Schering's Archiv I. S. 379 f. Koch, R. d. F. III. S. 774. Dernburg II. § 140.

32) Der Verkauf in Pausch und Bogen verlangt eine ausdrückliche Verabredung der Parteien. Striethorst B. 44 S. 150.

33) R.G. Entsch. B. 19 S. 325, R.G. bei Gruchot B. 36 S. 971.

34) Gruchot a. a. O. S. 473. 476.

35) Wie Gruchot ebenda S. 478 anerkennt.

36) I. 11 §§ 83—87. Dieselben geben nähere Bestimmungen über das Zubehör bei dem Kauf in Pausch und Bogen. Striethorst B. 13 S. 96 c. Verkauft ist alles, was beim Vertragschluß vorhanden war und durch die zusammenfassende Bezeichnung begriffen wurde. Also auch Früchte eines Gutes, die bereits anderweit verkauft, aber noch nicht übergeben waren. Dernburg II. § 140 Anm. 6 meint, man dürfe nicht annehmen, daß der Verkäufer eine Illoyalität wollte. Aber es kommt doch darauf an, was er erklärt hat und wie das der Käufer auffassen mußte. Der Käufer erlangt also ein Vertragsrecht und steht in der Kollision mit dem früheren Käufer der Früchte wie jeder andere Käufer einer schon verkauften Sache.

37) I. 11 § 88. I. 12 § 28 D. XXXIII. 7.

38) I. 11 § 89. Arnsb. jur. Monatsschr. I. 462.

39) I. 11 § 90. Hier gelten aber die im Laden vorhandenen Waaren nicht inbegriffen in den Verkauf in Pausch und Bogen. Ebenso Voet, comment. ad Pand. XIX. 1. 7.

40) I. 11 § 91.

Theil um Zusammenfassung einer Hauptsache mit den vorhandenen Nebensachen[41]). Aber auch nach gemeinem Recht handelt es sich bei den res in aversione emtae, dem grex universaliter uno pretio venditus nicht um Quantitäten, sondern um Inbegriffe von individuellen Sachen[42]).

Die Eigenthümlichkeiten des Kaufs in Pausch und Bogen treten zunächst hervor in Betreff des Uebergangs der Gefahr auf den Käufer. Das Landrecht hat hier seine vom römischen Recht[43]) abweichende Regel[44]) theilweise verlassen. Zwar die Gefahr des Untergangs wird nach der landrechtlichen Theorie behandelt: der Vertrag ist aufgehoben, wenn vor der Uebergabe die Sache untergeht[45]); aber die Gefahr der Verschlechterung geht schon mit dem Vertragschluß auf den Käufer[46]) über, ebenso das Recht auf die Nutzungen und die Pflicht, die Lasten der Sache zu tragen, dergestalt, daß der Verkäufer wie ein Verwalter fremden Eigenthums darüber Rechnung zu legen und Ersatz zu fordern hat[47]).

Die zweite Eigenthümlichkeit zeigt sich bei der Gewährleistung. Zunächst kommt es darauf an, ob die fehlende Eigenschaft den vertragsmäßigen Gebrauch des verkauften Ganzen erheblich beeinträchtigt[48]). Maß, Zahl, Gewicht ist nur als der Beschreibung wegen „zur Information" angegeben anzusehen, selbst wenn bei dem Verkauf ein Anschlag aufgemacht ist; es genügt dann, daß die Rubriken des Anschlags überhaupt existiren[49]). Es ist auch nicht etwa für ein gesetzliches Maß des Zubehörs der Sache einzustehen. Auf der anderen Seite gilt das zur Zeit des Verkaufs vorhandene Zubehör über das gesetzliche Maß hinaus als verkauft[50]). Jede Beseitigung solcher Stücke ist Vertragsverletzung und macht verantwortlich[51]). Die Pflicht, für Entwehrung zu haften, zeigt bei dem Kauf in Pausch und Bogen keine Abweichung, insbesondere vertritt der Verkäufer auch die auf dem Inbegriff

---

[41]) Durch den Verkauf in P. und B. wird alles zur Zeit des Vertragsabschlusses befindliche Zubehör ergriffen. Siehe Svarez bei Bornemann III. S. 13 a. E. Koch, Komm. Note zu § 87.

[42]) L. 35 § 6, l. 62 § 2 D. XVIII. 1.

[43]) Oben § 125 Anm. 78. Das röm. Recht hält dieselbe auch hier fest: l. 62 § 2 cit. l. 4 § 1 D. XVIII. 6, l. 2 C. IV. 48.

[44]) I. 11 § 95. S. oben § 125 Anm. 79.

[45]) I. 11 § 120. Daß auch das Eigenthum nur durch die Tradition übergeht, ist unzweifelhaft und gegen unbegründeten Widerspruch durch die Praxis festgestellt. Rechtsfälle II. 184. Präj. 533 (Samml. I. 50) Striethorst B. 10 S. 117. Auch die Theorie ist einstimmig. Gruchot a. a. O. S. 516 fg.

[46]) I. 11 § 117. Daß hier nur an das pericul. deteriorationis zu denken ist, ergiebt der Gegensatz zu § 120. Gruchot S. 487 fg. und Beiträge IX. 383 fg.

[47]) I. 11 § 118.

[48]) Handelt es sich um eine Sache mit Zubehör, so kommt nur in Frage, ob diese Sache als solche (z. B. das verkaufte Gut), ob das Ganze nach Natur und Inhalt des Vertrags benutzt werden kann, trotz etwaiger Mängel von Inventarstücken. Striethorst B. 36 S. 226. Rehbein II. 143. Entsch. B. 37 S. 84. Gruchot a. a. O. S. 513.

[49]) I. 11 §§ 212. 213 vergl. mit §§ 122. 123. Präj. 583 (Samml. I. S. 52). Das entspricht damaliger Doktrin. Leyser sp. 204 m. 6. 7. Lauterbach VIII. 1. § 31. Glück B. 16 S. 85. 89.

[50]) I. 11 § 87.

[51]) Striethorst B. 36 S. 226. Rehbein II. 145.

liegenden Lasten[52]). Der Vorbehalt für ein besseres Gebot (in diem addictio) bezieht sich bei diesem Kauf nur auf das Ganze, nicht auf die einzelnen Stücke, weil das Ganze der Vertragsgegenstand ist[53]).

Zu bemerken ist noch, daß das A.L.R. beim Erbschaftskauf, wenn nicht das Erbrecht, sondern ein Inbegriff von Erbschaftssachen, oder die Erbschaft nach einem Inventarium verkauft wird, sowohl zuläßt, daß dies als Kauf verschiedener Sachen für einen Preis, wie daß es als Kauf in Pausch und Bogen angesehen werden kann. Die Entscheidung darüber hängt davon ab, ob das Inventarium zur Spezifizirung der einzelnen Verkaufsgegenstände oder nur zur Information des Käufers aufgemacht worden[54]).

E. Der Kauf von Quantitäten tritt häufig in der Form des **Lieferungsvertrages** auf[55]). Das A.L.R. hat diesen zuerst gesetzgeberisch behandelt, während er dem römischen Recht, wenn auch gewiß nicht dem römischen Verkehr unbekannt war[56]); es spaltet das Geschäft in zwei Hälften vor und nach der Lieferung, d. h. der Uebergabe. Vorher soll das Verschaffen einer Waare sein Inhalt sein, nachher sollen sich die Verhältnisse wie beim Kauf regeln[57]). „Lieferant ist derjenige, der einem Besteller eine bestimmte Sache für einen gewissen Preis[58]) zu verschaffen verpflichtet ist[59]).“

Der Wortlaut dieser Begriffsbestimmung führt darauf, die Besonderheit dieses Geschäfts in dem Verschaffen zu finden, zumal offenbar gerade dies Moment dem Vertrag die Stelle im System des Landrechts als Vertrag über Handlungen angewiesen hat[60]). Aber welcher Verkäufer hat nicht zu

---

52) I. 11 §§ 186. 187.

53) I. 11 § 294.

54) I. 11 §§ 448—450. Das ist der Fall des uneigentlichen Erbschaftskaufs im Gegensatz zu dem wirklichen in § 447. S. unten § 129 B.

55) A.L.R. I. 11 §§ 981—987. Vergl. I. 11 §§ 591—593. **Bornemann** III. 189. **Daniels** III. 269. **Koch**, Pr.R. II. 500. R. d. F. III. S. 1011. — **Löwenberg**, Ueber den Lieferungsvertrag mit Berücksichtigung des Handels mit geldwerthen Papieren. 1846. **Hassenpflug**, Ueber das Lieferungsgeschäft, 1846 (auch in der juristischen Wochenschrift, 1845 Nr. 99—104). **Baron**, Die Begriffsbestimmung des Lieferungsvertrages n. gem. u. pr. R., in **Gruchot's** Beitr. II. S. 1. 1858. **Plathner** in der preuß. Gerichtszeitung II. Nr. 45 S. 177 Jahrg. 1860. **Dernburg** II. § 156. — **Brinkmann**, Handelsrecht. 1853 §§ 89. 90. 103. 104. **Thöl** § 70. **Endemann** S. 590. **Treitschke** S. 26. **Wilda** im Rechtslexikon VI. 48. Archiv für Wechselrecht B. 15 S. 415. **Beseler**, Pr.R. III. 317. **Gerber** (8. A.) S. 451. **Bluntschli** (3. A.) S. 468.

56) Wenn man an den ausgebreiteten Getreidehandel Italiens mit den mittelländischen Provinzen, z. B. Aegypten, denkt, so kann den Römern das Liefern auf bestimmte Zeit gewiß nicht unbekannt gewesen sein; aber es erhellt aus den Quellen nicht, daß sie für ein solches Rechtsgeschäft besondere Normen ausgebildet haben, namentlich war ihnen das Rücktrittsrecht gewiß unbekannt. Die emtio ad mensuram und die emtio generis oder aleae wird ihnen die Regeln zur Beurtheilung dieser Geschäfte geboten haben.

57) **Svarez** bezeichnet das Geschäft als ein zusammengesetztes: ante implementum ein contractus facio ut des; post implementum Kauf. S. bei **Bornemann** III. 189 f.

58) Der gewisse Preis hat die Natur des Kaufpreises. **Striethorst** B. 8 S. 300. Er ist nothwendig für den Begriff des Lieferungsvertrages. Ueber den Unterschied vom Tausch s. **Striethorst** B. 3 S. 32. Vergl. dazu **Striethorst** B. 18 S. 260 c.

59) I. 11 § 981.

60) Als contractus facio ut des oder do ut facias. S. Note 57.

verschaffen? und auf die Thätigkeit des Verschaffens selbst einzuwirken soll der Besteller kein Recht haben, sie scheint nicht um ihrer selbst willen Gegenstand einer Pflicht zu sein, der Besteller kann sie also durch Klage nicht erzwingen[61]). Soll aber, wie es die Redaktoren im Sinne gehabt[62]), das Verschaffen als Anschaffen aufgefaßt werden, so läge ferner dann kein Lieferungsvertrag vor, wenn der Lieferant die Waare, die er zu leisten verspricht, bereits besitzt: und doch wird in Theorie und Praxis nicht daran gezweifelt, daß auch derjenige zu liefern hat, der eine Waare verspricht, die er bei dem Vertragsabschluß schon besessen hat[63]). Daraus folgt aber, daß die aus dem Lieferungsvertrag hervorgehende Verpflichtung des Lieferanten kein Thun, sondern ein Geben ist, wie bei jedem andern Kauf, daß mithin der Lieferungsvertrag kein Vertrag über Handlungen sein kann[64]).

Wenn behauptet worden ist, der Lieferungsvertrag sei ein umgekehrter Trödelvertrag, nämlich wie dieser ein Auftrag zum Verkauf, so jener ein Auftrag zum Ankauf[65]), so ist auch dies verfehlt. Der Lieferant ist weder beauftragt, als Stellvertreter des Bestellers die Waare bei Dritten anzukaufen, noch auch nach der Natur des Vertrages verpflichtet, sie in eigenem Namen anzukaufen. Wie er sie sich verschafft, wenn er sie noch nicht hat, durch eigene Produktion, durch Kauf, Tausch u. s. w., das bleibt ihm freigestellt und fällt ganz außerhalb seines Rechtsverhältnisses zum Besteller. Warum sollte auch die im Auftrag des Bestellers gekaufte Waare erst wieder durch einen Verkauf des Lieferanten an den Besteller übergehen[66])?

Auch damit ist nichts gewonnen, daß man annimmt, die Parteien gingen bei Abschluß des Lieferungsvertrages von der Annahme aus, der Lieferant sei noch nicht in der Lage, unmittelbar übergeben zu können[67]); denn eine solche thatsächliche Voraussetzung, die im einzelnen Falle ebenso gut wahr als nicht wahr sein kann, würde keinenfalls eine juristische Besonderheit zu erzeugen vermögen.

Neuerdings hat man sich abgewendet von den Versuchen, in dem Verschaffen das Besondere zu finden, man sucht es in der Natur des Gegenstandes, in der zu verschaffenden Sache. Die landrechtliche Definition giebt freilich dazu keinen Anhalt, denn sie spricht nur von einer bestimmten Sache;

---

61) Hassenpflug S. 13fg. Baron S. 2. 3. Plathner S. 178 Sp. 1.
62) Svarez: „Der Lieferant hat selbst die Sache noch nicht, die er dem Andern verschaffen soll; er übernimmt erst, solche anzuschaffen und sodann zu tradiren".
63) Pl.Beschl. Entsch. B. 13 S. 57. J.M.Bl. 1836 S. 227. Rehbein II. S. 52. Strieth. B. 20 S. 163.
64) Hassenpflug S. 16.
65) Kochs Ansicht, im R. d. F. ausgesprochen und im Kommentar zum A.L.R. Note zu § 981 gegen die Angriffe festgehalten. In der letzteren Stelle deutet er den Auftrag zum Ankauf nicht als Mandat, sondern als einen Auftrag zu einer Dienstverrichtung. Was ist das? Dienstmiethe? wie kann dann dieselbe in ein Kaufgeschäft übergehen. Gegen Koch Hassenpflug S. 12. Baron S. 3f. Entsch. B. 13 S. 61.
66) Hassenpflug S. 13.
67) Hassenpflugs Ansicht, S. 17. Ebenso Treitschke S. 27, Bornemann S. 190.

aber das praktische Leben bietet einen Anhalt. Die Lieferungsgeschäfte, wie sie im Leben vorkommen, werden nur über Waaren abgeschlossen, die generell zum Gegenstand des Vertrages gemacht sind. Damit ist nicht gesagt, daß nur s. g. vertretbare Sachen den Gegenstand bilden[68]). Die Verträge beziehen sich nicht nothwendigerweise auf fungibele Sachen, aber sie bestimmen das Zu Liefernde nur generell, in Masse oder Menge. Daraus haben andere Bearbeiter dieser Lehre gefolgert, daß ein Lieferungsvertrag vorliegt, wenn die Sache — wie der Eine sagt[69]) — nur generell bestimmt, oder — wie der Andere sagt[70]) — noch individuell unbestimmt ist. Im Wesentlichen sind diese beiden Formeln gleichbedeutend, erstere aber vorzuziehen, weil sie deutlicher ausdrückt, daß auch bei dem Lieferungsvertrage die Sache eine Bestimmtheit haben muß[71]). Damit wäre ein Kriterium für diesen Vertrag gewonnen — nur freilich nicht aus den Worten des Gesetzes, sondern aus der täglichen Erfahrung abgeleitet. Es muß aber in das Gesetz hineingetragen werden, und deshalb kann man sich dabei nicht beruhigen, obschon es gewiß ist, daß kein Vertrag ein Lieferungsvertrag genannt werden kann, durch den man eine eigene oder fremde individuell bestimmte Sache „zu liefern" verspricht[72]). Jenes Kriterium genügt aber auch deshalb nicht, weil dadurch immer noch kein Unterschied zwischen dem Gattungs- oder Mengekauf[73]) und dem Lieferungskauf gefunden ist. Die gemeinrechtlichen Schriftsteller sind geneigt, die Eigenthümlichkeit darin zu finden, daß die Lieferung „einige Zeit" nach Abschluß des Kaufs, also nicht sofort, wie bei dem Tageskauf erfolgen soll[74]), oder, wie man das Hinausschieben der Zeit genauer zu präzisiren gesucht hat, daß für die Lieferung eine Zeit verabredet werde,

---

68) Wenn im D.H.G.B. Art. 338 als Gegenstand der Lieferung eine Quantität vertretbarer Sachen bezeichnet ist, so ist dies gewiß ungenau. Ist es nicht Lieferung, wenn 1000 Stück Stiefel bestellt sind? Plathner S. 178. Siehe auch Bekker in seinem oben citirten Aufsatz über den Genuskauf (in s. Jahrb. B. 5 S. 351).

69) Plathner a. a. O.

70) Baron a. a. O. Es muß aber festgehalten werden, daß die generelle Bestimmtheit oder individuelle Unbestimmtheit nur ein relativer Begriff und mehr oder weniger weit sein kann. Z. B. Seuffert III. 157.

71) Gegen die Bezeichnung des Gegenstandes als individuell unbestimmten spricht, daß man dann zu der Annahme kommt, es fehle dem Gegenstand bis zur Uebergabe überhaupt noch an der Bestimmtheit. So scheint es Baron auch aufzufassen, denn er betrachtet das Geschäft bis zur Lieferung als einen „suspendirten Kaufvertrag", als emtio imperfecta. Das widerspricht aber dem Wesen desselben. Von einer Suspensivbedingung kann hier keine Rede sein, die Parteien haben definitiv auf Lieferung abgeschlossen, es ist emtio perfecta, denn apparet, quid, quale, quantum und der Preis.

72) Nach I. 11 §§ 591—593 ist der Verkauf einer gewissen Quantität künftiger Früchte als Lieferungsvertrag aufzufassen. Hier fehlt es nicht an der generellen Bestimmtheit und dieser § unterstützt die Auslegung der Worte „bestimmte Sache" in I. 11 § 981, wonach darunter keine Hinweisung auf eine Spezies zu verstehen ist, ohne daß man sich, wie Baron S. 16, zu bemühen braucht, den Ausdruck in § 981 als ungenau bei Seite zu schieben.

73) Oben bei Note 15. Das tritt namentlich bei Brinkmann S. 379 hervor, der als einziges Merkmal des Lieferungsvertrages die nach Gattung und Quantität bestimmte Sache angiebt und ihn als pactum de contrahendo ansieht.

74) Thöls Ansicht a. a. O. Ihm sind gefolgt Beseler, Gerber, Bluntschli, Wilda.

wo „möglicher Weise" der Preis der Waare anders steht[75]). Die Zeit ist nun allerdings bei dem Lieferungskauf von einer besonderen Bedeutung, aber wenn sie so, wie es hier geschehen, bestimmt wird, ist sie von der gewöhnlichen Befristung, wie sie bei jedem Kauf vorkommen kann, nicht zu unterscheiden[76]).

Es scheint doch, daß das landrechtliche Verschaffen auf den richtigen Weg leiten kann: Lieferung ist derjenige Kauf über eine generell bestimmte Waare, bei welchem das Moment der sofortigen Erfüllung, das ein natürlicher Bestandtheil des Kaufs ist, dahin geändert wird, daß Abschluß und Erfüllung auseinander fallen sollen, und daß die Waare zu einer bestimmten Zeit vom Verkäufer dem Käufer gebracht werden soll[77]). Das Besondere besteht also abgesehen von der nur generellen Bestimmtheit der Sache erstlich darin, daß es ein Kauf auf Zeit ist, und zwar nicht bloß ein Kauf mit befristeter Erfüllung, sondern in dem Sinne, daß die Zeitbestimmung die schärfere Wirkung hat, daß die Aufrechthaltung des Vertrages davon abhängig wird[78]). Der Vertrag wird gerade mit Rücksicht auf das sogleich zu erwähnende zweite Moment als Vertrag über Handlungen angesehen; es kann also, wenn die Erfüllung von einem Theile geweigert wird, der andere, und wenn nicht zu der bestimmten Zeit geliefert wird, der Besteller zurücktreten; sie sind nicht genöthigt, auf Erfüllung zu klagen, sie können das volle Interesse der Nichterfüllung fordern, sie sind also auch nicht genöthigt, sich mit dem Verzugsinteresse neben nachträglicher Erfüllung zu begnügen[79]). Zweitens zeigt sich das Besondere darin, daß der Verkäufer die Waare zu bringen, nicht, wie gewöhnlich der Käufer, der Erfüllung verlangt, sie sich zu holen hat[80]). Hier tritt das Verschaffen hervor: der Verkäufer muß eine bestimmte Zeit haben, um die Waare zu bringen. Das Verschaffen ist in diesem Sinne nicht ein der eigentlichen Leistung vorausgehendes Handeln, sondern die vertragsmäßige Handlung selbst, die Uebergabe in der Form des Bringens.

Weil aber Abschluß und Erfüllung zeitlich getrennt sind, so tritt eine

---

[75]) Brackenhöft im Rechtslex. V. 54.

[76]) Baron S. 5.

[77]) Ueber die Unterscheidung des einfachen Kaufs vom Lieferungsvertrage s. Strieth. B. 40 S. 221 a, B. 44 S. 231. Auch Koch, schles. Archiv I. 433. (Subskription auf ein Werk, welches in Lieferungen erscheinen soll.) Ueber die Unterscheidung des Lieferungsvertrages von der Werkverdingung s. Entsch. B. 62 S. 77 f.

[78]) Vergl. Heuser VI. 672. Seuffert XVI. 65, XXI. 113. „Die Wirksamkeit des Vertrages soll nach der Absicht der Parteien eine zeitlich beschränkte sein." (O.A.G. Berlin.) Tafel, Auserlesene Civilrechtsprüche, B. 3 S. 353. H.G.B. Art. 357.

[79]) I. 11 § 878, I. 5 § 408. Koch, R. d. F. III. 1013. Strieth. B. 18 S. 259, B. 30 S. 212, B. 40 S. 222 b. Entsch. B. 20 S. 124. Keine purgatio morae zugelassen. Seuffert I. 44 (Lübeck). Rechtzeitig geliefert am Abend des festgesetzten Tages. Daselbst 204 (Lübeck). Nicht vertragsmäßige Lieferung steht der unterlassenen Lieferung gleich. Erinnert der Käufer nach Ablauf der Zeit an die Lieferung, so ist dies ein Verzicht auf den Rücktritt. Vorbehaltlose Annahme der verspäteten Lieferung ist Verzicht auf Entschädigung. Heuser II. 729. Dresdn. Ann. I. 336. 476. Seuffert X. 145 (Kiel). Daß auch bei Zögerung des Bestellers mit der Preiszahlung der Lieferant zurücktreten kann, wie Förster annahm, entspricht nicht dem im § 138 unter I. 4 darzulegenden Inhalt des § 408.

[80]) I. 11 §§ 92. 93.

weitere Eigenthümlichkeit hinzu, die nicht im Begriff des Geschäfts liegt, sondern von Zufälligkeiten abhängt: die Veränderungen, welche die Zwischenzeit herbeiführt, sind nicht ohne Einfluß auf die gegenseitigen Verbindlichkeiten und Berechtigungen. Der Preis ist vorher bedungen, die Waare ist später zu liefern: da der Preis bis dahin steigen oder sinken kann, so giebt dies Veranlassung, den Lieferungskauf als Spekulationsgeschäft zu behandeln. Das Nähere hierüber gehört in das Handelsrecht, dem überhaupt die rechtliche Regelung der meisten Lieferungsgeschäfte zur Zeit anheim fällt. Denn bei der Mehrzahl der Lieferungsverträge handelt es sich um Waaren oder andere bewegliche Gegenstände, welche der Uebernehmer der Lieferung gerade hierzu anschafft[81]). In der Zwischenzeit bis zur Lieferungszeit kann sich ergeben, daß die Waare zu dem Zweck, zu dem sie bestellt worden, unnütz oder unbrauchbar ist. Auch dann soll nach Landrecht der Besteller zum Rücktritt ermächtigt und dem Lieferanten nur für die aufgewendeten Bemühungen und Kosten vollständig zu entschädigen verpflichtet sein[82]). Willkürlich darf er nicht zurücktreten; wenn er also auf Erfüllung verklagt wird und das Rücktrittsrecht als Einrede aufstellt, so ist es seine Sache zu beweisen, daß die Waare ihm unnütz oder unbrauchbar geworden[83]). Wird der Rücktritt zu einer Zeit erklärt, wo der Lieferant die bestellte Sache ganz oder zum Theil bereits angeschafft hat, so muß der Besteller sie entweder für den bedungenen Preis abnehmen, oder sich gefallen lassen, daß sie auf seine Gefahr und Kosten öffentlich verkauft wird[84]). Der Lieferant hat zwischen beiden die Wahl[85]). Die Differenz und das sonstige Interesse muß der Besteller tragen[86]). Verletzung über die Hälfte giebt dem Besteller kein Anfechtungsrecht, weil das Landrecht durch den Preis nicht bloß die Waare, sondern auch das Verschaffen derselben entgelten lassen will[87]), und das Geschäft — mit Recht oder Unrecht — als einen Vertrag über Handlungen auffaßt[88]).

Der Kauf von Staats-, Credit- und Inhaberpapieren ist in der Regel Lieferungskauf.[89]). Sie werden hier nur erwähnt, um daran zu erinnern, daß solche Papiere, wie das Handelsrecht anerkennt, als Sachen (Waare) und nicht als Forderungen, veräußert werden, so daß bei ihnen keine Cession,

---

[81]) H.G.B. Art. 271 Nr. 2. Art. 338 hat hier den Unterschied von Kauf- und Lieferungsvertrag beseitigt. Soweit nicht das Handelsgesetzbuch Bestimmungen enthält, sind deshalb solche Verträge, sofern sie Handelsgeschäfte sind, auch im Gebiet des Landrechts jetzt nach den Regeln vom Kauf zu beurtheilen. R.O.H.G. B. 13 S. 419. Ueber reine Differenzgeschäfte vergl. unten § 133 Anm. 23.

[82]) I. 11 § 984.

[83]) Pl.Beschl. Entsch. B. 11 S. 18. Vergl. auch B. I. § 87 Anm. 40.

[84]) I. 11 § 986. Eine anderweitige Veräußerung durch bloßen Privatvertrag entzieht aber dem Lieferanten nicht seine übrigen Ansprüche an den Besteller aus der Nichtannahme. Entsch. B. 11 S. 18 Nr. 2.

[85]) Der Lieferant braucht nicht alternativ zu klagen. Entsch. B. 11 S. 18 Nr. 3.

[86]) Vergl. hierzu Entsch. B. 17 S. 184.

[87]) Deshalb wird auch in der Regel die Waare höher bezahlt. Striethorst B. 44 S. 231.

[88]) Oben Note 60.

[89]) Bornemann III. 190.

sondern Tradition stattfindet[90]). Der Verkäufer hat nur für die Existenz der Waare, d. h. daß das Papier als Schuldschein über eine Obligation giltig ist, wie jeder Verkäufer für die Wirklichkeit der Sache und für die Eigenschaft der Veräußerlichkeit im Verkehr einzustehen, nicht wie der Cedent die Güte der Forderung zu vertreten[91]). Auch die Eviktionshaft fällt weg, weil gegen den redlichen Besitzer eines solchen Papiers nicht evinzirt werden kann[92]).

Wegen der eigenthümlichen Behandlung der Lieferungsgeschäfte mit festem Stichtag, falls über das Vermögen eines der Betheiligten vor dem Stichtag und vor gegenseitiger Erfüllung das Konkursverfahren eröffnet wird, vgl. oben § 117.

F. Das A.L.R. hat den Begriff der aleatorischen Geschäfte aus der gemeinrechtlichen Praxis aufgenommen und unter dem Gattungsnamen „gewagte Geschäfte" eine Reihe von Verträgen zusammengefaßt[93]), die im Allgemeinen darin übereinkommen, daß man noch nicht reell vorhandene, sondern erst künftig entstehende Vermögenswerthe veräußert oder erwirbt. Aus dem Kreise dieser Geschäfte sind zunächst diejenigen auszuscheiden, bei denen von beiden Seiten ungewisse Vortheile gegen einander versprochen werden, so daß erst nach entschiedener Ungewißheit erhellt, wem von beiden Theilen eine Leistung gebührt. Hierhin gehören Spiel und Wette, auf welche unten näher einzugehen sein wird[93a]). Im Uebrigen fallen die hier in Rede stehenden Geschäfte theils unter den Begriff des Sachenkaufs, theils unter den des Kaufs von Rechten. Das Objekt ist ein Ungewisses, insofern noch nicht feststeht, ob es überhaupt und in welchem Umfang oder in welcher Güte es erzeugt werden wird. Man wagt, indem man einen gewissen Vermögenswerth (Preis) zu leisten sich verpflichtet, obschon man noch nicht weiß, ob

---

90) Oben B. I. § 64 hinter Anm. 15.

91) Thöl § 54 g. Oben B. I. § 64 Anm. 42. 43.

92) Wenn jemand in bösem Glauben gekauft hat, so hat er auch keinen Regreß gegen seinen Autor.

93) A.L.R. I. 11 §§ 527—652. Gruchot, Beitr. B. 12 S. 170 fg. Ueber die Kategorie der gewagten Geschäfte, der aleatorischen oder Glücksverträge s. Wilda in der Zeitschr. f. deutsches R. B. 8 S. 200—207, welcher ausführt, daß dieser Gattungsbegriff juristisch nicht zu rechtfertigen und daß sich gemeinsame Grundsätze für alle hierher gerechneten Verträge nicht aufstellen lassen. Auch Koch, R. d. F. III. S. 777 Note 13. Bornemann III. S. 105. Rückert, Der Leibrentenvertrag, 1857. S. 7 f. 11 sieht zwar in dem Wagniß ein spezifisches Kriterium dieser Verträge, hält es aber nicht für ausreichend, ihnen als einer besonderen Vertragskategorie einen besonderen Platz im System anzuweisen. Es ist dies übrigens nicht bloß im A.L.R., sondern auch im Code § 1964, Oesterr. Ges.B. § 1267 f. und dem bairischen Entwurf Art. 762 f. geschehen. Der Entwurf des Bürgerlichen Gesetzbuchs giebt keine besonderen Regeln über Hoffnungskauf und Kauf der erhofften Sache. Nur Leibrente, Spiel, Wette und Lotterievertrag sind geregelt.

93a) Unten § 133. Wenn auch die Begriffsbestimmung des § 527 nach ihrem Wortlaut die beiderseits gewagten Geschäfte, für welche A.L.R. I. 5 § 139 die Schriftform als schlechthin nothwendig hinstellt, nicht umfaßt, so werden im Fortgang der Erörterung doch Spiel und Wette an dieser Stelle als gewagte Geschäfte abgehandelt. Vergl. Gesetz-Revis. Pend. XIV. S. 36.

man einen entsprechenden Werth dafür wieder empfangen wird [94]). Das A.L.R. definirt diese Gattung von Geschäften als „Verabredungen, nach welchen eine gewisse Sache oder ein bestimmter Preis gegen die Hoffnung eines künftigen noch ungewissen Vortheils, oder gegen Ueberlassung künftiger Vortheile, die nach dem natürlichen und gewöhnlichen Laufe der Dinge zwar zu erwarten, aber an sich noch unbestimmt sind, versprochen oder gegeben wird" [95]).

Es sind dabei zwei Fälle, welche die Theorie trennen muß, zusammengefaßt. Erstens: man kauft für einen bestimmten Preis eine Hoffnung, deren Verwirklichung ganz ungewiß, nicht nach dem gewöhnlichen Lauf der Dinge zu erwarten ist (emtio spei), und hier liegt die Eigenthümlichkeit darin, daß das Geschäft verbindlich bleibt, wenn auch aus der Hoffnung nichts wird [96]). Zweitens: man kauft Vortheile, d. h. Sachen, deren Entstehung nach dem gewöhnlichen Lauf der Dinge erwartet werden darf, die regelmäßig unter gegebenen Voraussetzungen zu entstehen pflegen, bei denen das gänzliche Ausbleiben etwas Ungewöhnliches ist (emtio rei speratae). Hier wird der Vertrag durch das zufällige gänzliche Ausbleiben aufgehoben [97]);

---

[94]) Bornemann III. 105. Daniels III. 283. Koch, R. d. F. III. 773. Pr.R. II. 434. Dernburg II. § 158 ff. — Grath im Rechtslex. IV. 19. Treitschke S. 37. 43. Unterholzner II. 231. Vangerow III. 442. Sintenis II. 294. Note 70. 71. Keller S. 608.

[95]) I. 11 § 527 l. 8. D. XVIII. 1. Fructus et partus futuri recte ementur, ut quum editus esset partus, jam tunc, quum contractum esset negotium, venditio facta intelligatur ... Aliquando tamen et sine re venditio intelligitur, veluti quum quasi alea emitur, quod fit, quum captus piscium vel avium vel missilium emitur, emtio enim contrahitur, etiamsi nihil inciderit, quia spei emtio est. Entsch. B. 68 S. 360. Rehbein II. 167. Soll der Verkauf einer zukünftigen Sache, über deren Umfang und Eigenschaften, falls sie überhaupt zur Existenz kommt, keine Ungewißheit besteht, z. B. der Verkauf von Aktien einer Gesellschaft, die noch nicht existirt, aber in der Bildung begriffen ist, überhaupt nur gelten, wenn die Sache zur Existenz kommt, so liegt kein gewagtes Geschäft vor. R.G. Entsch. B. 9 S. 287.

[96]) I. 11 § 528 (captus piscium). Ein Hoffnungskauf ist z. B. auch das dem Handelsrecht angehörige Heuergeschäft oder Promessengeschäft, durch welches der Verkäufer Verheuerer) dem Käufer den Gewinn eines Staatspapierlooses, für den Fall, daß derselbe als gewinnend gezogen wird, gegen einen gewissen Preis verkauft. Thöl § 103. Souchay in der Zeitschr. f. Civ.R. u. Pr. III. 338. Brinkmann S. 367. Wolff in Goldschmidt's Zeitschr. B. 11 S. 297. Endemann's Handbuch B. 3 S. 98.

[97]) I. 11 §§ 529. 530. Daß die Abtretung einer Muthung und eines Kuxes in den Formen der Cession ausgeführt wird, würde nicht, — wie Förster annahm — ausschließen, daß dabei eine emtio rei speratae (als pactum de cedendo) zu Grunde liege. Den Kauf eines Kuxes rechnet in der That das Oesterr. B.G.B. § 1277 zu den gewagten Verträgen und bezüglich der Muthung als Vertragsgegenstand sind abweichende Entscheidungen ergangen. In Wahrheit besteht das Recht aus der Muthung und der Antheil am Bergwerk aber schon jetzt. Die Ungewißheit darüber, ob die Verleihung erfolgen wird, entspricht der Ungewißheit darüber, ob eine abgetretene Forderung vom Gericht als rechtsbeständig angesehen werden wird. Striethorst B. 37 S. 141 (cf. Seuffert XIV. 224), Striethorst B. 55 S. 91, Entsch. 52 S. 420. Mit Recht stellt aber Dernburg II. § 185 den Satz auf, daß hier nur Ungewißheit des ökonomischen Erfolges vorliege, die den Vertrag nicht zu einem gewagten Geschäft mache. Dasselbe gilt von dem weiteren Verkauf eines bereits von dem Ausspielenden oder dessen Kollekteuren verkauften Lotterielooses. Das ist Kauf des Looses als eines Inhaberpapiers. Unter den Kontrahenten besteht keine Ungewißheit der Leistung.

der im Voraus gezahlte Preis wird bei dem Wegfall der Erfüllungsmöglichkeit kondizirt[98]). Im Zweifel soll die Willensmeinung der Parteien gegen den Kauf der Hoffnung und für den Kauf der gehofften Sache ausgelegt werden[99]). Bei dem ersteren ist mehr gewagt, als bei dem letzteren; bei jenem ist die Existenz der Sache selbst, bei diesem nur die Menge und Güte oder nur die Güte ungewiß[100]).

Sonst haben beide Geschäfte gemeinsame Grundsätze. Wesentlich ist das zur Zeit Ungewisse des einzutauschenden Werthes oder Vortheils, das erst in Zukunft sich in etwas Gewisses wandelt. Gewißheit darüber, daß der Vortheil schon eingetreten war, oder daß er nicht eintreten wird, wirkt auf den Vertrag verschieden ein. Wußten beide Theile, daß die Hoffnung sich schon verwirklicht hat, die gehoffte Sache schon entstanden ist, so ist das Geschäft ein gewöhnlicher Tausch oder Kauf[101]). Es kann aber hier noch eine Ungewißheit über den Umfang des Gewinns oder Verlustes übrig sein, und dann bleibt das Geschäft ein gewagtes[102]). Wußten beide Theile oder auch nur der Käufer, daß das Gehoffte fehlgeschlagen, so wird angenommen,

---

98) Vergl. I. 5 §§ 364. 365. S. oben B. I. § 87 unter 2. Förster sah den Vertrag als einen suspensiv bedingten an, beim Wegfall sei eine actio emti nicht entstanden. Vergl. auch Koch, R. d. F. III. 774. Aber der Wegfall der Bedingung hebt den Vertrag nicht auf, sondern nur dessen Wirkungen. Es handelt sich vielmehr um eine beim Vertragschluß als künftig möglich vorausgesetzte Leistung, die durch Zufall unmöglich wird.

99) I. 11 § 531. Diese Auslegungsregel ist auch in der älteren gemeinrechtlichen Theorie aufgestellt. Glück IV. 196f. Neuere haben ihre Richtigkeit angezweifelt. Sintenis a. a. O. Note 71. Vangerow S. 444. Treitschke S. 43. Unterholzner S. 231. Die Vertheidiger jener Vermuthung gegen die emtio spei (Mühlenbruch, Pand. § 392. Grath S. 19 a. E.) stützen sich darauf, daß sie eine Ausnahme von dem Grundsatz sei: nec emtio nec venditio sine re, quae veneat, potest intelligi l. 8 cit.

100) Aber der Fall der emtio rei speratae liegt nicht schon dann vor, wenn die Parteien nur subjektiv ungewiß sind, wie groß oder wie beschaffen eine bereits vorhandene Sache ist, über die sie kontrahiren. Deshalb ist angenommen, daß die Veräußerung der Ausbeute eines Bergwerks nicht emtio spei oder rei speratae, sondern ein Kauf über eine bereits existirende Sache sei. Strieth. B. 27 S. 155. Goldschmidt, Zeitschr. f. Handels-R. IV. 388.

101) I. 11 §§ 532. 534. Wußten beide Theile nicht, daß sich die Ungewißheit bereits entschieden habe, und ist dabei die Hoffnung nicht zur Existenz gekommen, so greift I. 11 § 39 ein; der Kauf ist „nicht geschlossen". Wußten beide Theile nicht, daß die Hoffnung bereits eingetreten war, so sieht das Reichsgericht in der bereits realisirten Hoffnung ein anderes Objekt, als das, worüber kontrahirt ist, und hält das Geschäft nach § 75 I. 4 wegen Irrthums im Hauptgegenstande des Geschäfts für unverbindlich, R.G. Entsch B. 6 S. 290. Hier ist eine der Absicht der Parteien sicher fremde Unterscheidung in dieselben hineingetragen. Der captus piscium ist ernstlich als gekauft und verkauft gemeint, gleich viel, ob sich die Fische bereits beim Vertragschluß in den ausgestellten Netzen gefangen haben, ohne daß die Kontrahenten es wissen, oder ob der Fang erst später stattfindet. Man braucht nicht ängstlich die Zeit des Vertrages und die Zeit des Fangs festzustellen. Ein künftiger ungewisser Vortheil liegt auch vor, wenn das entscheidende Ereigniß bereits eingetreten ist, so lange die Kontrahenten die Entscheidung als noch bevorstehend betrachten und darüber ungewiß sind. Auch derjenige, der einen Antheil an einem Lotterieloose vom Unternehmer kauft, ohne zu wissen, ob die Nummer bereits mit einem Gewinn gezogen ist, will, wenn das Geschäft überhaupt als gewagtes anzusehen ist (vergl. Anm. 97 a. E.), den Gewinn antheilsweise kaufen, gleichviel ob er bereits gemacht ist oder nicht.

102) I. 11 § 537.

daß der Käufer das als Preis Versprochene hat schenken wollen[103]). Wußte nur der Verkäufer die Sachlage und hat er unterlassen, den Käufer davon zu benachrichtigen, so kann letzterer zurücktreten und Entschädigung fordern[104]). Wußte nur der Käufer, daß die Sache schon vorhanden und hat er es dem Verkäufer verschwiegen, so kann auch letzterer zurücktreten[105]). Das rechtfertigt sich dadurch, daß der Verkäufer seine Annahme eines Wagnisses auf die Stellung des Preises zu seinem Nachtheil hat einwirken lassen, er wird also bei dem Vertrage stehen bleiben, wenn ihm der verabredete Preis angemessen erscheint. Die Treue, die sich Parteien bei Abschließung der Verträge gegenseitig schuldig sind, hat bei gewagten Geschäften den besonderen Inhalt, daß jeder schuldig ist, dem Andern alle ihm bekannten Umstände, welche zur Zeit des Abschlusses schon vorhanden und von Wichtigkeit für den Erfolg des Geschäfts sind, vollständig anzuzeigen[106]). Jedes Verschweigen solcher Umstände giebt dem andern Theil ein Recht zum Rücktritt und auf Entschädigung, welche bei vorsätzlichem Verschweigen eine vollständige sein muß[107]). Gegenseitig wird im Uebrigen mäßiges Versehen vertreten[108]). Vereitelt also der Verkäufer aus mäßigem Versehen den Vortheil, so ersetzt er den wirklichen Schaden; thut er es aus grobem Versehen und Vorsatz, so vergütet er das volle Interesse, und da bei diesen Geschäften häufig die Berechnung des entgangenen Gewinnes unmöglich ist, so bestimmt ihn das Gesetz auf das Doppelte des Preises[109]). — Die Form der Verträge unterliegt den allgemeinen Grundsätzen; die Höhe des Preises, der für den ungewissen Gewinn versprochen ist, entscheidet über die Nothwendigkeit der Schriftform[110]); nur für die von beiden Seiten gewagten Geschäfte ist vorgeschrieben, daß sie immer schriftlich errichtet werden[111]).

Eine besondere Art des Hoffnungskaufs ist der Lotterievertrag[112]).

---

[103]) I. 11 § 534. Vergl. § 41. Eine Anwendung des in § 1045 I. 11 ausgesprochenen Satzes. Die Folge ist, daß der schon gezahlte Preis nicht kondizirt, aber aus den besonderen Gründen, wie Schenkungen, widerrufen werden kann, und daß der versprochene Preis nur eingeklagt werden darf, wenn das Versprechen in gerichtlicher Form abgegeben ist.

[104]) I. 11 §§ 535. 536. Vergl. I. 11 § 40.

[105]) I. 11 § 533. Dabei kommt I. 4 § 75 in keiner Weise in Betracht. Anders das R.G. in dem Anm. 101 bezeichneten Erkenntniß.

[106]) § 539.

[107]) §§ 540. 541. Aber nicht das volle Erfüllungsinteresse.

[108]) § 542.

[109]) §§ 543—545. Der Verkäufer ist also nicht bloß verpflichtet, die Verwirklichung der Hoffnung oder die Entstehung des gehofften Vortheils nicht zu hindern, sondern er muß auch dasjenige thun, was die nothwendige Voraussetzung für die Entstehung der gehofften Sache ist, also den Acker bestellen, säen u. s. w. l. 8 pr. cit.: sed si egerit venditor, ne nascatur aut fiant, ex emto agi posse.

[110]) I. 5 § 138.

[111]) I. 5 § 139. S. oben Anm. 93a.

[112]) §§ 547—568 d. T. Bornemann III. 107. Daniels III. 290. Koch, Pr.R. II. 435. R. d. F. III. 778. Gruchot B. 12 S. 183. Dernburg II. § 159. Fischer § 71. — Hagemann in s. und Bülows prakt. Erörter. B. 5 S. 120. Bender im Arch. f. civ. Pr. XV. (Beilageheft). Neubert, Spielvertrag, Lotterie, Ausspielgeschäft nach

Der Loosnehmer kauft die Hoffnung eines Gewinnes, der bei planmäßiger Ziehung auf die Nummer seines Looses treffen kann. Unternehmer ist entweder der Staat — in Preußen besteht eine staatliche Klassenlotterie[113]) — oder eine Privatperson, die aber, sofern die Lotterie öffentlich sein soll, der Staatsgenehmigung bedarf[114]). Das Rechtsverhältniß zwischen dem Unternehmer und den Looskäufern ist folgendes. Das Loos ist die schriftliche Urkunde über den Vertrag[115]) und ein Inhaberpapier, das dem Inhaber das Recht giebt, als Gläubiger den Gewinn zu fordern, und das ohne Cession auf Dritte übertragbar ist. Gläubiger des Unternehmers ist hiernach der Inhaber. An ihn muß der Gewinn ausgezahlt werden, wenn nicht die Abreden, unter denen das Loos ausgegeben worden, der Lotterieplan, etwas anderes ergiebt[116]). Die Ziehung, die über den Gewinn oder Verlust entscheidet, muß nach einem vorher veröffentlichten Plan erfolgen, der anzugeben hat, wie viel Loose verkäuflich, wie viel Gewinne und zu welchen Beträgen zu erwarten sind, unter welchen Formen, zu welcher Zeit die Ziehung stattfindet[117]). Bis zu dieser Zeit muß der Unternehmer (Verkäufer) alle Loose abgesetzt haben, er darf den Ziehungstermin nicht eigenmächtig erstrecken. Thut er es doch, so muß er den Kaufpreis (Einsatz) mit den nach Landrecht gesetzlich höchsten, also mit Fünf vom Hun-

---

gem. u. sächs. R. 2. A. 1838. Holzschuher, Theorie und Kasuistik. 3. A. III. 767f. Wolff im Arch. f. pr. R.W. N. F. B. 6 S. 135. Endemann, Beiträge zur Geschichte der Lotterie und zum heutigen Lotterierecht. Cohn in Endemanns Handelsrecht B. III. S. 36. S. Entwurf des B.G.B. § 665, Entwurf II. § 705, Reichstagsvorlage § 749. Nur der Vertrag bei einer staatlich genehmigten Ausspielung ist danach verbindlich.

[113]) Ueber die geschichtliche Entwickelung des Instituts der Lotterie in Preußen s. Koch, R. d. F. III. 878f. Warschauer, Entstehung und Entwickelung der Klassenlotterie in Preußen. Tübingen 1886. Lotterie-Edikt vom 28. Mai 1810. (Die Quinen-Lotterie ist aufgehoben.) Kab.O. v. 21. Juli 1841. Bei der Klassenlotterie erfordert jede Klasse eine Erneuerung des Vertrags, der sich der Unternehmer durch Uebernahme der Erneuerungspflicht unterworfen hat, während der Spieler nicht gebunden ist, sich aber in bestimmter Zeit über die Erneuerung entscheiden muß. Wegen der Stempelpflichtigkeit vergl. Reichsstempelgesetz in der Fassung v. 3. Juni 1885 §§ 21ff.

[114]) I. 11 § 547. Str.G.B. Art. 386. In auswärtigen Lotterien, die der Staat nicht besonders genehmigt hat, zu spielen, ist bei Strafe verboten. V. v. 7. Dez. 1816 u. 5. Juli 1847. Ges. v. 29. Juli 1885 (G.S. S. 317). Klagen auf Einsatzgelder in solchen Lotterien sind schlechthin ausgeschlossen. Zugesandte Loose sind bei Strafe binnen 3 Tagen an die Polizeibehörde abzuliefern. K.O. v. 6. Juni 1829. Nicht ausgeschlossen ist die Klage auf Auszahlung des Gewinnes. Strieth. B. 85 S. 293. R.O.H.G. B. 14 S. 220. Vergl. B. I § 28 Anm. 20.

[115]) I. 11 § 554. Daß durch Liegenlassen eines unbestellt zugeschickten Looses der Lotterievertrag nicht geschlossen wird, s. Bender § 14. Koch III. 782. Oben B. I. § 79 Note 55. A. M. Glück XI. 363. Bülow und Hagemann, Erört. II. Nr. 46. Vergl. auch unten § 139 Anm. 4.

[116]) I. 11 § 555. Koch, Komm. Noten zu §§ 552. 555. R. d. F. III. 783. 784. Edikt v. 20. Juni 1794 §§ 5. 6. Ed. v. 28. Mai 1810 § 7. Letzter Plan v. 4. Juli 1891. Reichs-Anzeiger v. 4. Juli 1891. Da an den Inhaber des Looses als solchen gezahlt werden muß, so kann das Loos zwar als Werthpapier (§ 722 C.P.O.) gepfändet werden, aber eine Pfändung des dem angeblichen Inhaber zustehenden Rechts auf den Gewinn als Forderungspfändung ist unmöglich. Das war auch der Sinn des in § 9 Ed. v. 28. Mai 1810 enthaltenen Verbots einer Beschlagnahme des Gewinns.

[117]) I. 11 §§ 548. 549. Ed. v. 28. Mai 1810 § 7.

dert, Zinsen zurückzahlen[118]). Darüber hinaus hat freilich der Einsetzende bei nicht voller Absetzung der Loose kein Vertragsrecht[118a]). Der Unternehmer muß eine Verschiebung des Ziehungstermins öffentlich bekannt machen, damit die Käufer der Loose Gelegenheit erhalten zu widersprechen, und zurückzutreten[119]). Stillschweigen bis zur Hälfte der neubestimmten Zeit gilt als Genehmigung der bekannt gemachten Verschiebung des Termins[120]). Sind dann auch bis zu dem neuen Termin nicht alle Loose verkauft, so kann den Rest der Unternehmer behalten und den darauf fallenden Gewinn erwerben[121]). Der Looskäufer muß den Einsatz sofort baar zahlen, bei Stundung findet nur Abrechnung auf den Gewinn, aber kein Klagerecht auf Zahlung statt[122]).

Es kann noch ein besonderes Verhältniß dazwischen treten, wie das bei der Staatslotterie der Fall ist. Der Unternehmer verkauft die Loose nicht selbst, er bedient sich zu diesem Zweck beauftragter Stellvertreter (Einnehmer, Untereinnehmer, Kollekteure). Diese sind Bevollmächtigte; sie verpflichten den Unternehmer in den Grenzen der Vollmacht, die öffentlich bekannt gemacht werden muß[123]). Aber ihre Versehen gegen den Looskäufer vertritt der Unternehmer[124]) an ihn direkt hat sich auch der Gewinner wegen Auszahlung des Gewinnes zu halten[125]), und wenn der Einnehmer nach dem Vertrags-

---

[118]) I. 11 §§ 550. 552.

[118a]) Ist der Unternehmer nicht wegen Nichtabsetzung der Loose vom Vertrage zurückzutreten befugt, so kann er von jedem Loosinhaber zur planmäßigen Veranstaltung der Ziehung genöthigt werden. Bezüglich der Interesseforderung greift aber I. 11 § 545 ein. Zur planmäßigen Ziehung gehört, daß alle Loose und alle Gewinne gezogen werden konnten. Ergiebt sich beim Schluß einer Ziehung, daß dies nicht während des ganzen Ziehungsakts der Fall war, so ist die Ziehung nicht planmäßig erfolgt. Eine andere Frage ist, ob nicht, wenn planmäßig aus einem Rade die gewinnenden Loose, aus einem anderen die Gewinne zu ziehen waren, und wenn sich dann auf einem Rade, nach völlig beendigter Ziehung in dem anderen Rade, das Fehlen eines Gewinnes herausstellt, die Ziehung nur insofern zu wiederholen ist, daß nur für die in bestimmter Reihenfolge als gewinnend festgestellten Loose nur noch nachträglich die Gewinne durch Wiederholung der Ziehung festzustellen sind, so daß die Gewinne nach der Reihenfolge ihrer Ziehung auf die Gewinnloose in deren bereits festgestellter Reihenfolge fallen. Diese Frage läßt sich nur nach dem Wortlaut des einzelnen Lotterieplans und durch dessen Auslegung entscheiden.

[119]) I. 11 § 551. Bender a. a. O. S. 73.

[120]) I. 11 § 551.

[121]) I. 11 §§ 552. 553. Bis zu diesem Zeitpunkt darf er die Kaufofferte eines Spielers bei noch vorhandenen Loosen nicht zurückweisen.

[122]) I. 11 §§ 557. 558. K.O. v. 21. Juli 1841. Dem Entwurf des B.G.B. fehlt die gleiche Vorschrift. Streitig ist, ob die Abrechnung auch gegen den dritten redlichen Erwerber oder nur gegen den ersten Käufer statthaft ist. Koch, R. d. F. III. 780 und Dernburg II. § 159 Anm. 11 für letztere Ansicht, weil das Loos als Inhaberpapier nur Gegenstand eines Sachenkaufs ist, und dem dritten Erwerber nicht Einreden aus der Person seines Vormanns entgegengesetzt werden dürfen. Diese Ansicht hat allerdings die Natur der Inhaberpapiere für sich (vergl. oben § 64); man wird aber doch in § 558 den positiven Satz erkennen müssen, daß der auf ein nicht bezahltes Loose fallende Gewinn dem Inhaber nur nach Abzug des Loospreises auszuzahlen ist, daß also der Inhaber als solcher ein weiter gehendes Recht nach der Natur des Geschäfts nicht haben soll.

[123]) I. 11 §§ 559. 560. 561. Koch, R. d. F. III. 785. Dresdn. Ann. IV. 504. V. 166.

[124]) I. 11 § 563. Seuffert IV. 245.

[125]) I. 11 § 565. Der Anspruch auf den Gewinn, das Klagerecht, erlischt nach dem Plan

inhalt des Lotterieplans dafür aus eigenen Mitteln haftet, so hat der Gewinner die Wahl, ob er diesen oder den Unternehmer deshalb in Anspruch nehmen will[126]). Unbefugte Einnehmer verpflichten den Unternehmer nur, wenn er ihre Handlungen nachträglich genehmigt[127]). Unter den einzelnen Looskäufern bei derselben Lotterie besteht kein Rechtsverhältniß[128]).

Soweit die Ausloosung, die das A.L.R. unter die gewagten Geschäfte rechnet[129]), nur ein Mittel ist, Gemeinschaften aufzuheben, kann sie nicht als Hoffnungskauf, überhaupt nicht als eine Art Kauf aufgefaßt werden, denn es fehlt am Preise, an der Gegenleistung, wenigstens ist eine solche nicht nothwendig. Soweit dagegen die Auslosung geschieht, um außerhalb einer Gemeinschaft einen auf das Loos fallenden Gewinn dem Erwerber des Looses zuzuwenden, ist sie entweder Lotterie, wenn Einsatz gezahlt wird, oder wo es hieran fehlt, ein Mittel, Schenkungen auszuführen, und sie bietet in dieser Hinsicht kein besonderes juristisches Interesse dar.

Der Verkauf künftiger Sachen[130]) ist an sich kein gewagtes Geschäft, wenn sicher ist, daß die Sache entstehen muß oder wenn der Kaufpreis nur gezahlt werden soll, falls die Sache entsteht. Aber man wagt, wenn man solche Sachen ohne Bestimmung von Zahl, Maß und Gewicht und insofern in Pausch und Bogen kauft[131]). Das ist recht eigentlich der Fall des Kaufs einer res sperata. Der Käufer muß, wie viel oder wie wenig zur Entstehung kommt, wenn nur überhaupt etwas zur Entstehung kommt, den vollen bedungenen Preis zahlen[132]). Die Uebergabe geschieht entweder so, daß dem Käufer diejenige Sache in Verwahrung gegeben wird, von welcher die gekaufte künftige Sache gewonnen werden soll, oder so, daß

---

der Staatslotterie mit dem 90. Tage nach dem Datum der Gewinnliste der Klasse. Es genügt nicht die Vorzeigung, sondern es wird die Rückgabe des Looses an die General-Lotterie-Direktion binnen dieser Frist verlangt. Strieth. B. 3 S. 243.

[126]) I. 11 § 566. 567.

[127]) I. 11 § 564. Eine Genehmigung liegt in der Annahme des eingesammelten Einsatzes. Der eigenmächtige Kollekteur haftet, wenn der Unternehmer nicht für ihn einzustehen hat, dem Gewinner für den Gewinn. I. 11 § 567. Das geht über die Haftung des falsus procurator nach I. 13 §§ 35. 171 hinaus. Ueber den Fall des bloßen Verkaufs des Looses vergl. Anm. 97. Wegen des unbefugten Zwischenhandels mit Loosen s. Gesetz vom 18. August 1891, über den Handel mit Antheilen und Abschnitten von Loosen vgl. Ges. v. 19. April 1894.

[128]) Koch, R. d. F. III. 787. Entsch. B. 2 S. 133. Schles. Arch. IV. 32 f. Ueber die Spielgemeinschaft bezüglich desselben Looses oder Loostheiles, namentlich im Fall eines nur mündlichen Vertrags vergl. unten § 143 Anm. 34.

[129]) I. 11 §§ 569—576. Koch, R. d. F. III. 787. Gruchot Beitr. B. 12 S. 203.

[130]) I. 11 §§ 582—593. (§ 594 ist aufgehoben durch Gesetz v. 22. Mai 1842 und V.O. v. 9. Novbr. 1843. G.S. S. 347. Dieselben Bestimmungen heben auch das Verbot des Verkaufs der Früchte auf dem Halm durch bäuerliche Besitzer in § 12 II. 7 auf.) Gruchot, Beitr. B. 12 S. 420. Ein civilrechtlich giltiges Verbot des Verkaufs der Früchte auf dem Halm besteht auch gemeinrechtlich nicht. S. Dresdn. Ann. II. 434. Früchte auf dem Halm sind übrigens keine res sperata, sondern eine res praesens, deren wirthschaftlicher Ertrag nur ungewiß ist. Ueber Verkauf derselben im Falle der Pfändung, vergl. C.P.O. §§ 714. 725.

[131]) I. 11 § 582.

[132]) I. 11 § 584.

letztere, sobald sie entstanden ist, übergeben wird[133]). Entsteht die Sache überhaupt nicht, so gilt der Vertrag nicht, der geleistete Preis wird zurückgegeben und zwar ohne Zinsen[134]).

Anders gestaltet sich das Rechtsverhältniß, wenn eine bestimmte Quantität von einem künftigen Zuwachs verkauft wird[135]): hier hängt die Giltigkeit des Kaufs davon ab, daß diese Quantität wirklich gewonnen wird, das Mindere braucht der Käufer nicht anzunehmen[136]). Wenn der Verkäufer als Landwirth eine bestimmte Quantität von dem Ertrag oder Zuwachs seines Grundstücks versprochen hat, so kann er aber auch insoweit nicht zur Erfüllung genöthigt werden, als ihm sonst der Ertrag zur Saat und zur Unterhaltung der Wirthschaft fehlen würde; dafür ist dann der Kaufpreis entsprechend zu kürzen[137]). Verschieden ist der Fall, wenn ohne Rücksicht auf die Gewinnung von einem bestimmten Grundstück eine Quantität künftiger Früchte verkauft wird. Ein solches Geschäft gilt als Lieferungskauf[138]), der Lieferant muß die Quantität anschaffen, wenn er sie nicht selbst produzirt. Auch hiervon eine Ausnahme: wenn der Verkäufer unter die gemeinen Landleute gehört, was wohl heißen soll, wenn er nur eine s. g. Rustikalwirthschaft hat, so wird vermuthet, daß er die Quantität von dem Zuwachs seines Grundstücks versprochen habe[139]). Ein besonderer Gegengrund gegen die Vermuthung ist es, wenn der gemeine Landmann sonst schon solche Lieferungen unternommen hat[140]), also z. B. Getreidehandel treibt. — Die Form aller dieser Verträge steht nach neuerem Recht unter der allgemeinen Regel[141]).

§ 129. Besondere Fälle des Kaufs von Rechten.

A. Wenn bei einer Cession für das persönliche Recht, das der Cessionar als eigenes erwerben soll, von ihm baares Geld (Valuta) zu zahlen ist, so finden die Regeln des Kaufs Anwendung: die Forderung ist gekauft. Hierüber ist das Nähere in § 99 ausgeführt[1]).

B. Der Erbschaftskauf ist nach A.L.R. der Kauf des Erbschaftsrechts

---

[133]) I. 11 §§ 585. 586.

[134]) I. 11 § 587. Ohne Zinsen, weil der Zurückgebende bei dem wegen zufälliger Unmöglichkeit der Erfüllung aufgehobenen Vertrag als redlicher Besitzer anzusehen ist. I. 5 § 366. Der Kauf ist aufgehoben; es kann mithin I. 11 § 109 hier nicht Anwendung finden, und Zögerungszinsen entstehen nicht, so lange kein Verzug stattfindet.

[135]) Wie oben Note 97 angeführt, sieht Vangerow in diesem Fall allein die emtio rei speratae.

[136]) I. 11 §§ 588. 589.

[137]) I. 11 § 590. Wenn Förster in solchem Fall abweichend von § 589 der Käufer an den Vertrag gebunden erachtete, so entspricht dies nicht der Bestimmung des § 590.

[138]) I. 11 § 591.

[139]) I. 11 § 592. S. Kochs Note dazu über die Nichtbestimmbarkeit des Begriffs eines gemeinen Landmannes. Wegen Aufhebung des § 594 vergl. oben § 124 Anm. 77.

[140]) I. 11 § 593.

[141]) Ges. v. 11. Juli 1845 § 1 (Ges.S. S. 495) hat den § 583 I. 11 aufgehoben.

[1]) I. 11 § 381. Oben B. I. § 99 unter Ia und IVa.

oder eines Theiles desselben. Der Gegenstand des Kaufs ist also nicht die Erbschaft als Vermögensmasse, sondern das Erbrecht selbst[2]). Diese dem gemeinen Recht nicht entsprechende Auffassung ist auch im preußischen Recht nicht ohne Schwanken festgehalten[3]). Die Erörterung dieses Rechtsinstituts muß für das Erbrecht vorbehalten bleiben.

C. Das Verlagsrecht wird gekauft, wenn der Erwerber (Verleger) dem Verfasser (Urheber) ein bestimmtes Honorar dafür zahlt. Der Verlagsvertrag bietet aber noch andere Seiten der Betrachtung dar; er ist nicht bloß Veräußerung, sondern er verpflichtet auch zu Handlungen; das Landrecht stellt ihn unter die Verträge über Handlungen. Dieser Umstand muß bei der Betrachtung dieses Geschäfts besonders in Betracht gezogen werden[4]).

D. Das Recht auf fortlaufende künftige Leistungen kann den einheitlichen Gegenstand eines Kaufvertrages bilden, insofern die entsprechende Verbindlichkeit für einen Gesammtpreis übernommen wird. Ist die einheitliche Gegenleistung eine andere, so bleibt das Geschäft ein kaufähnliches. Ist der Zeitraum, für welchen die Leistung übernommen wird, ein ungewisser, so nimmt der Vertrag den Charakter des gewagten Geschäfts an. Unter diesen Gesichtspunkt fällt auch das gegen Entgelt gegebene Versprechen einer einmaligen zukünftigen Leistung beim Eintritt eines gewissen Falls, der an und für sich oder bezüglich der Zeit ungewiß ist. Bezüglich der Vertragsform aller dieser Geschäfte gilt der Grundsatz, daß die Höhe der bestimmt versprochenen Leistung, des Kaufgelds, nicht die Höhe des bedungenen Vortheils über die Nothwendigkeit der Schriftform entscheidet[5]). Das A.L.R. führt als solche gewagte Geschäfte auf: den Ankauf fortdauernder Prästationen, Altentheilsverträge, Leibrenten, Wittwen-, Heiraths- und Sterbekassen[6]).

---

[2]) I. 11 § 447. Strieth. B. 68 S. 136. Vergl. unten B. IV. § 277.

[3]) Neben dem wirklichen Erbschaftskauf (§ 447) tritt der Verkauf eines Inbegriffs von Erbschaftssachen oder der Erbschaft nach einem Inventarium (I. 11 §§ 448. 449) hervor. Unger, Oesterr. Priv.R. B. 6 S. 223 Note 3. Gruchot, Preuß. Erbr. I. S. 246. S. oben § 128 Anm. 54.

[4]) Unten § 134.

[5]) I. 5 § 138. Beiderseits gewagte Geschäfte immer schriftlich § 139. Unentgeltlich abgegeben hat das Versprechen den Schenkungscharakter; von einem gewagten Geschäft ist dann nicht mehr die Rede.

[6]) In Betreff der Heiraths-, Wittwen- und Sterbekassen verweist das A.L.R. auf die Statuten des einzelnen Unternehmens. Diese bedurften der königl. Genehmigung I. 11 §§ 651. 652; aber das Recht zur Genehmigung ist durch Kab.Ord. vom 29. Sept. 1833 (Ges.S. S. 121) dem Minister des Innern (bzw. den Oberpräsidenten), bei Beamtenkassen unter Zuziehung des Ressortministers übertragen. Vergl. Str.G.B. § 360 Nr. 9. Als Bedeutung der seitens des Königs delegirten Genehmigung ist, wie in dem Justiz-Ministerial-Rescr. vom 9. Sept. 1844 (J.M.Bl. S. 206) ausgeführt und in konstanter Verwaltungspraxis festgehalten ist, anzusehen, daß der aus den Beiträgen der Mitglieder gesammelte und zu sammelnde Fonds, die Kasse, als eine Versorgungsanstalt im Sinne des § 42 II. 19 A.L.R. die Rechte einer moralischen Person erhält. Auf diese Kassen finden also nicht die Bestimmungen des sechsten Titels des II. Theils A.L.R. von Gesellschaften Anwendung. Vergl. Entsch. B. 23 S. 347, B. 40 S. 79, R.O.H.G. B. 17 S. 88. Der besonderen Genehmigung bedürfen nicht die „eingeschriebenen Hülfskassen“ in Gemäßheit des Reichsgesetzes v. 7. April 1876 (R.G.Bl. S. 125) und die durch Ortsstatut in Gemäßheit der Gewerbeordnung §§ 141. 141a. ff. in der

1. Die fortdauernden Prästationen[7]), welche auf die Lebensdauer eines Menschen oder für einen anderen ungewissen Zeitraum gegen einen bestimmten Preis bedungen werden, können den verschiedensten Inhalt haben, ohne den Charakter des Geschäfts zu ändern. Besonders erwähnt das Landrecht das Witthum, welches, wenn der Ehemann es vertragsmäßig der Frau als Gegenvermächtniß aussetzt, unter den besonderen Regeln des letzteren steht, das aber hier in Frage kommt, soweit ein Anderer als der Ehemann der Versprechende ist. Das ist eine uneigentliche Verwendung des Worts. Das Landrecht giebt eine Interpretationsregel für die Dauer der in solchem Fall unter dem Namen Witthum gemachten Zusicherung. Danach soll, wenn der Zusichernde ein Anderer ist als der Ehemann, dessen Eltern oder Geschwister, die Verbindlichkeit so lange dauern, als die Frau Wittwe bleibt; sie hört mit der Wiederverheirathung ganz auf, wenn ihr das Witthum unentgeltlich zugewendet worden; sie gelangt aber wieder zur Kraft, wenn die wiederverheirathete Frau wieder Wittwe wird, und das Recht auf das Witthum entgeltlich (also käuflich) erworben worden[8]). Eine Ehetrennung, bei welcher die Frau nicht für den schuldigen Theil erklärt worden, wird wie die Ehelösung durch Tod angesehen, d. h. die Frau hat gleich einer Wittwe das Witthum zu fordern.

2. Als Auszug oder Altentheil bezeichnet das Landrecht diejenigen Vortheile, welche der Uebernehmer einer Rustikalstelle dem vorigen Besitzer zu einer Versorgung auf Lebenslang anweist[9]). Die Abrede setzt also den Verkauf oder einen Uebernahmevertrag bezüglich einer Rustikalstelle voraus, das Recht, das dabei durch Nebenvertrag eingeräumt wird und dessen Entgelt in der Ueberlassung des Grundstücks liegt, ist eine Reallast, auf Grund deren der jedesmalige Besitzer des Grundstücks Leistungen zu gewähren hat. Das Geschäft hat aber den Charakter des gewagten Geschäfts, sofern die Reallast mit dem Leben des Auszugsberechtigten endigt, also auf unbestimmte Zeit besteht. Das Landrecht beschränkte sich bezüglich dieses Vertrages auf eine jetzt aufgehobene Formvorschrift und verwies im Uebrigen auf die Provinzialgesetze[10]). Dabei hat es, wie § 604 ergiebt, im Auge, daß die versprochenen Vortheile aus den Erträgnissen der Rustikalstelle gewährt

Fassung des Gesetzes v. 8. April 1876 (R.G.Bl. S. 134) angeordneten gewerblichen Hülfskassen. Vergl. Weiteres unten B. IV. § 285 unter 3 u. 4. — Der Vertrag mit einer Wittwenkasse ist nicht Kauf eines Rechts, sondern ein Versicherungsvertrag auf den Zufall des früheren Todes des Mannes. Vergl. Pfeiffer, Prakt. Ausführ. VIII. 222f. und in der Zeitschr. f. deutsches R. IX. 440f. Rückert, Der Leibrentenvertrag. 1857. S. 11. Unten § 146.

7) I. 11 §§ 595—601. Gruchot, Beitr. B. 12 S. 425.

8) I. 11 § 598f.

9) I. 11 § 602. Runde, Die Rechtslehre von der Leibzucht und dem Altentheil, 1805. Hänsel, Die Lehre vom Auszug und der Leibzucht, 1831. Rößler, Ueber das Ausgedinge auf Bauergüter, 1842. Preuß, Die Leibzucht, eine civ. Studie, 1862. Zu vergleichen Entwurf I. des Einf.Ges. z. B.G.B. Art. 59. Reichstagsvorlage Art. 96.

10) I. 11 §§ 603—605. Die §§ 603. 604 sind aufgehoben durch das Ges. v. 11. Juli 1845. § 1 Ges.S. S. 495.

werden sollen. Würde eine persönliche Pflicht zur Versorgung des Veräußerers auf Lebenszeit übernommen, so würde das Rechtsverhältniß unter den gewöhnlichen Regeln der Zusicherung fortlaufender Prästationen stehen. Ein aus den Revenuen der Rustikalstelle zu gewährendes Altentheil liegt nur vor, wenn der jedesmalige Besitzer und gerade nur dieser die Pflicht haben soll. Es ist also eine Reallast, wirkt also auch soweit es nicht in dem Rechte der Benutzung bestimmter Theile der Stelle bestehen soll, schon vor der Besitzeinräumung der letzteren als ein dingliches Recht, wenn auch zunächst nicht gegen Dritte, die von dem grundbuchmäßig unbelasteten Eigenthümer dingliche Rechte eingeräumt erhalten. Regelmäßig (wenn nichts Anderes durch Interpretation festzustellen) wird also der Konstituent des Altentheils nur als Besitzer der Rustikalstelle und aus deren Revenuen zur Leistung verflichtet, so daß ein obligatorisches Recht gegen ihn, sofern er die Stelle, belastet mit der Reallast veräußert hat, nicht mehr geltend zu machen ist[11]).

3. Leibrenten-Vertrag[12]). Gegen Empfang einer bestimmten Summe Geldes (Preis) verpflichtet sich Jemand persönlich, einem Andern auf seine oder einer Andern Lebenszeit eine bestimmte jährliche Leistung (Rente) zu entrichten[13]). Wer den Preis zahlt, kauft das Recht auf die Abgabe[14]). Statt des Preises kann auch eine Sache, ein Grundstück, eine Gerechtigkeit vom Erwerber der Leibrente gegeben werden[15]) aber nur so, daß die Sache nach einem bestimmten Werth veranschlagt wird. Die Parteien müssen sich hierüber vereinbaren, wenn der Vertrag als Leibrentenvertrag gelten soll. Im Fall solcher Vereinbarung gilt die Sache für den als Preisbestimmung geltenden Werth in Zahlung gegeben[16]): Auch die Leibrente kann in anderen

---

[11]) Entsch. B. 29 S. 301, B. 54 S. 96. Rehbein II. 178. 183. Strieth. B. 16 S. 344. (Abweichend frühere Entsch. B. 32 S. 345). Es ist aber nach der Natur der Reallast eine Leistungspflicht des jedesmaligen Besitzers vorhanden, nicht eine bloße Pflicht zum Dulden. Entsch. B. 4 S. 23. Rehbein II. 185; Strieth. B. 87 S. 183. Rehbein II. 188. Vergl. übrigens unten B. III. § 186.

[12]) I. 11 §§ 606—650. Bornem. III. 134. Daniels III. 286. Koch, Pr.R. II. 450, R. d. F. III. 840. Gruchot, Beitr. B. 12 S. 464. Dernburg B. II. § 160. Fischer § 72. — Beseler, Deutsches Pr.R. II. 365. v. Gerber §§ 191. 192. Bluntschli 3. A. S. 351. Stobbe § 196. Holzschuher 3. A. III. 758. L. Rückert, Der Leibrentenvertrag, 1857 (auch auf preuß. R. eingehend). Oesterr. G.B. § 1284 f. Stobbe, Beiträge zur Geschichte des deutschen Rechts. 1865. S. 25. Zachariä-Crome II. §§ 368—370. S. Entwurf des B.G.B. §§ 660—663, II. §§ 701—703, Reichstagsvorlage §§ 746. 747.

[13]) I. 11. § 611. Der Leibrentenvertrag begründet eine persönliche Verpflichtung; wird eine Pflicht begründet, die dem jedesmaligen Besitzer eines Grundstücks obliegen soll (Gülten- oder Rentenkauf oben § 126 Anm. 65, B. III. § 188 Anm. 55a. Altentheil s. oben), so kommt die Begründung keiner andern persönlichen Pflicht des Konstituenten in Frage, als der, dem Rechte die volle dingliche Kraft zu sichern, kraft deren es den jedesmaligen Besitzer persönlich zur Leistung verpflichtet. Vom Darlehn unterscheidet sich der Leibrentenvertrag wesentlich, insofern das Kapital nicht zurückzuleisten ist, sondern durch die fortlaufenden Renten erschöpft wird. Burchardi S. 115 f. Der Leibrentenvertrag ist ein Konsensual-, nicht ein Realvertrag. Rückert § 4 S. 14.

[14]) I. 11 § 609.

[15]) I. 11 § 607. Sächs. G.B. § 1151.

[16]) I. 11 § 608. Svarez bei Bornemann III. 134 Note 5. Nach Entsch. B. 84 S. 68, Strieth. B. 47 S. 183, Rehbein II. 173 hat das nicht die Folge, daß der Verkauf

als Geldleistungen bestehen[17]). Ihr Verhältniß zum Preis hing schon zur Zeit der Zinstaxen ganz vom Uebereinkommen der Parteien ab[18]); die Rente kann niedriger als der gesetzliche Zinsfuß bedungen werden, aber die Pflicht des Käufers muß darin bestehen sollen, ohne Rücksicht auf das wirkliche Ziehen einer Nutzung ans dem Kapital die Rente zu entrichten[19]). Wird die Leibrente im eigenen Namen, aber für einen Dritten gekauft, so treten die Regeln von Verträgen zu Gunsten Dritter ein[20]). Das Ungewisse oder Gewagte des Geschäfts liegt stets auf Seite des Verkäufers, insofern er nicht weiß, wie lange er zur Leistung der Rente sich verpflichtet, und ob nicht die Rente allmählich das alterum tantum des Kapitals, das er als Preis empfängt, übersteigen wird.

Die Dauer der Verpflichtung muß nach der Lebenszeit eines Menschen bestimmt sein: entweder des Käufers oder des Verkäufers oder eines Dritten[21]). Nun ist es denkbar daß der Tod desjenigen, auf dessen Leben die Leibrente gestellt ist, vorsätzlich oder schuldhaft herbeigeführt wird. Es fragt sich, wie dies auf das Geschäft einwirkt. Veranlaßt der Verkäufer vorsätzlich den Tod desjenigen, auf dessen Leben die Leibrente gestellt ist, so muß er das Kapital herausgeben, und zwar ohne Abzug der bereits gezahlten Renten; der Satz beschränkt sich auf vorsätzliche Tödtung, auf sonst verschuldete kann er nach dem klaren Wortlaut nicht ausgedehnt werden[22]). Jeder

---

eines Grundstückes gegen eine Leibrente bei mangelnder Feststellung eines Werths ungiltig, sondern nur, daß er nicht nach den Grundsätzen vom Leibrentenvertrag zu behandeln ist. — Die Tarifposition „Leibrenten" im Stempelgesetz vom 7. März 1822 geht weiter, aber nicht soweit, daß ein Pensionirungsvertrag als Leibrentenvertrag aufgefaßt werden könnte. Strieth. B. 67 S. 322, Entsch. B. 68 S. 79. Die Leibrente muß bestimmt, — also nicht nur für den Fall von entsprechender Einnahme aus dem Objekt der Gegenleistung zugesichert sein. Strieth. B. 9 S. 192.

17) Das hat das O.Trib. Entsch. B. 29 S. 368, B. 30 S. 43. Strieth. B. 15 S. 274 angenommen, aber die statt der Geldsumme zu gewährende Leistung muß auf einen bestimmten Geldwerth bestimmt sein. Deshalb ist auch das Präj. 1606 (Sammlung I. S. 63) richtig: „zum Begriffe des Leibrentenvertrages genügt nicht die allgemein übernommene Verpflichtung zur Alimentirung eines Anderen".

18) I. 11 § 610. Dazu Kab.Ordre v. 10. Juni 1835 (Ges.S. S. 100). Man stritt gemeinrechtlich und in der preuß. Praxis, ob es ein Leibrentenvertrag sein könne, wenn die Rente unter dem Zinsfuß verabredet worden, weil hierdurch nur der Nutzungswerth des Kapitals, nicht die Uebereignung des Kapitals selbst vergolten werde. Die K.O. hat diesen Streitpunkt nicht treffen sollen (Koch, R. d. F. III. 844), hat ihn aber durch den positiven Satz abgeschnitten, daß auch in diesem Fall noch ein Leibrentenvertrag angenommen werden soll. Rückert S. 20 f. Ueber die Prozentsätze im älteren deutschen R., welches namentlich das Lebensalter des Rentenkäufers berücksichtigte, s. Stobbe a. a. O. S. 27 f.

19) Vergl. das am Ende von Anm. 16 citirte Erkenntniß.

20) I. 11 §§ 612. 613. Oben B. I. § 75, besonders hinter Anm. 24. Auch im älteren deutschen R. wurden Leibrenten für Dritte gekauft. Stobbe S. 32.

21) I. 11 § 614. Wenn die Rentenpflicht auf das Leben des Verkäufers gestellt ist, so „nähert sich das Geschäft dem Spiel". Rückert S. 27. Der Entw. des B.G.B. (Reichstagsvorl. § 746) bringt zum Ausdruck, daß im Zweifel die Lebensdauer des Gläubigers entscheidet.

22) I. 11 §§ 621. 622. 623. Gemeinrechtlich ist bestritten, ob auch Fahrlässigkeit (culpa) des Verkäufers diese Wirkung habe. Rückert S. 33 f. hält nach gemeinem R. culpa nicht für ausreichend, ist aber schwankend in Betreff des preußischen. Das A.L.R. entscheidet in Uebereinstimmung mit § 105 I. 4, wo ebenso das Wort „vorsätzlich" gebraucht ist, indem es ausdrücklich vorsätzliche Tödtung erfordert. Da das Landrecht nur ein

Erbe, also auch der Fiskus, kann diesen Anspruch erheben[23]). Kürzt der Verkäufer die auf seine Lebensdauer gestellte Verpflichtung durch Selbstmord ab, oder verwirkt er Todesstrafe, so fordert der Käufer auch das Kapital zurück, muß sich aber davon die erhaltenen Renten, soweit der landübliche Zinsfuß durch sie überstiegen worden, abrechnen[24]). Die Abrechnung geschieht so, daß der übersteigende Betrag in jedem Jahr von dem Kapital abgezogen, und im folgenden Jahr der landübliche Zins nur von dem Ueberrest des Kapitals berechnet wird[25]). Zinsen von Zinsen werden nicht berücksichtigt[26]). Wählt der Dritte, auf dessen Lebenszeit die Dauer der Rentenpflicht bedungen worden, eine gefährliche Lebensart, so berechtigt dies den Käufer nicht zum Rücktritt[27]).

Der Käufer der Rente erwirbt ein persönliches Recht gegen den Verkäufer, sein Anspruch beruht auf dem als Kaufvertrag zu charakterisirenden Vertrage[28]). Fällig ist die Rente im Voraus und wenn die Parteien darüber nichts Besonderes verabredet haben, jährlich an dem Tage, an dem sie das erste Mal geleistet worden; für das letzte Lebensjahr muß sie voll gezahlt werden, wenn der Berechtigte diesen Fälligkeitstag erlebt hat[29]). Das Rentenrecht kann unter einer auflösenden Bedingung konstituirt werden. Bei deren Eintritt fällt das Kapital nach Abzug der Renten an den Käufer zurück. Wird der Eintritt vom Verkäufer durch eine vorsätzliche Handlung herbeigeführt, so zahlt er das Kapital ohne Abzug der Renten zurück; geschieht es vom Käufer, so verliert dieser, was er bisher über den Betrag der landüblichen Zinsen empfangen, und er muß sogar den Ueberschuß mit Zinsen dem Verkäufer zurückzahlen, wenn die Berechnung ergiebt, daß er mehr er-

---

absichtliches, wenn auch nicht gerade auf Vereitelung der Erfüllung der Bedingung gerichtetes Thun der Erfüllung der Bedingung gleich stellt (Entsch. B. 50 S. 23), so mußte es konsequent hier vorsätzliche Tödtung fordern. Es ist deshalb gewiß nicht Koch zu § 621 Recht zu geben, der unter „vorsätzlich" auch „fahrlässig" verstanden haben will, aber ebensowenig Dernburg II. § 160 A. 17, der culpa lata — als angeblich civilrechtlich dem dolus immer gleich stehend — für ausreichend erachtet. (Nach sächs. G.B. § 1155 ist dolus erfordert.)

[23]) I. 11 § 624.

[24]) I. 11 §§ 626. 627.

[25]) I. 11 §§ 629. 630.

[26]) I. 11 § 628. Ueber die Berechnung nach § 629 und sein Verhältniß zu § 628 s. Schweikart in der jur. Wochenschr. 1846 S. 109. A. M. Burchardi S. 219.

[27]) I. 11 § 625.

[28]) I. 11 § 611. S. oben Note 12.

[29]) I. 11 §§ 649. 650. Rückert S. 28. Nach sächs. G.B. § 1154 vierteljährige Vorauszahlungen. Vergl. Entwurf des B.G.B. § 661, Entw. II. § 702, Reichstagsvorlage § 747. — Volle Zahlung für das ganze Jahr auch wenn kürzere Zahlungstermine, aber nichts über das Ende der Zahlungen verabredet worden. R.O.H.G. B. 21 S. 401. A. M. Dernburg II. § 160 Anm. 21. — Es fragt sich, ob die Klage, wie die aus dem Rentenvermächtniß, durch den Nachweis zu begründen ist, daß der, auf dessen Leben die Rente steht, den Anfang der neuen Periode erlebt hat, oder ob der Verpflichtete einwenden muß, daß zur Zeit der Fälligkeit der neuen Rate das Recht durch den Tod jenes bereits erloschen war. Das römische Recht (l. 16 § 1 D. XLV. 1, l. 3 J. III. 15, l. 56 § 4 D. XL. 1, vergl. aber auch l. 34 § 4, l. VIII. 54) spricht für letzteres. Vergl. Schulin, Ueber Resol.Bed. S. 211, Windscheid § 96 N. 2, Seuffert X. 28. S. auch Gruchot B. 13 S. 475. — S. auch Anm. 41.

halten, als das Kapital mit landüblichen Zinsen beträgt[30]). Das Recht erlischt jedenfalls durch den (natürlichen oder gewaltsamen) Tod dessen, für dessen Lebensdauer es bedungen war[31]).

Haben Mehrere gemeinschaftlich eine Leibrente gekauft, so nimmt das Landrecht abweichend von seiner sonstigen Regel, aber den obwaltenden Umständen durchaus entsprechend, an, daß das Recht im Zweifel kein gemeinschaftliches, sondern ein jedem in Höhe eines Kopftheils zustehendes besonderes Recht sein solle. Mit dem Tode jedes Einzelnen fällt es insoweit zu Gunsten des Verkäufers fort[32]).

Zurücktreten kann der Käufer von dem Vertrage, wenn der Verkäufer drei Jahre hintereinander die Rente nicht geleistet hat. Das als Preis gezahlte Kapital wird ohne Abzug der früher geleisteten Renten und mit Zinsen vom Tage des Rückstandes zurückgefordert[33]). Anfechten können den Leibrentenvertrag die Gläubiger des Käufers zur Zeit nur nach Maßgabe der allgemeinen Bestimmungen über die Anfechtung von nicht freigebigen Rechtshandlungen des Schuldners (§ 114)[34]). Dagegen findet eine besondere Anfechtung statt seitens der pflichttheilsberechtigten Kinder (darüber im Erbrecht)[35]). Anfechtung wegen Verletzung über die Hälfte ist nicht gestattet[36]). Endlich hat der Käufer selbst einen Widerruf, wie bei dem Schenkungsversprechen, wegen nachgeborner Kinder[37]). In diesem Fall müssen die gezahlten Renten vom Kapital abgerechnet werden.

Vererblich ist die Leibrente nicht, wenn sie auf das Leben des Käufers selbst gestellt ist, aber sie wird den Erben des Käufers fortgezahlt, wenn sie auf das Leben des Verkäufers oder eines Dritten oder mehrerer Personen bedungen ist, und diese den Käufer überleben[38]). Veräußerlich ist das Recht auf die Rente wie jedes persönliche Recht durch Cession[39]). Geräth

---

30) I. 11 §§ 631—634. Vergl. I. 4 § 104. Beim Eintritt einer solchen Resolutivbedingung endet das Recht ebenso wie beim Tode des Rentenkäufers.

31) I. 11 §§ 619. 620.

32) §§ 615. 616. Oben B. I. § 63 Anm. 7. Wenn das Gegentheil verabredet ist, so entsteht eine s. g. Tontine, von der die §§ 617. 618 handeln. Daniels III. 284.

33) I. 11 §§ 647. 648. Strieth. B. 19 S. 16. Rückert § 7 S. 28.

34) Aelteres Recht §§ 640. 641. Dazu Anfecht.Ges. v. 9. Mai 1855 § 5 Nr. 1. Konk.-Ordn. v. 8. Mai 1855 § 102 Nr. 1. Die Reichs-Konkursordnung und das Anfechtungsgesetz vom 21. Juli 1879 haben entsprechende Vorschriften absichtlich nicht aufgenommen. Vergl. Motive zur K.O. S. 136. Aehnlich österr. G.B. § 1286, der den Gläubigern nur das Recht giebt, die Leibrente zu beziehen.

35) §§ 637—639. Unten B. IV. § 248 Anm. 203. Anders nach österr. G.B. § 1287, welches den Kindern nur ein Recht auf Hinterlegung eines entbehrlichen Theils der Rente giebt, aus dem sie sich den Unterhalt sichern können.

36) I. 11 § 610; vergl. § 639.

37) I. 11 §§ 635. 636.

38) §§ 606. 614.

39) Das Leibrentenrecht ist von der allgemeinen Regel der Cessibilität nicht ausgenommen, und wenn auch die Absicht einer Sicherung der Alimentation obwalten kann, so hat die Leibrente an sich nicht den Charakter einer nothwendig nur von dem ursprünglichen Berechtigten auszuübenden Befugniß. Dies ergiebt klar § 646. Natürlich darf dadurch die Dauer der Verpflichtung des Rentenkäufers nicht verlängert werden, sie erlischt durch den Tod dessen, auf dessen Leben die Rente gestellt worden. Es kann das Recht

der Käufer in Konkurs, so hat die Masse die Rente zu beziehen zum Besten der Gläubiger[40]). Fällt der Verkäufer in Konkurs, so muß der Berechtigte die Rente nach ihrem Schätzungswerth geltend machen[41]). Das Recht auf die einzelne Rentenhebung verjährt in 4 Jahren, das Rentenrecht selbst, wenn 30 Jahre die Renten nicht erhoben worden[42]).

Ein vom Leibrenten-Vertrag in gewissen Richtungen verschiedener und insoweit nicht unter seinen Regeln stehender Vertrag ist der s. g. Vitalizien-Vertrag; er unterscheidet sich dadurch, daß bei ihm der Käufer der Rente oder dauernden Lebensunterhalts sein ganzes Vermögen als Inbegriff, nicht eine zu bestimmtem Werth geschätzte Sache zum Preis giebt[43]). Von diesem Vertrage und der bei ihm eintretenden Haftung des Uebernehmers des Vermögens gegenüber den Gläubigern der dies Vermögen belastenden Schulden ist an anderer Stelle die Rede gewesen[44]).

Im heutigen Rechtsverkehr kommen Leibrentenverträge, namentlich im Geschäftsverkehr von Versicherungsgesellschaften vor. Ebenso bestehen noch Institute, die aus dem Grundgedanken der Tontinen hervorgegangen sind[45]).

§ 130. Die Versteigerung und der gerichtliche Verkauf.

I. Ueber Privatversteigerungen[1]) enthält das Landrecht keine besonderen Vorschriften. Bei ihnen fragt sich zunächst, in welcher Weise durch Versteigerung eine vertragsmäßige Einigung zu Stande kommt. Der Inhalt dieser Einigung bestimmt sich durch den Inhalt der zu Grunde liegenden Aufforderung. Die Aufforderung zu Geboten kann die Bedeutung haben,

---

nur nach der Seite der Ausübung cedirt werden. Das auf Liberalität beruhende Recht auf Leibrente, so weit es den nothdürftigen Unterhalt deckt, ist nach C.P.O. § 749 Z. 3 unpfändbar.

[40]) § 646. Auch das Recht der Konkursmasse fällt weg, sofern die Rente unpfändbar ist.

[41]) K.O. § 62. Hier muß zu den in Anm. 29 erwähnten Fragen Stellung genommen werden. Wäre das Recht durch das Erleben suspensiv bedingt, so könnte es bis dahin nur als Sicherungsanspruch geltend gemacht werden, und Renten die nach der Schlußvertheilung fällig werden, kämen gar nicht in Betracht. Das Recht soll aber nur durch den Tod aufhören, ist also von unbestimmtem Umfang. Rückert S. 42 f., 45. Ein Vorzugsrecht hat der Rentenkäufer nicht. Vergl. preuß. Konk.Ordn. v. 1855 §§ 62. 85. 251.

[42]) Ges. v. 31. März 1838. Seuffert II. 126.

[43]) Anh. § 19 zu I. 11 § 646.

[44]) Oben B. I. § 20 Anm. 3a, § 102 Anm. 15 f.

[45]) I. 11 §§ 617. 618. Eine V.O. des Kurfürsten Friedrich III. v. 1696 führte sie in Brandenburg ein. S. Rückert S. 6. Die Preußische Rentenversicherungsanstalt beruht in ihrer Grundidee darauf.

[1]) Bornemann III. 56. Koch, Pr.R. II. 444. R. d. F. III. 818 fg. Dernburg II. § 14. Gad bei Gruchot B. 3 S. 192 fg. — Unterholzner I. S. 54, II. S. 626. Arndts S. 373 Anm. 4. Sintenis II. 242 f. Keller S. 443 f. Kindervater und Ihering in des letzteren Jahrb. Bd. 7 S. 1 fg., S. 166 f. und dieselben das. S. 356 f. Reuling das. B. 10 S. 355. Versteigerungen an den Meistbietenden bei Kauf, Pacht und Miethe; Versteigerungen an den Mindestfordernden bei Lieferungsverträgen und Verdingungen von Dienstleistungen und Werken.

daß der Auffordernde sich bereits durch sein Angebot verbindlich macht, daß er demjenigen gegenüber gebunden sein will, der das höchste Gebot abgeben wird, dergestalt daß sich das Gebot an den Kreis aller derjenigen richtet, die durch die Erklärung des Ausbietenden zu Geboten aufgefordert werden, einen Kreis, der nach der erklärten Absicht des Offerenten größer oder kleiner sein kann. Während für das gemeine Recht an der theoretischen Möglichkeit einer solchen Offerte gezweifelt, von anderer Seite gerade hierin das Wesen der Versteigerung gefunden wird [2]), muß zwar die Möglichkeit eines solchen Vertragschlusses zugegeben werden; sofern aber der Inhalt der Aufforderung nicht bestimmt zu solchem Schlusse führt, wird es richtiger sein, die Aufforderung nur als einen Versuch, einen Kontrahenten zu finden, aufzufassen. Erst wenn er sich gefunden, wird der Vertrag abgeschlossen. In dem öffentlichen Anbieten einer Sache zur Steigerung liegt also meist nur eine Aufforderung zu sich überbietenden Geboten; es fehlt nicht allein die Bestimmtheit des Käufers, sondern auch jede Bestimmtheit des Preises, für den der Ausbietende die Sache zu überlassen sich verpflichtet [3]). Die Aufforderung soll nur die Absicht, zu verkaufen, bekannt machen [4]). Nicht der Verkäufer, sondern der, welcher kaufen will, bietet an; ersterer nimmt an und es liegt in seinem freien Willen, das Gebot anzunehmen oder zurückzuweisen [5]). Erst wenn er erklärt, daß er das Gebot annehme, ist die Willenseinigung und damit der Vertragsabschluß erreicht. Der Verkäufer kann also trotz geschehener Gebote seinen Entschluß zu verkaufen wieder ändern, die Sache zurückziehen; er kann auch — denn das ist das Mindere — unter mehreren Geboten wählen, er ist, wenn er die Aufforderung nicht in anderer Weise bestimmt als Offerte abgegeben hat, nicht verpflichtet, in das höchste Gebot einzugehen [6]). Erst die erklärte Annahme

---

[2]) Kindervater a. a. O. S. 9 sieht schlechthin in der Versteigerung Verkauf an den Meistbietenden und nimmt an, mit jedem Gebot werde der Vertrag unter der Suspensivbedingung perfekt, daß in der festgesetzten Zeit ein besseres Gebot nicht abgegeben werde. Vergl. Puchta, Pand. § 252. Keller S. 443 f. Ihering a. a. O. S. 173 polemisirt hiergegen, weil die Möglichkeit eines Angebots an eine persona incerta zu leugnen sei. Ueber die theoretische Zulässigkeit einer Auffassung der Aufforderung als Offerte vergl. Windscheid § 309 Anm. 9.

[3]) Der Ausbietende will nach seiner zu vermuthenden Absicht das Recht haben, die Person sich anzusehen, ihre Zahlungsfähigkeit und die Annehmbarkeit des Gebots zu prüfen.

[4]) Vergl. Koch S. 821 N. 4. Unter den preußischen Juristen hat Gärtner (jurist. Wochenschrift 1835 S. 245) eine abweichende Ansicht vertreten.

[5]) Sintenis II. S. 254. 255 Note 22 giebt zwar dem Versteigerer das Recht, ganz zurückzutreten, hält es aber im Widerspruch mit dem Zweck des Geschäfts, daß er die Wahl unter den Lizitanten haben soll.

[6]) Ihering S. 166 f. 177. Sintenis a. a. O. Keller S. 244. Vergl. Entwurf des B.G.B. § 90. Entw. II. § 126, Reichstagsvorl. § 152. Das Wahlrecht wird vielfach geleugnet, ein Uebergebot mache den früheren Bieter frei: vergl. Windscheid § 308 Anm. 13. Ebenso der Entwurf. Nach jetziger Lage der Gesetzgebung wird es vom Inhalt der Lizitationsbedingungen abhängen, die Befreiung des Bieters durch ein Uebergebot festzustellen. Auch bei der freiwilligen Subhastation hängt der Ausgang ganz „von der Vereinigung der Extrahenten mit den sich meldenden Lizitanten" ab. (§§ 70 ff. I. 52 A.G.O., § 2 V. v. 6. April 1839 G.S. S. 125.) Das ältere preußische R. (§ 38 I. 52 G.O.) bestimmt hier ausdrücklich, daß der Meistbietende durch das Gebot allein noch kein Recht auf den Zuschlag erhält. Ebenso § 2 V. vom 6. April 1839.

des Gebots fixirt den Vertragsabschluß, der Zuschlag macht sie in symbolischer Form kenntlich[7]). Wie lange der Bietende als Offerent an sein Gebot gebunden ist, wird vom Inhalt der Lizitationsbedingungen, eventuell von den allgemeinen gesetzlichen Vorschriften über die Dauer der Haftung des Offerenten abhängen. Dabei greifen aber auch die Vorschriften über die Vertragsform ein. Eine Offerte wird bei der Versteigerung, wenn sie auf mehr als 150 Mark geht, regelmäßig außerhalb des Handelsverkehrs nur bindend, wenn sie schriftlich erklärt ist[8]). Es kann sich also in solchem Falle jeder Bieter von seinem Gebot dadurch befreien, daß er sich ohne Unterschrift entfernt. Wird der Zuschlag nicht sogleich ertheilt, so ist der Bieter im Zweifel als befreit anzusehen.

Die Zulässigkeit solcher Privatversteigerungen findet einen Beleg in der gesetzlichen Ordnung der freiwilligen Subhastationen[9]). Ein durch Versteigerung zu Stande gekommener außergerichtlicher Vertrag ist ein solcher, bei dem in Betreff der Uebereignung, des Uebergangs der Gefahr, der Gewährleistung für Fehler und für Entwehrung die allgemeinen Regeln des Geschäfts, in der Regel also des Kaufs Anwendung finden. Ob der Bieter, dem die Sache zugeschlagen worden, den Kauf wegen Verletzung über die Hälfte anfechten kann, erscheint wegen der Natur der Versteigerung zweifelhaft. Steht das Rechtsmittel, wie nach gemeinem Recht, dem Verkäufer zu, so wird man seine Anwendung auf Versteigerung verneinen müssen[10]), weil es deren Begriff widerstreitet, und der Verkäufer ja danach strebt, ein möglichst hohes Gebot zu erreichen. Aber der Käufer kann sich auch hier über den Werth der Sache irren, und wenn man ihm diese Anfechtung versagen will, so könnte man sich nur darauf stützen, daß dem Rechtsmittel eine möglichst eingeschränkte Anwendung gestattet werden darf. Das reicht aber nicht aus[11]). Auch für eine Privatversteigerung muß ferner die Vorschrift beachtet werden, daß, wenn der Preis nicht Zug um Zug gezahlt wird, der Ver-

---

[7]) Deshalb kann man sagen, durch den Zuschlag werde der Vertrag perfekt.

[8]) Entsch. B. 33 S. 267 fg. Striethorst B. 20 S. 352.

[9]) A.G.O. I. 52 §§ 1. 2. 66—74. Ver. v. 6. April 1839. Instruktion vom 20. Mai 1839. Sie ist zulässig bei Gegenständen, bei welchen eine nothwendige Subhastation möglich ist. Aeltere Reskripte erklären Privatversteigerungen ohne gerichtliche Mitwirkung allgemein für zulässig, so das vom 20. Juni 1795 (N. C. C. IX. 2597): „soll es privatis sowohl, als piis corporibus nach wie vor freistehen, ohne Rücksicht auf die Größe und Quantität des Objekts bei vorhandenen Privatverkäufen und Verheuerungen die etwaigen Liebhaber zusammenzuberufen, und unter den dabei sich Meldenden eine Privatlizitation zu veranlassen". S. auch A.L.R. II. 1 § 819.

[10]) Die Ansichten gehen auseinander. Auch bei Versteigerungen wollen die l. 2 C. IV. 44 anwenden: Mevius dec. II. 206. Lauterbach coll. th. pr. XVIII. 5 § 34. Glück XVII. S. 93. Unterholzner II. 248. Vangerow III. S. 354 a. E. fg. (der die entgegengesetzte Meinung lächerlich nennt). Seuffert VI. 323 (Lübeck), XIII. 244. A. M. sind Stryck XVIII. 5 § 5. Leyser sp. 205. I. Klein (Mitredakteur des A.L.R.), Merkwürdige Rechtssprüche der Hallischen Juristenfakultät I. Nr. 44. Seuffert IV. 92, IX. 17 (München). Holzschuher 4. A. III. S. 756 und Andere.

[11]) Göppert, diss. de remed. ob laes. enorm. j. comm. Boruss. 1863 berührt die Frage in Betreff der Privatversteigerungen nicht. Koch, Komm. zu § 43 gestattet das Rechtsmittel bei Privatversteigerungen, weil § 343 es nur bei gerichtlichen ausschließt.

käufer zurücktreten darf, daß er das aber nicht darf, wenn er das Kaufgeld kreditirt hat[12]).

Die Privatversteigerung kann von dem Eigenthümer der Sache selbst vorgenommen werden, er kann sich dazu auch eines Beauftragten bedienen. Auch die im amtlichen Auftrag vorgenommenen fiskalischen Versteigerungen sind rechtlich Privatversteigerungen. Als solche erscheinen insbesondere die öffentlichen Versteigerungen (Auktionen) beweglicher Pfandstücke, welche von Kaufleuten[13]) oder gewerbsmäßigen Pfandleihern[14]) vorgenommen werden, auch die unter Zustimmung des Schuldners von Pfandgläubigern zur Realisation ihres Pfandrechts ohne gerichtliche Mitwirkung ins Werk gesetzten Versteigerungen. Die gewerbliche Uebernahme der Ausführung einer Versteigerung für einen Andern ist zur Zeit ein freies, jedoch der Möglichkeit einer Untersagung unterstelltes Gewerbe; es giebt indessen „Auktionatoren", die als solche beeidigt und öffentlich angestellt sind[15]). Ihr Rechtsverhältniß zu den Auftraggebern richtet sich, wie das der freien Auktionatoren nach den Grundsätzen vom Vollmachtsvertrage, und die von ihnen vorgenommenen Versteigerungen stehen insoweit nicht unter besonderen Rechtsregeln. Dasselbe gilt von den Gerichtsvollziehern, wenn ihnen freiwillige Versteigerungen aufgetragen sind[16]). — Wenn eine Versteigerung öffentlich, d. h. durch einen bestellten Auktionator nach sachgemäßer öffentlicher Bekanntmachung erfolgt, so ist die dadurch veräußerte bewegliche Sache, ebenso wie wenn sie vom Fiskus veräußert ist, der Vindikation entzogen[17]).

Die Privatversteigerung nimmt dadurch keinen anderen Charakter an, daß ihre Hergänge als Akte freiwilliger Gerichtsbarkeit notariell oder gerichtlich beurkundet werden. Für den freiwilligen gerichtlichen Verkauf bestimmt indessen eine positive Gesetzesvorschrift, daß Anfechtung des Kaufs wegen Verletzung über die Hälfte nicht stattfindet. Die Bestimmung[18]) bezieht sich

---

[12]) I. 11 §§ 230. 226.

[13]) Pfandverkauf H.G.B. Art. 311. Selbsthülfeverkauf Art. 343. 348. 354. 365. Nothwendigkeit eines öffentlich bestellten oder konzessionirten Auktionators R.O.H.G. B. 16 S. 92, B. 20 S. 23. Daß der „öffentliche Verkauf" auf Grund der Art. 343. 348. 354. 365 eine Privatversteigerung ist, bedarf keiner näheren Ausführung.

[14]) Ges. betr. das Pfandleihegewerbe vom 17. März 1881 (G.S. S. 265) §§ 9 ff.: Die Versteigerung muß durch einen Gerichtsvollzieher oder einen beeideten und angestellten Auktionator nach öffentlicher — gesetzlich besonders geregelter — Bekanntmachung geschehen. Aelteres Recht: Deklaration vom 4. April 1803.

[15]) Gewerbeordnung vom 21. Juni 1869 §§ 35. 36. Die Auktionatoren waren früher allgemein nicht behindert, den Auftrag freiwilliger Versteigerung von Grundstücken anzunehmen. (M.Bl. d. inn. Verw. 1848. S. 305. 1872. S. 303). Seit der Novelle vom 1. Juli 1883 sind dazu nur öffentlich angestellte Auktionatoren berechtigt. Ueber ihre Stellung zum Mandanten, vergl. Striethorst B. 17 S. 299.

[16]) Nur zulässig für Mobilien, Früchte auf dem Halm und Holz auf dem Stamm. Ausf.G. z. Ger.Vf.Ges. v. 24. April 1878 § 74. Vergl. Entwurf des B.G.B. § 879.

[17]) A.L.R. I. 15 § 42. Daß dieser § nur auf bewegliche Sachen anwendbar, darüber vergl. Entsch. B. 30 S. 69, B. 44 S. 77. Vergl. unten B. III. § 180 Anm. 57.

[18]) I. 11 § 343. Die einschränkende Interpretation des Texts ergiebt der jetzt aufgehobene § 361, der die freiwilligen gerichtlichen Verkäufe der §§ 343. 360 mit den durch Adjudikations-Erkenntniß zu beendigenden Subhastationen identifizirt.

aber nur auf die s. g. freiwillige Subhastation der Immobilien, die in der allgemeinen Gerichtsordnung insbesondere für die Veräußerung solcher Immobilien, die im Miteigenthum stehen, und von Mündelgütern geordnet war, und zwar in der Weise, daß sie mit einem gerichtlichen Zuschlagsbescheid zu enden hatte[19]). Letzteres ist jetzt weggefallen[20]). Die vollzogene Lizitationsverhandlung, die Lizitationsbedingungen und die Urkunde über erfolgte oder ergänzte[21]) Zustimmung der Betheiligten bilden den schriftlichen Kaufvertrag. Es giebt zur Zeit keine Bestimmung mehr, die mit gesetzlicher Nothwendigkeit dazu zwingt, die Form der freiwilligen Subhastation zu einem Grundstücksverkauf zu wählen[22]); aber diese Form ist noch jetzt in der früheren Anwendungssphäre anwendbar[23]).

II. Gegenstand besonderer gesetzlicher Regelung ist die Versteigerung in der Zwangsvollstreckungsinstanz, der sich die anderen Fälle eines nothwendigen gerichtlichen Verkaufs anschließen. Das Landrecht setzt für alle solche Fälle eine Reihe von Besonderheiten fest[24]). Bei dem nothwendigen Verkauf gehen Eigenthum, Nutzung, Gefahr und Lasten auf den Käufer nicht erst mit der Uebergabe, sondern schon mit dem Zuschlag über. Ein Gewährleistungsanspruch kann nur geltend gemacht werden wie beim Verkauf in Pausch und Bogen. Die Anfechtung wegen Verletzung über die Hälfte ist ausdrücklich ausgeschlossen. Der Ort des gerichtlichen Zuschlags ist im Zweifel der Zahlungsort. Erfolgt zur festgesetzten Zeit die Zahlung nicht, so muß sich der Käufer gefallen lassen, daß die Sache anderweitig gerichtlich verkauft wird. Der nicht zahlende Käufer wird aber nicht aus seinen aus dem Gebot entspringenden Verbindlichkeiten entlassen, vielmehr bleibt er dem Verkäufer für den Unterschied zwischen seinem höheren und dem später erzielten niedrigeren Gebot und für die Kosten des neuen Verkaufs verhaftet, hat auch die Gefahr zu tragen[25]), bei einem höheren Gebote erhält er aber auch den Ueberschuß[26]), das Geschäft ist endlich anfechtbar wegen

---

[19]) A.G.O. I. 52 §§ 66 ff.

[20]) V. die in Anm. 9 citirten Gesetze.

[21]) Vergl. A.G.O. I. 52 § 71.

[22]) Für den Fall des Verkaufs von Miteigenthum hat schon § 2 V. v. 4. März 1834 (G.S. S. 39) die Zulässigkeit der nothwendigen Subhastation theilungshalber eingeführt. Vergl. §§ 112 ff. der Subhastationsordnung vom 15. März 1869. Immob.-Vollstreckungsgesetz v. 13. Juli 1883 § 185. Nach § 44 der Vormundschaftsordnung v. 5. Juli 1875 ordnet das Vormundschaftsgericht die Art der Veräußerung unbeweglicher Mündelgüter mit freier Wahl zwischen gerichtlicher Versteigerung, notarieller Versteigerung und Verkauf aus freier Hand an.

[23]) Unter Berufung auf Koch, R. d. F. III. 825 bezeichnete Förster als eine Eigenthümlichkeit der freiwilligen Subhastation noch, daß eine Anfechtung wegen Verletzung wesentlicher Formvorschriften des Verfahrens stattfinde. Das möchte sich als geltendes Recht nicht begründen lassen.

[24]) I. 11 §§ 342 ff.

[25]) I. 11 § 346.

[26]) Das folgt daraus, daß der anderweitige Verkauf auf seine Gefahr geschieht. Ihm fällt also auch das commodum zu; durch den Zuschlag war er Eigenthümer geworden, es kann also nur ihm zufallen, wenn das Gesetz nichts Abweichendes bestimmt. I. 11 § 346. S. unten Anm. 73. Ueber den abweichenden Standpunkt der Reichscivil-

Verletzung wesentlicher Förmlichkeiten. Die nothwendige Versteigerung hat in der neueren Gesetzgebung eine eingehende Regelung erhalten. Bei ihrer Betrachtung ist der Verkauf beweglicher Sachen und Rechte nach erfolgter Pfändung im Wege der Zwangsvollstreckung und der Zwangsverkauf unbeweglicher Gegenstände[27]) aus einander zu halten. Beiden gemeinsam ist aber, daß die gegenseitige Obligation des Erstehers und des Veräußerers nicht kraft eines nach den Regeln des allgemeinen Vertragsrechts durch gegenseitigen Willensaustausch zu Stande kommenden privaten Rechtsgeschäfts begründet wird, daß vielmehr ein obrigkeitlicher Akt, der bei der Immobilienversteigerung die Natur eines gerichtlichen Urtheils hat, die Veräußerung in der Weise feststellt, daß daraus Verbindlichkeiten beider Theile entstehen. Diese Verbindlichkeiten bestimmen sich aber, soweit nicht Besonderheiten hervortreten, nach den Grundsätzen von der Kaufobligation, wie denn auch das Landrecht das Rechtsverhältniß ausdrücklich als eine Art des Verkaufs bezeichnet[27a]).

1. Die Versteigerung beweglicher Sachen und Rechte in der Zwangsvollstreckungsinstanz regelt sich zur Zeit in erster Linie nach reichsrechtlichen Bestimmungen. Sie setzt eine Pfändung voraus, die zum Zwecke der Beitreibung einer Geldforderung stattgefunden hat, und schließt sich an diese Pfändung an, wenn der gepfändete Gegenstand eine körperliche Sache ist, ohne Weiteres kraft des Gesetzes; wenn eine Forderung oder ein Recht gepfändet ist, nur nach besonderer Anordnung des Gerichts[28]). Die Versteigerung erfolgt im ersten Falle durch den im amtlichen Besitz des Pfandes befindlichen Gerichtsvollzieher, doch kann das Gericht sie auf Antrag einer anderen Person übertragen. Bei der Versteigerung der Rechte bedarf es der besonderen Anordnung des Gerichts auch bezüglich des Organs der Versteigerung[29]).

a) Es fragt sich nun zunächst, welche Rechtsstellung der Versteigernde einnimmt. Eine verbreitete Ansicht sieht in ihm, weil der Pfändungsauftrag vom Gläubiger ausgeht, einen bevollmächtigten Stellvertreter des Gläubigers. In Wahrheit wird aber der Gerichtsvollzieher, wie früher das Gericht, als Organ der Staatsgewalt angerufen. Er handelt bei der Versteigerung kraft seines Amts, indem er dem Verkaufswillen des Gläubigers die Kraft giebt,

---

prozeßordnung siehe unter II. 1. Man hat schon vom Standpunkt des gemeinen Rechts ausgesprochen, daß die gerichtliche Versteigerung unter dem Vorbehalt der Verwirkung (lex commissoria) geschehe. Berger, Oecon. jur. IV. 29 th. 2 not. 11 und eine besondere Schrift von Crell, Legem commiss. subhastationibus tacite inesse 1746. (Nicht zugänglich gewesen.) Vielleicht wäre es richtiger gewesen, Verkauf unter Vorbehalt des Eigenthums für den Fall nicht pünktlicher Zahlung anzunehmen.

[27]) Der Zwangsversteigerung eines Grundstücks in der Zwangsvollstreckungsinstanz steht diejenige auf Antrag des Konkursverwalters (K.O. § 116) gleich. Besonderheiten hat die Zwangsversteigerung auf Antrag eines Benefizial-Erben und Theilungs halber.

[27a]) I. 11 § 340. Vergl. Henning Rassow bei Gruchot B. 35 S. 359.

[28]) C.P.O. §§ 716. 743. 746. 754.

[29]) C.P.O. §§ 716. 726. 743. 754.

über die Sache zu verfügen, als ob der Schuldner zugestimmt hätte[29a]). Er beugt den widerstrebenden Willen des Schuldners, und er wird bei seinem Vorgehen vom Gesetz geleitet, das nicht dem Willen des Gläubigers, sondern nur dem übereinstimmenden Willen des Gläubigers und Schuldners einen maßgebenden Einfluß gestattet, auch dieses übrigens nicht in allen Beziehungen.

b) Dennoch begründet die Versteigerung eine Obligation, die unter den Regeln des Kaufgeschäfts steht. Bei ihr gilt vom Standpunkt des preußischen Rechts als Verkäufer der Gläubiger, dessen Pfandrecht realisirt wird. An ihn muß sich der Käufer wegen Gewährsmängel halten, soweit überhaupt eine Haftung begründet ist[30]).

c) Was macht den Verkauf perfekt? Der § 718 C.P.O. schreibt vor: der Zuschlag erfolgt nach dreimaligem Aufruf. Im § 721 wird hinzugefügt, daß Gold- und Silbersachen nicht unter ihrem Gold- und Silberwerth zugeschlagen werden dürfen. Wie letzteres eine negative Beschränkung ist, enthält auch das erstere jedenfalls den Satz, daß der Zuschlag vor dreimaligem Aufruf unzulässig ist. Auch läßt sich aus einem Zusammenfassen der Bestimmungen entnehmen, daß der Versteigerer bei Gold- und Silbersachen befugt ist, aus einer Differenz des Werths und des Meistgebots Anlaß zu nehmen, von Amtswegen den Zuschlag zu versagen. Die Kommentatoren der C.P.O. ziehen aber großen Theils aus § 718 die weitere Folgerung, daß nach dreimaligem Aufruf der Zuschlag an den Meistbietenden erfolgen müsse, daß der Meistbietende ein Recht auf den Zuschlag habe, sobald die Erfolglosigkeit des dritten Aufrufs konstatirt sei, und daß der Zuschlag nicht Acceptation des Gebots, sondern amtliche Feststellung dieser Erfolglosigkeit sei[31]). Müßte man diesen Ausführungen Recht geben, so wäre man zu der Annahme genöthigt, der C.P.O. liege die Auffassung zu Grunde, daß das Ausgebot Verkaufsofferte an den Meistbietenden sei, und daß jedes Gebot

---

[29a]) Ueber Versteigerungen, die der Gerichtsvollzieher nach seiner Amtspflicht überhaupt nicht, oder nicht mit diesem Ergebniß vornehmen sollte, vergl. unter h. Ueber die Frage, ob der Gerichtsvollzieher bei der Pfändung ein privatrechtliches Mandat ausführt, ist unter Berücksichtigung der reichsgerichtlichen Praxis näher in § 141 zu handeln.

[30]) Dies bestimmt ausdrücklich I. 20 § 216; die Civilprozeßordnung regelt den Punkt nicht. — Die Haftung kann sich, — sofern nicht unter Zustimmung des Gläubigers und Schuldners in den Verkaufsbedingungen bestimmte dicta et promissa aufgenommen sind, — nur auf die verborgenen Mängel erstrecken. Auch für die Bezeichnung, unter welcher der Gerichtsvollzieher die Sache ausbietet, kann der Gläubiger nicht haften, wenn nicht besondere Kaufbedingungen aufgestellt sind, und darin die Bezeichnung als eine zu vertretende aufgenommen ist. An und für sich ist der Gerichtsvollzieher nicht in der Lage durch besonderes dictum den Gläubiger zu verpflichten. Der Kauf geschieht, wie zu besehen und als Kauf in Pausch und Bogen. — Eine actio emt. auf Uebergabe steht dem Käufer gegen den Gläubiger oder den Vollstreckungsschuldner nicht zu. Vergl. den Text unter e am E. Von einem Entwehrungsanspruch kann nicht die Rede sein, da der Verkauf in öffentlicher Auktion nach preußischem Recht Eigenthum überträgt, auch wenn der Schuldner nicht Eigenthümer war.

[31]) Sogar noch weiter geht v. Wilmowski und Levy zu § 718: schon mit dem letzten Aufruf werde der Kauf perfekt. Das ist gewiß nicht aus dem Gesetz zu entnehmen. Der Aufruf fordert zu Geboten auf, und eine Auffassung des Gesetzes, daß eine dritte

einen bedingten Kaufvertrag perfekt mache, bedingt dadurch, daß nicht bis zur Konstatirung der Erfolglosigkeit einer dreifachen Aufforderung zu ferneren Geboten mittels des Zuschlags ein anderes Gebot abgegeben werde. Es läßt sich aber nicht annehmen, daß die C.P.O. den alten Streit, ob die Versteigerung so aufzufassen sei oder auch nur so aufgefaßt werden könne, habe erledigen wollen. Jener Standpunkt würde zu der weiteren Folgerung führen, daß jeder Bieter das Recht habe, darauf zu dringen, daß festgestellt werde, ob die Bedingung seines Kaufs eingetreten sei, daß also eine begonnene Versteigerung schlechthin zu Ende geführt werden muß. Freigabe des Pfands durch den Gläubiger, Zahlung der Schuld, Einstellung des Verfahrens, Aufhebung der erfolgten Vollstreckungsmaßregeln: das alles wäre, sowie ein Gebot abgegeben ist, wirkungslos, könnte das bedingte Recht des Bieters nicht erschüttern. Wäre dies die Absicht der C.P.O. gewesen, so hätte in den von der Einstellung und Aufhebung der Vollstreckung handelnden Bestimmungen diese Grenze berücksichtigt werden müssen. Dies ist nicht geschehen, vielmehr ergeben diese Bestimmungen, daß bis zum ausgesprochenen Zuschlag die Pfändung beseitigt werden kann[32]). Bis dahin wird also auch der Gläubiger das Pfand nicht nur freigeben, er wird unter Zustimmung des Schuldners auch ohne Freigabe dem Zuschlag für das letzte Gebot widersprechen und Aussetzung des Verkaufs sowie Anberaumung eines neuen Versteigerungstermins wirksam verlangen können[33]). Der Zuschlag des Versteigerers hat hiernach auch bei der Versteigerung nach § 718 der Civilprozeßordnung die Natur der Annahme der mit dem Gebot gemachten Offerte nicht verloren. Mit dem Zuschlag wird amtlich erklärt, daß in Gemäßheit des fortdauernden Verkaufswillens des Gläubigers und unter Ergänzung der Zustimmung des Schuldners der Verkauf geschlossen sein solle.

d) Gesetzliche Verkaufsbedingungen stellt die C.P.O. als solche nicht auf. Die preuß. Geschäftsanweisung für Gerichtsvollzieher bezeichnet freilich die Bestimmungen des § 718 C.P.O. in dieser Weise mit dem Hinzufügen, daß durch Gläubiger und Schuldner eine Abänderung vereinbart werden könne. Eine solche Abänderbarkeit ergiebt aber das Gesetz nicht[34]).

Aufforderung zwar ergehen muß, ein ihr entsprechendes Gebot aber nicht gehört werden darf, daß vielmehr sogleich nach dem dritten Aufruf ohne Berücksichtigung des späteren für das zuletzt vorher abgegebene Gebot der Zuschlag erfolgen muß, wäre widersinnig. Es ist nicht abzusehen, wozu der Zuschlag vom Gesetz vorgesehen ist, wenn der dritte Aufruf bereits das Geschäft perfizirt.

[32]) C.P.O. §§ 668. 688—690. 691. 692.

[33]) Der Schuldner hat, wie der Gläubiger, das Recht, daß die Versteigerung ohne neue Kosten zu Ende gebracht werde, es kann deshalb, wenn der Gläubiger nicht das Pfandrecht aufgiebt, ohne Zustimmung des Schuldners nicht eine Aussetzung der Versteigerung stattfinden. Aus dem unter d im Text Gesagten folgt auch, daß Gläubiger und Schuldner als besondere Verkaufbedingung ein Minimum des Gebots feststellen können, bei dessen Nichterreichung der Versteigerer nicht zuschlagen darf.

[34]) Gesch. Anw. § 78 A. 3. Nach § 726 C.P.O. kann zwar auf Antrag durch das Gericht eine andere Art der Verwerthung der Pfandsache angeordnet werden: aber wenn dies geschieht, wird eben die gesetzlich geordnete Versteigerung des § 718 durch das wesent-

Der § 718 bezeichnet in Absatz 2 u. 3 Pflichten des Gerichtsvollziehers und Rechtsgrundsätze, die aus dem gesetzlich gewollten Wesen der Versteigerung hervorgehen und für die Interessenten unabänderlich sind, weil mit ihrer Abänderung die von dem Gesetz gewollte Sicherheit, daß der Pfandverkauf einen Erlös bringe, beseitigt wäre. Die Pfandsache soll danach bis zur vollen Baarzahlung mit Nothwendigkeit in der Hand des Gerichtsvollziehers bleiben, so daß er bei unterbliebener Zahlung sofort und ohne neue Pfändung zu der vom Gesetz gewollten anderen Versteigerung schreiten kann. Die Versteigerung ist dadurch nach ihrem Wesen eigenthümlich gestaltet. Gesetzliche Bedingungen sind nur die naturalia des Kaufgeschäfts überhaupt, soweit sie nicht gerade durch diese Bestimmung oder sonst landesrechtlich für den Fall des Zwangsverkaufs modifizirt sind. Letzteres ist im preußischen Recht, wie oben angegeben, insofern der Fall, als der Zuschlag Eigenthum begründet. Ueber das Verhältniß dieser Bestimmung zu § 718 soll sogleich gehandelt werden. Was an zulässigen Accidentalien übrig bleibt, Zeit der Kaufgeldzahlungen insbesondere[35]), Zusicherungen über Eigenschaften, sonstige Abreden über Gewährleistung u. dergl. kann als besondere Verkaufsbedingung festgestellt werden, wenn Gläubiger und Schuldner sich darüber einigen.

e) Der Anwendung des preußischrechtlichen Satzes, daß der Zuschlag Eigenthum begründe, steht das Reichsrecht nicht entgegen. Aber der Zuschlag und also auch der Eigenthumserwerb ist nach § 718 Absatz 2 u. 3 nach dem inneren Wesen des ersteren bedingt durch pünktliche Baarzahlung des Kaufpreises. Erfolgt diese nicht, so wird die Sache anderweit versteigert und zwar als eine dem Vollstreckungsschuldner gehörige Sache, so daß der Mehrerlös diesem zufällt[36]). Zur Sicherung dieser anderweitigen Versteigerung dient gerade, wie schon gesagt, die Fortdauer der Beschlagnahme, also Fortdauer des Besitzes seitens des Gerichtsvollziehers. Der verkaufende Gläubiger, der den Besitz der Sache nie erlangt hat, namentlich auch nicht

---

lich verschiedene, vom Gericht bestimmte Geschäft ersetzt. Daraus ergiebt sich nicht eine Abänderlichkeit des gesetzlich geordneten Geschäfts nach seinem gesetzlich gewollten Wesen durch Parteiwillkür. — Der § 718 Absatz 1 enthält schlechthin keine Verkaufsbedingungen, keine Bestimmung des fertigen Kaufvertrags, sondern eine Bestimmung, wie es zu dem Vertrage kommt. Absatz 2 enthält Bestimmungen, die das vom Gesetz gewollte Wesen des Geschäfts ersichtlich machen. Von Zulässigkeit einer Abänderung erhellt nichts. Nach Protok. S. 394 wurde in der Reichstagskommission ein Antrag Pfafferot, die Ablieferung der Sache an den Käufer ohne Kaufgeldzahlung dann zuzulassen, wenn Gläubiger und Schuldner über Stundung des Kaufgelds einverstanden seien, ausdrücklich abgelehnt.

[35]) Naturale negotii wäre sofortige Zahlung im Termin; daß etwas anderes festgesetzt werden kann, ergiebt § 718 Abs. 3 „zu der in den Versteigerungsbedingungen festgesetzten Zeit". Diese Zeit ist übrigens auch nach dem Zuschlag nicht unabänderlich, sie kann auch nachher erstreckt, und damit der Eintritt der Resolutivbedingung des Kaufs hinausgeschoben werden. Ebenso kann nach dem Zuschlage durch Gläubiger und Schuldner wirksam darein gewilligt werden, daß die Sache trotz Kreditirung des Kaufpreises dem Käufer ausgehändigt werde: darin liegt seitens des Gläubigers Aufgabe der weiteren Rechte aus der Pfändung, Einwilligung in die Freigabe, also Verzicht auf den Wiederverkauf des Pfandes bei nicht pünktlicher Zahlung.

[36]) Hierin liegt eine Abweichung von dem preußischen Recht: s. Anm. 26.

durch den Gerichtsvollzieher besitzt, hat keine Verbindlichkeit zur Uebergabe der Sache, der neue Eigenthümer erlangt ein nur gegen den Gerichtsvollzieher mit der Dienstbeschwerde und im Prozeß auf Grund Verletzung seiner Amtspflicht zu verfolgendes Recht auf den Besitz der Sache, aber auch dieses erst mit der Vollzahlung. Aus seinem Eigenthum wird er auch gegen Andere klagen können.

f) Mündliches Gebot. Es ist oben auf den Standpunkt des preußischen Rechts verwiesen, wonach bei Gegenständen über 150 Mark nur das schriftliche Gebot bindet. Nach § 718 Absatz 3 der C.P.O. haftet aber der Meistbietende schlechthin aus seinem Meistgebot; damit ist das Eingreifen der preußisch rechtlichen Formvorschrift beseitigt. Das formlose Gebot ist als schlechthin verpflichtend anerkannt.

g) Das Reichsrecht schließt nicht aus, daß der Gläubiger und der Schuldner selbst als Lizitanten mitbieten und den Zuschlag erhalten. Es wird deshalb die Geltung der landrechtlichen Bestimmung[37]), die den ersteren schlechthin, den letzteren bedingt zuläßt, nicht zu bestreiten sein. Reichsrechtlich ausgeschlossen vom Mitgebot ist der Meistbietende, dessen Säumniß eine anderweitige Versteigerung zur Folge gehabt hat.

h) Das Landrecht ließ eine Anfechtung des Zuschlags seitens des Gläubigers und Schuldners, aber nicht seitens des Käufers wegen bestimmter wesentlicher Mängel des Verfahrens durch eine binnen sechs Wochen nach dem Zuschlag angebrachte Klage zu[38]). Es gab also eine im Prozeßwege geltend zu machende, bestimmt abgegrenzte Nichtigkeit des Zuschlags. Die Formen des Versteigerungsverfahrens sind jetzt in der Civilprozeßordnung selbständig geordnet; welche dieser Formen wesentlich, kann nicht nach landrechtlicher Bestimmung ermessen werden. Ferner weist § 685 C.P.O. die Entscheidung über alle Erinnerungen gegen das Verfahren des Gerichtsvollziehers dem Vollstreckungsgericht zu. An eine Frist sind die Erinnerungen nicht geknüpft. Aus diesen Bestimmungen kann keine Befugniß des Beschwerdegerichts hergeleitet werden, den ertheilten Zuschlag aufzuheben[39]).

---

[37]) I. 20 § 42. Der Schuldner kann nur gegen baare Zahlung mitbieten. Ist er persönlicher Schuldner, so wird er durch die Baarzahlung des Gebots zwar die Freiheit der Sache vom Pfändungspfand erlangen, aber er bleibt dem ausgesetzt, daß die Sache für den unbefriedigten Gläubiger sofort wieder gepfändet wird. Der Gerichtsvollzieher und die ihn unterstützenden Personen sind in Preußen vom Mitbieten ausgeschlossen. A.L.R. I. 11 §§ 21 ff. Gesch. Anw. f. Ger.Vollz. § 75.

[38]) I. 11 §§ 349. 350. 352.

[39]) Die erste von mir besorgte Auflage nahm den entgegengesetzten Standpunkt ein. Aber aus der Stellung des Gerichts, das Erinnerungen gegen das Verfahren zu erledigen hat, kann das Recht, Nichtigkeit des Zuschlags auszusprechen, nicht gefolgert werden. Ueber die Rechtsgiltigkeit des Zuschlags wird daher unter den Interessenten im Rechtswege zu entscheiden sein. Hierbei ist davon auszugehen, daß der Gerichtsvollzieher nur eine wirklich und wirksam gepfändete Sache zuschlagen kann; daß er ferner kraft seines Amts zur Einhaltung der Formvorschriften verpflichtet ist, daß aber die Verletzung von solchen Ordnungsvorschriften, die hätten beachtet werden sollen, den vom Gesetz mit Wirkung versehenen Ausspruch des Ergebnisses nicht beeinflussen kann, sondern nur Regreßverbindlichkeit erzeugt. Im Falle der Aufhebung des Zuschlags regelt sich das Rechtsverhältniß nach wie vor durch A.L.R. I. 11 §§ 353. 354.

Seine Wirksamkeit ist also nur im Rechtswege in Frage zu stellen. Möglich ist auch eine Anfechtung des Rechtsverhältnisses, das durch den formell giltigen Zuschlag scheinbar zu Stande gekommen ist, aus anderen Gründen: z. B. Geschäftsunfähigkeit des Bieters, Irrthum über den Gegenstand u. s. w. Die Klage, mit welcher der Käufer den Zuschlag unter Rückforderung des Gezahlten angreift, wird gegen Gläubiger und Schuldner zu richten sein.

2. Die Zwangsversteigerung unbeweglicher Gegenstände[40]) regelt sich gegenwärtig nach dem Gesetz betreffend die Zwangsvollstreckung in das unbewegliche Vermögen vom 13. Juli 1883[41]). Nach der obligatorischen Seite hat dieses Gesetz ebenso wie die Subhastationsordnung vom 15. März 1869 den oben erwähnten Standpunkt des Landrechts bezüglich des „gerichtlichen Verkaufs" nicht verlassen.

a) Das den Verkauf leitende Gericht übt eine amtliche, richterliche Thätigkeit, nicht nur insofern es das Grundstück mit Beschlag belegt und das Verfahren leitet, sondern auch insofern, als es über den Zuschlag erkennt. Darüber, daß es der amtlichen Stellung des Gerichts in keiner Weise entspricht, es als Vertreter des Gläubigers oder des Subhastaten zu bezeichnen, besteht keine Meinungsverschiedenheit mehr. Aber auch, wenn gesagt wird, der Richter veräußere das zur Subhastation gestellte Objekt kraft seiner obrigkeitlichen Machtvollkommenheit[42]), so ist das ein schiefer Ausdruck. Der Richter veräußert überhaupt nicht, er schließt kein Geschäft, er hat nicht den Alienatationswillen. Seine Aufgabe geht dahin, ein Verfahren zu leiten, das auf Grund des Antrags eines zur Betreibung des Verfahrens Berechtigten unter Berücksichtigung der Erklärungen des Eigenthümers und anderer Interessenten zu einer wirklichen oder kraft oes Gesetzes auzunehmenden und durch sein Urtheil festgestellten Willenseinigung über den Verkauf führt. Das Zuschlagsurtheil, welches das Verfahren abschließt, stellt jene thatsächliche oder als vorhanden anzusehende Willenseinigung fest, indem es das danach

---

[40]) Kurlbaum, Neue Grundsätze der Zwangsversteigerung 1883. Heidenfeld, Die Zwangsversteigerung von Grundstücken 1883. Dernburg I. §§ 343—352. Von Kommentaren des Gesetzes sind zu nennen: Krech und Fischer, 3. Aufl. 1894; Jäckel, 3. Aufl. 1893, O. Rudorff, Volkmar, Dorendorf. Otto Richter, Die Zwangsvollstreckung in Grundstücke 1887.

[41]) Aelteres Recht: A.G.O. I. 52, — dann V. v. 4. März 1834 über den Subhastations- und Kaufgelder-Belegungsprozeß — sodann die Regelung der Rechtsstellung der Realinteressen in der Konk.-Ordn. v. 8. Mai 1855. — Demnächst die Subhastationsordnung vom 15. März 1869, die durch das Gesetz v. 4. März 1879 mit den Reichsjustizgesetzen in ein vorläufiges Einvernehmen gesetzt wurde. Vergl. über älteres Recht Hartmann, Die preuß. Subhastationsgesetzgebung 1861. Die Kommentare der Subhastations-Ordnung v. 15. März 1869 von Wachler (3. Aufl. 1880) und Jäckel (3. Aufl. 1882). Kurlbaum, Die preußische Subhastationsordnung v. 15. März 1869 unter dem Einfluß der deutschen Justizgesetze 1879. Vergl. den in Anm. 27a citirten Aufsatz von Henning Rassow. — Ueber den Begriff der unbeweglichen Gegenstände bezüglich der Zwangsvollstreckung s. oben B. I. § 21 Anm. 8. 44. 45.

[42]) Dernburg I. § 343. Die im Text vertretene Auffassung des Zuschlagserkenntnisses als Ausspruch des Richters auf Grund der Einigung der Interessenten mit dem Bieter oder zur Lösung des unter ihnen bestehenden Widerspruchs erhellt für das Verfahren der A.G.O. klar aus I. 52 § 58.

begründete Recht des Bieters auf den Zuschlag anerkennt und gleichzeitig verwirklicht[43]).

b) Berechtigt, das Verfahren in Bezug auf ein Grundstück zu betreiben ist ein Gläubiger, der gegen den eingetragenen oder sonst glaubhaft erweislichen Eigenthümer des Grundstücks einen vollstreckbaren Titel über eine Geldforderung hat, der Verwalter im Konkursverfahren des Eigenthümers, der Nachlaßpfleger oder ein Benefizialerbe, endlich auch zum Zwecke der Auseinandersetzung ein Miteigenthümer[44]). Es ist zuläſſig, daß in einem bereits eingeleiteten Verfahren neben dem ursprünglich betreibenden Theile ein anderer durch Beitritt die Rechte des Betreibenden erlange[44a]). Das Recht eines Gläubigers zum Betrieb des Verfahrens ist stärker als das des Konkursverwalters oder Benefizialerben u. s. w., und bei einer Kollision mehrerer betreibender Gläubiger ist die Stellung des Bestberechtigten unter ihnen für das Verfahren maßgebend[44b]). — Für den Abschluß und den materiellen Inhalt des zu erwirkenden Verkaufs sind aber die Erklärungen des betreibenden Theils nicht schlechthin maßgebend; vielmehr darf die betriebene Veräußerung nur unter Wahrung der besseren kollidirenden Rechte am Grundstück und unter möglichster Schonung der Interessen derer stattfinden, deren Rechte durch den Verkauf auf Antrag des betreibenden Theils berührt werden, d. h. der minder berechtigten dinglichen Gläubiger, des Grundstückeigenthümers, beim Verkauf zum Zwecke der Auseinandersetzung der Miteigenthümer und der lediglich auf deren Antheilen lastenden Real-

---

[43]) In der Entscheidung über den Zuschlag bringt das Gericht nicht einen Veräußerungsvertrag zur Perfektion; es steht vielmehr schon mit dem Abschluß der Bietungsverhandlung objektiv fest, ob ein Bieter und welcher Bieter ein Recht auf den Zuschlag hat. Nachher ist daran in der Regel nichts mehr zu ändern. Das Gericht bringt dieses bestehende Recht durch Ertheilung des Zuschlags zur judikatmäßigen Anerkennung und bindet die nicht ausdrücklich zustimmenden oder widersprechenden Interessenten durch die Rechtskraft seines Spruchs. Die Bezeichnung des Hergangs bei der Zwangsversteigerung als eines Kaufkontrakts muß aufgegeben werden, der Hergang bei der Zwangsversteigerung ist nicht der eines Privatrechtsgeschäfts; insbesondere liegt hier ebensowenig, wie bei dem Abschluß des Zwangsvergleichs ein gerichtlich bestätigter Vergleich geschlossen ist, ein gerichtlich nur bestätigtes Rechtsgeschäft zwischen dem betreibenden Theil, den anderen Versteigerungsinteressenten und dem Bieter vor (vergl. unten Anm. 5); — aber das Rechtsverhältniß, das durch das Zuschlagsurtheil geschaffen wird, ist wie — gegen Dernburg sowie Krech und Fischer — festgehalten werden muß, obgleich nicht aus einem Kaufvertrag hervorgegangen, nach den Grundsätzen vom Kauf zu beurtheilen.

[44]) Immob.Vollstr.Ges. §§ 2. 14. 180. Auf besonderen rechtlichen Verhältnissen beruhen noch die Bestimmungen in § 180 Abs. 2 Z. 3 und 4.

[44a]) Immob.Vollstr.Ges. § 15 Abs. 2.

[44b]) Immob.Vollstr.Ges. §§ 54 ff. vergl. § 183. Vergl. Kurlbaum, Neue Grundsätze § 7. Wenn einer Zwangsversteigerung, die von einem Nachlaßgläubiger beantragt ist, der Antrag des Benefizialerben hinzutritt, so kann die Rechtsfolge des § 184 Z. 3 nur eintreten bei besonderer Bekanntmachung des Versteigerungstermins mit dieser Angabe. Ist die Zwangsversteigerung von einem Miteigenthümer beantragt, ebenso aber von einem Gläubiger, dem auch der beantragende Miteigenthümer haftet, so muß wegen der aus § 185 Z. 1 ersichtlichen Abweichungen ein ganz besonderes Verfahren stattfinden.

forderungen. Für diese Interessenten[44c]) galt das Verfahren, wie es vor dem Gesetz von 1883 gestaltet war, als ein Spezialkonkurs bezüglich des Grundstücks; die Forderungen aller Gläubiger wurden fällig, das Grundstück wurde für sie zur litigiösen Sache, dem Käufer mußte es frei von Hypotheken und Lasten übereignet werden, die Interessenten sollten aus dem nach ihrer Rangordnung zu vertheilenden, baar gezahlten Kaufgelde, der Immobilienmasse, soweit sie reichte, befriedigt werden; der Verkauf hatte unter gesetzlichen Verkaufsbedingungen statt zu finden, die nur unter Zustimmung aller Interessenten geändert werden konnten. Dieser konkursähnliche Charakter des Verfahrens ist in dem geltenden Gesetz beseitigt[45]). Das Grundstück wird nur für den betreibenden Theil in Beschlag genommen[46]). Nach seiner Rechtsstellung zum Grundstück richten sich die gesetzlichen Verkaufsbedingungen. Wenn er ein Gläubiger ist, sind diejenigen Rechte, die seinem Rechte am Grundstück vorgehen, unberührt zu erhalten, der Käufer muß sie, soweit sie nicht gesetzlich auf jeden Erwerber übergehen, für die Zukunft übernehmen, und, soweit sie in fälligen Zinsen oder sonstigen Präſtationen bestehen, muß der Berechtigte Befriedigung erhalten, damit der Verkauf des Grundstücks überhaupt zu Stande komme. Neben der Deckung der Kosten bildet dies das „geringste Gebot"[47]). Veränderungen der gesetzlichen Kaufbedingungen, insbesondere auch der Bestimmungen bezüglich des geringsten Gebots sind nur zulässig unter Zustimmung der von der Veränderung berührten Interessenten[48]). Im Uebrigen macht sich das Recht jedes Interessenten dahin geltend, daß er solche Verkaufsbedingungen verlangen kann, welche seine Rechtsstellung wahren, wenn dadurch den vorangehenden oder gleichberechtigten Interessenten nicht geschadet wird. Es bleibt ihm überlassen, im Verfahren die Aufstellung solcher

---

[44c]) Den Kreis der Interessenten für den Fall der Zwangsversteigerung zum Zweck der Zwangsvollstreckung begrenzt das Immob.Vollstr.Ges. § 21. Die aus dem Grundbuch zur Zeit des Sperrvermerkes ersichtlichen Realberechtigten haben das Recht der Theilnahme ohne Weiteres, andere müssen ihr Realrecht anmelden und glaubhaft machen. Das kann jederzeit während des Verfahrens, auch noch im Stadium der Kaufgeldvertheilung geschehen. Die Feststellung der Bedingungen im Versteigerungstermin, welche frühestens eine Stunde nach der für den Beginn des Termins festgesetzten Zeit stattfindet, wirkt insofern ausschließend, als die nicht von selbst auf den Ersteher übergehenden, aus dem Grundbuch nicht in bestimmter Höhe ersichtlichen Ansprüche bei Feststelluug des geringsten Gebots nicht berücksichtigt werden und für die Vertheilung des Kaufgelds gegen die berücksichtigten im Rang zurücktreten, falls sie nicht bis zu jener Zeit angemeldet und, wenn der betreibende Gläubiger sie bestreitet, diesem gegenüber glaubhaft gemacht sind. Imm.Vollstr.Ges. § 40 Z. 8, § 61.

[45]) Vergl. Heidenfeld a. a. O. S. 55f.

[46]) Immob.Vollstr.Ges. §§ 16. 180. Auch die Rechtsstellung des persönlichen Gläubigers, für den eine Beschlagnahme des zu versteigernden Grundstücks stattfindet, wird in B. III. § 193 Anm. 24 näher zu besprechen sein.

[47]) Immob.Vollstr.Ges. §§ 22. 53—57. Bei der Zwangsversteigerung von Schiffen, ferner bei der Versteigerung Theilungs halber und in den besonderen Fällen des § 180 Z. 3 und 4 findet die Feststellung eines geringsten Gebots nicht statt. Ueber die Bedeutung des geringsten Gebots vergl. das Buch von Kurlbaum.

[48]) Immob.Vollstr.Ges. § 45. Kurlbaum S. 38.

Bedingungen zu beantragen und ihn selbst schädigenden Bedingungen zu widersprechen[49]). Insofern findet also auch heute noch der Verkauf zwar auf das Betreiben eines bestimmten Berechtigten, aber unter Berücksichtigung der Rechtsstellung aller derjenigen statt, die durch den Verkauf berührt werden.

c) Willenseinigung. Wie das Erkenntniß, durch das ein Zwangsvergleich bestätigt wird, nur im Falle der berechtigten Annahme des Richters, daß eine gewisse Willenseinigung vorhanden sei, erlassen werden soll, so hat das Zuschlagserkenntniß eine Willenseinigung über den Verkauf zur Voraussetzung. Aber der Mangel dieser Willenseinigung kann auch hier nur durch das Rechtsmittel der sofortigen Beschwerde über den Zuschlagsbescheid geltend gemacht werden. Hier wie dort wird die Willenseinigung nicht neben dem sie feststellenden Erkenntniß, sondern als dessen Grundlage gefordert[50]). Die Willenseinigung hat also keinen selbständig privatrechtlich erheblichen, keinen rechtsgeschäftlichen Charakter[51]). Sie ist auch insofern eigenthümlich, als das Verfahren unter dem Einfluß des Versteigerungsantrages mittelst eines Zwangs gegen die anderen Interessenten zum Zuschlag führen muß, wenn sich nur ein zulässiger Bieter findet, und der Antrag bis zum Ende des Verfahrens aufrecht erhalten wird. Der betreibende Gläubiger kann aber durch Zurücknehmen des Antrags oder durch Gewährung einer Stundung bis zum Schlusse des Versteigerungstermins den Zuschlag trotz der Abgabe eines zulässigen Gebots verhindern[52]). Bis zu diesem Zeitpunkt muß auch die Einstellung des Verfahrens erwirkt sein, wenn Dritte auf Grund ihrer Rechtsstellung der Versteigerung ganz oder zum Theil widersprechen wollen[53]). Endlich müssen bis zu diesem Zeitpunkt die Subhastationsinteressenten ihren Widerspruch gegen den Zuschlag erheben, wenn er berücksichtigt werden soll[54]). Dieser Widerspruch kann sich richten gegen den Zuschlag überhaupt, wenn der Widersprechende, der durch den Zuschlag benachtheiligt werden würde, behufs Erlangung eines besseren Gebots, — regelmäßig unter Sicherheitsleistung, — die Anberaumung eines neuen Termins zur Fortsetzung des Verfahrens auf seine Kosten und Gefahr beantragt; oder der Widerspruch richtet sich gegen die Zuschlagsertheilung unter den aufgestellten Bedingungen, weil wesentliche Vorschriften des Verfahrens zum Nachtheil des Widersprechenden verletzt sind[55]). Der Bieter wird von seinem Gebot frei, sobald ein neues

---

49) Immob.Vollstr.Ges. §§ 72 ff.
50) Oben B. I. § 120 hinter Anm. 1.
51) Oben B. I. § 28.
52) Immob.Vollstr.Ges. § 73. Eine Stundung ohne Aufhebung des ganzen Verfahrens ist nur in Gemäßheit des § 51 auf höchstens 3 Monate zulässig, weil sonst die laufenden Zinsen der beim Verfahren zu berücksichtigenden Gläubiger unangemessen hoch wachsen würden.
53) Imm.Vollstr.Ges. § 71.
54) Imm.Vollstr.Ges. § 72.
55) Imm.Vollstr.Ges. §§ 74. 75.

Gebot widerspruchslos[55a]) zugelassen oder ein neuer Termin anberaumt wird[56]). Insofern ein Bieter noch gebunden ist, so kann ihm, wenn er auch nicht der Meistbietende ist, nach dem übereinstimmenden Antrag aller Interessenten, oder falls der gegen das höhere Gebot erhobene Widerspruch durchgreift, der Zuschlag ertheilt werden. Sonst kann der Zuschlag nur für das höchste Gebot erfolgen; das Gesetz geht davon aus, daß die erforderliche Willensübereinstimmung vorhanden ist, wenn die nach dem Schlusse der Versteigerung von dem Richter erlassene Aufforderung zur Erklärung über Ertheilung des Zuschlages nicht noch im Bietungstermin die Erklärung eines zulässigen Widerspruchs zur Folge gehabt hat. — Was die Form der Gebote anlangt, so hat schon eine Bestimmung der Subhastationsordnung von 1869 von der im früheren Recht vorgeschriebenen Unterschrift des Bieters Abstand genommen, so daß das mündliche, zu protokollirende Gebot rechtsverbindlich ist.

d) Die vom Gesetz gewollte Zulassung des Gläubigers, der die Versteigerung betreibt[57]), und ebenso unter gewissen Voraussetzungen des Schuldners oder derzeitigen Eigenthümers als Bieter[58]), zeigt, daß die Behandlung der aus dem Zuschlag erwachsenden Obligation als Obligation aus einem Kaufgeschäft nur die regelmäßige Wirkung des Zuschlags sein kann. Wird dem Gläubiger der Zuschlag ertheilt, so ist durch das Meistgebot der Betrag festgestellt, für den er das Pfand zur Befriedigung annimmt. Insoweit er hyperocha herauszuzahlen hat, haftet er aber wie ein Käufer. Der Schuldner, dem das Zuschlagsurtheil das Grundstück beläßt, erwirbt das Recht auf Freiheit von den bedingungsmäßig nicht zu übernehmenden Hypotheken und dinglichen Belastungen, gegen die Pflicht, seinerseits bedingungsmäßig zu erfüllen.

e) Der Gegenstand des Verkaufs bestimmt sich für die aufzustellenden Verkaufsbedingungen und für den Zuschlagsbescheid zunächst durch den Versteigerungsantrag, der den zu versteigernden Gegenstand zu bezeichnen hat. Richtet sich das Gebot auf einen anderen Gegenstand als den nach den Verkaufsbedingungen zu verkaufenden, so fehlt die für den Zuschlag nothwendige Uebereinstimmung. Es kann aber auch ein anderer, als der durch die Einleitung des Verfahrens in Beschlag genommene und bei der öffentlichen Bekanntmachung des Versteigerungstermins bezeichnete Gegenstand nicht

---

[55a]) Einem Gebot kann von jedem Interessenten widersprochen werden, so lange der Bieter für dasselbe nicht Sicherheit leistet. Der Betrag der Sicherheit richtet sich nach den im Imm.-Vollstr.Ges. § 62 enthaltenen Bestimmungen, die Mittel zur Sicherheitsleistung bezeichnet § 64. Gewisse öffentlich rechtliche Korporationen brauchen keine Sicherheit zu leisten. Ueber den Streit bezüglich der Zurückweisung eines Bieters vergl. Abs. 2 des § 68. Ueber die einseitige Natur des zur Sicherheitsleistung geschlossenen Verpfändungsgeschäfts vergl. B. I. § 28 Anm. 14.

[56]) Imm.Vollstr.Ges. § 66.

[57]) A.L.R. I. 20 § 42.

[58]) Eig.Erw.Ges. v. 5. Mai 1872 § 46, Imm.Vollstr.Ges. § 83. Ueber die von dem bietenden Schuldner oder Eigenthümer des Grundstücks zu leistende Sicherheit vergl. Imm.-Vollstr.Ges. §§ 62. 64.

mit Rechtswirksamkeit durch die Verkaufsbedingungen als der zu versteigernde bezeichnet und zum Gegenstand des Zuschlags gemacht werden[59]). Andererseits kann nur der im Zuschlagserkenntniß bezeichnete Hauptgegenstand als veräußert gelten[60]). Nicht selten ist trotzdem der Versteigerungsgegenstand wegen Unbestimmtheit des Antrags und Ungenauigkeit der Angaben zweifelhaft[61]). Hierbei kommt insbesondere in Frage, ob neben dem Hauptgegenstand der Versteigerung alles das zur Versteigerung gestellt und zugeschlagen ist, was von der Beschlagnahme des Grundstücks mit ergriffen wird[61a]), insbesondere z. B. Versicherungsgelder. In dieser Beziehung kann nur der Inhalt der Verkaufsbedingungen, auf die hin geboten ist, und deren Auslegung entscheiden, ohne daß etwa die Vermuthung dafür spräche, daß alles mit Beschlag Belegte auch mitverkauft sei. Sache des Richters ist es, dafür zu sorgen, daß die Verkaufsbedingungen den Gegenstand genau begrenzen. Der gerichtliche Verkauf ist aber ein Verkauf in Pausch und Bogen und begreift deshalb im Zweifel alles, was zur Zeit des Verkaufs an Zubehör und Früchten auf dem Grundstück vorhanden ist. Als Zeit des Verkaufs muß dabei die der abgeschlossenen Versteigerungsverhandlung angesehen werden, weil mit deren Abschluß die Grundlagen feststehen, worauf hin der Zuschlagsbescheid abzufassen ist[62]). In der Praxis hat sich die Ansicht festgesetzt, daß die Versteigerung auch diejenigen Gegenstände betreffe und zum Eigenthum des Erstehers mache, die dem Subhastaten nicht gehören, aber von ihm

---

[59]) Der Zuschlagsbescheid macht den Ersteher zum Eigenthümer des versteigerten Grundstücks, weil die Eigenthumsansprüche aller Anderen als des Subhastaten in Folge des öffentlichen Aufrufs (Imm.Vollstr.Ges. § 40 unter 9) als ausgeschlossen gelten. Wenn der Zuschlagsbescheid ein anderes als das mit Beschlag belegte und im öffentlichen Aufgebot bezeichnete Grundstück zuschlägt, so kann er dem wahren Eigenthümer desselben gegenüber, da dieser weder Interessent, noch Bieter, noch durch das Aufgebot geladen ist, nicht rechtskräftig werden. Es handelt sich dann um den Zuschlag eines gar nicht zum Gegenstand der Zwangsversteigerung gewordenen Grundstücks, und dieser Zuschlag berührt den wirklichen Eigenthümer des Grundstücks nicht. R.G. Entsch. B. 11 S. 277.

[60]) Es kann auch niemals ein Grundstück, das als ein selbständiges im Grundbuch eingetragen ist, stillschweigend ohne Aufführung im Subhastationspatent und Zuschlagsurtheil als zugeschlagen gelten. R.G. Entsch. B. 15 S. 251.

[61]) Bei der Lösung dieses Zweifels kann es nicht, wie das Reichsgericht (Entsch. B. 2 S. 256) sagt, auf die erkennbare Absicht des Subhastationsrichters ankommen (dessen Absicht gewiß gleichgiltig ist); sondern nur die erkennbare Uebereinstimmung dessen, was nach dem Antrag des betreibenden Gläubigers durch die festgestellten Kaufbedingungen zum Verkauf gestellt ist, und desjenigen, worauf der Bieter hat bieten wollen, entscheidet.

[61a]) Das heißt nach Imm.Vollstr.Ges. § 16 die zur Immobiliarmasse gehörigen beweglichen Gegenstände mit Ausnahme des Miethς- und Pachtzinses und sonstiger Hebungen sowie die landwirthschaftlichen Erzeugnisse mit den a. a. O. bezeichneten Maßgaben.

[62]) Aus der schwankenden Praxis Präj. Nr. 532. 534 (Samml. S. 54), Entsch. B. 58 S. 92. Strieth. B. 42 S. 1, B. 79 S. 71, B. 82 S. 161. Abweichend Strieth. B. 78 S. 17, B. 79 S. 187. Dagegen wieder B. 81 S. 152, B. 84 S. 11 u. R.G. in dem von Paris bei Gruchot B. 25 S. 278 mitgetheilten Urtheil. Gegen dieses Urtheil Paris a. a. O. Er will als verkauft ansehen das Grundstück, wie es zur Zeit des Subhastationspatents steht und liegt, weil die Bieter sich darauf müßten verlassen können, daß nichts von dem besehenen Grundstück weggeschafft sei, ohne daß ihnen dies mitgetheilt werde. Eine solche Interpretation des Vertragswillens ist bei vertrags-

zu jener Zeit als Inventar des Grundstücks besessen werden[63]). Aber diese Gegenstände sind nur dann wirkliche Pertinenz, wenn sie dem Subhastaten gehören; sie können also nur dann als mitverkauft gelten. Noch weniger kann etwas als mitverkauft angesehen werden, was der Vollstreckungsschuld-

---

mäßigem Verkauf zwischem dem Verkäufer, der sonst als Betrüger dasteht, und dem Käufer gerechtfertigt, für das auf anderer Grundlage aufgebaute Verhältniß zwischen Subhastationsinteressenten und Adjudikatar ist sie nicht zulässig. Paris zieht übrigens aus seinem Satz nur für Zubehörstücke, nicht auch für Früchte Folgerungen. Mit ihm ist zu sagen: es entscheidet, was zur Lizitation gebracht ist; aber was ist zur Lizitation gebracht?

[63]) So in Uebereinstimmung mit Entsch. B. 70 S. 247, Gruchot B. 22 S. 741, Reichsgericht: Entsch. B. 2 S. 255, Gruchot B. 25 S. 933, B. 26 S. 1094. Vergl. auch Dernburg I. § 350 Anm. 10, Paris bei Gruchot B. 25 S. 278. — Das Reichsgericht argumentirt: es komme nur darauf an, was der Richter zuschlagen wolle. Auch wenn der Richter Sachen mit Unrecht als Zubehör eines Grundstücks ansehe und zuschlage, so seien sie mitverkauft und würden Eigenthum des Erstehers. Vergl. hiergegen oben Anm. 59. Ein gar nicht zur Versteigerung gestelltes, gar nicht mit Beschlag belegtes Grundstück kann gewiß deshalb nicht zum Eigenthum des Erstehers werden, weil der Richter es aus Irrthum zuschlagen will, aber auch dann nicht, wenn der Richter es aus Irrthum zum Aufgebot gebracht hat. Das Eigenthum des wahren Eigenthümers daran geht nur unter, wenn das Grundstück wirklich zur Versteigerung gestellt, und der Eigenthümer darauf durch die öffentliche Ladung hingewiesen ist. So kann auch der Irrthum des Richters und der Subhastationsinteressenten bezüglich des Inventars keine Bedeutung haben. Höchstens die, daß dem Käufer, dem zugesichert ist, daß gewisse Gegenstände Inventar seien, deshalb Gewähr geleistet werden muß. Die Ausführung aber, daß mit denjenigen, welche Eigenthumsansprüche an dem Grundstück haben, auch diejenigen, welche Eigenthumsansprüche auf das scheinbar als Pertinenz anzusehende Inventar haben, öffentlich zu deren Geltendmachung aufgerufen werden, geht darin fehl, daß sie die nicht dem Subhastaten gehörigen Gegenstände, die, wenn sie ihm gehörten, aber nur dann, Inventar sein würden, als zum „Grundstück" gehörig ansieht. Aus A.L.R. I. 15 § 42 folgt zwar, daß, wenn bewegliche Gegenstände in öffentlicher Versteigerung verkauft sind, sie nicht vindizirt werden können; aber es folgt daraus nicht, daß der Verkauf eines Grundstücks sich nothwendig auf bewegliche Gegenstände erstrecken muß, die nicht rechtlich als Zubehör angesehen werden können. Die vorige Auflage fragte: Würden die Stühle und Tische vom Grundstück der Aktiengesellschaft Flora anders ausgesehen haben, wenn das Etablissement während des Versteigerungsverfahrens verpachtet gewesen wäre und die Stühle und Tische dem Pächter gehört hätten? Würde der Subhastationsrichter sie auch dann zum Gegenstande des Verkaufs haben machen können, warum sollen nun die vom Subhastaten gemietheten Stühle und Tische zum Nachtheil ihres Eigenthümers, der keinen Anlaß hat, sich darum zu kümmern, ob die Flora subhastirt wird, der vielleicht gar nicht weiß, daß der Miether die Tische und Stühle in die Flora gebracht hat, anders behandelt werden? In gewisser Weise giebt das R.G. Entsch. B. 19 S. 32 und bei Gruchot B. 34 S. 1105 gegenüber solchen Fragen nach, indem der Satz nur für solche Sachen aufrecht erhalten wird, die der Grundstückseigenthümer zur Pertinenz bestimmt hat, obgleich sie ihm nicht gehörten. Damit scheint mir der Rückzug aus einer unhaltbaren Position angetreten zu sein. Aufgegeben ist damit, daß der „Wille" des den Zuschlag ertheilenden Richters entscheidend sei, aufgegeben auch, daß der äußere Schein der Pertinenzeigenschaft entscheide; denn anzusehen ist es den Stühlen nicht, ob sie dem Pächter des Lokals mit diesem eingeräumt oder von ihm für das Lokal beschafft sind. Und richtig bleibt: nur ihm gehörige Sachen kann der Eigenthümer des Grundstücks rechtlich wirksam zur Pertinenz seines Grundstücks machen. Es muß deshalb aufrecht erhalten werden: Das dem Subhastaten gehörige Inventar ist Pertinenz und wird, auch wenn das Grundstück mit ihm zusammen vermiethet ist, dem Ersteher mit dem Grundstück zugeschlagen; was aber nicht wirklich Pertinenz war, wird vom Zuschlag nicht berührt. — Daß übrigens die Handlung des Zwangsverwalters eben so wie die des Eigenthümers eine Sache zur Pertinenz des Grundstücks machen kann, weil der Verwalter den Eigenthümer in der Verwaltung vertritt, ist nicht zu bezweifeln. R.G. bei Gruchot B. 34 S. 1110.

ner zwar bei der Beschlagnahme besessen hat, und was also von der Beschlagnahme ergriffen worden, was aber demnächst von dem Schuldner, sei es auf Grund seiner Verwaltungsbefugniß oder auch unter deren Ueberschreitung, veräußert und vom Grundstück entfernt ist. Wenn in diesem Fall überhaupt Ansprüche gegen den Dritterwerber bestehen, so können diese als Gegenstand des Zuschlags nur angesehen werden, wenn sie ausdrücklich mit zum Verkauf gestellt sind. Soweit Gegenstände der Immobiliarmasse nicht mit dem Grundstück verkauft werden, sind sie zum Besten des betreibenden Gläubigers auf dessen Antrag anderweit zu veräußern[64]).

f) Verpflichtung auf Seite des Verkäufers. Das Eigenthum des Verkaufsgegenstandes geht durch den Zuschlagsbescheid ohne Uebergabe oder Auflassung auf den Ersteher über, der gegen Ansprüche aus Mängeln des Rechts des Subhastaten um deshalb geschützt ist, weil der Zuschlag für ihn Eigenthum und Freiheit von nicht zu übernehmenden Rechten Dritter begründet, selbst wenn der Vollstreckungsschuldner nicht Eigenthümer gewesen sein sollte. Damit diese Wirkung des Zuschlags den Berechtigten nicht benachtheilige, findet bei der Bekanntmachung des Bietungstermins eine öffentliche Ladung derjenigen Statt, welche solche Ansprüche zu erheben haben. Falls diese nicht rechtzeitig die Einstellung des Verfahrens erwirken, verbleibt ihnen nur ein Anspruch auf die Kaufgelder[65]). Regelmäßig bedarf es ferner für den Ersteher keiner Klage, um in den Besitz des Kaufgegenstandes zu gelangen. Das Zuschlagsurtheil ist gegen den Schuldner und dessen Rechtsnachfolger im Besitz des Grundstücks vollstreckbar. Darauf beruht die Bestimmung, daß die Uebergabe des Grundstücks nach Berichtigung des Kaufgelds auf Antrag des Erstehers amtlich in's Werk gesetzt wird[66]). Sind aber nur bewegliche Zubehörstücke, die zur Zeit des Abschlusses des Versteigerungstermins vorhanden waren, nachmals in den Besitz eines bösgläubigen Erwerbers gelangt, so findet gegen diesen ein Vollstreckungszwang zur Uebergabe nicht statt. Der Ersteher wird die Gegenstände vielmehr als ihm auf Grund des Zuschlags gehörig vindiziren müssen. Hierzu ist er aber, wenn die Beschlagnahme dem Erwerber unbekannt war und nicht bekannt sein mußte, oder sofern es sich um eine Veräußerung handelt, die innerhalb der Verwaltung des Grundstücks hätte vorgenommen werden können, überhaupt nicht oder wenigstens nicht ohne Ersatz des redlich Bezahlten befugt. Insoweit der Käufer nicht vindiziren kann, muß man ihm gegen den Subhastaten die Kaufklage auf Herausgabe oder Entschädigung zuschreiben[67]). Da der Subhastationsgegenstand regelmäßig, wie er steht und liegt, verkauft

---

[64]) Vergl. Johow, Jahrb. B. I. S. 61.

[65]) Imm.Vollstr.Ges. § 40 Ziffer 9. Der Nachtheil tritt, wenn das Zuschlagsurtheil erlassen wird, ipso jure ein. Ist das Kaufgeld vertheilt, so wird der Anspruch gegen den letzten bereicherten Perzipienten gerichtet werden müssen.

[66]) Imm.Vollstr.Ges. § 98.

[67]) Vergl. Striethorst B. 79 S. 71. A. M. Dernburg I. § 350 A. 8.

wird, so können auch Gewährleistungsansprüche regelmäßig nicht entstehen. Doch ist es möglich, daß die Kaufbedingungen unter Zustimmung der Interessenten dahin gefaßt werden, daß dem Ersteher für das Vorhandensein gewisser Rubriken einer Beschreibung der Sache oder für gewisse Eigenschaften Gewähr geleistet werden muß. Dem Gewährleistungsanspruch haftbar ist aber solchen Falls nicht der Subhastat als solcher, sondern nach dem Ausdruck des Landrechts der Gläubiger; darunter wird jetzt zunächst der betreibende Gläubiger verstanden werden müssen. Aber wenn das Kaufgeld, aus dem dieser die Schadloshaltung nehmen kann, bereits vertheilt ist, muß der Anspruch gegen denjenigen, der zu Unrecht den entsprechenden Theil des Kaufgelds erhalten hat, also gegen den letzten Perzipienten gerichtet werden [68].

g) Verpflichtungen des Erstehers. Das „geringste Gebot" besteht in der Pflicht des Erstehers, die bei dessen Feststellung berücksichtigten dem Rechte des betreibenden Gläubigers vorgehenden Forderungen und Lasten unverändert zu übernehmen [69], sofern sie als wirklich zur Zeit des verkündeten Zuschlagsbescheids das Grundstück belastend bei der Kaufgeldervertheilung festgestellt werden, eventuell an ihrer Stelle einen anderen Anspruch von gleicher Höhe unter entsprechenden Zahlungsmodalitäten, bei bedingten Ansprüchen gleichzeitig einen weiteren gleich hohen Anspruch unter der entgegengesetzten Bedingung [70]. Das geringste Gebot umfaßt ferner die Pflicht zur Baarzahlung eines zur Deckung der Rückstände terminlicher Leistungen auf die zu übernehmenden Posten sowie zur Deckung der Kosten ausreichenden Betrages. Dieser baar zu zahlende Betrag erhöht sich um denjenigen Betrag des Meistgebots, der über das geringste Gebot hinausgeht. Der baar zu zahlende Theil des Kaufgelds ist im Kaufgelderbelegungstermin, den der Richter von Amtswegen nach Verkündung des Zuschlagsbescheids anberaumt, von dem Ersteher zu zahlen und zwar mit Zinsen zu fünf vom Hundert von Verkündung des Zuschlagsurtheils ab, da ihm von dieser Zeit ab als Eigenthümer auch die Nutzungen gebühren [71], und ohne Rücksicht auf ein etwa gegen das Zuschlagsurtheil eingelegtes Rechtsmittel. Die Zahlung erfolgt an den Richter. Wer von den Interessenten demnächst einen Anspruch auf die als Theile des geringsten Gebots von dem Ersteher übernommenen Verpflichtungen und auf das Gezahlte hat, das festzustellen, bildet den Inhalt der Kaufgeldervertheilungsverhandlungen, auf die hier nicht näher einzugehen ist. Von der Wirkung der durch die Kaufbedingungen festgestellten und der bei der Kaufgeldervertheilung verabredeten Uebernahme einer alten Hypothek durch den Ersteher

---

68) I. 11 § 344, I. 20 § 216. A.L.R. Vergl. Entsch. B. 50 S. 198, B. 58 S. 88. Striethorst B. 42 S. 1, B. 73 S. 257, B. 78 S. 17.

69) Imm.Vollstr.Ges. §§ 22. 53 ff. Ueber die präklusivische Bedeutung des Bietungstermins bezüglich der in ihrer Höhe nicht aus dem Grundbuch ersichtlichen Leistungen vergl. § 56.

70) Imm.Vollstr.Ges. §§ 58. 59.

71) Imm.Vollstr.Ges. § 101, §§ 57. 97.

ist bereits in § 102 die Rede gewesen. Wenn das Kaufgeld nicht pünktlich bezahlt wird, so ist die Kaufgelderforderung für jeden Betheiligten, dem ein Theil des Kaufgeldes gebührt, gegen den Ersteher vollstreckbar[72]); — andererseits macht sich aber die oben erwähnte, dem gerichtlichen Verkauf eigenthümliche kassatorische Klausel, wonach die Sache anderweit zum gerichtlichen Verkauf gestellt werden kann, bemerkbar[73]). Die Wiederversteigerung kann von jedem der eben bezeichneten Betheiligten beantragt werden, so lange der Ersteher noch nicht als Eigenthümer eingetragen worden ist, und wenn dies geschehen, so lange das Kaufgeld auf Grund des Zuschlagsurtheils im Grundbuch eingetragen ist.

b) Die Anfechtung des Zuschlags und der Versagung des Zuschlags knüpft das Gesetz an die Formen der sofortigen Beschwerde. Wird der Zuschlag nach der Uebergabe vernichtet, so hat der Erwerber die inzwischen besessene Sache mit den Rechten und Pflichten eines redlichen Besitzers zurückzugeben; war ihm das Kaufgeld kreditirt, so hat er nach seiner Wahl das Kaufgeld zu verzinsen oder die Nutzungen zu berechnen[74]). Ist die Sache an einen Dritten gelangt, so gestattet das Landrecht[75]) diesem gegenüber einen Anspruch nur, wenn er den vorgefallenen Fehler zur Zeit der Ansichbringung gekannt hatte. Zur Zeit kann der Dritte das Grundstück unter Lebenden nur von dem eingetragenen Erwerber durch Auflassung erworben haben. Deshalb kommen die Vorschriften über Erwerb durch Auflassung auf den Glauben des Grundbuchs zur Anwendung[76]). Insoweit eine Rückgabe statt zu finden hat, kann sie von dem Beschwerdegericht auf Antrag ohne weiteren Prozeß angeordnet werden[77]).

III. Das Verbot des preußischen Strafgesetzbuches, bei amtlichen Versteigerungen Andere vom Mitbieten oder Weiterbieten durch Gewalt oder Drohung, durch Zusicherung oder Gewährung eines Vortheils abzuhalten[78]),

---

72) Auf Grund einer vollstreckbaren Ausfertigung des Zuschlagsbescheides, in deren Vollstreckungsklausel die Ueberweisung des Kaufgeldes zu erwähnen ist. Imm. Vollstr.Ges. § 129. Das ist ein landesgesetzlicher Vollstreckungstitel; es handelt sich im Zuschlagsurtheil nicht um ein vollstreckbares Urtheil auf Geldzahlung. Danach bedarf es, wie § 129 ausdrücklich hervorhebt, nicht einer Zustellung der Urkunde über die Ueberweisung vor der Vollstreckung; die vollstreckbare Ausfertigung wird vom Gerichtsschreiber wirksam ohne Anordnung des Gerichts ertheilt.

73) Immob.Vollstr.Ges. § 128. Diese Bestimmung, entsprechend § 346 I. 11, ist kein bloßes Naturale, sie gehört zum Wesen des Verkaufs durch Zwangsversteigerung, es kann etwas anderes nicht verabredet werden. Abweichend von dem Falle der vertragsmäßigen lex commissaria schließt ferner die Wahl der Zwangsvollstreckung bezüglich des Kaufgeldes den Wiederversteigerungsantrag desselben Gläubigers nicht aus. Es bedarf dazu keiner vollstreckbaren Ausfertigung eines Vollstreckungstitels, und die Wiederversteigerung findet, so lange das Kaufgeld eingetragen ist, gegen jeden späteren Eigenthümer des Grundstücks statt.

74) I. 11 §§ 353 ff.

75) I. 11 § 356.

76) So Jäckel a. a. O. S. 155.

77) Imm.Vollstr.Ges. § 94. Vergl. Subh.O. § 55 und § 15 Ges. v. 4. März 1879.

78) Pr. Strafges.B. § 270. V.O. v. 14. Juli 1797 (Ed. Samml. X. 1313) auch bei Rehbein u. Reincke zu I. 11 § 340 ordnete an, daß das, was der abstehende Bieter er-

ist in das deutsche Strafgesetzbuch nicht übergegangen. Ob civilrechtlich der Verkäufer dem Käufer wegen seiner Arglist auf das Interesse belangen kann, ist nicht ohne Zweifel. Der Verkäufer hat an sich zwar keinen rechtlichen Anspruch darauf, daß noch Andere mitbieten, wird also durch das Abhalten anderer Personen vom Bieten nicht verletzt: aber im Wesen der Versteigerung liegt, daß das beste Gebot zufällig sich ergeben soll, daß nicht willkürlich darauf eingewirkt werden darf. Soweit das Edikt vom 14. Juli 1797 Geltung hat, giebt seine positive Bestimmung dem Verkäufer einen Anspruch auf denjenigen Vortheil, den der abgehaltene Bieter empfangen hat oder der ihm vom Ersteher versprochen worden[79]). Ob aus der Beseitigung anderer Bieter eine Anfechtung der Versteigerung folgt, weil dadurch ihr wesentlicher Zweck, mehrere und möglichst hohe Gebote zu erreichen, vereitelt worden und ob der Käufer für verpflichtet erachtet werden muß, die Sache als unredlicher Besitzer zurückzugeben, ist streitig[80]).

---

halten, dem dadurch benachtheiligten Eigenthümer oder verkaufenden Gläubiger zu Gute kommen solle, und daß unter denjenigen, die ein solches Abkommen über das Bieten eingehen, daraus keine Klage und kein Recht erwachse. Vergl. dazu R.G. Entsch. B. 20 S. 247. Im gemeinen Recht wird ein solches Abkommen auch vielfach als pactum turpe aufgefaßt. Struben, Rechtl. Bedenken IV. 9. Andere leugnen dies wegen l. 16 § 4 D. IV. 4 und l. 22 § 3 D. XIX. 2. S. Blätter f. R.Anw. V. 147. Seuffert XII. 16, XVII. 201. R.G. Entsch. B. 18 S. 222, B. 26 S. 312, B. 32 S. 258.

[79]) Das Ob.Trib. hat angenommen, daß der Nachweis eines Kausalzusammenhanges für einen bestimmten weiteren Schaden nicht zu erbringen ist. Entsch. B. 26 S. 246. Rechtsf. B. 4 S. 39. Koch (Komm. Note 39 bei der V.O. v. 14. Juli 1797 zu I. 11 § 341 und bei Gruchot IV. 353 f.) läßt einen weiteren Anspruch zu, weil die V.O. nicht sage, daß nur jener Vortheil die Entschädigung abgeben solle. Aber gegen ihn spricht, daß neben der anderweitigen Entschädigung, selbst wenn eine solche erweislich wäre, nicht noch jener Vortheil hinzutreten kann, weil das eine doppelte Entschädigung darstellen würde. Das Gesetz hat den Betrag des Interesses normirt. Jedenfalls erlangt im Falle des Versprechens des Meistbietenden, einen anderen mitbietenden Gläubiger zu bezahlen, der Subhastat ein Recht auf Befreiung von der persönlichen Schuld an den letzteren. Vergl. Entsch. B. 28 S. 240, B. 72 S. 77, Strieth. B. 100 S. 157. R.G. Entsch. B. 26 S. 246, B. 28 S. 24, B. 32 S. 261.

[80]) Das O.Trib. hat durch Pl.Besch. (Entsch. B. 7 S. 115) angenommen, daß die Verabredung, durch welche Jemand gegen Entgelt vom Bieten abzustehen sich verpflichtet, dem Eigenthümer oder dem verkaufenden Gläubiger kein Recht gebe, die Aufhebung des Zuschlags zu verlangen. Vergl. auch Rechtsf. B. 4 S. 39. Strieth. B. 35 S. 163. Früher war das Gericht anderer Ansicht. Schles. Arch. V. 142. S. dagegen Koch, Beurth. S. 484. R. d. F. III. 823. Komment. Note zu I. 11 § 341 und Nr. 2 der V.O. v. 14. Juli 1797 und bei Gruchot IV. S. 242 fg. Er verweist auf den Grundsatz in I. 4 §§ 104—106. Der Käufer hat willkürlich darauf eingewirkt, daß das zufällige Ereigniß, welches das Geschäft bedingt, nämlich das Eintreffen eines höheren Gebots, zu seinen Gunsten nicht eintrete. Förster stimmte Koch bei. Dernburg II. § 14 Anm. 13 macht dagegen geltend, daß die Versteigerung nur Beweggrund für den Abschluß eines Vertrages sei. Wenn auch dem nicht beigetreten werden kann, so sind doch auch die Vorschriften über die Einwirkung der Vereitelung von Bedingungen hier unanwendbar, da kein bedingtes Geschäft vorliegt. Neben dem aus dem Edikt von 1797 herzuleitenden Interesseanspruch giebt es keinenfalls ein Recht auf Anfechtung des Kaufs.

§ 131. Der Zwangsverkauf. Das Enteignungsrecht.

§§ 74. 75 Einl., §§ 3—11 I. 11 A.L.R. K.Ordr. v. 4. Dez. 1831 G.S. S. 255 §§ 8ff. Gesetz über die Eisenbahn-Unternehmungen vom 3. November 1838. Verf.-Urkunde Art. 9. Gesetz über die Enteignung von Grundeigenthum v. 11. Juni 1874 (G.S. S. 221). Bornemann III. S. 1ff. Koch, Privatrecht I. 393, R. d. F. III. 717. A. Thiel, Das Expropriationsrecht und das Expropriationsverfahren, 1866. Gruchot IX. S. 74—102. Dernburg I. § 34. Loebell, Das Preußische Enteignungsgesetz vom 11. Juni 1874. Fischer § 23. — Dernburg und Hinrichs, Hypothekenrecht B. I. S. 204ff. Kommentare zum Grundenteignungsgesetz von Bähr und Langerhans, Dalcke und Seydel. Bohlmann, Praxis in Expropriationssachen. Rocholl, Rechtsfälle aus der Praxis des Reichsgerichts, 1881, S. 1—21. Eger, Die Nothwendigkeit einer Revision des preußischen Enteignungsgesetzes, 1881. Bähr, Urtheile des Reichsgerichts S. 192. Vering bei Gruchot B. 20 S. 665. — Mevius Dec. II. 279. Carpzov, Jurispr. for. II. 33, def. 16. Hofacker, Principia juris civ. § 1897. Glück B. 16 S. 27. Beseler II. § 90. Gerber § 174b. — Burkhardt, Zeitschrift f. Civilrecht und Prozeß. N. F. VI. 208. Häberlin, Civ.Arch. B. 39 S. 200. Martin, Arch. f. pr. Rechtsw. IX. 64f. 169f. Treichler, Zeitschr. f. Deutsch. R. B. 12 S. 123. Thiel, Das Expropriationsrecht und das Expropriationsverfahren. G. Meyer, D. R. d. Expropriation, 1868. Laband, Arch. f. civ. Prax. B. 52 S. 153. Grünhut, Enteignungsrecht, 1873. Rohland, Theorie und Praxis des deutschen Enteignungsrechts, 1875. Sieber, Das Recht der Expropriation, 1889.

Der Eigenthümer einer Sache kann zu ihrem Verkaufe gezwungen werden, wenn ein Dritter das Recht dazu durch Gesetz, Verträge oder den Eigenthümer verpflichtende letztwillige Verordnungen erlangt hat[1]). Die beiden letzteren Verpflichtungsfälle bedürfen keiner näheren Erörterung. Wer sich durch Vertrag verpflichtet zu verkaufen (pactum de vendendo), hat entweder schon durch diesen nur scheinbar vorbereitenden Vertrag freiwillig verkauft, wenn die gegenseitige Pflicht mit ihrem bestimmten Inhalt festgestellt ist, oder er hat einseitig die Pflicht zu verkaufen übernommen, ohne den Käufer schon jetzt zu binden. Enthält aber die Abrede nicht Bestimmtes über den Vertragsinhalt, so hat er nur versprochen, über einen Verkauf zu verhandeln, wovon Koch mit Recht sagt, daß es nichts weiter heiße, als daß er ebensowohl auch das Geschäft ablehnen kann[2]). Die Bedeutung der einem Konsensualvertrage vorangehenden pacta de contrahendo ist an anderem Orte erörtert[3]). — Durch letztwillige Verordnung kann der Erbe oder sonst Honorirte die Auflage erhalten, eine zum Nachlaß oder ihm selbst gehörige Sache an einen Dritten zu verkaufen. Es ist dies ein Vermächtniß an diesen Dritten, und der Zwang zum Vertragschluß äußert sich gegen den Belasteten sowie eine Pflicht zum Handeln überhaupt erzwingbar ist[4]).

---

[1]) § 3 I. 11.
[2]) R. d. F. III. S. 228f.
[3]) Oben B. I. § 77.
[4]) C.P.O. §§ 773ff.

Das Gesetz als Grundlage einer Verkaufsverpflichtung knüpft an den Satz an, daß die Rechte und Vortheile des Einzelnen dem gemeinen Wohle nachstehen, daß aber ein Eingriff in die Rechte des Einzelnen aus diesem Grund nur gegen Entschädigung stattfinden darf. Der Verkaufspreis bietet diese Entschädigung, und das Landrecht spricht hiernach den Satz aus, daß der Staat berechtigt ist, Jemanden zum Verkauf seiner Sache zu zwingen, wenn es zum Wohl des gemeinen Wesens nothwendig ist[5]). Von dem hierauf beruhenden Enteignungsrecht oder Expropriationsrecht wird in neuerer Zeit häufig Gebrauch gemacht. Das A.L.R. enthält schon die wesentlichen Grundsätze der Zwangsenteignung; die preußische Verfassungsurkunde fügte hinzu, daß eine solche Enteignung nur nach Maßgabe des Gesetzes und nur gegen vorgängige, in dringenden Fällen wenigstens vorläufig festzustellende Entschädigung stattfinden dürfe. Neben einer Reihe spezieller Gesetzesvorschriften[6]) hat sodann das Gesetz über die Enteignung von Grundeigenthum vom 11. Juni 1874 das Enteignungsrecht, insoweit Grundstücke als sein Gegenstand in Betracht kommen, einschließlich des dabei zur Anwendung kommenden Verfahrens, geregelt. Dabei wird unter Enteignung neben der Entziehung auch die Beschränkung des Grundeigenthums verstanden. Die Zwangsenteignung bezüglich beweglicher Gegenstände oder bezüglich der zu trennenden beweglichen Bestandtheile von Grundstücken hat eine generelle Regelung nicht erhalten. Festzuhalten aber ist, daß nach der Verfassungsurkunde auch eine solche Enteignung nur auf gesetzlicher Grundlage stattfinden kann[7]).

---

5) I. 11 § 4 in Verbindung mit §§ 74. 75 Einl.

6) Solche spezielle Vorschriften finden sich insbesondere in den an Stelle der §§ 109. 112. II. 16 A.L.R. getretenen Bestimmungen der §§ 135—147 des Berggesetzes v. 25. Juni 1865, in den durch das Grundenteignungsgesetz im Wesentlichen antiquirten §§ 8—20 des Eisenbahngesetzes vom 3. November 1838 (vergl. aber auch noch Art. 41 Nr. 1 der Reichsverfassung über die Möglichkeit, die Expropriationsbefugniß zu Eisenbahnanlagen von Reichs wegen zu ertheilen), in den Marksteingesetzen vom 7. Oktober 1865 und 7. April 1869 (vergl. ergänz. Ges. v. 3. Juni 1874), in §§ 13 ff. des Gesetzes, betreffend die Anlegung und Veränderung von Straßen rc. vom 2. Juli 1875, kommentirt von Friederichs, 2. Aufl. 1889. Ueber das Verhältniß dieses Gesetzes zum Grundenteignungsgesetz vergl. R.G.Entsch. B. 2 S. 279, B. 31 S. 273, R.G. bei Gruchot B. 38 S. 1096. Das Grundenteignungsgesetz bezieht sich übrigens auch auf Beschränkung des Grundeigenthums zum allgemeinen Besten. In dieser Beziehung findet es außer in den vorbezeichneten Gesetzen Ergänzung besonders in dem Reichsrayongesetz vom 21. Dezember 1871. (Vergl. dazu u. A. R.G.Entsch. B. 24 S. 29.) Nach beiden Seiten greift ferner ein die Gesetzgebung zum Besten der Landeskultur. Auf Entziehung und Beschränkung des Eigenthums im Interesse der Landeskultur findet das Grundenteignungsgesetz nach dessen § 54 keine Anwendung.

Außer den in der vorigen Anm. bezeichneten Gesetzen, die, wie das Grundenteignungsgesetz §§ 50 ff., zum Theil auch wegen der Enteignung von Baumaterialien Bestimmungen enthalten, sind zu vergleichen der eben dahin gehende § 20 des Deichgesetzes vom 28. Januar 1848, sowie § 7 I. 11 A.L.R., welcher die Besitzer von Getreidevorräthen im Falle einer drohenden Hungersnoth zum taxmäßigen Verkauf des entbehrlichen Getreides nöthigt; ferner das Schlachthausgesetz vom 18. März 1868, das Reichsgesetz vom 7. April 1869, betreffend Maßregeln gegen die Rinderpest, das Gesetz vom 7. April 1878, betreffend Maßregeln gegen die Reblaus, und das Reichsgesetz, betreffend die Abwehr von Viehseuchen vom 23. Juni 1880 (vergl. dazu R.G.Entsch. B. 22 S. 120)

Die Enteignung ist ein Institut des neueren Rechts, sie findet keine erheblichen Anknüpfungen bei dem römischen oder älteren deutschen Recht, obgleich Andeutungen nicht ganz fehlen[8]). Dem römischen Recht sind nämlich Fälle bekannt, in denen ein Eigenthümer gezwungen wird, zu verkaufen oder sein Eigenthum zu überlassen oder einer Beschränkung aus Gründen des öffentlichen Wohls zu unterwerfen[9]). In Deutschland entwickelte sich die Zwangsenteignung zunächst an den Bedürfnissen des Bergbaues. Das hängt mit der Ausbildung des Bergregals und der darauf folgenden Freierklärung des Bergbaues zusammen[10]). Erst die Gegenwart hat mit ihren vielfachen und großartigen Anlagen zum gemeinen Gebrauch und öffentlichen Wohl zu einer sehr umfassenden Durchbrechung des Privateigenthums geführt und das Institut der Zwangsenteignung zur vollen Ausbildung gebracht.

Man hat das Expropriationsrecht aus dem Staatsnothrecht hergeleitet, allein dieses berechtigt wohl den Staat in Fällen der Noth (necessitas urgens) unmittelbar und ohne Sanktion durch ein Gesetz in das Privatrecht des Einzelnen einzugreifen: hier aber handelt es sich nicht um Fälle der Noth, die sich überhaupt jeder Rechtskonstruktion entziehen, sondern um Fälle des öffentlichen Nutzens. Um bei solchen die Privatrechte zu beseitigen, bedarf es einer besonderen rechtlichen (gesetzlichen) Ermächtigung, die ihre innere Rechtfertigung lediglich darin trägt, daß das Wohl des Ganzen auch das Wohl des Einzelnen bedingt, daß daher dieser jenes nicht hindern darf, vielmehr fördern muß[11]). Die Nützlichkeit, die zum Eingriff in das Privatrecht führt, muß in diesem Sinne eine Nothwendigkeit in sich tragen[12]). Darüber zu

---

in Verbindung mit dem preuß. Viehseuchengesetz vom 25. Juni 1875. Die Bestimmung des § 11 II. 7 A.L.R., wonach der Landmann überhaupt in Folge einer dringenden Nothdurft des Staats angehalten werden kann, den Ueberschuß seiner Erzeugnisse zum Verkauf auszubieten, kann gegenüber der Bestimmung der Verfassungsurkunde nicht mehr in Betracht kommen; nach Maßgabe dieses Gesetzes kann eine Zwangsenteignung nicht stattfinden. Bezüglich der militärischen Bedürfnisse in Krieg und Frieden hat reichsgesetzliche Regelung durch das Gesetz über Kriegsleistungen vom 13. Juni 1873 und das Gesetz über Naturleistungen für die bewaffnete Macht im Frieden vom 13. Febr. 1875 stattgefunden.

[8]) Häberlin S. 3 f. Martin S. 80. Treichler S. 125. Ausführlich über die geschichtliche Entwickelung dieses Rechtsinstituts G. Meyer, d. R. der Expr. §§ 1—7.

[9]) l. 2, l. 5 § 1. D. XXX. 5, l. 2. C. VII. 7, l. 2 D. I. 6, l. 12. D. XI. 7, l. 1. 2. C. X. 27, l. 9. C. VIII. 12.

[10]) Häberlin S. 8 f. Die Entwickelung trat erst nach der Zeit des Sachsenspiegels hervor (vergl. S. Sp. I. 35 § 2), etwa seit dem 15. Jahrh. S. die churbrandenb. Urkunde vom Montag nach Oculi 1476 für Wiesenstadt. Häberlin S. 11. Seit dem 17./18. Jahrh. tritt der allgemeine Gesichtspunkt des öffentlichen Nutzens hervor. Das. S. 31. — Als ältestes Vorkommen einer Expropriation citirt Stobbe, Beiträge zur Geschichte des deutschen Rechts, 1865, S. 76 das edict. Rothar. c. 231.

[11]) Die eigentlichen Nothfälle scheiden Häberlin S. 217 und Martin S. 66 fg. richtig von den Expropriationsfällen, bei denen es sich nicht „um Abwehr eines Nothstandes, sondern um ruhige und bedrängnißlose Fortentwickelung des Gemeinzustandes" handelt. Expropriation ist es auch nicht, wenn der Staat durch allgemeine Gesetze Privalrechtsinstitute aufhebt. Treichler a. a. O. S. 123.

[12]) I. 11 § 4 „nothwendig". Häberlin S. 148.

entscheiden, ob es nothwendig ist, im öffentlichen Interesse Jemand zur Veräußerung seines Eigenthums zu zwingen, gebührt schon nach Landrecht dem König als ein Hoheitsrecht[13]). Es waren daher die einzelnen Fälle, die das A.L.R. aufführte, nur Beispiele[14]). Der neuere Verkehr hat die Fälle wesentlich vermehrt, und kann sie täglich vermehren[15]). Das Grundenteignungsgesetz enthält sich jeder Aufzählung, verlangt aber als Grundlage des im konkreten Fall eintretenden Zwangs eine das Unternehmen und den Unternehmer bezeichnende Königliche Verordnung[16]). Die Enteignung findet hiernach nicht nur zu Gunsten des Staats selbst, sondern auch zu Gunsten des in der Königlichen Verordnung benannten Unternehmers statt[17]). An die Königliche Entscheidung schließt sich an: die Feststellung der einzelnen für das Unternehmen zu enteignenden Grundstücke, überhaupt des Plans des Unternehmens, die Verhandlung über Feststellung der Entschädigung und die wirkliche Ausführung der Enteignung.

Auch hier ist streitig, ob diese Verhandlungen ein Rechtsgeschäft zwischen dem Eigenthümer und dem Unternehmer, insbesondere eine entgeltliche Veräußerung, einen Kauf darstellen, oder ob ohne privatrechtliches Geschäft ein einseitiger Eingriff der Staatsgewalt vorliegt. Die große Mehrheit der Schriftsteller betrachtet den Vorgang als Kaufen und Verkaufen, und nimmt daran keinen Anstoß, daß die Einigung erzwungen, daß der Preis nicht von den Parteien, sondern von der Behörde gesetzt wird, daß an die Stelle der Uebergabe eine Besitzeinweisung tritt, daß der Verkäufer nicht für Fehler der Sache und für Entwehrung einzustehen hat, daß das Geschäft nicht wegen enormer Verletzung angefochten werden kann, daß auf den Erwerber die

---

13) I. 11 § 10. Die königl. Verordnung soll das Unternehmen und den Unternehmer bezeichnen, für welche das Eigenthum in Anspruch genommen wird. Häberlin S. 165 fg. Der königl. Entscheidung steht Verf.Urk. Art. 9 nicht entgegen, der nur ein Gesetz über das Verfahren verheißt.

14) I. 11 §§ 5. 6. 7. § 7 entspricht der l. 12 C. X. 27.

15) Wendt zählt 22 Fälle auf. Meyer S. 162 Sp. 3 oben. Gerber S. 441 führt sie auf fünf Gruppen zurück: 1. Erbauung nützlicher Landstraßen, Eisenbahnen, Kanäle, Schleusen, Brücken und Wasserleitungen, 2. Errichtung und Erweiterung von öffentlichen Plätzen, Straßen, Gottesäckern, Kirchen, Schulgebäuden, Spitälern, Festungen, 3. Schiffbarmachung von Flüssen, 4. Schutz einer Gegend gegen Wassergefahr durch Dämme, 5. außerordentlicher Nothstand bei Wasser-, Feuer- und Kriegsgefahr. Von diesen gehört Nr. 5 nicht hierher, weil es sich bei diesen Fällen um einen augenblicklichen Nothstand handelt. Siehe auch Treichler S. 134. Die im öffentlichen Interesse gebotene Errichtung eines öffentlichen Gebäudes (Reichstagsgebäude) kann ebenso Anlaß zur Enteignung geben.

16) Grundenteign.Ges. § 2. Die Ausnahmefälle, in denen die Bezirksregierung (jetzt der Bezirksausschuß) die Zulässigkeit der Enteignung auszusprechen hat, zählt § 3 des Gesetzes auf. Ueber die bei der Enteignung zuständigen Behörden ist jetzt das Zuständigkeitsgesetz vom 1. August 1883 § 150 einzusehen. Vergl. ferner Art. 41 Abs. 1 der Reichsverfassung. Eine Abtretung des einem Unternehmer verliehenen Rechts durch diesen an einen andern ist unstatthaft. Vergl. Entsch. B. 40 S. 42, B. 63 S. 95, Striethorst B. 54 S. 262.

17) Die Uebertragbarkeit des staatlichen Enteignungsrechts an Andere kannte auch das frühere Recht. Vergl. Rechtsprüche B. III. S. 225.

dinglichen Lasten, Hypotheken u. s. w. nicht übergehen[18]). In der That sind dies sehr weitgreifende Abweichungen, und die gemeinrechtliche Praxis neigt deshalb zur Annahme eines einseitigen Staatsakts, von anderen gewiß unhaltbaren Meinungen abgesehen, die z. B. einen Vergleich oder eine unerlaubte Handlung (widerrechtliche Beschädigung) zu Grunde legen[19]).

Das A.L.R. geht unzweifelhaft davon aus, daß die Enteignung ein Kauf ist, zu dessen rechtsgeschäftlichem Abschluß der Eigenthümer kraft des Gesetzes genöthigt werde[20]). Die weitere gesetzliche Entwickelung hat aber von der Nothwendigkeit des rechtsgeschäftlichen Abschlusses abgesehen. Ein solcher kann zwar auch jetzt noch stattfinden[20a]); aber der Eigenthümer ist schon verpflichtet, sofern der Unternehmer auf Grund des das zu enteignende Grundstück umfassenden gehörig festgestellten Enteignungsplans die Enteignung fordert und zu ihrem Zweck die Feststellung der Entschädigung beantragt. Darum ist aber dennoch die gegenseitige Rechtsstellung nach den Grundsätzen vom Kaufvertrage zu beurtheilen, so als ob in diesem Moment zwischen dem Eigenthümer und dem Unternehmer ein Vertrag über den Verkauf des Grundstücks zu dem durch Schätzung festzusetzenden Preise zu Stande

---

18) Gegen die Annahme eines Kaufs neben Burkhard, Meyer, Zachariä in den Göttinger gelehrten Anzeigen 1861 S. 114 fg. und Thiel, besonders auch Laband und Dernburg (I. § 34 Anm. 37), Meyer bei Gruchot B. 9 S. 80 und Jakobi, Die Lehre von der nützlichen Verwendung, 1871 S. 100 Note 26. Gerber hat in den älteren Auflagen auch zu den Gegnern gehört, jetzt nimmt er Kauf an. Von den Aelteren nehmen eine emtio venditio necessaria an: Hofacker l. c. Brunnemann comment. ad. Cod. l. 11 IV. 38. — Treichler spricht sich direkt nicht darüber aus, ihm ist die Enteignung eine Abtretung des Eigenthums gegen Entschädigung. G. Meyer § 9 nimmt in den Fällen der freiwilligen Einigung der Interessenten Kauf an, dagegen im Falle des behördlichen Einschreitens einen Quasikontrakt, dessen Typus der Kauf sei. Aber die Kategorie der Quasikontrakte ist systematisch unbrauchbar und erklärt nichts.

19) Als Kauf faßt das Geschäft auf Lübeck, Seuffert IV. 117, Wolfenbüttel, das. XIX. 226, als einseitigen Staatsakt Kassel (s. Martin S. 196 f.), als Vergleich, wohl aber dazu durch die konkrete Sachlage verleitet, Stuttgart, Seuffert IV. 41; als widerrechtliche Beschädigung ein preuß. Gericht 2. J. bei Simon, Rechtspr. B. 1 S. 75 und Dresden bei Seuffert V. 289.

20) Entsch. B. 35 S. 390. Rehbein II. S. 216. Strieth. B. 43 S. 339, B. 48 S. 61, B. 75 S. 130, B. 81 S. 229, B. 84 S. 331, B. 90 S. 198, B. 99 S. 228. Rehbein II. S. 221. A.L.R. I. 11 §§ 3. 4. Eisenbahngesetz vom 3. Nov. 1838 § 11. Das ist auch der Standpunkt der meisten anderen Gesetzgebungen. S. bei Martin S. 84 fg. Ueber das im J.M.Bl. v. 1881 S. 141 abgedruckte Erkenntniß des Reichsgerichts, 2. Hilfssenat, vom 24. Januar 1881, welches für eine Expropriation auf Grund des Eisenbahngesetzes von dem bisherigen Standpunkt der Praxis abgeht, vergl. Rocholl a. a. O., der die Begründung „zum Theil unbegreiflich, zum Theil unverständlich, und soweit verständlich falsch" nennt. Das Grundenteignungsgesetz nimmt zu der theoretischen Frage keine ausgesprochene Stellung. D. R.G. V. Sen. (bei Gruchot B. 25 S. 969) hält mit R.O.H.G. B. 19 S. 168 an dem überlieferten Standpunkt der Annahme eines Kaufs fest; der zweite Hilfssenat des R.G. (bei Gruchot B. 25 S. 971) ging davon aus, daß „das Grundenteignungsgesetz die preußische Fiktion eines erzwungenen Kaufvertrags verlassen habe". Eine Begründung ist nicht gegeben. Vergl. auch hier Rocholl a. a. O. S. 15, auch Loebell S. 22. Nach Dernburg a. a. O. hat das Grundenteignungsgesetz den Standpunkt des Landrechts verlassen, es entstehen nach seiner Ansicht keine Pflichten, wie aus einem Verkauf.

20a) Enteign.Gesetz vom 11. Juni 1874 §§ 16. 26.

gekommen wäre. Insoweit, d. h. also in Betreff der gegenseitigen Rechtsstellung kann eine Aenderung der landrechtlichen Bestimmungen nicht angenommen werden. Vielmehr müssen die rechtlichen Regeln vom Kauf, soweit das Enteignungsgesetz nicht Besonderes bestimmt, ergänzend eingreifen[20b]). Die positiven Abweichungen, so wesentlich sie sind, sind nicht geeignet, dem Rechtsverhältniß den Charakter des Kaufs zu entziehen; sie sind zwar Besonderheiten, aber das Wesentliche bleibt: die Veräußerung eines bestimmten individuellen Vermögenswerths gegen Geld, Austausch von Sache und Preis. Daß dieser Preis, soweit er der Entgelt für die Eigenthumsübertragung ist[21]), eine Entschädigung genannt wird, ist unerheblich; daß die Entwehrungshaft und die Gewährleistung für Fehler wegfällt, kommt auch bei anderen Kaufgeschäften vor, es kann ja diesen Verpflichtungen bei jedem Kauf entsagt werden; daß die dinglichen Lasten erlöschen, theilt dieses Geschäft mit dem gerichtlichen Zwangsverkauf; daß endlich Verletzung über die Hälfte kein Anfechtungsgrund ist, ist schon deshalb bedeutungslos, weil dieses positive Institut mit dem Wesen des Kaufvertrags in keiner Weise zusammenhängt. Gegenüber der Anschauung, daß der Zwang die Beurtheilung des Sachverhältnisses nach den Grundsätzen vom Kauf ausschließe, bemerkt Martin: „freier Konsens ist allerdings die nothwendige Voraussetzung des Kaufes[22]), wie jedes anderen Rechtsgeschäfts; allein nur die faktische, rechtswidrige Störung oder Aufhebung der Willensfreiheit (Zwang, Furcht, Irrthum, Arglist) kommt hierbei als Hindernisse in Betracht — niemals die nöthigende Bestimmung des freien Willens durch Recht und Gesetz“[23]). Die Festsetzung des Preises durch die Behörde und bei fortgesetztem Widerspruch durch das erkennende Gericht, sowie die Besitzeinweisung an Stelle der Uebergabe sind nur ein subsidiär eintretendes Verfahren, wenn es nicht auf Grund des Zwangs zu einer Vertragseinigung kommt[24]).

20b) Eine Anwendung dieses Satzes s. in R.G. Entsch. B. 31 S. 280.

21) Es darf nämlich nicht unberücksichtigt bleiben, daß die Entschädigung, die der Enteigner zu zahlen hat, auch die Natur einer wirklichen Entschädigung hat, sofern durch sie nicht bloß der Kaufwerth des enteigneten Grundstücks, sondern Ersatzansprüche derjenigen Personen, deren Rechte daran durch die Expropriation aufgehoben werden, z. B. der Pächter, entgolten werden sollen. Die Summe, die der Enteigner zahlt, hat also einen aus Kaufpreis und Entschädigung gemischten Charakter. S. Johow bei Gruchot B. XVI. S. 776.

22) I. 11 C. VI. 38: invitum comparare vel distrahere postulantis desiderium justam causam non continet.

23) Arch. f. pr. R.W. B. 9 S. 79.

24) Entsch. B. 35 S. 390. Der Zwangsverkäufer kann jedenfalls jetzt nicht dahin verklagt werden, einen Vertrag zu errichten und zu übergeben. Koch, R. d. F. III. 719. Striethorst B. 52 S. 225: Es gehört nicht zum Wesen der Expropriation, daß der Expropriat nicht freiwillig das Objekt abtreten will, und dadurch der Expropriationsbescheid nöthig wird. Strieth. B. 81 S. 112. Gruchot S. 82 unterscheidet in der Zwangsenteignung eine doppelte Natur; dem Privatrecht gehöre sie erst an, nachdem sie durch einseitigen Akt der Staatsgewalt vollendet ist, wenn es sich um die Entschädigung handelt. In dieser Beziehung aber, sagt er, nimmt jener Akt eine privatrechtliche Gestalt an und erscheint uns als die Ueberlassung einer Sache zu Eigenthum für einen relativ bestimmten Preis — also in der That als eine entgeltliche Veräußerung, als Kauf. Ueber den Fall der Einigung vergl. Grundenteignungsgesetz §§ 16. 26. 46.

Im Einzelnen ist Folgendes zu bemerken.

Bei der Enteignung stehen sich der Eigenthümer und der Unternehmer gegenüber[25]). Daß der Eigenthümer zur vollen freien Verfügung über das Grundstück befugt sei, verlangt das Gesetz nicht. Auch bei beschränktem Eigenthum — z. B. Lehnen, Familienfideikommissen — greift die Zwangsenteignung durch[26]). Findet eine Einigung über die Höhe der Expropriationsentschädigung statt, so ist diese maßgebend; der Regel nach ist aber die Entschädigung in einem gesetzlich geordneten Verwaltungsverfahren vorbehaltlich des Rechtsweges festzustellen. Dies Verwaltungsverfahren setzt einen schriftlichen Antrag des Unternehmers[27]) voraus; es muß dann zunächst der Kreis der Betheiligten ermittelt und mit diesen kommissarisch verhandelt werden. In Betracht kommt eine Entschädigung für Abtretung des Grundeigenthums selbst einschließlich der mitenteigneten Zubehörungen und Früchte[28]) und eine selbständige Entschädigung der Nutzungs- und Servitutberechtigten, Pächter und Miether, soweit ihr Schaden nicht in der Grundeigenthumsentschädigung oder einer daran zu gewährenden Nutzung gedeckt ist[29]). Die erste soll in dem vollen Werth des Abzutretenden bestehen und, falls nur ein Theil eines Grundstücks enteignet wird[30]), zugleich den Mehrwerth in sich begreifen, den das abzutretende Stück durch seinen örtlichen und wirthschaft-

---

25) Häberlin S. 173. Grundenteignungsges. § 7. Nicht der durch den König repräsentirte Staat, die Staatsgewalt, die das Expropriationsrecht ertheilt, sondern der, dem es ertheilt worden, ist der Käufer; der Staat als Fiskus muß wenn er Unternehmer sein will, auch erst das Expropriationsrecht erhalten. Bezüglich einer Mehrheit von Unternehmern vergl. B. I. § 63 bei Anm. 28.

26) Häberlin S. 175. Die Fideikommiß-Berechtigten u. s. w. werden wegen ihrer Ansprüche an die Entschädigungssumme gesichert durch Hinterlegung. Grundenteign.Ges. §§ 37 45. Der Eigenthümer kann ferner die Enteignungsabtretung mit Zustimmung zweier Anwärter vertragsmäßig bewilligen. Grundenteign.Ges. § 17.

27) Nach dem Gesetz v. 2. Juli 1875, betr. Anlegung und Veränderung der Straßen kann wegen Entziehung oder Beschränkung des von der Festsetzung einer neuen Fluchtlinie betroffenen Grundeigenthums eine in Gemäßheit der §§ 24 ff. des Grundenteignungsgesetzes festzustellende Entschädigung gefordert werden. Da es sich hier um eine nachträgliche Entschädigung handelt, muß der entschädigungspflichtige Unternehmer hier zur Stellung des schriftlichen Antrags auf Feststellung der Entschädigung angehalten werden können. Demgemäß hat auch das R.G. B. I. S. 171 die Zulässigkeit einer Klage auf Stellung dieses Antrags anerkannt.

28) Grundenteign.Ges. § 8. Entscheidend ist die Zeit der Uebergabe. Strieth. B. 96 S. 11.

29) Grundenteign.Ges. § 11. Strieth. B. 58 S. 163, B. 84 S. 325.

30) Würde eine Theilenteignung zur Folge haben, daß ein im Zusammenhang stehender Grundbesitz desselben Eigenthümers oder ein bestimmter größerer Theil desselben nicht mehr zweckmäßig nach seiner bisherigen Bestimmung benutzt werden könnte, so kann die Enteignung des ganzen oder jenes größeren Theils von dem Besitzer gefordert werden. Gebäude sind solchen Falls ganz zu enteignen. Grundenteign. Ges. § 9. Im § 13 Abs. 3 G. vom 2. Juli 1875 sollen nach den Motiven entsprechende Bestimmungen enthalten sein. Sie sind dahin zu verstehen, daß neben dem Fall des § 9 auch dann, wenn der Rest nicht zur Bebauung geeignet ist, die Enteignung des Ganzen gefordert werden kann. Das ist vom R.G. Entsch. B. 2 S. 279 zunächst insoweit anerkannt, als danach die Enteignung eines von der Straßenfluchtlinie durchschnittenen ganzen Gebäudes statt des auf die Straße fallenden Theils gefordert werden kann. Aber auch die weitergehenden Folgen sind in R.G. Entsch. B. 31 S. 273 gezogen. Vergl. zu § 13 Z. 2 des G. v. 2. Juli 1875 auch noch R.G. Entsch. B. 21 S. 212.

lichen Zusammenhang mit dem Ganzen hatte, ebenso auch einen Ersatz für den Minderwerth geben, der für den übrigen Grundbesitz durch die Abtretung entsteht[31]). Nach ausdrücklicher Vorschrift des Landrechts sollte bei der Expropriationsentschädigung nicht bloß der gemeine sondern der außerordentliche Werth des Grundstücks berücksichtigt werden[32]). Das für den ganzen Umfang der Monarchie bestimmte Grundenteignungsgesetz hat sich an die Terminologie des Landrechts nicht gehalten. Danach besteht Streit, ob die volle Entschädigung den außerordentlichen Werth umfaßt; das Gesetz berücksichtigt aber ausdrücklich die bisherige Benutzungsart — also die Vortheile, die z. B. eine gewerbliche Einrichtung des Grundbesitzes gerade diesem Besitzer bringt, — indem es zugleich eine Grenze festsetzt, bis zu der nur auf eine solche Benutzung Rücksicht genommen werden soll: und wenn neben dem Eigenthümer dritte Personen wegen ihres geschmälerten Nutzungsrechts entschädigt werden sollen, so würde es inkonsequent sein, nicht auch das volle Interesse des Eigenthümers selbst in Betracht zu ziehen. Hiernach wird man davon ausgehen müssen, daß der volle Werth den außerordentlichen in sich schließt[33]). Die Feststellung der Entschädigung im Verwaltungsverfahren geschieht durch Beschluß der Bezirksregierung (im Geltungsbereich des Gesetzes vom 1. August 1883 des Bezirksausschusses) nach dem Gutachten vereidigter Schätzer[34]). Gegen die Entscheidung kann der Unternehmer und

[31]) Grundenteign.Ges. § 8 Abs. 2, R.G. Entsch. B. 32 S. 350. Dagegen kommt nicht eine Werthserhöhung in Betracht, die das abzutretende Grundstück in Folge der Ausführung der Anlage, welche durch die Zwangsenteignung gefördert werden soll, voraussichtlich erhalten würde (Grundent.G. § 10 Abs. 2) und ebensowenig eine Werthminderung des Restgrundstücks, welche sich aus der Benutzung der entzogenen Fläche nach dem Zweck des Unternehmens oder überhaupt aus dessen Betrieb ergeben möchte (R.G. Entsch. B. 2 S. 236).

[32]) A.L.R. I. 11 § 9. Vergl. Ges. v. 3. Nov. 1838 §§ 8—11. Striethorst B. 32 S. 182, B. 46 S. 79. Zum außerordentlichen Werthe gehören auch die Vortheile, welche eine mit dem Grund und Boden verbundene gewerbliche Anlage dem Enteigneten gebracht hat. Entsch. B. 68 S. 132. Strieth. B. 80 S. 25, S. 94. 110, B. 85 S. 55, B. 86 S. 75. Rehbein I. S. 158. Ueberhaupt ist das Interesse zu berücksichtigen, das gerade der bisherige Eigenthümer an Besitz und Benutzung hatte. R.G. Entsch. B. 32 S. 298. R.G. bei Gruchot B. 36 S. 1104, B. 37 S. 1124. 1130, B. 38 S. 1092. Die Grenze, die jetzt § 10 des Grundenteignungsgesetzes der Berücksichtigung der bisherigen Benutzungsart setzt, besteht darin, daß der Geldbetrag nicht höher gegriffen werden darf, als nöthig ist, ein anderes Grundstück entsprechend benutzbar zu machen. In der reichsgerichtlichen Entscheidung B. 4 S. 241 wird der außerordentliche Werth mit dem Interesse des Enteigneten identificirt und betont, daß bei Feststellung des Maßes der danach zu ersetzenden Nachtheile zu berücksichtegen sei, wie lange dieselben gerade den Enteigneten getroffen haben würden. Wieweit Forderungen außer dem Grundstückswerth zulässig sind, darüber vergl. R.G. Entsch. B. 31 S. 215.

[33]) Uebereinstimmend Dernburg I. § 34 Anm. 25. Vergl. Entsch. B. 82 S. 183. Jedenfalls mehr als der gemeine Werth. R.G. Entsch. B. 3 S. 239, B. 5 S. 248. Vergl. die ausführlichen Mittheilungen aus der Praxis des R.G. bei Loebell S. 50 f. Nur gemeiner Werth bei Expropriation anderer Sachen als Grundstücke z. B. nach dem Gesetz v. 28. Jan. 1848 § 20. Vergl. das Reichsgesetz gegen die Rinderpest vom 7. April 1869 § 3. Ueber die Entschädigung bei Baubeschränkungen, die im öffentlichen Interesse aufgelegt sind, vgl. R.G. Entsch. B. 32 S. 202.

[34]) Grundent.Ges. §§ 27. 28. — Abweichend die Entschädigung nach dem Gesetz betr. die Errichtung der Marksteine v. 7. Oktober 1865.

jeder Betheiligte binnen sechs Monaten nach der Zustellung [35]) den Rechtsweg beschreiten. Die Entschädigung findet statt durch Geldzahlung, sofern nicht besondere Gesetze Landentschädigung vorsehen [36]).

Die Veräußerung ist abgeschlossen und der einseitige Rücktritt auch dem Enteigner entzogen, sobald der Gegenstand feststeht und die Feststellung des Preises durch die Verwaltungsbehörde vorläufig erfolgt ist [37]). Der Unternehmer erlangt jetzt, mag der Preis vertragsmäßig oder auf dem eben bezeichneten Wege festgestellt sein, die Enteignung durch eine von dem Bezirksausschuß ausgesprochene Enteignungserklärung. Diese kann auf Antrag des Unternehmers auch schon nach der vorläufigen Feststellung der Entschädigung im Verwaltungswege ausgesprochen werden [38]), setzt aber jedenfalls Zahlung oder gerichtliche Hinterlegung des endgültig oder vorläufig festgesetzten Preises voraus [39]). Sobald die Enteignungserklärung dem Unternehmer und dem bisherigen Eigenthümer zugestellt ist, geht das Eigenthum über [40]). Der Besitzübertragung bedarf es dazu nicht, die Enteignungserklärung schließt aber auch, wenn nichts anderes darin ausgesprochen ist, die Einweisung in den Besitz in sich [41]). Die Umschreibung im Grundbuch erfolgt auf das

---

35) Grundent.Ges. § 30. Alle materiell Betheiligten, nicht bloß die formell in das Verfahren hineingezogenen Betheiligten sind klageberechtigt. R.G. Entsch. B. 28 S. 263. Die Frist ist eine präklusive, sie ist als prozessualische Rechtsmittelfrist anzusehen, und hat nicht etwa die Natur einer Verjährungsfrist. R.G. Entsch. B. 2 S. 242, B. 4 S. 303. Betreibt der Unternehmer durch Klage die Feststellung im Rechtswege, so erfolgt die Entscheidung jedenfalls, auch wenn er obsiegt, auf seine Kosten. Hat aber in demselben Verfahren der Enteignete Widerklage erhoben, um eine höhere, als die im Verwaltungsweg festgestellte Entschädigung zu erlangen, so läßt sich der Satz auf die durch diese Widerklage veranlaßten Kosten nicht anwenden. R.G. Entsch. B. 34 S. 194. — Das frühere Recht, das für die vor Erlaß des Grundenteignungsgesetzes eingeleiteten Expropriationen maßgebend ist (vergl. Entsch. B. 83 S. 276), kannte eine solche Frist nicht. Die gerichtliche Klage war hier in der dreißigjährigen Verjährungszeit zulässig. R.G. Entscheidung B. 2 S. 243. Es war nach früherem Recht zweifelhaft, ob die Klage nur dem Eigenthümer oder auch dem Unternehmer zustand. Ausgeschlossen war letzterer nach § 11 des Eisenbahngesetzes v. 3. Nov. 1838. Abgesehen von diesem Fall ließ die Praxis die Klage des Unternehmers sogar nach Zahlung oder Deposition des Betrages zu. Strieth. B. 2 S. 24. Entsch. B. 52 S. 96.

36) Grundenteign.Ges. § 7. Vergl. A.L.R. I. 9 § 271, II. 15 §§ 18. 20. Die richterliche Feststellung der Enteignungsentschädigung für Grundstücke ist nicht freie Ermessenssache, muß vielmehr als dem Gesetze entsprechend motivirt werden; nur soweit das Gesetz Grundsätze nicht enthält, wonach sich die Bemessung der Entschädigung bestimmt, kann C.P.O. § 260 als anwendbar angesehen werden. R.G. Entsch. B. 12 S. 402. Bei Gruchot B. 32 S. 422.

37) Grundenteign.Ges. § 32. Die behördliche Feststellung wird zur endgiltigen, wenn die rechtzeitige Anfechtung unterlassen wird (§ 30); darum kommt es nicht darauf an, daß die endgiltige Entscheidung darüber abgewartet wird. Man kann sagen, mit der behördlichen Feststellung sei die Feststellungsfrage litigiös. Die Zeit der Zustellung dieses Beschlusses ist für die endliche Werthbestimmung für das enteignete Grundstück maßgebend. R.G. Entsch. B. 27 S. 263.

38) In dringlichen Fällen. Grundenteign.Ges. §§ 34 ff. Vorgängige Feststellung des Zustands (§ 35).

39) Hierüber fehlt dem A.L.R. eine Bestimmung. Aus § 11 des Gesetzes v. 3. Novbr. 1838 und Art. 9 der Verf.Urk. folgt, daß die Zahlung der Enteignung vorangehen muß. Jetzt Grundenteign.Ges. § 32.

40) Grundenteign.Ges. § 44. — Aelteres Recht s. Striethorst B. 97 S. 297.

41) Grundenteign.Ges. § 32 Abs. 2. Der Eigenthümer kann dann nicht mehr Schutz im Besitz gegen den Unternehmer in Anspruch nehmen. Strieth. B. 58 S. 102, B. 77 S. 40.

gleichzeitig von Amtswegen erlassene Ersuchen der Enteignungsbehörde[42]). Nach der Zustellung der Enteignungserklärung trägt der Unternehmer die Gefahr[43]), und auch dann wenn die Enteignung durch Vertrag geregelt wird, muß der Veräußerer bis dahin die Gefahr tragen, so daß der Untergang der Sache das Expropriationsgeschäft aufhebt, eine Verschlechterung eine Herabsetzung des Preises bedingt und dem Unternehmer das Rücktrittsrecht giebt[44]). Aber wenn der Entschädigungsbetrag im Schätzungsverfahren festgestellt ist, so kann die einmal festgestellte Schätzungssumme nachträglich nicht geändert werden[44a]). Wird der Kaufpreis erst nach der Enteignung gezahlt, so muß ihn der Unternehmer, auch wenn er nicht in Verzug ist, vom Tage des Eigenthumsüberganges verzinsen[45]). Eine nachträgliche Erhöhung der Entschädigung kann gefordert werden, wenn nach Abschluß der kommissarischen Verhandlungen über die Höhe der Entschädigung durch Ausführung der Anlage oder eines Theils ein nicht vorhergesehener Nachtheil für den Enteigneten hervorgebracht ist, und zwar noch drei Jahre nach der Ausführung des Theils der Anlage, der den Nachtheil hervorgerufen hat[45a]).

In Folge der Enteignung erlöschen alle auf dem Grundstück haftenden, auf privatrechtlichen Titeln beruhenden dinglichen Verpflichtungen, soweit sie der Unternehmer nicht vertragsmäßig übernommen hat[46]). Der Preis haftet den Hypothekengläubigern und sonstigen Realinteressenten[47]). Die Rechte dieser Interessenten, wie die der Fideikommiß- und Lehnsinteressenten, sichert Hinterlegung des Kaufgeldes und der Satz, daß der Eigenthümer ohne Zustimmung der Realinteressenten oder Ergänzung derselben durch Vermittlung der Ablösungsbe-

---

[42]) Grundenteign.Ges. § 33.

[43]) A.L.R. I. 11 § 95. Oben B. I. § 87 unter 2, § 125 Note 81. Nach gem. Recht, sobald Preis und Gegenstand festgestellt ist. Martin S. 169 fg.

[44]) Oben B. I. § 108 Anm. 7.

[44a]) Insoweit ist Loebell S. 195 beizustimmen.

[45]) Strieth. B. 32 S. 183. A.L.R. I. 11 § 109. Oben § 125 Anm. 55. Gerade bezüglich dieser Frage sind die am Schlusse der Anm. 20 erwähnten divergirenden Erkenntnisse des R.G. ergangen. Die Hinterlegung der vorläufig festgestellten Entschädigung und der Umstand, daß bei der Klage auf Feststellung des höheren Entschädigungsbetrages die Zinsen nicht mit eingeklagt worden, hindert nicht, nachträglich die Zinsforderung für die ganze Entschädigung geltend zu machen. R.G. Entsch. B. I. S. 126. Hier ist das Recht auf Zinsen auf §§ 8. 36 des Grundenteignungsges. gegründet. — Hat auf Grund des Fluchtliniengesetzes einer Besitzentsetzung schon früher stattgefunden, so beginnt die Zinspflicht mit der Entsetzung. R.G. Entsch. B. 31 S. 279.

[45a]) Enteign.Ges. § 31. Auch die Nachtheile, die erst aus der Ausführung der Anlage erwachsen. Vergl. Loebell S. 156.

[46]) Enteign.Ges. § 45. Das A.L.R. hat hierüber keine Bestimmung. Entsch. B. 35 S. 390. Uebernimmt der Erwerber die Last, — z. B. eine durch den Zweck der Enteignung nicht beeinträchtigte Grundgerechtigkeit, so ist der Entschädigungsbetrag auf die Summe festzustellen, die dem Werth entspricht, den die so belastete Sache für den Eigenthümer hatte. Sonst kann die Belastung nicht in Betracht gezogen werden, insbesondere bleibt der Umstand außer Erwägung, daß der aus jener Last Berechtigte möglicher Weise aus dem Unternehmen Vortheile erlangt. R.G. Entsch. B. 30 S. 176. Vgl. auch R.G. Entsch. B. 33 S. 303.

[47]) Enteign.Ges. § 45 vergl. § 50 ff. Häberlin S. 192 fg. Oben B. I. § 22 Note 21. Ueber den Fall, wenn Land als Expropriationsentschädigung gewährt ist, vergl. Entsch. B. 24 S. 403.

hörde über das Kaufgeld nicht verfügen kann[48]). Auch verborgene Fehler hat der veräußernde Eigenthümer nicht zu vertreten[49]). Derselbe hat, wenn nur ein Theil seines Grundbesitzes in Folge des verliehenen Enteignungsrechts zwangsweise oder durch freien Vertrag enteignet worden ist, ein gesetzliches Vorkaufsrecht an den enteigneten Theilen für den Fall, daß das abgetretene Grundstück ganz oder theilweise zu dem bestimmten Zweck nicht weiter nothwendig ist und veräußert werden soll[50]). Dies Vorkaufsrecht geht gesetzlich auf den späteren Erwerber des verkleinerten Grundstücks über[51]). Der Anspruch auf Zahlung des Preises für das enteignete Grundstück unterliegt nicht der dreijährigen Verjährung, sondern der dreißigjährigen[52]).

§ 132. Der Trödelvertrag.

A.L.R. I. 11 §§ 511—526. Bornemann III. S. 103. Daniels III. S. 330. Koch, Pr.R. II. S. 499. R. d. F. III. S. 1007. Gruchot, Beiträge B. 12 S. 145 fg. Dernburg II. § 189. Fischer § 69. — Glück B. 18 S. 61 fg. Unterholzner II. S. 303. Puchta § 313. Arndts S. 472. Sintenis II. S. 641. Windscheid II. § 383. Dernburg, Pand. II. § 120. — Merkel in Weiske's Rechtslexikon XI. S. 535. Chambon, Die Lehre von dem contractus aestimatorius in s. Beiträgen zum Oblig.R. B. 1, 1851. Dazu Brinz, Krit. Blätter, H. 1. Brinkmann, Handelsrecht, S. 382 f. Lipp, Beiträge zur Lehre vom Trödelvertrag, 1880. Weidling, Das buchhändlerische Kommissionsgeschäft, 1885.

Verwandt mit Kauf, Auftrag, Dienstmiethe und Gesellschaft, und doch wieder eigenthümlich abweichend von ihnen allen hat das Abkommen: cum rem aestimatam tibi vendendam dedero, ut aut eandem mihi adferres aut pretium ejusdem bei den Römern längere Zeit eine schwankende Beurtheilung erfahren, bis man sich dahin entschied, das Abkommen als einen Vertrag do ut des mit einer eigenen actio praescriptis verbis, der s. g. actio aestimatoria zu schützen und es dadurch zu einem selbständigen Vertrage zu erheben[1]). Dieser contractus aestimatorius wird von den Neueren Trödel-

---

48) Enteign.Ges. §§ 37. 47 ff.

49) Strieth. B. 43 S. 339.

50) Grundenteignungsgesetz § 57. Vergl. §§ 16. 17 des Eisenbahngesetzes v. 3. Novbr. 1838. Das hier erwähnte gesetzliche Wiederkaufsrecht ist aufgehoben.

51) Bei Parzellirung untheilbar auf alle Parzellenbesitzer gemeinschaftlich. Entsch. B. 79 S. 166.

52) Vergl. Gruchot S. 95 u. VI. S. 74. Dagegen dreijährige Verjährung für den Anspruch der Adjacenten, die mittelbar durch die Folgen der Anlage geschädigt sind. Entsch. B. 78 S. 147.

1) l. 17 § 1 D. XIX. 5. l. 1 pr. D. XIX 3. Einen besonderen technischen Namen hat dieser Vertrag nicht erlangt, im corp. jur. erscheint er unter der Bezeichnung vendendum dare. Vergl. l. 11 pr. D. XII. 1. Brinz S. 2. 4. Die Römer verglichen das Geschäft 1) mit locatio conductio operis oder operarum (nicht rei, wie Chambon S. 97, s. Brinz S. 5). l. 1 pr. D. XIX. 3. Das Verkaufen sollte das opus oder die operae sein, der Gewinn, den der Trödler sucht durch den Verkauf für einen höheren Preis, seine merces. Wenn l. 2 eod. sagt haec actio (nämlich die praescr. verbis actio) utilis est, et si merces intervenit, so bedeutet das nicht, daß die aestim. a. als utilis angestellt werden kann, wenn ein fester Lohn bestimmt worden, ad exemplum aestimatoriae

vertrag genannt. Als solcher ist er in das A.L.R. nach der Auffassung der damaligen Praxis übergegangen. Handelsrechtlich schließt sich dem Trödelvertrag das Konditionsgeschäft der Buchhändler an, das im Handelsgebrauch der Buchhändler seine nähere Regelung findet.

Nach römischem Recht wurde der Trödelvertrag erst durch das Hingeben der Sache, die für einen voraus bestimmten Preis verkauft werden sollte, bindend, er war also ein unbenannter Realkontrakt[2]); nach heutigem Recht wird er schon durch die Willenseinigung bindend abgeschlossen (Konsensualkontrakt)[3]). So kennt ihn das A.L.R. Wesentlich sind folgende Momente: eine bewegliche[4]) Sache muß zum Verkauf hingegeben werden, der Verkaufspreis muß vertragsmäßig bestimmt sein, und die Willenseinigung dahin gehen, daß der Empfänger (Trödler, scrutarius) alternativ verpflichtet wird, bis zu einer bestimmten Zeit entweder diesen Preis zu entrichten oder die Sache unverschlechtert zurückzugeben[5]). Fehlt es an einer dieser Voraussetzungen, so geht die Abrede in ein Geschäft anderer Art über: fehlt die Bestimmung der Zeit[6]) oder die Festsetzung des Preises[7]), so ist sie als Auftrag (Mandat) zu behandeln; dasselbe gilt nach A.L.R., wenn dem Empfänger eine gewisse Provision oder Belohnung ausgesetzt worden[8]), sowie

---

actionis, denn von einer schon auf den konkreten Fall gestellten pr. v. a. giebt es keine utilis, sondern: es kann auch mit der aestim. a. geklagt werden, selbst wenn eine merces bestimmt worden. Dadurch allein wird das Geschäft noch nicht zur loc. cond., denn es bleibt daneben die Eigenthümlichkeit, daß der Trödler doch noch den höheren Erlös behalten kann. Darin liegt der Unterschied von loc. cond. Vergl. hierüber die Ausführung von Brinz S. 7f. Windscheid findet den Unterschied vielmehr in dem Recht des Trödlers, sofort ohne Mühewaltung die Sache für den Preis anzunehmen. — 2) Mit dem Mandat — aber mandata gratuita esse debent. l. 13 D. XIX. 5. — 3) Mit dem Kauf propter aestimationem l. 1 pr. D. XIX. 3. l. 13 D. XIX. 5, aber der Unterschied liegt darin, daß das Zurückgeben der Sache, wenn nicht verkauft worden, in obligatione ist. Brinz S. 13. — 4) Auch mit der Societät — l. 13 pr. D. XIX. 5, l. 44 D. XVII. 2, aber das certum pretium schließt die Theilnahme an Gewinn und Verlust aus, und nur wenn ein certum pretium nicht gesetzt, geht das vendendum dare in Societät über. Das muß besonders beabsichtigt sein. Brinz S. 15fg. So unterscheidet sich dieses eigenthümliche Geschäft von allen anderen durch Etwas, aber, wie Brinz S. 18 richtig hervorhebt, etwas was kein anderer Vertrag hätte, was ihn von allen anderen zusammen unterschiede, hat er nicht: er ist ein Mischling. Vergl. über den Begriff auch R.G. Entsch. in Strafsachen B. 3 S. 154. Der Entwurf des B.G.B. hat den in den Hauptanwendungsfällen durch kaufmännische Verkehrssitte geregelten Vertrag einer im Zweifel eintretenden gesetzlichen Regelung nicht unterzogen.

[2]) Koch, R. d. F. B. 3 S. 1008. Keller S. 673.

[3]) Die Ansichten hierüber sind noch getheilt. Unterholzner II. S. 304. S. hierüber besonders Brinz S. 19fg. Chambon S. 46. Demelius in Gerber und Ihering, Jahrb. B. 3 S. 409. Unger, das. B. 8 S. 18. Wenn der Trödelvertrag jetzt consensu abgeschlossen wird, so ist dies eine totale, prinzipielle Umänderung seines Wesens; es folgt daraus, daß der Trödler ein Klagerecht haben muß auf Aushändigung der Sache, der Eigenthümer eine Klage auf Uebernahme der Sache. Das war den Römern natürlich ganz unbekannt.

[4]) Das sagen die römischen Rechtsquellen zwar nicht ausdrücklich, es ist aber auch für sie anzunehmen. Sintenis S. 641. A. M. Merkel a. a. O. S. 537.

[5]) I. 11 § 511. Das gemeine Recht hat das Erforderniß einer bestimmten Zeit nicht.

[6]) I. 11 § 522.

[7]) I. 11 § 523.

[8]) I. 11 § 524.

in allen Fällen, in denen eine unbewegliche Sache zum Verkaufen gegeben ist[9]). Die Aehnlichkeit mit dem Kauf aber zeigt sich darin, daß der Trödler, wenn er zur bestimmten Zeit den Preis zahlt, die von ihm nicht veräußerte Sache, so als ob er selbst sie gekauft hätte, behalten darf[10]). Der Trödler soll nicht im Namen des Eigenthümers verkaufen, sondern, wenn auch mit dessen Willen, doch in eignem Namen, und der Mehrerlös über den geschätzten Preis bleibt ihm[11]). Darin besteht sein Gewinn bei dem Geschäft[12]).

In älterer und neuerer Zeit hat man sich darüber nicht einigen können, ob durch die Uebergabe an ihn der Trödler das Eigenthum der Sache erwerbe[13]). Das A.L.R. bestimmt: das Eigenthum der Sache geht auf den Empfänger mit Ablauf des Termins über[14]); es hat sich also der Ansicht angeschlossen, daß die Uebergabe noch nicht Eigenthum begründet[15]). Daraus folgt einmal das Aussonderungsrecht des Hingebenden in dem vor dem Termin eröffneten Konkurse des Trödlers, wenn der Verwalter den Preis nicht zahlen will; sodann in Konsequenz allgemeiner Rechtsgrundsätze[16]), daß der Eigenthümer bis zum Termin die Gefahr des Untergangs und der Verschlechterung trägt, und daß der Trödler mäßiges Versehen vertritt[17]). Wenn bei Ablauf des Termins der Trödler den Preis nicht zahlt, so hat trotz des mit dem Termin erfolgten Eigenthumsübergangs der Eigenthümer das Recht, die Sache „zurück zu nehmen"[18]). Koch[19]) wollte den Trödelvertrag als einen Vertrag über Handlungen auffassen und sah in dem Zurücknehmen

---

9) I. 11 § 525. Oesterr. G.B. § 1088.

10) Das folgt daraus, daß der Geber nur den bestimmten Preis zum bestimmten Termin zu fordern hat.

11) l. 13 pr. D. XIX. 5. l. 44 D. XVII. 2. Das A.L.R. hat hierüber keinen bestimmten Ausspruch, es folgt aber daraus, daß der Geber mehr als den bestimmten Preis (die aestimatio) zu verlangen nicht berechtigt ist. Seuffert XI. 144.

12) Der muß ihm auch bleiben, wenn ihm eine merces versprochen worden. l. 2 D. XIX. 3.

13) Den Uebergang des Eigenthums durch die Uebergabe behaupteten von den Aelteren Lauterbach, Colleg. theor. pract. XIX. 3 § 9 und von den Neueren noch Puchta § 313. Die Verneinung vertreten Cocceji jus. controv. XIX. 3 qu. 3, Höpfner, Instit. § 802, Glück B. 18 S. 68 und fast alle Neueren: Sintenis S. 642 in der Note. Keller S. 673. Chambon S. 68f. Brinz S. 36 meint, es komme auf die Absicht der Parteien an; wo eine solche auf Eigenthumsübergang nicht ersichtlich, sei er nicht anzunehmen. Vergl. Dresdener Annalen II. 310.

14) I. 11 § 513. Es bedarf keiner neuen Uebergabe. Ebenso österr. G.B. § 1807. Sächs. G.B. § 1291.

15) Daran schließt sich die Kontroverse bei dieser Lehre: ob der Trödler die Gefahr zu tragen habe. Die l. 1 § 1 D. XIX. 3 und die l. 17 § 1 D. XIX. 5, beide von Ulpian, widersprechen sich. Die Praxis läßt die letztere Stelle entscheiden. Vergl. hierüber bes. Brinz a. a. O. S. 37fg. Für das preuß. R. (s. Note 17) existirt die Kontroverse nicht.

16) S. B. I. § 108.

17) I. 11 §§ 516. 518.

18) I. 11 § 515. Förster bezeichnet dies als Vindikation. Das folgt aber nicht aus dem Ausdruck „zurücknehmen". Die Klage geht nicht gegen einen Drittbesitzer, dem die Sache nach dem Termin übergeben ist; und im Konkursverfahren kann der Vertrödler nicht als Aussonderungsberechtigter auftreten. Unten Anm. 26. Die Klage wird hiernach als Vertragsklage zu bezeichnen sein.

19) R. d. F. III. S. 1010f.

das Rücktrittsrecht des Promissars; deshalb hielt er die Bestimmung, daß das Eigenthum mit Ablauf des Termins auf den Trödler übergehe, für unpassend. Aber ein Vertrag über Handlungen ist der Trödelvertrag nicht, er wird es insbesondere nicht dadurch, daß der Trödler die Sache verkaufen soll; denn er übernimmt dazu keine Pflicht, darf die Sache vielmehr selbst gegen Erlegung des Preises behalten. Nicht in der Uebernahme des Verkaufens liegt der Schwerpunkt, sondern im Preiszahlen oder Wiedergeben (do ut des)[20]).

Vor dem Termin darf der Eigenthümer die Sache nicht zurückfordern[21]). Das ist auch anzunehmen nach gemeinem Recht[22]). Würde dem Eigenthümer gestattet, vor dem Termin die Sache zurückzufordern, so wäre das Geschäft ein widerrufliches Mandat, und dem Trödler würde nicht nur die Zeit verkürzt, die er zur Entschließung über seine Wahl haben soll, sondern es würden ihm auch die Vortheile entzogen, die ihm bis zum Termin zufallen. Denn eine fernere Eigenthümlichkeit des Trödelvertrags besteht darin, daß dem Trödler während seiner Besitzzeit alle Nutzungen und Vortheile der Sache gehören. Nur die natürlichen Zuwüchse bleiben dem Eigenthümer[23]). Beim Eintritt des Termins hat also der Trödler die alternative Verpflichtung, den vorausbestimmten Preis zu zahlen oder die Sache in unverändertem Zustand mit ihren natürlichen Zuwüchsen zurückzugeben[24]). Er ist übrigens berechtigt, schon vor dem Termin zu zahlen oder zurückzugeben[25]), und das beweist ebenfalls, daß die Fristbestimmung zu seinen Gunsten erfolgt, vom anderen Theil mithin der Ablauf der Frist abgewartet werden muß. Der über das Vermögen des Trödlers ausgebrochene Konkurs bewirkt, wenn der Vertragstermin noch nicht eingetreten, und die Sache in der Masse vorhanden ist, daß der Verwalter sie entweder zurückgeben oder nach seiner Wahl in den Vertrag eintreten und den Preis zahlen muß. Wenn der Termin schon vorüber ist, oder die Sache sich nicht in der Masse befindet, so hat der Eigenthümer als Konkursgläubiger den bestimmten Preis zu liquidiren[26]).

Dem Dritten gegenüber, an den der Trödler verkauft hat, kann der

---

[20]) Im Pr.R. II. S. 499 a. E. u. f. ist seine Auffassung eine andere: zahlt der Uebernehmer an dem bestimmten Tag den Preis, so geht das Eigenthum der Sache mit der Zahlung auf ihn über. Und dazu seine Note 6: auf diese Weise sind am besten die §§ 513. 515 der rechtlichen Natur des Verhältnisses völlig angemessen zu vereinigen. Wenn hinzugesetzt ist: Gegenstand des Vertrags ist nicht der Verkauf, sondern die Handlung des Uebernehmens, so läßt sich das nicht verstehen. Die Preiszahlung zum bestimmten Tage ist kein facere sondern ein dare. Vergl. Bornemann III. S. 105.

[21]) I. 11 § 514.

[22]) Vergl. Merkel im Rechtslex. B. 11 S. 539.

[23]) I. 11 § 519. S. hierüber Bornemann III. S. 104.

[24]) I. 11 §§ 511. 515. 517.

[25]) I. 11 § 517.

[26]) I. 11 §§ 520. 521, K.O. § 15. Der Ausschluß des Aussonderungsrechts im Konkurse nach Ablauf des Termins entspricht dem § 35 K.O., weil nach § 513 die Sache mit dem Termin dem Gemeinschuldner gehört.

Eigenthümer die Veräußerung dann nicht rückgängig machen, auch dann nicht, wenn nicht ein Trödelvertrag, sondern nur ein Auftrag vorliegt[27]). Aber für Fehler und Entwehrung haftet nur der Trödler dem Dritten, er ist diesem gegenüber, weil er nicht als beauftragter Stellvertreter für und statt des Vertrödlers kontrahirt hat, der Verkäufer.

§ 133. Das Spiel und die Wette.

A.L.R. I. 11 §§ 577—581. Gans, Ueber Spiele und Wetten (in s. Beiträgen z. Revis. der preuß. Gesetzg. 1830—32, S. 164 N. XIV.). Bornemann III. 127. 129. v. Daniels III. 292. Koch, Pr.R. II. 503. R. d. F. III. S. 1017. Gruchot, Beitr. B. 12 S. 209 fg. 222 fg. Dernburg II. § 158 S. 403. Fischer § 70. — v. d. Pfordten, Abh. aus dem Pand.R. S. 327. Wilda, Die Lehre v. d. Spiel in der Zeitschr. f. deutsches R. II. 133. Derselbe, Die Wetten, daselbst VIII. 200. Dankwardt, Nationalökonomie und Jurisprudenz, H. 3, 1858. Bruck, Ueber Spiel und Wette, 1868. Krügelstein, Ueber den begrifflichen Unterschied von Spiel und Wette, 1869. Schuster, Das Spiel, 1878. Laband in Goldschmidt's Zeitschr. B. 19 S. 640, Goldschmidt ebenda B. 28 S. 292. — Glück XI. 325. Unterholzner II. 305. 308. Vangerow II. 535. Arndts § 263. Sintenis II. 724. Keller S. 455. Windscheid II. § 419. Dernburg, Pand. II. §§ 104. 105. Beseler I. 34. Gerber S. 491. Bluntschli S. 353. 356. — Zachariä (Crome) II. § 366.

I. Die Rechtssätze des A.L.R. über das Spiel sind nicht aus dem römischen Recht herzuleiten. Das deutsche Recht hatte schon vor der Rezeption die Regeln entwickelt, die im A.L.R. wieder gefunden werden, nämlich: man darf nicht auf Borg spielen; was aber auf erlaubtes Spiel gezahlt worden, darf nicht zurückgefordert werden. In dem ersten Satz liegt Zweierlei: die kreditirte Spielschuld und die zum Zweck des Spiels gegebenen Darlehne sind klaglos[1]). Damit sind die gemeinrechtlichen Zweifel über Geltung und Bedeutung der römisch rechtlichen Vorschriften aus dem preußischen Recht geschieden[2]).

---

[27]) I. 11 § 526. Vergl. oben Anm. 18. Der Verkauf im Auftrage, aber im eigenen Namen des Beauftragten (Kommissionsverkauf) ist gemeint: der in Vollmacht und Vertretung des Eigenthümers geschlossene Verkauf besteht nicht nur, sondern verpflichtet den Machtgeber.

[1]) Wilda a. a. O. II. 153. 164 f. 180 f. Reuterbestallung v. 1570. § 211: „Es soll keiner dem andern auf dem Spiel aufschlagen, noch weiter, dann er baar Geld hat, spielen, wo aber einer dem andern viel oder wenig auf Borg abgewinne, soll ihm der andere nichts darumb zu zahlen schuldig sein." Emminghaus, Corp. jur. Germ. S. 385. Vergl. auch S. Sp. I. 6. Sächs. Weichb. Art. 101. Hierüber Wilda S. 163. 181. In l. 2 § 1 D. XLIV. 5 ist dem in alea rem vendere ut ludam die Wirkung, für Eviktion zu haften, entzogen. Code a. 1965. 1966 läßt Spiel- und Wettschulden nicht einklagen, außer bei solchen Spielen, welche Körperkraft und Gewandtheit erzielen, wenn nicht der Preis unmäßig ist. Kondiktion ist ausgeschlossen. a. 1967. Nach sächs. G.B. § 1480 sind Spiel und Wette klaglos und ohne Kondiktion. Der bair. Entw. II. Art. 769 läßt Kondiktion zu bei Betrug des gewinnenden Theils. Der Entwurf des B.G.B. § 664, Entw. II. § 704, Reichstagsvorl. § 748 versagt den Anspruch auf Erfüllung und schließt Rückforderung des Geleisteten aus.

[2]) Vergl. Wilda II. 171 f., bes. über das Rückforderungsrecht S. 185 f. Sintenis II.

Der Begriff des unerlaubten Spiels ändert sich mit den Sitten. Das ältere deutsche Recht fand die Unerlaubtheit in dem Unmaß des Einsatzes[3]), nach preußischem Recht kann nur ein solches Spielen als unerlaubt angesehen werden, für das Strafe angedroht ist, d. h. das gewerbsmäßige Glücksspiel[4]). Privilegirte Hazardspiele, öffentliche Spielbanken kennt Preußen nicht. Die Klaglosigkeit der Schuld aus erlaubtem Spiel schließt auch die Gegenrechnung aus[5]). Auch ein Schuldversprechen auf Grund der Spielschuld ist klaglos[5a]). Ist freilich die Spielschuld durch Ausstellung eines Wechsels verdeckt, so kann das nur gegen den Contrahenten, nicht gegen den gutgläubigen Dritterwerber des Wechsels durch Giro durchgreifen[6]). Auch was aus unerlaubtem Spiel gezahlt worden, kann nicht vom Verlierer zurückgefordert werden, aber der Fiskus zieht es wegen der Unerlaubtheit dieses Gewinnes ein[7]). Daß das Darlehn zum Spiel klaglos sein soll[8]), ist als In-

724 Note 1. l. 1 § 1 D. XI. 5. In der Praxis wird noch an den Grundsätzen des röm. R. festgehalten; z. B. Celle bei Seuff. I. 345, IX. 189, XIII. 94.

[3]) Besonders verboten war das Doppel- oder Würfelspiel, das zu hohe Spiel, das Spiel auf Borg. Wilda II. 158. 160. 162. Ueber die s. g. „gemischten Spiele", welche als dritte Klasse neben die erlaubten und unerlaubten gestellt wurden, und die völlige Unhaltbarkeit dieser Klasse s. daselbst S. 175 f.

[4]) Deutsches Str.G.B. § 284. Verboten ist auch das Halten öffentlicher Glücksspiele. Strafges.B. §§ 285. 360 Nr. 14. Glücks- oder Hazardspiele sind „die gefährlichen, wachsenden Spiele", wie es in den älteren deutschen Rechtsquellen heißt, Wilda II. 177 f., bei denen Zufall allein entscheidet, und Gewinn oder Verlust ohne die Möglichkeit einer Vorausberechnung fällt und steigt. Das O.Trib. verstand unter Hazardspielen solche, bei welchen der Spieler das Spiel nicht durch überlegende Anordnung und Leitung nach einem auf bestimmte Regeln gegründeten Plan, mit gleichem Vortheil unter gleich geschickten oder gleich ungeschickten Spielern, spielt, sondern wo der Ausgang des Spiels und der zu hoffende Gewinn allein vom Zufall abhängt.

[5]) Kompensation setzt Giltigkeit der Schuld voraus (oben B. I. § 94 Anm. 58) aber kreditirtes Spielgeld ist man nicht schuldig. Vergl. R.G. B. I. S. 129, wo die Unzulässigkeit der Kompensation anerkannt und dem (bei einem Gegenstand über 150 M.) formlos geschlossenen Kompensationsvertrag gegen Entsch. B. 71 S. 25 mit Recht die Wirksamkeit abgesprochen wird. Auch Bestellung einer Bürgschaft, ein Konstitut, die Ausstellung eines Schuldscheins sind unverbindlich. R.G. bei Gruchot B. 36 S. 994. S. Glück B. 11 S. 347. l. 1. 3 C. III. 43. Ein Pfand für eine Spielschuld (Depot beim reinen Differenzgeschäft) ist ungiltig. R.G. Entsch. B. 30 S. 214. Die von Förster behauptete Unverbindlichkeit eines Vergleichs über eine Spielschuld möchte sich zwar nicht ganz allgemein rechtfertigen lassen; ist der Vergleich aber nur über die Höhe der Spielschuld geschlossen, so bleibt die so festgestellte Schuld unverbindlich. Daß das Anerkenntniß einer Spielschuld für diese keine verschiedene Rechtsgrundlage giebt, folgt aus dem, was Bd. I. in § 76 Anm. 7 gesagt ist. Das Landrecht konnte danach eine Bestimmung wie die des Entwurfs des B.G.B. § 664, Entw. II. § 704, Reichstagsvorl. § 748 im letzten Satz über die Unverbindlichkeit des Anerkenntnisses einer Spielschuld entbehren.

[5a]) Vgl. B.G.B. Reichstagsentwurf § 748 Abs. 2.

[6]) Wechs.Ordn. Art. 82. Aber der Wechselkläger in dolo muß sich die Einrede aus der Spielschuld entgegensetzen lassen. Striethorst B. 50 S. 80.

[7]) A.L.R. I. 16 §§ 172. 173. 205. 206. Bornemann III. 127, auch Koch, R. d. F. III. S. 1020.

[8]) I. 11 § 581. Der Entwurf des B.G.B. hat eine gleiche Vorschrift nicht aufgestellt. Vgl. dazu Gruchot B. 40 S. 117. „Ausdrücklich", über Bedeutung dieses Worts vergl. Entsch. B. 71 S. 218. Striethorst B. 65 S. 305, B. 89 S. 252. R.O.H.G. B. 16 S. 299. — Die Klaglosigkeit erstreckt sich nicht auf Darlehen, die zum Zweck der Tilgung eines hiernach klaglosen Darlehns gegeben sind. R.O.H.G. B. 18 S. 109. Dagegen Dernburg II. § 158 Anm. 27: weil auch ein solches Darlehn „ein beim Spiel gemachter Verlust" sei.

konsequenz angegriffen worden, weil man annahm, das Recht verhalte sich gegen Spielschulden gleichgiltig, betrachte sie aber an sich nicht als strafbar; der Darleiher werde aber durch Entziehung der Klage gestraft[9]). Bei dieser Ausführung wird der geschichtliche Ursprung verkannt, aber selbst wenn das willkürlich aufgestellte Princip der Gleichgiltigkeit wahr wäre[10]), so würde sich der Satz doch rechtfertigen; die Gleichgiltigkeit äußert sich eben in der Versagung des Rechtsschutzes für alle Forderungen, die mit dem Spiel zusammenhängen[11]).

II. Dem Spiel stellte bereits das römische Recht die Wette gegenüber. Es erklärte sie für giltig, wenn sie sich nicht mit unerlaubtem Spiel verbindet[12]); das deutsche Recht behandelte Wetten wie Spiel; aber seit der Rezeption überwog bald der römische Grundsatz[13]); und nur noch aus der Unmäßigkeit der Wettsumme wurde Ungiltigkeit der Wette hergeleitet[14]). Auch das A.L.R. hält den Unterschied fest. Die Wette ist nicht wie das Spiel nur dahin wirksam, daß die bezahlte Wettschuld nicht zurückgefordert werden kann[15]), sondern die Wette ist ein klagbares Geschäft dann, wenn der Gegenstand der Wette baar, d. h. körperlich[16]), bei Gericht oder einer dritten Person gesetzt wird[17]). Die Wette ist dann ungiltig, wenn der eine Theil von

---

[9]) Gans a. a. O. S. 169f.

[10]) S. hierüber Wieda II. 141. 191.

[11]) Daß übrigens zum Ankauf eines Lotterieloofes geliehenes Geld eingeklagt werden kann, ist unzweifelhaft. Der Loosnehmer spielt nicht, sondern kauft eine Hoffnung. Oben § 128 Note 112. Bornem. III. 128. Koch, R. d. F. III. S. 1021.

[12]) Wilda VIII. 215f. l. 17 § ult. D. XIX. 5. l. 2 § 2 D. XI. 5. Unstatthaft die Einrede aus der laesio enorm. Seuffert II. 292.

[13]) Wilda VIII. S. 220fg. 225fg.

[14]) Wilda VIII. S. 230. Dem röm. R. fremd. Man behauptete zuweilen in der älteren Praxis ein Moderationsrecht des Richters, das sich aber nicht begründen läßt. Heuser I. 232. Seuffert XVI. 217.

[15]) In dieser Weise ist aber die Wette auch dann wirksam, wenn ohne Hinterlegung gewettet war. Zwar spricht I. 11 § 578 nur vom erlaubten Spiel; aber das Gesetz mißbilligt die Wette in geringerem Maße als das Spiel; man muß also eine unvollkommene Zahlungspflicht anerkennen, bei der nur durch positives Gesetz die Klagbarkeit ausgeschlossen ist. I. 16 §§ 172. 178. Der Entwurf des B.G.B. stellt Wette und Spiel gleich, § 664, Entw. II. § 704, Reichstagsvorlage § 748.

[16]) Bornem. III. 130. Koch, Komment. Note zu § 579, ebenso Dernburg II. § 158 Anm. 23. Von beiden Theilen vollständig niedergelegt. Striethorst B. 44 S. 69. Dadurch soll zugleich die Ernstlichkeit des Willens zu wetten gezeigt werden, die sich bei solchen Geschäften nicht wie bei allen anderen Verträgen von selbst versteht. Vergl. Rostocker Entsch. von Buchka und Budde S. 100. Wenn die Wette nur von einer Seite gesetzt wird, so ist sie auch zu Gunsten des andern Theils nicht klagbar. Der Natur des Geschäfts als eines zweiseitig gewagten entsprechend, kann nicht angenommen werden, daß das Geschäft für den einen Theil rechtsbeständig, für den anderen Theil unverbindlich bestehen konnte. Die Nothwendigkeit der Hinterlegung führt zu der Folgerung, daß der Gegenstand der Wette der Höhe nach bestimmt sein muß, oder daß, wenn es auch zulässig ist, die Bestimmung von später ersichtlichen objektiven Merkmalen abhängig zu machen, feststehen muß, daß dabei eine gewisse Grenze nicht überschritten werden kann. In solchem Fall muß das mögliche Maximum hinterlegt sein, — die Wette ist unverbindlich, auch wenn der sich als verloren herausstellende Gegenstand hinterlegt ist, falls es möglich war, daß der Gegenstand sich noch höher hätte herausstellen können. Noch enger begrenzt Bornemann III. S. 238.

[17]) I. 11 § 579. Vergl. l. 17 § ult. D. XIX. 5 oder Stipulationsform. Das österr. G.B.

der Gewißheit des Gegenstandes der Wette unterrichtet war und dieses dem andern nicht angezeigt hat: kein Theil soll die Umstände, auf welche sein Wissen sich stützt, verschweigen[18]). Will dann doch der andere Theil wetten, so ist die Wissenschaft gleichgiltig. Die zur Wettsumme geliehenen Gelder können eben so wenig wie das, was zum Spiel geliehen ist, eingeklagt werden[19]).

III. Aus der rechtlichen Verschiedenheit der Behandlung von Spiel und Wette folgt die Nothwendigkeit einer genau abgrenzenden Begriffsbestimmung, die weder von den römischen Rechtsquellen noch vom Landrecht dargeboten wird. Beide Geschäfte fallen unter den Begriff der gewagten, und zwar sind sie nothwendig von beiden Seiten gewagte[20]). Der Eintritt eines Ereignisses soll für den einen Theil den in der Leistung des anderen bestehenden Vortheil hervorrufen, und der Nichteintritt desselben Ereignisses soll umgekehrt für den anderen Theil den Vortheil begründen, der in der Verpflichtung des ersteren seinen Gegenstand findet. Man hat versucht bei der Bestimmung des Unterschieds beider Geschäfte daran anzuknüpfen, daß Spielen eine Thätigkeit sei, wenn auch eine Thätigkeit ohne ernsthaftes Ziel, und man hat so den Begriff des Spiels daran binden wollen, daß bei demselben der Eintritt des entscheidenden Ereignisses und damit der Erfolg durch die Thätigkeit der Spielenden oder eines der Spieler bestimmt oder mitbestimmt werde[21]). Aber das Wesen des Geschäfts kann doch kein anderes sein, wenn einer der Spieler einen Gegenstand in Bewegung setzt, ein anderes, wenn ein Dritter dies thut, oder wenn die entscheidende Bewegung durch eine Naturgewalt hervorgerufen wird. In der That ist auch schon der Abschluß des Spielgeschäfts selbst eine Spielthätigkeit, die den Namen rechtfertigt. Ebensowenig wie die Nothwendigkeit einer hiervon verschiedenen Spielthätigkeit bildet der — regelmäßig zutreffende — Umstand, daß die Absicht der Spielenden auf Gewinn gerichtet ist, ein sicher unterscheidendes Merkmal, denn auch bei der Wette hat nothwendig jeder Theil den Willen zu gewinnen. Aber bei der Wette tritt dies erst in zweiter Linie hervor. Die Wette knüpft sich an einen Streit, bei dem der eine Theil dem anderen für die Wahrheit einer Behauptung einstehen zu wollen erklärt, mag es sich dabei um eine der Vergangenheit oder der Zukunft angehörige Thatsache handeln. Der Wettende unterwirft sich

---

§ 1271 verlangt auch Hinterlegung und läßt keine Klage aus Wetten zu. Bair. Entw. II. Art. 764 wie das A.L.R.

18) I. 11 § 580. Das A.L.R. nimmt also nicht unbedingt an, daß nur über Gegenstände gewettet werden dürfe, welche für beide Theile ungewiß sind; im Wesentlichen kommt auch das gemeine Recht darauf hinaus, daß nur kein dolus vorliegen darf. Vergl. Berger, Oecon. jur. III. th. 5. Wilda S. 233f.

19) I. 11 § 581. Dieser deutschrechtliche Satz hat sich aus der Zeit erhalten, wo Spiel und Wette gleich beurtheilt wurden. Dem röm. Recht ist er fremd. Vergl. bair. Entw. II. Art. 767.

20) Vergl. oben § 128 Anm. 93a.

21) Thöl, Verkehr mit Staatspapieren, S. 238. 259. Stobbe, D. P. R. B. 3 § 139 S. 323. Krügelstein a. a. O. S. 66. Auch Gerber, D. P. R. § 195 gehört hierher, wenn er auch davon absieht, daß gerade die Spielenden thätig sein müssen.

einem vermögensrechtlichen Nachtheil zu Gunsten des Gegners, einer Strafe seiner unbegründeten Rechthaberei, wenn er selbst unrecht und der die entgegengesetzte Meinung vertretende andere Theil recht habe[22]). Wird der Vertrag in dieser Absicht geschlossen, so liegt eine Wette vor. Ohne die Absicht die Wahrheit einer Behauptung aufrecht zu erhalten, giebt es also keine Wette. Jeder andere Vertrag, der für den Fall des Eintritts oder der Feststellung eines Ereignisses dem einen, für den entgegengesetzten Fall dem anderen Kontrahenten einen Vortheil zum Nachtheil des anderen Theils zusichert, ist als Spiel zu bezeichnen[23]). Nur als der häufigste und regelmäßigste Fall der letzteren Art ist der Fall anzusehen, wenn die Entscheidung durch eine nach bestimmten Regeln (den Spielregeln) geordnete Thätigkeit herbeigeführt werden soll.

§ 134. Der Verlagsvertrag.

A.L.R. I. 11 §§ 996—1022. Deutsches Reichsges. v. 11. Juni 1870 (Bundesgesetzblatt S. 399). — Bornemann III. S. 194 fg. Koch, Pr.R. I. S. 700, II. S. 457. 542 R. d. F. III. S. 872 f. 1196 f. v. Daniels III. 270. Heydemann in der deutschen Gerichtszeitung 1862 S. 41. Gruchot, Beitr. B. 13 S. 727 f. Dernburg II. § 210. Fischer § 78. — O. Wächter, Das Verlagsrecht mit Einschluß der Lehren von dem Verlagsvertrag und Nachdruck, 2. Abth. 1857. 1848 (jetzt das Hauptwerk; hierher gehört bes. die 1. Abth.). Klostermann, Das geistige Eigenthum an Schriften, Kunstwerken und Erfindungen. 1. B. 1867 (bes. §§ 28—35 über den Verlagsvertrag). Petsch, Die gesetzlichen Bestimmungen über den Verlagsvertrag. 1870. — Schürmann im Magazin für den deutschen Buchhandel. 1876. S. 228. Stobbe B. III. § 189.

Unter die Verträge über Handlungen stellt das A.L.R. den Verlagsvertrag. Es bestimmt ihn aber als denjenigen Vertrag, durch den der Buchhändler vom Verfasser das Verlagsrecht erlangt, und geht davon aus,

---

22) Daraus kann indessen nicht hergeleitet werden, daß die Wette ein Konventionalstrafvertrag sei, — wenigstens der preußischrechtliche Begriff desselben trifft nicht zu.

23) Vergl. Entsch. des Oberverwaltungsgerichts B. 8 S. 370, Reichsgericht Entsch. in Strafsachen B. 6 S. 175, B. 7 S. 26. — Zu den Geschäften, bei denen es zweifelhaft ist, zu welcher Art der gewagten Verträge sie zu rechnen sind, gehört das „reine Differenzgeschäft", bei dem unter der Form des Lieferungskaufs durch die ausdrückliche oder stillschweigende Einigung beider Theile dahin, daß effektive Lieferung nicht stattfinden soll, die bloße Ausgleichung zwischen Preis und Kurs beiderseits zum Gegenstand der Verpflichtung gemacht wird. Förster erklärte das Geschäft für Wette; die Meinungsverschiedenheit bestehe darin, daß der Käufer den Werth am Stichtage niedriger, der Verkäufer höher hoffe. Aber verschiedene Hoffnungen oder Ansichten machen noch keinen Streit, erzeugen nicht die Absicht, die Bewahrheitung der eigenen Ansicht zu garantiren, — die Absicht ist hier direkt nur auf Gewinn gerichtet, häufig besteht nicht einmal eine bestimmte Absicht, es wird einfach das Glück versucht. Deshalb nehmen Schuster S. 218, Beseler § 229, Windscheid § 419 Anm. 3 mit Recht Spiel an. Leist im Arch. f. civ. Pr. B. 33 S. 153. Ebenso das Reichsgericht in wohlthätiger Praxis. Vgl. R.G. bei Gruchot B. 36 S. 991, B. 37 S. 916, B. 38 S. 153. 957. — Für Verbindlichkeit des Differenzgeschäfts als eines eigenthümlichen aleatorischen Vertrags: Thöl, Verkehr S. 272, Gareis, Handelsrecht S. 314, Stobbe, B. 3 § 193, Dernburg II. § 158 Anm. 10. — Vergl. übrigens auch die Ges. v. 19. Januar 1836, 13. Mai 1840, 24. Mai 1844 und das Gesetz v. 1. Juni 1860.

daß dieses letztere in der ausschließlichen Befugniß besteht, eine Schrift durch den Druck zu vervielfältigen und abzusetzen. Hiernach ist der Verlagsvertrag nicht bloß ein Vertrag über Handlungen, sondern, von der anderen Seite betrachtet, auch ein Vertrag, durch den ein Recht veräußert wird [1]). Er enthält eine Rechtsveräußerung mit der Beimischung, daß der Veräußerer nicht bloß zur Uebertragung des Rechts auf Vervielfältigung, sondern unter Umständen zu ihrem Zweck zunächst zur Anfertigung des Werks, der Erwerber jedenfalls zur Vervielfältigung und Veröffentlichung des Werks, möglicher Weise auch zur Zahlung eines Honorars verpflichtet wird.

Beide Seiten sind für den Begriff des Verlagsvertrages wesentlich [2]). Ohne die Pflicht zur Vervielfältigung und Veröffentlichung des Werks kein Verlagsvertrag, — aber ebenso kein Verlagsvertrag ohne Veräußerung des Urheberrechts in den Grenzen des Vertrags an den zur Vervielfältigung Verpflichteten [3]). Hiernach rechtfertigt sich die Behandlung des Vertrags an

---

[1]) Wächter S. 244. Klostermann § 29. Vergl. indessen unten Anm. 48. Den Verlagsvertrag nur als Kauf anzusehen, ist einseitig, weil der Preis (das Honorar) fehlen kann, und eine Verpflichtung zum Thun beigemischt ist. Ein Gesellschaftsvertrag, bei welchem der Schriftsteller seine Arbeit einschießt, der Verleger seine Fonds und merkantile Thätigkeit (Pöhls, Handelsr. § 107), ist er nicht, weil es an der Gemeinschaft des Gewinnes und Verlustes fehlt. Gegen Dienstmiethe spricht, daß der Verfasser sich nicht zu künftigen Diensten verpflichtet, auch — nach römischer Ansicht wenigstens — bei opera liberalis Dienstmiethe nicht Anwendung findet. Mit der Sachmiethe ist gar keine Aehnlichkeit, denn der Verleger erwirbt nicht bloß ein Benutzungsrecht. Selbst als mandatum in rem suam, als die Cession eines Rechts hat man den Vertrag bezeichnet, dabei aber die dem Verlagsvertrag wesentliche Verpflichtung zu einem Thun unerklärt gelassen. Am bequemsten freilich ist es ihn zu den Innominatkontrakten zu zählen, denn diese Kategorie ist ja die große Sammlung der Verträge, die man systematisch nicht unterzubringen weiß. Wer sie für im Rechtssystem heut noch zulässig erachtet, mag sich dabei beruhigen, aber gewonnen hat er nichts mit dem Wort.

[2]) Schmidt a. a. O. S. 455: „es muß die Aufgabe der Doktrin sein, die besondere Natur des Verlagsvertrags dadurch zu einer klaren Anschauung zu bringen, daß man ihn in diese allgemeinen Formen auflöst und die eigenthümliche Kombination derselben nachweist."

[3]) Dernburg II. § 210 A. 2. 3 betont mit Gerber Abh. S. 280, daß Schriftstücke in Verlag gegeben werden können, die des gesetzlichen Urheberschutzes entbehren. Aber wenn auch zuzugeben ist, daß verbindliche Verträge über Publikation solcher Schriftstücke geschlossen werden können, so wird ein solcher Vertrag doch landrechtlich lediglich als Vertrag über Handlungen, aber nicht als Verlagsvertrag angesehen werden können. Die Vorschriften über diesen stellen klar, daß sie nur dann zur Anwendung kommen sollen, wenn das begründet werden soll, was § 996 als das Verlagsrecht definirt, das Recht der ausschließlichen Absetzung der Schrift. Förster betonte einseitig die Ueberlassung des Urheberrechts als Gegenstand des Vertrages, und es muß zugegeben werden, daß der Wortlaut der landrechtlichen Bestimmungen trotz der Stellung der Vorschriften innerhalb der Gesetze, die Verträge über Handlungen zum Gegenstand haben, von einer Definition des Verlagsrechts ausgehend, die Uebertragung dieses Rechts als den Hauptgegenstand behandelt, und die damit zusammenhängende Pflicht des Verlegers, die Vervielfältigung und Verbreitung vorzunehmen, ausdrücklich überhaupt nicht hervorhebt, sondern nur in § 1010 als vorhanden voraussetzt. Dennoch ist anzunehmen, daß diese Pflicht, welche dem gemeinrechtlichen Wesen des Vertrags entspricht, für die Stellung des Vertrags unter die Verträge über Handlungen entscheidend gewesen ist: denn die Pflicht des Verfassers, die Handschrift zu liefern, betrifft keine Handlung im Sinne des § 869; sie ist selbst dann, wenn zufällig auch die Handschrift erst behufs der Lieferung gefertigt werden muß, nur das Mittel die Uebertragung des Verlagsrechts zu realisiren.

dieser Stelle[4]). Vereinigen sich Urheber und Buchhändler gemeinschaftlich das Werk herauszugeben, so entsteht zwischen ihnen eine Gesellschaft auf Gewinn und Verlust, aber es wird kein Verlagsvertrag abgeschlossen. Bedient sich der Urheber eines sogenannten Verlegers nur zur Vervielfältigung und Verbreitung des Werks, behält sich aber den Nutzen und die Bestimmung über fernere Vervielfältigung vor, so ist das Verlagsrecht nicht veräußert, ein Verlagsvertrag nicht errichtet. Ebenso wenig ist aber ein Verlagsvertrag dann anzunehmen, wenn jemand sich das Recht übertragen läßt, ein Buch zu vervielfältigen, ohne die Pflicht zu solcher Vervielfältigung zu übernehmen; auch nicht, wenn ein Buchhändler die Ausarbeitung eines Werks nach seiner Idee einem oder mehreren Schriftstellern zusammen überträgt, so daß der Schriftsteller diese Idee nur als die des Andern in Worte kleiden soll; dann hat der Buchhändler ohne Weiteres das Verlagsrecht, und der Vertrag ist eine bloße Dienstmiethe[5]).

Auf das Wesen des Verlagsrechts, welches das Landrecht als die Befugniß definirt, eine Schrift durch den Druck zu vervielfältigen und sie ausschließlich abzusetzen[6]), und auf die Entwickelung dieses Verlagsrechts zu dem zur Zeit reichsgesetzlich anerkannten Urheberrecht braucht an dieser Stelle nicht näher eingegangen zu werden, da diese Erörterungen für die Begrenzung der Vertragspflichten des Autors und Verlegers aus dem geschlossenen Verlagsvertrag von keiner Bedeutung sind: sie werden erst erheblich, wenn die Folgen der Verletzung dieses ausschließlichen Rechts erörtert werden sollen. Es wird deshalb hier auf § 153 verwiesen.

Der Verlagsvertrag, der in dem regelmäßigen Fall des Abschlusses mit einem Buchhändler ein Handelsgeschäft ist, den aber das Handelsgesetzbuch nicht näher ordnet, erzeugt gegenseitig folgende Rechte und Verbindlichkeiten. a. Auf Seiten des Urhebers, Verfassers. Das A.L.R. sagt: der Verfasser ist schuldig, den Vertrag durch Lieferung der Handschrift zur gehörigen Zeit zu erfüllen[7]); er hat, wenn man diesen Satz verallgemeinert, dasjenige literarische oder artistische Erzeugniß, das Gegenstand des Vertrages geworden, in der zur Veröffentlichung geeigneten Form dem Verleger zu rechter Zeit zu übergeben. Ist es also noch nicht hergestellt, so ist er verpflichtet, es selbst[8]) auszuarbeiten. Ist über ein fertiges Werk der der Vertrag geschlossen, so darf er es nicht mehr wesentlich ändern, ihm für den Verkehr keine andere Bedeutung geben[9]). Von der Verabredung der Parteien hängt es ab, ob das Werk gleich vollständig, oder stückweise zu liefern ist[10]), zur Vollständigkeit gehört aber auch Titel, Vorrede,

[4]) Vergl. oben § 121 Anm. 7.
[5]) I. 11 §§ 1021. 1022.
[6]) I. 11 § 996.
[7]) I. 11 § 1000. Wächter § 29 S. 322f. Klostermann § 33.
[8]) Wächter S. 322.
[9]) I. 11 §§ 1008. 1009.
[10]) Wächter, S. 324. 331.

Register, soweit die beiden letzteren nach der Abrede zu liefern, oder nach der Eigenthümlichkeit des Werks nothwendig oder nützlich sind[11]). Wenn der Vertrag die Zeit der Ablieferung nicht bestimmt, so soll nach A.L.R. die Frist bis zur nächsten Leipziger Messe (eine jetzt durch den Handelsgebrauch unpraktisch gewordene Vorschrift)[12]) angenommen werden, und wenn dies nach Lage der Umstände nicht angeht, soll die Bestimmung der Zeit vom Urheber abhängen, doch so, daß der Verleger berechtigt ist, von ihm diese Bestimmung im Voraus zu fordern[13]). Der Verfasser entäußert sich seines Verlagsrechts durch den Vertrag dergestalt, daß er das Werk oder eine neue Ausgabe desselben vor Aufräumung der ersten Auflage keinem anderen Verleger übergeben darf[14]) und daß er, wenn die Zahl der Exemplare im Vertrage nicht begrenzt ist, den Verleger nicht hindern kann, neue Auflagen, d. h. unveränderte Abdrücke zu veranstalten[15]). Dagegen beschränkt sich die Veräußerung des Verlagsrechts auf die Ausgabe[16]); der Verleger darf nicht ohne Einwilligung und Mitwirkung des Verfassers mit der Veränderung des Werks in Form oder Inhalt eine neue Ausgabe veranstalten. Das verlangt einen neuen Vertrag[17]). Und ebenso ist das Veranstalten einer neuen Auflage unzulässig, wenn für die erste eine feste Zahl bestimmt war; es bedarf dann für die neue Auflage eines neuen Verlagsvertrages[18]).

b. Der Verleger ist verpflichtet[19]), das Werk mechanisch in der

---

[11]) Wächter S. 331. Koch, Komm. zu I. 11 § 1001. Diese Stücke werden übrigens gewohnheitsmäßig erst nachgeliefert, und der Verleger kann den Beginn des Drucks nicht aussetzen bis zu ihrer Einhändigung. Jurist. Wochenschr. 1835 S. 336.

[12]) Auch gemeinrechtlich wurde unter „gehöriger Zeit" oder „alsbald" die Lieferung bis zur Leipziger Messe verstanden. Wächter S. 330.

[13]) I. 11 §§ 1002—1004.

[14]) I. 11 §§ 1018. 1019. Bluntschli, Pr.R. S. 477. Sächs. Ges.B. § 1140. Seuffert IV. 80. V. 308. Dies modifizirt sich für den Fall der Veröffentlichung eines einzelnen Aufsatzes in einer Zeitschrift, vergl. Anm. 17.

[15]) I. 11 § 1013. So schon von Kind, Quaest. for. IV. c. 10, überhaupt im sächsischen Recht, dem sich hier die Redaktoren des A.L.R. angeschlossen haben. (Curtius, Handbuch des sächs. Civilr. B. 4 § 1504, I. A. v. 1819). S. Koch, R. d. F. III. S. 880. Note 9. Nach sächs. G.B. § 1142 berechtigt der Verlagsvertrag nur zu einer Auflage, und ist die Zahl der Exemplare nicht bestimmt worden, darf der Verleger bis 1000 abziehen. Vergl. Dresden bei Seuffert I. 347. Unzweifelhaft wird aber dem Verleger das Recht einzuräumen sein, zufällig untergegangene Exemplare bis auf die für die Auflage bestimmte Zahl zu ersetzen. Wächter S. 291 will hier Unterscheidungen aufstellen, die nicht haltbar sind. Gegen ihn Kuntze a. a. O. B. 3 S. 800.

[16]) I. 11 § 1016. Ueber den Unterschied von Auflage und Ausgabe s. Heydemann und Dambach, Die preuß. Nachdrucksgesetzgebung S. 28 fg. In dem Wörterbuch von J. und W. Grimm (I. S. 680) heißt es: neue Auflage und Ausgabe unterscheiden sich so, daß jene unverändert sein und vom Verleger veranstaltet sein mag, diese aber Zuthaten und Verbesserungen des Verfassers zu enthalten pflegt.

[17]) I. 11 §§ 1012. 1017. Auch der Verfasser darf eine so veränderte Ausgabe nicht ohne Zustimmung des Verlegers veranstalten, so lange noch unabgesetzte Exemplare der alten Ausgabe vorhanden sind, wenn er diese nicht durch Zahlung des Buchhändlerpreises einlösen will. §§ 1018. 1019. Der einzelne Aufsatz in einer Zeitschrift fällt unabhängig hiervon auch ohne besondere Abrede nach zwei Jahren vom Ablauf des Jahrs der Ausgabe des Aufsatzes in das Verlagsrecht des Verfassers zurück. § 10, G. v. 11. Juni 1870.

[18]) I. 11 § 1014. Ges. v. 11. Juni 1870, § 5 c. d.

[19]) Wächter §§ 30. 31 S. 337 fg. Klostermann § 34. Ueber den s. g. Kommissionsverlag

vertragsmäßigen Art und in dem vertragsmäßigen Umfange (Zahl der Exemplare) ohne Aufenthalt zu vervielfältigen und ordnungsmäßig in den Verkehr zu bringen[20]). Das Vervielfältigen und Absetzen des Werks ist nicht bloß ein Recht des Verlegers, sondern es ist seine Hauptpflicht gegen den Verfasser, — er darf daher beides nicht unterlassen[21]). Aber weil beides auch sein Recht ist, so darf der Verfasser, nachdem das Werk einmal in Verkehr gebracht, herausgegeben ist, die Verbreitung nicht mehr hindern; er kann nur die vorhandenen Exemplare gegen Erlegung des Buchhändlerpreises (nicht des Ladenpreises, weil die höhere Differenz des letzteren nicht dem Verleger, sondern den vertreibenden Buchhändlern zufällt) aufkaufen[22]). Ist ein Honorar bedungen, was zum Wesen des Vertrages nicht gehört, so ist dasselbe bedungener Maßen zu zahlen. Der Regel nach ist anzunehmen, daß das Honorar Zug um Zug mit der Uebergabe des vollendeten, zu vervielfältigenden Werks zu zahlen ist[23]). Für eine neue Auflage soll im Zweifel die Hälfte des Honorarsatzes gewährt werden[24]). Nebenverbindlichkeiten, z. B. die Gewährung von Freiexemplaren, müssen besonders bedungen werden. Weil dem Verleger die ordnungsmäßige Verbreitung des Werks im Publikum obliegt, so ist es auch seine Sache, für tüchtige Korrektur zu sorgen[25]). Das Eigenthum am Manuskript erwirbt der Verleger nicht, weil ihm nur das Verlagsrecht über-

---

und den Verlag auf Grund eines Gesellschaftsvertrages (vergl. oben den Text hinter Anm. 4) s. R.O.H.G. B. 16 S. 251.

20) Zu Anzeigen des Werks ist der Verleger nach Seuffert IV. 246 nicht verpflichtet. Dernburg II. § 210 Anm. 14 hält diesen Satz für zu allgemein, er verweist auf Observanz und im Streitfall auf richterliches Ermessen. In der That wird ein ordnungsmäßiger Vertrieb meist ohne Anzeigen nicht gedacht werden können.

21) Wächter S. 338 fg.

22) I. 11 § 1019 sagt dies nur, wenn der Verfasser auf einen anderen Verleger übergehen will; es versteht sich aber auch für den Fall von selbst, wenn der Verfasser überhaupt die weitere Verbreitung des Werks verhindern will. Bis zur Herausgabe greift § 1005 ein. Vergl. unten Anm. 37.

23) Wächter S. 362. Gewöhnlich wird aber bedungen, das Honorar zu zahlen, wenn das Werk gedruckt und zur Ausgabe bereit ist. Bluntschli, Pr. R. S. 477 meint, dies sei in dubio anzunehmen. Zahlung bei Ablieferung des Manuskripts sei Vorauszahlung, die bedungen werden müsse. Vergl. Sächs. G.B. § 1143. Dernburg II. § 210 Anm. 16 zieht A.L.R. I. 5 § 267 heran; dieser setzt aber eine zweifelhafte, der Auslegung bedürfende Erklärung voraus und kann nicht eingreifen in die Frage, was als naturale eines ganz klaren, die Zeit der Honorarzahlung nicht berührenden Vertrags anzusehen ist. Im Sinne des Landrechts muß das Honorar als Entgelt für Ueberlassung des Verlagsrechts angesehen werden. Vergl. insbesondere I. 11 § 999. Der Schriftsteller hat durch Lieferung des Manuskripts vollständig erfüllt; eine weitere Hinausschiebung der Gegenleistung muß also besonders bedungen sein. — Keine Einrede der laesio enormis für den Verleger. Oben § 127 Anm. 62. Bluntschli a. a. O. S. 478.

24) I. 11 § 1015. Hierzu Koch, R. d. F. III. S. 880 f. Der Verleger darf nicht wider Willen des Verfassers eine neue Auflage veranstalten, wenn er ihm das halbe Honorar bietet. Nur wenn er ein Recht auf die neue Auflage nach dem ursprünglichen Vertrag hat, oder wenn sich beide über die Veranstaltung der neuen Auflage geeinigt, eine anderweitige Festsetzung des Honorars aber nicht getroffen haben, so soll § 1015 dafür einen Anhalt bieten. A.M. Gruchot B. 13 S. 763, Dernburg II. § 210 Anm. 18. Letzterer hält aber § 1015 durch Handels-Usance für antiquirt.

25) Wächter S. 249.

tragen wird, das Manuskript muß daher nach beendigtem Gebrauch dem Urheber zurückgegeben werden[26]).

Zur Form des Vertrages erfordert das A.L.R. Schriftlichkeit[27]); wenn aber der mündlich abgeschlossene Vertrag von Seiten des Verfassers durch Ablieferung des Werks vollständig erfüllt ist, so ist der Verleger nach der besonderen Bestimmung des Landrechts für diesen Fall an die mündliche Festsetzung des Honorars gebunden, der übrige Inhalt des Vertrags wird aber nicht nach der mündlichen Abrede, sondern nach den gesetzlichen Vorschriften bestimmt[28]). Diesen Rechtszustand hat das allgemeine Handelsgesetzbuch insofern geändert, als, wenn der Verleger im Sinne dieses Gesetzbuchs ein Kaufmann ist, z. B. ein Verlagsbuchhändler, der Vertragsabschluß die Schriftlichkeit nicht erfordert[29]).

Die Klagerechte der Parteien ergeben sich aus dem Vertrage, gehen also zunächst auf vertragsmäßige Leistung[30]), wobei indessen die unten darzulegenden Befugnisse zum Rücktritt zu beachten sind. Trotz des Rücktritts kann aber eine Entschädigungspflicht bestehen, und auch wegen verzögerter Lieferung des Werks[31]) oder wegen verzögerter Herausgabe kann Entschädigung gefordert werden. Insbesondere hat auch der Verfasser, der nach begonnenem Druck ohne Einwilligung des Verlegers erhebliche Veränderungen an dem Werk vornimmt, dem letzteren den „daraus entstehenden" Schaden zu ersetzen[32]). Zufälliger Untergang des Manuskripts oder zufällig ent-

---

[26]) Wächter S. 232.

[27]) I. 11 § 998.

[28]) I. 11 § 999. Dazu Koch, R. d. F. III. S. 875, der darauf hinweist, daß in den Fällen, wo das Honorar bogenweise versprochen ist, der mündliche Vertrag auch in Betreff aller der Punkte gelten muß, von denen die Anzahl der Bogen abhängt (Format, Art des Drucks, Stärke der Auflage). Vergl. auch Bornemann B. 3 S. 107. Die Verweisung auf andere gesetzliche Vorschriften ist eine sehr unklare, da es gerade bezüglich der Pflicht des Verlegers zur Vervielfältigung und Verbreitung an anderen Vorschriften fehlt.

[29]) Art. 272 Nr. 5. 277. 317 H.G.B.

[30]) Die Leistung des Verfassers — Abtretung des Verlagsrechts behufs Vervielfältigung des Manuskripts — schließt die Verbindlichkeit zur Ablieferung des Manuskripts und zur Fertigstellung des Werks in sich. Auf Anfertigung des Werks kann aber nicht geklagt werden, da der Verfasser regelmäßig, wie unten darzulegen, zurücktreten kann und durch Nichtfertigung des Werks den Entschluß kund thut, von der Herausgabe abzusehen. Auch wenn bereits ein Theil des Werks gedruckt ist, wird hiernach auf Vollendung des Werks nicht geklagt werden können. Ist durch vertragsmäßigen Verzicht auf das Rücktrittsrecht eine erzwingbare Verbindlichkeit zur Fertigstellung des Werks begründet, so wird doch eine Zwangsvollstreckung regelmäßig ausgeschlossen sein, da die Handlung weder von einem Dritten vorgenommen werden kann, noch ausschließlich vom Willen des Schriftstellers abhängt. In einem besonders gearteten Fall hat allerdings das Kammergericht dem Vernehmen nach einmal angenommen, daß nach Inhalt des Vertrages die Parteien die Fertigstellung eines Romans nicht als individuelle Arbeit des bestimmten Schriftstellers, sondern im Sinne einer auch durch Dritte zu leistenden Arbeit verabredet hatten, hier ist Zwangsvollstreckung nach C.P.O. § 773 zugelassen. Der Regel nach wird dieser Weg nicht betreten werden können.

[31]) Mit Unrecht für das preuß. R. bestritten von Gengler, deutsches Pr.R. S. 540 Note 13. S. Wächter S. 336.

[32]) I. 11 § 1009. Ueber den Ausdruck „allen daraus entstehenden Schaden" s. oben B. I. § 106 Anm. 14.

standene Unmöglichkeit der Erfüllung, hebt die gegenseitigen Verbindlichkeiten auf[33]).

Das Gesetz giebt besondere Bestimmungen über den einseitigen Rücktritt von dem geschlossenen Vertrage. Der Verleger kann zurücktreten, wenn der Verfasser nicht zu rechter Zeit liefert[34]), oder bei unbestimmter Lieferungszeit die von ihm geforderte Bestimmung der Ablieferungszeit unterläßt[35]), oder wenn er in der Gestalt des gelieferten Werks vor der begonnenen Vervielfältigung noch wesentliche Veränderungen vornehmen will[36]). Der Verfasser kann zurücktreten, wenn er sich vor der Herausgabe entschließt, von der Veröffentlichung des Werks abzustehen[37]); immerhin verletzt er aber dadurch seine Vertragspflicht und muß dem Verleger, wenn dieser schon Anstalten zur Vervielfältigung gemacht hat, welche ihm durch den Rücktritt unnütz werden, dieselben ersetzen[38]). Der Verfasser bleibt in solchem Fall verpflichtet, das Werk innerhalb Jahresfrist nicht auf eigene Rechnung herauszugeben oder einem anderen Verleger zu übertragen, widrigenfalls er dem ersten den entgangenen Gewinn ersetzen muß[39]). Es fragt sich, ob neben diesen Vorschriften die allgemeinen Bestimmungen über den Rücktritt von Verträgen, deren Hauptgegenstand Handlungen sind[40]), zur Anwendung kommen[41]). Hierbei ist die Stellung beider Theile in Betracht zu ziehen. Die Pflicht des Verfassers geht, wie oben ausgeführt worden ist, auf Abtretung des Verlagsrechts. Auch

---

[33]) I. 11 § 1010. Oben B. I. § 108. Nach gemeinem Recht geht die Gefahr des Verlustes des Manuskripts auf den Verleger über, wenn er bei ihm eingetreten und wenn ein festes Honorar versprochen worden; sonst tragen sie beide Theile, — auch wenn sich das Honorar erst nach dem Umfang des Drucks bestimmen soll. Sächs. G.B. §§ 1145—1148.

[34]) I. 11 § 1001.

[35]) I. 11 § 1004.

[36]) I. 11 § 1008.

[37]) I. 11 § 1005. Der Wortlaut verweist auf Umstände oder Hindernisse, die den Verfasser veranlassen, das versprochene Werk nicht herauszugeben; deshalb bezeichnete Förster den Rücktritt als einen solchen wegen veränderter Umstände. Dernburg II. § 210 Anm. 6 hebt unter Berufung auf Koch zu § 1005 hervor, daß eine richterliche Prüfung der Hinderungsgründe nicht stattfinde. Dem ist zuzustimmen. Die wirkliche Sinnesänderung des Autors, der nicht publiziren will, ist ein veränderter Umstand. Sie muß aber wirkliche Sinnesänderung sein; wie der Text sagt, genügt nicht bloßes Belieben, das sich wieder wandelt und den Vertrag einem anderen Verleger zuwendet oder zur Selbstherausgabe führt. — Nach Förster, dem Dernburg in dieser Beziehung zustimmt, soll das Rücktrittsrecht mit Ablieferung des Manuskripts endigen. Das Gesetz spricht aber von einer Aenderung des Entschlusses herauszugeben, und man wird deshalb den Willen des Verfassers bis zur wirklichen Herausgabe des Werks als maßgebend ansehen müssen. Es kann hart für den Verleger sein, sich auf den Entschädigungsanspruch beschränken zu müssen; aber dieser Härte entgeht auch Dernburg nicht, so lange der Verfasser das Manuskript nicht vollständig geliefert hat. Es kommt auch in Betracht, daß die Sinnesänderung des Autors bis zum letzten Augenblick sehr gute Gründe haben kann.

[38]) I. 11 § 1006.

[39]) I. 11 § 1007.

[40]) I. 5 §§ 408—410, I. 11 § 877. Vergl. B. I. § 87 Ziffer 4.

[41]) Dernburg II. § 26 Anm. 19 leugnet dies, weil der Verlagskontrakt in Bezug auf den Rücktritt besonders geregelt sei; das ist aber nur in bestimmten Beziehungen geschehen, bezüglich deren der Vertrag, wie im Text dargelegt ist, nicht als Vertrag über Handlungen in Betracht kommt. Vergl. auch Strieth. B. 2 S. 372.

wenn er das Werk erst abfassen muß, steht seine Vertragsleistung nicht unter der Herrschaft jener Bestimmungen. Gerade deshalb waren die besonderen Vorschriften, die so eben erörtert sind, erforderlich. Dagegen ist die wesentliche Pflicht des Verlegers die Herstellung der Vervielfältigung und die Verbreitung, ihm liegen also Handlungen ob, die um ihrer selbst willen gefordert werden. Weigert der Verleger die Vornahme dieser Handlungen, so besteht kein Grund, der den Verfasser zur Erfüllungsklage nöthigen und hindern sollte, auf Grund der allgemeinen gesetzlichen Bestimmungen über den Rücktritt von dem Vertrag abzugehen, und ebenso muß seine Behauptung, daß der Verleger zur Erfüllung nicht im Stande sei oder nicht rechtzeitig erfüllt habe, das Abgehen von dem Vertrage auf seine Gefahr rechtfertigen.

Die Herstellung eines Geisteswerks ist eine individuelle Arbeit, der Tod des Verfassers vor Fertigstellung des Werks macht also die Erfüllung unmöglich[42]); im Uebrigen sind die gegenseitigen Rechte und Verbindlichkeiten, wie andere Rechte und Pflichten aus Verträgen, vererblich[43]). Zweifelhaft ist, ob der Verleger das erworbene Verlagsrecht weiter veräußern (cediren) darf[44]) — aber die Befugniß ist ihm ebenso zuzuschreiben, wie überhaupt aus gegenseitigen Verträgen Rechte abgetreten werden können, d. h. er darf sich von seinen Verpflichtungen aus dem Verlagsvertrage nicht einseitig befreien, haftet also nach wie vor für Erfüllung der Verbreitungspflicht[45]).

Das durch den Verlagsvertrag begründete ausschließliche Verlagsrecht erlischt, sobald der Verleger die für die Ausgabe bestimmte Anzahl von Exemplaren abgesetzt hat[46]). Der Konkurs des Verlegers wirkt auf das Fortbestehen oder Erlöschen des noch nicht erfüllten Vertrages zunächst nach den bei zweiseitigen Verträgen geltenden allgemeinen Grundsätzen[47]). Wenn also der Autor noch nicht erfüllt hat, so hängt die Geltendmachung der Vertragsrechte für die Konkursmasse von der Wahl des Verwalters ab, der dadurch, daß er Erfüllung wählt, zugleich seinerseits Erfüllung als Massenschuld verspricht. Daneben kann aber der Autor, weil die Eröffnung des Konkursverfahrens über das Vermögen des Verlegers nothwendig auf die Art des Vertriebs einwirken muß, darin einen Umstand sehen, der ihn veranlaßt, von der Publikation durch diesen Verleger überhaupt Abstand zu nehmen. War

---

[42]) I. 5 § 416.

[43]) Bundesbeschl. v. 1837 Art. 2. Preuß. Ges. v. 1837 §§ 6. 9. § 3 des Reichsgesetzes v. 11. Juni 1870. Koch III. S. 881. Ueber das Recht der Erben in Betr. der Herausgabe nachgelassener Werke und der Veranstaltung neuer Ausgaben s. auch Strieth. B. 20 S. 338. Bestritten war früher namentlich, ob die Erben des Verfassers neue Ausgaben veranstalten können Wächter S. 371.

[44]) Wächter S. 368 fg. Klostermann I. S. 335. Dagegen Hinschius in der jur. Wochenschrift 1840 S. 305.

[45]) Koch III. S. 876. Vergl. jur. Wochenschr. 1840 S. 312. Ergänzungen zu § 996 d. T. bei Nr. 4. Oben B. 1 § 99 Anm. 69 f. Harum, Oesterr. Preßges. S. 153 und in der österr. Vierteljahrschr. B. 11 S. 278. Gerber, Jahrb. a. a. O. S. 292.

[46]) I. 11 §§ 1016. 1018.

[47]) Konk.Ord. § 15. Vergl. Preuß. K.O. v. 1855 § 16. Oben B. I. S. 881. Wächter S. 393 a. E. fg.

das Manuskript vom Autor bereits vollständig geliefert, so erhebt sich die Frage, ob er, wenn er nicht den Rücktritt auf Grund des § 1005 d. T. mit den sich daran knüpfenden Pflichten wählen will, nun schlechthin in die Rolle des Konkursgläubigers zu treten hat, der wegen nicht gehöriger Veröffentlichung oder wegen nicht gehörigen Vertriebs des Buchs seine Entschädigungsansprüche im Konkursverfahren verfolgen mag, damit aber sich zufrieden geben muß, ohne die freie Verfügung über sein Urheberrecht wieder zu erlangen. Dies Ergebniß wäre nicht abzulehnen, wenn man in dem Verlagsvertrag eine wirkliche Veräußerung des Verlagsrechts zu finden hätte; und allerdings redet, wie das Landrecht, so auch das Reichsnachdrucksgesetz im § 3, von vertragsmäßiger „Uebertragung" des Urheberrechts. In Wahrheit enthält der Verlagsvertrag aber eine Veräußerung oder Uebertragung des Verlagsrechts nur in dem Sinne, daß der Verfasser sich neben Lieferung des Manuskripts verpflichtet, bis zur Beendigung des Vertriebs des Verlagsartikels sich jeder anderweitigen Benutzung seines Autorrechts zu enthalten, ohne daß er sich dieses Rechts auch nur zeitweilig ganz entäußert. Er braucht das Verlagsrecht nicht zurück zu erwerben. Deshalb rechtfertigt es sich, anzunehmen, daß, wenn der Konkursverwalter nicht für die Masse in den Vertrag eintritt, der Autor aufhört, an fernere Erfüllung seines Versprechens gebunden zu sein, daß er also anderweit für die Verbreitung seines literarischen Erzeugnisses sorgen kann[48]).

b. Verträge über ein Geben zum Gebrauch.

§ 135. Der Leihvertrag.

A.L.R. I. 21 §§ 229—257. Bornemann IV. 294. Daniels III. 302. Koch, Priv.R. II. 461. Dernburg II. §§ 174. 175. Fischer § 75. — Glück B. 13 S. 246f. Unterholzner II. 552. Schmidt, Das Commodatum und precarium, 1841. Heimbach im Rechtslexikon IV. 654. Stobbe, Z. Gesch. des deutschen Vertragsrechts, S. 234. Vangerow III. 428. 631. 638. Arndts S. 467. Sintenis II. 547. Keller S. 585. Windscheid II. §§ 374. 375. Dernburg II. §§ 90. 91. Ubbelohde im Arch. f. civ. Prax. B. 59 S. 222. Lenel in Jherings Jahrb. B. 19 S. 208.

Wie in der Reihe der Verträge, die bestimmt sind, Eigenthumswerthe aus einem Vermögen in das andere zu übertragen, unentgeltliche und entgeltliche zu unterscheiden waren, so auch bei den Verträgen, durch welche nur Gebrauch oder Nutzung einem Anderen zugewendet werden soll. — Der Ge-

---

[48]) Dernburg II. § 210 Anm. 24 giebt dem Autor das Recht, der Masse gegenüber zu fordern, daß diese das Verlagsrecht an einen geeigneten und tüchtigen Verleger abtrete. Das Recht zur Cession (vergl. oben Anm. 45) kann dem Konkursverwalter nur eingeräumt werden, wenn er für die Masse in den Vertrag eintritt. Eine Pflicht zur Cession ist nur zu begründen, wenn die Leistungspflicht für die Masse selbst besteht, die doch nach Lage der Verhältnisse außer Stande ist, durch eigne Thätigkeit die Vertragspflicht des Verlegers zu erfüllen.

brauchswerth und der Nutzungswerth einer Sache drückt sich in den Diensten aus, die diese Sache gewähren kann. Gebrauchen (uti) heißt, die Dienste einer Sache für sich verwenden, ohne durch sie neue dauernde Werthe zu schaffen; Nutzen (uti frui) heißt, die Dienste einer Sache dadurch für sich verwerden, daß man sie nicht bloß konsumirt, sondern sich zugleich dadurch neue dauernde Werthe (in den Früchten) schafft[1]).

Wem unentgeltlich der Gebrauch einer Sache überlassen worden, dem ist sie geliehen. Er gewinnt dadurch kein Recht auf die Substanz der Sache und ist nicht in der Lage, die Früchte der Sache für sich zu beanspruchen. Die Leihe (utendum dare, commodatum, altdeutsch Leihe um Liebe)[2]) ist der Vertrag, durch den bedungen wird, daß der Empfänger einer Sache (der Leiher), dem diese Sache vom Verleiher ohne Entgelt zum Gebrauch eingeräumt ist, sie unverändert zurückzugeben hat[3]). Das A.L.R. hat aus der damaligen Theorie[4]) noch ein weiteres Moment in die Definition aufgenommen: es muß zugleich die Zeit der Rückgabe entweder in sich selbst oder durch die Art oder durch den Zweck des eingeräumten Gebrauchs in Voraus bestimmt werden[5]). Aus dem römischen Recht läßt sich dies als wesentlich für die Leihe nicht herleiten[6]).

Für das heutige gemeine Recht ist streitig, ob der Vertrag noch, wie im römischen Recht als ein Realkontrakt anzusehen ist, d. h. erst durch Hingabe der Sache neben der entsprechenden Vertragsabrede geschlossen wird, oder ob er, in Folge der jetzt anzunehmenden Verbindlichkeit aller bloßen Abreden, jenen Charakter abgestreift und die Natur eines Konsensualvertrags angenommen hat, bei dem der eine Theil die Pflicht übernimmt, den Vertragsgegenstand solvendi, nicht contrahendi causa hinzugeben, während der andere Theil sich zur demnächstigen Zurückgabe verpflichtet[6a]). Diesen Standpunkt hat Förster auch in das preußische Recht hineinzutragen versucht; er

---

[1]) Dankwardt, Nationalökonomie und Jurisprudenz, 2. Heft, 1857, S. 5fg. Oben B. I. S. 101. Nudus usus, id est sine fructu, l. 1. § 1, l. 2 pr. D. VII. 8. Der usus kann ein plenus oder omnis und ein minus plenus sein, je nachdem der ganze Gebrauch, den die Sache bieten kann, oder nur ein bestimmter theilweiser Gebrauch gemeint ist. l. 12 pr. § 3 D. VII. 8. Das Nutzen aber (frui) enthält immer auch das uti in sich. l. 14 § 1 D. eod.

[2]) Utendum dare drückt scharf aus, daß die Obligation durch das dare d. h. re geschlossen wird. l. 1 § 1 D. XIII. 6. Diese Bezeichnung ist die ältere; im edictum perpetuum tritt dann die Bezeichnung commodare auf l. 1 pr. eod. Glück B. 13 S. 427. Heimbach S. 654. Leihe um Liebe s. die Stellen bei Stobbe S. 236. 238.

[3]) I. 21 § 246.

[4]) Z. B. Faber, ration. in Pand. ad. l. 1 § 1 D. XIII. 6. Höpfner, Komm. § 771 S. 598. Glück B. 13 S. 426. 430. Man fand gerade hierin den Unterschied vom precarium.

[5]) I. 21 § 230. Vergl. Entwurf des B.G.B. §§ 549. 555. 556. Entwurf II. §§ 538. 544, Reichstagsvorlage §§ 591. 597.

[6]) Das Verhältniß von commodatum und precarium nach röm. Recht ist streitig. Unterholzner II. 553. Sintenis II. § 111 Anm. 38. Vangerow III. 638f. bei VI. Windscheid II. § 376 Anm. 2.

[6a]) Vergl. Keller, Pand. § 438, Karlowa, Das Rechtsgeschäft, S. 264, Stobbe III. S. 69.

muß aber abgelehnt werden. Die positiven Bestimmungen des Landrechts ergeben, daß ein verbindlicher Leihvertrag erst nach Hingabe der Sache gedacht werden kann [7]). Die vorgängige Abrede kommt also lediglich als pactum de contrahendo in Betracht, und die Verbindlichkeit, die der Leihvertrag begründet, ist die wesentlich einseitige Pflicht zur Rückgabe des bei dem Vertragschluß und zum Zwecke desselben Gegebenen. Dem entspricht es auch, daß das Landrecht bei der Leihe beweglicher, dem Leiher eingehändigter Sachen, im Werthe von über 150 Mark nicht die schriftliche Form verlangt. Der Leihvertrag über eine unbewegliche Sache und über ein Recht muß dagegen schriftlich abgeschlossen werden [8]).

Gegenstand der Leihe kann nur eine solche Sache sein, welche einen Gebrauch ohne Verbrauch der Substanz gestattet [9]). Ausgeschlossen ist hierdurch das Leihen von res quae usu consumuntur zu solchem vernichtenden Gebrauch [10]); sonst aber sind ebenso körperliche (bewegliche und unbewegliche) Sachen wie Rechte verleihbar [11]), soweit letztere einen Gebrauch zulassen [12]).

---

[7]) Dies folgt schon aus dem Wortlaut des § 229. Danach ist nach geschlossenem pactum de commodando das Recht auf Hergabe der Sache zum Gebrauch nicht als abtretbar anzusehen, vielmehr handelt es sich um die Pflicht, gerade mit diesem Leiher in ein Vertragsverhältniß einzutreten, eine Pflicht, an deren Stelle durch Cession nicht die Pflicht treten kann, das Vertragsverhältniß mit dem Cessionar einzugehen. Ferner ist ohne Hingabe der Sache die Pflicht zur Rückgabe nicht denkbar; es ist unmöglich, daß der Leiher auf diese Hingabe als Vertragsleistung des Verleihers verzichte, um dann doch aus dem Vertrage schuldig zu bleiben, die Sache herauszugeben.

[8]) I. 21 § 233. Der § bezieht sich nur auf den Leihvertrag: dieser soll, wenn die schriftliche Form verabsäumt worden, wie ein Prekarium angesehen werden, d. h. es ist dann kein Vertrag abgeschlossen. Ein allgemeiner Satz über die Form der Verträge und insbesondere die Uebergabe bei unbeweglichen Sachen ist in der Bestimmung nicht zu finden. Präj. 891 (Samml. I. S. 123). Entsch. B. 17 S. 762. Strieth. B. 3 S. 173, B. 14 S. 132, B. 55 S. 25. Koch III. 418.

[9]) l. 3 § ult., l. 4, l. 5 § 8 D. XIII. 6. Auch fremde Sachen können verliehen werden, nur nicht eine eigene Sache des Leihers. l. 15. 16 D. XVI. 3. Dernburg (Anm. 10) findet in I. 21 § 247 Anlaß, nach preußischem Recht die Frage anders zu beantworten. Wenn an der eigenen Sache das Gebrauchsrecht eines Anderen besteht, so kann dieses vom Eigenthümer wirksam geliehen werden. Ueber den besonderen Fall der Leihe einer Sache, um sie zum Verpfänden zu gebrauchen, s. Strieth. B. 80 S. 233. Rehbein III. S. 801. l. 5 § 12 D. XIII. 6, l. 38 D. XVII. 1 u. l. 3 C. IV. 23. Seuffert XVI. 66, XXXVII. 63. Geldpapiere zum Zweck der Verpfändung geliehen Strieth. B. 80 S. 232. R.G. Entsch. B. 13 S. 128.

[10]) Im corp. jur. sind ein paar Fälle erwähnt, wo die Leihe verbrauchbarer Sachen möglich erscheint. l. 3 § 6, l. 4 eod. Der Satz ist in dem Sinne zu verstehen, daß eine solche Sache zwar nicht zu dem Gebrauch, durch den sie verzehrt wird, geliehen werden kann, wohl aber zu anderem Gebrauch: eine Quantität von Früchten nicht zum Verzehren, wohl aber zum Schmuck einer Tafel.

[11]) I. 21 §§ 229. 233.

[12]) D. h. sie müssen gebraucht werden können, ohne durch ihren Gebrauch verbraucht zu werden wie Forderungen; nur Rechte, die vermöge ihrer Selbständigkeit Gegenstand eines dauernden Rechts sein können, z. B. habitatio, l. 1 § 1 D. XIII. 6, l. 17 pr. D. XIX. 5. Ob Servituten zum Gebrauch verliehen werden können ist zweifelhaft. Bei den Gebäudeservituten ist das Verleihen nach der Natur der Sache unmöglich, bei den Rustikalservituten aber denkbar und durch den Satz servitus servitutis esse non potest, dessen Bedeutung auf einer anderen Seite liegt, nicht gehindert. Da der Nießbrauch der Ausübung nach übertragen werden kann, so kann die Ansicht Försters, daß ususfructus dem Kommodat unzugänglich sei, nicht aufrecht erhalten werden. Die Ausübung kann leihweise gestattet werden.

Das durch diesen Vertrag erzeugte Rechtsverhältniß besteht darin, daß der Empfänger die Sache zu seinem Gebrauch bis zum Ende des Gebrauchszwecks oder bis zum Eintritt des bestimmten Tages in der Weise behält[13]), daß er sie während dieser Zeit vertragsmäßig, d. h. insoweit gebrauchen darf, als ihm im Vertrage der Gebrauch eingeräumt worden ist[14]). Es charakterisirt sich also der Vertrag als ein einseitiger (wohlthätiger), bei dem nur der Leiher einen Vortheil hat[15]). Bezüglich der Vererblichkeit der Rechte und Pflichten besteht für den Leihvertrag keine Besonderheit.

a. Der Leiher hat die Pflicht der Rückgabe. Er hat kein Recht auf die Zuwüchse, Nutzungen und Früchte der Sache[16]), er muß die Sache in dem Zustande, in dem sie ihm gegeben worden, zurückgeben[17]) und darf sich dieser Verpflichtung durch Zurückhaltung nur dann entziehen, wenn er wegen Verwendungen auf die Sache einen Gegenanspruch auf Vergütung hat[18]). Das Recht eines Andern auf die Sache darf der Leiher nicht berücksichtigen ohne zuvor, nachdem er in Anspruch genommen worden, den Verleiher in den Formen der Streitverkündigung als Autor zu benennen; dem in den Rechtsstreit tretenden Verleiher kann er die Vertheidigung überlassen. Die Pflicht zur Zurückgabe der Sache an den Verleiher wird durch Kenntniß des Anspruchs des Andern nicht geändert. Nur auf Grund einer gerichtlichen Weisung hat die Zurückgabe zu unterbleiben. Der Leiher kann sich in diesem Fall durch gerichtliche Hinterlegung befreien[19]). Die gewöhnlichen Unterhaltungskosten trägt er[20]); einen außerordentlichen Aufwand für die Erhaltung der Sache hat er aber nur dann vorzuschießen, wenn der Verleiher nicht in solcher Nähe ist, daß er selbst die Sorge für die Erhaltung zu rechter Zeit übernehmen kann[21]). Beschädigung oder Verlust der Sache vertritt der Leiher bei geringem Versehen[22]), und er ist verpflichtet, bei einer Gefahr, die die Sache trifft, sie vor seiner eigenen zu retten[23]). Seine Ver-

---

[13]) I. 21 § 234.
[14]) I. 21 §§ 230. 237.
[15]) I. 17 § 3 D. XIII. 6.
[16]) I. 21 § 238.
[17]) I. 21 § 246, l. 3 § 1 D. XIII. 6. Gewöhnliche Abnutzung ist unschädlich. l. 10 pr. eod. Vergl. Entwurf des B.G.B. §§ 554—556. Entw. II. §§ 542. 544, Reichstagsvorlage §§ 595. 597.
[18]) I. 21 § 247, l. 14 §§ 76—78. Handelt es sich aber nicht um Rückgabe der Sache, sondern muß der Leiher die Sachen ersetzen, so kann er mit seiner in eine Zahlungspflicht verwandelten Ersatzpflicht eine ihm zustehende Forderung an den Verleiher kompensiren. Glück XIII. 465.
[19]) I. 14 § 70. Vergl. auch § 73 C.P.O. Wegen der Einrede eigenen Eigenthums und des darauf gegründeten Rechts, die Sache zu behalten, vergl. B. I. § 109 Anm. 5 ff.
[20]) I. 21 § 241, l. 18 § 2 D. XIII. 6. Vergl. Entwurf des B.G.B. § 553 Abs. 1. Entw. I. § 553, II. § 541, Reichstagsvorlage § 594.
[21]) I. 21 §§ 242—244, l. 18 § 2 D. XIII. 6. Glück B. 13 S. 471.
[22]) I. 21 § 248. Das Präj. 1359 (Samml. I. S. 123), welches dem Verleiher, wenn er nicht auch der Eigenthümer der Sache ist, die Klage auf Ersatz der verlorenen Sache abspricht, ist verfehlt. Vergl. Koch, Note zu § 248.
[23]) I. 21 § 250, l. 5 § 4 D. XIII. 6, l. 1 § 4 D. XLIV. 7.

tretungspflicht mindert sich auf mäßiges Versehen, wenn der Verleiher aus dem Geschäft irgend einen Vortheil hat[24]), oder wenn er es zuerst in Vorschlag gebracht hat[25]). Bei den Römern haftet der Leiher für levis oder omnis culpa[26]); im deutschen Recht wurde der Unterschied gemacht, daß eine strengere Verpflichtung nicht nur für den, der allein aus dem Geschäft Vortheil hatte, sondern auch für den eintrat, der dazu die Veranlassung gegeben hatte, der Anbietende gewesen war[27]). Auch in der späteren Praxis, nach der Reception, ist diese Unterscheidung nicht ganz unterdrückt worden[28]) und ist offenbar von da in das A.L.R. übergegangen[29]). Den Zufall trägt der Leiher nicht, aber er soll binnen 3 Tagen nach bemerktem Schaden oder Verlust dem Verleiher Nachricht davon geben[30]); es folgt, wenn er dies unterläßt, daß ihn nicht der bloße Beweis zufälligen Untergangs, sondern nur der Beweis eines unabwendbaren Zufalls, bei dem kein geringes Versehen (in der Abwendung) seinerseits obgewaltet hat, befreien kann[31]). Ein mit Verschulden gemischter Zufall wird angenommen und muß vertreten werden, wenn der Leiher bei einer Gefahr, welche die Sache zugleich mit einer eigenen des Leihers getroffen hat, die letztere gerettet hat, obgleich er an ihrer Statt die geliehene retten konnte; wenn er ferner die Sache eigenmächtig zu einem anderen Zweck gebraucht, oder ihren Gebrauch einem Dritten überlassen hat, sowie wenn er mit der Rückgabe zögert, und der Zufall die Sache getroffen hat, weil diese Umstände obgewaltet haben[32]). Der Leiher muß als Einrede geltend machen

---

24) I. 21 § 249. Auf den Vortheil sah die ältere Praxis. Wernher, Observ. for. I. p. IV. obs. 214 nr. 17. Franzke, Comm. ad Pand. XIII. 6 §§ 48—51. Glück III. S. 439 f.

25) I. 21 § 249.

26) l. 5 § 15 D. XIII. 6, l. 5 § 4 eod., l. 1, § 4 D. XLIV. 7.

27) S. hierüber Förster in der Zeitschr. f. deutsches R. B. 9 S. 107 fg. A. M. ist Stobbe S. 298 f. Uebrigens kommt dieser Gesichtspunkt auch im röm. R. vor, so si se quis deposito obtulit, l. 1 § 35 D. XVI. 3 qui alienis negotiis gerendis se obtulit, l. 53 § 3 D. XLVII. 2.

28) Leyser, sp. 554 med. 1. Höpfner, Komm. §§ 759. 942. Glück B. 4 S. 324 b.

29) Ebenso sächs. G.B. § 729. Bair. Entw. Art. 110. 111. Nach dem Entw. des B.G.B. tritt die regelmäßige Haftung des Entw. II. § 233, Reichstagsvorlage § 271 ein.

30) I. 21 §§ 252. 253. I. 14 §§ 34. 35. Nach gem. R. wird angenommen, daß der Kommodatar für Zufall einzustehen hat, wenn ihm die res aestimata übergeben worden, wegen l. 5 § 3 D. XIII. 6. Glück XIII. 434. Von den Neueren nehmen dies an: Unterholzner, Sintenis, Keller. Man wird bei der l. 5 § 3 cit. erinnert an § 290 I. 5 A.L.R. Die aestimatio soll dem Empfänger klar machen, daß die Sache dem Hingebenden von besonderem Werth ist.

31) I. 14 § 36. Daß der auf Rückgabe der Sache, auch der auf Leistung des Interesses in Anspruch Genommene schon nach allgemeinen Grundsätzen den Beweis des zufälligen Untergangs zu führen hat, ist oben (B. I. § 106 Anm. 62) dargelegt. Die Besonderheit des § 36 besteht also darin, daß der Schuldner die Unabwendbarkeit des Zufalls zu beweisen hat. Die Beweisvorschrift des § 37 I. 14 ist durch die Civilprozeßordnung beseitigt. Vergl. R.O.H.G. B. 24 S. 305.

32) I. 21 §§ 250. 251. Vergl. l. 5 §§ 4. 7 D. XIII. 6. Unstatthaft ist insbesondere auch das Weiterverleihen. I. 21 § 237. Goldschmidt in seiner Zeitschr. B. 16 S. 315, Entw. des B.G.B. §§ 549. 552, Entw. II. § 543, Reichstagsvorlage § 596.

und beweisen, daß der schädliche Zufall auch ohne diese letzteren Umstände eingetreten wäre.

Die Zeit der Rückgabe gilt in der Regel zu Gunsten des Leihers gesetzt, und deshalb ist er berechtigt, noch früher zurückzugeben. Der Verleiher hat hiergegen die Einrede und muß beweisen („klar erhellen")[33]), daß die Zeit zu seinen Gunsten verabredet worden, daß er also vorher zurückzunehmen nicht verpflichtet sei[34]). Schon vor Beendigung des verstatteten Gebrauchs oder der eingeräumten Gebrauchszeit muß aber der Leiher die Sache zurückgeben, wenn sie dem Verleiher wegen einer bei der Verleihung nicht vorherzusehenden Veränderung der eigenen Umstände unentbehrlich wird, sowie beim Mißbrauch der Sache durch den Leiher[35]).

Der wesentlich einseitigen Natur des Geschäfts entsprechend bezeichnet das gemeine Recht die Klage des Verleihers als actio commodati directa. Nach römischem Recht erlangt der Leiher nur Detention[36]). Nach preußischem Recht hat er unvollständigen Besitz[37]) und damit Besitzklagen gegen Dritte[38]).

b. Der Verleiher muß dem Leiher den außerordentlichen Aufwand, zu dem diesen die Sache nöthigt, erstatten[39]), und er haftet ihm für grobes Versehen, insbesondere auch bezüglich seines Verhaltens bei dem Vertragsschluß[40]). Gegen ihn richtete sich römisch-rechtlich die act. commodati contraria[41]). Wenn er die Sache vor der Zeit zurückzufordern berechtigt ist, so hat er dem Leiher nicht für den Nachtheil einzustehen, den dieser durch die frühere Entziehung des Gebrauchs erleidet[42]). Endlich kann er, wenn ihm der Leiher die verlorene Sache ersetzt hat, und diese später wieder gefunden wird, wählen, den Ersatz wieder herauszugeben und die Sache zu nehmen, oder letztere dem Leiher zu überlassen und die Entschädigung zu behalten[43]). Wer dann die Sache behält, trägt die Kosten der Auffindung[44]). Nimmt sie der Verleiher zurück, so hat er keinen Anspruch auf Ersatz der inzwischen

---

33) Hieran knüpfte sich für das Recht vor der C.P.O. wieder die Frage, ob dadurch eine Eidesergänzung des Beweises ausgeschlossen sei. Koch III. 431 Note 1.

34) I. 21 § 245.

35) I. 21 §§ 235. 237. Im letzteren Fall geht der Anspruch auch auf Ersatz der vertragswidrig gezogenen Nutzung. R.O.H.G. B. 21 S. 263. Zum ersteren ist die in der gemeinrechtlichen Praxis auch auf den Leihvertrag angewendete l. 3 C. IV. 65 zu vergleichen. Vergl. auch Entwurf des B.G.B. § 557, Entw. II. § 545. Bundesrathsvorlage § 597.

36) l. 8. 9 D. XIII. 6, l. 20 D. XLI. 2.

37) I. 21 §§ 229. 231. 248. I. 7 § 6.

38) I. 7 §§ 169—174. Es bricht daher auch der Eigenthumswechsel durch Verkauf der Sache die Leihe nicht. Ziebarth, Realexekution und Obligation. S. 227. 228.

39) I. 21 § 244, l. 18 § 2, l. 22 D. XIII. 6. Vergl. Entwurf des B.G.B. § 553, Entw. II. § 541, Reichstagsvorlage § 594 Abs. 2.

40) I. 21 § 257, l. 17 § 3, l. 18 § 3, l. 22 D. XIII. 6. Dasselbe kann namentlich darin bestehen, daß eine Sache „ohne Mittheilung" schädlicher Fehler geliehen wird. Vergl. Entwurf des B.G.B. §§ 550. 551, Entw. II. §§ 539. 540, Reichstagsvorl. §§ 592. 593.

41) S. oben B. I § 72 Anm. 4.

42) I. 21 §§ 235—237. Glück XIII. 446. Walch, Controv. p. 582. Höpfner, § 772.

43) I. 21 § 254. Auch nach l. 17 § 5 D. XIII. 6 hat der Kommodant das Wahlrecht.

44) I. 21 § 256.

entbehrten Nutzungen, aber auch nicht die Pflicht, Zinsen von der erhaltenen Entschädigung zu erstatten[45]). Beides wird gegenseitig aufgerechnet.

Nur eine äußerliche Aehnlichkeit hat mit der Leihe das s. g. Prekarium[46]). Das A.L.R. versteht unter diesem die Gebrauchsüberlassung einer Sache ohne Bestimmung des Zwecks und der Dauer des Gebrauchs. Der Empfänger wird bloßer Inhaber und muß jederzeit auf Verlangen des Einräumenden zurückgeben. Durch fortgesetzte Innehabung verletzt er auch das Eigenthum und wird der Vindikation ausgesetzt[46a]). Der Einräumende tritt selbst in kein obligatorisches Verhältniß ein[47]).

§ 136. Die Sachenmiethe und Pacht.

A.L.R. I. 21 §§ 258—625. — Plathner, Die Ansprüche aus dinglichen Rechtsverhältnissen, namentlich aus dem Mieth- und Pachtverh. in der Arnsb. jur. Mon.-Schr. I. 584 f. 641 f. 705 f. Burchardi, Die Lehre v. d. Remissionen bei Pachtverträgen in der jur. Zeitung, 1835, Sp. 854. 877. Jakobi, Ueber Remission des Pachtzinses nach röm. und preuß. R., 1856. Colberg, Kauf bricht Miethe, in Schering, Arch. I. S. 1. Ziebarth, Die Realexekution und die Obligation, mit besonderer Rücksicht auf die Miethe, nach röm. u. deutschem R. im Vergleich mit dem preuß., 1866. Alvert, Die Sachenmiethe. — Bornemann IV. 295. Daniels III. 208. Koch, Pr.R. II. 472. R. d. F. III. 883 f. Gruchot B. 17 S. 547. Dernburg II. §§ 166 ff. Fischer § 74. — Westphal, Die Lehre des gem. R. v. Kauf-, Pacht-, Mieth- und Erbzinskontrakt u. s. w., 1789, S. 661 f. Glück XVII. 263 f. Unterholzner II. 316 f. Rechtslexikon VII. 735 f. Degenkolb, Platzrecht u. Miethe, 1867. Geller in Grünhut's Zeitschr. B. 5 S. 313. Vangerow III. 457 f. Arndts S. 499 f. Sintenis II. 644. Keller § 336. Windscheid II. §§ 399—403. Brinz II. §§ 325 ff. Dernburg, Pand. II. §§ 110. 111. Beseler, Deutsches Pr.R. II. 342, III. 200. 205. Gerber S. 456 f. Bluntschli S. 339. 341. Stobbe III.

---

45) I. 21 § 255.

46) I. 21 §§ 231. 232. Vergl. mit I. 7 §§ 106—108. Böle im Arnsb. Arch. I. 319. Arndts das. III. 177. Gruchot das. V. 310. Koch, R. d. F. III. 433. Unterholzner II. 561. Vangerow III. 361. 368. l. 1 § 3 D. XLIII. 26. Est simile commodato, nam et qui commodat rem, sic commodat, ut non faciat accipientis, sed ut ei uti re commodata permittat. Und l. 14 § 11 D. XLVII. heißt es: quia simile donato precarium est.

46a) Entsch. B. 64 S. 85. Rehbein III. S. 804.

47) Vergl. die abweichende Auffassung im Entwurf des B.G.B. § 558, der im Entwurf II. gestrichen ist. Es ist sehr bestritten, wie das Prekarium aufzufassen sei, ob das Einräumen des Gebrauchs einer Sache ohne die näheren Abreden des Leihvertrags als Vertrag gelten könne. So viel steht jedenfalls fest, daß der Hingebende in kein Verpflichtungsverhältniß eintritt. Vangerow III. 631. l. 14 D. XLIII. 26. l. 8 § 3 eod. Die richtigere Ansicht leugnet die Vertragsnatur. Savigny, Besitz § 42. Die Pflicht des Empfängers, die Sache unverdorben jederzeit zurückzugeben, folgt daraus, daß er eine fremde Sache ohne Recht hat. Koch III. 438 giebt gegen den Prekaristen eine Klage aus dem „obligatorischen Verhältniß"; das ist etwas anderes als eine Vertragsklage. Der Prekarist hat nach dem Grade seiner Verschuldung für Ersatz einzustehen, wenn er die Sache nicht unverdorben, oder überhaupt nicht mehr zurückgeben kann; er haftet allerdings auch für geringes Versehen, aber nicht aus § 248, der sich nur auf den Leihvertrag bezieht. Dernburg II. § 174 findet für eine prinzipielle Unterscheidung der Obligation aus Leihe und Prekarium überhaupt keine Basis.

§ 186. — Dankwardt, Nat.-Oek. und Jurispr. 2. H., 1857, S. 5 f., 4. H. S. 35. — Zachariä (Crome) II. §§ 341 ff.

I. **Begriff und rechtliche Natur.** Miethe liegt vor, wenn für den Gebrauch einer Sache ein bestimmter Preis bedungen wird; Pacht, wenn nicht bloß der Gebrauch, sondern auch die Nutzung einer Sache gegen einen bestimmten Preis überlassen wird[1]). Für beide Rechtsverhältnisse haben die Römer dieselbe Bezeichnung: locatio conductio[2]). Miethen, Vermiethen, Pachten, Verpachten deuten, wie Kaufen und Verkaufen, auf die Gegenseitigkeit der sich gegenüberstehenden, von einander wesentlich verschiedenen Verpflichtungen[3]). Wie sich Gebrauch und Nutzung unterscheiden, ist oben ausgeführt[4]). Die Römer sagen: locatio et conductio proxima est emtioni et venditioni iisdemque regulis juris constitit[5]). Dieser Ausspruch deutet auf die innere Begriffsverwandtschaft, nicht bloß darauf, daß ein Parallelismus der Rechtsregeln zwischen beiden Verträgen besteht. Auch bei der Miethe nämlich wird gekauft, nur nicht die Sache, die man brauchen und nutzen will, sondern der Gebrauch und die Nutzung, die sie bieten kann, ihre Produktivdienste. Der Miethzins ist die Gegenleistung für diese Werthe[6]). Aber weil diese Werthe erst hervorgebracht werden sollen durch das Brauchen und Nutzen, so können sie nicht, wie die gekaufte Sache, übergeben werden; durch die Uebergabe der gemietheten Sache wird der Miether zu dem vertragsmäßigen Gebrauch in Stand gesetzt. Daran knüpfen sich besondere Rechtsregeln; der Miether hat besondere Pflichten in Betreff dieser Sache, er erlangt kein Recht auf ihre Substanz, er hat die Pflicht, sie zurückzugeben, sie bleibt die eigene des Vermiethers.

Das A.L.R. bezeichnet Leihe, Miethe und Pacht als eingeschränkte Nutzungsrechte, gegenüber dem vollständigen Nutzungsrecht, dem Nießbrauch[7]). Die Einschränkung besteht in der Art und Weise, wie man ge-

---

[1]) I. 21 §§ 258. 259. Das österr. Ges.B. § 1091, welches „Bestandvertrag" als Gattungsbezeichnung verwendet, unterscheidet Miethvertrag, wenn sich die Sache ohne weitere Bearbeitung gebrauchen läßt, Pachtvertrag, wenn sie nur durch Fleiß und Mühe benutzt werden kann. Vergl. Entwurf des B.G.B. §§ 503. 504, — § 531, Entw. II. §§ 480. 481. 521, Reichstagsvorlage §§ 528. 529. 574.

[2]) Tit. Dig. XIX. 2.

[3]) Oben § 124.

[4]) Oben § 135 im Eingang. Vergl. unten Anm. 20—24. 40.

[5]) l. 3 pr. D. XIX. 2.

[6]) Dankwardt a. a. O. S. 14 f. Die Nutzungen, die Früchte werden regelmäßig nicht gekauft. Auch wenn ein bestellter Acker verpachtet wird, zielt der Wille nicht auf solchen Kauf, wenngleich in Folge des Pachtvertrages das Eigenthum an den entstehenden Früchten übergeht. Man darf die Pacht nicht als Kauf künftiger Sachen, als emtio rei speratae auffassen, wie es z. B. Burchardi in der jur. Zeitung f. die pr. St. 1835 Sp. 885 f. thut. Oesterr. G.B. § 1094 „der Gebrauch der Sache ist gekauft". Seuffert IX. 325. Für die Hypothekengläubiger, welche sich die ernstliche Verpachtung eines bestellten Grundstückes gefallen lassen müssen, so daß ihnen statt der Früchte der Pachtzins haftet, kann in Frage kommen, ob nicht bei solcher Verpachtung in Wahrheit ein Verkauf der Früchte auf dem Halm gemeint ist, in welchem Fall die Früchte der Haftung für die Hypothek nicht entzogen sind.

[7]) I. 21 §§ 22. 227. 228.

brauchen und nutzen darf. Bei dem vollständigen Nutzungsrecht, dem Nießbrauch, kann man eingreifender auf die Sache einwirken, um Nutzungen aus ihr zu gewinnen[8]). Aber auch das eingeschränkte Nutzungsrecht aus Miethe und Pacht ist dem Landrecht ein dingliches Recht und dieser Gesichtspunkt hat dem Vertrag im System die Stelle gegeben: Miether und Pächter haben ferner unvollständigen Besitz und sind gegen Dritte, die sie stören wollen, kraft dieser unmittelbaren Beziehung zur Sache geschützt[9]).

Die Dinglichkeit ihres Rechts entsteht nicht schon aus dem Vertrage, sondern durch die Uebergabe der Sache[10]) oder bei Grundstücken auch durch Eintragung des Pacht- oder Miethsrechts in das Grundbuch. Letztere setzt besondere Einwilligung des Vermiethers und Verpächters voraus[11]),

---

[8]) So kann der Nießbraucher auch alle ungewöhnlichen Nutzungen ziehen (I. 21 § 23), sein Recht erstreckt sich auf alle An- und Zuwüchse (§ 24), er kann die Ausübung seines Rechts cediren, verpfänden, verpachten, vermiethen. Koch, Pr.R. I. S. 537 § 321 a. E.

[9]) I. 21 §§ 2—5, I. 7 § 6. Diesem Gegenstand ist das Werk von Ziebarth gewidmet. In welchem Maße der Standpunkt des Landrechts dem modernen Bewußtsein und den Bedürfnissen des Lebens besser entspricht, als der des römischen Rechts ist aus der Lebhaftigkeit und Einstimmigkeit des Widerspruchs zu entnehmen, dem die im Entwurf II verlassene Rückkehr des Entwurfs des B.G.B. zum römisch-rechtlichen Standpunkt begegnet ist. Vergl. Entwurf §§ 509—512. Entw. II. §§ 512—520. Reichstagsvorlage §§ 564—572.

[10]) I. 21 § 2. Die Dinglichkeit reicht „so weit" als der Berechtigte sich im wirklichen Besitz befindet. Koch (Komm. zu diesem §) und Dernburg I. §§ 290 Anm. 5 verstehen das „so weit" von dem Umfang des Besitzes. Kann aber auch nicht der Satz Försters festgehalten werden, daß nach der Theorie des A.L.R. schlechthin an den wirklichen Besitz, an die dauernde Erkennbarkeit, die Dinglichkeit geknüpft sei, so tritt doch der Besitz als Erkennbarkeitsmoment auch nach anderen Richtungen in seiner Erheblichkeit für die Erhaltung des Rechts als eines dinglichen hervor. Wenn der Eigenthümer und Pfandgläubiger die Verfügungen des Besitzers über die aus ihrem Besitz gekommene bewegliche Sache in gewissem Maße gegen sich gelten lassen müssen, und wenn derjenige, der sich des Besitzes der Pfandsache freiwillig begeben hat, auch gegenüber dem Verpfänder sein Pfandrecht verliert (I. 15 § 26 I. 20 §§ 118. 119. 253), so steht die Vorschrift, daß das Nießbrauchs- und Miethsrecht nur so lange als dingliches Recht zu berücksichtigen ist, als es durch Besitz kenntlich ist, in dieser weiteren Bedeutung nicht vereinzelt. Vergl. auch Bornemann IV. 160f., Ziebarth S. 253, etwas abweichend Prinz, Einfl. der Hypothekenverfassung auf das Sachenrecht S. 163. Auch in Entsch. B. 60 S. 126 ist angenommen, daß ein Nutzungsberechtigter, der das zur Nutzung dienende Grundstück dem Eigenthümer zurückgegeben hatte, wenigstens dem gutgläubigen Erwerber gegenüber sein Nutzungsrecht nicht beanspruchen kann. Vergl. auch noch § 137 I. 2 A.L.R., „so lange das Recht selbst dauert", und § 5 I. 21: „mit dem Besitze der Sache verbunden". Dernburg erkennt jetzt an, daß der Miether, der ohne Verzicht auf sein Miethsrecht die bewegliche oder unbewegliche Sache dem Vermiether zurückgegeben hat, sein „dingliches" Miethsrecht einem gutgläubigen Erwerber der Miethssache gegenüber nicht geltend machen kann, stimmt also jetzt sachlich dem Satze zu, daß das Recht des Miethers, soweit es unerkennbar ist, dem Rechte des Dritterwerbers weicht. Er schiebt mir unter, daß ich behaupte, daß der eigenmächtig von dem Vermiether aus dem Miethsbesitz gesetzte Miether aufhöre, dinglich berechtigt zu sein, obgleich ich ausdrücklich darauf hingewiesen habe, daß nach preußischem Rechte eine solche eigenmächtige Entsetzung den Besitz des Miethers und damit die dingliche Verfolgbarkeit seines Rechts gegen jeden nicht aufhebt. — Es ist nur eine Ungenauigkeit des Ausdrucks, wenn Plathner a. a. O. S. 641 sagt, das dingliche Rechtsverhältniß beruhe hier auf dem gegenseitig verpflichtenden Vertrage, denn nicht dieser, sondern die Uebergabe erzeugt die Dinglichkeit. Vergl. auch Entsch. B. 25 S. 430f.

[11]) I. 21 §§ 4. 5. Anh. § 56 zu § 401. Entsch. der Ges.Komm. v. 15. Dezbr. 1794 bei Rabe B. 3 S. 1 und N. C. C. X. 5. Entsch. d. O.Tr. B. 27 S. 289. Oben B. I. § 23a. Anm. 44 § 12 des Gesetzes v. 5. Mai 1872 über den Eigenthumserwerb hat den Rechts-

wirkt dann aber auch ohne Besitzeinräumung gegen den neuen Erwerber der Sache, den Singularsuccessor des Vermiethers [12]).

Vor der Uebergabe hat der Miether und Pächter ein persönliches Recht zur Sache [13]), welches gegen den neuen Erwerber, der sich zur Uebernahme desselben nicht verpflichtet hat und davon nichts weiß, nicht geltend gemacht werden kann [14]). Tritt dem persönlichen Recht des Miethers und Pächters

---

Zustand des A.L.R. festgehalten. Eine Unzulässigkeit der Eintragung läßt sich jedenfalls daraus, daß das Miethsrecht der Eintragung nicht bedarf, mit Korb bei Gruchot B. 25 S. 344 nicht folgern. Die rechtliche Erheblichkeit der Eintragung tritt hervor, wenn es sich um ein Miethsrecht für eine spätere Zeit handelt, ebenso, wenn man die in der vorigen Anm. betonten Sätze berücksichtigt, darin, daß die Eintragung die Dinglichkeit des Rechts im Falle einer zeitweiligen Zurückgabe des Grundstücks erhält. — Der Satz, daß die Einwilligung des Vermiethers vorausgesetzt werde, ist nicht bloß in dem formalen Sinn zu verstehen, daß die Eintragung nach dem Konsensprinzip nur auf Grund eines Antrags des Eigenthümers erfolgen kann: sondern in dem Sinne, daß der Miether nur auf Grund besonderer Einräumung im Vertrage das Recht auf Eintragung hat. Koch, R. d. F. III. S. 905 hält dies für inkonsequent, — aus der Dinglichkeit hätte das Recht auf Eintragung gefolgert werden müssen. Aber in den meisten Fällen ist die neben der Uebergabe erfolgende Eintragung entbehrlich. Ziebarth S. 248. 249. — Nach § 356 I. 21 hatte die Eintragung des Miethsrechts die fernere Wirkung, daß dem Miether für Entschädigungsforderungen im Falle der vorzeitigen Aufhebung des Miethskontraktes durch Kündigung bei einem nothwendigen Verkauf das Vorrecht der dritten Klasse zustehen sollte. Dernburg I. § 290 Anm. 6, der früher anderer Ansicht zu sein schien, erkennt jetzt an, daß eine Sicherung für diesen Fall nur durch Eintragung einer Kautionshypothek erlangt werden kann. Vergl. auch Fürst bei Gruchot B. 17 S. 488. Die Grundbuchgesetzgebung kennt aber nur noch die als Hypothek mit Angabe eines Maximums eingetragene Kautionshypothek.

[12]) I. 21 § 358. Svarez, Schlußrevision Jahrb. B. 41 S. 67. Der § besagt nicht nur, daß das Vertragsverhältniß mit dem Vermiether trotz des Verkaufs fortdauert, sondern er bezieht sich auch auf das Verhältniß des Miethers zum Käufer. Entsch. B. 25 S. 430 f.

[13]) Ueber die Bedeutung des Rechts zur Sache s. Ziebarth S. 203 fg. Ein näheres Eingehen auf den Satz, daß alle Sachenrechte entweder relativ oder absolut dinglich sind, und daß das Recht zur Sache der Ausdruck der relativen Dinglichkeit sei, muß bis zur Erörterung des Sachenrechts verschoben werden. Vergl. unter B. III. § 156.

[14]) I. 21 § 359, I. 19 §§ 3—6. Nach § 5 I. 19 verpflichtet Kenntniß des älteren persönlichen Rechts eines Andern aus einem Miethsvertrage beim Erwerb des Eigenthums den neuen Eigenthümer zur Erfüllung des Miethsvertrags. Es fragt sich, ob diese Bestimmung noch in Kraft steht. Ausdrücklich ist dieser Kollisionsfall in der Grundbuchgesetzgebung von 1872 jedenfalls nicht neu geregelt. Der § 4 des Eigenthums-Erwerbgesetzes vom 5. Mai 1872 betrifft nur den Fall, wenn derjenige, dem die Auflassung ertheilt ist, den persönlichen Anspruch eines Andern auf Auflassung gekannt hat, und § 15 schließt nur die Geltendmachung eines dem eingetragenen Recht widerstreitenden persönlichen Rechts aus, also eines Rechts, das neben dem eingetragenen nicht bestehen kann: das Miethsrecht kann aber trotz des Eigenthumswechsels bestehen. Dernburg I. § 185 bei Anm. 8 meint freilich, das Recht zur Sache könne gegen das eingetragene Recht „nach der nur nicht zum vollen Ausdruck gekommenen Absicht des Gesetzes“ nicht in Betracht kommen. Abgesehen davon, daß nur das zum Ausdruck Gebrachte Gesetz ist, so ist auch Absicht des Gesetzes in der That gewesen: den Inhalt des Grundbuchs nur insoweit zur alleinigen Erkenntnißquelle zu machen, als das Grundbuch von dinglichen Rechten Auskunft geben muß: insoweit soll ein außerhalb des Grundbuchs liegendes Wissen ohne Einfluß sein. Dagegen heißt es in den Motiven des Eigenthums-Erwerbgesetzes: „die §§ 4—6 Titel 19 Theil I. des A.L.R. behalten ihre Bedeutung für diejenigen dinglichen Rechte, deren Dinglichkeit nicht an die Eintragung, sondern an den Besitz und die Ausübung gebunden bleibt“. Der neue Erwerber hat danach den im Besitz befindlichen Miether zu respektiren, er muß aber auch dem bloß persönlichen Miethsrecht weichen, das er beim Erwerbe gekannt hat. Vergl. Entsch. B. 78 S. 95. Behrend in s. Zeitschr. B. 7 S. 113. Für den Fall

ein anderes persönliches Recht zur Sache gegenüber, so wird die Kollision nach den allgemeinen Grundsätzen entschieden; ein Miether also, dem gutgläubig, d. h. ohne Kenntniß von dem Recht des Andern der Besitz eingeräumt ist, wird dem anderen regelmäßig vorgehen, auch wenn diesem vor ihm das Miethsrecht zugesichert ist[15]. Uebereinstimmend mit einer schon im gemeinen Recht gesicherten Praxis[16] hat der Miether und Pächter auch selbst gegen den Vermiether und Verpächter die possessorischen Rechtsmittel[17];

---

des nothwendigen Verkaufs liegt die Sache anders. Bei diesem kommen nur die wirklich dinglichen Rechte, nicht die persönlichen Verpflichtungen des Subhastaten in Betracht. (Immob.Vollstr.Ges. §§ 21. 29. 40. 97. 106 Subhast.Ordnung §§ 14. 36. 43.) Der Adjudikatar tritt deshalb nicht in die ihm bekannten persönlichen Verpflichtungen des Subhastaten ein. Entsch. B. 83 S. 29.

[15] Wenn das früher zugesicherte Nutzungsrecht schon vor der Einräumung des Besitzes an den Miether zu Gunsten des Berechtigten in das Grundbuch eingetragen ist, wird beim freiwilligen Verkauf die Sache anders liegen, weil nach I. 21 § 4 die Eintragung die Wirkungen des Besitzes der Sache hat.

[16] Schon die Glosse und Bartolus gestatten dem Detentor die Klage. (Delbrück, Dingliche Klage S. 284. Bruns, Besitz S. 231.) Die weite Anwendung, die im M.A. die actio spolii fand, erleichterte die Ausdehnung der possessorischen Rechtsmittel auf den Detentor, insbesondere auch auf den Pächter gegen den Verpächter. Daß sich die Praxis dabei auf c. 4 X. V. 4 und c. 2 qu. 2 c. 3 stützte, war freilich nicht beweisend. Einzelne Schriftsteller (Böhmer, Wernher) gaben das interd. U. V. dem Miether aus l. 12. 18 D. XLIII. 16. Bruns S. 387 Note 3. Aber der zu Grunde liegende Gedanke ist deutsches Recht, welches den Unterschied von possessio und detentio nicht kannte, und das sich immer wieder gegen das römische Recht geltend machte. Leyser, spec. 451 m. 3 sagt: jure canonico et moribus conductor remedia possessoria non solum contra tertium sed contra ipsum locatorem et eum, qui a locatore causam habet, exercet. Er bezeugt, daß von Alters her darüber gestritten: igitur commodatarium, fructuarium, depositarium, conductorem possidere alicubi ajunt, alibi negant, (sc. veteres) .... Sed quod jure civili defuit (quod utique durum est, quum aequitati conveniat, conductorem etiam in detentione sua, si ea legitima sit, contra domini violentiam injustam defendi), suppletum est in jure canonico, atque remedia possessoria conductori adversus ipsum locatorem et dominum vim facientem tributa fuerunt. Et hoc in foro sequimur. Er belegt die Praxis durch ein Erkenntniß der Helmstädter Fakultät von 1727, in welchem zu lesen ist: „Alldieweil aber ein Pachter, der das gepachtete Guth inne hat, solches wahrhafftig und naturaliter besitzet, mithin u. s. w." Die Berufung auf reines römisches Recht kann und darf solche Rechtssätze aus der Praxis nicht verdrängen. Ziebarth S. 219 a. E. Sehr wahr sagt derselbe S. 221: „Ueberhaupt sollte man derartige hartnäckige und immer wiederkehrende „Irrthümer", insbesondere bei den s. g. Praktikern des vorigen und vorvorigen Jahrhunderts, mit der äußersten Vorsicht behandeln, sie sind in gar vielen Fällen die letzte Zufluchtsstätte eines armen, überall verscheuchten, fast zu Tode gehetzten nationalen Rechtsgedankens." Die neuere Praxis hat den Rechtssatz freilich vielfach unter dem Einfluß der romanistischen Theorie fallen lassen, jedoch fehlt es auch nicht an Spuren davon, daß man ihn festgehalten hat. Vergl. Bruns, Recht des Besitzes S. 393f., und in Bekker und Muther, Jahrb. B. 4 S. 65. 101. Emminghaus, Sächs. Pand. S. 423. 425f. 860. Arch. f. prakt. R.W. II. 260f. Lübeck bei Seuffert XV. 28 giebt dem Miether gegen den Vermiether das interd. quod vi aut clam. Vergl. hierzu Sammlung Lübecker Entsch. v. Römer B. 3 S. 696. Ebenso Jena, Seuffert XVII. 245. Nach A.L.R. hat übrigens der bloße Inhaber, also auch der Miether nach Ablauf der Miethszeit gegen den, in dessen Namen er besitzt, nicht die possessorischen Rechtsmitttel. Entsch. B. 50 S. 75.

[17] A.L.R. I. 7 § 169. A.G.O. I. 44 §§ 44. 45. Wenn der Miether I. 7 § 169 gegen den Vermiether auf Wiederherstellung seines Besitzes klagt, so muß er allerdings auf Grund seines Vertrages die noch gegenwärtige Dauer seines Besitzrechts nachweisen. Vergl. den Schluß der vorigen Anm. Dasselbe gilt, wenn er aus § 169 gegen die Exmissionsklage excipirt. Eine Besitzstörungsklage gegen den Vermiether ist noch nicht dadurch

aber trotzdem und trotz des im preußischen Recht anerkannten dinglichen Rechtsschutzes gegen Dritte bleibt zwischen den Kontrahenten das Rechtsverhältniß wesentlich ein obligatorisches. Ihre gegenseitigen Rechte und Pflichten normiren sich nach dem Inhalt des Vertrags, der also für das Rechtsinstitut bestimmend ist[18]).

II. Vertragsmäßige Abschließung. Der schon nach römischem Recht als Konsensualkontrakt angesehene Vertrag erfordert Willenseinigung über die zum Gebrauch oder zur Nutzung zu überlassende Sache und über den Miethspreis[19]). Eine besondere Einigung über die Art und den Umfang des Gebrauchs und der Nutzung ist nicht wesentlich; im Zweifel gilt, daß der Miether den gemeinen Gebrauch, der Pächter die gemeine Nutzung erwirbt, welche die Sache zu bieten vermag[20]). Läßt die Einigung darüber einen Zweifel, ob Miethe oder Pacht gemeint sei, so soll bei städtischen Grundstücken erstere, bei ländlichen[21]) letztere angenommen werden[22]); und sind Sachen, die nur zu gebrauchen sind, mit nutzbaren Sachen in demselben Vertrage eingeräumt, so giebt die Beschaffenheit der Hauptsache über die Natur des Geschäfts den Ausschlag[23]). Pacht kann nur an einer fruchttragenden Sache stattfinden, Miethe auch an einer solchen[24]).

---

begründet, daß der Vermiether ohne Zustimmung des Miethers das Haus betritt (keine rechtswidrige Turbation). Striethorst B. 59 S. 269.

[18]) Laspeyres (Grundriß § 197) und Bornemann handeln von Miethe und Pacht bei der Lehre von den dinglichen Rechten. Dernburg scheidet die dingliche Seite des Miethsverhältnisses I. § 292 von dem Miethsvertrage II. §§ 166 ff.

[19]) I. 21 §§ 258. 259. l. 1. 2 pr. D. XIX. 2. Dankwardt a. a. O. S. 42 f. Bei Seuffert IV. 217. 218 befinden sich Erkenntnisse über die Frage, ob durch stillschweigende Willenseinigung eine loc. cond. zu Stande kommen kann. Vergl. auch daselbst XX. 47.

[20]) Daraus folgt, wie das röm. Recht annimmt, das Recht zur Aftervermiethung, l. 6 C. IV. 65. Anders nach preußischem Recht, s. unten. Es folgt daraus ferner, daß der Pächter Grundgerechtigkeiten, die dem gepachteten Grundstück zustehen, nutzen und gegen den Besitzer des verpflichteten Grundstücks durch Klage geltend machen kann (Juristische Wochenschrift 1841 S. 571 f., 585 f.), und daß ihm im Falle der Ablösung mitgepachteter Dienste landübliche Zinsen von dem Ablösungskapital zustehen. Entsch. B. 35 S. 429.

[21]) Ländliche Grundstücke sind nach I. 21 § 400 solche, mit welchen Ackerbau und Viehzucht verbunden ist. Vergleiche oben B. I. § 21 Note 10. Striethorst B. 51 S. 7.

[22]) I. 21 § 261.

[23]) I. 21 § 260. Hauptsache bedeutet hier nicht den Gegensatz zur Pertinenz, sondern es soll ausgedrückt werden, daß es auf die von den Parteien als Hauptsache ins Auge gefaßte Sache und auf die beabsichtigte Art des Gebrauchs oder der Nutzung bei dieser ankomme, und daß daneben der nur als beiläufig in Betracht genommene Gebrauch der anderen Sache unerheblich ist. Rechtspr. III. 357. Strieth. B. 61 S. 62. Für den Fall, wenn in demselben Vertrag einzelne Gegenstände zur Nutzung, andere zum Gebrauch überlassen werden, ohne daß eine Sache von den Parteien als Hauptsache angesehen ist, giebt der § 260 keine Regel. Materiell muß solchen Falls in den Beziehungen, in denen überhaupt eine Verschiedenheit von Pacht und Miethe hervortritt, die Ueberlassung der ersteren als Pacht, die der letzteren als Miethe beurtheilt werden.

[24]) Z. B. Entsch. B. 31 S. 414. Striethorst B. 17 S. 179. Rehbein III. S. 806. Daniels III. 208: „der Zweck der Ueberlassung, nicht die Natur des Gegenstandes ist Grund der Eintheilung“.

Zur wirksamen Willenseinigung gehört nach preußischem Recht Wahrung der gesetzlichen Form. Mündlicher Abschluß verbunden mit hinzugetretener Uebergabe erhält jedoch, wenn schriftlicher (oder gerichtlicher) Abschluß gesetzlich nothwendig gewesen wäre, den Vertrag auf ein Jahr oder, wenn eine kürzere Zeit verabredet ist, auf diese[25]). Die Nothwendigkeit der Schriftform richtet sich nach dem Betrage des Pacht- und Miethzinses, und bei mehr als einjähriger Dauer, nach dem Jahresbetrage[26]). Pachtungen von Landgütern, d. h. von selbständigen mit dem Betrieb von Ackerbau und Viehzucht verbundenen Wirthschaftskomplexen[26a]), müssen bei einem Zins von 600 M. an (einschließlich der Nebenleistungen neben dem Zins)[27]) gerichtlich oder notariell vereinbart werden[28]). Vor Kreditdirektionen und anderen dergleichen öffentlichen Anstalten unter Zuziehung ihres Syndikus oder sonstigen Konsulenten geschlossenen Pachtverträge über Landgüter sind ohne weitere Verlautbarung bindend[29]). Ist der Pachtzins eines Landguts geringer

---

[25]) I. 21 § 269. Striethorst B. 65 S. 295 (vom Beginn der mündlich verabredeten Kontraktszeit). Koch, R. d. F. III. S. 890. Die Uebergabe entscheidet; ohne diese kann weder auf Erfüllung auf ein Jahr noch auf das Interesse geklagt werden. Entsch. B. 4 S. 117. Rehbein III. S. 814. Auch in I. 21 § 406 ist die erfolgte Uebergabe vorausgesetzt. Geht die mündliche Verabredung auf eine kürzere, als einjährige Dauer, so behält es bei der kürzeren sein Bewenden. Entsch. B. 42 S. 163. Rehbein III. S. 812, ebenso gilt das etwa beim Vertragschluß verabredete Recht vor Jahresablauf zu kündigen. Strieth. B. 74 S. 19. Rehbein III. S. 813. Bei unbestimmt gelassener Dauer gilt der Vertrag ein Jahr. Strieth. B. 46 S. 144. Wenn die Parteien die schriftliche Abfassung verabredet haben, und sie ist unterblieben, so gilt der Vertrag gar nicht, auch wenn übergeben worden (§ 117 I. 5). Soll ein mündlicher, durch Uebergabe vollzogener Miethvertrag modifizirt werden, und beträgt die Modifikation mehr als 150 M., so muß sie schriftlich erfolgen. Strieth. B. 57 S. 320.

[26]) I. 21 §§ 267. 268. Auch wenn die Dauer des Vertrages bis zum Eintritt eines gewissen Ereignisses verabredet worden. Strieth. B. 48 S. 111. Vergl. Note 15. Koch, Komm. zu § 268. R. d. F. S. 893. Centralblatt 1838. S. 1189 (Praxis des Kammergerichts). Der Entw. des B.G.B. II. § 507, Bundesrathsvorlage § 558 hat dankenswerther Weise für Miethsverträge und Pachtverträge über Grundstücke, insoweit sie über ein Jahr gelten sollen, Schriftform vorgeschrieben, mit der Maßgabe, daß der mündliche Vertrag auf unbestimmte Zeit gilt, kündbar zuerst am Ende des ersten Jahrs.

[26a]) Entsch. B. 33 S. 77. Rehbein III. S. 919. Strieth. B. 82 S. 271, R.G. Entsch. B. 20 S. 261.

[27]) Striethorst B. 51 S. 7.

[28]) I. 21 §§ 401—406. Striethorst B. 48 S. 111, B. 51 S. 7, B. 84 S. 62. Entsch. B. 67 S. 64. (Mühle mit dazu gehörigen Aeckern kein Landgut.) Es bedarf aber nicht der gerichtlichen oder notariellen Abfassung, sondern es genügt die Anerkennung des privatschriftlichen Vertrages vor dem Gericht oder Notar. Entsch. B. 11 S. 185. Die bloß privatschriftliche Aufsetzung eines solchen Pachtvertrages hat nicht die Bedeutung einer Punktation, es entsteht aus ihr kein Klagerecht, hinzukommende Uebergabe aber giebt ihm einjährige Wirksamkeit. Präj. 48 Pl.B. (Samml. I. 128). Entsch. B. 4 S. 117, Just.Min.Reskr. v. 28. März 1821 (Ergänz. zu § 406). Dem Richter ist in § 404 die Pflicht, auf deutliche und bestimmte Verabredungen der Parteien zu halten, besonders auferlegt. Vergl. auch Svarez, Jahrb. B. 41 S. 68. Der § 405 giebt eine Interpretationsregel für den Fall, daß der Vertrag privatschriftlich errichtet und erst nachher gerichtlich oder notariell anerkannt ist. Es folgt nicht aus diesem §, daß schon der privatschriftliche Vertrag gültig sein und nur zum Nachtheil des Verpächters interpretirt werden soll.

[29]) Anhang § 57 zu I. 21 § 403. Die Frage, ob auch Magistrate mit Zuziehung ihres

als 600 M., so muß der Vertrag doch in jedem Fall schriftlich geschlossen werden; und auch dann, wenn es sich um die Pachtung eines einzelnen zu einem Landgut gehörigen Ackers oder Nutzungsstückes handelt, bedarf es ohne Rücksicht auf die Höhe des Pachtgeldes der Beobachtung der Schriftform[30]).

Gemiethet wird die Sache um ihres Gebrauchs, gepachtet um ihrer Nutzung willen. Gegenstand des Vertrags ist also die Sache selbst. Sie bedarf der Bestimmtheit ebenso wie bei dem Kauf[31]). Auch eine fremde Sache kann vermiethet und verpachtet werden[32]), aber nicht die eigene des Miethers und Pächters, die irrig als fremde angesehen wird[33]). Unkörperliche Sachen (Rechte), wenn sie gebraucht oder genutzt werden können, sind zulässiger Vertragsgegenstand[34]). Hierher gehören selbständige oder aus Regalien abgeleitete Gerechtigkeiten, sowie die deutschen Realrechte, die gepachtet wurden, weil sie nutzbar waren[35]). Das Pfandrecht ist nicht vermiethbar, da es keinen Gebrauch, sondern das Veräußerungsrecht gewährt[36]); aber der antichretische Pfandbesitzer hat kraft seines Verwaltungsrechtes die Befugniß die Sache selbst zu verpachten[37]). Forderungen haben keinen Gebrauchswerth, und obschon sie durch die Zinsen einen Nutzen gewähren, so kann doch diese Nutzung nur substanziell (durch Cession der Zinsforderung) veräußert werden; denn die Zinsen sind nicht die Frucht oder der Nutzen

---

Syndikus dergleichen Verträge aufnehmen können, hat das R.G. bei Gruchot B. 36 S. 103 — abweichend von den früheren Ausgaben dieses Buchs — bejaht, wenigstens was die Verbindlichkeit des Vertrags für den Verpächter anlangt.

30) I. 21 § 407. Dies gilt nicht für ländliche Grundstücke überhaupt, wie Förster annahm. Vergl. Striethorst B. 67 S. 356, B. 96 S. 149. Entsch. B. 72 S. 66. Rehbein III. S. 817. Als Pertinenz eines Guts ist auch die nach dem Jagdpolizeigesetz selbständig auf demselben zu übende Jagd als mitverpachtet anzusehen. Striethorst B. 58 S. 155: auf den Fall, daß das Grundstück jagdlich nur durch Gemeindejagd zu nutzen ist, läßt sich das nicht anwenden.

31) Oben § 124 ad C. 2. Die Bestimmung kann auch der Auswahl des Vermiethers aus mehreren Sachen überlassen werden. l. 60 § 7 D. XIX. 2. Ueber den Unterschied der Miethe eines Kahns und des Dienstes der Schiffsleute nach den Weisungen des Miethers von einem Frachtvertrage s. R.G. Entsch. B. 25 S. 108.

32) l. 9 § 6 D. XIX. 2, l. 55 D. XII. 6. Das einem Anderen zustehende Recht an einer Sache kann auch vom Eigenthümer der letzteren gepachtet werden. Vergl. Windscheid II. § 399 Anm. 11.

33) l. 21 D. XLI. 3, l. 45 D. L. 17, l. 28. 37 D. XLI. 2, l. 35 § 1, l. 37 D. XIII. 7, Dresdn. Ann. II. 153.

34) Das Wort Sache in I. 21 §§ 258. 259 ist in dem Sinn des § 3 I. 2 zu nehmen. Oben B. I. § 20.

35) Z. B. Zölle, Fischereigerechtigkeiten. Dagegen nicht Realservituten, weil die Berechtigung nicht von dem Besitz des Grundstücks zu trennen ist, wohl aber die Personalservituten (Nießbrauch). §§ 1. 5 J. II. 5, l. 12 § 2, l. 38 D. VII. 1, l. 2 § 1, l. 8 pr. D. VII. 8, l. 44 D. XIX. 2, l. 13 pr. C. III. 33. Seuffert XIV. 2. Als Pachtvertrag wird in §§ 10 ff. G. v. 7. März 1850 ausdrücklich der Jagdpachtvertrag bezeichnet; derselbe hat aber eine besondere rechtliche Natur, welche unter VIII. dieses § dargelegt werden soll. Ein Handelsgeschäft als Gegenstand der locatio conductio. R.O.H.G. B. 21 S. 98.

36) I. 20 §§ 123 f.

37) I. 20 § 139. Abweichend Förster. Die Verpachtung enthält weder eine Aufgabe des Pfandbesitzes, der vielmehr durch den Pächter fortgesetzt wird, noch eine unzulässige Nutzung. Vergl. l. 23 pr. D. XX. 1, wonach der Pfandgläubiger das verpfändete Grundstück verpachten kann.

des Kapitals, sondern die Zinsforderung der Nutzen der Kapitalsforderung[38]). Die Sache muß endlich — wie bei der Leihe — durch den Gebrauch oder die Nutzung, wie sie eingeräumt sind, nicht verbraucht werden[39]). Handelt es sich aber um Grundstücke, die durch Verringerung ihrer Substanz genutzt werden, z. B. Torfgräbereien oder Steinbrüche, so hat sich die Praxis bisher mit Unrecht gegen die Annahme gesträubt, daß die zu lösenden Substanztheile wegen der wirthschaftlichen Bestimmung des Grundstückes als Früchte angesehen werden können. Austorfungsverträge u. dgl. sind deshalb mehrfach nicht als Pacht- sondern als Kaufverträge behandelt. Umgekehrt ist aber ein Bergwerk als zulässiger Gegenstand eines Pachtvertrages angesehen worden[40]).

Der Preis für den Gebrauch oder die Nutzung muß bestimmt sein[41]). Regelmäßig besteht er entweder in einer bestimmten Summe Geldes — Mieth- oder Pachtzins — und von diesem gilt alles, was vom Kaufpreis gesagt ist[42]), — oder in einer bestimmten Quantität von Früchten[43]). Ein Antheil an der Nutzung oder an den Früchten der Pachtsache selbst, d. h. eine Quote des ganzen Ertrages, darf zwar auch als Gegenleistung bedungen

---

38) Oben B. I. § 68 Anm. 7.

39) Koch, R. d. F. III. S. 885.

40) I. 21 § 39. Unten B. III. § 168 Anm. 19. 20. Strieth. B. 13 S. 36. Rehbein III. S. 809. Strieth. B. 59 S. 71, B. 61 S. 62. Die Ueberlassung der Ausbeute eines Bergwerks gegen Entgelt erwähnt das Berggesetz v. 24. Juni 1865 in § 114 selbst mit der Hinzufügung: (Verpachtung). Aus der Praxis vergl. Striethorst B. 29 S. 149, B. 59 S. 79, B. 61 S. 63, aber auch R.G. Entsch. B. 6 S. 4, B. 27 S. 279, R.G. bei Gruchot B. 37 S. 920. S. Gruchot B. 1 S. 469, B. 8 S. 86. — Auf der Grenze zwischen Kauf und Pacht steht auch die Ueberlassung einer bestimmten Kategorie von Nutzungen, z. B. der Milchpachtvertrag. Vergl. Entsch. B. 72 S. 187.

41) I. 21 §§ 258. 259, l. 2 pr. D. XIX. 2. Striethorst B. 61 S. 62. Das römische Recht sah den Vertrag insofern, als etwas anderes als Geld oder Früchte für den Gebrauch oder die Nutzung gegeben werden sollte, als Innominatkontrakt an, aber die Nebenabrede, daß auf die in Geld bedungene Leistung Sachen oder Dienste an Zahlungstatt gewährt werden sollen, ändert die Natur des Miethsvertrages nicht. L. 19 § 3 D. XIX. 2. Glück B. 17 S. 337. Sintenis II. § 118 Anm. 4. Das Preußische Recht verlangt nur eine bestimmte Leistung; es wird also kein Bedenken bestehen, den Vertrag, kraft dessen statt eines Miethpreises oder als Theil der Leistung des Miethers Dienste bedungen sind als Miethsvertrag zu beurtheilen, vorbehaltlich der Einwirkung, welche die Verweigerung oder nicht gehörige Leistung der Dienste nach den Grundsätzen von Verträgen über Handlungen auf den Vertrag üben kann.

42) I. 21 §§ 262. 263. D. h. Alles, was in I. 11 §§ 46—51 über seine Bestimmtheit oder die Nothwendigkeit der Bestimmbarkeit und in § 70 über seine Wahrheit und Wirklichkeit gesagt ist. Oben § 124. R.G. bei Gruchot B. 37 S. 1043. Mangelndes Einverständniß über die Höhe des Zinses macht den Vertrag ungiltig, wenn der Miether sich geringer verpflichtet meint. Wenn aber der Vermiether sich für geringer berechtigt hält, so gilt der Vertrag auf so hoch. l. 52 D. XIX. 2. Vergl. auch Seuffert XVII. 31. Weder die Angemessenheit (pretium justum), d. h. sein Verhältniß zum Werth des Gebrauchs- und Nutzungsrechts, also die Verletzung über die Hälfte (Entsch. B. 48 S. 171), noch auch der Satz in I. 11 § 109 findet auf den Miethzins Anwendung. Letzterer nicht wegen der Natur der Vor- und Nachleistung. Daß bei verzögerter Nachleistung der Miethzins mit Zinsen zu entrichten, hat seine Erklärung nur im Verzuge. A. M. Koch, R. d. F. 914 Note 21a. Vergl. l. 17 § 4 D. XXII. 1. Strieth. B. 33 S. 173. Die Zahlung des Zinses muß im Zweifel am Wohnort des Verpächters erfolgen. Striethorst B. 15 S. 108. R.G. bei Gruchot B. 34 S. 1184. Angemessene Vergütung, wenn es an der Verabredung fehlt: Seuffert IV. 217.

43) I. 21 § 264. Glück B. 17 S. 331, l. 21 C. IV. 65 und dazu l. 8. 18. cod.

werden, und die Pacht soll dadurch allein ihr Wesen nicht verlieren[44]), aber sie tritt dann einem Gesellschaftsvertrage nahe, denn nach dessen Regeln müssen die Früchte zwischen Pächter und Verpächter getheilt werden[45]).

III. Inhalt der Obligation. 1. Verbindlichkeiten des Vermiethers und Verpächters (locator). Seine Hauptpflicht ist, dem Miether den verabredeten, ev. den gewöhnlichen Gebrauch, dem Pächter die verabredete, ev. die gewöhnliche Nutzung der Sache zu gewähren[46]). Er muß regelmäßig mit Erfüllung dieser Verpflichtung anfangen, seine Leistung ist Vorleistung und bleibt dies periodenweise so lange, als das Vertragsverhältniß dauert[47]). Der Verbindlichkeit wird zunächst dadurch genügt, daß der Vermiether (Verpächter) dem Miether (Pächter) die Sache in vertragsmäßigem, also regelmäßig in brauchbarem Zustande überliefert[48]), ihn in die thatsächliche Möglichkeit versetzt, die Sache zu gebrauchen und zu benutzen. Er hat ihn aber auch während der Dauer der Pacht- und Miethzeit ununterbrochen in diesem Zustande zu erhalten, er hat von ihm gemachte Anlagen, welche den vertragsmäßigen Gebrauch beeinträchtigen, wieder zu beseitigen[49]),

---

[44]) I. 21 § 265. Vergl. dazu Entwurf des B.G.B. § 533, wonach im Falle einer solchen Theilpacht eine Unterpacht ausgeschlossen sein sollte, — eine Bestimmung, die durch den allgemeinen Ausschluß der nicht genehmigten Aftermiethe und Afterpacht (Reichstagsentwurf §§ 542. 589) bedeutungslos geworden ist.

[45]) I. 21 § 266, l. 25 § 6 D. XIX. 2 partiarius colonus quasi societatis jure et damnum et lucrum cum domino fundi partitur. Ueber die s. g. colonia partiaria Glück B. 17 S. 333. Gesterding, Ausbeute IV. 1 Nr. 3. Leist in der Zeitschr. f. Civ.R. u. Proz. B. 17 S. 359. M. Waaser, Die colonia partiaria. Berlin 1885. „Theilpacht" im sächs. G.B. § 1190. Das österr. G.B. § 1103 nimmt in diesem Fall Gesellschaftsvertrag, nicht Pacht an.

[46]) I. 21 § 270, das uti und das uti frui licere, die Gewährung der facultas oder des jus utendi fruendi ist der Inhalt der Verpflichtung des Vermiethers und Verpächters, nicht das uti frui, das fructus percipere als solches. Das Recht zur Nutzung gebührt dem Pächter für die Dauer der Pachtzeit, d. h. ihm gehören die bei Antritt der Pacht schon vorhandenen, noch nicht geernteten Früchte, und die beim Abzug noch vorhandenen, nicht geernteten Früchte fallen an den Verpächter. Entsch. B. 39 S. 154. Entw. des B.G.B. §§ 503. 504. 531. 532, Entw. II. §§ 480. 481. 521, Reichstagsvorlage §§ 528. 529. 574.

[47]) Das Recht auf den Zins bleibt von der wirklichen Gewährung des Gebrauchs abhängig, auch, wenn die Zinszahlung praenumerando bedungen ist. Die Uebergabe der Sache zum Gebrauch ist auch insofern regelmäßig Vorleistung, als auch der Pränumerandozins nicht vor, sondern erst nach Uebergabe der Sache zu zahlen ist. Wochenbl. f. merkw. Rf. N. F. B. 14 S. 347. Dresden. Annal. V. 450. N. F. II. 415. Strieth. B. 89 S. 354.

[48]) I. 21 § 272, l. 15 § 1 D. XIX. 2. Entwurf des B.G.B. § 504, Entw. II. § 481, Reichstagsvorl. § 529. Die Brauchbarkeit richtet sich nach der Natur und dem Inhalt des Vertrages. I. 5 § 318. Präj. 1178 (Samml. I. S. 124). Auch die angegebene Größe eines verpachteten Grundstücks ist als Eigenschaft zu vertreten. I. 21 § 425. Die Uebergabe muß vollständig erfolgen. Auch solche beim Vertragschluß vorhandenen Pertinenzen, welche dem zu gewährenden Gebrauch der Sache dienen, sind mitzugewähren; bei Wohnungen z. B. die Doppelfenster, Fensterladen u. dgl.; Zubehörungen anderer Art werden durch den Vertrag nicht ergriffen, wenn dies nicht besonders bestimmt ist. Bezüglich des Beilasses der Landgüter s. unten. Die Quittung über richtig geleistete Uebergabe schließt Nachforderungen wegen nicht übergebener Pertinenzen aus. Schles. Arch. IV. 537. Strieth. B. 85 S. 263.

[49]) I. 21 § 291 (vergl. § 418). Entsch. B. 42 S. 169. Rehbein III. S. 823. Vergl. R.G. Entsch. B. 4 S. 169. Vergl. Entwurf des B.G.B. §§ 505—508, Entw. II. §§ 482—486, Reichstagsvorlage §§ 530—534.

ihn auch gegen kollidirende Ansprüche Dritter zu schützen[50]), eintretende thatsächliche Hindernisse des Gebrauchs und der Benutzung zu beseitigen[51]), und die Brauchbarkeit nach den Regeln der Gewährleistung für Fehler zu vertreten. Das heißt, der Verpächter und Vermiether hat die Eigenschaften der Sache zu vertreten, die sie haben muß, um denjenigen Gebrauch oder diejenige Nutzung zu gewähren, die der Vertrag dem Miether oder Pächter zusichert: die vorauszusetzenden und die bedungenen[52]).

---

[50]) I. 5 §§ 317. 318. In der Miethe und Pacht liegt eine zeitweilige Veräußerung des Gebrauchs- und Nutzungsrechts. Vergl. oben B. I. § 84 Anm. 33, § 86 Anm. 4. — Ueber die Einwirkung von Gemeinheitstheilungen und Konsolidationen sowie der Expropriation s. unten bei Anm. 137 f. War der Vermiether nur in Gemäßheit des § 388 I. 21 (als Nießbraucher) zu vermiethen berechtigt, und die Kündigung erfolgt (vergl. unten Anm. 160), so wird der Vermiether für Entwehrung haften, falls er den Mangel seines Rechts verschwiegen und als unbeschränkter Eigenthümer vermiethet hatte.

[51]) Hierher gehören besonders Reparaturen I. 21 § 291. Seuffert XII. 139. Der Miether muß den Vermiether, um ihn in Verzug zu setzen, zur Reparatur auffordern, Entsch. B. 14 S. 282 (weil der Vermiether aus dem Naturalbesitz der Sache gesetzt, nicht im Stande ist, fortdauernde Kenntniß von der Sache zu haben). Ebenso Seuffert XIX. 227. Der Miether und Pächter ist zur custodia, l. 11 § 2 D. XIX. 2 und in Folge dessen zur rechtzeitigen Anzeige verpflichtet. S. auch Anm. 155. Gegen den Willen des Miethers darf der Vermiether keine den Gebrauch des Miethers schmälernde Aenderung an der Sache vornehmen. Vergl. jedoch Anm. 141. Eine allgemeine Pflicht des Vermiethers, die Zugänge zu einer vermietheten Wohnung erleuchtet zu halten, ist zu leugnen. Eine solche kann sich aber aus der Ortsgewohnheit als stillschweigend verabredet ergeben, oder daraus, daß die Art der Benutzung des ganzen Hauses eine Widmung desselben zu öffentlichem Verkehr enthält, deren Aufrechterhaltung der Miether als in der stillschweigend bedungenen Gebrauchsweise enthalten fordern kann.

[52]) I. 5 §§ 317. 318 sagt: bei allen lästigen Verträgen. Eine Ausnahme von § 325 I. 5 bei der Landgüterpacht begründet I. 21 § 429. Koch, R. d. F. III. 940 fg. polemisirt gegen die Gesetzrevisoren, welche die Gewährleistung für ausdrücklich bedungene oder vorausgesetzte Eigenschaften auch auf Pacht und Miethe anwenden. Er will die §§ 329—351 I. 5 nur auf Verträge über Eigenthumsübertragung, deren Gegenstand die Substanz einer Sache ist, beziehen, und bei Pacht und Miethe ausschließen, weil deren juristischer Gegenstand, der Gebrauch, keinen Fehler haben kann. Das ist ein offenbarer Trugschluß, der Gebrauch hat freilich keine Eigenschaft, und er kann daher auch keinen Fehler haben, aber der Gebrauch ist nur denkbar an einer Sache und ist bedingt durch die Eigenschaften dieser Sache, er wird alterirt, wenn ihr solche Eigenschaften fehlen. Der Verpächter und Vermiether hat diejenigen Eigenschaften der Sache zu gewähren, welche den vertragsmäßigen Gebrauch bedingen. Auch das A.G. Hamm hat angenommen, daß die §§ 319 f. I. 5 sich nur auf lästige Veräußerungsverträge beziehen, welche durch Hingeben der Sache vollständig erfüllt werden, nicht aber auf dauernde Obligationsverhältnisse, weshalb insbesondere §§ 319. 330 auf Pacht und Miethe nicht anzuwenden seien. (Arnsb. jur. Monatschrift B. 1 S. 414.) Dagegen wird richtig § 318 I. 5, welcher keine Ausnahme unter den lästigen Verträgen macht, von dem O.-Trib. (s. z. B. Entsch. B. 14 S. 182. Rehbein III. S. 829. Entsch. B. 56 S. 185) auf Miethe und Pacht bezogen. Selbst die Verjährungsfristen der §§ 344. 345 I. 5 sind bei Miethe und Pacht nicht ausgeschlossen, wenngleich hier beachtet werden muß, daß eine Verjährung nicht ablaufen kann, so lange die Nichtgewährung fortdauert, weil der Vermiether täglich neu gewähren muß. (Entsch. a. a. O.) Vergl. auch R.G. Entsch. B. 20 S. 285, R.G. bei Gruchot B. 32 S. 918. — Vergl. sächs. Ges.B. § 1196 und nach preuß. R. besonders Jacobi, Ueber Remission, S. 73 f. Die l. 63 D. XXI. 1 sagt: sciendum est, ad venditiones solas hoc interdictum pertinere . . cur autem de locationibus nihil edicatur, mirum videbatur: haec ratio redditur, vel quia nunquam istorum de hac re fuerat jurisdictio, vel quia non similiter locationes ut venditiones fiunt. Das beruht auf der engen Umgrenzung des Edikts der Aedilen, und entscheidet nicht für das heutige gemeine Recht, welches die Gewähr für Fehler, die den Gebrauch beeinträchtigen, auch dem locator auferlegt; es entscheidet um so weniger, als diese Verpflichtung hier, auch ohne Rücksicht auf das Edikt, im

Nothwendige Folge der gänzlichen oder theilweisen Nichterfüllung seitens des Verpächters ist, daß er die entsprechende Leistung des Miethers oder Pächters nicht beanspruchen kann[53]); ist die Vorleistung ohne vertretbare Schuld des Vermiethers unmöglich geworden, so fällt der Vertrag zusammen[54]). Bei schuldhafter Nichterfüllung d. h., wenn aus wenigstens mäßigem Versehen nicht vorgeleistet worden, entstehen Interesseansprüche[55]). Der Miether und Pächter kann auch dann, wenn die übergebene Sache nicht oder nicht brauchbar und benutzbar überliefert oder wenn sie nicht in diesem Zustand erhalten wird, vom Vertrage zurücktreten, also die Annahme verweigern oder die angenommene Sache zurückgeben[56]). Ist Zufall oder geringes Versehen die Ursache der Unbrauchbarkeit[57]), so knüpft sich an seinen Rücktritt kein weiterer Anspruch, aber er hat neben dem Rücktritt den Interesseanspruch, wenn mäßiges Versehen den Vermiether trifft[58]).

Die Brauchbarkeit und Benutzbarkeit der Sache, für die eingestanden werden muß, ist nicht immer die gemeingewöhnliche; der Miether kann sich eine höhere Brauchbarkeit ausdrücklich bedingen, er kann sich vertragsmäßig mit einer geringeren begnügen. Letzteres liegt stillschweigend vor, wenn ein verwüstetes und verfallenes Grundstück in Pausch und Bogen gepachtet worden, auch dann, wenn der Pächter diesen Zustand vorher gekannt und sich wegen

---

Wesen des Vertrages liegt. Es ist also damit nicht gesagt, daß das ädilitische Edikt auf Miethe nicht anzuwenden sei, und daß im A.L.R. die Gewähr für Fehler verallgemeinert ist, kann doch kaum bezweifelt werden. Rechtslex. VII. S. 763f. Dankwardt H. 4 S. 34f. Beispiele aus der gemeinrechtlichen Praxis: Seuffert I. 338, VII. 31, XVIII. 238.

[53]) Oben B. I. § 83 Anm. 12f. Seuffert XX. 221. Wenn ein Miether widerrechtlich, aber in Folge eines vollstreckbaren Urtheils, das demnächst wieder aufgehoben worden, exmittirt worden ist, so ist er nicht gezwungen, von seinem Recht auf Wiedereinsetzung Gebrauch zu machen, kann vielmehr, wie wenn ihm überhaupt nicht überliefert wäre, vom Vertrag abgehen. Vergl. das etwas anders begründete Erkenntniß bei Strieth. B. 80 S. 159. Rehbein III. S. 821.

[54]) Oben B. I. § 87 unter 2. Seuffert VII. 171, XIII. 252, XI. 142, XIV. 227, XV. 221. Einen Anspruch auf Wiederherstellung der durch Zufall untergegangenen Miethssache (z. B. des abgebrannten Gebäudes) hat der Miether nicht. Seuffert XX. 45.

[55]) I. 5 § 278, I. 21 §§ 364. 385. Strieth. B. 10 S. 232, B. 28 S. 341b. Oben B. I. § 104 Nr. 2.

[56]) I. 21 §§ 273. 383. Präj. 1614 (Samml. I. S. 124). Der Pächter und Miether hat die Wahl, zurückzutreten und das Interesse einzuklagen oder zu bleiben und auf Herstellung oder Schadenersatz zu klagen. Koch, R. d. F. S. 897. In analoger Ausdehnung des § 273 ist dem Miether der Rücktritt auch dann zu gestatten, wenn der Vermiether den Miethsgegenstand nicht rechtzeitig übergiebt, sofern sich nicht eine ganz kurze Dauer der Verzögerung übersehen läßt. R.G. bei Gruchot B. 24 S. 471. Vergl. l. 24 § 4, l. 60 D. XIX. 2. — Code civil Art. 1741. Vergl. Entwurf des B.G.B. § 529, Entw. II. § 487, Reichstagsvorl. § 535, wo der Rücktritt (Kündigung) in der Regel erst nach Ablauf einer angemessenen Frist zur Abhülfe gegeben wird.

[57]) I. 21 § 273 spricht zwar nur von der „kontraktswidrigen Beschaffenheit", ohne Unterscheidung, ob sie verschuldet oder nicht, aber die allgemeinen Grundsätze haben nicht beseitigt werden sollen. Nur auf die verschuldete Unbrauchbarkeit kommt es an. Strieth. B. 5 S. 81.

[58]) I. 21 § 273. Das oder kann Zweifel erregen, aber auch hier ist nicht anzunehmen, daß man die allgemeinen Grundsätze verlassen habe. Vergl. Entsch. B. 75 S. 74. Rehbein III. S. 820. Strieth. B. 71 S. 29, B. 88 S. 318, B. 95 S. 30. — Auch im Fall des Rücktritts wegen zu vertretender Mängel der übergebenen Sache besteht dies Recht auf das Interesse. Strieth. B. 74 S. 117. Rehbein III. S. 825.

der Wiederherstellung nichts ausbedungen hat[59]). Es können aber auch mehr als die gewöhnlichen, also außerordentliche Nutzungen, selbst wenn sie mit Verminderung der Substanz verbunden sind, ausdrücklich bedungen werden[60]).

Wie bei den wesentlich einseitigen Verträgen, durch welche eine Pflicht der Rückleistung begründet ist, so kann auch beim Miethss- und Pachtvertrag aus Verwendungen des Miethers auf die Sache ein Anspruch gegen den Vermiether oder Verpächter erwachsen: wenn die Aufwendungen erforderlich waren, um die Sache zu erhalten oder in denjenigen Zustand der Brauchbarkeit zu versetzen, den sie nach Inhalt des Vertrags haben soll[61]); wenn sie zur Abwehr eines die Substanz bedrohenden Schadens zweckmäßig gemacht worden sind[62]); wenn Verbesserungen mit Einwilligung des anderen Theils oder vom Pächter in Folge obrigkeitlicher Anordnungen zur Beförderung des gemeinen Besten vorgenommen sind[63]). In dem letzteren Fall bezieht sich der Ersatz auf die Erstattung der zweckmäßig verwendeten Kosten für die Anstalt und Einrichtung, und er fällt weg, wenn dadurch nur eine Verbesserung des dem Pächter gehörigen Ertrages bezweckt wurde[64]). Es müssen aber Verbesserungen, die der Pächter ohne Einwilligung des Verpächters vorgenommen hat, auch dann ersetzt werden, wenn er unverschuldet die Pacht vor Ablauf der Zeit hat räumen müssen und dadurch verhindert worden ist, den später hervortretenden Nutzen von dieser Verbesserung zu ziehen, dieser also auf den Ver-

---

59) I. 21 § 275.

60) I. 21 §§ 271. 277.

61) I. 21 § 274. S. den Entwurf des B.G.B. §§ 513. 514. 540, Entwurf II. § 491, § 522, Reichstagsvorlage §§ 540. 575. Vergl. Strieth. B. 81 S. 10, B. 85 S. 263, R.G. bei Gruchot B. 25 S. 1016. Die Klage ist hier nicht sowohl auf den Miethvertrag, als auf A.L.R. I. 13 §§ 234 f. zu gründen. (Das Allegat I. 14 §§ 114. 115 in § 274 ist falsch. Jahrb. B. 43 S. 445, B. 50 S. 470.) Sächs. G.B. § 1201. Der Miether ist nicht verpflichtet, die zur Erreichung der vertragsmäßigen Brauchbarkeit erforderlichen Verbesserungen vorzunehmen. Strieth. B. 24 S. 259.

62) I. 21 § 287. Vergl. vorige Note. Daß die Verwendungen für Reparaturen, die im Laufe der Miethszeit zur Erhaltung der Substanz wirklich erforderlich waren, dann nicht ersetzt verlangt werden können, wenn nicht vorher vergebens vom Vermiether Abhülfe verlangt ist, wie Dernburg II. § 168 Anm. 18 lehrt, läßt sich — abgesehen von dem Falle der Landgutpacht, I. 21 §§ 445. 446, s. unten Anm. 276 — nach preußischem Recht nicht begründen; § 365 I. 21 knüpft an die vergebliche Anzeige kleiner Reparaturen nicht die Folge besonderer Ersatzpflicht sondern eine erhöhte Pflicht zu Hauptreparaturen. Warum sollte auch der Miether einen Anspruch aus der negotiorum gestio nicht haben, der jedem Dritten zustehen würde? Es kommt doch hierbei nicht darauf an, daß der Vermiether in Verzug gesetzt ist. Versäumte Anzeige kann deshalb des Ersatzes nicht verlustig machen. Bei der Landgüterpacht aber wird der Pächter allerdings wenn er die Anzeige versäumt und eigenmächtig reparirt, dem Verpächter schadensersatzpflichtig. §§ 445. 446.

63) I. 21 §§ 280—282. l. 19 § 4. l. 55 § 1. l. 61 pr. D. XIX. 2. Heuser IX. 50. Seuffert VII. 30, XVI. 108, XVIII. 8. Hiernach läßt das röm. R. dem conductor ersetzen, quod utiliter auxerit vel aedificaverit vel instituerit (l. 55 § 1). Das ist den Neueren aber bedenklich erschienen. Lauterbach coll. th. pr. XIV. 2 § 97 schränkt die Vorschrift auf den Fall ein, wo der conductor nothwendige oder nützliche Verbesserungen entweder bona fide vorgenommen, oder der locator sie auch hätte vornehmen müssen. Andere tragen die Voraussetzung hinein, daß der locator eingewilligt haben muß. Dieser Ansicht ist das A.L.R. gefolgt. Schilter, Exerc. XXXI. § 30. Stryck, Us. mod. XIX. 2 § 36.

64) I. 21 § 282.

pächter übergeht. Eine solche Verbesserung muß zur Zeit der Räumung noch wirklich vorhanden, und die Vergütung soll eine verhältnißmäßige sein[65]). Abgesehen von dem vorstehenden Fall können nicht genehmigte Verbesserungen nur weggenommen werden[65a]).

Der Vermiether trägt die auf der Sache liegenden Lasten und Abgaben[66]). Dieselbe Pflicht hat auch der Verpächter, wenn nach einem Anschlage verpachtet worden ist, in Betreff derjenigen auf der Sache ruhenden Lasten und Abgaben, die in dem Anschlage von dem Ertrage nicht abgezogen sind[67]), während bei Pachtungen in Pausch und Bogen der Pächter alle Lasten zu tragen hat. Zu diesen gehören aber nicht die Hypotheken- und Grundschuldzinsen und die auf Verträgen beruhenden fortlaufenden Leistungen, die also auch in solchem Fall vom Verpächter zu entrichten sind[68]). Wenn nichts anderes verabredet ist, so fällt auch die Einquartierungslast[69]) und die damit verbundene Verpflegung in Zeiten des Friedens kraft des Vertrages dem Verpächter und Vermiether zu[70]). Daher muß, sofern nach Inhalt der öffentlich rechtlichen Gesetze diese Last zunächst vom Miether oder Pächter zu tragen ist, der Vermiether oder Verpächter ihm das Verauslagte ersetzen[71]). Im Kriege

---

[65]) I. 21 § 283—285. Da der § 283 nur die Pacht erwähnt, so könnte gefolgert werden, daß er auf die Miethe nicht zu beziehen sei. Da aber ein innerer Grund für diese Einschränkung nicht vorliegt, so wird § 283 analoge Anwendung auf Miethe finden müssen.

[65a]) Dies Wegnahmerecht, das insbesondere im Fall von Verbesserungen ohne Einwilligung des Vermiethers eingreift, kann auch noch nach Rückgabe der Sache geübt werden. Entsch. B. 55 S. 66. Rehbein III. S. 841. Strieth. B. 60 S. 264.

[66]) I. 21 §§ 288. Svarez (Jahrb. B. 41 S. 65). Vergl. Entwurf des B.G.B. § 515, Entw. II. § 490, Reichstagsvorl. § 539.

[67]) I. 21 § 294.

[68]) I. 21 § 293. Ebenso österr. G.B. § 1099.

[69]) I. 21 §§ 289. 290. Kab.Ordre v. 20. Mai 1812. Koch, R. d. F. III. 899 fg. Man hat von jeher über die Natur der Einquartierungslast gestritten. Glück B. 17 S. 395 fg. Die Gesichtspunkte einer Staatslast und Kommunallast, andererseits einer Reallast und einer persönlichen Last sind aufgestellt worden. Man hat unterschieden zwischen Einquartierungen im Frieden und im Kriege, erstere als allgemeine Staatslast, letztere als außerordentliche Zufälle aufgefaßt. Vangerow III. 462. Welchem Prinzip das A.L.R. folgt, ist nicht ganz klar; § 289 scheint die Einquartierung als Reallast zu bezeichnen, und wenn auch die Kab.O. v. 1812 zur Annahme einer Staatslast neigt, so spricht schon das Edikt vom 3. Juni 1814 § 6 Nr. 2 (Ges.S. S. 52) von einer Kommunallast. Die Theilung zwischen Verpächter und Pächter im Kriege nach I. 21 § 572 ist den Ansichten derer entnommen, welche die Last als eine gemeinschaftliche auffassen. (S. Glück S. 398 f. Note 24.) Zur Zeit regelt sich öffentlichrechtlich die Einquartierungslast und das Verpflegungswesen nach den Reichsgesetzen v. 25. Juni 1868 betr. die Quartierleistung, mit dem Nachtraggesetz v. 3. August 1878, dem Gesetz v. 13. Februar 1875 betreffend die Naturalleistungen im Frieden mit abändernden Bestimmungen vom 21. Juni 1887 und 30. August 1887 und dem Gesetz vom 13. Juni 1873 über die Kriegsleistungen. Vergl. dazu Instr. v. 30. August 1887 und 15. October 1890 sowie Kais.V. v. 2. Sept. 1875 und 11. Juli 1878. Danach hält sich die Militairbehörde regelmäßig an die Gemeinden. Quartierleistungspflichtig sind alle Baulichkeiten, im Frieden mit bestimmten Ausnahmen. Auf diese wird die Last repartirt. Das Verhältniß, in dem Verpächter oder Vermiether und Pächter oder Miether die Last zu tragen haben, wird durch die Reichsgesetze nicht berührt.

[70]) I. 21 § 289.

[71]) I. 21 § 290.

steht es anders. Eine positive Regelung enthält das Gesetz hier nur für die Landgüterpacht. Kurze Einquartierung und geringe Verpflegung trägt der Pächter, bei bedeutenderen, insbesondere wenn die Einquartierung länger als drei Tage dauert, müssen sich Verpächter und Pächter in die Last theilen[72]).

Die Pflichten des Vermiethers und Verpächters gehen unbedenklich auf seine Erben über[73]), sie binden aber in gewissem Maße auch die Singularsuccessoren bezüglich des Mieth- oder Pachtgegenstands. Entgegen dem gemeinrechtlichen Satz, daß der Kauf (d. h. der Eigenthumswechsel im Falle der Singularsuccession) die Miethe breche, wirkt hier der Umstand ein, daß die Miethe oder Pacht durch Besitzeinräumung die Natur eines dinglichen, das Eigenthum belastenden und schmälernden Rechts annimmt, das der Singularsuccessor dem Pächter und Miether belassen und erhalten muß[74]). Der an

[72]) I. 21 § 572. Die Fassung dieses § ist keine glückliche. S. Koch, Komm. u. R. d. F. 902f. Die Absicht geht offenbar dahin, dadurch die Unbeträchtlichkeit einer Einquartierung auszudrücken, und daran muß sich im einzelnen Fall das Ermessen des Richters halten.

[73]) I. 21 § 375. Ausgenommen, wenn der Vermiether oder Verpächter nur für seine Lebenszeit über das Objekt verfügen konnte, z. B. bei einem verpachteten Nießbrauch. I. 21 §§ 388ff. unten Anm. 160. l. 9 § 1 D. XIX. 2. l. 10 C. III. 33. Vergl. auch den Fall quoad is, qui eam locasset, vellet. l. 4 D. XIX. 2.

[74]) I. 21 § 358 (vergl. I. 7 § 173). Quelle dieses § ist das Hofreskript vom 15. April 1762. N. C. C. III. 673. Bornemann I. 189. Svarez (Jahrb. B. 41 S. 67) leitet den Satz des A.L.R. bereits aus der Dinglichkeit der Miethe her. S. auch besonders Colberg in Scherings Arch. I. S. 17f. 39 in der Anm. Daß das Sprichwort „Kauf bricht Miethe" den gemeinrechtlichen Gedanken nicht richtig ausdrückt, ist allgemein bekannt. Der Kauf erzeugt die Verpflichtung, das habere licere zu gewähren, Miethe und Pacht gewährt das uti frui licere; beide Verträge berühren sich also nicht, jeder hat seine besondere Sphäre. Nicht durch den Verkauf tritt die Kollision mit dem Miethrecht ein, sondern durch den Eigenthumsübergang, weil der neue Eigenthümer das uti frui nicht zu prästiren verpflichtet ist und selbst darauf ein Recht hat. Aber auch dadurch wird der Miethsvertrag nicht gebrochen, das Miethsrecht besteht vielmehr fort als Interesseforderung gegen den Vermiether. S. Colberg a. a. O. S. 3f. Dresden. Ann. IV. 273. Die l. 9 C. IV. 65 (die Hauptstelle) ist mit Unrecht von der Glosse und in der älteren gemeinrechtlichen Theorie dahin verstanden worden, daß schon der Kaufvertrag, der nur ein persönliches Recht erzeugt, das jus expellendi begründe. Erst nach Glück, der noch der älteren Ansicht huldigte B. 18 S. 25, ist die richtige Auffassung, die an den Eigenthumserwerb die Wirkung anknüpft, zur Geltung gekommen und gilt bei allen Neueren. Im Code art. 1743 ist bestimmt, daß, wenn der Mieth- und Pachtvertrag in einer authentischen Urkunde enthalten oder mit einem sicheren Datum versehen ist, der Käufer den Miether nicht vertreiben, daß der Vermiether sich aber das Recht des Miethbruchs im Fall der Veräußerung im Miethvertrag vorbehalten kann. Das Erforderniß der Urkunde und des Datums bedeutet, daß nur so der Miether dem Verkäufer das ältere Datum seines Miethvertrages beweisen kann. Vergl. a. 1750. Nach dem österr. G.B. §§ 1120. 21 kann nach der Uebergabe der neue Eigenthümer kündigen, wenn nicht der Miethvertrag in die öffentlichen Bücher eingetragen ist. Bei nothwendiger Veräußerung schützt auch letzterer Umstand nicht. Das sächs. G.B. § 1222 ist römisch, und läßt in § 1224 wie das österr. G.B. die erfolgte Eintragung nur bei freiwilliger Veräußerung gegen den Erwerber wirken; der neue Eigenthümer muß aber kündigen. § 1225. Letzteres ist übrigens auch sonst durch Gewohnheitsrecht festgesetzt; z. B. im Bezirk des A.G. Greifswald (Provinz.R. f. Neuvorpommern u. Rügen B. 1 S. 106, B. 2 S. 324) Heuser VIII. 737. Nachdem die im Entw. I. des B.G.B. in Aussicht genommene Rückkehr zum römischen Recht aufgegeben worden, sind jetzt die Verhältnisse in Entw. II. §§ 512—520, Reichtagsvorlage §§ 564—572 und nach den hierbei für das künftige Zwangsversteigerungsgesetz gefaßten Beschlüssen auf der Grundlage der preußischen Rechtsanschauung geregelt.

die Stelle des Verpächters und Vermiethers tretende neue Eigenthümer hat also das sich in die Zukunft erstreckende Mieths- oder Pachtrecht des Miethers oder Pächters zu respektiren[75]). Auf der anderen Seite gehen aber regelmäßig auch ohne Cession kraft der in der Eigenthumsübertragung liegenden Uebertragung der Nutzungen die Rechte aus den Miethss- und Pachtverträgen für die Zukunft auf den Singularsuccessor über[76]). Der ursprüngliche Ver-

---

[75]) Vergl. oben B. I. § 99 Anm. 75. Obligatorische Verbindlichkeiten des Verpächters oder Vermiethers, die ihre Entstehung in der Vergangenheit gefunden haben, und die nicht in dem von dem neuen Eigenthümer ferner zu duldenden Miethsbesitz ihren Ausdruck finden, hat der Erwerber nicht zu erfüllen. Vergl. Entsch. B. 30 S. 446, B. 53 S. 141. Rehbein III. S. 850, Entsch. B. 57 S. 109. Strieth. B. 45 S. 345, B. 51 S. 183, B. 69 S. 6, B. 89 S. 269. Gruchot B. 23 S. 446, B. 37 S. 1043. Als Theil des dinglichen Nutzungsrechts erscheint aber z. B. auch das Recht des Pächters bei Rückgabe des Pachtgrundstückes Vergütung des Feldinventars in bestimmter vertragsmäßig festgesetzter Weise zu fordern.

[76]) Das O.Trib. hat (Entsch. B. 25 S. 427, Rehbein III. S. 847, vergl. B. 39 S. 158f., Rehbein III. S. 845, B. 63 S. 191. Gruchot VI. 441. Strieth. B. 3 S. 193, B. 9 S. 349) den Satz aufgestellt: „Der Käufer eines verpachteten oder vermietheten Grundstücks tritt für die Dauer des Pacht- und Miethvertrages in die Rechte und Pflichten des Verkäufers, welcher dasselbe verpachtet oder vermiethet hat." Hiergegen richtet sich der Aufsatz von Plathner a. a. O. S. 643fg. Er führt aus, daß einzelne Ansprüche des Vermiethers und Verpächters dingliche, andere nur persönliche seien, daß letztere nur durch Cession auf den Käufer übergehen können, z. B. der Anspruch auf den Zins. Seine Ausführung würde richtig sein, wenn der Kauf über die Sache mit Ausschluß des verpachteten Nutzungsrechts oder des vermietheten Gebrauchsrechts abgeschlossen würde. Die Sache ist aber, wenn nichts anderes bedungen wird, mit ihrem Nutzungs- und Gebrauchsrecht verkauft, mithin muß dem Käufer auch das noch nicht getilgte oder anderweitig abgetretene Recht auf den Zins zufallen, wenn dies nicht ausgeschlossen ist. Mit dem Eigenthum an der Sache erwirbt er ja auch das uti frui: er muß es ferner dem Pächter und Miether gewähren. Die Vergleichung mit der Expromission (S. 644 f.) ist schief. Nach preuß. R. scheidet durch die Singularsuccession, sofern nicht ausdrücklich etwas anderes bezüglich eines Verbleibens dieses Theils der Nutzung bei dem Veräußerer bedungen ist, der ursprüngliche Verpächter und Vermiether in Betreff seiner Berechtigungen ganz aus, der Käufer tritt ganz in das Rechtsverhältniß ein in Betreff aller Ansprüche, die vom Moment der Veräußerung entstehen, soweit diesen Ansprüchen nicht bereits zur Zeit des Eigenthumsübergangs beziehungsweise der Mittheilung davon — als der Denunziation dieser Abtretung — an den Miether begründete Einreden entgegenstanden, die auch im Falle einer Cession dem Cessionar gegenüber durchgreifen würden. Entsch. B. 25 S. 427, B. 39 S. 158, B. 40 S. 149. Rehbein III. S. 915. Entsch. B. 53 S. 141, B. 57 S. 103. 116, B. 72 S. 221. Strieth. B. 59 S. 304, B. 69 S. 6, B. 89 S. 269. Dagegen wird der Verpächter und Vermiether nicht von seinen Verpflichtungen frei. Vergl. Entsch. B. 64 S. 135 bes. S. 141. Vergl. auch Colberg bei Schering I. 40. Insofern es sich um Leistungen handelt, die nur der jetzige Besitzer der Natur der Sache nach machen kann, tritt aber der ursprüngliche Vermiether, gegen den nur ein Interesseanspruch wegen Nichterfüllung durchführbar ist, in zweite Reihe. R.G. bei Gruchot B. 39 S. 667. Das Reichsgericht hat versucht, in einzelnen Entscheidungen noch einen andern Standpunkt zu gewinnen. Es geht mit Recht davon aus, daß der Erwerber alle aus dem Nutzungsrecht des Eigenthümers fließenden Rechte aus dem Miethsvertrag erlange, und daß er in alle Pflichten eintrete, an deren Erfüllung der auf ihn übergehende Anspruch auf die Miethe geknüpft ist, aber diesen Eintritt faßt es dahin auf, daß damit der ursprüngliche Vermiether ohne Weiteres von diesen Pflichten frei werde. R.G. Entsch. B. 17 S. 284, R.G. bei Gruchot B. 36 S. 1039. Dieses Freiwerden des Veräußerers kann nicht zugegeben werden. Es führt beispielsweise dahin, daß wenn durch Veräußerung an Stelle des wohlhabenden Vermiethers ein verschuldeter getreten ist, der in Konkurs verfällt, so daß dann der auf Jahre fortlaufende Vertrag vorzeitig gekündigt wird, der Miether, statt sich an seinen wohlhabenden ursprünglichen Schuldner mit seiner Interesseforderung halten zu können, damit nur als Konkursgläubiger auftreten

miether und Verpächter bleibt übrigens neben diesem dem Miether und Pächter verpflichtet[77]). Die Modifikation dieser Sätze bei dem nothwendigen Verkauf ist später zu besprechen[78]).

2. **Verbindlichkeiten des Miethers und Pächters** (conductor, inquillinus, colonus). Er hat, wenn und soweit ihm vorgeleistet worden, den **Mieth- und Pachtzins** zu entrichten[79]). Der Vermiether und Verpächter hat, um die Einrede der mangelnden Vorleistung zu entkräften, genug gethan, falls er den Vertragsgegenstand zu übergeben versucht, die unbewegliche Sache zur gehörigen Zeit zur Uebergabe bereit gehalten hat. Er kann den Miether oder Pächter zur Abnahme nicht nöthigen, hat auch im Fall seiner Säumniß kein weiteres Recht als das der Abgabe in gerichtliche Verwahrung[79a]). Der Pächter oder Miether, dem übergeben worden, wird in einem Fall durch Leistung an einen Anderen frei von dieser Pflicht: wenn nämlich

---

kann, obgleich er mit dem Grundstückserwerber sich nie in das Vertragsverhältniß eingelassen haben würde. Vergl. hierzu auch die Regelung in Entwurf II. des B.G.B. § 512, Reichstagsvorl. § 564 Abs. 2, wonach der ursprüngliche Vermiether für die aus der Nichtleistung seitens des Erwerbers hervorgehenden Schadensansprüche wie ein Bürge haften soll. Das läuft auf dasselbe hinaus wie der oben gegen ihn für den Fall der nicht zu erreichenden Naturalleistung des Erwerbers in zweiter Linie gegebene Entschädigungsanspruch. — Nach der Veräußerung darf der Vermiether nicht mehr kündigen, regelmäßig auch nicht mehr auf Räumung klagen, doch kann ihm auch dies Recht wirksam vorbehalten sein, z. B. durch die Abrede, er habe für Räumung des Grundstücks zu sorgen. R.G. bei Gruchot B. 24 S. 470. Strieth. B. 25 S. 28. Zweifelhaft ist die Entsch. bei Strieth. B. 21 S. 198, weil nicht durch den Kaufvertrag, sondern durch den Eigenthumserwerb der Käufer die Rechte des Vermiethers erwirbt. Wenn künftige Miethzinsen vorwegbezahlt sind, kann das Recht darauf auf den Erwerber nicht übergehen, er muß sich aber doch die Miethsnutzung gefallen lassen. (Entsch. B. 57 S. 103, Rehbein III. S. 853.) Hat der Vermiether künftige Miethzinsen cedirt und dann verkauft so steht der Käufer gegenüber dem älteren Cessionar zurück, kann also Zinsen nicht gegen den Miether einklagen, sondern er muß sich an seinen Autor halten. Strieth. B. 3 S. 187, B. 41 S. 253. Unter der Voraussetzung, daß die Eigenthumsübertragung im einzelnen Falle die Rechte aus dem Miethsvertrag auf den Erwerber nicht übertragen hat, können diese Rechte dadurch nicht in Frage gestellt werden, daß der Erwerber die Nutzung des Pächters nicht geduldet hat, weil der Verpächter die Handlungen dieses Erwerbers, die sich der Pächter nicht gefallen zu lassen braucht, nicht zu vertreten hat. Entsch. B. 57 S. 112. Rehbein III. S. 848. Der Entw. des B.G.B. II. § 515, Reichstagsvorlage § 567 hat hier eine abweichende, de lege ferenda zu billigende Regelung gefunden. Ueber die Einwirkung des Konkurses auf Pacht und Miethe s. oben B. I. § 117 Anm. 8.

77) Oben B. I. § 99 Anm. 75.

78) Unten bei Note 136.

79) I. 21 §§ 258. 259. 297. Vergl. Entwurf des B.G.B. §§ 503. 517, Entw. II. §§ 480. 495, Reichstagsvorlage §§ 528. 544.

79a) Ein Recht des Vermiethers, falls der Miether die Abnahme weigert, das Miethsobjekt anderweit, vorbehaltlich der Einforderung der Differenz, zu vermiethen, läßt sich nicht annehmen. Der Vermiether ist der Gefahr ausgesetzt, daß der Miether aufhört, säumig zu sein, indem er das Verlangen der Einräumung aufstellt. Kann der Vermiether diesem Verlangen nicht genügen, so hat er die Folgen zu tragen. Nur im Namen des Miethers als dessen negotiorum gestor würde er die anderweitige Vermiethung vornehmen können, auf die Gefahr hin, Mißbilligung zu erfahren, andererseits aber mit der Folge, daß der genehmigende Miether verlangen kann, daß das, was aus solchem Miethsvertrag eingenommen wird von seiner Miethsschuld abgerechnet werde. Der Entw. des B.G.B. läßt den Vermiether für die Zeit, in der er solchen Falls anderweit vermiethet hat, den Anspruch auf den Miethszins verlieren. § 518, II. Entw. § 496, Reichstagsvorl. § 545.

im Kriege der Feind ihn genöthigt hat, den Zins ihm zu zahlen, und er sich zur Zeit der Nöthigung noch nicht im Verzuge befunden hat[80]). Dies ist eine auf Billigkeit beruhende Ausnahmevorschrift[81]).

Aus der Natur der Nachleistung könnte gefolgert werden, daß der Zins erst am Ende der Pacht- und Miethzeit fällig wird[82]). Das A.L.R. hat aber periodische Fälligkeitstermine während der Dauer der Miethzeit angenommen: in vierteljährlicher Nachzahlung soll der Zins im Zweifel entrichtet werden, wenn die Zeitdauer ein Vierteljahr übersteigt, und nicht etwas anderes verabredet worden ist[83]). Hat der Vermiether oder Verpächter einen Theil des Miethsgegenstands zur Mitbenutzung nicht gewährt, so kann der Miether oder Pächter den Zins theilweise kürzen[84]).

Der Zins ist das Entgelt für den Gebrauch oder die Nutzung. Soweit die Möglichkeit dazu nicht gewährt worden, fehlt es trotz der Uebergabe in Wahrheit an der Vorleistung. Deshalb bestimmt das Landrecht: Wenn der Miether einen Monat, der Pächter eines nutzbaren Rechts (einer Gerechtigkeit) oder einer anderen nutzbaren Sache, Landgüter ausgenommen, drei Monate, der Pächter eines Landguts ein Jahr lang durch einen Umstand, der nicht in seiner Person liegt, verhindert worden ist, die Sache zu gebrauchen und zu benutzen, so kann Zinserlaß gefordert werden[85]). Vorausgesetzt wird dabei für den Fall der Pacht, daß der Pächter gerade während der Zeit, wo er die Sache nicht benutzen konnte, objektiv ohne die Hinderung Nutzungen gehabt haben würde[86]). Der Pächter und Miether wird entlastet von der Zinsschuld nach Verhältniß der Zeit, und wenn ihm die Nutzungen selbst nicht eigentlich entzogen sind, er vielmehr nur gehindert worden ist, rechtzeitig die Anstalten zu treffen, welche die künftige Nutzung erforderten, nach dem Betrage des erweislichen Verlusts[87]). Der Verpächter hat also insoweit auch die Folgen des Zufalls zu tragen[88]). Um übrigens den Verpächter dagegen

---

80) I. 21 §§ 381. 382. Nach Koch im Komm. ist die Bestimmung aus Gabke, Dorf- und Bauernrecht, § 450 entnommen. Das Buch war nicht zugänglich.

81) Oben B. I. § 83, § 87 Anm. 19.

82) l. 24 § 2, l. 30 § 2, l. 36, l. 51 § 1 D. XIX. 2.

83) I. 21 § 297. S. Entw. d. B.G.B. § 417, II. Entw. § 495. Nach österr. G.B. § 1100 halbjährig oder bei kürzerer Bestandzeit nach Verlauf derselben. — § 133 I. 16 A.L.R. findet auch auf diese periodische Leistung der Miethzinsen Anwendung. Gruchot III. 270. Vergl. oben B. I. § 91 Anm. 116.

84) Oben Note 53. 54, I. 21 §§ 384. 347. Oben B. I. § 83 Anm. 12. Auch nach gemeinem R. Strieth. B. 15 S. 310. Seuffert XV. 220.

85) I. 21 §§ 299—302. 307. Jacobi a. a. O. S. 75 fg. § 299 findet keine Anwendung, wenn z. B. die Einquartirung den Miether in dem Gebrauch der Wohnung nicht gehindert hat, wenn er nicht hat weichen müssen. Die Verhinderung muß eine gewisse Beträchtlichkeit haben. Seuffert VII. 171.

86) I. 21 § 303.

87) I. 21 § 304. Das Wort „Remission“ ist in diesem § uneigentlich gebraucht; Jacobi S. 76.

88) Von Gewährleistung, worauf ältere Ausgaben dieses Buchs die Bestimmung zurückführen, ist nicht zu reden. Die Nutzung ist solchen Falls weder durch die Beschaffenheit der Sache noch durch einen Rechtsmangel gehindert. Snell im Archiv f. civil. Prax. B. 20 S. 188 Note 2 rechnet die §§ 299—308 zu den Vorschriften über die Remissionsansprüche. Dagegen Jacobi a. a. O. S. 78.

zu schützen, daß er nach dieser Berechnung dem Pächter mehr von Zins nachlassen müßte, als die entbehrten Nutzungen wirklich betragen, so soll er berechtigt sein, eine Rechnung für das ganze Wirthschaftsjahr zu verlangen, und dann wird ihm nur soviel vom Zins abgezogen, als nach dieser Rechnung durch die Einnahmen des ganzen Jahres nicht gedeckt ist. Der Zins ist also immer soweit zu leisten, als er durch den Jahresertrag gedeckt ist[89]). Das A.L.R. spricht auch in diesen Fällen, wie bei der Remission im eigentlichen Sinn, von einem Nachlaß am Zins. Eine solche eigentliche Remission ist aber nachdem, was unten darzulegen ist, zu gewähren, obgleich die Möglichkeit zu nutzen nicht ausgeschlossen war; sie kommt nur bei Pachtungen von Landgütern vor[90]).

Daß der Pächter, wenn im Vertrage nichts Anderes verabredet ist, alle Abgaben aus gesetzlichen Lasten, weil diese auf den Früchten lasten, und zwar bei einer Pacht in Pausch und Bogen, d. h. einer Pachtung ohne Anschlag, alle Lasten und Abgaben, von denen nicht ausdrücklich vereinbart worden, daß sie dem Verpächter verbleiben sollen, bei der Pacht nach einem Anschlage nur die in diesen aufgenommenen zu entrichten hat, ist bereits erwähnt[91]).

Der Pächter und der Miether sind verpflichtet, sich jedes Gebrauchs und jeder Nutzung zu enthalten, soweit ihnen der Vertrag das Recht darauf nicht einräumt. Beschädigungen haben sie zu vertreten, wenn sie durch ihr mäßiges Versehen verursacht sind; ja sie haben für geringes Versehen einzustehen, wenn der Schaden bei vertragswidrigem Gebrauch oder Nutzung entstanden ist[92]). Unvermeidliche Abnutzung und zufällige Verschlechterung aber wird nicht vergütigt[93]). Am Schluß der Mieth- und Pachtzeit hat der Pächter (Miether) die Sache zurückzugeben[94]). Verzögert er die Rückgabe, so hat er von dem Moment des Verzugs die Pflichten eines Verwalters fremder Sachen und gilt von dem Tage, an welchem ihm der Widerspruch des Vermiethers und Verpächters gegen die Zögerung zugekommen ist, als unredlicher Besitzer[95]). Das hat nicht den Sinn, daß er nicht ohnehin aus der Pacht und Miethe (a locati) auf Entschädigung wegen des Verzugs verklagt werden könnte, sondern drückt

---

[89]) I. 21 §§ 305. 306.

[90]) Unten bei Note 322 fg.

[91]) I. 21 §§ 292. 294. 295 Anm. 67 f. Die Ausnahme in § 293, s. oben Note 68. Zu den Lasten, die der Pächter zu tragen hat, gehört auch die Armenpflege. Rechtsfälle B. 1 S. 124. Striethorst B. 12 S. 45. Zu den fortlaufenden Prästationen gehört auch ein Altentheil. Striethorst B. 78 S. 220. — Der Entw. des B.G.B. stellt die Pacht unter die in § 515 (Entw. II. § 490, Reichstagsvorl. § 539) für die Miethe gegebene Vorschrift.

[92]) I. 21 §§ 278. 279. (S. jedoch § 441.) Vertragswidriger Gebrauch ist es noch nicht, wenn der Miether die Zimmer tapezieren läßt, obgleich er im Vertrag versprochen hat, Veränderungen nicht vorzunehmen. Strieth. B. 21 S. 1.

[93]) I. 21 §§ 13. 14. Entw. des B.G.B. § 520, Entw. II. § 492, Reichstagsvorl. § 541.

[94]) I. 21 §§ 12. 324. 597. Vergl. Entw. des B.G.B. § 520, Entw. II. § 498, Reichstagsvorlage § 549; hier ist ausdrücklich das Zurückhalten wegen eigner Ansprüche an den Vermiether ausgeschlossen. Der Vermiether darf die Zurücknahme der Sache nicht deshalb verweigern, weil der Miether nicht zugleich den geschuldeten Schadenersatz leistet. Seuffert XIII. 311.

[95]) I. 21 §§ 332. 333.

nur aus, daß er eine strengere Vertretungspflicht für die Zeit seit dem Widerspruch hat[96]). Er haftet für geringes Versehen, trägt den Zufall und kann Verbesserungen, die er seitdem angebracht hat, nur fortnehmen[97]).

Die Erben des Miethers und Pächters haben dieselben Verbindlichkeiten. Sie treten in das Recht der Miethsnutzung ein, und gerade das ihnen zustehende Kündigungsrecht, von dem unten zu handeln sein wird, zeigt, daß sie zunächst durch den Vertrag gebunden sind[98]). Der Miether oder Pächter ist aber nicht befugt, seine Rechte ohne Einwilligung des Vermiethers oder Verpächters einem Andern abzutreten, oder gegen Entgelt die Mieths- oder Pachtnutzungen Andern einzuräumen. Wie die Abtretung des Rechts des Miethers und Pächters ist also die Aftervermiethung (sublocatio)[99]) ohne Zustimmung des andern Theils untersagt, unter ihren Begriff fällt auch die entgeltliche Aufnahme anderer Personen. Ein Aftermiether, der ohne den Willen des Vermiethers in die Miethswohnung aufgenommen worden ist, kann von dem Vermiether ausgewiesen werden, ebenso ist der unbefugt angenommene Unterpächter auf Verlangen des Hauptverpächters zu entsetzen[100]). Aber auch bei ertheilter Einwilligung bleibt

---

96) Koch, R. d. F. 912.

97) I. 7 §§ 248. 223fg. Auf Gebäude, die der Pächter mit ausdrücklicher oder stillschweigender Genehmigung des Verpächters errichtet hat, kommen überhaupt nicht die Bestimmungen des 9. Titels über Erwerb des Eigenthums durch Erbauung zur Anwendung. Vergl. unten B. III. § 176.

98) I. 21 §§ 366. 367. 371. Vergl. jedoch unten bei Anm. 142.

99) Ueber Unzulässigkeit der Cession s. oben B. I. § 99 Anm. 72. Im röm. R. ist die sublocatio bei mangelnder entgegengesetzter Abrede jedem Miether gestattet. l. 60 pr. D. XIX. 2, l. 6. 10. C. IV. 65. Heise u. Cropp, Jur. Abh. II. 10. Mühlenbruch, Cession § 27 S. 311. Ueber die Redaktion des A.L.R. s. Bornemann IV. 308f. Der Cod. civ. a. 1717 gestattet die Sublokation. Die Befugniß muß durch Vertrag ausgeschlossen werden. Ebenso österr. G.B. § 1098 Sächs. G.B. § 1194: Dem Landrecht entspricht Entwurf des B.G.B. in seiner von Entw. I. § 516 abweichenden Fassung: Entw. II. § 493, Reichstagsvorl. § 542.

100) I. 21 §§ 309. 313. 315. Koch, Uebergang der F. R. S. 74, R. d. F. III. 903f. Für die Einwilligungserklärung im einzelnen Fall oder in Betreff eines bestimmten Aftermiethers ist keine Form vorgeschrieben. Entsch. B. 28 S. 102. Rehbein III. S. 836. Generelle Einräumung des Rechts auf anderweitige Vermiethung bei Abschluß des Vertrages ist Abänderung eines naturale negotii, kann hiernach also nicht als mündliche Nebenabrede neben einem schriftlichen Vertrag verbindliche Kraft haben. R.G. bei Gruchot B. 24 S. 479. Ebensowenig kann der schriftliche, das gesammte Vertragsverhältniß in sich schließende Vertrag, mag darin das Aftermiethen ausdrücklich verboten sein oder nicht, durch eine solche spätere, mündlich generell getroffene Abrede geändert werden, da ein schriftlicher Vertrag durch mündliche Abrede nicht zu ändern ist. Entsch. B. 25 S. 388. Rehbein III. S. 834. Strieth. B. 13 S. 341, B. 93 S. 41. A. M. Dernburg II. § 171 Anm. 7. Koch, Komm. zu I. 5 § 133. — Die Klage gegen den Aftermiether auf Ausweisung ist Vindikation oder Eigenthumfreiheitsklage und sie ist nicht dadurch gehindert daß das Miethrecht des Hauptmiethers noch fortdauert. Das gegen den Hauptmiether erlassene Exmissionsurtheil wirkt gegen den eigenmächtig angenommenen Aftermiether nicht ohne Weiteres; die Praxis nahm solche Wirkung an, wenn der Aftermiether nach der Insinuation der Klage an den Ersteren in die Wohnung eingezogen. So schon Reskr. v. 8. April 1834 (in den Ergänz.). Vergl. auch Seuffert III. 48. Jetzt kann die Wirkung des Urtheils gegen den Aftermiether, der nach Zustellung der Klage Aftermiether des Miethers geworden ist, nur darauf gegründet werden, daß die in Streit befangene Sache veräußert (oder ein Recht deran begründet) sei. Civil.Pr.O. § 236. Man wird das Miethsobjekt aber

der Hauptmiether mit seinen Pflichten und Rechten im Rechtsverhältniß, er vertritt die Beschädigungen des Aftermiethers, der aber dem Vermiether ebenfalls dafür haftet[101]); mit der Beendigung der Hauptmiethe erlischt die Untermiethe; aber der Miether als Untervermiether muß, wenn er weiter gehende Pflichten übernommen hat, für Gewährleistung aufkommen[102]). Ist dem Untermiether mit Bewilligung des Hauptvermiethers vermiethet, so begründet die Uebergabe für ihn dasselbe dingliche Recht an der Miethssache, das sonst der Miether hat[102a]).

Willkürlich darf die Einwilligung zur Veraftermiethung nicht verweigert werden. Wenn der Miether einen Aftermiether stellt, so darf der Vermiether die Einwilligung nur dann versagen, wenn der Aftermiether ein unehrbares oder ein dem Hause schädliches Gewerbe betreibt. Versagt der Vermiether, der nicht vertragsmäßig die Aftervermiethung schlechthin ausgeschlossen hat, ohne einen solchen Grund die Aufnahme des Aftermiethers, so muß er sich die vorzeitige Kündigung des Miethers gefallen lassen[103]). Unentgeltliches Mitaufnehmen anderer Personen in die gemiethete Wohnung muß für zulässig gelten, weil durch die thatsächliche Aufnahme keine dingliche Rechtsstellung des Aufgenommenen zur Sache begründet wird[104]). Das A.L.R. enthält hierüber nichts. Bezüglich der Afterpacht gelten dieselben Grundsätze, jedoch ist theilweise Cession des Pachtrechts ohne Zustimmung des Verpächters in der Art

---

als res litigiosa nur ansehen können, wenn gegen den Hauptmiether aus dem Eigenthum, nicht, wenn aus dem Kontrakt geklagt ist. Vergl. unten bei Anm. 190.

101) I. 21 §§ 316. 317. 320. Die aus dem Mieth- und Pachtvertrage hervorgehenden Rechte des Hauptmiethers und Pächters werden durch die konsentirte Aftermiethe und Pacht nicht geändert, z. B. ein vertragsmäßiger Anspruch auf Remission. Präj. 420 (Samml. I. S. 125.) Vergl. auch Entsch. B. 54 S. 191. (Auch die pacta adjecta des Pachtvertrages bleiben unberührt von der Afterpacht.)

102) I. 21 § 321. In der Zustimmung zu einer über die Miethszeit des Miethers sich hinaus erstreckenden Sublokation liegt Abschluß eines direkten Miethsvertrages für die überschießende Zeit. § 322. Darüber hinaus läßt sich aus der Genehmigung ein direktes Verhältniß zwischen Vermiether und Aftermiether mit Strieth. B. 52 S. 1 nicht annehmen. Die Räumungsklage gegen den Hauptmiether allein hilft bei genehmigter Aftermiethe dem Vermiether nicht zum vollen Sachbesitz; ob die Klage gegen den Aftermiether allein genügt, hängt von den Umständen ab. Ueber die Gewährleistungspflicht des Aftermiethers vgl. R.G. bei Gruchot B. 33 S. 991.

102a) Selbst wenn es an der Schriftform fehlt. R.G. bei Gruchot B. 32 S. 698.

103) I. 21 §§ 310—312. Entsch. B. 34 S. 165. Strieth. B. 24 S. 18. Rehbein III. S. 838. Entsch. B. 68 S. 87. Der in diesen Entscheidungen richtig dargelegte Rechtszustand ist folgender: der Vermiether kann die Aftermiethe sowohl in Betreff der ganzen Wohnung als in Betreff eines Theils derselben versagen; stellt ihm aber der Miether einen Untermiether, gegen welchen keiner der § 311 erwähnten Gründe vorliegt, so tritt § 312 ein, d. h. der Vermiether muß sich die vorzeitige Kündigung gefallen lassen. Die vorzeitige Aufkündigung ist aber nicht statthaft, wenn im Miethvertrage Untermiethe ausdrücklich ausgeschlossen ist. Koch, Note zu § 312. Strieth. B. 86 S. 247. Die Aufkündigungsfrist ist hier immer die gesetzliche, wenn auch der Vertrag eine längere bedungen hat. Vgl. auch Entwurf des B.G.B., Reichstagsvorl. § 542.

104) Koch, Note zu § 310, und R. d. F. III. S. 904. Der actio negatoria des Grundeigenthümers wird ein solcher Aufgenommener, wie der Angehörige, Dienstbote, Besuchsgast des Miethers entgegenstellen, daß er sich kraft der Gestattung des Miethers befugt in dem Grundstück aufhalte, wenn er auch für sich in das Eigenthum beschränkendes Recht nicht in Anspruch nehme.

gestattet, daß einzelne Rubriken oder Vorwerke von einer größeren Pachtung ohne Konsens abgetreten werden dürfen[105]).

Das Rechtsverhältniß zwischen dem Aftervermiether und Untermiether oder Pächter richtet sich in allen Fällen nach dem zwischen ihnen geschlossenen Vertrage[106]); jener hat die Rechte und Pflichten eines Vermiethers, er ist Gläubiger des Zinses, den der Untermiether versprochen hat, und der Hauptvermiether darf sich an diesen Zins nur halten, wenn deshalb besondere Abrede getroffen worden sind, d. h. wenn er ihm cedirt ist, oder nachdem er ihn hat pfänden und sich überweisen lassen[107]). Der Untermiether erlangt regelmäßig kein unmittelbares Recht gegen den Hauptvermiether selbst nicht wenn dieser eingewilligt hat[108]). Nur dann, wenn die Untermiethe mit dem Willen des Hauptvermiethers die Hauptmiethe überdauern soll, gilt der Untermiether für die überdauernde Zeit als Hauptmiether[109]).

IV. **Beendigung.** Des Gebrauchs und der Nutzung einer Sache kann man sich regelmäßig nicht auf die Dauer entschlagen, weil dann die Sache selbst in Wahrheit aus dem Vermögen des Vermiethers und Verpächters ausscheiden, und das Eigenthum sich in den Bezug einer Rente umwandeln würde. Das altdeutsche Recht hatte jedoch im Institut der **Erbpacht** eine solche dauernde Veräußerung gestattet, die auch als ein vererbliches und veräußerliches, vollständiges Nutzungsrecht in das Landrecht übergegangen war[110]). Das dabei zu einem Schein verflüchtigte Eigenthum des Erbverpächters ist durch die Gesetzgebung vom 2. März 1850 aufgehoben worden, und dem Erbpächter ist volles Eigenthum verliehen[111]). Die Neubegründung einer solchen Erbpacht ist seitdem unzulässig, und ein Rechtsgeschäft solchen Inhalts, wenn überhaupt verbindlich, würde die Pflicht zur Abtretung des Eigenthums begründen. Weder das Landrecht noch die Gesetzgebung von 1850 hat aber den Satz ausgesprochen, daß es zum Wesen der Miethe oder Pacht gehöre, daß sie in beschränkter Zeit von jedem der beiden Theile zu Ende gebracht werden könne oder über eine bestimmte Zahl von Jahren hinaus nicht erstreckt werden dürfe. Nicht in der Beschränkung auf eine vertragsmäßig bestimmte Zeit lag das unterscheidende Merkmal der Erbpacht gegenüber der Pacht und Miethe, sondern darin, daß jene ein vollständiges, diese ein beschränktes Nutzungsrecht gewährt; daß jene ihrem Wesen

---

105) I. 21 § 314.

106) Strieth. B. 25 S. 227.

107) I. 21 §§ 323. 318. Präj. 420 (Samml. I. 125). Will der Vermiether den vom Aftermiether geschuldeten Zins einziehen, so kann er dies nur in Gemäßheit der C.P.O. §§ 730 ff., 736 ff., früher Ges. v. 4. Juli 1822.

108) Denn die Einwilligung wird dem Hauptmiether ertheilt und erzeugt kein Vertragsverhältniß zwischen dem Vermiether und Aftermiether. Entsch. B. 28 S. 103 (§§ 316. 318. 319. I. 21).

109) I. 21 § 322. Strieth. B. 52 S. 1.

110) A.L.R. I. 21 §§ 187—226.

111) Ablösungs-Gesetz v. 2. März 1850. G.S. S. 77 § 2 Nr. 2. Der Kanon unterliegt der Ablösung.

nach veräußerlich, diese regelmäßig unveräußerlich war; daß jene in allen den Fällen, welche weiter unten aufgeführt werden, insbesondere auch im Falle einer Zwangsversteigerung des Grundstücks unkündbar fortbestand, während diese in solchen Fällen trotz verabredeter längerer Dauer aufgehoben wird; daß endlich mit Rücksicht gerade auf diesen Umstand das Eigenthum des verpachteten oder vermietheten Grundstücks trotz der Pacht oder Miethe die Grundlage eines Realkredits für den Eigenthümer bilden konnte, während die Erbpachtsgerechtigkeit die Grundlage eines selbständigen Realkredits des Erbpächters war, neben dem ein realer Kredit des Eigenthümers keinen Halt hatte. Mit Rücksicht auf diese wesentliche Verschiedenheit kann auch jetzt nicht im Abschluß eines Mieths- oder Pachtvertrages auf unbeschränkte Zeitdauer und mit beiderseitigem oder einseitigem Ausschluß des Kündigungsrechts etwas anderes als der Abschluß eines gewöhnlichen Mieths- oder Pachtvertrages gefunden werden, welchem die Gültigkeit nicht abzusprechen ist[112]).

Das Ende der Pacht und Miethe bestimmt sich durch den Parteiwillen oder durch das Gesetz, während die aus dem Rechtsverhältniß entstehenden einzelnen Forderung bis zu ihrer Tilgung oder Verjährung fortdauern[113]). Das Ende einer Pacht oder Miethe selbst kann während des Besitzes niemals durch Verjährung herbeigeführt werden[114]).

Abgesehen davon, daß der Untergang der Sache den Vertrag aufhebt, endigt derselbe

a. entweder von selbst und zwar 1. mit Ablauf der von den Parteien bestimmten Zeit[115]), die auch durch den Eintritt eines ungewissen Ereignisses bestimmt sein kann. Im Zweifel muß aber letzteren Falls dem Pächter und Miether noch eine verhältnißmäßige, bei mangelnder Verabredung nach den gesetzlichen Kündigungsfristen zu berechnende Zeit zur Räumung freigelassen werden[116]). Meist wird eine solche Abrede die Natur des dies incertus quando haben[117]). 2. Mit erreichtem Zweck des Miethers.

---

112) Das gemeine Recht neigt dazu, eine locatio conductio, bei welcher die Kündigung des Eigenthümers ausgeschlossen ist, als Begründung einer Emphyteuse zu behandeln. Seuffert VI. 29, XXIX. 21. In der preußischen Praxis ist die Rechtsbeständigkeit solcher Verträge als Miethsverträge anerkannt worden. Entsch. B. 51 S. 214, Strieth. B. 49 S. 203. Rehbein III. S. 810. Förster und Dernburg abweichend. Vergl. übrigens auch Entwurf des Bürg.G.B. § 523, Entw. II. § 508, Reichstagsvorl. § 560. Danach soll nach 30 Jahren (abgesehen von Verträgen, die auf die Lebenszeit eines der beiden Theile geschlossen sind) ein gesetzliches Kündigungsrecht eintreten.

113) Die Verjährung der einzelnen Zinsforderung beginnt an ihrem Fälligkeitstage bezw. dem darauf folgenden letzten Dezember.

114) Es kann sich also der Miether und Pächter, der 30 Jahre lang keinen Zins gezahlt hat, nicht freimachen von der Verpflichtung zur ferneren Entrichtung von Zinsen und von der Pflicht zur Rückgewähr der Sache (nemo sibi causam possessionis mutare potest).

115) I. 21 § 324. Entw. des B.G.B. § 522, Entw. II. § 506, Reichstagsvorl. § 557.

116) I. 21 §§ 336. 337. 338. Koch, R. d. F. III. S. 918. Das „muß" des § 337 ist nicht öffentliches Recht, sondern naturale negotii.

117) Auch ein Vertrag bis zu einem dies incertus an et quando ist nach Anm. 112 nicht undenkbar, und es war nicht richtig, daß Förster solchen Vertrag als Erbpachtvertrag ansehen wollte. Dernburg II. § 166 Anm. 6 will darin einen auf Lebenszeit des Miethers geltenden Vertrag finden. Er kommt zu dieser willkürlichen Annahme, weil

Das setzt voraus, daß die Sache nur zu einem bestimmten Zweck hingegeben worden ist, sei dieser ausdrücklich bedungen oder klar zu folgern aus den Umständen und der dem Vermiether bekannt gewordenen Absicht des Miethers[118]).

b. Oder es wird, wenn die Parteien über die Dauer der Pacht und Miethe nichts vereinbart haben, ihr durch einseitige Kündigung das Ziel gesetzt[119]). Das Institut der Kündigung ist erst im gemeinen Recht entwickelt; das preußische aber enthält sehr detaillirte Vorschriften darüber. Was das römische Recht bietet, ist sehr gering: locatio ita facta, quoad is, qui eam locasset, vellet, morte ejus, qui locavit, tollitur[120]). Seine Willensänderung mußte der Vermiether kund thun, wenn er das Verhältniß vor seinem Tode lösen wollte; aber an bestimmten Fristen, wie im heutigen Recht, war er dabei gesetzlich nicht gebunden[121]). Doch bietet die Vorschrift, daß die stillschweigende Verlängerung eines Pachtverhältnisses ein Jahr be-

---

er nur an Fälle denkt, bei denen in der That der Vertrag in seiner Maximaldauer für die Lebenszeit des Miethers mit der Abrede eines früheren Endes bei vorherigem Eintritt einer Bedingung (im Falle seiner Verheirathung, oder im Falle der Geburt von Kindern) berechnet ist. Es mag sich, wenn jene Maximaldauer nicht zum Ausdruck gebracht ist, auch bei einem Vertrage, der dauern soll, bis der Miether sich verheirathet, rechtfertigen, den Vertrag so auszulegen, daß er im Maximum auf Lebenszeit geschlossen ist. Aber ein Miethsvertrag, dessen endliche Dauer wirklich von einem dies incertus an et quando abhängen soll, stellt vor die im Text und bei Anm. 112 erörterte Frage. Gern soll zugegeben werden, daß ein Pachtvertrag bis zur Entdeckung eines neuen Planeten im Leben nicht vorkommen wird. Das Beispiel war in der vierten Auflage gewählt, um eine Bedingung, deren Eintritt mit einiger Wahrscheinlichkeit nicht vorhergesehen werden kann, zu illustriren. Wer aber Verträge mit derartig unbestimmtem Endtermin überhaupt aus dem Leben streicht, der sei darauf hingewiesen, daß die Praxis gar nicht selten sich mit Miethsverträgen zu befassen hat, die dauern sollen, so lange eine bestimmte Behörde an einem bestimmten Ort ihren Sitz hat. Der Fiskus hat sich nicht gescheut, solche Verträge in großer Zahl zu schließen, wird sich ihrer wohl auch ferner im Bedürfnißfall kaum enthalten; — es wird auch nicht ausgeschlossen werden können, daß jemand für sich und seine Rechtsnachfolger einen Gasthof so lange miethet, als in dem gegenüberliegenden Hause der Sitz einer Behörde ist oder der Bahnhof sich findet. Solche Fälle sind keine Ausgeburt „der Scholastik des Mittelalters". — Nach I. 21 § 339 dauert ein Pacht- und Miethvertrag, der bis zur Volljährigkeit des Vermiethers geschlossen worden, bis zum Alter der Großjährigkeit, jetzt also bis zu dem vollendeten 21. Lebensjahre, wenn er auch vorher für großjährig erklärt wird.

118) I. 21 § 346. Der Zins wird (§ 347) nur für die Zeit des wirklichen Gebrauchs entrichtet.

119) I. 21 § 340. Vergl. Entwurf des B.G.B. § 522, Entw. II. § 506, Reichstagsvorlage §§ 557. 558. Die Kündigung muß von dem in dem Vertragsverhältniß Stehenden oder einem berechtigten Stellvertreter gegenüber dem andern Theil erklärt sein. Auf diesen Punkt wird in der Lehre vom Darlehn näher einzugehen sein. Vergl. § 137 Anm. 112. 114. Mehrere Vermiether müssen gemeinschaftlich kündigen. § 450 I. 5. Der einzelne darf es nur, wenn von den anderen bevollmächtigt. Rechtsfälle B. 1 S. 193. Vergl. Seuffert II. 173, VIII. 42.

120) l. 4 D. XIX. 2. In l. 10 C. IV. 65 sind perpetua und temporalis conductio entgegengesetzt, d. h. entweder ist ein tempus certum bedungen oder nicht. Ob und wie im letzteren Fall das Rechtsverhältniß aufgelöst werden kann, ist hier nicht gesagt. Sintenis II. 663 N. 110 folgert aus der Natur der conductio, daß auch bei der perpetua die Kündigung jederzeit möglich sei.

121) Keller S. 638 f. Daher hat der auf Rückgabe klagende Vermiether nicht zu beweisen, daß der Vertrag nur für so lange, sondern der beklagte Miether, daß er auf länger abgeschlossen. Seuffert VI. 29.

greifen solle[122]), wenigstens für die Auflösung der Pacht eines landwirthschaftlichen Grundstücks eine Analogie[123]). Für die Miethe städtischer Grundstücke fehlt aber jeder Anhalt. Das prout quisque habitaverit[124]) hat viel Streit erregt und erst durch das neuere Gewohnheitsrecht, das freilich nicht aus der Wortfassung des Gesetzes begründet werden kann, eine den Lebensbedürfnissen entsprechende Ergänzung erhalten[125]).

Das moderne Institut der Kündigung besteht wesentlich darin, daß diejenige Partei, die den Vertrag auflösen will, dies zu einer bestimmten Zeit, die entweder der Vertrag vorschreibt oder das Gesetz ergänzt, im Voraus erklären muß, und daß während der Dauer der Kündigungsfrist der Vertrag noch unverändert fortbesteht[126]). Bei der Pacht und Miethe von Grundstücken tritt hinzu, daß die Kündigung regelmäßig nur zu bestimmten Kalenderterminen (zum Anfang eines Jahres, Vierteljahres oder Monats) statthaft ist. Die Kündigung ist ein einseitiges und, sofern nicht der Vertrag eine besondere Form dafür feststellt, ein an keine Form gebundenes Rechtsgeschäft[127]). Es kommt nur darauf an, daß sie gehörig zum Ausdruck gebracht, d. h. dem anderen Theile gegenüber erklärt wird, so daß dieser wirklich davon Kenntniß erlangt oder als benachrichtigt angesehen werden muß, und so rechtzeitig, daß ihm bis zum Endtermin noch die Kündigungsfrist offen bleibt[128]). Will der Empfänger der Kündigung einen näheren Nachweis der Legitimation des Kündigenden fordern, so muß er der Kündigung binnen acht Tagen, d. h.

---

[122]) l. 13 § 11 D. XIX. 2. S. unten bei Note 176.

[123]) Dresden bei Seuffert II. 285 verlangt nur tempestive Kündigung, nicht gerade ein Jahr vorher.

[124]) Bei Seuffert XVII. 32 ist bedungene Jahreszahlung des Zinses als ausreichend für die Annahme erklärt, daß der Vertrag auf ein Jahr geschlossen worden.

[125]) Unterholzner II. 324 Note f. Vangerow III. 469, wo die verschiedenen Ansichten zusammengestellt und beurtheilt sind. Die richtige Interpretation der l. 13 ist, daß der Miether jederzeit aufkündigen kann und den Zins so weit schuldig wird, als er gewohnt hat — falls nicht ein bestimmtes Ziel verabredet worden. Lokale Gewohnheiten, die sich wohl überall in Deutschland gebildet haben, überwiegen aber diese Stelle.

[126]) Keller S. 639. Die Kündigung gehört zur materiellen Begründung des Rechts auf Räumung und muß vom Kläger bewiesen werden.

[127]) I. 21 § 348. Vergl. I. § 28 hinter Anm. 22, § 79 Anm. 61 f. Anders Aufhebung des Vertrages durch vertragsmäßige Einigung im Laufe der Miethzeit, sie bedarf nach dem Gegenstande oder beim Vorhandensein eines schriftlichen Vertrages der Schriftform. Entsch. B. 39 S. 156. Striethorst B. 57 S. 160. Vergl. das Nähere B. I. § 87 unter 7.

[128]) I. 21 § 349. Die Deutung des „gehörig" im Text ist nicht zweifellos. Bornemann IV. 315 f. theilt die Materialien mit, die aber eigentlich ohne Auskunft lassen. Förster nahm an, es sei das Wort „gehörig" aus Versehen stehen geblieben, weil man anfänglich beabsichtigt hat, für die Kündigung einer Pacht die schriftliche Form zu verlangen. Dann müßte man das Wort jetzt für bedeutungslos halten. Entsch. B. 16 S. 43 Pl. B. u. Koch, Recht der Forderungen III. S. 919 deuten das Wort auf die gehörige Zeit. Jedenfalls muß auch eine gerichtliche Kündigung in dem Sinne, der in der Lehre vom Darlehen näher zu besprechen ist, als wirksam angesehen werden. Analogie von § 16 I. 28 A.G.O. Ausf.Ges. z. deutsch. C.P.O. v. 24. März 1879 § 1 Absatz 3. Vergl. unten § 137 Anm. 117. S. Entwurf des B.G.B. § 74, § 122, Entw. II. §§ 107. 109. 143, Reichstagsvorlage §§ 126. 170.

einer Woche, widersprechen; sonst kann er wegen des Legitimationsmangels die Zulässigkeit der Kündigung nicht beanstanden[129]).

Es ist zweifelhaft, ob das A.L.R. einen Vertrag, der nach dem unten zu erörternden Recht wegen fehlender Schriftlichkeit nur ein Jahr lang gilt[130]), mit Ablauf des Jahrs ohne Weiteres als beendigt ansieht, oder nur bei erfolgter Kündigung. Das Obertribunal hat ersteres angenommen[131]); und die Praxis der Gerichte ist, der Rechtsprechung des Obertribunals folgend, ganz fest. Nur bei der Pacht von Landgütern bestimmt das Gesetz hiervon klar abweichend, daß bei einem auf unbestimmte Zeit länger als ein Jahr verabredeten mündlichen Vertrag die Pacht mit dem Ablauf jedes Jahres nur unter Beobachtung der gesetzlichen Kündigungsfrist gekündigt werden kann[132]).

Wenn die Parteien in einem formell giltig abgeschlossenen Vertrage über die Dauer überhaupt nichts bestimmt haben[133]), so soll bei der Pacht unbeweglicher Sachen sechs Monat vor der Räumung, bei der Miethe unbeweglicher Sachen und bei der Pacht beweglicher Sachen in den ersten drei Tagen des Vierteljahres, an dessen Schluß die Räumung verlangt wird, bei monatweise abgeschlossener Miethe einer Wohnung bis spätestens den 15. des laufenden Monats, bei der Miethe beweglicher Sachen 24 Stunden vorher gekündigt werden[134]). Die Räumung von Landgütern und Aeckern kann aber erst nach Ablauf des im Vertrage bestimmten Wirthsschaftsjahres verlangt

---

[129]) I. 21 § 349. Entsch. B. 16 S. 43 Pl. B. „durch unterlassenen Widerspruch gehen die Einreden nur dann verloren, wenn dem Kündigenden ein gesetzliches oder vertragsmäßiges Recht jener Kündigung zur Seite stand". Rehbein III. S. 886. Es geht also nicht verloren die Ausstellung, daß die Kündigung dem Miether und Pächter nicht zugegangen, oder daß sie ihm verspätet zugegangen, oder daß im Vertrag die Dauer der Miethe oder Pacht anderweitig bestimmt worden, denn in diesen Fällen ist entweder nicht gekündigt, oder zur Kündigung überhaupt kein Recht gewesen. Verloren gehen aber die Einreden gegen die materielle Zulässigkeit der Kündigung, wie sich ein älteres Präj. v. J. 1837 (Entsch. B. 16 S. 44) ausgedrückt hat, z. B. die Kündigung sei von einer nicht legitimirten Person ausgegangen. Als weiteres Beispiel, das aber zu der Unterscheidung des Obertribunals kaum stimmt, wird aufgeführt: es sei an die Stelle des ursprünglichen Vertrages eine neuere Abrede getreten, welche der Kündigung, so wie geschehen, widerstrebe (S. 50). In diesem Fall stand dem Kündigenden eben ein Recht zur Kündigung nicht zur Seite. Auch die Einrede, die Kündigung sei später wieder zurückgenommen worden, wird noch erhoben werden können. Vergl. bezüglich der Legitimation zur Kündigung unten § 137 Anm. 115.

[130]) I. 21 § 269. Oben Note 25.

[131]) Präj. 493. (Samml. I. S. 123.) Entsch. B. 42 S. 163. Strieth. B. 36 S. 206, B. 74 S. 19. Dagegen Koch, R. d. F. III. S. 916 f. Förster in der früheren Aufl., auch Dernburg II. § 166 Anm. 11.

[132]) I. 21 § 406. Striethorst B. 36 S. 206. Das Obertribunal erachtet dies für eine Ausnahmebestimmung.

[133]) Streiten sich die Parteien über die Dauer, und behauptet der Miether die Verabredung einer längeren Dauer, so hat er diese zu beweisen, sofern nicht die gesetzliche Kündigungsfrist eine längere ist. Letzteren Falls ist es Sache des die Räumung verlangenden Vermiethers, das auf eine kürzere Kündigung gestützte Räumungsverlangen als berechtigt nachzuweisen. Vom Standpunkt des gemeinen Rechts gelangt man dazu, dem Miether stets den Nachweis aufzulegen. Seuffert VI. 29, XX. 285, XXI. 258, XXXIV. 161. Ebenso Förster für das preuß. Recht ohne Begründung.

[134]) I. 21 §§ 342. 344. 345. Ges. v. 30. Juni 1834 (Ges.S. S. 92). V.O. v. 9. Januar 1812 (G.S. S. 4).

werden; es ist hier also mindestens[135]) sechs Monat vor dem Ende des Wirthschaftsjahres zu kündigen[136]).

c. Ausnahmsweise ist in besonderen Fällen die Kündigung innerhalb der vertragsmäßig festgesetzten Zeit oder der Rücktritt vom Vertrage ohne Kündigung gestattet.

1. Bei nothwendiger gerichtlicher Veräußerung wird dem Pächter und Miether in der Art gekündigt, daß letzterer, wenn er nicht mit Ablauf des Quartals, in dem der Zuschlag erfolgt ist, abgehen will, noch drei Monat bis zum Ablauf des folgenden Quartals wohnen bleiben kann, und daß ersterer noch sechs Monat bis zum Ablauf des Wirthschaftsjahres frei haben muß[137]). Die Kündigung steht dem Käufer und den Gläubigern

[135]) Entsch. B. 31 S. 420. Rehbein III. 884 Entsch. Analog auf eine Fischereipacht angewendet bei Strieth. B. 66 S. 223.

[136]) I. 21 § 343. Nach österr. G.B. § 1116 Pachtungen 6 Monat, Miethe unbeweglicher Sachen 14 Tage, beweglicher Sachen 24 Stunden vorher. Nach dem Entw. des B.G.B. bei Pacht ein halbes Jahr vor Schluß des Pachtjahrs (§ 537, Entw. II. § 535, Reichstagsvorl. § 588) bei Miethe unbeweglicher Sachen spätestens am ersten Werktage des Kalendervierteljahrs, bei Monatsmiethe spätestens am 15., bei Wochenmiethe spätestens am ersten Werktag der Woche — immer nur zum Schluß des Kalendervierteljahrs, Monats, Woche, — bei Miethe beweglicher Sachen drei Tage, bei tageweise gemietheten Sachen jedoch von Tag zu Tage. Entw. I. § 522, II. § 506, Reichstagsvorl. § 558. — Die bei dem Abzug des Pächters auf dem Grundstück noch vorhandenen, aber noch nicht geernteten Früchte verbleiben dem Verpächter, wenn sie auch im Pachtjahr entstanden sind. § 221 I. 9 ist hier nicht anwendbar; denn dem Pächter ist nur für die Dauer der Pachtzeit der Fruchtgenuß überlassen. Entsch. B. 31 S. 422, B. 39 S. 152.

[137]) I. 21 §§ 350—354. Die Bestimmungen sind durch das Immobiliarvollstreckungsgesetz vom 13. Juli 1883 § 22 unberührt gelassen. Das Landrecht stellte nach dieser Richtung alle Fälle nothwendiger gerichtlicher Veräußerung gleich. Ob die Bestimmung auch für bewegliche Sachen Bedeutung hatte (vergl. Ziebarth S. 391), kann dahin gestellt bleiben, da jedenfalls jetzt die Pfändung einer beweglichen Sache, die sich in der Hand des Miethers befindet, nur mit dessen Zustimmung erfolgen kann, und nach freiwilliger Hergabe in den Pfandbesitz des Gerichtsvollziehers die Sache frei von dem Miethsrecht veräußert wird. Die ältere Judikatur wandte die Bestimmungen bezüglich der Grundstücke auch auf den Fall des nothwendigen Verkaufs Theilungs halber an. (Präj. Nr. 1014. Plenarbeschluß, I. Samml. S. 390.) Seit der V. v. 11. August 1843 (G.S. S. 323) § 1 (vergl. Subhast.Ordn. v. 15. März 1869 § 113 Nr. 1) bleibt das Pacht- und Miethrecht, da es nothwendig auch den ideellen Eigenthumsantheil des antragenden Miteigenthümers belastet, von der Subhastation Theilungs halber unberührt. — (Dernburg I. § 291 bei Note 20 hält es für denkbar, wenn auch nicht für leicht vorkommend, daß ein ideeller Antheil am Eigenthum vermiethet werde.) — In Betracht kommt hiernach die Zwangsversteigerung im Wege der Zwangsvollstreckung, auf Antrag des Benefizialerben (Subh.Ordn. § 112 Nr. 1) und auf Antrag des Konkursverwalters. (K.O. § 116.) Der letzteren steht in ihrer Wirkung bezüglich der Zulässigkeit der Kündigung und der Dauer des Vertrags die freiwillige Veräußerung durch den Konkursverwalter gleich (§ 17 Nr. 2 K.O.). Daß der Ersteher nur nach Kündigung und nach Ablauf der Kündigungsfristen die Räumung verlangen kann, ist eine Wirkung des ankämpfenden dinglichen Charakters der Miethe und Pacht und beweist gerade, daß dieser Fall eine Ausnahme von der Regel ist. A. M. Koch, R. d. F. III. S. 906f. (Oben bei Note 73.) Die Ausnahme beruht nach den Materialien (vergl. Schering, Abhandl. B. I. S. 36, Bornemann B. 4 S. 317) auf der Erwägung, daß der Miether oder Pächter den creditoribus nicht präjudiciren könne. Das Miethsrecht soll also trotz seiner dinglichen Natur das Eigenthum nicht soweit einschränken, daß dasselbe für die Gläubiger oder wenigstens für die späteren Gläubiger nur mit Berücksichtigung des Miethsrechts anzugreifen wäre. — Es ist oben bei Note 74 ausgeführt, daß der Ausdruck „Kauf bricht Miethe" nicht richtig sei, weil nicht der Kaufvertrag, sondern der Eigenthumsübergang gemeinrechtlich die durch den

zu [138]). Sie sind hierzu berechtigt, aber nicht verpflichtet, und wenn sie das

Ausdruck bezeichnete Wirkung hat. Bei der Zwangsversteigerung wirkt aber die Publikation des Zuschlags Eigenthumsübergang ohne Uebergabe oder Auflassung (I. 11 § 342), § 350 entspricht also der richtigen Auffassung der Regel. Für den Fall des freiwilligen Verkaufs aus der Konkursmasse findet § 350 entsprechende Anwendung, nur so, daß die Kündigung erst nach der Auflassung erfolgen kann. — Ob der Adjudikatar im Falle der Kündigung für die Zeit vom Zuschlag bis zur Räumung an Stelle des Verpächters oder Vermiethers in den Vertrag eintritt, ist streitig. Förster leugnete es mit der Folgerung: „Es können also gegen den Adjudikatar nicht persönliche Ansprüche geltend gemacht werden, die dem Pächter gegen den Verpächter zustehen. Der Adjudikatar muß bis Ablauf der Räumungsfrist das dingliche Recht des Miethers zwar anerkennen, und bezieht in Folge seines erlangten Eigenthums für die entbehrten Nutzungen den Zins, aber das beruht nicht auf einem Eintritt in den Pachtvertrag. Entsch. B. 40 S. 149. Dies ist also eine Abweichung von dem freiwilligen Verkauf. Entsch. B. 25 S. 427. Wenn dagegen der Adjudikatar nicht kündigt und auch die Gläubiger nicht gekündigt haben, so tritt Ersterer an die Stelle des Verpächters." Die etwas schwankende ältere Judikatur, — vergl. Entsch. B. 40 S. 149 (Rehbein III. 915), B. 45 S. 345, B. 53 S. 133, B. 57 S. 103, B. 72 S. 221, Rehbein III. S. 855, Entsch. B. 77 S. 31, B. 78 S. 186, B. 86 S. 107, Gruchot B. 23 S. 896 u. R.G.B. IV. S. 285, — operirt mit ähnlichen Erwägungen. Geht man aber schon bezüglich der freiwilligen Veräußerung von der oben im Text bei Anm. 75 dargelegten Auffassung aus, so läßt sich — so lange das Pachtrecht aufrecht erhalten wird, d. h. bis zum Ablauf der Kündigungsfrist, — ein Unterschied in der Rechtsstellung des Adjudikatars und sonstigen Erwerbers nicht als begründet anerkennen, und es wird nicht bedenklich sein, auch für den Adjudikatar von einem Eintritt in die Vertragsrechte zu sprechen. Dem hat sich das R.G. Entsch. B. 17 S. 284 angeschlossen. Vergl. auch R.G. bei Gruchot B. 32 S. 392. Daß daraus nicht folgt, daß der Pächter mit der Forderung gegen den ursprünglichen Verpächter aus der diesem geleisteten Pachtkaution gegen die Pachtforderung des Adjudikatars kompensiren kann, darüber vgl. R.G. Entsch. B. 31 S. 250. Der Pächter, der auf Kündigung des Adjudikatars mit Ablauf des Wirthschaftsjahrs zu räumen verpflichtet ist, muß natürlich, wie jeder andere abziehende Pächter, die noch nicht abgeernteten Früchte im Grundstück belassen. Entsch. B. 39 S. 152. — Ob Vorauszahlungen, Verzichte, Vorauskompensationen bezüglich des Miethszinses vom Adjudikatar anerkannt werden müssen, oder ob dieser sich auf §§ 475—481 I. 20, §§ 30. 31 E.Erw.Ges. vom 5. Mai 1872 berufen kann, ist streitig. Siehe Förtsch bei Gruchot IX. 157f. Vergl. auch Striethorst B. 51 S. 133. Dem Adjudikatar, als solchem, kommt die Rechtsstellung aus diesen Paragraphen nicht zu. Sein Eigenthumserwerb ist nach dem Gesetze von der Belastung durch Miethe oder Pacht nur insofern entbunden, als er das Ende des Vertrags herbeiführen kann; abgesehen hiervon muß er das dingliche Recht so anerkennen, wie der frühere Eigenthümer, und getilgte Ansprüche des letzteren gehen nicht auf ihn über. Daß dies seine Rechtsstellung dem Pächter gegenüber sei, daß er insbesondere wiederholte Zahlung der vorweg gezahlten Pacht nicht fordern könne, erkennt das R.G. bei Gruchot B. 32 S. 393, B. 39 S. 424, an. Dagegen ist gewiß richtig, daß der Erwerber vom Subhastaten, — aber nicht von der mit Zwangsverwaltung betrauten Landschaft — die Auskehrung des für die Zeit nach dem Eigenthumserwerb Vorweggezahlten fordern kann. Bis zum Ende der Kündigungsfrist und bei unterlassener Kündigung hat er kein weitergehendes Vertragsrecht, als der Subhastat, der den Vertrag geschlossen hatte; und soweit dessen Recht durch Zahlung getilgt ist, hat er kein Recht. Entsch. B. 57 S. 103. Rehbein III. S. 853. Es wird also Sache des Adjudikatars sein, sich vor der Entscheidung, ob er sein Kündigungsrecht aufgeben will, zu unterrichten, unter welchen Bedingungen der Miether das Vertragsrecht der Weiterbenutzung hat. Auch im Verhältniß zu einem früheren Cessionar hat er, sofern die Cession besteht, die Stellung des späteren Erwerbers der Forderung. — Der Fall der Expropriation gehört nicht zu den nothwendigen Veräußerungen im Sinne des § 350, kommt also hier nicht in Betracht, über ihn vergl. unten Anm. 155.

[138]) I. 21 § 357. Die Bestimmung giebt zu einer größeren Anzahl von Zweifelsfragen Anlaß. Klar ist zunächst, daß ebensowenig wie der Pächter oder Miether selbst kündigungsberechtigt ist, ein solches Kündigungsrecht auch nicht etwa dem Subhastationsrichter als solchem zusteht. Abweichend und nicht zu billigen Striethorst B. 22

Recht nicht ausüben, setzt sich das Mieth- und Pachtverhältniß vertrags-

---

S. 257. Kündigungsberechtigt ist: 1. der Käufer, dem der Zuschlag ertheilt ist. Er kann das Kündigungsrecht aber nur mit gesetzlicher Frist bei der nächsten Gelegenheit nach dem Eigenthumserwerb üben, d. h. bei der Miethe spätestens in den drei ersten Tagen des Quartals, das auf dasjenige Quartal folgt, in dem der Zuschlag ertheilt ist, mit der Frist bis zum Ende jenes Quartals (Entsch. B. 77 S. 31, Strieth. B. 95 S. 273, Rehbein III. 911), bei der Pacht zum Ende des laufenden oder des nächsten Wirthschaftsjahres, je nachdem noch in jenem die gesetzliche Kündigungsfrist von sechs Monaten offen ist oder nicht. (Entsch. B. 78 S. 180. Juristische Zeit. Jahrgang 1879, S. 397.) In seinem Kündigungsrecht wird der Adjudikatar dadurch nicht behindert, daß nach dem Zuschlag zunächst noch bis zur Zahlung des Kaufgelds die gerichtliche Verwaltung des Grundstücks (Imm.Vollstr.Ges. § 98) fortdauert (Entsch. B. 81 S. 176), ebensowenig dadurch, daß der Zuschlagsbescheid noch nicht rechtskräftig ist; andererseits wird dadurch auch ein Aufschub in der Ausübung des Rechts nicht gerechtfertigt. Daß das Recht des Adjudikatars zu kündigen mit dem Grundstück auf einen weiteren Erwerber übertragen werden kann, wird sich nicht bezweifeln lassen, da es nicht an die Person des Käufers gebunden ist. Fraglicher ist es, ob es ohne Weiteres mit der Eigenthumsübertragung auf einen neuen Erwerber übergeht; indessen möchte auch dies zu bejahen sein, da das Kündigungsrecht auf dem Eigenthume beruht. — Der Eigenthümer, dem das zur Subhastation gestellte Grundstück in Gemäßheit des § 46 des Eigenthumserwerbsgesetzes zugeschlagen wird, ist zwar nicht Käufer des Grundstücks, aber er erwirbt Freiheit desselben von allen dinglichen Belastungen, die durch die Subhastation in Frage gestellt werden. Insofern er daher nicht persönlich dem Miether oder Pächter verpflichtet ist, wird ihm das Kündigungsrecht nicht versagt werden können. Freilich wird dieser Fall überaus selten vorkommen. — 2. Wem das Kündigungsrecht der Gläubiger zusteht, wann und wie es auszuüben, ist eine sehr zweifelhafte Frage. Förster antwortete in Uebereinstimmung mit der Praxis des Obertribunals (Striethorst B. 41 S. 321, Entsch. B. 46 S. 148, Rehbein III. 909, Entsch. B. 81 S. 176) auf die erstere Frage: den Pfandgläubigern, und zwar jedem einzelnen derselben, natürlich nur vor dem Zuschlage. Die Rechtsprechung begründete dies dadurch, daß § 357 cit. übereinstimmend mit § 43 I. 52 A.G.O. nicht den Extrahenten des Verfahrens besonders hervorhebe, also jedem Pfandgläubiger gleiche Rechte gebe (A. M. Koch, Deutsche Gerichtszeitung, 1862, S. 243). Als innerer Grund sei die Berechtigung jedes Pfandgläubigers, das Grundstück frei von Realverpflichtungen verkaufen zu lassen, anzusehen. Das Recht jedes einzelnen Pfandgläubigers sei ein selbständiges und unabhängiges, es stehe auch demjenigen Pfandgläubiger zu, der sein Pfandrecht erlangt hat, als der Miether bereits im Miethsbesitz war, und werde selbst dadurch nicht ausgeschlossen, daß das Miethsrecht vor Eintragung der Hypothek in das Grundbuch eingetragen gewesen. (In letzterer Beziehung ist die abweichende Ansicht von Zahn in Behrends Zeitschr. B. 4 S. 3271 zu vergleichen.) Führt die Judikatur des Obertribunals hiernach das Kündigungsrecht auf die Pfandhaftung des Grundstückes zurück, und scheint sie den persönlichen Gläubiger, welcher die Zwangsversteigerung beantragt hat oder im Wege der Zwangsvollstreckung einer anhängigen Zwangsversteigerung beigetreten ist, auszuschließen, so bietet das Gesetz für diesen Ausschluß keine Grundlage. Es läßt sich nicht bestreiten, daß auch bei dem nothwendigen Verkauf eines mit keinem Pfandrecht belasteten Grundstücks der Adjudikatar kündigungsberechtigt wird, der Gläubiger ohne Pfandrecht kann also auf die Dauer des dinglichen Miethsverhältnisses einwirken. Warum soll er nicht vor dem Zuschlag dieselben Rechte, wie die Pfandgläubiger haben? So zählt denn Dernburg I. § 291 Anm. 22 ihn ohne Weiteres mit unter den Kündigungsberechtigten auf, jetzt mit dem neue Fragen eröffnenden Zusatz, „sofern er ein Interesse daran hat". Aber wie bei Anm. 140 näher zu erörtern, giebt die vor dem Zuschlag erfolgte Kündigung, wenn demnächst der Zuschlag erfolgt, dem Miether das von dem Willen des Adjudikatars unabhängige Recht, aus dem Miethsvertrage herauszugehen, sich seiner vielleicht lästigen Pflicht zu entziehen; der Umstand, daß das Grundstück zu hohem Zins und auf längere Zeit vermiethet ist, erscheint auf der anderen Seite gewiß geeignet, auf den Preis des Grundstücks zu wirken; und dennoch soll jeder einzelne an der Versteigerung interessirte Gläubiger die selbständige Kündigungsbefugniß haben, mit der Wirkung der Befreiung des Miethers von fernerer Miethszahlung? Dies Recht soll ferner — die Ausführungen des Obertribunals ergeben für das Gegentheil keinen Anhalt — in der Weise geübt werden können, daß

mäßig fort[139]). Dem Miether und Pächter dagegen giebt die nothwendige Veräußerung kein Kündigungsrecht; ist ihm aber von den Gläubigern im Zwangsversteigerungsverfahren vor dem Zuschlag oder vom Ersteher nach dem Zuschlag gekündigt, so hat er nicht bloß die Pflicht nach Ablauf der Kündigungsfrist zu räumen, sondern zugleich das Recht zu dieser Zeit von dem Vertrage abzugehen. Dieses Recht kann ihm durch spätere Erklärungen des Erstehers nicht entzogen werden, und im Falle der Miethe geht es weiter als seine Verpflichtung. Er braucht nämlich nicht das Ende der Kündigungs-

---

die anderen Gläubiger und die Bieter nichts davon erfahren, daß also die Bieter nicht wissen, ob nicht mit dem Ablauf des Quartals oder des Wirthschaftsjahrs nach dem Zuschlag der Miether oder Pächter verpflichtungsfrei abziehen wird? Nach dem Zuschlag soll der Ersteher plötzlich am Zahlungstermin durch das Abgehen des Miethers überrascht werden können, der mittheilt, daß ihm ein ausfallender Pfandgläubiger, der nie zur Hebung kommen konnte, oder ein demnächst befriedigter Gläubiger vor dem Zuschlag gekündigt hat? Ein Satz mit diesen Konsequenzen könnte nur bei striktem Beweise zugegeben werden. Ein solcher fehlt aber gänzlich. In Wahrheit ist der Inhalt des durch den Zuschlag perfizirten Veräußerungsgeschäfts ein anderer, wenn das Grundstück verkauft wird mit dem Recht des Subhastaten aus dem Miethsvertrage und unter Offenlassung der Freiheit, das Verhältniß durch Kündigung nach dem Zuschlag zu Ende zu bringen, oder wenn das Grundstück verkauft wird als ein solches, bezüglich dessen die Belastung mit dem Miethsrecht, zugleich aber auch das Recht, Erfüllung des Miethsvertrages für die Vertragsdauer zu fordern, bereits für einen bestimmten, dem Zuschlag folgenden Zeitpunkt zerstört ist. Ersteres ist naturale der Zwangsversteigerung, letzteres kann Gegenstand einer besonderen Kaufbedingung werden, wenn nämlich in Zusammenhang damit die Kündigung von den Gläubigern bewirkt wird. Die Aufstellung dieser Verkaufsbedingung setzt jetzt die Zustimmung aller Zwangsversteigerungsinteressenten voraus, deren Rechte dadurch berührt werden, d. h. da der Eigenthümer sich die Bedingung gesetzlich gefallen lassen muß, aller Gläubiger. Ihre übereinstimmende Erklärung muß der Richter auf ihren Antrag als eine im Zwangsversteigerungsverfahren zuläßige Aenderung der Verkaufsbedingungen, welche die Stellung des Miethers beeinflußt, diesem zustellen lassen. Diese Auffassung stimmt mit dem Wortlaut des § 357, der von einem Kündigungsrecht „der Gläubiger", nicht jedes einzelnen Gläubigers spricht, vollständig überein. Mit diesen Ausführungen, die auch nach dem Inkrafttreten des Gesetzes vom 13. Juli 1883 festzuhalten sind, haben sich einverstanden erklärt: Krech und Fischer S. 157, Jäckel S. 155. Von praktischer Erheblichkeit wird aber danach eine Kündigung der Gläubiger nur dann sein, wenn zu erwarten steht, daß der Zuschlagsbescheid erst unmittelbar vor dem Beginn der neuen Periode ergehen wird, so daß der Ersteher kaum Zeit haben möchte, die Kündigung noch für diese Periode wirksam vorzunehmen. — 3. Ist von den Gläubigern im Versteigerungsverfahren gekündigt und die Zwangsversteigerung führt nicht zum Zuschlag, so hat die Kündigung gar keine rechtliche Bedeutung. Im § 36 ist ausgeführt, daß eine Kündigung keine durch den Willen des Kündigenden gesetzte Bedingung zulasse. Hier ist der Zuschlag conditio legis der Wirksamkeit der Kündigung, die Kündigung erlangt erst mit dem hinzutretenden Zuschlag Kraft. Aus diesem Grunde wird aber die Kündigungsfrist erst mit dem Augenblick laufen können, in dem die Kündigung wirksam geworden ist. Sonst würde der Miether oder Pächter, der bis dahin nicht gewußt hat, ob ihm wirksam gekündigt ist, und ob er wird abziehen können, am Tage nach dem Zuschlag abziehen müssen, wenn ihm die Gläubiger in der gesetzlichen Zeit vor diesem Termin bedingt gekündigt haben, und wenn an diesem Tage das Quartal oder Wirthschaftsjahr zu Ende ist. — 4. Auch im Falle der Kündigung durch die Gläubiger kann die Räumung nur von dem Ersteher und bei Landgütern erst mit Ablauf des Wirthschaftsjahres nach dem Zuschlag, bei Miethen nach Ablauf eines Vierteljahres nach Ende des Vierteljahrs, in dem der Zuschlag geschah, gefordert werden. Entsch. B. 22 S. 340. Rehbein III. 912. — Vgl. die Anm. zu Entw. II. des B.G.B. § 520, Reichstagsvorlage § 572.

139) Striethorst B. 3 S. 193, B. 41 S. 253.

frist abzuwarten, wenn dieses nicht mit dem Ende des zur Zeit des Zuschlags laufenden Quartals zusammenfällt: er kann vielmehr schon mit dem Ende des laufenden Quartals verpflichtungsfrei abziehen[140]).

2. Wird ein Hauptbau nothwendig, der nicht ausgeführt werden kann, so lange der Miether die Sache besitzt[141]), so können beide Theile vom Vertrage abgehen. Der Hauptbau zerstört den Vertragsgegenstand und macht die Erfüllung in alter Weise unmöglich.

3. Bei dem Tode des Pächters und Miethers. Die Erben des ersteren sind nur noch ein volles Wirthschaftsjahr, die des letzteren nur noch sechs Monat nach Ablauf des Quartals, in dem der Erblasser gestorben ist, an den Vertrag gebunden, vorausgesetzt daß sie mit der gesetzlichen Frist vorher kündigen[142]). Der Verpächter hat das gleiche Recht zur Aufkündigung, der Vermiether aber hat das Recht zur Kündigung mit vierteljährlicher Frist zum Quartalsende[143]). Der Tod des Verpächters oder Vermiethers wirkt nicht auf die Rechte und Pflichten des Pächters und Miethers ein[144]). Einflußlos ist auch der Tod eines von mehreren Miethern und Pächtern[145]). Das folgt aus der Solidarität ihrer Rechte und Pflichten[146]).

Im Anschluß an die Bestimmung, daß der Miethvertrag von den Erben noch sechs Monat nach dem Sterbequartal fortzusetzen ist, hat das A.L.R. eine Vorschrift[147]), deren wahrer Inhalt aus den Worten kaum zu ersehen ist. „Die bloße Mitunterschrift der Frau unter dem Miethkontrakte", heißt es, „verpflichtet dieselbe noch nicht, die Miethe nach des Mannes Tode länger fortzusetzen". Soweit scheint die Vorschrift, mit einem anderweitig ausge-

---

[140]) I. 21 § 354. Striethorst B. 78 S. 184. — Daß der Miether oder Pächter, der gegen seinen Willen durch Kündigung vor dem Ende der Vertragszeit abzuziehen genöthigt wird, berechtigt ist, von seinem Vermiether aus dem Vertrage Entschädigung zu fordern, erkennt § 355 ausdrücklich an. Vergl. übrigens unter VI. a.

[141]) I. 21 § 363. l. 3 C. IV. 65. Der Vertrag wird, falls die Nothwendigkeit eine sofort dringende ist, ohne Kündigung aufgehoben. Entsch. B. 3 S. 18. Rehbein III. 892. Dazu Koch, Beurtheil. S. 132 f. und R. d. R. 929 fg., der die Entscheidung aus § 364 I. 5 rechtfertigt. Vgl. R.G. bei Gruchot B. 37 S. 1046. Jeder Theil ist zur Aufhebung berechtigt. Vergl. Striethorst B. 89 S. 354. Die Aufhebung ist eine endgiltige. Der Vertrag kann nach beendigtem Bau nicht wieder als bestehend geltend gemacht werden.

[142]) I. 21 §§ 366—368. 371. Svarez, Jahrb. B. 41 S. 67. Der Vertrag kann aber auch die Erben binden, wenn er ausdrücklich für sie mitgeschlossen worden ist, insofern man hierin einen Verzicht auf das Kündigungsrecht für den Fall des Todes finden kann. Rechtspr. I. 198. Sonst besteht auch keine Entschädigungspflicht der eben nicht länger gebundenen Erben. Was von den Erben gilt, gilt auch vom Konkursverwalter im Nachlaßkonkurs. R.G. Entsch. B. 18 S. 269. — Vergl. Entw. des B.G.B. § 526, Entw. II. § 510, Reichstagsvorl. § 562.

[143]) I. 21 §§ 369. 373. Das Recht ist an die Fristen der I. 21 §§ 366—368 gebunden, und kann später nicht mehr ausgeübt werden. Entsch. B. 15 S. 35 f. (Pl.Beschl.) Rehbein III. 893. Entsch. B. 57 S. 118. Strieth. B. 66 S. 169. Früher abweichend Entsch. B. 1 S. 353, B. 13 S. 281.

[144]) I. 21 §§ 369. 373. 375. Entsch. B. 15 S. 35. Pl.B. Rechtsfälle B. 1 S. 289.

[145]) I. 21 § 374.

[146]) I. 5 §§ 424. 450.

[147]) I. 21 § 372. Koch, R. d. F. III. S. 922.

sprochenen, jetzt nicht mehr giltigen Grundsatz übereinstimmend, dahin verstanden werden zu können, daß, wenn Mann und Frau in Einem Instrument sich verpflichtet haben, die Frau als Bürgin angesehen werden soll; in welchem Fall ihre Verpflichtung nach früherem Recht davon abhing, ob die gerichtliche Form und Belehrung bei der Abschließung des Vertrags beobachtet war[148]). Es scheint hiernach: Die bloße Mitunterschrift macht die Frau nicht zur Mitkontrahentin, es wird dadurch keine Gemeinschaftlichkeit der Verpflichtung erzeugt, und nach dem Tode des Mannes hat die Frau, wenn sie dessen Erbin geworden, das Recht, den Miethvertrag zu kündigen, wie andere Erben. Aber es heißt weiter: „sobald sie eine solche durch diesen Todesfall in ihren Umständen vorgefallene Veränderung nachweisen kann, vermöge welcher ihr aus der Fortdauer des Kontrakts ein erheblicher Nachtheil entstehen würde". Müßte man danach den Wortlaut dahin verstehen, daß die Frau, obgleich durch ihre bloße Mitunterschrift nicht Contrahentin, den Vertrag während seiner ganzen Dauer nach dem Tode des Mannes halten soll und sich nur durch die von ihr zu beweisende Einrede einer erheblichen, nachtheiligen Veränderung ihrer Umstände befreien, also nicht wie andere Erben in jedem Falle kündigen kann, so läge ein unversöhnbarer Widerspruch vor. Weshalb sollte die Frau dieser Einrede bedürfen? Die Materialien ergeben nicht, wie man zu § 372 d. T. gekommen ist. Man muß deshalb die Mitunterschrift als eine wirklich verpflichtende Mitunterschrift auffassen, also vom Standpunkt des Landrechts dabei die gerichtliche Form und Belehrung voraussetzen. Die Frau, welche wirklich Mitmietherin geworden ist, aber nur als Ehefrau, nicht ausdrücklich für den Fall des Todes des Mannes, kann sich durch die Einrede der durch den Tod des Mannes veränderten Umstände befreien[149]). Das Kündigungsrecht steht in diesem Fall der erbenden Frau ebenso, wie der nicht erbenden zu[150]).

4. Nicht freiwillig herbeigeführte Veränderungen, die den Miether, sei es durch Einwirkung auf seine Person oder seine Umstände außer Stand setzen, von der Sache Gebrauch zu machen, berechtigen ihn, entweder gegen Vergütung einer halbjährigen Miethe, die von dem Ablauf des Quartals, in dem die Kündigung erfolgt, zu berechnen ist, von dem Vertrage abzugehen, oder dem Vermiether einen Untermiether zu stellen,

---

[148]) I. 14 § 232. Dieser § ist durch Gesetz vom 1. Dezember 1869 (Ges.S. S. 1169) aufgehoben; die Frau ist nicht bloß Bürge, sondern Mitkontrahentin. Förster führte aus: I. 21 § 372 sei aber dadurch nicht berührt, denn er habe nicht allein in I. 14 § 232 seine Grundlage. Der Herausgeber glaubt dem nicht beistimmen zu können: insoweit die Frau jetzt als Mitkontrahentin anzusehen ist, entscheidet lediglich I. 21 § 374.

[149]) Entsch. B. 26 S. 273. Strieth. B. 11 S. 337. Förster sah nicht ab, wie die Worte „bloße Mitunterschrift" die Voraussetzung der gerichtlichen Form und der Belehrung zulassen; der Gegensatz der bloßen (verbindlichen) Unterschrift ist die Erklärung, den Vertrag auch nach dem etwaigen Tode des Mannes halten zu wollen.

[150]) Präj. 184. (Samml. I. S. 126.)

der nur auf Grund von erheblichen Einwendungen abgelehnt werden kann[151]). Hier soll der Untermiether ganz in die Stelle des Hauptmiethers treten, dieser scheidet aus[152]). Weiter geht die Einwirkung eines drohenden oder ausgebrochenen Krieges, zu dem der Miether mit den Truppen ins Feld rücken muß. Hier endigt der Miethvertrag mit dem Ablauf des Vierteljahres, in dem ausmarschirt wird[153]). Veränderungen in der Person oder in den Umständen des Vermiethers geben diesem nicht das Recht vorzeitiger Kündigung[154]).

5. Der Rücktritt findet ferner statt, wenn ohne Verschulden des Miethers die Sache für den Gebrauch ganz oder zum größern Theil untüchtig geworden ist[155]). Die Brauchbarkeit der Sache selbst muß in erheblicher Weise

---

[151]) I. 21 §§ 376. 377. Strieth. B. 69 S. 365. Es liegt hier eine besondere Ausgestaltung des Rücktrittsrechts auf Grund veränderter Umstände vor. Bezüglich der Rechtsstellung der Beamten im Falle einer Versetzung muß mit Bornemann B. 4 S. 323 und Dernburg II. § 173 A. 15 davon ausgegangen werden, daß die Versetzung, die ja selbst im Fall eines Antrags nicht durch diesen Antrag begründet wird, und die, einmal ausgesprochen, den Beamten zur Verlegung des Wohnsitzes nöthigt, als eine nicht freiwillige Veränderung in den Umständen des miethenden Beamten anzusehen ist. A. M. Koch Komment., der aber jedenfalls darin fehl geht, daß er den Beamten gegen seinen Willen für unversetzbar erachtet; anders auch die in die vierte Ausgabe übernommene Ansicht Förster's, der einen Beamten, der um seine Versetzung nachsucht, als einen solchen bezeichnet, der sich auf § 376 nicht berufen kann. Das R.G. Entsch. B. 21 S. 283 hat sich der hier vertretenen Ansicht angeschlossen. Vergl. auch Entwurf des B.G.B. § 527, Entw. II. § 511, Reichstagsvorl. § 563. — Wird „gegen Vergütung einer halbjährigen Miethe" gekündigt, so ist der Miether nicht verpflichtet, schon mit Ablauf des Vierteljahrs die Wohnung ganz zu verlassen. Die Miethe soll dem Vermiether nicht als ein Extragewinn, sondern nur als Miethe gegen Weitergewährung der Wohnung zukommen, die der Miether also zur Aufbewahrung von Sachen, zur Benutzung durch einen Theil seiner Familie u. s. w. zur Verfügung behält. Danach kann der Vermiether die Wohnung vor Ablauf des halben Jahres nur mit Zustimmung des abziehenden Miethers anderweit vermiethen, und jedenfalls muß er den aus solcher Vermiethung gezogenen Gewinn, wie Dernburg a. a. O. mit Recht bemerkt, sich auf die halbjährige Miethe anrechnen lassen. Diese ist auch nicht etwa vor der vertragsmäßigen Fälligkeit zahlbar.

[152]) Plathner a. a. O. S. 705. Striethorst B. 69 S. 87.

[153]) I. 21 §§ 378. 379. Entsch. B. 24 S. 164.

[154]) I. 21 § 386. Das weicht vom röm. Recht ab. l. 3 C. IV. 65, wenigstens bei der Miethe von Häusern, worauf diese l. zu beschränken ist.

[155]) I. 21 § 383. Einer ausdrücklichen Erklärung des Rücktritts bedarf es nicht. Entsch. B. 39 S. 163. R.G. bei Gruchot B. 25 S. 886. Ob § 383 auch auf Pacht anwendbar sei, ist bezweifelt worden, weil er nur von der gemietheten Sache spricht. Koch beschränkt ihn auf die Miethe. Ebenso das bei Gruchot IX. 51 mitgetheilte Erk. Doch spricht im unmittelbaren Anschluß § 384 vom nutzen der Sache und namentlich bei nutzbaren Rechten läßt sich das Unbrauchbarwerden denken, wohl auch bei Aeckern — z. B. wenn diese bei einer Ueberschwemmung versanden. Vergl. Entsch. B. 72 S. 59. Striethorst B. 91 S. 166. Rehbein III. S. 826. Auch das R.G. bei Gruchot B. 25 S. 1018 hat den § 383 auf den Pächter angewendet, — insofern bedenklicher Weise, als die verpachtete Fahrgerechtigkeit nicht unbenutzbar, sondern wegen Anlange einer Eisenbahnbrücke nur im Ertrage geschmälert war. Für die Miethe bietet ein Beispiel: eintretende Gesundheitsgefährlichkeit der Wohnung. Entsch. B. 39 S. 160. Striethorst B. 24 S. 259, B. 28 S. 341. Vergl. l. 25 § 2. l. 27 pr. D. XIX. 2. — Ist die Sache zerstört, so daß sie überhaupt nicht mehr benutzt werden kann, so ist der Vertrag beendigt; die Schuldfrage bleibt dann nur für die Entschädigungsforderung von Bedeutung.

beeinträchtigt sein, während äußere Umstände, die sonst den vertragsmäßigen Gebrauch vereiteln, ohne durch die Eigenschaften der Sache bedingt zu sein oder den Besitz aufzuheben, keine Berücksichtigung finden[156]). Der Miether geht vor Ablauf der Vertragszeit ab und zahlt den Zins nach Verhältniß der Zeit, in der er die Sache vertragsmäßig hat brauchen oder nutzen können[157]). Wird dem Verpächter das verpachtete Grundstück während der Dauer des Vertrages durch ein Gemeinheitstheilungsverfahren in der Weise entzogen, daß ihm dafür ein anderes Grundstück zugewiesen wird, so ist der Pächter berechtigt, das Ersatzgrundstück als Gegenstand seiner Pachtnutzung in Anspruch zu nehmen; zugleich kann er fordern, daß die wirthschaftliche Einrichtung, soweit erforderlich, verändert wird, oder daß die Kosten für Beschaffung der Aenderung hergegeben werden, auch kann er Ersatz für den besseren Düngungszustand des alten Pachtgrundstückes fordern und nach seiner Wahl die Pacht kündigen[157a]). Im Fall der Gemeinheitstheilung auf Grund der Zusammenlegung der in vermengter Lage befindlichen Grundstücke der Feldmark ist das letztere Recht beschränkt[157b]). Wird das vermiethete oder verpachtete Grundstück enteignet, so hört das Pacht- oder Miethsrecht auf[157c]). Die Pächter und Miether sind in dem Verfahren selbst besonders durch den Unternehmer zu entschädigen, soweit nicht der Schade durch Regelung eines Nutzungsrechts an der dem Eigenthümer gewährten Entschädigung gedeckt ist[157d]).

---

[156]) Koch, R. d. F. 932. Vergl. über ältere Ansichten Glück B. 17 S. 479fg. Furcht vor heranziehendem Feinde, vor einer Epidemie, vor Gespenstern (Stryck, De jure spectrorum § 26). Bei wirklicher Entziehung durch Inbesitznahme seitens feindlicher Truppen (Dernburg II. § 173 Anm. 19) ist der Miethsbesitz nicht mehr gewährt, dem Vermiether aber die Vertragsleistung ohne Schuld unmöglich gemacht, und der Vertrag fällt zusammen. Oben Anm. 54.

[157]) I. 21 § 384.

[157a]) Gemeinheitstheilungsordnung vom 7. Juni 1821 §§ 159—162. Die Kündigungsfrist ist drei Monat vor Ablauf des Pachtjahrs: von dem Kündigungsrecht kann nur binnen drei Monaten nach Vorlegung des Auseinandersetzungsplans an den Pächter Gebrauch gemacht werden. Bezüglich des Falls, wenn nicht das ganze Grundstück, für welches die Abfindung gewährt wird, verpachtet war, vergl. Strieth. B. 80 S. 64.

[157b]) Vergl. Gesetz vom 2. April 1872 (G.S. S. 329) § 7.

[157c]) Soweit der Unternehmer nicht eine Fortdauer des Rechts bewilligt. Grundenteignungsgesetz vom 11. Juni 1874 § 11.

[157d]) Das Grundenteignungsgesetz §§ 11. 12 erkennt diesen Anspruch an. Bezüglich des älteren Rechts sind Eisenbahngesetz vom 3. November 1838 §§ 8. 12 und Entsch. B. 47 S. 403. Strieth. B. 40 S. 7, die dem Pächter ein Nutzungsrecht an der Expropriationsentschädigung gewähren wollen, und das abweichende Urtheil bei Strieth. B. 84 S. 325 zu vergleichen. Wenn die Entschädigung als in der Entschädigung des Eigenthümers enthalten angesehen wird, so ist auf Antrag eines Betheiligten im Verwaltungswege vorbehaltlich des Rechtswegs eine Vertheilung vorzunehmen (§§ 29. 30). Im Rechtswege kann nur eine entsprechende Nutzung der Entschädigungssumme verlangt werden. Ueber die Grundlage dieses Rechts s. oben § 22 am Ende. Daß der Verpächter oder Vermiether die Verpflichtung hätte, im Expropriationsverfahren die Rechte des Pächters oder Miethers zu wahren, wie Dernburg II. § 173 hinter Anm. 32 annimmt, wird sich nicht begründen lassen. Der Miether wird also namentlich dann, wenn er durch eine ihm an der Enteignungsentschädigung zu gewährende Nutzung nicht ausreichend entschädigt werden kann und deshalb nach § 11 des Enteignungsgesetzes eine besondere Entschädigung hätte beanspruchen können, es sich selbst zuzuschreiben haben, wenn er seine Rechte nicht gewahrt hat. Ein Anspruch an den

6. **Mißbrauch** der Sache berechtigt den Vermiether und Verpächter zur Entsetzung des Miethers und Pächters. Mißbrauch ist ein **anderer** Gebrauch, als der, zu welchem die Sache vermiethet worden ist, oder ein Gebrauch, der eine erhebliche Beschädigung der Substanz besorgen läßt[158]). Das Recht der Entsetzung kann sofort geltend gemacht werden, und zwar ohne Kündigung, wird auch dadurch nicht abgewendet, daß der Miether oder Pächter den Schaden ersetzen kann oder wirklich ersetzt[159]).

7. Auch in dem Falle, wenn der Vermiether oder Verpächter nach der Natur seines Verfügungsrechts, kraft dessen er die Sache verpachtet oder vermiethet hat, nur **zeitweise** über die Sache zu verfügen berechtigt war, kann mit Eintritt des Endtermins vom Rechtsnachfolger die Beendigung des Vertrags beansprucht werden; aber nach der ausdrücklichen Vorschrift des Gesetzes muß auch dieser Nachfolger dem Miether und Pächter gesetzmäßig kündigen[160]).

8. Bei Pacht und Miethe greifen die allgemeinen Bestimmungen des Landrechts über den Rücktritt wegen **verweigerter Erfüllung des einen Theils** im Wesentlichen ohne Modifikation ein, und zwar vor und nach der Uebergabe[161]). Es darf jedoch, wenn bereits übergeben ist, die Fortsetzung des gerichtlichen Verfahrens über die Erheblichkeit der Weigerung durch den

---

Verpächter oder Vermiether wird ihm deshalb über jene Nutzung hinaus nicht zustehen. Wahrt das Verwaltungsresolut seine Rechtsstellung nicht ausreichend, so ist es, mag er zu der Verhandlung zugezogen worden sein oder nicht, seine Sache, das Resolut rechtzeitig anzugreifen. R.G. Entsch. B. 24 S. 305.

[158]) I. 21 § 387. Vergl. Entsch. B. 7 S. 147; Rehbein III. 904; bei Seuffert II. 38, XII. 22. 265. Entsch. B. 56 S. 180. Strieth. B. 66 S. 1. (Benutzung der gemietheten Wohnung zu einem unsittlichen Gewerbe.) Auch Mißbrauch des eigenmächtig angenommenen Unterpächters. Strieth. B. 23 S. 28. Dagegen nicht schon, wenn der Pächter einer im Vertrag übernommenen Verbindlichkeit zuwiderhandelt. Entsch. B. 15 S. 498. Rechtsfälle B. 3 S. 138. Strieth. B. 47 S. 328. Es kommt darauf an, ob objektiv die kontraktwidrige Benutzung als Mißbrauch aufzufassen. Ueber eine Modifikation des § 387 durch § 477 bei Landgüterpacht vergl. unten bei Note 304 f. Striethorst B. 50 S. 89. — l. 3 C. IV. 65 si male in re locata versatur. l. 54 § 1 D. XIX. 2. Nov. 120, c. 8 u. c. 3 X. III. 18. — Entw. des B.G.B. § 528 Ziffer 1, Entw. II. § 497 Z. 1, Reichstagsvorl. § 546.

[159]) So auch im röm. R. l. 3 C. IV. 65. Koch, R. d. F. III. S. 927 a. E.

[160]) I. 21 §§ 388. 389. R.G. Entsch. B. 17 S. 158. Vergl. übrigens I. 11 § 264. Das Ende des Vertrags muß aus der Beschaffenheit des Verfügungsrechts entspringen. Vergl. Entsch. B. 52 S. 148. Striethorst B. 97 S. 304. Der Ehemann ist nur so lange berechtigt, das Grundstück seiner Frau zu vermiethen oder zu verpachten, als sein Nießbrauch dauert. Nach der Trennung der Ehe kann daher die Ehefrau kündigen. Präj. 770. (Samml. 1 S. 127.) Entsch. B. 25 S. 138. 145. Strieth. B. 8 S. 351. Rehbein III. 900. Strieth. B. 78 S. 305. Abweichend, aber nicht richtig für den Fall, daß während der Ehe dem Mann der Nießbrauch aberkannt worden, im schles. Arch. B. 6 S. 511. S. hierüber Koch, Note zu § 388, der die letztere Entscheidung für die richtigere hält, weil Verpachtung eine Veräußerung sei, zu welcher der Ehemann berechtigt gewesen, und die daher fortwirken müsse. Aber die Verpachtung ist nur zeitweilige Veräußerung des Nutzungsrechts, nicht der Sache, und kann daher nur so lange wirken, als der Veräußerer der Nutzungsberechtigte ist. Das Beispiel der Verpachtung eines Vormundes paßt nicht, denn dieser verpachtet für den Mündel, nicht für sich, wie der Ehemann. Andere Beispiele, die unter §§ 388. 389 fallen: Entsch. B. 33 S. 383, B. 35 S. 74. (Pfarrer als Verpächter des Pfarrackers.)

[161]) I. 21 § 391.

Rücktritt nicht abgeschnitten werden[162]). Der Zurücktretende muß kündigen, und bis zum Ablauf der Kündigungsfrist gilt der Vertrag[163]).

Der **Zinsrückstand zweier voller Termine** berechtigt den Vermiether und Verpächter, vor Ablauf der bedungenen Zeit zu kündigen[164]).

9. Der Miether und Pächter darf, wenn die Sache vor der Uebergabe **freiwillig** an einen Dritten **veräußert** worden, sofort vom Vertrage zurücktreten, ohne erst zu kündigen, aber auch ohne dann eine Schadloshaltung beanspruchen zu können[165]).

Wie der **Konkurs** des einen oder anderen Theils auf bestehende Pacht- und Miethsverhältnisse einwirkt, ist früher erörtert[166]).

Daß besondere Bedingungen der Aufhebung oder des Rücktritts verabredet werden können[167]), folgt aus der Natur aller dieser Bestimmungen als naturalia des Vertragsverhältnisses.

---

162) Oben B. I. § 87 unter 4. I. 21 § 392.

163) I. 21 §§ 393. 394.

164) I. 21 § 298. Zwei volle Termine. Strieth. B. 44 S. 287. Diese Bestimmung beruht auf einer Entscheidung der Gef.Kommiss. v. 15. Febr. 1782. (Klein, Ann. V. 103.) Bei mangelnder culpa? vergl. Strieth. B. 25 S. 72. Es wird mit der gesetzlichen Frist gekündigt, bei Landgütern zum Ende des Wirthschaftsjahres. Präj. 1574. (Samml. 1 S. 124.) Entsch. B. 34 S. 170. Rehbein III. S. 884. Strieth. B. 24 S. 18. Dagegen Koch, R. d. F. III. S. 925 Anm. 23 und das Reskr. v. 30. Aug. 1806. N. C. C. XII. 741 Annahme und Anbieten späterer Zahlung für die fällige Miethe hebt das Rücktrittsrecht nicht auf, aber Annahme von Vorauszahlung späterer Miethsraten widerspricht ihm, überhaupt jede Handlung, die das Miethsverhältniß thatsächlich fortsetzt. Entsch. B. 32 S. 365. Striethorst B. 21 S. 164, B. 38 S. 125, B. 45 S. 14, B. 62 S. 184, B. 85 S. 304. R.G. bei Gruchot B. 24 S. 473. Die Verabredung einer Konventionalstrafe für verzögerte Miethzahlung beseitigt dieses Kündigungsrecht nicht. Ebenda B. 57 S. 24. S. auch R. Koch in der Anw.Zeit. 1865 N. 51 S. 801 und D.G.Z. 1866 N. 1. Im gemeinen R. ist streitig, ob ein zweijähriges Nichtzahlen erforderlich sei. Koch S. 923f. Seuffert II. 172. Vorgänger der im A.L.R. adoptirten Ansicht sind Böhmer, exerc. ad. Pand. III. 476. Hommel, rhaps. II. obs. 254, l. 54 § 1, l. 56 D. XIX. 2. Nov. 120 c. 8 und c. 3 X. III. 18. Wenn Pachtkaution bestellt ist, so ist hier angenommen, daß ein Rückstand nur das sei, was die Kaution nicht deckt. Heuser V. 182. (So allgemein hingestellt, ist das gewiß nicht richtig.) Kompensationseinrede: Seuffert XII. 23. Vergl. Entw. des B.G.B. §§ 528. 530, Entw. II. § 497 Z. 2, Reichstagsvorl. § 547.

165) I. 21 §§ 361. 352. Die Erklärung dem Käufer gegenüber, Haltung des Vertrags fordern oder nicht zurücktreten zu wollen, ist kein Verzicht, deshalb mündlich vollwirksam. R.G. bei Gruchot B. 39 S. 668.

166) Oben B. I. § 117 Anm. 9.

167) Z. B. daß der Vermiether sofort zurücktreten kann, wenn der Zins nicht pünktlich gezahlt wird. Das O.Trib. hat angenommen, eine solche Verabredung sei ein accessorisches Recht zu dem Anspruch auf Zinsentrichtung, daher von diesem nicht trennbar, und nicht mehr auszuüben, wenn letzteres cedirt worden. Entsch. B. 24 S. 106. Gegen Koch (Note zu § 392) und Dernburg II. § 173 Anm. 4 ist Förster für diese Entscheidung eingetreten, weil das eingeräumte Rücktrittsrecht die Bedeutug einer Konventionalstrafe habe. Diese Ansicht ist nicht aufrecht zu halten. Oben B. I § 107 bei Anm. 18. Danach kann auch die Zustimmung zu jenen Erkenntnissen nicht aufrecht erhalten werden. Vergl. auch Strieth. B. 45 S. 14. — Durch Annahme von Abschlagszahlungen auf spätere Raten wird auf das bedungene Rücktrittsrecht verzichtet. Präj. 1472. (Samml. I. S. 124.) Strieth. B. 85 S. 305. Rehbein III. S. 862. Ebenso durch jedes andere Verhalten, das den Fortsetzungswillen bezeugt. Der andere Theil darf nicht unter dauernder Kündigungsgefahr bleiben. Entsch. B. 32 S. 365. Rehbein III. S. 859. Strieth. B. 91 S. 88. Beispiele über die Wirksamkeit besonderer Verabredungen: Strieth. B. 2 S. 312, B. 6 S. 337. Entschuldigungsgründe:

Im Allgemeinen ist zu bemerken, daß wenn auf Verlangen des Vermiethers der Miether im Laufe einer Miethsperiode (Monat, Vierteljahr) abgehen muß, er auch für diese Periode keinen Zins zu zahlen hat, daß er aber zur vollen Zahlung verpflichtet ist, wenn er den Besitz noch ganze Miethsperioden hindurch gegen den Willen des Vermiethers fortgesetzt hat[168]). Das folgt aus dem Satz daß die Zinsschuld, in Raten bedungen mit dem Ablauf jeder einzelnen Miethsperiode erwächst und fällig wird. Die Interessefordерung des Vermiethers und Verpächters wird dadurch nicht berührt, sie hat ihre eigenen Voraussetzungen und bleibt bestehen, mag Zins zu zahlen sein oder nicht[169]).

V. Verlängerung (relocatio)[170]). Wenn die Parteien ein abgelaufenes Pacht- oder Miethsverhältniß ausdrücklich verlängern, so ist ihr neuer Vertrag nach seinem eigenen Inhalt auszulegen; die Sicherungsrechte des älteren können nur durch neue ausdrückliche Vereinbarung darauf übertragen werden[171]). Es giebt aber auch eine stillschweigend vollzogene Verlängerung, die eintritt, wenn der Miether oder Pächter nach Ablauf der Zeit noch im Besitz bleibt, und wenn zugleich Handlungen vorliegen, aus denen eine Einwilligung des Vermiethers und Verpächters in die Fortsetzung des Rechtsverhältnisses gefolgert werden kann[172]), z. B. wenn der Verpächter nach der Erklärung des Pächters, fortsetzen zu wollen, vierzehn Tage lang nicht widerspricht, oder wenn er vom Pächter oder Miether fernere Zinszahlungen annimmt[173]). Ohne Einfluß ist, ob im Vertrage die Beendigung auf einen

---

vergl. Strieth. B. 25 S. 72. Entsch. B. 73 S. 57. Rehbein III. 865. Bei Seuff. XIV. 134 ist willkürlich angenommen, daß die auf säumige Zinszahlung gestellte Aufhebung des Vertrages nicht statthaft ist, wenn die Zahlung in kurzer Zeit nachher erfolgt. (Lübeck.)

[168]) I. 21 §§ 334. 335.

[169]) Koch, R. d. F. III. S. 912fg.

[170]) I. 21 §§ 325—331. Koch, R. d. F. III. S. 890f.

[171]) I. 21 § 325 „ausdrücklich". In Betreff der Bürgen und Pfänder l. 13 § 11 D. XIX. 2, l. 5. 16 C. IV. 65. Das gesetzliche Pfandrecht des Vermiethers (s. unten Note 206f.) überträgt sich von selbst auf die Relokation, weil die Illation fortdauert.

[172]) I. 21 § 325. Die Verlängerung der Miethe oder Pacht wird erst bindend, wenn Seitens des Vermiethers dergleichen Handlungen vorliegen: bis dahin kann der Miether, der den Besitz fortgesetzt hat, abgehen. Bornem. IV. 312f. Code a. 1738: Si le preneur reste et est laissée en possession. Oesterr. G.B. § 1114 stimmt mit dem Code überein. Vergl. auch Entwurf des B.G.B. § 524, Entw. II. § 509, Reichstagsvorlage § 561.

[173]) I. 21 §§ 326. 327. Ersterer § erwähnt nur der Pacht, letzterer der Pacht und Miethe; Koch, R. d. F. III. S. 892 bezieht ersteren nicht auf Miethe, auch weil, wie im Komm. gesagt ist, die Ungleichheit der Verhältnisse des Pächters und Miethers die Analogie ausschließt. Auch Bornemann IV. S. 341, der nachweist, daß die Materialien hierüber keine Auskunft geben, und die Gesetzrevisoren, P. XIII. 92 beziehen § 326 nur auf Pacht, ersterer, weil der § eine Abweichung von den bei stillschweigenden Willenserklärungen geltenden Grundsätzen enthalte und daher strikt interpretirt werden müsse, letztere, weil nur der Pächter nöthig habe, im Voraus Einrichtungen für den künftigen Fruchtbezug zu treffen. Das ist aber wohl zu viel behauptet. Trotz der Ungleichheit der Rechte und Pflichten eines Pächters und eines Miethers gelten doch die meisten Regeln für sie gemeinsam. Ein innerer Grund, § 326 nicht analog auf Miethe anzuwenden ist kaum vorhanden. — Die Erklärung des Pächters, fortsetzen zu

gewissen Termin gesetzt oder durch den Eintritt eines Ereignisses bestimmt worden ist[174]). Dagegen können die Wirkungen einer erfolgten ausdrücklichen Kündigung durch stillschweigende Verlängerung nicht aufgehoben werden[175]). Die stillschweigende Verlängerung gilt in der Regel ein Jahr lang[176]), wenn aber der Zins für die im Vertrage festgesetzte Vertragsdauer im Ausdruck einheitlich zusammengefaßt ist, für die Vertragszeit[177]), und bei Pacht von Landgütern und in gewisse Brachen eingetheilten Stadtäckern auf die ganze Wirthschaftsperiode[178]). Sie setzt sich aber in gleicher Weise immer fort, wenn die Bedingungen der stillschweigenden Verlängerung, das Verbleiben im Besitz und einwilligende Handlungen, wiederkehren. Hat es dem Vertrage an der nöthigen schriftlichen Form gefehlt, so kann die stillschweigende Verlängerung ihn nur auf die gleiche Dauer erhalten, wie es zuerst die erfolgte Uebergabe vermochte[179]).

VI. **Rechtsmittel und Sicherungsmittel.** Es wurde oben angeführt, daß Pacht und Miethe nach preußischem Recht zwischen den Parteien selbst ein Vertragsverhältniß, daß sie aber auch ein dingliches Recht des Pächters oder Miethers erzeugen, wenn entweder das Recht in das Grundbuch eingetragen ist oder die Uebergabe unvollständigen Besitz der Sache gegeben hat. Hiernach entspringen dem Verhältniß nicht bloß persönliche Klagen,

---

wollen, muß nach Ablauf der Pachtzeit geschehen. Präj. 1438. (Samml. I. S. 125.) Abweichend Striethorst B. 48 S. 229. — Die Annahme (§ 327) setzt voraus, daß die Zahlung vom Vermiether und Verpächter als Zins für die spätere Zeit nach Ablauf des Kontrakts angenommen worden. Dies wird bei Vorauszahlung immer der Fall sein, bei Nachzahlung kann aber die Einwilligung in die Verlängerung ausgeschlossen werden durch die Erklärung des Vermiethers, daß er die Zahlung auf sein Interesse verrechne. Koch, Komm. zu § 327. S. auch ein Erk. des Kammerger. in der jur. W.Schr. 1840 S. 281.

[174]) I. 21 § 336.

[175]) Das A.L.R. enthält hierüber keine Bestimmung; die Praxis stimmt dem Text zu, Präj. 104 (Samml. I. 125). Entsch. B. 34 S. 167. Striethorst B. 2 S. 118, B. 22 S. 188. Rehbein III. 881. Strieth. B. 2 S. 118, B. 78 S. 184.

[176]) I. 21 § 328. Nach röm. R. l. 13 § 11 D. XIX. 2 bei der Pacht, wenn auch die ursprüngliche Verabredung auf eine längere Periode lautete. Behn im Arch. f. civ. Pr. B. 68 S. 52. Ueber die angebliche Anwendbarkeit dieses Gesetzes auf die Verhältnisse des Ackerbaues in Deutschland s. Glück B. 17 S. 279f. Das A.L.R. unterscheidet hier nicht zwischen Pacht und Miethe und scheint dabei Pufendorf, Observ. I. 135 gefolgt zu sein. Von den praediis urbanis (also der Miethe) sagen die Römer (l. 13 § 11 cit. in f.): alio jure utimur, ut prout quisque habitaverit, ita et obligetur. S. hierüber Vangerow III. S. 468f. Glück B. 17 S. 285f.

[177]) I. 21 § 329. Hier ist zwar nur die Rede von einer verabredeten längeren Periode; aber auch bei kürzerer als einjähriger Zeit kann die Verlängerung nur so viel, wie die ursprüngliche Periode begreifen. Koch, R. d. F. III. S. 893. V.O. v. 9. Januar 1812 (Ges.S. S. 4). Das muß auch gelten bei der Miethe beweglicher Sachen zu einem bestimmten Zweck. Abweichend die Bestimmung im österr. G.B. § 1115.

[178]) I. 21 §§ 330. 331. Entsch. B. 43 S. 175. Strieth. B. 38 S. 159. Rehbein III. 882. Entsch. B. 43 S. 175. Vergl. Stryck, Us. mod. XIX. 2 § 73. Lauterbach, Coll. XIX. 5 § 9. Cocceji, Jus. contr. XIX. 2 qu. 2. Westphal § 905.

[179]) Präj. 493. 1259. (Samml. I. S. 123.) Koch, R. d. F. III. S. 894f. Arnsb. Arch. B. 9 S. 125. Striethorst B. 6 S. 143, B. 48 S. 229. Entsch. B. 42 S. 168. Ist ein auf ein Jahr giltiger Miethvertrag stillschweigend verlängert, und gilt er demgemäß wieder auf ein Jahr, so kann das Verhältniß nicht innerhalb dieses Jahres durch Kündigung zum Ende gebracht werden.

sondern dem Pächter und Miethér stehen, auch gegen Dritte, **dingliche Klagen** zu[180]). Die persönlichen Klagerechte der vertragschließenden Theile unterliegen den Regeln der Klagen aus zweiseitigen Verträgen[181]); und da es in der Natur des Rechtsgeschäfts liegt, daß der Verpächter und Vermiether zuerst leisten muß, so kann er regelmäßig sein Klagerecht nur dann gebrauchen, wenn er seine Verbindlichkeit erfüllt hat. Ein Erbieten zur Erfüllung Zug um Zug macht die Klage nicht zulässig, selbst nicht in dem Fall, wenn abweichend von der Natur dieses Vertrages von den Parteien verabredet worden, daß der Zins in Vorauszahlungen zu leisten sei, denn auch hier bleibt die Zinsschuld im Zweifelsfalle eine Nachleistung, die erst nach erfolgter Uebergabe und dadurch herbeigeführter Ermöglichung des Beginns des uti frui, geltend gemacht werden kann[182]).

Die Klage des Vermiethers und Verpächters geht auf **Zahlung des Zinses**. Der bestimmte Fälligkeitstag begründet Verzug, ohne daß es einer Mahnung bedarf, und erzeugt das Recht auf Verzugszinsen[183]). Ferner kann die Klage gehen auf **Ersatz des Schadens**, den die Sache durch die Unwirthschaftlichkeit oder Nachlässigkeit oder den vertragswidrigen Gebrauch erlitten hat, wobei je nach dem Grade des Verschuldens entweder nur der wirkliche Schaden oder das Interesse zu fordern ist[184]). Außerdem geht die Vertragsklage auf **Rückgabe** der Sache nach Ablauf der Zeit oder der Kündigungsfrist oder auf **Entsetzung** aus dem Besitz, wenn die Rückgabe verweigert oder verzögert wird, oder der Vermiether gesetzlich Grund hat, die Aufhebung des Rechtsverhältnisses vor Ablauf der Zeit und ohne Kündigung zu verlangen[185]). Die Entsetzungs- oder **Exmissionsklage** kann sowohl als Vertragsklage wie als dingliche Klage aufgefaßt werden. So lange der Vertrag fortwirkt[186]), schließt er die dingliche Klage ebenso wie die persönliche aus[187]). Nach Beendigung des Mieths- oder Pachtrechts kann, da der Miether von da an nicht mehr unvollständiger Besitzer, sondern nur Inhaber, Verwalter einer fremden Sache ist, ihn der Vermiether, in dessen

---

180) Dingliche Klagen werden dem Miether nach gemeinem R. versagt. Seuffert VI. 261. Doch s. oben Note 16. Auch zwischen den Parteien ist die Klage aus dem dinglichen Recht nicht ausgeschlossen; regelmäßig genügt aber die persönliche Klage.

181) Actio locati, a. conducti.

182) Daß nicht wirksam verabredet werden könnte, daß der Miether auch noch vor Uebergabe der Miethssache zur Nutzung den Miethszins zu zahlen habe, läßt sich nicht behaupten, wenn auch die bloße Abrede der Miethspränumeration dahin zu interpretiren ist, daß erst nach Uebergabe der Sache vor der wirklichen Nutzung zu zahlen ist. Oben Anm. 47. Die Pränumeration der Miethe hat aber stets den Charakter einer Vorschußleistung, insofern demnächstige Nichterfüllung des Vertrages wegen zufälliger Unmöglichkeit die Rückforderung begründet.

183) Oben B. I. § 105 Anm. 28.

184) Oben B. I. § 1006 unter III.

185) A.G.O. I. 44 § 36fg. A.L.R. I. 21 §§ 387. 332, I. 7 § 144. S. bei Gruchot VIII. 224, wo gegen eine unrichtige Entscheidung richtig ausgeführt ist, daß eine aus einem bestimmten Grunde erfolgte Kündigung nicht aus einem anderen Grunde als wirksam aufrecht erhalten werden kann.

186) Förster wollte bis dahin überhaupt nur die Vertragsklage als zulässig ansehen.

187) I. 7 § 169.

Namen er besitzt (d. h. inne hat), aus eigener Macht zu allen Zeiten entsetzen, d. h. gegen ihn auch possessorisch klagen[188]).

Ein und dieselbe Klage kann sich gleichzeitig auf beide Klagegründe: auf das Rechtsverhältniß des Eigenthums in Verbindung mit dem Besitz des Beklagten und auf das durch den Vertrag begründete Rechtsverhältniß stützen[189]). Der Eigenthumsklage tritt die Einrede des Miethsrechts als Einrede gegenüber, und Kläger replicirt mit den Thatsachen, nach denen das Miethsrecht beseitigt ist, während er bei der Vertragsklage aus diesen Thatsachen die obligatorische Verbindlichkeit zur Rückgabe herleitet[190]). — Vom Uebergang der Rechte des Vermiethers und Verpächters auf seine Erben und auf seine Singularrechtsnachfolger ist bereits oben die Rede gewesen[191]).

Von den Einreden gegen die Zinsklage sind die aus der Gewährleistung (wegen nicht gehörig erfüllten Vertrages), und die Einrede des Pächters eines Landguts aus dem Rechte der Ermäßigung (Remission)[192]) hervorzuheben; der letzteren kann durch die Replik der eigenen Verschuldung am Mindererertrage[193]) oder durch die der Entsagung[194]) begegnet werden. Gegen die Klage auf Rückgabe oder Entsetzung hat der Pächter die Einrede der Zurückbehaltung. Wegen der von ihm auf die Sache gemachten Verwendungen, mag der Verpächter selbst oder mag ein Singularsuccessor klagen, wegen anderer Ansprüche auf Vergütung aber, welche vor dem Successionsfall eingetreten sind, kann er die Zurückbehaltung gegen einen Singularfolger des Verpächters nicht geltend machen[195]). Der Miether hat die Einrede der Retention nicht, sondern darf nur die Zinszahlung am letzten Termin weigern, wenn er Ersatz für Verwendungen erreichen will[196]). Ueber die Statthaftigkeit der Einrede des Eigenthums gegen die Vertragsklage ist bereits gehandelt[197]) und ausgeführt, daß kein Grund besteht, die römisch-rechtliche Singularität des Ausschlusses dieser Einrede, wie immer diese aufzufassen

---

188) I. 7 § 144. Das römische Recht schützte vielleicht den Miether überhaupt nicht gegen eigenmächtige Entsetzung durch den Vermiether. Ziebarth a. a. O. S. 124, Windscheid B. I. § 124, Dernburg, Pand. I. § 125 Z. 3. A. A. Linde in Lindes Zeitschr. B. I. S. 420

189) Vergl. B. I. § 52.

190) Praktische Wichtigkeit kann die Frage, ob die Klage als persönliche oder dingliche angestellt ist, dann erlangen, wenn der beklagte Miether oder Pächter sein Recht während des Prozesses an einen Anderen abgetreten, die Sache sublocirt hat. Das gemeine Recht betrachtet jedenfalls nur die Objekte dinglicher Klagen als res litigiosae, vergl. Windscheid B. I. § 125 bei Anm. 4. Im preußischen Recht kann der Begriff nicht weiter bemessen werden. S. oben Anm. 100 und B. I. § 51 Anm. 18ff.

191) Vergl. oben bei Anm. 75.

192) Darüber unten, Text bei Note 324f.

193) I. 21 § 478.

194) I. 21 § 510.

195) I. 21 § 396, I. 20 § 547. Vergl. oben B. I. § 110 Note 33. — Koch, Note zu § 396. Konnexität: Seuffert VI. 28. 149. — Wegen des Rechts auf Rückzahlung der Pachtkaution besteht kein Retentionsrecht. Strieth. B. 94 S. 19. Die Kaution ist erst nach Rückgabe des Pachtobjekts rückzahlbar.

196) I. 21 § 397. Siehe hierüber B. I. § 110 Anm. 21. Vgl. Entwurf des B.G.B. § 520, Entw. II. § 498, Reichstagsvorl. § 549.

197) Oben B. I. § 109 Anm. 5. Nach sächs. G.B. § 1227 ist die Einrede des Eigenthums

sein mag, in das preußische Recht hineinzutragen[198]). Daß endlich der Pächter und Miether eine Einrede aus der **Verletzung über die Hälfte** nicht hat, ist auch schon erwähnt[199]).

Die Klage des Miethers oder Pächters geht auf Uebergabe der Sache in brauchbarem und nutzbarem Zustand, auf Gewährleistung für den fortgesetzten Gebrauch und Genuß, auf Schadensersatz bei schuldhafter Vertragsverletzung[200]), auf Erstattung der Verwendungen, die zur Erhaltung der Substanz nothwendig oder nützlich gewesen sind, oder die er gemacht hat, um die Sache in brauchbaren Zustand zu versetzen, auf Erstattung der Auslagen für solche Lasten und Abgaben, welche vom Vermiether und Verpächter zu tragen sind[201]). Wenn der Pächter und Miether bei einem nothwendigen Verkauf der Sache vorzeitig hat weichen müssen, so hat er Vergütung für den aus der Nichterfüllung des Vertrages entstehenden Schaden von dem Vermiether und Verpächter zu fordern[202]). Auch bei der Entziehung des Miethsrechts wegen eines nothwendigen Hauptbaues oder wegen Untüchtigkeit der Sache liegt dem Vermiether nach dem Grade seines Versehens Schadloshaltung ob[203]).

Der **Zwangsvollstreckung** für die Geldforderungen des Vermiethers oder Verpächters, ebenso wie für die Geldforderungen Dritter, ist das Pacht- und Miethsrecht unterworfen, insofern es nach dem Inhalt des Vertrages durch Untermiethsverträge auf Andere entgeltlich übertragen, oder sofern auch nur die Ausübung für den Berechtigten einem Andern aufgetragen werden kann[204]). Eine **Sicherstellung** des Vermiethers oder des Verpächters kann nicht kraft des Gesetzes sondern nur nach Inhalt des Vertrages gefordert werden; ein gesetzliches Recht darauf besteht nur bei wahrscheinlicher Besorgniß eines Mißbrauchs[205]). Vertragsmäßig kommt eine Sicherstellung häufig

nur gestattet, wenn der Miether schon zur Zeit der Abschließung des Vertrages Eigenthümer gewesen, und nicht Umstände vorliegen, unter denen man seine eigene Sache miethen oder pachten kann. S. auch § 1184 das.

198) A. M. Koch, R. d. F. III. S. 913.

199) Oben § 127. Entsch. B. 48 S. 171. Rehbein III. S. 890.

200) Richtig ist Strieth. B. 16 S. 232b angenommen, daß der gemeingewöhnliche Gebrauch oder Nutzen, welchen der Vermiether oder Verpächter zu gewähren hat, nicht Gewinn im Sinn des § 287 I. 5 ist, für dessen Entziehung nur im Fall des groben Versehens Ersatz beansprucht werden kann.

201) Oben bei Note 45 bis 71.

202) I. 21 § 355. Vergl. Entsch. B. 76 S. 307. Strieth. B. 95 S. 135. Für den Fall des Verkaufs aus der Konkursmasse vergl. noch K.O. § 21. Die vorzeitige Beendigung in Folge gerichtlichen Verkaufs ist etwas schlechthin von dem Verpächter zu Vertretendes, kein casus mixtus. Die Beschränkung der Vertretungsverbindlichkeit auf den wahren Schaden in Entsch. B. 76 S. 307 ist nicht zu rechtfertigen; der Vermiether haftet auch für den entgangenen Gewinn.

203) I. 21 §§ 364. 365. 385, I. 30 pr. 35 D. XIX. 2.

204) Die Pfändung kann in Gemäßheit des § 754 C.P.O. stattfinden. Ist die Sublokation zulässig, so wird das Gericht die Veräußerung durch Weiterverpachtung anordnen können, sonst nur die Verwaltung des Nutzungsrechts. — Die Praxis des älteren Rechts ließ auf Grund des § 110f. I. 24 A.G.O. eine Sequestration gegen den Pächter nicht zu. Entsch. B. 6 S. 212. Striethorst B. 41 S. 360. Vergl. dagegen Koch zu § 116 I. 24 A.G.O.

205) I. 21 §§ 19. 20. S. auch Seuser V. 182. — Wegen Rückzahlung der Kaution kann der Zins nicht retinirt werden, s. oben Anm. 195; dagegen steht dem Verpächter nichts entgegen, wenn er die mit Geld bestellte Kaution gegen den Zins kompensirt.

bei Pachtverhältnissen vor. Der Verpächter und Vermiether hat aber auch noch eine **gesetzliche** Sicherung, die der näheren Betrachtung bedarf[206]).

Diese Sicherung entstammt dem römischen Recht, das die Sachen des Miethers, die in das gemiethete Grundstück gebracht sind, ut ibi sint[207]) zu Gunsten des Vermiethers[208]) und die von dem Pächter gewonnenen Früchte zu Gunsten des Verpächters[209]) einem gesetzlichen Pfandrecht unterwirft, das zunächst die Natur einer Hypothek hat[210]), insofern aber dem Faustpfand nahe kommt, als damit ein Retentionsrecht, die Befugniß, die Fortschaffung der Sachen aus dem gemietheten Grundstück zu verhindern, das Recht der Perklusion verbunden ist[211]). Die preußische Gesetzgebung bedient sich zur Bezeichnung der aus ihren entsprechenden Bestimmungen hervorgehenden Rechtsstellung bald der Bezeichnung Pfandgläubiger[212]), bald redet sie von einem Retentionsrecht[213]). Da nun das Landrecht ein anderes Pfand als das Besitzpfand sonst nicht kennt, so ist die Natur des Rechts bestritten worden. Das Obertribunal nahm ein Pfandrecht an[214]), und seiner Ansicht sind beigetreten Bornemann[215]), Koch[216]) u. A. Dagegen wurde von anderer Seite behauptet, die Illation gebe nur einen Pfandanspruch, ein Pfandgewinnungsrecht, also einen Titel zum Pfandrecht, dessen Vollendung zu einem dinglichen Recht noch des Modus bedürfe, der in der Besitzergreifung, der Retention liege. So Gärtner[217]), Korte[218]), Jakobi[219]) und be=

---

[206]) Ueber gemeines Recht s. Glück B. 18 S. 428. Vangerow I. S. 967 (6. A.) und Dernburg, Pfandrecht I. S. 294 § 36. Für preuß. Recht Lenz, Studien und Kritiken. 1847. S. 115fg. Mit dem Vermiether hat ein gleiches Recht der Gastwirth, § 455 II. 8 A.L.R., jedoch bezieht sich das nur auf dessen Forderung für Quartier und Bewirthung, nicht auf andere Ansprüche an den Reisenden, z. B. für Auslagen. Vergl. K.O. § 41 Nr. 5, sowie § 33 Nr. 5 der Pr. Konk.O. S. Entw. des B.G.B. I. § 628, II. § 644, Reichstagsvorlage § 691.

[207]) S. bes. Dernburg, Pfandrecht I. S. 296, l. 4 D. XX. 2. Eo jure utimur, ut quae in praedia urbana inducta illata sunt, pignori esse credantur, quasi id tacite convenerit. Vergl. l. 4 D. II. 14, l. 6 D. XX. 2.

[208]) Bezüglich des Verpächters ist l. 5 C. IV. 65 zu beachten.

[209]) Dernburg, Pfandrecht I. S. 308, Windscheid I. § 231 Anm. 6.

[210]) Die Quellen führen es auf einen aus der Gewohnheit solcher Verpfändung zu vermuthenden Willen der Paciscenten zurück. L. 4 pr. D. II. 14. Vergl. indessen Glück B. 18 S. 422, Sintenis, Pfandrecht S. 467, Seuffert IV. 210. Daß das Pfandrecht nicht aus der Perklusion entspringt, daß diese vielmehr in dem Pfandrecht ihren Grund hat, führt für das gem. R. auch das Reichsgericht (Entsch. in Strafsachen B. VI. S. 322) aus.

[211]) Gegen unbegründete Verhinderung steht dem Miether das interdictum de migrando zur Seite. Vergl. D. XLIII. 32.

[212]) A.L.R. I. 21 § 395, Deklaration v. 21. Juli 1846 (G.S. S. 326). A.G.O. I. 50 § 382a. Entw. des B.G.B. § 521, Entw. II. §§ 501—505, Reichstagsvorl. §§ 552—556.

[213]) A.G.O. I. 44 §§ 56—58. 60.

[214]) Entsch. B. 1 S. 27. Präj. 740 (Samml. I. S. 127). Strieth. B. 7 S. 253. Daß das Pfandrecht schon durch die Illation entsteht, nicht erst durch Ausübung des Rückbehaltungsrechts, ist in dauernder Praxis festgehalten: Vergl. Entsch. B. 6 S. 92, B. 42 S. 174, B. 72 S. 207. R.O.H.G. B. 6 S. 282 und R.G. bei Gruchot B. 25 S. 460. Vergl. auch Entsch. in Strafsachen B. 3 S. 58.

[215]) Civ.R. IV. 328.

[216]) Kommentar Note 5 zu I. 21 § 395.

[217]) Bei Gans, Beitr. I. 485f.

[218]) Arnsb. Archiv V. 104.

[219]) Jurist. Wochenschr. 1836 S. 239, 1840 S. 344, 1843 S. 152.

sonders Lenz[220]). Wenn aber auch der letzteren Auffassung ein genaues Anschließen an die Theorie des A.L.R. von der Entstehung eines dinglichen Rechts zugegeben werden muß, so widerspricht dieser doch auch nicht der Standpunkt des Obertribunals, der zugleich mit der alten gemeinrechtlichen Theorie und zwar gerade derjenigen Schriftsteller, die bei der Redaktion des Landrechts besonders benutzt sind, übereinstimmt[221]). Der Modus kommt als das Moment in Betracht, welches das dingliche Recht kennbar machen soll; giebt aber das Gesetz allgemein jedem Vermiether und Verpächter ein Pfandrecht unter der Voraussetzung des Einbringens der Sachen oder des Entstehens der Früchte, so ist die Kennbarkeit für Jedermann genügend vorhanden. So hat denn auch schon die preußische Konkursordnung dem Vermiether und Verpächter nach der hier in Rede stehenden Richtung ausdrücklich „gleiche Rechte mit den Faustpfandgläubigern" zugeschrieben[222]).

Also: der Vermiether und der Verpächter, den das Landrecht hier dem Vermiether ausdrücklich gleichstellt, erlangt nach preußischem Recht mit dem Moment der Einbringung an den eigenen Sachen des Miethers und Pächters, sowie an solchen, welche derselbe ohne Einwilligung ihres Eigenthümers zu verpfänden befugt ist, und der Verpächter erlangt mit dem Moment ihrer Entstehung an den Früchten des verpachteten Grundstücks ein wirkliches Pfandrecht[223]), das er geltend machen kann wegen aller[224]) Forderungen aus dem Mieth- oder Pachtvertrage, und zwar während[225]) und nach Ablauf der Vertragszeit, das er aber bezüglich derjenigen Sachen verliert, die aus dem vermietheten oder verpachteten Grundstück mit seiner ausdrücklichen oder stillschweigenden Zulassung[226]) fortgebracht worden sind[227]).

---

[220]) Studien und Kritiken, 1847 S. 115 fg.

[221]) Helldorf, Jurispr. for. § 1097.

[222]) Preuß. Konk.Ordn. v. 8. Mai 1855 § 33 Nr. 4.

[223]) Strieth. B. 60 S. 278. R.G. Entsch. B. 33 S. 222. Bei der Miethe müssen die Sachen in das Miethslokal, nicht bloß in das Grundstück gebracht sein. R.G. bei Gruchot B. 26 S. 996. Wegen der Früchte s. unten Anm. 250.

[224]) Zins und andere Forderungen. Auch nach gemeinem R. l. 2 D. XX. 2. Dernburg, Pfandrecht I. S. 299. Zeitschr. f. Rechtspfl. und Verw. in Sachsen B. 9 S. 262. Vergl. Entwurf des B.G.B. § 521. Aber doch nur wegen eigentlicher Miethsforderungen, nicht wegen Leistungen, die nur zufällig bei Gelegenheit des Miethsvertrages bedungen sind. R.G. bei Gruchot B. 26 S. 996.

[225]) Entsch. B. 6 S. 92, bes. S. 100 f. Aber vor der Fälligkeit seiner Forderungen an den Miether kann er das Pfandrecht nicht zum Zwecke des Verkaufs ausüben, sondern nur durch die Retention geltend machen. Pr. Anw.Z. 1866 S. 104.

[226]) Fortschaffung ohne Willen und Wissen des Vermiethers führt den Verlust noch nicht herbei. Dagegen kann Dernburg I. § 364 darin nicht beigestimmt werden, daß es — auch gegen den erkennbar gemachten Willen des Vermiethers — ein gerechtfertigtes Wegbringen gebe, wenn solches in Folge regelmäßigen Geschäftsbetriebs oder zu gleichwerthigem Austausch geschehe. Der Widerspruch des Vermiethers, die Geltendmachung des Retentionsrechts entzieht solchen Falls der Wegbringung den Rechtfertigungsgrund, auch ohne daß die Sachen vom Gerichtsvollzieher mit Beschlag belegt zu sein brauchen. — Die Fortschaffung der Sachen durch den Gerichtsvollzieher oder im Falle der Konkurseröffnung zerstört das Zurückbehaltungsrecht nicht; es kommt solchen Falls nur darauf an, ob das Recht zur Zeit der Pfändung, zur Zeit der K.E. bestand.

[227]) Entsch. B. 19 S. 288, B. 72 S. 207. Vergl. auch Präj. 401. (Samml. I. S. 127.)

Während die preußische Konkursordnung an diesen Bestimmungen auch für das Konkursrecht im Wesentlichen festhielt, hat sie die Reichskonkursordnung[228]) nicht ohne eine erhebliche Umgestaltung übernommen. Sie stellt in Ansehung der bei der Konkurseröffnung noch auf dem Grundstück befindlichen Früchte und eingebrachten Sachen den Verpächter wegen des laufenden und rückständigen Zinses und wegen aller anderen Ansprüche aus dem Pachtverhältniß als absonderungsberechtigt einem Faustpfandgläubiger gleich; dem Vermiether giebt sie dieselbe Stellung nur wegen des laufenden[229]) und des für das letzte Jahr vor der Eröffnung des Verfahrens rückständigen Zinses sowie wegen anderer Forderungen aus dem Miethsverhältnisse[229a], in Ansehung der noch auf dem Grundstücke befindlichen[230]) eingebrachten

---

Strieth. B. 6 S. 43, B. 11 S. 81, B. 15 S. 303, B. 42 S. 176, B. 91 S. 307, B. 95 S. 186. R.O.H.G. B. 6 S. 290. Entsch. d. R.G. in Straff. B. 3 S. 60. S. 323, B. 4 S. 44. Vergl. unten Anm. 230 bezüglich des in diesen Entscheidungen näher behandelten Falls der dazwischen getretenen Konkurseröffnung.

[228]) R.K.O. § 41 Nr. 2 u. 4.

[229]) Auf die Zweifelhaftigkeit der Auslegung ist schon dem Gemeinschuldordnungsentwurf gegenüber in Behrend und Dahn's Zeitschrift B. 8 S. 63 aufmerksam gemacht. Danach ist von der Vorkommission statt „aus dem letzten Jahre" gesetzt „für das letzte Jahr". Dadurch ist eine der früher möglichen Deutungen ausgeschlossen. Dem Wortlaute nach möglich ist die Auslegung, daß laufend nur der Zins für die Zeit nach Eröffnung des Verfahrens, rückständig der Zins für das letzte Jahr vor dem Tage der Konkurseröffnung sei. Indessen schon der Umstand, daß die so sorgfältig redigirte Konkursordnung hier andere Ausdrücke braucht als §§ 52. 54, spricht gegen diese Deutung. Dagegen ist aber auch noch das Folgende geltend zu machen: Die Motive führen die Bestimmung auf eine Reihe von Konkursgesetzgebungen zurück, in denen der Ausdruck laufender Zins die Bedeutung hat: der seit dem letzten vertragsmäßigen oder gesetzlichen Zahlungstermin laufende Zins der bei der Konkurseröffnung angefangenen und noch nicht vollendeten Pacht- oder Miethsperiode. In demselben Sinne kamen nach § 54 Art. 2 Preuß. Konk.O. (vergl. jetzt Immob.Vollstr.-Ges. v. 13. Juli 1883 § 36) bei der Subhastation als laufend die Zinsen der bei Einleitung der Subhastation und während des Verfahrens laufenden Zinsperioden und als zweijährige Rückstände, die Zinsen der dem Beginn jener Zinsperiode vorangehenden zwei Jahre in Betracht, wie dies ausdrücklich § 59 Preuß. Konk.Ordn. vorschreibt. Laufend ist hiernach der Zins für die zur Zeit der K.E. laufende Periode bis zum Ende des Vertrages. So R.G. Entsch. B. 13 S. 253. Die Folgerung aber, daß hiernach rückständig die einjährigen Zinsen von dem Zeitpunkt rückwärts sind, von dem ab die laufenden beginnen, wird vom Reichsgericht Entsch. B. 34 S. 100 abgelehnt. Das Jahr soll vom Tage der Konk.Eröffnung rückwärts berechnet werden, also auch die laufenden Zinsen vor der K.E. einschließen. Für die Zeit nach der K.E. ist der weiterlaufende Zins zugleich Massenforderung; aber trotzdem kann das Absonderungsrecht — in der Konkurrenz mit anderen Massengläubigern — für den locator von Erheblichkeit sein. Vergl. auch R.G. Entsch. B. 14 S. 1. — Außerhalb des Konkursverfahrens ist „laufend" bei „entsprechender" Anwendung der zur Zeit der Pfändung laufende Zins.

[229a]) Das Reichsgesetz vom 9. Mai 1894 betreffend Abänderung des § 41 der Konkursordnung hat diese Vorschrift dahin eingeschränkt, daß sich das Absonderungsrecht nicht mehr auf den Entschädigungsanspruch wegen der Kündigung des Verwalters nach § 17 Nr. 1 erstreckt.

[230]) Waren die Sachen vor der Konkurseröffnung heimlich oder gewaltsam aus der Miethswohnung oder dem Pachtgrundstück entfernt, so ging die Praxis, die sich an den Wortlaut des § 395 I. 21 A.L.R. anschloß (vgl. oben Anm. 227), von einem Fortbestehen des Pfandrechts als eines im Konkursverfahren zu berücksichtigenden aus. Auf denselben Standpunkt stellen sich die Motive zur Konkursordnung. Die Konkursordnung läßt aber die Möglichkeit nicht offen, im Konkurse ein dingliches Recht an den nicht mehr in der Miethswohnung oder dem Pachtgrundstück befindlichen Sachen

Sachen[231]). Nur insoweit, als hier ein Absonderungsrecht anerkannt ist, hat demnächst das Ausführungsgesetz zur Konkursordnung vom 6. März 1879[232]) eine entsprechende Anwendung auf das Verhältniß zu anderen Gläubigern angeordnet. Darüber hinaus — also wegen des mehr als einjährigen Zinsrückstandes bei der Miethe kann nur noch gegenüber dem Miether selbst ein Retentionsrecht geltend gemacht werden; ein Dritten gegenüber wirksames Recht besteht nicht, selbst dann nicht, wenn der Vermiether oder Verpächter dem abziehenden Miether oder Pächter gegenüber das Retentionsrecht thatsächlich ausgeübt hat, und ihm danach der Gewahrsam der Sachen belassen ist[233]). Nur durch ausdrückliche Einräumung der belassenen Sachen als Faustpfand oder durch Pfändung wird hier eine Erstreckung der Rechte ermöglicht.

Der Afterverpächter und Aftervermiether hat das gleiche Recht gegen seinen Unterpächter und Untermiether[234]), dem Hauptverpächter und Hauptvermiether versagte es aber gegen die letzteren schon die preußische Praxis[235]), während das gemeine Recht es gab[236]). Nach der **Konkursordnung** sind die Illaten des Afterpächters jedenfalls nicht als Gegenstände des dem Hauptverpächter zustehenden Absonderungsrechts anzusehen.

---

um deshalb anzunehmen, weil der Locator das Recht hat, zu verlangen, daß die Sachen wieder zurück gebracht werden. Die weiter gehende Absicht der Motive ist nicht zum Gesetz geworden. Freilich standen die gleichen Sätze bereits der Praxis seit der Preuß. Konk.Ordn. entgegen. A. M. v. **Wilmowski**, K.O. S. 235 N. 5, **Dernburg** I. § 364 Anm. 9. Das R.G. Entsch. B. 8 S. 99 hat sich der hier vertretenen Ansicht angeschlossen. Vergl. auch Anm. 251.

231) Daraus ob die eingebrachten Sachen pfändbar sind, oder nicht, war kein Unterschied hergeleitet. Vergl. jedoch wegen des jetzt geltenden Rechts Anm. 241.

232) In § 7. Das Absonderungsrecht wird gegenüber dem Vollstreckungspfandgläubiger gegeben, wie es im Konkurse den Gläubigern gegenüber gegeben ist. Hierin, nicht in dem Alter des Pfandrechts liegt der Grund, weshalb der Vermiether dem anderen Gläubiger die Befriedigung vorwegnimmt. Dies Absonderungsrecht ist auch da wirksam, wo dem Vermiether ein Pfandrecht nicht zusteht (Hannover).

233) Das bloße Belassen des Gewahrsams begründet kein Faustpfandrecht.

234) Entsch. B. 8 S. 292.

235) Entsch. B. 1 S. 160. Das O.Trib. stützt sich auf I. 21 § 318, der dem Hauptvermiether nur ein Arrestrecht auf den Zins des Aftermiethers zugesteht. Direkt wurde dadurch der Satz nicht bewiesen. **Lenz** S. 159 motivirte ihn richtig dadurch, daß zwischen dem Hauptvermiether und Aftermiether keinerlei Vertragsverhältniß bestehe. **Koch**, Komm. Note zu § 395 wollte dagegen aus § 74 I. 20 das Pfandrecht deduziren, wonach dem Gläubiger, dem der Schuldner eine fremde Sache verpfändet hat, jedenfalls das dingliche Recht, das dieser auf die Sache hat, haftet — also: das Pfandrecht des Aftermiethers hafte auch dem Hauptvermiether, und nach den Schlußworten der Dekl. v. 21. Juli 1846 seien dem Pfandrecht auch die Sachen unterworfen, die der Miether und Pächter ohne Einwilligung des Eigenthümers zu verpfänden befugt ist. Ein Ausspruch des O.Trib. nach der Dekl. ist nicht bekannt geworden. Für **Koch's** Ansicht spricht allenfalls, daß das Pfand des Aftermiethers dem Hauptvermiether durch Vertrag gewiß verafterpfändet werden kann. Aber nach dieser Ansicht wären doch nicht die Illaten des Aftermiethers verpfändet, sondern das Pfandrecht des Aftervermiethers an diesen, und die deutsche Konkursordnung statuirt jedenfalls nur ein Absonderungsrecht an den Illaten des Pächters oder Miethers selbst. Bezüglich der Früchte des Pachtgrundstücks aber, das in Afterpacht gegeben, vergl. Anm. 250. S. auch R.G. Entsch. B. 13 S. 39 (franz. Recht). A. A. **Kohler**, Konkursrecht S. 183.

236) Vergl. l. 11 § 5 D. XIII. 7. (**Vangerow** I. 969. **Dernburg**, Pfandrecht I. 306. **Sohm**, Die Lehre vom subpignus. 1864 S. 97 f. **Bekker** in der krit. Vierteljahrschr. VI. 487 f.)

Das gesetzliche Pfandrecht kann von dem Vermiether zwar nicht selbständig einem Dritten abgetreten werden, aber auf den Singularsuccessor im Eigenthum des Grundstücks geht es mit dem Vertragsrecht aus dem Pacht- und Miethsvertrage auch ohne besondere Cession über[237]).

Es ergreift die eingebrachten eigenen Sachen des Miethers und Pächters, regelmäßig also nicht fremde Sachen[238]). Das A.L.R. und das Reichsrecht gehen hier weiter, als das gemeine Recht, das die eingebrachten Sachen des Pächters nicht wie die des Miethers dem Retentionsrecht des Verpächters unterwarf[239]). Aber darin stimmen sie wieder mit dem gemeinen Recht überein, daß alle eingebrachten verpfändbaren Sachen verpfändet sind[240]); ein neuestes Gesetz hat jedoch solche Sachen ausgenommen, die nicht Gegenstand einer Zwangsvollstreckung sein dürfen[241]). Die römisch-rechtliche Auf-

---

237) Denn der Grundstückserwerber tritt in das Verhältniß des Vermiethers als Gläubiger vollständig ein. I. 21 § 358. Oben Note 76.

238) Dekl. v. 21. Juli 1846 (Ges.S. S. 326). S. Anm. 245. Schon vorher hatte das O.Trib. sich dafür entschieden. Entsch. B. 1 S. 158, B. 4 S. 1 (Pl.Beschl.). Gegen die Begründung des Pl.Beschl. Koch, Beurth. S. 37. Pr.R. I. S. 608 Note 17. Kommentar zu § 80 I. 20. Das gemeine Recht stimmt überein. l. 20 pr. D. XIII. 7, l. 2 C. VIII. 16. Hellefeld, Jurispr. for. § 1087. Westphal, Versuch einer systemat. Erört. des Pfandrechts, 3. A. 1860 § 102. Dernburg, Pfandrecht I. S. 303.

239) Im corpus juris wird das gesetzliche Pfandrecht an eingebrachten Sachen nur bei praedia urbana erwähnt, bei einem praedium rusticum mußte es bedungen werden. Vangerow I. 967. 968. Dernburg, Pfandrecht I. S. 297 f. Siehe l. 4. 6 D. XX. 2, l. 4 D. II. 14, l. 198 D. L. 16. Ein prinzipieller Grund, hierin Miether und Pächter verschieden zu beurtheilen, existirt nicht, das röm. R. hat bei dem Pächter nur das Pfandrecht nicht vollständig entwickelt. Der Verpächter eines praedium rusticum sicherte sich durch Kaution. l. 14 D. 20. 6, l. 53 D. XIX. 2, l. 52 § 2, l. 58 D. XLVI. 1. Dernburg a. a. O. S. 308. 310 f. und S. 312 über die scheinbar widersprechende l. 5 C. IV. 65. Ueber das Pfandrecht an den Früchten s. unten S. 253.

240) Koch, Komm. zu § 395.

241) Ges. v. 12. Juni 1894 betr. die Rechte des Vermiethers an den in die Miethsräume eingebrachten Sachen. Der schlecht redigirte Zusatz: „Rechte, welche dieser Vorschrift zuwider bestellt werden, sind unwirksam" soll nur heißen, daß die Abrede des Miethers mit dem Vermiether, daß er sich auch an die unpfändbaren Gegenstände kraft des Zurückbehaltungsrechts halten könne, wider öffentliches Recht verstößt. Dagegen wird daraus trotz des Wortlauts nicht gefolgert werden dürfen, daß der Miether dem Vermiether unpfändbare Sachen als Faustpfand auch nicht in wirklichen und wirksamen Pfandbesitz geben könne. Nach dem Wortlaut des Gesetzes bezieht es sich nicht auf den Fall des Pachtvertrages, jedenfalls nicht auf Früchte, soweit sie unpfändbar sind, nicht auf Sachen, die in das Grundstück, aber nicht in Miethsräume eingebracht sind. Daraus werden sich in der Praxis Zweifel und Schwierigkeiten ergeben, wie regelmäßig aus den Gesetzesfassungen bei parlamentarischer Initiative. — Bis zu diesem Gesetz mußten in die Miethsräume eingebrachte unpfändbare Sachen als dem Retentionsrecht unterliegend angesehen werden, weil sie durch Vertrag verpfändet werden können. Ges.-Rev. XIII. XIV. S. 111. Bornemann IV. S. 335. S. auch Cocceji, J. civ. contr. XX. 2 qu. 16. Glück S. 416. Von Aelteren war dagegen Lauterbach, Coll. th. pr. XX. 2 § 113 u. A. Das O.A.G. Berlin bei Fenner und Mecke B. 3 S. 31 hatte sich vom gemeinrechtlichen Standpunkt dagegen ausgesprochen. Es bestand auch lebhafter Streit. Vgl. insbesondere Eck, Festgabe für Gneist S. 251 f. Cretschmar im Civ.Arch. B. 68 S. 473. Das Argument, daß auch für den Retentionsberechtigten Befriedigung aus den Pfandstücken nur nach deren Pfändung zu ermöglichen sei, daß aber diese jedenfalls durch § 715 ausgeschlossen werde, übersieht, daß der Retentionsberechtigte sich durch Retention (Perklusion) in den Besitz der Pfandstücke setzen kann, und daß die in § 715 bezeichneten Gegenstände der Pfändung nicht entzogen sein können, wenn sie von einem Andern als dem Vollstreckungsschuldner der Pfändung dargeboten werden. Vergl.

fassung, daß als eingebracht eine Sache nur angesehen werden kann, wenn sie bestimmt ist, in der Wohnung oder auf dem Grundstücke zu verbleiben, ut ibi sint, hat zu der Folgerung geführt, daß die Sachen, die der Miether und Pächter an seiner Person braucht und trägt (Kleider, Wäsche), oder die in sich die Bestimmung haben, nicht behalten zu werden (baares Geld, Waaren, die zum Verkauf feil gehalten werden), nicht verpfändet seien[242]. Gegen diese Ansicht hat sich die preußische Praxis mit Recht ausgesprochen[243]) und, wenn der Unterschied im preußischen Recht keine Begründung findet, so steht ihm das Reichsrecht geradezu entgegen[243a]). — Schulddokumente sind nicht als inferirte Sachen anzusehen, denn nicht sie, sondern nur die durch sie bewiesenen Forderungen sind durch Aushändigung der Urkunde verpfändbar, und diese Forderungen sind nicht eingebracht[244]).

Außer den eigenen Sachen des Miethers und Pächters sind diejenigen dem Pfandrecht unterworfen, welche er ohne Einwilligung des Eigenthümers zu verpfänden befugt ist[245]). Der Grund ist klar: was ausdrücklich verpfändet werden darf, kann auch stillschweigend verpfändet werden. Daraus wird mit Recht gefolgert, daß auf die in die Ehe eingebrachten (inferirten) Sachen der Ehefrau, die sich in der Wohnung des Ehemannes befinden, das Pfandrecht sich erstreckt[246]); aber es wird nicht richtig daraus gefolgert, daß dies ebenso bei dem durch Vertrag vorbehaltenen Vermögen

---

oben B. I. § 113 hinter A. 27. S. auch Entsch. d. R.G. in Strafsachen B. IV. S. 201. Der Entwurf des B.G.B. § 521 Abs. 1. 543, Entw. II. § 501. 525, Reichstagsvorl. § 552. 578 schließt das Pfandrecht des Vermiethers an nicht pfändbaren Sachen aus, erstreckt aber das Pfandrecht des Verpächters auch auf die nach C.P.O. § 715 Nr. 5 nicht pfändbaren Früchte und Inventarienstücke.

242) l. 32 D. XX. 1, l. 7 § 1 D. XX. 2. Der Gegensatz ist das ad tempus ibi esse, s. l. 44 de leg. III. des nur gelegentlich Aufgenommenen. Vergl. Koch Note zu § 395. Pufendorf, Observ. II. 29. Dernburg S. 301. 302, der in Betreff der Kleidungsstücke jedoch a. M. l. 44. 79 § 1 de leg. III. Die l. 34 pr. D. XX. 1 entscheidet, daß die zur Zeit des Todes des Miethers in der taberna befindlichen merces als verpfändet gelten sollen. S. über diese Stelle Huschke, Zeitschr. f. Civ.R. u. Proz. B. 20 S. 199. Förster vertrat diesen Standpunkt als preußischrechtlich.

243) Vergl. R.O.H.G. B. 6 S. 284, B. 21 S. 129. Strieth. B. 95 S. 186.

243a) Vergl. jedoch Entwurf des B.G.B. § 521 Abs. 2, Entw. II. §§ 502. 503, Reichstagsvorlage §§ 553. 554.

244) A. M. Lenz S. 141. Vergl. dagegen Bornemann IV. 336. S. Dernburg, Pfandrecht I. S. 302, der auch Inhaberpapiere nicht verpfändet sein läßt. Diese Ansicht hat Dernburg, Privatrecht I. § 364 Anm. 10 zurückgenommen. Er erklärt hier für unzweifelhaft, daß sich das Pfandrecht darauf erstrecke. Indossable Papiere (Wechsel) sind nicht in gleichem Maße in dem Papier verkörpert; sie unterliegen dem Pfandrecht nicht; ebensowenig Legitimationspapiere (unechte Inhaberpapiere, wie die Sparkassenbücher). R.G. bei Gruchot B. 39 S. 424.

245) Dekl. v. 21. Juli 1846. Auch nach gemeinem Recht, also wenn der Eigenthümer zur Verpfändung seine Zustimmung gegeben, welche in dem Fall l. 2 C. VIII. 14 als stillschweigend ertheilt angenommen wird. — Weiter aber geht das gesetzliche Recht nicht. Dem Vermiether steht namentlich nicht auf solche Sachen ein Retentionsrecht zu, die er für Sachen des Miethers zu halten Anlaß hatte. Entsch. B. 83 S. 23. Die reputed ownership des englischen Rechts mit ihren Konsequenzen ist dem preußischen Recht fremd. Der Entwurf des B.G.B. beschränkt die Haftung auf Sachen des Miethers.

246) Präj. 1734 nnd Rechtsfälle B. 2 S. 125.

der Frau der Fall sei[247]), denn wenn auch die Veräußerung solcher Sachen durch den Mann nicht wie bei gesetzlich vorbehaltenen geradezu nichtig ist, sondern der Frau nur die Vindikation unter Ersatz der Leistung des gutgläubigen Erwerbers zusteht[248]), so folgt doch gerade hieraus, daß der Mann nicht befugt ist zur Veräußerung oder Verpfändung, wenngleich das Veräußerungsgeschäft soweit giltig ist wie das eines anderen Nichteigenthümers.

Ist ein Konkursverfahren über das Vermögen des Miethers und Pächters eröffnet, so kommen nur die diesem gehörigen Gegenstände als Objekte eines Absonderungsrechts in Betracht, denn der Eigenthümer der sonst noch als Pfand haftenden Sachen ist ja nicht im Konkurse. Mit dieser Motivirung ist die Aufnahme des ausdrücklichen Satzes der Preuß. K.O., daß ein Absonderungsrecht auch bezüglich derjenigen Sachen bestehe, die der Miether ohne Einwilligung des Eigenthümers zu verpfänden befugt war, bei Berathung der Reichskonkursordnung abgelehnt. Die Mehrheit der Kommentatoren[249]) nimmt deshalb an, daß im Konkursverfahren über das Vermögen des Eigenthümers solcher Sachen ein Recht auf abgesonderte Befriedigung nicht geltend zu machen sei. Aber das haben die Motive nicht sagen wollen, und das Gesetz sagt es nicht. Auch in diesem Falle liegt ein Anspruch eines Verpächters oder Vermiethers auf inferirte, auf seinem Grundstück befindliche Sachen vor, und der Umstand, daß der Kridar aus dem Vertrage nicht persönlich, sondern nur dinglich mit der inferirten Sache haftet, ist nicht geeignet, die Unanwendbarkeit der Bestimmung der Konkursordnung über das Absonderungsrecht des Verpächters und Vermiethers darzuthun.

Ueber das Pfandrecht an den zurück zu haltenden Früchten bestimmt das A.L.R. nichts, gleichwohl hat es die Praxis, im Anschluß an das römische Recht, und von der Annahme ausgehend, daß das Gesetzbuch die Sicherheiten des Verpächters nicht habe schmälern wollen, festgehalten, und die preußische wie die Reichs-Konk.-Ordnung haben diese Praxis bestätigt. Das preußische Recht geht aber wegen seiner Auffassung des Fruchtbegriffs weiter, als das römische; denn es unterwirft auch die noch unabgesonderten, auf dem Halm stehenden Früchte diesem Pfandrecht[250]).

---

247) Striethorst B. 19 S. 94. Das Obertribunal behauptet, daß die im Text ausgesprochene Ansicht ohne Grund sei, giebt aber für die eigene Ansicht selbst keinen Grund.

248) II. I. § 250.

249) So v. Wilmowski, Stieglitz, v. Sarwey, — a. M. v. Völderndorff zu § 41 K.O. Allerdings kann der, welcher dem Miether eine Sache geliehen hat, die Aussonderung aus der Konkursmasse des Miethers verlangen, obgleich der Miether die geliehene Sache mit Zustimmung des Leihers in die Miethswohnung gebracht hat; — aber im Konkurs der Ehefrau, deren Sache von ihrem Ehemann als Miether in die von diesem gemiethete Wohnung eingebracht sind, wird der Vermiether als absonderungsberechtigter Gläubiger auftreten, obgleich die Gemeinschuldnerin ihm nicht als Mietherin gegenüber steht. Früchte, die einem Dritten gehören, und die der Miether nicht verpfänden konnte, haften dem Vermiether nicht; es kann also im Konkurse über das Vermögen des Eigenthümers dieser Früchte von einem Gläubigerrecht des Vermiethers mit Absonderungsbefugniß nicht die Rede sein. Die Mobilien der Ehefrau aber haften dem Vermiether, ohne daß er ein Forderungsrecht als Gemeingläubiger geltend machen könnte; sein Pfandrecht ist nur als Absonderungsrecht geltend zu machen.

250) Entsch. B. 6 S. 92. Striethorst B. 15 S. 303. Lenz S. 144. Preuß. Konk.Ordn.

Was die Wirksamkeit des gesetzlichen Pfandrechts des Vermiethers und Verpächters gegenüber den Auspfändungen im Interesse anderer Gläubiger des Miethers und Pächters betrifft, so hat der Verpfänder oder Vermiether als nichtbesitzender Pfandgläubiger nicht das Recht der Pfändung zu widersprechen und die Fortnahme der Sache durch den Gerichtsvollzieher zu verbieten, er kann nur ein Recht auf Vorwegbefriedigung aus dem Erlöse der gepfändeten Sache geltend machen[251]).

Wird von dem Vermiether gegenüber dem Miether, der die der Pfandhaft unterliegenden Gegenstände entfernen will, das Retentionsrecht geltend gemacht, so ist es auf soviel zu beschränken, als zur Bezahlung der geschuldeten Miethe nöthig ist. Für den Fall der Verpachtung fehlt es an einer entsprechenden Vorschrift[252]).

---

§ 33 Nr. 4, l. 7 pr. D. XX. 2, l. 61 § 8 D. XLVII. 2, l. 3 § 1 D. L. 8. Aus l. 24 § 1, l. 53 D. XIX. 2 wird gefolgert, daß der Verpächter nur an den geernteten Früchten das Pfandrecht hat. Glück B. 18 S. 447. Dernburg, Pfandrecht I. S. 309 fg. Der innere Grund dafür (denn jene Stellen beweisen es nicht direkt) soll sein, daß der Pächter erst durch Perzeption das Eigenthum erwirbt. Dieser Grund ist selbst nach röm. Recht bedenklich (unten Note 333), fällt aber nach preuß. Recht gewiß weg. I. 9 § 221. Aber wie steht es hier bei der Afterpacht? Der Afterpächter kann das Eigenthum der Früchte nur ebenso erwerben, wie der Afterverpächter, sein Autor, d. h. beschwert mit dem Pfandrecht des Eigenthümers, weil diesem alle Früchte haften. Bei Parzellen-Afterpacht kann sich der Eigenthümer sogar an die Früchte einer Parzelle zur Deckung des Zinses für das ganze Grundstück halten, denn solida res obligata est. Dernburg a. a. O. S. 311, l. 24 § 1 D. XIX. 2. Auch der Afterverpächter hat nach preuß. R. und jetzt nach Reichsrecht das Pfandrecht an den Früchten — in der gemeinrechtlichen Theorie ist es zwar bestritten worden (z. B. Hufeland, Civ.R. I. § 799. Thibaut § 788), heute aber wohl die herrschende Meinung. Vangerow a. a. O. S. 969. Dernburg a. a. O. S. 309.

[251]) Ausf.G. v. 6. März 1879 § 7; Civ.Pr.O. § 710. Ueber das ältere Recht vergl. die abweichenden Ansichten in J.M.Rescr. v. 9. Juli 1839 (J.M.Bl. 264.) Bornemann IV. 339, ferner Entsch. B. 6 S. 100, B. 42 S. 176, Striethorst B. 6 S. 43. — Cretschmar Arch. f. civ. Pr. B. 64 S. 308 versucht darzulegen, daß die retinirbare Sache bereits im Gewahrsam und Besitz des Vermiethers sei. Der Nachweis ist aber nicht gelungen. Wenn derselbe Autor eventuell ein Vorrecht des Vermiethers leugnet, weil mit der Pfändung die Sache aus der Miethswohnung, dem Pfandgrundstück regelmäßig entfernt werde, ohne daß der Locator dies hindern könne, und weil dann bei späterer Geltendmachung des Retentionsrechts als Vorrecht die gesetzliche Voraussetzung des Vorhandenseins der res retinenda im fundus locatus fehle, so hat er sich bereits selbst entgegen gehalten, daß eine entsprechende Anwendung des § 41 K.O. zu der Frage führe, ob nicht der Augenblick der Pfändung der entscheidende sei. Er leugnet dies. Aber die von ihm vermißte Analogie besteht allerdings. Der Zeitpunkt der Konkurseröffnung fixirt das Rechtsverhältniß aller Konkursgläubiger zum Absonderungsberechtigten, ebenso fixirt der Zeitpunkt der Pfändung die Rechtsstellung des pfändenden Gläubigers zu dem retentionsberechtigten Vermiether. — Wird eine heimlich aus der Wohnung oder dem Grundstück entfernte Sache demnächst für einen andern Gläubiger gepfändet, so wird diesem gegenüber der Vermiether nach dem in Anm. 230 Gesagten ein Vorrecht nicht geltend machen können.

[252]) Vergl. oben § 110 Anm. 40. Anh. § 302 zu § 60 I. 44 A.G.O. Nach dem Reskript vom 8. Febr. 1839 (Jahrb. B. 53 S. 141) sollte die Polizei vorbehaltlich der richterlichen Entscheidung ein Interimistikum reguliren. Es handelte sich dabei um Regelung eines einstweiligen Zustands bezüglich des streitigen Rechtsverhältnisses, ob alle oder nicht alle Pfandsachen zu retiniren sind, zur Verhinderung der dem Miether aus der Entziehung von mehr Sachen als nöthig entspringenden wesentlichen Nachtheile, also um einen Gegenstand einstweiliger Verfügung des Gerichts. C.P.O. §§ 819. 820. Jede anderweitige vom Richter als genügend erachtete Sicherstellung wird die Anordnung

VII. Insbesondere die Landgüterpacht[253]) und die Viehverstellung. 1. Ueber die Landgüterpacht enthält das A.L.R. sehr ausführliche Vorschriften. Von besonderer Wichtigkeit ist bei dem Abschluß einer solchen Pachtung, ob ein Anschlag zu Grunde gelegt ist. Unter einem Anschlage wird ein Verzeichniß verstanden, worin die dem Pächter zur Nutzung überlassenen Gegenstände, also die einzelnen Grundstücke nach Maß und Ertragsfähigkeit, die einzelnen Berechtigungen und Hebungen, die einzelnen Stücke des todten und lebenden Inventariums, sowie die vom Gute zu entrichtenden Abgaben und Lasten aufgenommen werden[254]). Der Anschlag bietet also eine genaue Angabe des Umfangs des Pachtrechts, der Einnahmen und Ausgaben dabei, und fixirt die gegenseitigen Verpflichtungen der Parteien dergestalt, daß, was im Anschlag nicht aufgeführt ist, vom Pächter nicht zu beanspruchen, aber auch nicht zu leisten, vom Verpächter nicht zu vertreten, aber auch nicht zu fordern ist. Wenn ein solcher Anschlag in diesem Sinn, also nicht bloß zur oberflächlichen Information des Pächters, sondern in der Absicht, die Angaben zu vertreten, und danach die Rechte und Pflichten aus dem Vertrage zu bemessen, zu Grunde gelegt worden, so ist die Pachtung eine Anschlagspachtung. Fehlt es an dem Anschlage ganz, oder soll er nur zur Information dienen, so liegt eine Pacht in Pausch und Bogen vor[255]). Ob das eine oder andere anzunehmen, beruht auf Interpretation des Vertrages, und es können bei vorhandenem Anschlage die von den Parteien gebrauchten Worte Pausch und Bogen nicht immer entscheidend sein[256]).

Unter Inventarium eines Landguts versteht man sowohl die einzelnen todten und lebenden Stücke, die zur Kultur und Benutzung des Guts bestimmt sind, als auch das Verzeichniß dieser Stücke[257]). Wird das Inven-

---

rechtfertigen, daß die Sachen verabfolgt werden müssen. Vgl. Entwurf des B.G.B. § 521 Abs. 4 Entw. II. § 504, Reichstagsvorl. § 555. — Die materiell rechtliche Bedeutung des Anh. § 302 erkennt auch das Reichsgericht bei Gruchot B. 24 S. 475 an, — ohne daß indessen hier das Verhältniß zur Civilprozeßordnung zu erörtern gewesen wäre.

253) I. 21 §§ 399—625. Koch, R. d. F. III. S. 935. Priv.R. II. 483. Beseler, Priv.R. III. S. 200. — Hagemann, Handb. des Landwirthschaftsrechts. 1807. S. 667. Häberlin, Lehrb. des Landwirthschaftsrechts. 1859. S. 350 fg. Blomeyer, Pachtrecht und Pachtverträge. Ein Handbuch des preuß. und sächs. Pachtrechts. 1873. Drechsler, Der landwirthschaftliche Pachtvertrag. Ueber den Begriff des Landguts s. oben bei Anm. 26 ff.

254) Hagemann, Landwirthschaftsrecht S. 634 §§ 350. 351. Beseler III. 202. Häberlin S. 351. A.L.R. I. 21 §§ 408. 413. 422. 425. 429, I. 11 § 212. Vergl. Entwurf des B.G.B. §§ 540—548, Entw. II. §§ 522—534, Reichstagsvorlage §§ 575—587, die theils auf Pachtung landwirthschaftlicher Grundstücke, theils auf Pachtung von Landgütern sich beziehen.

255) I. 21 §§ 409. 410. 414. 421. 431. 432, §§ 212. 213 I. 11. Entsch. B. 2 S. 328. Koch, R. d. F. III. S. 939. Der Unterschied, ob in Pausch und Bogen oder nach einem Anschlage verpachtet ist, äußert seinen Einfluß besonders bezüglich der Berechnung der Entschädigung bei der Rückgewähr. Striethorst B. 67 S. 274.

256) Aber wo der Anschlag fehlt, bedarf es nicht der ausdrücklichen Bezeichnung des Vertrages als in Pausch und Bogen geschlossen. Entscheid. B. 2 S. 329 a. E. Hagemann a. a. O. S. 678 § 382.

257) I. 2 §§ 48—63, I. 21 §§ 415—417. 597. 601. S. oben B. I. § 21 Note 40. Instru-

tarium dem Pächter zum Gebrauch übergeben[258]), also mit der Verpflichtung zur Rücklieferung nach beendeter Pachtzeit, so geschieht dies meist, um für die letztere den nöthigen Anhalt zu gewinnen, mit einer Abschätzung der einzelnen Stücke[259]). Nach dieser bestimmt sich die Berechnung, ob bei der Rücklieferung Minus-, Plus- oder Superinventarium vorhanden ist, und ob der Pächter zu entschädigen oder Entschädigung zu empfangen hat, oder ob er einzelne Stücke fortnehmen kann. Das Plus- und das Superinventarium unterscheiden sich dadurch, daß bei jenem mehr Stücke von derselben Art, bei letzterem bessere Stücke zur Zeit der Rücklieferung vorhanden sind. Das A.L.R. trennt aber diese beiden Begriffe nicht, sondern versteht unter Superinventarium auch das Plusinventarium[260]). Uebernimmt der Pächter das Gut ohne ein Verzeichniß der Inventarienstücke, so wird vermuthet, daß er alles erhalten hat, was zur vollständigen Benutzung des Guts erforderlich ist, und nach dieser Annahme muß er zurückliefern[261]). Fehlt es in dem Verzeichniß nur an den Werthsangaben, so tritt die Annahme ein, daß die Stücke von mittlerer Art und Güte übergeben worden[262]).

Ueber die Form des Landgüterpachtvertrages ist oben gehandelt[263]). Den allgemeinen Bestimmungen über die gegenseitigen Verpflichtungen treten nachstehende besondere Vorschriften hinzu:

a. Verpflichtungen des Verpächters. Die unbehinderte Benutzung (das frui licere), nicht den von der Kultur und Naturbegebenheiten abhängenden Ertrag (die fructus)[264]), vertritt der Verpächter, und zwar ent-

---

menta fundi, quae fructus quaerendi, cogendi et conservandi causa parata sunt; v. Langen und Kori, Erörter. III. 7. Zettwach in der preuß. Anw.Zeit. 1865 Nr. 24 Sp. 369, der aber irrt, wenn er den Begriff der Gutspertinenz darin findet, daß sie von dem Gute weder getrennt noch besonders veräußert werden darf. Jede Pertinenz ist trennbar und veräußerlich. Der Erbkur und das Mitbaurecht waren substantielle Bestandtheile des Gutes, Rechtseigenschaften desselben. Das Inventarium muß unter Mitwirkung des Pächters errichtet werden. Seuffert XX. 231.

[258]) Es kann ihm auch zum Eigenthum oder als eisern übergeben werden, d. h. so, daß er die freie Verfügung über die einzelnen Stücke erhält, aber gleichviel und gleichgut zurückgewähren muß. §§ 474. 475. 476. Dann trägt der Pächter die Gefahr. Die Abschätzung hat also im preuß. R. regelmäßig eine andere Bedeutung als im römischen, das nach l. 3 D. XIX. 2 das aestimatum instrumentum als emtum gelten läßt. Auch die Verabredung, der Pächter solle nicht das taxirt übergebene Inventar in denselben Stücken, sondern nur in gleicher Qualität und Quantität zurückzugeben verpflichtet sein, überträgt auf den Pächter noch nicht das Eigenthum an den einzelnen Stücken und die freie Disposition darüber; d. h. der Pächter, der am Inventar nur den Gebrauch erhält, ist nur dann von der Rückleistungspflicht frei, wenn er in gleicher Qualität zurückgiebt; soll er Eigenthümer werden, so müssen es die Parteien ausdrücklich vereinbaren. Strieth. B. 44 S. 315. Entsch. B. 47 S. 208. Rehbein III. 929. Vergl. Entwurf des B.G.B. § 335, Entw. II. § 526, Reichstagsvorlage § 579.

[259]) I. 21 §§ 416. 601. Beseler III. 203.

[260]) Vergl. I. 21 §§ 472. 473. 601. 602. 606. 607.

[261]) I. 21 §§ 415. 417. Es wird also vermuthet, daß mit dem Gut auch das erforderliche Inventarium verpachtet worden. Das schließt nicht aus, daß der Pächter das Inventarium kauft und nur das Gut pachtet. Die Rückgewähr wird dadurch wesentlich vereinfacht. Häberlin S. 353.

[262]) I. 5 § 275.

[263]) Oben bei Note 26—29.

[264]) I. 21 §§ 418. 430.

weder anschlagsmäßig, so daß der Pächter auf Rubriken, die im Anschlag nicht erwähnt sind, nur insofern einen Anspruch erheben kann, als ohne diese die Benutzung angeschlagener Rubriken nicht möglich ist[265]) — oder gemeingewöhnlich bei der Pacht in Pausch und Bogen[266]). Daraus folgt, daß er den Pächter gegen alle Ansprüche dritter Personen zu vertreten hat, die das Nutzungsrecht beeinträchtigen und ihn für solche Schmälerungen entschädigen muß (Eviktionsleistung)[267]); daß er ferner die Gegenstände, von denen der Pächter Nutzungen zu ziehen berechtigt ist, in der vertragsmäßigen Beschaffenheit zu übergeben und zu erhalten hat (Gewährleistung für Mängel)[268]). Ueber diesen Punkt erhält das A.L.R. sehr detaillirte Vorschriften.

Das Prinzip ist: die Existenz der Nutzungsgegenstände in der vertragsmäßigen Beschaffenheit muß fortdauernd gewährt werden[269]). Also zunächst das Vorhandensein der einzelnen Rubriken[270]), das Maß der Ländereien, das bei der nicht empfehlenswerthen Berechnung nach Aussaat und Ertrag in der Weise bestimmt wird, daß die vorher gewöhnliche Aussaat und der vorher gewöhnlich gewonnene Ertrag an Fudern zu Grunde gelegt wird[271]). Die Beschaffenheit und Güte des Grundes und Bodens wird nur bei betrügerisch falscher Angabe vertreten[272]). Dabei giebt überall der Anschlag den Maßstab. Bei der Pacht in Pausch und Bogen dagegen ist nur die Substanz des Gutes und seines Zubehörs, nicht das Maß oder der Betrag

---

[265]) I. 21 § 408.

[266]) I. 21 § 409. Ist ein verwüstetes Gut wissentlich in Pacht genommen, so steht der Verpächter nicht für die Nutzbarkeit ein und ist nicht verpflichtet, es in nutzbaren Zustand herzustellen. I. 21 §§ 275. 276. Bloße dem Besitzer des Guts zustehende Ehrenrechte, die auf die Nutzung nicht Bezug haben, z. B. Patronat, Kirchenstand, nach älterem Recht Gerichtsherrlichkeit, sind nicht Gegenstand der Pacht. § 410.

[267]) I. 21 § 419. Obschon also der Pächter als dinglich berechtigt dem Evinzenten selbstständig Widerstand leisten kann und dem späteren Erwerber der Sache nicht zu weichen braucht, so wird doch dadurch die Eviktionsleistung des Verpächters nicht beseitigt. Striethorst B. 44 S. 93. Für Eviktion zu haften ist auch, wenn nach geschlossenem Vertrage das Nutzungsrecht in der einen oder anderen Rubrik durch Zufall oder landesherrliche Befehle, d. h. also jetzt durch die Gesetzgebung entzogen oder geschmälert wird. §§ 420. 421. Z. B. wenn später öffentliche Abgaben dem Pachtgrundstück auferlegt werden. Entsch. B. 2 S. 326. Ueber die Berechnung der Entschädigung bei der Pacht in Pausch und Bogen s. Entscheid. B. 30 S. 446. Zur Eviktionsleistung wegen zustehender Berechtigungen gehört ferner die Vertretung der Richtigkeit im Anschlag aufgeführter Zinsberechtigungen. §§ 422. 423. Dingliche Verpflichtungen, die auf dem Pachtgrundstück lasten, muß sich der Pächter gefallen lassen, weil er nur mit dieser Last gepachtet hat, und der Verpächter hat dafür nicht zu entschädigen, wenn er sie nicht verschwiegen oder die Freiheit davon versprochen hat. Striethorst B. 11 S. 333b. Eine Entschädigung für den aufgehobenen Mühlen-, Brau- und Branntweinzwang fand nach dem Gesetz vom 28. Oktober 1810 § 2, Ges.S. S. 95 nicht statt. Bezüglich der Expropriation s. oben Anm. 157d.

[268]) S. oben Note 52.

[269]) I. 21 § 418. D. h. für die Dauer der Pachtzeit. Entsch. B. 39 S. 152.

[270]) I. 21 § 408.

[271]) I. 21 §§ 425—428. Koch, R. d. F. III. S. 938 f. Bei Aeckern gilt als gewöhnliche Aussaat der Durchschnitt der letzten 6 Jahre, bei Wiesen ist der gewöhnliche Ertrag der Durchschnitt der letzten 3 Jahre.

[272]) I. 21 § 429. Eine Ausnahme von §§ 325. 326 I. 5. S. oben Note 56.

fixirter Hebungen zu gewähren[273]). Sodann die **Erhaltung der Nutzungsgegenstände**[274]). Alle auf die Erhaltung zu verwendenden, vom Pächter nicht verschuldeten Kosten treffen den Verpächter, soweit nicht die Reparaturen und Bauten ohne Störung des Wirthschaftsbetriebs mit den Dienstboten und mit den Materialien, die das Gut selbst erzeugt, besorgt werden können[275]). Werden größere Reparaturen nöthig, so muß der Pächter davon sofort dem Verpächter Anzeige machen, um nicht für den entstehenden größeren Schaden zu haften[276]).

Die Pflicht der Gewährleistung hängt, wie bei anderen Verträgen, nicht davon ab, daß der Mangel vom Verpächter verschuldet worden; auch zufälliger Untergang und zufällige Verschlechterung der Pachtobjekte muß von ihm vertreten werden. Alle zufälligen Beschädigungen der Substanz des Gutes und des Inventariums treffen den Verpächter[277]). Ohne wissenschaftliches Interesse ist es, diesen Grundsatz in das Detail weiter zu verfolgen[278]). — Der An-

---

[273]) I. 21 § 431.

[274]) I. 21 § 418.

[275]) I. 21 §§ 441. 443. 444. 447.

[276]) I. 21 §§ 445. 446. — Vergl. oben Anm. 62.

[277]) I. 21 §§ 420. 560.

[278]) Der Verpächter muß vertreten: den zufälligen Verlust am Viehinventarium mit einer Modifikation beim Schafsterben. I. 21 §§ 455—461. 513. 514. 515 (vergl. Entsch. B. 56 S. 185); das Wirthschaftsgeräth §§ 466—470; Brandschaden an Gebäuden. §§ 524—530; den Besatz der Fischteiche bis zur Hälfte. § 531. Bei Mühenpachtungen vertritt der Verpächter den Mangel an Wind, der nicht bloß aus dem Lauf der Natur herrührt, den Mangel oder Ueberfluß an Wasser, der nicht in der Gegend ohnehin gewöhnlich ist (was durch Einrede geltend gemacht werden muß), — vorausgesetzt, daß aus solchen Veranlassungen die Mühle über 14 Tage hat stillstehen müssen, ferner einen solchen Stillstand wegen Reparaturen, wegen Mangels an Mahlwerk, weil die Mahlgäste in Folge von Landplagen und Unglücksfällen kein Mahlgut bringen, oder eine neu angelegte Mühle Konkurrenz macht. Alle diese Fälle betreffen die Gewährleistung der anschlagsmäßigen Nutzung, des frui licere, haben also mit der Remissionsforderung (s. unten) nichts gemein, obschon das A.L.R. auch hier fortwährend von Remissionen spricht. Der Pächter der Mühle wird also, soweit ihm nicht gewährt worden, verhältnißmäßig frei vom Zins, kann auch die Erstattung der nothwendigen Ausgaben für Unterhaltung des Werks und Löhnung der Leute fordern, Ersatz des entgangenen Gewinnes aber nur, wenn der Verpächter durch mäßiges Versehen den Stillstand der Mühle verursacht hat. Ein voraussichtlicher Stillstand von länger als 6 Monat berechtigt den Müller, vom Vertrage zurückzutreten. §§ 533—552. Bei Kriegsschäden hat der Verpächter Gewähr zu leisten und deshalb vom Pächter geleistete Verwendungen ihm zu ersetzen für alle Beschädigungen der Substanz des Gutes und des Inventariums, Brandschatzungen und Kontributionen, Naturallieferungen, die der Feind vom Gute genommen oder gefordert, Verpflegung und Beköstigung einquartierter Truppen, Kriegs- und Transportfuhren, die nicht ohne Störung der Wirthschaft haben geleistet werden können, den bei solchen Leistungen erlittenen Verlust an Zug und Zeug, feindliche Exekutionskosten, wenn sie der Pächter nicht durch grobes Versehen veranlaßt hat. Auch hier ist entscheidend, daß der Pächter in dem frui licere gestört worden; diese Störungen bestehen entweder darin, daß die Substanz des Gutes oder das Inventarium ihm entzogen worden, oder daß er mit seiner Arbeit Verwendungen hat leisten müssen, die das Gut treffen, die also dem Verpächter obliegen. Insbesondere liegen Naturallieferungen immer dem Eigenthümer ob. Rechtspr. I. 134. Für die Entziehung der Substanz des Gutes und des Inventariums hält sich der Pächter schadlos durch Kürzung des Zinses, die sonstigen Verwendungen und Leistungen müssen ihm vergütigt werden, zum Theil nach Reglements und Taxen. Glaubt er dabei zu kurz zu kommen, so ist ihm gestattet, eine vollständige Administrationsrechnung, die alle

spruch des Pächters auf Gewährleistung ist auch hier an die der letzteren eigenthümliche kurze Verjährung gebunden; er muß nach dem Zeitpunkt, in dem der Mangel hervortritt, innerhalb der gesetzlichen kurzen Verjährungsfrist geltend gemacht werden, darf also nicht bis zum Ablauf der ganzen Pachtzeit unverfolgt bleiben, wenn diese die Verjährungszeit überdauert[279]). Der Pächter kann sich aber dadurch, daß er von dem Gewährsmangel vor Ablauf des Jahres[280]), in dem er hervorgetreten, dem Verpächter Anzeige macht, die Verfolgung seines Anspruchs „nach einem Zeitverlauf" erhalten[281]). Dieser unjuristische Ausdruck bedeutet, daß ihm in diesem Fall der Ablauf der kurzen Verjährung nicht nachtheilig werden soll, sondern daß der Anspruch bei der Schlußausgleichung zur Zeit der Rückgewähr noch liquidirt werden darf[282]). Dem entsprach die Befugniß des Verpächters, nach erhaltener Anzeige den Pächter zur Anstellung der Klage gerichtlich auffordern zu lassen, um Nachtheil aus zu später Liquidation von sich abzuwenden[283]). Jetzt wird er dies Ziel durch eine negative Feststellungsklage erreichen.

Der Pächter hält sich schadlos entweder durch verhältnißmäßige Minderung am Pachtzins oder durch Anrechnung der Verwendungen, die er gemacht hat zur Beseitigung des Mangels[284]), und ist geschützt durch Reten=

Einnahmen und Ausgaben, namentlich auch alle für die erlittenen Kriegsschäden erhaltenen Vergütungen aufführen muß, vorzulegen, und er kann dann Erlaß des Betrages, der nach dem Abschluß dieser Rechnung noch zum Pachtzins fehlte, außerdem aber noch den Ersatz der für den Verpächter gemachten Auslagen fordern. Auch der Verpächter kann, wenn er nach dem Einkaufspreis vergüten soll, Rechnungsvorlegung verlangen, und der Abschluß entscheidet, ob und wie viel dem Pächter zu vergüten. I. 21 §§ 553—593.

[279]) Entsch. B. 10 S. 33. Pl.Beschl. B. 35 S. 429. Rehbein III. 922. Koch, R. d. F. III. S. 947.

[280]) Ob unter dem Jahr (§ 623) das Wirthschaftsjahr, oder das Pachtjahr, oder das laufende Kalenderjahr, oder das volle Jahr von dem Moment, wo der Mangel hervorgetreten, zu verstehen sei, ist zweifelhaft. Koch nimmt das letztere an, R. d. F. III. S. 946, Komm. zu I. 21 § 623, weil es sonst dem Pächter oft unmöglich sein würde, noch vor Ablauf des Jahres die Anzeige zu machen, das Obertribunal das Pachtjahr, Entsch. B. 10 S. 42, Strieth. B. 16 S. 232, weil am Ende des Jahrs sich beide Theile durch Abrechnung auszugleichen pflegen. Es wird der letzteren Ansicht beizutreten sein, denn Koch's Unterstellung einer thatsächlichen Unmöglichkeit ist grundlos. Allerdings kann der Mangel eintreten so kurz vor Ablauf des Pachtjahres, daß er dem Pächter noch nicht zur Erkenntniß gekommen, dann ist er aber für ihn noch nicht hervorgetreten, und er kann noch das nächste Pachtjahr zur Anzeige benutzen; oder er ist ihm zwar schon im Allgemeinen bemerklich geworden, aber noch nicht nach seinem Umfang und seiner Wirkung — dann ist die Anzeige nicht gehindert, die ja noch nicht die spezielle Liquidation enthalten soll.

[281]) I. 21 §§ 623—625. Diese §§ kommen nur bei der Landgüterpacht, nicht bei anderen Pachtungen zur Anwendung. Entsch. B. 33 S. 77. Rehbein III. 919. Sie beziehen sich auch nur auf Mängel der Gewährleistung (d. h. ädilitische Fehler und Eviktion), Präj. 345 (Samml. I. S. 17), nicht wie Koch, R. d. F. III. 946 Note 12a meint, bloß auf Fälle der eigentlichen Eviktion.

[282]) Entsch. B. 10 S. 33, B. 35 S. 429. Hat er die Anzeige unterlassen und liquidirt er den Mangel zwar noch vor der Rückgewähr, innerhalb der Verjährungsfrist, aber nach Ablauf des Jahres, so muß er zwar damit gehört werden (Entsch. B. 10 S. 33), aber der Verpächter setzt ihm die Einrede entgegen, daß er ihn gehindert habe, rechtzeitig den Mangel zu beseitigen (exc. doli). Koch, R. d. R. III. S. 947.

[283]) I. 21 § 624.

[284]) I. 21 §§ 274. 595.

tion[285]). Dazu tritt bei einem Verschulden des Verpächters der Anspruch auf das Interesse[286]). Der Nachtheil, den er durch den Mangel erlitten, kann auch durch Kompensation mit dem Pachtzins getilgt werden, wenn die Gegenforderung fällig und erweisbar ist, da Gleichartigkeit — d. h. Geld gegen Geld — hier immer vorliegt[287]).

In Betreff der vom Verpächter zu erstattenden Verwendungen des Pächters giebt das A.L.R. noch einige Regeln. Ergänzungen des Viehstapels werden, wenn nicht die Versicherungsgesellschaft in der Provinz den Schaden ersetzt, in welchem Fall der Pächter sich an dieser Summe genügen lassen muß, nach dem Einkaufspreis für Stücke gleicher Art und Güte, nicht nach dem höheren Preise für bessere Stücke, in erster Linie aber nach dem Taxpreis des Anschlags[288]) vergütet; Wirthschaftsgeräthe nach der Taxe im Anschlag, jedoch mit Berücksichtigung der inzwischen eingetretenen gewöhnlichen Abnutzung, oder bei fehlender Taxe nach dem Werth der Stücke zur Zeit des Verlustes, also nicht nach dem Einkaufspreis der neuen Stücke[289]); Kriegslasten, die auf die Substanz gelegt worden, nach ihrem Betrag; Naturalleistungen, die im Kriege vom Gute gewährt sind, nach dem Anschlag und in dessen Ermangelung nach gemeiner Taxe, die nicht mit den Kräften des Guts aufgebrachten Lieferungen aber nach dem Anschaffungspreise; Verpflegung einquartierter Truppen nach dem Ansatz in den allgemeinen Verordnungen; Kriegs- und Transportfuhren, die ohne Störung des Wirthschaftsbetriebes nicht haben geleistet werden können, entweder nach dem Betrage der dadurch nöthig gewordenen außerordentlichen Verwendung zum Betriebe der Wirthschaft, oder nach dem Preise, zu dem sie verdungen worden[290]).

b. Verpflichtungen des Pächters. Durch alle Rubriken soll der Pächter das Gut in nutzbarem Stande erhalten[291]), er hat dafür zu sorgen, daß die Grenzen unverrückt bleiben[292]), daß die Berechtigungen des Gutes nicht verkürzt werden[293]); er muß es in der durch den Vertrag vorgeschriebenen Art bewirthschaften und darf wesentliche Aenderungen in der eingeführten Wirthschaftsart, wenn sie über die Pachtzeit hinaus Einfluß äußern, nur mit Einwilligung des Verpächters vornehmen[294]). Hieraus ergiebt sich im Einzelnen Folgendes: die Wirthschaftsgebäude sind in Dach und Fach, die

---

[285]) I. 21 § 396.
[286]) Nach den allgemeinen Grundsätzen. Oben B. I § 106.
[287]) I. 21 § 595.
[288]) I. 21 §§ 459—462. 464.
[289]) I. 21 §§ 467—470.
[290]) I. 21 §§ 560. 562. 563. 564. 565. 567. 568. 569. 572. 573—577. Bei Seuffert I. 208 ist dem Pächter ein Anspruch gegen den Verpächter wegen Kriegsfuhren nach gem. R. abgesprochen (Mannheim).
[291]) I. 21 § 433.
[292]) I. 21 § 434. Daraus ist hergeleitet (auch von Förster), daß er direkt als Stellvertreter des Verpächters gegen den Grenzstörer klagen kann. Vergl. Entsch. B. 27 S. 316 a. E. f. Seuffert XIV. 213.
[293]) I. 21 § 434.
[294]) I. 21 §§ 435. 436.

Dämme, Teiche (nicht Deiche)[295]), Wege, Brücken, Verzäunungen, Gehege, Mühlen, Wasserleitungen in gutem Stande zu erhalten und deren Ausbesserungen zu übernehmen, soweit diese mit den Materialien des Guts und mit den Arbeitskräften desselben ausgeführt werden können. Der Pächter hat in dieser Weise, sofern es ohne Störung des Wirthschaftsbetriebs möglich ist, auch den Verpächter bei den diesem obliegenden Reparaturen zu unterstützen[296]). Ein Gleiches gilt, wenn Wiesen von Verstrauchung oder von anderen Beschädigungen, namentlich von Versandung in Folge von Ueberschwemmungen befreit werden sollen[297]). Er hat die Aecker im wirthschaftlichen Düngungszustand zu erhalten und darf deshalb, soweit es hierzu erforderlich ist, das auf dem Gut erzeugte Düngungsmaterial (Stroh u. a.) nicht fortschaffen und veräußern, außer bei Landeslieferungen[298]). Aus gleichem Grunde darf er den Viehstand nicht verringern, den gewöhnlichen Abgang muß er ergänzen[299]), und endlich hat er abgenutzte und eingegangene Wirthschaftsgeräthe zu ersetzen[300]). Er trägt die Lasten und Abgaben des Gutes, die er im Anschlag übernommen, und die auf dem Fruchtbezug liegenden Abgaben[301]).

Er vertritt nach dem allgemeinen Grundsatz mäßiges Versehen, aber bei allen nöthig gewordenen Reparaturen geringes[302]). Diese Erhöhung seiner Vertretungspflicht ist aus dem praktischen Grunde beliebt worden, um zu verhindern, daß durch versäumte Ausbesserung die Beschädigung sich so

---

295) So will Koch in § 440 lesen (Note 40a); aber Deiche sind unter den „Dämmen" mitbegriffen, und die Teiche bedürfen doch ebenso wie die Gräben der Erhaltung. Vergl. I. 21 § 135.

296) I. 21 §§ 440—447. Entsch. B. 28 S. 106. Rehbein III. 926. Der Pachtmüller ist bei Reparaturen der Mühle nur verpflichtet, mit seinen persönlichen Diensten und Kenntnissen unentgeltlich zu helfen. § 448.

297) I. 21 §§ 449. 450.

298) I. 21 § 451. Nicht der Werth des fortgeschafften Düngungsmaterials ist dem Verpächter zu vertreten, sondern die Verschlechterung des Düngungszustandes, so daß, wenn dieser trotz der Veräußerung des Materials unverschlechtert geblieben, also z. B. durch künstliche Düngungsmittel erhalten worden, eine Ersatzforderung nicht begründet werden kann. Entsch. B. 30 S. 93. Striethorst B. 15 S. 346. Unrichtig sind die Bemerkungen das. S. 349 fg., welche § 451 als selbständige Verpflichtung neben der Pflicht, den Düngungszustand zu erhalten, auffassen. Es ist nicht ersichtlich, warum dem Verpächter noch das übrige Stroh u. s. w. überlassen werden soll, da dem Pächter doch nicht die Pflicht auferlegt werden kann, daß nach beendigter Pacht der Eigenthümer in die Möglichkeit versetzt werde, den Kulturzustand des Gutes zu verbessern. Vergl. ferner das. B. 83 S. 351.

299) I. 21 §§ 452. 453. 454. Auch hier ist nur die Rücksicht auf den Düngungszustand entscheidend, es ist daher nicht auf die Anzahl des Viehes, sondern darauf zu sehen, ob das vorhandene Vieh so viel Futter verzehrt, daß der Düngungszustand erhalten bleibt. § 9 des Landeskulturedikts v. 14. Septbr. 1811.

300) I. 21 § 471.

301) I. 21 § 413. Bei einer Pacht in Pausch und Bogen alle Lasten, mit Ausschluß der Hypothekenzinsen und der aus Verträgen und letztwilligen Verordnungen herrührenden dauernden Leistungen. I. 21 § 414. Feuerversicherungsprämien gehören in die letztere Kategorie, nicht zu den Lasten. R.G. bei Gruchot B. 25 S. 458.

302) I. 21 §§ 278. 441. 453.

erweitere, daß sie dem Verpächter zur Last falle[303]). Er haftet für den durch seine Familie und sein Gesinde angerichteten Schaden unter der Voraussetzung, daß er die Beschädigung wissentlich hat geschehen lassen, oder entweder schon bei der Annahme des Gesindes seine gefährlichen, schädlichen Eigenschaften gekannt oder diese hinterher kennen gelernt und es beibehalten hat[304]). Dies ist insbesondere auch bei einem durch Fahrlässigkeit verursachten Brand vorgeschrieben[305]). Die Entschädigung umfaßt nach allgemeinen Grundsätzen bei grobem Versehen und Vorsatz das volle Interesse, bei mäßigem den wirklichen Schaden[306]).

Abweichend von der oben aufgestellten Regel[307]) berechtigt bei der Landgüterpacht nicht jeder Mißbrauch den Verpächter zur Entsetzung des Pächters, sondern nur ein solches Zuwiderhandeln gegen die im Vertrag in Bezug auf die wirthschaftliche Verwaltung des Guts übernommenen Verpflichtungen, durch welches nach dem Gutachten von Sachverständigen für die Substanz des Gutes ein erheblicher Schaden zu besorgen ist[308]). Trotz der Entsetzung besteht hier die Forderung der Entschädigung[309]), und der Pachtzins muß für das laufende Wirthschaftsjahr entrichtet, und zu dem Zweck das Gut bis zu dessen Ablauf für Rechnung des Pächters verwaltet werden[310]).

Am Ende der Pachtzeit, oder wenn sonst aus gesetzlichem Grunde früher das Verhältniß aufgelöst wird, oder eine Entsetzung eintritt, muß der Pächter das Gut mit Zubehör, mit dem Inventarium und den vorhandenen Wirthschaftsvorräthen nach dem Anschlage zurückgewähren[311]). Das Geschäft der Rückgewähr ist bei größeren Pachtungen sehr verwickelt; sein Zweck ist, die gegenseitigen Ansprüche auszugleichen. Der Pächter hat hierbei den

---

303) Suarez in den Jahrb. B. 41 S. 68. Daraus erklärt sich auch, daß der Pächter verpflichtet ist, ungesäumt den Verpächter von nöthig gewordenen Reparaturen in Kenntniß zu setzen. §§ 445. 446.

304) I. 21 § 442. Oben B. I. § 90 Anm. 55. 56.

305) I. 21 §§ 516. 517.

306) Oben B. I. § 106 unter III.

307) Oben bei Note 158.

308) Seuffert XIX. 38.

309) I. 21 § 477. Ueber die Frage, ob die Klage auf Entschädigung schon vor Ablauf der Pachtzeit angestellt werden kann, s. verneinend Heuser IV. 416.

310) I. 21 §§ 599. 600. Das O.Trib. hat (Strieth. B. 42 S. 47) aus dem Grunde, weil die Verwaltung für Rechnung des Pächters geschehen soll, den Schluß gezogen, daß nur der Pächter eine solche Administration beantragen könne. Das geht zu weit. Auch der Verpächter kann sie beantragen. Aber richtig ist die Annahme, daß wenn von keinem Theile die Administration herbeigeführt worden, und der Pächter nicht widersprochen hat, als der Verpächter das Gut wieder in Besitz nahm, Ersterer aus dem Unterbleiben der Administration keine Einrede gegen die Entschädigungsklage des Letzteren herleiten kann. Der § 599 findet keine Anwendung auf den Fall, wo nach bedungener Beendigung der Pacht der Pächter noch bis Ablauf des Wirthschaftsjahres im Besitz geblieben ist; denn er setzt voraus, daß die Entsetzung im Laufe eines Wirthschaftsjahres während noch dauernder Pachtzeit wegen Mißbrauchs erfolgt ist. In jenem Fall kann nicht aus dem aufgehobenen Vertrage Pachtzins gefordert, sondern es muß das Interesse liquidirt werden. Striethorst B. 7 S. 22 und die Bemerkungen zu dieser Entscheidung, das. S. 26 f.

311) I. 21 §§ 597. 598.

Ersatz der durch sein Versehen verursachten Beschädigungen an den Pachtgegenständen zu leisten und liquidirt die Ansprüche, die er aus Verwendungen für den Verpächter und aus Verbesserungen herleiten kann. Ansprüche aus der Gewährleistungspflicht des Verpächters sind, wie oben erwähnt, nur zulässig, wenn die Fehler im Laufe des Pachtjahrs, in dem sie hervorgetreten, dem Verpächter angezeigt worden oder noch nicht verjährt sind[312]). Einigen sich die Parteien nicht über die gegenseitig erhobenen Ansprüche, so muß deren Richtigkeit und Werth durch das Gutachten ökonomischer Sachverständigen ermittelt werden[313]). Speziell ist vorgeschrieben: Die Aecker sind in der anschlagsmäßigen Art oder in ordinärer wirthschaftlicher Kultur bestellt zurückzuliefern, d. h. in dem entsprechenden Düngungszustand, in der entsprechenden Feldeintheilung und Aussaat. Ist die Bestellung versäumt, oder ist schwächer ausgesäet, so muß der Samen nach dem Marktpreis und der übliche Ackerlohn vergütet werden. Für bessere Bestellung wird nicht Ersatz gewährt, doch bei stärkerer Aussaat wird dem Pächter Samen und Ackerlohn erstattet. Will sich der Verpächter mit der Vergütung der Bestellungskosten nicht begnügen, so ist er berechtigt, den nächsten Ernteausfall zu liquidiren, er muß dies aber bei der Rückgewähr erklären und den Bestellungszustand in diesem Zeitpunkt gerichtlich untersuchen lassen[314]). Dann wird nach der Ernte das wirklich Geerntete mit demjenigen verglichen, was in dem Jahrgang bei gehöriger Bestellung hätte geerntet werden können. Die Differenz ist vom Pächter auszugleichen. Ebenso wird verfahren, wenn nur einzelne Stücke nicht gehörig bestellt worden[315]). — Baare Auslagen für Zubereitung der vorhandenen Wirthschaftsvorräthe werden dem Pächter vergütet[316]).

Das Inventarium muß in gleicher Menge und Güte zurückgegeben werden[317]). Hat es der Pächter taxirt empfangen, so muß zwar dieselbe Zahl zurückgegeben werden, aber es wird nach der Güte der einzelnen Sorten berechnet, ob der Pächter für bessere eine Vergütigung zu fordern (Superinventarium), oder für schlechtere eine solche zu leisten hat. Der Verpächter

---

312) Oben bei Note 280—283.

313) I. 21 §§ 612. 613. 620. 621. Die formelle Geschäftsbehandlung oder das Verfahren einer gerichtlichen Pachtrückgewähr ist in §§ 48 fg. I. 44 A.G.O. vorgeschrieben. Vergl. hierzu das Reskript vom 16. Juni 1832 (Jahrb. B. 40 S. 186 fg.) und § 38 des Landeskulturedikts vom 14. September 1811.

314) I. 21 § 619. Nicht bloß, wenn der Verpächter auf Entschädigung klagen, sondern auch wenn er seine Entschädigung gegen den Pächter einredeweise durch Kompensation geltend machen will. Striethorst B. 21 S. 219. Die Bestimmung gilt nur für Pachtung von Landgütern. Dernburg II. § 169 Anm. 27 giebt jetzt zu, daß eine analoge Anwendung des § 619 auf Pacht einzelner Aecker unzulässig ist. Daß im Uebrigen der Ersatz wegen des Ausfalls an der nächsten Ernte auch bei einzelnen Aeckern, die der Pächter nicht bestellt hat, wird gefordert werden können, entspricht allgemeinen Grundsätzen — auch ohne analoge Anwendung der §§ 617 ff.

315) I. 21 §§ 610—621. Zu § 614 vergl. Striethorst B. 38 S. 159. Ueber Plus und Minus der Aussaat s. Entsch. B. 55 S. 75.

316) I. 21 § 604.

317) I. 21 §§ 601—609. Wieweit dabei der Satz gilt, daß die surrogirten Inventarstücke in das Eigenthum des Verpächters übergehen, darüber vergl. R.G. Entsch. B. 33 S. 267.

ist weder verpflichtet, mehr Stücke (Plusinventarium) noch auch weniger Stücke von höherem Werth als Ersatz zurückzunehmen[318]). Hat der Pächter das Inventarium ohne Taxe übernommen, so werden dem Verpächter gleich viel Stücke in brauchbarem Zustand zurückgegeben, ohne daß untersucht wird, ob diese einen geringeren oder höheren Werth haben[319]). Fehlende Stücke werden in diesem Fall in Natur ergänzt, beim Vorhandensein einer Taxe nach dieser, sonst in brauchbarem Zustand[320]). Das Plusinventarium darf der Pächter erst dann vom Gut fortschaffen, wenn der Verpächter sich die inventarienmäßige Zahl, und zwar die nächsten nach den besten Stücken ausgewählt hat[321]). Der Verpächter, der das Gut mit Inventar verpachtet, behält nicht nur an den einzelnen verpachteten Inventarstücken Eigenthum, er gilt vielmehr nach Landrecht, sofern nicht anderes bedungen ist, als Eigenthümer des Inventars als einer Sachgesammtheit. Der Pächter hat nur einen obligatorischen Anspruch auf Herausgabe dessen, was plus und super vorhanden ist. Für den Fall des Konkursverfahrens über das Vermögen des Verpächters bedarf deshalb der Pächter einer besonderen Sicherung, diese giebt ihm das Konkursrecht durch Einräumung eines Absonderungsrechts an dem gesammten in seiner Hand befindlichen Inventar wegen der Forderungen für dieses[322]).

Die Rückgewähr hat nach der Regel des Gesetzes zu Ende des Wirthschaftsjahres zu erfolgen. Deshalb ist auch für den Fall, wenn wegen Mißbrauchs der Pachtvertrag zu Ende geht, eine Verwaltung bis zum Ende des Wirthschaftsjahres geordnet. Das Gesetz hatte hiernach keinen Anlaß, hier dieselben Grundsätze eingreifen zu lassen, die in anderen Nutzungsfällen

---

318) §§ 601. 602. Ueber die Lesart „Sorte" statt des zweiten „Seite" in § 601 siehe Koch, Komm. zu § 601.

319) § 605.

320) § 609. Derselbe bezieht sich nur auf § 605 zurück (wenn das Inventarium untaxirt übergeben worden) und obschon dies insofern auffallend erscheint, weil auch nach § 601 die gleiche Anzahl der Stücke zurückgewährt und der Verpächter nach § 602 nicht eine geringere Anzahl von höherem Werth anzunehmen braucht, mithin auch im Fall der Uebergabe eines taxirten Inventariums § 609 anwendbar erscheint, so ist doch zu beachten, daß wenn der Verpächter eine geringere Zahl von höherem Werth angenommen hat, darin ein Verzicht auf die Komplettirung der Zahl liegt, weil er im höheren Werth bereits die Vergütung empfangen. Aus Bornemann's Mittheil. der Materialien (IV. S. 358) ist übrigens zu ersehen, daß bei der Redaktion die Meinungen darüber in Streit waren, ob der höhere Werth die geringere Zahl ausgleichen solle, und § 601 hat eine daraus erklärbare, etwas schwerfällige und in sich widersprechende Fassung erhalten.

321) §§ 606—608. Daß der Pächter nichts vorher fortschaffen darf, hängt auch zusammen mit dem gesetzlichen Pfandrecht des Verpächters. Bornem. IV. 359. Den eigentlichen, prinzipiellen Grund des Landrechts bringen die folgenden Worte des Texts.

322) Konkurs-Ordnung § 41 Nr. 3. Die Preuß. K.O. § 36 Nr. 2 behandelte den Fall für Verpächter und Pächter gleichartig in Anschluß an die Bestimmung über das Separationsrecht von Kommunionsinteressenten, als ob bezüglich des Inventars zwischen Verpächter und Pächter eine Kommunion bestände. — Wird über das Vermögen des Pächters das Konkursverfahren eröffnet, so hat der Verpächter den Aussonderungsanspruch auf Rückgewähr des Pachtguts mit Inventar. Fehlt an dem Inventar etwas, so wird dem Ersatzanspruch als Anspruch aus dem Pachtvertrag noch die Sicherung des § 41 Nr. 2 zur Seite stehen. Ist Super- oder Plus-Inventar zurück zu gewähren, so besteht der Kontraktsanspruch des Pächters als Masseforderung.

bei im Laufe des Wirthschaftsjahrs beendigtem Nutzungsrecht die Theilung der Nutzungen regeln. Wird aber der Pachtvertrag nach besonderer Bestimmung des Pachtvertrages selbst im Laufe eines Wirthschaftsjahrs zu Ende gebracht, ohne daß die Theilung der Nutzungen vertragsmäßig ausdrücklich geregelt ist, so müssen jene Theilungsgrundsätze entprechende Anwendung finden[322a]).

Der Pächter trägt die Gefahr, welche die Früchte trifft; die Gefahr der Substanz nur, soweit er sie im Vertrage übernommen hat[323]). Dabei gilt die Auslegungsregel, daß wenn er auch alle Unglücksfälle übernommen hat, darunter doch die Kriegsschäden nicht zu verstehen sind[324]). Er trägt ferner die Gefahr des Inventariums, wenn er es eigenthümlich erworben oder als eisern empfangen hat, oder so weit es überzählig ist[325]). Dies alles entspricht folgerecht dem landrechtlichen Grundsatz, daß der Eigenthümer den Zufall erleidet; denn der Pächter wird Eigenthümer der Früchte mit ihrer Entstehung[326]). Das Gesetz bestimmt aber Fälle, wo der Pächter für zufällig erlittenen Nachtheil an den Früchten und dem Inventarium vom Verpächter eine Vergütung in Anspruch nehmen darf[327]).

Die Lehre von dem Remissionsanspruch eines Pächters, die, wie Jacobi mit Recht bemerkt, nicht sowohl durch sachliche Schwierigkeiten, als vielmehr durch die Behandlung, die sie in Theorie und Praxis und, wie hinzugesetzt werden muß, in den Gesetzgebungen erlitten hat, verworren und streitig geworden, kann nicht treffender als mit den Worten des alten Wernher eingeleitet werden: haec duo, an facultatem utendi fecerit locator, et an sterilitas contigerit, a doctoribus commiscentur, sed accurate discernenda et a Ictis Romanis diligenter sunt observata[328]). Diese Worte treffen den Punkt, auf dem die Verwirrniß liegt. Zweierlei ist zu trennen: Die Gefahr, welche die Sache trifft, nimmt dem Pächter die Möglichkeit des Fruchtgenusses, sie nimmt ihm auch das Recht zum Fruchtgenuß, soweit und weil der Untergang der Sache das ihm daran zustehende Recht vernichtet. Diese Gefahr trägt der Verpächter, d. h. er verliert wegen fehlender Vorleistung die ihm zustehende Nachleistung, oder, wie das A.L.R. es für die Gefahr des Untergangs ausspricht: der Vertrag wird aufgehoben[329]).

322a) Plenarbeschluß des R.G., Entsch. B. 18 S. 314.

323) I. 21 §§ 561. 594.

324) § 594. Das sind die s. g. casus insolitissimi des gemeinen Rechts. Siehe hierüber oben B. I. § 108 Note 5 und Note 84. Jacobi S. 109.

325) I. 21 §§ 472. 475. 476.

326) Oben B. I. § 108. A.L.R. I. 9 § 221.

327) I. 21 § 561.

328) Comment ad Dig. XIX. 2. § 13 bei Jacobi S. 14, oder wie es anderweitig ausgedrückt ist: fructus proprie non locantur, sed locus, saltim praestatur colono ad fructus perferendos aptus. Das. S. 15.

329) Oben B. I. § 87 unter 2, § 108. Ebenso bei gänzlichem Untergang nach röm. R. l. 15 § 2, l. 19 § 6, l. 30 pr. § 1 D. XIX. 2 und bei theilweisem Untergang oder bei Verschlechterung verhältnißmäßige Herabsetzung des Zinses. l. 19 § 6, l. 25 § 2, l. 27 pr. § 1, l. 33 eod. Das schon Gezahlte wird zurückgefordert und zwar mit der Vertragsklage. l. 9 § 4, l. 19 § 6, l. 33 eod.

Aber die Gefahr, die den Fruchtbezug trifft, leidet der Pächter, weil er Eigenthümer der Frucht von ihrer Entstehung ist, und weil ihm kein Gläubiger gegenübersteht, der darauf eine Forderung hat. Auch verschuldet ihm der Verpächter nicht den Fruchtbezug, denn seine Verpflichtung besteht nur in dem praestare frui licere[330]). Wenn dennoch das positive Recht den Verpächter die Gefahr, daß ein Fruchtbezug ausbleibt, theilweise tragen läßt, obwohl er dem Pächter das Recht und die Möglichkeit der Nutzung vertragsmäßig gewährt hat, und wenn es ihm ansinnt, in solchem Falle einen Nachlaß am Zins zu erleiden, so mag sich dafür Billigkeit geltend machen lassen, weil der Pächter nicht bloß die Früchte eingebüßt, sondern auch seine Arbeit verloren hat, und der Verpächter nicht bloß den Zins als Aequivalent der Früchte gewinnt, sondern ihn auch ohne Arbeit erhält, — einen juristischen Rechtfertigungsgrund giebt es dafür nicht. Man hat ihn im römischen Recht in dem Umstand finden wollen, daß der Pächter erst durch die Absonderung (Perzeption) Eigenthümer der Früchte werde, während sie bis dahin dem Verpächter gehörten[331]), mithin als verpachtete Gegenstände von diesem gewährt werden müßten, — als ob es zur Vorleistung gehören könnte, daß der Verpächter dem Pächter die durch des Letzteren Arbeit erzeugten Früchte besonders übergebe. Diese Auffassung ist ganz schief[332]). Der Umstand, daß der Herr des Grundes und Bodens Eigenthümer der unabgesonderten Frucht sei, kann hier nicht zur Anwendung kommen, denn der Herr des Grundes und Bodens hat eben durch den Pachtvertrag die Fruchterzeugung, das Recht dazu veräußert[333]). Es ist daher auch nicht der Ansicht Kochs beizutreten, der den Remissionsanspruch zwar nach den Grundsätzen des römischen Rechts für folgerichtig hält, indem er davon ausgeht, daß der Verpächter dem Pächter die Früchte selbst zu gewähren habe, aber nach den Grundsätzen des preußischen Rechts über den Fruchterwerb ihn für inkonsequent erklärt[334]). Jene Herleitung des Remissionsanspruchs aus dem Eigenthum des Verpächters an den unabgesonderten Früchten hat aber hauptsächlich bewirkt, daß die Scheidung zwischen der Forderung der Gewährleistung und

---

330) Oben bei Note 46.

331) l. 25 pr. D. XXII. 1. Fructus non jure seminis sed jure soli percipiuntur. l. 61 § 8 D. XLXII. Fructus, quamdiu solo cohaereant, fundi esse.

332) Vergl. hierüber Jacobi S. 19 f. Dem Entwurf des B.G.B. sind Remissionsansprüche fremd.

333) Daher erklärt sich auch: ne supra damnum seminis amissi mercedes agri praestare cogatur, in l. 15 § 2 D. XIX. 2, d. h. das damnum seminis bleibt dem Pächter; er verliert also nicht, wie bei der entgegengesetzten Ansicht angenommen werden müßte, durch das Aussäen das Eigenthum am Samen an den Verpächter, um dann erst durch die die Tradition ersetzende Perzeption das Eigenthum der Früchte zu erwerben. Es steht daher ein vom Verpächter vorbehaltenes Eigenthum an den Früchten zur Sicherung seiner Ansprüche an den Pächter in Widerspruch mit dem Wesen des Vertrags. Dies ist verkannt bei Seuffert XVII. 138, XVIII. 10. Aehnlich verhält es sich mit den Inädifikationen des Pächters, auf welche ebenfalls die Vorschriften der Adjunktion angewendet werden können. Sintenis I. § 50 Note 31 a. E. Seuffert VII. 30.

334) R. d. F. III. 950. S. Jacobi S. 79. 83 Note 10.

der Remission verwischt wurde. Beide sind verschieden[335]). Bei jener handelt es sich um die Möglichkeit, bei dieser um die Wirklichkeit des Fruchtbezugs, bei dieser um ausgebliebene Nutzungen trotz der gewährten Eigenschaften, bei jener soll der Verpächter vertreten, daß der Pächter nutzen kann, bei dieser soll er mitleiden, daß der Pächter nicht Nutzen gezogen, bei jener darf der Verpächter den Zins nicht fordern, weil er nicht geschuldet wird, bei dieser soll er ihn nachlassen, obschon er geschuldet wird.

Von den römischen Juristen ist dieser Unterschied klar erkannt[336]) im gemeinen Recht aber ist er verloren worden[337]), und das A.L.R. ist ein Kind des gemeinen Rechts. Seine Bestimmungen, die viel zu sehr in kasuistisches Detail sich verlieren, werfen verschiedenartiges durch einander[338]).

---

[335]) Jacobi S. 12fg. § 2.

[336]) Die Hauptstelle, die l. 15 pr. §§ 1. 2, II. XIX. 2 ist schwer auszulegen. Nach pr. § 1 wird dem colonus die actio conducti gegeben, wenn ihm nicht possessio rei praestatur (Gewährleistung); aber heißt es § 2: si vis tempestatis calamitosae contegerit, an locator conductori aliquid praestare debeat, videamus. Bei der Erörterung dieser Frage wird allgemein vorangeschickt, omnem vim, cui resisti non potest, dominum colono praestare debere. Die Beispiele, die hier gleich beigesetzt werden, erläutern den Begriff der vis als solche Zufälle, die die Früchte von außen (extrinsecus) getroffen haben. In den Gegensatz werden dann gestellt die vitia ex ipsa re; das sind nicht vitia fundi, welche keinen Remissionsanspruch begründen, vielmehr entweder von dem Verpächter nach den Regeln der Gewährleistung zu vertreten sind, oder vom Pächter getragen werden müssen, weil er die Sache in diesem Zustand übernommen hat, sondern res bedeutet auch hier fructus, und die beigesetzten Beispiele lehren, daß solche Schäden gemeint sind, die in den Früchten selbst entstanden. Hier wird keine Remission gegeben: damno coloni sunt, während bei den Schäden von außen (vi tempestatis) eine Remission stattfindet. Jacobi S. 17. 28fg. Wenn nun auch die Stelle sagt: omnem vim dominum colono praestare debere, so bedeutet das praestare hier nicht Gewähr leisten, sondern, wie die §§ 3. 5 und 7 cit. zeigen, nur ein subvenire, ein remittere, exonerare, während im Fall eigentlicher Gewährleistung (z. B. § 6 cit.) von repetere, oder an anderen Stellen (Jacobi S. 16) von teneri u. dergl. gesprochen wird.

[337]) Man nahm an, merces solvitur in actualem compensationem fruitionis fructuum, oder es sei stillschweigende Bedingung, daß Früchte wirklich gezogen werden, oder der ausbleibende Fruchtbestand sei ein veränderter Umstand (cl. rebus sic stantibus); Jacobi S. 13. Glück B. 17 S. 447 stellt geradezu den Satz auf: der Verpächter müsse dem Pächter dafür stehen, daß dieser von dem Pachtgut die ihm überlassenen Früchte ziehe, und daraus folge, daß ihm das Pachtgeld ganz oder zum Theil erlassen werden müsse, wenn die Früchte entweder ganz zu Grunde gegangen oder durch ungewöhnliche Unglücksfälle beträchtlich vermindert worden. Die dabeigesetzten zahlreichen Citate beweisen, daß diese Ansicht damals die herrschende war: der Remissionsanspruch sei ein Ausfluß der Gewährleistungspflicht des Verpächters, diese bestehe nicht nur in der Gewährung des frui posse oder licere, sondern auch in der Gewährung der fructus selbst, der Verpächter trage nicht bloß periculum rei, sondern auch periculum fructuum. Auch die Neueren sind noch bei dieser Ansicht stehen geblieben, z. B. Vangerow III. 459 Anm. 1, und selbst in Sells eingehender Untersuchung wird die richtige Scheidung vermißt. Dagegen ist die Darstellung bei Dankwardt H. 4 S. 35f. nicht genügend, weil er den Unterschied zwischen Gewährleistungspflicht und Remissionsanspruch nicht beachtet. Wenn der Pächter die Produktivdienste der Sache kauft, so folgt daraus noch nicht, daß er den dafür vereinbarten Preis nur so weit zu zahlen hat, als ihm diese Dienste Werthe zugetragen.

[338]) Es sind bereits oben Note 278 die Sätze angegeben, die sich unter dem Marginale: Remissionsforderung (I. 21 §§ 478—596) befinden, sich aber nicht auf diese, sondern auf Ansprüche auf Gewährleistung und Erstattung von Verwendungen beziehen. S. Jacobi S. 85. Die Remissionslehre war schon im Cod. Frideric. IV. 8 § 18fg. sehr aus-

Als Begriff muß festgehalten werden: der Remissionsanspruch ist der durch Gesetz dem Pächter eines Landguts ausnahmsweise verliehene Anspruch auf gänzlichen oder theilweisen Nachlaß am Pachtzins, wenn im laufenden Wirthschaftsjahr der Fruchtbezug durch außerordentliche äußere Zufälle dergestalt vereitelt worden, daß durch alle Wirthschaftsrubriken zusammengenommen, nach Abzug der Ausgaben, nicht soviel übrig bleibt, als der Zins beträgt[339]). Daß hier das Gesetz, also ein positiver Rechtssatz die Gefahr, die der Pächter eigentlich zu tragen hat, ihm theilweise abnimmt, darauf deuten die Schlußworte des § 561 hin: „Der Pächter kann dafür (für Beschädigung der Früchte) nur in den durch das Gesetz bestimmten Fällen Vergütung fordern".

In dem Begriff liegt folgendes: Der Fruchtbezug muß ganz oder zu einem beträchtlichen Theil vereitelt sein[340]); das heißt eigentlich die Gewinnung von Früchten[341]), das A.L.R. dehnt aber, der gemeinrechtlichen Praxis folgend[342]), den Anspruch auch auf den Verlust an schon gewonnenen Früchten aus[343]). Auch dafür sind nur Gründe der Billigkeit angeführt worden[344]). So ist ein Nachlaß zu fordern, wenn eingesammelte Früchte in

---

führlich behandelt. Auch hier zeigt sich die Vermischung der Gewährleistung und Remission. An diese Bestimmungen schließt sich das A.L.R. mit einer erheblichen Abweichung an. Diese ist in I. 21 § 485 enthalten. S. unten Note 360. Svarez, Jahrb. B. 41 S. 69f. Vergl. auch hierüber Hellfeld, Introd. in jus Dig. § 1056.

339) I. 21 §§ 478. 485. So ist nach A.L.R. die Remissionsforderung bestimmt, welche die Regel bildet, im Gegensatz zur s. g. Partialremission. Jene wird daher auch die Totalremission genannt. Jacobi S. 23 definirt: Remission ist der aus Rücksichten der bona fides gesetzlich bestimmte gänzliche oder theilweise Nachlaß am Pachtgelde, wegen außerordentlicher unglücklicher äußerer Zufälle, welche den Bezug der Früchte Seitens des Pächters hindern.

340) I. 21 § 478. „Ertrag des Gutes beträchtlich vermindert." Vergl. §§ 485. 561 d. T. l. 25 § 6 D. XIX. 2 plus quam tolerabile . . alioquin modicum damnum aequo animo ferre debet colonus. Die Beträchtlichkeit hat der Richter zu arbitriren, die laesio enormis giebt hierbei keinen Anhalt. Jacobi S. 40f.

341) Nach römischem Recht findet Remission nur statt, wenn die Perzeption der Früchte zufällig gehindert worden. Glück B. 17 S. 456. Vangerow III. 460. Jacobi S. 23fg. Das hängt aber nicht damit zusammen, daß erst durch die Perzeption der Pächter Eigenthümer der Früchte werde (s. oben Note 333), daß also deshalb von diesem Moment die Gefahr auf ihn übergehe, bis dahin den Verpächter treffe, sondern es findet seine hinreichende Erklärung darin, daß der Remissionsanspruch überhaupt nur ex aequitate herzuleiten, daher der engsten Begrenzung bedarf, und die perzipirten Früchte aus dem Rechtsverhältniß der Pacht bereits herausgehoben erscheinen, für den Verpächter ihr weiteres Schicksal ganz interesselos geworden ist.

342) Die gemeinrechtlichen Juristen haben darüber gestritten, wann Perzeption eingetreten sei, ob durch die Separation, oder durch die Einscheuerung, oder gar erst durch die Verwerthung. Insofern nun vielfach angenommen wurde, daß auch ein Schaden, der nach der Separation die Früchte treffe, auf Remission Anspruch gebe, wurde dieser auf schon perzipirte Früchte mitbezogen, denn darüber kann nach l. 78 D. VI. 1 kein Zweifel sein, daß die Separation der Akt der Perzeption ist. Glück B. 17 S. 458. Jacobi S. 24f.

343) Jacobi S. 86f. Das A.L.R. spricht § 478 und an anderen Stellen bei dieser Lehre nur vom Ertrage, von den Früchten, ohne zu unterscheiden zwischen vor und nach der Perzeption, und § 571 erwähnt sogar ausdrücklich der eingescheuerten Früchte, ebenso ist §§ 519. 522. 523 von „geernteter Getreidesorte", von „überjährigem" Getreide die Rede. Die vorlandrechtliche Praxis des O.Trib. (Hymmen, Beiträge VI. 90) hatte schon die Ausdehnung, indem die l. 15 § 3 D. XIX. 2 auf Brand in der Scheuer bezogen wurde, während sie von incendium fundi, als Feldbrand spricht. Jacobi S. 26.

344) S. Bornemann IV. S. 345f.

der Scheune verbrennen oder durch Ueberschwemmung vernichtet oder vom Feinde weggenommen werden[345]), obschon das Princip in § 500 Anerkennung gefunden, daß nur, wenn die auf dem Felde befindlichen Früchte verloren gegangen sind, Remission verlangt werden könne. Diesem Satz gegenüber muß deshalb die Ausdehnung bezüglich der gewonnenen Früchte auf die Fälle des Brandes, der Wassersgefahr und der Entziehung durch Feinde eingeschränkt bleiben[346]), und außerdem darf für überjähriges Getreide nur soweit ein Nachlaß stattfinden, als dasselbe als Vorrath zurückzugewähren und im letzten Jahre verbrannt ist[347]). Eine andere, durchaus nicht zu billigende Ausdehnung endlich gestattet das A.L.R. insofern, als selbst, wenn der Preis für verkaufte Früchte nicht eingezogen werden kann, ein Nachlaß gestattet ist[348]), während noch nicht eingegangene fixirte Hebungen unberücksichtigt bleiben sollen[349]). Ferner: Unglücksfälle müssen der Grund des Verlustes sein, und zwar äußere und außerordentliche[350]). Aeußere d. h. solche, die nicht durch die Natur und Beschaffenheit, durch die Lage und Ertragsfähigkeit des Landguts bedingt sind[351]). Denn hier ist anzunehmen, daß solche Zufälle schon bei der Bestimmung des Pachtzinses berücksichtigt worden, und, wenn sie erst später hervortreten, so sind sie vom Verpächter vermöge der ihm obliegenden Gewährleistung zu vertreten[352]). Die Zufälle dürfen auch nicht in der Gegend, in welcher das Gut liegt, gewöhnliche sein[353]). So wird bei einem, häufig oder regelmäßig wiederkehrenden Ueberschwemmungen nach seiner Lage ausgesetzten Gute solcher Schaden einen Remissionsanspruch nicht begründen[354]), ebenso nicht, wenn der Pächter eine Frucht hat erzielen wollen, die der Boden nach seiner Beschaffenheit oder nach dem Klima des Orts nicht erzeugen kann, und ihm dieses hat bekannt sein müssen. Als Beispiele von Unglücksfällen, bei deren Eintritt Remission verlangt werden darf, führt das A.L.R. an: Frost, Dürre, Hagelschlag, Mäusefraß, Heuschrecken, Ueberschwemmung, Brandschaden, Beschädigungen der Früchte durch Feinde, ungewöhnliches Viehsterben, wenn dadurch der Ertrag des ganzen Gutes beeinträchtigt wird[355]). Ein mäßiges Verschulden des Pächters an dem Verlust schließt den Nachlaß aus[356]).

---

345) I. 21 §§ 519. 523. 571.
346) Jacobi S. 87.
347) I. 21 § 522.
348) I. 21 § 496. S. Bornemann IV. 350. Jacobi S. 87.
349) I. 21 § 495.
350) I. 21 §§ 478. 479, l. 15 § 2 D. XIX. 2: extra consuetudinem, vis, cui resisti non potest.
351) I. 21 § 479. Dadurch soll offenbar der Gegensatz zu dem ex re ipsa in der l. 15 § 2 D. XIX. 2 ausgedrückt werden, indem unter res das Grundstück, nicht die Frucht selbst verstanden wurde. Jacobi S. 90. Oben Note 336.
352) Jacobi S. 90.
353) I. 21 § 479.
354) Glück B. 17 S. 455. Vangerow III. 460. Seuffert XII. 150.
355) I. 21 §§ 500. 518. 561. 571. 513.
356) I. 21 § 498. Vergl. l. 15 § 3, l. 25 § 3 D. XIX. 2. Der Pächter muß auch Alles thun,

Will der Pächter wegen erlittener Unglücksfälle Remission erlangen, so muß er dem Verpächter sofort nach dem Eintritt des Unglücks davon Nachricht geben[357]). Der Zweck ist, die Wirklichkeit und Erheblichkeit des Nachtheils feststellen zu können[358]), und es geht, wenn die Anzeige unterblieben, das Recht auf Remission verloren[359]). Es fällt auch fort, wenn der Verlust nur eine Wirthschaftsrubrik betroffen, aber durch den reichlicheren Ertrag der übrigen Rubriken in demselben Wirthschaftsjahr aufgewogen wird[360]), wogegen nicht, wie nach römischem Recht, die besseren Erträge anderer Jahre in Betracht kommen[361]). Um den Ausfall zu ermitteln, muß der Pächter eine vollständige Administrationsrechnung vorlegen[362]), über deren einzelne Posten das A.L.R. genaue Vorschriften ertheilt. Sie soll alle Einnahmen und Ausgaben des betreffenden Jahrgangs angeben und durch Belege beweisen. Als Einnahmen sind aufzuführen: der erhaltene oder noch ausstehende, nicht aber der bereits als unbeitreibbar erwiesene Preis für veräußerte Früchte[363]), der aus den Gutserzeugnissen für den Pächter und seine Familie verwendete Unterhalt nach dem mittleren Marktpreis der nächsten Stadt[364]), die nach Abzug der Wirthschaftsnothdurft übrig bleibenden Vorräthe, soweit sie in diesem Jahrgang gewonnen sind[365]), fixirte Hebungen des Jahres, wenn sie auch noch nicht gezahlt worden, sofern nicht den Zinspflichtigen gesetzlich ein Nachlaß zugestanden werden mußte[366]). Als Ausgaben sind gegenüber zu stellen: Das von den Erzeugnissen des Jahres

---

was gethan werden kann, um den Verlust abzuwenden, oder den eingetretenen Verlust wieder auszugleichen, z. B. wenn durch Umackern und zweite Bestellung noch eine andere Frucht gewonnen werden kann. Jacobi S. 38.

357) Schon gemeinrechtlich ist eine denuntiatio verlangt worden, obschon sie aus dem röm. R. nicht nachweisbar ist. Jacobi S. 38. 91. A.L.R. I. 21 § 480. Die Anzeige muß in diesem Fall „sofort, ohne Zeitverlust" erfolgen, sie darf nicht wie im Fall der Gewährleistung, nach § 623 bis Ablauf des Jahres verschoben bleiben.

358) Diese Feststellung bleibt dem Verpächter überlassen, wenn er sich in derselben Provinz (vergl. § 622 I. 9 A.L.R. befindet; sie muß aber gerichtlich vom Pächter herbeigeführt werden, wenn der Verpächter außerhalb sich befindet. I. 21 §§ 481. 482.

359) I. 21 § 483.

360) I. 21 §§ 484. 485.

361) l. 15 § 4 D. XIX. 2, l. 8 C. IV. 65 c. 3 X. III. 18. Vangerow III. S. 461. Jacobi S. 52. In der gemeinrechtlichen Praxis wurde von einigen behauptet, die Ausgleichung sei unzulässig, wenn das Pachtgeld auf das einzelne Jahr und nicht auf mehrere Jahre zusammen bedungen worden. Glück B. 17 S. 472. Dieser Unterschied ist im gemeinen Recht nicht begründet. Im Codex Frideric. IV. 8 § 18 fg. war ein Zusammenrechnen des Ertrages aller Pachtjahre vorgeschrieben, und Remission wurde so weit gewährt, als diese Summe die Summe des Pachtzinses aller Jahre nicht erreichte. Bei der Redaktion des A.L.R. wurde davon abgegangenen, weil die Aufstellung einer Administrationsrechnung, schon schwierig für ein Jahr, für eine mehrjährige Pachtzeit unausführbar erschien. Bornemann IV. 345 f.

362) I. 21 § 487. Jacobi S. 96 f.

363) I. 21 § 496.

364) I. 21 § 488. Insoweit auch der persönliche Unterhalt des Pächters in Einnahme gebracht werden muß, enthält der Satz eine Unbilligkeit gegen den Pächter. Koch, Komm. Note zu § 488.

365) I. 21 §§ 492. 494.

366) I. 21 § 495.

noch im Lauf desselben für den Unterhalt des Viehs, zur Speisung des Gesindes und der Deputanten und zur Ackerbestellung bis zur nächsten Ernte Erforderliche, oder, wenn es nicht vorhanden, der dazu nöthige Geldaufwand [367]), die nicht beitreibbaren Preisreste [368]), die nachgelassenen fixirten Hebungen [369]). Einnahmen und Ausgaben sind nach ihren wirklichen Beträgen, nicht nach dem Anschlage aufzunehmen [370]). Vorjährige Einnahmen und Ausgaben [371]), was zur Saat und Ackerbestellung für das laufende Jahr verwendet worden [372]), Bestände aus früheren Jahren [373]), Vorräthe von Rubriken, die nicht zum Verkauf angeschlagen [374]), Rubriken, welche im Anschlag nicht aufgeführt sind [375]), Verwendungen zur Sicherung der Früchte und Nutzungen [376]) bleiben fort. Ergeben die in der Rechnung gegenübergestellten Einnahmen und Ausgaben nicht soviel Einnahme-Ueberschuß, als der Pachtzins beträgt, so ist das dazu Fehlende nachzulassen, niemals aber bei einem Ausgabe-Ueberschuß dem Pächter die Differenz herauszuzahlen [377]).

Diesem Remissionsanspruch stellt das A.L.R. noch einen Anspruch auf Partialremission zur Seite, die für Mißwachs oder Verlust an Getreide, das sich entweder noch auf dem Felde befindet, oder zwar schon geerntet, aber durch Brand, Wassernoth und feindliche Fouragirungen verloren gegangen ist [378]), gewährt werden soll. Es soll nämlich Remission eintreten, wenn von der beschädigten Getreidesorte nicht soviel übrig geblieben ist, als zur Saat für das nächste Jahr und zur Wirthschaftsnothdurft bis zur nächsten Ernte erforderlich ist [379]). Nachgelassen wird, was hierzu fehlt [380]). Es bedarf nicht einer alle Guts-Einnahmen und Ausgaben umfassenden Rechnungslegung, vielmehr nur einer Berechnung der einzelnen Rubrik, welcher entweder die Ansätze im Anschlage, oder bei der Pacht in Pausch und Bogen die nach den lokalen oder landüblichen Abschätzungsgrundsätzen zu ermittelnden Preise zu Grunde gelegt werden [381]). Zu den Ausgaben soll aber auch das gerechnet werden, was der Pächter von der beschädigten Getreidesorte für sich, seine Frau und unmündigen Kinder zur Wirthschaftsnothdurft

367) I. 21 §§ 490. 491.
368) I. 21 § 496.
369) I. 21 § 495.
370) I. 21 § 497.
371) I. 21 § 494.
372) I. 21 § 489.
373) I. 21 § 494.
374) I. 21 § 493.
375) I. 21 § 508.
376) I. 21 § 578. Bezweckte die Verwendung Sicherung der Substanz und der Früchte, so trägt jeder Theil die halben Kosten.
377) I. 21 § 486.
378) I. 21 §§ 500. 519. 523. 571. Unter Getreide sind auch die Hülsenfrüchte zu verstehen. Koch, Komm. Note zu § 500.
379) I. 21 § 501.
380) I. 21 § 502.
381) I. 21 §§ 500. 503. 504.

nöthig hat[382]). Beschädigungen an Brachfrüchten begründen nur dann eine Partialremission, wenn sie im Anschlage aufgeführt worden sind[383]). Die Redaktoren sind zur Annahme einer solchen Partialremission durch die Erwägung verleitet worden, daß den meisten Pächtern die Legung einer vollständigen Administrationsrechnung unüberwindliche Schwierigkeiten verursachen würde[384]); sie haben dabei aber übersehen, daß dadurch dem Verpächter eine große Unbilligkeit entstehen kann. Denn bei der Partialremission wird nicht der reichliche Ertrag anderer Rubriken, durch die der Pächter sehr leicht den Ausfall der einen decken kann, berücksichtigt[385]).

Der Remissionsanspruch kann nur durch eine Einrede gegen die Klage auf Zahlung des Pachtzinses geltend gemacht werden. Diese Einrede ist als Kompensationseinrede aufzufassen[386]), aber nach der vorbehaltlosen Zahlung des Zinses darf nicht mehr Nachlaß gefordert werden[387]), während sonst das unterlassene Gegenrechnen die spätere selbständige Einklagung der Gegenforderung nicht hindert[388]). Daß dem Anspruch im Vertrage entsagt werden kann, und wie die dabei gebrauchten Ausdrücke der Gefahrübernahme zu deuten sind, ist schon erwähnt[389]). Die Entsagung geschieht in der Praxis so häufig, daß daraus die Entbehrlichkeit dieses Rechtsinstituts gefolgert werden kann. Auch beseitigen es die modernen Versicherungsanstalten zum großen Theil, so daß diese unbillige Billigkeit aus dem Rechtsleben verschwindet[390]). Es bedarf nur noch der Bemerkung, daß bei einer Pacht, deren Zins eine Fruchtquote ist, Remission nicht stattfinden kann, weil hier beide Theile gleichmäßig die Gefahr tragen, und die Quote sich in demselben Maße vermindert, in welchem der Fruchtbezug Nachtheil erleidet[391]). Besteht dagegen der Zins in einem Quantum der Früchte, so ändert sich an dem Remissionsanspruch Nichts[392]).

Einen besonderen Grund zu vorzeitiger Aufkündigung der Landgüterpacht giebt beiden Theilen ein während der Pachtzeit entstehender Krieg, welcher die ganze Armee, nicht bloß einzelne Theile derselben in Anspruch nimmt. Die Kündigung muß 6 Wochen nach dem Tage, wo die Ausschrei-

---

382) I. 21 § 505. Das weicht ab von § 488 und ist auf der anderen Seite, was den Unterhalt der übrigen Familienglieder betrifft, unbillig gegen den Verpächter.

383) I. 21 §§ 506. 507. Möchte bei der veränderten landwirthschaftlichen Methode der Wirthschaftsführung antiquirt sein.

384) Jahrb. B. 41 S. 69 fg.

385) Koch III. S. 951 fg. Jacobi S. 99. Es wird eigentlich dem Pächter, der eine Administrationsrechnung zu legen nicht im Stande ist, dafür ein Vortheil zugewendet.

386) I. 21 § 595. Jacobi S. 110.

387) Es steht keine Rückforderungsklage (condictio) zu. Vergl. dagegen die vorlandrechtliche Praxis des O.Trib. von 1783 bei Stengel XI. 299. S. auch Bornemann IV. 357.

388) I. 16 § 165. Jacobi S. 110. 111. Ein Klagerecht auf Remission hat der Pächter nicht. Koch, Komm. Note zu § 595.

389) I. 21 §§ 510. 511. 594. Oben B. I. § 108 Note 5, und diesen § bei Note 194. 324.

390) Jacobi S. 121 f.

391) I. 21 §§ 265. 266. — l. 25 § 6 D. XIX. 2. Jacobi S. 67. 111.

392) I. 21 § 264. l. 19 § 3 D. XIX. 2.

bungen zu den Kriegsleistungen in der Provinz erfolgt sind, geschehen. Die Parteien haben sich dann über die Vergütung für etwa entstehende Kriegsschäden zu einigen; gelingt dies nicht, so muß mit Ablauf des Wirthschaftsjahres die Pacht zurückgewährt werden, und ist die Kündigung im letzten Quartal dieses Jahres geschehen, so endigt die Pacht erst mit dem darauf folgenden Wirthschaftsjahr[393]).

2. In mehrfachen Gestaltungen kennt das gemeine Recht die Viehpachtung, Viehverstellung[394]). Auch im französischen Recht ist diese Art Pacht, bail à cheptel, besonders behandelt[395]). Das A.L.R. enthält darüber nur die Bestimmung, daß der Verpächter, wenn das allein gepachtete Vieh ganz oder zum Theil zufällig zu Grunde geht, Gewähr zu leisten hat, und daß dies durch verhältnißmäßigen Erlaß des Zinses geschieht, wogegen ihm der Pächter in gleichem Verhältniß die demselben zur Unterhaltung des Viehs angewiesenen Realitäten überlassen oder berechnen muß[396]).

VIII. Der Jagdpachtvertrag[397]). Das Jagdpolizeigesetz gestattet nicht nur in allen Fällen, sondern es schreibt unter Umständen unter Ausschluß der Selbstausübung der Jagd durch den Eigenthümer vor, daß das Jagdrecht zu „verpachten" sei[398]). Diesen gesetzlichen Vorschriften steht aber eine Bestimmung des Gesetzes, betreffend die Aufhebung des Jagdrechts auf fremdem Grund und Boden, gegenüber, die verordnet, daß eine Trennung des Jagdrechts vom Grund und Boden „als dingliches Recht" künftig nicht stattfinden könne[399]). Durch diese letztere Vorschrift ist nicht nur eine dauernde, sondern auch die zeitweilige Belastung des Eigenthums mit einem Jagdausübungsrecht, als einem Recht an fremder Sache ausgeschlossen; und nicht bloß die Begründung einer Grundgerechtigkeit oder eines persönlichen beschränkten Jagdnutzungsrechts, bei dem für die Nutzung kein Entgelt entrichtet wird, ist unstatthaft, sondern auch ein Jagdpachtrecht kann danach

---

393) I. 21 §§ 553—558. Svarez (Kamptz Jahrb. B. 41 S. 71) erklärt dies aus einer unerläßlichen Anwendung der cl. rebus sic stantibus. Der Kriegszustand ist beendet mit der Evakuation des Landes. K.O. v. 28. April 1813. Ges.S. S. 64.

394) Huck, Die Viehverstellung, in der Zeitschrift f. deutsches R. V. S. 226. Beseler III. 205. Gerber S. 457 (8. A.). Bluntschli S. 341 f. (3. A.). Koch, R. d. F. III. 961. Pr.R. II. 489. Stobbe III. § 186 B. Seuffert VII. 283.

395) Code, art. 1800 fg.

396) I. 21 §§ 514. 515. In den §§ 452 fg. ist der Viehstand nur als Inventarium des gepachteten Landguts erwähnt. Sie sind aber analog auch auf die selbständige Viehpacht anzuwenden. Der Viehpächter wird nicht Eigenthümer der ganzen Heerde oder der einzelnen Stücke, daher trägt die Gefahr der Verpächter, aber die Ergänzung des natürlichen Abgangs durch den Zuwachs gehört zu der Verpflichtung des Pächters, der die Sache erhalten muß. Was dann übrig bleibt, gehört zur Nutzung. Bei Jungvieh läßt sich dies erst entscheiden, wenn es in die Heerde eingestellt werden kann. Vergl. l. 70 § 1 D. VII. 1. Bei einem außergewöhnlichen Schaffsterben soll die Gefahr von beiden Theilen getragen werden.

397) Jagdpolizeigesetz vom 7. März 1850 §§ 3. 7. 10 ff. Vergl. dazu A. Dalcke, Das preuß. Jagdrecht S. 6 ff. R. Wagner, Die preuß. Jagdgesetzgebung S. 19 ff. S. ferner Wildschadengesetz vom 11. Juli 1891 §§ 2. 3. 18.

398) Jagdpolizeigesetz §§ 3. 7. 10.

399) Gesetz v. 31. Oktober 1848 § 2.

nicht als ein dingliches Recht in dem Sinne zugelassen werden, in dem die Pachtung eines Grundstücks vom preußischen Recht als ein dingliches Recht angesehen wird. Das Verhältniß dieser beiden Vorschriften zu einander darf nicht dahin aufgefaßt werden, daß das Jagdpolizeigesetz das ältere Jagdgesetz in der hervorgehobenen Beziehung abgeändert habe. Denn das Jagdpolizeigesetz ergiebt hierfür keinen Anhalt, und es ist als seine Absicht nicht anzunehmen, daß das Jagdpachtrecht in den preußischrechtlichen Landestheilen ein anderes sein soll, als in den gemeinrechtlichen oder rheinischrechtlichen, wo ein dingliches Pachtrecht unbekannt ist. An ein dingliches Pachtrecht konnte aber auch im Bezirk des Landrechts überhaupt nur gedacht werden, wenn das Grundstück selbst dem Jagdpächter zu wirklichem körperlichen Besitz — d. h. zu unvollständigen, den vollständigen Besitz zeitweilig zurückdrängenden und thatsächlich ausschließenden Besitz — übertragen würde[400]), oder wenn man die Eintragung des Jagdrechts in das Grundbuch zulassen wollte[401]), die vom Jagdpolizeigesetz gewiß nicht in Aussicht genommen ist. Die sogenannte Jagdpacht besteht hiernach in Wahrheit nicht in einer Verpachtung des Grundstücks zum Zwecke der Nutzung desselben nach der innerhalb der Eigenthumsnutzung befindlichen Rubrik der Jagdnutzung[402]), vielmehr kann der Jagdpachtvertrag vom Standpunkt des bürgerlichen Rechts aus nur definirt werden als der Vertrag, durch welchen der Eigenthümer eines Grundstücks oder die zu einem Jagdbezirk vereinigten Eigenthümer in dieser Vereinigung[403]) sich persönlich verpflichten, die Ausübung der Jagd durch den Jagdpächter gegen ein bestimmtes Entgelt der Nutzung zu dulden und als ein ausschließlich seitens des Pächters zu übendes Recht zu gewähren.

Auf diesen Vertrag können die landrechtlichen Bestimmungen über Miethsund Pachtverträge keine ergänzende Anwendung finden; vielmehr greifen,

---

400) A.L.R. I. 21 § 2.

401) A.L.R. I. 21 § 4.

402) Nach anderen Nutzungsrubriken kann ein Grundstück verpachtet werden, z. B. zur Nutzung als Steinbruch, zur Nutzung als Ackerland; aber dann wird dem Pächter stets der Grundstücksbesitz eingeräumt und der Verpächter darauf beschränkt, daß er seinen vollständigen Besitz durch den Pächter als unvollständigen Beisitzer ausübt.

403) Auf die Rechtsstellung dieser Vereinigung als einer juristischen Person ist hier nicht einzugehen: es wird darüber im Recht der juristischen Person näher gehandelt werden. — Vom Standpunkte des öffentlichen Rechts aus entäußert sich der jagdberechtigte Eigenthümer zugleich der eigenen Jagdberechtigung. Er begeht durch deren Ausübung nicht nur einen Vertragsbruch, sondern eine strafbare Verletzung des nunmehr ausschließlichen Jagdrechts des Pächters, einen Wilddiebstahl. — Man kann den Gedanken eines Pachtvertrages nicht etwa in der Weise aufrecht erhalten, daß man das Jagdpachtrecht als einen lösbaren Bestandtheil des Eigenthums als Objekt der Pachtung ansieht und dem Pächter ein dingliches Nutzungsrecht an dem Jagdrecht zuschreibt: denn das Jagdrecht besteht nicht neben dem Eigenthum, sondern nur als eine im Eigenthum enthaltene Befugniß; es ist also auch nicht Gegenstand eines vom Sachbesitz verschiedenen Rechtsbesitzes. Die Jagd steht jedem Grundbesitzer auf seinem Grund und Boden zu (Ges. v. 31. Okt. 1848 § 3); sie ist als Ausfluß des Eigenthums zu üben. Darüber, daß ein solches Recht nicht als ein selbständiges Gegenstand von Rechten sein kann, vergl. unten B. III. § 169.

soweit der Vertrag nicht im Jagdpolizeigesetz eine bestimmte gesetzliche Regelung erhalten hat, ergänzend nur die Grundsätze des allgemeinen Vertragsrechts ein[404]). Hiernach unterliegt der Jagdpachtvertrag insbesondere nicht der Vorschrift, daß Pachtverträge über Landgüter stets schriftlich und bei einem Zins von 600 M. an gerichtlich oder notariell zu schließen sind[405]); vielmehr richtet sich die Nothwendigkeit der Schriftform nach der Höhe der Zinsleistungen[406]). — Der Verpächter ist weder zur Uebergabe des Areals, auf dem die Jagd ausgeübt werden soll, noch zu einer besonderen Uebergabe des Rechts auf Jagdnutzung verpflichtet, und der Pächter ist ohne solche Uebergabe — auf Grund des Vertragschlusses — zur Ausübung der Jagd berechtigt, die der Verpächter dulden muß[407]). Aber diese Pflicht ist eine rein persönliche; sie erstreckt sich nicht auf den Singularsuccessor des Verpächters[408]). Gewährt dieser aber die Jagdnutzung nicht, so wird der Pächter den ihm persönlich verpflichteten Verpächter aus dem Vertrage auf Schadloshaltung in Anspruch nehmen können[409]). — Im Falle der Konkurseröffnung über das Vermögen des Verpächters oder des Pächters gilt der Vertrag, auch wenn die Jagdnutzung bereits begonnen hatte, nicht ohne Weiteres als ein aus der Konkursmasse zu erfüllender[410]). Vielmehr kommt es auf den Entschluß des Konkursverwaltes an, ob von ihm die weitere Erfüllung verlangt wird[411]). Ist der Verwalter dadurch in die Verpachtungspflicht des Gemeinschuldners eingetreten, und wird dann das Grundstück aus der Konkursmasse verkauft, so wird zwar das Jagdrecht des Pächters zerstört, er kann aber den Vertragsanspruch auf Entschädigung als Massegläubiger geltend machen. In die Stellung eines Konkursgläubigers kommt er nur, wenn der Verwalter

---

404) A. M. Dalcke a. a. O. S. 7; der aber hinzugefügt, daß die Jagdberechtigung als ein bloß persönliches Recht an den Pächter übertragen werde. Das im Th. I. Tit. 21 geordnete Pachtrecht ist aber kein bloß persönliches Recht, und seine Eigenthümlichkeit beruht wesentlich auf der Dinglichkeit des Rechts, dem Verhältniß desselben zum Eigenthum als dasselbe beschränkendes Recht.

405) Könnte man das Grundstück nach der Seite der Jagdnutzbarkeit als Vertragsgegenstand ansehen, so würde ein anderes Ergebniß zu gewinnen sein.

406) Es greift A.L.R. I. 5 § 136 ein. Die Summe der terminlichen Leistungen entscheidet. Die Bestimmung des § 268 I. 21 kann nur auf Verträge angewendet werden, die nach dem 21. Titel des Landrechts zu beurtheilen sind.

407) Der Besitz des negativen Rechts würde erst durch die Vornahme der Handlung unter Duldung des Eigenthümers erworben werden (A.L.R. I. 7 § 81), aber der Pächter fordert die Duldung als Vertragserfüllung, nicht als Besitzer des negativen Rechts der Jagdausübung.

408) Das ist der Kern des Satzes, daß das Jagdrecht vom Eigenthum nicht getrennt werden kann.

409) Insofern hat der Verpächter also mehr als Duldung zu gewähren. Der Verpächter kann auch das durch einen Jagdpachtvertrag übertragene Jagdnutzungsrecht nicht wirksam auf einen anderen Jagdpächter übertragen. Der letztere wird dem ersteren gegenüber die Jagd unbefugt ausüben. Aber er hat einen Interesseanspruch gegen den Verpächter.

410) Es liegt weder ein Pachtvertrag „über eine Sache" noch eine in Erfüllung desselben „erfolgte Uebergabe" vor. K.O. § 17 greift also jedenfalls nicht ein.

411) K.O. § 15.

die fernere Erfüllung ablehnt[412]). — Das Recht des Jagdpächters kann nur in den durch das Jagdpolizeigesetz bestimmten Grenzen geübt werden; es darf auch nicht ohne Einwilligung des Verpächters (durch Afterverpachtung, wie sich das Jagdpolizeigesetz ausdrückt) an einen andern entgeltlich übertragen werden[413]). Aber darum ist das Jagdpachtrecht kein streng persönliches Recht. Da es auch durch einen bestellten Jäger geübt werden kann[414]), muß es in der Weise als pfändbar angesehen werden, daß das Gericht die Ausübung desselben durch einen Jäger so ordnet, daß die Erträgnisse dem pfändenden Gläubiger zukommen. Das Recht ist auch vererblich. Auch auf eine Mehrheit von Erben gehen die Pflichten und Rechte aus dem Vertrage über, — aber so daß sie die Jagd nur in Gemäßheit des Jagdpolizeigesetzes üben dürfen[415]). — Der Vertrag bedarf der bestimmten Einigung über die Nutzungszeit[416]). Er ist nicht, sofern es an einer solchen Einigung fehlt, nach den Grundsätzen von der Sachenpacht kündbar; sondern wegen Unbestimmtheit der Leistung unverbindlich. Für die Pachtverträge bezüglich eines gemeinschaftlichen Jagdbezirks besteht die besondere Vorschrift, daß sie sich nicht auf einen kürzeren Zeitraum als auf drei Jahre und nicht auf einen längeren Zeitraum als zwölf Jahre erstrecken dürfen. Innerhalb dieser Grenzen kann also auch nur eine Kündigung verabredet werden, auf die Pachtverträge, welche die Jagd auf dem eigenen Gut des Einzelverpächters zum Gegenstand haben, findet diese Bestimmung nicht Anwendung. Diese können also einfach und ohne jede Begrenzung auf Kündigung geschlossen werden. Aber ein gesetzliches Auflösungs- oder Kündigungsrecht greift, abgesehen von dem Rücktritt wegen veränderter Umstände nach allgemeinem Vertragsrecht, nicht ergänzend ein, insbesondere also auch nicht im Fall des Mißbrauchs, nicht im Fall des Rückstands mit zwei Zinsterminen. Soll hier ein Auflösungsrecht eintreten, so muß es besonders bedungen sein. — Von einem Re-

---

412) K.O. § 21.

413) Jagdpolizeigesetz § 12 Abs. 3. Unentgeltlich kann der Pächter, wie jeder Jagdberechtigte, neben sich eine unbegrenzte Zahl von Personen als seine Begleiter oder durch eine schriftliche Erlaubniß zur Ausübung der Jagd ermächtigen. Thut er das gegen Entgelt, so daß der Andere ein Recht erwerben soll, so ist das als Abtretung der Berechtigung selbst oder als Einräumung eines Mitrechts ohne Einwilligung des Eigenthümers unstatthaft und selbst mit derselben nur bis zur Zahl von drei Berechtigten.

414) Jagdpolizeigesetz § 13.

415) D. h. nach dem aus Jagdpolizeigesetz § 3 u. § 12 Abs. 1 zu entnehmenden Prinzip nur so, daß sie die Jagd durch einen angestellten Jäger ausüben, den sie gemeinsam anzustellen haben, oder daß sie die Ausübung der Jagd als eigenes Recht Einem bis Dreien von ihnen ausschließlich übertragen, so daß nur diese öffentlichrechtlich als Jagdberechtigte erscheinen. Bis zu solcher Bestellung eines Jägers oder bis zur Einigung müßte das Jagdrecht ruhen; die Verbindlichkeit zur Pachtzahlung bleibt davon unberührt. Ein Zusammenfallen des Jagdpachtvertrages, weil die Vererbung an mehr als drei Personen dem unzulässigen Abschluß eines Vertrages mit mehr als drei Pächtern gleich stehe, läßt sich nicht begründen.

416) Ausdrücklich ist dies nur für den Pachtvertrag über einen gemeinsamen Jagdbezirk in § 10 des Jagdpolizeigesetzes geregelt; für die übrigen Jagdpachtverträge folgt es aus der Unanwendbarkeit des 21. Titels, und demgemäß aus A.L.R. I. 5 § 71.

tentionsrecht des Verpächters an dem durch Jagd erlegten oder gefangenen Wild oder von einem Absonderungsrecht bezüglich des Wilds im Falle eines Konkurses des Pächters kann nicht die Rede sein[417]), ebensowenig andererseits von Remissionsansprüchen des Pächters[418]).

Besonderheiten, die mit der polizeilichen Regelung der Ausübung der Jagd in Zusammenhang stehen, sind insbesondere: 1. Wenn Grundstücke, die weder für sich selbst noch in Verbindung mit anderen in gleicher Lage befindlichen und angrenzenden Grundstücken eine Fläche von 300 Morgen umfassen, von einem über dreitausend Morgen großen Walde ganz oder zum großen Theile eingeschlossen werden, so muß der Eigenthümer dem zur Pachtung bereiten Waldbesitzer gegen eine angemessene Entschädigung die Ausübung der Jagd zeitpachtweise übertragen[419]). 2. Gemeinden oder Korporationen, ingleichen die zu einem Jagdbezirk vereinigten Grundbesitzer dürfen die Jagd außer durch einen angestellten Jäger nur durch Verpachtung nutzen[420]). 3. Als Pächter sind Ausländer nur mit Genehmigung der Aufsichtsbehörde zulässig[421]). 4. Wie eine Mehrheit von Eigenthümern eines selbständig gegebenen Grundstückes zur Selbstausübung der Jagd nur unter Beschränkung auf drei zugelassen werden, so ist ein Jagdpachtvertrag mit mehr als drei Pächtern nichtig[422]). 5. Die Besonderheiten des Jagdpachtvertrages bei Jagdbezirken, welche mit der künstlichen Geschäftsfähigkeit (juristischer Persönlichkeit) der zu einem Jagdbezirk vereinigten Besitzer zusammen hängen, bleiben an dieser Stelle außer Betracht. 6. Wie der Jagdpächter zu dem gesetzlich von den Grundbesitzern des Bezirks zu tragenden Wildschaden heranzuziehen ist, bestimmt das Wildschadengesetz.

§ 137. Das Darlehn.

A.L.R. I. 11 §§ 653—868. Bornemann III. 141. Daniels III. 304. Koch, R. d. F. III. 231. 299. Priv.R. II. 289. (§ 612. II.) 293. Gruchot B. 12 S. 641, B. 13 S. 221. Dernburg II. §§ 176—179. Fischer § 73. — Glück B. 11 S. 464 B. 12 S. 1. Unterholzner II. 10. Vangerow III. § 623. Arndts § 280.

---

[417]) Selbst nicht, wenn man aus dem 21. Tit. Ergänzungen entnehmen könnte; denn die Jagdausbeute ist jedenfalls keine Frucht des Grundstücks im Sinne des Landrechts und des § 41 Z. 2 Konk.Ordn.

[418]) Auch dieses, weil die Jagdbeute nicht Frucht des Grundstücks ist.

[419]) Jagdpolizeigesetz § 7.

[420]) Jagdpolizeigesetz §§ 3. 10.

[421]) Jagdpolizeigesetz § 12 Abs. 2.

[422]) Jagdpolizeigesetz § 12 Abs. 1. Daß nach Verpachtung der Jagd an einen Pächter nicht nachmals noch dieselbe Jagd an einen zweiten und dritten verpachtet werden kann, folgt aus der Ausschließlichkeit des Jagdrechts des Pächters. Im Sinne des Jagdpolizeigesetzes liegt aber auch, daß sich der Verpächter nicht die Verpachtung an einen zweiten und dritten durch besondere Klausel des ersten Vertrags vorbehalten kann. Die mehreren Pächter müssen vielmehr durch denselben Vertrag pachten. Sie dürfen dann nur gemeinsam einen Jäger bestellen. Aber die Jagdausübung steht jedem von ihnen einzeln, wie im Fall der Miteigenthümer zu.

Sintenis II. § 108. Keller § 295. Windscheid II. § 370f. Dernburg, Pand. II. §§ 85—88. — Heimbach, Die Lehre vom Creditum. 1849. Luden im Rechtslexikon III. 227. Dankwardt, Nationalökonomie und Jurisprudenz, Heft 2. 1857. S. 15f. 31f. Storch, Der heutige, insbesondere der landrechtliche Darlehnsvertrag. 1878. — Zachariä (Crome) II. §§ 374ff.

Das Wort Darlehn weist darauf hin, daß dieses Rechtsgeschäft in Verwandtschaft mit der Leihe und Miethe steht. In der That handelt es sich dabei um die Einräumung einer Nutzung [1]); nur ist nicht eine individuell bestimmte Sache zur Nutzung hingegeben, die demnächst zurückgegeben werden soll, sondern der wirthschaftliche Zweck der Nutzungseinräumung wird dadurch erreicht, daß das Kapital, eine Summe Geldes, eine Quantität vertretbarer Sachen übereignet wird mit der Verpflichtung, demnächst nicht dasselbe, sondern ebensoviel zurückzugeben. Aus dieser Aehnlichkeit des wirthschaftlichen Zweckes ist hier die Stellung im System hergenommen [2]).

Das römische Recht faßte das Darlehn (mutui datio, — mutuum, pecunia credita bezeichnet den Gegenstand) als einen streng einseitigen Vertrag auf, bei dem zu der Willenseinigung das Hingeben hinzukommen muß, um die Verbindlichkeit zur Rückgabe zu begründen. Sollte der Darleiher zur Hingabe verpflichtet werden, so konnte dies nur durch einen besonderen Vertrag geschehen (pactum de mutuo dando), welcher vorbereitend für den Dahrlehnsvertrag, nicht schon dieser selbst war, und als pactum klaglos, nur durch Stipulation klagbar werden konnte [3]). Die Stipulation erzeugte aber nur eine einseitige Verpflichtung zum Geben, keine Verpflichtung des anderen Theils zur Annahme [4]). — Sollte der Hingabe des Darlehns eine Gegenleistung gegenübertreten, so mußte auch dies durch einen besonderen Vertrag begründet werden (Zinsenstipulation) [5]). Der eigentliche Darlehnskontrakt war also ein Realkontrakt, das vorbereitende pactum de mutuo dando und die Zinsverabredung waren zufällige Zuthaten, ohne inneren Zusammenhang mit ihm. Die Klagbarkeit aller pacta im gemeinen Recht hat diesen Rechtszustand zweifellos geändert. Es ist unbedenklich, daß man sich heute nach gemeinem Recht durch formlosen Vertrag verpflichten kann, ein Darlehn zu geben und ein Darlehn anzunehmen, ebenso daß die Zinsabreden ohne

---

[1]) Vergl. Dankwardt H. 2 S. 31. 35.

[2]) Andere systematische Momente können hergenommen werden aus der sofort zu erörternden Natur des Vertrags als eines Realvertrags, aus der Natur der Verpflichtungen als wesentlich einseitiger, zufällig zweiseitiger, daraus daß der Vertrag eine Verbindlichkeit zum Geben (Zurückgeben), nicht zu einem Thun begründet.

[3]) l. 7 § 4 D. II. 14, l. 34 pr. D. XVII. 1, l. 68 de V. O. Ueber die Beziehung der l. 34 cit. auf die Beweislast des Gläubigers, daß er das Darlehn gegeben, s. Gneist, Formelle Verträge S. 213.

[4]) l. 30 D. XII. 1.

[5]) l. 24 D. XIX. 5 pecuniae creditae usuras, nisi in stipulationem deductas, non deberi; das pactum erzeugt aber eine Naturalobligation mit der Wirkung der soluti retentio und der Verbindlichkeit des für die versprochenen Zinsen bestellten Pfandes. L. 3. 4 C. IV. 32.

Beobachtung einer besonderen Form klagbar sind[6]). Eine verbreitete Ansicht geht aber weiter. Es wird behauptet: in Folge der Klagbarkeit formloser Verträge entstehe aus der Willenseinigung über ein zu gebendes und anzunehmendes Darlehn eine zweiseitige Verbindlichkeit: auf der einen Seite gerichtet auf Hingabe des Darlehnsgegenstands, eine Verbindlichkeit, die möglicher Weise gleichzeitig mit ihrer Entstehung erfüllt werde, deren Erfüllung aber stets solvendi nicht contrahendi causa erfolge; auf der anderen Seite gerichtet auf Rückgabe des Gegebenen oder noch Hinzugebenden, eine Verbindlichkeit, die, wie jene, nur in der Vertragseinigung ihren Grund habe und auch schon vor der Hingabe — ähnlich wie die eventuelle Rückgabepflicht des Miethers — bestehe[7]). Eine andere Ansicht[8]) betrachtet wenigstens den Vertrag über die demnächstige Hingabe eines Darlehns gegen die Pflicht für dessen Nutzung Zinsen zu zahlen und es später nach vertragsmäßiger Nutzung zurückzugeben, als einen einheitlichen, durch die Vertragseinigung voll begründeten und nach der Analogie der Miethe zu beurtheilenden Konsensualkontrakt.

Um festzustellen, welchen Standpunkt das preußische Recht einnimmt, ist es erforderlich, einige Konsequenzen der einen und andern Auffassung klar zu legen. Ist das pactum de mutuo dando ein selbständiges pactum de contrahendo, das durch den Abschluß des davon verschiedenen Darlehnsvertrages zu erfüllen ist, so handelt es sich dabei um die Begründung einer Verbindlichkeit zu einem besonders gearteten Thun, das in der erneuten Willenseinigung mit dem bestimmten anderen Kontrahenten unter gleichzeitiger Hingabe des Darlehnsgegenstandes bestehen soll[9]). Fallen dagegen die beiden Vertragsschlüsse in einen einheitlichen Vertrag zusammen, so besteht die Vorleistung lediglich in einem Geben, und zwar im Geben von Geld oder von vertretbaren Sachen zum Eigenthum. Jenes Recht würde nicht abtretbar[10]), dieses frei cessibel und pfändbar sein[11]); jene Verbindlichkeit könnte nur durch das entsprechende Thun erfüllt werden, bei dieser wäre statt der Solution

---

6) Windscheid II. § 312. Vergl. zum Folgenden insbesondere auch Eisele, Zeitschr. für schweiz. Recht. N. F. B. 3 S. 1.

7) Dankwardt, H. 3 S. 63, Förster in der fr. Ausgabe dieses Buchs, Stobbe B. 3 § 190 Z. 1.

8) Demelius bei Gerber und Jhering B. 3 S. 408, Unger ebenda B. 8 S. 5. Windscheid § 371 N. 6 nimmt dann einen Konsensualkontrakt an, wenn die Absicht der Parteien bei der Vorabrede schon jetzt dahin gehe, daß sofort ein Geschäft bestehen solle, durch welches der künftige Dahrlehnsempfänger sich gegen den Empfang des Darlehns zu dessen Verzinsung und zur demnächstigen Zurückzahlung schon jetzt verpflichten wolle.

9) Das Abschließen des Vertrages, nicht die Rechtsfolge des künftigen Vertragsverhältnisses ist das, was durch den Vertrag als Pflicht festgesetzt wird. Darüber kann kein Zweifel bestehen, daß die Natur des Vertrages als eines Willensakts der Möglichkeit einer vertragsmäßigen Pflicht zum Abschluß des Vertrages nicht entgegensteht. Denn jede obligatorische Leistung ist ein Willensakt, sie hört wegen der Pflicht des Schuldners, seinen Willen in Gemäßheit der Pflicht zu bestimmen, nicht auf, ein Willensakt zu sein.

10) Vergl. oben B. I. § 99 vor Anm. 83.

11) X. wäre Darlehnsgläubiger des Z., ohne diesem das Darlehn gegeben zu haben, wenn er auf Grund einer durch Y. erwirkten Pfändung des Rechts des Z. auf Erfüllung des pactum de mutuando an Y. statt an Z. Zahlung geleistet hätte.

die Kompensation denkbar[12]), ebenso die Hingabe an Zahlungsstatt, es würde sich fragen, ob nicht auch auf die Vorleistung verzichtet werden könnte, ohne daß darum die Leistungspflicht des anderen Theils aufhörte, die dann freilich keine Rückleistungspflicht sondern eine einfache Leistungspflicht sein würde[13]). Es muß genügen auf diese Konsequenzen hinzuweisen, um gegenüber den unten darzulegenden Vorschriften des Landrechts über die Bedeutung des realen Moments bei der Darlehnsobligation die Annahme für ausgeschlossen zu achten, daß das Landrecht auf dem Standpunkt des Konsensualkontrakts stehe[14]). In der That knüpft unser Gesetz die Darlehnsobligation ausdrücklich an das Uebergeben zum Verbrauch[15]).

I. Das Pactum de mutuo dando besteht in der vertragsmäßigen Verpflichtung, einem Andern ein Darlehn zu geben[16]). Der Vertrag muß „giltig“ sein, d. h. einmal, er muß formgerecht zu Stande gekommen sein; weiter aber er muß eine vollständige Einigung über den Betrag des Darlehns und die Bedingungen, unter denen es belassen werden soll, enthalten. Ist nach dieser Richtung die Einigung noch vorbehalten, so liegen bloße Traktate vor, kein bindender Vertrag[17]). Der giltige Vertrag ist von demjenigen, der das Darlehn versprochen hat, zur bestimmten Zeit durch Zahlung der versprochenen Summe zu erfüllen. Dieser Ausdruck des Gesetzes darf aber nicht dazu verleiten, die Verbindlichkeit als eine einfache Zahlungspflicht aufzufassen. Vielmehr muß die versprochene Summe „als Darlehn“ gezahlt werden[18]). Hierin liegt zugleich, daß der Darlehnsgeber, wenn er sich zur

---

[12]) Da es sich nicht um Hingabe einer Summe „als Darlehn“ sondern nur um Zahlung der Summe aus dem bereits geschlossenen Darlehnsvertrag handeln würde.

[13]) Bei der Miethe und Leihe würde ein solcher Verzicht freilich gegen das Wesen der Miethe oder Leihe gehen, das ganze Geschäft also zerstören, wenn es nicht etwa als Schenkung gemeint ist, was bewiesen werden müßte.

[14]) Das gilt auch von den anderen modernen Kodifikationen. Zum Vergleich mögen hier die verschiedenen Definitionen folgen. Code a. 1892: Le prêt de consommation est un contrat, par lequel l'une des parties livre à l'autre une certaine quantité de choses qui se consomment par l'usage, à la charge par cette dernière de lui en rendre autant de même espèce et qualité. Oesterr. Ges.B. § 983: „Wenn Jemandem verbrauchbare Sachen unter der Bedingung übergeben werden, daß er zwar willkürlich darüber verfügen könne, aber nach einer gewissen Zeit eben so viel von derselben Gattung und Güte zurückgeben soll, so entsteht ein Darlehnsvertrag. Er ist mit dem obgleich ebenfalls verbindlichen Vertrage, ein Darlehn künftig zu geben, nicht zu verwechseln.“ Das sächs. G.B. definirt in § 1067 das Darlehn als Realvertrag, und § 1068 des p. de mut. dando, aus welchem beide Theile eine Klage auf Erfüllung haben. § 1069. Im Wesentlichen ebenso der bairische Entw. Art. 619. 620. Der Dresdener Entwurf Art. 523 faßte das Darlehn als Konsensualkontrakt, aber der Entwurf des B.G.B. § 453, Entw. II. § 547, Reichstagsvorlage § 600 stellt das Darlehn dem in § 458, Entw. II. § 550, Reichstagsvorl. § 603 behandelten Vertrage über Hingabe eines Darlehns gegenüber, und bezeichnet in Reichstagsvorlage § 600 nur den „Empfänger“ oder den, der für eine bestehende Schuld vereinbart hat, daß er sie als Darlehn verschulden wolle, als Darlehnsschuldner.

[15]) I. 11 § 653, § 727.

[16]) I. 11 § 654.

[17]) Vergl. B. I. § 77.

[18]) Und zwar in der versprochenen Art; er darf selbst nicht statt versprochener Baarzahlung Geldpapiere hingeben und nicht umgekehrt statt versprochener Geldpapiere baar zahlen. Seuffert IV. 32. Eine Hingabe an Zahlungsstatt wird, wie bereits oben erwähnt,

Gewährung des Darlehns nur unter näheren, vom Gesetz abweichenden, also von den Naturalien des Darlehns verschiedenen Bedingungen verpflichtet hat, nur gegen Ausstellung eines vollständigen und giltigen Schuldscheins seitens des Darlehnsempfängers zu zahlen verpflichtet ist [19]). Im Uebrigen wird in der an den anderen Theil auf Grund des pactum de mutuando geleisteten Zahlung eine ausreichende stillschweigende Einigung über die Hingabe als Darlehn zu finden sein.

Das Gesetz erwähnt nicht ausdrücklich die Zulässigkeit eines pactum de mutuo accipiendo; an der Zulässigkeit, also an der Verbindlichkeit eines formgiltigen Annahmeversprechens ist indessen nicht zu zweifeln. Aber auch das von dem Darlehnssucher veranlaßte, von ihm angenommene pactum de mutuo dando, obgleich es nach seinem Wortlaut nur den Darlehnsgeber verpflichtet, erzeugt schon die Verbindlichkeit des anderen Theils, die ihm auf sein formloses Gesuch schriftlich versprochene Summe anzunehmen, und der Darleiher hat bei der Weigerung ein Klagerecht auf Entschädigung [20]).

---

dadurch ausgeschlossen, daß es sich nicht um ein Zahlen zahlungshalber, sondern um ein Zahlen unter Vertragschluß handelt. Ausdrücklich bestimmt dies I. § 11 § 715. Ebenso ist auf die Unzulässigkeit der Cession hingewiesen. Wenn aber A sich von B ein Darlehn hat versprechen lassen und dabei ausgemacht hat, daß der Betrag auf seine Anweisung an C gezahlt werden solle, und er demnächst an C die Anweisung richtet, den Betrag von B zu erheben, so bildet diese Anweisung nicht nur eine ausreichende Grundlage für eine bindende Annahmeerklärung des Assignaten, sondern es muß auch das, was B unter solchen Umständen an C zahlt, als Darlehnshingabe an A gelten. Ebenso kann die Abrede bei der Anweisung dahin gehen, daß der Assignatar durch Empfang der Zahlung vom Assignaten Darlehnsschuldner des Assignanten werden solle. Vergl. oben B. I. § 95, insbes. Anm. 18. — Ob im ersten Falle unter dem Ausdruck einer Cession eine Anweisung als gemeint angenommen werden kann, ist Interpretationsfrage.

[19]) Vergl. unten bei II. Ziffer 4.

[20]) I. 11 § 658. Der § erkennt die Annahmepflicht ausdrücklich nur an bezüglich der „schriftlich versprochenen“ Summe. Dernburg II. § 179 Anm. 6 versteht dies von einem durch den Darlehnssucher vorweg ausgestellten Schuldschein. Das entspricht weder dem Wortlaut noch dem Zusammenhang: Die Pflicht der Hingabe des Darlehns setzt nach § 654 ein formgiltiges Versprechen voraus, die Pflicht der Annahme an und für sich ebenfalls ein formgiltiges Versprechen das Darlehn zu nehmen. Aber wer sich das Hingabeversprechen hat schriftlich ertheilen lassen, soll ohne ausdrückliches Annahmeversprechen zur Annahme verbunden sein, ebenso wie der Mandatar durch Annahme der schriftlichen Vollmacht verpflichtet wird. Das Rückgreifen auf die Entstehungsgeschichte (vergl. Koch, R. d. F. § 241, Bornemann § 196) rechtfertigt kein anderes Ergebniß. Die Annahme, daß der § durch ein Redaktionsversehen stehen geblieben sei, widerlegt sich schon dadurch, daß noch zuletzt der Ausdruck des Entwurfs „besprochen“ in „versprochen“ geändert ist. Vergl. Entsch. B. 6 S. 313. — Förster trat in den früheren Ausgaben unter Berufung auf seine Kl. u. Einr. S. 412 gegen Koch (Note zu § 654 und R. d. F. III. 234 a. E.) dafür ein, daß eine Klage auf wirkliche Annahme des Darlehns zulässig sei, wenigstens dann, wenn das Nehmen des Darlehns nicht schlechthin verweigert, sondern nur verzögert worden sei. Da sich aber die Annahmepflicht durch Zwangsvollstreckung nicht verwirklichen läßt, so kann eine solche Klage nicht zugelassen werden. Würde es sich bei der Erfüllung des pactum de mutuando um eine einfache Zahlung handeln: so wäre der Versprecher des Darlehns in der Lage sich durch Hinterlegung frei zu machen; und das Hinterlegte müßte dann nach dem pactum de mutuando verzinst und zurückgegeben werden. Das untersagt das Gesetz ausdrücklich; es läßt nur einen Schadensersatzanspruch zu. Bei diesem aber kommt es auf Hinterlegung nicht an. Das Mindestmaß dieses Anspruchs ist halbjähriger landüblicher Zins, mag auch die Annahmeweigerung nur für jetzt erklärt, für später die Annahme in Aussicht gestellt sein. Darauf braucht sich der Darlehnsgeber nicht einzulassen. — Die Entschädigungsklage

Derjenige, dem ein Darlehn giltig versprochen ist, kann auf Erfüllung, also auf Abschluß des Darlehnsvertrages durch Hingabe des Versprochenen klagen[21]); er kann im Falle der Nichterfüllung — entsprechend der Natur des Vertrages als eines Vertrages über Handlungen — auch von dem Vertrage abgehen, das etwa schon ausgestellte Schuldinstrument zurückfordern[22]) und Schadensersatz wegen der ungerechtfertigten Weigerung der Erfüllung fordern. Gegen die Klage des Borgers auf Hergabe des Darlehns hat der Darleiher die Einrede der veränderten Umstände, namentlich wenn solche in der Person des Borgers in der Art eingetreten sind, daß die Sicherheit für dereinstige Rückzahlung geschmälert erscheint[23]). Dem klagenden Darleiher steht eine solche Einrede nicht entgegen; der Borger muß ihm für die Nichtannahme des Darlehns Schadenersatz leisten, auch wenn er es in Folge veränderter Umstände nicht mehr braucht. Die Form des Vertrages über Hingabe des Darlehns unterliegt den allgemeinen Regeln des preußischen Rechts über die Vertragsform, bei einer Summe über 150 Mark bedarf es also der Schriftlichkeit[24]). Im Handelsverkehr begründet auch das formlose Versprechen eines höheren Darlehns den Anspruch auf Schadloshaltung[24a]).

II. Begriff und Abschluß des Darlehnsvertrages. 1. Als eigentliches Darlehn[25]) bezeichnet das Landrecht den Vertrag, bei dem durch die Hingabe von Geld oder von geldwerthen Inhaberpapieren[26]) nach der getroffenen Abrede die Verpflichtung zur Wiedererstattung in gleicher Qualität und Quantität begründet werden soll[27]). Die Hingabe findet zum Verbrauch statt, d. h. zu Eigenthum, und also mit dem Recht zum Verbrauch; aber es bedarf weder der ausdrücklichen Hinzufügung dieser Zweckbestim-

---

mit dem angegebenen Mindestbetrage findet auch bei unverzinslichem Darlehn statt; denn das Interesse besteht dabei wenigstens darin, daß der Andere mit voller Verantwortung ihm die Verwahrung des Geldes abnimmt. Bornemann III. 143. Aus der gemeinrechtlichen Praxis vergl. Seuffert X. 37 (Wiesbaden). Darüber daß A.L.R. I. 11 § 660 noch jetzt trotz der C.P.O. gilt und keinen Gegenbeweis zuläßt, vergl. R.G. Entsch. B. 23 S. 200, bei Gruchot B. 32 S. 954.

[21]) I. 11 § 655.

[22]) Ist das Instrument nicht beizubringen, so kann dessen Ungiltigkeitserklärung (Amortisation) gefordert werden. Strieth. B. 30 S. 102.

[23]) I. 11 §§ 656. 657. Oesterr. Ges.B. § 936. Entwurf des B.G.B. § 458, Entw. II. § 550, Reichstagsvorl. § 603.

[24]) I. 11 § 624. Die bloße Annahme eines Schuldscheins verpflichtet nicht zur Zahlung der Valuta, sondern nur zur Rückgabe des Schuldscheins, wenn die Zahlung nicht geleistet wird. Rechtspr. I. S. 120. Entsch. B. 6 S. 313. Strieth. B. 9 S. 119. Bornem. III. 141. Koch, R. d. F. III. 232. Vergl. oben Anm. 20.

[24a]) R.G. bei Gruchot B. 32 S. 954.

[25]) Die Unterscheidung des eigentlichen und uneigentlichen Darlehns (vergl. Näheres unten) ist dem Landrecht eigenthümlich. Gegenstand des gemeinrechtlichen Darlehns können alle vertretbaren Sachen sein. Windscheid § 370 N. 3. Ebenso der Entwurf des B.G.B., Reichstagsvorlage § 600. Der Begriff des eigentlichen Darlehns ist enger, der des uneigentlichen geht weiter. Das österreichische Gesetzbuch §§ 983. 984 und der code civil Art. 1892 verlangen verbrauchbare Sachen als Darlehnsgegenstand.

[26]) Als solche werden hier ausdrücklich in I. 11 § 793 Aktien, Pfandbriefe und andere an den Inhaber zahlbare Papiere bezeichnet. Auf die Zulässigkeit der Abrede der Rückzahlung in Geld ist unten zurückzukommen.

[27]) I. 11 § 653.

mung, noch kann diese, wenn hinzugefügt, als Zweckbestimmung behandelt werden [28]). Die Abrede der Wiedererstattung kann ausdrücklich stattfinden, sie liegt aber auch in der ausdrücklichen Hingabe „als Darlehn" nach dem gemeinverständlichen Inhalt dieses Rechtsbegriffs, und sie kann als in anderen Abreden ausgedrückt erkannt werden [29]).

2. Die wirkliche Hingabe, das reale Moment, ist für die Entstehung der Darlehnsverpflichtung wesentlich. Es genügt nicht, daß an Stelle des zu leihenden Geldes an Zahlungsstatt Waaren, d. h. irgendwelche Gegenstände anderer Art, gegeben werden [30]). Dagegen kommt es auf eine wirkliche körperliche Uebergabe nicht nothwendig an, wenn nur durch das, was mit dem Willen des Darlehnsgebers geschieht, der Darlehnsnehmer die Herrschaft über das Geliehene erlangt. Es genügt insbesondere auch, wenn das Darlehn in die Hand eines Stellvertreters gegeben wird, und zwar selbst dann, wenn dieser, wie ein Assignatar, das Empfangene zwar als Stellvertreter im Namen des Auftraggebers, aber doch für sich selbst in Empfang zu nehmen hat, z. B. weil das Geld zur Tilgung einer Schuld des Darlehnsempfängers an ihn, den Assignatar dienen soll [31]).

3. Der ausgetauschte Konsens unter realer Uebereignung genügt zur Begründung der Darlehnsobligation. Diese steht aber solchenfalls bezüglich ihrer näheren Ausgestaltung unter gesetzlichen Regeln, die als der verbindliche Inhalt des Geschäfts anzusehen sind, wenn nichts anderes oder nur in form=

[28]) Vergl. Strieth. B. 37 S. 85.

[29]) Strieth. B. 25 S. 37, B. 78 S. 119. R.O.H.G. B. 5 S. 424, B. 14 S. 64.

[30]) I. 11 §§ 715. 716. Der Empfänger der Waare wird nicht Darlehnsschuldner, sondern ist verpflichtet, die Waare zurückzugeben, oder deren Werth zur Zeit der Uebergabe zu ersetzen. I. 11 § 717. Die Bestimmung des § 718, daß solchen Falls die Vermuthung des Wuchers bestehe, rechtfertigt es nicht, in der Vorschrift einen Ausfluß der Wuchergesetzgebung zu sehen, vielmehr folgt die Bestimmung aus dem Wesen des Realkontrakts. Vergl. auch oben Anm. 18.

[31]) Brevi manu traditio genügt: l. 9 § 9 D. XII. 1. Deposui apud te decem, postea permisi tibi uti. Nicht constitutum possessorium dessen, der das Darlehn zugesichert hat, weil hier die Verbrauchsmöglichkeit bei dem Darlehnsschuldner nicht hergestellt ist. Dagegen Empfang durch einen Beauftragten oder seitens eines Beauftragten oder auch Angewiesenen: L. 34 p. XVII. 1 a debitore meo jussero te accipere pecuniam; l. c. § 8 eod.: si nummos meos tuo nomine dedero velut tuos absente te et ignorante. Vergl. Striethorst B. 35 S. 277, B. 81 S. 124. Rehbein II. S. 315. Auch l. 11 pr. eod., der von einigen (z. B. Puchta § 304 Anm. d.) als contractus mohatrae bezeichnete Fall: lancem dedi vel massam auri, ut nummis utereris: si vendideris, puto mutuam pecuniam factam; d. h. nicht der verabredete Preis einer Waare, sondern das verabredungsmäßig daraus für den Auftraggeber Gelöste soll als geliehen gelten! — Die Praxis neigt neuerlich im Anschluß an l. 34 pr. XII. 1 und andere Stellen des röm. Rechts der Möglichkeit der Verwandlung (Novation) einer anderen Schuld in eine Darlehnsschuld zu. Vergl. Entsch. B. 67 S. 118 (Rehbein II. S. 321), Entsch. B. 59 S. 1 (Rehbein I. S. 1010). S. R.O.H.G. B. 5 S. 253. Vergl. hiergegen oben B. I. § 97 Anm. 10. — Richtig erscheint die Entsch. des R.G. bei Gruchot B. 27 S. 921, ebenso R.G. Entsch. B. 10 S. 237. Vergl. aber Entwurf des B.G.B. § 454, Entw. II. § 547, Reichstagsvorl. § 600 Abs. 2. Jedenfalls muß die Absicht als Darlehne zu schulden klar sein. Wenn Stölzel in seiner Schulung für die civilistische Praxis, 2. Ausg. S. 325 das Anerkenntniß einer Kaufschuld mit dem Versprechen das Kapital zu verzinsen und nach vierteljährlicher Kündigung zurückzuzahlen als Darlehnsnovation interpretirt, so läßt sich vielleicht in dem Worte „zurückzuzahlen", wenn die Umstände für bewußten Gebrauch dieses Wortes sprechen, ein hierfür geltend zu machendes Moment finden, — ohne

loser Weise anderes verabredet ist[32]). Abweichend von den sonstigen Grundsätzen über Naturalien gelten hiernach diejenigen des Darlehns auch dann, wenn der übereinstimmende, aber formlos erklärte Wille des Kontrahenten ein anderer gewesen ist. Die unverbindliche formlose Erklärung über solche Nebenabreden stellt also das als einheitlicher Kontrakt von den Parteien mit diesen Nebenabreden gewollte Geschäft nicht ganz in Frage, sondern das Geschäft gilt als Darlehn unter den von den Parteien in Wahrheit nicht gewollten, gesetzlichen Bestimmungen. Es treten hiernach für die Nebenabreden ähnliche Vorschriften ein, wie bei dem durch gegenseitige Leistung in der Hauptsache erfüllten Vertrage über bewegliche Sachen[33]) oder bei einem schriftlichen Vertrage, neben dem sie mündlich getroffen sind[34]). Diese gesetzlichen Regeln gehen dahin: daß das Darlehn nur die Verbindlichkeit zur Rückzahlung, nicht auch die Verbindlichkeit zur Verzinsung begründet, und daß es jederzeit mit einer gesetzlich bestimmten Frist von beiden Theilen gekündigt werden kann[35]). Die gesetzlich nothwendige Form einer abweichenden Nebenabrede ist Schriftlichkeit, ohne Rücksicht auf die Höhe des Darlehns[36]). Die Schrift ist ein vom Darlehnsnehmer auszustellender Schuldschein[37]). Ein solcher genügt auch dann, wenn die Naturalien des Darlehns zum Nachtheil des Gläubigers abweichend bestimmt sein sollen[38]).

Das A.L.R. schreibt vor, was ein vollständiger **Schuldschein** über ein Darlehn zu enthalten hat[39]). Der Schuldschein ist die einseitige Verpflichtungserklärung des Schuldners, er soll den Verpflichtungsgrund enthalten; dazu gehört das Bekenntniß der empfangenen Valuta und das

---

dieses Wort wäre es gewiß verkehrt, durch die Abrede der Kreditirung bis zur Kündigung und der Verzinsung, mag sie beim Geschäftsschluß oder einige Zeit nachher getroffen sein, die Einrede des nicht erfüllten oder mangelhaft erfüllten Kaufvertrags als ausgeschlossen zu erachten. — Das reale Moment beim Darlehn schließt die Korrealobligation mehrerer Empfänger nicht aus. Vergl. oben B. I. § 63 Anm. 26.

32) I. 11 § 729. Das Darlehn als Handelsgeschäft unterliegt dieser Bestimmung nicht. H.G.B. 317. Strieth. B. 80 S. 288. Entsch. B. 76 S. 139. Beim antichretischen Pfandvertrag, der den Gläubiger berechtigt, das nutzbare Pfand für sich zu nutzen, und das Gewonnene zuerst auf verabredete Zinsen der Schuld, dann auf das Kapital abzurechnen, I. 20 §§ 139 ff., genügt es, daß die Zinsen mündlich versprochen sind, weil der Pfandgläubiger „die Zinsen nicht erst noch zu fordern, sondern in den Nutzungen bereits erhalten hat". Aber nicht verabredete Zinsen darf sich auch der antichretische Pfandgläubiger nicht anrechnen.

33) I. 5 § 147.

34) I. 5 § 127.

35) I. 11 §§ 727. 728. 761. 762.

36) I. 11 § 729.

37) Der in § 729 bezeichnete Vertrag wird in § 730 „Schuldschein" genannt und näher erläutert. Es wird hier unter Z. 8 nur die Unterschrift des Schuldners, nicht des Gläubigers erfordert. Trotzdem wird aber in § 731 hinzugefügt, daß bezüglich der Nebenabrede neben dem Schuldschein I. 5 § 127 Anwendung finde, eine Bestimmung, die auf ein bloß einseitiges schriftliches Bekenntniß zu einem geschlossenen Vertrage (I. 5 § 185) nicht angewendet werden kann, vielmehr eine für beide Theile verbindliche Urkunde voraussetzt.

38) Vergl. unten Anm. 46. 47.

39) I. 11 § 730. Koch, R. d. F. III. 337. Gneist, Formelle Verträge. 1845. Abth. III. IV. V. S. 223 fg. Bähr, Die Anerkennung. §§ 58—66. Schlesinger, Die Formalkontrakte. 1858. S. 280 f.

Versprechen der Wiedererstattung[40]), nicht aber nothwendig die Bezeichnung des Geschäfts als eines Darlehns[41]), oder umgekehrt die letztere und dann nicht nothwendig das Versprechen der Wiedererstattung[42]), der Schuldschein enthält ferner die Modalitäten, unter denen die Wiedererstattung erfolgen soll (Zahlungszeit, Kündigungsfristen, Ausschluß der Kündigung), und die Angabe der übernommenen Verpflichtung zur Verzinsung. Weil der Schuldschein nicht die Bedeutung eines Literalkontrakts hat, muß er über den Rechtsgrund der Verpflichtung, für den er Beweismittel ist, Auskunft geben[43]), und darum kann die Angabe eines anderen als des wirklich vorhandenen Verpflichtungsgrundes kein novirende Wirkung äußern, es muß vielmehr auf den wahren Grund zurückgegangen werden[44]). Als einseitig ausgestellte Urkunde erhält der Schuldschein eine rechtliche Bedeutung nur dadurch, daß er vom Schuldner dem Gläubiger eingehändigt[45]), von diesem angenommen wird[46]). Dann ist der Vertrag als schriftlich abgeschlossen zu erachten und gilt, wie bereits erwähnt, auch zum Nachtheil des Gläubigers[47]).

---

[40]) I. 11 § 730 N. 1. 4. Eine im Schuldschein angegebene falsche causa debendi macht ihn nicht unwirksam, aber es muß „das wahre Sachverhältniß aufgeklärt werden" (Strieth. B. 52 S. 181), d. h. der Gläubiger muß die wahre causa nachweisen. Es soll im Schuldschein auch gesagt werden, worin die Valuta bestanden hat. Rechtsspr. B. 2 S. 75.

[41]) Striethorst B. 19 S. 19, B. 26 S. 315.

[42]) Striethorst B. 19 S. 182.

[43]) Koch a. a. O. Rechtspr. B. 2 S. 75. Reskr. v. 15. Febr. 1841 im Arnsb. Arch. B. 8 S. 534. Kräwel bei Gruchot B. 7 S. 232. Ueber Schuldscheine, die von Mehreren ausgestellt sind, vergl. B. I. § 63 Anm. 56.

[44]) I. 11 §§ 867. 868. Vergl. Anm. 31.

[45]) Entsch. B. 18 S. 197. Wenn die Urkunde dann zufällig wieder in den Besitz des Schuldners kommt, so ist dies auf ihre verbindliche Kraft ohne Einfluß, gleich dem Falle, wenn sie nicht einseitig, sondern mit Zuziehung des Gläubigers errichtet worden ist. Entsch. B. 50 S. 149.

[46]) Entsch. B. 23 S. 13 (Pl.B.). Eine schriftliche Genehmigung seines Inhalts ist also nicht erforderlich. Strieth. B. 6 S. 231. Die in der Annahme liegende Genehmigung beschränkt sich aber auf das, was die Urkunde über das Darlehn selbst enthielt. Das. B. 9 S. 257.

[47]) Dernburg II. § 178 Anm. 3 scheint jetzt die früher von ihm vertretene Ansicht aufgegeben zu haben, daß der Schuldner sich auf mündliche Vereinbarungen zu seinen Gunsten ohne Ausnahme in den Schuldschein stets (also auch bei Summen über 150 M.) berufen könne, weil § 729 nur die Klage des Gläubigers aus besonderen Abreden von der Schriftform abhängig mache. Es stand hier die klare Bestimmung des § 731 entgegen, wenn ein Schuldschein ausgestellt ist; wenn kein Schuldschein ausgestellt ist, bestimmt ferner § 761 ausnahmelos, daß beiden Theilen gesetzliche Kündigung frei steht. Das Gesetz will, wenn kein Schuldschein da ist, Annahme einer Obligation nach gesetzlichen Regeln; wenn ein Schuldschein ausgestellt und angenommen ist, eine Obligation, wie sie für beide Theile durch den Schuldschein modifizirt ist. Hätte das Gesetz den Schuldschein nur in den dem Schuldner ungünstigen Bestimmungen für maßgebend erklären wollen, so würde es eine schwere Unbilligkeit enthalten. Der Schuldner, der sich zu sechs Prozent Zinsen verpflichtet und nach einmonatiger Kündigung Rückzahlung leisten will, hat sich dazu verpflichtet, weil gleichzeitig die Kündigung auf 10 Jahre ausgeschlossen ist. Gerade dieser Zusammenhang rechtfertigt es, daß der Gläubiger an den ihm ungünstigen Inhalt des von ihm angenommenen Schuldscheins gebunden ist. Uebereinstimmend die Praxis. Vergl. Strieth. B. 6 S. 114, B. 30 S. 350. Entsch. B. 23 S. 13 (Rehbein II. S. 333). Entsch. B. 40 S. 138. R.G. bei Gruchot B. 28 S. 454. — Ein Vertrag, durch den nach Fälligkeit des Darlehns eine Abrede getroffen wird, daß an Stelle des Geschuldeten etwas anderes gegeben werden solle, steht unter den gewöhnlichen Regeln. Strieth. B. 89 S. 325. — Bekenntnisse in präjudizirten Wechseln,

4. Der **Schuldschein** kommt, abgesehen von seiner unter 3 erörterten Bedeutung als verpflichtender Vertrag, als **Beweisurkunde** für das **reale Moment** der Hingabe des Darlehns selbst in Betracht, da der Schuldschein das Bekenntniß des Empfangs des Darlehns enthält. In dieser Beziehung ist der Schuldschein vom preußischen Recht schon vor der Reichsgesetzgebung als von Anfang an beweisend anerkannt[48]). Der Beweis kann nur durch Gegenbeweis erschüttert werden[49]). Das preußische Recht steht hier in scharfem Gegensatz gegen das römische; und mit großer Bestimmtheit ist die schlechthin entkräftende exceptio non numeratae pecuniae des römischen Rechts, wie gegen Quittungen[50]), so auch gegen Schuldscheine von den Redaktoren zurückgewiesen worden[51]). Wenn trotzdem das A.L.R. noch von dem „Einwand der nicht erhaltenen Valuta"[52]) spricht, so ist mit dem traditionellen Ausdruck der Gegenbeweis gegen das im Schuldschein abgegebene Geständniß gemeint. Diesen darf der Schuldner jedem folgenden Inhaber des persönlichen Schuld-

welche die contenta eines Schuldscheins erfüllen und als solche beabsichtigt waren, ersetzen den Schuldschein; Strieth. B. 12 S. 172, B. 86 S. 173. Rehbein II. 339f.

[48]) I. 11 § 732. Strieth. B. 83 S. 91. S. jetzt § 17 Einf.G. z. D.C.P.O. Vergl. H.G.B. Art. 295.

[49]) I. 11 §§ 732. 733. 734. Svarez in den Jahrb. B. 41 S. 20. Striethorst B. 60 S. 298. Der nur auf Quittungen bezügliche § 106 I. 16 A.L.R. kann nicht auf Darlehnsschuldscheine übertragen werden. Rechtsfälle B. 4 S. 63. Striethorst B. 59 S. 110f. Koch, Komm. Note zu § 732. Hat der Gläubiger eingeräumt, daß die Valuta nur zum Theil baar gegeben worden, so verliert der Schuldschein in Betreff des nicht baar gezahlten Betrages die Beweiskraft. Entsch. B. 16 S. 502. Rechtsfälle B. 4 S. 36. Zum Gegenbeweis ist auch die Behauptung geeignet, daß die Valuta nicht baar, sondern durch Inhaberpapiere berichtigt worden, wenn der Schuldschein auf baar lautet. Strieth. B. 15 S. 71. Daß der Negativbeweis gegen den Schuldschein rechtlich auch vom Standpunkt des gem. Rechts zuläßig war, s. Gneist S. 23f. Schlesinger S. 280 a. E. Auch nach Erlaß der C.P.O. besteht die Vermuthung des § 732; R.G. bei Gruchot B. 32 S. 956; aber von der Vermuthung des Gesetzes kann nur bei solchen Schuldscheinen geredet werden, die unter der Herrschaft des preußischen Gesetzes ausgestellt sind. R.G. Entsch. B. 31 S. 337.

[50]) Oben B. 1 § 91 unter 7.

[51]) Svarez, Schlußrev. Jahrb. B. 41 S. 20. Koch, Komm. Note 68 zu I. 11 § 734. — Eine nähere Erörterung über diese „heillose" Einrede des gemeinen Rechts, vergl. Bähr S. 246, erscheint nach Beseitigung derselben auch für das Gebiet des gem. Rechts entbehrlich. Dernburg II. § 178 Anm. 35 spricht freilich noch für preußisches Recht von einer Beseitigung der exceptio non numeratae pecuniae durch eine replicatio doli, indem er abweichend von Striethorst B. 55 S. 1 denjenigen, der einen Schuldschein ausgestellt hat, damit der Scheingläubiger sich durch Cession Geld verschaffe, als Darlehnsschuldner haften lassen will. Das ist eine im Gesetz, d. h. im geltenden Recht nicht begründete Verwerthung des dolus. Der Rechtsfall entscheidet sich sehr einfach, wenn die Klage auf den dolus gegründet wird, der darin zu finden ist, daß der Aussteller des Schuldscheins den Cessionar in den Glauben versetzt hat, daß er eine begründete Darlehnsforderung erwerbe. Freilich haftet er dann nicht für den verschriebenen Betrag, sondern nur für Schadenersatz, also für das, was der Cessionar hergegeben hat. Dernburg geräth hier wieder einmal darüber, daß das „reelle" beabsichtigte Geschäft nicht gelten soll, in die ihm eigenthümliche Verwunderung, die nur von dem Standpunkt aus begreiflich wird, der als feststehend ansieht, daß man durch abstrakten Willen Darlehnsschuldner werden könne.

[52]) I. 11 § 735. Die landrechtliche Praxis hat auch eine Klage des Borgers, der das Darlehn trotz des Schuldscheins nicht erhalten hat, auf „Ungiltigkeitserklärung" des Schuldscheins zugelassen. Striethorst B. 30 S. 102. Eine Klage auf Feststellung, daß keine Darlehnsforderung besteht unter den Voraussetzungen, sei es der A.G.O. I. 32 § 2, sei es der C.P.O. § 231, wäre minder bedenklich.

scheins „nach den Grundsätzen bei der Cession“ entgegensetzen [53]); und der Kläger kann ihn nicht durch den Nachweis (die Replik) eines nachträglichen Anerkenntnisses des Empfangs ausschließen [54]), wenn auch auf derartige wiederholte Bekenntnisse bei der Beweiswürdigung selbstverständlich Rücksicht zu nehmen ist.

In einer Anwendung kam aber die exceptio non numeratae pecuniae des römischen Rechts noch im A.L.R. vor. Schuldinstrumente, die zugleich eine Grundstücksverpfändung enthalten, sollten bis zum 38ten Tage nach der wirklichen Eintragung und, sofern in dieser Zeit die Eintragung einer Protestation in das Hypothekenbuch erwirkt wurde, auch ferner der Beweiskraft entbehren, bei unterlassener Protestation aber in der Hand eines Cessionars oder Pfandgläubigers sollten sie jedes Bestreiten der Schuld wegen Nichtempfangs ausschließen [55]). Diese Bestimmungen waren schon vor der Civilprozeßordnung durch das Gesetz vom 5. Mai 1872 insofern beseitigt, als der Eigenthümer nicht mehr unmittelbar bei dem Grundbuchrichter die Eintragung eines Widerspruchs oder einer Einrede gegen die von ihm bewilligte Hypothek beantragen kann, sondern der Vermittelung des Prozeßrichters bedarf. Danach hat die Frist der 38 Tage keine Bedeutung mehr [56]). Der Rechtszustand ist vielmehr unter Berücksichtigung des geltenden Prozeßrechts folgender: der Hypothekenklage des ersten Gläubigers wie seiner Darlehnsklage kann die Vertheidigung dahin, daß er das Darlehn nicht gegeben habe, ohne Beschränkung auf die 38 Tage und ohne Rücksicht darauf, ob die Einrede eingetragen ist oder nicht, entgegengehalten werden, mit der Folge, daß das Beweismoment des in dem Schuldschein ausgesprochenen Bekenntnisses mit

---

[53]) Oben § 99 Anm. 157. Nicht mehr, nachdem der Cessionar in Gemäßheit § 412 I. 11 anerkannt ist. Vergl. B. I. § 99 Anm. 194.

[54]) I. 11 § 734. Dies änderte die gemeinrechtliche Praxis, wonach ein jüngeres Anerkenntniß (confessio geminata) die exc. n. n. p. beseitigte.

[55]) I. 11 §§ 738. 739. Svarez, Jahrb. B. 41 S. 22. Hypoth.Ordn. v. 1783 II. § 178. Einf.Ges. zum Hand.G.B. vom 24. Juni 1861 Art. 26. Die §§ 738. 739 verhielten sich zu I. 20 §§ 425. 426 wie das Besondere zum Allgemeinen. Vergl. dazu Entsch. B. 26 S. 193, B. 30 S. 408, B. 48 S. 53, B. 63 S. 108. Striethorst B. 10 S. 342, B. 24 S. 160, B. 46 S. 224, B. 62 S. 214. Die Wirkung des § 739 I. 11 ging dahin, daß nach Ablauf der 38 Tage, wenn eine Protestation nicht eingetragen worden war, der Schuldner einem Cessionar der Hypothek die Einrede der nicht erhaltenen Valuta überhaupt nicht mehr entgegensetzen konnte; dem ursprünglichen Gläubiger gegenüber verlor er aber den Einwand nicht, nur hatte jetzt der Gläubiger aus der Schuldverschreibung die Vermuthung für sich, daß er die Valuta gezahlt habe, und der Schuldner mußte diese Vermuthung durch Beweis widerlegen. Entsch. B. 63 S. 108 fg. — Die Protestation war nach älterem Recht nur auf Antrag des Schuldners oder auf Grund eines rechtskräftigen Erkenntnisses wieder zu löschen. Nach Ges. v. 24. Mai 1853 § 49 konnte der Gläubiger die Löschung herbeiführen, wenn nicht binnen 6 Monaten nach der Eintragung das Prozeßgericht um Aufrechthaltung des Vermerks nachgesucht hatte. Die nicht gelöschte Protestation behielt aber auch nach 6 Monaten ihre Kraft, den Beweis zu suspendiren (Striethorst B. 65 S. 37), und die vor dem Gesetz von 1853 eingetragenen Protestationen unterlagen diesem Gesetz nicht. (Entsch. B. 33 S. 322. Strieth. B. 22 S. 72.) Das nach diesen Vorschriften beim Inkrafttreten der Grundbuchgesetze von 1872 begründet gewesene Recht auf Löschung einer eingetragenen Protestation kann auch jetzt noch geltend gemacht werden. Strieth. B. 94 S. 287.

[56]) Vergl. noch §§ 38. 49. 70 E.Erw.Ges. v. 5. Mai 1872. Entsch. B. 75 S. 19 f. Striethorst B. 93 S. 305.

den Gegenbeweismomenten, die der Schuldner beibringt, nach den Grundsätzen der freien Beweiswürdigung abgewogen wird; dem späteren Erwerber der Hypothek dagegen kann, wenn er die Hypothek entgeltlich erworben hat, das Bestreiten des Dahrlehnsempfangs, das im Sinne der einschlagenden Bestimmungen des Grundbuchrechts unter den Begriff der Einrede fällt[57]), nur dann entgegengesetzt werden, wenn sie ihm vorher bekannt geworden ist oder sich aus dem Grundbuch ergiebt, während der unentgeltliche Erwerber sich in der Rechtslage des ursprünglichen Gläubigers befindet. Da nach der Grundbuchordnung der Hypothekenbrief immer dem Eigenthümer von dem Grundbuchamt ausgehändigt werden soll, so hat dieser es in der Hand, die Urkunde dem Gläubiger erst dann zu geben, wenn er wegen der Valuta befriedigt worden ist; und dadurch verliert die Aenderung ziemlich alle praktische Bedeutung[58]). Daß übrigens die §§ 738. 739 d. T. nicht auf Grundschulden bezogen werden können, folgt aus deren Wesen[59]). — Die besonderen Vorschriften des Landrechts über die Dauer der Beweiskraft des Schuldscheins über ein Darlehn, insbesondere gegenüber den Erben des Ausstellers, sind durch die Civilprozeßordnung antiquirt[60]).

5. Die Grundlage der Darlehnsobligation ist nach dem Obigen, daß der Darlehnsempfänger mit der Pflicht zur Rückgabe von ebensoviel das Darlehnsobjekt zur Verbrauchsmöglichkeit, also zu Eigenthum erhält[61]).

---

57) Eig.Erw.Ges. v. 5. Mai 1872 § 38. Daß der Ausdruck „Einrede aus dem persönlichen Schuldverhältniß" in Absatz 2 auch das Bestreiten der rechtlichen Entstehung der Forderung in sich begreift, ist allgemein anerkannt. Die besondere Natur der Kautionshypothek interessirt an dieser Stelle nicht.

58) Grundbuchordnung § 122. Freilich beantragt der sorglose Hypothekenschuldner oft Aushändigung an den Gläubiger.

59) Vergl. noch Förster, Grundbuchrecht S. 201 f. und die Kommentare von Bahlmann, Achilles, Turnau zu § 38 cit.

60) Einf.G. z. C.P.O. § 17. Die Vorschriften beruhten auf einer eigenthümlichen Verquickung der Lehre von der Verjährung mit der Dauer der Beweiskraft: Erlöschen der letzteren mit Verjährung der Schuld (§ 752), zehnjährige Präskription der Beweiskraft zum Vortheil der Erben vom Tage des Todes des Ausstellers oder von dem erst auf diesen folgenden Verfalltage der Schuld (§§ 753. 754), mit der Wirkung eines dem Gläubiger aufgebürdeten Beweises der Entstehung und Nichttilgung der Schuld (§ 755). An und für sich ist freilich die letztere Vorschrift über die Beweislast materiellen Rechtes. Aber § 17 Abs. 1 greift nach seinem Wortlaut weiter, weil auch die Wandelung der Beweislast in § 755 nur als eine Folge der erlöschenden Beweiskraft des Schuldscheins hingestellt ist. Der § 755 wird von den Kommentatoren der C.P.O., die sich mit ihm beschäftigen, einstimmig, ohne Erörterung des Bedenkens als aufgehoben angesehen, insbesondere von Struckmann u. Koch und v. Wilmowski. Die Frage ist indessen eine recht zweifelhafte. Die wunderliche Bestimmung ist verwandt mit I. 9 §§ 568. 569 (vergl. oben B. I. § 57 Anm. 82); das Obertribunal ließ zum Beweis der Nichttilgung (im Gegensatz zu Entsch. B. 10 S. 107, s. oben B. I. § 57 Anm. 88) in allgemeiner Fassung Eidesdelation zu. Jedenfalls entging der Folge, wer das Darlehn ohne Berufung auf den Schuldschein einklagte. Vergl. Koch, Note zu § 755. — Die Vorschrift war nicht anwendbar auf Hypothekeninstrumente. Strieth. B. 8 S. 1. Die Erfindung des Landrechts, nach Svarez Aeußerung ersonnen „um sorglose und nachlässige Menschen zu treffen" (vergl. Jahrb. B. 41 S. 22), war eine verunglückte; um so mehr wird man geneigt sein, trotz des angeregten Zweifels die Aufhebung der Bestimmung anzunehmen.

61) I. 11 § 661. Förster fand in dem Ausdruck: „der Darlehnsvertrag wird durch Zahlung der versprochenen Summe vollzogen" das Durchdringen des Gedankens, daß im

Deshalb ging das Römische Recht davon aus, daß ein Darlehn durch Hingabe fremden Geldes und fremder Sachen nicht zu Stande komme, daß vielmehr das Hingegebene von dem Eigenthümer, wenn nicht vindizirt, so kondizirt werden könne[62]). Nach preußischem Recht gilt beim eigentlichen Darlehn Aehnliches nur, insofern der Empfänger sich in bösem Glauben findet. Dann ist ein Darlehn nicht zu Stande gekommen. Der Eigenthümer vindizirt also das unterscheidbar Vorhandene, und eventuell ist ihm der Empfänger für das Kapital mit landesüblichen Zinsen und „im Falle eines betrüglichen Bemächtigens" zum Ersatz des ganzen Interesses verpflichtet[63]). In Konsequenz der preußischen Auffassung von der Unzulässigkeit der Vindikation von Geld und Inhaberpapieren gegen den redlichen entgeltlichen Empfänger[64]) hat das A.L.R. die römischen Sätze für den Fall verlassen, daß der Empfänger in dem guten Glauben gewesen ist, der Geber sei zur Verfügung über die Summe oder die Papiere, d. h. zu ihrer Hingabe berechtigt[65]). Das Darlehn gilt also in der Person des gut-

heutigen Recht das Darlehn nicht mehr Realvertrag ist, daß das Hingeben solvendi causa geschieht. Aber der Ausdruck ist umgekehrt dahin zu verstehen, daß der Darlehnsvertrag immer erst durch Zahlung der Summe vollzogen wird, d. h. verpflichtend zu Stande kommt, selbst wenn dieses Vollziehen Erfüllung einer bereits vorhandenen Verbindlichkeit ist. Es läßt sich deshalb auch nicht den Ges.Rev. (P. XIV. S. 116) Recht geben, welche meinen, der § 661 vermische mutuum und p. de mutuando.

[62]) Das römische Recht, ut ex meo tuum fiat pr. J. III. 14, l. 3 § 1 D. XLIV. 7, l. 2 § 1 D. XII. 1, l. 16 eod. Veräußerungsbefugniß des Darleihers als Voraussetzung, ut nummi acipientis fiant: § 2 J. II. 8, l. 11 § 2, D. XII. 1. Der Eigenthümer kann daher das noch unterscheidbare Geld vindiziren; wenn es vermicht ist, muß ihm der Ausleiher die condictio cediren. Es ist ihm aber schon von Cujacius, Observ. V. 29 auch ohne Cession eine utilis condictio zugestanden worden, die sich freilich aus dem röm. R. nicht begründen läßt. Vergl. l. 2. 7 C. IV. 2, l. 19 § 1 D. XII. 1. Im Entwurf des B.G.B. bezog sich § 453 Abs. 2 auf diesen Fall, ist aber als theils selbstverständlich, theils bedenklich in Entw. II. gestrichen. Vgl. Gruchot B. 38 S. 456.

[63]) I. 11 §§ 662—664. Der letztere Unterschied zwischen wissentlichem Empfang fremden Geldes und betrüglichem Bemächtigen ist schwer zu konstruiren. Man muß an ein Bemächtigen in der Absicht, den Eigenthümer um sein Geld zu bringen, denken. Das Mehr des ganzen Interesses besteht in dem Gewinn, den der Eigenthümer über die landesüblichen Zinsen hinaus hätte ziehen können.

[64]) I. 15 §§ 45 ff. Nur auf das eigentliche Darlehn beziehen sich die Bestimmungen; beim uneigentlichen kann die Vindikation des Eigenthümers nicht ausgeschlossen erachtet werden, weil die Bestimmungen über eigentliche Darlehen auf die uneigentlichen nach I. 11 § 853 nur in der Regel, d. h. wenn keine Gründe gegen die Analogie bestehen, Anwendung finden. Wenn auch der Darlehnsempfänger ein Erwerber durch lästigen Vertrag ist, insofern er mit der Pflicht der Rückleistung belastet ist und für den Gebrauch unter Umständen Zinsen zahlt, so ist das doch keine von ihm bereits gemachte Aufwendung für den Erwerb, die den Vindikanten zur Einlösung nöthigte.

[65]) I. 11 §§ 665. 666. „Der Darlehnsgeber, so sagte Förster, ist auch in diesem Fall der Gläubiger des Empfängers. Das Eigenthum am Gelde ist durch die Hingabe an den redlichen Empfänger auf diesen übertragen; die §§ sollen aber dem früheren Eigenthümer nur eine arrestartige Sicherung seines Anspruchs an den, der sein Geld ausgeliehen, verschaffen." Vergl. hierüber Ges.Rev. P. XIV. S. 117. Wäre dies richtig, so hätte es der Vorschrift nicht bedurft, und so gut wie der Eigenthümer des Geldes könnte jeder andere Gläubiger des Darlehnsgebers dessen Forderung für sich mit Beschlag belegen lassen. Aber der Sinn der Vorschrift ist ein anderer: Der Eigenthümer des Geldes soll die Forderung statt des Geldes gleichsam vindiziren können, und wenn diese Vindikation rechtskräftig durchgreift, gilt er als von vornherein berechtigter Gläubiger der Darlehnsschuld. Vergl. R.O.H.G. B. 24 S. 370. Koch im Kommentar hat noch

gläubigen Empfängers, auch wenn der Geber nicht Eigenthümer gewesen, und dem Eigenthümer ist nur dadurch zu helfen, daß er dem Empfänger die Rückzahlung an den Geber gerichtlich untersagen läßt, weil er selbst als Gläubiger in die Obligation treten will[66]). Hierzu ist er berechtigt, muß aber dieses Recht zunächst gegen den Darleiher durchführen, und hat dann dem Darlehnsschuldner gegenüber alle gesetzlich zulässigen Bedingungen anzunehmen, unter denen das Darlehn gegeben worden ist[67]). Sein Interesse-Anspruch an den Geber bleibt davon unberührt[68]). Wer eigenes Geld in fremdem Namen ausleihet, macht zwar den, auf dessen Namen es gegeben ist, zum Gläubiger, wenn dieser damit einverstanden ist[69]); aber wenn der Vertreter zum Ausleihen auf den fremden Namen nicht verpflichtet war, so kann er in der Folge als Eigenthümer sein Recht an dem ausgeliehenen Gelde gegen den Empfänger ebenso geltend machen, wie derjenige, dessen Geld von einem Anderen an einen gutgläubigen Empfänger ausgeliehen worden ist[70]).

6. Die Reichsgesetzgebung hat bestimmt, daß ein mit der Abrede des Wiederkaufs geschlossenes Kaufgeschäft in einem Fall als Darleihung des Kaufgeldes beurtheilt werden soll, wenn nämlich solche Geschäfte von einem Rückkaufhändler gewerbsmäßig geschlossen werden[71]).

eine andere Erklärung, er nimmt eine negotiorum gestio des Darlehnsgebers für den Eigenthümer an. Es stehe in der Wahl des Letzteren, das Geschäft zu genehmigen, und dann müsse er es übernehmen, wie es geschlossen worden, oder es zurückzuweisen und dann habe er nur seinen Entschädigungsanspruch an den gestor. Die von Förster anerkannte Richtigkeit dieser Erklärung des letzteren richtigen Satzes ist zu bestreiten; der Satz erklärt sich, wenn man davon ausgeht, daß die Obligation als solche für den Eigenthümer vindizirt wird. — Hat der Darleiher die Forderung einem gutgläubigen Dritten entgeltlich cedirt, oder ist sie für einen solchen gepfändet, so kann die „Vindikation" der Forderung ihm gegenüber nicht durchgreifen. Der Ausdruck Vindikation wäre also schief, wenn man dabei an ein gegen Jeden verfolgbares Recht denkt. Das Recht ist nur gegen den Darleiher verfolgbar, wie ja auch sonst die Verfolgung des Eigenthums beschränkt ist. Vergl. R.G. bei Gruchot B. 34 S. 1208.

66) Die Beschlagnahme ist nicht als Arrest, — zur Sicherung der Zwangsvollstreckung des Geldeigenthümers in die Forderung, — sondern als einstweilige Verfügung (§ 814 C.P.O.) in der Weise auszuführen, daß der Streitgegenstand, das Gläubigerrecht aus dem Darlehn, gegen nachtheilige Veränderungen sicher gestellt wird. Die Art der Sicherstellung ordnet I. 11 § 670. Die Hinterlegung wird in der einstweiligen Verfügung ausdrücklich für statthaft zu erklären sein, so daß dann § 20 Hinterl.Ordn. vom 14. März 1879 darauf Anwendung findet. Das Urtheil im Prozesse des Eigenthümers und des Darlehnsgebers wird das Gläubigerrecht des einen oder andern feststellen, ohne daß es bei Entscheidung zu Gunsten des Klägers einer weiteren Vollstreckungsmaßregel bedarf.

67) I. 11 §§ 667. 668. Koch, R. d. F. III. S. 303.

68) Auch wenn er das Darlehnsgeschäft übernimmt. Insbesondere, auch wenn dem Empfänger mehr als gewöhnlich vortheilhafte Bedingungen zugestanden worden. I. 11 §§ 668. 669.

69) I. 11 §§ 671. 672, l. 2 § 4, l. 9 § 8 D. XII. 1. Der Geber ist hier Stellvertreter dessen, der Gläubiger sein soll. Die l. 34 pr. D. XVII. 1, welche Koch, R. d. F. III. S. 306 Note 19 anführt, betrifft den Fall des Ausleihens eigenen Geldes in fremdem Namen nicht.

70) I. 11. § 673. Koch, R. d. F. III. S. 307 bezeichnet das als eine hierher nicht passende Bestimmung. Vergl. auch hier R.O.H.G. B. 24 S. 370.

71) Gewerbeordnung in der Fassung vom 1. Juli 1883 (R.Ges.B. S. 177) § 34 Abs. 2, § 38 Abs. 1. Vergl. oben B. I. § 68 Anm. 22.

III. **Darlehnsfähigkeit.** Gläubiger und Schuldner eines Darlehns kann regelmäßig jeder werden, der vertragsfähig ist[72]. Das A.L.R. kennt aber Beschränkungen der Darlehnsfähigkeit bei sonst vorhandener Vertragsfähigkeit[73]. So sollen Darlehne, welche Mitglieder der kgl. Familie empfangen, nur durch Einwilligung des Königs klagbar werden[74]. Hier liegt eine wirkliche Beschränkung der Vertragsfähigkeit vor. Wenn dagegen eine andere Vorschrift Darlehne, welche kgl. Schauspieler und Mitglieder der Kapelle des Königs und der Königin während ihrer Dienstzeit aufgenommen, so lange für unklagbar erklärt, als diese Personen im Dienst stehen[75], so liegt eine Darlehnsunfähigkeit nicht zu Grunde. Denn nach ihrem Austritt aus dem Dienst und nach ihrem Tode soll die Klagbarkeit eintreten. Die Beschränkung bezieht sich auch nicht auf solche Darlehne, die hypothekarisch gesichert werden[76]. Das Privileg stellt hiernach nur eine relative Unzulässigkeit des Rechtswegs fest[77].

---

[72] I. 11 § 674. Das Römische Recht gab beim Darlehn, wenn der Empfänger ein sonst geschäftsfähiger Haussohn war, die exceptio Sti Macedoniani. l. 1 pr. D. XIV. 6. In der Meinung diese Vorschrift auszudehnen (vergl. v. Kamptz, Jahrb. B. 41 S. 135, Koch, R. d. F. II. S. 317) haben die Redaktoren des Landrechts eine Geschäftsunfähigkeit der Haussöhne angenommen, modifizirt freilich durch einen dazu nicht passenden Ausschluß der condictio indebiti II. 2 § 183. — Nach der l. 27 D. XII. 1 (Nov. 121 c. 6 § 3) soll ferner eine civitas oder Kirche, der ein Darlehn gegeben, zur Rückzahlung nur verpflichtet werden, wenn ihr bewiesen wird, daß es in ihrem Nutzen verwendet worden, sonst haften dem Gläubiger die Vertreter, qui contraxerunt. Es kann dahin gestellt bleiben, ob diese exceptionelle Vorschrift auf heutige Verhältnisse anwendbar ist, und ob nicht auch nach gem. Recht eine juristische Person durch Zahlung des Darlehns an ihre Vertreter zur Erstattung direkt verpflichtet wird: — nach preuß. R. geschieht das gewiß, vorausgesetzt natürlich, daß bei dem Abschluß des Darlehnsvertrages und der Einzahlung die gesetzlichen Bestimmungen über die Verwaltung des Vermögens der juristischen Person beachtet worden sind. Vergl. §§ 110. 111 II. 6 A.L.R.

[73] Die Beschränkung der Fähigkeit, Darlehne zu geben, für Provinzialbeamte nach der l. 33. 34 D. XII. 1, l. 3 C. IV. 2 ist dem A.L.R. unbekannt. Ebenso ihre Beschränkung, verzinsliche Darlehne zu empfangen, nach l. 31 § 1 D. XII. 1, l. 16 C. IV. 2. Wer nicht darlehnsfähig ist, dem darf nicht kreditirt werden; es darf ihm auch nicht unter Stundung des Kaufgelds oder der Cessionsvaluta verkauft werden. I. 11 § 862 Entsch. B. 24 S. 41. Dies Verbot bezieht sich aber nicht auf den Kaufgeldrückstand für angekaufte Grundstücke. Concl. der Ges.Commiss. v. 8. Juli 1778 (Klein, Annalen III. 267). Entsch. B. 24 S. 45, B. 32 S. 11, B. 58 S. 109. Strieth. B. 68 S. 71. Kreditirten Lohn für wirklich gelieferte Arbeiten oder geleistete Dienste und die hierbei von dem Arbeiter gemachten baaren Auslagen müssen auch solche Unfähige zahlen. Nur ist hierbei nicht der Inhalt des Vertrages entscheidend, wenn dieser einen höheren als den üblichen Lohn oder einen höheren wirklichen Werth der gelieferten Sachen stipulirt hat. I. 11 §§ 863—864. Ueber den Sinn der Worte: „bei solchen Gelegenheiten gemachten baaren Auslagen" in § 864 s. Bornemann III. 150. — Darüber, daß die beschränkte Darlehnsfähigkeit keinen Einfluß hat auf die persona standi in judicio, vergl. oben B. I. § 73 Anm. 20.

[74] I. 11 §§ 676. 677. Die nicht genehmigte Schuld ist klaglos, aber zahlbar, mithin kann das Gezahlte nicht kondizirt werden. Koch III. 313. Mit der Zulässigkeit der Klage fällt auch die Zulässigkeit der Benutzung zur Kompensation. Ein solches Darlehn ist in diesem Sinne nach preuß. R. eine oblig. naturalis. Oben B. I. § 61 Anm. 31. — Nicht der Rechtsweg ist hier ausgeschlossen, sondern die actio, die civilrechtliche Verbindlichkeit. Deshalb greift § 5 Einf.Ges. z. C.P.O. nicht ein.

[75] I. 11 § 704 und Anh. § 24.

[76] I. 11 §§ 705. 706.

[77] So wenig die Bestimmung zu der sonstigen neueren Gesetzgebung paßt, so kann doch

Weitläufig läßt sich das A.L.R. über die Darlehne der **Militärpersonen** aus, die sie während ihres aktiven Dienstes eingehen[78]). Es knüpft die Giltigkeit dieser Schulden bei Gemeinen, Unteroffizieren und deren Weibern, sowie bei Subalternoffizieren (d. h. Premier- und Secondlieutenants und Hauptleuten, die nicht Kompagniechefs sind oder gewesen sind), an die Einwilligung des Chefs oder Kommandeurs[79]), gestattet aber vom Kompagnie- und Escadronführer aufwärts Darlehnsgeschäfte ohne solche Einwilligung. Für Darlehen unter Verpfändung eigener Grundstücke sind auch Subalternoffiziere verpflichtungsfähig. Wenn dabei gesagt ist, daß unter mehreren Gläubigern derjenige, der sich eine Einwilligung verschafft hat, bevorzugt sein soll[80]), so kennt das neuere Recht einen solchen Vorzug nicht[81]). Allgemein ist die Beitreibung auf terminliche, dem Dienst nicht nachtheilige Leistungen aus dem Diensteinkommen, wenn der Schuldner aus anderem Vermögen nicht zahlen kann, beschränkt[82]). — Ohne in das Detail weiter einzugehen[83]), ist doch eine Frage von juristischem Interesse zu erörtern, nämlich die, ob das von einem Subalternoffizier nach seinem Ausscheiden aus dem Militärstande abgegebene Anerkenntniß des Darlehns oder die von ihm dann geleistete Rückzahlung das Darlehn giltig macht. Das Gesetz sagt: „ermangelt die Einwilligung, — — so ist der Darlehnsvertrag **null** und **nichtig**; der Gläubiger hat **niemals** die geringste Wiederbezahlung zu hoffen und das

---

ihre Aufhebung nicht angenommen werden. Die Feststellung, wieweit der Rechtsweg zulässig, ist bis auf die politische Bestimmung in § 5 Einf.Ges. z. C.P.O. von den Reichsgesetzen ganz der Landesgesetzgebung überlassen. Die Ausführung **Dernburgs** II. § 177 Anm. 17, daß die Vorschrift beseitigt sei, weil ihre ratio — Bedürfniß des besonderen Ausschlusses der Personal-Exekution — weggefallen sei, verstößt gegen ein bekanntes Axiom. **Rehbein** u. **Reinke** fragen zu §§ 705. 706, ob sie gegenüber § 14 Einf.Ges. zur C.P.O. bestehen. Aber es handelt sich nicht um prozessualische Vorschriften, sondern um Zulässigkeit des Rechtsweges. — Dagegen wird aus einem vollstreckbaren, gerichtlichen oder notariellen Schuldschein eines Schauspielers über ein Darlehn die Zwangsvollstreckung auch während der Dauer der Königlichen Dienstzeit zuzulassen sein.

78) I. 11 §§ 678—703. Anh. §§ 20. 21. 22. K.O. v. 3. Januar 1816, v. 27. Juli 1825. V.O. v. 18. März 1811. Die §§ 678—703 enthalten eine Aenderung des Allgem. Gesetzbuchs, das in diesem Punkt vom König beanstandet worden war. **Svarez**, Schlußrev. Jahrb. B. 41 S. 30, B. 52 S. 75. Die Frauen sind hineingezogen, soweit sie nicht ohne Zustimmung des Ehemannes sich verpflichten können; die Bestimmung ist also bei Darlehen unter Verpfändung vorbehaltenen Guts nicht anwendbar. — Auf Reserve- und Landwehr-Offiziere haben diese Bestimmungen keine Anwendung. Zu bemerken ist auch noch das Konklusum der Ges.-Kommiss. vom 30. April 1793 (N. C. C. IX. p. 1559 Nr. 34, **Rabe** B. 2 S. 429), wonach diese §§ auf solche Schulden, welche Jemand **vor** Eintritt in den Militärstand **ungiltig** kontrahirt und nach dem Eintritt ratihabirt hat, keine Anwendung finden.

79) I. 11 § 684.

80) I. 11 § 685.

81) Jedenfalls kennt schon die Konk.Ord. v. 1855 §§ 72—82 dies Vorrecht nicht. Ob es auch schon vorher absolet war? Ges.Revis. P. XIV. S. 120.

82) I. 11 § 686. Anh. § 20. § 45 Reichs-Militärgesetz v. 2. Mai 1874. C.P.O. § 715 Z. 6, 7, § 749 Z. 8. Hypothekarische Schulden werden ohne Konsens des Vorgesetzten giltig von der wirklich erfolgten Eintragung an. §§ 687—688. Vergl. § 42 Reichs-Militärges. v. 2. Mai 1874.

83) Vergl. hierüber ausführlich **Koch**, R. d. F. III. 313 fg.

wirklich Gegebene fällt zur Strafe der Invalidenkasse (jetzt der Regierungshauptkasse des Bezirks) unwiderruflich anheim[84])". Unter dem „wirklich Gegebenen" ist die Summe zu verstehen, die der Offizier von dem Gläubiger wirklich erhalten hat, nicht die im Schuldschein verschriebene oder vom Schuldner inzwischen zurückgezahlte[85]). Die Worte des Gesetzes machen den Eindruck, daß dem Gläubiger für alle Fälle jedes Recht entzogen sein, daß ihm gegenüber volle Nichtigkeit für immer eintreten soll[86]). Daraus würde folgen, und Koch zieht diese Folgerung[87]), daß ein nachträgliches Anerkenntniß und die nachträgliche Zahlung die Nichtigkeit nicht beseitigen könne. Aber die Praxis erklärt das Gesetz nicht so, sie hat den Satz aufgestellt, daß durch ein Anerkenntniß oder durch ein sonstiges Abkommen, das der Offizier nach seinem Austritt aus dem Militärverhältniß mit dem Gläubiger abschließt, ja auch durch Zahlung vor Behändigung der Konfiskationsklage der Anspruch des Fiskus auf das Darlehn beseitigt wird[88]). Trotz der energischen Worte des Gesetzes: „null und nichtig", wird das Darlehn also nicht als nichtig angesehen; es besteht, der Fiskus hat nur ein Konfiskationsrecht und ist danach wie es die Deklaration ausdrückt, „zur Zurückforderung statt des ursprünglichen Gläubigers berechtigt" [89]). Dieses Konfiskationsrecht dauert so lange, d. h. kann so lange ausgeübt werden, als der Schuldner im Offizierstand sich befindet, nach seinem Ausscheiden aber nur so lange, als das Darlehn nicht durch Zahlung erloschen[90]) oder durch neueres Anerkenntniß bekräftigt worden ist. Ein Rückforderungsrecht gegen den Gläubiger hat weder der Offizier selbst, noch der Fiskus, dieser hat auch kein Recht auf die versprochenen Zinsen. Der Satz, daß ein von Anfang nichtiges Geschäft durch späteres Anerkenntniß nicht giltig werden kann[91]), greift hiernach nicht ein; und hierfür spricht

---

[84]) I. 11 § 684. Im Text steht „der Invalidenkasse". Nach dem R. v. 29. Nov. 1809 (Rabe X. 194. Mathis X. 371) ist an deren Stelle die Regierungshauptkasse getreten.

[85]) K.O. v. 27. Juli 1825.

[86]) Die Quelle des § 684 ist die K.O. vom 25. Sept. 1789 (Jahrb. B. 41 S. 40). Eine Aenderung der letzteren durch den § 684 ist nicht beabsichtigt worden, man wollte die Konfiskation des Darlehns nur als Strafe gegen den Gläubiger. Bornemann III. 147. Wenn aber auch der Fiskus gegen den Gläubiger, welcher die Bezahlung empfangen, keine Rückforderungsklage hat, so hat er doch vorher ein Klagerecht gegen ihn auf Herausgabe des Schuldscheins.

[87]) Kommentar zu § 684 und R. d. F. III. 313 fg.

[88]) Präj. 1737 (Samml. I. 64). Entsch. B. 27 S. 325 und Plen.Beschl. Entsch. B. 32 S. 1 (Rehbein II. S. 323) in Anwendung auf die Verpflichtung des Bürgen. Striethorst B. 12 S. 303, B. 22 S. 143.

[89]) K.O. v. 27. Juli 1825. Nicht die Summe, sondern die Darlehnsförderung ist Objekt der Konfiskation. Jahrb. B. 41 S. 37. 46. Entsch. B. 2 S. 367.

[90]) Strieth. B. 22 S. 143.

[91]) Worauf sich Koch beruft. (Vergl. auch Bornem. III. 148.) Die Bestimmungen müssen in ihrem Zusammenhang dahin aufgefaßt werden: Das Militär ist ohne Konsens darlehnsunfähig (vergl. auch § 711 I. 11), aber das Darlehn konvalescirt als Darlehn durch nachträglichen Konsens und durch Anerkennung nach Beseitigung des Militärstandes, wie das Darlehn des Minderjährigen durch Zustimmung des Vertreters oder Anerkennung des Großjährigen konvalescirt. Statt der einfachen Genehmigung kann eine Genehmigung unter Inanspruchnahme des Darlehns für den Staat durch Konfiskation eingreifen. — Die Auffassung Förster's war eine abweichende. — Der § 684 ist übrigens auf Darlehne beschränkt und gestattet keine Ausdehnung auf das Hingeben von Sachen

auch eine Bemerkung von Svarez[92]) und der Umstand, daß auch der ältere Rechtszustand in Preußen[93]) dem späteren Anerkenntniß die Wirkung beilegte, dem ursprünglichen Gläubiger die Darlehnsklage zu geben, wenn diese nicht schon vorher vom Fiskus konsumirt war. Auch kann die allgemeine Verweisung des § 713 I. 11 auf die Wirkung eines Anerkenntnisses zur Hebung der Unfähigkeit mit auf diesen Fall bezogen werden — die Redaktoren haben dies gewiß beabsichtigt[94]). Trotz des Wortlautes in § 684 ist daher der Praxis Recht zu geben.

Durch Anerkenntniß nach gehobener Unfähigkeit werden auch sonst Darlehne Unfähiger giltig[95]). Außerdem aber sind Vorschüsse, die darlehnsunfähigen Personen gewährt sind, klagbar, wenn sie ihnen zur Bestreitung nothwendiger oder nützlicher Ausgaben gegeben und dazu wirklich verwendet worden sind. Den Schuldgrund bildet dann nicht das Darlehn, sondern die nützliche Verwendung[96]).

IV. Verbotene Darlehne. Ein Darlehnsfähiger kontrahirt eine für den Darlehnsgeber wirksame Schuld dann nicht, wenn der Gläubiger Wissenschaft davon hatte, daß das geliehene Geld zu einem verbotenen Zweck verwendet werden sollte. Die Darlehnsabrede wird also durch den unerlaubten Zweck wirkungslos für den Gläubiger. Das Gegebene kann aber vom Fiskus kondizirt werden[97]). Gewinnspiele und Wetten sind an und für sich nicht unerlaubte

auf Kredit. Entsch. B. 2 S. 365 f. Das Kreditiren an darlehnsunfähige Personen ist aber nach I. 11 § 862 ungiltig und der Gläubiger hat keine Klage. Dient ein Cessionsgeschäft zur Verschleierung eines Darlehns, so findet § 684 Anwendung. Entsch. B. 24 S. 41, wo jedoch die Bezugnahme auf § 862 bedenklich ist.

92) „Vom Anerkenntniß nach weggefallenem statu militari braucht nichts gesagt zu werden, weil desfalls die allgemeinen Vorschriften Tit. 5 §§ 37. 38, Tit. 11 §§ 862 f. eintreten." Jahrb. B. 41 S. 38 und 47.

93) Entsch. der Gesetzkommission vom 8. Febr 1785.

94) Siehe oben Note 92. Daraus erklärt sich auch die Stellung von I. 11 § 713 hinter den Bestimmungen über die Darlehnsbeschränkungen und die allgemeine Fassung der Bestimmung.

95) I. 11 § 713. Bei einem Darlehn über 150 M. muß das Anerkenntniß in schriftlicher Form erklärt werden. Entsch. B. 3 S. 147. Koch meint (Note zu diesem §), durch das Anerkenntniß werde die causa verändert (novirt). Auch der Ges.Rev. sieht (P. XIV. S. 124) in dem Anerkenntniß eine Novation des Darlehns, d. h. eine Umschaffung des Realkontrakts in einen Konsensualkontrakt. — Das Anerkenntniß hat aber dieselbe Natur wie das Anerkenntniß des Großjährigen bezüglich einer von ihm als Minderjährigen kontrahirten Schuld. Vergl. B. I. § 41 Anm. 27.

96) I. 11 §§ 708—712. Der Gläubiger hat nicht bloß zu beweisen, daß er das Geld zu einer nützlichen oder nothwendigen Ausgabe gegeben, sondern auch, daß der Vater die nothwendigen Mittel dazu dem Sohn vorenthalten habe. Arnsb. Arch. B. 8 S. 68. Ist die nützliche Verwendung nicht nachweisbar, so findet auch gegen den Vater die Klage nicht statt. Entsch. B. 4 S. 94. (Rehbein II. S. 327.) Ueber den Unterschied von Vorschuß und Darlehn s. Heuser, Ann. II. 74. — Es ist bestritten worden, daß hier die nützliche Verwendung, die durch sie herbeigeführte Bereicherung, der selbstständige Klagegrund sei — sie soll nur die an sich zustehende Klage aus dem Darlehn auf das Maß der Unschädlichkeit einschränken. Jacobi, V. der nützlichen Verwendung, 1861. S. 118 f. Auf das Marginale, „daß das Darlehn durch die nützliche Verwendung giltig werde", ist aber nichts zu geben. Das Darlehn des Unfähigen ist ungiltig, kann eine Klage nicht erzeugen; die durch die Verwendung bewirkte Bereicherung ist der Klagegrund. S. auch Witte in Gerber und Jhering, Jahrb. B. 5 S. 106 und unten § 147.

97) I. 11 § 714. Vergl. I. 16 § 205 ff. Die Kondiktion des Fiskus hat nicht die Natur und den Inhalt der Darlehnsklage. A. M. Förster.

Handlungen. Was aber ausdrücklich zum Zwecke des Spiels oder der Wette dargeliehen ist, wird dem zu unerlaubtem Zweck Gegebenen gleich geachtet[98]).

Die bereits oben[99]) erwähnten Bestimmungen, nach denen ein Darlehn dadurch nicht zu Stande kommt, daß Waaren auf Grund der Verbindlichkeit zur Hingabe eines Darlehns gegeben werden[100]), stehen im Zusammenhang mit der ferneren Vorschrift, daß dem Gläubiger, der statt des versprochenen oder verschriebenen baaren Geldes Waaren auf Kredit hingegeben hat, die Vermuthung des Wuchers entgegenstehen und der zu erstattende Betrag dem Fiskus anheim fallen solle[101]). Die letztere Vorschrift ist durch die neuere Gesetzgebung aufgehoben[102]). Dadurch ist aber die Geltung jener anderen mit dem Wesen des Darlehns zusammenhängenden Vorschrift nicht in Frage gestellt[103]).

V. Verpflichtung aus dem Darlehnsvertrage. 1. Der Darleiher wird durch den Empfang des Darlehns verpflichtet, das Erhaltene zu der im Schuldschein bestimmten Zeit[104]) oder nach schuldscheinmäßiger, eventuell gesetzlicher Kündigung[105]) an dem Orte, wo der Gläubiger zur Zeit der Hingabe gewohnt hat[106]), und zwar ihm persönlich oder seinem legitimirten Stellvertreter oder Rechtsnachfolger, in gleicher Menge und Güte[107]) zurückzuleisten[108]).

---

[98]) Vergl. I. 11 § 581. Entsch. B. 71 S. 218. S. oben § 133 I. d. Darlehne zum Zweck des Spiels sind auch nach gemeinem R. ungiltig. Glück B. 11 S. 333.

[99]) Oben Anm. 30.

[100]) I. 11 § 715 ff.

[101]) I. 11 § 718. Vergl. Reichspolizei-Ordn. v. 1577 Tit. XVII. § 2.

[102]) Bundesgesetz v. 14. Nov. 1867 (B.G.Bl. S. 159). Vergl. unter VII. dieses Paragraphen.

[103]) A. M. Dernburg II. § 176 Anm. 21. Schon nach Landrecht war es möglich, das wirthschaftlich gleiche Geschäft, den Verkauf der Sache für einen zu bestimmter Zeit oder nach Kündigung zu zahlenden Preis wirksam zu schließen, und als ein solcher Waarenverkauf sollte auch die Abrede angesehen werden, daß Waaren statt eines versprochenen Darlehns in bestimmter Höhe übereignet würden (I. 11 § 720): es hängt also von einer Auslegung des Willens ab, ob das giltige Verkaufsgeschäft oder das ungiltige Darlehnsgeschäft beabsichtigt ist. Die Auslegung ist hier an die gerade gebrauchten Worte gewiesen, während der wirthschaftliche Sinn des Geschäfts in beiden Fällen auf dasselbe hinausläuft. Aber das hat den landrechtlichen Vorschriften von Anfang an entgegengestanden, und jedenfalls handelt es sich bei dem Geschäft, wenn es wirksam ist, nie um ein Darlehn, sondern um eine Schuld aus Verkauf.

[104]) I. 11 § 757. Nach dem Grundsatz des A.L.R. (s. oben B. I. § 83 Anm. 24) gilt die Zahlungszeit nicht als nur zu Gunsten des Schuldners bestimmt. Er darf daher nicht früher dem Gläubiger leisten. § 758. Bei entstehender Unsicherheit des Schuldners kann der Gläubiger frühere Zahlung oder Sicherstellung verlangen. §§ 759. 760. Das gilt selbstverständlich nur von den nach Landrecht zu beurtheilenden Darlehnen; den Satz auf eine Rumänische Staatsanleihe, wie neuerlich geschehen, anzuwenden, ist mehr als wunderlich. Nach gemeinem R. ist der gleiche Satz wegen l. 2 C. IV. 39 zweifelhaft. Seuffert VI. 137. Aber Glück B. 12 S. 93 läßt die frühere Rückforderung zu. Auf Hypothekenforderungen ist § 759 nicht anzuwenden. Rechtsf. B. 2 S. 198. Ein Beispiel von Zeitbestimmung zu Gunsten des Gläubigers allein: Rechtsfälle I. 66.

[105]) S. unten bei Anm. 111. Vergl. Entwurf des B.G.B. § 457, Entw. II. § 549, Bundesrathsvorl. § 601.

[106]) I. 11 § 769. Hand.Ges.B. Art. 325. Ueber den Zahlungsort bei Geld, das einem Banquier zum Ankauf von Papieren mit der Pflicht zur Verzinsung bis zum Ankauf übersandt ist, s. R.G. Entsch. B. 23 S. 96. Am Orte des Wohnsitzes muß in der Wohnung des Gläubigers gezahlt werden, auch wenn diese gewechselt ist. Striethorst B. 15 S. 200. Oben B. I. § 83 Anm. 36. Vergl. unten Anm. 120.

[107]) I. 11 §§ 653. 853.

[108]) Die Darlehnsobligation geht zunächst nur auf Zurückleistung; d. h. Leistung von ebenso

a. Zeit. Das Darlehn, insbesondere das verzinsliche Darlehn, unterscheidet sich von der Rente neben deren Natur als Realbelastung eines Grundstücks dadurch, daß beim Darlehn von vorn herein eine lösbare Kapitalschuld besteht. Entsprechend den zur Zeit geltenden Bestimmungen über die Ablösbarkeit der Rente kann vertragsmäßig — von den (landschaftlichen) Kreditinstituten abgesehen — die Kündigung der Kapitalschulden, wenn sie Grundstücken aufgelegt sind, nicht über dreißig Jahre ausgeschlossen werden[109]). Im Uebrigen besteht für die Feststellung der Rückzahlungszeit und der Modalitäten der Kündigung volle Vertragsfreiheit[110]). Das A.L.R. hat aber, wie bei der Miethe, durch Bestimmung gesetzlicher Kündigungsfristen Vorsorge getroffen, daß eine fehlende Vereinbarung der Parteien Ergänzung findet[111]). Die Kündigung steht jedem Theil zu[112]), sie ist an keine

---

viel gerade desjenigen, was gegeben ist. Die Rückleistung von mehr als gegeben worden, kann nur schriftlich versprochen werden. Das Mehr gilt dann den Zinsen gleich. Ist einfach der Schuldschein über eine höhere Summe ausgestellt, als geliehen war, so kann gegen ihn der Empfang geringerer Valuta erwiesen werden, und damit ist die verbindliche Kraft des Mehrversprechens erschöpft, da das Mehr nur als erhaltenes und zurückzuzahlendes Darlehn verschrieben, das etwaige mündliche Versprechen eines Mehr über das Empfangene als Lohn für das Darlehn nicht verbrieft ist. — Die Zurückleistung kann durch Abrechnung geschehen. Striethorst B. 25 S. 37. Einen Fall, wo nach dem Inhalt des Schuldscheins der Empfänger angeblich nicht persönlich aus dem Darlehn zur Erstattung verpflichtet worden, s. Rechtsspr. B. 2 S. 248f. (Die persönliche Pflicht war auch hier vorhanden, aber das Exekutionsrecht des Gläubigers beschränkt.)

109) Ablösungsgesetz v. 2. März 1850 § 92. Früher unkündbare hypothekarische Darlehen sind seit 1880 mit sechsmonatiger Kündigungsfrist kündbar. Die Eintragung einer Hinausschiebung der Kündbarkeit über die gesetzliche Längstdauer hinaus lehnt der Grundbuchrichter mit Recht ab. R.G. bei Johow B. 14 S. 142.

110) Wie bei der Miethe findet sich keine besondere Vorschrift, die den dauernden Ausschluß der Kündigung der persönlichen Darlehnsschuld verbietet; die Ablösungsgesetze haben nur die Freiheit des Grundeigenthums im Auge. Wird eine auf bestimmte Zeit ausgeschlossene Kündigung unter einer Bedingung statthaft, so entsteht bei Eintritt der Bedingung das Recht aber nicht die Pflicht zur Kündigung. Entsch. B. 52 S. 11. Rechtsf. B. 1 S. 66. A. M. Koch in der deutsch. Ger.Z. 1866 Nr. 1.

111) I. 11 §§ 761—768. Vier Wochen bei einem Darlehn bis 150 Mark, drei Monat bei höherem Betrage. Gruchot III. 198fg. Hier ist ebenso, wie bei der Miethe, die Kündigung ein Institut des modernen Rechts, das sein richtiges Verständniß dadurch findet, daß das Darlehn als die Veräußerung eines Gebrauchs aufgefaßt wird. Nach röm. R. konnte der Gläubiger jederzeit die Rückzahlung verlangen, wenn nicht eine besondere Frist bedungen war. Vergl. Hofackor, Princ. jur. R. III. § 4113. Stryck, Usus modern. XLVI. 3 § 14. Glück XII. S. 94f. — Das sächs. Ges.B. § 1077 ist auf dem Standpunkt des röm. Rechts stehen geblieben: Ist die Zeit der Rückgabe nicht bestimmt, oder eine Kündigung ohne Zahlungsfrist bedungen worden, so kann die Rückgabe sofort verlangt werden, in beiden Fällen vorbehaltlich des Rechts des Erborgers auf Gestattung einer den Umständen angemessenen Frist. C. civ. Art. 1900. 1901 schreibt richterliche Bestimmung nach den Umständen vor. Der Entwurf des B.G.B. § 457, Entw. II. § 549, Reichstagsvorl. § 602 setzt ein- und dreimonatige Kündigungsfristen, nach der Grenze bis 300 M. und weiter. — Ueber die Beweislast bezüglich der Abrede vergl. R.G. Entsch. B. 1 S. 382.

112) I. 11 § 762. D. h. kündigen kann der Gläubiger und sein Rechtsnachfolger aus Singular- und Universaltitel oder der berechtigte Stellvertreter, nicht bloß der gesetzliche Vertreter, sondern auch der Bevollmächtigte, aber nicht der unbeauftragte Geschäftsbesorger (Gruchot III. 206f.), ferner abweichend vom röm. R. nicht der Nießbraucher, weil ihm nur der Zinsengenuß zusteht (I. 21 §§ 101. 102), der Pfandgläubiger der Forderung, erst, wenn ihm diese gerichtlich überwiesen worden ist (I. 20 § 289. Entsch. B. 8

Form gebunden[113]), wirkt aber nur, wenn sie dem anderen Theil wirklich zugekommen ist[114]). Aus der Kündigung des Gläubigers folgt die Pflicht des

S. 279), unter den Bedingungen, wie die Kündigung seinem Schuldner, dem Gläubiger der Forderung, zugestanden haben würden; Gesammtgläubiger müssen gemeinschaftlich kündigen (I. 5 § 450), doch gestattet eine bedenkliche (s. oben § 63 Anm. 8) Praxis auf Grund des § 451 I. 5 dem einzelnen Gesammtgläubiger die Kündigung zur Rückzahlung an die Gemeinschaft. Hierher gehört insbesondere auch das Verhältniß der Miterben (§ 151 I. 17). Striethorst B. 16 S. 314, B. 24 S. 58, B. 25 S. 146. (Nach gemeinem Recht kann jeder Korrealgläubiger das Ganze, jeder Miterbe seinen Antheil selbständig kündigen, nach dem Grundsatz: nomina ipso jure divisa.) Der Ehemann kann nur mit Einwilligung der Frau in Betreff der auf ihren Namen oder auf den Namen beider Ehegatten ausgeliehenen Kapitalien kündigen (II. 1 §§ 233. 379, vergl. II. 18 § 745. Präj. 1095. Samml. I. 139. Die Einwilligung der Frau ist an keine Form gebunden). Der Vormund bedarf nach § 41 Ziffer 2 der Vormundschaftsordnung (außer bei Sparkassengeldern) der Zustimmung des Gegenvormunds. S. unten B. IV. § 232 Anm. 12. — Ferner kündigt der Schuldner, sein Universalrechtsnachfolger, aber nicht sein Singularnachfolger, wenn dieser nicht als Schuldübernehmer haftet (beim Vitalizienvertrag, Erbschaftskauf u. s. w. s. oben B. I. § 102 Anm. 15 f.), der Bevollmächtigte des Schuldners, bei Gesammtschulden jeder einzelne Schuldner auf das Ganze, so daß dadurch die Rechte der übrigen nicht leiden (§ 483 I. 5), d. h. die Kündigunng wirkt nur zwischen dem kündigenden Gesammtschuldner und dem Gläubiger; Miterben müssen gemeinschaftlich kündigen, weil hier nicht jeder, sondern alle zusammen für Leistung des Ganzen aus dem Nachlaß haften (§ 127 I. 17). Der Ehemann endlich kann unbedingt die Schuld der Frau kündigen. Siehe überhaupt Gruchot III. S. 200—207. — Die Legitimation des Kündigenden muß, wenn sie nicht klar ist, dem andern Theil dargelegt werden und es muß diesem — auf Verlangen, — gestattet werden, die erforderlichen Beläge einzusehen. Sonst kann die Berücksichtigung einer Kündigung nicht verlangt werden. Die Kündigung des wirklich (schriftlich) Bevollmächtigten aber ist wirksam, wenn der andere Theil es unterläßt, die Vorzeigung der Vollmacht zu fordern. Entsch. B. 78 S. 16. — Vergl. Entwurf des B.G.B. §§ 74—76, § 122, § 126, Entw. II. §§ 107. 108. 143. 148, Reichstagsvorlage §§ 126—128. 170. 176.

[113]) I. 11 § 764. Präj. 697 (Samml. I. S. 66). Aber ihr Inhalt muß in dem Anbieten oder in der Forderung der Rückzahlung nach Ablauf der Frist bestehen. Die Erklärung kompensiren zu wollen, setzt die Fälligkeit voraus, begründet aber auch nach Ablauf der Kündigungszeit diese Fälligkeit zum Zwecke der Kompensation. Striethorst B. 6 S. 332. R.G. Entsch. B. 17 S. 148. Eine Klage, welche die Forderung unrichtig als bereits fällig behandelt, gilt als Kündigung. R.G. Entsch. B. 8 S. 415.

[114]) I. 11 § 765. Die Kündigungsfrist läuft von dem Tage, wo die Kündigung dem andern Theil zugekommen ist. Wernher, Observ. II. 9 obs. 37. Das Landrecht § 765 erwähnt eine gerichtliche Kündigung, bei der die „Behändigung" ein Mittel bietet, die Kündigung wirksam zu machen, wenn der andere Theil die Versuche, ihm die außergerichtliche Kündigung wirklich zukommen zu lassen, vereitelt. Bezüglich des Wesens dieser gerichtlichen Kündigung bestand Streit. Bornemann III. 160, die Ges.Rev. P. XIV. S. 38 und Koch in den von ihm selbst besorgten Ausgaben des Kommentars, auch Dernburg II. § 178 Anm. 21 verstehen die Vorschrift lediglich dahin, daß, wenn im Prozeß die Kündigung nicht erwiesen werden kann, die Klagebehändigung als Zeitpunkt der Kündigung anzusehen sei. Ein unzweifelhaft richtiger Satz, der aber den Wortlaut nicht erschöpft, jedenfalls auch nur auf den Fall paßt, wo der Gläubiger, nicht wo der Schuldner kündigt. Nach § 16 Abs. 1 Thl. I. Tit. 28 A.G.O. hat der Gläubiger, — entsprechend jedenfalls auch der Schuldner — das Recht ohne Klaganstellung eine gerichtliche Bescheinigung über die Kündigung zu beantragen. Das wird hier „gerichtliche Kündigung" genannt. In Folge dieses Antrags hatte nach der gedachten Bestimmung der Richter für die Beschaffung des Insinuationsdokuments zu sorgen. Jetzt ist an die Stelle der „gerichtlichen" Kündigung die Kündigung getreten, mit deren Zustellung der Kündigende den Gerichtsvollzieher beauftragt. § 1 Ausf.G. z. C.P.O. v. 24. März 1879. Als Zustellung gilt dabei auch die Ersatzzustellung. — Von der Kündigungsklage, mit welcher der Kläger die Zahlung der noch nicht fälligen Forderung nach Ablauf der Kündigungsfrist beansprucht, ist oben im § 50 Anm. 25 die Rede gewesen. — Ein von dem Adressaten empfangenes aber nicht geöffnetes Schreiben,

Schuldners, nach Ablauf der Frist zurückzuleisten; aus der Kündigung des Schuldners folgt die Pflicht des Gläubigers, nach Ablauf der Frist das Kapital zurückzunehmen. Eine besondere Pflicht zur Annahme der Kündigung entsteht aus letzterer für keinen Theil, und es kann unter verweigerter Annahme der Kündigung[115]) nur verweigerte Zahlung oder verweigerte Zahlungsannahme verstanden werden. Die Kündigung ist ein einseitiger Akt, nicht ein auflösender Vertrag[116]). Es bedarf der Kündigung nur, wenn die Parteien über die Zeit der Rückleistung nichts bestimmt haben[117]), also auch dann nicht, wenn die Rückleistung von dem Eintritt eines Ereignisses abhängig gemacht ist[118]), wohl aber dann, wenn die Rückleistung in die Willkür des Gläubigers oder Schuldners gestellt ist[119]).

b. Ort. Eine spätere Veränderung des Wohnorts des Gläubigers verpflichtet den Schuldner nicht, am neuen Wohnort zu leisten; er hat die Wahl, ob er das Geld dorthin — und zwar auf Gefahr des Gläubigers — absenden, oder gerichtlich am Zahlungsorte hinterlegen will[120]). Bei Hypotheken-

das die Kündigung enthält, muß als eine ihm „wirklich zugekommene" Kündigung angesehen werden. — Die Kündigung muß dem Schuldner (oder Gläubiger) zugekommen sein, oder seinem berechtigten Stellvertreter, nicht einem vermutheten Bevollmächtigten, Gesammtgläubigern und Miterben gemeinschaftlich, nach der Theilung des Nachlasses aber demjenigen Erben, dem die Forderung oder Schuld überwiesen worden; bei Gesammtschuldnern kann jedem Einzelnen das Ganze gekündigt werden, wenn gerade von ihm die Rückzahlung verlangt werden soll. Die an den Hauptschuldner gerichtete Kündigung wirkt wegen der accessorischen Natur der Bürgschaft auch gegen den Bürgen. Ueber die Kündigung an den Bürgen statt an den Hauptschuldner vergl. unten § 144 Anm. 31. Bezüglich der Kündigung von Hypotheken und Grundschulden ist unten B. III. § 199 bei Anm. 1 zu vergleichen.

115) Vergl. I. 11 § 768 und Gruchot III. S. 199.

116) Gruchot III. 198f. Oben B. I. § 28. Eine Zurücknahme der Kündigung ist hier wie bei der Miethe und anderen Rechtsverhältnissen, nur als vertragsmäßige Einigung denkbar. Das Verhältniß ist durch die Kündigung in ein solches mit bestimmtem Endtermin verwandelt. Daran kann durch einseitige Erklärung nichts geändert werden, sondern nur durch Vertrag.

117) I. 11 § 761 ohne Unterschied, ob das Darlehn verzinslich oder unverzinslich hingegeben worden. Das O.Trib. hat mit Recht Bestimmtheit des Fälligkeitstages angenommen, wenn bedungen ist: Das Kapital ist fällig, wenn die Zahlung der Zinsen verzögert ist, oder vielmehr dies Kapital kann vom Gläubiger als fällig behandelt werden; denn aufdringen darf ihm der Schuldner die Zahlung gegen seinen Willen auf Grund der eigenen Zögerung nicht. Rechtsf. B. 1 S. 66. Ueber die Beweiskraft in solchem Fall vergl. oben B. I. § 54 Anm. 12, § 107 Anm. 29. — Wenn die Rückzahlung versprochen ist, „wenn die Vermögensverhältnisse des Schuldners es möglich machen", so ist die Kündigung nur nach Eintritt der Bedingung wirksam. Gruchot B. 1 S. 64. Oben B. I. § 83 Note 29. Siehe Seuffert XV. 218.

118) Gruchot III. S. 200. Ebenso wie bei Pacht und Miethe wird man wohl auch bei dem Darlehn, wenn das bestimmende Ereigniß eingetreten, dem Schuldner zur Rückzahlung ex anal. des § 337 I. 21 eine der Kündigungsfrist entsprechende Frist gestatten müssen. S. oben § 136 Anm. 116.

119) Z. B. „die Rückzahlung soll erfolgen, sobald der Gläubiger das Geld nöthig hat". Die Praxis des gem. Rechts (Seuffert II. Nr. 33, XVIII. 233) läßt solchen Falls ohne Kündigung klagen.

120) I. 11 §§ 772. 773. S. B. I. § 92f. Entsch. B. 24 S. 411. Strieth. B. 9 S. 326. Vergl. oben Anm. 106. Wenn der Schuldner von dieser Befugniß nicht Gebrauch macht, so kann er durch dieses Unterlassen allein nicht in Verzug kommen. Hat der Gläubiger am alten Wohnort einen dem Schuldner gegenüber legitimirten Vertreter, so muß natürlich an diesen gezahlt werden.

schulden hat er zwischen dem vorigen Wohnort des Gläubigers und dem Ort, wo das Grundbuch sich befindet, zu wählen[121]). Soweit der Schuldner sonst zur Versendung an den Gläubiger verpflichtet ist, trägt er die Gefahr, es sei denn, daß der Gläubiger eine besondere Versendung vorgeschrieben hat[122]).

c. **Veränderung des Leistungsgegenstands.** In Betreff der Rückleistung in gleicher Quantität und Qualität kommt insbesondere die Wirkung einer **Münzänderung** in Betracht, wovon in § 91 gehandelt ist[123]). In fremder Münze gegebene Darlehne sind in der ausländischen Münze rückzahlbar[123a]). Sind Darlehne in Inhaberpapieren gegeben, so müssen auch diese in gleicher Art zurückgeleistet werden[124]); sind aber solche zur Zeit der Rückzahlung[125]) nicht mehr vorhanden, so ist baar nach dem Kurswerth des Papiers zur Zeit des Vertragsabschlusses zurückzuzahlen[126]).

---

[121]) I. 11 § 774. Die Praxis bezieht diesen Satz nur auf eingetragene Darlehnsforderungen. Präj. 734 (Samml. I. 67.) Die Wahl ist dem Gläubiger mitzutheilen. Striethorst B. 60 S. 190.

[122]) I. 11 §§ 770. 771. Die Worte in § 770: „bis dieselben in dem Hause des Gläubigers gehörig abgegeben" bedeuten natürlich nur: bis die Summe in die Hand des Gläubigers oder der sonst zum Empfang berechtigten Person gelangt ist. Vergl. darüber, daß bei Darlehn der Empfänger die Gefahr trägt, l. 9 § 9 D. XII. 1 a. E. und besonders l. 11 pr. eod., außerdem oben B. I. § 108 Note 13. Ueber eine ganz vereinzelte Stelle im altdeutschen R., welche dem Verleiher die Gefahr auflegt (lex. Wisigot. V. 5. 4) s. Stobbe, Z. Gesch. des deutschen Vertragsrechts S. 275.

[123]) B. I. § 91 Anm. 53f. — I. 11 §§ 778—802. Seuffert VII. 24. Vergl. Entsch. B. 66 S. 34.

[123a]) I. 11 § 785, R.Münzgesetz v. 9. Juli 1873. Art. 14 §§ 1. 3. Entsch. B. 66 S. 34. Rehbein II. S. 329.

[124]) Entsch. B. 23 S. 98. Zeitweilig (Ges. v. 15. Febr. 1809) war es gestattet, allgemein bei der Hingabe eines Darlehns in Inhaberpapieren Zurückzahlung in baarem Geld nach Nennwerth zu bedingen. Dies ist nach Wiederherstellung der Gesetze über den Wucher durch Deklaration vom 4. April 1811 für unzulässig erklärt; demnächst aber durch Dekl. vom 28. Dez. 1811 rücksichtlich der zur Ablösung von Domanialabgaben verwandten Papiere, sofern sie bei Abtretung von Domänen, Forsten und geistlichen Gütern oder zur Ablösung von Domanialabgaben nach der Darleihung wirklich verwendet sind, wieder hergestellt.

[125]) Es kommt nicht auf die Existenz zur Zeit der Fälligkeit an. Striethorst B. 34 S. 166. Vergl. Seuffert XIV. 133. Blätter f. Rechtsanw. XX. S. 333. 337f. Unterholzner II. 16 Note n.

[126]) I. 11 §§ 793—795. Striethorst B. 6 S. 204, B. 34 S. 166, B. 41 S. 159. Entsch. B. 23 S. 98. Auch wenn verabredet ist, daß ein Geldbetrag, der diesem Tageskurs nicht entspricht, zurückgezahlt werden solle, höchstens der Tageskurs, weil das Darlehn als solches nur die Pflicht zur Rückgabe von Inhaberpapieren begründet; freilich bleibt zu erwägen, ob nicht Verkauf vorlag. Oben Anm. 103. Sowenig das Landrecht aus Hingabe eines Pferdes als Darlehn mit dem Beding der Rückgabe von 1000 Mark eine Darlehnsschuld von 1000 M. erwachsen läßt, ebensowenig ist dies beim Inhaberpapier der Fall, nur daß hier § 793 ergiebt, daß das wirklich beabsichtigte Darlehnsgeschäft nicht nichtig sein, daß nicht eine Vindikation des gegebenen Inhaberpapiers, sondern zur Verfallzeit oder nach Kündigung die Rückzahlung des Darlehns mit einem entsprechenden Inhaberpapiere, und bei Unmöglichkeit solcher Rückgabe eine Geldzahlung nach dem Kurse zur Zeit der Hingabe oder zu dem verabredeten geringeren Kurse stattfinden soll. Das R.G. Entsch. B. 3 S. 324 geht weiter, wenn es annimmt, die Abrede der Rückzahlung des Darlehns mit dem Nennwerth sei bindend, wenn das Papier bei der Hingabe nicht unter pari stand. Das ist aus den citirten §§ 794. 795 nicht zu entnehmen, man müßte denn das Geschäft dahin inter-

2. Zur Zurückzahlung wird der Schuldner nur durch die in der Schriftform des Schuldscheins beurkundete Vereinbarung verpflichtet. Die Lehre von den Vertragszinsen ist § 68 erörtert[127]). Auch der Rechtssatz, daß aus mehrjähriger Entrichtung von Zinsen eine Vermuthung für die Existenz der Darlehnsschuld erwachsen soll, ist besprochen[128]), und es kann endlich noch daran erinnert werden, daß die Verjährung eines verzinslichen Darlehns von dem Tage beginnt, an dem zuerst die Zinszahlung unterblieben ist, und mit Hinzurechnung der bedungenen oder gesetzlichen Kündigungsfrist nach 30 Jahren sich vollendet. Bei unverzinslichen Darlehnen beginnt mit gleicher Hinzurechnung die Verjährung bei der Hingabe[129]). Hervorzuheben ist nur noch, daß die vorbedungenen Zinsen der kurzen vierjährigen Verjährung unterliegen, welche mit dem auf den Tag der Fälligkeit folgenden 31. Dezember zu laufen beginnt[130]).

VI. Uneigentliches Darlehn. Ein uneigentliches Darlehn im Sinne des Landrechts liegt vor, wenn Sachen, die nicht zu den Gegenständen des eigentlichen Darlehns gehören, mit der Bedingung, daß ebenso viel Sachen von gleicher Art und Beschaffenheit zurück gegeben werden sollen, hingegeben werden[131]). Nach dieser Begriffsbestimmung kommt es nicht darauf an, daß der Gegenstand seiner Natur nach verbrauchbar oder vertretbar ist, sondern nur darauf, daß die Parteien ihn als vertretbar gedacht und die Wiedererstattung generisch bedungen haben[132]). Insoweit geht der Begriff über den gemeinrechtlichen Darlehnsbegriff hinaus. Auf das uneigentliche Darlehn sollen, wie das Landrecht sich ausdrückt, „in der Regel" alle wegen des eigentlichen Darlehns ertheilten Vorschriften Anwendung finden. Als die vom Gesetz gemeinte Ausnahme von dieser Regel kann nicht die Möglichkeit abweichender Parteiabreden angesehen werden; auch enthalten die im Texte des Landrechts folgenden besonderen Vorschriften keine Ausnahmen von jener Regel. Es muß deshalb der Bestimmung eine andere Bedeutung innewohnen, und man wird sie dahin auffassen müssen, daß die Anwendung jener Vorschriften nur eine entsprechende sein soll, d. h. daß sie Anwendung finden, soweit nicht die Natur des Objekts eine modifizirte Anwendung nothwendig erscheinen läßt[133]).

---

pretiren, daß der Darlehnsempfänger sich verpflichtete das Papier sofort zum Parikurse zu verkaufen, und den Erlös als Darlehn zu benutzen. Auch I. 16 § 84 greift nicht ein, da Pfandbriefe keine „Münzsorten" sind.

127) B. I. § 68. — I. 11 §§ 803—826; 835—852. — S. Entwurf des B.G.B. §§ 455. 456. Entw. II. § 548, Reichstagsvorl. § 601.

128) B. I. § 46 Anm. 35. — I. 11 §§ 837—840.

129) B. I. § 57 bei Anm. 17. Koch, Schles. Archiv B. 6 S. 113. Aus der gemeinrechtlichen Praxis: Heuser II. 318. Seuffert I. 312, III. 138, IV. 201, V. 272, VI. 3. 325, XIII. 6. 122, XIV. 110. 204, XVI. 3, XVII. 203, XVIII. 2, XIX. 7, XX. 196.

130) Ges. v. 31. März 1838 § 2 N. 5. Vergl. oben B. I. § 57 Anm. 41a.

131) I. 11 § 853.

132) Koch, R. d. F. III. S. 300. Nach röm. R. ist mutuum immer vorhanden, wenn res, quae pondere, numero, mensura continentur, hingegeben werden, ut ejusdem generis et eadem bonitate solvatur, reddatur. pr. J. III. 14 l. 3 D. XII. 1.

133) Vergl. oben Anm. 64. Ebenso Oesterreich. Ges.B. §§ 983. 984. 982, Code civ.

Als Preis der Nutzung (als Zins) kann bei dem uneigentlichen Darlehn entweder eine Quantität gleichartiger Sachen, oder Geld bedungen werden[134]). Bei verzögerter Rückleistung können Verzugszinsen gefordert werden[135]), und zwar auch dann, falls Zinsen bedungen waren[136]). Ist dies nicht der Fall, so kann der Darlehnsgeber als Interesse der verzögerten Rückleistung den Werth der Sachen zur Zeit der schuldigen Rückleistung fordern[137]). Dem in der Annahme säumigen Gläubiger gegenüber hat aber der Schuldner die Wahl zwischen Rücklieferung und Ersatz des Werths zu dieser Zeit[138]).

VII. **Wucherliche Geschäfte**[138a]). Zum Schlusse ist noch einer Erörterung Platz zu geben, die zwar nicht ausschließlich in die Lehre vom Darlehn gehört, in dieser aber doch ihre hauptsächliche praktische Bedeutung hat. Ein Rechtsgeschäft, das gegen die Vorschriften der Reichsgesetze über den Wucher verstößt, ist nach allgemeinen Grundsätzen und nach der ausdrücklichen Bestimmung dieser Gesetze ungiltig[139]). Dennoch giebt das Gesetz im Absatz 4 des Art. 3 dem „Gläubiger" das Recht, das aus dem ungiltigen Vertrage Geleistete zurückzuforden. Hinzugefügt ist, daß für diesen Anspruch die für die vertragsmäßige Forderung bestellte Sicherheit hafte; diese Bestimmungen sollen gelten, wenn nicht die Voraussetzungen begründet sind, in denen nach den Bestimmungen des bürgerlichen Rechts[140]) dem Gläubiger die Ungiltigkeit überhaupt nicht entgegengesetzt werden kann. Diese Be-

art. 1852. Nach Landrecht steht nichts entgegen, eine Anzahl Ochsen oder Pferde oder Paare Stiefel als Darlehn zu geben, wenn tantundem, nicht eadem corpora zurückgegeben werden sollen.

[134]) I. 11 §§ 855—857. Die Beschränkung auf den gesetzlichen Zinsfuß ist antiquirt. Bundesgesetz v. 14. Nov. 1867.

[135]) I. 11 §§ 858. 859. Das setzt natürlich voraus, daß das geliehene Objekt Fungibilien sind, von denen gleichartige Zinsen gezahlt werden können.

[136]) I. 11 § 858.

[137]) I. 11 § 859.

[138]) I. 11 § 860.

[138a]) Blodig, Der Wucher und seine Gesetzgebung, 1892; Caro, Der Wucher, 1893; Emil Koffka, Die Reichswuchergesetze, 1894; Wilhelm Sunte, Die Wuchergesetze, 1894. Vgl. unter § 150 unter 3.

[139]) Schon nach Art. 3 des Ges. v. 24. Mai 1880, — ebenso in der Fassung der Novelle vom 19. Juni 1893. Ob die Ungiltigkeit ohne die positive Bestimmung des Gesetzes aus der strafrechtlichen Vorschrift folgen würde, ist nicht zweifellos. Der Abschluß eines Vertrages von bestimmtem Inhalt kann sehr wohl für einen Kontrahenten strafbar sein, ohne daß dadurch die verbindliche Kraft des Vertrages zu seinen Gunsten erschüttert wird. Vergl. B. I. § 28 Anm. 14f. Hier ist aber nicht der fertige Vertrag, sondern das Sichversprechenlassen von Vermögensvortheilen unter bestimmten Umständen mit Strafe bedroht. Aus dieser unerlaubten Handlung kann der Handelnde nur Verbindlichkeiten, keine Rechte überkommen. § 35 I. 3 A.L.R. Der für den andern Theil unverbindliche Vertrag ist aber nothwendig auch für den Wucherer nicht verbindlich. Wegen der Unverbindlichkeit des Vertrages würde dann beiderseits eine Kondiktion des Geleisteten unter bestimmten Umständen möglich sein, die Kondiktion des vom Wucherer zum Zwecke der Erlangung des Wuchervortheils Gegebenen aber würde dem Fiskus zustehen. Der letztere Fall hat aber die im Fortgang des Textes folgende abweichende Regelung erfahren.

[140]) Fall des gutgläubigen Cessionars der als Gläubiger anerkannt ist, I. 11 § 412, s. oben B. I. § 99 Anm. 194, und des gutgläubigen und entgeltlichen Cessionars der Hypothek, E.Erw.Ges. v. 5. Mai 1872 § 38. S. oben B. I. § 99 Anm. 189.

stimmungen setzen einen Gläubiger voraus, obgleich der Vertrag ungiltig ist, und bezeichnen mit diesem Ausdrucke den Wucherer selbst, aber auch den, auf den er die ungiltige Forderung übertragen hat[141]). Auch bei dem Cessionar, an den gerade nur diese Forderung, nicht eine etwa zu konstruirende Kondiktion des Wucherers gelangt ist, kann der Anspruch nicht den Charakter eine Kondiktion[142]) haben; und bei der Auffassung als Kondiktion wäre die Uebertragung der Sicherheit auf diese Forderung juristisch unerklärt. Die Bestimmungen des Gesetzes führen also zu der Auffassung, daß trotz der prinzipiell festgestellten „Ungiltigkeit" der wucherliche Vertrag insoweit giltig bleibt, als aus ihm eine Rückforderung zu beanspruchen ist, und daß, wenn dem Wucherer eine andere Leistung versprochen ist, das Recht auf diese Leistung sich in das Recht auf Rückforderung des vom Wucherer Geleisteten umwandelt.

II. Verträge über ein Thun.

§ 138. Verträge über Handlungen. Dienst- und Werkverdingung.

A.L.R. I. 11 §§ 869—980. Bornemann III. 181. Daniels III. 244. Koch, Pr.R. II. 491. 493. 495. R. d. F. III. 148. 980. 986. 995. Gruchot, Zur Lehre von dem Werkverdingungsvertrag, in s. Beitr. XIII. S. 1 f. Dernburg II. §§ 191—200. Rocholl, Rechtsfälle B. 2 S. 22 (der Werkverdingungsvertrag). Fischer §§ 76. 77. — Unterholzner II. 343. Arndts § 314. Sintenis II. 668. Keller § 339. Windscheid II. § 401. Dernburg, Pand. II. § 112. — Bluntschli, Deutsch. Pr.R. S. 344. — C. A. Haase, De opere locato et conducto, 1814. Gesterding, Irrthümer S. 89. Rechtslexikon VII. S. 804. Dankwardt, Nationalökonomie und Jurisprudenz. Heft 2. Derselbe in Gerber und Ihering B. 14 S. 228. — Zachariä (Crome) II. §§ 352. 353 ff.

Das Landrecht handelt im achten Abschnitt des elften Titels (Theil I) von den Verträgen, durch welche Sachen gegen Handlungen oder Handlungen gegen Handlungen versprochen werden. Zunächst ist dieser Begriff näher zu begrenzen[1]). Bereits im § 65 ist dem Handeln die Vertragsleistung des Gebens gegenübergestellt, eine Thätigkeit, die nicht um ihrer selbst willen, sondern zu dem Zweck stattfindet, aus dem Vermögen des Handelnden heraus Rechte des andern Theils als zu seinem Vermögen

---

[141]) Sten. Ber. des Reichstags 1880. B. III. S. 377. Daß dies, wie Mandry, Inh. der R.G. S. 487, Koffka S. 103 meinen, im Gesetz keinen Ausdruck gefunden hat, ist unrichtig. Der Ausdruck liegt vor in dem Worte „der Gläubiger". Das ist um so klarer, als solche „Gläubiger", denen als Investataren oder Cessionaren auf den Glauben des Grundbuchs Einreden aus der Begründung der Forderung nicht entgegenstehen, besonders erwähnt werden.

[142]) Diese würde nach den Grundsätzen des preußischen Rechts sonst dem Fiskus gebühren. A.L.R. I. 16 § 205. Dernburg II. § 292 Anm. 13 nimmt trotzdem Kondiktion an; er erwähnt aber nur die Klage des Wucherers, nicht die dessen, dem jener den Vertragsanspruch cedirt hat.

[1]) Vergl. oben B. I. § 61.

gehörig zu begründen. Den Verträgen mit solchem Inhalt stehen die im achten Abschnitt behandelten gegenüber. Es handelt sich bei ihnen um eine Thätigkeit, die um ihrer selbst willen stattfinden soll oder auf Begründung solcher Rechtsverhältnisse abzielt, die nicht einen Gegenstand des Verkehrs und des Vermögens bilden[2]). Der Begriff umfaßt die römischrechtlichen Innominatkontrakte des do ut facias, facio ut des, facio ut facias, von denen die landrechtliche Bezeichnung hergenommen ist, und die römischrechtliche locatio conductio operarum und operis[3]). Das Landrecht hebt aus dem weiten Kreise dieser Verträge besonders hervor: die Verträge mit gedungenen Handarbeitern und Tagelöhnern und die Verträge mit Handwerkern und Künstlern. Auf diese Verträge wird bei der näheren Erörterung der Dienstverdingung oder Dienstmiethe — eine Bezeichnung, die im Landrecht nicht vorkommt, — näher einzugehen sein[4]). Im weitern Fortgang handelt das Landrecht besonders von den Verträgen über ein verdungenes Werk oder die Werkverdingung, bei denen ein von einem Werkmeister zu fertigendes Werk in Frage steht[5]).

I. Verträge über Handlungen im Allgemeinen. Die Handlung als Vertragsgegenstand hat eine weitere Bedeutung als die des positiven Thuns. Auch ein Unterlassen, zu dem man sich vertragsmäßig verpflichtet, ist eine Handlung[6]); Handlung begreift ferner sowohl die geistige als die körperliche Thätigkeit. — Die Handlungen, die zum Gegenstand eines Vertrages gemacht werden können, lassen sich nicht mit irgend welcher Vollständigkeit aufzählen[7]). Einzelne hierher gehörige Verträge haben auch im

---

[2]) B. I. § 65 Anm. 5.

[3]) Das gemeine Recht wendet die Grundsätze des loc. cond. op., die nach röm. Recht eine für die Dienste versprochene Geldleistung voraussetzte, auch auf die Innominatkontraktsfälle an.

[4]) Siehe unten unter II.

[5]) Unten unter III. Der Entwurf des B.G.B. handelt vom Dienstvertrag §§ 559—566, Entw. II. §§ 551—568, Reichstagsvorlage §§ 604—620; dem Werkvertrag §§ 567—579, Entw. II. §§ 569—586, Reichstagsvorlage §§ 621—646; und dem Mäklervertrag § 580, Entw. II. §§ 587. 588, Reichstagsvorlage §§ 642. 643.

[6]) Entsch. B. 13 S. 120; I. 11 § 870. „In beiden Fällen ist es die freie Thätigkeit des Verpflichteten, welche dem Berechtigten nützen soll, es sei nun, daß ihr in ihrer Ausübung eine seinen Absichten entsprechende Richtung angewiesen, oder daß ihr in Bezug auf ihn eine zu seinem Vortheil bestimmte Grenze festgesetzt werde.“ Striethorst B. 32 S. 234. Vergl. auch Entsch. B. 65 S. 30, R.G. bei Gruchot B. 24 S. 881.

[7]) Bereits erwähnt ist der Vertrag mit dem Schiedsrichter, der sich verpflichtet, einen Ausspruch zu fällen (oben B. I. § 49a Anm. 16); die pacta de contrahendo, soweit sie die Verbindlichkeit eines anderweitigen Vertragschlusses begründen (oben B. I. §§ 77 hinter Anm. 6). Auch der Verlöbnißvertrag, der aber seinen eigenen Regeln folgt, gehört hierher. Unter B. IV. § 204. Der Vertrag, durch den Jemand sich einem Dritten verpflichtet, die Zustimmung zu einem Vertrage zu erklären, soweit dies zum Zustandekommen eines Vertrages erforderlich ist, also auch der Vertrag, durch den Jemand sich zur Schließung einer Ehe mit einer bestimmten andern Person verpflichtet, ist V. über Handlungen. Entsch. B. 12 S. 31. Rehbein I. S. 384. Anderer Mein. Rocholl, Rechtsf. B. 1 S. 398. Vergl. B. I. § 79 Anm. 97. Ueber den Lieferungsvertrag vergl. oben § 128 unter E. — Aus dem Kreise der Verträge über Handlungen auszuscheiden ist der Vertrag über Ausführung eines Rechtsgeschäfts in Vertretung des Auftraggebers (bei demselben ist die Uebertragung der Vollmacht das

Reichsrecht ihre besondere Ausgestaltung erhalten[8]). Im Folgenden sollen zunächst, abgesehen von diesen besonderen Ausgestaltungen, und auch abgesehen von den besonderen Bestimmungen des Landrechts über Dienst- und Werkverdingung, die maßgebenden allgemeinen Rechtsnormen in Wiederholung dessen, was zum Theil bereits im allgemeinen Theil gesagt ist, zusammengestellt werden.

1. Die Verträge, um die es sich hier handelt, sind zweiseitig; es gehört zu ihrem „Wesen", daß gegen die Arbeit eine Vergütung versprochen wird[9]). Wer sich schenkungsweise verpflichtet, eine Arbeit zu leisten, muß nach den Grundsätzen vom Schenkungsversprechen beurtheilt werden[10]). Das zu gewährende Entgelt muß im Voraus bestimmt sein. Nur dann, wenn dies der Fall ist, kann auf Erfüllung durch Leistung der Handlung geklagt werden. Aber auch das Recht auf Entgelt für die Handlung ist hiervon abhängig[11]). Die Bestimmtheit der Vergütung ist aber nicht dahin zu verstehen, daß eine fest bestimmte Leistung bedungen sein muß, es genügt, daß die Leistung nach Inhalt des Vertrags bestimmbar ist. Es genügt insbesondere, daß überhaupt Belohnung ausdrücklich oder stillschweigend bedungen worden, sofern diese nur durch Sachverständige als angemessen bestimmt werden kann. Bei so unbestimmter Lohnabrede[12]) soll in Ermangelung einer Einigung der ge-

---

charakteristische Moment, s. unten § 141), ebenso der Verwaltungsvertrag, der eine Vollmacht in sich schließt (unten § 142); der Gesellschaftsvertrag, dessen Ziel Vergemeinschaftlichung des Erwerbs ist, so daß die Handlungen nur als Mittel für diesen Zweck versprochen werden. Unten § 143. — Die verschiedenen Engagementsverträge zu dauernden Leistungen werden unten bei der Dienstverdingung erwähnt werden. Hervorzuheben ist noch der Mäklervertrag — abgesehen von den in der folgenden Anm. zu erwähnenden Handelsmäklern. Auf diesen Vertrag wird unten bei Anm. 68 a ff. näher eingegangen werden.

[8]) Dies gilt von dem handelsrechtlichen Mäklervertrag. Art. 66—84 H.G.B. beziehen sich zunächst nur auf die amtlich bestellten Mäkler, werden aber in der Praxis auch auf die gewerblichen Privathandelsmäkler angewendet. Vergl. Goldschmidt, Handbuch I. § 55 Anm. 14. Ferner ist reichsgesetzlich geregelt das Frachtgeschäft. H.G.B. Art. 390—431, 557—679, die Leistungen der Post und Telegraphie (Reichspostgesetz vom 28. Oktober 1871, Reichsverf. Art. 48). — Eine gesetzliche Obligation aus der Leistung gewisser Handlungen ist der reichsgesetzliche Anspruch auf Berge- und Hülfelohn nach der Strand-Ordn. vom 17. Mai 1874 u. H.G.B. Art. 742 ff. — Vergl. ferner unten Anm. 47 f.

[9]) I. 11 § 870. Vergl. Entsch. B. 12 S. 31, R.G. bei Gruchot B. 24 S. 880. S. unten Note 12. Daß ein bestimmter Erfolg erreicht werde, gehört nicht zum Wesen der Verträge über Handlungen. Striethorst B. 83 S. 122. Besonders eigenthümlich gestaltet sich das Verhältniß, wenn als Gegenleistung ein Theilnehmen am Ertrágniß der Arbeit zugesichert wird, — commis interessé; — das Verhältniß wird dann Societät, oder societätsähnlich. Vergl. Lastig in Goldschmidt's Zeitschr. B. 24 S. 409. Entw. des B.G.B. § 559, Entw. II. § 551, Reichstagsvorl. § 604.

[10]) Vergl. oben § 122 Anm. 13.

[11]) I. 11 § 872. Reichsgesetzlich ist „Bergelohn", bzw. Hülfslohn von dem in Seenoth Befindlichen zu zahlen, auch wenn er die Hülfe nicht verlangt hat. H.G.B. Art. 742 ff. R.G. Entsch. B. 3 S. 138, B. 5 S. 92.

[12]) I. 11 § 871. „Ist die Vergütung nicht hinlänglich bestimmt." Eine allgemeine Verabredung, daß die Handlung vergütet werden soll, muß also vorliegen, oder wenigstens als in der Absicht der Parteien liegend durch konkludente Thatsachen dokumentirt sein. Ebenso im gem. R.: die Verabredung eines bestimmten Lohns ist nicht wesentlich;

leistete Dienst, der zu den Berufs- und gewöhnlichen Erwerbsgeschäften des Handelnden gehört, nach seinem gewöhnlichen Lohnsatz: sonst, also wenn dieser Anhalt nicht vorliegt, aber nach Lage der Umstände doch nicht eine Freigebigkeit zu vermuthen ist, nach dem niedrigsten durch Sachverständige festzustellenden Satz vergolten werden[13]. Das ist kein Ausfluß einer Realkontraktstheorie[14]. Die Verbindlichkeit wird nicht durch die Arbeitsleistung ins Leben gerufen, vielmehr wird für die Annahme stillschweigender Einigung bei dem zu Grunde liegenden Kontrakt eine bestimmte Norm gegeben[15]. Hätte das A.L.R. diese

---

im Zweifel ist angemessener Lohn zu zahlen. Dresdener Annalen III. 509. Die Verabredung einer Vergütung kann auch im gem. Recht aus den Umständen gefolgert werden. S. das. und Seuffert VIII. 259, XII. 154, XX. 47. 48. 49. Schäffer im d. Z. f. Civ.R. und Proz. N. F. VII. 1. fg. weist mit reichen Belegen aus der Praxis nach, daß, abgesehen von den Fällen, wo die Arbeit zur Erwerbsthätigkeit des Arbeitenden gehört, auch sonst in der Regel eine Liberalität des Letzteren nicht ohne Weiteres angenommen werden darf. Es kommt alles auf die thatsächliche Lage des einzelnen Falles an. Namentlich wenn ein Arbeiter zu einer Dienstleistung bestellt wird, ist er zu der Annahme berechtigt, daß der Besteller Lohn geben will. Häufig kommt der Fall vor, daß erhaltene Verpflegung (Alimente) zur Aufrechnung mit geleisteten Diensten gestellt wird. Auch hier muß immer nach der Lage des einzelnen Falles erwogen werden, ob die Absicht der beiden Theile überhaupt auf Vergütung für die Alimente und Dienste gerichtet gewesen. Wenn jemand bei einem Handwerker eine Arbeit bestellt, ohne vorher den Preis zu bedingen, so kann nach § 873 der Handwerker fordern vorbehaltlich der Reduktion; es gilt also als abgemacht, daß der Handwerker den Preis setzt, und daß der Besteller sich nur sachverständige Ermäßigung vorbehalten hat. So auch nach gemeinem Recht. Seuffert B. 4 Nr. 216. l. 22 D. XIX. 4. Ueber den Fall, wenn gezahlt wird, was der Leistende gefordert hat, nachdem geleistet worden, oder wenn das ohne Forderung Bezahlte ohne Widerrede, als Bezahlung der Arbeit angenommen ist, s. Anm. 19. — Entwurf des B.G.B. § 559 Abs. 2, Entw. II. § 552, Reichstagsvorl. § 605.

[13]) I. 11 § 873. S. vorige Note. Wenn ein bestimmter Gewerbebetrieb nach der Gewerbeordnung an eine polizeiliche Genehmigung als Voraussetzung geknüpft ist, so steht der Mangel dieser Genehmigung der Lohnforderung des dennoch das Gewerbe Treibenden nicht entgegen. Striethorst B. 44 S. 165, B. 69 S. 186. — Der Anspruch ist in allen diesen Fällen Kontraktsanspruch. A. M. Dernburg II. § 191 Anm. 9. Er nimmt an, daß der Empfänger der Arbeit aus der nützlichen Verwendung, aber nach einer hier eigenthümlich geregelten nützlichen Verwendung hafte. Die §§ 873. 875 setzten nicht, wie D. annimmt, voraus, daß gar keine Vergütung vereinbart ist, stehen vielmehr zu § 872, der dies hervorhebt, im Gegensatz, und weisen durch die Worte „ohne ausdrücklichen Vorbehalt" auf die Annahme einer stillschweigenden Abrede hin. Für konkludent ausgeschlossen soll die Annahme eines unbestimmten Lohnvertrages angesehen werden, wenn nach § 1041 I. 11 die Umstände so liegen, daß eine schenkweise Leistung zu vermuthen ist. — Auch bei dem Auftrag, ein Geschäft als Mäkler zu vermitteln, (vergl. oben Anm. 7), finden diese Grundsätze über die Annahme einer stillschweigenden Lohnabrede Anwendung. Entsch. B. 12 S. 412. — Das Gutachten von Sachverständigen fällt weg, wo Taxen bestehen. Das ist noch jetzt der Fall für die Dienstleistungen der Aerzte in Gemäßheit des § 80 Gewerbe-Ordn. Die preußische Medizinaltaxe v. 21. Juni 1815 (G.S. S. 109). Entsch. B. 69 S. 165. Vergl. zur Auslegung derselben Entsch. B. 18 S. 201, Strieth. B. 4 S. 218, B. 69 S. 186, B. 90 S. 101, B. 97 S. 49, B. 98 S. 70. Vergl. unten Anm. 67. Polizeilich können Taxen nur noch in Gemäßheit der Gewerbeordnung §§ 72 ff. festgesetzt werden.

[14]) Wie Koch, Kommentar Noten zu I. 11 §§ 870. 871. 872 annahm, auch die Ges.Revis.-Pens. XVI. S. 161 und die in der folgenden Anm. citirten Erkenntnisse.

[15]) Darum ist die Entscheidung richtig, daß eine Person aus der Arbeiterklasse, die längerer Zeit hindurch einem Andern Gesindedienste geleistet, außer der empfangenen Beköstigung noch den gewöhnlichen Gesindelohn fordern kann, Mathis B. 5 S. 18 f. Ebenso Striethorst B. 19 S. 58. Wenn dagegen in den Rechtspr. B. 3 S. 80 erkannt wor-

Verträge als Realkontrakte aufgefaßt, so hätte es die Verpflichtung zum Entgelt an die Annahme der Leistung knüpfen müssen. Es verlangt aber auch, daß derjenige der die Handlung leistet, sie übernommen[16]), d. h. daß eine Vereinbarung über die Leistung stattgefunden haben muß[17]). Hiernach hat das Obertribunal mit Recht ausgesprochen[18]), daß, wenn eine Leistung ohne Aufforderung dazu angenommen ist, eine nicht ausdrücklich bedungene Vergütung nicht eingeklagt werden darf. Die freie Ermittelung des angemessenen Lohns findet auch nur statt, insofern keine andere Einigung erfolgt ist. Das letztere kann aber auch stillschweigend geschehen. Besonders häufig ist dies in der Weise der Fall, daß der Mangel des Vertrages durch sofortige Leistung ersetzt wird, indem ein bestimmter Lohn gefordert und gegeben, angeboten und vorbehaltlos angenommen wird. Dann ist eine höhere Nachforderung durch den stillschweigenden Vertrag ausgeschlossen[19]). Im Streit darüber, ob der geforderte angemessene oder der vom Besteller zugegebene angeblich verabredete geringere Lohn geschuldet wird, muß wie beim Kauf der erstere Anspruch durch den Nachweis, daß die Abrede stillschweigend auf den angemessenen Preis gegangen sei, begründet werden[20]).

2. Soll die Verbindlichkeit zur Leistung der Handlung begründet werden, so muß der Vertrag entsprechend der Höhe des Gegenstands in der dem Gesetz entsprechenden Form geschlossen sein. Empfang der gegnerischen Sachleistung verpflichtet nach dem in § 79 Ausgeführten zur Erfüllung, wenn der Empfänger nicht die Rückgabe vorzieht. Ebenda ist aber auseinandergesetzt,

---

den ist, daß ein Dienstbote, der neben seinen gewöhnlichen Diensten seiner Herrschaft in deren Krankheit eine längere Zeit hindurch außergewöhnliche Dienste verrichtet hat, berechtigt ist, dafür eine angemessene außerordentliche Belohnung zu verlangen, obgleich eine solche nicht verabredet worden, so ist diese Entscheidung in ihrer Allgemeinheit bedenklich. Die Belohnung wird nur dann gefordert werden können, wenn die Leistung außerhalb der Dienstpflicht des Gesindes liegt, die Umstände klarstellen, daß die Leistung gefordert oder als eine zu einer besonderen Zahlung verpflichtende angenommen ist, daß auch dafür ein „gewöhnlicher Lohn" durch sachverständiges Gutachten feststellbar ist. S. gegen die Entsch. auch Koch, Komm. Note zu I. 11 § 873. Aus ähnlichen Gründen bedenklich Strieth. B. 72 S. 141. Vergl. dazu Rehbein II. S. 362.

16) I. 11 §§ 873. 874.

17) Daniels III. 248. Es muß der Regel nach ein Auftrag zur Handlung gegeben und angenommen, die Handlung muß geschuldet gewesen sein, als sie geleistet wurde. Strieth. B. 95 S. 293. Rehbein II. S. 359. Im Annehmen der Dienste, wenn aus den Umständen hervorgeht, daß sie mit der Absicht zu verpflichten geleistet werden, kann aber ein Ersatz der mangelnden Aufforderung liegen. Strieth. B. 72 S. 144.

18) Strieth. B. 23 S. 83 (angewendet auf die nicht geforderte Einsendung eines literarischen Beitrags in eine Zeitung, der demnächst abgedruckt worden).

19) Entsch. B. 71 S. 158, Rehbein II. S. 361, ein Fall, wo ein Arzt, der ein Honorar als Jahreshonorar gezahlt erhalten und angenommen hatte, später für die einzelnen Leistungen nach der Taxe liquidiren wollte. — Weiter geht die in der gemeinrechtlichen Literatur und vom R.O.H.G. B. 11 S. 247, B. 16 S. 386 vertretene Ansicht, daß der von dem Arbeitsleister geforderte Preis (vorbehaltlich der Zurückführung auf das arbitrium boni viri) als der gewollte gelte; das kann Inhalt eines Vertrages sein, aber bei unbestimmter Abrede kann es nach dem Wortlaut der landrechtlichen Bestimmungen nicht über die in Anm. 12 angenomme Auslegung des § 874 hinaus als naturale negotii angesehen werden.

20) Vergl. R.O.H.G. B. 15 S. 78.

daß die erfolgte Leistung der vom anderen Theil geforderten Handlung trotz Mangels der schriftlichen Form des Vertrages das Recht auf die mündlich verabredete Gegenleistung schlechthin begründet[21]).

3. Als Vergütung kann jede Leistung verabredet werden, nicht nur Geld, sondern auch die Hingabe von Sachen oder eine Handlung[22]). Die Pflichten des Versprechenden in Ansehung der von ihm zu leistenden Erfüllung, wenn als Gegenleistung eine Sache oder die Abtretung eines Rechts versprochen ist, sind nach den Regeln vom Verkauf und von der entgeltlichen Cession zu beurtheilen[23]). Die Höhe der Vergütung ist an kein Maß gebunden, die Anfechtung wegen Verletzung über die Hälfte ist ausdrücklich ausgeschlossen; die Anfechtung wegen Betrugs bei Bestimmung der Gegenleistung hat das Gesetz zum Ueberfluß ausdrücklich vorbehalten[24]).

4. Erörtert ist auch bereits die besondere Ausgestaltung des Rücktrittsrechts wegen Nichterfüllung des Vertrags über Handlungen, und das in dem Abschnitt des Landrechts über die hier in Rede stehenden Verträge erwähnte Rücktrittsrecht wegen verweigerter Erfüllung[25]). Von diesem letzteren ist es nicht zweifelhaft, daß es nicht nur dem Theile, der die Leistung der Handlung fordern kann, sondern auch dem zur Handlung Verpflichteten zusteht, dem als Entgelt eine Sachleistung versprochen ist[26]). Es kommt dabei auch nicht auf die Fälligkeit der Leistung an; die ausdrücklich oder in konkludenter Weise erklärte Weigerung künftiger Vertragserfüllung begründet den Rücktritt ebenso wie die Weigerung dessen, der in Verzug gesetzt ist[27]). Ist einmal auf dieser Grundlage der Rücktritt erklärt, so besteht kein Recht auf Erfüllung und kein Recht auf Schadensersatz[27a]). Auch die Vorschriften über das Rücktrittsrecht dessen, der nur behauptet, daß der Andere die Erfüllung nicht kontraktmäßig geleistet habe oder nicht kontraktmäßig leisten könne, sind von der Praxis so aufgefaßt worden, als sollten sie nicht nur zu Gunsten des Theils, der die Handlung zu fordern hat, sondern auch zu Gunsten des

---

[21]) Oben B. I. § 79 Anm. 98f.

[22]) Entsch. B. 12 S. 45.

[23]) I. 11 § 875. Nicht das ganze Geschäft. Der Versprechende hat in solchem Fall zu erfüllen, wie ein Verkäufer, und hat Gewähr zu leisten, wie ein Verkäufer.

[24]) I. 11 §§ 876. 926. Strieth. B. 38 S. 317.

[25]) I. 5 § 408, I. 11 § 878. Oben B. I § 87 Anm. 36. Vergl. Entwurf des B.G.B. § 566, Entw. II §§ 565—567, Reichstagsvorl. §§ 617—619.

[26]) Zwar stellt I. 11 § 875 den Anspruch auf Nachleistung unter die Regeln des Kaufvertrages, aber die folgenden Bestimmungen modifiziren diesen Satz und § 878 spricht offenbar von der Weigerung des einen oder des anderen Theils.

[27]) Anscheinend anderer Meinung Dernburg II. § 191 Anm. 13.

[27a]) Die Bestimmungen der §§ 409. 410 I. 5 greifen hier nicht ein, sie haben die Rücktrittserklärung des § 408 zur Voraussetzung. Der auf Grund der Weigerung erklärte Rücktritt ist ohne Weiteres ein berechtigter, er läßt also auch keinen Entschädigungsanspruch des Zurücktretenden übrig. Was derselbe etwa schon geleistet hat, kondizirt er als sine causa im Vermögen des andern Theils. Bei bereits theilweise erfolgter Leistung der Handlungen ist in entsprechender Anwendung des § 411 I. 5 zu entscheiden.

Theils gelten, dem für seine Handlung eine Sachleistung versprochen ist[27b]). Dann würde es in Wahrheit keine Klage auf Leistung der versprochenen Handlung geben, die doch das Recht ausdrücklich anerkennt, so lange nicht der dazu Berechtigte selbst die Vertragserfüllung verweigert oder seinen Rücktritt erklärt hat[27c]). Der § 408 I. 5 hat nach seinem Wortlaut nur die nicht gehörige Erfüllung des Vertrages im Auge, dessen Hauptgegenstand Handlungen sind, d. h. die Nichterfüllung nach der Seite dieses Hauptgegenstandes. Will der andere Theil wegen Unterlassung oder Verzögerung von Seiten des die Handlung Schuldenden nicht zurücktreten, vielmehr die Handlung durch Klage erzwingen, so kann der Schuldner dieses Klagerecht nicht dadurch illusorisch machen, daß er wegen der angeblichen Unfähigkeit des Klägers zu erfüllen seinen Rücktritt erklärt[28]); er muß vielmehr trotz solcher Erklärung zur Leistung der Handlung oder der Dienste verurtheilt werden, und dem Kläger steht der Gebrauch derjenigen Zwangsmittel zu, welche die Civilprozeßordnung bietet, und eventuell die Geltendmachung seines vollen Interesses. Nur dann, wenn er selbst wegen Nichterfüllung seinen Rücktritt erklärt, beschränkt sich sein Anspruch auf den wirklichen Schaden, der ihm bis zum erklärten Rücktritt erwachsen ist, ohne daß er die grobe Schuld oder die vorsätzliche Vertragsverletzung des andern Theils zur Begründung einer höheren Interesseforderung benutzen kann[28a]). Jedenfalls hat er aber die von ihm etwa im Voraus gemachte Gegenleistung für die ausgebliebene Handlung

---

27b) Vergl. die Entsch. bei Strieth. B. 20 S. 240, B. 28 S. 204, R.O.H.G. B. 16 S. 170 und andere, wo von einem beiderseitigen Rücktrittsrecht gesprochen wird. Auch Striethorst B. 28 S. 47, Rehbein II. S. 366 beruht auf der Annahme eines Rücktrittsrechts des die Handlung Schuldenden, der durch seinen Rücktritt die Erfüllungsklage vereitelt.

27c) I. 11. § 877 § 904.

28) Ist der Arbeitgeber wegen angeblicher Weigerung des Arbeiters zurückgetreten, ohne die Weigerung erweisen zu können, so bleibt sein Rücktritt dennoch von Bestand, und er kann nicht genöthigt werden, die Arbeiten anzunehmen; es bleibt ihm immer noch möglich den Rücktritt durch den Nachweis der Unfähigkeit des anderen Theils zur Erfüllung zu rechtfertigen, und auch wenn er dies nicht kann, haftet er nur aus I. 5 § 409 auf volle Entschädigung. Anders liegt die Sache, wenn der Arbeiter wegen Weigerung des Arbeitnehmers zurückgetreten ist; kann hier die Weigerung nicht erwiesen werden, so dringt der Arbeitsnehmer mit Recht auf Vertragserfüllung, da dem Arbeiter nach dem im Text Gesagten das gleiche Rücktrittsrecht „auf seine Gefahr" nicht zuzusprechen ist.

28a) I. 5 § 410. Unanwendbar bei Handelsgeschäften. H.G.B. Art. 283. Vergl. aber auch R.O.H.G. B. 14 S. 15. Zur Zeit der Zahlung bestand die Verbindlichkeit, sie war keine irrthümlich angenommene; aber sie ist nachmals aufgehoben, der Vertrag ist durch Rücktritt beseitigt, und soweit nicht die Entscheidung aus I. 5 § 410 zu entnehmen ist, war condictio sine causa (I. 13 § 262) begründet. Abweichend jedoch Strieth. B. 9 S. 221. Das O.Trib. deduzirt, daß in den §§ 408. 409 I. 5 und § 889 I. 11 nur von dem Rücktritt und eventuell von der Pflicht zur Entschädigung die Rede sei, daß daher diese §§ auf den Fall nicht passen, wo eine geleistete Zahlung zurückgefordert werden soll. Dabei wird übersehen, daß auch die voraus geleistete Zahlung den Charakter einer Leistung hat, die, wenn die Handlung nicht geleistet und vom Vertrage zurückgetreten wird, aufhört geschuldet zu sein. Wenn Verklagter sich wegen ungerechtfertigten Rücktritts Entschädigungsforderungen zuschreibt, so muß er diese compensando geltend machen.

zurückzufordern[28b]). Der Rücktritt ist nicht gestattet, wenn die Handlung schon geleistet worden und sich nachher ergiebt, daß sie ihren Zweck verfehlt hat, oder wenn nur noch unwesentliche Theile der Handlung zurückstehen[29]).

5. **Verschuldete Nichterfüllung oder durch Schuld herbeigeführte Unmöglichkeit der Erfüllung** verpflichtet nach den allgemeinen Grundsätzen zum Ersatz des wirklichen Schadens oder vollen Interesses[30]). Das Gesetz giebt aber besondere Regeln darüber: a. Die versprochene Handlung ist schon geleistet, aber die Gegenleistung ist durch Schuld des dazu verpflichteten Theils unmöglich geworden. Hier soll nach dem Grade der Verschuldung, wenn als Gegenleistung eine Sache versprochen, deren außerordentlicher Werth oder selbst der Werth der besonderen Vorliebe, und wenn als Gegenleistung eine **Handlung** versprochen ist, der durch ihr Unterbleiben entstehende Schaden und entgehende Gewinn vergütet werden[31]). b. Die Leistung der versprochenen Handlung selbst ist durch die Schuld des Verpflichteten ganz unmöglich geworden. Hier fällt zunächst der Anspruch auf die Gegenleistung fort. Die bereits erhaltene ist zurückzugewähren, und der Verpflichtete hat nach Maßgabe des Verschuldens das fernere Interesse zu ersetzen[32]). Bei theilweiser Unmöglichkeit gelten dieselben Grundsätze, und für die theilweise geleisteten Handlungen kann nur insoweit Vergütung gefordert werden, als durch diese der Empfänger reicher geworden[33]). Wenn c. der **Berechtigte** die Unmöglichkeit verschuldet hat, so muß er die Vergütung leisten, und bei theilweiser Unmöglichkeit das theilweise Geleistete verhältnißmäßig nach dem Vertrag oder, wenn so der Betrag nicht bestimmt werden kann, nach sachverständigem Gutachten vergüten und außerdem den wirklichen Schaden und den entgangenen Gewinn ersetzen, der dem zur Handlung Verpflichteten dadurch erwächst, daß er verhindert worden ist, vollständig zu leisten und die vollständige Gegenleistung sich zu erwerben[34]). d. Derjenige,

---

[28b]) Von einer Condictio indebiti kann hier nicht die Rede sein, auch nicht von Anwendung der in I. 16 § 199 angezogenen §§ 360 ff. I. 5.

[29]) Koch, Note zu § 410 I. 5. R.G. bei Gruchot B. 33 S. 417.

[30]) I. 11 § 879, je nach dem Grade des Verschuldens. Oben B. I. § 106.

[31]) I. 11 §§ 880. 881.

[32]) I. 11 § 881.

[33]) I. 11 § 883. Vergl. dazu aber R.O.H.G. B. 19 Nr. 19. — Vergl. auch H.G.B. Art. 60, Art. 512 ff.

[34]) I. 11 §§ 888. 889. Der Arbeitgeber hat natürlich auch hier die Einrede, daß die Arbeit unzweckmäßig oder unbrauchbar verrichtet worden ist. Strieth. B. 26 S. 32. Die Interesseforderung zusammen mit der verhältnißmäßigen Vergütung kann sehr wohl die volle Höhe der Vertragsleistung erreichen. Bei Dienstverhältnissen bildet dies nach R.O.H.G. B. 17 S. 220, B. 18 S. 370 die Regel. Ein Abzug muß durch den Nachweis anderweitiger Nutzung der Zeit durch den Diener gerechtfertigt werden. — Aus der durch den Tod des Rechtsanwalts unmöglich gewordenen Beschäftigung des Bureauvorstehers hat das R.G. bei Gruchot B. 25 S. 1038 gefolgert, daß der Bureauvorsteher ohne Rücksicht auf Vertragsdauer ohne Entschädigung entlassen werden kann. Das ist zu mißbilligen; daß dem Bureauvorsteher gesetzlich eine Kündigungsfrist nach Art der Hausoffizianten nicht zukommt, ist freilich richtig; aber eine Unmöglichkeit der Vertragserfüllung liegt nicht vor. Veränderte Umstände haben nur den Zweck des Engagementsvertrags auf der Seite des Rechtsanwalts vereitelt. Er ist also nach I. 5 §§ 380. 381 zu entschädigen.

der sich zu einer Unterlassung verpflichtet hat und dieser Verpflichtung zuwiderhandelt, haftet schlechthin für das Interesse[35]); ist aber nur die Gegenleistung für die Unterlassung durch Verschuldung des dazu Verpflichteten unmöglich geworden, so muß dieser nach dem Grade seiner Verschuldung Ersatz leisten[36]).

6. Die Verträge über Handlungen sollen zu einer eigenen Handlung verpflichten. Verträge, wodurch Jemand die Verpflichtung übernimmt, daß ein Dritter eine Handlung leiste, gelten wie im § 66 unter a erörtert worden, regelmäßig nur als dahin gerichtet, daß der Versprechende seine Bemühungen aufwende, die Handlung herbeizuführen; sie haben insofern also auch den Charakter von Verträgen über Handlungen; hat der Versprechende aber übernommen, für den Erfolg einzustehen, so haftet er aus diesem Garantievertrage unbedingt; der Vertrag hat aber nicht die Natur eines Vertrages über Handlungen[36a]).

7. Das gemeine Recht behandelt den Anspruch auf Lohn für eine Handlung als Nachleistung, wie die Miethzinszahlung Nachleistung ist[36b]). An einer gleichen positiven Vorschrift fehlt es im Landrecht. Wenn der Vertrag nichts näheres festsetzt, greift deshalb an sich die Regel ein, daß Zug um Zug zu leisten ist. Aber der Anspruch setzt auch von diesem Standpunkt voraus, daß die vollständige Handlung erfolgen muß, um den Lohn verlangen zu können.

8. Wie zufällige Unmöglichkeit der Erfüllung auf Verträge über Handlungen einwirkt, ist in § 108 dargestellt[37]). Hier ist nur beizufügen, daß bei Verträgen über Unterlassungen als zufällige Unmöglichkeit der Erfüllung der Fall anzuerkennen ist, daß der Schuldner gewaltsam zum Handeln genöthigt wird. Die bereits erfolgte Gegenleistung für eine Unterlassung ist in solchem Fall zurückzugeben[38]).

9. In zwei Gruppen theilen sich alle diese Verträge über Handlungen. Man miethet entweder die arbeitende Thätigkeit, die Dienste einer Person als solche und nur diese, der Handelnde vermiethet seine Arbeitskraft (loc. cond. operarum), oder man bestellt die Anfertigung eines Werks, zu dessen

---

35) I. 11 § 890. I. 5 § 291. Oben B. I. § 106 Anm. 45.

36) I. 11 § 893.

36a) A.L.R. I. 5 §§ 40—45. Ueber Garantieverträge vergl. unten § 144 Anm. 29a. Ein von einem Vater oder Vormund abgeschlossener Vertrag über Handlungen des minderjährigen Kindes oder Mündels kann diesen Inhalt haben; er kann aber auch in Vertretung des Minderjährigen geschlossen sein. Letzterenfalls verpflichtet er den Minderjährigen auch nach erlangter Großjährigkeit. Bei Gesindeverträgen besteht hierbei die Besonderheit eines unbedingten (durch Vertrag nicht auszuschließenden) Kündigungsrechts des Großjähriggewordenen. Ges.-Ordn. v. 8. Nov. 1810 § 40. Von einer nach Dernburg II. § 192 Anm. 6 anzunehmenden analogen Ausdehnung dieser Bestimmung auf andere Verhältnisse kann nicht die Rede sein. Der Grund des Gesetzes ist, daß die besondere Abhängigkeit des Dienstbotenverhältnisses nicht schlechthin bindend für den Großjährigen soll von Bestand bleiben können.

36b) Vergl. Entwurf der B.G.B. § 560, Entw. II. 555, Reichstagsvorl. § 607.

37) Oben B. I. — I. 11 §§ 882. 885. 886. R.O.H.G. IV. 35.

38) I. 11 §§ 891. 892.

Begriff das in sich Abgeschlossene, die Vollendung des dabei ins Auge gefaßten Zwecks gehört[39]), so daß die Arbeit nur als Mittel zur Erreichung des Zwecks in Betracht kommt[40]). Während im ersten Fall nur die Arbeiten vergütet werden sollen, bezieht sich in letzterem die Vergütung auf den durch Arbeit herbeizuführenden Erfolg, insbesondere oft auf die „Kombination der Arbeit und der verarbeiteten Materialien zu einem neuen Produkt[41])". Das A.L.R. spricht hier von einem Andingen in Pausch und Bogen[42]) und drückt dadurch aus, daß durch die verabredete Vergütung nicht die Arbeit, sondern eben jene Kombination im Ganzen entgolten werden soll.

II. Was nun zunächst die Dienstverdingung oder Arbeitsmiethe[43]) betrifft, so giebt das Landrecht, wie bereits hervorgehoben, besondere Regeln für die Verträge mit Handarbeitern und Tagelöhnern, mit Handwerkern und mit Künstlern. Die Unterscheidung des römischen Rechts zwischen operae

---

[39]) Präj. 35 (Samml. I. 69): nur das vollendete Gebäude ist die Leistung des Bauunternehmers. l. 51 § 1 D. XIX. 2 universitas consummationis. l. 5 § 1 de V. S. ex opere facto corpus aliquod perfectum. Man kann sagen, daß bei der Werkverdingung sich die Begriffe Miether und Vermiether umdrehen. Der Besteller giebt das Werk in Verding, er ist Vermiether, der Unternehmer (redemtor) ist der Miether, aber er bleibt doch Vermiether seiner Arbeit. Keller S. 640f. Gruchot XIII. 2.

[40]) Keller § 339. Windscheid II. § 399 Anm. 6. 7. Ein Vertrag über Lieferung der Maschinen zum Betrieb einer bestimmten Fabrik ist danach als Werkverdingung, nicht als Kauf beurtheilt. Vergl. ferner über den Unterschied R.G. bei Gruchot B. 25 S. 987. R.O.H.G. II. 68, VI. 32. Entsch. B. 62 S. 77. Strieth. B. 73 S. 54. Stegemann II. S. 199, IV. S. 244. Auch der Entwurf des B.G.B. unterscheidet Dienstvertrag (Reichstagsvorl. §§ 604—620) und Werkvertrag (§§ 621—641).

[41]) Entsch. B. 62 S. 77, Strieth. B. 20 S. 240, B. 63 S. 307, B. 68 S. 251, R.O.H.G. B. 11 S. 155, R.G. bei Gruchot B. 25 S. 728. Daher ist bei der Ausführung eines Kunstwerks nach einem zu fertigenden Modell nicht jene und dieses je ein besonderes Werk, sondern Modell und Ausführung bilden zusammen das Werk, und der Werkmeister ist der, welcher das Modell arbeitet oder nach seinen Angaben arbeiten läßt, während der Künstler, der die Ausführung übernommen, vielleicht nur seine Dienste vermiethet. Entsch. B. 33 S. 328. Striethorst B. 22 S. 36. Rehbein II. S. 367. Koch faßt die loc. cond. operis als einen Auftrag zur Spezifikation auf, auch wenn das Material nicht vom Besteller, sondern vom Werkmeister geliefert wird. (Klagen und Einreden I. 1020.) Die Werkverdingung unterscheidet sich aber nach ihrem Begriff wesentlich von der Spezifikation, und es wird durch eine solche Vergleichung mehr verdunkelt als erhellt. Die Rechtsregeln von der Spezifikation sollen die Frage entscheiden, ob durch die Formgebung das Eigenthum an der Materie sich ändere, bei der Werkverdingung aber handelt es sich um die Frage nach dem Eigenthum zunächst gar nicht, sondern um gegenseitige kontraktliche Verpflichtungen. Durch die Ausführung eines bestellten Werks wird das Eigenthum am Material zunächst nicht geändert; das vom Besteller gelieferte bleibt das seinige, das vom Werkmeister gelieferte gehört ihm bis zur Vollendung und Uebergabe. Wie wäre sonst I. 11 § 959 mit dem landrechtlichen Grundsatz casum sentit dominus zu vereinigen? Ueber die Begriffsbestimmung der Werkverdingung vergl. auch R.O.H.G. B. 23 S. 322. Erreichung eines Erfolges, auch wenn derselbe nicht in Herstellung einer Sache besteht, z. B. beim Frachtvertrag, — vergl. auch Gruchot B. 13 S. 24. Das Landrecht aber verlangt für den Begriff, den es aufstellt, jedenfalls Leistung eines Werkverständigen, die einen Erfolg in sich schließt. Trockenlegung eines Sumpfs oder einer Entwässerungsanlage durch einen Techniker z. B. ist danach allerdings auch als Werkverdingung anzusehen. So hat auch das R.G. Entsch B. 10 S. 204 es nicht als rechtsirrthümlich angesehen, daß Herstellung der Dichtigkeit eines Kessels durch Reparatur als Werkverdingung beurtheilt worden ist.

[42]) I. 11 § 925. Opus aversione locatum. l. 36 D. XIX. 2.

[43]) I. 11 §§ 894—924.

illiberales (locari solitae) und liberales[44]), die nicht Gegenstand einer Miethe sein sollten, ist schon dem heutigen gemeinen Recht fremd[45]), die besondere Behandlung der hervorgehobenen Verträge durch das Landrecht hängt aber wohl damit zusammen. Zur Dienstmiethe im weiteren Sinne gehören auch die Verträge über dauernde Dienst- oder Arbeitsleistungen, die aber zum Theil eine besondere rechtliche Ausgestaltung erhalten haben. Dies ist im Landrecht geschehen für die ein familienrechtliches Moment in sich tragenden Verträge mit dem Gesinde und mit Hausoffizianten[46]), im Reichsrecht für die Handlungsgehilfen[47]), für den Schiffer und die Schiffsmannschaft[48]) und für die gewerblichen Gehilfen und Arbeiter[49]).

---

[44]) Operae locari solitae. l. 5 § 2 D. XIX. 4. Bei den Römern waren nicht Gegenstände der Dienstmiethe: Ertheilung von wissenschaftlichem Unterricht, besonders die Ertheilung von Rechtsunterricht, ärztliche Pflege, Hebammendienst, der Rechtsbeistand der Advokaten und Prokuratoren, die Dienste der Mäkler, Feldmesser. In allen Fällen wurde aber durch eine extraordinaria cognitio zu einem Honorar verholfen. S. bes. l. 1 D. L. 13, l. 1 pr. D. XI. 6, l. 2. 3 D. L. 14. Dagegen ist die Arbeit der Künstler Gegenstand der Dienstmiethe. l. 5 § 2 D. XIX. 5, l. 1 § 7 D. L. 13.

[45]) Der Unterschied wird noch festgehalten in Weiskes Rechtslexikon B. 7 S. 895, von Zimmermann im Arch. f. civ. Pr. B. 59 S. 222 und von Brinz, Pand. II. § 334 Anm. 14.

[46]) Das Landrecht erwähnt diese Verträge als Verträge über Handlungen I. 11 § 894, behandelt aber den Gesindevertrag näher im Familienrecht, II. 5, jetzt Gesindeordnung vom 8. Nov. 1810, stellt also das familienrechtliche Moment in den Vordergrund. Deshalb wird der Gesindevertrag, ebenso wie der Vertrag mit Hausoffizianten (A.B.R. II. 5 §§ 177 f.), unten im Familienrecht, B. IV. § 237. 238 erörtert. Vergl. Koch, R. d. F. III. 980. Bluntschli S. 344. Keller § 340. Dernburg II. §§ 195 ff. behandelt sie vom Standpunkt des Arbeitervertrages.

[47]) H.G.B. Art. 57—65. Vergl. Behrend, Handelsrecht B. I. §§ 44 ff.

[48]) H.G.B. Art. 478—527; Seemannsordnung vom 27. Dez. 1872 (R.G.Bl. S. 409), durch die der vierte Titel des fünften Buchs des Handelsgesetzbuchs ersetzt ist.

[49]) Die Reichsgewerbeordnung ist in dieser Beziehung zunächst durch die Novelle vom 17. Juli 1878 völlig umgestaltet, dann folgte die Fassungsfeststellung vom 1. Juli 1883, dann die neue Novelle vom 1. Juni 1891 mit Gesetzeskraft seit 1. April 1892. In dieser Fassung enthält das Recht der gewerblichen Arbeiter die §§ 105—139b. Ein Theil der neuen Vorschriften — § 120a und 139b — verweist auf bundesrathliche Bekanntmachungen. Nach § 154 wird die Anwendbarkeit der Bestimmungen zum Theil erstreckt, zum Theil insofern beschränkt, als klargestellt wird, daß sie nicht anzuwenden sind auf das Rechtsverhältniß der Gehilfen und Lehrlinge in Apotheken und in Handelsgeschäften. Vergl. dazu Mandry, Civilrechtl. Inhalt der Reichsgesetze §§ 33 f.; Wendt in Endemanns Handbuch I. § 68. W. Kulemann, Der Arbeiterschutz sonst und jetzt. 1893. Die freie Fähigkeit zum Abschluß der Arbeiterverträge haben Großjährige; Personen unter 21 Jahren, nur wenn sie im Besitz eines polizeilich ausgestellten Arbeitsbuchs sind, welches volksschulpflichtigen Kindern zu versagen, anderen nur nach Zustimmung des Vaters oder Vormundes zu ertheilen ist. Eine vom Vater nicht zu erlangende Erklärung kann von der Gemeindebehörde ergänzt werden (§§ 107 ff.) Die Beschäftigung von Kindern bis zu 16 Jahren in Fabriken unterliegt besonderen Beschränkungen, für Kinder unter 13 Jahren ist sie unstatthaft. § 135 ff. Gewerbetreibende, denen die bürgerlichen Ehrenrechte aberkannt sind, dürfen gewerbliche Arbeiter unter 18 Jahren nicht halten, sie können zu ihrer Entlassung genöthigt werden (§ 106); so lange das Verhältniß aber dauert, sind sie aus dem Vertrage verpflichtet. Die nähere Feststellung des Verhältnisses beruht auf freier Uebereinkunft (§ 105). Regelmäßig aber besteht eine Verpflichtung zu Sonntagsarbeit nicht zu Recht. Die Ausnahmen zählt das Gesetz auf. §§ 105a bis 105i. Baarzahlung der Löhne ist ein öffentlich rechtliches Gebot, das nur im eigenen Interesse der Arbeiter einige Ausnahmen zuläßt (§ 115); zuwiderlaufende Abreden (Trucksystem) sind nichtig, ebenso Ab-

Bei den Verträgen mit gedungenen Handarbeitern und Tagelöhnern kommen folgende Punkte in Betracht: a. Die Arbeit muß, soweit der Vertrag nicht Bestimmtes näher feststellt, nach Vorschrift des Arbeitgebers, unter seiner Aufsicht verrichtet werden; der Arbeiter vertritt dabei mäßiges Versehen und hat für den Ausfall der Arbeit nicht einzustehen[50]). Arbeitet er gegen die Vorschrift, so haftet er für allen Schaden (Interesse)[51]). b. Der Arbeiter darf sich nicht durch eine andere Person vertreten lassen[52]), er ist aber auch

---

reden über Entnahme von Bedürfnissen an bestimmten Verkaufsstellen oder Verwendung des Verdienstes anders als zur Verbesserung der Lage der eigenen Familie. Lohneinhaltung zur Sicherung des Ersatzes eines dem Arbeitgeber aus widerrechtlicher Auflösung des Arbeitsverhältnisses erwachsenden Schadens oder dafür verabredeter Strafe kann nur in bestimmter gesetzlicher Grenze wirksam verabredet werden. § 113a. Die hervorgehobenen Beengungen der Vertragsfreiheit gelten auch zu Gunsten solcher, die außerhalb der Arbeitsstätten der Arbeitsgeber mit Anfertigung gewerblicher Erzeugnisse beschäftigt werden. § 119b. Die Beschäftigung muß mit möglichster Abwendung aller Gefahren für Gesundheit und Sittlichkeit erfolgen. §§ 120a. 120b. Besonderen Schutz genießen jugendliche Arbeiter unter 18 Jahren bezüglich ihrer sittlichen und intellektuellen Entwickelung (§§ 120. 120c). — In Ermangelung von Vereinbarungen ist das Verhältniß gegenseitig mit vierzehntägiger Kündigung lösbar. (§§ 122. 134.) Jedes Lehrverhältniß ist während der Probezeit (im Zweifel 4 Wochen, gesetzliches Maximum 3 Monate) durch Rücktritt lösbar: im Uebrigen giebt es gesetzliche Gründe für beide Theile, das Arbeits- oder Lehrverhältniß vor Ablauf der Vertragszeit und ohne Kündigung aufzuheben (§§ 123. 124. 128 ff. 134). In Fabriken mit 20 oder mehr Arbeitern sind Arbeitsordnungen nach §§ 134a—134h zu erlassen. Vergl. auch die Novelle zum Berggesetz vom 24. Juni 1892. — Ansprüche aus dem Arbeiterverhältniß unterlagen dem ordentlichen Rechtswege nur unter der Bedingung vorher nachgesuchter Vorentscheidung durch die in § 120a Gew.Ordn. bestimmten Organe, und wenn gegen deren Entscheidung binnen 10 Tagen nach der Verkündung der Rechtsweg beschritten wurde. Diese Bestimmungen sind seit 1. April 1891 durch das Reichsgesetz betreffend die Gewerbegerichte vom 29. Juli 1890 beseitigt. Nach diesem können durch Statut für den Gemeindebezirk oder mehrere Bezirke Gewerbegerichte mit der in § 3 geordneten Zuständigkeit gebildet werden. Von ihren Entscheidungen findet, sofern der Streitgegenstand 100 Mark übersteigt, Berufung an die Landgerichte statt. Der Zuständigkeit der Gewerbegerichte unterliegt auch der Interesseanspruch wegen ungehöriger Entlassung (einschließlich des Konventionalstrafanspruchs), auf den auch die Praxis des Reichsgerichts den § 120b anwendete. Entsch. B. 70 S. 138. Bei der früheren Fassung der Gewerbeordnung (§ 108) war das Obertribunal gegen das R.O.H.G. anderer Ansicht gewesen.

[50]) I. 11 §§ 895. 896. 899. Die von dem Arbeitsgeber gegebenen Anweisungen machen ihn, wenn geeignet, zu Schaden zu führen, für jedes Versehen verantwortlich. Bei einer gefährlichen Arbeit, die dem Arbeiter als gefährlich bekannt ist, hat er für die Gefahren nicht einzustehen, soweit nicht das Haftpflichtgesetz eingreift. Aber die Arbeitsmöglichkeit muß in solcher Weise gewährt werden, daß er für die aus dem Ort und den Arbeitsmitteln entspringenden Gefahren, die er kannte oder kennen mußte, aufzukommen hat, soweit sie nicht dem Arbeiter bei Uebernahme der Arbeit bekannt waren. Weitergehend Gewerbeordnung § 120 und Entw. des B.G.B. II. § 558, Reichstagsvorl. § 610. Vgl. dazu **Gruchot** B. 40 S. 552.

[51]) I. 11 § 898.

[52]) I. 11 § 900. Vgl. Entw. II. d. B.G.B. § 554, Reichstagsvorl. § 606. Der Satz ist keine Besonderheit des Vertrages mit Tagearbeitern; da die Substitution eines Andern den Leistungsinhalt verändert. Er wird an dieser Stelle nur wegen des Zusammenhangs mit den folgenden §§ besonders hervorgehoben. Ob der Arbeitsmiether sein Recht auf die Dienste Anderen abtreten oder die Dienste veraftermiethen kann, ist gemeinrechtlich streitig. Das R.O.H.G. (B. 18 S. 96) will, daß für den einzelnen Fall untersucht werde, ob die Veränderung der Person des Dienstempfängers den Leistungsinhalt verändere. Bei jeder Arbeit aber, die abhängig vom Willen des Arbeitgebers zu leisten ist, findet eine Aenderung des Leistungsinhalts statt. Nur wenn der Dienst so bestimmt ist, daß er nicht weiter durch den Willen des Arbeitgebers und seine Weisungen modifizirt werden kann, wird man die Zulässigkeit der Cession annehmen

nicht zur Stellung eines Vertreters verpflichtet, wenn er selbst an der Arbeit gehindert wird[53]). Nimmt der Arbeitgeber einen Stellvertreter an, so steht der zuerst gedungene Arbeiter nicht für dessen Handlungen ein[54]). c. Zufällige zeitweilige Unterbrechung der Arbeit berechtigt jeden Theil zum Rücktritt, und der Arbeiter, dem ein Gesammtlohn für die Vertragsdauer oder bis zur Fertigstellung eines Werkes zugesichert war, erhält dann für das Geleistete verhältnißmäßige Vergütung. Das Rücktrittsrecht des Arbeiters ist aber nur ein bedingtes. Wenn der Arbeitgeber bei dem Vertrage stehen bleiben will, kann er den Arbeiter zwingen, nach gehobenem Hinderniß wieder die Arbeit aufzunehmen und der letztere erhält für die Zwischenzeit nur den gewöhnlichen (ortsüblichen) Tagelohn[55]); zeitweilige Unterbrechung, verschuldet von dem Arbeitgeber, giebt dem Arbeiter die Wahl zwischen dem Rücktritt mit vertragsmäßiger Vergütung des Geleisteten, und der Fortsetzung der Arbeit nach Beseitigung des Hindernisses mit Vergütung des ortsüblichen Tagelohns für die Zwischenzeit[56]). Immer aber muß das, was der Arbeiter in der Zwischenzeit sich anderweitig erworben hat, angerechnet werden[57]). Zeitweilige Unterbrechung endlich, verschuldet vom Arbeiter, verpflichtet ihn, für den Schaden einzustehen; und nur, wenn er auf Verlangen des Arbeitgebers zur Arbeit zurückkehrt, wird ihm das Geleistete, nicht aber die Versäumniß der Zwischenzeit vergütet[58]). d. Zufälliger gänzlicher Abbruch läßt dem Arbeiter den Lohn für das bis dahin Geleistete[59]); wenn verschuldet durch den Arbeitgeber, so muß dieser außerdem den gewöhnlichen Tagelohn bis dahin zahlen, wo der Arbeiter während der Kontraktzeit andere Arbeit findet[60]). Diese Bestimmung verhält sich nicht wie eine Ausnahme zur Regel, daß auf Erfüllung geklagt werden muß[61]). Es handelt sich hier nämlich

---

können. Bei Arbeitern, die durch die Individualität des Leistungsempfängers bedingt sind, gehört zur Uebertragung nothwendig die Einwilligung des Dienstleistenden, und dann wird in Wahrheit die zuerst abgeschlossene Dienstmiethe durch die an ihre Stelle tretende neue kraft Novation aufgelöst. Dagegen Glück B. 17 S. 316. Die Aftervermiethung kann nur als ein Vertrag über die Beschaffung der Dienste eines Dritten angesehen werden. Oben Anm. 36a. Zweifelhafter ist die Bedeutung der Cession.

53) I. 11 § 902. Er soll jedoch von dem eingetretenen Hinderniß den Arbeitgeber sofort benachrichtigen. § 903.

54) I. 11 § 901.

55) I. 11 §§ 908. 909.

56) I. 11 §§ 910. 911. Nach Strieth. B. 84 S. 164 soll der Arbeitgeber zur Vergütung des Arbeitslohns für die Pause verpflichtet sein, sobald er die Aufnahme der Arbeit nach der Pause duldet. Das Gesetz macht diese Pflicht aber von einer Willensäußerung des Arbeitsgebers, nach der er Fortsetzung der Arbeit verlangt, abhängig.

57) I. 11 § 912.

58) I. 11 §§ 913—916.

59) I. 11 § 917. Das stimmt mit den Regeln vom Tragen der Gefahr bei der Miethe. Der Zufall hebt den Vertrag auf, aber es muß soweit nachgeleistet werden, als vorgeleistet worden ist.

60) I. 11 § 918 — l. 38 pr. D. XIX. 2: qui operas suas locavit, totius temporis mercedem accipere debet, si per eum non stetit, quominus operas praestet. Vergl. l. 19 § 9 eod. Heuser I. 239. Dresden. Ann. I. 130. 339. Seuffert VI. 31, XIX. 226. S. Entw. des B.G.B. §§ 561. 562, Entw. II. §§ 556. 557, Reichstagsvorl. §§ 608. 609.

61) Das O.Trib. bezieht den § 918 nur auf den zweiten Fall des § 907, also auf den

nicht darum, daß der Arbeitgeber den Vertrag seinerseits nicht erfüllen will, sondern darum, daß er vom Arbeiter die Erfüllung nicht mehr annehmen will oder kann. Hat der Arbeiter den gänzlichen Abbruch verschuldet, so erhält er nur für das Geleistete eine Vergütung, die nach dem Vortheil bemessen wird, den der Arbeitgeber dadurch erlangt hat, muß aber für den Schaden aufkommen[62]). e. Beendigt wird das Vertragsverhältniß entweder durch Vollendung der bestimmten Arbeit oder durch Ablauf der bestimmten Zeit; als solche ist im Zweifel nur die Dauer eines Tages anzusehen[63]). Ebenso wird der Vertrag durch berechtigten Rücktritt beendigt; aber abweichend von den sonstigen Regeln bezüglich der Verträge über Handlungen darf der Arbeitgeber, abgesehen von ausdrücklicher Weigerung des Arbeiters, nur wegen erweislicher Untüchtigkeit oder Pflichtwidrigkeit des Arbeiters vor Vollendung der bestimmten Arbeit oder vor Ablauf der bestimmten Zeit zurücktreten. Er kann also nicht, auf seine Gefahr zurücktretend, den Arbeiter zu einer Entschädigungsforderung nöthigen, sondern dem Arbeiter bleibt das Recht auf Vertragserfüllung[64]).

Fall, wo es sich um Vollendung eines gewissen Werks handelt, weil es eine ungewöhnliche Ausdrucksweise wäre, bei gewöhnlicher, fortlaufender Tagelöhner-Arbeit, wenn nur die Person des Arbeiters gewechselt werden soll, von einem Abbrechen und von einer vertragsmäßigen Vergütung für das bereits Geleistete zu sprechen. Strieth. B. 43 S. 317f. Rehbein II. S. 363. Hier scheint aber in § 918 eine Beschränkung hineingetragen zu sein, die nicht in seinen Worten liegt, und die vom O.-Trib. behauptete Ungewöhnlichkeit des Sprachgebrauchs, wenn § 918 auf Tagelöhner-Arbeit gewöhnlicher Art bezogen würde, kann nicht zugegeben werden. Worin die Berechtigung eines Unterschieds der Fälle liegen soll, wenn ein Bauunternehmer den Arbeiter bis zur Fertigstellung eines Kanals oder für eine bestimmte Zeit zu einem Gesammtlohn angenommen hat, ist nicht erfindlich.

62) I. 11 § 919. Nach § 904 soll der Arbeiter, der nicht arbeiten will, zur Leistung gerichtlich angehalten werden, d. h. es ist gegen ihn auf Erfüllung zu klagen, und der Zwang richtet sich, wenn er nicht leistet, nach §§ 773. 774 C.P.O., — immer „unbeschadet des Rechts" Leistung des Interesses zu verlangen. C.P.O. § 778.

63) I. 11 §§ 905. 906. Entw. des B.G.B. § 563, II. § 559, Reichstagsvorl. § 611. Auch wenn der Lohn nach dem Arbeitsmaße bedungen ist. l. 30 § 3, l. 51 § 1 D. XIX. 2. Kündigungsrecht ist gemeinrechtlich ein Naturale. Seuff. VI. 30, XI. 148. Eine auf Lebenszeit abgeschlossene Dienstmiethe wird dadurch nicht aufgehoben, daß der Miether die Dienste nicht mehr braucht; der versprochene Lohn muß fortgezahlt werden. Seuffert B. 8 Nr. 253. Bl. für Rechtspfl. in Thüringen u. Anhalt. B. 7 S. 244. Man wird vom Standpunkt des Landrechts aus verlangen müssen, daß sich durch Interpretation des Vertrages Gewißheit darüber erlangen läßt, auf wie lange die Pflicht übernommen ist. Sonst ist die Leistung eine unbestimmte. Die vertragsmäßig in klarer Weise festgestellte Dauer ist nicht anders abzukürzen, als nach dem sogleich zu erörternden Rücktrittsrecht. Strieth. B. 4 S. 1. Auch bei einem auf Lebenszeit angestellten Förster, der also nicht nach I. 11 § 907 zu beurtheilen ist, hat das Obertribunal auf Grund des § 408 I. 5 angenommen, daß ihm zwar seine dienstliche Stellung nicht belassen zu werden braucht, daß aber sein Interesse in der Weise auszugleichen ist, daß ihm die zugesicherten Einkünfte lebenslänglich bleiben, wenn sich der Rücktritt als ungerechtfertigt herausstellt. — Arbeitsverträge mit den auf einem Gut angesiedelten Arbeitern dürfen nach Landeskulturedikt v. 14. Sept. 1811 § 71 nicht auf über 12 Jahre geschlossen werden. — Eine Kündigungszeit bei unbestimmter Vertragsdauer ist geregelt in H.G.B. Art. 61, Seemannsordnung § 54, Gewerbeordnung §§ 122. 134. Vergl. Entwurf des B.G.B. §§ 563 — 565, Entw. II. §§ 560 — 564, Reichstagsvorlage §§ 612—616. Ueber Kündigung dauernder Arbeitsverhältnisse vgl. Reichstagsvorlage §§ 617. 618. Vgl. dazu Gruchot B. 40 S. 353.

64) I. 11 § 907. Strieth. S. 43 S. 317. Rehbein II. 363.

Im allgemeinen gelten dieselben Regeln auch für die Verträge mit Handwerkern und Künstlern, nur daß diese wegen ihrer Sach- und Kunstkenntniß für geringes Versehen haften, wenn nicht der Miether vorgeschrieben hat, wie die Arbeit verrichtet werden soll[65]). Neben den versprochenen Preis kann in der Regel kein weiteres Entgelt für Abnutzung der Werkzeuge gefordert werden. Von den Besonderheiten der Verjährung der Handwerker- und Arbeitslohnforderung ist im § 57, und von der Unpfändbarkeit gewisser Lohnforderungen ist im § 113 bereits die Rede gewesen.

Die Verträge über operae liberales, mit Aerzten, Lehrern, Technikern u. s. w., welche Bluntschli[66]) im Gegensatz zum Lohndienstvertrag nicht unpassend Freidienstverträge nennt, sind, wie bereits erwähnt, im Landrecht nicht Gegenstand besonderer Bestimmungen. Es ist bezüglich ihrer nur anzuführen, daß, wer die Handlung (die Arbeit, den Dienst) als Kunstverständiger übernimmt, geringes Versehen vertreten muß, daß die übliche Gegenleistung (Honorar) für den in Anspruch genommenen, gewöhnlich bezahlten Dienst auch ohne besondere Verabredung gefordert werden kann, und daß, auch wenn die Gegenleistung durch obrigkeitliche Taxen normirt ist, ein freiwillig über die Taxe gezahltes Honorar nicht zurückgefordert werden darf. In Betreff der Aerzte hat das Obertribunal den Grundsatz angenommen, daß, wenn von ihnen bei Reisen ihre Dienstleistung gleichzeitig mehreren Personen gewährt worden ist, sie von jeder dieser Personen nur antheilweise eine Vergütung für die Reisekosten und Diäten fordern dürfen[67]).

---

[65]) I. 11 §§ 920—924. Der Vertrag mit dem Handwerker wandelt sich dadurch allein noch nicht aus Dienstmiethe in Werkverdingung, daß der Handwerker zugleich das Material hergiebt. Strieth. B. 12 S. 63. Ob in dem hier behandelten Fall nicht aus anderen Gründen Werkverdingung anzunehmen war, kann dahin gestellt bleiben. Im römischen Recht stritt man, ob, wenn der Arbeiter aus eigenem Material eine Sache anfertigen solle, Dienstmiethe oder Kauf vorliege. Man entschied sich für Kauf. § 4 J. III. 25, l. 1 § 1 D. XIX. 2, l. 20 D. XVIII. 1. Dresdener Ann. II. 538. Seuffert XI. 234.

[66]) Deutsch. Priv.R. S. 344. 346. Vgl. Entw. des B.G.B. I. §§ 563. 564, II. §§ 561—563, Reichstagsvorl. §§ 613—615. — Daß das Staatsamt nicht eine loc. cond. oper. ist, hat für Preußen schon die Reg.-Instruktion v. 1808 § 44 al. 4 ausgesprochen. Dasselbe gilt von den mittelbaren Staatsämtern der Gemeinden u. s. w. Eine nähere Behandlung des Staatsdienstes — auch nach seinen privatrechtlichen Seiten — gehört in das Staatsrecht. Dernburg II. § 198 reiht den Staatsdienst als Vertrag über Handlungen in privatrechtlicher Beziehung den Dienstverträgen an. Vergl. unten § 141 Anm. 67.

[67]) S. oben Anm. 13 u. 19. Entsch. B. 18 S. 201. Diese Entscheidung wird hauptsächlich gerechtfertigt durch Nr. 23. 24 des Edikts v. 21. Juni 1815 (Ges.S. S. 109 f.). Richtig ist hierzu die Bemerkung von Koch (Note zu § 871), daß der Antheil des Zahlungsunfähigen auf die anderen übertragen werden muß, weil der Arzt jedenfalls den Anspruch gegen Alle und gegen jeden Einzelnen auf die vollen Reisekosten und Diäten hat. Der ziemlich ähnliche Fall des Gerichtsvollziehers, der auf derselben Reise mehrere Geschäfte vornimmt, ist durch § 17 Abs. 2 der Gebühr.O. für G.V. v. 24. Juni 1878 wegen der Eigenschaft der Reiseentschädigungen der Gerichtsvollzieher als Pauschalsätze, von denen einer den anderen übertragen soll, anders entschieden. Dem Rechtsanwalt haftet jeder Einzelne der mehreren Auftraggeber, deren Aufträge auf derselben Reise ausgeführt sind, für den vollen Betrag der Reisekosten, die zur Verrichtung seines Auftrags verwendet werden mußten; die Mitverhaftung Anderer kann als Einrede nicht geltend gemacht werden; aber die Zahlung des Einen tilgt insoweit

Ist ein Hausarzt gegen ein Jahreshonorar angenommen, so vergütet dies, wenn nicht besondere Verabredung entgegensteht, alle Leistungen in dem betreffenden Jahr, ohne Rücksicht, ob die gesetzliche Taxe dafür unter dem Honorar geblieben ist oder es überschritten hat. Nicht nur die verschiedenen Jahrgänge sollen sich ausgleichen, sondern auch die einzelnen Theile desselben Jahres; darum widerspricht es dem Vertragsverhältniß, wenn einseitig das Jahresgehalt auf die einzelnen Theile des Jahres nach Raten vertheilt wird[68]). Auch die Thätigkeit von Rechtsanwälten, wenn es sich nicht um Vertretung der Parteien handelt, steht unter den Grundsätzen der Verträge über Handlungen, soweit nicht besondere Gesetzesvorschriften eingreifen; ebenso wird man die dem Gerichtsvollzieher gegebenen Aufträge, wenn sie überhaupt die Natur eines Privatgeschäfts haben, hierher rechnen müssen.

Besonders häufig beschäftigt die Praxis auch außerhalb des Handelsrechts der Vertrag, durch den gegen Entgelt die Vermittelung eines Rechtsgeschäfts übernommen wird, der Mäklervertrag[68a]). Inhalt desselben ist nicht die Uebertragung einer Vertretung des Auftraggebers bei dem Abschluß des Rechtsgeschäfts, sondern thatsächliche Dienste, die nach der näheren Abrede einen verschiedenen Umfang haben können, sei es daß nur Nachweisung eines zum Vertrage bereiten Dritten, sei es daß die Zuführung desselben, oder daß noch andere Leistungen verlangt werden. Besondere Bestimmungen über diesen Vertrag enthalten die preußischen Gesetze nicht. Der Vertrag wird in der Praxis nicht selten mit dem Vollmachtsvertrage verwechselt, aber nicht einmal eine analoge Behandlung ist hier gerechtfertigt, da der Mäkler überhaupt nicht Geschäfte zu schließen hat, weder als Vertreter noch im Interesse des Auftraggebers. Regelmäßig geht die Absicht der Kontrahenten, die aber durch Auslegung ihrer Abrede klar zu stellen ist, dahin, daß eine Bezahlung der Mühewaltung nur eintreten soll, wenn es zu dem zu vermittelnden Vertrag kommt. Regelmäßig wird auch die Abrede nicht dahin verstanden

---

den Anspruch des Rechtsanwalts, der als Gesammtentschädigung nur einmal die Gesammtheit aller Fuhrkosten der einzelnen auf derselben Reise zurückgelegten Touren zu beanspruchen hat. Rechtsanwaltsgeb.Ordn. v. 7. Juli 1879 §§ 3. 79.

[68]) Ein solcher Arzt kann also nicht mitten im Jahr gegen das halbe Honorar entlassen werden, denn es kann in der ersten Hälfte schon viel von ihm geleistet worden sein, während in der zweiten Hälfte keine Krankheit eintritt. Erfolgt eine solche Entlassung vor Ablauf des Jahres, so hat der Arzt jedenfalls das Recht, für die einzelnen Leistungen zu liquidiren, wenn ihm nicht das ganze Jahresgehalt angeboten wird. Ist der Vertrag formgerecht und verbindlich geschlossen, so ist das ganze Honorar zu zahlen, wenn nicht veränderte Umstände oder zufällige Unmöglichkeit fernerer Erfüllung eingreift. Etwas Aehnliches findet bei dem Versicherungsvertrage statt: die Prämie ist ganz geschuldet, wenn für den Versicherer die Gefahr nur begonnen hat zu laufen. S. unten § 145 Note 63.

[68a]) Dig. L. 14, C. V. 1. De proxeneticis. Riesenfeld, Der Civilmäkler bei Gruchot B. 37 S. 790 f. Fortsetzungen B. 38. Vergl. Rocholl, Rechtsfälle B. 2 S. 71. Die landrechtlichen Bestimmungen über Handelsmäkler II. 8 §§ 1305 ff. sind durch H.G.B. Art. 66 ff., Einf.Ges. z. H.G.B. Art. 2 Nr. 6, Art. 70 aufgehoben. Vergl. oben Anm. 8. Bezüglich der Gesindemakler vergl. Ges.Ordn. v. 8. Nov. 1810 §§ 13—21. S. Entwurf des B.G.B. § 580, Entw. II. § 582. 588, Bundesrathsvorl. §§ 642. 643.

werden können, daß der Mäkler Mühewaltungen übernommen hat, deren schuldhafte Versäumniß ihn für den Fall, daß es nicht zum Vertragschluß kommt, verantwortlich macht[68b]). Gegenüber seiner Honorarforderung wird solche Säumniß freilich immer in Betracht kommen. Die Höhe des Lohns steht unter den allgemeinen Regeln der Verträge über Handlungen. Der Mäkler übernimmt die versprochene Thätigkeit regelmäßig ohne für den Erfolg einzustehen[68c]). Sind seine Leistungen nicht näher bezeichnet, so genügt zur Begründung seines Anspruchs eine Thätigkeit, die mit dem Zustandekommen des zu vermittelnden Geschäfts in ursächlichem Zusammenhang steht[68d]); waren die Leistungen vertragsmäßig präzisirt, so bedarf es nicht des weiteren Nachweises eines solchen Zusammenhanges[68e]). Ein Recht des Widerrufs des vertragsmäßigen Auftrags kann nicht wie bei der Vollmacht, sondern nur nach den Grundsätzen über den Rücktritt von Verträgen über Handlungen anerkannt werden. Danach ist der Mäklerlohn als Interesseanspruch auch dann geltend zu machen, wenn der Mäkler an der vertragsmäßigen Thätigkeit durch den Auftraggeber gerade um deshalb gehindert ist, weil ihm der Lohn entzogen werden sollte[68f]). Geht der Vertrag dahin, daß der Mäkler seine Thätigkeit im ausschließlichen Interesse des Auftraggebers üben soll, so hat er den Vertrag nicht erfüllt, wenn er auch im Interesse des anderen Theils eine Thätigkeit übernommen hat. Hierzu bedarf es nicht der Heranziehung des auf den Mäklervertrag unanwendbaren § 22 I. 13 A.L.R.[68g]). Im Gegensatz hierzu ist es aber bei anderer Sachlage sehr wohl möglich, daß der Mäkler mit beiden Theilen Vermittelungsverträge geschlossen hat und daß er diese durch das Zustandebringen des Geschäfts gegenüber beiden Theilen erfüllt[68h]). — Der Mäklerlohn ist verdient, wenn das zu Stande zu bringende Geschäft geschlossen worden ist, nicht erst wenn es erfüllt ist. Nach der Natur des Darlehnsvertrages wird man den Mäklervertrag, betreffend die Vermittelung eines Darlehns, dahin verstehen müssen, daß es dabei nicht auf Abschluß des pactum de mutuando,

---

68b) Vergl. Reuling, Die Provisionsansprüche des Grundstücksvermittlers. Bei Gruchot B. 40 S. 193.

68c) Vergl. Koch in D. Gerichtszeitung N. F. II. S. 230.

68d) R.G.Entsch. B. 6 S. 187. Bei Abschluß des Geschäfts, dessen Zustandebringen den Provisionsanspruch rechtfertigen soll, muß der Geschäftsherr Kenntniß davon gehabt haben, daß die Vermittlungsthätigkeit des von ihm zu bezahlenden Mäklers sich auf dieses Geschäft bezogen hat, so daß er durch Abschluß des Geschäfts diese Vermittlerthätigkeit als solche acceptirt. R.G.Entsch. B. 31 S. 289.

68e) RG. bei Gruchot B. 24 S. 987, B. 38 S. 977.

68f) Rocholl bei Gruchot B. 20 S. 406. Abweichend anscheinend R.G. Entsch. B. 6 S. 187.

68g) R.G. bei Gruchot B. 24 S. 983. Für anwendbar erachtet ihn RG. bei Gruchot B. 39 S. 660.

68h) R.O.H.G. B. 9 S. 240. Das Obertribunal, welches meist die Anwendbarkeit des § 22 cit. annahm — (vergl. Entsch. B. 23 S. 308, Strieth. B. 5 S. 90, B. 19 S. 258, B. 52 S. 226, B. 54 S. 334 (Rehbein II. S. 589), B. 62 S. 106, (Rehbein II. S. 586), B. 70 S. 341; vergl. auch Dernburg II. § 190) — hat dieselbe wenigstens dann ausgeschlossen, wenn der Auftrag vom zweiten Kontrahenten unter Kenntniß des Auftrags des ersten ertheilt war. Strieth. B. 55 S. 333. Vergl. R.G. Entsch. B. 4 S. 223.

sondern auf wirkliche Hingabe des Darlehns ankommt. Anfechtbarkeit des zu Stande gebrachten Geschäfts oder das von einem Theil nachmals geübte Rücktrittsrecht kann den Anspruch auf den verdienten Mäklerlohn nicht aufheben[68i]). Selbstverständlich kann der Mäklervertrag nur dann zu Recht bestehen, wenn das zu vermittelnde Geschäft ein rechtlich zulässiges ist; aber das preußische Recht bietet keinen Anhalt dazu, den Vertrag, nach welchem der Abschluß einer Ehe vermittelt werden soll, für ungiltig zu erachten[68k]).

III. Bei der **Werkverdingung** treten sich der Besteller (Miether der Arbeit und Verdinger des Werks) und der Werkmeister (Vermiether seiner Arbeit, der das Werk dingt) gegenüber[69]). Die besonderen Vorschriften des landrechtlichen Werkverdingungsvertrages beruhen aber sämmtlich auf der Voraussetzung, daß es sich um ein von einem **Werkverständigen** zu fertigendes Werk handelt[69a]). Abgesehen von diesem Fall steht also die locatio conductio operis nur unter den zu I. dargelegten Regeln.

[68i]) Vergl. Seuffert B. 37 Nr. 225. 307. R.G. Entsch. B. 29 S. 230. Dies gilt selbst dann, wenn der Rücktritt von einem Vertrag, den einer der beiden Theile wegen Mangels des formell gehörigen Vertragsschlusses hätte aufheben können, nicht aus diesem, sondern aus einem andern Grunde erfolgt ist. RG. Entsch. B. 25 S. 319.

[68k]) R.G. bei Gruchot B. 36 S. 1017. Abweichend Seuffert B. 13 Nr. 14, B. 14 Nr. 124, B. 33 Nr. 125 und Sächs. Ges.-Buch § 1259. Code civ. Art. 1131, R.G. bei Gruchot B. 25 S. 340. Vergl. auch die nicht glossirte l. 6 C. V. 1.

[69]) I. 11 § 925. Werk in Pausch und Bogen angedungen, das heißt nicht ein Werk, für das ein Gesammtpreis bedungen worden, sondern ein Werk, das als fertiges Ganzes geliefert werden soll. G.O.H.G. B. 15 S. 259, R.G. bei Gruchot B. 33 S. 1079. — Vergl. Entwurf des B.G.B. I. § 567, II. § 569, Reichstagsvorl. § 621.

[69a]) Präj. 35. (Samml. I. S. 69.) Strieth. B. 82 S. 248. Es kann aber nicht auf eine objektiv festzustellende Werkverständigkeit, sondern nur darauf ankommen, daß Jemand als werkverständig kontrahirt, die Fertigstellung des Werks nach seiner Werkverständigkeit und nicht in Abhängkeit von den Weisungen eines Andern übernommen hat. — Verträge, durch die Jemand, ohne sich als werkverständig darzustellen, die Ausführung eines Werks frei von der Leitung des andern Theils übernommen hat, Entreprisevertäge sind Verträge über Handlungen, die eine bestimmte gesetzliche Sonderregelung nicht erfahren haben. Eine „analoge" Behandlung nach den Grundsätzen der Werkverdingung (Dernburg II. § 199 Anm. 11. 12) wird dadurch nicht begründet, daß anzuerkennen ist, daß nicht die Arbeit schlechthin, sondern die zu einem Erfolg hinleitende Arbeit bedungen, und erst für die Arbeit und ihren Erfolg Zahlung zu leisten ist. Die landrechtliche Werkverdingung mit ihrer besonderen Ordnung hat weiter gehende Voraussetzungen. Auch Rocholl, Rechtsfälle II. S. 38 hält die Annahme einer landrechtlichen Werkverdingung bezüglich des Entreprisevertrags für ausgeschlossen. Er will den Entreprisevertrag als Lieferungsvertrag behandelt wissen; aber es handelt sich nicht um Verschaffung einer Sache. So wenig also andere Dienstverträge nach den Grundsätzen über Verträge mit Handarbeitern und Handwerkern zu behandeln sind, ebensowenig sind alle römisch-rechtlichen conductiones operis als Werkverdingungen bei Werkverständigen anzusehen, hier wie da bleiben die allgemeinen Grundsätze von Verträgen über Handlungen das allein Maßgebende, sobald der engere Begriff derjenigen Geschäfte, die besonders geregelt sind, nicht zutrifft. Unrichtig ist also, daß es für die Entreprise bei Ablehnung der entsprechenden Anwendung der Sätze über Werkverdingung an jeder Norm fehlt. — Den im A.L.R. II. 8 §§ 24. 52 ff. unter die Verträge über Handlungen gestellten Frachtvertrag behandelt die Praxis, soweit er wegen mangelnder Gewerbsmäßigkeit noch jetzt nach Landrecht zu beurtheilen ist, nicht als Werkverdingung. R.O.H.G. B. 20 S. 340 vergl. jedoch B. 23 S. 322. Der Standpunkt des Entwurfs des B.G.B. §§ 567 ff., II. Entw. §§ 569 ff., Reichstagsvorl. §§ 621 ff. ist der der freien Werkverdingung ohne Rücksicht auf die vom Lieferanten des Werks in Anspruch genommene Stellung als werkverständiger Unternehmer.

Die Stellung des werkverständigen Meisters, der ein Werk liefern soll, ist freier als die des Arbeiters. Er ist bei der Ausführung nicht der Aufsicht des Bestellers unterworfen und, obschon er die Ausführung des ganzen Werks wider dessen Willen einem Andern nicht übertragen darf, doch berechtigt, sich bei einzelnen Arbeiten, die zur Herstellung des Werks nöthig sind, anderer Personen zu bedienen, für deren Leistungen er verantwortlich bleibt, und über die er selbst die Leitung behalten muß; ihrer Annahme kann der Besteller nur bei offenbarer Untüchtigkeit widersprechen[70]). Wie Koch richtig bemerkt[71]), fordert das Wesen des Vertrages sowie das Bedürfniß des täglichen Verkehrs, daß nicht bloß einzelne Arbeiten am Werk, sondern das Werk selbst vom Werkmeister der Ausführung durch Andere überlassen werden kann. Das widerspricht auch nicht dem Gesetz; er kann alle einzelnen Arbeiten Andern überlassen und behält nur für das Ergebniß dem Besteller gegenüber die Verantwortlichkeit.

Seine Vertragspflicht ist strenger als die dessen, der seine Arbeit vermiethet, weil er geringes Versehen vertritt nicht allein bei allen Kunstfehlern, sondern auch bei der Auswahl des Materials, wenn diese ihm überlassen worden ist[72]). Nur mäßiges Versehen dagegen vertritt er, wenn der Besteller von ihm ein Abweichen von den Regeln der Kunst verlangt[73]), und wenn der Besteller nur sein Urtheil über das ihm gegebene Material eingeholt hat[74]); nur grobes Versehen, wenn der Besteller das Material selbst besorgt und sein Urtheil darüber nicht verlangt hat, wo er ihn nur bei offenbarer Untüchtigkeit des Werks zu warnen hat[75]). Die Gefahr an den Materialien

70) I. 11 §§ 928—931. l. 25 § 7 D. XIX. 2. Das negligens in eligendis ministeriis (l. 27 § 9 D. IX. 2) kann nicht hierher gezogen werden. Vergl. Ubbelohde im Arch. f. pr. Rechtswiss. B. 7 S. 229 und bei Goldschmid B. 7 S. 199. Burchardi, Ueber die Verantwortlichkeit des Schuldners für seine Gehülfen. 1861. Vergl. auch Verh. des 17. Juristentags. S. 46, S. 337. R.O.H.G. B. 13 S. 76. R.G. Entsch. B. 33 S. 169.

71) R. d. F. III. 987. Gruchot XIII. 19 f. Nach römischem R. kann der conductor eines opus dessen Ausführung weiter verdingen: si cui locaverim faciendum quod ego conduxeram, constabit habere me ex locato actionem l. 48 pr. D. XIX. 2. Nur wenn stipulirt worden, ut suis operis id perficiat (l. 31 pr. D. XVLI. 3), durfte der conductor die Herstellung nicht durch Andere vornehmen lassen, quia inter artifices longa differentia est et ingenii et naturae et doctrinae et institutionis.

72) I. 11 §§ 954. 956. l. 9 § 5 D. XIX. 2 quippe ut artifex conduxit. Nach gemeinem R. wird levis culpa vertreten. Für Materialfehler haftet der Werkmeister aber nur, wenn er die Gefahr übernommen hat. l. 13 § 5 eod. Die Haftpflicht ist nicht anders, wenn der Werkmeister unentgeltlich arbeitet. Seuffert VIII. 45.

73) I. 11 § 955. Der Baumeister muß dem Bauherrn die Gefährlichkeit der Abweichung vorhalten. Seuffert VIII. 44.

74) I. 11 § 958. Für Mängel des gegebenen Materials kann er sonst überhaupt nur unter den folgenden Voraussetzungen verantwortlich gemacht werden.

75) I. 11 § 957. Die Worte „offenbar untüchtig" deuten darauf hin, daß nur an die Vertretung eines groben Versehens zu denken ist. Es ist auch im Vergleich mit § 958 anzunehmen, daß die Vertretungspflicht des Werkmeisters, dessen Urtheil über das Material nicht eingeholt worden ist, eine geringere sein muß, als wenn es seiner Beurtheilung unterworfen worden. Freilich erregt das Wort „nur" in § 958 das Bedenken, daß hier, wenn es auf § 957 zurückbezogen wird, geringere Haftpflicht ausgedrückt sei. Aus inneren Gründen muß aber angenommen werden, daß das „nur" auf § 956 zurückzubeziehen ist.

trägt deren Eigenthümer[76]), also der Theil, der sie liefert. Das kann auch der Werkmeister sein, ohne daß der Vertrag sich deshalb in einen Kaufvertrag verwandelt[76a]). Zufälliger Untergang des Werks selbst vor Eintritt des bestimmten Zeitpunkts der Uebergabe oder eines anderweit begründeten Verzugs hebt den Vertrag auf; der Werkmeister verliert Arbeitslohn und Auslagen, und giebt die erhaltenen Materialien, so weit sie noch vorhanden und wie sie beschaffen sind, zurück[77]). Hat er aber das Material geliefert, so ist er berechtigt, den Vertrag zu erfüllen, wenn entweder für die Ablieferung kein bestimmter Termin gesetzt worden, oder wenn er innerhalb der Frist das Werk von Neuem vollenden kann[78]). Bei verzögerter Ablieferung des fertigen Werkes trifft den Werkmeister, mag in der Uebergabe des fertigen Werkes oder zugleich in der Fertigstellung gezögert sein, die Gefahr auch in Betreff der dem Besteller gehörigen Materialien, und er hat nach dem Grade seines Verschuldens den wirklichen Schaden oder das Interesse zu ersetzen[79]). Bei verzögerter Abnahme fällt die Gefahr auf den Besteller, er hat den Preis zu zahlen und hat sonstigen Schaden dem Werkmeister zu ersetzen[80]).

Das bestellte Werk muß zur bestimmten Zeit fertig übergeben werden[81]), und wenn für die Vollendung ein Zeitpunkt nicht festgesetzt worden ist, muß der Werkmeister sofort mit der Arbeit anfangen und sie gehörig fortsetzen[82]). Da die Erfüllungszeit nach den Grundsätzen des A.L.R. als nicht bloß zum Vortheil des Schuldners gesetzt gilt[83]), so ist hier noch vorgeschrieben, daß

---

[76]) I. 11 § 959. l. 13 § 5 D. XIX. 2.

[76a]) Zum Kauf wird der Vertrag, wenn nach seinem Inhalt nicht ein vom Werkmeister zu fertigendes, sondern ein von ihm zu lieferndes Werk in Frage steht, dessen Verfertiger dem Besteller gleichgiltig ist. Vergl. R.G. bei Gruchot B. 25 S. 987. Ueber die Möglichkeit, bezüglich der nicht als Pertinenz des Werks anzusehenden, vertragsmäßig zu liefernden Gegenstände neben der Werkverdingung einen besonderen Kauf anzunehmen, vergl. R.G. Entsch. B. 11 S. 263. — Vergl. Entwurf des B.G.B. § 568. Entw. II. § 586, Reichstagsvorl. § 641.

[77]) I. 11 §§ 960. 961. 962. Nach röm. Recht steht das Werk zur Gefahr des Werkmeisters bis zur adprobatio oder bis zur Abmessung des fertig gewordenen Theils, wenn in pedes mensurasve praestetur. l. 30 § 3, l. 36. 59. 62. D. XIX. 2. Die Aufhebung des Vertrages folgt nach A.L.R. aus dem allgemeinen Grundsatz (oben B. I. § 87 unter 2) und stimmt mit dem römischen Recht, nach welchem bei der Miethe, wenn nicht vorgeleistet worden, auch nicht nachgeleistet wird. l. 33 D. XIX. 2. Vergl. Seuffert XVI. 109.

[78]) I. 11 §§ 963. 964. Nach l. 15 D. XLV. 1 muß der Bauherr dem Baumeister nochmals die volle Zeit zur anderweitigen Herstellung einräumen. Wenn der Werkmeister nicht bloß die Arbeit, sondern auch den Stoff liefern soll, so liegt loc. cond. operis und Kauf vor, oder vielmehr es mischen sich beide Geschäfte § 4 J. III. 25 l. 20 D. XVIII. 1. l. 2 § 1 D. XIX. 2. Oben Note 65.

[79]) I. 11 §§ 936. 937. Förster bezog den Satz nur auf Zögerung mit der Uebergabe des fertigen Werks. Ein besonderer Beweis schuldhafter Verzögerung wird regelmäßig nicht nöthig sein. Entsch. B. 74 S. 153, R.O.H.G. B. 14, B. 17, B. 15 S. 293. — Ueber Besonderheiten bei der Bauverdingung unten Anm. 105 ff.

[80]) I. 11 §§ 939. 940. Striethorst B. 19 S. 334.

[81]) I. 11 § 933. Auf die Uebergabe des fertig gemachten Werks kann der Besteller klagen. Entsch. B. 47 S. 108.

[82]) I. 11 § 934. Striethorst B. 41 S. 83.

[83]) Oben B. I § 83 Anm. 25.

auch der Besteller vor dem Ablieferungstermin zur Annahme nicht verpflichtet ist[84]). Wird das Werk zur ausdrücklich bestimmten Zeit nicht geliefert, so steht dem Besteller das unten zu erörternde Rücktrittsrecht zu. Ein Klagerecht des Bestellers auf Herausgabe des Werkes ist aber selbst in dem Falle nicht zu bezweifeln, wenn das Werk noch nicht völlig fertig gestellt ist, wenn nur der Besteller das Werk, wie es steht, als Vertragserfüllung anzunehmen sich bereit erklärt, und dies gilt ohne Rücksicht darauf, ob das Werk aus Material des Werkmeisters gefertigt worden ist[84a]).

Die Uebernahme oder Abnahme des Werkes ist regelmäßige Voraussetzung des Rechts auf den Lohn. Unter der Uebernahme ist kein bloßes Inbesitznehmen, sondern die ausdrückliche oder stillschweigende Annahme des Werks als Vertragserfüllung zu verstehen[84b]). Diese Annahme kann aber nicht ohne Grund verweigert werden. Auf Verlangen des einen oder des anderen Theiles geht deshalb der Uebernahme eine Besichtigung und Prüfung durch öffentlich bestellte Schaumeister oder von den Parteien gewählte Sachverständige voraus[85]). Jeder Theil ist berechtigt, eine solche Besichtigung zu verlangen[86]). Fällt das Urtheil für die Tüchtigkeit des Werks zu dem bestimmten Zweck aus, so muß es der Besteller annehmen und bezahlen[87]); es bleibt ihm erst nach der Zahlung die Ausführung seiner Ausstellungen offen, wie ebenso für den Fall, daß die Sachverständigen das Werk für untüchtig erklären, und darauf hin der Besteller die angebotene Erfüllung zurückweist, der Werkmeister im Prozeß die Tüchtigkeit geltend machen kann[88]). Der Besteller des Werks kann übrigens dessen Mängel auch dann geltend

---

84) I. 11 § 935.

84a) Entsch. B. 47 S. 108, Rehbein II. S. 372.

84b) Vergl. Entwurf des B.G.B. § 572. 579, Entw. II. § 577, Reichstagsvorl. § 630.

85) I. 11 §§ 943. 944.

86) I. 11 § 943. Aber nicht verpflichtet. Strieth. B. 30 S. 113, B. 42 S. 101, B. 51 S. 35. Entsch. B. 82 S. 204. Rehbein II. S. 377. R.O.H.G. B. 18 S. 85. Bei Strieth. B. 83 S. 15 ist angenommen, daß das Wahlrecht aus § 947 verloren geht, wenn der Besteller das Werk ohne vorgängige Prüfung durch Sachverständige übernommen hat. Aber dies verstößt gegen die Grundsätze von der Gewährleistung. Vergl. Strieth. B. 12 S. 334. Freilich offensichtliche Mängel der stillschweigend vorausgesetzten Eigenschaften des Werks gelten nach allgemeinen Grundsätzen als durch Abnahme des Werks genehmigt. S. Seuffert VIII. 43, XII. 153. Das R.G. bei Gruchot B. 25 S. 886 nimmt eine „analoge" Anwendung des nur von der Reprobation eines bei der Ablieferung durch Sachverständige besichtigten Werks handelnden § 947 auf den Fall nachträglich gefundener Fehlerhaftigkeit an. Den praktischen Werth der Bestimmung bezweifelt Gruchot XIII. 49.

87) I. 11 § 945. Der § setzt ein vollendetes Werk voraus. Strieth. B. 49 S. 14. Die Annahme darf nicht deshalb verweigert werden, weil der Vertrag nur mündlich abgeschlossen worden und der schriftlichen Form bedurft hätte; denn die Fertigstellung des Werks verpflichtet nach § 165 I. 5. Entsch. B. 31 S. 374. Strieth. B. 18 S. 329. Brauchbar zum bestimmten Zweck: Rechtsfälle B. 2 S. 92. Einziehen und Bewohnen ist noch nicht nothwendig Billigung eines Baues. Seuffert XVIII. 34.

88) I. 11 §§ 946. 948. Der Besteller ist nicht beschränkt auf eine Preisminderung oder Entschädigung, er kann auch auf Rückzahlung gegen Rücknahme des Werks klagen. Entsch. B. 82 S. 204. Rehbein II. S. 377. Strieth. B. 42 S. 101, B. 83 S. 15.

machen, wenn er ohne Besichtigung durch Schaumeister das nachher fehlerhaft befundene Werk angenommen hatte.

Ein untüchtiges Werk braucht der Besteller nicht zu übernehmen; er kann, wenn das fertige Werk untüchtig ist, vom Vertrage abgehen[89]), wodurch allerdings das Recht ausgeschlossen wird, die Lieferung eines anderen tüchtigen Werks auf Grund des Vertrages zu fordern[89a]). Aber nur erhebliche Fehler begründen den Rücktritt vom Vertrage, und erheblich ist regelmäßig nur ein solcher Fehler, der den gewöhnlichen oder vertragsmäßig bedungenen Gebrauch des Werkes hindert, darüber hinaus das Fehlen jeder ausdrücklich vorbedungenen Eigenschaft und bei Werken, die zur Pracht und Zierde bestimmt sind, jeder Fehler in der äußerlichen Gestalt und Form[90]). Ist das Werk nicht bloß in Besitz genommen, sondern als Erfüllung des Vertrags ausdrücklich oder stillschweigend gebilligt und übernommen, so wird nachträglich nur wegen der bei der Uebernahme verborgenen und danach nicht gebilligten Mängel und nur nach den Grundsätzen von der Gewährleistungspflicht von dem Vertrage zurückgetreten werden können[90a]). Soll wegen der bei der Abnahme erkannten Untüchtigkeit das Werk nicht zurückgewiesen werden, oder sind die erkannten Mängel unerheblich, so daß die Aufhebung des Vertrages nicht verlangt werden kann, so besteht ein Entschädigungsanspruch des Bestellers[91]). Ein Recht auf Beseitigung des Fehlers durch den Werkmeister selbst wird auch hier im Gesetz nicht gegeben[91a]). Der Entschädigungsanspruch kann nur auf das vertragswidrige Verhalten des Werkmeisters gegründet werden[92]), auf seine nach den obigen Darlegungen zu vertretenden Kunstfehler[92a]). Dieser Anspruch und ebenso die Ansprüche, die sich aus der Zurückweisung des fertigen Werkes als Vertragserfüllung

---

[89]) I. 11 § 947. Es ist hier versucht, diese schwierige Lehre abweichend von älteren Ausgaben darzustellen. Schon in der fünften Ausgabe ist eine veränderte Darlegung unternommen. Aber das damals Gesagte konnte zum Theil nicht aufrecht erhalten werden. Ueber die Folgen der Untüchtigkeit des Werks vergl. Entwurf des B.G.B. §§ 569—571. Entw. II. §§ 573—576, Reichstagsvorl. §§ 625—628.

[89a]) Vergl. oben B. I. § 85 Anm. 7. Auf Nachlieferung fehlender Theile kann dagegen geklagt werden. Strieth. B. 36 S. 312. S. Rocholl, Rechtsfälle II. S. 46.

[90]) I. 11 §§ 951—953.

[90a]) I. 5 §§ 318 ff. 331. Entw. des B.G.B. § 579, Entw. II. § 577, Reichstagsvorl. § 630 Abs. 2.

[91]) I. 11 §§ 947. 951.

[91a]) Vergl. Strieth. B. 9 S. 16, B. 37 S. 178. Rehbein II. 374. Strieth. B. 51 S. 55, B. 83 S. 15. Auf Nachlieferung fehlender Theile des Werks kann geklagt werden. Strieth. B. 36 S. 312. Vergl. Rocholl, Rechtsfälle II. S. 46. Anders Entwurf des B.G.B. § 569, Entw. II. §§ 571. 572, Reichstagsvorl. §§ 623. 624.

[92]) Der so begründete (mit dem Minderungsanspruch in der fünften Auflage zu Unrecht identifizirte) Anspruch geht auf alles, was der Besteller aufwenden mußte, um den Mangel zu beseitigen. R.G. bei Gruchot B. 25 S. 729. Der Grund, weshalb dieser Anspruch zugelassen ist, ohne daß sich der Besteller zunächst an den Werkmeister wegen Ausbesserung halten könnte und müßte, ist darin zu finden, daß davon auszugehen ist, daß dem Besteller nicht zugemuthet werden kann, es nochmals mit dem fehlerhaft arbeitenden Werkmeister zu versuchen. Nach R.G. Entsch. B. 21 S. 204 sind im Zweifel Fehler des Werks auf ein schuldhaftes Verhalten des Werkmeisters zurückzuführen.

[92a]) Vergl. oben bei Anm. 72 ff.

regeln, sind Vertragsansprüche und unterliegen als solche der ordentlichen Verjährung[92b]). Bei sofort erkannten unerheblichen Mängeln kann statt der Entschädigungsforderung aus der schuldhaften Herstellung des Werkes die Minderung des Kaufpreises nach den Grundsätzen von Gewährleistungsanspruch gefordert werden[92c]). Derselbe Anspruch besteht wegen der bei der Billigung verborgen gebliebenen, später hervorgetretenen Mängel[93]). Wird von dem Vertrage über das gefertigte Werk zurückgetreten, so ergiebt sich für den Fall, daß der Besteller des Werkes die dazu verwendeten Materialien geliefert hat, ein Anspruch auf Rückgabe von Materialien in gleicher Quantität und Qualität oder nach der Wahl des Bestellers auf Ersatz des Beschaffungspreises oder des Werths zur Zeit der Hingabe an den Werkmeister[93a]). Besonderheiten sind gesetzlich geregelt bei dem Bauvertrage. Auf diese ist unten einzugehen[93b]).

Vertragsmäßig kann die Pflicht, an Stelle des verworfenen Werkes ein anderes zu liefern und die gefundenen Fehler zu beseitigen begründet sein. Sehr häufig ist ein Garantievertrag dahin, daß der Werkmeister für die in gewisser Zeit hervortretenden Mängel aufzukommen und dieselben abzustellen verpflichtet sein soll. Ob dies in dem Sinne verabredet worden, daß sich darauf die Haftung beschränken soll, oder ob daneben die gesetzlichen Ansprüche bestehen, ist Auslegungsfrage[93c]). Die Ansprüche aus einer solchen Abrede sind Vertragsansprüche[93d]), die in der ordentlichen Verjährungszeit verjähren.

Der Preis ist nicht die Gegenleistung für die einzelnen Arbeiten des Werkmeisters, sondern für das fertige Werk einschließlich der etwa vom Werkmeister gelieferten Materialien[94]). Er gilt in dieser Hinsicht als in Pausch und Bogen für das Ganze bedungen[95]). Er wird daher auch nicht je nach den Fortschritten des Werks in entsprechenden Theilen, sondern erst nach dessen Vollendung fällig und muß im Zweifel sofort bei der Annahme entrichtet werden[96]). Freilich kann vereinbart werden, daß er statt dessen in einzelnen

---

92b) Vergl. R.G. Entsch. B. 21 S. 204. Anders bei der Bauverdingung s. Anm. 108.

92c) I. 11 § 951. Dieser Anspruch kann ohne Rücksicht auf einen verschuldeten Fehler erhoben werden.

93) Strieth. B. 37 S. 178. Rehbein II. S. 374. Wo ein eigentlicher Gewährleistungsanspruch anzunehmen ist, unterliegt er der kurzen Verjährung des § 343 I. 5.

93a) I. 11 §§ 949. 950.

93b) Unten bei Anm. 108.

93c) In dem Fall bei Strieth. B. 59 S. 159 (Rehbein I. S. 518) ist angenommen, daß der gesetzliche Anspruch daneben bestehe. Abweichend Strieth. B. 9 S. 16.

93d) Vergl. R.O.H.G. B. 6 S. 29, B. 23 S. 87.

94) Nebenarbeiten, z. B. Arbeiten und Zuthaten behufs Aufstellung und Gangbarmachung einer bestellten Maschine, sind unter dem für letztere bedungenen Preis nicht begriffen. Strieth. B. 19 S. 215.

95) Strieth. B. 26 S. 37.

96) I. 11 § 932. Im Falle des Annahmeverzuges Zögerungszinsen von Ablauf der bestimmten Zeit, wenn das Werk damals fertig war: § 940. Eine Abnahme des Bestellers liegt auch in schlüssigen Handlungen, z. B. im fortgesetzten Gebrauch. Strieth. B. 12 S. 334. Wenn der Preis vor der Abnahme des mit Material des Werkmeisters

Raten, nach Maßen oder Tagewerken[97]), während der Herstellung im Voraus gezahlt werde. Aber so wenig, wie bei Vorauszahlungen des Miethzinses wird durch solche Abrede der Charakter der Nachleistung geändert[98]). Da der Werkmeister als Werkverständiger vorausgesetzt wird, die Herstellung des Werks also zu seinem Erwerbsgeschäft gehört, so wird der Vertrag durch den Mangel einer Preisbestimmung bei der Bestellung nicht klaglos, sondern es muß der angemessene Preis nach dem Urtheil Sachverständiger gezahlt werden[99]).

Das jedem der beiden Theile für den Fall der Weigerung der Vertragserfüllung durch den anderen Theil im § 888 des elften Titels für alle Verträge über Handlungen zugesprochene Recht des **Rücktritts** findet auch bei Verträgen über ein verdungenes Werk Anwendung[99a]). Dagegen ist das im fünften Titel geordnete Rücktrittsrecht „auf Gefahr des Erklärenden" hier ausgeschlossen[99b]). Der Besteller hat jedoch dann ein Rücktrittsrecht, wenn das Werk zur bestimmten Zeit[99c]) in Folge eines Verschuldens des Werkmeisters oder eines in dessen Person eintretenden Zufalls nicht abgeliefert wird[100]), er verliert aber dieses Rücktrittsrecht, wenn er dem Werkmeister einmal erklärt hat, daß er bei dem Vertrage stehen bleiben wolle[101]). Nach

---

hergestellten Werks gezahlt worden ist, so tritt der von dem Kauf geltende Grundsatz: daß Preis und Waare nicht zugleich genutzt werden darf, nicht ein. Seuffert XIII. 10. Mit der Abnahme des Werks wird der Preis auch dann fällig, wenn bei der Annahme ein Vorbehalt wegen Fehler des Werks gemacht ist. R.G. bei Gruchot B. 24 S. 978. — Vergl. Entwurf des B.G.B. I. § 573, II. § 578, Reichstagsvorl. § 631.

97) l. 51 § 1 D. XIX. 2 non enim quidquam interest, utrum uno pretio opus, an in singulas operas collocatur: si modo universitas consummationis ad conductorem pertinuit. Koch, R. d. F. III. 988. Seuffert XVIII. 33.

98) I. 11 § 941.

99) I. 11 § 942.

99a) Vergl. Entwurf des B.G.B. § 578, Entw. II. § 584, Reichstagsvorl. § 639.

99b) Aus § 412 I. 5 folgt, daß die §§ 408—411 daselbst auf verdungene Werke nicht anzuwenden sind. Vergl. oben B. I. § 87 Anm. 40.

99c) Es genügt, daß die Zeit relativ bestimmt ist. R.G. bei Gruchot B. 37 S. 1026.

100) I. 11 § 938. Entsch. B. 19 S. 151. Strieth. B. 43 S. 317. R.O.H.G. B. 11 S. 158. R.G. Entsch. B. 15 S. 74. Den Entschuldigungsbeweis hat der Werkmeister zu führen. R.G. bei Gruchot B. 25 S. 986. Vergl. auch R.O.H.G. B. 21 S. 1. Entsch. d. O.Tr. B. 74 S. 153.

101) Entsch. B. 19 S. 151. 158 „denn die Wahl darf nicht in ein willkürliches Hin- und Herschwanken zwischen beiden Alternativen ausarten und der Werkmeister braucht sich ein wechselndes Ueberspringen von der einen zur andern nicht gefallen zu lassen." S. auch oben B. I. § 88 a. E. Das Recht des Werkmeisters besteht nur in seiner Preisforderung; darauf, daß der Besteller das Werk wirklich herstellen lasse, hat er kein Recht. Dem entsprechend nimmt auch Dernburg II. § 199 Anm. 20 an, daß der Werkmeister den Besteller eines Werks (insbesondere eines Baues auf seinem Grund und Boden) nicht nöthigen kann, den Bau ausführen zu lassen. Es genügt, daß er den bedungenen Lohn vollständig zahlen will. Abweichend das Reichs-Oberhandelsgericht B. 11 S. 158 für den Fall, wenn es als Theil der vertragsmäßigen Leistung des Bestellers erscheint, daß er sich die Ausführung des Werkes an seiner Sache gefallen lasse. In der That wird man dem zustimmen müssen, falls der Vertrag so zu interpretiren ist: wenn z. B. ein Erfinder sich die Ausführung seiner Idee an der Sache des Anderen mit der Maßgabe, daß das Werk dem anderen Theil gegen eine Bezahlung gehören solle, hat zusichern lassen. Vergl. auch Sintenis II. 674. Dresden. Ann. II. 220. Kohler bei Jhering B. 17 S. 276, bes. S. 279. Rocholl, Rechtsfälle B. 2 S. 43.

gemeinem Recht kann der Besteller auch dann zurücktreten, wenn bei der Ausführung der von dem Werkmeister aufgestellte Anschlag über die Kosten der vom Besteller zu liefernden Materialien überschritten werden muß. Das A.L.R. schweigt hierüber, aber trotzdem wird dem Besteller dieser Rücktritt einzuräumen sein, weil er sich zu der Mehrlieferung nicht verpflichtet hat[102]). Der Werkmeister dagegen darf aus dem Grunde, weil er sich zu seinem Schaden bei dem Anschlag verrechnet habe, nicht zurücktreten[103]). Ein ohne Rechtsgrund erfolgender Rücktritt des Bestellers, durch den der Werkmeister an Erfüllung des Vertrages gehindert wird, verpflichtet den Besteller zur Leistung des Vertragsinteresses.

Einige weitergehende und die obigen Bestimmungen zum Theil ändernde Besonderheiten giebt das A.L.R. noch bei Bauverdingungen[103a]). Es stellt die Vermuthung auf, daß wenn ein Bau vor der Uebergabe, wenn auch nach Vollendung des Werkes einstürzt oder sonst Schaden leidet, der Unfall aus einem Fehler des Baumeisters entstanden, der Bau also nicht abzunehmen ist[104]). Der Gegenbeweis richtet sich darauf, daß der Schaden durch bloßen Zufall oder durch einen Fehler verursacht worden, den der Baumeister als Kunstverständiger nicht zu vertreten hat[105]). Dann hat der Besteller den Unfall zu tragen[106]). Daß hierin keine Abweichung von der allgemeinen Regel vom Tragen der Gefahr liegt, ist oben ausgeführt[107]). Nach der Uebernahme haftet der Baumeister für später hervortretende Kunstfehler noch drei Jahre, für Materialfehler „zu allen Zeiten innerhalb der gewöhnlichen Verjährungsfrist", d. h. der dreißigjährigen Verjährung; die Sache wird also angesehen, als ob in dieser Weise ein ausdrücklicher Garantievertrag geschlossen wäre[108]).

---

102) I. 60 § 4 D. XIX. 2. Koch, R. d. F. III. 988.

103) I. 11 § 927.

103a) Begriff des Baus als Gegenstands der Bauverdingung vgl. in R.G. Entsch. B. 30 S. 153. R.G. bei Gruchot B. 30 S. 995.

104) I. 11 § 966. Auch hier ist Vertrag mit dem Baumeister als Sachverständigen, nicht ein bloßer Entreprisevertrag vorausgesetzt. Präj. 35. (Samml. I. S. 69.) Strieth. B. 48 S. 78, B. 82 S. 248. Vor Vollendung des Baus kann gar nicht in Frage kommen, ob der Baumeister erfüllt hat, wenn nicht der Bauherr das unvollendete Gebäude unter Bezahlung des Preises als Erfüllung des Vertrages anzunehmen bereit ist. Oben bei Anm. 84a.

105) I. 11 § 967.

106) I. 11 § 967. Der Satz Försters: „der Werkmeister verliert aber auch den bedungenen Lohn, die Gefahr wird also von beiden Seiten getragen", kann nicht aufrecht erhalten werden. Vergl. oben bei Note 77.

107) B. I. § 108 Anm. 20, wo der Grund dafür, daß es der Ablieferung des fertig gestellten Werks abweichend von anderen Werkverdingungen für den Uebergang der Gefahr nicht bedarf, darin gefunden ist, daß der Eigenthümer des Grundes und Bodens auch ohne Ablieferung der Eigenthümer des Baues sei. Dernburg II. § 201 Anm. 10 will deshalb die Gefahr schon während des Baus den Bauherrn tragen lassen. Dann hätte das Landrecht sich gewiß nicht mit den Worten begnügt „dann trifft der Verlust den Bauherrn"; der vorher eintretende Verlust trifft den Werkmeister, nicht als ein die Sache treffender Zufall, sondern weil dadurch die Fertigstellung des Werkes, ohne die er nicht Bezahlung fordern kann, verhindert oder verzögert wird. Mit der Fertigstellung des Baus und dem begründeten Recht auf Abnahme ist der Lohn verdient.

108) I. 11 §§ 968. 969. Diese §§ schließen die §§ 343 f. I. 5 aus. Strieth. B. 59 S. 159,

IV. **Einwirkungen des Konkurses.** Arbeiter, Handwerker, Werkmeister und Künstler haben wegen ihrer Forderungen für Arbeit und Auslagen in Ansehung der dem Besteller gehörigen, von ihnen gefertigten oder ausgebesserten und **noch in ihrem Gewahrsam befindlichen** Sachen im Falle eines Konkursverfahrens über das Vermögen des Bestellers sowie im Falle der Konkurrenz mit pfändenden Gläubigern gleiche Rechte wie die Faustpfandgläubiger[109]), d. h. sie haben ein Recht auf abgesonderte, oder auf vorzügliche Befriedigung aus der Sache, wie sie auch dem Besteller gegenüber nur gegen Bezahlung zur Auslieferung verpflichtet sind, was das A.L.R. ein Zurückhaltungsrecht nennt[110]). Haben sie aber die Sache bereits abgeliefert, so können sie ihre Preis- oder Lohnforderung nur als einfache Konkursgläubiger geltend machen[111]). Der zur Zeit der Eröffnung des Konkursverfahrens von der einen oder der anderen Seite noch nicht erfüllte Vertrag über Handlungen steht, sofern das Recht auf die Handlungen oder aus diesen in die Konkursmasse fällt, regelmäßig unter dem in § 117 besprochenen Wahlrecht des Verwalters aus § 15 der Konkursordnung. Ebendaselbst ist auf die abweichende Behandlung der Dienstverhältnisse in dem Haushalt, Wirthschaftsbetrieb oder Erwerbsgeschäft des Gemeinschuldners hingewiesen. Handelt es sich um Verträge, die kein schon zur Zeit der Konkurseröffnung der Zwangsvollstreckung unterliegendes Recht begründet haben, sei es, weil die dem Gemeinschuldner zugesicherten Dienste mit der Person des Gemeinschuldners zusammenhängen, so daß sie nur ihm zu leisten sind, ohne daß ein dauerndes Dienstverhältniß im Haushalt des Gemeinschuldners in Frage steht, sei es daß das Recht des Gemeinschuldners von solchen Diensten, die er persönlich noch zu leisten hat, abhängig ist, so besteht das Vertragsverhältniß unberührt durch die Konkurseröffnung als solche fort; es ist aber möglich, daß diese als ein veränderter Umstand ein Rücktrittsrecht begründet.

Besonderheiten bestehen noch für den **Werkverdingungsvertrag**. Wegen des in einer unbeweglichen Sache verbauten Materials und der dazu gelieferten Arbeiten hat der Werkmeister, so lange das Konkursverfahren über das Vermögen des **Bestellers** noch nicht eröffnet ist, das Recht, zu bean-

---

B. 82 S. 248. Die dreijährige Verjährung des § 989 greift auch im Fall kontraktwidrigen Verhaltens des Baumeisters durch. R.G. Entsch. B. 27 S. 273. Bei öffentlichen Bauten sollte der Baumeister nach röm. R. noch 15 Jahre haften, l. 8 C. VIII. 12.

109) K.O. § 41 Nr. 6. Ausf.Ges. zur K.O. v. 6. März 1879 § 7. (Früheres Recht: preuß. Konk.Ordn. v. 1855 § 33 Nr. 9.) Nur für die dem Besteller, also auch zu dessen Konkursmasse gehörigen Werke und Materialien ist der Satz erheblich. Gehören die Materialien beziehungsweise das gefertigte Werk dem wegen seines Lohns noch nicht befriedigten und noch im Besitz des Werkes befindlichen Arbeiter oder Werkmeister, so erlangt der Verwalter darauf nur ein Recht, wenn er in Gemäßheit des § 15 K.O. in den Vertrag eintritt.

110) I. 11 § 974. Oben B. I. § 110.

111) I. 11 § 973. Dresd. Ann. I. 32. Das in § 971 bezeichnete Vorrecht im Konkurse ist schon bei Beseitigung des § 424 I. 50 A.G.O. durch die preuß. Konkursordnung antiquirt.

sprechen, daß seine Forderung, und wenn diese dem Betrage nach noch nicht feststeht, eine Kaution deshalb für ihn in das Grundbuch eingetragen werde[112]). — Wenn über das Vermögen des Werkmeisters vor Vollendung des Werks das Konkursverfahren eröffnet ist, so steht dem Konkursverwalter, um die Erfüllung des Vertrags gegenüber der Masse zu erlangen, nicht das Recht zu, an Stelle des Gemeinschuldners den Vertrag zu erfüllen, und also als Werkmeister an dessen Stelle zu treten, — das braucht sich der Besteller nicht gefallen zu lassen[113]). Ist aber das Werk bereits zur Zeit der Konkurseröffnung fertig, so soll der Besteller das in der Masse vorhandene Werk gegen Erlegung des noch schuldigen Preises fordern können, also nicht bloß das bereits im Eigenthum des Bestellers befindliche Werk, z. B. den Bau auf seinem Grundstück, — das brauchte nicht ausgedrückt zu werden, — sondern das zur Zeit der Konkurseröffnung noch dem Gemeinschuldner gehörige Werk, das erst durch Ablieferung in das Eigenthum des Bestellers übergehen soll. Diese Bestimmung ist weder durch die preußische noch durch die Reichskonkursordnung geändert worden[114]). Sie schließt aus, daß der Konkursverwalter die Nichterfüllung des Vertrages wählen und den Besteller auf Geltendmachung seines Interesses als Konkursgläubiger verweisen könnte. Mit anderen Worten, das bereits fertige Werk ist als Vertragserfüllung dem Besteller schlechthin herauszugeben, aber der „noch schuldige" Preis ist dafür zu erlegen. Ist der Preis schon vorher dem jetzigen Gemeinschuldner gezahlt, so wird eben kein Preis mehr verschuldet; ist theilweise gezahlt, so kann nur der Rest für die Konkursmasse beansprucht werden[115]). — Ob eine Pflicht des Bestellers zur Abnahme des Werks und zur Zahlung besteht,

---

112) I. 11 § 972. Entsch. B. 41 S. 110. Strieth. B. 33 S. 341, B. 40 S. 112. R.G. bei Gruchot B. 33 S. 1077. R.G. Entsch. B. 26 S. 228. Das Recht steht nicht bloß dem Baumeister, sondern auch dem Werkmeister zu, der nur zu verbauende Materialien gefertigt hat. R.G. Entsch. B. 26 S. 228. Weitergehend Entw. des B.G.B. § 574, Entw. II. § 583 Abs. 2, Reichstagsvorlage § 638, während dem Entwurf I. das hier in Rede stehende Recht fremd war. Der § 972 ist durch § 19 des Ges. v. 5. Mai 1872 über den Eigenthumserwerb insofern geändert, als wenn der Eigenthümer die Eintragung nicht bewilligt, erst dessen rechtskräftige Verurtheilung erfolgen muß; bis dahin Möglichkeit der Vormerkung.

113) K.O. § 15. Vergl. oben B. I. § 117. Das Vertragsrecht, durch individuelle Leistung des Gemeinschuldners selbst das Recht auf die Gegenleistung zu erwerben, gehört nicht zur Konkursmasse. Wenn der Gemeinschuldner bereit ist, auf Rechnung der Konkursmasse als Werkmeister zu fungiren, so ist der Konkursverwalter in der Lage zu erfüllen; aber diese Bereitwilligkeit hat die Konkursmasse vom Gemeinschuldner nicht zu fordern. Sie muß sie sich verschaffen. Andererseits kann der Gemeinschuldner das halbfertige in der Masse befindliche Werk nicht ohne Zustimmung des Verwalters, also nicht ohne ein Abkommen über das gegenseitige Verhältniß zur Fertigstellung und zum Erwerb eines trotz der Konkurseröffnung ihm zustehenden Anspruchs verwenden.

114) I. 11 § 975. Sowohl die preuß. K.O. § 20, als die Reichs-K.O. § 20 haben die Bestimmungen, welche über Einwirkung der Eröffnung des Konkursverfahrens auf bestimmte Rechtsverhältnisse, wo diese Einwirkung nicht durch die K.O. besonders geregelt ist, ausdrücklich aufrecht erhalten.

115) Uebereinstimmend v. Wilmowski zu § 20 K.O. Abweichend v. Völderndorff zu diesem §. Nur eine als Konkursforderung zu erhebende Entschädigungsforderung will v. Sarwey zulassen.

wird von der Beschaffenheit des Werks abhängen. — Wählt der Verwalter bei unvollendetem Werk Nichterfüllung, so nimmt der Besteller nur die ihm gehörigen Materialien aus der Konkursmasse als Aussonderungsberechtigter heraus[116]), wegen seiner Ansprüche aus der Nichterfüllung des Vertrages hat er sich als Konkursgläubiger auf das Konkursverfahren einzulassen[117]). — Von der Konkurseröffnung nicht berührt wird das etwaige Recht des Werkmeisters, das aus der Konkursmasse nicht zu gewährende Werk auch nach der Konkurseröffnung fertig zu stellen und damit den Anspruch auf die Gegenleistung als einen nicht in die Konkursmasse fallenden zu gewinnen.

B. Verträge, die auf Erhaltung von Rechten durch ein stellvertretendes Thun abzielen.

§ 139. Der Verwahrungsvertrag.

A.L.R. I. 14 §§ 9—108. Bornemann III. 255. Daniels III. 293. Koch, Priv.R. II. 366. R. d. F. III. 439. Gruchot B. 15 S. 780f. Dernburg II. §§ 211. 212. Preuß. Gerichtszeitung 1859, Nr. 30. 31. Fischer § 80. — Glück XV. 137. Unterholzner II. 659. Vangerow III. § 630. Arndts § 285. Keller § 307. Windscheid II. §§ 377f. Dernburg, Pand. II. §§ 92. 93. Stobbe, Zur Geschichte des deutschen Vertragsrechts 215. Luden im Rechtslexikon B. 3 S. 314f.

Der 14. Titel des A.L.R. I. trägt die Ueberschrift: von Erhaltung des Eigenthums und der Rechte. Unter diesem Gesichtspunkt wird der Verwahrungsvertrag abgehandelt, weil „auch dadurch, daß ein Anderer die Sache im Namen des Eigenthümers in seiner Gewahrsam hat, für Letzteren das Eigenthum derselben erhalten wird“[1]). Die Erhaltung des Eigenthums ist aber bei der Hinterlegung nur der äußere und nicht immer der einzige Zweck, ist auch ohne Erheblichkeit für den Begriff des Vertrages. Dieser

---

[116]) I. 11 § 976, K.O. § 35.

[117]) K.O. § 21. — Abweichend waren I. 11 §§ 977. 978. Das ein Sonderrecht auf vorzugsweise Befriedigung aus dem in der Masse befindlichen Werk mit der K.O. — auch schon mit der preuß. K.O. — nicht vereinbar erscheint, ist klar; zweifelhafter ist, ob das Recht des Bestellers, die erweislich mit einem gerade dazu gegebenen Vorschuß angeschafften Materialien als sein Eigenthum aus der Konkursmasse herauszunehmen, fortbesteht. Dies wäre anzunehmen, wenn sich § 977 dahin verstehen ließe, daß die mit Vorschußgeld des Bestellers beschafften Materialien sofort Eigenthum des Bestellers würden. Aber es ist feststehender Satz auch des preußischen Rechts, daß, was der Beauftragte ohne Darlegung eines Stellvertretungsverhältnisses in Erfüllung des Auftrags erwirbt, sein Eigenthum wird, das er nur ex contractu dem Auftraggeber herauszugeben hat. Diese Regel durchbrach § 977 nur für den Fall des Konkurses. Die Sondervorschrift für den Konkurs aber ist durch §§ 21. 35 K.O. beseitigt. Die Konkursordnung kennt ein landesgesetzliches Aussonderungsrecht nur bezüglich solcher Sachen, welche bei der Konkurseröffnung dem Gemeinschuldner nicht gehören. So auch Motive zur Konk.O. S. 85.

[1]) I. 14 §§ 1. 2.

schließt sich dem der Verträge über Handlungen [2]) insofern an, als der Verwahrer zu einer dem anderen Theil um ihrer selbst willen erheblichen Thätigkeit verpflichtet wird, nicht bloß zu einem Haben und Halten, sondern zu einem Bewahren der Sache einer custodia. Aber der Vertrag ist ebenso wie die anderen Verträge über eine stellvertretende Thätigkeit, der Vollmachtsauftrag und der Verwaltungsvertrag [3]), eigenthümlich ausgestaltet und der Einwirkung der allgemeinen Vorschriften betreffend die Verträge über Handlungen entzogen. Das wirthschaftliche Ziel tritt bei der sich an die Bewahrung anschließenden Pflicht der Rückgabe hervor: die Bewahrung soll den Verwahrenden hierzu in Stand setzen, der andere Theil sichert sein künftiges Haben der Sache. Dieses Zurückgeben ist aber keine Pflicht zum Geben im landrechtlichen Sinne, und der Verwahrungsvertrag begründet somit kein Recht zur Sache, die Rechtsstellung des andern Theils erlangt durch das Geben keine Vermehrung; vielmehr tritt auch nach dieser Seite hervor, daß es sich nur um Erhaltung einer bereits bestehenden Rechtsstellung zu der verwahrten Sache handelt.

Der Verwahrungsvertrag begründet die Verbindlichkeit, eine übernommene fremde Sache aufzubewahren und künftig zurückzugeben [4]): zu Grunde liegt ein custodiendum reddendumque datum [5]). Weil er dieses dare als noth-

---

[2]) Oben B. I. § 65 Anm. 5, B. II. § 138 Anm. 2.

[3]) Förster rechnete zu den Verträgen, bei denen das Thun den alleinigen Inhalt des Vertrags bildet, auch den Gesellschaftsvertrag. Es wird bei § 143 zu zeigen sein, daß hier die Pflicht des einzelnen Gesellschafters zu handeln etwas Zufälliges, Nebensächliches ist, und daß das Wesen des Vertrags in der Vergemeinschaftlichung eines Erwerbs liegt.

[4]) I. 14 § 9. Vergl. Entwurf des B.G.B. § 614, Entw. II. § 628. Reichstagsvorlage § 675 (Hinterlegungsvertrag). Ueber den Begriff des Verwahrungsvertrages nach preuß. R. vergl. R.O.H.G. IV. 19. Stegemann IV. S. 290. Rechtspr. I. 434 ist angenommen, daß derjenige nicht als Depositar hafte, welcher eine fremde, ihm nicht besonders übergebene Sache, ohne sich zu deren Aufbewahrung und Rückgabe zu verpflichten, in ein ihm gehörendes Behältniß zu bringen gestattet. Gegen diese Entscheidung polemisirt Koch (Komm. zu § 9, R. d. F. III. S. 442) insofern mit Unrecht, als das bloße Gestatten, daß eine fremde Sache hingelegt werde, das Dulden, noch keine Verpflichtung zur custodia erzeugt. Als Gegensatz des Depositums erscheint hier das commodatum loci. Gerade die Pflicht zur Aufbewahrung muß vertragsmäßig übernommen werden. Das Zusenden unbestellter Gegenstände macht den Empfänger nicht zum Depositar. Daß deposita nicht aufgedrungen werden können, ist auch in der gemeinrechtlichen Praxis angenommen. Geiger und Glück, Merkw. Rechtsfälle B. 3 S. 270. Wer aber in der angegebenen Weise zum Inhaber geworden ist und zwar die Abholung verlangt, aber nicht in Folge der mora recipiendi gerichtlich hinterlegt, also den Gewahrsam fortsetzt, haftet kraft der aus § 137 I. 7 und aus dem Haben ohne Grund sich ergebenden Pflicht, die Sache zum Besten dessen, dem der Besitz gebührt, zu erhalten. Striethorst B. 97 S. 88. Rehbein II. S. 659. Vergl. aber auch H.G.B. Art. 348 und dazu R.O.H.G. B. 20 S. 202.

[5]) l. 1 pr. l. 6 D. XVI. 3. Sowie der Zweck der Hingabe auf etwas Weiteres geht, als auf die custodia, wenn insbesondere mit der Sache etwas anderes geschehen soll, so hört der Vertrag auf Verwahrungsvertrag zu sein. Ist aber die Verwahrung die vertragsmäßige Hauptpflicht, so können bedungene Nebenleistungen bezüglich der Erhaltung der Sache oder betreffend Ablösung und Verwerthung der Zinsscheine hinterlegter Papiere, Ueberwachung der Auslosung, Einziehung ausgeloofter Papiere die Natur des Geschäfts nicht ändern. Strieth. B. 22 S. 308. Rehbein II. S. 664.

wendig voraussetzt, um die Verpflichtung zu erzeugen, so gehört er im römischen Recht zu den Realkontrakten[6]), und auch die preußische Rechtswissenschaft hat ihn dazu zu zählen[7]). Ein in gehöriger Form geschlossener Vertrag über die künftige Annahme einer Sache zur Aufbewahrung kann hiernach nur als ein pactum de contrahendo in Betracht kommen[8]).

In formeller Beziehung ist der durch Hinterlegung mit der Vertragsabrede der Verwahrung und Rückgabe begründete Vertrag von der Schriftform des Landrechts frei; hierbei ist auch keine Ausnahme für den Fall gemacht, wenn die Abreden von den Naturalien des Geschäfts abweichen; es sind andere Beweismittel über das, was vorgegangen ist, hinreichend[9]). Ist aber der Vertrag schriftlich geschlossen, so gelten die Grundsätze von der Unverbindlichkeit der mündlichen Nebenabreden; ein einseitig ausgestellter Depotschein aber ist nicht — wie der Schuldschein — vom Gesetz zur Vertragsurkunde erklärt, er ist ein einseitiges Bekenntniß zu dem Vertrage, neben dem andere Beweismittel von Erheblichkeit bleiben[10]).

Gegenstand dieses Vertrages können nach römischem Recht nur bewegliche Sachen sein[11]). Wird eine unbewegliche Sache der Obhut eines Andern anvertraut, so setzt dies meist eine größere Thätigkeit voraus, als das „bei sich liegen lassen". Das A.L.R. wendet aber auch auf einen solchen Fall die Regeln des Verwahrungsvertrages an, vorausgesetzt, daß mit der Obhut nicht eine Verwaltung verbunden ist[12]).

---

6) § 3 J. III. 15.

7) Vergl. B. I. § 72 Anm. 2 und oben den Eingang des § 137. Förster war auch hier für die Annahme eines Konsensualvertrages, und diesen Standpunkt hat auch, wie Koch, R. d. F. III. 439, das Reichs-Oberhandelsgericht (B. 19 S. 24) eingenommen, freilich mit der Maßgabe, daß die Pflicht zur Restitution erst durch die Hingabe begründet werde. Der Wortlaut des § 9 I. 14 „wenn übergeben worden", spricht ganz klar dafür, daß die Verbindlichkeit des Verwahrers erst mit der Uebergabe beginnt, daß also diese Uebergabe nicht solvendi causa innerhalb desselben Vertragsverhältnisses (Unger bei Jhering VIII. 16) noch conditionis implendae causa (Demelius bei Jhering III. 405), sondern contrahendi causa geschieht um diejenigen Verbindlichkeiten hervorzurufen, von denen die folgenden Paragraphen allein handeln.

8) Besondere Regeln für dies pactum de contrahendo, wie beim pactum de mutuando, giebt es nicht. Aber da der Verwahrungsvertrag wesentlich einseitig ist und im Interesse des Deponenten geschlossen wird, (bei Seuffert XVI. 211 wird das Wesen in eine dem Deponenten erwiesenen Gefälligkeit gesetzt), so wird praktisch nur die Pflicht, als Depositum anzunehmen, nicht die Pflicht, zu deponiren, vorkommen, wenn nicht noch andere Zwecke bei der beabsichtigten Hinterlegung verfolgt werden. Jedenfalls soll die Hingabe der Sache an den Depositar nicht seine Rechtstellung zur Sache verbessern, ihn nicht in eine dingliche Beziehung zur Sache setzen, er wird vielmehr bloßer Inhaber.

9) I. 14 § 10. Die thatsächliche Uebergabe ist die Voraussetzung des § 10. Ein Vertrag, wonach Jemand eine bereits in seinem Gewahrsam befindliche Sache für einen Andern bewahren und statt jenen inne haben soll, ist ein der allgemeinen Formregel des § 131 I. 5 unterstellter Vertrag. R.G. Entsch. B. 1 S. 391.

10) Vergl. Koch, R. d. F. III. 440.

11) l. 1 pr. D. XVI. 3 dictum ex eo quod ponitur. Koch, R. d. F. III. 440. Windscheid § 378 Anm. 4. Ebenso Entwurf des B.G.B. § 614, Entw. II. § 628, Reichstagsvorl. § 675.

12) I. 14 §§ 90. 91. Dies ist übrigens auch schon in der gem. rechtl. Praxis behauptet

Der Verwahrungsvertrag ist an sich **einseitig**, d. h. er erzeugt auf der Seite des Gläubigers, des Niederlegers, nur Rechte, er gereicht nur diesem zum Vortheil. Diese Einseitigkeit ist aber nicht ein in dem Maße wesentliches Merkmal, daß der Verwahrungsvertrag aufhört ein solcher zu sein, wenn auch der Niederleger zu Leistungen verpflichtet wird. Er muß nicht allein, wie im römischen Recht einen Schaden oder Aufwendungen und Kosten des Verwahrers erstatten, sondern der Vertrag ist auch dann Verwahrungsvertrag, wenn der Niederleger ausdrücklich oder stillschweigend eine Belohnung für die Aufbewahrung verspricht[13]).

Der Uebernehmer ist verpflichtet zur **Verwahrung**, d. h. er hat die Thätigkeit aufzuwenden, die nöthig ist, um die Sache unversehrt zu erhalten. Die Thätigkeit hat sich dabei zunächst auf die Gewährung einer sicheren und unschädlichen Aufbewahrungsstelle zu richten. In dieser ist der Gegenstand zu dulden[14]). Die Pflicht kann sich aber auch steigern: der Verwahrer ist nicht bloß berechtigt, sondern verpflichtet, den im Vertrage oder sonst durch den Deponenten bestimmten Verwahrungsort und die ebenso bestimmte Art der Verwahrung zu ändern, wenn die bisherige Verwahrung nicht mehr sicher, nicht mehr unschädlich oder überhaupt nicht mehr ausführbar ist. Der Verwahrer soll dann dem Niederleger von der Veränderung ohne Zeitverlust Nachricht geben, sonst haftet er ihm für die Nachtheile, die ihm durch Unkenntniß der Veränderung erwachsen[15]). Weiter ist es denk-

---

worden, z. B. von Voet, Comm. ad pand. XVI. 3 § 3. Walch, Controv. j. c. 526. Lauterbach, Colleg th. pr. XVI. 3 § 10. Höpfner, Komment. § 779. — Ueber das Depositum einer eigenen Sache des Depositars vergl. unten Anm. 46.

[13]) Das römische Recht sieht in dem custodiendum dare, si mercedem accipit Dienstmiethe, l. 1 § 8. 9 D. XVI. 3. Glück B. 15 S. 143. Aber man beachte, daß in § 8 von servare vestimenta und in § 9 von custodire servum in pistrino, also von einer größeren Thätigkeit die Rede ist, als von einem bloßen custodire. Wer z. B. während des Sommers seine Pelzsachen bei einem Kürschner einlegt, schließt nicht nur einen Verwahrungsvertrag ab, es werden die Dienste, die Arbeit des Kürschners gemiethet. Daß an sich eine Belohnung dem Verwahrungsvertrage nicht entgegensteht, wenn es sich auch wirklich um ein bloßes custodire et reddere handelt, ist von den Römern nicht verkannt worden: l. 2 § 24 D. XLVII. 8 „pretium depositionis, non quasi mercedem". Lauterbach, coll. th. pr. XVI. 3 § 15. — Im A.L.R. ist Unentgeltlichkeit nicht zum Begriff des Depositums erfordert, I. 14 §§ 9. 17. 48. 76, die Abrede des Entgelts ist aber ein Accidentale, eine Nebenabrede, nicht ein das Wesen des einzelnen Vertrags änderndes Moment. Vergl. hierzu Ges.Rev. XIV. S. 2, vergl. oben Anm. 10. Ist aber im mündlichen Vertrage eine Belohnung bedungen, so kann diese, wenn die Aufbewahrung geleistet ist, nach den Grundsätzen von Verträgen über Handlungen gefordert werden, und wer aus dem Aufbewahren ein Gewerbe macht, kann auch hier eine nur stillschweigend bedungene Belohnung wie für eine andere Thätigkeit beanspruchen. — Vergl. Entwurf des B.G.B. § 615. Entw. II. § 629, Reichstagsvorl. § 676.

[14]) Die verwahrte Sache gegen Feuersgefahr zu versichern, ist der Depositar nicht verpflichtet, selbst wenn er seine eigenen Sachen versichert hat. Das geht in Geschäftsbesorgung über. Strieth. B. 41 S. 83. — Vergl. über die Pflicht des Verwahrers Entwurf des B.G.B. §§ 616. 617, Entw. II. §§ 631. 632, Reichstagsvorl. §§ 678. 679.

[15]) I. 14 §§ 15. 16. Koch, Komm. Note zu § 16; Bornemann III. 257 läßt den Depositar nur für den Schaden haften, den der Niederleger durch eine anderweitige Disposition hätte vermeiden können. Das beschränkt zu sehr. Ganz abwegig ist die Ansicht von Bielitz, Komm. III. 371, der die Folgen der §§ 36. 37 eintreten lassen will. Die

bar, daß zur Erhaltung der Substanz ein gewisser Gebrauch der Sache nothwendig ist. Dann muß der Verwahrer die Sache auch in dieser Weise gebrauchen[16]). Sonst ist ihm nach der Natur des Vertrags Gebrauch und Nutzung für sich versagt[17]), und wenn auch noch nicht die Gestattung des Gebrauchs seitens des Niederlegers, sondern erst das darauf hin erfolgende Gebrauchen selbst die Natur des Vertrags verändert[18]), so setzt dies doch voraus, daß die Sache ursprünglich nach der Absicht der Parteien nur zur Verwahrung gegeben und angenommen worden ist. War von Anfang die Absicht darauf gerichtet, daß der Empfänger gebrauchen will und darf, hat er die Sache zu diesem Zweck angenommen oder erbeten, so tritt die Pflicht zur Verwahrung in den Hintergrund, und es hat der Vertrag sofort die Natur eines Leihvertrags, eines Prekariums oder eines Miethsverhältnisses[19]). Gebraucht oder nutzt der Verwahrer die Sache ohne Erlaubniß des Niederlegers, so macht er sich für den Schaden verantwortlich; er muß dann dem Niederleger von Baarschaften oder verbrauchbaren Sachen vom Zeitpunkt ihres Empfangs die höchsten zulässigen Zinsen entrichten[20]). Zur Vornahme von Verbesserungen ist der Verwahrer nicht verpflichtet und nicht berechtigt. Ob er, wenn er solche vorgenommen hat, dafür Ersatz fordern kann, hängt von der ausdrücklichen oder stillschweigenden Genehmigung durch den Niederleger ab[21]).

Die Pflicht zur Verwahrung dauert so lange, wie der Vertrag es bestimmt oder die bekannte Absicht des Niederlegers fordert[22]). Die im Vertrag verabredete Zeitbestimmung gilt zu Gunsten des Niederlegers[23]), giebt also dem Verwahrer kein Recht, der früher verlangten Rückgabe zu widersprechen. Der Verwahrer kann trotz einer Zeitbestimmung dann, wenn er außer Stand gesetzt ist, die Sache sicher und ohne Nachtheil für sich selbst ferner zu behalten, fordern, daß er vom Niederleger befreit werde, und er kann, wenn dies nicht geschieht, oder der Aufenthalt des Niederlegers unbekannt ist, die Sache in gerichtliche Verwahrung oder Aufsicht abliefern[24]). Wird gegen Entgelt verwahrt, so kommen hierbei nur solche veränderten Umstände in Betracht, die zur Zeit des Vertragsabschlusses nicht vorausgesehen werden

---

§§ 15. 16 sind auch anwendbar, wenn der Verwahrer die Verwahrung durch einen Anderen fortsetzen läßt. Vergl. R.O.H.G. B. 4 S. 96.

[16]) I. 14 § 81. Z. B. ein eingestelltes Pferd täglich ausreiten, damit es nicht steif wird. Dadurch geht aber das depositum nicht in ein Kommodat über, denn der Depositar gebraucht nicht für sich, der Gebrauchswerth geht nicht in sein Vermögen über.

[17]) I. 14 § 80.

[18]) I. 14 §§ 82. 83. Das Geschäft wird Darlehn (Depositum irregulare), Leihe oder Miethe. Vergl. l. 10 D. XII. 1. l. 1 § 34 D. XVI. 3.

[19]) l. 1 § 9. l. 9 § 9 D. XII. 1. l. 34 pr. D. XVII. 1. Koch, R. d. F. III. 443.

[20]) I. 14 §§ 85. 87. Oben B. I. § 68 Anm. 73.

[21]) I. 14 §§ 44. 45.

[22]) I. 14 § 46. Natürlich nur die bei Annahme des Depositums bekannte Absicht.

[23]) I. 14 § 55. Entw. d. B.G.B. §§ 624. 625, Entw. II. §§ 635. 636, Reichstagsvorl. §§ 682. 683.

[24]) I. 14 §§ 47. 50. 51. 52.

konnten, und von dem Entgelt wird der Betrag der Kosten abgerechnet, die dem Niederleger durch die zur anderweitigen Aufbewahrung nothwendigen Veranstaltungen erwachsen[25]).

Der Verwahrer ist nur verpflichtet, die ihm anvertraute Sache mit demselben Fleiße zu bewahren, wie er bei eigenen Sachen gleicher Art zu thun pflegt. Kann diese eigene Gewohnheit nicht festgestellt werden, läßt sich also der Grad der Verantwortlichkeit hiernach nicht abmessen[26]), so haftet er bei einer unentgeltlich übernommenen Verwahrung, und wenn er in der vom Niederleger bestimmten Art der Verwahrung eigenmächtig nichts geändert hat, nur für grobes Versehen; bei entgeltlicher oder vom Verwahrer angebotener Verwahrung ist er für mäßiges Versehen haftbar[27]). Bei eintretender Gefahr des Verlustes darf jeder Verwahrer die eigene Sache der anvertrauten vorziehen. Darin allein liegt kein Versehen[28]). Nach dem Grade des zu vertretenden Versehens wird hier, wie sonst, den Umfang des Schadenersatzes abgemessen[29]). Für den Zufall steht der Verwahrer ein, wenn er die Sache

---

[25]) I. 14 §§ 48. 49.

[26]) I. 14 §§ 11. 12. 13. 20. Ueber das Verhältniß des § 11 zu § 12 ist schon B. I. § 104 Anm. 35 gehandelt. Die §§ 12 ff. fehlen in dem Entwurf des Allgemeinen Gesetzbuchs. Svarez berichtet dann in der Revisio monitorum (B. 80 fol. 268 v.) bezüglich des Depositums: „Es werden die gewöhnlichen Monita gegen culpa in concreto wiederholt, denen auf die gewöhnliche Weise, d. h. dadurch abzuhelfen sein wird, daß, wenn die Diligentia in concreto nicht ausgemittelt werden kann, culpa lata in abstracto prästirt werden muß." Hiernach ist klar, daß die Dil. in concr. als das in erster Linie Entscheidende schlechthin aufrecht erhalten ist, und daß — entgegen der von Förster hier vertretenen Ansicht — die Diligentia quam suis nicht bloß eine Ermäßigung, sondern unter Umständen auch eine Steigerung über daß Maß der §§ 12. 17 bedeutet. Eine verstärkte Haftung auf Grund des Nachweises der Sorgfalt in eigenen Angelegenheiten giebt auch § 214 I. 17, gegenüber §§ 212. 213 ebenda. Vergl. unten § 143 Anm. 51. — Der Wortlaut des § 11 steht freilich auch der Annahme nicht entgegen, daß ein in eigenen Sachen besonders unachtsamer Verwahrer auf Grund dieser seiner Eigenschaft die Haftung für Culpa lata ablehnen könnte; aber das Recht stellt regelmäßig Culpa lata in abstracto dem dolus gleich. — Bezüglich des gemeinen Rechts vergl. Glück XV. S. 181. Ueber altdeutsches Recht s. Stobbe a. a. O. Sachsensp. III. 5 § 3 verlangt nur unverschuldeten Verlust, der Schwabenspiegel 201. 258 dagegen, daß der Depositar die fremde Sache in besserer Hut halte als die eigne.

[27]) I. 14 §§ 17. 18. Die Entscheidung bei Strieth. B. 22 S. 308 hat angenommen, daß ein gewerbsmäßiger Verwahrer (ein Stallmeister, der fremde Pferde in Pension nimmt), für den durch Schuld seiner Dienstleute verursachten Schaden an sich nicht zu haften, sondern nur für ein Versehen einzustehen habe, dessen er sich bei der Auswahl und Beaufsichtigung der Leute schuldig gemacht habe. Förster nahm im Gegensatz hierzu eine unbedingte Verantwortlichkeit für die mäßigen Versehen der Dienstleute an, und zwar auch wenn der Deponent gewußt hat, daß die Aufsicht nicht vom Depositar persönlich, sondern von seinen Leuten besorgt wird. Es wird zu unterscheiden sein: von der Rückgabe der Sache wird der Depositar nicht frei, wenn die von ihm zu bewahrende Sache durch ein mäßiges Versehen seiner gut ausgewählten Leute verloren gegangen ist; denn die Verwahrungspflicht hat er selbst; wenn aber bei dem konservirenden Gebrauch der Pferde, der vertragsmäßig nicht dem Verwahrer selbst zugemuthet ist, der gut ausgewählte Dienstbote das Pferd beschädigt, so haftet der Verwahrer nicht, ebensowenig, wie er haftet, wenn ein Dritter den Schaden zugefügt hat, ohne daß ein eigenes mäßiges Versehen konkurrirt. Vergl. Entw. des B.G.B. § 616, Entw. II. § 631, Reichstagsvorl. § 678. — Ueber das Anbieten zur Verwahrung, das die Haftpflicht steigert, s. oben B. I. § 104 Note 27.

[28]) I. 14 § 20.

[29]) I. 14 § 40. Strieth. B. 19 § 52. Für einen deponirten Seehandlungs-Prämienschein

ohne Erlaubniß gebraucht und wenn er die Rückgabe verzögert[30]). Auch wer unredlicher Weise eine Sache unter dem Vorgeben, sie verwahren zu wollen, in Besitz nimmt, haftet für den Zufall[31]). Durch besonderes Abkommen kann sich der Verwahrer zu einem höheren Grade der Sorgfalt verpflichten, auch die Gefahr übernehmen[32]).

Sodann ist der Verwahrer verpflichtet zur **Rückgabe** und zwar, was schon aus der Pflicht der Verwahrung folgt, zur unbeschädigten Rückgabe[33]). Unverletzt muß Schloß und Siegel sein. Ist dies der Fall, so haftet der Verwahrer für Beschädigungen des Inhalts nur, wenn Betrug oder grobes Versehen erweisbar ist[34]). Ist der Verschluß geöffnet oder verletzt, so gilt die Rechtsvermuthung einer Schuld des Verwahrers, auf Grund deren er für den Schaden einstehen muß[35]). Hierbei giebt das A.L.R. noch einige jetzt antiquirte Beweisregeln[36]). Der Verwahrer widerlegt die gegen ihn sprechende Vermuthung durch den Beweis, daß die Oeffnung oder Verletzung

muß, wenn er verloren gegangen und nicht mehr herbeigeschafft werden kann, der Gewinn ersetzt werden, der auf denselben bei der Ziehung gefallen ist.

30) I. 14 §§ 85. 86. 72 und § 241 I. 7. Ebenso nach röm. R. l. 12 § 3 l. 14 § 1 D. XVI. 3.

31) I. 14 § 19. Auch wenn darauf hin der andere Theil zugestimmt hat, also ein Verwahrungsvertrag geschlossen ist; durch die nachweisbare Unredlichkeit, die trotz des Scheins der Verwahrung obwaltende Absicht der Aneignung wird die Haftung erstreckt, sie ist nicht geringer, als wenn der unredliche Besitznehmer die Sache ohne den Schein des Verwahrungsvertrages sich angeeignet hätte. So verstanden gehört die Bestimmung, was **Koch**, R. d. F. III. 457 unter dem Beifall der früheren Auflagen leugnet, sehr wohl hierher.

32) I. 5 § 261. Oben B. I. § 108 Anm. 29.

33) I. 14 § 9.

34) I. 14 § 27. Der Depositar wendet alle Sorgfalt an, wenn er die verschlossene Kiste äußerlich unverletzt bewahrt. Es könnte ja freilich als Schuld angesehen werden, daß er die Kiste umgekehrt hat, so daß die ohne sein Wissen darin enthaltenen Glassachen zerbrochen sind, — aber davor soll er bewahrt sein. Weiß er, daß Glassachen darin sind, so wird eine unvorsichtige Behandlung der Kiste Culpa lata. **Dernburg** II. § 212 Anm. 33 will den für levis culpa haftenden Depositar für die Beschädigung des in der Verpackung Verborgenen haftbar machen, wenn ihm dabei ein mäßiges Versehen zur Last zu legen: das Gesetz kann aber nur den Sinn haben, daß es die Haftung, auch wo sie sonst nach den Grundsätzen der diligentia quam suis oder bis zur Haftung für mäßiges Versehen erweitert ist, nach der hier in Rede stehenden Seite einschränkt. Wenn D. dies eine für mich charakteristische Auslegung nennt, so wird dies dankbar acceptirt. Die Verfasser des Landrechts haben herausempfunden, daß das Leben und dessen Bedürfnisse es verbieten, dem Depositar einer verschlossenen Sache eine weitergehende Haftung für die Erhaltung des ihm verborgenen Inhalts aufzulegen. Wer etwas Verschlossenes hinterlegt, was Sorgfalt auch unter dem Verschluß fordert, mag sagen, was er hinterlegt.

35) I. 14 §§ 28. 29. Diese Vermuthung ist durch Aussprüche des römischen Rechts nicht begründet. In der gemeinrechtl. Praxis hatte man dem Niederleger gestattet, wenn die Kiste erbrochen zurückgegeben wird, durch seinen Eid die fehlenden Stücke zu beweisen. Der Zustand der Verletzung sollte also schon danach eine Vermuthung der Verschuldung gegen den Verwahrer begründen. **Voet**, Comment. ad. Pand. IV. 9 § 8. **Mevius**, dec. IX. 55. **Lauterbach**, coll. th. pr. XVI. 3 § 13. Dieser Praxis schließen sich die Bestimmungen des A.L.R. im Wesentlichen an. **Koch**, R. d. F. III. 449.

36) Diese Regeln liefen in Gemäßheit des Schlusses der vorigen Anm. im Wesentlichen auf das Recht eigener eidlicher Schätzung oder Bestärkung hinaus. I. 14 §§ 30—32. An ihre Stelle ist die freie Würdigung aller Umstände durch das Gericht getreten, von dessen Ermessen es abhängt, ob eine eidliche Schätzung der Partei zu verlangen ist. C.P.O. § 260. Vergl. § 14 Nr. 3 Einf.G. z. C.P.O.

durch einen Zufall herbeigeführt, oder daß wenigstens Umstände eingetreten sind, welche dergleichen Verletzung ohne sein Zuthun verursachen konnten. Dieser Gegenbeweis ist ihm nur dann gestattet, wenn er nicht versäumt hat, den Vorfall der Verletzung ohne Verzug dem Niederleger, oder bei seiner Abwesenheit dem Gericht des Ortes anzuzeigen[37]). Es ist ferner dem Verwahrer ganz allgemein die Pflicht auferlegt, binnen 3 Tagen, nachdem er eine Beschädigung oder den Verlust der Sache bemerkt hat, dem Niederleger, und wenn dieser nicht aufzufinden ist oder außerhalb Preußens sich aufhält, dem Gericht des Ortes Nachricht davon zu geben. Unterläßt er diese Anzeige, und kommt dann die Beschädigung oder der Verlust erst bei der Rückgabe zur Sprache, so muß er nachweisen, daß die Beschädigung oder der Verlust durch unabwendbaren Zufall, ohne ein auch nur geringes Versehen von seiner Seite, entstanden ist[38]).

Die Sache muß an dem Orte, wo sie niedergelegt ist, oder wo sie zur besseren Sicherheit hat hingeschafft werden müssen[39]), mit ihren Zuwüchsen und den aus ihr entstandenen Verbesserungen[40]), jederzeit, wenn es der Niederleger verlangt[41]) und diesem selbst, ohne Untersuchung des Rechts, das ihm daran zusteht[42]), zurückgegeben werden. Auch wenn der Depositar in Konkurs verfallen ist, verlangt der Hinterlegende mit Recht, ohne Nachweis

---

[37]) I. 14 §§ 33. 34.

[38]) I. 14 §§ 35—38, von denen § 37 (Unzulässigkeit eines Ergänzungseids bei der Beweisführung) durch § 14 Nr. 2 Einf.Ges. z. C.P.O. aufgehoben ist. Die Haftung fällt fort, wenn Beschädigung und Verlust nicht durch ein äußeres Ereigniß, das der Verwahrer hätte verhindern können, sondern durch die Beschaffenheit der Sache selbst herbeigeführt ist. Striethorst B. 30 S. 70b. Koch, R. d. F. III. 453 hat hervorgehoben, daß §§ 35—37 mit §§ 33. 34 nicht in Uebereinstimmung stehen. Die Regel „Anzeige binnen 3 Tagen" enthält § 35, die Ausnahme „sofortige Anzeige" giebt § 34. Daß in letzterem Fall ein Entschuldigungsbeweis ganz ausgeschlossen sei, läßt sich nicht sagen. § 34 schließt nur die Einrede des § 33 aus, der Beweis der Beschädigung durch unabwendbaren Zufall muß auch im Fall des § 34 frei bleiben. — Der § 39 schrieb im Fall des § 38 dem Gericht eine summarische Untersuchung des Vorfalls vor; eine solche konnte aber nur erfolgen, wenn der Depositar darauf antrug, und geschah dann auf dessen Kosten. Gegenwärtig wird ein solcher Antrag nach den Grundsätzen der §§ 447 ff. C.P.O. über Sicherung des Beweises zu beurtheilen sein. Die Anzeigepflicht § 35 liegt Beamten, die amtlich zur Verwahrung von Sachen und Geldern verpflichtet sind, die also garnicht aus einem Verwahrungsvertrage haften, nicht ob, Präj. 1331. Samml. I. S. 80; sie ist nur bei dem eigentlichen Depositum vorgeschrieben, also nicht, wenn neben dem Auftrag zu verwahren andere Aufträge bezüglich der Sache ertheilt und angenommen sind, so daß das Geschäft nicht als Verwahrungsvertrag zu beurtheilen ist. Strieth. B. 30 S. 170, B. 66 S. 313. Rehbein B. 2 S. 658. R.G. bei Gruchot B. 27 S. 447.

[39]) I. 14 §§ 73. 74. 75. Der Deponent muß die Sache abholen; er kann auch nicht Uebersendung an einen andern Ort auf seine Gefahr fordern. Vergl. Entwurf des B.G.B. § 620, Entw. II. § 637, Reichstagsvorl. § 684.

[40]) I. 14 § 41. I. 1 § 24 D. XVI. 3.

[41]) I. 14 § 54. I. 1 § 22 D. XVI. 3. Berücksichtigung thatsächlicher Hindernisse der sofortigen Rückgabe ist geboten. Glück B. 15 S. 189. Der Depositar, der zur Aufbewahrung gerade innerhalb der bedungenen Zeit verpflichtet sein soll, kann vor der Zeit die Abnahme nicht fordern. Aber es greifen §§ 15. 16 ein. Vergl. oben Anm. 15.

[42]) I. 14 §§ 24. 68. 69, I. 1 § 39, I. 31 § 1 D. XVI. 3.

eines dinglichen Rechts an der Sache, deren Aussonderung[42a]). Die Ausantwortung an einen Dritten kann nur der Richter befehlen oder der Niederleger ausdrücklich oder stillschweigend genehmigen[43]), sonst geschieht sie auf Gefahr des Verwahrers, d. h. er haftet für die Sache und ihren Werth[44]). Eine Ausantwortung an das Gericht d. h. jetzt bei geeignetem Objekt Hinterlegung bei der Hinterlegungsstelle, beziehungsweise nach gerichtlicher Anordnung, ist geboten, wenn die Herausgabe an den Deponenten gerichtlich untersagt oder dem Niederleger die Verwaltung seines Vermögens entzogen ist[45]). Die Einrede des eigenen Eigenthums ist aber dem Verwahrer gegen die Klage auf Rückgabe gestattet, wenn er nach der Niederlegung erfahren, daß er selbst der Eigenthümer ist, und die Rückgabe ihn in Gefahr bringen kann, oder wenn er das Eigenthum von dem Niederleger selbst erworben hat[46]). Verzug

---

[42a]) K.O. § 35. Es handelt sich um eine dem Gemeinschuldner nicht gehörige Sache, und das Recht des Deponenten geht nicht auf ein Geben, ein Uebertragen zu Eigenthum, auf Uebergabe als Rechtsgeschäft mit dem Zweck, ein Recht zur Sache in ein Recht an der Sache zu verwandeln, sondern auf bloße, die eigene Rechtsstellung des Deponenten nicht vermehrende Aussonderung.

[43]) I. 14 § 24. l. 26 pr. D. XVI. 3. Daraus, daß der Niederleger eine dritte Person als diejenige bezeichnet, der die Sache zurückgegeben werden soll, erwächst dem Dritten kein Klagerecht gegen den Depositar. Koch, R. d. F. III. 458 f. Das Recht des Deponenten auf Herausgabe der Sache unterliegt der Cession (vergl. B. I. § 99 Anm. 80) und ist pfändbar, § 745 C.P.O., letzteres mit der Maßgabe der Herausgabe an einen Gerichtsvollzieher, § 746 C.P.O. Soll die deponirte Sache als dem Deponenten gehörig bei dem Verwahrer gepfändet werden, so kann die Pfändung nur mit Zustimmung des Verwahrers stattfinden. C.P.O. § 713. Diese Zustimmung zu geben ist der Verwahrer nicht befugt, wenn er nicht dazu ermächtigt ist. In welchen Fällen ihn Dernburg II. § 212 Anm. 27 für befugt erachtet, wird von ihm nicht näher erläutert. Tritt der Eigenthümer oder dinglich Berechtigte gegen den Verwahrer mit dem Anspruch auf Herausgabe der Sache auf, so ist es Sache des Verwahrers dem Deponenten den Streit zu verkündigen. C.P.O. § 73.

[44]) I. 14 § 25. Dernburg II. § 212 Anm. 26 führt aus: der Verwahrer, der nur für culpa lata hafte, braucht auch bei der Prüfung der Legitimation dessen, dem er das Depositum herausgiebt, nicht sorgfältiger zu sein. Die Grundsätze von der Haftung für culpa während des Vertragsverhältnisses leiden aber keine Anwendung dahin, daß der Schuldner einer Leistung, die nicht objektiv unmöglich geworden ist, Befreiung von seiner Pflicht geltend machen könnte. Hiervon ist bereits im § 87 Anm. 21 und 21a die Rede gewesen. Gerade der Wortlaut der Bestimmungen des Landrechts schließt zum Uebermaß für die Rückgabepflicht des Depositars die Dernburgsche Ansicht mit besonderer Deutlichkeit aus. Sie ist mit §§ 24. 25 nicht zu vereinigen. Das preußische Recht hält dies sogar für den Erben fest. S. unten Anm. 56.

[45]) I. 14 §§ 70. 71. Das gerichtliche Verbot der Verabfolgung, das § 70 für den Fall erwähnt, daß Jemand den Hinterleger eines unredlichen Besitzes beschuldigt, wird im Wege des Arrests von dem dinglich Berechtigten erwirkt werden müssen: die Pflicht versteht sich dahin, daß sie eintritt, wenn der Depositar zurückgeben will oder muß. Im Falle des Konkurses Anzeigepflicht nach §§ 108. 109 K.O.

[46]) I. 14 § 79. Aus der Fassung dieses § scheint allerdings hervorzugehen, daß, wie Koch, R. d. F. III. 441 annimmt, der Depositar die Einrede nicht hat, wenn er zur Zeit der Niederlegung wußte, daß er der Eigenthümer sei, und damit wäre der Satz aufgegeben, daß die eigene Sache nicht als Depositum angenommen werden kann. l. 15 D. XVI. 3, l. 31 § 1 eod., l. 45 de R. J. Allein § 79 normirt den Fall, wo wegen der Unkenntniß des Depositars von seinem Eigenthum äußerlich ein scheinbar giltiger Verwahrungsvertrag zu Stande gekommen ist, der nur der Anfechtung durch eine Einrede bedarf. In dem Fall, wo zur Zeit der Hinterlegung der Depositar sein Eigenthum an der bei ihm niedergelegten Sache schon kannte, hat ein Verwahrungsvertrag überhaupt nicht abgeschlossen werden können, es ist dann ein Vertrag ohne Inhalt abgeschlossen, in Wirk-

bei der Rückgabe versetzt den Verwahrer in die Lage eines unredlichen Besitzers[47]).

Da der Verwahrer Inhaber der Sache wird, so stehen ihm gegen Dritte, die ihm dieselbe entziehen, die Besitzklagen zu[48]).

Der Vertragsunfähige wird zwar aus dem Verwahrungsvertrage nicht zur Verwahrung verpflichtet, aber was er noch hat, muß er zurückgeben, weil er ohne Recht Inhaber ist[49]), ebenso hat er die Bereicherung herauszugeben, wenn die Sache in seinem Nutzen verwendet worden[50]); ihren Werth muß er ersetzen, wenn er sich eines strafrechtlichen Betrugs, will sagen: einer Unterschlagung, schuldig gemacht, ferner wenn er die Sache bei dringender Gefahr empfangen und danach, wenn auch ohne ihm zuzurechnende rechtswidrige Absicht, verzehrt oder veräußert hat[51]).

Die Klage des Niederlegers auf Rückgabe verjährt, wie jede Vertragsklage in 30 Jahren[52]); daneben steht bei dem eigentlichen Depositum dem Niederleger und seinem Rechtsnachfolger die Vindikation oder die Klage aus dem besseren Besitzrecht zu, und der Verwahrer, dem es an einem Titel zur Erlangung des Eigenthums fehlt, kann diesen Klagen die Einrede der Ersitzung nicht entgegensetzen[53]). Die Klage ist aber, wie früher erörtert, der erlöschenden Verjährung unterworfen.

Mehrere, denen gemeinschaftlich eine Sache anvertraut worden, haften solidarisch; auch ihre Haftung für das Interesse ist, soweit der einzelne dafür überhaupt aufzukommen hat, eine solidarische[54]). Ebenso sollen mehrere

---

lichkeit nihil actum est, wenn nicht etwa der Hinterlegende ein dingliches Nutzungsrecht an der Sache, Nießbrauch, Gebrauchsrecht des Leihers oder Miethers hat. Im letzteren Fall darf der Verwahrer die Rückgabe nicht auf Grund seines Eigenthums weigern. Ueber die Einrede des Eigenthums gegen Vertragsklagen s. oben B. I. § 109 Anm. 5 und Glück B. 15 S. 196 f.

[47]) I. 14 § 72.

[48]) I. 7 § 137. Förster, Kl. u. Einr. 269. Auch nach röm. R. Inhaber: die possessio bleibt bei dem Deponenten zurück. Ueber den Sequester s. unten bei Anm. 97 f. Vergl. l. 17 § 1 D. XVI. 3.

[49]) I. 14 § 56.

[50]) I. 14 § 57.

[51]) I. 14 § 58. Koch, Komm. dazu, anscheinend auch Förster, fand in § 58 nur eine Wiederholung des § 57.

[52]) Die Verjährung beginnt von dem Tage der Hingabe zur Verwahrung, nicht von dem Tage der Zurückforderung. Das ist gemeinrechtlich streitig; entscheidend ist, daß jeder Hinterleger jeder Zeit zurückfordern kann. l. 1 § 22 D. 16. 3, l. 11 C. IV. 34. Vangerow 7. A. I. 227. Blätter f. Rechtsanw. in Baiern XXX. S. 305. Oben B. I. § 57 Anm. 23. Zeitschr. f. Rechtspfl. und Verwalt. in Sachsen v. Tauchnitz B. 16 S. 466.

[53]) B. I. § 46 Anm. 28. Vergl. l. 17 § 1 D. XVI. 3. Der Depositar kann nicht usukapiren. l. 2 § 7 D. XLI. 4. Er kann sich nicht causam possessionis ändern. l. 2 § 1 D. XLI. 5.

[54]) I. 14 § 59, l. 1 § 43 D. XVI. 3. Vergl. darüber B. I. § 63 Anm. 63 ff. Jeder der in schuldhafter Weise die Unmöglichkeit der Rückgabe herbeigeführt hat oder an dieser Schuld betheiligt ist, haftet auf das Ganze. Dagegen ist nicht festzuhalten, daß der einzelne Mitschuldner, den keine Schuld trifft, für den also der Untergang, die Beschädigung der Sache etwas Zufälliges ist, dadurch für seine Person nicht frei werden, also für die Schuld der anderen haften sollte. Die abweichende Ansicht Förster's stützt sich

Erben des Verwahrers haften; da aber der Niederleger angewiesen ist, sich vorzüglich an denjenigen Miterben zu halten, der die Sache aus dem Nachlaß an sich genommen hat, so wird für diesen Fall von einer Verhaftung der übrigen nur als von einer den allgemeinen Regeln über Haftung der Miterben entsprechenden, zunächst gemeinschaftlichen Haftung die Rede sein können [55]. Wenn Erben guten Glaubens eine im Nachlaß vorgefundene niedergelegte Sache veräußert haben, werden sie dadurch nicht frei, haften dem Hinterleger auch nicht bloß auf den Kaufpreis, sondern aus der Vertragsverletzung auf das Interesse, d. h. den wirklichen Werth der Sache zur Zeit der Niederlegung [56]. Gemäß der Gestalt, welche die Gesammtforderung im A.L.R. erhalten [57], können mehrere Niederleger auch eine theilbare Sache nicht theilweise, sondern sie müssen sie gemeinschaftlich zurückfordern [58]. Demselben Grundsatz sind auch die Erben des Niederlegers unterworfen; doch befreit Herausgabe an denjenigen Miterben, der den Empfangschein des Verwahrers in Händen hat [59].

Zufällige Gegenforderungen des Verwahrers (a. dep. contraria) [60]: der Verwahrer fordert Ersatz oder Vergütung, wenn er zur Rettung der fremden Sache seine eigene preisgegeben hat, und zwar nach ihrem vollen Werth, wenn sonst der gänzliche Verlust der niedergelegten Sache unvermeidlich einge-

---

auf Wienstein bei Gruchot B. 6 S. 515, Savigny, Oblig.Recht B. I. S. 204. Vergl. Koch, Recht d. F. S. 468, Dernburg II. § 212 Anm. 21.

55) I. 14 §§ 60. 61. Nach l. 7 § 1 D. XVI. 3 plures pro ea parte, qua quisque heres est. l. 9. 18 eod. Koch, R. d. F. III. 469 f. Kommentar zu § 61. Die subsidiarische Verbindlichkeit der Miterben ist eine gemeinschaftliche, für deren Erfüllung sie, auch wenn die Umwandlung der Forderung in die Interesseforderung nur von einem von ihnen verschuldet ist, mit dem ungetheilten Nachlaß haften, und die wie andere Nachlaßschulden von der Nachlaßtheilung berührt wird. Vergl. oben B. I. § 63 hinter Anm. 66.

56) I. 14 § 62. Das weicht ab vom röm. R., welches, weil dolus (culpa lata) fehlt, nur auf den Erlös, id, quod ad heredem pervenit, haften, l. 1 § 47, oder die Klage gegen den Erwerber abtreten läßt. l. 2 D. XVI. 3. Nichtwissen von der Schuld des Erblassers ist ebenso wie Nichtwissen von einer durch einen Vertreter begründeten Schuld kein Grund, der die Veräußerung und die damit eingetretene Unmöglichkeit der Erfüllung zu einer zufälligen macht, für die der Erbe nicht aufzukommen hat. Vielmehr muß er im Verhältniß zum Gläubiger als alles wissend angesehen werden, was Erblasser oder Vertreter gewußt haben.

57) I. 5 § 450. Oben B. I. § 100.

58) I. 14 §§ 63. 65. Das Interesse des einzelnen Deponenten wird dadurch gewahrt, daß er die gerichtliche Niederlegung der Sache verlangen kann. I. 14 § 66. Anders im röm. R. l. 2 § 1 D. de V. O., l. 1 § 36 D. XVI. 3. Die Vorschrift des § 66, welche an die Stelle der Hinterlegung bei dem Verwahrer die gerichtliche Hinterlegung für den Fall stellt, daß nur einer der Hinterleger dem Verwahrer das Vertrauen entzieht, rechtfertigt nicht den häufig darauf gestützten, oben § 63 Anm. 8 bekämpften Satz, daß es bei jeder Gesammtforderung ein Individualrecht des Einzelnen sei, statt der schuldigen Leistung an die Gesammtheit gerichtliche Hinterlegung zu fordern.

59) I. 14 § 64. Bornemann III. 260. Koch, R. d. F. III. 467. Die Bestimmung wird restriktiv wegen der beabsichtigten Gleichstellung des Falls mit § 152 I. 17 auf die Zeit nach der Erbtheilung beschränkt. Eine Legitimation zur Klage ist aus § 64 an und für sich nicht zu entnehmen; in dieser Beziehung greift nach der Theilung jedenfalls § 152 I. 17, ergänzend ein.

60) Vergl. zu den Forderungen des Depositars Entwurf des B.GB. §§ 621—623, Entw II. §§ 633, 634, 639, Reichstagsvorlage §§ 681. 682, 686.

troffen wäre, anderenfalls nur bis zum Betrage der Kosten, die hätten aufgewendet werden müssen, um die Beschädigung der fremden zu vermeiden oder wieder zu beseitigen[61]); ferner Ersatz der auf die Erhaltung der Sache verwendeten Kosten[62]), des durch den Niederleger verursachten Schadens, wobei dieser geringes Versehen vertritt[63]); ein bedungenes Entgelt, oder ein gesetzlich bestimmtes, wenn der Verwahrer die Verwahrung fremder Sachen als Erwerbsgeschäft besorgt[64]). Zur Sicherung dieser Ansprüche auf Entgelt, Kostenersatz und Schadensvergütung steht ihm das Zurückbehaltungsrecht zu; wegen anderer Forderungen an den Niederleger kann aber die hinterlegte Sache nicht zurückbehalten werden[65]). Wenn ein Zurückbehaltungsrecht für andere Forderungen bedungen ist, so wird dies als Verpfändung zu interpretiren sein[66]). Kompensation ist dem Verwahrer versagt, selbst wenn der Geldwerth an Stelle der verwahrten Sache getreten ist[67]).

Aus der Verpflichtung zur Rückgabe derselben niedergelegten Sache in ihrer unveränderten Individualität folgt, daß es „außerhalb der Grenzen dieses Vertrages liegt", wenn der Verwahrer nur dieselbe Gattung in gleicher Art und Menge (tantundem) zurückgeben soll[68]). Das ist kein Zurückgeben, sondern ein Erstatten. Gleichwohl wird im römischen Recht angenommen, daß wenn eine Geldsumme (oder eine andere Gattungssache) unverschlossen und unversiegelt zur Aufbewahrung übergeben wird, der Empfänger nur verpflichtet sei, tantundem pecuniae solvere[69]). Es fällt bei dieser uneigent-

---

61) I. 14 §§ 21—23.

62) I. 14 § 42.

63) Hierhin gehört der Fall der Hinterlegung einer durch ihre Beschaffenheit gefährdenden Sache. Dieser Fall ist im Entwurf I. und II. des B.G.B. verschieden behandelt. Die letzte Ordnung Entw. II. § 634, Reichstagsvorlage § 681 belastet den Hinterleger mit dem Beweis, daß er die Beschaffenheit angezeigt habe; oder daß er sie weder gekannt habe noch habe kennen müssen. — Bei dem s. g. depos. miserabile haftet nach preuß. Recht der Niederleger dem Verwahrer nur für mäßiges Versehen. I. 14 § 43. Vergl. Kamptz, Jahrb. B. 52 S. 18.

64) I. 14 § 76. Der versprochene Lohn kann beim entgeltlichen Depositum gefordert werden, auch wenn er bei einem hinterlegten Gegenstand von mehr als 150 M. Werth nur mündlich versprochen ist, und selbst ein Lohn, welcher 150 M. übersteigt, kann nach Leistung der Thätigkeit des Verwahrens eingeklagt werden.

65) I. 14 §§ 77. 78. Das A.L.R. folgt hier der damaligen gemeinrechtl. Praxis, welche sich gegen die l. 11 C. IV. 34 behauptet hat. Schilter, Exercit. 28 § 60. Stryck XVI. 3 § 9. Mevius, Dec. II. 56. Berger, Oecon. j. III. 2 th. 13 n. 4. Höpfner § 788. Hofacker, Princ. j. III. § 1883. Glück B. 15 S. 199 ff.

66) Vergl. Glück B. 15 S. 153.

67) I. 16 §§ 363. 364. Oben B. I. § 94 Anm. 99. Glück B. 15 S. 191.

68) l. 31 D. XIX. 2. Ueber das s. g. depositum irregulare s. Koch, R. d. F. III. 475. Glück B. 15 S. 150 ff. Vangerow III. 431 f. Brinz I. 439 f. Neustetel in s. und Zimmerns Unters. Nr. 1. Schmidt im Arch. f. civil. Prax. B. 30 S. 77. — Mühlhäuser, Ueber Umfang und Geltung des depositum irregulare. Erlangen 1879. — l. 24 D. XVI. 3 nam si, ut tantundem solveretur, convenit, egreditur ea res depositi notissimos terminos. l. 26 § 1 h. t. depositae pecuniae modum excedere. — Es ist kein dep. irr., wenn Inhaberpapiere deponirt werden, welche durch ihre Nummern die Bedeutung einer species erhalten und als solche zurückgegeben werden sollen. Sie müssen auch im Zweifel vom Depositar in specie zurückgegeben werden. Striethorst B. 19 S. 57.

69) Daß die Römer trotz solcher Verabredung den Vertrag doch noch als depositum auf-

lichen Verwahrung die Pflicht der Verwahrung (die custodia) weg, den Zufall trägt der Empfänger[70]), und dieser ist, selbst wenn eine ausdrückliche Verabredung darüber nicht stattgefunden, berechtigt, die empfangenen Geldstücke oder die Gattungssache für sich zu verwenden. In Wahrheit tritt also wenigstens mit dem Moment der Vermischung des niedergelegten und eigenen Geldes des Verwahrers ein Darlehn in seiner ganzen materiellen Wirkung hervor; denn auch bei diesem geht das Eigenthum der Geldstücke auf den Empfänger über, dem Darleiher wird nur tantundem zurückgeleistet; das A.L.R. aber verwirft diese Zwittergestalt des Verwahrungsvertrages und will das Geschäft als Darlehn auch dann beurtheilt haben, wenn dem Verwahrer nur unter besonderen Umständen der Gebrauch gestattet ist, sofern er der verbrauchbaren Sache sich nach dieser Erlaubniß zu bedienen anfängt[71]). Daraus folgt, daß der angebliche Niederleger nicht jederzeit, sondern nur nach gesetz-

---

gefaßt haben und die a. depositi gaben, hat seinen Grund in Eigenthümlichkeiten des römischen Rechts, die im heutigen Recht nicht mehr von Bedeutung sind. Es bedurfte nämlich nicht der besonderen Stipulation auf Zinsen, die bei dem Darlehn nöthig war, sondern weil das depositum ein negot. bonae fidei war, genügte das einfache pactum adjectum, um Verzinsung festzusetzen, und es konnten Verzugszinsen officio judicis zugesprochen werden. l. 25 § 1, l. 26 § 1, l. 28, l. 29 § 1 und l. 24 D. XVI. 3. Ueber letztere Stelle siehe insbesondere Vangerow III. S. 436 f. Emmerich in der Zeitschrift f. Civ.R. u. Proz. B. 18 S. 117.

[70]) Brinz S. 440 ist nicht davon überzeugt, daß Eigenthum und Gefahr auf den Empfänger übergeht, wie es die herrschende Meinung annimmt. Aber ein solches Depositum ist in der That ein in creditum ire, und daß die actio depositi dennoch gegeben wird, statt der condictio mutui, hat (s. vorige Note) Gründe, welche außerhalb des Depositums liegen.

[71]) I. 14 § 83. Vergl. Entw. des B.G.B. § 618, II. § 640, Reichstagsvorl. § 687. Hier ist für Werthpapiere eine besonders sichernde Bestimmung in Aussicht genommen. Der zur Zeit dem Reichstag vorliegende Gesetzentwurf über diesen Gegenstand geht hierbei für den kaufmännischen Verkehr noch weiter. Es war schon vor der Redaktion des A.L.R. durch die Schrift von Dedekind, Comment. jurid. de contractu, quem irregulare depositum perhibuerunt, 1773 darauf hingewiesen, daß das depos. irregul. als Darlehn aufgefaßt werden müsse. Vom Standpunkt des reinen römischen Rechts ist freilich diese Ansicht leicht widerlegbar, hier war wirklich ein Bedürfniß, das depos. irregul. nicht mit dem Darlehn zusammenfallen zu lassen. Als Ausdruck der modernen Rechtsauffassung ist aber gegen diese Gleichstellung beider nichts mehr einzuwenden. Koch, R. d. F. III. S. 476. Bei Seuffert XVI. 211 wird das depos. irregul. als besondere Art des depos. aufrecht erhalten, weil in ihm noch das Moment der Gefälligkeit vorwalte. Darauf wäre wohl nichts zu geben. Einen wirklich charakteristischen Unterschied findet Mühlhäuser in der Pflicht zum steten Bereithalten des Deponirten: diese Pflicht erkennt aber das Landrecht nicht an. Richtig ist, daß §§ 82. 83 — der l. 10 D. XII. 1 und der l. 1 § 4 D. XVI. 3 nachgebildet, — sich auf den Fall eines von Anfang an beabsichtigten eigentlichen Depositums beziehen; das uneigentliche Depositum aber ist durch Nichterwähnung und durch § 84 beseitigt. In wie weit es durch das eigenthümliche Hinterlegungsgeschäft baaren Geldes der Hinterlegungsordnung vom 14. März 1879 in das preußische Recht wieder eingedrungen ist, wird unten zu untersuchen sein. Vom Handelsverkehr abgesehen, ist gegen Dernburg II. § 211 Anm. 16 daran fest zu halten, daß, auch wenn von vornherein bei der Hinterlegung die Erlaubniß zur Benutzung der hinterlegten Fungibilien ertheilt ist, ebenso wie wenn diese Ermächtigung nachträglich ertheilt wird, die Rückforderung erst nach Kündigung mit den Fristen des Darlehns zu beanspruchen ist, soweit nicht eine bestimmte Zahlungszeit schriftlich bedungen worden, und daß in solchem Fall die Kompensationseinrede zulässig ist. Dem hat sich auch das R.G. Entsch. B. 11 S. 322 angeschlossen. Vergl. auch Entsch. B. 76 S. 319. Rehbein II. S. 660.

licher Kündigung die Summe zurückfordern darf[72]), daß bei der Verabredung einer vom Gesetz abweichenden Kündigungsfrist und einer Verzinsung die schriftliche Form beachtet werden muß, und daß die Darlehnsverbote trotz der Einkleidung des Geschäfts in einen Verwahrungsvertrag anzuwenden sind[73]).

Einer besonderen Hervorhebung bedarf die gerichtliche Verwahrung und die Sequestration.

Eine gerichtliche Verwahrung tritt ein auf gerichtliche Anordnung. Eine solche kann im Civilprozeß[74]) als einstweilige Verfügung ergehen, wenn die Verwahrung oder Verwaltung (Sequestration) vom Gericht für zweckmäßig erachtet wird, um der Besorgniß entgegen zu wirken, daß durch eine Veränderung des bestehenden Zustandes die Verwirklichung eines Rechts vereitelt oder wesentlich erschwert werden könnte, ingleichen zur Regelung eines einstweiligen Zustandes in Bezug auf ein streitiges Rechtsverhältniß. Das Landrecht[75]) drückte sich enger dahin aus „wenn das Eigenthum oder gewisse Rechte auf eine Sache streitig sind", d. h. wenn die Sache der Gegenstand eines bestrittenen Anspruchs ist, sei dieser persönlicher oder dinglicher Natur[76]). Auch im Strafverfahren kann, nöthigenfalls auf Grund eines Beschlagnahmebeschlusses, die Verwahrung von Gegenständen angeordnet werden, die als Beweismittel in Betracht kommen oder der Einziehung unterliegen[77]). In Band I § 92 ist ferner bereits die Hinterlegung (Deposition) nach den beiden Richtungen, in denen sie vorkommt, — zum Zwecke der Befreiung von einer Verbindlichkeit oder zur Sicherung eines Rechts, — besprochen. Auch sie führte nach Landrecht in allen Fällen zu einer gerichtlichen Verwahrung, und eine solche hat auch jetzt noch einzutreten, soweit nicht die Hinterlegungs-

---

[72]) Koch, R. d. F. III. 477.

[73]) I. 14 § 84. So lange in Preußen die Amtskautionen der Staatsbeamten in baarem Gelde hinterlegt und nach § 6 der Kab.O. v. 11. Februar 1832 (Ges.S. S. 61) bei der Verwaltung der Staatsschulden als ein besonderes Depositum verwaltet wurden, konnte die rechtliche Natur dieser verzinsbaren Hinterlegung zweifelhaft sein. Das Obertribunal (Arnsb. Arch. B. 5 S. 327) leugnete die Darlehnsnatur, ein Justizministerial-Reskript (Ergänz. zu § 83) nahm Depositum irregulare an, dagegen die früheren Auflagen, Koch, Kommentar zu § 83, Goltdammer, Arch. B. 15 S. 289 Darlehn. Schon durch Gesetz v. 21. Mai 1860 war das Kautionswesen dahin geändert, daß nicht mehr Geld, sondern Staatspapiere zu hinterlegen seien, indessen wurden die bereits bestellten Geldkautionen aufrecht erhalten. Jetzt regelt das Kautionswesen sich nach dem Gesetz v. 25. März 1873 (G.S. S. 125), die Kaution ist schlechthin durch faustpfandliche Uebergabe von Staats- oder Reichsobligationen zu bestellen. Nur Aufsammlung von Gehaltsabzügen zur nachträglichen Kautionsbestellung ist in § 7 nachgelassen. Die Gehaltsabzüge, — über welche die Verordnung vom 10. Juni 1874 (G.S. S. 260) und die V. v. 7. September 1879 (G.S. S. 611) das Nähere enthält, — wandeln sich nicht in Darlehn oder Depositum, sondern bleiben Gehaltsschuld des Staats, die er dem Beamten vorenthalten und deren Verwendung zur Beschaffung der Kaution er verlangen kann.

[74]) C.P.O. §§ 814 ff.

[75]) I. 14 § 92. Besonders hervorgehoben ist der Fall des streitigen und ungewissen Besitzes §§ 93 ff.

[76]) Koch, R. d. F. III. 482.

[77]) Str.Pr.O. § 94.

stellen an die Stelle des Gerichts getreten sind. Weggefallen dagegen ist im Wesentlichen die Nothwendigkeit gerichtlicher Verwahrung in Fällen, in denen sie das Landrecht wegen des Unvermögens des Eigenthümers oder Besitzers, seinen Sachen selbst vorzustehen und solche sicher zu bewahren, als einen Ausfluß der dem Staat obliegenden Fürsorge für Unmündige und Geistesschwache in Aussicht nahm[78]). Indessen kann auch jetzt noch das Vormundschaftsgericht eine Verwahrung anordnen.

Als Verwahrer stand nach den Bestimmungen des Landrechts und der Depositalordnung von 1783 regelmäßig das Gericht selbst da. Es „kontrahirt", so hieß es, „durch die Annahme in das Depositum die Verbindlichkeit, den Interessenten für die sichere Aufbewahrung zu haften und das Depositum, sobald die Veranlassung dazu wegfällt, zurückzugeben" [79]). Bewegliche Sachen, bei denen ein ordentlicher Verschluß und eine sichere Aufbewahrung möglich erscheint, ohne daß ihre Beschädigung oder Verderbniß zu befürchten ist, wurden in die Depositorien aufgenommen[80]). Sachen, bei denen dies nicht zutrifft, mußte das Gericht an einem passenden und sicheren Ort unterbringen und einen Aufseher bestellen[81]). Die gerichtlichen Depositorien sind aufgehoben; an ihre Stelle sind die Hinterlegungsstellen der Hinterlegungsordnung vom 14. März 1879 getreten. Damit sind aber nicht alle Fälle beseitigt, in denen das Gericht selbst eine Verwahrung übernimmt. Dies geschieht noch jetzt insofern, als auf Anordnung des Amtsgerichts wegen Dringlichkeit eine vorläufige Verwahrung hinterlegbarer Gegenstände stattfindet[82]). Ferner kann die Verwahrung im Falle strafprozeßlicher Beschlagnahme, da hier Näheres gesetzlich nicht geregelt ist, bei dem Gerichte selbst erfolgen[83]). In allen diesen Fällen ist eine Amtspflicht der mit der Verwahrung betrauten Beamten begründet; aber weder diese noch der Staat stehen in einem dem Verwahrungsvertrage entsprechenden Obligationsverhältniß. Der betheiligte Beamte wird wegen amtswidriger Versäumniß in der Ver-

---

[78]) Deposital-Ordnung I. § 2. S. jetzt Vormundschaftsordnung § 60.

[79]) Depos.Ordn. I. § 6. Das war keine Kontraktspflicht, — weder des Staats noch der Gerichtsmitglieder. Die Haftung der letzteren beruht auf Verletzung ihrer Amtspflicht, die des Staats auf dem Gesetz.

[80]) I. 14 § 96. Dep.Ordn. I. §§ 4. 5.

[81]) I. 14 §§ 98. 99. Bei lebenden Thieren und bei Grundstücken ist die Verwahrung zugleich Verwaltung und wird als Sequestration bezeichnet. I. 14 §§ 103. 104.

[82]) Hinterl.Ordn. v. 14. März 1879 §§ 70—81. Ueber die Dringlichkeit entscheidet das Ermessen des Gerichts, der § 74 erkennt aber bestimmte Dringlichkeitsfälle gesetzlich an. Die Verwahrung geschieht unter gemeinschaftlichem Verschluß des Amtsrichters und Gerichtsschreibers. — Ueber Verwahrung von Werthpapieren auf Namen, bei denen Zahlung an den Inhaber nicht stattfindet, und von letztwilligen Verfügungen siehe Hinterleg.Ordn. §§ 88. 89. Auch die Hinterlegungsstelle tritt in derartigen Fällen nicht in ein Vertragsverhältniß zum Deponenten. R.G. Entsch. B. 11 S. 319.

[83]) Die Geschäftsordnung für die Gerichtsschreibereien der Amtsgerichte v. 3. August 1879 (J.M.Bl. S. 230) weist die Verwahrung dem Gerichtsschreiber des Amtsgerichts zu, bei den Landgerichten und Oberlandesgerichten ist die Führung der Asservatenliste dem staatsanwaltlichen Sekretariate zugewiesen. § 23 bez. § 18 der Geschäftsordn. f. d. Sekretar. des Staatsanw. b. d. Landger. bez. bei den Oberlandesgerichten.

wahrungspflicht nach den Grundsätzen von der Beschädigung durch Amtshandlungen zur Verantwortung gezogen werden können [84]). Eine civilrechtlich geltend zu machende Pflicht des Staats zur Rückgabe und eventuell zum Schadensersatz ist nicht anzuerkennen.

Bezüglich der nicht an den Hinterlegungsstellen aufzubewahrenden Gegenstände beschränkt sich die gerichtliche Thätigkeit, wie bereits gesagt, regelmäßig darauf, den Aufbewahrungsort zu wählen und den Aufseher zu bestimmen [85]). Ist aber die Sache dem Verderben ausgesetzt, so verordnet der Richter nach Prüfung des Sachverhältnisses, wenn die Interessenten eine unschädliche Aufbewahrung nicht in Vorschlag bringen, den Verkauf und die Verwahrung des gezahlten Preises [86]). Mit dem Aufseher und Sequester schließt der Richter weder für sich selbst, noch im Namen des Staats oder der Interessenten einen Vertrag, der nach den Grundsätzen des Verwahrungsvertrages zu beurtheilen wäre. Er „bestellt" den Aufseher. Wenn dieser die Bestellung annimmt, so hat der Richter „Acht" zu haben, daß die Sache nicht abhanden gebracht werde, auch auf die Pflege der Sache, soweit es zu deren Erhaltung nothwendig ist. Der bestellte Sequester aber hat dem schließlich als Berechtigten festgestellten Interessenten gegenüber die Pflichten eines Verwalters. Der Aufseher haftet, je nachdem er eine Belohnung erhält oder nicht, für mäßiges oder grobes Versehen [87]).

Besonderer Erörterung bedarf das aus den Bestimmungen der Hinterlegungsordnung vom 14. März 1879 hervorgehende Rechtsverhältniß des Staats zu den Hinterlegungsinteressenten. Kraft dieses Verhältnisses wird der Staat abweichend von den sonstigen Fällen amtlicher Verwahrung vertragsmäßig verpflichtet. Er haftet für die in Gemäßheit der Hinterlegungserklärung [88]) und unter Beobachtung der näheren Bestimmungen des Gesetzes an den Empfangsberechtigten zu bewirkende Rückgabe [89]). Handelt es sich

---

[84]) Vergl. unten § 154.

[85]) Der Richter haftet hierbei, da es sich nicht um eine urtheilende Thätigkeit handelt, für mäßiges Versehen I. 14 § 100. Findet eine Verwaltung statt, so liegt ihm deren Beaufsichtigung ob, und auch hier haftet er für mäßiges Versehen. Vergl. unten § 154.

[86]) I. 14 §§ 101. 102.

[87]) §§ 99. 100. 134. Vergl. Striethorst B. 39 S. 141, B. 50 S. 271, Entsch. B. 50 S. 174. Vergl. L. 12 § 2 D. XVI. 3. — Auch in der Zwangsvollstreckungsinstanz kommt eine vom Gericht angeordnete Verwaltung als Mittel der Beitreibung von Geldforderungen — also abgesehen von dem oben bei Anm. 74. 75 besprochenen Fall der einstweiligen Verfügung — vor, insofern das Vollstreckungsgericht nach C.P.O. § 754 bei der Zwangsvollstreckung in Nutzungsrechte eine Verwaltung anordnen kann (wegen der Miethe s. oben § 136 Anm. 204), und insofern die Zwangsverwaltung von Grundstücken, in der A.G.O. gerichtliche Sequestration genannt, in Gemäßheit des Immobiliarvollstreckungsgesetzes vom 13. Juli 1883 §§ 2. 139 ff., früher des § 6 G. v. 4. März 1879 und der §§ 116 ff. I. 24 A.G.O., zulässig ist.

[88]) Hinterl.O. §§ 14. 40.

[89]) Hinterl.O. §§ 101. 19. 102. 32. Befreiung im Falle eines Aufgebots: ebenda §§ 58—69. Das alte Depositalwesen bot den Betheiligten eine staatliche Verwaltung ihres Eigenthums, bei der ein Schuldverhältniß für den Staat nicht in Frage kam. Es galt als Aufgabe des Staats, im allgemeinen Interesse eine solche Verwaltung zur Sicherung der Betheiligten zu gewähren. Ob das Staatswohl dadurch dauernd gefördert

um Kostbarkeiten und Werthpapiere, so ist diese Rückgabepflicht ganz die des Depositars[90]). Besonderheiten treten hervor bei der Hinterlegung von Geld[91]). Das hinterlegte Geld geht in das Eigenthum des Staates über[92]). Der Staat hat es zu einem durch Königliche Verordnung zu bestimmenden Zinssatz vom Beginn des auf die Hinterlegung folgenden Monats bis zum Ende des Monats zu verzinsen, der demjenigen vorangeht, in dem die Auszahlung erfolgt[93]). Er hat den hinterlegten Betrag mit den Zinsen dem „Berechtigten" auszuzahlen, und zwar so, daß der Berechtigte auf sein den Berechtigungsnachweis erbringendes schriftliches Auszahlungsgesuch binnen zehn Tagen von der sofort auszuführenden, an die Hinterlegungskasse gerichteten Zahlungsanweisung oder von den entgegenstehenden Hindernissen in Kenntniß zu setzen ist[94]). Wer der Empfangsberechtigte ist, bestimmt sich nach Verschiedenheit der Verhältnisse verschieden[95]). Nur der wirklich Empfangsberechtigte aber ist

---

ist, daß der Staat mit dem Eigenthum des Hinterlegten die Pflicht der Rückzahlung als eine Schuld übernahm, und ob dem Publikum mit den bequemen, leicht zugänglichen, unter richterlicher die Sache fördernder und die Sachlage berücksichtigender Leitung stehenden Depositorien nicht besser gedient war, als mit den nur auf Umwegen erreichbaren, formalistisch geleiteten Hinterlegungsstellen, läßt sich bezweifeln.

90) Keine Verwaltung, also bei Werthpapieren keine Pflicht zur Ueberwachung der Ausloosung und Kündigung und keine Pflicht von Amtswegen für Einziehung des Betrags fälliger Zinsscheine 2c. zu sorgen. H.O. § 38.

91) Die Regelung der Gelddeposition nach der Depositalordnung ging dahin, daß hier der Staat neben der Aufbewahrung durch seine Beamten auch eine Verwaltung der Kapitalien im Interesse der Deponenten mit besonderer Regelung der Haftung der betheiligten Beamten und des Staats bezüglich der Einrichtung des Depositoriums oder der Auswahl der Gerichtspersonen übernahm. An der zinsbaren Anlegung betheiligte sich der Staat zugleich als Inhaber der Preußischen Bank durch Uebernahme einer Vergütung, soweit die Kapitalien nicht auf Rechnung der vereinigten Depositalinteressenten eines Gerichts (des Generaldepositoriums) ausgeliehen wurden. Einer näheren Darstellung bedarf es nicht mehr.

92) Hinterl.O. § 7.

93) Hinterl.O. § 8—10. Nur durch zehn theilbare Summen von 30 Mark an sind verzinslich. Der Zinssatz beträgt nach V. v. 21. Mai 1879 (G.S. S. 383) 2½%.

94) Hinterl.O. §§ 23. 25 ff.

95) Hinterl.O. § 19 Abs. 3 u. 6, §§ 22. 24. 30. 31. Erhebt die Hinterlegungsstelle Anstände, so kann Beschwerde erhoben werden. Der Gerichtshof für Entscheidung der Kompetenzkonflikte hält dies überhaupt für das einzige Mittel einer Abweisung des Anspruchs zu begegnen. Entgegen einer Entscheidung des Reichsgerichts vom 29. April 1881, nach welcher der Berechtigte seine Legitimation und damit seinen Anspruch auf Auszahlung des hinterlegten Betrags im Rechtswege geltend machen kann, hat dieser Gerichtshof den Rechtsweg für unzulässig erklärt, weil die Prüfung des nach § 22 H.O. zu erbringenden Nachweises eine Regiminalsache sei, bei der die Hinterlegungsstelle nicht als Vertreterin des Fiskus, sondern im öffentlichen Interesse handle, so daß gegen ihre Entscheidung nur im Beschwerdewege Abhilfe gesucht werden könne. Ob das Gleiche im Falle des § 30 H.O. anzunehmen sei, ist vorbehalten. Vergl. Entsch. d. Gerichtsh. f. K.konfl. vom 10. Juni 1882 und 11. Oktober 1884. Min.Bl. f. d. inn. Verwaltung 1882 S. 242, 1884 S. 248. Gewiß ist richtig, daß die Hinterlegungsstelle ihre Prüfung im öffentlichen Interesse vornimmt. Aber sie hat nicht die Stellung des Richters, der nach der Depositalordnung darüber zu befinden hatte, ob das für die Interessenten und als diesen gehörig deponirte und seitens des Generaldepositoriums nur verwaltete Kapital jemandem als legitimirt ausgehändigt werden könne. Vielmehr wird das hinterlegte Geld jetzt Eigenthum des Fiskus, und dafür ist der Staat mit der Schuld der Zurückgabe belastet. Das öffentliche Interesse, das die Hinterlegungsstelle

als Gläubiger des Staats bezüglich des hinterlegten Geldes anzusehen, also auch der Hinterlegende nur, wenn und soweit er der Empfangsberechtigte ist. Vielfach ist Hinterlegungsgrund gerade die Ungewißheit des Berechtigten. Mit der Hinterlegung wird das Recht auf Rückzahlung sogleich und ohne Weiteres für den wirklich Berechtigten begründet. Wenn daher über das Vermögen des Hinterlegenden das Konkursverfahren eröffnet wird, so gehört das Hinterlegte zur Konkursmasse nur, insoweit der Kridar als der Berechtigte festgestellt wird. Deshalb ist es müßig, ein „Absonderungsrecht" für den Fall zu konstruiren, daß der Berechtigte ein anderer sei als der Kridar. Die eben dargelegten Sätze, auf die schon am Schluß des § 92 mit den Worten hingedeutet ist, daß es sich in solchen Fällen stets um eine Sequestration zu Gunsten des ungewissen Berechtigten handele, greifen selbst dann durch, wenn die Hinterlegung ausdrücklich zum Zwecke einer Sicherheitsleistung erfolgt: das ist keine Verpfändung, sondern Hinterlegung zu Gunsten des Sicherzustellenden für den Fall, daß er die Sicherung zu beanspruchen

---

vertritt, ist also lediglich das Interesse des Fiskus als des Schuldners. Wie bei jeder anderen Schuld ist es Sache des Vertreters des Fiskus sich darüber zu vergewissern, ob der, an den gezahlt werden soll, der wirklich berechtigte Gläubiger ist. Die H.O. bringt in § 8 und an anderen Stellen eine privatrechtliche Haftung des Fiskus für Rückgabe des in sein Eigenthum übergehenden Geldes zum klaren Ausdruck. Ob das Interesse der Staatskasse an der Umwandlung des Hinterlegungswesens aus einer Verwahrung und Verwaltung fremden Gelds in ein darlehnähnliches Verhältniß ein wesentlich oder nur unwesentlich fiskalisches war, erscheint dem gegenüber gleichgiltig. Denn wenn auch die Staatsregierung bei Berathung der Hinterlegungsordnung erklärt hat, daß nicht die Absicht bestehe, den Hinterlegungsfonds als Staatsfinanzquelle zu benutzen, so wird doch in Folge des Gesetzes das Geld in der Hand der Hinterlegungsstelle fiskalisches Eigenthum, und die Rückzahlungspflicht ist eine fiskalische Schuld. Das Gesetz enthält außer der in den Urtheilen zur Begründung herangezogenen Bestimmung, daß der Gläubiger vor der Erhebung des Geldes der Hinterlegungsstelle den Nachweis seiner Empfangsberechtigung vorzulegen hat, und daß er im Falle eines Hindernisses binnen zehn Tagen darüber unterrichtet werden muß, nichts, woraus der Ausschluß des Rechtsweges hat gefolgert werden können; wie er aber in jenen Bestimmungen ausgedrückt gefunden werden kann, bleibt auch nach den Entscheidungen des Gerichtshofs für den Juristen ein Räthsel. Nun kommt aber noch hinzu, daß ein preußisches Gesetz für den Anspruch gegen den Fiskus aus der Hinterlegung den Rechtsweg gar nicht ausschließen konnte, denn es handelt sich um eine aus der Hingabe des Eigenthums an dem Geld mit der Pflicht zur Rückgabe hervorgegangene, also rein privatrechtliche Verbindlichkeit des Fiskus, für deren Geltendmachung nach § 4 des Einführungsgesetzes zur Civilprozeßordnung „nur deshalb, weil Fiskus Partei ist", der Rechtsweg nicht ausgeschlossen werden darf. Kann in diesem Falle das Gesetz bestimmen: daß nur im Verwaltungswege darüber zu entscheiden ist, ob der Fiskus als Schuldner eine bestimmte Person als legitimirten Gläubiger anzuerkennen habe, so könnte das auch bei jeder anderen fiskalischen Schuld geschehen. Die Legitimation zur Sache ist von der Geltendmachung des Anspruchs selbst nicht zu trennen. Ist ein solcher Ausschluß des Rechtswegs vereinbar mit § 4 cit., so ist § 4 völlig bedeutungslos. Die Hoffnung, daß der Gerichtshof zur Entscheidung der Kompetenzkonflikte sich davon überzeugen wird, daß der Berechtigte die Hinterlegungsstelle und deren Vorgesetzte um Auszahlung des Geldes nicht als ein bloßer Bittsteller bei der Obrigkeit anzugehen hat, daß es sich vielmehr um Geltendmachung einer privatrechtlichen Berechtigung handelt, der eine privatrechtliche Pflicht des Fiskus entspricht, und daß der Fiskus sich folgeweise nicht der Geltendmachung des Anspruchs im Rechtswege entziehen darf, hat sich freilich nicht bestätigt. Vergl. hierzu auch Seligsohn bei Gruchot B. 34 S. 329 f.

hat, und nur für den entgegengesetzten Fall zu Gunsten des Hinterlegenden selbst[96]).

Den Zweck, eine Sache für den wirklich Berechtigten durch Sequestration zu sichern, kann auch ohne gerichtliche Anordnung ein Uebereinkommen der Interessenten zu erreichen suchen, wenn auf Grund solchen Uebereinkommens die Sache einem freiwillig bestellten Sequester übergeben wird, um sie demnächst nach Feststellung des Rechts dem wirklich Berechtigten herauszugeben. Die Zulassung einer so modifizirten Deposition wird sich auch für das preußische Recht nicht bezweifeln lassen, wenngleich sie ausdrückliche Anerkennung nicht gefunden hat[97]). Diese Sequestration ist auch nicht wegen der beschränkten Anwendung dieses Ausdrucks im Landrecht auf lebendige und unbewegliche Sachen zu beschränken, und der Vertrag mit dem Dritten (Sequester) muß darüber entscheiden, ob dieser nur verwahren oder auch verwalten soll, wonach sich seine Verpflichtungen regeln[98]). Die Streitfrage des gemeinen Rechts, ob der Sequester den Besitz erhält, eine Frage, die nach der richtigen Ansicht, dahin zu beantworten ist, daß er ihm übertragen werden kann, aber nicht an sich Folge der Sequestration ist[99]), hat für das preußische Recht kein Interesse. Hier ist er, wie jeder Verwahrer, Inhaber, und hat als solcher die possessorischen Rechtsmittel[100]).

§ 140. Der Gastaufnahmevertrag.

A.L.R. II. 8 §§ 444—455. (Die §§ 1528—1531, §§ 1734—1738, Schiffer, §§ 2452—2462 sind aufgehoben durch das D.H.G.B. Einf.Ges. Art. 60.) Koch, Pr.R. II. 497. R. d. F. III. 998. Gruchot B. 18 S. 71. Dernburg II. § 213. Fischer § 82. Lauterbach, Tract. de nautis, cauponibus et stabulariis, 1676, in dessen dissert, acad. III. Nr. 105. Leyser, Med. I. 66. Glück B. 6 S. 106f. Buddens im Rechtslexikon B. 4 S. 440. Bes. Goldschmidt in s. Zeitschr. f. Handelsrecht B. 3

---

96) Anwendungsfälle bieten z. B. C.P.O. §§ 101. 652. 659. 716. 720. 728. 738. — Werden zur Sicherung Werthpapiere hinterlegt, so liegt die Sache anders. Das Reichsgericht III. Sen. (Entsch. B. 12 S. 222) nimmt bei einer zum Zwecke der Abwendung der Zwangsvollstreckung bei Gericht hinterlegten Geldsumme ein Pfandrecht und Absonderungsrecht an dem Gelde an: der V. Senat (Ensch. B. 12 S. 394) läßt im Falle einer Hinterlegung zum Zwecke der Aufhebung einer Zwangsvollstreckung unentschieden, ob an dem hinterlegten Gelde ein Pfandrecht entsteht, oder ob das in Folge der Hinterlegung Gezahlte als zur Befriedigung des Vollstreckungsgläubigers bedingt gezahlt zu gelten habe, sofern nicht der zahlende Intervenient sein Eigenthum an den Pfandstücken nachweist. Vergl. jetzt Cohn bei Gruchot B. 32 S. 574.

97) l. 6 D. XVI. 3 proprie autem in sequestre est depositum, quod a pluribus in solidum certa conditione custodiendum reddendumque traditur l. 9 § 3 D. IV. 3 neque sequestraria convenire potes nondum impleta conditione depositionis. l. 5 C. IV. 34. Jeder um die Sache streitende Theil ist Deponent in solidum unter der Bedingung, daß der Streit sich für ihn entscheide. l. 17 D. XVI. 3.

98) Ein Beispiel Seuffert XII. (Sequester einer Erbschaft.)

99) l. 17 § 1 D. XVI. 3.

100) I. 7 §§ 1. 2. 137. Die Ersitzung wird durch die Sequestration nicht unterbrochen. I. 9 § 601, I. 7 § 112 A.L.R.

S. 58 und 331. Weis, Arch. f. prakt. Rechtswiss. B. 5 S. 280. — Unterholzner II. 732f. Vangerow III. § 648. Arndts § 289. Windscheid II. § 384. Dernburg, Pand. II. § 89.

Man hat bezweifelt, daß die aus dem prätorischen Edikt stammenden besonderen Vorschriften über eine strengere Haftpflicht der Gastwirthe und Frachtschiffer auf die geänderten Verhältnisse des heutigen Reise- und Frachtverkehrs noch anwendbar seien[1]). Die Praxis theilt diesen Zweifel nicht[2]). Man hat andererseits das prätorische Edikt in der gemeinrechtlichen Praxis sogar, wiewohl nicht unbestritten[3]), ausdehnend auf andere ähnliche Verhältnisse, auf den Frachtverkehr zu Lande, auf Landfuhrwerk und Posten anwenden wollen[4]). Das A.L.R. hat das Rechtsinstitut in Betreff der Gastwirthe und Schiffer — und zwar sowohl der Seeschiffer als nach der richtigen Auslegung der Praxis auch der Stromschiffer[5]) — wesentlich übereinstimmend mit dem römischen Recht aufgenommen, und es auch noch auf die Inhaber öffentlicher, d. h. vom Staat bestellter oder privilegirter Landkutschen[6]) angewendet. Von diesen Bestimmungen des A.L.R. gelten im heutigen Recht nur noch diejenigen, die sich auf Gastwirthe beziehen, der Land- und Wasserverkehr für Reisende und Güter wird durch Reichsgesetze normirt[7]). Dazu kommen die neuen Bestimmungen über Eisenbahnverkehr[8]) und über die Garantie der Postverwaltungen für den Verlust und die Beschädigungen der ihnen übergebenen Gegenstände[9]). Das Institut der öffentlich bestellten Landkutschen ist heutigen Tages verschwunden.

Der Vertrag, den der Reisende mit dem Gastwirth über Aufnahme seiner Person und seiner Sachen schließt, ist gemischt aus Miethe und Verwahrung. Der Gastwirth übernimmt dem Reisenden gegenüber eine custodia; aber wenn diese nur die des Verwahrers wäre, würde das nicht den Anforderungen des Verkehrs genügen, denn der Depositar vertritt nur das Maß der in eigenen Sachen angewendeten Sorgfalt und im Zweifel grobes und bei Entgeltlichkeit mäßiges Versehen[10]). Das Edikt hat diese Verpflichtung

---

[1]) Z. B. Schilter, Prax. jur. Rom. exerc. XII. § 12.

[2]) S. überhaupt hierüber Glück B. 6 S. 111 und die dort Citirten. Bei den Neueren besteht ein Zweifel nicht mehr. Vangerow III. S. 478. Goldschmidt a. a. O. S. 310. Code 1782f. 1952f. Oesterr. G.B. 961. 964. 970. 1316. Sächs. G.B. § 1280fg. Bair. Entw. Art. 679—681. D. Entw. des B.G.B. §§ 626—628.

[3]) Goldschmidt a. a. O. S. 352fg. 359.

[4]) Goldschmidt S. 359 S. 158. In Betr. der Posten s. Müller, Ueber die a. de recepto und deren analoge Ausdehnung auf die Postanstalten. 2. A. 1857 bes. S. 65 bis 68 (verneinend). D.H.G.B. Art. 421.

[5]) Präj. 996 (Samml. I. 204).

[6]) II. 8 § 2452f.

[7]) H.G.B. Art. 390—421, R.G. betr. die privatrechtlichen Verhältnisse der Binnenschiffahrt vom 15. Juni 1895 (R.G.Bl. S. 301) §§ 26—77. Ueber das Seefrachtgeschäft s. Art. 557—679, bes. Art. 607 des Handelsgesetzbuchs.

[8]) H.G.B. Art. 422—431, bes. Art. 423.

[9]) Bundesgesetz über das Postwesen v. 2. Novbr. 1867 § 6fg. (B.G.Bl. S. 61f.) Jetzt R.G. über das Postwesen v. 28. Oct. 1871 (R.G.Bl. S. 347) § 6. Vergl. Mittelstein, Beiträge zum Postrecht (1891) S. 36f.

[10]) Oben § 139 Anm. 27.

der custodia so gesteigert [11]), als ob eine Garantieleistung dafür erfolgt wäre, daß die Sachen des Reisenden ihm während des Aufenthaltes im Gasthause unversehrt bleiben. Das salvum fore recipere ist der Inhalt der Verpflichtung des Wirths. Es ist kein besonderer Vertrag, der zum Aufnahme-Vertrag hinzukommt [12]), auch keine besondere aus dem Gesetz allein entspringende Verbindlichkeit [13]), sondern der Aufnahmevertrag nach seiner Natur begründet eine gesteigerte Haftpflicht [14]). Deshalb ist die systematische Stelle dieses Vertrages neben dem Verwahrungsvertrage.

Gastwirthe, die gewerbsmäßig Personen beherbergen, sind hiernach schuldig, für das Unversehrtbleiben aller Sachen zu haften, welche die von ihnen oder von ihren dazu bestellten Leuten aufgenommenen Reisenden in das Gasthaus gebracht haben [15]). Die Eigenthümlichkeit liegt wesentlich darin, daß der Gastwirth nicht nur für die eigene Schuld, sondern auch für die Handlungen seiner Leute und sogar für die anderer Personen, — soweit sie innerhalb des zu seiner Gastwirthschaft gehörigen Raumes sich befinden, — haften muß, daß hierbei die Frage, ob und welches Verschulden ihn trifft, überhaupt nicht zur Erörterung gezogen wird, vielmehr ihm nur der Beweis offen steht, daß der Schaden durch einen schlechthin unabwendbaren Zufall herbeigeführt worden. Die Klage gegen den Gastwirth stützt sich auf die Thatsache der Aufnahme [16]). Sie setzt voraus, daß die Aufnahme im Bereich

---

[11]) l. 1 pr. D. IV. 9. Ait praetor: nautae, caupones, stabularii, quod cujusque salvum fore receperint, nisi restituent, in eos judicium dabo.

[12]) Wie Glück B. 6 S. 112. Savigny, Obl.R. B. 2 S. 112. Koch, R. d. F. III. 999, auch Brinz, Pand. S. 442 behaupten. Unterholzner II. 734 will die Auffassung als Quasikontrakt oder Quasidelikt zulassen. S. Goldschmidt S. 63 fg.

[13]) Dies ist Goldschmidts Auffassung S. 64 Note 10: „ein prätorisches Obligationsverhältniß" und S. 103 Note 79: „im heutigen Recht kann das receptum nicht zu den Verträgen gestellt werden, sondern nur zu den gesetzlichen (prätorischen) Obligationsverhältnissen". Das ist ein Zerspalten der einheitlichen Obligation zwischen Wirth und Gast in eine vertragsmäßige und eine gesetzliche, die jedenfalls für das preußische Recht unfruchtbar ist.

[14]) Dresdener Ann. II. 442. Wenn Dernburg § 213 Anm. 3 die gleiche Steigerung wie bei Verträgen, die Verwahrung und Miethe zum Gegenstand haben, auch bei Verträgen über Handlungen eintreten läßt, so entspricht dies nicht dem Landrecht, das einen mit dem Reisenden geschlossenen Aufnahmevertrag voraussetzt. Auch wenn der Reisende sonst im Gasthof zu wohnen pflegt, aber im einzelnen Fall, ohne dort wohnen zu wollen, dem ungetreuen Hausknecht seine Kleider zur Reinigung übergiebt, hat er mit dem Gastwirth keinen die Haftung ex recepto begründenden Aufnahmevertrag geschlossen.

[15]) II. 8 § 444. Vergl. Entwurf des B.G.B. §§ 626—628, Entw. II. §§ 641—644, Reichstagsvorl. §§ 688—691. Nach Entw. II. § 643, Reichstagsvorl. § 690 erlischt der Anspruch bei nicht unverzüglich nach Entdeckung des Verlusts gemachter Anzeige an den Gastwirth.

[16]) l. 1 § 8, l. 3 § 1 D. IV. 9. Seuffert VII. 40. Die Aufnahme ist aber das Resultat eines Vertrages, mag dieser noch so formlos zu Stande kommen. Die Frage, ob ein Gastwirth die Aufnahme auch verweigern dürfe, ist keine Rechtsfrage, sondern gehört dem Gebiet der Gewerbepolizei an. S. hierüber die an die scheinbar widersprechenden Stellen l. 1 § 1 D. IV. 9 und l. un. § ult. D. XLVII. 5 anknüpfenden Abhandlungen von Madai in der Zeitschr. f. Civ.-R. u. Pr. B. 18 S. 376 und Guyet im civil. Arch. B. 17 S. 41. Vangerow III. 476 u. A.

des gewerbsmäßigen Geschäftsbetriebs des Wirths[17]) zum Zweck der Beherbergung geschehen[18]) und so geschehen ist, daß darin die Uebernahme einer Verwahrungspflicht liegt, also daß die Sachen des Gastes in das Haus selbst hineingetragen[19]), oder daß Bewachung, wenn die Sachen (z. B. das Fuhrwerk) vor dem Hause stehen geblieben sind, ausdrücklich oder stillschweigend verlangt ist[20]). Sie bezieht sich auf alle Sachen, die der Gast gleich bei seiner Aufnahme oder später[21]) einbringt, wenn sie auch ihm nicht selbst gehören[22]). Sie erstreckt sich auf alle Beschädigungen oder Entwendungen, die innerhalb des örtlichen Bereichs dieser Verwahrungspflicht den Gast treffen, darüber hinaus nur auf solche, die von dem Wirth selbst, oder von denjenigen seiner Leute zugefügt sind, die er in seiner Wirthschaft zur Bedienung bestellt, oder die er ihm zur Bedienung am Ort empfohlen hat (Lohnkutscher und Lohnbediente)[23]). Der Wirth hat die Entschädigungssumme vom Tage der Mahnung oder der Klagebehändigung zu verzinsen[24]). Mehrere Wirthe, die Gastwirthschaft gemeinschaftlich betreiben, haften solidarisch für den Schaden (Einer für Alle und Alle für Einen)[25]). Auch die Erben des Wirths sind

---

17) l. 3 § 2 D. IV. 9. exercentes negotium suum. Glück B. 6 S. 124. Also z. B. nicht, wenn über eine Stube im Gasthause ein reiner Miethvertrag abgeschlossen wird, der mit dem Gewerbe der Gastwirthschaft nicht zusammenhängt. Seuffert II. S. 372 (Dresden). Goldschmidt a. a. O. S. 61 f. Vergl. ferner Seuffert XVII. 42.

18) Nicht gerade auf nächtliche Beherbergung. Aber Aufnahme in eine auch zu nächtlicher Beherbung bestimmte Gastwirthschaft auf unbestimmte Zeit. Ausgeschlossen ist der Besuch von Gästen zum Mittagtisch oder zur Befriedigung augenblicklicher Bedürfnisse. Ueberhaupt hat das Edikt keine Anwendung auf bloße Speisewirthe, Billardzimmer, Kaffeehäuser, Konditoreien, Bahnhofsrestaurateure u. dergl. Harder in der Zeitschr. f. Civ.R. u. Proz. B. 18 S. 228. Seuffert II. Nr. 293.

19) Nicht auch die Sachen, die der Reisende an sich trägt. Sintenis II. 691 Note 8 gegen Unterholzner II. 735b. A. M. Koch III. S. 1003.

20) Entsch. B. 11 S. 367. Auch bei Seuffert I. 73.

21) l. 4 § 2 D. IV. 9. Seuffert X. 163. Entsch. B. 33 S. 107. Auch auf vorweg gesandte Sachen. Gruchot B. 20 S. 237, Strieth. B. 94 S. 181. Sachen, die der Gast bei seiner Abreise zurückläßt und dem Wirth zur Verwahrung übergiebt, sind nicht durch die strengere Pflicht ex recepto geschützt. Hier liegt ein gewöhnlicher Verwahrungsvertrag vor. II. 8 § 454 ist hierauf nicht zu beziehen. A. M. Koch III. 1005, ebenso Dernburg II. § 213 Anm. 7. — Gemeinrechtlich wendet auch hier die Vorschriften des receptum unbedingt an Thibaut II. § 571, bedingt Glück B. 6 S. 125.

22) Strieth. B. 21 S. 309a.

23) II. 8 § 449. Auch die Kellner, der Portier, der Hausknecht, das Stubenmädchen. Vergl. aber Sintenis S. 689 Note 8. Striethorst B. 61 S. 42. Daß die Pflicht des Gastwirths soweit gehen sollte, für nicht bei ihm in Dienst stehende Personen zu haften, weil sie sich dafür ausgegeben und der Fremde Ursache hatte ihnen zu glauben, der Wirth aber solchem Mißbrauch hätte entgegentreten sollen und können (Dernburg II. § 213 Anm. 11), möchte nicht zu begründen sein, jedenfalls nicht aus H.G.B. Art. 50 und nicht aus dem „Verkehrsbedürfniß". Hätte der Gesetzgeber solche Fälle als dem Leben angehörig angesehen, so würde er vielleicht Anlaß genommen haben, eine Bestimmung zu treffen. Aber nichts berechtigt den Richter nach seiner subjektiven Ansicht von dem, was im Interesse des Verkehrs Recht sein sollte, Rechtsnormen zu erfinden.

24) Nicht erst vom Tage des Urtheils, weil die Klage ex recepto keine Deliktsklage ist. (I. 16 § 66.) Striethorst B. 21 S. 320 oben.

25) II. 8 § 445. Gemeinrechtlich wird eine Haftung pro rata angenommen, und eine in solidum, wenn sie die Wirthschaft durch einen gemeinschaftlichen Stellvertreter führen

der Klage unterworfen[26]). Dadurch, daß dem Gast vom Wirth ein verschließbares Behältniß angewiesen und der Schlüssel übergeben wird, kann sich der Wirth von seiner Vertretung nicht befreien[27]). Aber er kann diese bis auf mäßiges Versehen vermindern, wenn er „sogleich bei der Aufnahme" dem Gast erklärt, daß er für die eingebrachten Sachen nicht stehen wolle[28]). Diese Erklärung muß aber in dem Augenblick der Aufnahme abgegeben werden, also wenn der Gast sie begehrt und der Wirth ihm den Aufenthalt anweist. Sie ist ohne Bedeutung, wenn sie erst hinterher, z. B. durch einen Anschlag im Zimmer, abgegeben wird[29]). Das Klagerecht des Gastes ist endlich nicht davon abhängig, daß er dem Wirth die einzelnen mitgebrachten Sachen angezeigt und vorgezeigt hat[30]), das Landrecht aber erleichterte für den Fall einer solchen Mittheilung die Beweisführung des Schadens, — eine jetzt weggefallene positive Beweisregel[31]).

Gegen die Klage hat der Wirth die Einrede, entweder daß der Schaden durch eigenes, wenigstens mäßiges Versehen des Reisenden[32]), oder „durch

lassen. l. 7 § 5 D. IV. 9, l. 4 pr. D. XIV. 1. Glück B. 6 S. 135. Von den Aelteren nahm Voet, Comm. IV. 9 § 2 solidarische Haft an.

[26]) Nur die mit der a. de recepto konkurrirende Pönalklage war passiv nicht vererblich. l. 7 § 1. 6 D. IV. 9. Leyser, Sp. 66 m. 4. Anders Unterholzner II. 736.

[27]) II. 8 § 450. Es sei denn, daß der Wirth beweisen kann, daß der Reisende bei dem Verschließen und Aufbewahren des Schlüssels nachlässig und der Schaden durch andere Personen, als den Wirth oder seine Leute zugefügt worden. § 451. Das Anhängen des Schlüssels an das Schlüsselbrett im Gastzimmer ist keine Nachlässigkeit. Strieth. B. 21 S. 309c. Glück B. 6 S. 115. 138. Höpfner, Instit. § 1084. Unterholzner II. 735. Dagegen läßt Voet, Comm. ad. P. IV. 9 § 7 in diesem Fall den Wirth gar nicht haften. Sintenis II. S. 691 Note 8 Sp. 2, oben will nach Umständen unterscheiden. Ebenso Dresden bei Seuffert II. 49, VII. 40, VIII. 48. — Bei Werthgegenständen soll der Wirth nach dem Entwurf II. § 682, Reichstagsvorl. § 689 nur wenn sie ihm zur besonderen Aufbewahrung angeboten sind, darüber hinaus nur für die Schuld seiner Leute haften. Entw. I. etwas abweichend. Vgl. Gruchot B. 40 S. 93.

[28]) II. 8 § 448. Vergl. l. 7 pr. D. IV. 9.

[29]) Koch, III. S. 1004. Gruchot B. 18 S. 91. Glück S. 115. Sintenis II. S. 693 Note 20. Goldschmidt S. 337. Dagegen hat das O.A.G. Dresden (Wochenbl. f. merkw. Rechtsf. 1852 Nr. 15 und Seuffert X. 162) vom Wirth den Beweis verlangt, daß der Anschlag im Zimmer befestigt gewesen ist, und der Gast ihn gelesen hat; das O.A.G. München (Bl. f. R.Anw. B. 17 S. 193) aber sieht sogar im Nichtlesen und Nichtbeachten eines solchen Anschlags immer ein den Wirth befreiendes Verschulden des Gastes. Es hängt davon ab: wann ist die Aufnahme erfolgt. Gewiß mit der Annahme und dem Eintritt und dem Einbringen der Sachen in das Haus — nicht erst mit dem Betreten des überwiesenen Zimmers. Die l. 7 pr. D. IV. 9 sagt: si praedixerit, ut unusquisque res suas servet. Goldschmidt a. a. O. S. 333 fg. Der Gast muß in die Ausschließung der Haft einwilligen, was freilich auch durch stillschweigendes Unterwerfen geschieht. Das. S. 337. Vgl. Entw. des B.G.B. § 626, Entw. II. § 641, Reichstagsvorlage § 688 Abs. 3.

[30]) Entsch. B. 33 S. 107.

[31]) II. 8 §§ 452. 453. Strieth. B. 21 S. 309. Vergl. Mevius, Dec. IX. 55. Leyser. Sp. 66 m. 9. — Jetzt C.P.O. §§ 259. 260. 437, Einf.G. z. C.P.O. § 14.

[32]) II. 8 § 447. Es fragt sich, ob der Wirth diese Einrede auch dann hat, wenn durch seine angestellten Leute der Schaden zugefügt worden. Da das Gesetz nicht unterscheidet, wird es bejahet werden müssen. Fälle, in denen die Einrede für durchgreifend erachtet ist, bei Strieth. B. 21 S. 309. R.O.H.G. B. 25 S. 333, R.G. Entsch. B. I. S. 84. Der Entwurf des B.G.B. giebt die Einrede schon beim Nachweis der — schuldlosen — Verursachung des Schadens durch den Gast, seine Begleiter oder eine von ihm aufgenommenen Person. (Reichstagsvorlage § 688 Abs. 1.)

äußere Gewalt und Zufälle, die er bei der sorgfältigsten Aufmerksamkeit weder vorher sehen noch verhüten konnte", verursacht ist[33]). Offenbar ist hier die Bedeutung des Zufalls[34]) eine eingeschränktere als sonst bei Verträgen — nicht die bloße Abwesenheit jedes Verschuldens. Der Wirth hat auch Zufall zu vertreten, aber nicht jeden. Die Worte des Gesetzes deuten darauf hin, daß eine von Außen wirkende Gewalt, die durch die menschliche Widerstandskraft nicht abgewendet werden kann, gemeint ist. Das bietet aber immer noch eine recht schwankende Grenzlinie zwischen vertretbarem und nicht vertretbarem Zufall. Man wird nicht zweifeln, daß ein Erdbeben, eine den Ort heimsuchende Feuersbrunst nicht dem Wirth zur Last fällt — aber bei Diebstahl, bei nächtlichem Einbruch, bei Feuer, das im Hause selbst entsteht, wird bald Vertretbarkeit anzunehmen sein, bald nicht. Das Abwendbare ist ein relativer Begriff, eine feste Grenzlinie läßt sich nicht finden, im einzelnen Fall muß das Ermessen des Richters entscheiden[35]). Immer vertritt der Wirth, außer den von seinen angestellten Leuten verübten Handlungen, auch alle Handlungen Dritter, soweit er sie abwenden konnte. Hierunter fallen Handlungen anderer aufgenommener Gäste, der Angehörigen des Wirths, der sonst aus- und eingehenden Personen[36]). Aber auch jedes elementare Ereigniß hat er zu vertreten, wenn es als abwendbar erscheint, mag es selbst „von Außen" auf den Gasthof und die darin befindlichen Sachen einwirken. Diesen Sinn hat das omnimodo tenetur, etiamsi sine culpa ejus res periit vel damnum datum est. Gegenüber steht das damnum fatale, die unabwendbare vis major[37]).

§ 141. Der Vollmachtsauftrag.

A.L.R. I. 13 §§ 5—227. Bornemann III. 230. Daniels III. 319. Koch, Pr.R. II. 380. R. d. F. III. 518. Gruchot B. 14 S. 321. Dernburg II. §§ 180—183. Fischer § 79. Röse bei Gruchot B. 7 S. 506, Topthoff ebenda B. 17 S. 824. — Glück B. 15 S. 239. Unterholzner II. 585. Vangerow III. §§ 659f. Arndts §§ 291f. Windscheid II. §§ 409f. Dernburg, Pand. §§ 115—117. — Gesterding, Beitr. z. L. v. Mandat, 1817 (in s. alten und neuen Irrthümern

33) II. 8 § 447.

34) S. hierüber bes. die überzeugenden Ausführungen von Goldschmidt a. a. O. S. 79fg. §§ 4. 5. 6 und S. 115, wo das Resultat derselben angegeben ist.

35) Seuffert XVIII. 43. Es entscheidet darum, wie Goldschmidt sagt, ob der Schade durch solche Vorkehrungen, welche zu dem dadurch zu erreichenden Erfolg nach der allgemeinen Verkehrsanschauung in vernünftigem Verhältniß stehen, abgewendet werden konnte.

36) Selbst Beschädigungen des Reisenden durch seinen eigenen aber von dem Wirth benutzten Bedienten in den Räumen des Gasthauses. l. 6 § 1 D. IV. 9.

37) l. 3 § 1 IV. 9. Hoc edicto omnimodo, qui recepit, tenetur etiamsi sine culpa ejus res periit vel damnuum datum est, nisi si quid damno fatali contigit . . . si in stabulo vel in caupona vis major contigerit. Siewert, Mater. H. 5 S. 146. Goldschmidt a. a. O. S. 115. Exner in Grünheit Zeitschr. B. 10 S. 495, Dernburg ebenda B. 11 S. 334.

der Rechtsgelehrten. Nr. 6 S. 183). Heimbach im Rechtslex. B. 7 S. 12. Laband in Goldschmidt, Zeitschr. B. 10 bes. S. 209 ff. F. Hellmann, Die Stellvertretung in Rechtsgeschäften, 1882, S. 109 f. Mitteis, Die Lehre von der Stellvertretung, 1885. — Zachariä (Crome) II. §§ 390 ff.

I. **Begriff.** Nach römischem Recht ist Mandat der Konsensualvertrag durch den Jemand unentgeltlich die Ausführung des Auftrags eines Anderen übernimmt[1]). Ein bedungenes Entgelt ändert den Charakter des Vertrages und läßt ihn als Dienstmiethe erscheinen[2]). Die Leistungen, welche die Rechtsquellen erwähnen, enthalten meist eine Geschäftsbesorgung, ein negotium gerere[3]), jedoch nicht nothwendig, wenn auch meist, eine stellvertretende Thätigkeit. Hauptsächlich wird solcher Geschäfte gedacht, bei denen der Beauftragte einer dritten Person gegenüber zu treten hat; fundum emere pro Titio, spondere, fidejubere pro Titio, discipulis imperare pro fullone[4]). Aber die mandati actio wird auch gegeben, wenn der Beauftragte nach dem Tode ein Monument errichten soll, und wenn ein Walker oder Flicker Kleider zum Reinigen und Ausbessern erhalten hat, ohne daß dafür ein Lohn zugesichert wäre[5]). Es kann sich also auch um rein thatsächliche Dienste handeln, nicht um ein Rechtsgeschäft, das in Vertretung des Auftraggebers oder in seinem Interesse geschlossen werden soll.

Schon das römische Recht gelangte im Lauf seiner Entwickelung dazu, das charakteristische Moment des Mandats, quia ex officio et amicitia originem trahit[6]), dahin abzuschwächen, daß Vorbedingung und Leistung eines Honorars gestattet wurde[7]), wenn auch für das Klagerecht Besonderheiten verblieben[8]). Wie dann für die Dienstmiethe im gemeinen Recht die Unterscheidung von operae locari solitae und operae liberales bedeutungslos geworden[9]), so ist auch die Unterscheidung zwischen der Kontraktsklage und einer extraordinaria cognitio antiquirt. Das Mandat kann also jetzt gegen Entgelt abgeschlossen werden und ist dann in Wahrheit ein zweiseitiger Vertrag wie die Dienstmiethe[10]). In Folge dessen ist schon die Entwickelung des gemeinen Rechts

---

1) l. 1 pr. § 4 D. XVII. 1.
2) l. 1 § 4 cit. Vergl. jedoch unten Anm. 7.
3) l. 2 §§ 1. 2. 3. D. eod. l. §§ 1. 6 eod. l. 1 C. IV. 35.
4) l. 2 §§ 1. 2. 3. 4 D. eod. ut fundum mihi emeres; ut pro me fidejubeas, ut sub usuris crederes ei. l. 6 § 1 ut negotia administrares. l. 45 § 4 ut creditori meo solvas. l. 5 § 10 D. XIV. 3 (über diese Stelle s. Vangerow III. 513).
5) § 13 J. III. 27. l. 12 § 17 D. XVII. 1 ut monumentum post mortem fieret; hierher gehört auch l. 16 eod. in meo aliquid facere.
6) l. 1 § 4 D. XVII. 1 „contrarium ergo est officio merces“. Cicero pro Sext. Roscio Amerino c. 38. 89. Vergl. Glück XV. 242.
7) l. 6 pr. l. 7 D. eod. l. 1 C. 25. Erxleben, Die condictiones sine causa. II. S. 312.
8) Apud praesidem provinciae cognitio l. 1. C. IV. 35. Salarium incertae pollicitationis peti non potest. l. 17 C. eod. l. 7. l. 56 § 3 D. eod. Vergl. l. 1 D. L. 13. Glück B. 15 S. 288. v. d. Pforten, Abhandl. S. 315. Sintenis II. 565 Note 9.
9) Oben § 138 Note 44. 45.
10) Vergl. über die dem A.L.R. vorangehende Praxis Cocceji, Jus. controv. XVII. 1 p. 795. Walch, Controv. j. civ. p. 649. Die neueren Gesetzbücher und Entwürfe lassen Entgelt zu. Code a. 1986. Oesterr. § 1004. Das sächs. G.B. § 1295 nimmt

dazu gekommen, sich einer von den römischen Rechtsquellen abweichenden Unterscheidung dahin zuzuneigen, daß locatio conductio ausgeschlossen sei, wenn es sich um die entgeltliche Uebernahme einer rechtsgeschäftlichen Thätigkeit Dritten gegenüber im Interesse des Auftraggebers oder in seiner Vertretung handelt, und daß der Begriff des Mandats alle entgeltlichen und unentgeltlichen Verträge dieses Inhalts und daneben die unentgeltliche Uebernahme der Leistung anderer Handlungen umfaßt[11]).

Das Allgemeine Landrecht definirt: „die Willenserklärung, wodurch Einer dem Andern das Recht ertheilt, ein Geschäft für ihn und statt seiner zu betreiben, wird Auftrag oder Vollmacht genannt"[12]); den durch Annahme des Auftrags zu Stande kommenden Vertrag bezeichnet das Gesetz in der Ueberschrift des Abschnitts als „Vollmachtsauftrag". Die einzelnen Merkmale des Begriffs bedürfen der näheren Erörterung.

Es handelt sich danach zunächst um das Betreiben eines Geschäfts des Auftraggebers, und zwar wie der Text im Fortgang näher erläutert eines Privatgeschäfts[13]). Bereits an anderer Stelle ist erwähnt worden,

---

die Unentgeltlichkeit in die Definition auf. Vergl. dazu § 1299. Der Entwurf des B.G.B., Reichstagsvorlage §§ 649. 662 unterscheidet einfache Annahme eines Auftrags zu einem Geschäft, die zur unentgeltlichen Besorgung verpflichtet, und Uebernahme der Pflicht zu einer Geschäftsbesorgung durch einen Dienst- oder Werkvertrag.

[11]) Vergl. aus der Praxis Seuffert XXIX. 124. 126, XXXVI. 30. Der Entw. II. des B.G.B. hat die Unentgeltlichkeit des „Auftrags" als charakteristische Unterscheidung gegenüber der Dienstmiethe angenommen; bei der Berathung ist erwogen, daß dadurch nachmalige Zahlungsversprechen nicht ausgeschlossen werden. Gruchot B. 39 S. 629.

[12]) I. 13 § 5. Aus der Fassung des § 5 „Auftrag oder Vollmacht" ist vom Obertribunal (Strieth. B. 62 S. 104. Rehbein II. S. 586) die wunderliche Folgerung gezogen, daß das Landrecht beide Ausdrücke als synonym betrachte. Der Entwurf des B.G.B. hat als Vertrag keinen Vollmachtsauftrag, sondern nur einen Auftrag schlechthin (§§ 585—604), handelt aber besonders von der Vollmacht §§ 118 ff.

[13]) I. 13 § 18. Hieraus folgt, daß jedenfalls die Uebertragung eines Staatsamts oder der Ausübung politischer oder amtlicher Rechte nicht Gegenstand eines Vollmachtsauftrages sein kann. Nach preußischem Recht ist dies unzweifelhaft. Im A.L.R. II. 10 § 3 ist anerkannt, daß das Staatsamt publizistischer Natur ist. § 85 daselbst verweist auf die besonderen Gesetze und Amtsinstruktionen. Auch als Quasikontrakt kann es nicht aufgefaßt werden; der Begriff eines solchen ist inhaltlos. Siehe unten § 147 Note 1. Es ist daher nur folgerecht und beweist nichts für die Mandatstheorie, wenn die §§ 41—45 I. 13 die eigenmächtige Substitution eines Beamten verbieten. Das Staatsamt wird nicht durch Vertrag, sondern durch einseitige Berufung, vermöge des Majestätsrechts der Aemterhoheit begründet, es kann also auch nicht nach der Berufung eine vertragsähnliche Natur annehmen. Daraus, daß die Annahme des Amts in dem freien Willen des Berufenen liegt, folgt nicht, daß die Bestellung des Beamten die Natur eines Privatvertrags habe, noch weniger, daß der Vertrag das fortdauernde Bestimmungsmoment für das Rechtsverhältniß ist. Das Staatsamt greift viel tiefer ein. Vieles in seinem Inhalt läßt sich aus dem Vertrage nicht erklären, namentlich die aus der Aemterhoheit folgende Disziplinargewalt. Die neuere publizistische Literatur hat dies auch längst erkannt, und die einseitigen Auffassungen des vorigen Jahrhunderts sind verlassen. Weder loc. conductio operarum (eine Auffassung, welche in der Regier.-Instruktion v. 1808 § 44 al. 4 als herabwürdigend bezeichnet ist), noch Mandat, noch Innominatvertrag, noch Quasititel passen. Nur daran hält die neuere Theorie und Praxis fest, daß, während man dem Amt einen staatsrechtlichen Charakter beilegt, der Anspruch auf das Gehalt doch als ein privatrechtlicher angesehen wird (z. B. Zachariä, Deutsches Staatsrecht, 2. A. II. S. 27 f., Schulze, Pr. Staatsrecht I. S. 327, Laband, D. Staatsrecht I. S. 421, Entsch. B. 52 S. 324; R.G. Entsch. B. 18 S. 137, bei Gruchot B. 34 S. 925). Ist aber das Amt ein Institut des öffentlichen Rechts,

daß das Landrecht den Ausdruck Rechtsgeschäft nicht kennt. Das Wesen dessen, was die moderne Rechtssprache als Rechtsgeschäft bezeichnet, ist im Landrecht in der „Aeußerung dessen, was nach der Absicht des Erklärenden geschehen oder nicht geschehen soll", insofern wiedergefunden worden, als das Gesetz die Aeußerung des Willens mit der Kraft ausstattet, diesen Erfolg hervorzubringen[14]). Und gerade auf solche Willensäußerungen wird, wie gezeigt worden ist, im Landrecht zuweilen der Ausdruck Geschäft angewendet. Es liegt hiernach nahe, als Gegenstand des Vollmachtsauftrags nur den Abschluß von Rechtsgeschäften anzusehen[15]). In dieser Beschränkung wird aber der

---

so kann es nicht gleichzeitig ein Institut des Privatrechts sein. Die Gehaltsforderung ist jedoch eine vermögensrechtliche und (Ges. v. 24. Mai 1861, vergl. hierzu Entsch. B. 61 S. 34) klagbare. Das Gehalt ist keine bloße Gegenleistung für die Amtsthätigkeit, es ist zugleich auch die Ausgleichung dafür, daß der Beamte regelmäßig auf anderen Lebenserwerb verzichten muß, und es wird gegeben, damit der Beamte in den Stand gesetzt sei, die dem Amte entsprechende Stellung in der bürgerlichen Gesellschaft zu behaupten. Vergl. R.G. bei Gruchot B. 34 S. 925. Gerber (Grundzüge des deutschen Staatsrechts. 1865 S. 109fg.) weist nach, daß alles Vertragsmäßige dem Staatsamt fern steht, und daß das Gehalt den Charakter einer Rente habe. Aus diesem Charakter der Gehaltsforderung ergiebt sich aber, daß eine zeitweise Nichterfüllung der Amtsthätigkeit, sei sie kasuell (wie bei Krankheit) oder freiwillig und erlaubt (wie bei dem Eintritt in den Landtag) nicht an sich schon zu einer Entziehung eines verhältnißmäßigen Theils des Gehalts oder zu einer Schadenersatzpflicht (Erstattung der Stellvertretungskosten) führen kann. Solche Verpflichtungen können nur durch besondere Gesetze begründet werden. Bei kulposer Nichterfüllung tritt zum Schadenersatz-Anspruch die Disziplinarstrafe. Darum wird ferner die Klage auf Gehaltszahlung durch die Behauptung begründet, daß dem Beamten das Amt verliehen sei; es bedarf nicht des Nachweises aus I. 5, § 271, daß er seinerseits erfüllt habe. Der Einrede bleibt überlassen, ob wegen schuldhafter Nichterfüllung Schadenersatz zu verlangen und mit dieser Forderung zu kompensiren sei. — Anders dagegen verhält es sich mit dem Amt in der Korporation und Gemeinde: dies kann nicht durch einseitige Berufung begründet werden, weil Korporationen und Gemeinden nicht Aemterhoheit besitzen; hier ist Vertrag die Begründung. A.L.R. II. 6 § 151 bezeichnet ausdrücklich den Vertrag als Mandat (vergl. hierzu Entsch. B. 44 S. 194, bischöflicher Syndikus). An und für sich ändert hierin auch nichts, daß die Aemter gewisser Korporationen staatsrechtlich als mittelbare Staatsämter zu bezeichnen sind. Aber die Uebertragung des Amts und die Amtsführung ist theilweise in einer der privatrechtlichen Behandlung abgeneigten Weise geregelt worden, insbesondere steht auch hier Amtspflicht und Gehalt nicht wie Leistung und Gegenleistung gegen einander. — In Entsch. B. 52 S. 320f. hat das O.Trib. das Staatsamt als Quasikontrakt aufgefaßt und der Tutel und dem Mandat verglichen. Vergl. unten § 147 Anm. 1.

[14]) Oben B. I. § 28 Anm. 2.

[15]) Koch, R. d. F. III. 530 beschränkt den Vollmachtsauftrag auf Rechtsgeschäfte. Dernburg II. § 180 ersetzt das Wort „Geschäft" durch Rechtshandluugen. Jedenfalls wird der Auftrag zur Vertretung in einem Prozeß, — auch der Auftrag des Angeschuldigten, des Privat- oder Nebenklägers zur Vertretung im Strafverfahren, der Auftrag eines möglicher Weise Betheiligten zur Vertretung seiner Interessen in einem Verwaltungs- oder Verwaltungsstreitverfahren als Vollmachtsauftrag angesehen werden müssen, obgleich es sich dabei oft nicht um Vornahme eines Rechtsgeschäfts oder einer Rechtshandlung im Sinne des Privatrechts handelt. Dieselben Rechtslehrer, welche die Vollmacht auf Rechtsgeschäfte beschränken, sehen bei der dem Mandat parallel gestellten negotiorum gestio von dem Erforderniß des Rechtsgeschäfts ab. S. auch Plathner, Geist, I. 73. 105. Auch die Begriffsbestimmung bei Strieth. B. 51 S. 338 ist zu eng, obschon sie daß wichtige Moment der Vertretung enthält. Ebenso B. 52 S. 226. Vergl. Präj. 1687 (Samml. I. 77), Entsch. B. 23 S. 308. Strieth. B. 5 S. 90, B. 19 S. 253, B. 14 S. 214, B. 40 S. 128. Die bei Rehbein II. S. 554 auf I. 13 § 1 gestützte Beschränkung der Vollmacht auf den Vermögensverkehr ist, wie die eben bezeichneten Bei-

Ausdruck in der dem Vollmachtsauftrag parallel gehenden Ordnung der Geschäftsführung ohne Auftrag jedenfalls nicht gebraucht. Hier ist die Rede von der Einmischung in die Geschäfte, d. h. allgemein in die Angelegenheiten eines Andern, soweit diese eine privatrechtliche Thätigkeit erfordern[16]). In demselben Sinn muß der Ausdruck beim Vollmachtsauftrag verstanden werden. Eine Beschränkung liegt aber in dem bereits betonten Satz, daß nur die Betreibung privater Geschäfte Gegenstand einer Vollmacht sein kann[17]);

---

spiele des Anwalts und Vertheidigers zeigen, nicht festzuhalten. — Richtig ist es, daß gewisse Geschäfte überhaupt nicht durch Vertreter geschlossen werden können, so das Ehegelöbniß einer Braut II. 1 § 85, den Eheschluß, II. 1 § 167, Personenst.Ges. §§ 52. 72, Verträge über den Eheschluß zur linken Hand II. 1 § 847; ebenso letztwillige Verfügungen. Dagegen zeigt die gesetzliche Vertretung des Adoptirten bei der Adoption, der Minderjährigen bei Familienschlüssen, daß es sich hier keineswegs um einen allgemeinen Grundsatz des Familienrechts handelt. Auch beim Verlöbniß kann der Bräutigam durch einen Bevollmächtigten vertreten werden. II. 1 § 87. Bei Familienschlüssen einen bevollmächtigten Vertreter eines Familienglieds zuzulassen, wird nicht zweifelhaft sein. Das R.G. Entsch. B. 25 S. 22 spricht von Vollmacht überhaupt bei Vertretung in Rechtsakten. — Wichtig ist auch die Erörterung der Frage, ob zu den Geschäften, zu deren Vornahme man wirksam bevollmächtigen kann, so daß dann die Handlung des Vertreters als eigene Handlung anzusehen ist, auch die Leistung der eigenen Unterschrift des Mandanten bei einem bestimmten schriftlichen Geschäftsschluß gehört. Hiervon ist bereits B. I. § 40 Anm. 19 die Rede gewesen. Schließt ein Bevollmächtigter das Geschäft für seinen Mandanten, indem er den Kontrakt unterzeichnet, so ist so viel unstreitig, daß er den Mandanten dann verpflichtet, wenn er dem giltigen Auftrag gemäß, mit seinem, des Mandatars, Namen unterschrieben hat. Streit besteht, ob er wirksam formgerecht ermächtigt werden kann, bei dem ihm übertragenen Geschäftsschluß den eigenen Namen des Mandanten zu unterzeichnen, und ob eine solche Unterzeichnung den Mandanten verpflichtet. Das leugnete das Obertribunal insbesondere in dem Plenarbeschluß Entsch. B. 29 S. 293: der Name des Menschen sei gleichsam ein Stück seiner Persönlichkeit. A. M. war das R.O.H.G. B. 5 S. 265, B. 7 S. 315. Das R.G. Entsch. B. 4 S. 307 hat sich mit ausführlicher Begründung dem R.O.H.G. angeschlossen. — Daß ein solcher Fall anders liegt, als der im § 40 Anm. 19 besprochene Fall eines Schreibens auf Diktat, erkennt das Reichsgericht auch für solche Fälle an, in denen die Schriftform der Vollmacht nicht in Frage kommt. Eine Vollmacht, nur gerichtet dahin, den Namen des Machtgebers als Unterschrift zu schreiben, wäre keine Vollmacht. Vergl. übrigens auch R.G. bei Gruchot B. 25 S. 941. — Beschränkt man den Begriff des Vollmachtsvertrages auf den Fall des Abschlusses von Rechtsgeschäften, so tritt den in Anm. 17 zu erörternden Gründen gegen die Auffassung des einem Gerichtsvollzieher ertheilten Zustellungs- und Vollstreckungsauftrags als Mandat noch das weitere Moment hinzu, daß Zustellung und Pfändung jedenfalls keine Privatrechtsgeschäfte sind.

16) I. 13 §§ 228. 231. 234.

17) Auch wenn eine amtliche Thätigkeit nur auf Anrufen einer Privatperson einzutreten hat, handelt die Staatsbehörde oder der Staatsbeamte nicht in Privatangelegenheiten, sondern kraft der obrigkeitlichen Stellung. Es ergiebt sich dies vom Standpunkt des preußischen Begriffs des Vollmachtsauftrags auch daraus, daß ein solcher Beamter nicht statt des Auftraggebers, sondern immer nur im Namen des Staats sein Amt ausübt. Vgl. unten bei Anm. 31b. Hieraus folgt, daß — jedenfalls vom Standpunkt des preußischen Rechts aus — der dem Gerichtsvollzieher nach der Civilprozeßordnung ertheilte „Auftrag" zu Zustellungen und Zwangsvollstreckungen nicht die Natur eines Vollmachtsvertrages haben kann. Nach der Auffassung des Herausgebers handelt es sich hierbei überhaupt — ebenso wie bei einem an das Gericht gestellten „Antrag" in der Zwangsvollstreckungsinstanz — nicht um ein privatrechtliches Rechtsgeschäft, sondern der „Auftrag" ist öffentlichrechtliche Voraussetzung einer obrigkeitlichen Thätigkeit. Indessen ist diese Auffassung der Stellung des Gerichtsvollziehers theoretisch sehr bestritten, da sowohl ein Theil der früheren Prozeßordnungen, die den Gerichtsvollzieher kennen, als auch die Motive der C.P.O. eine andere Auffassung erkennen lassen. Das Reichs-

und selbstverständlich kann ferner ein Vollmachtsauftrag nur dann bindend sein, wenn er ein mögliches und erlaubtes Handeln zum Gegenstand hat[18]).

Hervorzuheben ist noch: „Der Beauftragte soll Geschäfte betreiben": Das heißt: Der Beauftragte soll nach Außen hin eigene Willenshandlungen vornehmen, er soll nach seinem Willen das fremde ihm aufgetragene Geschäft

---

gericht hat nach widersprechenden Entscheidungen (B. 9 S. 361, B. 10 S. 233) durch einen im sechzehnten Bande der Entscheidungen zum Abdruck gelangenden Plenarbeschluß vom 10. Juni 1886 den folgenden Rechtsgrundsatz angenommen: „Der Gerichtsvollzieher haftet für den Schaden, welchen er durch vertretbares Versehen bei Ausführung eines Zwangsvollstreckungsauftrags dem Gläubiger verursacht, im Geltungsgebiet des A.L.R. Th. II. Tit. 10 §§ 88 f. nicht nur subsidiär." Die Entscheidungsgründe bezeichnen das Verhältniß des auftraggebenden Gläubigers und des Gerichtsvollziehers als ein civilrechtliches „Mandatsverhältniß". Der Ausdruck Vollmachtsauftrag kommt im Urtheil nicht vor, der dreizehnte Titel des ersten Theils des A.L.R. wird nicht erwähnt, die Vereinbarung des angenommenen Rechtssatzes mit I. 13 § 18 wird nicht erörtert. Dagegen wird als „zweifelloses" Recht hingestellt, daß auch bei anderen Beamten in gleicher Weise eine Doppelstellung als Beamter und Mandatar vorkomme. Aus der Annahme des Vertragsverhältnisses soll übrigens nach der Begründung nicht gefolgert werden, daß der Gerichtsvollzieher unbeschränkt als Vertreter des Gläubigers handle. Vielmehr gestimme die C.P.O., in welchem Umfang der Gerichtsvollzieher durch den Auftrag der Partei als deren Vertreter legitimirt wird; darüber hinaus habe er eine Vertretungsbefugniß kraft des Gesetzes nicht. Hiernach faßt der Plenarbeschluß die Thätigkeit des Gerichtsvollziehers gerade bei der Zwangsvollstreckung selbst nicht als ein Handeln in Vertretung des Gläubigers auf. Vielmehr wird ausdrücklich anerkannt, daß der Gerichtsvollzieher gegenüber dem Vollstreckungsschuldner (also bei Vornahme der aufgetragenen Handlung) ein Imperium übe, daß sich ferner die Zwangsvollstreckung als ein Akt der vollziehenden Gewalt des Staats darstelle, daß der Staat es sei, der durch sein Organ auf Verlangen und im Interesse der Partei den Rechtsschutz verwirklicht. Diese Ausführungen, die als richtig anzuerkennen sind, führen aber, wenn man überhaupt in dem Auftrag zu einer obrigkeitlichen Thätigkeit ein privatrechtliches Rechtsgeschäft sehen kann und will, dazu, das Geschäft nach seinem wesentlichen Inhalt nicht als Vollmachtsauftrag, sondern als Vertrag über Handlungen anzusehen, bei dem nur für gewisse Fälle eine Vertretung eintrete, eine Vertretung, die überdies dem Dritten gegenüber nicht durch einen wirklich ertheilten Auftrag bedingt ist, sondern sich an den Besitz gewisser Urkunden knüpft, auch wenn der Auftrag fehlt. Es mag hierbei erwähnt werden, daß auch vom gemeinrechtlichen Standpunkt Endemann (zu C.P.O. § 675) in dem Auftrag an den Gerichtsvollzieher ein „eigenthümliches Arbeitsgeschäft" sieht. — Der von dem R.G. angenommene Rechtsgrundsatz stellt den preußisch-rechtlichen Juristen vor die Frage, ob der Gerichtsvollzieher durch die von ihm auf Grund seiner Entschädigungsverbindlichkeit geleistete Zahlung in die Forderung des Bezahlten an den Vollstreckungsschuldner eintritt? Ob derselbe Grundsatz der unbedingten Entschädigungshaftung auch bei Versehen in der Ausführung des von der Partei ertheilten Zustellungsauftrags eintritt, während bei einer von Amtswegen im Auftrag des Gerichts ausgeführten Zustellung nur eine bedingte Haftung anzunehmen ist? und vor manche ähnliche Frage. — Jedenfalls wird die Praxis wohl thun, die Autorität des Plenarbeschlusses nicht über den angenommenen Satz hinaus zu erstrecken und zu erwägen, daß das R.G. selbst nicht annimmt, daß der Gerichtsvollzieher bei der Pfändung als Vertreter des Gläubigers handelt. Hiernach wird insbesondere eine dem Gerichtsvollzieher zu dieser Zeit beiwohnende Kenntniß oder mala fides nicht als Kenntniß oder mala fides des Gläubigers angesehen werden können, auch wird nicht zu argumentiren sein, daß der amtliche Besitz des Gerichtsvollziehers an dem Pfandgegenstand ein Besitz des Gläubigers sei. — Darüber, daß der Gerichtsvollzieher dem Gläubiger, sei es kraft der Dienstpflicht, sei es vertragsmäßig zur Rechnungslegung und zur Ablieferung des Eingezogenen verpflichtet ist, besteht kein Streit. Ebenso ist nicht zu bezweifeln, daß eine civilrechtliche Verbindlichkeit des Auftraggebers aus einer Schuld bei Ertheilung des Auftrags herzuleiten ist, soweit die Ausführung des Auftrags den Schuldner oder einen Dritten in seiner Rechtssphäre zur Ungebühr verletzt. Vergl. § 90 Anm. 46 fg.

[18]) I. 13 § 20. Oben Bd. I. § 28 Anm. 10 ff.

führen. Eine Thätigkeit, bei welcher der Handelnde nur den Willen des Auftraggebers als solchen zum Ausdruck zu bringen hat, liegt außerhalb des Vollmachtsvertrages [19]).

Die Thätigkeit wird ferner von dem Beauftragten verlangt: „für ihn", d. h. im Interesse des Machtgebers. Es ist damit nicht gesagt, daß das Geschäft nur zu dessen alleinigen Vortheil gereichen darf [19a]); es läßt sich denken, daß es objektiv im Interesse eines Dritten allein oder eines Dritten und des Machtgebers oder des Machtgebers und des Beauftragten selbst oder dieses und eines Dritten liegt [20]). In allen diesen Fällen kann ein Vollmachtsvertrag abgeschlossen werden, wenn der Vertragswille nur dahin geht, daß das Geschäft um des Auftraggebers willen ausgeführt werden solle, so daß unter den Kontrahenten dieser der dominus negotii bleibt und das Bestimmungsrecht über das Geschäft hat [21]).

Insofern kann also auch, wenn aliena tantum oder aliena et tua gratia das Geschäft aufgetragen wird, gesagt werden, es sei zu verrichten für den Machtgeber. Aber diese Annahme ist ausgeschlossen, wenn das Geschäft im alleinigen Interesse des Beauftragten selbst liegt [22]). Hier ist schon nach gemeinem Recht in der Regel der Auftrag nur Rath oder Empfehlung, und es gilt der Satz, daß dadurch keine Obligation erzeugt wird, quia liberum est cuique, apud se explorare, an expediat sibi consilium [23]). So behandelt den Fall auch das A.L.R. „Es ist für einen Rath oder für eine Empfehlung zu achten, wenn einem Andern in dessen eigenen Angelegenheiten ein Auftrag ertheilt wird" [24]). Das A.L.R. unterscheidet hierbei nicht, wie das römische Recht, das die mandati actio zuläßt, wenn das Geschäft zwar im alleinigen Interesse des Beauftragten liegt, aber von diesem nur deshalb ausgeführt ist, weil es ihm aufgetragen war [25]). Das Landrecht läßt aber nach ausdrücklicher Vorschrift eine Schadensersatzverbindlichkeit entstehen [26]), wenn jemand wissentlich einen nachtheiligen Rath gegeben, und dieser einen widrigen Erfolg verursacht hat. Hier ist die Arglist der selb-

---

[19]) B. I. § 74 Anm. 11. Vergl. Röse a. a. O. S. 509.

[19a]) l. 8 § 6 D. XVII. 1. Glück XV. 248.

[20]) l. 1 D. XVII. 1 pr. §§ 1—6 J. III. 27. Ueber eine ganz unhaltbare Ansicht von Hepp im Arch. f. civ. Prax. XI. 43 f. Vangerow III. 508. Ein mandatum aliena gratia ist das mand. qualific., welches eine Verbürgung enthält. S. unten § 144 bei Note 130 f.

[21]) l. 48 §§ 1. 2 D. XVII. 1.

[22]) Ueber das mandatum aliena gratia s. Ladenburg im Archiv f. Wechselrecht B. 16 S. 1.

[23]) l. 2 § 6, l. 12 § 12 eod., l. 43 pr. D. XVIII. 1. Glück XV. 252. 365 f. Sintenis II. 566 Note 16. Vergl. Entwurf des B.G.B. § 604, Entw. II. § 607, Reichstagsvorlage § 663.

[24]) I. 13 § 217. Die Bestimmungen der §§ 702—709 II. 8 über kaufmännische Empfehlungen sind durch das Einf.Ges. z. H.G.B. v. 24. Juni 1861 Art. 60 aufgehoben. R.O.H.G. B. 11 S. 411.

[25]) l. 6 § 5 D. XVII. 1, § 6 J. III. 27 in. f. Insbesondere liegt ein Mandat vor, wenn der Machtgeber verpflichtet war, das Geschäft im Interesse des Beauftragten vorzunehmen, und er die Ausführung nunmehr diesem überträgt.

[26]) Neustetel im Arch. f. civ. Prax. II. 4. Vangerow III. 508 fg.

ständige Klagegrund (a. doli)[27]). Sodann ist ein Sachverständiger für einen erforderten Rath, den er in Angelegenheiten seiner Kunst oder Wissenschaft ertheilt, verantwortlich, und zwar für grobes Versehen, wenn er unentgeltlich, für mäßiges, wenn er entgeltlich gerathen hat[28]). Jeder Andere haftet für mäßiges Versehen, wenn er gegen Bezahlung oder Belohnung Rath ertheilt[29]). Der Auftrag, Rath zu ertheilen, der mit einem Vollmachtsauftrag nichts Aehnliches hat, ist nach der Terminologie des A.L.R. als ein Vertrag über Handlungen aufzufassen; die Handlung, welche erfordert und bedungen worden, ist die Rathertheilung[30]).

Auch bei den Verträgen über Handlungen, der Dienstmiethe und der Werkverdingung soll das wirthschaftliche Ergebniß der Thätigkeit demjenigen zu Gute kommen, der sich die Thätigkeit des Anderen ausbedungen hat. Dennoch ist diese Thätigkeit zunächst eine solche in eigenen Angelegenheiten des Handelnden. Der andere Theil ist verpflichtet die Thätigkeit als Vertragserfüllung entgegenzunehmen und die Gegenleistung zu entrichten oder das Interesse zu leisten, sofern er nicht in berechtigter Weise von dem Vertrage zurückgetreten ist[31]). Beim Vollmachtsvertrage dagegen ist die übernommene Thätigkeit ein Geschäft dessen, für den sie übernommen worden, in dem Sinne, daß sie jederzeit durch den freien Willen des letzteren für die Zukunft ausgeschlossen werden kann[31a]).

Das letzte wesentliche Moment des Vollmachtsauftrags tritt in den Worten „statt seiner“ hervor. Danach setzt die gesetzliche Begriffsbestimmung einen Auftrag voraus, in Folge dessen der Beauftragte im Namen des Machtgebers und in seiner Vertretung handeln soll. Dies ist diejenige Seite des Geschäfts, die ihm den Charakter der Vollmacht giebt. Eine solche Voll-

---

27) I. 13 § 218: vergl. I. 14 §§ 207 ff., unten § 144 Anm. 146 f., l. 7 § 10, l. 8, l. 10 § 7 D. XVII. 1 non mandati sed magis de dolo teneri. l. 8 D. IV. 3, l. 47 pr. de R. J. Stegemann I. S. 104.

28) I. 13 §§ 219. 220. Aus allgemeinen Prinzipien folgt dies nur, sofern die Rathertheilung Erfüllung eines angenommenen Auftrags auf Rathsertheilung war. Windscheid II. § 470. Gesterding S. 199. Neustetel, Arch. f. civ. Pr. II. S. 40. Vangerow III. 509.

29) I. 13 § 221. Nach gemeinem R. auch ohne Entgelt dann, wenn der Rathgeber vertragsmäßig für die Folgen seines Raths einzustehen versprochen hat. Die Unverbindlichkeit des mandatum tua gratia entscheidet nicht dagegen. A. M. Thibaut, Versuche I. Nr. 8. S. dagegen Vangerow III. 509. Kaufmännische Empfehlungen haben nichts abweichendes. Thöl § 101. Auch der Entwurf des B.G.B. an der in Anm. 23 bezeichneten Stelle behält die Möglichkeit vor, daß jemand durch den Rath sich einer Vertragsverletzung oder einer unerlaubten Handlung schuldig macht.

30) Aus gleichem Grunde, wie der Vertrag mit dem Schiedsrichter und der Vertrag mit dem Mäkler Verträge über Handlungen, nicht Vollmachtsaufträge sind. Es fehlt die Stellvertretung nicht nur, sondern geradezu die Möglichkeit, die übernommene Leistung in Vertretung des Auftraggebers vorzunehmen Vergl. Strieth. B. 27 S. 158, B. 41 S. 207. Gruchot I. S. 481.

31) Vergl. oben § 138 unter 4.

31a) Ist eine eigene vermögensrechtliche Befugniß eingeräumt, die vom Ermächtigten im eigenen Interesse zu üben ist (Anweisung, Recht zur Ausfüllung eines Blanquets), so liegt nicht Vollmacht vor. Vergl. die Fälle bei Rehbein II. S. 556. 557. Anm.

macht, das Recht in Vertretung eines Andern zu handeln, kann auch andere Grundlagen haben[31b]). Von der gesetzlichen Vertretung Willensunfähiger und solcher juristischer Personen und Gemeinschaften, die nur in bestimmter Vertretung willens- und handlungsfähig sind, ist bereits die Rede gewesen, und der Fortgang dieser Erörterung wird zur Bezeichnung derjenigen Fälle führen, in denen das Gesetz an andere Thatumstände die Folge knüpft, daß jemand Dritten gegenüber als durch vermuthete oder gesetzliche Vollmacht eines Andern legitimirt zu erachten ist. Eine Vollmacht kann aber auch durch letztwillige Verfügung begründet werden; es wird hierauf in der Lehre vom Testamentsvollstrecker zurückzukommen sein[31c]). Auch an andere Vertragsverhältnisse kann sich eine Vollmacht anschließen: entweder so, daß das Rechtsverhältniß des Machtgebers zum Bevollmächtigten sich nach den Regeln dieses letzteren Vertragsverhältnisses richtet, wie bei der Gesellschaft, oder so, daß die Verbindung eine äußerliche ist, und die Gesetze über den Vollmachtsvertrag für die Rechtsverhältnisse der Betheiligten wesentlich maßgebend bleiben[31d]). Daraus, daß der Vollmachtsauftrag eine stellvertretende Thätigkeit zu einer berechtigten macht, ergiebt sich die nachher zu erörternde Rechtsstellung dritter Personen zu dem Bevollmächtigten und dem Machtgeber. Meist handelt es sich auch bei dem Vollmachtsvertrag um Rechtshandlungen mit solchen dritten Personen oder ihnen gegenüber; aber der Vollmachtsvertrag zielt doch nicht nothwendig auf die Begründung von Rechtsverhältnissen zu Dritten ab. Vielmehr können auch solche Handlungen den Gegenstand des Vollmachtsauftrags bilden, welche streng einseitig und nicht bestimmten Dritten gegenüber vorzunehmen sind, Ausstellung von Inhaberpapieren, Auslobungen, Besitzergreifungen u. s. w.

Die Handlung, die der Bevollmächtigte vornehmen soll, kann eine Berufshandlung des Beauftragten sein, zu welcher der Auftraggeber selbst rechtlich nicht befähigt war. So ist der Auftrag an einen Rechtsanwalt, den Auftraggeber vor einem Kollegialgericht im Prozeß zu vertreten, der Auftrag des Angeklagten an seinen Vertheidiger, die Akten einzusehen, ein Vollmachtsauftrag, obgleich der Auftraggeber nicht selbst die Handlung vornehmen könnte. Aber der Beauftragte, der zur Ausführung des Auftrags befugt ist, soll und will bei der ihm übertragenen Thätigkeit im Namen des Auftraggebers handeln; gerade wegen der eigenen Unfähigkeit muß der Auftraggeber hier zum Vollmachtsauftrage greifen[32]).

[31b]) Vergl. oben B. I. § 74.

[31c]) Unten B. IV. § 255.

[31d]) Letzteres ist in der Praxis angenommen bei s. g. Gutsausschlachtungsverträgen, bei denen der Auftrag, ein Gut zum Verkauf in Parzellen zuzurichten, mit einem Vollmachtsvertrage zum Abschluß der Parzellirungsverträge kombinirt ist. Vergl. auch R.O.H.G. B. 6 S. 180, B. 9 S. 158, B. 16 S. 375, B. 23 S. 324. Entsch. des Obertr. B. 16 S. 166. Rehbein II. S. 577.

[32]) Die Rechtsanwälte und Vertheidiger haben zur Zeit überhaupt keine amtliche Stellung; aber auch so lange der Rechtsanwalt einen Amtscharakter hatte, lag ihm nicht ob, ein

Das preußische Recht beschränkt scheinbar den Begriff des Vollmachtsauftrags auf den Fall, daß Jemand beauftragt ist, statt des Auftraggebers zu handeln. Für einzelne Fälle, in denen der Beauftragte zwar im Interesse des Auftraggebers aber im eigenen Namen handeln soll, finden sich indessen positive, auf das Recht des Vollmachtsvertrags, als das Rechtsverhältniß des Auftraggebers zum Beauftragten regelnd, verweisende Vorschriften[33]). Auch der Umstand, daß das Gesetz die Fälle des in eigenen Angelegenheiten des Beauftragten ertheilten Raths, bei denen doch von einem Handeln im Namen des Auftraggebers schlechthin nicht die Rede sein kann, ausdrücklich ausscheidet, zeigt, daß das Gesetz als Regel für das Verhältniß zwischen dem Auftraggeber und dem Beauftragten die Vorschriften des den Vollmachtsauftrag regelnden Rechts auch dann angewendet wissen will, wenn Aufträge zu Handlungen gegeben sind, die vom Beauftragten im eigenen Namen, aber im Interesse des Auftraggebers vorgenommen werden sollen. Soll aber nicht jeder Vertrag über Handlungen unter den Begriff fallen, so muß festgehalten werden, daß nur der Auftrag zu solchen Handlungen hierher gehört, die, wenn der Auftrag als eigentlicher Vollmachtsauftrag ertheilt wäre, im Namen des Auftraggebers hätten vorgenommen werden können. Demnach rechtfertigt sich die subsidiäre Anwendung der Vorschriften vom Vollmachtsauftrag auf den Fall des kaufmännischen Kommissionärs und Spediteurs[33a]), sie ist dagegen ausgeschlossen bei dem Mäklervertrag, dessen Inhalt — Vermittelung eines Geschäfts mit dem Auftraggeber — ein Handeln in seinem Namen ausschließt[33b]).

Nach dem Umfang der Ermächtigung werden Spezial- und Generalvollmacht unterschieden, erstere bezieht sich auf ein bestimmtes Geschäft, letztere auf alle oder eine gewisse Gattung geschäftlicher Angelegenheiten des Machtgebers. Von dem Generalmandat noch ein s. g. Universalmandat abzuscheiden, ist werthlos[34]). Jeder begrenzte Auftrag ermächtigt den Beauftragten regelmäßig zu allen Handlungen, die von ihm mit Grund für erforderlich zur Vollziehung des Auftrages erachtet werden. Zu einer Reihe von

---

Hoheitsrecht Namens des Staats auszuüben, er war dazu da, sich als Vertreter in den Dienst der Partei zu stellen. Darüber, daß Niemand im Namen des Staats und zugleich als Vertreter einer Privatpartei handeln kann, mit anderen Worten, daß der durch seine Beamten handelnde Staat selbst nicht als Vertreter von Privatpersonen handelt, vergl. oben Anm. 17. In Fällen der vorliegenden Art kann die Partei, wenn sie zugleich den Beruf des Anwalts hat, für sich selbst handeln.

33) Trödelvertrag gegen Provision oder bei mangelnder Bestimmung der Rückgabezeit oder des Preises I. 11 §§ 522—524; Auftrag zum Kreditgeben auf Rechnung des Auftraggebers I. 14 §§ 215—217. In gewissem Umfang sind die Bestimmungen des 13. Titels auch bei der Anweisung in Bezug genommen I. 16 § 288. Vergl. B. I. § 95.

33a) H.G.B. Art. 360ff. 379. II. Grünhut, Recht des Kommissionshandels S. 48. Lepa, Selbsteintritt des Komm. S. 35. R.O.H.G. B. 2 S. 436, B. 7 S. 378. — Man hat auch das Rechtsverhältniß aus dem Inkassogiro hierher zu bringen.

33b) Oben § 138 Anm. 68a f.

34) l. 6 § 6 D. XVII. 1. Seuffert IX. 26. Koch, R. d. F. III. 538f. Glück B. 15 S. 273f. Sintenis II. 571 Note 27.

Handlungen aber, die bei der Besorgung eines übertragenen Geschäfts in Frage kommen können, verlangt das Gesetz eine spezielle Ermächtigung, d. h. die Befugniß zu der Handlung ist in der Vollmacht nicht mit übertragen, wenn sie nicht in dieser ausdrücklich erwähnt ist[35]).

II. Abschluß. „Wird der Auftrag angenommen, so ist unter beiden Theilen ein Vertrag vorhanden." Der Vollmachtsauftrag erfordert also Willenseinigung[36]). Wo schriftliche Form nach der Objektshöhe nicht erforderlich ist, genügt der mündlich ertheilte Auftrag und dessen stillschweigende Annahme[37]). Wo die Schriftlichkeit nach der allgemeinen Regel nöthig ist, und beim Auftrage zu solchen Geschäften, welche spezielle Vollmacht erfordern[38]), wird der Vertrag abgeschlossen, wenn der Beauftragte die schriftliche Vollmacht annimmt. Die Annahme bedarf also auch in diesem Falle nicht einer ausdrücklichen oder schriftlichen Erklärung[39]). Das ist eine merkbare Abweichung von den Grundsätzen des A.L.R. über die Vertragsform, weil die Vollmacht nur die Erklärung der Ermächtigung, nicht die Verpflichtung zur Auftragserfüllung beurkundet, diese also von der Schrift befreit ist, auch wo sie nach dem Gegenstand nöthig wäre[40]).

---

[35]) Die einzelnen Fälle s. I. 13 §§ 99—109 § 118. Und über einzelne Beispiele der Anwendung R.O.H.G. IV. 59. Entsch. B. 80 S. 284. Erk. d. R.G. bei Gruchot B. 24 S. 997. Nach Entsch. B. 48 S. 79, Rehbein II. S. 590 ermächtigt die Vollmacht zu Verzichtleistungen auch zur Entsagung erworbener Rechte. Nach R.O.H.G. B. 22 S. 114 bedarf es auch zur Ausstellung eines Wechsels eines besonderen Auftrags. — Die Procura (H.G. B. Art. 42), in ihrem Umfang auch die Handlungsvollmacht (mit Ausnahme von Art. 49), umfaßt die Fälle der Spezialvollmacht. Vergl. auch bezüglich des über A.L.R. I. 13 §§ 99. 102. 103 hinausgreifenden Umfangs der Prozeßvollmacht §§ 77. 79 C.P.O. und wegen I. 13 § 100 d. § 440 C.P.O., § 5 Einf.G. z. C.P.O.; K.O. v. 15. Sept. 1836 u. Ausf.G. z. C.P.O. § 3. — Die weitergehende gesetzliche Vollmacht des Vorstands von Genossenschaften u. dgl. gehört nicht hierher.

[36]) I. 13 § 6. Entwurf des B.G.B. § 585, Entw. II. § 593, Reichstagsvorl. § 649. Es ist gleichgiltig, mit welchen Ausdrücken das Mandat angetragen wird: rogo, volo, mando, l. 1 §§ 1. 2 D. XVII. 1. Nach gemeinem Recht kann sich der consensus auch stillschweigend äußern, wenn der Mandant wissentlich die Geschäftsbesorgung geschehen läßt. l. 6 § 2, l. 18 D. XVII. 1, l. 60 de R. J. Das A.L.R. verlangt in der Regel einen ausdrücklichen Auftrag. I. 13 § 4. Das wissentliche Geschehenlassen hat aber den Charakter der Genehmigung und wirkt als solche. Vergl. § 149 Anm. 40. Der s. g. vermuthete und stillschweigend ertheilte Auftrag stehen unter einem anderen Gesichtspunkt. Siehe b. Anm. 44.

[37]) I. 13 § 7. Stillschweigende Annahme d. h. wenn der Beauftragte das Geschäft vorzunehmen beginnt; es müssen Handlungen vorliegen, die auf die Annahme schließen lassen. Bloßes Schweigen reicht nicht aus. l. 8 § 1 D. III. 3. Glück B. 15 S. 246. Seuffert VIII. 254.

[38]) I. 13 §§ 110. 113. Ueber Bedeutung von Blanquets zu einer Vollmacht Dritten gegenüber vergl. Anm. 43b. Zwischen dem angeblichen Machtgeber und dem Scheinbevollmächtigten entscheidet die rei veritas, je nachdem ein Vollmachtsauftrag besteht, beziehungsweise die speziellen Ermächtigungen wirklich ertheilt sind oder nicht. Wenn die schriftliche Vollmacht auf eine besondere Instruktion verweiset, so braucht diese nicht auch schriftlich abgefaßt zu sein, und wenn sie gar nicht ertheilt wird, so behält doch die Vollmacht ihre Kraft. Entsch. B. 22 S. 194. Striethorst B. 3 S. 353.

[39]) I. 13 § 11 „auch nur stillschweigend geschehene Annahme".

[40]) Koch, R. d. F. III. S. 535. Der Satz des Texts wäre nicht richtig, wenn mit Förster u. Koch Kommentar zu § 11 zu sagen wäre: „Soll aber der Bevollmächtigte verbindlich gemacht werden, den Auftrag auszuführen, d. h. nicht vorher die Geschäftsbesorgung wieder abzulehnen oder wenigstens nur in bestimmten Fällen zu kündigen, so muß dies in den gesetzlichen Fällen doch schriftlich geschehen. Die Vorschriften §§ 7fg. I. 13

Eine Annahme des Auftrags ist es regelmäßig nicht, wenn der Abwesende

---

beziehen sich nur auf die Vollmacht, insofern sie Ermächtigung ist gegenüber dem Dritten. Für diesen ist die Verpflichtungserklärung des Beauftragten gleichgiltig." Diese Ausführungen sind mit dem Wortlaut der §§ 11. 12 nicht zu vereinigen. Die angenommene schriftliche Vollmacht ist für den annehmenden Mandatar gerade so verbindlich wie für den Darlehnsgeber der angenommene Schuldschein nnd seine ihm lästigen Bedingungen, und wie die angenommene Police nach Landrecht für den Versicherer auch dann verbindlich war, wenn er dadurch zu mehr als 150 Mark Prämie verpflichtet wurde. Ueber die Freiheit des Mandatars die Vollmacht zu kündigen, s. den Text unter VI. — Ist der Auftrag, der wegen mangelnder Schriftform der Vollmacht nicht verbindlich ertheilt worden ist, dennoch ausgeführt oder auszuführen begonnen, so hat der Machtgeber, der das Geschehene gutheißt, gegen den Bevollmächtigten die Rechte des Auftraggebers. Dies folgt aus §§ 61 ff. und aus seinem Rechte zu genehmigen. Nicht umgekehrt kann der Bevollmächtigte, weil er die „Handlung", über die der Vetrag geschlossen, ausgeführt hat, Genehmigung und Honorar fordern; denn der Vollmachtsvertrag steht lediglich unter den eigenen Regeln, nicht unter denen der Verträge über Handlungen. Insbesondere ist die Genehmigung, die der mündlich Bevollmächtigte nach Ausführung des Auftrags fordert, nicht eine „Vergütung" im Sinne des § 165 I. 5. Die Praxis (auch Förster in den früheren Auflagen dieses Buchs) steht auf einem anderen Standpunkt. Genehmigt der Machtgeber oder stellt er die a. mand. directa an, so ist mit der Praxis auch dem Bevollmächtigten die a. contraria zuzusprechen. Vergl. Präj. 1333 (Samml. I. 76), 2326 (Samml. II. 24). Entsch. B. 7 S. 368, B. 11 S. 375 (Rehbein II. S. 562), B. 13 S. 169, B. 15 S. 197, B. 22 S. 194 (Rehbein II. S. 565), B. 83 S. 105, B. 83 S. 191 (Rehbein II. S. 567). Strieth. B. 20 S. 100, B. 56 S. 179, B. 83 S. 191, Konklusum der Ges.Komm. v. 3. Dezbr. 1793 in Kleins Annalen B. 12 S. 43. Ferner Rechtsfälle B. 4 S. 310. Schles. Archiv B. 4 S. 501, B. 5 S. 434. Vergl. A.L.R. I. 5 §§ 155. 156. Vergl. außerdem die vom Gesetzrevisor mitgetheilten Materialien XIV. 207. In einigen der vorgedachten Entscheidungen ist der Satz angenommen, daß der Bevollmächtigte, der, durch mündlichen Auftrag ermächtigt, statt des Machtgebers ein Geschäft abzuschließen, es für sich abgeschlossen hat, zur Herausgabe des Erworbenen verpflichtet sei. Dieser Satz kann in seiner Allgemeinheit nicht gebilligt werden. Nur der, welcher einem für ihn verbindlichen Auftrage zuwider das für den Andern zu kontrahirende Geschäft für sich abschließt, kann in solcher Weise in Anspruch genommen werden, dagegen rechtfertigt sich der Satz nicht, wenn ein unverbindliches Mandat unbeachtet gelassen wird. Wer freilich, zum Ankauf eines Grundstückes unter Uebergabe des Kaufgeldes mündlich ermächtigt, das Geld zum Ankauf des Grundstückes auf den eigenen Namen ausgegeben hat, muß den in Ausführung des Auftrags erlangten Vortheil, das Grundstück herausgeben; aber wer ohne Geld zum Kauf erhalten zu haben, unter Vernachlässigung des mündlichen Auftrags, statt des A. zu kaufen, für sich kauft, hat den ihm ertheilten Auftrag nicht ausgeführt, sein Thun unterliegt nicht der Genehmigung, und er braucht dem Machtgeber nichts zu leisten. Vergl. auch Rocholl, Rechtsf. B. 1 S. 390 f. Ebenso unrichtig scheint es mir, wenn das R.G. bei Gruchot B. 34 S. 479 denjenigen, der nach mündlichem Auftrag eine Sache für sich selbst mit seinem Gelde erwerben sollte, um sie dann dem Auftraggeber gegen Erstattung des Verauslagten zu übereignen, wegen jener Ausführungshandlung zur Uebereignung an den Auftraggeber für verpflichtet erachtet. — Die Formvorschriften des Landrechts über den Vollmachtsauftrag greifen nicht ein für das handelsrechtliche Mandat, d. h. für das Mandat des Kaufmanns zur Vertretung in seinem Geschäft und für das Mandat zum Abschluß von Geschäften, die für den Mandanten Handelsgeschäfte sind. Das R.O.H.G. (z. B. B. 15 S. 258) ebenso das Obertrib. (Strieth. B. 64 S. 294, B. 70 S. 64) und das R.G. (Entsch. B. 3 S. 307) nahmen auf Grund des Art. 277 dasselbe an für Vollmachten zu Geschäften, die für den anderen Theil Handelsgeschäft sind. Das ist in der ersten von mir besorgten Auflage mit Unrecht in Zweifel gezogen. Wie aus H.G.B. Art. 55. 298 sich ergiebt, erachtet das H.G.B. denjenigen, der ohne gehörig bevollmächtigt zu sein, im Namen eines Andern kontrahirt, als Selbstkontrahenten, er schließt also — soweit er nicht legitimirt ist, — ein nach Handelsrecht zu beurtheilendes eignes Geschäft. Konsequent ist es hiernach auch die Form der Legitimation als Vertreter des Dritten nach Handelsrecht zu beurtheilen. Welche Wirkung das unter der Herrschaft des Handelsrechts geschlossene Geschäft hat, wer dadurch verpflichtet wird, bestimmt sich zunächst nach Handelsrecht.

die ihm zugeschickte Vollmacht nur nicht zurückschickt, es bedarf vielmehr entweder einer ausdrücklichen oder einer stillschweigenden Erklärung. Eine solche Erklärung kann darin gefunden werden, daß der Empfänger Gebrauch macht von der Vollmacht[41]). Die Annahme des Auftrages wird aber bei Personen, die zur Besorgung gewisser Geschäfte öffentlich bestellt sind, oder aus der Uebernahme gewisser Arten von Aufträgen ein Gewerbe machen, fingirt, wenn sie nicht dem Auftraggeber sofort, d. h. innerhalb der Fristen für die Annahme eines Anerbietens, die Ablehnung erklären. Die öffentlich bestellten Geschäftsbesorger dürfen ferner nur aus erheblichen Gründen ablehnen[42]). Daß der Machtgeber das Recht hat, dem Beauftragten die Ausführung des Geschäfts zu befehlen, ändert die Natur des Vertrages nicht[43]).

Die formelle Vollmacht hat eine andere Bedeutung für das Rechtsverhältniß des Vollmachtsgebers zum dritten Kontrahenten. Die Legitimation des Bevollmächtigten diesem Dritten gegenüber und folgeweise das Recht des Dritten den Vollmachtgeber als vertreten anzusehen, ist nach Landrecht von dem Haben einer schriftlichen Vollmacht, nicht von dem gehörigen und bindenden Abschluß des Vollmachtsvertrages abhängig[43a]). Die Echtheit der schriftlichen Vollmacht, selbst wenn die Unterschrift auf einem ohne seinen Willen ausgefüllten Blanquet abgegeben war, macht den Aussteller gegenüber dem gutgläubigen Dritten haftbar[43b]). Für einzelne Rechtsakte legitimirt andererseits nicht die bloße schriftliche Vollmacht; es muß gerichtliche oder notarielle Form beobachtet sein[43c]). Ohne Vollmachtsauftrag und ohne

[41]) I. 13 § 12.

[42]) I. 13 §§ 13—17. Zu den Gewerbtreibenden gehören Spediteure, Kommissionäre oder konzessionirte Agenten, Gesindevermiether u. s. w. Vergl. auch H.G.B. Art. 323 Abs. 1. Bei den Rechtsanwälten mischte sich (A.G.O. III. 7 § 3) der Charakter eines privatrechtlichen Mandatars und eines Staatsbeamten. Entsch. B. 10 S. 136. Heute ist der Rechtsanwalt nicht verpflichtet zur Annahme eines Mandats, aber bei Vermeidung der Schadenersatzpflicht verbunden, sich über Ablehnung sofort zu erklären. Rechtsanw.O. § 30. Dagegen greift für Kaufleute, die mit einander in Geschäftsverbindung stehen oder sich gegen die Auftraggeber zur Ausrichtung solcher Aufträge erboten haben, der Satz ein, daß Schweigen als Annahme aufzufassen ist. H.G.B. Art. 323. — Oesterr. Ges.B. § 1298 ist mit dem A.L.R. übereinstimmend. Vergl. Entwurf des B.G.B. § 587, Entw. II. § 594, Reichstagsvorlage § 650.

[43]) I. 13 §§ 224. 225.

[43a]) I. 13 § 98; vergl. § 200. S. Entw. des B.G.B. §§ 118 f., Entw. II. §§ 136 ff., Reichstagsvorl. §§ 162 f.

[43b]) I. 13 §§ 112. 113. Selbst wenn das Blanquet mit einer Spezialvollmacht ausgefüllt ist; unausgefüllte Blanquets legitimiren überhaupt nicht. Hat aber der Dritte Kenntniß von dem Mangel der Vollmacht, ist er bösgläubig, so kann er kein Recht aus der Erklärung des Scheinbevollmächtigten erwerben. R.G. Entsch. B. 32 S. 221. Falls dem Dritten bekannt ist, daß der Machtgeber nur ein Blanquet in die Hand des angeblich Beauftragten gelegt hat, darf er diesen für autorisirt erachten, das Blanquet mit einer allgemein gehaltenen Vollmacht, aber nicht mit einer Spezialvollmacht auszufüllen.

[43c]) Wenn etwas daraufhin gerichtlich, als Handlung freiwilliger Gerichtsbarkeit, verhandelt werden soll I. 13 § 115. Das Gericht hat hier die Legitimation zu prüfen. Es genügt Beglaubigung durch ein auswärtiges Gericht oder einen auswärtigen Notar. Entsch. B. 35 S. 36. Strieth. B. 24 S. 62. Gehörig ausgefertigte Vollmachten öffentlicher Behörden bedürfen keiner weiteren Beglaubigung. Anh. § 45 zu § 115. Die im Ausland von den inländischen Gesandtschaften und Konsulaten beglaubigten Vollmachten stehen den gerichtlichen

schriftliche Vollmacht läßt ferner das Gesetz Dritten gegenüber unter Umständen eine vermuthete und eine stillschweigend ertheilte Vollmacht gelten[44]).

Gewisse Personen[45]) sind nämlich berechtigt, in Fällen, die keinen Aufschub erleiden, die Geschäfte eines Anderen, mit dem sie in einer persönlichen Verbindung stehen, für ihn und statt seiner zu besorgen: es wird, heißt es im Gesetzbuch, ihre Vollmacht vermuthet. Dies ist nur zulässig bei Geschäften, die keine Spezialvollmacht erfordern und die keinen Aufschub leiden[46]). Der Geschäftsbesorger muß den Geschäftsherrn von seiner Thätigkeit benachrichtigen, um dessen Genehmigung zu erlangen; auch der Dritte kann sich unmittelbar diese Genehmigung bei ihm holen; der Geschäftsherr aber muß dann seine Mißbilligung innerhalb der Fristen für Vertragsabschlüsse aussprechen, sonst ist er dem Dritten gegenüber gebunden[47]). Mißbilligt er, so hat sich der

gleich. Anh. § 46 zu § 117, K.O. v. 11. Nov. 1829 (G.S. 1830 S. 2), Reichsges. über Konsulargerichtsbarkeit v. 10. Juli 1879 § 12, früher B.G. v. 8. Nov. 1867 über die Bundeskonsulate §§ 14. 16. Sollen Gelder bei Gericht erhoben werden (I. 13 § 117), so genügt nach Gesetz v. 11. Juli 1845 § 2b notarielle Vollmacht. — Die Prozeßvollmacht ist schriftlich, muß aber auf Verlangen des Gegners gerichtlich oder notariell beglaubigt werden. C.P.O. § 76. — Die Vollmacht einer Ehefrau auf ihren Mann ist nicht an die Form der §§ 198. 200 II. 1 A.L.R. gebunden. Präj. 508. Samml. I. S. 139. Striethorst B. 43 S. 92.

44) I. 13 §§ 119—139. — Koch, R. d. F. III. S. 541 f.

45) Vergl. §§ 119. 120. (§ 121 ist antiquirt.) § 122. Eheleute, Verwandte in auf- und absteigender Linie, mag die Verwandtschaft durch eheliche Geburt, durch Legitimation oder Adoption begründet sein. Der Fall der Adoption ist im gemeinen Recht kontrovers. Auch schließt nicht der nähere Verwandte den entfernteren aus. Koch, R. d. F. III. 543. Bei unehelicher Geburt besteht vermuthete Vollmacht zwischen Mutter und Kind. Ferner haben solche verschwägerte Personen, so lange die Ehe durch welche die Schwägerschaft begründet ist, besteht. Auch Stiefeltern und Stiefkinder, so lange die das Verhältniß begründende Ehe besteht. § 44 I. 1 A.L.R. Vergl. Carpzov, Jurispr. for. III. 1 def. 29. Stryck, Adnot. ad Lauterbach p. 133. Geschwister und Geschwisterkinder 1. Grades. Carpzov I. 2 def. 29. Eine Ausdehnung auf weitere Verwandte ist unzulässig. Koch, R. d. F. III. S. 544 gegen die Reskripte vom 8. Okt. 1836 und 9. Okt. 1840. Verwalter, Buchhalter, Hausoffizianten haben vermuthete Vollmacht für ihre Prinzipale innerhalb des ihnen übertragenen Geschäftskreises. Dagegen nicht Pächter für ihre Verpächter. Koch, Kommentar gegen das Reskript vom 24. Dezember 1838. Die Vermuthung besteht ferner für Miteigenthümer (Strieth. B. 50 S. 108), Litiskonsorten (Striethorst B. 54 S. 9). Daraufhin hat das O.Trib. einzelne Mitglieder einer Dorfgemeinde als präsumtive Bevollmächtigte für die Gemeinde im Prozeß zugelassen. Striethorst B. 1 S. 212. Vergl. dazu Schilter, Prax. j. rom. X. § 56. — Das A.L.R. hat das Institut der vermutheten Vollmacht unpassend generalisirt. Es kann nur Bedeutung haben bei der Vornahme einseitiger Geschäfte, weil nur bei solchen die Dringlichkeit denkbar ist, daher kennt es das röm. R. nur bei der Vertheidigung im Prozeß. Die weitere Ausdehnung stammt aus der gemeinrechtlichen Praxis. Vergl. über röm. R. l. 3 § 3 D. XLVI. 7, l. 33 § 2, l. 35 pr., l. 40 § 40 D. III. 3, l. 12 C. II. 13, und über die gemeinrechtliche Praxis Stryck, Us. m. XLVI. 8 § 4. Lauterbach, Colleg. III. 3 § 16. Glück B. 5 S. 234 f. Will nach A.L.R. ein Dritter mit einem präsumtiv Bevollmächtigten einen Vertrag für den Vertretenen abschließen, so ist er, die Unaufschiebbarkeit vorausgesetzt, in der vom Text bezeichneten Rechtslage; aber genöthigt kann ein Dritter gewiß nicht werden, mit dem vermutheten Bevollmächtigten zu verhandeln, auch wenn Dringlichkeit vorliegt.

46) I. 13 §§ 119. 120. 123. Das persönliche Verhältniß und die unaufschiebliche Dringlichkeit des Geschäfts müssen zusammentreffen. Entsch. B. 18 S. 207.

47) I. 13 §§ 124. 125. 126. 127. Vergl. § 61 I. 4.

Dritte wegen des negativen Vertragsinteresses, so weit es in wirklichem Schaden besteht, an den Geschäftsbesorger zu halten[48]). Die vermuthete Vollmacht beruht hiernach nicht auf der Annahme der Thatsache einer Vollmachtsertheilung und begründet keine obligatorischen Beziehungen des nur vermutheten Machtgebers zum Dritten[49]). Das Gesetz berechtigt (legitimirt) vielmehr in dringenden Fällen zu einer stellvertretenden Geschäftsbesorgung ohne Vollmacht: es dispensirt einstweilen von dieser und läßt sie durch nachträgliche Genehmigung (Ratihabition) oder durch die Fiktion einer solchen ersetzen[50]).

Eine noch weiter gehende Legitimation zur Vertretung Dritten gegenüber knüpft das Gesetz an gewisse Thatsachen in den Fällen, in denen es „von stillschweigend ertheilten Vollmachten“ [51]) handelt. So gilt, wer die Quittung des Gläubigers in Händen hat, für beauftragt, die Zahlung für ihn anzunehmen, auch wenn ihm in Wahrheit gar keine Vollmacht ertheilt ist[52]). Andere Vorschriften erstrecken den Umfang einer ertheilten Vollmacht über den Wortlaut des Auftrags hinaus. Wer mit dem Verkauf einer beweglichen Sache beauftragt und zu ihrer Uebergabe an den Käufer in den Stand gesetzt ist, gilt als ermächtigt, den Kaufpreis zu empfangen[53]), aber er ist regelmäßig nicht ermächtigt, den Preis zu kreditiren[54]); der von ihm gewährte Kredit bindet aber den Machtgeber, wenn bei dem in Rede stehenden Geschäft Krediterteilung gewöhnlich ist, mithin der Machtgeber selbst sie

---

48) I. 13 § 128. Die Bestimmung unterscheidet nicht; sie greift auch ein, wenn der Dritte wußte, daß der andere Theil nur kraft vermutheter Vollmacht handele.

49) Koch, R. d. F. III. S. 545.

50) Das ist auch die Auffassung des römischen Rechts; es ließ den Vertreter nur de rato kaviren. 1. 40 § 4 D. III. 3.

51) I. 13 §§ 129—139. Auch der Fall des Blanquets (oben Anm. 43b) und die gesetzliche Vertretungsbefugniß des Gerichtsvollziehers (oben Anm. 17) gehören hierher.

52) Arnsb. Archiv B. 11 S. 665. Der § 130 I. 13 sagt „anvertraut“, damit sollte aber nichts Besonderes ausgedrückt sein. Vergl. Deutsch. H.G.G. Art. 296. Wer den Schuldschein eines Andern in Händen hat, ist deshalb noch nicht zum Empfang des Darlehns für den Unterzeichner des Schuldscheins berechtigt, I. 13 §§ 129. 130, denn der Schuldschein ist in Beziehung auf den Schuldner nicht Quittung. Arnsb. Archiv B. 11 S. 1. Entsch. B. 48 S. 101. Das Ueberbringen einer unquittirten Rechnung berechtigt nicht zum Empfang der Zahlung. H.G.B. Art. 51.

53) I. 13 § 131. Gebr. Overbeck, Medidat. IV. 254. Nicht ausgeschlossen, wenn der Käufer nicht Zug um Zug bei der Uebergabe, sondern erst später zahlt. J. W. 1846 S. 253. Eine entgegengesetzte Mittheilung des Verkäufers hindert die Zahlung an die Zwischenperson. Wer den Auftrag zum Vermiethen hat, hat nicht zugleich stillschweigend den Auftrag, den Miethzins einzuziehen. Wer den Auftrag zu einer Cession hat, gilt als ermächtigt zum Empfang der Cessionsvaluta. Strieth. B. 57 S. 82. Handelsrechtlich gelten die Handlungsgehülfen im Laden, offenem Magazin oder Waarenlager zu Verkäufen und Empfangnahmen ermächtigt, die in solchen Lokalen gewöhnlich geschehen, ebenso Handlungsreisende in ihrem Geschäftskreis. H.G. B. 50. 49.

54) I. 13 § 134. Rechtspr. B. 1 S. 217. Der Machtgeber muß ausdrücklich sich darüber erklären. Will dies der Käufer nicht abwarten, so kann er den Preis gerichtlich deponiren, §§ 135. 136. Ist kreditirt ohne ausdrückliche Erlaubniß des Machtgebers, so kann dieser das Geschäft aufrufen, und an Stelle der nicht mehr vorhandenen Sache deren bedungenen Preis gegen den Käufer einklagen. §§ 137. 138. Vergl. über Kreditiren des Kommissionärs H.G. B. 369.

nicht würde verweigert haben[55]). Der Verkaufsauftrag von Immobilien enthält nicht die Ermächtigung zur Preisannahme[56]).

Auf der andern Seite folgt die Legitimation des Bevollmächtigten zur Vertretung des Machtgebers einem Dritten gegenüber nicht schon aus dem verbindlichen Abschluß des Vollmachtsvertrages durch mündliche Abrede. Zur Legitimation des Bevollmächtigten gehört vielmehr, wenn er durch Handeln im Namen des Machtgebers diesen verpflichten will, daß ihm eine schriftliche Vollmacht ertheilt ist, die er vorzeigen muß, wenn es von ihm verlangt wird, und die er bei Aufnahme eines Darlehns in Vertretung des Machtgebers dem Dritten auf Verlangen sogar im Original oder in beglaubigter Abschrift einzuhändigen hat[57]). Der schriftlichen Vollmacht bedarf auch der Untergebene, dem von einem Vorgesetzten ein Befehl zur Verhandlung mit einem Dritten ertheilt ist. Ist aber der Untergebene zur Ausführung des Geschäfts auf Befehl des Vorgesetzten gesetzlich verpflichtet, so legitimirt das Gesetz ohne schriftlichen Befehl[58]). Ersetzt wird die schriftliche Vollmacht dem Dritten gegenüber durch die an ihn vor dem Geschäftsschluß gerichtete schriftliche Erklärung des Machtgebers, daß er den Vertreter beauftragt habe. Der Machtgeber ist dann an dessen Geschäftsabschluß gebunden[59]). Ist eine solche Erklärung nur mündlich geschehen, so verpflichtet sie den Machtgeber nicht, aber was sein Vertreter in Folge dessen von dem Dritten erhalten, gilt doch als dem Machtgeber selbst auf Grund eines mündlichen Vertrages gegeben. Daraus folgt, daß das dem mündlich Bevollmächtigten zur Erfüllung einer bestehenden Verbindlichkeit Gezahlte vom Machtgeber

---

55) I. 14 §§ 125. 127. 128, I. 13 § 139.

56) I. 13 § 133.

57) I. 13 §§ 8. 91. 140. 141. Auch die bei der Vollmacht in Bezug genommene schriftliche Instruktion muß auf Verlangen vorgezeigt werden (§ 92). Die Vollmacht braucht nicht ohne Aufforderung vorgezeigt zu werden. Und wenn sie vorhanden ist, besteht der Vertretungsakt als ein wirksamer, ohne daß Vorzeigung erfolgt ist. Dies gilt sowohl von zweiseitigen, als von einseitigen Rechtsgeschäften, bei welchen eine Erklärung Namens des Machtgebers, z. B. Kündigung gegenüber einem Dritten erfolgt. Entsch. B. 78 S. 22. Ebenso ist die Giltigkeit der Darlehnsverpflichtung des Machtgebers nicht von Aushändigung der Vollmacht an den Darlehnsgeber abhängig. Daß der Dritte gegenüber der Klage des Machtgebers nicht einwenden kann, daß er sich die Vollmacht nicht habe vorzeigen lassen, ist auch dann selbstverständlich, wenn keine Vollmacht vorhanden war, aber der Machtgeber vorher oder durch die Klage das Geschäft genehmigt hat. Dagegen muß der Dritte, der gegen den Machtgeber als solchen klagen will, darlegen, daß dem Bevollmächtigten eine schriftliche Vollmacht ertheilt war. Ueber die ersetzende Genehmigung des Geschäfts siehe den Text bei Anm. 61. Ueber die Folgen des Fehlens der schriftlichen Vollmacht s. noch unten Anm. 132. — Die Bestimmung des § 8, daß das Geschäft für den Dritten nur dann Rechte gegen den Mandanten erzeugt, wenn eine schriftliche Vollmacht ertheilt ist, findet auch dann Anwendung, wenn der Vollmachtsvertrag in einem Rechtsgebiet geschlossen ist, in welchem es der schriftlichen Vollmacht nicht bedarf. Strieth. B. 59 S. 60. Daraus ergiebt sich auch, daß die von einem Kaufmann einem andern Kaufmann ertheilte Vollmacht zum Abschluß eines nicht als Handelsgeschäft abzuschließenden Geschäfts schriftlich sein muß. Vergl. die Schlußbemerkung der Anm. 40.

58) I. 13 §§ 225. 226.

59) I. 13 § 147.

als Erfüllung anerkannt oder zurückgegeben werden muß, und daß wenn der mündlich Bevollmächtigte einen mündlichen oder schriftlichen Vertrag geschlossen hat, und in dessen Erfüllung von dem Dritten etwas geleistet ist, der Dritte das so Gegebene von dem Vertretenen zurückfordern kann, und daß seiner Klage auf die Gegenleistung dadurch zu begegnen ist, daß das Gegebene zurückgegeben wird[60]).

Eine streitige Frage war früher die, ob die nach dem Geschäftsschluß erklärte Genehmigung, um den Genehmigenden gegenüber dem Dritten zu verpflichten, ebenso wie die Vollmacht schriftlich sein muß. Insbesondere war dies die Ansicht Förster's. Eine ständige Praxis des Obertribunals hat aber jede mündliche oder stillschweigende Genehmigung des formgerecht zwischen dem Mandatar und dem Dritten geschlossenen Geschäfts für verbindlich erachtet. Dieser Praxis muß durchaus zugestimmt werden[61]). Von Genehmigung kann aber zum Vortheil des Dritten nur die Rede sein, wenn der Handelnde im Namen des Genehmigenden gehandelt hat; Rechtsgeschäfte, die der Handelnde im eigenen Namen geschlossen hat, können durch Genehmigung nicht zu Rechtsgeschäften des Genehmigenden werden[61a]).

---

60) I. 13 §§ 148. 149. Vergl. dazu Entsch. B. 9 S. 233, B. 67 S. 97. (Rehbein II. S. 575). Strieth. B. 61 S. 166, B. 84 S. 226. Bei Strieth. B. 14 S. 324 geht das Obertribunal weiter; es erklärt die mündliche, gegen den Bevollmächtigten zum Ausdruck gebrachte Vollmacht für eine genügende Legitimation zum Abschluß von Geschäften, die den Schuldner des Machtgebers befreien, insbes. zur Entgegennahme einer Zahlung, weil § 8 nur die Klage gegen den Machtgeber ausschließt. Aehnlich Entsch. B. 60 S. 97. Rehbein II. S. 573. Vergl. dagegen Strieth. B. 74 S. 332.

61) Das Ob.Trib. hat durch Pl.Beschl. (Entsch. B. 19 S. 29) Rehbein II. 570 (vergl. Strieth. B. 39 S. 310, B. 51 S. 12, B. 82 S. 41) die vorher kontroverse Praxis (vergl. Entsch. B. 12 S. 178) dahin festgesetzt, daß der Machtgeber vertragsmäßig auch durch mündlich oder stillschweigend erklärte Genehmigung dem Dritten gegenüber aus dessen Geschäft mit dem Bevollmächtigten verpflichtet werde, wenn dieser ohne schriftlichen Auftrag, jedoch in der für das Geschäft gesetzlichen Form, gehandelt hat. Das Gericht deduzirt, daß §§ 148. 149 sich nur auf die Form der Vollmacht, nicht auf die Genehmigung des Geschäfts beziehen, und daß die §§ 142f. auch auf diesen Fall analoge Anwendung finden können. Wie unten § 149 Note 80 darzulegen sein wird, ist auch bei der Genehmigung der negotiorum gestio die formlose Ratihabition hinreichend. Es handelt sich bei der Genehmigung um ein einseitiges Geschäft, dessen Folgen sich nicht auf die Zukunft erstrecken, nach dem Inhalt des Erklärten nicht eine künftige Erfüllung zusichern, sondern einem bereits fertig geschlossenen Rechtsgeschäft rückwärts Kraft geben (I. 5 § 133). Vergl. oben B. I. § 79 Anm. 61c. Auch das R.O.H.G. (B. 9 S. 238) und das Reichsgericht (Entsch. B. 10 S. 257) sind dieser Praxis des Obertribunals beigetreten. Die nachträgliche Genehmigung eines in Vertretung geschlossenen Vertrags durch den Vertretenen würde nur dann an die Vertragsform gebunden sein, wenn es dabei einer Erklärung gegenüber dem dritten Kontrahenten bedürfte. — Förster wollte selbst in der Klage aus dem ohne Vollmacht geschlossenen Geschäft nicht eine wirksame Genehmigung sehen, dennoch, — m. E. inkonsequent, — hielt er aber den klagenden Geschäftsherrn verpflichtet, die Gegenforderungen des Dritten aus dem Geschäft zu erfüllen. In der That wird die entgegengesetzte Ansicht gerade bei diesem Punkt immer in die Enge kommen. Hätte das Landrecht an die formlose Genehmigung die Geltendmachung der Rechte gegen den Dritten, dagegen die Verbindlichkeit der Versprechungen für den Machtgeber an eine schriftliche Erklärung knüpfen wollen, so hätte es etwas geschaffen, das aller Rechtsanalogie des pactum claudicans trotzen würde.

61a) Entsch. B. 22 S. 185.

III. **Personen und Gegenstand.** Wer sich durch Verträge verbindlich machen kann, ist auch fähig, Vollmachtsaufträge zu ertheilen und zu übernehmen[62]). Der Unfähige, der einen erhaltenen Auftrag ausführt, erhält daraus Rechte gegen den Machtgeber, wird ihm aber nicht verpflichtet[63]). Der Dritte darf die Verhandlung mit einem unfähigen Bevollmächtigten ablehnen; hat er sich aber mit ihm eingelassen, und war die Ausführung des Geschäfts dem Bevollmächtigten nicht durch das Gesetz geradezu verboten, so gilt das geschlossene Geschäft zwischen dem Machtgeber und dem Dritten[64]). Ob der unfähige Bevollmächtigte dem Machtgeber oder dem Dritten zum Schadenersatz verpflichtet wird, richtet sich nach den allgemeinen Grundsätzen[65]); dagegen ist der Machtgeber, der wissentlich einen unfähigen Bevollmächtigten bestellt hat, dem Dritten für den daraus entspringenden Schaden verantwortlich, wenn der Schaden aus dem Vermögen des Unfähigen zwar mit Recht verlangt, aber wegen Unvermögens nicht ersetzt werden kann[66]).

Wenn oben gesagt wurde, daß jedes erlaubte Privatgeschäft[67]) Gegenstand eines Auftrages sein kann, so tritt doch noch eine Beschränkung hinzu: es darf nicht der Auftrag zu einem Geschäft angenommen werden, bei dem ein mit dem Interesse des Machtgebers kollidirendes Interesse des Bevollmächtigten selbst oder eines anderen Machtgebers desselben besteht[68]). Neben einander kann das Interesse des Machtgebers und Bevollmächtigten oder eines ersten und zweiten Machtgebers bei dem aufgetragenen Geschäft bestehen, aber es darf kein Streit der Interessen vorhanden sein[69]).

---

[62]) I. 13 § 29. Ehefrauen mit Genehmigung ihrer Ehemänner als verpflichtet aus Annahme des Auftrags. Reskr. vom 28. Novbr. 1825 bei v. Kamptz, Jahrb. B. 26 S. 381.

[63]) I. 13 § 32.

[64]) §§ 33. 34. Das Verbotsgesetz macht das Geschäft nichtig, es kann also auch keine Wirkung zwischen dem Machtgeber und Dritten äußern. Nach Code a. 1990 kann ein emanzipirter Minderjähriger Vollmacht erhalten, und der Machtgeber ist an das gebunden, was jener mit Dritten verhandelt. Oesterr. § 1018.

[65]) Oben B. I. § 73 a. E. A.L.R. I. 5 § 31 fg. Ges. v. 12. Juli 1875 betr. die Geschäftsfähigkeit Minderjähriger § 7.

[66]) I. 13 § 36. Dieser § setzt voraus, daß eine Klage gegen den unfähigen Bevollmächtigten gegeben ist, also weil er trotz gehöriger Erkundigung des Dritten ihn zum Geschäftsabschluß verleitet hat. Der dolose Machtgeber haftet nur subsidiär, so weit der Schaden von dem unfähigen Bevollmächtigten nicht beigetrieben werden kann. I. 13 § 36 widerspricht zwar nicht dem § 53 I. 6; aber eine Inkonsequenz ist es, daß dort nur der Dolus, hier schon geringes Versehen zum Schadenersatz verpflichtet. S. Koch. Note zu § 53 I. 6.

[67]) Vergl. oben Anm. 13. 18.

[68]) I. 13 §§ 21. 22. Ueber die Ausdehnung dieser Bestimmung auf den Fall des Mäklergeschäfts vergl. oben § 138 Anm. 68a.

[69]) Ueber den Begriff der Kollision s. oben B. I. § 18 Anm. 17. Z. B. der Bevollmächtigte darf nicht die Interessen des Käufers und Verkäufers zugleich wahrnehmen. Präj. 1687. (Samml. I. 77). Entsch. B. 23 S. 308. Pl.Beschl. Strieth. B. 5 S. 90, B. 19 S. 258, B. 43 S. 94, B. 62 S. 104. R.G. bei Gruchot B. 24 S. 983. Vergl. dazu bezüglich des Kontrahirens mit sich selbst B. I. § 74 Anm. 17. Nicht kollidirendes, sondern neben einander gehendes Interesse in dem Fall Arnsb. Arch. B. 16 S. 261, und bei Annahme der Anwendbarkeit der §§ 21. 22 auf das Mäklergeschäft nicht Kollision, wenn der eine Auftraggeber bereits den Auftrag des anderen an denselben

Auch solche Personen, die zur Besorgung gewisser Angelegenheiten bestellt sind, müssen, um solche Kollisionen zu vermeiden, den späteren Auftrag ablehnen[70]); anderen Bevollmächtigten ist gestattet, den früher übernommenen zu kündigen oder den späteren abzulehnen[71]). Die gleichzeitige Besorgung kollidirender Aufträge läßt den Beauftragten des Rechts auf die zugesagte Belohnung verlustig gehen[71a]) und macht ihn gegenüber dem Machtgeber für den Schaden verantwortlich. Dem Dritten gegenüber gilt zu Gunsten des Machtgebers das in dessen Namen geschlossene Geschäft, soweit er nicht zum Nachtheil des Dritten mit dem Bevollmächtigten einverstanden gewesen ist; hat sich der Dritte in redlicher Weise mit dem Bevollmächtigten eingelassen, so steht das Verbot der Uebernahme der Vollmacht auch seinen Ansprüchen gegen den Machtgeber nicht entgegen[72]). Aber der benachtheiligte Machtgeber hat das Recht auf Schadensersatz. Der Dritte, der Kenntniß davon hat, daß auf Grund einer Vollmacht, insbesondere einer Generalvollmacht das Geschäft, das in Wahrheit nicht im Interesse des Machtgebers, sondern nur des Bevollmächtigten liegt, mit ihm geschlossen wird, erlangt daraus kein Recht gegen den Machtgeber, wenn dieser das Geschäft nicht besonders genehmigt[72a]).

IV. Das Rechtsverhältniß zwischen Machtgeber und Bevollmächtigtem[73]) regelt sich nach dem Inhalt des ertheilten und angenommenen Auftrags.

A. Der Bevollmächtigte[74]) übernimmt die Pflicht den Auftrag nach seinem ganzen Inhalt und in der vorgeschriebenen Art persönlich auszuführen[75]). Er ist also zur Vornahme aller Handlungen, die zur Vollziehung seines Auftrages gehören, verpflichtet und ebenso dazu berechtigt, soweit die Vollmacht nicht ausdrücklich beschränkt ist[76]). Mehrere Bevollmächtigte sind dem Machtgeber solidarisch verpflichtet, wenn nicht der Auftrag so beschaffen ist, daß jeder der einzelnen Beauftragten nur einen gewissen Theil ausführen kann[77]). Die Handlung des einzelnen Bevollmächtigten im Namen des

---

Mäkler kennt. Striethorst B. 54 S. 333. Rehbein II. S. 589. Vergl. R.G. bei Gruchot B. 26 S. 979.

70) I. 13 § 23. Präj. 359. (Samml. I. S. 271.)

71) I. 13 § 24.

71a) Vgl. das in Anm. 69 citirte Urtheil, auch Strieth. B. 70 S. 331.

72) I. 13 §§ 25—28. Vergl. zu § 27 Gesetzrevis. XIV. 214. Bornemann III. S. 236. 3. R.O.H.G. B. 9 S. 238.

72a) I. 13 §§ 5. 62. 63. Entsch. B. 22 S. 185, R.G. Entsch. B. 28 S. 288.

73) I. 13 §§ 37—84.

74) In den römischen Rechtsquellen is cui mandatum est.

75) I. 13 §§ 37. 49. Vergl. Entwurf des B.G.B. § 585. 588, II. § 593. 595, Reichstagsvorl. §§ 649. 651.

76) I. 13 § 98. Wenn für die einzelne Handlung Spezialvollmacht nöthig ist, bedarf es aber der ausdrücklichen Erklärung. Vergl. oben Anm. 35. — § 157, wonach der Richter den Bevollmächtigten in Abwesenheit des Mandanten zu Handlungen, zu denen ihn sein Auftrag berechtigt, anhalten kann, ist, soweit er überhaupt praktisch gewesen, durch die neuen Ordnungen des gerichtlichen Verfahrens beseitigt.

77) I. 13 §§ 201. 202. Nach Code a. 1995 muß die Solidarität noch besonders verabredet sein. Nach Oesterr. Ges. § 1011 muß sie besonders ausgeschlossen werden. Sächs. G.B. § 1313 wie das preuß. R. Der Entw. des B.G.B. enthält keine besondere Regelung des Falls.

Machtgebers erwirbt diesem Rechte und Vortheile; regelmäßig ist aber der Inhalt einer Mehreren zusammen ertheilten Vollmacht der, daß sie nur gemeinschaftlich handelnd den Machtgeber verpflichten können. Die Handlung des Einzelnen erscheint also in solchem Fall als die Geschäftsführung eines nicht legitimirten Vertreters. Sollen die mehreren Bevollmächtigten als Einzelne das volle Vertretungsrecht haben, so muß dies ausdrücklich, zum Beispiel durch die Formel „sammt oder sonders" erklärt sein[78]). Gab der Auftrag jedem der mehreren Bevollmächtigten bestimmte Funktionen, so verpflichtet der Einzelne, soweit er in diesen Grenzen handelt[79]). Gehörige Ausführung des Auftrags durch einen der solidarisch verpflichteten Mitbevollmächtigten befreit die übrigen[80]); wird aber die Ausführung des Auftrags durch die Schuld eines von ihnen unmöglich, so tritt gegenüber dem Auftraggeber Haftung der Einzelnen auf das Ganze ein, der schuldige Bevollmächtigte muß jedoch den übrigen für das, was sie an Schadensersatz zu leisten haben, aufkommen[81]).

Der Bevollmächtigte vertritt bei Ausführung des Auftrags wenn er den Auftrag unentgeltlich übernommen, die in eigenen Angelegenheiten gewohnte Aufmerksamkeit, bei entgeltlicher Vollmacht mäßiges Versehen[82]). Der Kunst- und Sachverständige vertritt, wenn er Lohn empfängt, geringes, sonst mäßiges Versehen ohne Rücksicht auf dilig. quam suis[83]). Die Haftung des Bevollmächtigten betrifft aber nur die Ausführung des Auftrags selbst. Hat er das ihm übertragene Geschäft abgeschlossen, so braucht er regelmäßig nicht für die nachtheiligen Folgen einzustehen, die der Ausgang des Geschäfts für den Machtgeber hat. Wenn er aber bei dem Abschluß des Geschäfts ein

---

78) I. 13 §§ 206—208. Strieth. B. 15 S. 40. Vergl. c. 6 de procur. in VIto (I. 19). Mehrere Prozeßbevollmächtigte vertreten nach § 80 C.P.O. auch einzeln die Partei. In § 77 der V. vom 20. Juni 1817 ist die Klausel „sammt und sonders" als synonym mit „sammt oder sonders" behandelt. Anders Koch, R. d. F. III. S. 552.

79) I. 13 § 209.

80) I. 13 § 203. Vergl. hierzu auch die nicht unbedenkliche Entscheidung bei Striethorst B. 5 S. 28. Rehbein II. S. 606.

81) I. 13 §§ 201. 205. Oben B. I. § 63 bei Anm. 66. l. 60 § 2 D. XVII. 1.

82) I. 13 §§ 54—56. Nach römischem Recht vertritt der Mandatar omnem culpam. l. 10 pr. l. 8 §§ 9. 10, l. 29 pr. D. XVII. 1, l. 23 de R. J., l. 11. 13. 21 C. IV. 35. Die Vertretungspflicht des Mandatars ist hier strenger als die des Depositars. Wegen des Umstandes aber, daß das Mandat unentgeltlich übernommen wird, waren die Ansichten im gem. Recht sehr verschieden, s. Glück XV. 261 f. Unterholzner II. 593 b. Hier wie beim Depositum verweist das Landrecht zunächst auf die culpa in concreto (§ 55) und nur, wenn diese nicht auszumitteln, oder bei entgeltlichem Mandat: auf mäßiges Versehen. Auch hier besteht also nicht bloß eine Einrede, daß in eignen Sachen mäßige Sorgfalt nicht angewandt werde, sondern es bleibt auch das geringe Versehen in abstracto zu vertreten, wenn Jemand erweislich in eigenen Sachen solche geringfügige Versehen vermeidet. Vergl. oben § 139 Anm. 26. Nach Code 1992 Vorsatz und Versehen, aber moins rigoureusement, wenn der Auftrag unentgeltlich übernommen ist. Die Beweislast regelt sich nach den allgemeinen in § 106 unter VI. erörterten Regeln. Das Interesse ist vom Auftraggeber darzulegen, die Schuldlosigkeit seines Verhaltens regelmäßig vom Beauftragten. Vergl. Seuffert XXV. 184. R.O.H.G. B. 6 S. 215, B. 11 S. 146.

83) I. 13 §§ 57. 58.

Versehen sich zu Schulden kommen läßt, aus dem jene nachtheiligen Folgen für den Machtgeber entstehen, oder wenn ihm die Ausführung des abgeschlossenen Geschäfts übertragen ist, und er dann dabei ein Versehen begeht, muß er für die Folgen einstehen[84]).

Der Ausführung in der vorgeschriebenen Art steht gegenüber die Ueberschreitung oder Abweichungen davon[85]). Beides ist unzulässig. Indessen darf der Mandatar seinen Auftrag einschränken oder ausdehnen, wenn die Natur des Geschäfts dies in Folge veränderter Umstände mit sich bringt, oder wenn die bekannte Absicht des Machtgebers es nothwendig macht[86]). Auch muß dieser sich hierüber hinaus die Abweichung dann gefallen lassen, wenn er sich den dadurch erzielten Vortheil aneignen will, oder wenn der Vortheil schon in sein Vermögen übergegangen ist[87]), und er kann die Ueberschreitung nachträglich, selbst stillschweigend durch Handlungen, mit Wirksamkeit genehmigen[88]). Die Abweichung von der Vollmacht hat aber zum Nachtheil des Bevollmächtigten die Wirkung, daß vermuthet wird, ein ungünstiger Ausfall des Geschäfts sei gerade durch die Abweichung von der Vorschrift verursacht worden; der Bevollmächtigte muß in solchem Fall das Gegentheil beweisen[89]).

Aus der Pflicht zur persönlichen Ausführung folgt der regelmäßige Ausschluß der Substitution[90]). Damit ist aber nicht gesagt, daß der

---

84) I. 13 § 54. Ueber die Beweislast hierbei s. R.G. Entsch. B. 20 S. 269, bei Gruchot B. 32 S. 980.

85) l. 5 pr. D. XVII. 1 § 8 J. III. 26. Auch ein Generalmandat kann überschritten werden, wenn der Mandatar Geschäfte zum Nachtheil des Mandanten vornimmt. l. 60 § 4 D. XVII. 1. Jede Ueberschreitung ist ein Handeln contra mandatum; ein Handeln praeter mandatum kann dagegen, wenn es nützlich gewesen, die a. negot. gestor. erzeugen. Glück XV. 284. Dagegen Walch, Controv. p. 651 § 3. S. auch Dresdener Annalen VI. 313.

86) I. 13 § 53. Beispiele: Entsch. B. 16 S. 159. Rechtsfälle B. 3 S. 386. Striethorst B. 7 S. 129. Seuffert II. 41. Vergl. Entwurf des B.G.B. § 590, Entw. II. § 596, Reichstagsvorl. § 652. — Darüber hinaus den Auftraggeber zu nöthigen, ein die Grenzen des Auftrags übersteigendes Geschäft dann zu genehmigen, wenn der Mandatar das Interesse aus der Abweichung deckt (Dernburg II. § 181 Anm. 15), fehlt die gesetzliche Basis; und es würde das Gesetz durch eine solche allgemeine Vorschrift dem Auftraggeber ein Verhalten aufdrängen, das seinem Anstandsgefühl nicht immer entsprechen möchte. Deshalb hat das Gesetz mit gutem Grund solche Vorschrift nicht gegeben. Abweichend allerdings für den Fall der Einkaufskommission H.G.B. Art. 364.

87) I. 13 §§ 51. 144. Strieth. B. 39 S. 311.

88) I. 13 §§ 142. 143. Plen. Präj. 2196. Entsch. B. 19 S. 29. Rehbein II. 570. Wegen Herbeiführung der Genehmigung oder Nichtgenehmigung vergl. unten Anm. 140. Eine solche genehmigende Handlung ist es, wenn der Machtgeber von dem Dritten die Leistung annimmt. Vergl. oben Note 59. Die Genehmigung kann gegen den Bevollmächtigten oder gegen den Dritten ausgedrückt werden. Striethorst B. 51 S. 12. Wenn dem Dritten die Ueberschreitung bekannt gemacht worden, und der Bevollmächtigte unter Vorbehalt der Genehmigung des Mandanten kontrahirt hat, so ist jener bis zur Erklärung des letzteren gebunden. Präj. 1240 (Samml. I. 77). Seuffert VI. 32. Vergl. auch R.O.H.G. B. 15 S. 260. R.G. Entsch. B. 7 S. 302.

89) I. 13 § 52. Seuffert XIX. 195.

90) I. 13 §§ 37. 38. Vergl. Entwurf des B.G.B. §§ 588. 589, Entw. II. § 595, Reichstagsvorlage § 651. Die §§ 41—45 verbieten den Beamten eigenmächtige Substitution.

Bevollmächtigte sich bei der Ausführung des Geschäfts der Beihilfe anderer Personen überhaupt nicht bedienen darf. Es soll aber auch dieses nicht „ohne Noth" geschehen[91]). Indessen kann es die Natur des Geschäfts mit sich bringen, daß die Beihilfe Anderer herangezogen werden muß: — dann haftet der Bevollmächtigte nur für mäßiges Versehen bei der Auswahl der Gehilfen[92]). Auch kann bei persönlicher Verhinderung des Beauftragten die Heranziehung eines Gehilfen durch das Interesse des Machtgebers selbst geboten werden, wenn ein Aufschub schädlich wäre[93]). Wer aber ohne Noth oder ohne Einwilligung des Machtgebers die Ausführung Anderen überträgt, vertritt deren Handlungen wie seine eigenen, und haftet für allen durch solche Gehilfen verursachten Schaden[94]). Ist die Einwilligung zur Substitution ausdrücklich ertheilt[95]), so haftet der Bevollmächtigte wieder nur für mäßiges Versehen bei der Auswahl, hat aber sonst die Thätigkeit des Substituten nicht zu vertreten, vielmehr gilt durch die in Vertretung des Machtgebers ertheilte Substitutionsvollmacht nunmehr ein direktes Vollmachtsvertragsverhältniß zwischen dem Machtgeber und dem Substituten als hergestellt. Der Substitut hat gegen den Machtgeber unmittelbar die Rechte und Pflichten des Bevollmächtigten[96]).

Weil der Machtgeber der Herr des Geschäfts ist, so folgt weiter die Pflicht des Bevollmächtigten, jenem jederzeit auf Erfordern[97]) über die Lage der Sache Auskunft zu geben, ihn insbesondere, wenn sich der Geschäftsbesorgung zufällige Verhinderungen entgegensetzen, ohne Versäumniß davon zu benachrichtigen und nach vollendetem Geschäft Rechenschaft abzulegen[98]).

Das ist Konsequenz des Vollmachtsbegriffs. Oben Anm. 13. 17. Ueber die Substitution eines Verwalters s. Strieth. B. 41 S. 39. So allgemein schließt das gem. Recht die Substitution nicht aus. l. 8 § 3 D. XVII. 1. Vergl. auch c. 9 in VIto. I. 19. Vergl. indessen die auf gemeines Recht eingehenden Ausführungen in R.O.H.G. B. 25 S. 91.

91) I. 13 § 48. Seuffert IV. 112, XVIII. 240.

92) I. 13 § 46.

93) I. 13 § 47.

94) I. 13 §§ 38. 48. Auch für geringes Versehen des Substituten, aber nicht für Zufall, auch nicht, wenn dieser bei eigner Ausführung des Auftrags nicht eingetreten wäre. Entsch. B. 9 S. 370. Der Machtgeber hat die Mandatsklage nur gegen seinen Bevollmächtigten, nicht gegen den eigenmächtig Substituirten, und dieser die a. mand. contr. nur gegen den Bevollmächtigten, nicht gegen den Machtgeber. Ges.Revisor XIV. 217. Der Substitut ist nicht Cessionar, sondern Mandatar des Substituenten. Koch, Note zu § 38. Eine negotiorum gestio des Substituten, aus der Dernburg II. § 181 Anm. 10 eine Klage geben will, liegt nicht vor, wenn der Substitut lediglich als solcher, also in den Geschäften des Substituenten, und nicht in der Absicht gehandelt hat, für den Geschäftsherrn dessen Geschäfte zu führen. Nach Code a. 1994 hat der Machtgeber auch gegen den vom Mandatar eigenmächtig bestellten Substituten die direkte Klage. Nach Oesterr. Ges. B. 1010 haftet der eigenmächtig substituirende Mandatar auch für den Erfolg.

95) I. 13 § 39. In Entsch. B. 48 S. 88 ist ausgeführt, daß die Ertheilung eines Mandats an eine Ehefrau zugleich die Ermächtigung, sich ihren Mann zu substituiren, enthalte. Dernburg II. § 181 Anm. 3 erhebt hiergegen mit Recht Zweifel.

96) I. 13 § 40. — l. 21 § 3 D. III. 5, l. 2 § 1 D. XI. 6. Vergl. jedoch Anm. 159. 172.

97) Strieth. B. 49 S. 172.

98) I. 13 §§ 59—61, l. 46 § 4 D. III. 3, l. 10 § 9, l. 27 § 2, l. 56 § 4 D. XVII. 1. Entwurf des B.G.B. § 591, Entw. II. § 596, Reichstagsvorl. § 652. Der Machtgeber hat das

Wie diese Rechenschaft zu legen, ergiebt sich aus der Natur des Geschäfts. Rechenschaft geben und Rechnung legen sind nicht gleichbedeutende Begriffe; nicht überall ist letzteres geboten oder nöthig, um dem Machtgeber eine klare und sichere Einsicht in die Lage der Sache und über den Erfolg des Geschäfts zu verschaffen[99]). Der Bevollmächtigte muß dem Machtgeber **Alles überliefern**, was er für ihn durch das Geschäft erworben hat, die Sache mit ihren Früchten und Zubehör, Gelder mit den gewonnenen Zinsen oder mit Verzugszinsen, wenn er im Verzuge ist[100]); er muß ihm Forderungen und Klagerechte abtreten, wenn er sie auf eigenen Namen, sei es auftragswidrig oder kraft des Auftrags, zwar für den Auftraggeber, aber nicht in seinem Namen zu handeln, erworben hat[101]). Jeder Vortheil aus dem Geschäft

Recht, aber nicht die Pflicht, Rechenschaft zu fordern, ehe er mit der a. mand. directa Bestimmtes beansprucht. Strieth. B. 3 S. 82, B. 42 S. 194, R.O.H.G. B. 5 S. 230. Seuffert XIX. 148. 149, XX. 225, XXI. 234. Stegemann II. S. 316. Gruchot B. 14 S. 373. Die Forderung unterliegt nicht der Verjährung des § 158 I. 14. Bei einer Vollmacht ohne Auftrag hat das R.G. bei Gruchot B. 36 S. 1015 die allgemeine Pflicht zur Rechnungslegung über die Benutzung der Vollmacht geleugnet, — es nimmt an, daß zur Begründung solcher Pflicht die bestimmte Angabe des einzelnen Geschäfts oder Geschäftskreises gehört, in dem der Bevollmächtigte ohne Auftrag thätig gewesen ist. Das entspricht wohl kaum den Bedürfnissen des Lebens, die eine Erstreckung der Auskunft gerade darauf fordern, wozu die Vollmacht benutzt worden ist.

99) Rechtsfälle B. 3 S. 388, B. 80 S. 271 (Rehbein II. S. 602). Vgl. oben B. I. § 48 Ziffer 2. Soweit es zur vollen Rechenschaft, d. h. zur Klarstellung der Verhältnisse „erforderlich", sind auch Belege beizubringen (I. 13 § 71). Daraus folgt aber nicht, daß der Mandatar Posten, die er nicht durch Belege unterstützen kann, fallen lassen müßte, oder in der Beweisführung beschränkt wäre, Strieth. B. 23 S. 67. R.O.H.G. B. 22 S. 4 abweichend. Mevius, Comm. ad jus Lubec. III. 6. 20 nr. 49: „in verisimilibus fidem habeat". Seuffert XII. 238, XV. 123, XVI. 215. Bl. f. Rechtsanw. I. 291, III. 415, XII. 378.

100) Vergl. Entwurf des B.G.B. § 592, Entw. II. § 598, Reichstagsvorl. § 654. Das bloße Nichtabliefern setzt den Mandatar noch nicht in Verzug. Strieth. B. 49 S. 172. Rehbein B. 2 S. 599. Ueber röm. R. l. 8 pr. § 10, l. 10 §§ 2. 3. 8. 10, D. XVII. 1. Dresden. Ann. V. 161. Seuff. V. 12, X. 45, XVII. 23. Der auszuliefernde Vortheil muß durch die Ausführung des Auftrags erzielt worden sein. Ein Beispiel, wo dies nicht der Fall, Simon, Rechtspr. B. 1 S. 303.

101) Wenn der Bevollmächtigte im Namen des Machtgebers kontrahirt hat, so bedarf es der Abtretung der Vertragsrechte nicht. Hat er aber trotz eines ihn verpflichtenden Vollmachtsauftrags in eigenem Namen mit dem Dritten kontrahirt, so muß er die Vertragsrechte cediren. Wenn z. B. der Dritte ihm den Vertragsgegenstand übergeben hat, so hat er die Pflicht, diese Sache dem Machtgeber zu übergeben oder sonst zu übereignen. Erst hierdurch erwirbt dann der Letztere. Entsch. B. 17 S. 19 bei Rehbein II. S. 595 (Pl.Beschl., abweichend von Entsch. B. 10 S. 113). Vergl. l. 14 D. XXXIX. 5. Strieth. B. 39 S. 280. Gruchot, Beitr. B. 8 S. 453 f. Auch die auf den eigenen Namen des Bevollmächtigten erworbenen Forderungen bedürfen der Cession, Entsch. B. 69 S. 226, es kann die Cession nicht etwa fingirt werden. R.G. bei Gruchot B. 29 S. 887, l. 8 pr. §§ 5. 10, l. 43. 45 pr. D. XVII. 1. Holzschuher, Theor. u. Kas. 3. A. III. 644 f. — War aber der Vollmachtsvertrag, der auf Geschäftsschluß im Namen des Auftraggebers ging, wegen mangelnder Form nicht verbindlich, so wird, wie in Anm. 40 dargelegt worden ist, der Vertrag durch einen Geschäftsschluß im eigenen Namen nicht erfüllt, und der Mandant erlangt nicht das Recht, Abtretung oder Uebereignung zu fordern. Für die Forderungen des Kommissionärs aus den von ihm als solchem geschlossenen Geschäften gilt die Besonderheit, daß sie zwar nicht dem Schuldner gegenüber, wohl aber für das Verhältniß zwischen dem Kommittenten und dem Kommissionär oder dessen Gläubiger als Forderungen des Kommittenten gelten. H.G.B. Art. 368. Die Bestimmung hat — obgleich es hier dem Schuldner

gebührt dem Machtgeber; der Bevollmächtigte darf durch das ihm übertragene Geschäft nicht für sich selbst Gewinn suchen[102]). Was ihm aber nebenher, bei Gelegenheit der Ausführung des Auftrages zufällt, bleibt ihm[103]).

Mehreren Machtgebern ist der Bevollmächtigte nur verpflichtet, gemeinschaftlich Rechenschaft zu geben, und das für sie Erhaltene auszuliefern[104]). Haben ihm die einzelnen der mehreren Machtgeber widersprechende Anweisungen ertheilt, so soll er die dem Interesse Aller am wenigsten nachtheilige befolgen, und er bleibt jedenfalls ohne Verantwortung, wenn er im Zweifel der Anweisung nachgeht, durch welche die Sache im bisherigen Stande erhalten werden kann[105]).

Die Ansprüche des Machtgebers an den Bevollmächtigten unterliegen der ordentlichen Verjährung[106]). Wenn der Bevollmächtigte nach erhaltenem Widerruf der Vollmacht noch mit dem Dritten verhandelt, so entsteht dem Machtgeber gegen ihn ein Schadenersatz-Anspruch, der als solcher der Verjährung der Schadensklagen unter worfen ist[107]).

B. Der Machtgeber[108]) hat gegen den Bevollmächtigten die Verpflichtung, für dessen Thätigkeit die bedungene oder gesetzlich vorgeschriebene oder gewerbsmäßige Belohnung zu zahlen[109]). Besteht eine gesetzliche Taxe für Beauftragte mit gewissen Eigenschaften, so kann ein Beauftragter, dem letztere

---

gegenüber der Cession bedarf, die Forderung also für den Kommittenten nur durch Rechtshandlung des Konkursverwalters aus der Konkursmasse ausgesondert werden kann, — auch im Konkurse des Kommissionärs Anwendung zu finden, weil hier die reichsgesetzliche Fiktion den Gläubigern gegenüber entscheidet. Ueber den Eigenthumserwerb beim Kommissionshandel vergl. R.G. Entsch. B. 11 S. 53.

[102]) I. 13 §§ 62. 63. R.O.H.G. B. 10 S. 359. R.G. bei Gruchot B. 36 S. 1010.

[103]) I. 13 § 64. Nebenher, d. h. durch ein bei Gelegenheit der Ausführung des Auftrags geschlossenes selbständiges Geschäft. Der Vortheil darf auch nicht durch Ueberschreitung des Auftrags erworben sein, denn auch ein solcher muß dem Mandanten, wenn er die Ueberschreitung genehmigen will, herausgegeben werden. l. 10 §§ 3. 8, l. 20. 43 D. XVII. 1, l. 46 § 4 D. III. 3. Die l. 6 § 6 D. XVII. 1 spricht von einem Gewinn, den der Mandant dem Mandatar ausdrücklich überlassen. Code a. 1993. Vergl. R.G. Entsch. B. 4 S. 290, wo die Bestimmungen über Herausgabe des Vortheils auf den Fall des mit Vermittelung des Geschäfts beauftragten Mäklers angewendet sind, eine Entscheidung, die auch ohne diese Heranziehung von Bestimmungen des Vollmachtsrechts aus der dolosen Verletzung der Vertragstreue des Mäklers zu begründen war.

[104]) I. 13 § 210. Das von der Praxis angenommene Klagerecht des Einzelnen auf Rechenschaft gegen die Gesammtheit [Entsch. B. 19 S. 213, B. 22 S. 136. (Pl.Beschl.) Heuser IV. 613. Seuffert I. 53. (Wiesbaden)] unterliegt dem am Schlusse der Anm. 8 oben B. I. § 63 geltend gemachten Bedenken.

[105]) I. 13 §§ 212. 213.

[106]) Nicht der fünfjährigen, aus § 158 I. 14, wie irrthümlich angenommen worden. Entsch. B. 4 S. 341, B. 14 S. 470, B. 35 S. 364.

[107]) I. 13 §§ 168. 169.

[108]) Mandans, mandator; die neueren brauchen den letzteren Ausdruck vorzüglich für das aus dem s. g. mandatum qualificatum entspringende Verhältniß, von welchem bei der Bürgschaft zu handeln ist. Unterholzner II. 586 Note b.

[109]) I. 13 §§ 74. 77. Entwurf des B.G.B. § 596. In Entw. II. gestrichen. Vgl. oben Anm. 11. Die Forderung des Honorars setzt also voraus, entweder daß sie besonders bedungen, oder daß das Gesetz für diese Art Geschäftsbesorgung einen Preis giebt, oder daß das Geschäft zum Gewerbe des Vertreters gehört. Struben, Rechtl. Bedenken IV. nr. 173. Im letzteren Fall wird der Betrag angemessen normirt. Striethorst B. 21 S. 122, B. 27 S. 86. Vergl. Gruchot B. 17 S. 257.

fehlen, und der doch zulässiger Weise beauftragt worden, doch nicht mehr als die Taxe beanspruchen[110]), auch dies aber nur, wenn ihm ein Lohn überhaupt versprochen ist[111]). Die Höhe des Honorars haben die Parteien, wenn sie nicht gesetzlich normirt ist, vertragsmäßig zu bestimmen; die Unbestimmtheit des Betrages eines bedungenen Honorars wird durch richterliches Ermessen, das von den thatsächlichen Umständen bestimmt wird, ergänzt[112]).

Der Machtgeber muß ferner den Bevollmächtigten in jeder Hinsicht schadlos halten[113]); denn dieser hat keine Pflicht, von dem Seinigen aufzuwenden[114]). Daher muß ihm jener den nöthigen Vorschuß geben, er muß ihm den zweckmäßigen Aufwand ersetzen, wozu immer gewöhnliche Auslagen gehören, wenn sie nicht ausdrücklich untersagt worden, aber auch trotz einer Untersagung, wenn sie wirklich in seinem Nutzen verwendet sind, oder wenn der Machtgeber den dadurch bewirkten Vortheil sich zueignet[115]). Kapitalsvorschüsse[116]) werden dem Bevollmächtigten vom Tage der Verwendung verzinst, ebenso andere Auslagen, für die ein Vorschuß vergeblich gefordert worden ist oder nach Lage der Sache nicht gefordert werden konnte; anderen Falls findet Verzinsung erst vom Tage der gelegten Berechnung statt[117]).

---

[110]) I. 13 §§ 75. 76. Aber doch nicht nothwendig in die volle Taxe. Arnsb. Arch. B. 7 S. 663. Strieth. B. 92 S. 107. Entsch. B. 66 S. 254. Rehbein II. S. 604.

[111]) Vergl. dagegen für die Dienstmiethe I. 11 § 874.

[112]) I. 13 §§ 77—79. Es soll durch das Honorar der Aufwand von Arbeitskraft vergütet werden, welchen die Ausführung nöthig macht. Bei einem kaufmännischen Kommissionär liegt in der Provision noch eine Ausgleichung für mögliche Gefährdung aus der selbstständigen Verhaftung. Striethorst B. 57 S. 216. Versprechen „guter Bezahlung" Seuffert XVII. 124. — Die gesetzliche Gebühr des Rechtsanwalts kann — außer im Falle der gerichtlichen Beiordnung — vertragsmäßig anders, auch höher, jedoch nur schriftlich bedungen werden. Trotzdem kann der Auftraggeber eine Berechnung nach dem Gesetz verlangen. Moderation des verabredeten Betrags nach Anhörung des Vorstands der Anwaltskammer. § 93 Rechtsanw.Geb.Ordn. v. 7. Juli 1879.

[113]) I. 13 §§ 65—73. Vergl. zu §§ 65. 66. R.O.H.G. II. 75. Es kommt dabei nicht darauf an, ob der Auftrag zurückgegangen oder die Ausführung fehlgeschlagen. I. 13 § 69. l. 10 § 9, l. 12 § 9, l. 27 § 3, l. 56 § 4 D. XVII. 1, l. 1. 4 C. IV. 35, l. 10 § 10 D. XVII. 1. Vergl. H.G.B. Art. 371. 381.

[114]) Striethorst B. 16 S. 179.

[115]) I. 13 § 67. Entwurf des B.G.B. §§ 594. 595, Entw. II. §§ 600. 601, Reichstagsvorl. §§ 656. 657. Ein Beispiel für eine gewöhnliche und darum nützlich verwendete Auslage: Strieth. B. 43 S. 284. Die Höhe des nöthigen oder nützlichen Aufwandes wird nach der Person des Bevollmächtigten abgemessen, § 68. Es ist also gleichgiltig, ob der Mandant selbst billiger dazu gekommen wäre.

[116]) Kapitalzahlung ist Zahlung einer Summe, welche nach ihrer Größe geeignet gewesen wäre, als Kapital angelegt zu werden. Das ist natürlich arbiträr. S. Ges.Rev. XIV. 219. Koch, Kommentar zu § 72 geht wohl zu weit. Auch die l. 12 § 9 D. XVII. 1 spricht von einem vorgeschossenen Kaufpreis, also einer größeren Summe, und A.L.R. I. 13 §§ 71. 72 unterscheiden bloße Auslagen und Kapitalszahlungen. Jedenfalls kommt die Bestimmung nur bei der eigentlichen Zahlung, nicht bei anderen Solutionshandlungen in Betracht. R.G. bei Gruchot B. 26 S. 981.

[117]) I. 13 §§ 71. 72. 73. Ueber Vorschüsse, wenn der Machtgeber die von ihm geforderten Gelder nicht rechtzeitig beschafft hat. Dresd. Ann. VI. 315. 316. Seuffert III. 50, VIII. 46. Für Kaufleute greift H.G.B. Art. 290 ein. Auch angewendet auf den Bezogenen, der ohne Deckung acceptirt hat. Entsch. B. 15 S. 354. Entwurf des B.G.B. § 595 Abs. 2, Reichstagsvorl. § 657.

Auch für den bereits gehabten Aufwand darf der Bevollmächtigte noch vor Beendigung des Geschäfts Ersatz oder Befreiung verlangen[118]).

Endlich muß der Machtgeber den Bevollmächtigten selbst für eine zufällige Beschädigung aufkommen, wenn der Auftraggeber bestimmte Vorschriften gegeben hat, die nicht befolgt werden konnten, ohne die Gefahr solcher Beschädigung hervorzurufen. Er muß den Beauftragten ferner von allen Verbindlichkeiten befreien, die dieser bei Ausrichtung des Geschäfts gegen Dritte übernommen hat[119]).

Zur Verfolgung dieser Ansprüche ist dem Bevollmächtigten die gemeinrechtlich als actio mandati contraria bezeichnete Klage gegeben. Als Einrede hat er auch ein Zurückbehaltungsrecht an denjenigen Sachen, die in Folge des Auftrags in seine Hände kommen[120]); im Konkurse des Machtgebers aber greift das Zurückbehaltungsrecht nur wegen des Anspruchs auf Vergütung der Verwendungen, die der Bevollmächtigte zum Nutzen der Sache geleistet hat, durch[121]). Daß der Mandatar die in seine Hand kommenden Gelder des Mandanten zu verwahren hat, hindert ihn nicht, mit seinen pekuniären Gegenansprüchen zu kompensiren, und diese Kompensation

[118]) I. 13 § 70. Vergl. I. 12 § 17 D. XVII. 1.

[119]) § 89 I. 13 § 82. — l. 38 § 1, l. 45 pr. §§ 1—5 D. XVII. 1. Auch wenn der Mandatar in eigenem Namen kontrahirt hat. Strieth. B. 5 S. 297. Auch von den in nützlicher Ausführung des Auftrags übernommenen Verbindlichkeiten. Strieth. B. 43 S. 284. Unbegreiflich ist, daß man die letztere Pflicht des Mandanten auch auf Arbeitsmiethe hat anwenden wollen. Vergl. Strieth. B. 49 S. 313. — Entwurf des B.G.B. § 595 Abs. 3, Entw. II. § 601 Abs. 2, Reichstagsvorl. § 251.

[120]) I. 13 § 83. Das Vorrecht der 6. Klasse im Konkurse (§ 84) ist durch die spätere Konkursgesetzgebung abgeschafft. Daß der Mandatar die in seinen Händen befindlichen Gelder des Mandanten compensando behalten kann, darüber vergl. Entsch. B. 43 S. 432. Strieth. B. 38 S. 39.

[121]) Auf Grund der Konk.Ordn. § 41 Nr. 7, vergl. preuß. § 33 Nr. 10. Sonst zerstört die Eröffnung des Konkurses das Retentionsrecht. S. oben B. I. § 110. Das kann unter Umständen hart sein: z. B. wenn der Mandatar die auf den Namen des Mandanten gekaufte Sache zur Konkursmasse herausgeben muß, während er den von ihm verauslagten Preis nur als Konkursgläubiger liquidiren kann. Der Satz modifizirt sich, wo das kaufmännische Retentionsrecht eingreift. Zu beachten ist auch, daß die nicht auf den Namen des Mandatars gekaufte Sache noch nicht dem Mandanten gehört, daß sie erst durch Erfüllung des Mandatsvertrages, durch Uebereignung seitens des Mandatars in das Eigenthum des Mandanten kommt. Gegenüber einem Anspruch des Konkursverwalters auf Uebereignung ist die Zurückbehaltung wegen der Auslagen dann nicht „Retention", sondern verweigerte Vertragserfüllung. Es greift § 15 K.O. ein, wo der Ausdruck „zweiseitiger Vertrag" die obligatio bilateralis inaequalis nicht ausschließt. Vergl. unten Anm. 191. Der zuerst erwähnte Fall (Kauf auf den Namen des Mandanten) ist auch dann nicht anders zu behandeln, wenn der Mandatar eine eigentliche Gegenleistung (Honorar) zu beanspruchen hat; denn die Herausgabe der gekauften Sache wird vom Konkursverwalter auf Grund des Eigenthums des Mandanten, nicht als Kontraktserfüllung gefordert. — Ob das Recht des Rechtsanwalts, nach § 32 Rechtsanwaltsordnung dem Mandanten bis zur Bezahlung der Gebühren und Auslagen die Handakten zu verweigern, als Retentionsrecht aufzufassen ist, hängt davon ab, ob man die Handakten mit ihrem Entstehen als Eigenthum des Mandanten ansieht, oder ob der Rechtsanwalt nur eine bedingte Vertragspflicht zur Uebereignung hat. Vergl. über älteres Recht Entsch. B. 10 S. 136. Da der Rechtsanwalt bei 5jähriger Nichtabforderung die Akten vernichten kann, so muß letzteres als Standpunkt des Gesetzes angesehen werden. Auch der Konkursverwalter muß deshalb die Manualakten einlösen.

greift auch im Konkursverfahren durch. Mehrere Machtgeber sind solidarische Mitschuldner für die Ansprüche der Bevollmächtigten[122]).

C. Den Zufall, der den Bevollmächtigten selbst bei Ausführung des Auftrages trifft, muß er nach den allgemeinen Grundsätzen tragen; hat aber der Machtgeber auch nur durch ein geringes Versehen, zu dem Unglücksfall Anlaß gegeben, oder mußte der Bevollmächtigte sich nothwendig der Gefahr aussetzen, um die bestimmte Vorschrift des Machtgebers zu befolgen[123]), so ist der Machtgeber entschädigungspflichtig. Die zufällige Verhinderung oder Verzögerung des Geschäfts macht den Beauftragten nicht verantwortlich; jedoch muß er zeitig davon Anzeige machen[124]).

V. Das Rechtsverhältniß des Dritten zum Machtgeber und zum Bevollmächtigten. Nach dem im heutigen Recht überhaupt geltenden[125]) und im A.L.R. klar und bestimmt anerkannten Grundsatz der freien und unmittelbaren Stellvertretung[126]) gilt das Geschäft, das der Vollmacht entsprechend der Bevollmächtigte im Namen des Machtgebers mit dem Dritten abschließt, als das Geschäft des Machtgebers selbst; zwischen ihm und dem Dritten ist dadurch ein unmittelbares Rechtsverhältniß begründet, sie werden beide nach dem dahin gehenden Inhalt des geschlossenen Vertrages gegenseitig berechtigt und verpflichtet, der Erwerb findet unmittelbar für den Machtgeber statt, die Mittelsperson des Bevollmächtigten scheidet aus[127]).

---

122) I. 13 § 211. Lauterbach, Coll. th. pr. XVII. 1 § 20. Glück XV. 317. Vergl. Strieth. B. 5 S. 28 für den Fall, wenn mehrere Bevollmächtigte mehreren Machtgebern gegenüberstehen. Code a. 2002.

123) I. 13 §§ 80. 81. Vergl. Voet, Comm. XVII. 1 § 13. Schilter, Praxis j. R. exerc. 28 § 93. Wernher, Obs. I. 4. 214 N. 58. Lauterbach, Coll. XVII. 1 § 36. Nach röm. R. (l. 26 § 6 D. XVII. 1) wird auch in diesem Fall der casus nicht vom Mandanten vertreten. Eigenthümlich ist Oesterr. G.B. § 1015. Sächs. G.B. § 1316 läßt die Mehreren dem Mandatar als Gesammtschuldner verhaftet sein, aber für Schadenersatz aus Versehen nur den Einzelnen. — Dresd. Ann. II. 22.

124) I. 13 § 59.

125) Vergl. oben B. I. §§ 42. 74. — Glück XV. 326. Stryck, Us. mod. XVII. 1 § 6. Höpfner § 93. Weber, Natürl. Verb. S. 375. Seuffert V. 13 (Lübeck) 279. VI. 33. XVII. 140.

126) I. 13 § 1. „Sachen und Rechte können auch durch Handlungen eines Dritten erworben werden." § 85. „Was der Bevollmächtigte zufolge des erhaltenen Auftrags mit einem Dritten verhandelt, verpflichtet den Machtgeber ebenso, als ob die Verhandlung mit ihm selbst vollzogen wäre." § 98. „Wer zu einem gewissen Geschäfte ohne ausdrücklich beigefügte Einschränkungen oder Beziehung auf eine besondere Instruktion bevollmächtigt ist, verpflichtet den Machtgeber durch alle zur Vollziehung desselben (d. h. des Geschäfts) unternommenen Handlungen, insofern die Gesetze nicht eine Spezialvollmacht dazu erfordern." Vergl. hierzu R.O.H.G. II. 67. Stegemann II. S. 154. Ebenso in den anderen Gesetzbüchern: Code a. 1998. Le mandant est tenu d'exécuter les engagements contractés par le mandataire, conformément au pouvoir qui lui a été donné. Oesterr.Ges. § 1017. Sächs. Ges.B. §§ 1317. 788. Hand.Ges.B. Art. 52. Bairischer Entw. II. Art. 705. Entwurf des B.G.B. § 116, Entw. II. § 134, Reichstagsvorl. § 160.

127) Gegen die Klage des Dritten auf Erfüllung hat der Machtgeber also nicht die Einrede, daß der Dritte versäumt habe, den von ihm zur Leistung in Stand gesetzten Bevollmächtigten zu seiner Pflicht anzuhalten. I. 13 § 158. Der Machtgeber haftet auch für den Betrug des Bevollmächtigten, Strieth. B. 83. S. 268. Rehbein II. S. 609. Oben B. I. § 74 Anm. 15.

Dies setzt aber voraus, daß das Geschäft im Namen des Machtgebers verhandelt worden ist[128]), und daß auch der Dritte mit dem Stellvertreter als solchem abgeschlossen, also den Machtgeber als seinen Kontrahenten betrachtet hat. War dann ferner der Bevollmächtigte durch gehörige Vollmacht gerade zu dem, was er verhandelt hat, ermächtigt, oder findet nachmalige Genehmigung statt, so ist das Geschäft mit dem Machtgeber bindend geschlossen[129]). Wird das Geschäft auf den eigenen Namen des Beauftragten geschlossen, so entsteht keine rechtliche Beziehung zwischen dem Dritten und dem Machtgeber. Jener hat sich wegen der Erfüllung an den Stellvertreter zu halten und dieser kann ihn nicht hinterher durch die Einrede, er habe nur als Bevollmächtigter den Vertrag abgeschlossen, an seinen Machtgeber verweisen[130]). Schließt der Dritte auf den Namen des Machtgebers mit dem Stellvertreter ab, ohne daß dieser im Besitz schriftlicher Vollmacht war, so wird er nicht berechtigt gegen den Machtgeber, wohl aber diesem verpflichtet[131]). Der den Mangel seiner

---

[128]) I. 13 § 154. Zweifelhaft ist die Entsch. Strieth. B. 24 S. 81. Heuser II. 495. Ist streitig, ob Jemand einen Vertrag für sich oder als Stellvertreter d. h. im Namen eines Andern geschlossen hat, so muß derjenige, der auf die erstere Behauptung seinen Anspruch gründet, dieselbe beweisen, — keine exceptio procuratoria! — Strieth. B. 43 S. 101, R.O.H.G. B. 4 S. 174, B. 18 S. 294, B. 22 S. 222, R.G. Entsch. B. 3 S. 122; aber bei der Beweisführung wird, wie bei dem Streit, ob das Geschäft bedingt geschlossen sei (vergl. oben B. I. § 36 Anm. 58), der Umstand, daß der Beklagte nicht thatsächlich geltend macht, wie er sich als Stellvertreter zu erkennen gegeben hat, oder daß er dafür kein Beweismittel beibringt, den Schluß rechtfertigen können, daß er für sich kontrahirt hat. R.G. Entsch. B. 2 S. 194. Auch Gruchot B. 25 S. 439. 441. Will nach seinen Erklärungen der eine Theil als Vertreter oder mit dem andern als Vertreter, der andere mit jenem persönlich oder selbst persönlich kontrahiren, so kommt wegen mangelnden Konsenses kein Vertrag zu Stande. Der Kontrahent, der sich über sein Vertretungsverhältniß gar nicht geäußert hat, kann sich auf den inneren Willen, als Vertreter zu kontrahiren, nicht berufen. — Für die Verpflichtung des Vertretenen kommt erst als zweite Frage in Betracht, ob die Vertretung eine berechtigte war, und das Fehlen dieser Berechtigung kann eine Schadenersatzpflicht des alieno nomine Kontrahirenden begründen. Unten Anm. 132.

[129]) I. 13 § 90. Wie, wenn dem Objekte nach die Grenzen der Vollmacht überschritten sind? Entsch. B. 76 S. 294. R.O.H.G. IV. 45.

[130]) I. 13 § 154. R.O.H.G. IV. 35. Dresdn. Ann. VIII. 36. Seuffert XVIII. 241. Die bloße Kenntniß des Dritten von der dem andern Theil ertheilten Vollmacht ändert hieran nichts: der Dritte muß aus dem Verhalten des Beauftragten die Kenntniß entnommen haben, daß jener als Vertreter kontrahiren wolle, und er muß damit einverstanden sein. Vergl. Entsch. B. 9 S. 229; R.G. Entsch. B. 2 S. 166. R.G. bei Gruchot B. 24 S. 447. Nur auf Grund einer Cession des Mandatars kann der Machtgeber die Klage aus einem von dem ersteren im eigenen Namen geschlossenen Geschäfte anstellen. Striethorst B. 15 S. 192. — Ausnahmen von dem Satz, daß der Dritte sich nur an den Bevollmächtigten halten kann, wenn dieser ohne Erwähnung des Vertretungsverhältnisses kontrahirt hat, bestehen: wenn das Geschäft zu den Verrichtungen eines öffentlich bestellten Bevollmächtigten gehört, für die er bestellt ist, § 156, und wenn bei Geschäften eines Verwalters aus den Umständen erhellt, daß sie in dieser Eigenschaft geschlossen worden § 130 I. 14; ferner im Seerecht bei Verträgen Dritter mit dem Schiffer. H.G.B. 502. Der Kommissionär verhandelt mit dem Dritten in eigenem Namen; zwischen diesem und dem Kommittenten entstehen keine rechtlichen Beziehungen. H.G.B. 360.

[131]) Und deshalb ist er, wenn sein Vertrag mit dem Bevollmächtigten formgerecht abgeschlossen worden ist, bis zur Erklärung des Machtgebers, ob er den Vertrag genehmige, gebunden. Präj. 1240 (Samml. I. 77). Entsch. B. 19 S. 29, R.G. bei Gruchot B. 38 S. 981. Bornemann, Erörter. H. 1 S. 226. Darüber daß die Genehmigung dann das Geschäft zum Geschäft des Vertretenen macht, s. oben in Anm. 61.

Vollmacht nicht kund gebende Stellvertreter muß ihm für den Schaden haften und ihm seine Rechte an den Machtgeber abtreten[132]). Schließt er mit dem Stellvertreter ab über die Grenzen der Vollmacht hinaus, so wird ihm der Machtgeber insoweit nicht verpflichtet[133]). Deshalb ist der Dritte befugt, sich nicht nur die Vollmacht, sondern in der Regel auch die in ihr erwähnte Instruktion vorzeigen zu lassen. Ist die Vorzeigung der besonderen Instruktion vom Machtgeber untersagt, oder ist es unzulässig, sie zu verlangen, wie bei streitigen Rechtsangelegenheiten, so giebt nur der Inhalt der Vollmacht den Maßstab für ihren Umfang[134]).

Das zwischen dem Dritten und dem Bevollmächtigten abgeschlossene

---

[132]) I. 13 §§ 8. 9. 96. Entwurf des B.G.B. § 123—125, Entw. II. §§ 145. 146, Reichstagsvorlage §§ 173—175. In beiden Fällen hat sich der Dritte an den Vertreter zu halten, mag der Gegenstand der Vollmacht unter oder über 150 M. betragen: aber nur im ersten Fall bestehen Rechte des Vertreters gegen den Machtgeber. Strieth. B. 37 S. 236. Vergl. Bornemann, Erörter. H. 1 S. 229 N. 3. — Die §§ 9. 96 setzen voraus, daß das Geschäft zwischen dem Mandatar und Dritten ausdrücklich im Namen des Machtgebers geschlossen worden. § 9 stellt eine Verpflichtung zur Schadloshaltung des Dritten nur für den Fall auf, daß dieser wegen des Mangels der schriftlichen Vollmacht gegen den Machtgeber nicht klagen kann. Die Klage fällt also weg, wenn in Folge von Genehmigung gegen letzteren geklagt werden kann. Entsch. B. 9 S. 229, B. 70 S. 14. Strieth. B. 66 S. 39, B. 90 S. 119. S. auch Strieth. B. 51 S. 92. Die Schadloshaltung besteht nicht in dem aus Nichterfüllung erwachsenen Interesse, denn ein Vertrag ist nicht zu Stande gekommen, sondern sie bezieht sich auf den „aus dem Zurückgehen des Geschäfts entstandenen wirklichen Schaden" (I. 13 § 128) oder „auf den aus der Ungiltigkeit des Geschäfts erwachsenen (wirklichen) Schaden" (I. 13 § 171). Bei Strieth. B. 37 S. 236 ist freilich behauptet, die Schadloshaltung, welche dem Vertreter obliegt, bestehe in der dem Dritten durch das Geschäft bedungenen Gegenleistung. Es ist ausgeführt, der Vertrag sei nicht in jeder Hinsicht nichtig, nur dem Machtgeber gegenüber unverbindlich, aber zwischen dem Mandatar und Dritten nicht ohne alle und jede (?) Wirksamkeit. Das ist römische Reminiscenz oder es ist unklar gedacht. Es handelt sich um eine culpa in contrahendo, die dem falsus procurator zur Last fällt, und die Haftung geht auf das negative Vertragsinteresse. Vergl. B. I. § 78 unter III., insbes. Anm. 36. R.G.Entsch. B. 6 S. 259, B. 32 S. 332. Die Vorschriften des Handels- und des Wechselrechts H.G.B. Art. 55. 298, W.O. Art. 95, die den falsus procurator als Kontrahenten haften lassen, können nicht als Schadensersatzansprüche erklärt werden. Vielmehr greifen diese Gesetze auf den römischrechtlichen Standpunkt, nach welchem der procurator durch die von ihm als solchem geschlossenen Verträge zunächst sich selbst verpflichtete, und diese Pflicht nur künstlich auf den dominus negotii übertragen wurde, in ersterer Beziehung zurück. Auch im Prozesse muß man den falschen gesetzlichen Vertreter und den falschen Anwalt, insoweit auf ihren Anträgen der ganze Prozeß beruht, als Partei ansehen, die kostenpflichtig abgewiesen werden muß, da die benannte Partei nicht Partei geworden ist. — Als seinen Anspruch hat der Bevollmächtigte die a. mand. contraria auf Genehmigung zu zediren, eine Klage, das Geschäft zu erfüllen, hat der Bevollmächtigte an und für sich gegen den Mandanten nicht. Ob er Genehmigung verlangen kann, hängt davon ab, ob das Mandat durch seine Handlung für den Auftraggeber bindend geworden ist oder ob der Auftrag von vorn herein verpflichtend war.

[133]) I. 13 § 90. Seuff. XII. 156. Aber bis zur Grenze der Vollmacht kann die Verbindlichkeit (wenigstens bei einseitigen Verbindlichkeiten) bestehen; z. B. bei Entgegennahme eines die Vollmacht überschreitenden Darlehns die Darlehnsschuld bis zur Höhe der Vollmacht. Entsch. B. 76 S. 294. Rehbein II. S. 610.

[134]) I. 13 §§ 91—95. 98. Entsch. B. 22 S. 194. R.O.H.G. II. 67. Stegemann II. S. 154. Die der Vollmacht beigefügten Einschränkungen müssen, um den Dritten zu binden, eine für diesen nach allgemeinen und objektiven Merkmalen erkennbare Grenzlinie aufstellen. Seuffert XVIII. 134.

Geschäft gilt auch dann für und gegen den Machtgeber, wenn dieser selbst sich mit einer anderen Person in Unterhandlungen eingelassen hat, die mit der Geschäftsbesorgung des Bevollmächtigten nicht vereinbar sind[135]). Daß der Machtgeber hier denjenigen zu entschädigen verpflichtet ist, dem gegenüber er nicht den Vertrag erfüllt, folgt daraus, daß er auch aus dem Geschäft des Vertreters haftet[136]). Das Geschäft gilt aber nicht zwischen dem Machtgeber und dem Dritten, wenn Ersterer den Bevollmächtigten vorher davon unterrichtet hat, daß er sich mit einem Anderen in widersprechende Verhandlungen eingelassen habe[137]). Nur muß dem Dritten, der trotzdem redlicher Weise mit dem Bevollmächtigten sich in Verhandlung eingelassen hat, der aus dem Rückgange des Geschäfts erwachsene Schaden vom Machtgeber ersetzt werden[138]).

Daß das Geschäft zwischen dem Machtgeber und dem Dritten giltig wird, wenn der Bevollmächtigte zwar gegen seine Vorschrift gehandelt hat, hinterher aber der Machtgeber die Ueberschreitung des Auftrags genehmigt, ist schon erwähnt[139]). Das A.L.R. verpflichtet noch besonders den Machtgeber, sich ausdrücklich über die Mißbilligung der Ueberschreitung innerhalb der Annahmefrist, sobald er davon Kenntniß erhalten, auszusprechen, und macht ihn dem Dritten für denjenigen Schaden verantwortlich, der aus der Unterlassung der Erklärung entstanden ist[140]). Wann und wie der Machtgeber für den Schaden haftet, den der Bevollmächtigte einem Dritten außerhalb des ihm übertragenen Geschäftsschlusses zugefügt hat, ist früher erörtert[141]).

Mehrere Machtgeber haften dem Dritten, wie wenn sie gemeinschaftlich den Vertrag geschlossen hätten, also solidarisch und unter Umständen gemeinschaftlich, während sie nach römischem Recht regelmäßig nur antheilweise in Anspruch genommen werden können[142]).

Zwischen dem Bevollmächtigten und dem Dritten entsteht an sich aus dem Geschäftsabschluß kein Rechtsverhältniß; insbesondere hat ersterer nicht

---

[135]) I. 13 §§ 86. 88. S. hierüber Ges.Rev. XIV. 222. Bornemann III. 246 und Koch, Kommentar. Es geht auch hier das dinglich gewordene dem bloß persönlichen, sonst das ältere Recht dem jüngeren regelmäßig vor. I. 10 §§ 21—23. Vergl. Entsch. B. 75 S. 153. Rehbein II. S. 612.

[136]) I. 13 § 89.

[137]) I. 13 § 86. Das auf den Namen des Bevollmächtigten zu Stande gekommene Geschäft mit dem Dritten bleibt giltig.

[138]) I. 13 § 87. Ueber die Stellung des Mandanten, dessen Widerruf dem Dritten unbekannt geblieben ist, vgl. unter Anm. 153. 154.

[139]) I. 13 §§ 142. 143. 144. S. oben Note 88.

[140]) I. 13 §§ 145. 146. Wenn die genehmigende Erklärung nicht rechtzeitig erfolgt und deshalb das Geschäft wieder aufgelöst worden ist, so kann der Machtgeber später nicht mehr genehmigen. Entsch. B. 18 S. 220. Der Machtgeber vertritt den „aus der Unterlassung entstandenen Schaden", das Geschäft wird aber nicht giltig, wie unrichtig bei Strieth. B. 24 S. 125 behauptet ist. Auch hier handelt es sich um eine culpa in contrahendo. Deshalb kann auch die Ausdehnung der Entschädigungspflicht in R.O.H.G. B. 10 S. 374 nicht als richtig anerkannt werden. Nur um Ersatz der Anstalten zur Erfüllung des vermeintlichen geschlossenen Geschäfts kann es sich handeln.

[141]) I. 13 § 152. Oben B. I. § 90 Anm. 46 f.

[142]) Dresden. Ann. IV. 474.

dafür einzustehen, daß der Machtgeber das Geschäft zum Besten des Dritten erfülle[143]). Dem Dritten stehen aber, wie schon gesagt, Schadensersatzansprüche gegen den Bevollmächtigten zu, wenn dieser nicht durch einen schriftlichen Auftrag legitimirt gewesen[144]); oder wenn er nicht gemäß diesem Auftrag ohne seine (des Dritten) Kenntniß von der Abweichung kontrahirt hat[145]); ferner wenn er auf Grund einer s. g. vermutheten Vollmacht gehandelt und der Machtgeber die Verhandlung rechtzeitig gemißbilligt hat[146]). Von diesen Ansprüchen ist bereits die Rede gewesen. Eine gleiche Pflicht entsteht, wenn der Bevollmächtigte einen schon erfolgten Widerruf der Vollmacht dem Dritten verschwiegen hat[147]). Der Schadenersatz besteht auch hier in dem Interesse, das dem Dritten daraus erwachsen ist, daß das Geschäft nicht giltig zu Stande gekommen ist[148]). Wenn dagegen der Dritte mit dem Bevollmächtigten sich eingelassen hat, obschon er wußte, daß dieser die Grenzen seiner Vollmacht überschritten hat, oder daß die Vollmacht bereits erloschen war, so entsteht keine Forderung auf Schadenersatz: nur Rückgabe des Geleisteten kann beansprucht werden[149]).

VI. Aufhebung. 1. Der Machtgeber kann jederzeit den Auftrag widerrufen[150]). Das ist das am meisten charakteristische Moment des Geschäfts,

---

143) I. 13 § 153. Das ist nach röm. R. anders, wo nicht unmittelbar der Mandant, sondern der Mandatar die Klage gegen den Dritten und dieser gegen den Mandatar hatte. Glück XV. 329. Für das preuß. R. ist daher auch die Frage, ob der gegen den Dritten klagende Mandatar dem Mandanten den Streit verkündigen muß, um sich gegen diesen die a. contrar. zu erhalten, interesselos. Das Oesterr. G.B. § 1019 bestimmt, daß der Dritte, wenn die Vollmacht auf dessen Vortheil gestellt ist, direkt gegen den Machtgeber und Bevollmächtigten klagen kann. Das sächs. G.B. § 1318 läßt den Dritten gegen den Mandatar klagen, wenn dieser Deckungsmittel vom Mandanten hat.

144) I. 13 §§ 9. 96. Vergl. oben Anm. 132. Die abweichenden handelsgesetzlichen Bestimmungen (Art. 55. 298) gelten auch für den Fall, wenn das Geschäft nur von Seiten des anderen Kontrahenten ein Handelsgeschäft war. Es handelt sich gerade darum, wen dieses Handelsgeschäft verpflichtet. Auch die gemeinrechtliche Praxis neigt dazu, die Interesseforderung desjenigen, der mit dem falsus procurator kontrahirt hat, mit einem Anspruch auf Erfüllung gegen ihn zu identifiziren. Vergl. Seuffert VI. 33, XXIX. 128, XXXIII. 20. Buchka, Lehre v. d. Stellvertretung, S. 238. Zimmermann, Lehre v. d. stellvertretenden neg. gestio S. 286.

145) Zu dem abgeschlossenen Geschäft ist er dann eben nicht bevollmächtigt gewesen.

146) I. 13 § 128. Oben Anm. 48.

147) I. 13 § 171.

148) War die Vollmacht noch in der Hand des Bevollmächtigten, so ist das Geschäft zu Gunsten des gutgläubigen Dritten bindend. Anm. 153. Ueber die Interesseforderung gegen den untüchtigen Bevollmächtigten, der sich für kontraktsfähig ausgegeben und durch seine Unfähigkeit den Geschäftsschluß vereitelt hat, vergl. I. 13 § 35.

149) I. 13 § 150. Die Klage des Dritten gegen den Machtgeber auf Rückgabe des Geleisteten ist die condictio ob causam. Wie sich die Sache gestaltet, wenn bei einem Mengekauf eine Ueberschreitung stattgefunden hat, darüber s. Koch, Note zu § 150. Vergl. hierzu § 8 J. III. 26, l. 4 D. XVII. 1.

150) I. 13 § 159. Plathner, Geist. I. S. 332. Vergl. Entwurf des B.G.B. § 119, § 597, Entw. II. §§ 138. 602, Reichstagsvorl. §§ 164. 165. 658. Des Rechts auf den Widerruf kann sich der Machtgeber auch nicht für eine Zeit begeben, wie Förster zur Rechtfertigung der Zulässigkeit einer für den Fall des Widerrufs bedungenen Konventionalstrafe unter Berufung auf Striethorst B. 69 S. 46 (ebenso B. 64 S. 237) ausführte. Vergl. R.O.H.G. B. 23 S. 324 und die gemeinrechtliche Entsch. des R.G. B. 3 S. 186. Das Obertribunal stützt sein Erkenntniß auf die Worte „in der Regel" in § 159, und argumentirt: ausnahmsweise, beschränkt, auf Zeit ist der Verzicht wirksam: die als

beruhend darauf, daß es sich dabei um eine Thätigkeit im Interesse des Vertretenen und in seinem Namen handelt. Mehrere Machtgeber müssen gemeinschaftlich widerrufen[151]). Der Widerruf ist an keine Form und an keine Frist gebunden, er geschieht auch stillschweigend durch Handlungen des Machtgebers, mit denen die Vertretung durch den Bevollmächtigten nicht bestehen kann[152]). Wenn widerrufen wird, so soll der Machtgeber die Vollmachtschrift zurückfordern, der Bevollmächtigte sie zurückgeben[153]). Dem Dritten hat der Machtgeber den Widerruf bekannt zu machen, wenn er weiß, mit wem der Bevollmächtigte das Geschäft verhandelt[154]). Der Widerruf befreit den Machtgeber nicht von der Pflicht, aus dem vertragsmäßigen Auftrag dem Bevollmächtigten den bis dahin gemachten Aufwand und den schon erlittenen wirklichen Schaden zu ersetzen[155]), und die bis dahin von ihm vorgenommenen Handlungen an-

---

Gegensatz des „in der Regel" in Aussicht genommene Ausnahme findet sich aber in § 166, der festsetzt, inwiefern trotz des Widerrufs ein Vertragsrecht und eine Vertragspflicht des Bevollmächtigten bestehen bleibt. Vergl. Anm. 158. — Dennoch muß als richtig angenommen werden, daß für den Widerruf einer Vollmacht eine Konventionalstrafe bedungen werden kann; denn der unzeitige Widerruf verpflichtet nach dem bei Anm. 155 Vorzutragenden zu einer Prästation des Interesse, und dieses wie jedes andere Interesse kann vertragsmäßig vorweg als Konventionalstrafe fixirt werden. — Es ist ferner, worauf Anm. 31a verweist, bei Verträgen, die nicht reine Vollmachtsverträge sind, erheblich, ob die Vollmachtsertheilung als etwas selbständiges, oder nur als Theil der sonstigen Vertragsabrede in Betracht kommt.

[151]) I. 13 § 215. Der Widerruf eines Mandanten wird in Gemäßheit des § 450 I. 5 wirkungslos sein. Koch zu § 215 findet die Vorschrift inkonsequent.

[152]) § 160 spricht von mündlichem Widerruf nur unter Gegenwärtigen. Förster folgerte: „Unter Abwesenden kann also nicht durch mündliche Bestellung eines Boten, sondern es muß schriftlich widerrufen werden." Das kann nicht aufrecht erhalten werden, zumal das Landrecht sogar die Wirksamkeit eines stillschweigenden Widerrufs anerkennt. Vergl. §§ 86 f. und § 185 I. 13 (l. 3 C. IV. 35) Auftrag desselben Geschäfts an einen Andern. l. 31 D. III. 3. Seuffert X. 158.

[153]) I. 13 §§ 161. 162. Letzterer § ordnet an, daß wenn die Vollmachtsurkunde sich bei gerichtlichen Akten befindet, dorthin der Widerruf angezeigt werden soll. Die Zurückforderung der Vollmacht befreit den Machtgeber nicht von der Pflicht, dem ihm bekannten Dritten den Widerruf mitzutheilen. Entsch. B. 22 S. 200. Rehbein II. S. 579. Vergl. Ges.Rev. XIV. 241. Verbleibt die Vollmacht in den Händen des Mandatars, und kennt der Dritte den Widerruf nicht, so bindet das Geschäft den Machtgeber. Bornemann III. 240 fg. Strieth. B. 57 S. 82. Bezüglich der Wirksamkeit einer Mandatskündigung gegenüber dem Prozeßgegner s. C.P.O. § 83. Ueber den Standpunkt des Entwurfs des B.G.B. s. Reichstagsvorl. §§ 168. 171. 172 (Entw. I. § 121, II. §§ 141. 144).

[154]) I. 13 §§ 167. 168. 169. Vergl. zu § 167. Entsch. B. 22 S. 200. Die Unterscheidung, die §§ 167. 168 machen, ist eine Erfindung der Redaktoren. Vergl. Koch, Note zu § 167, wo die Materialien mitgetheilt sind. Klare Vorschriften des römischen Rechts lassen nur Eigenthumsübertragungen (Zahlungen) zu Gunsten des von der Rücknahme des Mandats nicht unterrichteten Dritten wirken, und erstrecken die Vollmacht des Institor. L. 12 § 2, l. 34 § 3 D. XLVI. 3, l. 11 § 2 ff., D. XIV. 3. Ueber Erstreckung dieser Bestimmungen in älterer Praxis vgl. Stryck, us. mod. XVII. 1 § 7. Leyser, med. III. sp. 180. 4; aus neuerer Seuffert XXVIII. 29.

[155]) I. 13 § 163. Möglicherweise besteht das Interesse schon jetzt in der ganzen versprochenen Gegenleistung. Entsch. B. 16 S. 166. Rehbein II. S. 157. Strieth. B. 21 S. 31. R.O.H.G. B. 6 S. 180. R.G. B. 3 S. 186; ist die Belohnung so bedungen, daß sie nicht als Ersatz für die bereits verwandte Mühe und Zeit angesehen werden kann, so ist nur dieser zu beanspruchen. Strieth. B. 21 S. 31. Seuffert XIX. 230. Die bloße Bereitwilligkeit des Bevollmächtigten weiter als solcher zu dienen, fällt nicht ins Gewicht: denn der willkürliche Widerruf ist ein gesetzlich wohl begründetes Recht des Mandanten.

zuerkennen[156]), der Bevollmächtigte ist aber von jeder ferneren Thätigkeit für das aufgetragene Geschäft entbunden und nur noch verpflichtet, über das, was er gethan hat, dem Machtgeber oder dem, den dieser bezeichnet, treulich Auskunft zu ertheilen[157]). Angefangene Handlungen, die keinen Aufschub leiden, darf er indessen fortsetzen, aber er ist nicht dazu verpflichtet[158]). Der Widerruf hebt auch die von dem Bevollmächtigten geschehene Substitution auf, wie dieser selbst sie jederzeit widerrufen kann[159]). War aber der Substitut vom Machtgeber selbst ernannt, so muß der Machtgeber ihm gegenüber den Widerruf besonders erklären, und der Bevollmächtigte darf einen solchen Substituten nicht eigenmächtig, außer im Nothfalle entlassen[160]).

2. Auch der Bevollmächtigte kann jederzeit dem Machtgeber den Auftrag aufkündigen[161]). Er soll dann die erhaltene Vollmacht zurückgeben[162]). Haben mehrere Machtgeber den Auftrag ertheilt, so muß ihnen sämmtlich gekündigt werden[163]). Die Aufkündigung ist weder an eine bestimmte Form noch an Fristen gebunden, nur darf die Ausführung des Geschäfts nicht so plötzlich eingestellt werden, daß dem Machtgeber keine Zeit bleibt, andere Vorkehrungen zu treffen[164]). Nach der Kündigung muß der Machtgeber ohne Zeitverlust, unter Vertretung mäßigen Versehens, dafür sorgen, daß der Bevollmächtigte von der Pflicht zur Thätigkeit befreit wird. Verzug des Machtgebers entlastet den Bevollmächtigten von der Vertretung[165]). Die Aufkündigung kann durch eine ausdrückliche Erklärung zurückgenommen werden. Eine bloße Fortsetzung des Geschäfts nach der Zeit, in welcher der Machtgeber zufolge der Aufkündigung andere Anstalten treffen konnte, wird nicht mehr den Regeln des Vollmachtsauftrags, sondern denen der auftraglosen Geschäftsführung unterworfen[166]). — Hat es sich bei dem Widerruf oder der Aufkündigung um ein gerichtliches Geschäft gehandelt, so muß das Gericht

---

[156]) I. 13 § 170. Erst die nach erhaltenem Widerruf vorgenommenen Handlungen des Bevollmächtigten sind für den Machtgeber unverbindlich. l. 15 D. XVII. 1, l. 12 § 2, l. 34 § 3 D. XLVI. 3.

[157]) I. 13 §§ 164. 165. Rechtsfälle B. 4 S. 5.

[158]) I. 13 § 166. Aber nicht, wenn der Auftraggeber für diesen Fall Fürsorge getroffen hat.

[159]) I. 13 §§ 181. 183. Denn die Substitution ist selbst wieder Vollmacht. Andere im Namen des Machtgebers geschlossene Geschäfte kann der Bevollmächtigte regelmäßig nicht widerrufen.

[160]) I. 13 §§ 182. 184.

[161]) I. 13 § 159. Plathner, Geist I. 333 § 11 J. III. 26, l. 22 § 11, l. 27 § 2 D. XVII. 1. Entwurf des B.G.B. § 598. Vertragsmäßigen Verzicht auf das Kündigungsrecht hat das R.O.H.G. B. 23 S. 528 für wirksam erachtet; es kann nicht als mit dem Wesen des Vertrags in Widerspruch stehend angesehen werden.

[162]) I. 13 § 161.

[163]) I. 13 § 214.

[164]) I. 13 §§ 160. 172. Bei der Kündigung der Prozeßvollmacht durch den Vertreter bleibt dieser zur Vertretung legitimirt, bis die Partei für ihre Vertretung anderweit gesorgt hat. C.P.O. § 83 Abs. 2.

[165]) I. 13 §§ 173. 174.

[166]) I. 13 § 175. Die Rücknahme der Aufkündigung kann nach der Zeit, wenn der Machtgeber die Kündigung ausdrücklich oder durch Treffen anderer Anstalten angenommen hat, nicht mehr das Wiederaufleben der Vollmacht herbeiführen.

von der Aufhebung der Vollmacht Kenntniß erhalten, und dieses hat im Fall der Aufkündigung den Machtgeber zu benachrichtigen und die Frist zu bestimmen, wie lange der Bevollmächtigte noch das Geschäft fortsetzen soll[167]). Auch sonst kann jeder Theil gerichtlich, d. h. jetzt durch einen Gerichtsvollzieher den Widerruf oder die Aufkündigung dem Andern bekannt machen lassen, und bei gerichtlicher Aufkündigung kann der Bevollmächtigte dem Machtgeber eine Frist zur Abnahme des Geschäfts bestimmen, nach deren Ablauf der Machtgeber die Vermuthung eines schuldbaren Verzugs wider sich hat[168]).

3. Der Tod des Machtgebers sowohl als der Tod des Bevollmächtigten hebt den Vertrag regelmäßig auf, wenn die Vollmacht nicht ausdrücklich auch auf die Erben gerichtet gewesen ist[169]). Doch soll im ersteren Fall der Bevollmächtigte[170]), im letzteren dessen Erbe das Geschäft soweit fortsetzen, als es zur Abwendung eines unvermeidlichen Schadens nöthig erscheint[171]). Der Tod des Bevollmächtigten entkräftet nicht die vom Machtgeber genehmigte

---

[167]) I. 13 §§ 176. 177. 178. Für den Civilprozeß vergl. oben Anm. 164.

[168]) I. 13 §§ 179. 180.

[169]) I. 13 § 186. Bei Strieth. B. 81 S. 21, Rehbein II. S. 558, ist bei einer im eigenen Namen und für die Erben ertheilten Vollmacht zu schenken der Satz angenommen, daß die Vollmacht nur unter der Voraussetzung auf die Erben mitgerichtet sein könne, daß das Geschäft schon bei Lebzeiten des Erblassers begonnen sei. Ebenso hat das Kammergericht (Johow und Küntzel B. 2 S. 75) eine zur Auflassung auch nach dem Tode des Machtgebers ermächtigende Vollmacht als durch den Tod erloschen angesehen. Eine Vollmacht, ein nur mündlich gegebenes Schenkungsversprechen nach dem Tode des Machtgebers zu erfüllen und so die Schenkung giltig zu machen, ist unwirksam. R.G. bei Gruchot B. 36 S. 953. Andererseits sind Aufträge zur Ausführung von Geschäften nach dem Tode des Auftraggebers als wirksam anerkannt, wenn sie ihrer Natur nach nicht früher ausgeführt werden können. I. 13 § 190. Entsch. B. 67 S. 97. Es ist also die Praxis dahin aufzufassen, daß eine Vollmacht, die erst nach dem Tode des Machtgebers den Beginn der Vertretung setzt, nur dann validirt, wenn es sich um Geschäfte dreht, die naturgemäß erst nach dem Tode vorzunehmen sind, auch hier mit der Maßgabe, daß den Erben das Recht des Widerrufs gerade ebenso, wie bis zum Tode dem Erblasser zusteht: (anders bei der eine Verfügungsbeschränkung enthaltenden Testamentsvollstreckung, — s. unten B. IV. § 255). Für die erst citirte Entscheidung ist auch noch geltend zu machen, daß das Gesetz keinen Anhalt dafür gewährt, daß diejenigen Geschäfte, zu deren Vornahme ein Vertreter nur durch Spezialvollmacht ermächtigt werden kann, von jemand für seine Erben einem Anderen aufgetragen werden können. Grund des Erlöschens: Quia extinctum est mandatum finita voluntate. l. 12 § 16, l. 27 § 3 D. XVII. 1. Entsch. B. 64 S. 78. Es bedarf nicht der Bemerkung, daß wenn der Tod nach vollzogenem Auftrag eingetreten ist, die act. mand. directa und contraria sich vererben. Seuffert XI. 239. Ueber die interessante l. 57 D. XVII. 1 s. die Interpretation von Savigny VII. 292. Delbrück, Dingliche Klage, S. 16. 301 f. Der Entwurf des B.G.B. §§ 599—601, Entw. II. §§ 603. 604, Reichstagsvorl. §§ 659. 660 behandelt die Einwirkung des Todes des Auftraggebers und des Beauftragten verschieden.

[170]) I. 13 § 188 sagt: der Bevollmächtigte „selbst". Dazu schreibt Koch in der Note: d. h. sogar, nicht persönlich. Es soll aber doch wohl letzteres ausgedrückt sein, weil der Mandatar überhaupt persönlich zur Ausführung des Auftrags verpflichtet ist. Das „selbst" steht im Gegensatz zu dem in § 187 erwähnten Erben. Das sogar giebt keinen Sinn. Code a. 2003. 1991.

[171]) I. 13 §§ 187. 188. Der Erbe des Bevollmächtigten hat dann natürlich auch die a. mand. contr. Svarez bei Kamptz, Jahrb. B. 52 S. 18. Mandatum quidem solvi, sed obligationem aliquando durare. l. 26 pr. D. XVII. 1. Code 2010. Ist ein Geschäft mehreren Mandataren zusammen aufgetragen, so hebt der Tod des einen Mandatars das Mandat auch in Betreff der andern auf. Heuser, Ann. IX. 485.

Substitution[172]). Das A.L.R. läßt aber nicht ausnahmslos durch den Tod das Mandat erlöschen, und entfernt sich hier vom römischen Recht, Kontroversen der gemeinrechtlichen Praxis entscheidend[173]). Der Tod des Machtgebers nämlich hebt das Mandat nicht auf, wenn das Geschäft von der Art ist, daß es erst nach diesem Todesfall ausgeführt werden kann[174]), wenn es ein kaufmännisches ist[175]), wenn es Prozeßführung betrifft[176]), und wenn es dem Bevollmächtigten von Amtswegen aufgetragen worden[177]). Der Tod des Machtgebers ist auch auf die Giltigkeit des Geschäfts, das der Bevollmächtigte mit dem Dritten abgeschlossen, ohne Einfluß, wenn diesem der Tod unbekannt geblieben war[178]). Auch hebt endlich der Tod des einen von mehreren Machtgebern das Mandat nicht auf[179]).

4. Dieselben Grundsätze wie im Fall des Todes gelten, wenn einer der beiden Theile hinterher unfähig wird, sein Vermögen zu verwalten[180]).

---

172) I. 13 § 193. Nach § 194 tritt der Substitut in die Pflicht des Hauptbevollmächtigten.

173) Glück XV. 332f. Beispielsfall: R.G. bei Gruchot B. 33 S. 951.

174) I. 13 § 190. Vergl. Anm. 169. Ueber Zahlungen nach dem Tode des Machtgebers im Fall des § 149 d. T. s. Entsch. B. 67 S. 97. l. 12 § ult. l. 3, l. 27 § D. XVII. 1, l. 108 D. XLVI. 3, l. ult. C. IV. 11. Die darüber seit Noodt erregten Zweifel (s. Glück XV. 338f.) hat das A.L.R. also beseitigt. Unterholzner II. 593f. Zimmern im civil. Arch. IX. 235.

175) I. 13 § 191. Entsch. B. 17 S. 230. Rechtsf. B. 4 S. 146. Vergl. jetzt H.G.B. Art. 54. 297.

176) I. 13 § 192 und jetzt C.P.O. § 82 wegen der Prozeßvollmacht. Vergl. Jüngst. R.Absch. 1654 § 99, wonach die Vollmacht auf die Erben ausdrücklich gerichtet sein mußte. Entsch. B. 47 S. 129. Strieth. B. 45 S. 74. Verhandlungen vor der Auseinandersetzungsbehörde sind in erster Instanz nicht einfach Prozesse. Hier gelten noch jetzt die besonderen Bestimmungen der §§ 74—78 der V. v. 20. Juni 1817. § 7 G. v. 18. Februar 1880. Darnach ist die Vertretung der Interessenten nur zulässig, insofern sie zugleich nothwendig ist. Für die zweite und Revisions-Instanz gelten die Best. der C.P.O. §§ 1. 7 Ges. v. 18. Februar 1880.

177) I. 13 § 195.

178) I. 13 § 200. — § 10 J. III. 26, l. 26 pr. § 1, l. 58 D. XVII. 1, l. 19 § 3 D. XXXIX. 5. Es war streitig, ob das im Irrthum über das Leben des Machtgebers abgeschlossene Geschäft gültig sei, oder der Irrthum nur den Schaden abwende. Die Redaktoren, welche die erstere Meinung angenommen, sind hierbei Wolff, J. nat. IV. § 759, Huber, Praelect. ad Instit. III. 26 § 10, Hofacker, Princ. jur. R. G. III. § 2015 gefolgt. Bestritten war es besonders von G. L. Böhmer, Auserl. Rechtsfälle II. 255. Glück XV. 348 tritt dieser Meinung bei. Dasselbe muß gelten für den dinglichen Erwerb des Dritten durch Handlungen des Bevollmächtigten, wenn der Tod des Machtgebers unbekannt ist. Insbesondere ist anzunehmen, daß in solchem Fall die Auflassung durch den Bevollmächtigten mit der dazugekommenen Eintragung des Eigenthumsübergangs Eigenthum überträgt, was allerdings voraussetzt, daß nicht nur die Fortdauer der Vollmacht, sondern auch das Leben des Ertheilers der Vollmacht, des eingetragenen Eigenthümers, als Grundlage des Bestehens der Vollmacht fingirt wird. In einer gemeinrechtlichen Sache hat das Reichsgericht in solchem Fall nur eine persönliche Behinderung der Erben des Machtgebers an der Anfechtung des Eigenthumsübergangs angenommen. Dann würden aber Dritte an der Anfechtung des nichtigen Eigenthumsübergangs nicht gehindert sein, ja der Grundbuchrichter müßte von Amtswegen die Eintragung beseitigen.

179) I. 13 § 215. Ebenso nach röm. R. Eine Inkonsequenz in Behandlung der landrechtl. Gesammtforderung liegt hierin nicht, wie Koch zu § 215 behauptet, denn an die Stelle des verstorbenen Machtgebers treten seine Erben und üben das Recht mit den andern Mandanten gemeinschaftlich aus. S. auch oben Note 151.

180) I. 13 § 196. Der Satz ist unanwendbar bei der Prozeßvollmacht, wenn die Aenderung in der Person des Machtgebers eingetreten ist. C.P.O. § 82. Tritt die Unfähigkeit bei

Der Auftrag dagegen, den der gesetzliche Vertreter eines Unfähigen (z. B. der Vormund für seinen Mündel) ertheilt hat, erlischt nicht von selbst, wenn letzterer die Handlungsfähigkeit erlangt, vielmehr hat dieser nur das Recht des Widerrufs[181]).

5. Der Konkurs a) des Bevollmächtigten. Die durch das Mandat begründete Vertretungsbefugniß ist an die Person des Bevollmächtigten gebunden, sie gehört nicht zu seiner Konkursmasse, und selbst in den Fällen, in denen die Uebernahme des Mandats entgeltlich geschehen ist, kann der Verwalter regelmäßig nicht Erfüllung des noch nicht erfüllten Mandatsvertrages durch seine Stellvertretungshandlung an Stelle der Erfüllung des Kridars selbst dem Machtgeber aufdrängen. Bezüglich der Frage, ob der Gemeinschuldner persönlich vertretungsbefugt bleibt ohne Rücksicht auf die Veränderung in seiner Rechtsstellung durch Eröffnung des Konkursverfahrens, ist davon auszugehen, daß seine Unfähigkeit, den eigenen Geschäften vorzustehen, keine absolute ist. Nur über das zur Konkursmasse gehörige Vermögen hat er die Verfügung verloren. Es läßt sich hiernach aus § 196 I. 13 eine Aufhebung des Vertrags ihm gegenüber nicht folgern[182]). Nur für den Fall des Konkurses eines Kaufmannes und ebenso für den Fall der öffentlichen Erklärung eines solchen, daß er insolvent sei, schreibt das Gesetz ausdrücklich vor, daß die ihm gegebenen Aufträge für widerrufen zu erachten sind[183]). Mit dieser Bestimmung steht die fernere Vorschrift in Verbindung,

---

dem Prozeßbevollmächtigten ein, so fehlt eine positive Bestimmung, die den Satz ausschlösse. Doch ist anzunehmen, daß die C.P.O. und die R.A.O. das Vertretungsrecht des Bevollmächtigten dem andern Theil gegenüber mit Ausschluß der Einwirkung der Landesgesetzgebung regeln. Nach § 22 Rechtsanw.O. kann in solchem Fall bei Rechtsanwälten die Zulassung zurückgenommen werden. Bis dahin muß der bestellte Vertreter (Generalsubstitut) als legitimirt gelten. — Eine Analogie der Vorschrift bietet die Einleitung einer Abwesenheitsvormundschaft im Falle des Eintritts von Umständen, die geeignet sind den Widerruf einer Vollmacht, die der Abwesende zur Vertretung in seinen Angelegenheiten ertheilt hat, zu veranlassen. Vormundschaftsordn. v. 5. Juli 1875 § 82.

[181]) Striethorst B. 86 S. 130. A. M. Koch zu I. 13 § 196 und Dernburg II. § 183 hinter Anm. 21. Der vom Vormund als solchem bestellte Bevollmächtigte ist Vertreter des Mündels, nicht nur des Vormunds, wenn auch der Vormund für Akte, die er selbst nicht vornehmen kann, wirksam auch einen Vertreter des Mündels zu bestellen außer Stande ist. Der Dernburg'sche Standpunkt führt dahin, daß auch beim Wechsel in der Person des Vormundes eine neue Vollmacht ertheilt werden müßte. Auch wäre es unmöglich einen Vertreter zu legitimiren, der am Tage nach der Großjährigkeit in weiter Entfernung eine Vertretungshandlung vornehmen soll.

[182]) Dernburg II. § 183 Anm. 23 zieht diese Folgerung aus § 196. Hätte das Landrecht den in Konkurs verfallenen Kaufmann unter § 196 begriffen erachtet, so würde es bei aller Weitschweifigkeit bei § 197 nicht dasselbe gesagt haben, — und warum in aller Welt denn nur der Kaufmann, nicht jeder Kridar? Auch der Konkurs des Rechtsanwalts endet nicht das ihm ertheilte Prozeßmandat, aber der Konkurs kann Veranlassung geben die Zulassung des Rechtsanwalts zur Anwaltschaft zurückzunehmen. R.A.O. § 22.

[183]) I. 13 § 197. Förster verstand § 197 dahin, daß danach ganz allgemein der Konkurs des Bevollmächtigten das Mandat aufhebe. § 197 bezieht sich aber nur auf Kaufleute. Eine besondere Behandlung dieser hat ihren inneren Grund darin, daß die Abschließung von Handelsgeschäften für andere Personen einen Zweig des Kaufmannsgewerbes ausmacht (vergl. H.G.B. Art. 272 Nr. 4), mit der Abwickelung anderer Geschäfte in Verbindung steht, auch den Kaufmann regelmäßig in den Besitz von Ver-

daß die Kuratoren der Konkursmasse des Kaufmannes dem Komittenten von der durch die Konkurseröffnung herbeigeführten Beendigung des Auftragsverhältnisses unverzüglich Nachricht geben und, bis dieser weitere Verfügung treffen kann, das Geschäft soweit zu besorgen haben, als zur Abwendung eines sonst unvermeidlichen Schadens nothwendig ist[184]). Diese Bestimmungen sind durch die Deutsche Konkursordnung nicht berührt und müssen als jetzt noch in Kraft stehend angesehen werden[185]).

b) Wird über das Vermögen des Machtgebers das Konkursverfahren eröffnet, und handelt es sich bei dem Auftrag um ein zur Konkursmasse gehöriges Rechtsverhältniß, so muß die Entscheidung über das Fortbestehen oder den Widerruf des Mandats, wenn im Gesetz keine besondere Regelung erfolgt ist, dem Konkursverwalter zustehen; es ist aber auch hier die Frage zu erheben, ob nicht nach dem Gesetz die Eröffnung des Verfahrens von selbst den Vertrag aufhebt. Dies scheint aus § 196 I. 13 hergeleitet werden zu müssen, welcher den Eintritt der Unfähigkeit, den eigenen Geschäften vorzustehen, dem das Mandat aufhebenden Tode des Mandanten gleichstellt. Indessen harmonirt hiermit anscheinend nicht die besondere Bestimmung, daß der Bevollmächtigte des Gemeinschuldners das Geschäft, soweit dies ohne offenbaren Nachtheil der Masse möglich ist, so lange „in Anstand lassen“ soll, bis er von dem Verwalter weitere Anweisung erhalten hat[186]). Jedenfalls folgt aber hieraus, daß der Bevollmächtigte bis zu dieser weiteren Anweisung

---

mögensobjekten bringt, die zunächst nothwendig als Theile der Konkursmasse erscheinen, selbst wenn dann Aussonderung verlangt werden kann. — Vergl. auch R.O.H.G. B. 2 S. 436. — Ueber den Begriff der zu § 197 erwähnten öffentlichen Erklärung vgl. R.G. Entsch. B. 27 S. 250.

184) I. 13 § 198. Förster erachtete die Bestimmung für unpassend und ihr Fortbestehen schon nach § 19 der preuß. K.O. v. 1855 für zweifelhaft.

185) Bei der Bestimmung des § 197 kann dies nicht als zweifelhaft angesehen werden, auf jeden Fall folgt es aus § 20 K.O. R.G. Entsch. B. 27 S. 249. Bedenklicher ist § 198. Findet man darin, was man zunächst nach dem Wortlaut annehmen möchte, die Feststellung einer besonderen Pflicht der Konkurskuratoren, so kann von dauernder Geltung nicht die Rede sein; denn die Pflichten des Konkursverwalters regelt jetzt die Reichs-K.O. ausschließlich. Aber die Bestimmung enthält in Wahrheit ein Mehreres. Sie ergänzt den § 197 dahin, daß sie an Aufhebung der Vollmacht den Satz knüpft, daß das Mandatsverhältniß dennoch insoweit auf die Konkursmasse übergehen solle, als für die zur Abwendung eines unvermeidlichen Schadens erforderlichen Maßnahmen gesorgt werden muß. Diese beschränkte Pflicht der Erfüllung des Mandatvertrages aus der Konkursmasse als Massenschuld hält § 20 Konk.Ordn. aufrecht. Daß dabei jetzt der Konkursverwalter thätig zu sein hat, folgt aus dessen durch die R.K.O. geregelter Stellung.

186) I. 13 § 199. Man kann denselben mit § 196 insofern in Einklang bringen, als man darin nur den positiven Satz zu finden braucht, daß der Bevollmächtigte trotz des Endes seiner Vollmacht und, obgleich er danach regelmäßig ohne erneutes Mandat jeder Thätigkeit Anstand geben sollte, dennoch zur Beseitigung offenbaren Nachtheils, Vertretungshandlungen vornehmen kann. Das praktische Resultat ist dasselbe, wie wenn man lediglich § 199 als entscheidend ansieht und dann davon ausgeht, daß das Mandat trotz der Konkurseröffnung fortbesteht, aber bis auf Weiteres nur dahin, daß die nothwendigen Maßregeln vorgenommen werden dürfen. Dernburg II. § 183 Anm. 24 nimmt Erlöschen des Mandats an, v. Wilmowski zu § 20 K.O. Fortbestehen desselben. Vergl. Striethorst B. 75 S. 300. Beides ist richtig aber mit Maßgaben. — Vergl. Entwurf des B.G.B. § 602, an dessen Stelle nach Anm. zu Entw. II. § 607, Reichstagsvorl. § 663, ein § 19a der K.O. treten soll.

die Vertretung zu unterlassen hat, soweit es sich nicht um Abwendung eines offenbaren Nachtheils von der Masse handelt, daß er aber, soweit dies der Fall ist, eine vom Konkursverwalter anzuerkennende Vertretungsthätigkeit übt, deren Unterlassung ihn verantwortlich machen würde. Daraus ergiebt sich zugleich, daß die Verbindlichkeit dieser Vertretungsakte von dem Konkursverwalter und den Konkursgläubigern nicht aus dem Grunde angefochten werden kann, weil die Handlung des Mandatars nicht weitere Bedeutung haben könne als eine nach der Konkurseröffnung vorgenommene Handlung des Gemeinschuldners selbst[187]). Handelt es sich dagegen um einen Akt, der im Interesse der Masse eben sowohl aufgeschoben werden konnte, so wird die Verbindlichkeit dieses Akts für die Masse mit Recht abgelehnt.

Das A.L.R. fügte noch eine weitere Bestimmung bei, wonach die Geschäfte, welche der Bevollmächtigte ohne Kenntniß von der eingetretenen Unfähigkeit des Machtgebers mit einem davon ebenfalls nicht unterrichteten Dritten abgeschlossen hat, zu Gunsten des letzteren in Kraft bleiben[188]). Da es sich aber hier nicht um Vertretung des Verwalters, sondern um Vertretung des Gemeinschuldners selbst handelt, so kann der Akt des Vertreters jetzt nur dieselbe Bedeutung für die Konkursgläubiger haben, wie eine Thätigkeit des Gemeinschuldners selbst, d. h. regelmäßig ist ein solcher Akt den Gläubigern gegenüber nichtig[189]). Leistungen aber, die der Mandatar unter solchen Verhältnissen entgegen genommen hat, befreien der Masse gegenüber, wie unter gleichen Umständen die an den Gemeinschuldner erfolgten Leistungen[190]).

Ist zur Zeit der Konkurseröffnung die Vertretungshandlung bereits vorgenommen und dadurch dem Kridar ein Vermögensvortheil bereits erworben, so gehört dieser dem Kridar, also zur Konkursmasse. Der gesetzliche Widerruf der Vollmacht ändert hieran nichts mehr, ebenso wenig wie ein wirklicher Widerruf einen Vertretungsakt, der bereits stattgefunden hat, ungeschehen macht. Es können aber noch gegenseitig Leistungen aus dem Vollmachtsvertrage rückständig sein, z. B. Rechnungslegung des Mandatars, Honorarzahlung des Machtgebers. Will der Konkursverwalter solche Ansprüche erheben, so muß er in den Vertrag eintreten, also auch das Honorar und andere Auslagen als Massenschuld zahlen[191]). Tritt er nicht ein, so

---

187) v. Wilmowski a. a. O., der früher anderer Ansicht war, hat sich jetzt der Auffassung des Texts angeschlossen.

188) I. 13 § 200.

189) K.O. § 6.

190) K.O. § 7.

191) Der § 15 K.O. spricht nur von zweiseitigen Verträgen; ein solcher ist aber der Vollmachtsvertrag jedenfalls, wenn die Thätigkeit gegen Zusicherung eines Honorars übernommen ist. Dagegen wird man die Zweiseitigkeit in Frage stellen können, insofern lediglich zufällige Ansprüche des Mandatars in Frage sind. Aber der Ausdruck „zweiseitig" ist nicht in dem Sinne der gemeinrechtlichen Theorie, sondern von allen Fällen zu verstehen, in denen unerfüllte Ansprüche sich gegenüberstehen. Die Motive enthalten allerdings Ausführungen, die auf einer abweichenden Anschauung zu beruhen scheinen. Vergl. insbes. S. 85 zu § 20.

wird dadurch der bereits dem Kridar erworbene Vermögensvortheil nicht in Frage gestellt, wenngleich der Mandatar nun seine Ansprüche lediglich als Konkursgläubiger zu verfolgen hat. Ist ein Vermögensvortheil des Kridars durch die bisherige Thätigkeit des Mandatars nicht begründet, ist beispielsweise das aufgetragene Geschäft zwar geschlossen, aber nicht im Namen des Machtgebers geschlossen worden, so hängt das Recht auf Uebertragung der Vermögensvortheile von dem Eintritt des Verwalters in den Mandatsvertrag ab [192]). Auch wenn der Eröffnung des Verfahrens kein fertiger Vertretungsakt vorangegangen ist, und die Vollmacht für die Zukunft widerrufen wird, oder wenn es nach der Erklärung des Verwalters bei dem aus dem Gesetz zu folgernden Widerruf bleibt, wird in Frage kommen können, ob der Verwalter in die bereits bestehenden obligatorischen Rechtsverhältnisse aus dem Mandatsvertrage einzutreten bereit ist; denn es können sich auch hier Ansprüche auf Rechnungslegung und Ansprüche auf Honorar und Auslagen unerfüllt gegenüber stehen, und die ersteren — rein obligatorischen — Ansprüche wird der Verwalter nur bei Eintritt in den Vertrag geltend machen können.

§ 142. Der Verwaltungsvertrag.

A.L.R. I. 14 §§ 109—177. Bornemann III. 260. v. Daniels III. 331. Koch, Priv.R. II. 396. R. d. F. III. 596. Zur Lehre v. d. Verwaltungsvertrage in der Preuß. Gerichtszeit. 1859. Nr. 32. Gruchot B. 15 S. 741. Dernburg II. § 184. Fischer § 81.

Dreifaches mischt sich in der vom A.L.R. als ein eigenartiger Vertrag hingestellten Verwaltung fremden Vermögens. Soweit der Verwalter Sachen, die zu dem fremden Vermögen gehören, erhalten und aufbewahren soll, ist er Verwahrer; soweit er den Umfang des Vermögens, die ihm zugehörigen Rechte durch stellvertretende Geschäfte mit dritten Personen erhalten, sichern, erweitern, die auf ihm lastenden Verpflichtungen erfüllen soll, ist er Bevollmächtigter [1]); soweit er verpflichtet wird, durch Aufwendung seiner eigenen Arbeit die Verwaltung zu führen, Dienste zu leisten, ist er gedungener Arbeiter [2]). Der Inbegriff aller dieser Thätigkeiten wird dem Verwalter übertragen, und darin liegt das Charakteristische des Vertrags [3]).

---

[192]) K.O. § 15. Vergl. oben Anm. 121.

[1]) I. 14 § 109. Vergl. Strieth. B. 69 S. 315, B. 83 S. 99.

[2]) Koch, R. d. F. III. 597 und Komment. zu § 109 nimmt an, daß die Bedingung einer Gegenleistung für sich allein dem Vertrag den Charakter einer Dienstmiethe oder eines unbenannten Vertrags gebe. Das hängt damit zusammen, daß Koch die Unentgeltlichkeit als ein wesentliches Moment des Mandats festhält.

[3]) Vertretungshandlungen soll der Verwalter im Bereich des Verwaltungsauftrags vornehmen, während bei der Vollmacht die Vertretungshandlung an und für sich aufgetragen wird. Entsch. B. 4 S. 341. Rehbein II. S. 668. Wenn in dem Vertrage das Mandat fehlt, so ist es kein Verwaltungsvertrag, obgleich Verwahrung und Dienstmiethe gemischt sind. Striethorst B. 4 S. 377. Rehbein II. S. 669. Aber auch die Uebergabe zur Verwahrung ist wesentlich: ein Vertrag mit einem s. g. Verwalter, der nur

Im römischen Recht ist die Verwaltung als ein mit besonderen Eigenthümlichkeiten bekleidetes Rechtsgeschäft nicht bekannt, wie es auch im Entwurf des deutschen Bürgerlichen Gesetzbuchs als solches nicht in Aussicht genommen ist. Auch der „Verwalter aller Geschäfte eines Eigenthümers“ wurde als Mandatar angesehen und die Regeln vom Mandat reichten aus[4]). Das Element der Vollmacht überwiegt auch im preußisch rechtlichen Verwaltungsvertrage die anderen und giebt dem Geschäft sein wesentliches Gepräge.

Der Verwaltungsvertrag bedarf unter den Paciscenten der schriftlichen Form nach der allgemeinen Regel, es greift also nicht der Satz des Vollmachtsrechts ein, daß auch bei einem Gegenstand von mehr als 150 Mark die formlose Annahme der schriftlichen Vollmacht genügt, um den Verwalter zur Uebernahme der Verwahrung und Verwaltung zu verpflichten. Hat aber der Beauftragte den bei der Verwaltung zu bewahrenden Gegenstand zugleich thatsächlich übernommen, so wird er zur Führung der Verwaltung für den Herrn in Gemäßheit der angenommenen schriftlichen Vollmacht so lange als verpflichtet angesehen werden müssen, als er die Sache nicht unter Rücktritt wegen Formmangels zurückgiebt[5]). Ueberhaupt richtet sich der Umfang dessen was zu verwalten ist, nach dem thatsächlichen Umfang des Uebergebenen. Die Uebergabe ist deshalb dahin geregelt, daß dem Verwalter alles, was ihm anvertraut wird, nach einem schriftlichen Verzeichniß übergeben werden soll. Das hat aber keinen Einfluß auf die Giltigkeit des Geschäfts, sondern ist nur für den Beweis von Wichtigkeit. Wenn die Uebergabe ohne ein schriftliches Verzeichniß (Inventarium) erfolgt ist, so muß der Herr des Vermögens (der Prinzipal) anderweit beweisen, daß er mehr übergeben hat, als der Verwalter empfangen zu haben zugiebt[6]).

Weder Unentgeltlichkeit noch Entgeltlichkeit sind wesentliche Momente des Vertrags; und wenn, wie es am häufigsten geschieht, ein Entgelt bedungen ist, hat der Vertrag durchaus die Natur eines zweiseitigen[7]). Wenn die Absicht zu schenken nicht angenommen werden kann, darf der Verwalter auch ohne ausdrückliche Abrede ein angemessenes Entgelt fordern[8]).

Wegen des vorherrschenden Charakters des Mandats steht auch hier dem Herrn jederzeit der Widerruf zu, selbst wenn der Vertrag auf eine bestimmte

---

nach der Anordnung des im Gewahrsam des Guts bleibenden Besitzers in der Verwaltung thätig sein soll, ist kein Verwaltungsvertrag, auch dann nicht, wenn der Beauftragte Verwalter genannt wird. Striethorst B. 69 S. 315. R.G. bei Gruchot B. 24 S. 1003.

4) l. 6 § 6 D. XVII. 1. Plane, si omnium negotiorum erat ei administratio mandata, mandati quoque eum teneri. Code a. 1988 identifizirt Verwaltungsvertrag mit Generalvollmacht.

5) Förster wollte unter Bezugnahme auf Koch, R. d. F. III. 598 lediglich § 131 I. 5 entscheiden lassen: über das Verhältniß gegen den Dritten s. unten Anm. 18.

6) I. 14 §§ 133. 134. Daß das Verzeichniß schlechthin für den Empfang beweisend ist, modifizirt sich jetzt nach dem Grundsatz der freien Beweiswürdigung.

7) S. oben § 141 Note 10.

8) Nach I. 11 §§ 870. 871. 873. 874.

Zeit errichtet worden ist, und der Verwalter mit der Erfüllung begonnen hat[9]). Es bleibt dem Letzteren nur ein Entschädigungsanspruch; denn ein Recht darauf, den Vertrag seinerseits zu erfüllen, hat er nicht[10]). Der Widerruf bedarf auch hier nicht der schriftlichen Form. Umgekehrt aber, wenn der Verwalter sich schriftlich auf bestimmte Zeit oder zu bestimmten Kündigungsfristen verpflichtet hat, darf er nur dem Vertrage gemäß aufkündigen, weil er sich nicht willkürlich von seiner Erfüllungspflicht, die zugleich den Charakter der Pflicht zu Diensten hat, befreien kann[10a]). Auch die Aufkündigung verlangt nicht schriftliche Form. Wegen der Einwirkung des Todes und der Konkurseröffnung auf die fernere Vertretung ist lediglich auf die Grundsätze vom Mandat zu verweisen[11]).

Die Pflichten des Verwalters sind die gesteigerten Pflichten eines Bevollmächtigten. In ihnen ist enthalten und tritt daher nicht als selbständig hervor die Pflicht zu verwahren[12]), unter Umständen die Pflicht gedungene Arbeit zu leisten. Im Allgemeinen ist die geforderte Thätigkeit eine erhaltende. Der Verwalter muß von dem zu verwaltenden Vermögen Schaden abzuwenden und die Gegenstände vortheilhaft zu benutzen suchen, hat die produktiven Dienste, die das Vermögen gewähren kann, zu entwickeln und zu verwerthen. Darum darf er nicht ohne erhebliche Ursache und auch dann nicht ohne Einwilligung des Herrn Abweichungen von dem bisherigen Geschäftsbetrieb eintreten lassen oder neue Unternehmungen beginnen, die außerordentlichen Aufwand erfordern[13]). Mißbilligt solche der Herr, nachdem sie schon vorgenommen sind, so entscheidet der Umstand, ob die Thätigkeit des Verwalters nützlich gewesen und der Herr den daraus entsprungenen Vortheil sich aneignet, über die Ent- oder Belastung des Verwalters[14]), der jedenfalls bei eigenmächtigen Abweichungen geringes, sonst bei bedungenem Entgelt mäßiges Versehen vertritt, wenn aber Lohn nicht bedungen ist, wie ein Depositar haftet[15]). Daß der Verwalter die Güter ordnungsmäßig bewirthschaften, die Einnahmen sorgfältig betreiben, die auf dem Vermögen ruhenden rechtlichen

---

9) Wie bei dem Mandat. S. oben § 141 Note 150. Koch, R. d. F. III. 603f.

10) Entsch. B. 15 S. 209. Der Entschädigungsanspruch kann aber gerade hier die volle Gegenleistung umfassen. Vergl. § 141 Anm. 155.

10a) Vergl. oben § 141 Anm. 161.

11) Damit der Erbe des Machtgebers, der die Vollmacht nicht auch für die Erben ertheilt hat, aus einer Vertretungshandlung des Verwalters dem mit dem Tode des Machtgebers bekannten Dritten verpflichtet werde, muß der Erbe eine neue Vollmacht ausgestellt haben. (A. M. Dernburg II. § 184 Anm. 6.) Weigert er sich dessen vertragswidrig, so wird er wie der Machtgeber, welcher vertragswidrig widerruft, auf Schadloshaltung in Anspruch genommen werden können, — aber sich vertreten zu lassen braucht der Erbe nur nach seinem Willen. Vergl. auch Entsch. B. 72 S. 183.

12) Entsch. B. 15 S. 212 a. E.

13) I. 14 §§ 110. 111. 113. 114. 162. Jeden erheblichen, nachtheiligen oder vortheilhaften Vorfall muß er unverzüglich dem Herrn anzeigen. Entsch. B. 19 S. 194. Unterschied von gewöhnlichem Wirthschaftsbetrieb und Betrieb auf Spekulation: Entsch. B. 16 S. 180f.

14) I. 14 §§ 115. 166.

15) I. 14 § 112. Oben B. I. § 104. Anm. 37 und § 139 Anm. 26. Koch, R. d. F. III. 601.

Verpflichtungen pünktlich erfüllen, aus den Einnahmen die nöthigen Ausgaben bestreiten, baare Bestände treu aufbewahren und ohne Verzug dem Herrn abliefern muß[16]), sind Dinge, die sich eigentlich von selbst verstehen. Ebenso, daß er die Gelder des Herrn nicht ausleihen, nicht zu eigenem Vortheil gebrauchen, daß er nicht Darlehne für den Herrn aufnehmen und nicht ungebräuchlichen Kredit geben darf ohne besondere Ermächtigung[17]).

In den zur Verwaltung gehörigen Geschäften[17a]) mit Dritten ist er der Stellvertreter des Herrn, er verpflichtet und berechtigt ihn wie ein Bevollmächtigter, d. h. soweit er ihn verpflichten würde, wenn er bloß Bevollmächtigter und nichts weiter wäre[18]). Bei gerichtlicher Verfolgung seiner Rechte hat er ihn nicht zu vertreten, wenn er nicht speziell dazu ermächtigt worden ist[19]). Verträge über künftige Lieferungen und Leistungen darf er nur abschließen, wenn dies aus dem ordentlichen Betriebe des Geschäfts oder aus seinem Auftrage nothwendig folgt[20]). Auch der an sich vertragsunfähige Verwalter verpflichtet den Herrn[21]). Eine Verschiedenheit von dem Mandat zeigt sich aber darin, daß der Herr durch einen von dem Verwalter nicht auf des Herren Namen geschlossenen Vertrag gegenüber dem Dritten verpflichtet wird, wenn nur aus den Umständen erhellt, daß der Verwalter dabei in dieser Eigenschaft gehandelt hat[22]). Es kommt also nicht darauf an, daß der Dritte mit dem Verwalter für den Herrn abgeschlossen, daß er die Eigenschaft seines

---

[16]) §§ 116. 117. 119. Auszahlung des Reisegeldes an die von auswärts ankommenden gedungenen Fabrikarbeiter: Striethorst B. 20 S. 268.

[17]) I. 14 §§ 126. 118. 127. 162. 163. Noch nicht fällige Einnahmen darf der Verwalter nicht im Voraus erheben. Entsch. B. 18 S. 214. Rehbein II. S. 677. Er darf auch nicht Kredit geben aus Geschäften, die er nicht selbst abgeschlossen hat. Strieth. B. 43 S. 216. Daß in Frage eines berechtigten Kreditirens die Einnahme uneinziehbar geworden, ist ohne Einfluß auf die Vertretung des Verwalters. Anders nach gem. R. Mevius, Dec. II. 441. Unvorsichtiges Ausleihen: Seuffert IV. 36.

[17a]) Die Grenzen bestimmt zunächst der Vertrag. R.G. bei Gruchot B. 32 S. 981. In den Grenzen derselben, — oder soweit auch sonst die Eigenthümer selbst solche Verträge gewöhnlich schließen, — kann er auch die Pflicht zukünftiger Lieferungen übernehmen I. 14 § 131. R.G. Entsch. B. 23 S. 249.

[18]) I. 14 §§ 125. 129. 130. Es finden auch die Formvorschriften der §§ 91. 92. 96 I. 13 auf den Verwaltungsvertrag Anwendung. Pl.Beschl. Entsch. B. 68 S. 13fg. Rehbein II. S. 671. Striethorst B. 43 S. 216. Ein Beispiel von Ueberschreitung einer dem Verwalter auferlegten Einschränkung seiner Vollmacht: Strieth. B. 3 S. 272.

[19]) I. 14 § 123. Jetzt bedarf er, insoweit er als Vertreter vor Gericht auftritt und auftreten kann, einer zu den Akten zu gebenden Prozeßvollmacht C.P.O. § 76. Durch seine Vermittelung kann, wenn die Ermächtigung dazu aus dem Vertragsverhältniß folgt, ein Vertreter des Prinzipals bestellt werden. Vergl. Anm. 24. Eine Vermuthung der Vollmacht, die das Landrecht I. 14 § 125, I. 13 § 122 hier eingreifen läßt, und die von Förster als schief und bedeutungslos bezeichnet wurde, die aber in Wahrheit die Bedeutung hatte, daß der Verwalter im Prozeß als Vertreter mit Vollmacht auftreten durfte, obgleich er nicht Rechtsanwalt war (§ 25 I. 3 A.G.O.), hat jetzt keine Bedeutung mehr. Vergl. oben § 141 Note 45. S. ferner unten Anm. 25.

[20]) I. 14 § 131. Entsch. B. 16 S. 171. Rechtsfälle B. 3 S. 422.

[21]) I. 14 § 132. Vergl. § 141 Anm. 64f.

[22]) I. 14 § 130. Oben § 141 Anm. 128f. Der Verwalter muß immerhin, wenn er auch auf den eigenen Namen kontrahirt, doch die Absicht haben für den Herrn und in dessen Vertretung das Geschäft abzuschließen (Rechtsfälle III. 54), es braucht nur diese Absicht nicht sogleich für den andern Theil erkennbar gewesen zu sein.

Kontrahenten als Verwalters bei diesem Geschäft gekannt hat, sondern es genügt, wenn nur die Umstände so liegen, daß daraus die Zugehörigkeit des Geschäfts zu dem Verwaltungskreise entnommen werden konnte und mußte[23]). Die Befugniß zur Substitution hat auch der Verwalter nicht, nur bringt es häufiger die Natur der Sache mit sich, daß er sich bei der Ausrichtung einzelner Geschäfte der Hilfe Anderer bedienen muß, und dies ist ihm daher gestattet[24]).

Weil er ferner zugleich Verwahrer ist, so ist er auch Inhaber der ihm anvertrauten Sachen und hat als solcher die possessorischen Klagen gegen Dritte[25]).

Der Verwalter hat über seine Verwaltung ordentlich Buch und Rechnung zu führen, alle Einnahmen und Ausgaben treu und ohne Verzug einzutragen, alle beweisenden Belege zu sammeln und zu ordnen[26]). Daran knüpfen sich Vorschriften über Legung und Abnahme der Verwaltungsrechnung. Wie der Mandatar hat der Verwalter genaue Rechenschaft abzulegen, aber diese Rechenschaft gestaltet sich für ihn kraft der oben bezeichneten Pflicht zur Rechnungslegung. Deshalb müssen hier auch die Belege beigebracht werden[27]), und der Verwalter hat nicht die Einforderung der Rechenschaft abzuwarten, sondern soll die Rechnung nach Ablauf jedes Verwaltungsjahrs dem Herrn einreichen, auf ihre Abnahme antragen, und zugleich seine Bestände abliefern[28]). Bestreitet der Prinzipal einen mit Belegen versehenen Rechnungsposten, so wird der Verwalter im Prinzip nicht frei von dem Nachweise der Richtigkeit; nach heutigem Prozeßrecht wird aber das Gericht auf das Moment ordnungsmäßiger Rechnungsführung als ein Beweismoment zu Gunsten des Verwalters Rücksicht nehmen können; für den nicht belegten Posten schreibt das Landrecht vor, daß er im Streitfall schlechthin zu beweisen ist, und daß der Verwalter dabei für die Kosten haftet[29]). Der Ver-

---

23) S. Svarez bei Bornemann III. 450. Der Verwalter kann in diesem Falle die eigene Haftung aus dem Geschäft ablehnen; er kann aber, wenn er keine schriftliche Vollmacht besaß oder die Vollmacht überschritten hat, und das Geschäft nicht genehmigt wird, auf Schadenersatz belangt werden. R.G. bei Gruchot B. 25 S. 443.

24) I. 14 §§ 121. 122. Nicht zu verwechseln mit der Substitution für die Verwaltung ist der Abschluß eines Vollmachtsvertrages mit einem Dritten, den der Verwalter nach Inhalt seines Verwaltungsauftrags abschließen kann. Dadurch erwirbt der Herr direkt gegen den Dritten die a mandati. Strieth. B. 41 S. 40.

25) I. 14 § 124 — nicht als Bevollmächtigter, wie Dernburg (vergl. jetzt § 184 Anm. 15) früher behauptete.

26) I. 14 § 136.

27) I. 14 §§ 135. 136. 139. Strieth. B. 66 S. 226. Vergl. oben B. I. § 48 Z. 2 und B. II. § 141. Anm. 99. Die Klage auf Rechnungslegung setzt nur die Thatsache voraus, daß eine Verwaltung übertragen worden, zu welcher Einnahmen und Ausgaben gehören. Seuffert XIV. 232. Die Belege sind dem Herrn erst auszuliefern, wenn dieser quittirt hat. Seuffert XV. 124.

28) I. 14 §§ 139. 140.

29) I. 14 §§ 137. 138. Strieth. B. 38 S. 225. Entsch. B. 11 S. 296. Der Satz ist kein prozeßrechtlicher; es handelt sich nicht darum, wem die Kosten im Prozesse aufzulegen; sondern die nach Prozeßrecht den Geschäftsherrn treffenden Kosten ist der Verwalter ex contractu zu ersetzen schuldig. Der Satz gilt also auch nach der C.P.O.

walter muß die Rechnung übrigens auf Erfordern des Herrn jederzeit, also auch im Laufe des Verwaltungsjahres, abschließen und vorlegen[30]). Versäumt er die Einreichung der Rechnung am Jahresschluß, so hat er die Bestände von sechs Wochen nach dem Jahresschluß landüblich zu verzinsen, die Gefahr ihres Verlustes zu tragen und darf von seinen Vorschüssen für die Zeit des Verzugs keine Zinsen berechnen[31]).

Andererseits darf auch der Herr mit der Abnahme der ihm formell richtig gelegten Rechnung und mit der Quittirung der materiell richtig befundenen Rechnung nicht zögern. Es fallen ihm sonst die daraus entstehenden Verdunkelungen zur Last und der Verwalter kann gerichtliche Abnahme auf Kosten des Herrn herbeiführen[32]). Die Abnahme ist Annahme, d. h. sie besteht darin, daß der Herr die empfangene Rechnung als ihm gelegt anerkennt[33]); ob er sie durchsehen, prüfen und ihre Berichtigung fordern will, steht in seinem Belieben. Wenn er sie aber als ihm gelegt angenommen, so ist er zu der weiteren Erklärung darüber verpflichtet, ob er sie für richtig oder unrichtig annehme; indem er sie für richtig erklärt, ertheilt er Quittung[34]). Unterläßt er diese Erklärung oder die Abnahme fünf Jahre lang, so gilt die „gehörig", d. h. formell richtig gelegte Rechnung als quittirt, der Verwalter bedarf keiner ausdrücklichen Quittung mehr[35]). Das ist keine Verjährung, weil der zur Quittungsleistung verpflichtete Herr durch seine Unterlassung nicht ein Recht verliert; vielmehr nimmt das Gesetz an, daß er seine Erklärungspflicht in bestimmter Weise erfüllt hat[36]). Unterläßt er aber bei Säumniß in der Rechnungslegung fünf Jahre lang die Einforderung, so gilt die Rechnung selbst als erlassen und damit ist der Verwalter wie durch Quittung entlastet[37]). Ob diese fünfjährige Frist als eine Verjährung durch Nicht-

---

[30]) Entsch. B. 13 S. 210. Der Herr kann ihn auch, ohne Rechnungslegung zu fordern, wegen einzelner Defekte oder indem er selbst die Rechnung aufmacht in Anspruch nehmen. Entsch. B. 13 S. 110. Strieth. B. 42 S. 194. Wegen der Grenzen dieses Rechts vergl. R.O.H. B. 8 S. 51, B. 15 S. 239.

[31]) I. 14 §§ 140. 141. 142. Oben B. I. § 68 Anm. 73.

[32]) I. 14 §§ 143. 144.

[33]) Koch Note zu § 143. R.G. bei Gruchot B. 32 S. 987. Zur formellen Vollständigkeit der Rechnung gehört der Abschluß der Einnahme und Ausgabe.

[34]) I. 14 § 145.

[35]) I. 14 § 154. Die Fiktion der Quittung bezieht sich auf jede einzelne Post der Rechnung, gegen die der Herr keine Erinnerung gemacht hat. Entsch. B. 11 S. 290. Geht der Verwalter in seiner späteren Rechnung selbst auf mehr als fünf Jahre zurück, so kann er für solche Posten dieser Fiktion nicht in Anspruch nehmen. Strieth. B. 4 S. 61. Die Fiktion soll nicht eintreten, wenn der Rechnung die Belege nicht beigefügt werden, Präj. 617 (Samml. I. 81), bezw. erst dann eintreten, wenn die Belege später beigefügt werden. Strieth. B. 4 S. 61. Diese von Förster als richtig anerkannten Sätze sind bedenklich, weil die Rechnung auch ohne Belege als formell giltige Rechnung mit dem Nachtheil der §§ 137. 138 I. 14 — oben Anm. 29 — anerkannt werden muß. Strieth. B. 38 S. 225. Auch Verwalter des Fiskus und von Korporationen können sich auf § 54 berufen. Präj. 676 und 1560. (Samml. I. 81.)

[36]) A.L.R. I. 9 §§ 501. 502. Unten bei Note 39.

[37]) I. 14 § 158. Dieser § ist nur anwendbar bei der Verwaltung eines fremden Vermögens, also nicht bei der Verwaltung eines gemeinschaftlichen Vermögens, wo die Pflicht zur Rechnungslegung nicht aus dem Verwaltungsvertrage entspringt,

gebrauch aufzufassen, war in der Praxis und Theorie lange streitig, ist aber, nachdem es schon vorher Koch aus sehr triftigen Gründen verneint hatte[38]), durch Plenarbeschluß des Obertribunals ebenfalls verneint worden[39]). Entscheidend ist hierbei, daß nach Ablauf der Zeit die Rechnungslegung als geschehen nicht etwa nur vermuthet wird, so daß der im Fall der Verjährung zulässige eigenthümliche Gegenbeweis angetreten werden könnte, sondern daß sie als geschehen fingirt, ein Gegenbeweis nicht mehr zugelassen wird. Darum tritt die Folge nicht ein, wenn der Fiktion selbst durch eine Erklärung des Herrn, daß er Rechnungslegung fordere, die Grundlage genommen ist. Das ist nicht Unterbrechung einer laufenden Verjährung, sonst müßte die Erklärung durch Erhebung der Klage geschehen, und es müßte eine neue fünfjährige Verjährung beginnen, wovon das Gesetz nichts sagt[40]). Das Gesetz sagt auch nicht, daß der Herr, der fünf Jahre die Einforderung unterlassen hat, das nicht gebrauchte Recht verlieren soll, sondern es bestimmt, das mit Ablauf des fünften Jahres seit dem Tage, wo die Rechnung hätte gelegt werden sollen, diese Pflicht dem Verwalter als erlassen, und zwar als vom Herrn selbst erlassen gilt. Nicht der Verlauf sondern der Endpunkt dieses Zeitraumes führt diese Wirkung herbei, nicht der Verlust eines Rechts ist die Folge, sondern die Fiktion, daß es der Herr freiwillig aufgegeben hat[41]).

Die Wirkung der ertheilten oder als ertheilt fingirten Quittung erstreckt sich nur auf den Inhalt der gelegten Rechnung und nur auf den Ver-

Entsch. B. 34 S. 122. Rehbein II. S. 676. Strieth. B. 44 S. 307, B. 48 S. 108; aber auch nicht bei einem einfachen Mandat. Präj. 1892. (Samml. I. 77.) Vergl. § 141 Anm. 98. Der Verwalter wird durch § 158 nur entlastet von Ansprüchen gegen die Rechnung, falls sie gelegt worden wäre, nicht von solchen Ansprüchen, die außerhalb der Rechnung gegen ihn zu erheben sind. Entsch. B. 19 S. 192. Vergl. auch Entsch. B. 18 S. 540. Bei Ansprüchen außerhalb der Rechnung fällt aber die Last der Begründung dem Herrn zu. Entsch. B. 33 S. 364. Die Rechtsprechung hat das Eingreifen der Bestimmung auch bei vormundschaftlicher (Entsch. B. 33 S. 164) und väterlicher Verwaltung (Strieth. B. 28 S. 264) angenommen, auch die des Reichsgerichts Entsch. B. 28 S. 346. Der in den früheren Auflagen geltend gemachte Gegengrund, daß die Vormundschaftsordnung als Kodifikation des Vormundschaftsrechts die Rechnungslegung regeln und eine Ergänzung ihrer Bestimmungen aus dem Landrecht unzulässig sei, kann nicht aufrecht erhalten werden. Es ist anzuerkennen, daß die Bedeutung der Kodifikation nur ausschließt, daß ein Vormund anders als hier geordnet zur Rechnungslegung schuldig ist. Was aber die Rechnungslegungspflicht erfüllt oder erledigt, das steht außerhalb des Vormundschaftsrechts.

38) R. d. F. III. S. 905 f. Förster, Kl. u. Einr. S. 432 f.

39) Pl.Beschl. v. 6. Dezbr. 1858. Entsch. B. 40 S. 1. J.M.Bl. 1859, S. 27. Strieth. B. 33 S. 87. Die ältere Praxis hatte geschwankt. Für eine Verjährung erklärten diese Frist Präj. 606. (Samml. I. 81.) Entscheid. B. 4 S. 341. Strieth. B. 7 S. 287. Dagegen war die richtigere Ansicht ausgesprochen in Entsch. B. 24 S. 426. Strieth. B. 8 S. 293. In Folge später dennoch geschehener Rechnungslegung andere als solche Ausstellungen, welche auf einen begangenen Betrug hinauslaufen, anzubringen ist unzulässig.

40) Diese Frage ist in dem Pl.Beschl. v. 6. Dezbr. 1858 nicht erörtert, vielmehr absichtlich bei Seite gelassen worden. Doch s. Striethorst B. 33 S. 87. Schles. Arch. V. 409.

41) Ueber den Unterschied von Frist und Verjährung s. oben B. I. § 46 Anm. 17 f. Es widersprechen der Ansicht, daß § 158 eine Fiktion und nicht Verjährung aufstelle: Bornemann II. S. 50 Note, und die Redaktion von Striethorst B. 8 S. 293 Anm.

walter und Herrn. Also: letzterem ist durch die Quittung nicht benommen, von dem Verwalter Rechenschaft zu fordern für Geschäfte, die nicht in der Rechnung erwähnt worden sind[42]), und der Verwalter wird durch die Quittung nicht von Ansprüchen befreit, welche Dritte wegen seiner Verwaltung gegen ihn erheben können[43]). Die Quittung befreit dem Verwalter auch dem Herrn gegenüber nicht von der Vertretung unredlicher Handlungen, ebenso wenig tritt eine solche Befreiung durch den ausdrücklichen oder fingirten Erlaß der Rechnungslegung ein[44]). Die Quittung heilt ferner nicht Rechnungsfehler zu Gunsten des Verwalters oder des Herrn[45]). Aber zehn Jahre später kann sie gegen die Erben des Verwalters überhaupt nicht mehr, gegen ihn selbst nur wegen offenbarer Fehler im Zusammenrechnen und Abziehen, nicht aber wegen unrichtiger Ansätze oder Weglassungen angefochten werden[46]). Dies ist eine Verjährung[47]): der Herr[48]) verliert sein Anfechtungsrecht, weil er es während eines Zeitraumes nicht ausgeübt. Sie beginnt dem Verwalter gegenüber, sobald ihm nach gelegter Schlußrechnung Generalquittung, dem Erben des Verwalters gegenüber, sobald diesem nach gelegter Jahresrechnung Spezialquittung ertheilt worden[49]). Eine in der Quittung enthaltene ausdrückliche Entsagung des Herrn auf Vertretung der Unredlichkeiten des Verwalters und auf Berichtigung von Rechnungsfehlern ist wirkungslos[50]). Nach ertheilter Quittung muß der Verwalter dem Herrn das Rechnungsbuch, die dazu gehörigen Belege und alle Schriften ausantworten, die sich auf seine Verwaltung beziehen und bei ihm befinden. Vor ertheilter Quittung ist er nur verpflichtet, diese Bücher und Schriften dem Herrn auf Verlangen zur Einsicht vorzulegen[51]).

---

[42]) I. 14 § 148. Der Verwalter bleibt also während der ordentlichen Verjährung verhaftet für alle anderen Obliegenheiten, insbesondere dafür, daß er versäumt hat, drohenden Schaden abzuwenden, daß er eigenmächtig von der bisherigen Verwaltungsart abgewichen ist, daß er die anvertrauten Güter vernachlässigt, baare Bestände nicht abgeliefert, für sich gebraucht, Darlehne gegeben oder aufgenommen, Kredit gegeben hat. Entsch. B. 19 S. 195. Rehbein II. S. 679.

[43]) I. 14 § 149.

[44]) I. 14 §§ 146. 157.

[45]) I. 14 §§ 146. 147. — l. 8 D. L. 8. l. un. C. II. 5.

[46]) I. 14 §§ 150. 151. Ueber die Entstehung des letzteren § s. Kamptz, Jahrb. B. 52 S. 19. Wegen Weglassungen: Striethorst B. 49 S. 73. Pr.Anw.Zeit. 1863, S. 150. Vergl. l. 13 § 1 D. XLIV. 3: rationes reipublicae, subscriptae et expunctae adversus eum, qui administravit, ultra viginti, adversus heredem vero ultra decem annos retractari non possunt. Dagegen calculi erroris retractatio etiam post decennii aut vicennii tempora admittetur. l. 8 D. L. 8 und l. un. C. II. 5. Das O.A.G. München bezieht § 150 auch auf Rechnungen der Verwalter von Gemeinden, Kirchenstiftungen und dergl. jurist. Personen. (§§ 131. 132 II. 6.) Bl. f. Rechtsanw. B. 19 S. 360. — Die Rechnungslegungspflicht des Konkursverwalters ordnet K.O. § 78.

[47]) Dernburg II. § 184 Anm. 21 scheint auch hier trotz I. 14 §§ 152. 153 eine Frist, nicht Verjährung anzunehmen.

[48]) Und zwar nur der Herr, nicht auch der Verwalter oder dessen Erben verlieren durch zehn Jahre das Anfechtungsrecht. Striethorst B. 4 S. 61.

[49]) I. 14 §§ 152. 153.

[50]) I. 14 § 146.

[51]) I. 14 §§ 160. 161.

Der Herr ist wie der Mandant dem Verwalter verpflichtet, ihm seinen Aufwand zu ersetzen[52]), das Honorar oder Lohn zu zahlen und ihn von Verbindlichkeiten gegen Dritte zu befreien[53]).

Wenn sich der Herr zur Sicherung seiner Ansprüche an den Verwalter von diesem eine Kaution bestellen läßt, so haftet diese bis nach ertheilter Quittung[54]). — Zur Sicherung der Ansprüche des Verwalters wegen verwendeter Vorschüsse und Kosten und wegen des bedungenen Lohns hat dieser das Zurückbehaltungsrecht[55]).

Von gerichtlicher Verwaltung (Sequestration) ist bereits in § 139 die Rede gewesen als von einer Maßregel, die das Gericht zur Erhaltung einer Sache oder eines Rechts durch einstweilige Verfügung anordnen kann[56]). Einen verschiedenen Charakter hat die Zwangsverwaltung als Mittel der Zwangsvollstreckung in das Vermögen, wie sie das Gesetz über die Zwangsvollstreckung in das unbewegliche Vermögen vom 13. Juli 1883 geordnet hat[57]), und wie sie bei anderen nutzbaren Rechten durch besondere Bestimmung des Vollstreckungsgerichts geordnet werden kann[58]). Hier bestimmt das Gesetz, beziehungsweise die besondere Anordnung des Gerichts den Umfang der Befugnisse[59]). Die Verpflichtung des Verwalters besteht im ersteren Fall gegenüber den Parteien, zwischen denen die Verwaltung angeordnet ist, insbesondere kann sie vom obsiegenden Theil geltend gemacht werden. Bei der Zwangsverwaltung besteht sie den Interessenten gegenüber, so daß der Interesseanspruch aus ungehöriger Verwaltung von einem neuen Verwalter, eventuell von dem Interessenten, dem er bei der Vertheilung zugewiesen wird, zuletzt von dem

---

[52]) Die Klage des Verwalters auf Erstattung der Auslagen setzt Rechnungslegung über Einnahmen und Ausgaben, oder die eine solche ersetzende Behauptung voraus, daß Einnahmen nicht stattgefunden haben. Heuser II. 225.

[53]) I. 14 § 145. Wie bei dem Mandat. Oben § 141 Note 119.

[54]) I. 14 § 164. Hier ergiebt sich die Frage, ob, wenn die Fiktion des § 158 eingetreten ist, der Klage des Verwalters auf Rückzahlung der Kaution die Einrede entgegengesetzt werden kann, daß Rechnung noch nicht gelegt worden sei. Das O.Trib. hat dies bejaht, dabei noch davon ausgehend, daß es sich hier um Verjährung handele. Striethorst B. 7 S. 287. Die Klage erscheint aber auf Grund der fingirten Erlassung der Rechnungslegung zulässig, etwaige Ansprüche bleiben der Einrede überlassen. Letztere sind bei der Fiktionstheorie dem Herrn aus § 158 nur soweit genommen, als er nicht mehr Rechnungslegung selbst verlangen und nicht mehr solche Ausstellungen machen kann, welche nur gegen die Rechnung zu richten waren. Die erlassene Rechnung gilt als abgenommen und quittirt. Jene Entscheidung des O.Trib. ist daher mit dem Pl.Beschl. v. 6. Dezbr. 1858 nicht mehr vereinbar. Schließt die gelegte Rechnung mit einem Fehlbetrag, so bedarf es keines weiteren Nachweises um die Rückforderung der Kaution bis zur Rechtfertigung oder Tilgung des Fehlbetrags auszuschließen. R.G. bei Gruchot B. 26 S. 984.

[55]) I. 14 § 165. Im Konkurse nur, wenn die Auslage zugleich Verwendung zum Nutzen der zurückbehaltenen Sache ist. K.O. § 41 N. 7. Wegen anderer Forderungen kein im Konkurse wirksames Retentionsrecht wohl aber die Kompensationseinrede. Striethorst B. 19 S. 144.

[56]) Oben § 139 Anm. 74.

[57]) Immob.Vollstr.Ges. §§ 139—154, § 98.

[58]) C.P.O. § 754.

[59]) Vergl. Entsch. B. 50 S. 168 darüber, daß der Verwalter Gehilfen zwar für die Dauer seiner Verwaltung, nicht aber darüber hinaus annehmen kann.

Schuldner erhoben werden kann. Es fragt sich, von wem der gerichtlich bestellte Verwalter, insbesondere bei unzureichender Masse, seine Auslagen und sein Honorar einfordern kann? Beides erscheint, da die Bestellung im gerichtlichen Verfahren nothwendig ist, den Parteien gegenüber als „Auslage" der Gerichtskasse. Gerade weil es solche ist, wird das Honorar den Parteien bei ausreichender Masse neben den Kosten in Rechnung gestellt[60]). Die Gerichtskasse ist danach Schuldnerin des Verwalters, wie sie Schuldnerin des Zeugen oder Sachverständigen ist, der Gebühren zu fordern hat. Sache des Gerichts ist es, den Staat rechtzeitig durch Vorschüsse zu decken, der Antragsteller haftet ihm als Schuldner. Aber der Verwalter kann vom Gericht nicht an diesen oder an den Vollstreckungsschuldner gewiesen werden.

C. Der Vertrag zur Begründung eines gemeinsamen Vermögensrechts der Kontrahenten.

§ 143. Gesellschaftsvertrag.

A.L.R. I. 17 §§ 169—310. Bornemann IV. 23. Daniels III. 338. Koch, Pr.R. II. 402. R. d. F. III. 615. Dernburg II. §§ 214ff. Fischer § 83. — Glück B. 15 S. 371. Unterholzner II. 378. Gesterding, Irrthümer S. 253. (Beiträge zur Lehre von der Societät. 1817.) Treitschke, Die Lehre von der unbeschränkt obligatorischen Gewerbegesellschaft. (2. A. der Schrift: Die Lehre von der Erwerbsgesellschaft.) 1844. Dankwardt, Nationalökonomie und Jurisprudenz H. 1, 1858, S. 20. Derselbe, National-ökonomisch-civilistische Studien, 1862, S. 65. — Vangerow III. § 651. Arndts § 317. Keller §§ 346. Windscheid II. §§ 405f. — Zachariä (Crome) II. §§ 357—365.

I. Begriff, Arten und Abschluß. Der Vertrag, durch den mehrere Personen ihr Vermögen oder Gewerbe oder auch ihre Arbeiten und Bemühungen, ganz oder zum Theil, zur Erlangung eines gemeinschaftlichen Endzwecks vereinigen, wird Gesellschaftsvertrag genannt[1]). Der Ausdruck „zur Erlangung eines gemeinschaftlichen Endzwecks" ist nicht sehr klar. Dennoch liegt in ihm das Moment, wodurch sich der Gesellschaftsvertrag, wie er im

---

[60]) Der Verwalter ist im Sinne des deutschen Gerichtskostengesetzes § 79 ein Beamter. Aber auch wenn er das nicht wäre, müßte die Bestimmung erstreckt werden. Wer soll der Schuldner des Arbeiters sein, der vom Richter bei einer Augenscheinseinnahme angenommen wird, um den Boden auszugraben, unter dem das zu besichtigende Fundament des Gebäudes verborgen ist, wenn nicht der Staat? Vergl. die Bemerkungen bei Gruchot B. 33 S. 743.

[1]) I. 17 § 169. Vergl. Entwurf des B.G.B. §§ 629. 632, Entw. II. § 645, Reichstagsvorlage § 692. Er ist ein Konsensualvertrag, ein voluntarium consortium pr. J. III. 23, l. 52 § 8 D. XVII. 2. Nach röm. R. kann auch durch Handlungen stillschweigend eine Gesellschaft eingegangen werden (re. l. 4. pr. D. XVII. 2), nur muß affectio societatis vorhanden sein. l. 31 D. eod. Im preuß. R. fällt dies weg wegen der Formvorschrift.

siebzehnten Titel geregelt ist, und die danach geordnete Gesellschaft von anderen Gesellschaften unterscheidet. Eine Gesellschaft ohne einen Zweck der Verbindung ist undenkbar[2]). Aber der Zweck, zu dem die Vereinigung stattfindet, kann ein mannigfach verschiedener sein. Es kann dabei von der Erlangung von Vermögensvortheilen gänzlich abgesehen werden, die Vereinigung findet Statt zur Förderung der geselligen Erholung, zu wissenschaftlichen, politischen, literarischen, künstlerischen, Wohlthätigszwecken (societates mere personales); oder es können dabei zwar auch Vermögensvortheile erstrebt werden, aber diese werden nicht für die einzelnen Gesellschafter ins Auge gefaßt, sondern die Vortheile sollen nur dem weitern Gesellschaftszweck selbst dienen, sollen also der Gesellschaft als einem von den einzelnen Mitgliedern verschieden gedachten Subjekt zukommen. Bei dem Gesellschaftsvertrag des siebzehnten Titels sollen die Gesellschafter selbst für sich gemeinsam den Endzweck „erlangen". Dieser Ausdruck in Verbindung mit den Vorschriften über Auseinandersetzung leidet kein anderes Verständniß als das, daß durch die Vergemeinschaftlichung von Vermögensstücken und Bemühungen der Einzelnen ein diesen Einzelnen zukommender, zunächst gemeinschaftlicher, aber im Interesse der Einzelnen bei Beendigung der Gesellschaft zu vertheilender Vortheil gesucht wird[3]). Das charakteristische Moment der hier in Rede stehenden Gesellschaften ist also das Ziel eines gemeinsamen Vermögensvortheils für

---

[2]) Vergl. unten B. IV. § 281. Danach enthält A.L.R. II. 6 das allgemeine Gesellschaftsrecht. § 1 II. 6 stellt einen auch die Gesellschaften nach I. 17 umfassenden Begriff auf, es kommt darauf an das Besondere des engeren Begriffs des § 169 zu erkennen. Einen abweichenden Standpunkt hat Entsch. B. 20 S. 238. Danach stehen die Gesellschaften des siebzehnten Titels denen des sechsten Titels als etwas Gleichgeordnetes gegenüber; und es wird sogar den Bestimmungen des siebzehnten Titels eine — wenn auch nur beschränkte — Anwendbarkeit für die societates personales des 6. Titels zugeschrieben. A.L.R. II. 6 § 11 verweist aber auf die für verschiedenen Arten der Gesellschaften ergangenen besonderen Gesetze. Das giebt den Bestimmungen des sechsten Titels den subsidiären und allgemeinen Charakter. Seine Bestimmungen würden auch für die Gesellschaft des siebzehnten Titels gelten, wenn dieser nicht eine besondere gesetzliche Bestimmung enthielte.

[3]) Svarez hatte die Fassung vorgeschlagen „zur Erlangung eines gemeinschaftlichen Vortheils". Diese ist zwar nicht beliebt worden. (Gesetzrevis. a. a. O. S. 18. Bornemann IV. 23), sie trifft aber doch das Richtige. Es handelt sich bei dem obligatorischen Gesellschaftsvertrage um Erfüllung von Pflichten, deren Erfüllung nur dadurch den anderen Kontrahenten zu Gute kommt, daß ein gemeinsamer, schließlich zu theilender vermögensrechtlicher Gewinn erstrebt wird. Erlaubtheit des Zwecks: l. 70 in fin. D. XLVI. 1, l. 57 D. XVII. 2. Das R.O.H.G. — (insbes. B. 18 S. 398, vergl. auch B. 8 S. 181, B. 17 S. 80, B. 21 S. 348) — leugnet die Nothwendigkeit eines vermögensrechtlichen Zwecks der Gesellschaft des 17. Titels, betont jedoch, daß eine auf individuell bestimmte Mitglieder sich stützende Gesellschaft, welche der korporativen Konstruktion entbehre, der Regel nach vermögensrechtliche, hauptsächlich Erwerbszwecke, und zwar lediglich im Interesse der einzelnen Gesellschafter verfolge, während die erlaubte Gesellschaft des Tit. 6 Th. II. nicht auf einer geschlossenen Zahl bestimmter Mitglieder beruhe, wenigstens nach Innen korporativ gestaltet sei und entweder rein persönliche oder zwar vermögensrechtliche Zwecke, aber mit einer allgemeinen, das öffentliche Interesse berührenden Tendenz verfolge. Vergl. auch Strieth. B. 2 S. 252. Rehbein III. S. 310. Entsch. B. 61 S. 194, B. 69 S. 160. Rehbein III. S. 319, Entsch. B. 70 S. 57. Rehbein III. S. 314, Entsch. B. 75 S. 252. R.G. Entsch. B. 9 S. 108, bei Gruchot B. 27 S. 841.

die einzelnen Gesellschafter; es handelt sich im siebzehnten Titel nur um die Erwerbsgesellschaft [4]).

Mit der eben dargelegten Eigenthümlichkeit des Gesellschaftsvertrages hängt zusammen, daß er die Thätigkeit der verbundenen Personen und die in den Dienst der Gesellschaft gestellten Vermögenswerthe nicht zu einem sofortigen Austausch oder Umsatz unter den Kontrahenten in Anspruch nimmt, sondern zum Zwecke der Hervorbringung anderer Vermögenswerthe, die den Einzelnen schließlich im Wege der Theilung zu Gute kommen [5]). Verbunden werden produktive Vermögenskräfte, Arbeit und Kapital, oder nur Arbeiten [6]), um aus ihnen einen gemeinschaftlichen Erwerb, eine Vermögensvermehrung zu erzeugen. Die wirthschaftliche Grundlage des Gesellschaftsvertrages ist der gemeinschaftliche Fonds und die vereinigte Arbeit, die Wirkung ein gemeinschaftlicher Erwerb. Darum überschreibt das A.L.R. richtig diesen Abschnitt: „von Gemeinschaften, die durch Vertrag entstehen". Ohne beabsichtigte Vergemeinschaftlichung des Erwerbs giebt es keinen Gesellschaftsvertrag, das Mittel ist der gemeinsame Fonds und die gemeinsame Arbeit, existent aber ist die Gesellschaft als solche schon mit Abschluß des Vertrages [6a]).

Die Erwerbsgesellschaft wird vom Gesetz nicht als ein selbständiges, von den einzelnen Theilnehmern verschiedenes Rechtssubjekt hingestellt. Wie die Erörterungen des Korporationsrechts ergeben werden, schließt freilich das Landrecht die auf gemeinsamen Gewinn abzielende Gesellschaft nicht grundsätzlich von der Gewinnung der Korporationsrechte aus. Aber das ist etwas Zufälliges. An dieser Stelle kommen nur die Rechte und Pflichten der Einzelnen gegen einander in Betracht. Wenn sie auch nach Außen hin gemeinschaftlich oder auf Grund der im Vertrage geordneten Gewinnung eines gemeinsamen Willens auftreten, so gründet sich doch diese Stellung nach Außen zunächst nur auf eine vertragsrechtliche Gebundenheit der einzelnen selbständigen Personen gegen einander. Die Gesellschaft besteht also aus der Mehrheit der einzelnen Personen in ihrer Vereinigung, aber auch nur gerade dieser bestimmten Personen; sie ändert sich mit dem Austritt jedes einzelnen Mitgliedes und kann neue Mitglieder nicht aufnehmen, ohne selbst eine neue Gesellschaft zu werden [7]).

---

[4]) Dem steht nicht entgegen, daß I. 17 §§ 278 ff. für diejenigen Gesellschaften, deren Gegenstand und Zweck „in dem Betriebe eines gemeinschaftlichen Geschäfts oder Gewerbes besteht", besondere Vorschriften giebt, in denen diese Gesellschaften den anderen im 17. Titel behandelten gegenübertreten. Das hier bezeichnete gemeinschaftliche Geschäft ist wie das gemeinschaftliche Gewerbe als ein Geschäft von dauerndem Betriebe zu verstehen. Gemeinsamer Erwerb kann aber auch ohne einen auf die Dauer berechneten Betrieb bei einer Gesellschaft bezweckt werden. Vergl. unten Anm. 126.

[5]) Brinz, Pand. S. 468. Die Leistung des einen ist nicht, wie bei Kauf oder Miethe, ein Aequivalent für die Leistung des Andern; das Aequivalent, welches Jeder für seinen Beitrag erwartetet, ist der gemeinsam zu erzielende künftige Gewinn. Mommsen, Beiträge I. 408. Darum ist auch die actio pro socio utrimque directa. § 2 J. IV. 16. S. unten Anm. 39.

[6]) l. 1 C. IV. 37. A.L.R. I. 17 § 169.

[6a]) Entsch. B. 12 S. 262. Rehbein III. S. 322.

[7]) Entsch. B. 20 S. 332.

Die, wie bereits gesagt, vom Landrecht grundsätzlich nicht abgelehnte Entwickelung der Vermögensvereinigungen, namentlich derjenigen zu dauernden Zwecken, welche die Kräfte des Einzelnen übersteigen, zu Korporationen hat in steigendem Umfang die Gesetzgebung dahin geführt, solche Verbindungen zu neuen Rechtssubjekten zu gestalten[8]). Schon die vertragsmäßige Gesellschaft des Landrechts nähert sich, — abgehend von der römisch rechtlichen Ordnung der Societät, — dem Wesen der Korporation durch zwei Grundsätze: es wird, wie unten zu erörtern sein wird, die Möglichkeit anerkannt, durch Mehrheitsbeschlüsse einen von dem Willen der Einzelnen verschiedenen Willen der Gesellschaft zu gewinnen; und das Ausscheiden einzelner Gesellschafter bringt den Gesellschaftsvertrag zwischen den übrigen nicht zu Ende. In stärkerem Maße faßte das Landrecht die Handelsgesellschaft nach außen als geschlossenes Rechtssubjekt auf[9]). Das Handelsgesetzbuch ist dem Landrecht hierin gefolgt, ohne durch die Worte des Gesetzes den Streit über die juristische Natur auszuschließen. Dies gilt insbesondere von der offenen Handelsgesellschaft[10]). Einerseits sind die Handelsgesellschafter vertragsmäßige Theilnehmer an einer Erwerbsgesellschaft, der Eintritt und Austritt einzelner Mitglieder ist nicht frei und indifferent, ihre persönliche Thätigkeit wird in Anspruch genommen, jeder hat gegen Dritte volle Haftbarkeit. Aber andererseits ändert ein Wechsel der Mitglieder die Gesellschaft selbst nicht; nach Außen, gegen Dritte, erscheint sie ausgestattet mit eigenem Vermögen, und kann nicht nur Rechte erwerben, sondern auch Verbindlichkeiten übernehmen, wegen deren ohne jede Konkurrenz sonstiger Schulden der einzelnen Genossen aus dem Handelsvermögen Befriedigung zu suchen ist; hierbei konkurrirende Verbindlichkeiten können sogar zu Gunsten des einzelnen Gesellschafters als des Gläubigers der Handelsgesellschaft bestehen[10a]). Freilich haftet daneben der einzelne Gesellschafter für die Schulden der Gesellschaft mit seinem ganzen Vermögen also über seine Einlage hinaus, und dies gilt auch von neu eintretenden Mitgliedern, welche die früheren Schulden mit übernehmen müssen[11]). Diese Haftbarkeit der Mitglieder für den ganzen Umfang der Verbindlichkeiten der Gesellschaft darf niemals fehlen[12]), und aus ihr, sowie aus

---

[8]) Vergl. hierüber im Allgemeinen Keller, Pand. § 349.

[9]) I. 17 §§ 290. 278—281, II. 8 §§ 614. 647.

[10]) Deutsches Hand.Ges.B. Art. 85—149. Die näheren Erörterungen hierüber können nur im Handelsrecht gegeben werden. Die neueste ausführliche Darlegung der herrschenden Ansicht ist von Laband in Goldschmidt's Zeitschr. B. 30 S. 469, und von Behrend in seinem Handelsrecht B. I. S. 457 f. gegeben. Vgl. auch Staub zu Art. 111. Eine handelsrechtlich zu beurtheilende Gesellschaft liegt nicht vor, wenn eine Gesellschaft zum andauernden Betrieb eines Handelsgewerbes geschlossen ist, ohne daß dieser unter einer gemeinsamen Firma stattfinden soll. Solche Gesellschaft ist nach A.L.R. I. 17 zu beurtheilen. R.G. Entsch. B. 13 S. 228.

[10a]) Für diese letzteren Schulden haften freilich nicht die anderen Gesellschafter gemäß dem im Text sogleich folgenden Grundsatz solidarisch. Das Gesetz stellt hier an die Stelle eines Ausgleichsanspruchs an die Mitgesellschafter einen Anspruch an die Gesellschaft. H.G.B. Art. 93.

[11]) Endemann, Handelsrecht S. 180, H.G.B. Art. 112. 113.

[12]) Art. 112. 113.

einzelnen Ausdrücken des Handelsgesetzbuchs hat die herrschende Ansicht die Folgerung gezogen, daß bei der offenen Handelsgesellschaft eine juristische Person nicht entsteht. Die Frage nach der rechtlichen Natur der offenen Handelsgesellschaft hat neuerdings dadurch eine neue Anregung erhalten, daß die Civilprozeßordnung nöthigt, dazu Stellung zu nehmen, ob bei der gesetzlich anerkannten Parteifähigkeit der offenen Handelsgesellschaft die einzelnen zeitigen Mitglieder als Partei anzusehen sind, oder die Gesellschaft als davon verschiedene Person[12a]).

Wenn neben einem oder mehreren persönlich haftenden Inhabern eines Handelsgeschäfts Andere hinzutreten, die nur mit beschränkten Einlagen für die Schulden der Gesellschaft haften wollen, so entsteht eine Gesellschaftsform, deren rechtliche Natur in ähnlicher Weise Gegenstand des Zweifels ist. Zulässig ist also, daß neben der vollen Haftbarkeit wenigstens einer Person eine auf den Einschuß oder die Einlage beschränkte Haftbarkeit anderer Mitglieder hinzutritt. Dann entstehen zwei Klassen von Theilnehmern, offene, solidarisch haftende und beschränkt haftende. Diese Verbindung heißt Kommanditgesellschaft; sie ist wesentlich eine Kombination des unbeschränkten Personalkredits der offenen mit einem beschränkten Realkredit der stillen Theilnehmer[13]).

Der korporative Charakter der Aktiengesellschaft ist fast allgemein anerkannt[14]). Hier hängt die Existenz des Vereins von den Mitteln und dem Zweck, nicht von der persönlichen Theilnahme bestimmter Personen ab; es tritt das sachliche Moment vor, das persönliche zurück; Gewinn und Verlust fallen nicht sowohl der Person als dem von ihr zur Gemeinschaft eingeworfenen Beitrag zu, der Verlust geht nie über diesen Beitrag hinaus. Es wird auch die persönliche Thätigkeit des einzelnen Theilnehmers für die Gesellschaft nicht in Anspruch genommen, die Gesellschaft als Rechtssubjekt wird durch besondere Organe thätig und nach Außen vertreten. Die Einzelnen stehen in keiner persönlichen Verbindung unter einander. Es ist einflußlos, ob einzelne Mitglieder ausscheiden, andere hinzutreten, ob die Antheile an der Gesellschaft bestimmten Inhabern zugeschrieben werden oder auf den In-

---

[12a]) Die Rechtssprechung des Reichsgerichts bezüglich der prozessualischen Behandlung der offenen Handelsgesellschaft ist völlig prinziplos. Bei Wach, Handbuch S. 522 f. und bei Busch und Vierhaus, Zeitschr. B. 9 S. 433 sind die, aus der herrschenden Auffassung zu ziehenden prozessualischen Konsequenzen dargelegt; vom Standpunkt der Auffassung der offenen Handelsgesellschaft als juristischer Person sind die prozessualischen Fragen erörtert in Goldschmidt's Zeitschr. B. 32 S. 1.

[13]) D.H.G.B. Art. 150—172, Art. 250—265. Renaud, Die Kommanditgesellschaft 1881. Behrend, Handelsrecht B. I. S. 609. Von der Kommanditgesellschaft, bei welcher der Kommanditist für die Verbindlichkeiten der Gesellschaft auf Höhe seiner Einlage haftet, ist die stille Gesellschaft zu unterscheiden, bei welcher der stille Gesellschafter den Gläubigern gegenüber überhaupt nicht haftet, sondern nur an Gewinn und Verlust betheiligt ist.

[14]) D.H.G.B. Art. 207—249g in der Fassung des Gesetzes v. 18. Juli 1884. Vergl. Ausgaben desselben von Kayser, Makower, Petersen und Pechmann, Ring, von Völderndorff, Hergenhahn, Puchelt, Fortsch und Staub. Renaud, D. R. d. Aktiengesellschaft. Keyssner, Die Aktien- und Kommanditgesellschaften auf Aktien. 1872.

haber lauten und damit dem freiesten Verkehr preisgegeben sind. Das Rechtssubjekt der Gesellschaft kann durch seine geordneten Organe Schuldverpflichtungen aller Art übernehmen; unter den Gesellschaftern kann es verschiedene Abstufungen der Rechte, insbesondere solche geben, die einem engeren Kreise von Gesellschaftern gegenüber wieder als Gläubiger erscheinen (Prioritätsaktien), wie die Gesellschaft auch mit staatlicher Genehmigung Inhaberobligationen emittiren kann, deren Inhaber antheilsberechtigt an einer Obligation der Gesellschaft sind (Prioritätsobligation).

Neben den Aktiengesellschaften hat sich die Aktienkommanditgesellschaft[15]) die gesetzliche Anerkennung errungen[16]). Es ist diejenige Kommanditgesellschaft, bei der das von den stillen Gesellschaftern (Kommanditisten) vereinigte Kapital in Aktien zerlegt ist. Die Ausgeber der Aktien können selbst einzelne Personen sein oder eine offene Handelsgesellschaft bilden, so daß auch hier die unbeschränkte Haftbarkeit der Ausgeber sich mit der auf die Aktie beschränkten Haftung der Kommanditisten vereinigt. Die Aktie muß auf einen bestimmten Inhaber lauten, kann aber durch Indossament auf Andere übertragen werden.

Auf andere Gestaltungen des Gesellschaftsrechts, welche das heutige Verkehrsbedürfniß hervorgebracht hat, insbesondere auch auf die Gesellschaft mit beschränkter Haftung wird in der Lehre von der korporativen Gesellschaft zurückzukommen sein[17]).

Die societas des römischen Rechts geht über den Bereich der landrechtlichen Erwerbsgesellschaft hinaus. Eine societas omnium bonorum (universarum fortunarum), d. h. die vertragsmäßige Vereinigung des ganzen gegenwärtigen und künftigen Vermögens mehrerer, sonst in keiner Beziehung zu einander stehender Personen in dem Sinn, daß jeder von ihnen Miteigenthümer der ganzen dadurch gebildeten Vermögensmasse in aktiver und passiver Hinsicht wird[18]), hat das A.L.R. abgewiesen[19]). Ein solcher Vertrag kann nach preußischem Recht nur unter Eheleuten errichtet werden; die dadurch begründete eheliche Gütergemeinschaft aber steht der gesetzlichen gleich, ihre Regelung geht über die eines Vertragsverhältnisses hinaus. Das A.L.R. kennt den Gesellschaftsvertrag nur als die Grundlage für eine Gemeinschaft des Erwerbs (societas quaestus s. lucri), und zwar sowohl allen Erwerbs als des aus einem bestimmten Kreis von Geschäften oder aus einer einzelnen Unter-

---

[15]) Keller, Pand. § 349. Endemann, Handelsrecht S. 343.

[16]) D.H.G.B. Art. 173—206.

[17]) B. IV. § 283.

[18]) l. 1 § 1, l. 2. 3 pr., l. 27. 52 § 18, l. 73. D. XVII. 2.

[19]) I. 17 § 176. Svarez (Jahrb. B. 41 S. 57). Nach dem Code a. 1837 ist sie zulässig quoad usum; eine quoad sortem eingegangene ist nichtig. Zachariä (Crome) II. § 359 Anm. 3. Nach österr. G.B. § 1177 in beschränkter Weise zugelassen: nur das gegenwärtige Vermögen und der zukünftige Erwerb (nicht das Geerbte). Das sächs. G.B. § 1360 läßt die allgem. Gesellschaft zu.

nehmung entspringenden (societas quaestus generalis, specialis, singularis)[20]). Wesentlich und nothwendig für den Begriff der Gesellschaft des Landrechts ist, daß der vertragsmäßig in Aussicht genommene Erwerb gemeinschaftliches Eigenthum der Gesellschafter werden soll[21]).

Der durch Einlagen und Beiträge gebildete Fonds, die wirthschaftliche Grundlage der Gesellschaft, kann ebenfalls zum Miteigenthum aller Theilnehmer gemacht werden; aber er kann auch das Eigenthum des einzelnen Mitgliedes bleiben, so daß nur die Pflicht übernommen wird, den gemeinsamen Gebrauch der Gesellschaft zu gestatten[21a]). Hier ist also das Maß, in dem eine Vergemeinschaftlichung stattfindet, etwas zufälliges, hängt von den näheren Abreden ab. Nach gemeinem Recht ist streitig, ob für eine s. g. societas quoad sortem oder quoad usum zu vermuthen sei. Diese Frage hat ihre praktische Bedeutung für die Auseinandersetzung der Genossen bei der Auflösung der Gesellschaft und für die Folgen, die der Verlust an dem Fonds für diejenigen Mitglieder haben soll, die nicht dazu beigetragen haben. Bei der societas quoad sortem erwirbt jeder Theilnehmer das Miteigenthum, er trägt also die Gefahr mit allen zusammen, und keiner kann bei der Auflösung die eingeworfene Sache oder das eingelegte Kapital vorweg vor der Deckung aller Verluste zurücknehmen. Nur wenn die Sache hierzu nicht zu verwenden ist, kann gegenüber den Mitgliedern, die keine Einlagen gemacht haben, ein persönlicher Anspruch auf Zurückübertragung des Eigenthums durchgreifen. Bei der societas quoad usum dagegen bleibt jeder Theilnehmer Eigenthümer seiner Einlage, trägt deren Gefahr und nimmt sie bei der Auflösung der Gesellschaft oder bei seinem Austritt als sein Eigenthum wieder zurück. Die nicht beitragenden Mitglieder erlangen hier kein Miteigenthum an den Einlagen der Anderen.

Zur Zeit der Redaktion des A.L.R. war die herrschende Ansicht, daß für eine societas quoad usum zu vermuthen sei, weil der Zweck der Gesellschaft nur der gemeinschaftliche Gewinn oder Erwerb sei, und zur Erreichung dieses Zwecks nicht erfordert werde, daß die Einlagen Miteigenthum aller Theilnehmer werden, also der Einlegende sich seines Alleineigenthums entäußere[22]).

---

[20]) I. 17 §§ 178. 183. L. 5 pr. D. XVII. 2 societates contrahuntur sive negotiationis alicujus, sive etiam rei unius. pr. J. III. 25.

[21]) I. 17 §§ 175. 205. Entw. des B.G.B. §§ 629. 632, Entw. II. § 645, Reichstagsvorl. § 692, „Erreichung eines gemeinsamen Zweckes".

[21a]) Vergl. Entwurf des B.G.B. § 631, Entw. II. § 646, Reichstagsvorl. § 693.

[22]) Die lange Reihe der bei Glück B. 15 S. 399 Note 85 angeführten Schriftsteller bezeugt dies. Unter diesen befinden sich gerade diejenigen, von denen man gewöhnlich annimmt, daß sie von den Redaktoren des A.L.R. vorzüglich benutzt worden sind: Donellus, Bachovius, Struv, Lauterbach, Stryck, Wernher, Cocceji. Beizufügen sind noch Gebr. Overbeck med. III. 154. Eigentlich hat nur Voet, Comment. ad Inst. III. 26 § 2 dissentirt. Heute ist die Annahme einer Vermuthung für bloße Gebrauchsüberlassung aufgegeben, die von Guyet, Abhandl. Nr. 9 aufgestellte entgegengesetzte Vermuthung hat keine Anhänger gefunden. Die Frage gilt als Willensfrage, doch hält man bei vertretbaren Sachen die Annahme einer soc. quoad sortem, bei unvertretbaren die societas quoad usum für der wahrscheinlichen Absicht entsprechend. Treitschke §§ 32. 33. — Vergl. auch H.G.B. Art. 71.

Eine Vermuthung dafür[23]) hat im Landrecht keinen Ausdruck gefunden. Es kommt also auf die besondere Abrede und deren regelmäßig freie Auslegung an. Indessen werden einige Regeln gegeben. Falls nämlich Mobilien und Effekten nach einer gewissen Taxe der Gesellschaft überlassen werden, so werden sie gemeinsames Eigenthum; fehlt die Taxe, so wird vermuthet, daß sie nur zum Gebrauch überlassen sind. Ebenso wird bei Grundstücken, wenn die Abrede unklar ist, die Grundstücke auch nicht den Gesellschaftern im Grundbuche zugeschrieben sind, vermuthet, daß sie der Gesellschaft nur zum Gebrauch überlassen seien[24]).

Was aber der Gesellschaft zu eigen überlassen worden ist, der zusammengetragene Fonds gilt unter den Gesellschaftern von der Zeit des geschlossenen Vertrages ab als allen Gesellschaftern gemeinschaftliches Eigenthum[25]). Dies gilt auch für den Fall, daß nicht alle Gesellschafter in gleicher Weise zu dem gemeinsamen Fonds beitragen, und gegenüber der Möglichkeit, daß einzelne Gesellschafter einen solchen Beitrag überhaupt nicht leisten, wenngleich diese regelmäßig auch im Fall von Verlusten von den andern Gesellschaftern nicht zur Theilnahme behufs Erhaltung des gemeinsamen Fonds herangezogen werden können[26]). Der Zweifel, ob das gemeinschaftliche Recht nicht etwa nur den beitragenden Mitgliedern zuzuschreiben ist[27]), kann nicht als begründet angesehen werden. Nur die Gesellschaft als solche kann über den gemeinschaftlichen Fonds verfügen; dazu bedarf es eines giltigen Gesellschaftsbeschlusses, und die Verfügung muß von allen oder im Namen aller Gesellschafter getroffen werden. Verluste sind zunächst aus dem Fonds zu decken. Der von Zuschüssen und

---

[23]) Für eine solche Vermuthung wird auch eine Aeußerung von Svarez herangezogen: „ad § 206 ist die Frage eines Monenten, ob ein nur operas konferirender socius finita societate auch einen Antheil am Kapital fordern könne, eine wahre quaestio Domitiana. Daß er an die Einlagen der Geld beitragenden sociorum nicht Anspruch machen kann, versteht sich von selbst, u. s. w." Aus dieser Aeußerung wird gefolgert, Svarez sehe es als selbstverständlich an, daß die Einlagen nicht Miteigenthum werden. Auch Koch hat die Aeußerung so aufgefaßt und Svarez deshalb an mehreren Stellen (s. kritische Jahrb. von Schneider und Richter, II. 1838. S. 725 a. E. R. d. F. III. 625. Note 10. Komment. zu I. 17 § 201) Ignoranz vorgeworfen. Die Aeußerung von Svarez bezieht sich auf die Auseinandersetzung. Bei dieser erhält nach I. 17 § 305 jeder seinen Kapitalbeitrag zurück. Die Aeußerung von Svarez setzt nun die quaestio Domitiana voraus, welchen Beitrag der zurückfordern könne, der keinen gegeben habe.

[24]) I. 17 §§ 201. 202. Entw. des B.G.B. §§ 630. 631, Entw. II. § 646, Reichstagsvorlage § 693 Abs. 2.

[25]) I. 17 §§ 16. 18. Vergl. unten bei Anm. 41 ff.

[26]) I. 17 §§ 256. 257.

[27]) Diesen Zweifel erhob Förster insbesondere wegen des Zusammenhangs des § 198 mit den vorangehenden §§ 189 ff., in denen nur von beitragenden Mitgliedern die Rede sei. Ein Bedenken könne zwar scheinbar aus I. 17 § 106 insofern hergeleitet werden, als hiernach die Auseinandersetzung nach den Regeln des 1. Abschnitts dieses Titels, d. h. wie bei dem Miteigenthum (I. 17 §§ 87 fg.) erfolgen solle. Allein nur das, was Miteigenthum ist, solle so getheilt werden, also unter allen nur der gemeinschaftliche Gewinn, und von dem Fonds nur das, was zu Miteigenthum angelegt worden, und nur zwischen denen, die ein Miteigenthum an ihm erlangt haben. Sonst wäre die in §§ 241—243 vorgeschriebene Berechnung des Gewinnes bedeutungslos. Auch Dernburg II. § 217 Anm. 5 spricht sich dahin aus, daß im Zweifel nur die kapitalbeitragenden Gesellschafter Miteigenthum erhalten.

Beiträgen freie Gesellschafter hat also nichts dazu beizutragen. Auch steht ihm, — wenn die Gesellschaft keinen Gewinn erzielt hat, — bei der schließlichen Auseinandersetzung nicht zu, einen Antheil an der Sache zu beanspruchen, während zu dieser Zeit das Recht des einzelnen Gesellschafters, der etwas in die Gesellschaft eingeschossen hat, hervortritt, das Eingeschossene, soweit es nicht durch Verluste der Gesellschaft verringert ist, aus der Gemeinschaft herauszunehmen. Gerade weil es ungewiß ist, ob und in welchem Maße eine Verringerung des gesammten Fonds eingetreten sein wird, und ob der Genosse, der nichts eingeschossen hat, wegen seiner Betheiligung am Gewinn nicht dennoch einen Antheil zu beanspruchen hat, ist der einzelne Gesellschafter während der bestehenden Gesellschaft nicht Miteigenthümer der Sache zu einer bestimmten Rate, über die er verfügen könnte; es steht so lange das Miteigenthum dauert, nicht fest, zu welchem bestimmten Antheil jeder einzelne Genosse eigenthumsberechtigt ist. Aber auch wenn dies feststände, hat sich der Gesellschafter durch Einbringung der Sache in die Gesellschaft einer solchen Verfügungsberechtigung begeben. Er darf das Recht der Gesellschaft auf Verwendung der ganzen Sache zu ihren Zwecken nicht stören. Wie sich die Sache bei der Beendigung der Gesellschaft stellt, ist erst unten näher zu untersuchen. Soweit der Gesellschaft an einzelnen Gegenständen nur der Gebrauch eingeräumt ist, so erlangt die Gesellschaft nicht die Möglichkeit der Disposition über die Sache; aber der Gebrauch muß ihr bis zur Beendigung der Societät belassen werden. Zu der letzteren Zeit wird die Sache in specie kraft Eigenthums zurückgenommen, und es bedarf insofern keiner Auseinandersetzung und keiner Berechnung eines Antheils[28]).

Soll unter anderen Personen als Eheleuten vertragsmäßig eine allgemeine Erwerbsgesellschaft geschlossen werden, so bedarf der Abschluß der gerichtlichen Form. Dritte Personen, die sich mit einem der Gesellschafter in Verhandlungen eingelassen haben, werden von der Gebundenheit ihres Kontrahenten durch den Gesellschaftsvertrag und dessen Folgen nur insoweit zu ihrem Nachtheil berührt, als sie von dem Vertrage Kenntniß gehabt haben oder zufolge der öffentlichen Bekanntmachung des Vertrags hätten haben sollen[29]). Dem gutgläubigen Dritten, der mit einem der Interessenten

---

[28]) Diese Auffassung findet in dem Rechte des einzelnen Gesellschafters, bei Beendigung der Gesellschaft seinen Beitrag aus dem gemeinschaftlichen Gut ausgekehrt zu verlangen, ihre Ergänzung, sie stimmt mit österr. G.B. §§ 1183. 1192 (der Hauptstamm bleibt Eigenthum derjenigen, die dazu beigetragen haben), und sächs. G.B. §§ 1360. 1388. Bei der Theilung wird stets das Eingebrachte zurückgegeben. Ebenso entsprechen die handelsrechtlichen Bestimmungen. — Keine ausdrückliche Vorschrift enthält das Landrecht bezüglich des Einschusses von Geld oder von Geldforderungen in den gemeinschaftlichen Fonds. In beiden Fällen kann kein bloßer usus beabsichtigt sein. Das baare Geld und der Erlös aus der Geltendmachung und Einziehung der Geldforderung ist gemeinsames Eigenthum.

[29]) I. 17 §§ 178. 179. Die gerichtliche Form ist beliebt worden, um möglichst Verwirrungen und Prozesse zu verhüten. (Svarez, Jahrb. B. 41 S. 57.) Die Bekanntmachung geschieht durch Anschlag an der Gerichtsstelle und durch die an Stelle der Intelligenzblätter getretenen Amtsblätter. Ges. v. 21. Dezbr. 1849 § 3. (Ges.S. S. 441.)

verhandelt hat, soll seine Unkenntniß nicht „zum Nachtheil gereichen", Vortheil darf ihm aber daraus nicht zufallen [30]). Das Rechtsverhältniß der Theilnehmer in Ansehung des Besitzes, der Verwaltung und Benutzung des gemeinschaftlichen Erwerbs unterliegt wie bei allen anderen Gesellschaften den Regeln vom Miteigenthum [31]). Die Frage aber, was zu diesem Erwerb zu rechnen, soll im Zweifel nach den Bestimmungen über die eheliche Errungenschaftsgemeinschaft entschieden werden, wie nach diesen sich auch die Erfordernisse bei Abschließung eines solchen Vertrages richten [32]).

Die besondere Erwerbsgesellschaft bedarf immer wenigstens der einfachen Schriftform [33]). Ist diese versäumt, so ist ein Vertrag zwischen den Gesellschaftern nicht zustandegekommen, und nur der durch die trotzdem erfolgten gemeinschaftlichen Verwendungen erzielte Erwerb wird gemeinsames Eigenthum und nach den Grundsätzen der zufälligen Gemeinschaft beurtheilt [34]). Eine öffentliche Bekanntmachung des Gesellschaftsvertrages findet nicht statt; haben aber die Gesellschafter Abweichungen von den gesetzlichen Regeln, durch

---

30) I. 17 § 180. Der Dritte kann also aus einem solchen Geschäft zum Nachtheil des andern Sozius nicht erwerben, wenn er aber etwas restituiren muß, so ist ihm der erwachsene Nachtheil zu ersetzen. Die wenig klaren Bestimmungen über die allgemeine Erwerbsgesellschaft haben kaum eine praktische Bedeutung.

31) I. 17 § 182.

32) I. 17 § 181.

33) I. 17 §§ 170. 183. Handelsgesellschaften und Vereinigungen zu einzelnen Handelsgeschäften werden mündlich errichtet, H.G.B. Art. 85. 150 Abs. 3, 250 Abs. 2, 266; bei Aktiengesellschaften und Kommanditgesellschaften auf Aktien ist jedoch gerichtliche und notarielle Feststellung des Gesellschaftsstatuts und, wenn der Vertrag außer den Gründern andere Aktionäre zuläßt, deren schriftliche Zeichnung nothwendig. H.G.B. Art. 209. 209d. 175. 175c.

34) I. 17 § 171. Die Worte „bei Strafe der Nichtigkeit" haben also die Bedeutung, daß ein mündlicher Gesellschaftsvertrag keine Gesellschaft erzeugt, und daß nur die thatsächlich entstandene Gemeinschaft Wirkungen äußert. Es fällt nicht, wie nach der Regel des § 155 I. 5, die actio pro socio nur dann weg, wenn noch keiner der beiden Theile etwas geleistet hat, sondern auch wenn solche Leistungen geschehen sind, kann nicht von der anderen Seite Leistung nach dem Vertrage gefordert werden. Es hängt dies damit zusammen, daß die Gesellschaftsleistungen nicht im Verhältniß von Leistung und Gegenleistung der Socien stehen. Erst wenn durch beiderseitiges Zusammenwirken thatsächlich ein gemeinschaftliches Eigenthum begründet ist (Strieth. B. 37 S. 158), entstehen obligatorische Beziehungen, die aber in der Gemeinschaftlichkeit dieses Eigenthums, nicht in dem Vertrage ihren Grund haben. Der Gesetzrevisor zu § 170 und Förster erklärte hiernach mit Unrecht § 171 für überflüssig. Ist ein gemeinsamer Fonds auf Grund mündlicher Abrede zu einem weiteren Zweck zusammengebracht, so ist für die Erwerbshandlung des einzelnen Kommunionsbetheiligten nicht nothwendig, daß er im Namen der Gemeinschaft handle. Auch wenn er im eigenen Namen gehandelt hat, muß er den Kommunionsinteressenten, als ihnen gegenüber gebunden, den Erwerb als einen gemeinsamen herausgeben und sich der Theilung unterwerfen. Strieth. B. 63 S. 21, B. 79 S. 87. R.G. Entsch. B. 3 S. 335. Ein häufig vorkommender Fall ist die mündliche Verabredung, gemeinschaftlich ein Lotterieloos zu spielen. Vergl. hierüber außer älteren Entscheidungen des O.Trib. und Entsch. B. 52 S. 431, Strieth. B. 52 S. 334, B. 63 S. 83, B. 79 S. 81. R.G. bei Gruchot B. 25 S. 740. R.G. Entsch. B. 27 S. 204, B. 28 S. 327. Ueber einen Fall einer konkludenten Willenseinigung über eine Gemeinschaft mit der Wirkung zufällig entstandenen Miteigenthums vgl. Entsch. B. 79 S. 163. Erwerb eines Grundstücks auf den Namen eines der Gesellschafter zu dem Zweck, darauf mit Geld des andern Gesellschafters ein Gebäude zu errichten, und den Erlös beim Weiterverkauf zu theilen, begründet kein gemeinsames Eigenthum an dem Grundstück. R.G. Entsch. B. 34 S. 309.

die ihre Rechte und Pflichten eingeschränkt werden, verabredet, so können sie solche gegen Dritte nur dann geltend machen, wenn sie diesen bekannt geworden waren [35]): die Vollmacht des Gesellschafters nach Außen geht also unter Umständen über den Vertragsinhalt hinaus.

Bei Auslegung der Vertragsurkunde soll die Größe der Beiträge und der Umfang des zu erreichenden Zwecks im Falle des undeutlich gebliebenen Ausdrucks einschränkend aufgefaßt werden [36]); und die Pflichten der Mitglieder zur Erreichung des gemeinschaftlichen Zwecks und ihre Rechte an den erreichten Vortheilen sind im Zweifel als gleiche anzunehmen, ohne daß in letzterer Beziehung ein Unterschied gemacht wird zwischen denen, die ihre Arbeit, und denen, die ihr Kapital beitragen [37]).

II. Rechte und Pflichten der Gesellschafter unter einander. Mit dem Tage, an dem der Vertrag abgeschlossen worden, beginnen, sofern der Vertrag nichts anderes bestimmt, die Rechte und Pflichten der Gesellschafter gegen einander [38]). Wie bereits oben erwähnt, erfolgt hierbei die Leistung jedes einzelnen Gesellschafters nicht zum Zweck der Herbeiführung der entsprechenden Leistung der anderen Gesellschafter, sondern zum Zweck der Herbeiführung und endlichen Vertheilung des gemeinsamen Gewinns. Demnach stehen die Leistungen zur Erfüllung des Gesellschaftsvertrages zu einander nicht in dem Verhältniß von Leistung und Gegenleistung, einander bedingend und durch einander bedingt, wie beim Kauf und der Miethe [39]). Vielmehr erscheint als die Gegenleistung gegenüber der Erfüllung der zunächst übernommenen Pflichten die dereinstige theilweise Auskehrung des Gewinns; und keiner von den Gesellschaftern kann deshalb den anderen gegenüber wegen mangelnder Vertragserfüllung von anderer Seite die Vertragserfüllung verweigern, so lange nicht das Gesellschaftsverhältniß zu Ungunsten des sich beharrlich seinen Pflichten entziehenden Gesellschafters durch dessen Ausschließung

---

[35]) I. 17 § 187. Eine Beschränkung der gesetzlichen Regel ist es z. B., wenn neben der Abrede, daß nur Einer die Gesellschaft nach außen vertritt, weiter bedungen ist, daß der Andere nur als stiller Gesellschafter mit seiner Einlage durch die für die Gesellschaft geschlossenen Geschäfte verbindlich gemacht werden soll. Strieth. B. 53 S. 211.

[36]) I. 17 § 174.

[37]) I. 17 §§ 175. 189. (An den erreichten Vortheilen, nicht an dem Fonds der Gesellschaft.) Gleichheit der Theilnahme wird namentlich auch dann angenommen, wenn mehrere mit einem Dritten einen Vertrag abgeschlossen haben, und über ihr gegenseitiges Verhältniß ein besonderes Abkommen nicht verabredet worden ist. I. 17 §§ 172. 173. Entsch. B. 26 S. 296. Striethorst B. 24 S. 96, B. 55 S. 350.

[38]) I. 17 § 188.

[39]) Vergl. oben Anm. 5. Heerwart im Arch. f. civ. Praxis B. 18 S. 414. Seuffert I. 212 IX. 30, XXV. 237. A. M. Zimmermann im Arch. f. civ. Pr. B. 54 S. 235. Das Reichsoberhandelsgericht (Seuffert XXIX. 235, R.O.H.G. B. 16 S. 48) hat wenigstens die der Klage auf Rechnungslegung entgegengestellte exceptio non adimpleti contractus (der eigenen Rechnungslegungspflicht des Klägers) verworfen. Das R.G. hat — aber freilich ohne jedes nähere Eingehen auf die Frage und in einem Fall, in welchem die Einrede aus anderen Gründen zu verwerfen war, — ausgesprochen, daß die Einrede des nicht erfüllten Vertrages auch der Klage des Gesellschafters entgegenstehe. R.G. bei Gruchot B. 27 S. 994. Ebenso Dernburg II. § 224 Anm. 3.

aufgehoben ist[39a]). Die Pflichten der einzelnen Gesellschafter sind ferner wesentlich gleichartig; sie können zwar durch den Vertrag für die einzelnen in verschiedener Weise bemessen werden. Aber während der actio emti ein wesentlich verschiedener Inhalt von der actio venditi zuzuschreiben ist, erscheint für sämmtliche Gesellschafter die actio pro socio mit demselben rechtlichen Inhalt ausgestattet. Als berechtigt steht den übrigen Gesellschaftern gemeinrechtlich, auch wenn der Vertrag zwischen mehr als zwei Personen geschlossen ist, jeder einzelne Gesellschafter selbständig gegenüber; vom Standpunkt des preußischen Rechts greift dagegen der Grundsatz ein, daß eine mehreren Personen gegenüber vertragsmäßig übernommene Pflicht, in der Regel nur von den mehreren Berechtigten gemeinschaftlich geltend gemacht werden kann[39b]).

1. Der Gegenstand der Verpflichtung des einzelnen Gesellschafters betrifft zunächst die Bildung des gemeinschaftlichen Fonds, d. h. Vereinigung der vertragsmäßig bestimmten Vermögenswerthe zu dem bestimmten Zweck[40]). Dabei kann es sich um einmalige oder ursprüngliche Einlagen und um fortlaufende Beiträge handeln[41]). Sache des Vertrages ist es, zu bestimmen, wie viel der Einzelne einzulegen und beizutragen habe, wobei die vorerwähnte Auslegungsregel eingreift, daß im Zweifel Jeder in gleichem Verhältniß beizutragen hat[42]). Ist aber aus dem Vertrag auch mit Hülfe dieser Auslegungsregel nicht zu entnehmen, welche Pflichten in der angegebenen Richtung bestehen sollen, so kann der Vertrag nicht aufrecht erhalten werden. Erwähnt ist aber bereits, daß einzelne Mitglieder von Vermögenseinlagen und Beiträgen völlig befreit sein können, daß sie nur eine vertragsmäßig festgestellte Thätigkeit zur Gemeinschaft zu geben haben. Die Einlagen und Beiträge können in Geld, in Grundstücken oder in beweglichen Sachen bestehen, und können wie

---

[39a]) I. 17 § 273. Man mag im gemeinen Recht den in Anm. 39 angenommenen Standpunkt bestreiten können; für das preußische ergiebt § 273, daß die beharrliche Nichterfüllung der Pflichten seitens eines Genossen zwar den Ausschluß des säumigen Genossen rechtfertigt, aber nur so, daß ihm bis zum Ausschluß alle Vertragsrechte oder die Theilnahme daran zusteht. Wenn der klagende Genosse ausgeschlossen werden kann, wirkt der Ausschluß in weiterem Maße als die Einrede des nicht erfüllten Vertrags klagezerstörend.

[39b]) I. 5 § 450. Man könnte zwar ausführen, daß die Regel dieses § eine durch das Wesen des Gesellschaftsvertrages bedingte Ausnahme leide; aber die positiven Bestimmungen des Landrechts stellen auch hier dem einzelnen Gesellschafter als berechtigt die Gesellschaft gegenüber, was nur heißen kann, die etwaige Gemeinschaft der anderen Gesellschafter. Am klarsten tritt dieses hervor in I. 17 § 204. Die hier den anderen Gesellschaftern zugeschriebene Wahl kann nur einheitlich durch Beschluß, nicht von jedem Gesellschafter besonders getroffen werden: ebenso setzt die Ausschließung eines Gesellschafters einen Beschluß der verbleibenden, nicht Erklärung der einzelnen voraus. Auch diese Auffassung des Landrechts, wonach das Individualrecht des Einzelnen zur selbständigen Rechtsverfolgung erst bei der Theilung hervortritt, spricht für den in Anm. 39 vertretenen Standpunkt.

[40]) I. 17 §§ 189—204. Vergl. Entwurf des B.G.B. § 630, Entw. II. §§ 646. 647; Reichstagsvorl. §§ 693. 694.

[41]) Striethorst B. 24 S. 95.

[42]) Oben Anm. 37.

oben bereits hervorgehoben, die beiden letzten Kategorien zu Eigenthum oder auch nur zum Gebrauch an die Gesellschaft übertragen. Der Gesellschaftsvertrag ist immer nur der Titel für die Begründung des Eigenthums oder des dinglichen Gebrauchsrechts der Gesellschafter. Es muß also die Uebergabe, bei Forderungsrechten die Cession hinzukommen, um die anderen Gesellschafter zu Mitberechtigten zu machen. Indessen wird eine Auslegung des Vertrages in diesem selbst vielfach sowohl den Ausdruck der Cession, als den Ausdruck eines den Mitbesitz der Gesellschafter begründenden constitutum possessorium finden können. Soll aber ein Grundstück gemeinschaftliches Eigenthum der Gesellschafter werden, so gilt schon nach Landrecht das Miteigenthum gegen Dritte nur, wenn es den Gesellschaftern im Grundbuch zugeschrieben ist[43]). Nach dem geltenden Grundbuchrecht kann die Einräumung des Miteigenthums an die anderen Gesellschafter nur durch Auflassung ins Werk gesetzt werden[44]). Die Vertragsbestimmung, daß ein Grundstück zum Gesellschaftsfonds gehören solle, wirkt aber unter den Gesellschaftern selbst auch ohne Auflassung soweit, als die obligatorische Verpflichtung Wirkungen erzeugen kann. Es kann in dieser Weise das Gebrauchsrecht für die Gesellschaft begründet sein, und jedenfalls besteht das Recht der anderen Socien auf Auflassung. — Verzug in der Leistung des Beitrags oder der Einlage verpflichtet zum Schadenersatz oder bei Geldbeiträgen nach der Wahl der übrigen Gesellschafter zur Entrichtung von Verzugszinsen[45]).

Zu nicht versprochenen, **verstärkten** Beiträgen, um die Geschäfte der Gesellschaft bei Bewahrung des ursprünglichen Zwecks zu erweitern, kann nach Abschluß des Vertrages kein Theilnehmer genöthigt werden, aber es bleibt dem Einzelnen überlassen, hierzu freiwillig mehr zu leisten und durch die Mehrleistung auch den eignen Antheil am Gewinn zu erhöhen, ohne daß die anderen widersprechen dürfen[46]). Sollen die verstärkten Beiträge dazu dienen, den Zweck der Gesellschaft auf einen anderen Gegenstand auszudehnen, so kann dies nur durch einen neuen Gesellschaftsvertrag geschehen, woran das weigernde

---

[43]) I. 17 §§ 198—201. Die Zuschreibung im Grundbuch geschieht nicht auf die Gesellschaft, weil sie keine juristische Person ist (Reskr. v. 8. Jan. 1836. Jahrb. B. 42 S. 368), sondern auf die einzelnen Gesellschafter. Ueber die Art und Weise vergl. unten B. III. § 182 Anm. 103. Anders bei Handelsgesellschaften, auch der offenen und Kommanditgesellschaft nach Art. 23 des Einf.Ges. z. H.Ges.B. vom 24. Juni 1861. Der Satz des § 199 war landrechtlich eine Singularität, dem geltenden Grundbuchrecht entspricht er. Vom Standpunkte des Landrechts aus konnte noch fraglich sein, ob ein bösgläubiger Dritter, der trotz seiner Kenntniß von der Zugehörigkeit des Grundstücks zum Societätsfonds sich ein Recht daran von dem eingetragenen Eigenthümer hat übertragen lassen, sich auf § 199 zur Ausschließung jeder Anfechtung seines Rechts wegen seines bösen Glaubens berufen konnte. Eine solche Bedeutung wird man aber dem § 199 nicht zuschreiben können.

[44]) Das Einbringen des Grundstücks in die Gesellschaft ist eine freiwillige Veräußerung, die unter der Regel des § 1 Eig.Erw.Ges. v. 5. Mai 1872 steht.

[45]) I. 17 §§ 203. 204. D.H.G.B. Art. 95. (Die Zinsentrichtung befreit nicht vom Ersatz des größeren Schadens.)

[46]) I. 17 §§ 193—195. H.G.B. Art. 92. Oesterr. G.B. § 1189.

Mitglied nicht Theil zu nehmen braucht[47]). Wird eine Erhöhung des Beitrags zur Erreichung des unveränderten gemeinschaftlichen Zwecks nothwendig, so darf auch in diesem Fall zwar kein Mitglied zu der größeren Leistung angehalten werden, aber die anderen Mitglieder können den Austritt des weigernden verlangen, und dieser darf vor Ablauf der vertragsmäßigen Zeit austreten[48]).

2. Die Rechte und Pflichten der Gesellschafter äußern sich sodann bei dem Betriebe des Geschäfts[49]). Die Regel ist, daß jeder Gesellschafter in gleicher Weise an dem Geschäftsbetrieb sich zu betheiligen hat, und daß die Geschäfte gemeinschaftlich von allen besorgt werden[50]). Dabei müssen sie sich gegenseitig Treue und Glauben halten, und jeder mindestens den Grad von Fleiß und Aufmerksamkeit anwenden, den er in seinen eigenen Angelegenheiten anzuwenden pflegt[51]). Regelmäßig setzt das Landrecht hiernach gemeinschaftliche Thätigkeit aller Socien voraus, ohne daß eine Mehrheit die Minderheit durch Beschlüsse in anderer Weise binden könnte, als dies bei der Verfügung über gemeinsame Sachen überhaupt zulässig und in

---

[47]) I. 17 §§ 196. 197.

[48]) I. 17 §§ 191. 192.

[49]) I. 17 §§ 206—218. Vergl. Entwurf des B.G.B. § 632. 634—639, Entw. II. §§ 649—653, Reichstagsvorl. §§ 696—700.

[50]) Seuffert XII. 270.

[51]) l. 3 § 3 D. XVII. 2. 211. Entwurf des B.G.B. § 633, Entw. II. § 648, Reichstagsvorlage § 695. Was die dilig. quam quis suis betrifft, so sah Förster sie auch hier nur als Entschuldigungsgrund an, wie bei dem Depositar. S. oben § 139 bei Note 26. Svarez bei Bornemann IV. 29 Note 2 spricht in den dort citirten Worten (Kann die dilig. in concr. nicht nachgewiesen werden, so soll dilig. media in abstr., d. h. culpa levis angenommen werden) nach der Auffassung des Herausgebers gegen, nicht für diese Einschränkung. Jedenfalls enthalten I. 17 §§ 212 bis 214 Fälle, in welchen die entschuldigende Berufung auf Nachlässigkeit in eigenen Angelegenheiten ausgeschlossen, dagegen das Recht der Genossen auf den in den eigenen Angelegenheiten angewandten höheren Grad von Aufmerksamkeit ausdrücklich aufrecht erhalten wird, und zwar nicht so, als ob damit eine Singularität für diese Fälle eingeführt würde, sondern als eine Aufrechterhaltung der das Rechtsverhältniß beherrschenden Regel. Vergl. Anm. 55. Nach röm. Recht culpa, quae non ad exactissimam diligentiam dirigenda est: sufficit enim talem diligentiam in cummunibus rebus adhibere socium, qualem suis rebus adhibere solet, nam qui parum diligentem socium sibi assumit, de se queri debet. § 9 J. III. 25, l. 72 D. XVII. 2, l. 52 § 2 eod., l. 23 de R. J. Ausführlich hierüber Treitschke §§ 21. 22. 23. D.H.G.B. Art. 94 ebenfalls dilig. quam suis. — Die Gefahr, d. h. das kasuelle Unmöglichwerden der Leistungen (Beitrag oder Arbeit) haben die Gesellschafter gegen einander nicht zu vertreten. l. 52 § 3 D. XVII. 2, l. 6 C. IV. 24. Es verliert also der, dessen Leistung von der Unmöglichkeit betroffen wird, nicht deshalb seinen Antheil am Gewinn, dieser wird aber möglicherweise dadurch für Alle geringer. Kann ein Gesellschafter überhaupt die bedungene Leistung nicht mehr gewähren, so scheidet er aus der Gesellschaft aus, denn er wirkt nicht mehr zum gemeinschaftlichen Zweck mit. Bliebe er Mitglied der Gesellschaft, so würde ihm der Gewinnantheil geschenkt. Mommsen, Beitr. I. 405 fg., l. 32 § 24 D. XXIV. 1 nulla societas, quae donationis causa interponitur. Nach dem sächs. G.B. § 1363 verliert der Gesellschafter, dessen Leistung zufällig unmöglich geworden, den Anspruch auf den Gewinn. — Eine dem H.G.B. Art. 96. 97 entsprechende Pflicht des Gesellschafters, sich für seine Person einer der Gesellschaft Konkurrenz machenden Thätigkeit zu enthalten, stellt das Landrecht nicht auf. Unter Umständen wird sich der Gesellschaftsvertrag aber dahin auslegen lassen, auch wenn er nur das stillschweigende Einverständniß der Socien nach dieser Richtung in sich schließt.

der Lehre vom Miteigenthum näher zu erörtern ist. Aber insoweit können jedenfalls Mehrheitsbeschlüsse vorkommen, und in dem Societätsvertrage können solche in weiterem Maße ohne nähere Regelung vorgesehen sein. Dann wird im Zweifel die Mehrheit nicht nach den Beiträgen, sondern nach den Personen berechnet[52]).

Es ist ferner zulässig, daß einzelnen Mitgliedern der Gesellschaftsbetrieb im Gesellschaftsvertrage überlassen wird. Das zeigt sich schon in der Möglichkeit, daß einzelne Mitglieder sich nur zum Geldbeitrage, nicht zum Betrieb der Geschäfte verpflichten. Jedoch beschränkt sich dann der Regel nach die Ermächtigung der betreibenden Mitglieder auf den gewöhnlichen Betrieb. Jedenfalls ist eine solche Ermächtigung kein neben dem Gesellschaftsvertrage hergehender besonderer Auftrag, der nach dessen Regeln durch Sinnesänderung des einzelnen anderen Gesellschafters zurückgenommen werden könnte, sondern die ertheilte Ermächtigung ist als Theil der Abreden des Gesellschaftsvertrags bindend. Zu Ueberschreitungen der Vollmacht aber bedarf es einer erneuten Zustimmung aller Gesellschafter[53]). Der Umfang der Vollmacht richtet sich nach dem Vertrage; enthält dieser keine näheren Bestimmungen, so gilt die Vollmacht zur Geschäftsführung als eine unbeschränkte[54]). Auch die Vertretungspflicht des Einzelnen kann durch den Vertrag über das Maß der Aufmerksamkeit in eigenen Angelegenheiten erhöht werden, und dies ist gesetzlich der Fall, wenn er für die Besorgung eines Geschäfts außer seinem Antheil am Gewinn noch eine besondere Belohnung empfängt, sowie wenn ihm einzelne Sachen zur besonderen Verwahrung oder Verwaltung anvertraut worden sind[55]). Welchen Grad des Versehens er dann zu vertreten hat, richtet sich nach der Natur des besonderen Abkommens.

Jedes die Gesellschaft schädigende, vertretbare Verschulden verpflichtet zum Schadenersatz[56]), und diese Verbindlichkeit kann nicht etwa mit besonderen Vortheilen kompensirt werden, die das Mitglied der Gesellschaft anderweitig verschafft hat[57]). Endlich sind die Gesellschafter verpflichtet, die Geschäfte

---

[52]) I. 17 §§ 206—210. Die abweichende Regelung der offenen Handelsgesellschaft s. in H.G.B. Art. 102 ff. Kommanditgesellschaft Art. 158, stille Ges. Art. 251 Abs. 1. Vergl. Entwurf des B.G.B. I. § 635, II. § 649, Reichstagsvorl. § 696 Abs. 2.

[53]) I. 17 § 208. Koch, Note dazu. Vergl. auch H.G.B. Art. 103 (Stimmeneinhelligkeit). Oesterr. G.B. § 1187. — Ist die Vollmacht nicht im Gesellschaftsvertrage, sondern besonders ertheilt, so steht der Vertrag ganz unter den Regeln des Vollmachtsvertrages.

[54]) I. 17 §§ 210. 231. S. Entwurf des B.G.B. § 640, Entw. II. §§ 654. 655, Reichstagsvorl. §§ 701. 702. Das O.Trib. hat angenommen, daß die Gesellschaft nach außen von Einem Gesellschafter vertreten werden, und alle anderen stille Gesellschafter sein können, welche nur mit ihren Einlagen haften. Striethorst B. 53 S. 211. Beschränkungen der Vertretung Dritten gegenüber sind bei den handelsgesetzlichen Gesellschaften unzulässig. H.G.B. Art. 116. Oesterr. G.B. Art. 1190.

[55]) I. 17 §§ 212. 213. 214. l. 52 §§ 2. 3 D. XVII. 2.

[56]) l. 1 § 1 D. XXII. 1 (vorenthaltene und im eigenen Nutzen verwendete Gelder der Gesellschaft), l. 60 pr. D. XVII. 2 (Verzug in der Ablieferung des gemachten Erwerbs). Seuffert IX. 28.

[57]) I. 17 § 215. l. 23 §. 1, l. 25. 26 D. XVII. 2. D.H.G.B Art. 94. Code a. 1850. Oesterr. G.B. § 1191. Entw. des B.G.B. § 644, Entw. II. § 657, Reichstagsvorl. § 704.

persönlich zu betreiben, sie dürfen auch nicht durch Cession Fremde an ihrer Statt der Gesellschaft aufdrängen und sich dadurch ihren Pflichten entziehen[58]). Gegenüber dem einzelnen Gesellschafter sind die zu 1 und 2 erwähnten Pflichten von den ihm gegenüberstehenden mehreren Gesellschaftern nur gemeinschaftlich geltend zu machen.

3. Aus dem Geschäftsbetrieb folgt die Pflicht zur Rechnungslegung, welche jedem handelnden Mitgliede obliegt[59]). Die Rechnung ist der Gesammtheit der Gesellschafter zu legen, aber die Befugniß zur Kenntnißnahme ist ein Individualrecht jedes Einzelnen; es kann also der einzelne Gesellschafter auf Rechnungslegung klagen, auch wenn dem Rechnungspflichtigen mehrere Gesellschafter gegenüber stehen[59a]). Auch der Erbe eines Gesellschafters muß Rechnung legen[60]). Es darf aber dem Recht auf Rechnungslegung entsagt werden und dann verpflichtet nur ein nachgewiesener Betrug, vollständige Rechnung vorzulegen[61]). Die Beweisführung im Falle des Streits über Rechnungsposten unterliegt jetzt den allgemeinen Vorschriften; die Bestimmung, daß als Beleg und Nachweis unter bestimmten Umständen eine eidesstattliche Versicherung des Rechnungslegers genüge[62]), hat gegenüber dem prozessualischen Grundsatz der freien Beweiswürdigung keine Bedeutung mehr. In der Rechnung werden die von dem einzelnen Gesellschafter geleisteten Vorschüsse mit landüblichen Zinsen, seine Reise-, Zehrungs- und anderen unvermeidlichen Kosten, so wie der Schaden, den er bei dem Geschäftsbetrieb erlitten hat, doch nur mit der Beschränkung wie in der Rechnung eines Bevollmächtigten, in Ausgabe gesetzt. Eine besondere Belohnung hat der Gesellschafter nur zu fordern, wenn sie ausdrücklich versprochen ist, oder wenn er außerhalb des gewöhnlichen Geschäftsbetriebs eine Arbeit geleistet hat, die besondere Kunst oder Wissenschaft verlangt[63]). Das römische Recht gewährt hier einen sofort

---

58) I. 17 §§ 216. 217. D.H.G.B. Art. 98. — Cession und Pfändung ist nur bezüglich des Rechts auf den Gewinnantheil denkbar mit den unten zu erwähnenden Schranken.

59) I. 17 §§ 219—229. Ist nur ein Mitglied das geschäftsführende, so hat auch nur dieses Rechnung zu legen. R.O.H.G. III. 8. Vergl. Strieth. B. 84 S. 80. l. 9 pr. D. II. 13. Seuffert I. 212. Der Cessionar eines Gesellschafters auf dessen Gewinnantheil darf nicht Rechnungslegung oder sonstige Nachweisungen fordern, er muß sich mit der Vorlegung einer Bilance begnügen. § 218. S. unten Anm. 73. Vergl. Strieth. B. 23 S. 165. Rehbein III. S. 328. D.H.G.B. Art. 98. Das Recht auf Rechnungslegung besteht auch, wenn der Gesellschaftsvertrag formlos geschlossen ist. R.G.Entsch. B. 16 S. 240. Eine aus dem Gesellschaftsvertrage an sich hervorgehende Pflicht des einzelnen geschäftsführenden Genossen zur Rechnungslegung nahm das O.A.G. Dresden nicht an (Annal. I. 342). S. dagegen das. IV. 115. Seuffert XVI. 215.

59a) Strieth. B. 6 S. 128. — Vergl. H.G.B. Art. 105.

60) I. 17 § 221.

61) I. 17 §§ 222. 223. Svarez in den Jahrb. B. 52 S. 23.

62) I. 17 § 220. Vergl. oben § 141 Anm. 99, § 142 Anm. 28.

63) I. 17 §§ 225—229. Die Zinsen sind gesetzliche, nicht Verzugszinsen. Oben B. I § 68 Anm. 72. Ueber den Unterschied von Vorschuß und Darlehn Strieth. B. 24 S. 95. B. f. Rechtsanw. II. 307. Die Beschränkung des Anspruchs auf Schadenersatz nach l. 13 § 81 widerspricht dem röm. R., l. 52 § 4, l. 60 § 1, l. 61 D. XVII. 2. Koch, R. d. F. III. 629. Windscheid § 406 Nr. 11. Treitschke a. a. O. S. 46. 47. Uebrigens zeigen die l. 60 § 1 und l. 61 cit., daß dies unter den römischen Juristen

gegen die anderen Gesellschafter ratarisch geltend zu machenden Ausgleichungsanspruch; nach preußischem Recht kann Ausgleichung nur aus dem Gesellschaftsvermögen gefordert werden, da der einzelne Socius sonst zu Erhöhung der Beiträge genöthigt werden würde. Aus der Kasse der Gesellschaft kann auch derjenige Gesellschafter Deckung fordern, der von einem dritten Gesellschaftsgläubiger in Anspruch genommen, Schulden der Gesellschaft hat zahlen müssen; handelt es sich um eine Schuld, für welche die einzelnen Gesellschafter nach den unter III erwähnten Grundsätzen mit dem ganzen Vermögen und correaliter zu haften haben, so entsteht zugleich ein Ausgleichsanspruch gegen die anderen persönlich haftenden Gesellschafter. Jedem einzelnen Gesellschafter muß regelmäßig das Recht zugeschrieben werden, von allen Angelegenheiten der Gesellschaft durch Einsicht ihrer Papiere selbst Kenntniß zu nehmen[63a]).

4. Jeder Gesellschafter hat Antheil an dem gemeinschaftlichen Gewinn[64]). Gewinn ergiebt sich, wenn nach Abzug der Einlagen und Beiträge, der gemeinschaftlichen Schulden und der zum Geschäftsbetrieb aufgewendeten Kosten ein gemeinschaftlicher Vermögenswerth übrig bleibt[65]). Ob Gewinn erreicht ist, stellt sich bei der Schlußabrechnung fest, oder wenn die Gesellschaft eine längere Zeitdauer umfaßt oder ihrem Zweck nach nicht bestimmt begrenzt ist, bei jeder einzelnen Hauptabrechnung, die im Zweifel jährlich stattzufinden hat[66]). Die Selbständigkeit dieser Abschlüsse zeigt sich darin, daß der im früheren Jahre verringerte Societätsfonds regelmäßig nicht im späteren Jahre, in welchem Gewinn erzielt ist, zunächst um den Betrag der Verringerung wieder erhöht worden müßte. Vielmehr haben auch solche Mitglieder, welche in dem Vorjahre den Verlust nicht zu tragen gehabt haben, weil er aus dem Vermögen der Societät gedeckt ist, zu dem sie nichts (oder weniger)

---

streitig war. Die l. 26 § 6 D. XVII. 1 hat die Beschränkung für das Mandat. Ansatz der Kosten und Auslagen: l. 38 § 1. l. 52 §§ 12. 15. l. 67 § 2. D. XVII. 2. Zinsen vom Tage der Vorschußleistung, Ersatz der Auslagen, Befreiung von Verbindlichkeiten gegen Dritte, kein Anspruch auf besondere Vergütung H.G.B. Art. 93. Seuffert XX. 157.

63a) Entw. des B.G.B. § 643, Entw. II. § 656, Reichstagsvorl. § 703.

64) l. 67 pr. D. XVII. 2. Der Zweck der Gesellschaft, der Gewinn oder Erwerb muß ein gemeinschaftlicher sein. Oben Anm. 3 ff. vergl. Heuser VII. 489.

65) I. 17 § 241. l. 30 D. XVII. 2

66) I. 17 § 261. Oesterr. G.B. § 1199. H.G.B. Art. 107. Entw. des B.G.B. §§ 646. 647, Entw. II. §§ 659. 660. Reichstagsvorl. §§ 708. 709. Nach Art. 106 werden jedem Gesellschafter am Schluß des Geschäftsjahrs von seiner Einlage 4 Prozent Zinsen gutgeschrieben. Erst wenn diese Zinsen gedeckt sind, ist Gewinn vorhanden. Handelt es sich um prozessualische Abwicklung einer solchen Angelegenheit, so bietet die Verweisung der Sache in das vorbereitende Verfahren der C.P.O. §§ 313 ff. ein Hülfsmittel, zur Klarheit zu gelangen. Auch abgesehen hiervon wird das richterliche Fragerecht geübt werden müssen. Die Frage des Richters kann freilich die Parteien nicht zwingen, klare Angaben in den Rechtsstreit hinein zu tragen, und die Entscheidung des Reichsgerichts B. 13 S. 228, die deshalb, weil das Rechnungsergebniß unmöglich richtig sein könne, eine neue Verhandlung eröffnet, scheint über das zulässige Maß der Einwirkung hinaus zu gehen, kann auch ein anderes Ergebniß nicht garantiren; denn der Richter wird schließlich nicht weigern können, auf das, was die Parteien vorbringen, so falsch und unvollständig es sein mag, seinen Spruch abzugeben.

beigetragen haben, das Recht auf den vollen Gewinnantheil des neuen Jahres[67]). Weil der Zweck der Gesellschaft die Erreichung eines gemeinschaftlichen Erwerbs ist, so widerspricht es ihrem Wesen, daß ein Theilnehmer von jedem Gewinnantheil ausgeschlossen wird (societas leonina)[68]).

Die Antheile am Gesellschaftsvermögen und Gewinn sind zunächst ein Gedachtes, eine Quote des gemeinschaftlichen Objekts, dieses als Einheit gesetzt, sie sind daher immer dieselben, mag an dem Objekt eine Werthserhöhung oder Verminderung eintreten. Die Höhe des einzelnen Gewinnantheils richtet sich im Zweifel nach dem Verhältniß, wie der Einzelne sich mit Beiträgen bei der Gesellschaft betheiligt[69]). Der Vertrag muß hierüber das Nähere bestimmen, sonst steht Jedem ein seinem Beitrag entsprechender Antheil am Gewinn zu[70]), diejenigen Mitglieder, die nur Arbeiten geleistet haben, werden unter einander gleichberechtigt[71]), und sie empfangen Gleiches mit dem Mindestbeitragenden[72]). Der am Schluß oder bei dem gesonderten Abschluß für das laufende Jahr sich thatsächlich ergebende Gewinnantheil ist das Alleineigenthum des Einzelnen. Er kann darüber frei verfügen, es auch an Dritte veräußern (cediren)[73]). Er kann den Gewinn aus der Gemeinschaft herausziehen oder ihr belassen; die Auszahlung darf er aber erst verlangen, wenn sie ohne Störung des fortgesetzten Geschäfts ausführbar

---

67) I. 17 § 262.

68) I. 17 § 245. Ein solches Abkommen soll als Schenkung beurtheilt werden, und wenn dies nicht geschehen kann, so wird es ignorirt, d. h. der Gewinn wird nach den gesetzlichen Grundsätzen vertheilt. l. 29 § 2. D. XVII. 2. (Der Name soc. leon. kommt aus der Fabel des Phädrus I. 5.) l. 32 § 4. D. XXIV. 1 nulla societas est, quae donationis causa interponitur. Aber es kann besonders bedungen werden, daß der Eine einen größeren Antheil am Gewinn haben soll, als der Andere. l. 29 cit. pr. § 1. J. III. 25. Daß beide Stellen sich nicht widersprechen, s. Vangerow III. 483. Dresden bei Seuffert XVI. 119 läßt die soc. leonina im heutigen R. verbindlich sein. Vergl. Glück B. 15 S. 425.

69) I. 17 §§ 205. 244. 251.

70) I. 17 § 205. Abweichend Entwurf des B.G.B. § 647, Entw. II. § 660, Reichstagsvorl. § 709.

71) I. 17 § 252. Im gem. R. ist streitig, ob die Größe der Gewinn- und Verlustantheile sich nach der Größe der Beiträge richte. Von (arithmetisch) gleichen Antheilen scheinen zu sprechen Gaj. III. 150 § 1. J. III. 25. l. 29 pr. D. XVII. 2. Die l. 6. 80. D. eod. dagegen lassen verhältnißmäßige oder ungleiche Antheile nur aus besonderer Verabredung hervorgehen. Für absolut gleiche Antheile sind von Aelteren Huber, Schulting (Glück XV. 407 Note 1), von Neueren Unterholzner II. 382, Vangerow III 497. Sie berufen sich dabei auf l. 5 § 1 D. XVII. 2. Verhältnißmäßige Antheile nehmen an von Aelteren: Voet, Wessenberg, Cocceji, Lauterbach, Wernher, Höpfner (Glück, das. Note 100), von Neueren Thibaut, Seuffert, Treitschke S. 110. Bei Seuffert VII. 175 gleicher Gewinnantheil auch bei ungleichen Einschüssen (Celle).

72) I. 17 §§ 253. 254.

73) l. 65 § 9, l. 63 § 8 D. XXII. 2. Ueber die Beschränkung des Cessionars des Gewinnantheils (I. 17 §§ 217. 218) bezüglich des Rechts auf Rechnungslegung s. oben Anm. 59. Ist ein Recht auf einen der Höhe nach bezeichneten Gewinnantheil cedirt, so schließt die Cession überhaupt nicht das Recht auf Rechnungslegung in sich. — R.G. Entsch. B. 3 S. 336. — Zu vergleichen Entwurf des B.G.B. § 644. 645, Entw. II. §§ 657. 658, Reichstagsvorlage §§ 704—707.

ist[74]). Für die Gläubiger des Einzelnen ist dieser Gewinnantheil Befriedigungsobjekt, wobei sie den Bedingungen unterworfen sind, unter denen ihr Schuldner die Auskehrung verlangen kann[75]). Wer nicht in dieser Weise am fallenden und steigenden Gewinn betheiligt ist, sondern für seine Einlage feste Zinsen erhält, ist nicht Gesellschafter, sondern Gläubiger der Gesellschaft[76]).

5. **Jedes Mitglied, welches zum Fonds der Gesellschaft beigetragen hat, trägt verhältnißmäßig den Verlust**[77]). Verlust ist vorhanden, wenn zu der Zeit, für welche die Abrechnung anzulegen ist, das mit den vereinigten Vermögenskräften Erworbene die Schulden und Betriebskosten nicht deckt, zu dieser Deckung also die Einlagen und Beiträge verwendet werden müssen[78]). Daraus folgt, daß für diejenigen Mitglieder, die nur Arbeit beitragen, der Verlust in der Entbehrung eines Gewinns besteht, daß sie aber nicht angehalten werden können, den Verlust am Fonds antheilsweise zu ersetzen[79]). Das ändert sich, wenn ein solches Mitglied seinen Gewinn aus früheren Jahren sich hat gut schreiben lassen, um dann nach

---

[74]) I. 17 §§ 263—265.

[75]) I. 17 §§ 266—268. Entsch. B. 12 S. 262. Die einzelnen Gegenstände des Societätsfonds dürfen nicht wegen der Schuld eines der Socien gepfändet werden; sind sie als im Besitz des Schuldners befindlich gepfändet, so wird die Gesellschaft oder vielmehr es werden die anderen Gesellschafter als Dritte wegen ihres die Veräußerung der Pfandsache hindernden Rechts der Zwangsvollstreckung widersprechen können. C.P.O. § 690. Dem einzelnen Gesellschafter steht an der einzelnen Sache auch nicht ein pfändbares Miteigenthum zu bestimmtem Betrage zu, dagegen ist ihm gegenüber pfändbar sein Recht auf Auseinandersetzung und auf Auskehrung seines Gewinnantheils soweit ein solches Recht begründet ist. Im Falle der Zwangsvollstreckung in den Gewinnantheil wollte **Bornemann** IV. 31 dem Gläubiger die Befugniß beilegen, an dessen Statt Rechnungslegung zu verlangen. Dem stand aber entgegen, daß der Gläubiger, der den Gewinnantheil seines Schuldners sich exekutivisch hat übereignen lassen, dieselbe Stellung hatte wie ein Cessionar, und daß diesem das Recht auf Rechnungslegung ausdrücklich abgesprochen ist. Die Ueberweisung auf Grund der Civilprozeßordnung §§ 736 ff. kann zwar nicht schlechthin den landesrechtlichen Sätzen von der Cession unterstellt werden; aber es ist doch auch jetzt noch anzunehmen, daß das Recht des Socius auf Rechnungslegung, wie es landrechtlich geordnet ist, ein streng persönliches ist, daß es sich der Uebertragung entzieht. — Auch nach H.G.B. Art. 119 sind nur die Gewinnantheile und Zinsen des Gesellschafters, nicht das, was zum Gesellschaftsvermögen gehört, Befriedigungsobjekt für die Privatgläubiger.

[76]) I 17 § 247. Die Höhe der Zinsen, vormals an das gesetzliche Maß gebunden (I. 17 § 248. **Heuser** III. 612. **Seuffert** X. 154, XIII. 248) ist nach dem B.G. vom 14. Nov. 1867 frei zu bestimmen.

[77]) I. 17 § 255. Vgl. Entw. des B.G.B. § 647, Entw. II. § 660, Reichstagsvorl. § 709.

[78]) I. 17 § 242. Zum Verlust gehört auch die Abnutzung und Werthverminderung der Werkzeuge und Geräthe. I. 17 § 243. Dazu **Koch**, Kommentar l. 30 D. XVII. 2.

[79]) I. 17 §§ 256. 257. **Koch** bemerkt dazu, daß sich diese Vorschrift nur auf die societas quoad usum beziehen lasse. Die Vorschrift ist aber ebenso richtig, wenn eine societas quoad sortem besteht. Es mindert sich mit dem Societätsfonds antheilsweise das Recht des einzelnen beitragenden Genossen auf Auskehrung seiner Einlage nach aufgehobener Gesellschaft. S. oben Note 28. — **Vangerow** III. S. 448 f. und **Sintenis** II. 698 Anm. 27 behaupten auch bei der soc. quoad sortem, daß die operas konferirenden Mitglieder den Verlust am Fonds mit tragen, d. h. zuzahlen müssen. Das geht aber über ihre übernommene Verpflichtung hinaus, sie würden dadurch beitragende Mitglieder. Oesterr. G.B. § 1197 wie im A.L.R.

den diesen Fall regelnden Bestimmungen des Gesellschaftsvertrages nach dem Verhältniß der dadurch geschaffenen Einlage am Gewinn Theil zu nehmen; den nunmehr durch Einlage betheiligten Socius trifft der Verlust mit[80]). Der Antheil am Verlust muß nicht nothwendig dem am Gewinn entsprechen, der Vertrag kann eine verschiedene Betheiligung bestimmen[81]), aber, wo es an solcher Festsetzung fehlt, muß die Gleichheit des Verhältnisses der Verlust- und Gewinnantheile angenommen werden[82]). Die Gefahr, welche die einzelne der Gesellschaft gehörige Sache trifft, lastet auch nach diesen Regeln auf der ganzen Gesellschaft als den Miteigenthümern der einzelnen Sache[83]). Sie bildet nur einen Faktor der Gewinn- und Verlustrechnung. Kein Gesellschafter hat seinen Antheil am Verlust zur Gesellschaftskasse zu ersetzen. Vielmehr mindert der Verlust das Gesellschaftsvermögen, und er trifft insoweit die beitragenden Mitglieder allein, als sich in Folge dessen ihr Recht, aus dem Gesellschaftsfonds bei Auflösung der Gesellschaft die Beiträge zurückzunehmen, als gegenstandslos oder geschmälert erweist[84]). Die Schmälerung richtet sich nach dem Verhältniß, in welchem die einzelnen durch ihre Beiträge für den Fall der Auflösung auskehrberechtigt geworden sind, kann aber vertragsmäßig anders bestimmt sein.

Eine Ergänzung des Abgangs am Fonds kann hiernach nur auf Grund besonderer Bestimmung des Vertrages gefordert werden. Ist sie danach zu fordern, so haben dann im Mangel besonderer Verabredung die Mitglieder nach demselben Verhältniß beizutragen, wie bei Gründung der Gesellschaft, so daß die damals von Geldbeiträgen befreiten Theilnehmer auch jetzt solche nicht zu leisten haben, was aber, wenn sie den Verlust verschuldet haben, den Anspruch auf Schadenersatz gegen sie nicht ausschließt[85]). Die Gesellschafter können auch darüber, wie weit den Einzelnen die Gefahr treffen soll, Abweichendes verabreden: es kann der Eine die Gefahr in größerem Umfange oder allein

80) I. 17 § 258. Er ist dadurch beitragendes Mitglied geworden; aber das gilt nicht als naturale für jeden stehen gelassenen Betrag, wenn sich sein Antheilsrecht lediglich nach I. 17 §§ 252—254 bemißt.

81) § 2 J. III. 25. l. 30 D. XVII. 2. S. hierüber Unterholzner II. 384. Vangerow III. 483 f. Dresden. Ann. VI. 28. Nach röm. R. kann der Antheil des Einzelnen an Gewinn und Verlust auch dem Arbitrium eines Dritten oder eines anderen Gesellschafters überlassen werden, l. 76 D. XVII. 2. Das Arbitrium muß aber unparteiisch und gerecht sein, l. 78. 79. 80 cit., l. 6 eod.; (auch der andere Gesellschafter muß dabei boni viri arbitratu verfahren). Das ist auch nach preuß. R. für zulässig zu halten. Code a. 1854.

82) § 3 J. III. 25 § 255 d. T. Theilung nach Köpfen im H.G.B. Art. 109.

83) Hier handelt es sich um die Gefahr, welche einen Bestandtheil des gemeinschaftlichen Fonds nach der Kollation trifft. In Note 52 ist von der Gefahr die Rede, welche die einzelne Leistung vor der Kollation trifft. Mommsen, Beitr. I. 410.

84) I. 17 §§ 256. 257. — H.G.B. Art. 93.

85) I. 17 §§ 259. 260. S. Entwurf des B.G.B. I. § 647, II. § 660, Reichstagsvorl. § 709. Auch nach H.G.B. Art. 92 ist regelmäßig kein Gesellschafter verpflichtet, die durch Verlust verminderte Einlage zu ergänzen; I. 17 § 259 aber handelt von dem Fall: „soll der Verlust ergänzt werden", ohne daß disponirt wird, unter welchen Voraussetzungen dies gefordert werden kann.

übernehmen[86]). Uebernimmt ein Gläubiger der Gesellschaft nach Verhältniß seines hingegebenen Kapitals einen Antheil an dem Verlust oder an der Gefahr, so wird er dadurch stiller Gesellschafter[87]).

III. **Rechte und Pflichten der Gesellschafter gegen Dritte.** Da die Gesellschaft kein selbständiges Rechtssubjekt ist, so stehen die einzelnen Gesellschafter zusammen in rechtlicher Beziehung zu denjenigen, mit denen Rechtsgeschäfte im Namen der Gesellschaft geschlossen werden. Die **Verträge** der Gesellschaft mit Dritten, mögen sie von allen Theilnehmern oder von einem Vertreter der Gesellschaft abgeschlossen und unterschrieben werden, berechtigen die Genossen als Gesammtgläubiger, die gemeinsam ihre Rechte geltend zu machen haben, und verpflichten sie im Zweifel als Gesammtschuldner (korreal); d. h. der Dritte kann gegen jeden Gesellschafter seinen vollen Anspruch richten, aber darf nur von allen gemeinschaftlich belangt werden[88]). Aus anderen, nicht vertragsmäßigen Handlungen, (das Landrecht hebt nützliche Besorgung der Geschäfte der Gesellschaft und nützliche Verwendung hervor[89])), werden die Gesellschafter nicht korreal, sondern nur gemeinschaftlich

---

[86]) l. 29 § 1 D. XVII. 2 § 2 J. III. 25. Nach österr. G.B. § 1196 darf sich ein Mitglied, das sich Gewinn von der Einlage bedingt, nicht ganz von der Gefahr freimachen.

[87]) I. 17 §§ 248. 250. Das Landrecht konstruirt das Verhältniß nicht als Gesellschaftsvertrag, sondern als Vertrag über ein gewagtes Geschäft. S. den gedruckten Entwurf II. S. 596. Die dabei eingreifende Bestimmung über Höhe der Zinsen ist antiquirt. Auch schon vor Aufhebung der Zinsbeschränkungen war es übrigens nicht unzulässig, sich trotz der Abrede eines den gesetzlichen Zinsbezug nicht übersteigenden Satzes einem Verlustantheil zu unterwerfen.

[88]) I. 17 §§ 230. 239. Oben B. I. § 63. Hier tritt ein wesentlicher Unterschied der Erwerbsgesellschaft von andern „erlaubten" Privatgesellschaften, deren Mitglieder nach der in Praxis angenommenen auf II. 6 § 12 gestützten Ansicht nicht korreal, sondern nur alle zusammen, gemeinschaftlich, die einzelnen, wenn überhaupt, nur pro rata gegen Dritte verpflichtet sind. Entsch. B. 20 S. 333. Die korreale Haftung des einzelnen Mitglieds der Erwerbsgesellschaft findet auch nur im Zweifel statt. Die Leistung kann und wird häufig ihrem Inhalt nach eine nur gemeinsam zu erfüllende sein. Vergl. darüber oben B. I. § 63 Anm. 19. Nach röm. R. besteht gegen den Dritten nur eine Berechtigung und Verpflichtung der Gesellschafter pro rata (l. 11 § 1 D. XLV. 2, l. 9 C. IV. 2, l. 4 pr. D. XIV. 1, l. 44 § 1 D. XXI. 1), aber es war auch schon in der älteren Praxis die Ansicht aufgestellt, daß die Gesellschafter aus gemeinschaftlichen Verträgen solidarisch haften; man hatte dabei unterschieden, ob die Gesellschaft noch besteht, oder nicht, im letzten Fall wurde Haft pro rata angenommen. Hellfeld. S. hierüber Glück B. 15 S. 462 fg. Kind, Quaest. forens. I. 20 p. 132, von Hartitzsch, Entsch. prakt. Rechtsfrage n. 204. Vergl. Seuffert X. 46, XII. 13. Die Bestimmungen des A.L.R. hängen mit seiner Theorie von der Korrealität und Gemeinschaftlichkeit zusammen. Dadurch ist aber auch nach preuß. R. die Frage erledigt, ob die Raten Viril- oder Sozietätsportionen sind. l. 4 pr. l. 44 § 1 D. XVII. 2. Vangerow III. 492. Treitschke S. 143. Nach dem H.G.B. Art. 112. 113 haftet jeder Gesellschafter der offenen H.G. für alle Verbindlichkeiten der Gesellschaft solidarisch mit seinem ganzen Vermögen. Der Entwurf des B.G.B. § 642 nahm im Zweifel dem Dritten gegenüber antheilweise Berechtigung und Verpflichtung an, wie überhaupt der erste Entwurf auf diesem Gebiet römisch rechtlich gestaltet war. Durch die Berathung der zweiten Kommission ist die deutsch- und preußischrechtliche Gestaltung der Verhältnisse nach den Gesichtspunkten der Nothwendigkeit gemeinsamer Verfügung Ausschlag gebend geworden. Entw. II. §§ 658. 663, Reichstagsvorl. §§ 705--707. 712.

[89]) I. 17 §§ 236—238. Jur. Wochenschr. 1843 S. 341. Koch, R. d. Ford. III. 636 und Bornemann IV. 33 wollen nur die beitragenden, nicht die nur Dienste leistenden Mitglieder haften lassen.

mit dem Societätsvermögen verpflichtet, so daß der Dritte gegen alle zusammen zu klagen hat[90]); er kann sich aber auch gegen den einzelnen für seinen Antheil wenden, vorbehaltlich des Rechts den Ausfall bei dem Antheil des einen Genossen von den anderen als Bürgen zu beanspruchen[91]). Eine Klage des einzelnen Gesellschafters gegen den Dritten auf seinen Antheil ist nach preußischem Recht unzulässig, aber eine Klage des Einzelnen auf Leistung an die Gemeinschaft wird von der Praxis zugelassen[92]).

Wenn der Geschäftsbetrieb einem oder einigen Mitgliedern von den anderen übertragen ist, so verpflichten sie als Bevollmächtigte alle Mitglieder durch Geschäfte, die sie im Namen der Gesellschaft abgeschlossen haben[93]); und ebenso wie bei dem Vollmachtsauftrage sind sie verpflichtet, das, was sie in den Geschäften der Gesellschaft erwerben, — auch wenn sie in eigenem Namen aufgetreten sind, — dieser zu überliefern[94]). Im letzteren Fall hat die Gesellschaft gegen den Dritten, mit welchem der Gesellschafter kontrahirt hat, auch wenn der Dritte das Verhältniß gekannt hat, ohne vorgängige Abtretung kein Klagerecht; wenn indessen Betrug vorwaltet, so wird gegen den Dritten der Anspruch auf Schadenersatz verfolgbar[95]). Der stille Gesellschafter haftet den Gläubigern nur mit seiner Kapitaleinlage, d. h. er steht, obgleich er eigentlich selbst nur Gläubiger ist, allen anderen Gläubigern der Gesellschaft nach[96]).

IV. Beendigung. Die Gesellschaft endigt von selbst, wenn die bestimmte Zeit verflossen, oder das Geschäft, das ihr alleiniger Gegenstand war, ausgeführt ist, ferner wenn die Erreichung des Zwecks unmöglich geworden, oder wenn ihre Fortsetzung verboten ist, endlich wenn sie durch die Gesellschafter selbst aufgelöst wird[97]). In letzterer Beziehung ist hervorzuheben:

---

90) Vergl. oben B. I. § 63 Anm. 20.

91) I. 17 § 238. 301.

92) Wegen I. 17 § 11 vergl. Striethorst B. 13 S. 131. Vergl. darüber und dagegen B. I. § 63 Anm. 8 a. E.

93) I. 17 § 231.

94) I. 17 §§ 232. 233. 234. Vergl. auch oben Anm. 53. l. 74. 38 § 1 D. XVII. 2. Zweifel erregt l. 67 § 1 D. eod. Glück XV. 444 interpretirt unter Berufung auf Faber und Voet, daß die anderen Gesellschafter zwar nicht die gewonnenen Zinsen, aber Schadenersatz fordern können. Noodt erklärt, der Gesellschafter behalte nur seinen Antheil an den Zinsen. Treitschke S. 45 tritt Ersteren bei. Unterholzner II. 388. Das Oesterr. G.B. § 1186 verbietet schädliche Nebengeschäfte. Das Deutsche H.G.B. Art. 96 verbietet dem Handelsgesellschafter gleichartige Handelsgeschäfte auf eigene Rechnung. Solche kann die Gesellschaft als für ihre Rechnung geschlossen ansehen oder Schadenersatz fordern. Unmittelbare Stellvertretung das. Art. 114.

95) I. 17 §§ 234. 235. Svarez in den Jahrb. B. 52 S. 24. Ob der Dritte gegen die Gesellschaft klagen kann, wenn diese ratihabirt hat, auch wenn der Gesellschafter nicht im Namen der Gesellschaft gehandelt, ist gemeinrechtlich streitig. l. 60 de R. J., l. 82 D. XVII. 2. Vergl. einerseits Leyser, Med. sp. 195 m. 3. Lauterbach, Coll. XVII. 2 § 40f. Mevius, Comment. ad jus Lubec. III. 9 art. 5 n. 20. Glück XV. 468. Thöl, Handelsrecht § 37 S. 216 (4. A.); andererseits Vangerow III. 495 und Treitschke S. 162f., welche die l. 82 auf ein Handeln im Namen der Gesellschaft beziehen. Vergl. auch Sell, Versuche I. 46.

96) I. 17 § 250.

97) I. 17 § 277. D.H.G.B. Art. 123 Nr. 4. 5. Vergl. Entwurf des B.G.B. §§ 648—653.

a. der **Austritt** einzelner Mitglieder[98]). Hier weicht das preußische Recht von dem römischen Recht ab. Zunächst theilt es zwar mit diesem den Grundsatz, daß jedes Mitglied die Gesellschaft nach Gutbefinden verlassen kann, daß eine Verpflichtung, beständig oder auf unbestimmte d. h. nicht durch einen bestimmten Endtermin oder durch Beziehung auf das Ende eines bestimmten Geschäfts begrenzte Zeit in ihr zu verbleiben, unverbindlich ist[99]). Aber es stellt den einschränkenden Grundsatz gegenüber, daß Gesellschaften, die auf bestimmte Jahre oder für ein einzelnes bestimmtes Geschäft errichtet worden sind, nicht vor Ablauf der Zeit oder Vollendung des Geschäfts verlassen werden dürfen — es wäre denn, daß der Zweck nicht ohne neue Beiträge erreicht werden könnte[100]). Sodann löst sich nach A.L.R. die Gesellschaft durch den Austritt Einzelner nicht, wie nach römischem Recht völlig auf, sondern die übrigen erlangen dadurch nur, wenn der Geschäftsbetrieb hauptsächlich auf der Einsicht und der Thätigkeit des Ausscheidenden beruhte, das Recht ebenfalls auszuscheiden[101]). Wenn sie dies Recht nicht gebrauchen, so setzt sich die Gesellschaft unter ihnen fort.

Dieser Grundsatz bedingt weitere Vorschriften darüber, wie der Austritt zu bewirken ist, ohne den Bestand der Gesellschaft und die Interessen der übrigen Genossen zu gefährden. Darum soll der Austretende „bei Zeiten" sein Vorhaben den andern anzeigen, d. h. er soll kündigen[102]). Eine bestimmte Kündigungsfrist kennt das A.L.R. zwar nicht; das „bei Zeiten" bedeutet aber so zeitig, daß die bleibenden die nöthigen Anstalten für ungestörte Fortsetzung der Geschäfte treffen können[103]). Der Austritt selbst ist auch nur

---

Entw. II. §§ 661—665, Reichstagsvorlage §§ 710—714. l. 63 § 10. l. 65 pr. §§ 3. 10. l. 70. D. XVII. 2. Auch mit Eintritt der Resolutivbedingung, unter der die Gesellschaft geschlossen. l. 1 pr. D. eod. Der dissensus omnium kann nach gemeinem Recht auch stillschweigend erklärt werden. l. 64 ibid.

98) I. 17 §§ 269—262, 289—300. D.H.G.B. Art. 123 Nr. 6. (Aufkündigung bei Gesellschaften auf unbestimmte Dauer, als welche auch eine auf Lebenszeit gilt.) Art. 125. Auflösung aus erheblichen Gründen. Ueber die renunciatio uuius socii § 4 J. III. 25. l. 14. l. 17 § 1. l. 65 § 3. D. XVII. 2. Glück XV. 462. Treitschke S. 178. Höpfner im civil. Arch. B. 17 S. 262.

99) I. 17 §§ 269. 289; vergl. R.G.Entsch. B. 9 S. 108, bei Gruchot B. 27 S. 844. l. 14. 70. D. XVII. 2. § 4 J. III. 25. l. 5. C. III. 37. Strieth. B. 39 S. 205. — Wenn aber auch jedes Mitglied zu jeder Zeit beliebig die Gesellschaft verlassen kann, so bleibt es doch noch den anderen Mitgliedern mit der actio pro socio verhaftet. l. 65 § 3. D. XVII. 2 se quidem liberare socios, se autem ab illis non liberari. Ausnahmen davon, d. h. in denen die actio pro socio wegen unzeitiger Renunziation nicht gegen ihn angestellt werden darf: l. 14. 15. 16. D. eod. l. 7. C. IV. 37. S. Treitschke §§. 67. 67 b. Dresdener Ann. III. 396. Seuffert XVI. 45. Wochenbl. für merkw. Rechtsfälle. N.F. XI. 1863. S. 55. — Vergl. Entw. II. des B.G.B. § 661 Abs. 3; Reichstagsvorl. § 710 Abs. 3.

100) I. 17 §§ 270. 272. Daß bei Gesellschaften auf unbestimmte Zeit ohne rechtsgiltige Ursache nicht renunziirt werden dürfe, behaupten Leyser sp. 186 m. 5. Berger, oec. for. p. 522. Vergl. auch Entwurf des B.G.B. § 648. 649, Entw. II. § 661; Reichstagsvorl. § 710.

101) I. 17 § 290.

102) I. 17 § 291.

103) I. 17 § 293. H.G.B. Art. 124: sechs Monat vor Ablauf des Geschäftsjahres.

zulässig in einem Zeitpunkt, wo Gewinn und Verlust gegen einander abgerechnet werden können[104]).

Ist eine Kündigung erfolgt, so sollen sich der ausscheidende und die bleibenden Gesellschafter über die Grundsätze einigen, nach denen ihre Auseinandersetzung zu erfolgen hat[105]). Hierbei ist maßgebend: für Geschäfte, welche zur Zeit der Kündigung bereits begonnen waren, bleibt der Austretende bis zu deren Vollendung Theilnehmer der Gesellschaft, d. h. seine Abfindung wird entweder bis dahin verschoben, oder er muß für seinen Antheil an dem möglichen Verlust Sicherheit leisten. Ob das Eine oder Andere, darüber entscheiden die thatsächlichen Umstände[106]). Dagegen sind Geschäfte, die erst nach der Kündigung und gegen seinen Willen unternommen werden, für ihn ohne Interesse, er ist an ihrem vortheilhaften oder nachtheiligen Erfolg im Verhältniß zu den Socien nicht mehr betheiligt[107]). Geschäfte endlich, die er mit „beschlossen" hat, mit deren Ausführung aber noch kein wirklicher Anfang gemacht ist, sind nur insofern auch für ihn noch bindend und berechtigend, als schon durch ihren „Abschluß" Rechte und Verbindlichkeiten für die Gesellschafter begründet sind[108]).

Gegenüber den Gläubigern der Gesellschaft ist der Austritt des Einzelnen einflußlos: er haftet ihnen unverändert aus allen Geschäften, die ihn überhaupt noch angehen, theils korreal, theils mit den Anderen gemeinschaftlich, d. h. auf seinen Antheil mit Verbürgung für die Antheile der Genossen[109]). Wenn er seine Einlage in der Gesellschaft zurückläßt, so hat er gegen die übrigen Gesellschafter den Anspruch auf Befreiung von der Schuldverbindlichkeit nach einem angemessenen Zeitablauf[110]).

b. Abweichend vom römischen Recht und dem A.L.R. eigenthümlich ist der **Ausschluß** eines Mitgliedes[111]). Er findet statt, wenn ein Gesellschafter erhöhte Beiträge, die zur Erreichung des Zwecks nothwendig geworden, ver-

---

104) I. 17 § 292.
105) I. 17 §§ 297. 298. Eine lex sine poena. Koch, R. d. F. III. 647.
106) I. 17 §§ 294. 295.
107) I. 17 § 296.
108) I. 17 § 299. Nur **beschlossene** Geschäfte, mit deren Ausführung noch kein Anfang gemacht, können überhaupt niemals Rechte oder Verbindlichkeiten für die ganze Gesellschaft erzeugen; dem bloßen Beschluß, das Geschäft zu unternehmen, den die Gesellschafter faßten, steht der **Abschluß** des Geschäfts mit dem Dritten entgegen. Als Ausführung steht weiter dem Abschluß die Erfüllung gegenüber. **Treitschke**, Gewerbsgesellschaft, S. 220 will statt beschlossen **abgeschlossen** lesen. Das ist unnöthig, weil es sich nach dem Fortgang der Stelle nur um die Rechte aus dem auf Grund des Beschlusses abgeschlossenen Geschäft handelt, die, weil sie noch nicht erfüllt sind, eine zur Zeit des Austritts ungelöste Schuld des Austretenden bilden.
109) I. 17 §§ 300. 301. **Svarez** in d. Jahrb. B. 41 S. 57. Entsch. B. 33 S. 69.
110) I. 17 § 302.
111) Das röm. R. gestattet nur Renunziation, si ita injuriosus et damnosus socius sit, ut non expediat eum pati. l. 14 in f. D. XVII. 2. Dresd. Ann. VI. 403. D.H.G.B. Art. 128. 130 läßt aus Gründen, die eine Auflösung motiviren würden, auch die Ausschließung des einzelnen Mitgliedes zu. Auch der bair. Entw. läßt Ausschluß zu. Bei nur zwei Mitgliedern wird aus dem Recht des Ausschlusses ein Recht zur Auflösung der Gesellschaft. R.G. Entsch. B. 26 S. 253. Der Entwurf des B.G.B. Reichstagsvorl. § 724 gestattet Ausschließung aus Gründen in der Person des Gesellschafters, die

weigert[112]), wenn er sich beharrlich[113]) seinen Pflichten entzieht, wenn er betrüglich gegen die Gesellschaft gehandelt, wegen Verbrechen bestraft[114]), für einen Verschwender erklärt wird[115]). Der durch ihm eröffneten Gesellschaftsbeschluß Ausgeschlossene kann gegen die Gesellschafter auf Wiederannahme klagen, aber wenn seine Klage abgewiesen wird, so erstrecken sich die Wirkungen des Ausschlusses auf den Tag der Ankündigung zurück[116]).

c. Für den Fall der Eröffnung des Konkursverfahrens über das Vermögen eines Gesellschafters schreibt die Konk.-Ordn. nur vor, daß die Auseinandersetzung außerhalb des Konkursverfahrens zu geschehen habe, und daß aus dem ermittelten Antheil des Gemeinschuldners der andere Genosse wegen seiner Forderungen aus dem Gesellschaftsverhältniß abgesonderte Befriedigung fordern kann[117]). Eine weitere Bestimmung entsprechend dem Satze des gemeinen Rechts, daß die Konkurseröffnung schlechthin die Societät beendige, fehlt[117a]). Nur für Handelsgesellschaften galt ein Rechtssatz dieses Inhalts schon nach Landrecht, der entsprechende Satz des Handelsrechts ist durch die Konkursordnung aufrecht erhalten[118]). In Fällen dieser Art tritt der Konkursverwalter in das Societätsverhältniß nur für die Auseinandersetzung ein. Für nicht kaufmännische Gesellschaften sollte nach der preußischen

---

eine Kündigung rechtfertigen, wenn das Fortbestehen der Gesellschaft beim Ausscheiden eines Gesellschafters verabredet ist.

[112]) I. 17 § 191.

[113]) I. 17 § 273. Eine „beharrliche" Weigerung kommt auch in II. 1 § 112 vor; darunter hat die Praxis (Entsch. B. 23 S. 173) eine Weigerung verstanden, die noch nach angestellter Klage fortgesetzt wird. Ob diese Entscheidung richtig, eventuell noch jetzt aufrecht zu erhalten, ist später zu untersuchen. Jedenfalls ist dieser Begriff hier nicht maßgebend. Die thatsächliche Feststellung ist arbiträr.

[114]) I. 17 § 274. Der Ausdruck Verbrechen muß nach der neueren Terminologie auch die Vergehen mit begreifen, welche Ehrenstrafen oder Polizei-Aufsicht nach sich ziehen. Koch, Note zu § 274.

[115]) Es fragt sich, ob der Satz auf andere Fälle der Entmündigung anzuwenden ist, namentlich also auf den Fall eingetretener Geisteskrankheit. Vergl. D.H.G.B. Art. 123 Nr. 3. Oesterr. G.B. § 1210. Förster bejahte die Frage mit Koch, R. d. F. III. 641 unbedenklich; nach Ansicht des Herausgebers ist in den Fällen, in denen der Gesellschafter nicht zu Handlungen für die Gesellschaft verpflichtet sein soll, die eintretende Geisteskrankheit gleichgiltig, — soll er für die Gesellschaft handeln, so wird ein Grund zum Rücktritt wegen eingetretener Unmöglichkeit der Erfüllung vorliegen.

[116]) I. 17 §§ 275. 276. Mit der actio pro socio. S. hierüber Strieth. B. 50 S. 110. Treitschke S. 188 a. E. bezieht unrichtig den § 276 auch auf den Fall des freiwilligen Austritts. Oesterr. G.B. § 1213. Für das Verhältniß nach Außen ist der Ausgeschlossene so lange als Nichtmitglied zu behandeln, als er nicht den Ausschließungsbeschluß beseitigt hat. So lange sind also die verbleibenden Mitglieder Dritten gegenüber allein legitimirt. R.G. Entsch. B. 14 S. 125.

[117]) K.O. §§ 14. 44. Auch wegen des Rechts zu verlangen, daß die gemeinschaftliche Masse zunächst zur Zahlung der bezüglich ihrer begründeten gemeinschaftlichen Verbindlichkeiten verwendet werde.

[117a]) Vergl. Entwurf des B.G.B. § 653, im Entwurf II. zur Konkursordnung verwiesen, aber in die Reichstagsvorlage als § 715 aufgenommen.

[118]) A.L.R. II. 8 § 667. Die Bestimmung gehörte zu denjenigen, welche auch nach den Motiven der preuß. K.O. v. 1855 S. 35 durch deren § 20 aufrecht erhalten werden sollte. Im Handelsrecht ist sie für die offene, Kommandit- und stille Gesellschaft zum Ausdruck gebracht. H.G.B. Art. 123 Nr. 3, 170. 200. 261 Nr. 3. Bei der Aktiengesellschaft kann sie nicht in Frage kommen. Die handelsrechtlichen Bestimmungen validiren nach Reichs-K.O. § 20.

Allg.G.O.[119]) der Konkurs als ein „veränderter Umstand" wirken, der sowohl den Gläubigern des Gemeinschuldners als den anderen Gesellschaftern das Recht gebe zurückzutreten. Dieser Satz ist schon durch die Preußische Konkursordnung aufgehoben[120]). Aber in unveränderter Geltung ist der Satz geblieben[121]), daß die eintretende Unmöglichkeit der Erreichung des aus Inhalt oder Natur eines Vertrages sich ergebenden Endzweckes beider Theile den Rücktritt vom Vertrage begründet. Hiernach liegt zur Zeit die Rechtslage so: Zunächst hängt es nicht von der Wahl des Verwalters ab, ob er in den noch für die Zukunft weiter zu erfüllenden Gesellschaftsvertrag eintreten will[122]); dagegen wird sowohl der Verwalter als der andere Theil zu erwägen haben, ob nicht Rücktritt wegen der durch veränderte Umstände eingetretenen Unmöglichkeit der Erreichung des Vertragszwecks gerechtfertigt ist; die Konkurseröffnung an sich ist aber als ein solcher Umstand rechtlich nicht mehr mit Nothwendigkeit anzusehen[123]).

d. Der Tod eines Gesellschafters löst nach römischem Recht die Gesellschaft auf. Die Erben treten nicht an die Stelle des Erblassers. Beschließen die übrigen Gesellschafter die Fortsetzung der Vereinigung oder nehmen sie den Erben auf, so ist dies eine neue Gesellschaft[124]). Anders nach A.L.R.[125]). Es unterscheidet: war der Zweck nicht ein weiter zu führendes gemeinschaftliches Geschäft oder Gewerbe, so ändert der Tod des Einzelnen nichts, seine Erben treten ein[126]); war Gegenstand und Zweck der Gesellschaft ein dauernder Geschäfts- oder Gewerbebetrieb, so wird wieder weiter unterschieden; der Verstorbene war an dem Geschäftsbetrieb nicht betheiligt, dann ändert sein Tod

---

119) A.G.O. I. 50 § 291.

120) Das leugnet Dernburg II. § 119 Anm. 4 und in den älteren Ausgaben der K.O. v. Wilmowski zu § 20 mit der Ausführung, daß die preuß. K.O. § 20 trotz formeller Aufhebung des 50. Titels der Prozeßordnung die Bestimmung konservirt habe. Daß dahin nicht die Absicht gegangen ist, folgt aus der in Anm. 118 citirten Stelle der Motive der preuß. K.O. Die preuß. K.O. hatte den Fall in ihrem § 19 im Auge, die etwas unklare Bestimmung dieses § steht dem Folgenden zur Seite. v. Wilmowski ist dieser Auffassung jetzt beigetreten.

121) A.L.R. I. 5 § 378.

122) Es folgt das aus § 15 K.O.

123) Warum soll der Verwalter zurücktreten, wenn durch geringe Zahlungen aus der Masse für eine beschränkte Zeit der Fortexistenz der Gesellschaft erhebliche Erträge derselben zu erwarten sind? warum die andern Socien, wenn die Beiträge gesichert scheinen und dem Gemeinschuldner eigne Thätigkeit für die Gesellschaft nicht zustand? In den meisten Fällen wird freilich ein Grund vorliegen, in Gemäßheit des § 378 I. 5 zurückzutreten.

124) l. 4 § 1, l. 65 §§ 9. 11. 13 D. XVII. 2, § 5 J. III. 25. Vergl. Entwurf des B.G.B. §§ 652. 657, Entw. II. §§ 665. 671, Reichstagsvorl. §§ 714. 723. Die Ausnahme bei der soc. vectigalium l. 59 pr. D. eod. Sonst sind die Erben eines Gesellschafters nur noch verpflichtet, ea, quae per defunctum inchoata sunt, explicare. l. 40 D. eod. Heuser III. 345 f. Dresdener Ann. VI. 49. Auch muß der Erbe das, was der Erblasser für die Gesellschaft erworben, ihr überlassen. l. 74 D. eod.

125) Die Materialien bei Bornem. IV. 38. Nach österr. G.B. § 1207 wird vermuthet, daß die anderen Mitglieder die Gesellschaft fortsetzen wollen. Nach sächs. G.B. § 1386 ist es eine neue Gesellschaft.

126) I. 17 §§ 278. 279. Geschäft mit dauerndem Betrieb; vergl. oben Anm. 4. Durch diese und die folgenden besonderen Bestimmungen des Landrechts ist das Eingreifen von A.L.R. I. 5 § 416 in das Gesellschaftsrecht ausgeschlossen. R.G. bei Gruchot B. 27 S. 941.

ebenfalls nichts[127]); hatte er aber an dem Geschäftsbetrieb mitzuwirken, so sind sowohl seine Erben als die anderen Gesellschafter zum Rücktritt berechtigt[128]). Es kann indessen auch für diesen Fall der Vertrag selbst, der dann auch für die überlebenden Genossen bindend ist, oder eine letztwillige Verordnung des Verstorbenen die Erben verpflichten, in der Gesellschaft zu bleiben[129]). Im letzteren Fall muß aber der Erbe, um gebunden zu sein, mehr als seinen Pflichttheil erhalten[130]). Im ersten Fall darf der Erbe sich dem Eintritt selbst dann nicht entziehen, wenn er nur den Pflichttheil erhält[131]). Um sich von der hierin liegenden Belastung zu befreien, hat er aber den Miterben gegenüber den Anspruch, daß ihm sein Pflichttheil unverkürzt auf dasjenige hinterlassene Vermögen angewiesen werde, das nicht in der Gesellschaft liegt. Er wird dadurch abgefunden und scheidet dann aus der Gesellschaft aus, deren Gläubigern er jedoch ebenso verhaftet bleibt, wie sonst ein austretendes Mitglied[132]). Diese Bestimmungen sind, wenigstens zum Theil, ein erfundenes Recht und mußten deshalb in unfruchtbare Kasuistik verfallen[133]).

e. Gänzliche Auflösung der Gesellschaft nach der Willenseinigung der Gesellschafter kann nur ausgeführt werden, wenn die angefangenen Geschäfte vollendet sind[134]). Bei der Liquidation sind nach Tilgung der gemeinsamen Schulden zunächst die Kapitalbeiträge zurückzugewähren. Was nur zum Gebrauch überlassen war, ist dem Eigenthümer, als solchem zurückzugeben; er kann es vindiziren. Haben sich die zum Eigenthum hingegebenen Einschüsse durch Verluste gemindert, so werden sie verhältnißmäßig gekürzt. Dabei kommen neben den baaren Einschüssen die zum Taxwerth eingeschossenen Sachen mit diesem, Grundstücke, die ohne Taxe eingebracht sind, nach dem Erlös, und wenn sie nicht verkauft werden, nach ihrem Werth bei der Einbringung in Betracht. Folgt eine Minderung der einzelnen Beiträge aus den Verlusten, so ist das ursprüngliche Verhältniß für den Betrag der Minderung entscheidend. Wenn keine Minderung eintritt, so findet das obligatorische Recht auf Zurücknahme der inferirten Gegenstände in specie volle Befriedigung. Regelmäßig wird Zahlung der Gesellschaftsschulden der Auskehrung der Antheile voranzugehen haben, aber die Rechte der Gläubiger werden von der Auseinandersetzung

---

127) I. 17 § 280.

128) I. 17 § 281. Dasselbe muß gelten, wenn ein Mitglied handlungsunfähig wird. Koch, Note 69.

129) I. 17 §§ 282. 283. Anders im röm. R. l. 35, l. 52 § 9, l. 59 pr. D. XVII. 2.

130) I. 17 § 284.

131) I. 17 § 285.

132) I. 17 §§ 286. 287.

133) Koch, R. d. F. III. S. 640. Nach D.H.G.B. Art. 123 Nr. 2 hebt der Tod die Gesellschaft auf, wenn der Vertrag sie nicht auch auf die Erben ausdehnt. Ausdehnung auf die Erben nach Code a. 1865. 1868. — Das Oesterr. G.B. §§ 1206. 1208 und sächs. G.B. § 1383 lassen den Uebergang auf die Erben verabreden.

134) I. 17 § 304. — Ueber die Liquidation nach dem Entwurf des B.G.B. s. dessen §§ 655. 656, Entw. II. §§ 667—670, Reichstagsvorlage §§ 717—722.

an und für sich nicht berührt[135]). Jedoch schreibt das A.L.R. vor, daß, wenn den Gläubigern die Auflösung der Gesellschaft ausdrücklich bekannt gemacht worden ist, und nicht innerhalb eines Jahres vom Tage der Bekanntmachung oder von der späteren Fälligkeit der Forderung an von ihnen zum Zwecke ihrer vollen Befriedigung gegen die einzelnen Gesellschafter Klage erhoben wird, diese ihnen nur auf ihren Antheil, d. h. nach Verhältniß ihrer Beiträge haften[136]).

Die Klage auf Durchführung der Auflösung[137]) entspricht der gemeinrechtlichen actio communi dividundo oder der actio pro socio, welche letztere durchgreift, soweit der Vertrag selbst besondere Rechte begründet, oder soweit persönliche Ansprüche der Gesellschafter gegen einander während des Bestehens der Gesellschaft aus dem Gesellschaftsverhältniß entstanden sind. Daneben können die für die einzelnen Rechtshandlungen maßgebenden Grundsätze Ansprüche begründen[138]).

D. Verträge zum Zweck der Sicherung von Rechten.

a. Bürgschaft.

§ 144. Der Bürgschaftsvertrag.

A.L.R. I. 14 §§ 200—398. — Paul, Die Lehre von Verträgen im Allgemeinen und von Bürgschaften u. s. w. insbesondere, nach preuß. R. 1853, S. 105. Bornemann III. 271. v. Daniels IV. 105. Koch, Pr.R. II. 506. R. d. F. III. 1028. Gruchot B. 16 S. 588. Dernburg B. II. §§ 241—248. Fischer § 85. — Liebe im Rechtslexikon V. 512. Girtanner, Die Bürgschaft nach gemeinem Civilrecht, 2. Abth., 1850. Hasenbalg, Die Bürgschaft, 1870. Dazu Baron in der krit. Vierteljschr. B. 16 S. 31. Müller, Ueber die germanische Bürgschaft, in Zeitschr. für deutsches Recht B. 1 S. 321. Stobbe, Zur Geschichte des deutschen Vertragsrechts, 1855, S. 115 und D. Pr.R. B. III. § 191. Plathner, Die Bürgschaft, eine germ. Abh., 1857. — Unterholzner II. 801. Vangerow III. § 578 f. Arndts § 349 f. Windscheid II. § 476 fg. Beseler II. 354. Gerber S. 522. Zachariä (Crome) II. §§ 403 ff.

Der Sicherung des Gläubigers einer Schuldverbindlichkeit gegen wirthschaftliche Beschädigung durch Zahlungsunfähigkeit des Schuldners dient die

---

[135]) I. 17 §§ 305. 307. Irrthümlich hat Svarez angenommen, daß dies eine auf Billigkeit beruhende Abweichung vom röm. R. sei. Jahrb. B. 41 S. 57. D.H.G.B. Art. 144.

[136]) I. 71 §§ 308—310. Also die Mitglieder, welche nicht Beiträge einzuschießen hatten, nur in dem durch ihren Antheil am Gewinn festgestellten Verhältniß. Bornemann IV. 43.

[137]) I. 17 § 306. Koch, R. d. F. III. S. 647 fg. Ueber die Liquidation bei der Auflösung einer Handelsgesellschaft H.G.B. Art. 133 f. Sachen, welche Eigenthum der Gesellschaft geworden sind, fallen nicht an den zurück, der sie eingebracht hat; es wird der Werth erstattet (Art. 143).

[138]) Leist in der Zeitschr. f. Civ.R. u. Proz. B. 17 S. 358. (Die schwer zu interpretirende l. 69 D. XVII. 2 ist ein Beispiel von solcher Klagenkonkurrenz.)

Begründung von Pfandrechten und der Bürgschaftsvertrag. Auch bei der ersteren entsteht neben der dinglichen Haftung des Pfandgegenstands ein obligatorisches Verhältniß. Der durch Faustpfand zu sichernde Gläubiger wird durch den Empfang der verpfändeten Sache verpflichtet, die Sache nach Leistung der Hauptschuld zurückzugeben und bis dahin zu bewahren. Er hat unter Umständen ähnliche Gegenansprüche wie der Leiher einer Sache. Auf diese Rechtsverhältnisse ist erst im Pfandrecht näher einzugehen [1]). Die folgenden Erörterungen beschränken sich deshalb auf den zweiten Fall.

Davon, daß Jemand eine fremde Schuld auf sich nimmt, ist bereits in zweifacher Beziehung die Rede gewesen. In dem einen Fall geschah es in der Art, daß der ursprüngliche Schuldner frei werden soll und daß statt seiner der neue Schuldner in die Verpflichtung eintritt, vermöge eines mit dem Gläubiger eingegangenen Vertrages (Expromission) [1a]). Es ist aber auch der Fall erörtert worden, wenn Jemand dem Schuldner verspricht, seine Schuld zu erfüllen, ohne daß die Uebernahme der Schuld auf einem Vertrage mit dem Gläubiger beruht [2]). Die Expromission, nicht auch die Schuldübernahme [3]) fällt unter den Begriff der Intercession [4]), die voraussetzt, daß jemand dem Gläubiger gegenüber freiwillig die Verpflichtung eingeht, für die Schuldverbindlichkeit des Schuldners an jenen persönlich oder mit einem Vermögensstück zu haften. Dieser Erfolg kann in verschiedener Weise herbeigeführt werden: a. der Schuldner scheidet aus, an seine Stelle tritt der Intercedent allein, — Expromission; b. der Schuldner bleibt in der Verbindlichkeit, der Intercedent tritt neben ihn oder hinter ihn, — Pfandbestellung für eine fremde Schuld und Bürgschaft [5]); c. der Intercedent ist

---

[1]) Vergl. unten B. III. § 196 Anm. 28. Es ist auch hier, wie bei anderen Realcontracten zu unterscheiden das pactum de pignorando, A.L.R. I. 20 § 23, § 2, § 260, und der Pfandvertrag selbst, bezüglich dessen A.L.R. I. 20 § 167 auf die Analogie des Verwahrungsvertrages verweist.

[1a]) Oben B. I. § 101.

[2]) Oben B. I. § 102.

[3]) Delbrück, Uebernahme S. 27. „Der Uebernehmer verhandelt mit dem Schuldner durchaus nicht zu Gunsten des Gläubigers."

[4]) Das Register zum Landrecht hielt den Ausdruck „Intercession" fest als die generelle Bezeichnung der Verhältnisse, in denen die jetzt praktisch bedeutungslose Bestimmung I. 14 § 228 eingriff. Dennoch ist die Aehnlichkeit der unter diesen Begriff fallenden Geschäfte nicht ganz bedeutungslos. Man braucht nicht mit seinem ganzen Vermögen eine Haftung für fremde Schuld zu übernehmen: auch wer seine Sache für eine fremde Schuld verpfändet, A.L.R. I. 20 §§ 49. 51. 56 intercedirt; und deshalb ist die analoge Anwendung einer Reihe von Vorschriften über die Bürgschaft, insbesondere der §§ 356 ff. und des § 338 — vergl. L. 8 pr. D. XVI. 1 — auf diesen Fall begründet, was freilich in der preuß. Praxis mehrfach verkannt ist. Rechtsf. B. 3 S. 348. Strieth. B. 8 S. 212, B. 36 S. 327, B. 44 S. 117. Entsch. B. 77 S. 26. Nicht analoge Anwendung können die Bestimmungen des Bürgschaftsrechts finden, welche auf der regelmäßigen Subsidiarität der Bürgschaftshaltung beruhen: also keine Einrede der Vorausklage. Strieth. B. 44 S. 113. — Ueber den Begriff der Intercession nach gem. Recht s. R.O.H.G. IV. 151.

[5]) Die besonderen Formen der Verbürgung durch sponsio, fidepromissio, fidejussio und ihr Unterschied vom constitutum debiti alieni sind schon im gemeinen Recht beseitigt. Unterholzner II. 802. Auch das s. g. mandatum qualificatum ist Bürgschaft. S. darüber unten.

auch Gläubiger des Schuldners, und zwar bevorzugter, er giebt dies Vorzugsrecht zu Gunsten eines nachstehenden Gläubigers auf — Einräumung der Priorität[6]). In diesem Fall verpflichtet sich zwar der Intercedent nicht persönlich zur Befriedigung des anderen Gläubigers, aber er gestattet diesem, seine Befriedigung vor ihm aus dem Vermögen des gemeinschaftlichen Schuldners zu erlangen und er übernimmt dadurch in Wirklichkeit eine Haftung für eine fremde Schuld, indem er zu ihren Gunsten zurücktritt, das Vermögensobjekt, das zu seiner eigenen Befriedigung dienen sollte, zunächst dem Anderen überläßt[7]). Von der Expromission ist bereits gehandelt. Von der Pfandbestellung für eine fremde Schuld und von der Prioritätseinräumung, die ihre Bedeutung im Hypothekenverkehr hat, wird bei dem Pfandrecht zu handeln sein. Hier ist die Bürgschaft zu erörtern.

I. Wesen der Bürgschaft. Der Zweck der Bürgschaft ist, dem Gläubiger eine Sicherheit für die Erfüllung der Obligation zu verschaffen. Das Gesetz sieht in dem Vorhandensein der fremden Schuld eine ausreichende causa für die hinzutretende Verpflichtung des Bürgen, ebenso wie bei anderen Intercessionen der Verpflichtungswille auf der gleichen Grundlage wirksam ist; es bedarf keiner besonderen Beziehung der Bürgschaftsobligation auf die eigene vermögensrechtliche Stellung. Ja wenn solche Beziehung zufällig vorhanden ist, so liegt sie außerhalb des Bürgschaftsverhältnisses. Insbesondere kann zwar die Bürgschaft entgeltlich gegen eine vom Schuldner oder auch vom Gläubiger zu zahlende Prämie übernommen werden; aber die Uebernahme der Bürgschaft, nicht Erfüllung der Bürgschaftsverpflichtung ist dann die dem Entgelt gegenüberstehende Leistung, und der Klage aus der Bürgschaft kann solchen Falls nicht etwa entgegengestellt werden, daß das Entgelt nicht geleistet sei. Der entgeltliche Vertrag muß also dahin aufgefaßt werden, daß der Bürge sich verpflichtet, gegen Entgelt die Bürgschaft zu übernehmen, nicht daß er sich gegen Entgelt verpflichtet, als Bürge Zahlung zu leisten. Durch Uebernahme der Bürgschaft hat er diesen Vertrag

---

6) Das Wesen der Prioritätseinräumung ist vom Standpunkt des gemeinen und preußischen Rechts aus in hohem Maße zweifelhaft. Als Intercession bezeichnet sie ausdrücklich der jetzt aufgehobene I. 14 § 230. Noch bestimmter über ihr Wesen spricht sich die Hypothekenordnung von 1783 T. I. § 59 aus. Danach wird mit der zurücktretenden Forderung Kaution dafür bestellt, daß, wenn die begünstigte Forderung im Konkurs- oder Liquidations-Prozesse, d. h. also bei entsprechender Anwendung des geltenden Rechts: im Falle der Zwangsversteigerung einen Ausfall erleide, der Gläubiger sich deswegen an die voreingetragene Forderung halten könne. Das kommt auf eine bedingte Verpfändung der ersteren Forderung hinaus, bedingt dadurch, daß die spätere einen Ausfall erleide. Ob dies als Charakter der Prioritätseinräumung festzuhalten, kann erst bei Erörterung des Hypothekenrechts näher untersucht werden. Die Prioritätseinräumung ist in neuerer Zeit Gegenstand eingehender Untersuchungen namentlich von Seiten Oesterreichischer Rechtsgelehrter — Exner, Strohal und Conrad — gewesen. Eine eingehende Erörterung vom Standpunkt des preuß. Rechts hat Küntzel bei Gruchot B. 26 S. 68ff. begonnen. Vergl. Weiteres B. III. § 199a unten II.

7) Man kann daher eine Personal- und Realintercession unterscheiden, wie es Koch thut (Kommentar Note zu § 229 I. 14).

erfüllt. Zahlung der Bürgschaftsschuld ist sodann Erfüllung des zur Tilgung jener Verbindlichkeit geschlossenen neuen Vertrags[8]).

Die Sicherheit wird dem Gläubiger dadurch verschafft, daß der Bürge die Erfüllung für den Fall verspricht, wenn der Schuldner seine Obliegenheit nicht erfüllen sollte. Darin liegen zwei für das Wesen der Bürgschaft erhebliche Momente. Das eine ist bereits hervorgehoben: die Obligation des Schuldners ist für den Bürgen eine fremde, er übernimmt deren Erfüllung freiwillig durch einen Vertrag mit dem Gläubiger — darum ist Bürgschaft Intercession. Das zweite Moment liegt in dem Folgenden: der Bürge übernimmt die Erfüllung, die einem Anderen als Schuldner obliegt, es ist also nothwendig das Bestehen einer Hauptschuld vorausgesetzt; die Bürgschaft ist aber nicht, wie die Expromission, Nachfolge in die Hauptschuld, sondern eine neben die Hauptschuld tretende besondere Verpflichtung — sie ist accessorisch. Hierzu kommt regelmäßig aber nicht als ein wesentlich aus dem Begriff entspringendes Moment: der Bürge will regelmäßig nur erfüllen, wenn der Schuldner nicht erfüllt, also der Schuldner bleibt nicht nur nach wie vor dem Gläubiger zunächst verpflichtet, sondern der Bürge ist es nur hilfsweise — die Bürgschaft ist in der Regel subsidiarisch[9]). Daß die zur Verbindlichkeit des Hauptschuldners hinzutretende auf denselben Gegenstand gerichtete Verbindlichkeit des Bürgen auf einem besonderen Vertrage beruht, nicht eine korreale, nicht dieselbe, wie die des Hauptschuldners ist, hat bereits an anderer Stelle Erörterung gefunden[10]).

II. Abschluß des Bürgschaftsvertrages. Verbürgen kann sich, wer aus Darlehnsgeschäften verpflichtet wird[11]). Militärpersonen werden danach, weil die Verbürgung an die Fähigkeit Darlehne zu empfangen geknüpft ist, nur soweit, als sie diese Fähigkeit besitzen, durch Bürgschaften verpflichtet[12]). Die Beschränkung der Frauen, die im Preußischen Recht ab-

---

[8]) Vergl. Näheres über die Prämie der Bürgschaft unten bei Anm. 120.

[9]) Das Merkmal des Intercedirens, d. h. der freiwilligen Uebernahme einer fremden Verbindlichkeit ist essentiell. Ebenso das Moment des Accessorischen. Eine eigentliche Bürgschaft kann nur dann bestehen, wenn die übernommene Schuld wirklich zu Recht besteht. Freilich ist der Begriff übertragen auf den Fall, wenn die Hauptverbindlichkeit wegen Unfähigkeit des Schuldners nicht zur Existenz gekommen ist. Dann haftet aber der s. g. Bürge nicht als Bürge; sein Versprechen hat die Natur eines selbständigen Garantievertrages. Vergl. unten Anm. 24 ff. Das Merkmal des Subsidiarischen ist nur ein Naturale, es fehlt bei dem selbstschuldnerischen Bürgen. Auch im altdeutschen Recht war der Bürge nur subsidär verpflichtet, er hatte daher auch das benef. excuss. Stobbe S. 124 fg. A. M. Müller u. A. Vergl. noch die Ausführungen von Plathner S. 39 fg. 86 f.

[10]) Oben B. I. § 63 Anm. 22 und bei Anm. 71.

[11]) I. 14 § 219. Vergl. darüber oben § 137 unter III. Verschieden ist die Frage, ob ein Bürge, der zu stellen war, angenommen werden muß. Unrichtig ist die Behauptung von Plathner S. 18 Note 3, das A.L.R. verlange Ansässigkeit in Preußen. Dagegen ist nach Code a. 2018 Wohnsitz im Bezirk des Appellhofs erforderlich.

[12]) Auch in der älteren gemeinrechtl. Praxis ward dieser vom römischen Recht abweichende Satz angenommen: Leyser sp. 523 m. 3. 4 u. A. Das Verbot der Bürgschaft der Geistlichen ist dem preuß. R. unbekannt.

weichend von dem Vellejanischen Senatskonsult geordnet war, ist jetzt durch die Gesetzgebung beseitigt[13]). Im Anhang zu diesem Paragraphen wird darüber gehandelt werden.

Zum Abschluß gehört die ausdrückliche[14]) und nothwendig schriftliche[15]) Erklärung gegenüber dem Gläubiger, für die Verpflichtung des Schuldners

---

[13]) Gesetz v. 1. Dezbr. 1869 (Ges.S. S. 1169). Dieses Gesetz hat die §§ 220—244. 256. 308. 407—412 I. 14, die §§ 273. 341. 343. 344. 891. 892 II. 1 A.L.R., sowie die Anhangs-§§. 48 und 75 zum A.L.R. aufgehoben.

[14]) I. 14 § 202. Trotzdem spricht § 219 und das Marginale zu §§ 206 ff. von stillschweigender Bürgschaftsübernahme. Der Ausdruck des § 202 ist von einer deutlichen Erklärung, die über den unmittelbar auf die Bürgschaft gehenden Willen keinen Zweifel läßt, zu verstehen. O.H.G. Entsch. B. 6 S. 279. Den Gegensatz bildet eine aus konkludenten Thatsachen zu entnehmende Erklärung. Es genügt z. B. das schriftliche Versprechen aufzukommen dafür, daß der Schuldner zahle (Entsch. B. 63 S. 301. Rehbein II. S. 693), del credere zu haften (R.O.H.G. B. 14 S. 212), die Schuld des Schuldners zu zahlen (R.G. Entsch. B. 10 S. 186). Gemeinrechtlich kann der Konsens aus anderen Thatsachen gefolgert werden, Leyser sp. 523 m. 2, doch wird eine strenge Interpretation verlangt, Leyser sp. 524. Bülow und Hagemann, Prakt. Erört. III. 70. Was die stillschweigende Bürgschaft des L.R. anlangt, so entsteht nach §§ 206. 207 insbesondere weder aus der bloßen Mitunterschrift eines Schuldscheins, noch aus bloßer Empfehlung einer Person die Bürgschaftsverpflichtung. Striethorst B. 83 S. 214. Vergl. hierzu Kreittmayr, Annott. ad Cod. Bav. civ. p. IV. c. 10 § 3. Ueber §§ 209 ff. vergl. unten Anm. 147, und über das mandatum qualificatum den Text bei Anm. 130. Eine gesetzliche Haftung als Bürge läßt A.L.R. I. 17 § 238, I. 20 § 218 und Vormundschaftsordnung § 32 Abs. 3 eintreten.

[15]) I. 14 § 203, also ohne Unterschied nach der Höhe der Summe. Ebenso der bair. Entw. Art. 868. Ist die Bürgschaft selbst ein Handelsgeschäft oder gilt sie als ein accessorisches Handelsgeschäft, d. h. liegt Bürgschaft für eine Handelsschuld an einen Kaufmann vor, so greift die handelsrechtliche Formfreiheit ein. Vergl. R.O.H.G. B. 2 S. 44. Anscheinend abweichend R.G. bei Gruchot B. 25 S. 995, — wo angenommen ist, daß die Bürgschaft einem Kaufmann gegenüber, der eine Handlungsforderung hat, dann nicht Handelsgeschäft ist, wenn der Verbürgende aus verwandtschaftlichen Rücksichten eintritt; dieser Gesichtspunkt wäre aber doch nur geeignet, die Präsumtion zu beseitigen, welche daraus, daß der Bürge Kaufmann ist, dafür herzuleiten ist, daß er das Geschäft als Handelsgeschäft schließe. Vergl. darüber, daß das Handelsrecht auch eingreift, wenn der Bürge kein Kaufmann, der Gläubiger ein Kaufmann ist: Entsch. B. 63 S. 301. Rehbein II. S. 693. R.O.H.G. B. 5 S. 367, B. 9 S. 173, B. 20 S. 400 und R.G. B. I. S. 24, B. 29 S. 20. Vergl. über Bürgschaft als Handelsgeschäft Voigtel in Busch's Archiv B. 3 S. 192, B. 8 S. 420. — Was den Inhalt der Bürgschaftserklärung anlangt, so muß die Schuld, für die der Erklärende haften will, bestimmt, also in der Regel nach Rechtsgrund und Person des Hauptschuldners bezeichnet werden. Erk. des O.Trib. bei Gruchot VII. 232 (und die Bemerkung von Kräwel das. S. 325). Dagegen R.O.H.G. VI. S. 277. Dernburg II. § 242 Anm. 19 tritt dem R.O.H.G. bei. Dabei wird verkannt, daß eine bestimmte Schuld, für welche die Bürgschaft übernommen wird, wesentliche Voraussetzung der Bürgschaftsschuld ist, und daß die Schrift das Geschäft nach seinen wesentlichen Bestandtheilen kenntlich machen muß. Freilich kann Bestimmtheit auch bei der klaren Zusammenfassung mehrerer Forderungen vorliegen; aber die damals in Rede stehende Erklärung, daß Bürge bei dem Kläger für den Schuldner eintrete, enthält eine solche objektive Zusammenfassung erkennbarer Forderungen nicht. Eine ungenaue Bezeichnung kann durch Interpretation ergänzt werden, nicht eine fehlende. Auch eine falsche Beschreibung der Hauptschuld ist unwesentlich, wenn die Uebereinstimmung der Parteien darüber erhellt, welche Forderung durch die Bürgschaft gesichert sein soll. Erhellt aber diese Uebereinstimmung über das, was mit dem Ausdruck gesagt sein soll nicht, so macht die Nichtübereinstimmung über die zu sichernde Forderung die Bürgschaft unverbindlich. Ent. B. 43 S. 402. Vergl. dazu Gruchot B. 16 S. 617. — Der Inhalt der Verbürgung ist nicht zu bewirken, daß der Schuldner leiste, sondern der Bürge selbst verspricht zu leisten. l. 65 D. XVI. 1. Bei der Verbürgung für eine Unterlassung des Schuld-

haften zu wollen. Falls das Bürgschaftsversprechen nur bedingungsweise oder unter Vorbehalt abgegeben wird, bedarf es ausdrücklicher Annahme; sonst kann es auch stillschweigend angenommen werden[16]). Eine Zustimmung des Schuldners ist nicht erfordert, es ist nicht einmal nöthig, daß er von dem Vertrage zwischen Bürgen und Gläubiger etwas erfährt, weil seine Lage nicht geändert wird[17]). Die Ausdrücke, deren sich der Bürge bei seiner Erklärung zu bedienen hat, sind nicht vorgeschrieben, sie müssen nur die Bedeutung haben, für die bestimmte Schuld eines Anderen einstehen zu wollen[18]). Regelmäßig versteht sich dies von subsidiärer Haftung; soll diese ausgeschlossen sein, bedarf es ausdrücklicher Erklärung, z. B. dahin, als Selbstschuldner haften zu wollen[19]). Auch hier ist nicht nöthig, daß gerade der Ausdruck Selbstschuldner gebraucht werde; es muß aber aus der Erklärung sicher zu entnehmen sein, daß der Bürge nicht blos subsidiarisch haften will[20]). Die Verpflichtung des Selbstschuldners behält übrigens den Charakter einer accessorischen, d. h. sie hängt von der Existenz einer giltigen Hauptschuld ab, sie macht den Bürgen nicht zum selbständig haftenden Korrealschuldner aus dieser Hauptschuld[21]).

---

ners ist der Inhalt der Bürgschaft nicht die Pflicht zu eigener Unterlassung, sondern die Pflicht, für die Folge der Nichtunterlassung des Schuldners zu haften. l. 49 § 1. D. XLV. 1. Unterholzner II. 815. Oesterr. G.B. § 1350.

16) I. 14 § 204. Ges.Rev. P. XIV. 24. Bornemann III. 275. Koch, Komm. zu diesem §. Stobbe, D.Pr.R. B. 3 § 192 Anm. 3. Immer ist die Bürgschaft Vertrag, bedarf also wenigstens stillschweigender Annahme. So auch Entsch. B. 12 S. 231. Rehbein II. S. 682. Nur bei der Annahme einer bedingt oder unter Vorbehalt angebotenen Bürgschaft ist Ausdrücklichkeit nöthig. § 205; dieser Fall liegt nicht vor bei einer dem Umfang nach beschränkten Bürgschaft. Bornemann II. S. 278 und Dernburg II. § 242 Anm. 21 heben hervor, daß im Sinne des Gesetzes die Bedingung oder der Vorbehalt sich auf ein Verhalten des Gläubigers richten müsse, das er durch die Annahme zusichere. Annahme ist z. B. für vorhanden erachtet, wenn der Gläubiger die Bürgschaftsurkunde unterschrieben hat. Entsch. B. 43 S. 150. Der Gläubiger darf keine persona incerta sein. Seuffert XI. 218. Insbesondere ist deshalb nil actum, wenn die Bürgschaftserklärung unter einen Schuldschein gesetzt ist, in welchem der Gläubiger noch nicht bezeichnet ist, und wenn der Bürge es dem Schuldner überlassen hat, einen Gläubiger zu suchen, der daraufhin kreditiren wolle. R.G. bei Gruchot B. 26 S. 985. Die zu Gunsten des Gläubigers einem Dritten gegebene Erklärung ließ das vormalige O.A.G. Kassel als verpflichtend zu. Heuser II. 732. Seuffert X. 47. Bei einer Erklärung des Bürgen an einen Dritten aber mit dem Zweck, durch dieser dem Gläubiger mitgetheilt zu werden, die auftragmäßig mitgetheilt ist, hat das R.G. Entsch. B. 31 S. 262 mit Recht eine verbindliche Bürgschaft angenommen.

17) Koch, Note zu I. 14 § 204. Die von den Ges.Rev. XIV. 24 mitgetheilten Materialien. l. 30. D. XLVI. 1.

18) „Ich leiste Garantie", „auf meine Gefahr". Vergl. Anm. 14 Koch, R. d. F. III. 1030. Gruchot VII. 234. Leyser sp. 523 m. 2: credo, posse etiam consensum in fidejussione [factis] declarari. Beigefügt ist ein Rechtspruch der Wittenberger Fakultät. R.O.H.G. B. 16 S. 413. Vergl. Entwurf des B.G.B. § 668, Entw. II. § 706, Reichstagsvorlage § 750.

19) I. 14 § 270. Vergl. Entwurf des B.G.B. Reichstagsvorl. § 757 Ziffer 1.

20) Ausdrückliche, d. h. aus der schriftlichen Bürgschaftserklärung selbst, nicht aus anderen konkludenten Umständen zu entnehmende Erklärung. Entsch. B. 21 S. 196. Rehbein II. S. 718. Koch, Komment. Note zu § 297 und Note zu § 215.

21) Entsch. B. 18 S. 225. Rehbein II. S. 721. Strieth. B. 34 S. 312. Ein solcher Bürge hat auch die Einreden gegen die Giltigkeit der Schuld. Seuffert IV. 226.

Die **Grundlage** der Bürgschaftsschuld ist hiernach stets die Existenz einer Hauptschuld. Für jede in Geld schätzbare vermögensrechtliche Leistung, insbesondere auch für die Ersatzforderung aus unerlaubten Handlungen kann Bürgschaft übernommen werden[22]). Unverbindlich ist sie für objektiv (materiell oder formell) ungiltige und verbotene Rechtsgeschäfte[23]). Ist dagegen die Schuld nur subjektiv, wegen der persönlichen Eigenschaft des Schuldners ungiltig, so gilt die als Bürgschaft übernommene Verbindlichkeit[24]). Hier erkennt also das Gesetz eine Hauptverpflichtung aus der Bürgschaftserklärung an; und dies selbst dann, wenn der Bürge sich nur als Bürge verpflichten wollte, weil ihm der Mangel der Verpflichtungsfähigkeit des Hauptschuldners unbekannt war[25]). Hierdurch unterscheidet sich dieser Fall von dem weiter unten zu besprechenden Garantievertrage. Insbesondere ist auch eine Bürgschaft für nicht konsentirte Offiziersschulden[26]), für die Schuld eines Minder-

---

[22]) I. 14 §§ 249. 250. Vgl. Entw. des B.G.B. Reichstagsv. §§ 751. 752. Auch eine Wechselbürgschaft ohne einen Hauptverpflichteten ist nichtig. R.G. Entsch. B. 10 S. 1. Die Frage, ob für eine Naturalobligation Bürgschaft geleistet werden kann, wird für das preuß. R. von **Dernburg** II. § 242 Anm. 4 als eine praktische angesehen. Vergl. oben B. I. § 61 Anm. 15 ff., insbes. Anm. 33. D. scheint anzunehmen, daß die Bürgschaft für eine formell unverbindliche Hauptschuld, z. B. das mündliche Zinsversprechen eines Darlehnsschuldners für den Bürgen verpflichtend sei. Das ist gewiß nicht zu billigen; aber wenn Bürgschaft für eine Verbindlichkeit aus einem mündlich geschlossenen zweiseitigen Vertrage über einen Gegenstand im Werthe von mehr als 150 Mark übernommen ist, so steht der Bürge vor der Möglichkeit, daß die noch nicht klagbare Verbindlichkeit durch Erfüllung von der einen Seite klagbar werde und es ist anzunehmen, daß er sich für diese künftige Verbindlichkeit hat verbürgen wollen, so daß der gegen den Kontrahenten begründete Anspruch auch ihm gegenüber durchgreift. Wenn dagegen der Paciscent, für den er sich verbürgt, seinen Rücktritt von dem mündlichen Vertrage erklärt, so fällt seine Verbindlichkeit aus der Bürgschaft in sich zusammen. Eine Zahlung, die er solchenfalls irrthümlich leistet, ist zu kondiziren. Entsch. B. 71 S. 232. Deliktschulden: I. 8 § 5, I. 56 § 3, I. 70 § 5 D. XLVI. 1. Auch für künftige Verbindlichkeiten. **Strieth.** B. 61 S. 308. Die Uebernahme der Bürgschaft für eine künftige Forderung ist nur dann geeignet, eine schon jetzt begründete bedingte Verpflichtung des Bürgen hervorzurufen, wenn dem Gläubiger bereits der künftige Anfall dieses Rechts so versichert ist, daß die Entstehung nicht mehr lediglich Sache der Willkür ist, I. 14 § 5, — also z. B., wenn der Gläubiger bereits in einem Rechtsverhältniß steht, nach dem er genöthigt werden kann, Gläubiger der durch Bürgschaft gesicherten Schuld zu werden. Liegt die Sache nicht so, dann kann der Bürge vor dem Entstehen der prinzipialen Forderung seine Bürgschaft zurückziehen, die ihn eben noch nicht verpflichtet, und im Konkurse des Bürgen kann eine solche Bürgschaftsschuld, wenn die Hauptforderung nicht schon vor der Konkurseröffnung begründet war, nicht geltend gemacht werden. Vergl. **Strieth.** B. 62 S. 26. **Rehbein** II. S. 686. Dem Entwurf des B.G.B. fehlt eine dies klarstellende Vorschrift. Nur für das Kreditmandat ist in § 762 ausgesprochen, daß die Verbindlichkeit erst nach Kreditgewährung entsteht, bis dahin also der Auftrag rückziehbar ist.

[23]) I. 14 §§ 251. 252. Nach § 253 besteht aber eine Schadenersatzpflicht des Bürgen, d. h. Haftung für das gesammte Interesse (R.O.H.G. B. 6 S. 9), wenn der Bürge den Gläubiger durch unwahre Versicherungen verleitet hat, a. doli. Ungiltig z. B., wo der Grund der Ungiltigkeit der Hauptschuld in deren Qualität selbst liegt, z. B. Spielschuld, debitum turpe. Ges.Rev. XIV. 37. Präj. 118. (Samml. I. 84.) Verboten war die Bürgschaft auch für solche Studentenschulden, welche nach § 104 II. 12 nichtig waren, II. 12 § 105, dagegen zulässig für die in Anh. § 142 erwähnten Studentenschulden: das ist veraltetes Recht nach § 1 Ges. v. 29. Mai 1879.

[24]) I. 14 § 254. Dem Entw. des B.G.B. unbekannt. Ein ausdrücklich dahin geschlossener Vertrag wäre nicht Bürgschaft im Sinne des Entwurfs.

[25]) I. 14 § 255.

[26]) Entsch. B. 32 S. 1. **Strieth.** B. 20 S. 349. **Rehbein** II. S. 323. Oben § 137 bei

jährigen[27]), oder einer Ehefrau, die ohne Einwilligung ihres Mannes kontrahirt hat[28]), giltig, und zwar als selbständige Hauptschuld[29]).

III. **Rechtsverhältniß des Bürgen zum Gläubiger.** Der Inhalt der Bürgschaftsverpflichtung ist nach dem Gesagten stets die Uebernahme der Haftung aus der Schuld eines Andern dem Gläubiger dieser Forderung gegenüber. Hierdurch grenzt sich das Bürgschaftsverhältniß gegen den Vertrag ab, durch den Jemand die Schadloshaltung eines Andern bei einem Unternehmen oder Geschäft, oder die Sicherung dieses Andern für einen möglichen Nachtheil übernimmt, oder ihm für den Fall des Ausbleibens eines gewissen Erfolgs eine bestimmte Leistung zusichert. Einen Anklang an einen solchen Garantievertrag[29a]) bietet die bereits erwähnte Verbürgung für einen unfähigen Schuldner, ein wirkliches Beispiel der Vertrag, durch den Jemand verspricht bei der Bemühung, die Handlung eines Dritten herbeizuführen, oder dem andern Theil die Sache eines Dritten zu verschaffen, für den Erfolg einzustehen[29b]). Hierhin gehört auch die im Strafprozeß zugelassene „Bürgschaft" für das Erscheinen des Angeklagten, der mit Untersuchungshaft verschont sein will, oder für den Verurtheilten, der Strafaufschub haben will[29c]). Wird in dieser Weise eine Gefahr gegen eine Prämie übernommen, so geht das Geschäft in den Versicherungsvertrag über.

Der **Umfang** der Bürgschaftsschuld richtet sich regelmäßig nach der Hauptschuld, wie sie zur Zeit der Uebernahme der Bürgschaft rechtlich begründet war[30]).

Note 96. Die Verbindlichkeit der Schuld des Bürgen als einer selbständigen Garantieschuld hat zur Folge, daß der Schuldner sich nicht damit vertheidigen kann, daß die Schuld an den zur Strafe an die Stelle des Gläubigers des Offiziers getretenen Fiskus bezahlt sei. R.G. bei Gruchot B. 29 S. 827.

27) l. 13 pr. D. IV. 4. l. 1 C. II. 24. Vergl. auch Paulli S. R. I. 9. 6.

28) Auch die Afterbürgschaft für eine nach früherem Recht ungiltig sich verbürgende Frau. I. 14 § 256. Anders nach der l. 7 pr. D. XLIV. 1.

29) I. 14 § 254. Hauptschuldner heißt Alleinschuldner; derselbe Gebrauch des Wortes wie in § 215. Nach gem. R. hat der Bürge aus der Person des Hauptschuldners die exc. Scti. Maced. Seuffert IX. 290. Dernburg II. § 242 Anm. 7 will den Bürgen in solchem Fall nur auf Schadensersatz haften lassen, nicht auf Vertragserfüllung. Er läßt sich über den Umfang der Schadenersatzhaftung nicht aus. Aus dem „ebenfalls" in § 254 ist zu entnehmen, der Bürge soll hier wie in § 253 als alleiniger Schuldner haften; aber während im Fall des § 253 der Gläubiger durch die unwahre Versicherung des Bürgen verleitet und dadurch in einen Schaden gekommen ist, der nicht nothwendig dem Betrage der in Aussicht genommenen Forderung gleichkommt, und der Bürge nur diesen als Schuldner zu ersetzen hat, kann im Fall des § 254 nur Haftung in Höhe des Schuldbetrags, nicht Haftung für einen unerfindlichen Schadensersatz in Frage kommen. L. 8 § 1, l. 19 D. XVI. 1, l. 6 § 1.

29a) Vergl. insbesondere Stammler im Arch. f. civ. Prax. B. 69 S. 1.

29b) A.L. B. I. 5 §§ 45. 49. Vergl. Bd. I. § 66 unter a; oben § 138 Anm. 36a.

29c) Str.Pr.O. §§ 117 ff. § 488. Vergl. dazu die prozessuale Bürgschaft des deutschen Rechts dafür, daß Beklagter sich vor Gericht stellen werde. Stobbe S. 118, Plathner S. 50. In einem Fall, in welchem Jemand der Regierung eine bestimmte Summe als Bürgschaft für das politische Wohlverhalten eines polnischen Ueberläufers zugesichert hatte, Strieth. B. 60 S. 176, wäre es richtiger gewesen, ein Garantieversprechen anzunehmen, als die Haftung auf § 250 zu gründen, da die Haftung nicht für einen noch nachzuweisenden Schaden (I. 14 § 250) sondern in bestimmter Höhe für einen bestimmten Fall übernommen war.

30) Daher können spätere Verträge zwischen Gläubiger und Schuldner die Verbindlichkeit des Bürgen nicht erschweren. I. 14 § 330. Entw. des B.G.B. Reichstagsvorl. § 751.

Die Pflicht kann nicht auf mehr gehen, als die Hauptverbindlichkeit[31]), das widerspräche dem Intercessionscharakter der Bürgschaft[32]). Der Bürge kann also nicht eine andere Leistung versprechen, nicht unbedingt oder unbetagt für eine bedingte und betagte Schuld, wohl aber bedingt und betagt für eine unbedingte und unbetagte sich verbürgen[33]), er kann nicht im Verhältniß zu der dem Hauptschuldner obliegenden Erfüllung erschwerende Modalitäten über Zeit und Ort der Erfüllung auf sich nehmen, aber es steht nichts entgegen, daß in diesen Beziehungen dem Bürgen Erleichterung gewährt werde[34]). Dagegen ist es zulässig, daß der Bürge dem Gläubiger eine bessere

---

[31]) I. 14 §§ 257. 258. 277. — § 5 J. III. 20, l. 8 § 7 D. XLVI. 1. Vangerow III. 148 fg. Zu eng war es, wenn Förster es für unzulässig erklärte, den Umfang der Hauptschuld zur Zeit der Uebernahme der Bürgschaft zu überschreiten: so gut man sich für eine künftige Schuld verbürgen kann, kann man sich auch als Bürge einer künftigen Erweiterung der Hauptschuld unterwerfen. — Die Praxis des Obertribunals und des Reichsgerichts geht aber für den selbstschuldnerischen Bürgen von der streng accessorischen Natur der Haftung ab, indem sie annimmt, daß durch Kündigung an den Bürgen die gegen den Hauptschuldner noch nicht zur Fälligkeit gebrachte Schuld fällig gemacht werde. Vergl. Entsch. B. 70 S. 152, Strieth. B. 89 S. 106. Rehbein II. S. 723. R.G. Entsch. B. II. S. 187. Das Reichsgericht versichert dabei, daß die accessorische Natur der Bürgschaft dadurch nicht aufgehoben werde. Der Herausgeber kann diese Versicherung nicht als richtig annehmen und ebensowenig das Argument des Obertribunals für richtig halten, daß in § 298 I. 14 eine Klage gegen den Bürgen sanktionirt sei, obgleich eine Kündigung an den Hauptschuldner nicht vorangegangen sein könne: denn auch Jemandem, der außerhalb der Königlichen Lande sich findet, kann wirksam gekündigt werden. Entscheidend aber ist: der Bürge hat sich nur verbürgt für das, was der Hauptschuldner verschuldet, und wie er es verschuldet, selbst wenn er für seine Bürgschaftsschuld größere Sicherheit gewährt (I. 14 § 278). Hierbei kommt nicht in Betracht, ob der Bürge sich von vornherein verpflichten kann, anders zu haften, als der Hauptschuldner. Die thatsächliche Grundlage ist, daß er sich verpflichtet hat, ebenso zu haften. Hierin aber kann durch die Kündigung des Gläubigers an den Bürgen nichts geändert werden. Gegen den Hauptschuldner wird die Forderung durch die Kündigung an den Bürgen gewiß nicht fällig. Auch die Zahlung des Bürgen würde die Schuld des Hauptschuldners nicht fällig machen. Der in die Forderung eintretende Bürge könnte nicht sogleich, sondern erst nach Kündigung Regreß nehmen. Daß er dies könne, fordert das Recht und das Verkehrsbedürfniß, — unter der Voraussetzung eines erst nach Ablauf der Kündigungsfrist möglichen Regreßrechts hat er sich nicht verbürgt. Dieselbe Ansicht vertritt Hasenbalg S. 92 und Gruchot B. 16 S. 698.

[32]) Aber nur so weit eine Ueberschreitung der Hauptschuld vorliegt, ist die Bürgschaft unverbindlich. Code a. 2013. Sächs. G.B. § 1145. Das ist zwar bestritten (Vangerow III. 149), aber in der vorlandrechtlichen Praxis überwiegend angenommen; so von Voet XLVI. 1 § 4, Stryck XLVI. 1 § 9, Berger III. 3 § 10, Walch p. 563 § 7 u. A.

[33]) § 5 J. III. 20, l. 70 pr. § 1, l. 16 § 5 D. XLVI. 1. Ein Nebenvertrag, nach dem der Bürge berechtigt ist, ein aliud an Zahlungsstatt zu geben, ist nicht ausgeschlossen, wohl aber die Uebernahme der Pflicht etwas anderes zu leisten. A. M. Dernburg II. § 243 Anm. 3.

[34]) I. 14 § 330 „nicht erschwert werden". l. 8. 10 XIII. 4, l. 8 §§ 7. 8, l. 42 D. XLVI. 1. Es folgt aus der accessorischen Natur der Bürgschaft nicht, daß der Bürge am Haftungsort der Hauptschuld Zahlung zu leisten hat; vielmehr richtet sich der Ort der Erfüllung seiner Verbindlichkeit nach dem Inhalt der abgegebenen Erklärung, eventuell nach dem für ihn als Schuldner maßgebenden Gesetze. R.G. Entsch. B. 10 S. 282. Bei Verbürgung für eine Wechselschuld außerhalb des Wechsels kann nicht am wechselmäßigen Zahlungsort Leistung gefordert werden. R.G. bei Gruchot B. 37 S. 1181. Bei alternativen Verpflichtungen des Hauptschuldners darf die Bürgschaft auf die eine der nach Wahl des Gläubigers geschuldeten Leistungen bestellt werden (l. 34 eod.); wenn der Schuldner die Wahl hat, muß sie auch dem Bürgen zustehen (l. 8 §§ 9. 10 D. eod.); dem Bürgen kann ein Wahlrecht eingeräumt werden, das der Schuldner nicht hat (l. 8 § 11 eod.). Verbürgung auf Weniger (l. 9, l. 70 § 2 eod.). Ort der Leistung: l. 16 § 2 eod. Unterholzner II. 805 f. Vangerow III. 147 f.

Sicherheit für die Erfüllung biete[35]), weil die Schuld selbst dadurch nicht erweitert wird, und daß er sich dem Gläubiger auf eine bestimmte Summe verpflichte, wenn der Betrag der Hauptschuld noch unbestimmt ist. Dann haftet er nicht über diese Summe hinaus, wenn der Betrag der Hauptschuld sich höher stellt, und nicht über den letzteren, wenn dieser sich als niedriger ergiebt[36]).

Im Uebrigen ist das A.L.R. reich an Auslegungsregeln, um den Umfang der Verpflichtung des Bürgen zu bestimmen. Leitend ist hierbei der Grundsatz, daß für die geringere Verpflichtung zu interpretiren ist[37]). Nur wer für Alles zu haften verspricht, was aus einem gewissen Verhältniß zu leisten ist (in omnem causam), — und dies wird angenommen, wenn er sich einfach und ausdrücklich als Selbstschuldner verpflichtet hat, — muß alle Verbindlichkeiten, die aus dem verbürgten Geschäft erwachsen, also auch an Zinsen, Früchten, Kosten, wirklichem Schaden und entgangenem Gewinn übernehmen[38]).

Hat ein Gläubiger ein Recht auf Sicherheitsleistung, so bleibt ihm regelmäßig überlassen, ob er den Bürgen für hinreichend sicher erachten und annehmen will[39]). Es darf ihm also wider seinen Willen ein Bürge, den er nicht für sicher hält, nicht aufgedrungen werden; hat er aber den Bürgen

---

35) I. 14 § 278.

36) I. 14 §§ 279. 280. Aus diesen Stellen ist hiernach gewiß nicht herzuleiten, daß der Bürge sich zu etwas Anderem als der Hauptschuldner verpflichten kann.

37) I. 14 §§ 259—276. S. oben Note 31—34. So wird bei Verbürgungen für ein Kapital nicht vermuthet, daß sich der Bürge auch für Zinsen, Früchte, Schäden, Kosten, Konventionalstrafen verpflichtet habe (l. 68 § 1, D. XLVI. 1); bei einem zinsbaren Kapital haftet er aber für den Rückstand des letzten Jahres. (Oesterr. G.B. § 1353.) Er haftet also nicht für die Folge des Verzuges des Schuldners. Anders nach röm. R. l. 49 pr. l. 91 § 4 D. XLV. 1. Doch vergl. Madai, v. d. Mora, § 57. Heuser I. 810 f. Eine auf die Zinsverpflichtung beschränkte Bürgschaft hört auf, wenn das Kapital bei dem Schuldner verloren geht, oder soweit dies der Fall ist. Die Zinsen können also gegen den Bürgen nicht geltend gemacht werden, wenn festgestellt ist, daß das Kapital von dem Schuldner nicht beigetrieben werden kann, insbesondere soweit das Kapital im Konkurse des Schuldners verloren geht. Angewendet auf den Fall des Ausfalls in einer Subhastation bei Simon und v. Strampff, Rechtspr. I. 52. Bornemann III. S. 282. Koch, R. d. F. III. 1034. Vergl. auch Struben, Rechtl. Bed. IV. 50. Einschränkungen dieses Satzes in §§ 262—264. Haftung für Schaden aus einem Geschäft bezieht sich nicht auf den entgangenen Gewinn. § 268. Vergl. §§ 271. 272. Wer sich „für das, was ein Anderer überhaupt oder aus einem gewissen Geschäft schuldig geworden", verbürgt hat, haftet nicht für das, was der Andere erst später schuldig wird, dagegen besteht die Haftung, obgleich ein Posten erst später fällig wird. Der Bürge für einen Verwalter haftet nicht für Rechnungslegung. Dresdn. Ann. V. 275. Der Bürge für die Rückgabe einer Sache haftet auch für An- und Zuwüchse. § 265. Gemeinrechtlich quaestio facti. Seuffert I. 213. (Stuttg.) III. 325. (Jena, in dubio zu vermuthen) IV. 44, XIV. 30. Abweichend vom Landrecht und einfach der Entwurf des B.G.B. § 672.

38) I. 14 §§ 269. 270. Leyser, Sp. 524 m. 6. l. 56 § 2 D. XLVI. 1, l. 2 § 12 D. L. 8. Aber der selbstschuldnerische Bürge darf sich doch mit ausdrücklicher Einschränkung seiner Haftung, z. B. bloß für das Kapital verbürgen. Entsch. B. 16 S. 182. Der Entw. des B.G.B. beschränkt sich auf die einfache Bestimmung in § 672, Entw. II. § 708, Reichstagsvorlage § 751, daß der jeweilige Bestand der Hauptverbindlichkeit maßgebend ist, einschließlich der Kosten der Kündigung und Rechtsverfolgung.

39) I. 14 § 245.

angenommen, so muß er sich mit dieser Sicherheit begnügen; erst, wenn sich die Umstände des Bürgen wesentlich zur Gefährdung des Gläubigers ändern, ist er berechtigt, bessere Sicherheit zu verlangen[40]). Um den Schuldner, welcher sich verpflichtet hat, einen Bürgen zu stellen, nicht der Willkür des Gläubigers preiszugeben, soll indessen bei entstehendem Streit die Annehmbarkeit des Bürgen nach den Grundsätzen von der gesetzlichen Kautionspflicht beurtheilt werden[41]). Hiernach ist in der Regel nur der Bürge annehmbar, der für die verbürgte Schuld Realsicherheit innerhalb zwei Drittel des Werths seines Landgutes oder innerhalb der Hälfte des Werths seines städtischen Grundbesitzes bietet[42]).

Die Sicherheit kann dadurch erhöht werden, daß entweder wiederum für den Bürgen ein Bürge eintritt (Afterbürge, Nachbürge)[43]), oder daß sich dem Gläubiger mehrere Bürgen stellen[44]). Der Afterbürge haftet subsidiarisch für den Hauptbürgen, aber als Hauptbürge, wenn er sich dem Gläubiger für einen unfähigen Bürgen verpflichtet hat[45]). Mehrere Bürgen haftet als Gesammtschuldner (korreal), wenn sie sich gemeinschaftlich verpflichtet haben, was besonders bei Verpflichtung durch denselben Vertrag regelmäßig anzunehmen ist[46]); sonst haftet jeder selbständig neben dem anderen nach dem Inhalt seines besonderen Vertrages[47]). Im Fall der gemeinschaftlichen Verbürgung vertreten sich die mehreren Bürgen gegenseitig, im Fall der gesonderten Verbürgung fällt diese Vertretung weg, aber der Gläubiger hat auch hier die Wahl, welchen von ihnen er zuerst in Anspruch nehmen will, — sie haben in Beziehung auf einander nicht das Recht der Vorausklage[48]).

[40]) I. 14 § 247. 248. l. 10 § 1 D. II. 8, l. 3 § 3 D. XXXVI. 4. Mevii, Dec. III. 210. Lauterbach XVI. 1 § 4. Plathner S. 16. Code 2020.

[41]) I. 14 § 246. Die „Annehmlichkeit" des Bürgen, auf dessen Stellung ein Recht eingeräumt ist, bemißt sich, wie §§ 192. 246 ergeben, nach der von ihnen zu gewährenden Pfandsicherheit. Das Recht auf Sicherheitsstellung durch Bürgen schließt also die Nothwendigkeit einer Pfandbestellung in Gemäßheit der §§ 188—191 in sich; aber auch ein Bürge, der ein hinreichendes Pfand bestellt, braucht nicht angenommen zu werden, wenn er im Inlande nicht belangt werden kann. § 193. Danach muß ein ausländischer Bürge wenigstens inländisches Vermögen haben.

[42]) I. 14 §§ 188—192. Ausnahme § 194. Bewegliche Pfänder, auch wenn der Schuldner damit nach § 190 Realkaution leisten könnte, brauchen von Bürgen nicht angenommen zu werden. Vergl. oben B. I. § 48 unter 1. Die Beziehung auf den Grundbesitz ist altdeutsches R. Plathner S. 14. 15. Code 2019.

[43]) l. 8 § 12, l. 27 § 4 D. XLVI. 1.

[44]) I. 14 §§ 373—379.

[45]) Arg. § 256 und § 376.

[46]) I. 14 § 374. Der bei Gruchot B. 2 S. 39 mitgetheilte Rechtsfall ist vom Gericht richtig entschieden. Der Regreß der Bürgen untereinander berührt nicht das Rechtsverhältniß zum Gläubiger. Vergl. l. 6 pr. l. 8. 12 § 1 D. XLV. 2. Besteht thatsächlich trotz Unterschrift derselben Urkunde nicht der Wille sich gemeinschaftlich zu verpflichten, wollen sich vielmehr die Einzelnen (z. B. Bürgen einer Wechselschuld) durch die Unterschrift jeder besonders verpflichten, so besteht zwischen ihnen kein Regreß. Strieth. B. 98 S. 353. — Nach Entwurf des B.G.B. § 673, Entw. II. § 709, Reichstagsvorl. § 753 Gesammtschuld auch bei nicht gemeinsamer Uebernahme der Bürgschaft.

[47]) I. 14 §§ 373. 375.

[48]) I. 14 §§ 378. 379. Vergl. oben B. I. § 99 Anm. 37a—37c; auch unten Anm. 81.

IV. Die **Klage des Gläubigers gegen den Bürgen** setzt neben der Darlegung der Uebernahme der Bürgschaft und der rechtlichen Entstehung und Fälligkeit der Hauptschuld[48a]) regelmäßig den Nachweis voraus, daß Ersterer gegen den Hauptschuldner seinen Anspruch verfolgt und daß sich dabei die Unmöglichkeit, von diesem die Befriedigung ganz oder zum Theil zu erhalten, ergeben hat[49]). Hierin zeigt sich die Subsidiarität der Bürgschaft. Nach römischem Recht, vor Justinian[50]), war der Bürge nicht zu dem Verlangen berechtigt, daß der Gläubiger den Hauptschuldner ausklage, oder zuvor das Pfand angreife. Erst eine Novelle[51]) berechtigte den Bürgen der Klage mit dem Anspruch entgegenzutreten, daß erst der Hauptschuldner heranzuziehen, das Pfand erst zu veräußern sei. Es ist im gemeinen Recht bestritten, ob diese **Rechtswohlthat der Vorausklage** (beneficium excussionis s. ordinis) eine Einrede begründet, oder ob zur Klagebegründung gehört, daß die Klage gegen den Schuldner vergeblich gewesen sei[52]). Das A.L.R. bezeichnet zwar wiederholt diese Wohlthat als „Einwand" [53]), trotzdem ist sie als Klagverneinung aufzufassen[54]). Die Bezeichnung als Einwand ist bei der Nachlässigkeit des Gesetzbuchs in Anwendung von Kunstausdrücken an sich kein zwingender Grund, der Rechtswohlthat die Einredenatur zuzusprechen, und da nach Fassung des § 283 der Gläubiger seine Klage durch den **Nachweis** der vergeblichen Ausklagung des Schuldners **begründen** muß, so kann die Vertheidigung des Bürgen gegen diesen Nachweis nur Verneinung sein. Selbst dann, wenn einer der Fälle vorliegt, wo der Kläger befugt ist, unmittelbar den Bürgen anzugreifen: denn auch hier hat er die Verpflichtung, vorzutragen, daß ein solcher Fall vorliege[55]). Der Rechts-

---

Plathner S. 124f. Nach gemeinem R. haben mehrere Bürgen untereinander keinen Regreß. Seuffert XVII. 29. Dresd. Ann. VI. 134. Nach preuß. R. haben sie ihn, wenn sie sich korreal verpflichtet haben. Oben B. I. § 63 Anm. 68f.

48a) Vergl. oben Anm. 31. Der Umstand, daß der Hauptschuldner im Konkurs ist, und daß in diesem Konkurse die Forderung als fällig zu behandeln ist, macht sie dem Bürgen gegenüber nicht fällig. R.G. Entsch. B. 3 S. 356.

49) I. 14 § 283f. Entw. des B.G.B. § 674, Entw. II. § 711, Reichstagsvorl. § 755. 756.

50) l. 3. 5 C. VIII. 41, l. 1 C. V. 57. Unterholzner II. 816.

51) Nov. IV. c. 1.

52) Heimbach im Rechtslex. I. 901. Unterholzner II. 816 (für die Einredenatur). Pfeiffer, Die prozeff. Natur der Einrede der Vorausklage. 1846. Aus der Praxis: als Einrede Seuffert II. 182 (Dresden). IV. 42. Der Code 2022 faßt die Rechtswohlthat als Einrede auf. Ebenso der Entw. des B.G.B. a. a. O. Das deutsche H.G.B. Art. 281 versagt die Einrede für Bürgschaften, wenn die Schuld aus einem Handelsgeschäft des Hauptschuldners hervorgeht, oder die Bürgschaft selbst ein Handelsgeschäft ist (das del credere Stehen). Vergl. hierüber Gad, Handelsrecht S. 157. Endemann, Handelsrecht S. 701. Goldschmidt, Zeitschrift für Handelsrecht I. 495 Note 27. Busch, Archiv für Handelsrecht II. 180, III. 87. 192. Die Einrede setzt eine wirkliche Bürgschaft (d. h. eine subsidiarische Verpflichtung) voraus: Seuffert IV. 45. Darüber ob die Einrede das Rechtsverhältniß beeinflußt, entscheidet das Recht, welches für die Bürgschaftsverbindlichkeit maßgebend ist, — das ist nicht nothwendig dasselbe, wonach sich die Hauptverbindlichkeit normirt. R.G. Entsch. B. 9 S. 185.

53) I. 14 §§ 284. 306.

54) Ueber den Begriff der Klageverneinung im Gegensatz zur Einrede B. I. § 53.

55) I. 14 § 297fg.

wohlthat der Vorausklage kann der Bürge von vornherein entsagen[56]). Diese Entsagung ist aber dann wirkungslos, wenn er sich nicht für die Forderung selbst, sondern nur für den Schaden verpflichtet hat, der dem Gläubiger aus dem Geschäft entstehen werde[57]); denn der Anspruch auf Schadenersatz aus einer nicht erfüllten Obligation setzt seinem Inhalt nach die Vergeblichkeit der Verfolgung des Hauptschuldners nothwendig voraus. Der ausdrücklichen Entsagung steht die Verbürgung als Selbstschuldner gleich. Auch bei ihr findet die Vertheidigung durch das Verlangen der Vorausklage nicht statt[58]).

Ist dieses aber begründet, so giebt das Landrecht ausführliche Bestimmungen darüber, wann das Unvermögen des Hauptschuldners als festgestellt zu erachten sei[59]). Regelmäßig muß die Vollstreckung versucht[60]) und der Erfolg der Vollstreckung abgewartet werden, also der Verkauf der abgepfändeten Gegenstände, der Zahlungstermin liquider Forderungen des Schuldners, die Beschlagnahme seines Grundstücks[61]). Waren schon die auf den Antrag anderer Gläubiger vollstreckten Pfändungen ohne Ergebniß gewesen, oder ist kein Gegenstand der Pfändung vorgefunden worden, so wird durch diese Thatsachen das Unvermögen des Schuldners festgestellt[62]). Sind die Forderungen des Schuldners unsicher, zweifelhaft, erst später als nach 3 Monaten fällig, oder läßt sich nachweisen, daß durch Beschlagnahme des Grundstücks eine Befriedigung in 3 Monaten nicht zu erwarten steht, so muß der Bürge sich die Klage sofort gefallen lassen[63]). Bei dinglich versicherten Forderungen findet die Klage gegen den zum Verlangen der Vorausklage berechtigten Bürgen erst statt nach der vergeblich gebliebenen Verwirklichung des Pfandrechts, also nach erfolgter Zwangsversteigerung[64]).

---

56) I. 14 § 307. Vgl. Entw. des B.G.B. § 675, Entw. II. § 712, Reichstagsvorl. § 757 Ziffer 1.
57) I. 14 § 309.
58) I. 14 § 297. Seuffert V. 132. Der Bürge kann auch nicht, wenn zugleich ein Pfand bestellt ist, den Gläubiger zunächst an dieses verweisen. Entsch. B. 18 S. 226 § 297 entscheidet eine alte gemeinrechtliche Kontroverse. Das A.L.R. schließt sich Gaill und Mevius IX. 186 nr. 10 an. Ebenso Cod. Max. Bav. IV. c. 10 § 1. Dagegen waren u. A. Lauterbach und Stryck. Durch Versagen der Rechtswohlthat der Vorausklage ist dem selbstschuldnerischen Bürgen nicht unbedingt die Vertheidigung auf Grund des Verhaltens des Gläubigers gegen den Hauptschuldner abgeschnitten. Vergl. Anm. 74 a. E.
59) I. 14 §§ 284—295. S. darüber, daß diese Bestimmungen mit dem altdeutschen R. übereinstimmen, Plathner S. 109. Vergl. Entwurf des B.G.B. § 674, Entw. II. § 711 Abs. 2, Reichstagsvorl. § 756, § 675 Z. 4, Entw. II. § 712 Z. 4, Reichstagsvorl. § 757 Z. 4.
60) Vergl. Präj. 63. (Samml. I. 84.) Das österr. G.B. § 1355 verlangt nur gerichtliche oder außergerichtliche erfolglose Mahnung.
61) I. 14 §§ 286. 287. 289. Eine Pflicht, gegen den Schuldner seines Schuldners zu klagen, hat der Gläubiger nicht. Koch, R. d. F. III. 1041 gegen das Reskr. v. 18. Juli 1840. J.M.Bl. 258; ebensowenig ist das Ende der Immobiliar-Zwangsvollstreckung abzuwarten, wenn sich diese über drei Monate von der Beschlagnahme ab hinzieht.
62) I. 14 §§ 284. 285. Dresdn. Ann. II. 321. Seuffert XIV. 35. Die Bestimmungen über Schuldhaft des Schuldners passen auf die jetzt noch zulässigen Fälle der Schuldhaft nicht.
63) I. 14 §§ 288. 290. 291.
64) I. 14 §§ 292. 293.

Auch hier ist aber die Vertheilung des Kaufgeldes und damit die schließliche Feststellung des Ausfalles nicht abzuwarten, wenn nach dem erreichten Gebote klar ist, daß der Gläubiger wegen unstreitiger bevorzugter Forderungen anderer Gläubiger nicht zur Hebung kommt. Daneben besteht die Voraussetzung, daß er den Ausfall auch nicht aus dem übrigen Vermögen des Schuldners erlangen kann[65]). — Gegen die in solcher Weise nachgewiesene Behauptung des Gläubigers, daß der Schuldner zahlungsfähig sei, steht dem Bürgen nicht die Einrede zu, daß der Schuldner später in bessere Vermögensverhältnisse gekommen sei[66]).

In einigen Fällen ist die nach Inhalt des Vertrages sonst begründete Rechtswohlthat der Vorausklage durch das Gesetz ausgeschlossen: wenn nämlich der Schuldner nicht innerhalb des Königreichs Preußen belangt werden kann[67]), und wenn über sein Vermögen Konkurs eröffnet worden ist[68]). Im letzteren Fall soll zwar der Gläubiger seine Forderungen anmelden und, wenn er es unterläßt, sein Recht an den Bürgen einbüßen, aber das Ergebniß des Konkursverfahrens hat er nicht abzuwarten, und die unterlassene Anmeldung gereicht ihm nicht zum Nachtheil, wenn er schon vor der Konkurseröffnung ein rechtskräftiges Urtheil gegen den Bürgen erstritten hat, oder wenn er „vollständig" nachweist, daß die Geltendmachung im Konkursverfahren vergeblich gewesen wäre[69]). Ein weiterer Ausnahmefall des Landrechts, wenn der Hauptschuldner mehr als einjährigen Indult erhalten hat, ist antiquirt[70]).

---

65) I. 14 §§ 294. 295.

66) I. 14 § 306.

67) I. 14 § 298. Strieth. B. 47 S. 117. Vergl. hierzu Entwurf des B.G.B. § 675, Entw. II. § 712, Reichstagsvorlage § 757 Ziffer 2. — § 298 soll nicht durch Art. 3 der Reichsverfassung über das deutsche Indigenat modifizirt sein Entsch. B. 65 S. 83, Strieth. B. 81 S. 100. S. auch Gruchot a. a. O. S. 702; vergl. dagegen Davidsohn bei Gruchot B. 16 S. 52. Nach der Ausdehnung der Gerichtsgewalt des Richters auf alle im Reiche befindlichen Personen durch die Reichsprozeßgesetzgebung ist der Satz aber für solche Personen als bedeutungslos anzusehen, da bei Verfolgung am Orte, wo die Verbindlichkeit in Preußen zu erfüllen ist, Vollstreckung durch das ganze Reich ermöglicht ist. Auch Nov. 4 c. l. absentia debitoris. Heuser III. 556. Seuffert II. 46, V. 21. Das R.G. Entsch. B. 6 S. 157 hat mit Recht angenommen, Aufenthalt in einem anderen Bundesstaat sei nicht mehr absentia.

68) I. 14 § 300. Nachmalige Wiederaufhebung des Konkurses begründet nicht ein Wiedererwachen des ben. exc. Striethorst B. 50 S. 213. Rehbein II. S. 703. Keine analoge Ausdehnung des Satzes auf den Fall des früheren Gehaltsabzugsverfahrens. Bornem. III. 287 f. und ein Erk. des O.Tr. J. W. 1847 S. 216; oder der Erbsch. Liquid.Proz. Bornem. III. 287. — Daß die Eröffnung des Konkurses über den Hauptschuldner die exc. excuss. beseitige, war feststehende vorlandrechtliche Praxis, Voet XLVI. 1 § 17. Gaill. II. 27 n. 14. Stryck XLVI. § 24. Mevius V. 197. Leyser, Sp. 525 m. 6. Auch die gemeinrechtliche Praxis hält fest daran, obgleich einzelne Erkenntnisse abweichen, weil nach Nov. 4 c. 1 die Einrede nur wegfallen dürfe, wenn der debitor absens. Seuffert X. 48, XII. 158. — Vergl. auch Entwurf des B.G.B. § 675, Entw. II. § 712, Reichstagsvorlage § 757 Z. 3. Die gleichzeitige Anmeldung der Forderung im Konkurse des Hauptschuldners und Klage gegen den Bürgen auf Höhe des Ausfalls ist zulässig. Seuffert III. 264, IV. 42, VII. 34. 314.

69) I. 14 §§ 301—305. Der § 404 ist auf den jetzigen Konkursprozeß, der keine Präklusion kennt, nicht mehr anwendbar. Strieth. B. 41 S. 274. Dadurch ist die Kontroverse, ob § 304 auf den selbstschuldnerischen Bürgen anzuwenden sei, beseitigt.

Die Vertheidigung des Bürgen richtet sich entweder gegen die eigene Schuld desselben aus der Bürgschaft oder gegen das Bestehen der zu Grunde liegenden Hauptschuld[71]). Nach jener Seite hin kann neben der Frage des gehörigen Zustandekommens des Bürgschaftsvertrages[72]) insbesondere auch geltend gemacht werden: der Termin, bis zu dem die Bürgschaft eingegangen, sei verflossen, wogegen der Gläubiger repliziren kann, daß er ohne Aufschub gegen den Schuldner geklagt habe[73]). Es kann ferner in Frage kommen, daß der Gläubiger dem Bürgen zur Schadloshaltung verpflichtet ist, weil er bei der Rechtsverfolgung und der Zwangsvollstreckung gegen den Hauptschuldner ein grobes Versehen begangen[74]) oder gar mit dem Hauptschuldner ein dem Bürgen nachtheiliges geheimes Eingeständniß unterhalten hat[75]). Hat er eine ihm vor der Bürgschaft vom

---

70) Vergl. B. I. 91 Anm. 42. Antiquirt ist damit zugleich die Erörterung der Antinomie zwischen I. 14 § 299 und A.G.O. I. 47 § 414 (Corp. j. Frid. II. 23 § 91). Vergl. § 476 Preuß. K.O., u. jetzt Einf.G. z. C.P.O. § 14.

71) Förster, Kl. u. Einr. S. 440f. Herold bei Gruchot III. 366fg., welcher ausgeführt, daß die dem Bürgen zustehenden Einreden nicht de jure tertii sind.

72) Vergl. oben Anm. 14—17.

73) I. 14 § 322. Vergl. Entw. II. des B.G.B. § 716, Reichstagsvorl. § 761. Das A.L.R. bestimmt § 320 (vergl. I. 20 § 56), daß die auf eine bestimmte Zeit übernommene Bürgschaft für ein Darlehn erlischt, wenn nicht der Gläubiger spätestens am 3. Tage nach Eintritt des Termins (wozu dem auswärtigen Gläubiger noch die nöthige Zeit des Postenlaufs zugerechnet werden soll, § 321), gegen den Schuldner geklagt oder nicht die vorher angestellte Klage fortgesetzt hat. Das O.Trib. bezieht diese für das Darlehn gegebene Vorschrift auf alle einseitigen, durch einmalige Leistung zu erfüllenden Schuldverpflichtungen. Strieth. B. 8 S. 373, B. 47 S. 116. Auch versteht sich die Voraussetzung von selbst, daß die Schuld zu der fraglichen Zeit fällig gemacht werden kann oder fällig ist; der Gläubiger ist also verpflichtet, rechtzeitig zu kündigen, um die Fälligkeit zur Endzeit der Bürgschaft vorzubereiten. Vergl. Entsch. B. 63 S. 147. Die Zeitbeschränkung bezieht sich auf den Eintritt der Zahlungsunfähigkeit des Hauptschuldners. Seuffert III. 170. Als Gegensatz des Darlehns bezeichnet § 322 Verbindlichkeiten, welche wie die Amtspflicht fortdauern, oder deren Erfüllung sonst an keinen bestimmten Tag gebunden ist, bei denen es sich also zur Zeit des Endes der Bürgschaftszeit nicht lediglich um eine bereits vorher zu erfüllende Verbindlichkeit handelt. Hier wirkt der Zeitablauf dahin, daß die Bürgschaft für die später entstehenden Forderungen nicht mehr verbindlich macht. Vergl. unten Anm. 93.

74) I. 14 § 328. Entsch. B. 18 S. 226. Rehbein II. S. 721. l. 95 § 11 D. XLVI. 3. Seuffert VII. 312, XII. 240. Vergl. hierzu Entsch. B. 21 S. 40. Der Bürge hat zu beweisen: 1. die Thatsache, aus der das grobe Versehen gefolgert wird, und 2. daß daraus ihm (dem Bürgen) ein bestimmter Nachtheil erwachsen ist. Jurist. Wochenschr. 1846 S. 101. Vergl. Seuffert V. 133, VI. 41, VII. 311. Ueber die Grenzen der Pflicht des Gläubigers, den Hauptschuldner zu verfolgen, vergl. Entsch. B. 21 S. 40. Rehbein II. S. 701. Was als Versehen anzusehen ist, darüber ist aus den thatsächlichen Verhältnissen das Urtheil zu gewinnen; insbesondere macht die bloße Ertheilung von Nachfrist gegenüber dem Hauptschuldner bei nicht betagter Bürgschaft den Bürgen weder frei (§ 317), noch begründet sie nothwendig einen Entschädigungsanspruch. Entsch. B. 14 S. 257. Rehbein II. S. 707. Aber es kann in der Ertheilung der Nachsicht ein schuldhaftes Verhalten gefunden werden, und ein solches ist darin zu finden, wenn die Prologation ohne Zustimmung des Bürgen vertragsmäßig untersagt war. Strieth. B. 61 S. 44. — Ueber die Frage, ob und wieweit die Vertheidigung aus § 328 auch dem selbstschuldnerischen Bürgen zusteht, vergl. R.G. Entsch. B. 8 S. 261.

75) I. 14 § 329. Durch Verträge zwischen Gläubiger und Schuldner nach übernommener Bürgschaft kann die Verpflichtung des Bürgen nicht erschwert werden. § 330. Ueber den selbstschuldnerischen Bürgen ist auch hier R.G. B. 8 S 260 zu vergleichen.

Hauptschuldner anderweitig bestellte Sicherheit ohne Genehmigung des Bürgen aufgegeben, so verliert er das Recht gegen den Bürgen, sofern er nicht nachweist, daß durch das Aufgeben der anderen Sicherheit dem Bürgen kein Nachtheil erwachsen ist[76]).

Der nicht selbstschuldnerische[77]) Bürge kann nach Eintritt des Erfüllungstages der Hauptschuld den Gläubiger anhalten, entweder gegen den Schuldner zu klagen oder ihn aus der Bürgschaft zu entlassen[78]). Bei Forderungen, die auf Kündigung stehen, ist der Bürge nur dann berechtigt, den Gläubiger zur Kündigung aufzufordern, wenn der Schuldner in Vermögensfall geräth oder Anstalt macht, Preußen zu verlassen, so daß er dort nicht mehr belangt werden kann[79]).

Mehreren Bürgen, von denen sich jeder auf das Ganze verpflichtet hat, war im justinianischen Recht die Theilungseinrede (exc. divisionis) gegeben, darin bestehend, daß der Gläubiger den Einzelnen nicht auf das Ganze sondern nur auf seinen Antheil belangen dürfe[80]). Diese Einrede hat das A.L.R. versagt[81]).

---

[76]) I. 14 §§ 331. 332. 333. Oesterr. G.B. § 1360. Vergl. Entw. des B.G.B. § 679, Entw. II. § 715, Reichstagsvorl. § 760. Der Gläubiger hat zu beweisen, daß kein Nachtheil entstanden ist. (S. Note 74.) Haftet neben dem Bürgen ein anderer Bürge aus derselben Bürgschaftsurkunde (I. 14 § 390), so greift die Bestimmung nicht ein: aber die Entlassung des Bürgen gilt dem Mitbürgen gegenüber als nicht geschehen. Ges.Rev. XIV. 46. Bornem. III. 291. Koch, Note zu § 390. Kayser bei Gruchot B. 21 S. 262 führt aus, daß § 331 unter „Sicherheit" den Fall einer anderweitigen Bürgschaft überhaupt nicht mitbegreife. — Nur die zur Zeit der Uebernahme der Bürgschaft bereits vorhandene Sicherheit der Forderung muß erhalten werden. Entsch. B. 60 S. 102. Rehbein II. 704.

[77]) Entsch. B. 24 S. 63 Strieth. B. 6 S. 291.

[78]) I. 14 §§ 316. 317. Strieth. B. 48 S. 190, B. 61 S. 44. Seuff. IV. 43. Das Anhalten bedeutet, daß der Bürge gegen den Gläubiger Klage erheben kann (Entsch. B. 14 S. 257. Rehbein II. S. 707), denn „Anhalten ist mehr als Auffordern, es setzt einen Zwang voraus". Koch, Note zu § 316 gab dem Bürgen die Provokationsklage gegen den Gläubiger. Das A.L.R. ist der älteren gemeinrechtlichen Praxis gefolgt. Nach Mevius, Dec. IX. 167 n. 2 und Walch p. 576 § 17, wo noch Andere citirt sind, wurde der Bürge für frei erklärt, wenn der Gläubiger den Schuldner über die festgesetzte Zahlungszeit befristete. Andere aber gestatteten dem Bürgen nur, daß er vom Gläubiger Befreiung von der Bürgschaft verlange, und bewilligten ihm hierzu die prov. ex lege si contendat. Walch ebenda, Hofacker, Princ. jur. III. § 2041. Seuffert VII. 33. 177. — Nachdem die C.P.O. den Provokationsprozeß aufgegeben hat, bleibt nichts anderes übrig, als eine Klage anzuerkennen, auf Grund deren eine Verurtheilung des Gläubigers erstritten wird, binnen richterlich bestimmter Frist gegen den Hauptschuldner Klage zu erheben oder den Kläger aus seiner Verbindlichkeit zu entlassen. Auf die richterlich zu bestimmende Frist weist der analoge § 324 I. 14. Daß demnächst durch Urtheil festgestellt werde, daß der Kläger wirklich entlassen sei, ist nicht erforderlich.

[79]) I. 14 §§ 318. 319. 357. 358. Vergl. R.O.H.G. V. 79. Bei Auswanderung in einen anderen deutschen Staat tritt jene Wirkung nicht ein. Vergl. oben Anm. 67. Wegen des in anderen Fällen ipso jure eintretenden Endes der Bürgschaft vergl. Anm 73.

[80]) Nov. 99. c. 1. Vangerow III. 86 f. Die Theilungseinrede des röm. R. hat nicht den Sinn, daß jeder der mehreren Bürgen nur auf einen Antheil haftet, sondern jeder haftet auf das Ganze, und es ist ihm freigestellt, ob er jene Einrede gebrauchen will. l. 17. 27 D. XLVI. 1 § 4 J. III. 20. S. Kierulff, Lübecker Entsch. B. 1 S. 335. Sie setzt gemeinschaftliche Uebernahme der Bürgschaft voraus. Seuffert III. 263 dagegen IV. 43. Das altdeutsche R. unterschied zwischen Verbürgung Mehrerer pro rata und zu gesammter Hand. Stobbe S. 138. 145. Die Bürgen zu gesammter Hand sind auch Selbstschuldner und haben nicht das benef. excuss. Das. S. 154 f. Vergl. Plathner S. 45 fg. 110 f.

[81]) I. 14 §§ 374. 378. Es darf daher hier auf eine Erörterung der verschiedenen Fragen,

Die zweite Klasse der Einreden des Bürgen bilden diejenigen, die er aus der Hauptschuld entnimmt. Sie stehen ihm ebenso wie dem Schuldner zu, er verliert sie nicht durch einseitigen Verzicht des letzteren nach Uebernahme der Bürgschaft[82]), ebenso wenig durch dessen einseitiges Anerkenntniß der Schuld[83]). Das Landrecht ließ aber die Einreden bezüglich der Hauptschuld durch Verurtheilung des Schuldners verloren gehen, wenn der Bürge bei dem Prozeß gegen den Schuldner vom Gläubiger zugezogen war, gleich viel ob er dann mit dem Schuldner gemeinschaftliche Sache gemacht hatte oder nicht[84]). Die Bestimmung ist nach dem geltenden Prozeßrecht unanwendbar. Das Ziel könnte nur durch Erhebung einer mit der Hauptklage verbundenen Feststellungsklage gegen den Bürgen erreicht werden, deren Grundlage: ein Interesse daran, daß die Feststellung schon jetzt erfolge, kaum zu erbringen sein möchte[84a]). Der Bürge wird aber auch jetzt auf die gegen die Judikatsklage zulässigen Einreden dann beschränkt, wenn er sich nur für

---

die sich im gem. R. an die exc. divisionis anknüpfen, nicht eingegangen werden. Der Code a. 2026 hat die exc. div. Das deutsche H.G.B. Art. 281 versagt sie der handelsgeschäftlichen Bürgschaft.

82) I. 14 §§ 251—252, l. 22 D. II. 14. Die l. 27 § 2 eod. sagt, daß der Bürge den nachträglichen Verzicht des Schuldners auf die erworbene Einrede aus einem pactum de non petendo nur dann wider sich gelten lassen muß, wenn er dem Verzicht beigetreten ist. Vangerow III. 155. Seuffert II. 185.

83) I. 14 § 310. Strieth. B. 61 S. 308b, l. 62 D. II. 14, l. 7 § 1 D. XLIV. 1. Seuffert II. 85. Leyser sp. 523 m. 6. 7. Heuser V. 610. Eine Abrechnung zw. Gläubiger und Schuldner ist für den Bürgen nicht verbindlich. Seuffert XV. 23. Die Rechtsprechung zieht hieraus die wichtige Konsequenz, daß, wenn ein Schuldner, der außer derjenigen Schuld, die der Bürgschaft zu Grunde liegt, noch andere Schulden an den Gläubiger hat, bei der Zahlung erklärt, auf welche Schuld die Zahlung zu rechnen sei, dies dem Bürgen gegenüber ohne Bedeutung ist. Der Bürge kann solchen Falls Anrechnung nach Maßgabe der Gesetze fordern. Strieth. B. 17 S. 151. Rehbein II. S. 696. Vergl. auch Entsch. B. 15 S. 181. Dasselbe muß von der Kompensation gelten.

84) I. 14 §§ 311. 312. Die im § 311 erwähnte Vorladung ist keine Streitverkündung. Der Gläubiger will nicht für den Fall des ungünstigen Ausfalls des Prozesses, sondern gerade gestützt auf seinen günstigen Ausgang, den Bürgen in Anspruch nehmen. (I. 17 § 23 A.G.O. war ebenso unanwendbar, wie jetzt C.P.O. § 69. Die Vorladung war aber ein durch die A.G.O. I. Tit. 17 § 3 näher geordneter prozessualer Adzitationsakt, den die C.P.O. nicht kennt.) Rehbein u. Reinke zu § 311 wollen an eine durch den Gerichtsvollzieher zugestellte Benachrichtigung von der erhobenen Klage die Wirkung knüpfen, daß der Bürge interveniren oder das Urtheil gegen sich gelten lassen müsse. Das ist willkürlich und ohne gesetzliche Grundlage. Darüber, daß die bloße Verurtheilung des Hauptschuldners dem Bürgen nicht präjudizirt, vergl. R.G. bei Gruchot B. 29 S. 382. Die Verbindung einer Klage gegen den Schuldner auf Leistung und einer Klage gegen den Bürgen auf Feststellung der durch die Zahlungsunfähigkeit des Schuldners bedingten Schuld, — worauf die von Dernburg II. § 243 Anm. 24 befürwortete Klage dahin, daß das Urtheil gegen den Schuldner auch dem Bürgen gegenüber unanfechtbar werde, wohl hinauslaufen möchte, — wäre jedenfalls etwas anderes als die Beiladung; sie wäre denkbar, soweit man auch ohne jene Verbindung eine Feststellungsklage gegen den Bürgen anstellen könnte, darüber hinaus aber gewiß nicht. — Wird der Gläubiger im Prozeß mit dem Hauptschuldner abgewiesen, so steht die dadurch erfolgte Feststellung der Nichtschuld auch der Klage gegen den Bürgen entgegen, obgleich dieser nicht Partei war. Seuffert IV. 226.

84a) Prinzipiell mit dem Text einverstanden Rehbein II. S. 700, der aber annimmt, daß es an dem Interesse nicht fehle; — das wird davon abhängen, was man unter Interesse an alsbaldiger Feststellung zu verstehen hat. Vergl. B. I § 48 bei Anm. 44.

dasjenige verbürgt hat, wozu der Schuldner rechtskräftig verurtheilt werden würde[85]).

Von den Ausstellungen gegen die Giltigkeit der Hauptforderung steht, wie bereits erwähnt, die der persönlichen Unfähigkeit des Hauptschuldners[86]) dem Bürgen nicht zu; dagegen kann er der Forderung aus dem Rechte des Schuldners selbst die aus gesetzlich bestimmten persönlichen Verhältnissen zum Gläubiger entspringende Einrede der Verurtheilung auf das Erschwingliche (Kompetenz)[87]) entgegen stellen. Die Einrede der Zahlung oder überhaupt der Erfüllung, die des Vergleichs zwischen Gläubiger und Schuldner und der Kompensation, auch die der Arglist und des Betrugs kann er gebrauchen[88]), die Einrede der Verjährung aber unbedingt nur in dem Falle, wenn die erfolglose Verfolgung des Schuldners Vorbedingung der Klage gegen den Bürgen ist. War die Bürgschaft als selbstschuldnerische übernommen, oder war der Rechtswohlthat der Vorausklage entsagt worden, so verjährt der Anspruch aus der Bürgschaft zwar so lange nicht, als die Hauptforderung noch besteht; was die Verjährung jener unterbricht, unterbricht auch die Verjährung dieser: aber die Verjährung der Hauptforderung wirkt nicht zugleich Verjährung der Forderung an den selbstschuldnerischen Bürgen, wenn diese letztere unterbrochen ist, oder wenn die Bürgschaftsschuld einen besonderen späteren Fälligkeitstag hatte[89]). Wenn Jemand sich für die in einem Zwangsvergleich im Konkursverfahren vom Gemeindeschuldner gegebenen Versprechungen verbürgt hat, so findet gegen ihn, falls er sich nicht die Einrede der Vorausklage ausdrücklich vorbehalten hat, sofortige Zwangsvollstreckung aus dem bestätigten Zwangsvergleich wegen der im Konkursverfahren — also vorher — festgestellten Forderungen statt[90]).

---

[85]) I. 44 §§ 313. 314. Strieth. B. 54 S. 336. Der § 313 ist als Ausnahme streng auszulegen. R.O.H.G. B. 1 S. 59. Bürgschaft für judicatum solvi. Die ältere Praxis nahm an, daß ein solcher Bürge die exc. excuss. nicht habe. Mevius dec. I. 299 Nr. 4, II. 370 Nr. 7, VIII. 378 comm. ad. j. Lub. III. 5 art. 1 n. 29. Berger, oec. III. 12. 6 n. 6. Auch nach § 313 ist ihm diese Einrede insofern entzogen, als er nicht den Nachweis verlangen darf, daß die Schuld vom Hauptschuldner nicht hat beigetrieben werden können, als vielmehr die Verurtheilung des letzteren genügt, ihn zur Zahlung zu verpflichten.

[86]) S. oben Anm. 24 ff.

[87]) I. 14 §§ 281. 282. Oben B. I § 113 unter 1. Herold bei Gruchot III. 372. Nicht nach österr. G.B. § 1354. Auch nicht nach gem. R. l. 7. D. XLIV. 1. — Ist der Schuldner mit der Rechtswohlthat des Inventars beerbt, so steht den Bürgen die Berufung des Erben auf diese Rechtswohlthat nicht zu. — Vergl. B.G.B. Entwurf § 671, Entw. II. § 707, Reichstagsvorl. § 752.

[88]) I. 14 §§ 385. Strieth. B. 17 S. 151. R.G. bei Gruchot B. 36 S. 1022. Vgl. die Modifikation im B.G.B. Entw. II. § 710, Reichstagsvorl. § 754.

[89]) I. 14 §§ 391—394. Sommer in Ulrichs Archiv (B. 15 S. 608) nennt § 393 dunkel; jedenfalls sagt aber § 394 ausdrücklich, daß, solange die Verbindlichkeit des Hauptschuldners besteht, eine Verjährung gegen den Bürgen nicht eintritt, daß also die Unterbrechung der Verjährung gegen den Hauptschuldner auch gegen den Bürgen wirke. Dem Text entspricht R.G. Entsch. B. 4 S. 236. Nach gemeinem Recht macht auch der selbstschuldnerische Bürge Verjährung der Hauptschuld mit Erfolg geltend. R.G. Entsch. B. 34 S. 153.

[90]) K.O. § 179. Bei anderen Forderungen muß die Verbindlichkeit des Bürgen gegen ihn im Prozeß festgestellt werden, die Feststellung gegen den Gemeinschuldner genügt nicht.

Befreiung oder Entlassung aus der Bürgschaft kann der Bürge nach dem bereits Gesagten vom Gläubiger verlangen, wenn dieser nach Ablauf des Zahlungstermins die Aufforderung des Ersteren, gegen den Schuldner zu klagen, unbeachtet läßt[91]); wenn Fälle vorliegen, in denen der Bürge verlangen darf, daß der Gläubiger die Schuld kündige und Letzterer dies trotz Aufforderung unterläßt[92]); wenn eine auf Zeit beschränkte Bürgschaft für eine fortwährende Schuld übernommen und der Gläubiger nach Eintritt des Endtermins auf Verlangen des Bürgen nicht feststellen läßt, was der Schuldner bis zu dieser Zeit zu leisten oder zu erstatten habe[93]).

Die Pflichten und Rechte des Bürgen gehen auf die Erben über[94]); soll der Tod des Bürgen nach ausdrücklicher Verabredung die Bürgschaft endigen, so hat der Tag, an welchem der Gläubiger den Tod erfährt, die Wirkung des Endtermins einer auf Zeit übernommenen Bürgschaft[95]).

V. Ein Rechtsverhältniß zwischen dem Bürgen und Schuldner entsteht an sich aus der Bürgschaft nicht, weil diese ein Vertrag mit dem Gläubiger ist. Aus einer Bürgschaftsleistung wider Willen des Schuldners wird dieser wie bei der auftraglosen Geschäftsbesorgung nur dann dem Bürgen auf Ersatz des Schadens und der Kosten verpflichtet, wenn er sich den Vortheil aus seiner Geschäftsbesorgung aneignet[96]). Aus einer Bürgschaftsleistung mit Willen des Schuldners entstehen nach Inhalt des diesem Willen entsprechenden Vertrages Rechte und Pflichten zwischen ihm und dem Bürgen. Dieser hat demnach gemeinrechtlich ein Rückgriffsrechts gegen den Schuldner mit der umgewandten Klage aus dem Auftrage (a. mand. contr.)[97]). Damit aber der Bürge, auch wenn er die Bürgschaft ohne den Willen des Schuldners geleistet, einen Anspruch an diesen erhalte, half ihm das römische Recht durch

---

Es fehlt auch bezüglich dieser anderen Forderungen eine ausdrückliche Gesetzesvorschrift darüber, ob die Bürgschaft im Zweifel als eine selbstschuldnerische anzusehen ist; indessen wird man den § 179 in dieser Beziehung ausdehnend interpretiren müssen. Eine Vertheidigung des Bürgen mit den Einreden des Gemeinschuldners aus der Zeit nach dem Zwangsvergleich ist natürlich statthaft.

91) I. 14 § 316 f. oben Note 78. Dem selbstschuldnerischen Bürgen steht dies Recht nicht zu. Strieth. VI. 291. Entsch. B. 24 S. 63. — Dem Entwurf des B.G.B. fremd.

92) I. 14 § 319.

93) I. 14 §§ 322. 326. Strieth. B. 8 S. 373, B. 47 S. 116. Der Fall liegt im Wesentlichen nicht anders als der der §§ 316. 317. Das Verfahren muß dasselbe sein. Vergl. Anm. 78.

94) I. 14 § 334. Der Satz ist aus dem römischen Recht recipirt, er war dem altdeutschen Recht unbekannt. Stobbe S. 132. Plathner S. 125 f. Sächs. Weichb. 117. Sachsensp. I. 6 u. vergl. hierzu Carpzov, Defin. II. 20. Gegen das Anbringen des röm. R. rettete sich dann wenigstens der Satz, daß der Erbe des Bürgen nicht verhaftet sei, wenn der Schuldner sich verpflichtet habe, beim Absterben des Bürgen einen andern zu stellen. Constit. Sax. II. 20. Nach österr. G.B. § 1367 endigt die persönliche Verpflichtung des Bürgen 3 Jahre nach seinem Tode.

95) I. 14 §§ 336. 337.

96) I. 14 § 341. I. 13 §§ 249—252. l. 40 D. XVII. 1.

97) Glück B. 13 S. 179. Gesterding, Irrth. S. 187 f. Unterholzner II. 809. Kierulff, Lübecker Entsch. B. 1 S. 329. Gem. rechtl. Entsch. d. R.G. B. 1 S. 344. Nach der l. 60 D. L. 17 ist die mand. a. contr. auch dann begründet, wenn der Schuldner die Verbürgung kennt und non prohibet intervenire.

die Rechtswohlthat der Klagabtretung (beneficium cedendarum actionum)[98]), d. h. er hatte das Recht, vom befriedigten Gläubiger zu verlangen, daß dieser ihm seine Klage gegen den Schuldner und die Nebenbürgen abtrete[99]).

Das A.L.R. schreibt in dieser Beziehung vor: wenn der Bürge nicht geradezu wider den Willen, gegen das ausdrückliche Verbot des Schuldners die Bürgschaft übernommen hat, gleichviel ob er auf sein Nachsuchen gehandelt hat oder um seine Geschäfte zu führen, tritt er ohne Weiteres, d. h. ohne daß es einer ausdrücklichen Abtretung bedarf, in alle Rechte des von ihm befriedigten Gläubigers gegen den Hauptschuldner ein[100]), und zwar auch in die sonstigen Vor- und Sicherheitsrechte des Gläubigers[101]). Er ist aber trotzdem befugt, eine ausdrückliche Abtretung vom Gläubiger zu verlangen[102]). Diese Befugniß übt er aus durch Einrede gegen die Klage des Gläubigers aus der Bürgschaft[103]). Die kraft des Gesetzes eintretende oder geforderte Abtretung erstreckt sich nur auf das, was der Bürge dem Gläubiger wirklich leistet; darüber hinaus bis zum vollen Betrag der Schuld ist bei geringerer Leistung des Bürgen der Gläubiger auch zur Abtretung seiner Rechte nicht verpflichtet[104]).

---

98) l. 17. 36. 41 § 1 D. XLVI. 1, l. 14 C. VIII. 41. S. Kochs Note zu § 304 d. T.

99) Die gemeinrechtl. Praxis nimmt an, daß das Erbieten zur Klagabtretung zur Begründung der Klage des Gläubigers gegen den Bürgen gehöre. Dresd. Ann. V. 472.

100) I. 14 §§ 338. 341. Entsch. B. 26 S. 283. Strieth. B. 10 S. 207. Rehbein II. S. 711. Strieth. B. 40 S. 184. Rehbein II. S. 709. Nach röm. R. l. 29 § 3 D. XVII. 1) kann sich der Bürge, wenn er sowohl als der Hauptschuldner selbst an den Gläubiger gezahlt hat, vom Schuldner die cond. indeb. cediren lassen. Die gesetzliche Cession bezog Förster nicht auf Ansprüche des Gläubigers an einen Dritten, der nach Bürgschaft Sicherheit gegeben hat. Ebenso Koch zu § 338. A. M. Bornemann B. 3 S. 296, Dernburg II. § 245 Anm. 7. In der That giebt aber das Gesetz (I. 14 § 379) nur insoweit zu der Beschränkung des Satzes des § 338 Anlaß, als die Bestimmung sich nicht auf das in den §§ 373—379 besonders geregelte Verhältniß zu Mitbürgen bezieht, gleichviel ob dieselben vor oder mit oder nach dem zahlenden Bürgen die Bürgschaft übernommen haben. Im Uebrigen steht der zahlende Bürge in der Rechtsstellung, die ihm ausdrückliche Cession übertragen würde, er erlangt also auch die später begründeten Pfandrechte. R.G. bei Gruchot B. 34 S. 987. Ausgenommen ist nur der gegen ein Verbot des Schuldners sich verbürgende, — nicht, der ohne Auftrag handelnde — Bürge. — Der Satz, daß der Bürge durch die Erfüllung von selbst an die Stelle des Gläubigers trete, ist altdeutsches Recht. Plathner S. 169. Sachsensp. III. 85. Wochenbl. f. merkw. Rf. 1841 S. 49, 1847 S. 117. Code 2029. Oesterr. G.B. § 1358. — Der Eintritt erstreckt sich auch auf die Konkursvorrechte der vom Bürgen bezahlten Forderung, R.G. Entsch. B. 3 S. 34, und kommt auch dem selbstschuldnerischen Bürgen zu. R.G. bei Gruchot B. 34 S. 988. — Vergl. Entwurf des B.G.B. § 676, Entw. II. § 713, Reichstagsvorl. § 758.

101) S. oben B. I. § 99 Anm. 93. Strieth. B. 40 S. 184. Seuffert VII. 311. R.G. Entsch. B. 3 S. 34.

102) I. 14 § 339. Auch der selbstschuldnerische Bürge hat die Rechtswohlthat der Klagenabtretung. Entsch. B. 18 S. 231. Rehbein II. S. 724. Strieth. B. 48 S. 186. Bei verweigerter Cession erlischt die Verpflichtung des Bürgen, soweit dadurch der Rückgriff vereitelt wird. R.G. Entsch. B. 4 S. 185.

103) Aeltere Ausgaben dieses Buchs leugneten, daß noch nach der Zahlung von dem bezahlten Gläubiger cedirt werden kann. Die Cession soll hier den bereits erfolgten Uebergang auch der accessorischen Rechte beurkunden.

104) I. 14 § 340. Das folgt daraus, daß der Bürge durch die Zahlung das Geschäft des Schuldners besorgt.

Die Klage auf Grund der Cession ist die Klage aus dem Hauptgeschäft[105]). Sie geht auf Alles, was der Bürge dem Gläubiger wirklich geleistet hat. Der Bürge hat aber auch Anspruch auf Ersatz der nicht von ihm selbst verschuldeten oder unnütz verursachten[106]) Schäden und Kosten sowie auf Verzugszinsen vom Tage der Zahlung oder fortlaufende bedungene Zinsen[107]). Soweit dieser Anspruch auf Ersatz des Schadens und der Kosten geht, die dem Bürgen durch die Befriedigung des Gläubigers erwachsen sind, kann er sich nicht auf die Cession des Gläubigers, sondern nur auf die gesetzliche Vorschrift selbst stützen; denn die Cession kann sich nur auf die Rechte des Gläubigers beziehen, und jene Nebenansprüche gehen über diese Rechte hinaus, und können daher nicht von dem Gläubiger abgeleitet werden.

Der Schuldner kann dem Bürgen nicht die Einreden entgegensetzen, die er gegenüber dem Gläubiger durch rechtskräftige Verurtheilung zur Leistung an ihn verloren hat[108]). Soweit aber der Gläubiger den Bürgen zuerst in Anspruch nehmen darf, schrieb das A.L.R. noch besonders vor, daß der Bürge, um sich den Regreß an den Hauptschuldner zu sichern, unverzüglich die schriftliche Einwilligung des Schuldners in die Zahlung an den Gläubiger zu verlangen habe, und daß, wenn er sie nicht erhält, er es auf die Klage ankommen, zu dieser aber den Schuldner gerichtlich vorladen lassen müsse[109]). Die Zeit und die Folgen der Streitverkündung richten sich zur Zeit nach der Civilprozeßordnung; es ist nicht mehr zulässig, daß der Hauptschuldner den Prozeß mit der Folge übernehme, daß dann das gegen ihn ergehende Urtheil auch gegen den Bürgen gelte[110]). Vielmehr wird der Prozeß lediglich gegen den Bürgen fortgesetzt, der Hauptschuldner kann nur als Intervenient auftreten, und das gegen den Bürgen ergehende Urtheil, das weder von diesem

---

105) Koch betrachtet die cedirte Klage nicht als die aus der Hauptschuld, sondern als die Regreßklage des Bürgen ex mand. (also die a. m. contr.).

106) l. 29 § 4 D. XVII. 1, l. 82 § 1 D. XLV. 1.

107) I. 14 §§ 351—355. Strieth. B. 36 S. 251. Im gemeinen Recht ist es zweifelhaft, ob der Bürge, welcher für den Schuldner Kapital und Zinsen gezahlt hat, auch von der Summe der letzteren Verzugszinsen fordern kann. Trotz des Satzes, daß Zins von Zins unerlaubt ist, sind solche Zinsen in der gemeinrechtlichen Praxis zugelassen worden. S. Mevius VI. 328, VIII. 249. Struben, Rechtl. Bed. V. 56. Ebenso läßt sie das Landrecht § 354 zu.

108) Dem als Cessionar anzusehenden Bürgen steht das Judikat zur Seite. Hat nach dem Judikat der Hauptschuldner Zahlung geleistet, so kann dem Bürgen, der ohne Rücksicht auf diese Zahlung seinerseits ebenfalls zahlt, nicht der Regreß gegen den Schuldner schlechthin abgeschnitten sein. Freilich liegt dann nicht Eintritt in die schon vor der Zahlung des Bürgen getilgte Forderung vor. Aber insofern die Bürgschaft im Auftrag oder unter Genehmigung des Hauptschuldners übernommen ist, handelt dieser schuldhaft, wenn er in solchem Falle nichts von seiner Zahlung mittheilt, und aus seinem schuldhaften Verhalten ist er zur Verantwortung zu ziehen: steht er in keinem Verhältniß zu dem Bürgen, so kann ihm eine Mittheilung nicht obliegen. Weiter gehen Entsch. B. 26 S. 283, Rehbein II. S. 711 und Dernburg II. § 245 Anm. 14.

109) I. 14 §§ 342—344. Gemeinrechtlich ist nicht nothwendig, daß der Bürge erst gegen sich klagen lasse, im Fall der Klage liegt ihm aber die Litisdenunziation ob. l. 10 § 11, l. 12 D. XVII. 1. A. A. Schmid, Handbuch § 64 S. 161. Auch der Wechselbürge findet sich nicht in dieser Rechtslage. R.G. Entsch. B. 3 S. 219.

110) I. 14 §§ 347. 348.

noch von dem Hauptschuldner als Intervenienten angefochten ist, gilt gegen ihn unter Ausschluß der Einrede des schlecht geführten Prozesses im Regreßrechtsstreit, wenn er nur zur Zeit der Streitverkündung noch in der Lage war, seine Vertheidigung geltend zu machen[111]). Unterläßt der Bürge die Beiladung des Schuldners, so muß er sich dessen Einreden gegen den Hauptanspruch demnächst entgegensetzen lassen[112]). Die Einrede der Verjährung trifft ihn aber nur dann, wenn zur Zeit, wo er den Gläubiger befriedigt hat, die Hauptschuld schon verjährt war[113]).

Abgesehen von dieser Klage hat der Bürge ferner ein Klagerecht gegen den Schuldner auf Befreiung von der Bürgschaft[114]). Davon kann natürlich nur die Rede sein, wenn er sich nicht gegen das Verbot des Hauptschuldners verbürgt hat. Der Anspruch setzt also voraus, daß sein Eintritt in die Obligation vom Schuldner veranlaßt war oder als nützliche Geschäftsführung von ihm zu genehmigen ist. Diese Klage findet erst nach dem Eintritt des Erfüllungstages statt, ausnahmsweise aber schon vorher, wenn der Schuldner zu verschwenden anfängt oder in Vermögensverfall geräth, ohne daß gerade Konkurs eröffnet sein müßte, — wobei dem Bürgen die Wahl gegeben ist, Sicherheitsbestellung zu verlangen[115]), — ferner wenn der Schuldner Anstalt macht, Preußen zu verlassen, so daß er vor einem preußischen Gericht nicht mehr belangt werden könnte[116]).

Aus den eben dargelegten Bestimmungen ergiebt sich für die Stellung des Bürgen, der die Bürgschaft nicht gegen ein Verbot übernommen hat, im Konkursverfahren des Hauptschuldners, daß ihm schon vor der Zahlung der dadurch bedingte Anspruch gegen den Gemeinschuldner zusteht, und zwar in solcher Weise, daß er auch schon vor der Konkurseröffnung deshalb Sicherstellung verlangen konnte. Er ist also nach dem geltenden Konkursrecht nicht nur zur Liquidation seiner Forderung als einer durch zukünftige Zahlung der Bürgschaftsschuld bedingten berechtigt, sondern er hat unabhängig davon, daß diese Bedingung schon während des Konkursverfahrens eintritt, das Recht auf Hinterlegung des auf die bedingte Forderung treffenden Divi-

---

111) Einf.G. z. C.P.O. § 14 Abs. 1, C.P.O. §§ 69. 71. 65. Vergl. Rothenberg bei Gruchot B. 33 S. 378.

112) I. 14 § 349.

113) Strieth. B. 12 S. 208. Auch die Einrede der demnächst abgelaufenen Verjährung der cedirten Forderung schließt den Regreßanspruch des Bürgen nicht aus, da dieser Anspruch eine selbständige Grundlage hat, und als solcher in der ordentlichen Verjährungszeit erst mit der wirklichen Zahlung zu verjähren beginnt.

114) I. 14 § 356. — Vergl. Entwurf des B.G.B. § 677, Entw. II. § 714, Reichstagsvorl. § 759.

115) I. 14 §§ 356. 357. Entsch. B. 45 S. 132. Strieth. B. 41 S. 274, l. 38 § 1. D. XLVI. 1. Nach der l. 45 § 2 XVII. 1 kann der Bürge, der in Folge einer nützlichen Geschäftsführung die Bürgschaft geleistet, Befreiung verlangen, wenn er die Geschäftsführung aufgiebt oder sie ihm abgenommen wird. Das ist auch nach A.L.R. anzunehmen (I. 13 § 82). Das österr. G.B. § 1365 giebt dem Bürgen nur das Recht, Sicherstellung zu verlangen.

116) I. 14 § 358, d. h. so daß er das Reichsgebiet verlassen will. S. Anm. 67. 79.

dendentheils. Auch derjenige, der wider ein Verbot die Bürgschaft übernommen hat, findet sich zur Zeit der Konkurseröffnung in der Lage, daß er wider seinen Willen genöthigt werden kann, durch Zahlung einen Anspruch an den Gemeinschuldner erwerben zu müssen; er ist also schon zur Zeit der Konkurseröffnung bedingter Gläubiger des Kridars: aber da er kein Recht auf Sicherstellung hat, so nimmt er nur bei Eintritt der Bedingung während des Konkursverfahrens an den Dividenden der Konkursmasse Theil[117]).

Der Bürge hat gegen den Schuldner auch dann ein Kündigungsrecht, wenn die Bürgschaft unentgeltlich und ohne Zeitbestimmung für fortlaufende oder auf Kündigung stehende Verbindlichkeiten geleistet worden ist[118]). Diese Kündigung darf aber nicht zum Nachtheil des an dieses Recht nicht gebundenen Gläubigers ausgeübt werden. Auch kann erst nach Ablauf eines Jahres gekündigt werden; der Schuldner muß dann den Bürgen vor Ablauf des zweiten Jahres befreien[119]). In diesem Fall ist also die erfolgte Kündigung die Voraussetzung der Klage auf Befreiung.

Bereits erwähnt ist, daß der Bürge sich vom Schuldner ein Entgelt (Prämie) bedungen haben kann[120]). Der Betrag hängt von der Bestimmung der Parteien ab und ist nur bei Bürgschaften für Darlehne oder „andere kreditirte Gelder" (z. B. gestundetes Kaufgeld) gesetzlich auf ein bestimmtes Maß beschränkt, das auch bei mehreren gemeinschaftlichen Bürgen nicht überschritten werden darf[121]). Wer für einen zur Sicherheitsstellung berechtigten Gläubiger als Bürge baares Geld hat gerichtlich niederlegen müssen, verlangt ohne Abrede landübliche Zinsen von der Summe, unter Anrechnung jedoch der ihm gezahlten Hinterlegungszinsen, und wenn er Inhaberpapiere hinterlegt hat, den Unterschied zwischen ihren Zinsen und den landüblichen[122]).

VI. Besondere Arten der Bürgschaft. Rückbürge ist der, dem Hauptbürgen gestellte Bürge, er soll also dem Hauptbürgen in derselben

---

117) K.O. §§ 60. 142. 155. Darüber, daß der Eintrit der Bedingung dadurch ausgeschlossen wird, daß der Hauptgläubiger selbst den Anspruch im Konkursverfahren geltend macht und die Dividenden erhält, sowie über die abweichenden Bestimmungen des früheren preußischen Konkursrechts vergl. oben Bd. I § 63 Anm. 79. Auch wenn das Konkursverfahren des Hauptschuldners durch Zwangsvergleich beendigt wird, kann die Vergleichsrate von der ganzen Forderung nur einmal durch den Hauptgläubiger beansprucht werden, und der für den Ausfall nach § 178 K.O. weiter haftende und ihn zahlende Bürge kann nicht von dem gezahlten Betrage noch einmal die Akkordrate beanspruchen, ebenso wenig wie er im Konkursverfahren neben dem Hauptgläubiger eine Dividende erhalten hätte.

118) Auch gemeinrechtlich. Seuffert V. 170.

119) I. 14 §§ 359—362. Eine Beschränkung dieses Kündigungsrechts in I. 14 § 369. Vergl. auch Arnsberger Archiv B. 7 S. 324, B. 15 S. 651. Entsch. B. 20 S. 166. Rehbein II. S. 714.

120) I. 14 § 363. Oben Anm. 8.

121) I. 14 §§ 364—367. Die §§ 365. 366 stehen im Zusammenhang mit dem Verbot des Wuchers; ihre ratio ist also mit dem B.Ges. v. 14. Nov. 1867 weggefallen, aber nicht die Vorschrift selbst: denn die Prämie ist Vergütung weder für ein Darlehn noch für eine andere kreditirte Forderung. Die Ansicht Försters und Dernburgs II. § 245, die Bestimmung sei als aufgehoben zu erachten, kann deshalb nicht getheilt werden.

122) I. 14 §§ 370—372.

Weise Sicherheit gewähren, wie dieser dem Gläubiger. Seine Verpflichtung ist daher ebenfalls accessorisch und subsidiarisch. Die Hauptschuld ist die Regreß-Verpflichtung des Hauptschuldners. Dem Rückbürgen stehen die gleichen Rechte auf Klageabtretung und auf Befreiung von seiner Pflicht gegen den Schuldner und Hauptbürgen zu, wie dem Hauptbürgen gegen den Schuldner und Gläubiger, er hat denselben Anspruch auf Vergütung; auch dieses Geschäft läßt die Abrede einer Prämie zu[123]). Der Nachbürge verbürgt sich dem Gläubiger oder den Mitbürgen gegenüber für den Bürgen. Ist dieser persönlich unfähig, so haftet der Nachbürge als Hauptbürge, den Mitbürgen gegenüber als Mitbürge[124]).

VII. Ende der Bürgschaft. Wie die Bürgschaft beendigt wird, ist zum Theil schon erwähnt worden; vor allem durch das Erlöschen der Hauptschuld, sei es daß diese erfüllt oder verjährt ist[125]). Ein Vergleich zwischen Gläubiger und Schuldner vermindert in gleichem Maße die Pflicht des Bürgen; sie erwacht aber wieder, falls die alte Schuld wegen Nichterfüllung des Vergleichs wieder ins Leben tritt[126]). Die Entlassung des Hauptbürgen befreit den Afterbürgen und Rückbürgen, nicht aber die Entlassung des einen die anderen Mitbürgen[127]). Im Konkurse über das Vermögen des Bürgen kann der Gläubiger sein Recht, auch wenn es noch durch Vorausklage bedingt ist, geltend machen[128]). Universalsuccession zwischen Gläubiger und Bürgen (Konfusion) hebt den Anspruch des Gläubigers an den Bürgen auf, zwischen Bürgen und Schuldner beseitigt sie den Regreß. Beerbt der Bürge den Schuldner mit Vorbehalt, so muß er doch aus der Bürgschaft dem Gläubiger das Ganze leisten, und kann dann auch für das, was er über seinen Erbtheil geleistet hat, den Nachlaß des Schuldners als Gläubiger in Anspruch nehmen. Beerbt der Gläubiger den Schuldner und umgekehrt, so erlischt die Bürgschaftsverpflichtung, weil die Hauptschuld erloschen ist. Hat der Bürge schon vor dem Eintritt dieses Ereignisses den Gläubiger befriedigt, so behält er den Regreß an den Schuldner[129]).

---

[123]) I. 14 §§ 380—384. 368. l. 4 pr. D. XLVI. 1. Seuffert XIII. 223. R.G. bei Gruchot B. 33 S. 968. Das österr. G.B. § 1348 nennt ihn Entschädigungsbürgen.

[124]) I. 14 §§ 376. 377.

[125]) I. 14 §§ 385. 388. 391—394. Die Verjährung der Schuld befreit aber nicht nothwendig den selbstschuldnerischen Bürgen. Vergl. oben Anm. 89. Auch wenn die Leistung kasuell unmöglich geworden, ist der Bürge frei: das folgt aus dem Satz, daß bei Untergang des Obligationsgegenstandes der Vertrag aufgehoben ist.

[126]) I. 14 §§ 386. 387. Seuffert VII. 316. Der Zwangsvergleich im Konkurs des Hauptschuldners berührt nach § 178 K.O. nicht die Rechte der Gläubiger gegen den Bürgen. Derselbe haftet, insoweit die Schuld des Hauptschuldners verringert ist, mit Wegfall der Einrede der Vorausklage und des Rechts der Klageabtretung, und ohne daß seine Mehrzahlung für ihn ein Regreßrecht gegen den Hauptschuldner begründet. S. oben Anm. 117.

[127]) I. 14 §§ 389. 390.

[128]) I. 14 § 395. K.O. §§ 60. 142. 155.

[129]) Oben B. I § 96 Nr. 3. Vgl. l. 71 pr. D. XLVI. 1, l. 38 § 2, l. 43. D. XLVI. 3. (Konfusion zw. Gl. u. B.), l. 21 § 2. D. XLVI. 1, l. 13 XLV. 2. (Konfus. zw. Sch. u. B.) — Vergl. Entwurf des B.G.B. § 678, im Entwurf II. als bei unbefangener Gesetzanwendung selbstverständlich gestrichen. Gruchot B. 40 S. 129.

VIII. **Kreditmandat.** Eine besondere Form der Eingehung des Bürgschaftsvertrages ist das s. g. qualifizirte Mandat[130]). Das Geschäft hat einen gemischten Charakter: den eines Auftrags, einem Anderen Kredit zu geben (mandatum aliena gratia)[131]), und den der Bürgschaft, weil der Auftraggeber dem Beauftragten für die Verwendung nur bedingt haften will[132]). Dies wird dadurch ausgedrückt, daß der Kredit auf Gefahr des Auftraggebers (mandator) gewährt werden soll[133]). Das Eigenthümliche liegt darin, daß der Auftraggeber nicht in ein schon bestehendes, sondern in ein später entstehendes Schuldverhältniß eintritt. Von Besonderheiten des Rechtsgeschäfts, welche die Haftung des Mandators dem Kreditgeber gegenüber anders erscheinen ließen, als die Haftung des Bürgen, oder nach denen der Anspruch des zahlenden Mandators an den Kreditnehmer einen anderen Charakter haben sollte als der des zahlenden Bürgen[134]), kann gegenüber der landrechtlichen Bestimmung, daß der Mandator als Bürge verhaftet werde, nicht die Rede sein[135]). Aber der Umstand, daß es sich bei dem Kreditauftrag stets um einen Kredit handelt, der erst gegeben werden soll, zu dessen Geben der künftige Gläubiger noch nicht verpflichtet ist, giebt dem Geschäft etwas Unfertiges[136]). Deshalb muß der geänderte Wille des Auftraggebers wie bei dem Mandat dem ferneren Kreditgeben auf Rechnung des Auftraggebers vorbeugen. Dem Auftraggeber muß das Recht der sofort wirksamen Kündigung zugesprochen werden[137]). Die Form des Kreditauftrags weicht von der des Bürgschaftsvertrages ab. Das Landrecht verlangt Schriftlichkeit nur wenn der Kredit 150 Mark übersteigen soll[138]).

---

130) Zimmern in s. und Neustetels röm. rechtl. Untersuch. Nr. 10 S. 255. Gesterding, Irrthümer S. 185 f. Girtanner S. 60 f. 296 f. 540 f. (G. gebraucht das Wort mandator bald für den Auftraggeber, bald für den Beauftragten, wodurch seine Darstellung ganz verwirrt ist.) Koch, R. d. F. III. 1055 f. Unterholzner II. 835. — S. Entwurf des B.G.B. I. § 680, II. § 717, Reichstagsvorl. § 762.

131) Ueber das mandatum aliena gratia s. Ladenburg im Archiv für Wechselrecht B. 16 S. 1 fg.

132) Strieth. B. 62 S. 26.

133) I. 14 § 213. Die Veranlassung zur Ausbildung dieses Mischlings-Instituts im römischen R. gab die Unmöglichkeit, stipulando inter absentes eine Bürgschaft zu konstatiren. l. 32 D. XVII. 1. — Seuffert XII. 269. Es kommt natürlich nicht auf den Gebrauch gerade der Worte „auf Gefahr" an. R.O.H.G. B. 16 S. 412.

134) Förster führte als solche Eigenthümlichkeiten, — es ist nicht ganz klar, ob auch des preußischen Rechts — an, daß der Mandatar schlechthin das Recht habe den Kreditgeber als seinen Mandator zur Klage gegen den Dritten und zur Kündigung anzuhalten, daß ihm gegen die Klage des Kreditgebers nicht die Einreden des Kreditnehmers zuständen, und daß er noch nach der Zahlung an den Kreditgeber Abtretung der Klage des letztern an den Kreditnehmer verlangen könne: L. 13 pr. D. IV. 4, L. 31 pr. D. V. 3. Ohne in eine Erörterung des gemeinen Rechts einzutreten, glaubt der Herausgeber das Durchgreifen solcher Vorschriften für das preuß. Recht leugnen zu müssen.

135) I. 14 § 213.

136) Vergl. oben Anm. 22.

137) Die §§ 213. 214 ergeben nicht eine Gebundenheit des Auftraggebers, bevor die Gebundenheit des beauftragten Kreditgebers, zu der der Auftraggeber den Anlaß gegeben hat, und zu der die Bürgschaftshaft als accessorium treten soll, ihren Anfang genommen hat.

138) I. 14 § 214. Bornemann III. 278 Note 1. In dem Entwurf stand § 214 nicht, er ist in Folge einer Bemerkung von Svarez bei der Revision eingeschoben.

Verschieden von dem Kredit auf Gefahr des Machtgebers ist das Kreditgeben auf seine Rechnung[139]). Hier soll der Machtgeber als Hauptschuldner haften. Es liegt also keine Verbürgung, sondern ein nach den Regeln des Vollmachtsvertrages zu beurtheilender Auftrag vor[140]). Da der Auftraggeber als Hauptschuldner — aus dem Auftrag — bezeichnet wird, so widerspricht das Gesetz der Auffassung, daß auch in diesem Falle die Haftung des Auftraggebers den Charakter der Haftung eines Intercedenten oder (selbstschuldnerischen) Bürgen für den dem Dritten gewährten Kredit habe, daß also die Haftung dieselbe sei, wie bei dem Auftrag, Kredit auf Gefahr des Auftraggebers zu ertheilen[141]). Der Auftrag kann weiter den Inhalt haben, das Kreditgeschäft im Namen des Auftraggebers abzuschließen, oder im eigenen Namen des Beauftragten. Geschieht ersteres, so entsteht nach den Grundsätzen vom Vollmachtsvertrag ein direktes Rechtsverhältniß des Auftraggebers zu dem Dritten, während im zweiten Fall der Beauftragte schuldig ist, dem Auftraggeber auf dessen Verlangen seine Rechte gegen den Dritten abzutreten. Also auch dem Dritten gegenüber steht der Auftraggeber durchaus in der Stellung des Machtgebers[142]). Der Beauftragte, der auf den eigenen Namen kontrahirt hat oder sich auf den eigenen Namen hat einen Schuldschein geben lassen, hat ungeachtet seines Rechts, von dem Machtgeber das Aufgewendete ersetzt zu fordern, im Verhältniß zu dem Dritten die Stellung des Gläubigers. Beide Forderungsrechte sind von einander rechtlich unabhängig, nur daß der Beauftragte auf Grund des Mandatsverhältnisses genöthigt werden kann, seine Klage abzutreten, und daß er das, was er von dem Dritten einzieht, sich auf seine Forderung gegen den Mandanten anrechnen lassen oder an den Mandanten herausgeben muß. Dementsprechend kann man die Ertheilung des Auftrags, auf Rechnung des Auftraggebenden Kredit zu geben, nicht unter die Formvorschrift des Bürgschaftsrechts stellen. Es bedarf nicht der Schriftform[143]), vielmehr unterliegt das zwischen Beauftragten und Auftrag-

---

[139]) I. 14 § 215.

[140]) I. 14 § 216.

[141]) Das wird in den Ausführungen in Entsch. B. 21 S. 92, B. 38 S. 106. Rehbein II. S. 688 zum Theil verkannt. Vergl. auch R.G. bei Gruchot B. 24 S. 1006, Koch, R. d. F. III. S. 1067 ff. Auf dem Standpunkt des Texts stand schon Förster. Ebenso Dernburg II. § 248 Anm. 7. Vergl. oben § 141 Anm. 33.

[142]) I. 14 § 217. Förster verstand diesen § von einer actio mandati contraria des Auftraggebers gegen den Dritten und sprach von einem zwischen diesen beiden bestehenden Mandatsverhältniß. Dies ist in die erste Ausgabe nach dem Wechsel des Herausgebers übernommen, läßt sich aber, wie Rehbein II. S. 692 mit Recht bemerkt, nicht aufrecht erhalten. Rehbein erkennt a. a. O. an, daß Entsch. B. 38 S. 106 zu weit gehen, wenn behauptet wird, daß im Fall des § 215 stets eine Intercession vorliege. Solche könne aber, vorliegen. Das muß geleugnet werden. Die Schuld des Auftraggebers ist niemals accessorisch zu der Schuld des Kreditempfängers, nie von dieser, wie eine Bürgschaftsschuld, abhängig; es handelt sich nicht um dem Willen des Auftraggebers für die zu begründende Schuld des Kreditempfängers zu haften, sondern er will haften, soweit der Beauftragte seinen Auftrag ausführt.

[143]) Hierfür traten auch die in Anm. 141 citirten Entscheidungen ein. Abweichend die Ges.-Revis. Pens. XIV S. 25. Da im Entwurf § 214 fehlte, also 215 unmittelbar auf

geber zu begründende Verpflichtungsverhältniß zunächst nur, wenn es sich um einen Gegenstand über 150 Mark handelt, dem Schriftgebot, und die Erfüllung des Auftrags und die Genehmigung erzeugen diejenigen Wirkungen, welche auch im Falle eines eigentlichen Vollmachtsauftrags daran zu knüpfen sind[144]). Der Beauftragte, der den Kredit gewährt hat, kann ferner von dem Auftraggeber nicht nur Ersatz des Verauslagten, sondern auch Zinsen davon beanspruchen[145]).

Weder Verbürgung noch qualificirtes Mandat bietet den Klagegrund, wenn Jemand schriftlich einen Kreditsuchenden wider besseres Wissen oder aus grobem Versehen als sicheren und ehrlichen Mann empfiehlt, oder gar zur Täuschung Anderer mit ihm Scheinverträge schließt, um ihm Kredit zu verschaffen[146]). Hier ist die Arglist, das grobe Verschulden selbständiger Verpflichtungsgrund. Wenn sich die Klage auf Betrug gründet, geht sie auf Ersatz allen Schadens (vollständige Genugthuung)[147]); wenn sie sich auf grobes Versehen stützt, darf doch der Beschädigte nicht auch in leichtsinnigem Vertrauen auf die Empfehlung eingegangen sein, d. h. er muß nachweisen, daß die Empfehlung so erfolgt ist, daß er ihr vernünftiger Weise Glauben schenken konnte[148]). Wenn das A.L.R. sagt, daß der, welcher solche Empfehlung giebt, „als Bürge" verantwortlich sei, so wird dadurch nur ausgedrückt, daß der Empfehlende subsidiarisch haftet.

Anhang zu § 144.

Das A.L.R. hatte im Anschluß an das römische Recht, wenngleich nicht unerheblich von ihm abweichend, in §§ 221—244 des vierzehnten Titels ausführliche Vorschriften über die Bürgschaften der Frauen gegeben. Diese sämmtlichen Vorschriften sind durch das Gesetz vom 1. Dezember 1869 (G.S. S. 1169) aufgehoben. Seitdem sind Frauenbürgschaften denselben Regeln unterworfen, wie die Intercessionen der Männer. Da aber das Gesetz keine rückwirkende Kraft hat, so finden auf die früher übernommenen Frauen-

---

§ § 213 folgte, habe sich, so meinen die Revisoren, das Wort „schriftlich" und § 213 „beinahe von selbst" auch auf § 215 bezogen.

144) Vergl. oben § 141 Anm. 40. Mit Recht hat das Obertribunal auch unter der Herrschaft der alten gesetzlichen Bestimmungen über die Bürgschaft von Ehefrauen angenommen, daß es zum Auftrag einer Ehefrau nach § 115 der Certioration und der gerichtlichen Form bedürfe. Entsch. B. 48 S. 87.

145) I. 13 § 72. Oben B. I. § 68 Anm. 71.

146) I. 14 §§ 209. 210, Anh. § 47. Vergl. hierzu die parallelen Bestimmungen §§ 217. 218. 222 I. 13, Präj. 1515 (Samml. I. 82). Oben § 141 Anm. 27. — Die Haftung ist als eine Haftung aus einem Vertragsverhältniß nicht anzusehen; ein solches liegt nicht vor. Die Deliktsschuld, welche allein angenommen werden kann, unterliegt der kurzen Verjährung des § 54 I. 6. Wenn Förster aus der Stellung des § 219 hinter den §§ 209 ff. und dem Marginale „stillschweigende Bürgschaft" herleitete, daß es zur Annahme einer Schuldverbindlichkeit aus §§ 209 ff. der Darlehnsfähigkeit bedürfe, so kann dies nicht aufrecht erhalten werden. Es wäre nur zu rechtfertigen, wenn man die in Rede stehenden Bestimmungen von stillschweigendem Zustandekommen eines Vertragsverhältnisses verstehen könnte.

147) I. 14 § 212.

148) I. 14 § 211. Striethorst B. 55 S. 1. 65. Preuß. Anw.Zeit. v. Hinschius 1864, S. 351.

bürgschaften immer noch die älteren Vorschriften des A.L.R. Anwendung. Es folgt deshalb hier eine gedrängte Zusammenstellung.

Das A.L.R. verlangte für Bürgschaften der Frauen gerichtliche Form (darüber s. Svarez, v. Kamptz Ann. B. 41 S. 51 ad 1) und Belehrung des Richters über die Folgen der Bürgschaft und eines etwaigen Verzichts auf das ben. excussionis (§ 308); aber es hat den Satz des gemeinen Rechts insofern abgeschwächt, als es nicht eine ausdrückliche Entsagung der Einrede verlangt. Danach war die Frau nicht mehr unfähig zu Bürgschaften, sondern sie sollte nur unter Beobachtung einer gewissen Form sich verbürgen. Ueber die hieran sich knüpfenden Zweifel vergl. Reskript v. 31. Okt. 1840 (J.M.Bl. S. 344). Zunächst zeigte sich ein Schwanken über den Grund der Vorschrift — ob sie wirklich nur eine Formvorschrift ist, oder ob die Unfähigkeit der Frau zu einem solchen Geschäft durch die Belehrung gehoben werden soll. (Koch, R. d. Ford. III. 1075. Rechtsp. II. 145.) Es ist anzunehmen, daß das Letztere eigentlich gewollt worden (I. 14 §§ 254. 256): durch eine erschwerte Form, insbesondere durch die Belehrung sollte die in der Leichtfertigkeit der Frauen begründete Unfähigkeit für jeden einzelnen Fall beseitigt werden. Darum hat die Belehrung bei einer früheren Verbürgung keine Wirkung für eine spätere Bürgschaft. (I. 14 § 238, Gutachten der Gesetz-Komm. v. 28. Nov. 1786 in Klein's Annalen B. 1 S. 293.) Die §§ 228. 229 sagen ferner: die gerichtliche Belehrung ist immer nöthig, wenn die Frau die Verbindlichkeit eines Anderen für den Fall übernimmt, daß er sie nicht selbst erfüllt, und überhaupt bei allen Geschäften, durch welche die Frau für den Fall, daß ein Anderer seine Verbindlichkeiten nicht erfüllt, „zu Gunsten des Berechtigten gewisse Nachtheile übernimmt oder gewissen Vortheilen entsagt".

Hiernach kann das wenigstens nicht zweifelhaft sein, daß Expromission, soweit sie Interzession ist, Bürgschaft, qualifizirtes Mandat (Kredit auf Gefahr § 213 nicht auch auf Rechnung § 215 Entsch. B. 48 S. 87, Strieth. B. 44 S. 345), Prioritätseinräumung und Pfandbestellung für eine fremde Schuld (I. 14 § 230. Strieth. B. 12 S. 243, B. 36 S. 329. Jur. Wochenschrift XII. 145. 351), Korrealverpflichtungen, soweit die Frau dadurch über ihren Antheil an der Gegenleistung verpflichtet wird (Entsch. B. 11 S. 42), hierher gehören. Ebenso gewiß gehört nicht hierher, wenn die Frau für einen Anderen zahlt, ihn durch Erfüllung von seiner Verbindlichkeit befreit, wenn sie sich durch die Uebernahme von einer eigenen Schuld befreit, oder wenn ihr die übernommene Schuld schon gesetzlich obliegt (Bornemann III. 103. Striethorst B. 11 S. 52), — wenn sie zu Gunsten eines Andern auf ihr Recht ganz verzichtet, also nicht eine subsidiäre Verbindlichkeit eingeht (§ 238) wenn aus dem Geschäft ihr ein Vortheil zufällt, soweit dieser reicht (§§ 240. 241). Auch ist es keine Interzession, wenn die Frau zu Gunsten eines Andern sich aus einem selbständigen Rechtsgrunde (also nicht accessorisch) verpflichtet (z. B. Entsch. B. 46 S. 107, B. 59 S. 108. Striethorst B. 42 S. 272). Endlich nicht, wenn sie eine Erbschaft ohne Vorbehalt annimmt und sich dadurch für die Nachlaßschulden verpflichtet (Schles. Arch. V. S. 335 Nr. II). Zweifel können nur dadurch entstehen, daß, wie Koch, R. d. Ford. III. 1079, mit Recht hervorhebt, das Entsagen von Vortheilen keinen Rechtsbegriff fixirt; aber diese Zweifel beseitigen sich, wenn man festhält, daß der Vortheil eine Berechtigung sein muß und diese insoweit aufgegeben wird, als nöthig ist, damit ein Anderer in der Befriedigung seines Anspruchs durch diese Berechtigung nicht gehindert werde. Dies Aufgeben von Vortheilen setzt also voraus, daß der Andere und die Frau Rechtsansprüche an denselben Schuldner oder an dasselbe Vermögensobjekt haben, daß der Rechtsanspruch der Frau ohne die Entsagung dem des Andern vorgehen würde, und daß sie ihr Recht nur zu Gunsten dieses Andern aufgiebt, im Uebrigen aber es sich bewahrt, — also noch die Hoffnung behält, trotz der Entsagung doch zu ihrer Befriedigung zu gelangen. Denn gerade diese Hoffnung soll nach dem Grundgedanken des ganzen

Instituts das sein, was die Leichtfertigkeit der Frauen hervorruft. Im Uebrigen mag darüber, wie der Richter die Belehrung zu ertheilen hatte, und wie dabei das Protokoll abzufassen war, auf die §§ 222—225, Präj. 1384 Samml. I. 83, Entsch. B. 17 S. 239, Rechtsf. B. 4 S. 348 verwiesen werden.

Es kann zweifelhaft sein, ob der Frau aus der unterbliebenen Belehrung eine Einrede zusteht, oder ob es zur Begründung der Klage gehört, daß die Bedingungen der Giltigkeit der Bürgschaft angeführt werden, zumal ihre Beobachtung auch schon aus der Urkunde selbst sich ergeben muß. Allein da unter Umständen Frauen keinen Anspruch auf die Belehrung haben (Handelsfrauen, oder wenn Deckung gegeben ist), so ist dem Rechtsbehelf der Charakter eines Einrederechtes beizulegen. Es ist vererblich, wenn nicht die Frau in ihrem Testament die Erfüllung der Bürgschaft anordnet, was als Vermächtniß für den Gläubiger aufgefaßt wird (§§ 235. 236). Die Wirkung der Einrede ist, daß die Bürgschaft „ohne rechtliche Wirkung" ist; späteres Anerkenntniß ohne Belehrung macht sie nicht giltig und trotzdem ist die Kondiktion ausdrücklich versagt (§§ 226. 243. 244). Das zeigt, wie unklar das Wesen dieses Instituts aufgefaßt worden ist. Abweichend vom römischen Recht findet die Einrede auch statt gegen persönlich unfähige Gläubiger (§ 234).

Noch ein Punkt bleibt hier übrig. Das bisher Erörterte bezog sich auf selbstständige Frauen. Für Ehefrauen hat das neueste römische Recht besondere Vorschriften, an die sich das A.L.R. — aber nicht ohne Abweichungen — anschließt. Die authent. si qua mulier (novella 134 c. 8) verbietet, daß Ehefrauen für ihre Männer sich verbindlich machen, nisi manifeste probetur, quod pecuniae in propriam ipsius mulieris utilitatem expensae sint. Hiernach ist jede Verpflichtung der Frau für ihren Mann nichtig, mit alleiniger Ausnahme, wenn das dadurch Erlangte zu ihrem Nutzen, in propriam ipsius utilitatem (Seuffert I. 275, VII. 179. 178, XII. 272), verwendet werden soll und wirklich verwendet worden ist, eine Ausnahme, die gar nicht unter den Begriff der Interzession fällt, und daher zu ihrer Giltigkeit auch nicht der Form der Frauenbürgschaft bedarf. Das Verbot greift weiter als das Senatuskonsult, da die Frau sich auch nicht in der Art für den Mann verpflichten darf, daß sie ihn beschenkt oder so, daß sie dabei ihr eigenes Geschäft besorgt.

Man hat ferner die Authentica, wiewohl nicht unbestritten, in der gemeinrechtlichen Praxis auch darauf bezogen, wenn der Mann und seine Ehefrau sich gemeinschaftlich in derselben Urkunde verpflichten, besonders auf Schuldscheine über empfangene Darlehne, indem angenommen wurde, daß hier die Verpflichtung der Frau für ihren Mann durch die gemeinschaftliche Unterschrift verdeckt werden soll. Das A.L.R. hat diese Praxis (vergl. den Rechtsfall bei v. Kamptz B. 27 S. 164), obgleich sie in der Konkurs- und Hypothekenordnung vom 4. Februar 1722 §§ 47. 48 ausdrücklich verworfen worden, nicht allein wieder aufgenommen, sondern über das Verhältniß der Eheleute, das sie allein rechtfertigen konnte, ausgedehnt auf solche Fälle, wo die gemeinschaftlich mit einem Manne unterschreibende Frau nicht dessen Ehefrau ist. Es stellt hier allgemein die Vermuthung auf, daß der Mann Hauptschuldner, die Frau Bürgin sei. § 232. [Bei Eheleuten gilt diese Vermuthung selbst wenn sie in Gütergemeinschaft leben. Präj. 1764 (Samml. I. 84). Auch wenn der mitunterschriebene Mann persönlich unfähig ist, wird die Frau nicht Selbstschuldnerin. Striethorst B. 13 S. 74.] Daraus muß folgen, daß die Frau nicht verpflichtet ist, wenn nicht der Schuldschein in gerichtlicher Form ausgestellt ist und nicht die Belehrung des Richters enthält. (§ 233 Entsch. B. 11 S. 33.) Die Belehrung ist nöthig, die Frau mag der Vermuthung, daß sie sich nur verbürgt habe, widersprechen oder nicht. Die Vermuthung bezieht sich bei einseitig verpflichtenden Schuldscheinen auf die ganze Leistung, bei Urkunden über wechselseitige Verträge aber nur auf den Theil der Leistung, für welchen die Gegenleistung nicht an die Frau, sondern an den Mann fällt, weil sie hier für die Leistung des Mannes haften müßte (vergl. noch Entsch. B. 26 S. 273. Striethorst B. 11 S. 337). Gestattet ist dem Gläubiger der Gegenbeweis, daß die Frau Mitschuldnerin geworden, der besonders dann geführt ist, wenn festgestellt wird, daß das Empfangene in ihrem Nutzen verwendet ist (Striethorst B. 11 S. 322, B. 23 S. 49). Die Vermuthung kann auch durch den Inhalt der Urkunde ausgeschlossen werden, wenn dieser ergiebt, daß die Frau auf einen Theil, der Mann auf den andern Theil Schuldner ist, oder, wenn beide Eheleute sind, daß die Frau Alleinschuldnerin ist und der Mann nur ihre Schuld genehmigt, — nicht aber in der Art, daß die Frau auf das Ganze Schuldnerin und der Mann dafür Bürge sein soll. (Abweichend Bornemann III. S. 307. Vergl. Koch, R. d. Ford. III. S. 1086. Ges.Rev. XIV. 33.)

Für die Verpflichtungen oder Entsagungen, welche Ehefrauen während bestehender Ehe für ihren Mann übernehmen, begnügt sich das A.L.R. nicht mit der Belehrung des Richters, sondern verlangt außerdem noch die Zuziehung eines rechtskundigen Beistandes für sie (§§ 343. 344 II. 1. Entsch. B. 2 S. 33, B. 55 S. 88), und endlich bei Verbürgungen für Fremde muß, wenn das eingebrachte Vermögen haften soll, zur richterlichen Belehrung die Einwilligung des Mannes hinzutreten. §§ 342. 344 II. 1. Entsch. B. 17 S. 241. Rechtsfälle B. 4 S. 348. Dresdener Ann. III. 34. Die Einwilligung des Mannes in die Verbürgung der Frau enthält aber an sich noch nicht seine Einwilligung, daß der Gläubiger während der Ehe das Eingebrachte angreifen darf.

b. Versicherungsvertrag.

§ 145. Versicherung gegen Gefahr an Sachen.

A.L.R. II. 8 §§ 1934—2358, welche insoweit durch das H.G.B. Art. 782—905 aufgehoben sind, als sie sich auf Versicherungen gegen Seegefahr beziehen (Einf.-Ges. Art. 60). Feuerversicherung bei Mobilien: Gesetz vom 8. Mai 1837 (Ges.S. S. 102). Dazu Gesetz vom 17. Mai 1853, betr. den Geschäftsverkehr der Versicherungsanstalten (G.S. 293); die Feuerversicherung bei Immobilien ist durch besondere Reglements für die einzelnen Provinzen und Verbände geordnet Koch, Pr.R. II. 459f. (im R. d. F. III. 857 nicht erörtert). — Benecke, System des Assekuranz- und Bodmereiwesens. 5. B. 1. A. 1807—1821. Bearbeitet von Nolte 1851. Masius, Systematische Darstellung des gesammten Versicherungswesens, 1857. Malß, Betrachtungen über einige Fragen des Versicherungswesens, insbes. der Feuer- und Lebensvers. 1862. Derselbe in Goldschmidt's Zeitschr. B. 6 S. 361, B. 8 S. 369, B. 13 S. 45ff. Derselbe in der Zeitschr. f. Versich.R., 1. B., 1865, S. 1ffg. Endemann, Deutsches Handelsrecht, 1865, S. 21, und in Goldschmidt's Zeitschrift B. 9 S. 284f., S. 511f., B. 10 S. 242. Harries: Entscheidungen des O.H.G. in Versicherungs-Angelegenheiten. Gruchot B. 16 S. 382. Ludwig Cohn, Der Versicherungsvertrag nach allgemeinen Rechtsgründen, 1873. Dernburg, II. §§ 231 bis 238. Fischer, § 84. Dr. Scherer bei Gruchot, B. 32 S. 499. Beseler, D. Pr.R. II. 358. Gerber, 8. A., S. 523. Bluntschli, 3. A., S. 497. Lewis, Lehrbuch des Versicherungsrechts, 1889. Ehrenberg in Goldschmidt's Zeitschr. B. 32, Vivante ebenda B. 39 S. 452. Becker, Zur Lehre von der rechtlichen Natur der Versicherungsverträge, 1894.

Zur Sicherung des Ersatzes eines durch zufällige Ereignisse aus Gefahren allgemeiner Natur herbeigeführten Vermögensschadens dient der den Römern noch unbekannte [1]), im modernen Rechtsverkehr ausgebildete Versicherungs-

[1]) Das nauticum foenus (Dig. XXII. 2, Cod. IV. 33, Nov. 106) ist ein dem Bodmerei-

vertrag. Es übernimmt Jemand (der Versicherer, Assecuradeur) eine bestimmte Gefahr und den Ersatz des aus ihr entstehenden Schadens an dem Vermögen eines Anderen[2]). Die Uebernahme der Gefahr ist hier der Gegenstand einer selbständigen Obligation. Der Eintritt der Gefahr bringt die Verpflichtung zum Ersatz eines Schadens nicht hervor, sondern ist die vertragsmäßige Voraussetzung einer Verbindlichkeit.

Gewohnheitsrechtlich haben sich die Normen für die rechtliche Behandlung des Versicherungsvertrages[3]), namentlich in Beziehung auf die Versicherung gegen Seegefahr entwickelt und sind dann auf andere Arten der Gefahrübernahme analog übertragen[4]). Kodifizirt wurden die Sätze des Gewohnheitsrechts über Seeversicherung zuerst 1731 in Hamburg, dann im Anschluß hieran durch eine Assekuranz- und Havereiordnung vom 18. Febr. 1766 in Preußen[5]). Daraus ist die umfassende Legislation im A.L.R. hervorgegangen[6]). Die Bestimmungen des letzteren sind, soweit sie Seeversicherungen betreffen, zur Zeit aufgehoben, da an ihre Stelle das deutsche Handelsgesetzbuch getreten ist[7]). In II. 8. A.L.R. ist aber die Seeversicherung mit den anderen Arten von Versicherungen vermischt vorgetragen, und die Regeln für die erstere galten auch für die letzteren, soweit nicht Abweichungen geordnet sind. Die Lücken, die nach Ausscheidung der Bestimmungen über Seeassekuranz für die übrigen Versicherungsverträge im A.L.R. bleiben, können daher nicht aus dem Handelsgesetzbuch, sondern nur aus den alten Normen des Landrechts über Seeversicherung ergänzt werden[8]), weil jenem nicht die Bestimmung gegeben worden ist, die aushelfende Unterlage für das gesammte Versicherungsrecht zu bieten. Das subsidiäre Eintreten der gesetzlichen Regeln des Ver-

vertrage ähnlicher Darlehnsvertrag. S. Glück B. 21 S. 151 fg. Keller, Pand. § 296. Endemann in Goldschmidt's Zeitschrift B. 9 S. 285 fg. Besonders interessant ist bei dieser Lehre die l. 122 § 1 D. XLV. 1 (das Schiffsdarlehn des Callimachus). Siehe hierüber Huschke in der Zeitschr. f. Civ.R. u. Proz. N. F. B. 10 S. 1. Goldschmidt, Untersuchungen zur l. 122 cit. 1855.

2) II. 8 § 1934. Malß, Betracht. S. 78 § 15.

3) Oben B. I. § 108 Anm. 31. Entsch. B. 11 S. 244. 247.

4) Malß, Betrachtungen, Einl. S. 3 f., derselbe in der Zeitschr. f. Versicher.R. B. 1 Nr. 1 und in Goldschmidt's Zeitschrift B. 6 S. 361. Benecke I. S. 3 f. Endemann a. a. O. S. 822 Note 6 und in Goldschmidt's Zeitschrift B. 9 S. 284 f. Im 17. Jahrh., als die Theorie anfing, sich mit diesem Rechtsgeschäft zu befassen, sah man im Versicherungsvertrage eine emtio venditio periculi. S. Endemann in der Zeitschrift von Goldschmidt IX. 322.

5) N. C. C. IV. 83 f. Koch, P.R. II. 460.

6) Svarez, Schlußrevis. ad. tit. VIII. sect. XI. „Bei diesen Abschnitten liegt das preuß. Seerecht und die Assekuranz-Ordn. zu Grunde. Einige preuß. Kaufleute, besonders aber verschiedene hamburgische Sachverständige haben die Materialien zur Berichtigung und Ergänzung dieser Gesetze geliefert, und das Ganze ist ebenfalls von dem Haupt-Banco-Directorio und der Seehandlungs-Societät revidirt worden." Jahrb. B. 41 S. 156. Koch, Komm. Note zu II. 8 Abschn. 11 § 1389. Sehr kurz das österr. G.B. §§ 1288—1291. Der Code und das sächs. Ges.B. übergehen den Versicher.-Vertrag ganz. Dagegen ausführlicher der bair. Entw. Art. 800—829. Der Entw. des B.G.B. berührt den Vertrag nicht. Vgl. Entw. des Einf.Ges. Art. 73.

7) Einf.Ges. z. H.G.B. Art. 60.

8) Einf.Ges. z. H.G.B. Art. 61 Nr. 1. Malß in Goldschmidt's Zeitschr. B. 6 S. 365. S. jedoch denselben in der Zeitschr. f. Versich.R. I. S. 4. 148 a. E. f.

sicherungsrechts wird übrigens in der Praxis selten erforderlich, weil die Versicherungsverträge selbst oder die Reglements, unter Bezugnahme auf die sie abgeschlossen werden, regelmäßig das Verhältniß in allen Einzelheiten ausdrücklich ordnen.

I. Allgemeine Grundsätze. Der Versicherer übernimmt die Gefahr und die Vergütung des Schadens, der die versicherte Sache durch diese Gefahr trifft, und erhält von dem Versicherten dafür im Voraus ein Entgelt (Prämie). Hiernach ist der Versicherungsvertrag, soweit das Landrecht sich damit beschäftigt, ein entgeltlicher Vertrag[9]). Es giebt aber noch eine andere Form der Begründung eines entsprechenden Rechtsverhältnisses die Versicherung auf Gegenseitigkeit, deren Wesen darin besteht, daß die Gefahr von einer Mehrheit in gleicher Weise bedrohten Personen gemeinsam getragen werden soll, daß hierzu eine Gesellschaft gebildet wird, und daß der Beitritt zu der Gesellschaft mit dem Rechte, für den Fall des Eintritts der Gefahr für den Beitretenden deren gemeinsame Uebertragung zu fordern, zugleich die Pflicht begründet, für den Fall, daß die Gefahr einen anderen Gesellschafter trifft, den daraus entspringenden Schaden mitzutragen. Hier giebt es neben dem Beitritt zu der Versicherungsgesellschaft auf Gegenseitigkeit keinen besonderen Vertragsschluß, es fällt das Entgelt weg, das der Versicherte zu leisten hat, und es fällt der Gewinn weg, den der Versicherer genießt, wenn die Gefahr nicht eintritt. Im letzteren Fall leidet keiner der Theilnehmer Schaden; tritt dagegen die Gefahr ein, so wird der dadurch herbeigeführte Schade antheilsweise von Allen gemeinschaftlich getragen[10]).

Gegen eine Prämie Versicherung geben, ist ein Handelsgeschäft[11]). Versicherung auf Gegenseitigkeit dagegen ist kein Handelsgeschäft. Die zu ihrem Zwecke geschlossene Gesellschaft ist keine Erwerbsgesellschaft im Sinne des siebzehnten Titels des Landrechts. Für die einzelnen Gesellschafter soll nicht ein gemeinschaftlicher Gewinn erzielt werden, die Uebertragung des möglichen Vermögensnachtheils des Einzelnen bringt zwar diesem Vortheil, aber dieser Vortheil ist kein gemeinsamer, es entsteht kein Miteigenthum daran. Die Gesellschaft ist also nach dem sechsten Titel des zweiten Theils ohne Berücksichtigung der Sonderordnung des siebzehnten Titels zu beurtheilen. Danach stehen der Gesellschaft, mag ihr durch staatliches Privileg nach Außen das Recht einer Korporation ertheilt sein oder nicht, jedenfalls im Verhältniß zu den einzelnen Mitgliedern (nach Innen) Korporationsrechte

---

[9]) Das O.Trib. hat in einem Rechtsfall (Striethorst B. 15 S. 313) eine unentgeltliche Versicherung für zulässig erklärt. Diese Annahme widerspricht der Definition der §§ 1935 und dem Wesen des Vertrages. In solchem Fall kann ein Garantievertrag im Sinne des § 144 Anm. 29a oder vielleicht eine bedingte Schenkung vorliegen. Ob überhaupt, wie in jenem Falle geschehen, der noch ungewisse Ausgang eines Prozesses als eine Gefahr aufzufassen ist, gegen die Versicherung gewährt werden kann, kann dahingestellt bleiben.

[10]) Strieth. B. 54 S. 183, B. 58 S. 325, B. 60 S. 127b.

[11]) H.G.B. Art. 271 Nr. 3.

zu[12]); und es stimmt hiermit auch der Umstand, daß solche Gesellschaften nicht von einer begrenzten Mitgliederzahl unter einander geschlossen, sondern unter Offenhaltung des Beitritts für eine unbegrenzte Zahl in der Art begründet werden, daß das Nehmen der Versicherung das Mittel ist, um die Mitgliedschaft zu erlangen. Als näherer Inhalt der Abrede ist aber im Zweifel anzunehmen, daß auf die Regelung des Versicherungsverhältnisses zwischen der Gesammtheit der Gesellschaft als dem Versicherer und dem Einzelnen als Versicherungsnehmer ergänzend die Regeln des Landrechts Anwendung finden sollen, obgleich diese zunächst nur den entgeltlichen Versicherungsvertrag im Auge haben[13]).

Versicherung geben kann jeder, der einen entgeltlichen Vertrag schließen darf[14]). Aber weil das vereinzelte Versicherungsgeschäft eine verhältnißmäßig hohe Gefahr in sich schließt, die sich bei einer Mehrheit gleichartiger Geschäfte verringert, so pflegen Versicherungsanstalten begründet zu werden und wenngleich deren Begründung durch einen Einzelunternehmer denkbar ist, so hat sich der Versicherung im Großen und Ganzen doch die Assoziation bemächtigt. Solche Versicherungsanstalten finden, auch wenn sie den Zweck des Erwerbs, nicht des gegenseitigen Ausgleichs verfolgen, für die Uebernahme der Gefahr eine Sicherung in der Wahrscheinlichkeit, daß Schaden und Gewinn in Folge der Mehrheit der Geschäfte sich im schlimmsten Fall ausgleichen, meist der Schaden vom Gewinn übertroffen wird. Ihre Bildung ist in Preußen von der Genehmigung der Staatsbehörde abhängig[15]).

---

[12]) II. 6 §§ 14. 26. Vergl. oben § 143 Note 3. Gegen Strieth. B. 58 S. 321. Strieth. B. 70 S. 57. R.O.H.G. B. 8 S. 181, B. 18 S. 398.

[13]) Vergl. die Note 10 u. 12 citirten Entscheidungen. Es besteht nicht ein besonderer Gesellschaftsvertrag und daneben selbständig ein Versicherungsvertrag, das Verhältniß ist ein einheitliches. Vergl. R.G. Entsch. B. 3 S. 385, B. 4 S. 396.

[14]) II. 8 § 1938.

[15]) Gesetz v. 17. Mai 1853 (Ges.S. S. 293) § 1. Ueber ausländische Unternehmungen und deren inländischen Geschäftsbetrieb ist zu vergleichen § 2 desselben Gesetzes, G. v. 22. Juni 1861 Art. I. § 18, R.Gew.Ordn. v. 21. Juni 1869 §§ 12. 14. Vergl. auch Strafgesetzbuch § 360 Nr. 9. Nicht das einzelne Versicherungsgeschäft gegen Entgelt, sondern die Errichtung einer Versicherungsanstalt ist konzessionspflichtig. In der Genehmigung des Geschäftsbetriebes durch eine Versicherungsgesellschaft liegt noch nicht Verleihung der Korporationsrechte; diese Genehmigung hat einen polizeilichen Charakter. Dernburg II. § 232 Anm. 2 will gegen Strieth. B. 15 S. 313 vereinzelte Verträge, durch die gegen Entgelt der künftige Schade eines Anderen übernommen wird, nicht als Versicherungsverträge anerkennen, weil dem Versicherungsvertrage charakteristisch sei, daß planmäßig auf Grund einer Durchschnittsberechnung Risiko und Prämie abgemessen werde. Davon, daß dies eine Voraussetzung der Haftung des Versicherungsgebers sein solle, ist aber im Landrecht gewiß nichts enthalten, und es ist festzuhalten, daß der Dernburgische Satz sich nicht in das Landrecht hineintragen läßt. Der Satz könnte auch sonst höchstens für Versicherungsgesellschaften auf Gegenseitigkeit eine Bedeutung beanspruchen. Denn wenn eine andere Versicherungsanstalt im bewußten oder unbewußten Gegensatz zu einer von ihr angenommenen Durchschnittsberechnung dem Einzelnen gegenüber für sein Risiko in ganz irrationeller, sie schädigender Weise, vielleicht im bewußten Gegensatz zu dem als Regel für die Gesellschaftsführung angenommenen Plan eine Versicherung übernimmt, so wird sie sich ihrer Vertragspflicht nicht entziehen können, und diese Pflicht wird nach keinen anderen gesetzlichen Vorschriften beurtheilt werden dürfen als nach denen vom Versicherungsvertrage. Auf Dernburg'schem Standpunkt steht das Buch von Lewis.

Nicht befähigt, Versicherungen zu übernehmen, sind solche Personen, deren amtliche Pflichten und Befugnisse mit den Obliegenheiten und Rechten eines Versicherers kollidiren können[16]).

Versicherung nehmen kann jede vertragsfähige Person, und zwar in der Regel, wo sie will[17]). Wer in Vertretung eines Dritten Versicherung nimmt, bedarf dazu einer Spezialvollmacht, sofern er nicht nach den sein Vertretungsrecht normirenden gesetzlichen Vorschriften Dritten gegenüber von dieser Schranke befreit ist[18]). Ausgeschlossen ist es hiernach, gegen einen Anderen, auf Grund einer nützlichen Geschäftsführung den Anspruch auf Genehmigung und Erstattung der gezahlten Prämie zu erheben[19]). In gewissem Umfang ist ein öffentlich rechtlicher Zwang begründet, Versicherung bei bestimmten Anstalten zu nehmen, dem dann eine Pflicht der betreffenden Anstalten, Versicherung zu geben, entspricht[19a]).

Ueber alles, sagt das A.L.R., was Gegenstand eines rechtsgiltigen

---

[16]) II. 8 § 1939. Wird dem zuwidergehandelt, so ist der Vertrag nichtig, und die bedungene (also nicht bloß die gezahlte) Prämie fällt dem Fiskus zu. § 1940. Da bei Versicherungsgesellschaften auf Gegenseitigkeit nicht die einzelnen Gesellschafter die Versicherungsgeber sind, sondern die davon verschiedene Gesellschaft, so sind solche Personen nicht gehindert, einer solchen Versicherungsgesellschaft beizutreten.

[17]) II. 8 § 1143. Soweit nicht besondere Gegensätze oder Privilegien einen Versicherungszwang an bestimmter Stelle begründen. II. 8 § 1144. Unten Anm. 19a.

[18]) II. 8 §§ 1945. 1946. 1947. 1948. Wer für fremde Rechnung ohne Spezialvollmacht Versicherung nimmt, haftet nur für seine Person. Nachträgliche Ratihabition des Vertretenen heilt aber den Mangel der Vollmacht. § 1950. Die Genehmigung kann stillschweigend ertheilt werden, und nach der Sondervorschrift des § 1951 gilt es als Genehmigung, wenn der, für dessen Rechnung die Versicherung genommen ist, nach erlangter Kenntniß — d. h. wenn die Kenntniß noch während der Gefahr erlangt wird, — nicht während der Vertragsannahmefristen gerichtlich protestirt. Strieth. B. 58 S. 73. Wenn nicht für fremde Rechnung, sondern nur für einen Dritten versichert wird, so scheidet sich der Versicherungsnehmer und der Versicherte. Malß, Betracht. S. 11 fg. Für die Seeversicherung ist nicht nur die Zulässigkeit der Versicherung zu Gunsten eines Dritten, sondern auch die der Versicherung durch einen negotiorum gestor anerkannt. H.G.B. Art. 785. 786. 787.

[19]) Das haben drei konforme Erkenntnisse (mitgeth. von Mathis, B. 3 S. 523 fg.) angenommen. Bielitz (Komment. B. 6 S. 675) schränkt dies auf den Fall ein, wo Jemand ohne allen Beruf Versicherung für einen Dritten nimmt, und läßt den Vertrag bestehen, wenn die Besorgung eines Geschäfts aufgetragen worden, bei dem Versicherung genommen zu werden pflegt. Aber § 1946 ist und ebenso § 2070 eine bestimmte Ausnahme, die keine ausdehnende Erklärung zuläßt. Ueber Bedenken, welche gegen Ausschließung der Annahme einer negotiorum gestio zu erheben sind, s. Malß bei Goldschmidt B. 8 S. 375. 376.

[19a]) Ausgehend davon, daß die Feuerversicherung der Gebäude, weil sie die Prästationsfähigkeit der Unterthanen schütze, eine Sache des öffentlichen Wohls sei, haben die mit Gesetzeskraft erlassenen alten Reglements der „öffentlichen Feuersocietäten" neben einer Pflicht dieser Societäten, die in ihrem Bereich liegenden Gebäude (auch die feuergefährlich belegenen, mit Stroh gedeckten u. s. w.) in Versicherung zu nehmen, die Pflicht der Gebäudebesitzer aufgestellt, zum Zwecke ihrer Versicherung der Societät beizutreten. Während andere Privilegien der öffentlichen Societäten, durch welche nicht bei ihnen versicherte Personen Beiträgen oder Beschränkungen unterworfen waren, durch Gesetz vom 31. März 1877 (G.S. S. 121) aufgehoben worden sind, ist die Zwangsversicherung aufrecht erhalten und besteht noch an einzelnen Orten (Berlin, Stettin, Breslau) und in der Provinz Posen. Ueber den Zwang zur Krankenversicherung und über die vom Gesetz gewährte Unfallversicherung vergl. den Schluß des § 146.

Vertrages sein kann, darf ein Versicherungsvertrag geschlossen werden[20]). Hiernach scheint es, als ob das Gesetzbuch die versicherte Sache unter Gegenstand des Versicherungsvertrages versteht. Aber wenn man genauer zusieht[21]), ist nicht die Sache selbst, sondern der Vermögensnachtheil, der in Folge einer bestimmten Gefahr diese bestimmte Sache treffen kann, der Gegenstand der Versicherung. Dieses Interesse kann sich beziehen auf den Eigenthums- oder auf den Gebrauchs- und Nutzungswerth der Sache: es darf auch der Leiher[22]), Miether, Pächter, Nießbraucher, Pfandgläubiger sein Interesse versichern[23]). Es leuchtet danach ein, daß die versicherte Sache bei der Versicherung in verschiedenen Beziehungen in Betracht kommt, daß auch dieselbe Sache mehrfach in Beziehung auf die Rechtsstellung verschiedener Personen zu ihr versichert sein kann. Aber es darf die Gesammtsumme der von derselben Person genommenen Versicherungen den Werth der versicherten Sache nicht übersteigen[24]). Die Versicherung eines bestimmten, durch eine bestimmte Gefahr bedrohten Interesses ist nicht auf ein durch eine andere Gefahr verletztes Interesse an der Sache zu übertragen. Die Versicherung gegen eine bestimmte Gefahr kann zeitlich begrenzt sein oder auf unbestimmte Zeit übernommen werden; im letztern Fall unterliegt der Vertrag der Kündigung, die nicht auf die Dauer ausgeschlossen werden kann[24a]). — Daß das Interesse ein vermögensrechtliches und erlaubtes sein muß, versteht sich von selbst. Auch muß es das eigene des Versicherten sein: es kann Niemand für sich ein fremdes Interesse versichern, ein Geschäft dieses Inhalts würde zur Wette[25]).

---

20) II. 8 § 1952.

21) Malß bei Goldschmidt B. 8 S. 389 fg.

22) Seuffert VI. 180.

23) Also Sache im Sinne des § 3 I. 2. A.L.R., auch ein Recht an einer bestimmten Sache. Strieth. B. 12 S. 67. Nicht aber rein persönliche Forderungen. Malß a. a. O. S. 380. Wohl aber die nur aus einem bestimmten Kreise von Gegenständen (z. B. der fortune de mer) zu deckende Forderung. R.O.H.G. B. 15 S. 115. Versicherung des direkten und indirekten Interesses. Benecke I. 212 f. Ein Rechtsfall über Versicherung des Leihers bei Malß, Zeitschr. I. 49, des Nießbrauchers das. S. 51 (Lübeck). Ueber Versicherung der Hypotheken gegen Subhastationsverlust s. R.O.H.G. V. Nr. 73. Vergl. ferner R.O.H.G. B. 14 S. 413, B. 24 S. 319. Es gilt als zulässiger Gegenstand der Versicherung, daß der Versicherungsgeber die von dem Versicherungsnehmer zu tragende Haftpflicht für Unfälle der Arbeiter nach dem Haftpflichtgesetz übernimmt. R.G. Entsch. B. 3 S. 21. Vergl. auch Anm. 26. Von der hiervon verschiedenen, öffentlichrechtlich geordneten Unfallversicherung s. unten. — Das Gesetz verlangt nicht eine zukünftige Gefahr; nur müssen die Parteien den schon erfolgten Eintritt der Gefahr noch nicht kennen. Malß, Betracht. S. 18. Vergl. H.G.B. Art. 789.

24) Das Resultat darf nicht eine Doppelversicherung sein: der Pächter, der Hypothekengläubiger versichert nicht den Werth der Sache, sondern den seines Rechts. (Reskr. des Min. des Innern v. 29. Juni 1827 und in v. Kamptz, Ann. B. 11 S. 465).

24a) II. 8 § 2094. R.G. Entsch. B. 28 S. 306.

25) Ueber die s. g. Wettassekuranzen Benecke I. S. 289. Es ist zulässig, daß jemand der an der Sicherstellung eines Andern ein Interesse hat, durch Vertrag zu Gunsten des Andern sich versprechen läßt, daß jenem für einen ihn treffenden Schaden ein versicherter Betrag gezahlt werde, z. B. ein Arbeitgeber zu Gunsten seiner Arbeiter. So nach französischem Recht R.G. Entsch. B. 9 S. 314, nach gemeinem, B. 12 S. 317; vergl. über preuß. Recht B. I. § 75, auch R.G. bei Gruchot B. 27 S. 965 und R.O.H.G. B. 23 S. 158.

Gegen jede Gefahr, sofern sie nur nicht aus der Vornahme verbotener Handlungen durch den Versicherten entspringt, darf versichert werden[26]).

Die Uebernahme einer Gefahr giebt dem Vertrag einen aleatorischen Charakter und kann ihn zum Spekulationsgeschäft gestalten[27]). Deshalb erlaubte das A.L.R. Versicherungen auf das Bestehen, Fallen oder Steigen von Waarenpreisen nur Kaufleuten, und knüpfte daran die den damaligen nationalökonomischen Ansichten entsprechende Beschränkung, daß dabei eine dem gemeinen Wohle nachtheilige Preissteigerung nicht beabsichtigt werden darf[28]).

Das A.L.R. verlangte zum Abschluß des Versicherungsvertrages schriftliche Form[29]). Die Stelle eines wirklichen schriftlichen Vertrags beider Theile vertrat aber dabei außer einem Auszug aus dem Journal des vermittelnden Mäklers als ein beide Theile verpflichtender Akt die Unterzeichnung der Polize, d. h. des vom Versicherungsgeber unterzeichneten der mündlichen Abrede wirklich entsprechenden Versicherungsbriefs[30]). Dieser soll den Namen des Versicherten, den Gegenstand der Versicherung, d. h. hier die Sache, in Beziehung auf welche die Versicherung genommen wird, in hinlänglicher Unterscheidung, den Betrag der Versicherungssumme, die Art und die Dauer der Gefahr nach Anfang und Ende[31]) bestimmt ausdrücken, auch den Ort der Ausstellung angeben und mit der Unterschrift des Versicherers versehen werden[32]). Die Formvorschrift des Landrechts ist dadurch beseitigt, daß der

---

[26]) II. 8 §§ 1953 ff. Die Versicherung gegen die Gefahr aus dem Reichshaftpflichtgesetz wird dadurch nicht ungiltig, daß diese Gefahr auch den Fall umfaßt, daß der Gewerbeunternehmer die aus § 120 (alten Fassung § 107) der Gewerbeordnung sich ergebende Pflicht zu Schutzvorrichtungen verabsäumt, obgleich diese Pflicht dem öffentlichen Recht angehört. R.G. Entsch. B. 5 S. 73.

[27]) Dieses Moment kann aber nicht die systematische Stellung des Vertrages bedingen. S. oben § 128 Note 93 über die gewagten Geschäfte und Malß, Betracht. S. 5 f.

[28]) II. 8 §§ 1992. 1993. Die Bestimmung ist aus der Assekuranzordnung von 1766 in das A.L.R. übergegangen, dort heißt es in § 33: „Da Assekuranzen auf das Bestehen, Steigen oder Fallen der Waarenpreise nicht anders betrachtet werden können, als zulässige Wetten über das Eintreffen oder Nichteintreffen seiner Muthmaßung, mithin dergleichen Versicherungen Kaufleute sehr zum Nachsinnen aufmuntern können, so sollen sie insofern gestattet werden, insoweit sie dem gemeinen Wesen in Ansehung der Preisesteigerung nicht nachtheilig, auch mit keiner Arglist und Gefährlichkeit verbunden sind."

[29]) II. 8 §§ 2046. 2068. Strieth. B. 2 S. 51, B. 69 S. 179.

[30]) II. 8 §§ 2065—2068. Nicht wie in früheren Auflagen gesagt ist: „der schriftliche Versicherungsantrag und die Polize zusammen bilden den schriftlichen Vertrag", sondern die einseitig niedergeschriebene, der mündlichen Abrede entsprechende Polize vertritt ihn. R.G. Entsch. B. 28 S. 313. Bis zu deren Unterschrift und Annahme war der andere Theil durch mündlichen Vertrag nicht gebunden, konnte zurücktreten. Die Unterschrift verpflichtet den unterschreibenden Versicherer. — Man unterscheidet taxirte und offene Polizen Benecke I. 477. H.G.B. 797. 798. Bei der taxirten Polize wird angenommen, daß so viel selbständige Versicherungsverträge abgeschlossen worden, als Gegenstände mit besonderer Taxe ausgeworfen sind. Seuffert III. 96.

[31]) Ueber Zurückdatirung der Polize Goldschmidt, Zeitschr. III. 183.

[32]) II. 8 §§ 2069—2099. Die Bestimmung des § 2114, daß die in der Polize enthaltene Quittung des Versicherers über erhaltene Prämie keine Beweiskraft hat, wenn innerhalb 30 Tagen die Polize gerichtlich zurückgefordert wird, ein Anklang an die gemeinrechtl. quer. non num. pecun., ist wenn nicht schon durch H.G.B. Art. 295 durch § 17 Einf.G. z. C.P.O. aufgehoben.

Versicherungsvertrag gegen Prämie jetzt als Handelsgeschäft formlos geschlossen werden kann[33]). Auch die Gegenseitigkeitsversicherung fällt an sich nicht unter die gesetzliche Bestimmung. Da es sich aber dabei um einen Gesellschaftsvertrag und um die Uebernahme einer unbegrenzten Haftung handelt: so ergiebt sich schon hieraus die Nothwendigkeit schriftlicher Erklärungen. In den meisten Statuten finden sich aber auch darüber Bestimmungen, in welcher Art die Versicherung zu nehmen ist, deren Nehmen die Voraussetzung der Mitgliedschaft ist. Kaufleuten ist vom Landrecht gestattet, Versicherungen au porteur zu nehmen, d. h. den Namen des Versicherten in der Polize nicht auszudrücken[34]); das macht aber eine solche Polize nicht zum Inhaberpapier, sondern zum bloßen Legitimationspapier; denn der Versicherer hat nur das Recht, den Inhaber zum Empfang der Vergütungssumme als legitimirt anzusehen, kann aber den wirklichen Nachweis der Berechtigung fordern[35]).

Der **Zweck** des Versicherungsvertrages ist Schadenersatz, nicht Bereicherung[36]). Diesen Gesichtspunkt haben die Gesetzgebungen durchaus festgehalten, obschon die Handelswelt danach strebt, ihn zu verlassen, und die vom Versicherer bei Eintritt der Gefahr zu zahlende Summe ohne Berücksichtigung des wirklichen Schadens im Voraus vertragsmäßig zu bestimmen[37]). Die Konsequenzen des geltenden Rechtssatzes sind, daß ebenso wohl **Ueberversicherungen**, in denen der Sachwerth höher angegeben wird, als der Werth zur Zeit des Vertragsabschlusses beträgt[38]), wie gleichzeitige **Doppelversicherungen** derselben Sache nach ihrem vollen Werth gegen dieselbe Gefahr untersagt sind[39]), daß bei Eintritt der Gefahr der Umfang und Betrag des Schadens besonders ausgemittelt werden muß[40]), und daß der Versicherer den Gegenbeweis führen darf, daß das versicherte Interesse an der Sache weniger beträgt, als die gezeichnete Summe[41]). Dem emtsprechend sollen Versicherungen auf Waaren den Einkaufspreis nicht übersteigen; aber die Versicherung darf sich auch auf alle Zölle, Abgaben, Unkosten beziehen, die

---

[33]) Dies leugnete das Obertribunal Entsch. B. 63 S. 286, Strieth. B. 80 S. 9, weil die Art. 60. 61 des Einf.Ges. z. z. H.G.B. sonst einen inneren Widerspruch enthielten. Vgl. dagegen Keyßner bei Behrend und Dahn Zeitschr. B. 5 S. 172 und R.O.H.G. B. 5 S. 9. Seitdem das Handelsgesetzbuch Reichsgesetz geworden, seine Giltigkeit also für Preußen nicht mehr durch das Einführungsgesetz vermittelt wird, ist der Grund des Obertribunals jedenfalls beseitigt. Die Versicherung gegen Prämie ist Handelsgeschäft und also formlos verbindlich. Art. 271 Nr. 3 H.G.B.

[34]) II. 8 § 2071. „An Zeiger dieses“ oder „für Rechnung dessen, den es angeht“. Malß a. a. O. S. 64 fg.

[35]) II. 8 §§ 2072. 2281. Kuntze, Lehre von den Inhaberpapieren S. 521. Goldschmidt, Zeitschr. f. H.R. III. 189. Vgl. auch R.O.H.G. B. 14 S. 123.

[36]) II. 8 § 1983. Malß in s. Zeitschr. f. Versicher.R. I. S. 6 fg. Just im Archiv f. Wechselrecht B. 15 S. 225. Cohn in Goldschmidt's Zeitschr. B. 18 S. 77.

[37]) Endemann a. a. O. S. 826 f.

[38]) II. 8 § 1984, §§ 1. 17 G. v. 8. Mai 1837. H.G.B. 790. Malß in s. Zeitschr. I. 14 f.

[39]) II. 8 § 2000. H.G.B. 791. 772. Malß das. S. 17 f.

[40]) II. 8 §§ 2242—2278.

[41]) II. 8 § 1996.

der Versicherte auf die Sache zu verwenden hat[42]), darf selbst den Betrag der Prämie, die er dem Versicherer entrichtet, in sich begreifen[43]). Versicherungen, die ausdrücklich einen gehofften Gewinn sichern sollen, sind insoweit giltig, als der Gegenstand, aus welchem der Gewinn erwartet wird, bestimmt angegeben worden ist[44]). Versicherungen derselben Sache bei mehreren Versicherern zu Theilwerthen sind erlaubt, soweit die letzteren zusammen den Gesammtwerth nicht übersteigen, ebenso mehrere Versicherungen gegen verschiedene Arten von Gefahr[45]). Auch ist es keine Doppelversicherung, wenn die Zeitdauer der Gefahr zwischen verschiedenen Versicherern getheilt, oder jeder für eine andere Strecke eines Transports Versicherung giebt[46]).

Die Ueberversicherung führt ein Ristorno herbei, d. h. die Rückforderung eines entsprechenden Theils der Prämie und eine Ermäßigung der Versicherungssumme auf den wahren Betrag des Interesses[47]). Bei mehrfacher Versicherung muß der jüngere Vertrag aufgehoben oder eingeschränkt werden, wenn aus dem älteren Vertrage ganz oder theilweise die Deckung des Schadens gesichert ist[48]). Auf die Giltigkeit und den Bestand der älteren Versicherung hat die Aufhebung oder Einschränkung der jüngeren keinen Einfluß[49]). Ein Ristorno der Prämie des letzteren ist aber nur gestattet, wenn die Doppelversicherung ohne mäßiges Versehen genommen worden ist[50]).

Wie bei der Bürgschaft kommt auch bei der Versicherung eine After- oder Nachversicherung vor, durch welche die Zahlungsfähigkeit des ersten Versicheres dem Versicherten versichert werden soll[51]), ebenso eine Rück-

---

42) II. 8 §§ 1987. 1988.

43) II. 8 § 1989. Aff.Ordn. v. 1766 § 35. Aber nicht die Prämie von der versicherten Prämie, das wäre sonst eine Schraube ohne Ende. Der Fall ist überhaupt ohne praktische Wichtigkeit für die gewöhnlichen Versicherungen. Bei der Seeassekuranz hat H.G.B. Art. 783 die Versicherung der Prämie nicht besonders erwähnt, aber der Art. verzeichnet nur was „insbesondere" versichert werden kann. Es scheint daher zulässig, auch die Prämie zu versichern. S. den Aufsatz Nr. XVII. in B. 2 S. 579 der Jurist. Abh. von Heise und Cropp.

44) II. 8 § 1991. Aff.Ordn. v. 18. Februar 1766 § 34. Benecke I. S. 133fg. D. H.G.B. 783 (hier darf auch die Provision versichert werden). Das. 805.

45) II. 8 § 2008. Heise und Cropp, Abh. B. 2 S. 600f. Vgl. jedoch wegen der Mobiliarfeuerversicherung § 2 G. v. 8. Mai 1837. Die landrechtlichen Regeln der §§ 2090 bis 2093 darüber, in welcher Höhe die mehreren Unterzeichner derselben Polize als Versicherer anzusehen sind, können nicht mehr in Betracht kommen, da die Frage, ob und mit welchem Inhalt der Betrag zwischen den Kontrahenten zu Stande gekommen ist, sich jetzt nach Handelsrecht regelt. Wie die Entschädigungssumme zu leisten ist, wenn die übernommenen Quanta nicht den Versicherungswerth decken, also eine Selbstversicherung des Versicherten zugleich stattfindet, darüber s. Malß in s. Zeitschrift I. S. 21.

46) II. 8 §§ 2009. 2010.

47) II. 8 § 1996.

48) II. 8 §§ 2003. 2004. 2008. Wie bei Seeversicherung die spätere bei Kraft bleiben kann, s. H.G.B. 793. 795.

49) Striethorst B. 58 S. 69.

50) II. 8 § 2008. Vergl. Entsch. B. 34 S. 272. Striethorst B. 21 S. 17, B. 28 S. 92.

51) II. 8 § 2011.

versicherung, durch welche der Versicherer sich gegen die übernommene Gefahr sichert[52]). Die letztere ist eine wirkliche Versicherung, wie die Hauptversicherung, und ist daher auch allen Regeln eines solchen Vertrages unterworfen, die Afterversicherung aber ist Bürgschaft, d. h. eine accessorische und intercedirende, regelmäßig subsidiäre Verpflichtung.

Der Inhalt des Vertrages normirt sich nach den getroffenen Abreden. Die Nothwendigkeit schriftlicher Feststellung der von der Regel des Gesetzes abweichenden Bestimmungen ist für die entgeltliche Versicherung weggefallen. Die Versicherung in Gemäßheit des Statuts einer auf Gegenseitigkeit begründeten Gesellschaft muß sich ohnehin an die im Statut enthaltenen Regeln anschließen. Abweichungen, wenn nach dem Statut zulässig, sind schriftlich zu vereinbaren[53]). Im Allgemeinen verlangt der Versicherungsvertrag besondere Treue und Redlichkeit, die mala fides wird auf beiden Seiten streng beurtheilt. Der Vertrag zeigt hier seine Verwandtschaft mit dem s. g. gewagten Geschäften[54]). Gefordert wird beim Abschluß getreue Anzeige aller Umstände, die für oder gegen den Abschluß von Erheblichkeit sein können, kein bösliches Verschweigen, selbst wenn sich die Umstände noch auf unsichere und zweifelhafte Nachrichten stützen[55]). Beim Zuwiderhandeln des Versicherungsnehmers besteht zwar seine Pflicht zur Zahlung der Prämie, aber der Versicherer hat nicht zu entschädigen[56]). Aber auch der Versicherer ist verpflichtet, offen und dem Vertrauen entsprechend zu handeln und Versehen seines Bevollmächtigten oder auch beauftragter Mittelspersonen werden dem Vertretenen zugerechnet[57]).

---

[52]) II. 8 §§ 2016—2023. Benecke I. 280f. Malß in s. Zeitschr. I. H. 2 S. 139. Die Bedingungen der Versicherung sind für die Rückversicherung entscheidend (ein Erk. v. Lübeck). Vergl. R.G. Entsch. B. 4 S. 13, B. 5 S. 115. 120.

[53]) II. 8 §§ 2100—2101 beruhen auf der Schriftform der landrechtlichen Versicherung.

[54]) II. 8 §§ 2024—2029. Stegemann II. S. 95.

[55]) Insbesondere hat der Versicherer die Pflicht, wenn die Sache bereits in Sicherheit gebracht und die Gefahr schon ganz überstanden ist, seine Nachrichten darüber dem Versicherungsnehmer mitzutheilen. II. 8 § 2025. Vergl. H.G.B. Art. 810—815. S. auch Seuffert VI. 249.

[56]) II. 8 §§ 2035—2038. Förster nahm an, daß die falsche Angabe des Versicherungsnehmers, die auf den Entschluß des Versicherungsgebers von Einfluß sein konnte, Auflösung des Vertrages wegen Irrthums wirke, vgl. Lübecker Erk. bei Malß, Zeitschr. I. 48 Seuffert I. 219 VI. 248. Lübecker Erk. in der Hamburger Samml. I. 378, II. 147. Die Praxis hat sich aber dahin festgestellt, daß außer der Unrichtigkeit der Angabe ein Verschulden, ein Verstoß gegen die Treue, ein „Verschweigen" erforderlich ist, und daß die Berufung auf diesen Dolus dem Versicherungsgeber dann nicht zusteht, wenn er selbst das wahre Sachverhältniß kannte. Vgl. aus der Praxis des R.O.H.G. B. 2 S. 34, B. 12 S. 171, B. 74 S. 414, B. 16 S. 75, B. 17 S. 20, und in letzterer Beziehung B. 8 S. 232. Es hängt von der freien Erwägung des Richters ab, ob mit dem Nachweis der Unrichtigkeit nach den Umständen zugleich der Nachweis der bewußten Unrichtigkeit als erbracht angesehen werden kann. Fahrlässig falsche Angaben, welche der Versicherer als unrichtig zu entdecken in der Lage war, geben dem letzteren kein Recht, sich seiner Verbindlichkeit zu entziehen. R.G. Entsch. B. 10 S. 159. Auch das Verschweigen bei ausdrücklich gestellten Fragen ist nicht unbedingt schuldhaft, es kommt darauf an, ob der Versicherungsnehmer anzunehmen hatte, daß die Beantwortung den Versicherungsentschluß des Versicherers beeinflussen werde. R.G. Entsch. B. 9 S. 237.

[57]) II. 8 § 2029. Ueber die Stellung der Agenten einer Versicherungsgesellschaft vgl. R.G.

Was die **Verbindlichkeiten** aus dem geschlossenen Vertrage anlangt, so liegt a. dem **Versicherten** die Vorleistung ob, die Zahlung der **Prämie**[58]). Sie ist fällig, sobald der Vertrag abgeschlossen ist[59]). Der Bestand des Vertrages hängt zwar nicht von der Zahlung ab, vielmehr bringt der Verzug wenigstens bei der ersten Prämienzahlung nur die Pflicht, 1 Prozent auf den Monat (also 12 Prozent) Verzugszinsen zu entrichten[60]). Vielfach wird aber bedungen, daß die Prämie vor dem Eintritt der Gefahr gezahlt sein muß, um den Versicherer zum Ersatz des Schadens zu verpflichten[61]). Die Prämie kann in einer Geldsumme oder in anderen erlaubten Vermögensvortheilen bestehen[62]) und ist für die Zeitdauer der Versicherung untheilbar[63]), d. h. die auf eine gewisse Zeitperiode bedungene und berechnete Prämie muß voll gezahlt werden, sobald die Gefahr für den Versicherer überhaupt begonnen hat, und vermindert sich nicht, wenn die Zeitdauer der Gefahr sich abkürzt, „denn die Gefahr kann in jedem Augenblick dieser Zeitdauer ganz eintreten". Aber die Vorausbezahlung der Prämie auf mehrere Zeitperioden ist dem Grundsatz der Untheilbarkeit nicht unterworfen und der für eine spätere Periode vorausgezahlte Betrag muß erstattet werden, wenn in dieser eine Gefahr für den Versicherer nicht **begonnen** hat[64]).

Es kann nach allgemeinen Grundsätzen keinem Zweifel unterliegen, daß der Versicherte (Versicherungsnehmer) die von ihm geschuldete Prämie dem Versicherer bringen muß, und daß nicht letzterer verpflichtet ist, sie sich zu

---

Entsch. B. 6 S. 159, B. 9 S. 195, B. 22 S. 201, B. 27 S. 151. R.G. bei **Gruchot** B. 29 S. 940.

58) II. 9 § 2104. **Malß** bei **Goldschmidt** B. 6 S. 365 f., B. 13 S. 94.

59) II. 8 § 2109. H.G.B. 816. Nach Landrecht „bei Aushändigung der unterzeichneten Polize", — das gilt noch, wenn eine Polize nach Inhalt des Vertrags ausgestellt werden soll.

60) II. 8 § 2110. O.H.G. B. 5 S. 21. Bei Prämien, die nicht in Geld zu leisten sind, ist das volle Interesse zu vergüten. II. 8 § 2111. Das abgekürzte Prozeßverfahren des § 2110 ist weggefallen.

61) Von **Förster** wurde dies unter Berufung auf **Malß** a. a. O. B. 6 S. 365 § 1 als ohne ausdrückliche Abrede geltendes naturale negotii bezeichnet. — Auch der bedungene Verlust der Rechte aus der Versicherung tritt dann nicht ein, wenn die Zahlung ohne Schuld des Versicherten unterblieben ist. R.G. Entsch. B. 1 S. 196. Die Bedingung, daß bei nicht pünktlicher Zahlung der Prämie der Versicherer von dem Vertrage abgehen könne, giebt dem Versicherer ein Recht; bis er aber davon Gebrauch macht, besteht der Vertrag, so daß der Versicherungsnehmer die Prämienzahlung nicht weigern kann. R.G. Entsch. B. 4 S. 398.

62) II. 8 § 2107.

63) S. hierüber **Malß** a. a. O. S. 373 § 2 u. f. Zeitschr. I. 172.

64) **Malß** a. a. O. S. 376. Wenn aber eine Versicherung auf mehrere Jahre abgeschlossen worden, mit der Bestimmung, daß die Versicherung erlöschen soll, sobald der Versicherte nicht pünktlich am jedesmaligen jährlichen Verfalltage die Prämie entrichtet, so besteht nach der Ansicht des A. G. Naumburg (**Malß**, Zeitschr. I. 44) die Wirkung des Verzugs darin, daß der Versicherte alle Ansprüche verliert, gleichwohl aber die Prämie als Interesse der Nichterfüllung fortzahlen muß. Dagegen hat (das. S. 46) ein gemeinrechtl. Gericht in solchem Fall den Vertrag für aufgehoben erklärt, dem Versicherer aber eine Klage auf das Interesse offen gelassen. Es hängt in der That nur davon ab, ob man nach Lage des Falles die Summe der Prämien gleich dem Interesse annehmen kann. S. auch das. S. 162 f. (A.G. Münster, übereinstimmend mit Naumburg).

holen[65]). Daß die Einkassirung gewöhnlich durch Agenten geschieht, ändert an der rechtlichen Pflicht an sich nichts. Es kann natürlich Abweichendes bedungen sein. Auch bei der Versicherung gegen Entgelt kommt es häufig vor, daß vertragsmäßig diejenigen, die Versicherung nehmen, an dem Gewinn, den die Gesellschaft erzielt, Theil nehmen sollen, so daß sich die Prämie um den Betrag der dem einzelnen Versicherten zufallenden Dividende des letzten Jahres vermindert[66]). In diesem Fall wird der Versicherte nicht eher verpflichtet sein, die Zahlung zu bringen, als bis der Versicherer den wirklich zu zahlenden Betrag berechnet und gefordert hat.

Der Versicherte ist ferner verpflichtet, während der Versicherungszeit die Umstände, unter denen er die Versicherung genommen hat, zum Nachtheil des Versicherers nicht zu ändern[67]). Ist der Eintritt des Schadens durch mäßiges Versehen des Versicherten herbeigeführt, so hat der Versicherer ihn nicht zu vergüten[68]). Ist eine nachtheilige Veränderung der Sachlage zufällig entstanden, so muß der Versicherte dem Versicherungsgeber innerhalb der Vertragsannahmefristen nach davon erhaltener Kenntniß Anzeige machen und bis dahin selbst alles vorkehren, um dem daraus entstehenden Nachtheil vorzubeugen[69]). Der Versicherer bleibt dann zwar an den Vertrag gebunden, darf aber wegen Vergrößerung der Gefahr eine Erhöhung der Prämie fordern, die im Voraus — noch ehe der Schade eingetreten oder bekannt geworden — „so viel als möglich" festgestellt werden soll[70]).

Endlich liegt dem Versicherten ob, sobald er von dem eingetretenen Schaden Kenntniß erhalten hat, bei Verlust seines Rechts dies dem Versicherer anzuzeigen, auch muß er Vorkehrungen zu seiner Abwehr oder Verminderung treffen, wozu er allenfalls einen Vorschuß vom Versicherer fordern mag[71]). Auch hat der Versicherte die Beweislast darüber, daß der Schade durch die bestimmte Gefahr verursacht worden, sowie über den Werth der von ihr getroffenen Sache und über den Umfang des Schadens einschließlich der ent-

---

65) A. M. Malß bei Goldschmidt B. 6 S. 376 § 3. Es ist aber kein Grund von der Regel — vgl. oben B. I. § 91 Anm. 43 — abzuweichen.

66) S. Goldschmidt, Zeitschr. B. 1 S. 443 Note 5. Renaud, Aktiengesellschaft § 17.

67) II. 8 § 2117. Vergl. H.G.B. Art. 817.

68) II. 8 §§ 2119. 2120. Ueber die Wirksamkeit der Vertragsabrede, daß durch Zahlung der Versicherung der Anspruch des Versicherten aus schuldhafter Herbeiführung des Schadens an den Versicherungsgeber übergehe, vergl. R.G. bei Gruchot B. 29 S. 941.

69) II. 8 § 2118. S. Malß, Betracht. S. 42 f., der den richtigen Satz entwickelt, daß nur der Eintritt einer generisch anderen Gefahr den Vertrag aufhebt, gleichviel ob sie größer oder geringer ist als die, gegen welche Versicherung genommen worden, ob sie mit oder ohne Wissen des Versicherten hervorgetreten ist (S. 51) H.G.B. 818. Welche Wirkung hat es, wenn der Versicherte von der veränderten Lage keine Kenntniß hat? Vergl. R.O.H.G. B. 5 S. 110. 289, B. 11 S. 132. Vergl. auch Malß bei Goldschmidt B. 13 S. 112 ff.

70) II. 8 §§ 2128—2130.

71) II. 8 §§ 2164. 2165. 2166. H.G.B. 822. 823. Er hat die bei einem Brand geretteten Gegenstände zu konserviren. R.G. Entsch. B. 6 S. 195.

standenen Kosten[72]). Der Nachweis des Werths der unbeschädigten Sache wird durch die Angabe in der Polize ersetzt[73]).

b. Der Versicherer haftet für die im Vertrage bestimmte Gefahr von Anfang an während der ganzen Dauer des Vertrages. Diese Pflicht ist immer vorhanden, sie macht den Vertrag in allen Fällen, auch wenn kein Nachtheil eintritt, zu einem gegenseitigen[74]). Wenn der Schaden eingetreten ist, so tritt die Verbindlichkeit zur Vergütung des Schadens in Kraft[75]). Bei einem Totalschaden bestimmt sich die vom Versicherer zu leistende Summe durch den Versicherungsbetrag der Polize[76]). Bei Theilschaden muß der eigentliche Betrag ausgemittelt werden und zwar, wenn sich die Parteien nicht einigen, durch vereidigte Sachverständige (Dispacheurs)[77]). Bei den auf dem Transport beschädigten Waaren z. B. ergiebt sich die zu vergütende Summe aus Vergleichung des bei ihrem Verkauf gelösten Geldes mit dem zeitigen Marktpreis am Bestimmungsorte[78]), bei Feuerversicherungen ist der Schaden zu berechnen nach dem Werth der Sache zur Zeit und am Orte des Brandes[79]). Es wird also, wenn seit der Versicherungsnahme bis zum Unfall der Werth der Waare gestiegen, der gestiegene Werth vom Versicherer zu ersetzen sein bis zur Höhe der in der Polize verschriebenen Summe, die unter allen Umständen die Grenze bildet[80]) — und es wird bei Sachen, die durch ihren täglichen Gebrauch eine Werthverminderung erleiden, der gegenwärtige, nicht der Neuwerth ersetzt[81]). Wenn Waaren nach der Stückzahl, nach Maß oder Gewicht versichert worden sind, so haftet der Versicherer in keinem Fall über die in der Polize angegebene Quantität und für jedes Stück oder jedes Maß höchstens auf den angegebenen Werth, so daß weder die Vermehrung der Stückzahl noch der höhere Werth der einzelnen Stücke vom Versicherer zu ersetzen ist[82]). Das überschießende Interesse des Versicherten bleibt ungedeckt. Man spricht von einer Selbstversicherung, wenn

---

[72]) II. 8 § 2169. So auch Seuffert B. 6 Nr. 284, B. 13 Nr. 272. Malß, Betracht. S. 55 und s. Zeitschrift I. S. 73. Goldschmidt, Zeitschr. f. H.R. III. 181. H.G.B. 886 fg.

[73]) II. 8 § 2170. Benecke I. 478.

[74]) Man hat dies zuweilen übersehen und den Vertrag nur bedingungsweise, nämlich unter der Bedingung, daß der Schaden eintritt, für zweiseitig halten wollen. S. hiergegen Malß, Betracht. S. 16 fg.

[75]) II. 8 § 2171. Malß, Betracht. S. 53 fg. Ueber den Umfang der Gefahrübernahme und Entschädigungspflicht bei Seeversicherungen H.G.B. 824 fgg. 858 fgg.

[76]) II. 8 § 2242.

[77]) II. 8 § 2246. 2262. Malß bei Goldschmidt B. 6 S. 378 fg. Bei der Feststellung der Entschädigungssumme muß insbesondere beachtet werden, daß der Versicherungswerth der Sache meist zu einer früheren Zeit angegeben worden und bis zum Eintritt des Schadens Veränderungen ausgesetzt ist. S. hierüber Malß in s. Zeitschr. I. S. 6 fg.

[78]) II. 8 § 2265. H.G.B. 803 „am Ort und zur Zeit der Abladung". Malß, Zeitschr. I. 7 f.

[79]) Malß a. a. O. S. 380 und in s. Zeitschr. I. 9 f.

[80]) Malß S. 382. Vergl. H.G.B. 844.

[81]) Malß S. 380 und das dort citirte Lübecker Erkenntniß, derselbe in s. Zeitschrift I. 10 f.

[82]) Malß a. a. O. S. 382 a. E. f.

die genommene Versicherung nur einen Theilwerth der versicherten Sache ausdrückt[83]).

Die Zahlung der ermittelten Entschädigungssumme erfolgt an den, auf dessen Namen die Polize lautet, der als Versicherter gilt, oder an seinen Cessionar[84]), spätestens zwei Monate seit Beibringung der erforderlichen Beweise des Schadens[85]) und nach Abzug von 2 Prozent, die der Versicherer zurückbehalten darf[86]). Gegen Zahlung der Summe erhält er Alles, was von der versicherten Sache noch übrig ist. Der Versicherte ist verpflichtet, ihm dies zu übergeben oder nachzuweisen[87]). Der Anspruch aus der Polize ist ein persönlicher; Realberechtigte an der versicherten Sache konnten als solche nach den landrechtlichen Vorschriften Anspruch auf die Vergütung nicht machen[88]). Dieser durch Plenarbeschluß des Obertribunals insbesondere für das Verhältniß der Hypothekengläubiger zu den Feuerversicherungsgeldern festgestellte Satz[89]) ist zunächst durch die Statuten vieler Versicherungsgesellschaften abgeschwächt[90]), sodann aber in der Grundbuchgesetzgebung von

---

[83]) Vergl. § 8 des Statuts der Erfurter Versich.Ges. Turingia v. 15. Juni 1853. (Gedruckt im Amtsbl. der dort. Regier. Jahrg. 1853.) Auch bei Malß a. a. O. S. 384. Betracht. S. 58. Vogt und Heineken, Neues Arch. f. Handelsr. II. 473, III. 68. Nach H.G.B. 796 haftet in solchem Fall der Versicherer, wenn nur ein theilweiser Schaden eingetreten, für den Betrag desselben nach Verhältniß der Versicherungssumme zum Versicherungswerth. Malß in s. Zeitschr. I. 14 f.

[84]) II. 8 § 2280. Nach H.G.B. 891 erhebt der Versicherungsnehmer, der die Police beibringt auch im Fall der Versicherung auf fremde Rechnung die Entschädigungssumme, kann auch über die Rechte aus dem Vertrage verfügen. Der Versicherer darf nicht mit Forderungen kompensiren, die ihm gegen den Nehmer zustehen, wenn auf fremde Rechnung versichert worden. Das. 895. Ueber die Bedeutung des § 2280 vergl. § 146 Anm. 11 f.

[85]) II. 8 § 2283. Ueber die Giltigkeit der Vertragsabrede, daß der Versicherer erst nach Ablauf eines Monats nach Feststellung des zu ersetzenden Betrags durch Anerkenntniß oder Urtheil zur Zahlung verpflichtet sein solle, über Wirkung dieser Abrede auf Ausschluß der Forderung von Prozeßzinsen, andererseits aber auch über die Möglichkeit der Entgegnung, daß der Versicherer die Entscheidung dolos hinhalte, vergl. R.G. Entsch. B. 6 S. 198. Dies gilt alles auch für den Fall eines von Hypothekengläubigern des Versicherten erhobenen Anspruchs R.G. Entsch. B. 8 S. 170.

[86]) II. 8 § 2282.

[87]) II. 8 §§ 2328. 2329. 2331. Er tritt auch in das Klagerecht gegen den dritten Beschädiger H.G.B. 808.

[88]) Entsch. B. 27 S. 27 S. 1. Pl.Beschl. Malß bei Goldschmidt B. 8 S. 371 und in s. Zeitschr. I. H. 2 S. 121 f.

[89]) Vergl. für gemeines Recht Mabai im Arch. f. d. civ. Pr. B. 26 S. 201 f. Malß bei Goldschmidt B. 8 S. 371 § 6. Windscheid I. § 249 Anm. 9. Aus der Praxis: Heuser, Kurhess. Annalen B. 6 S. 669 f. Dresdener Annalen B. 3 S. 407 (hier sind auf Grund des sächs. Ges. v. 14. Novbr. 1835 die Feuerversicherungsgelder als Pertinenz der area angenommen). R.G. Entsch. B. 12 S. 169. Auch im franz. R. ist die Frage bestritten. S. Malß a. a. O. Für preuß. R. der Pl.Beschl. in den Entsch. B. 27 S. 1 J.M.B. 1854 S. 65 und 1855 S. 312. Aeltere Praxis: Entsch. B. 13 S. 253, B. 25 S. 409. Schmidt in Scherings Archiv B. 1 S. 74. Gruchot, Beitr. B. 1 S. 15. Lasker in der D. Ger.-Zeitung 1865 Nr. 34. 36. 37. Vergl. auch Koch, Komm. Note zu § 2280. Turnau zu § 30 des Eigenthumserwerbgesetzes. Krech und Fischer, Zwangsvollstreckung in das unbewegliche Vermögen. Zu § 1 Anm. 5. b.

[90]) Siehe hierüber Malß a. a. O. S. 387 fg. Schmidt bei Schering a. a. O. S. 61 fg. Der aus solchen statuarischen Bestimmungen für den Hypothekengläubiger entstehende Anspruch ist ein Rechtsanspruch, nicht eine vom Willen der Gesellschaft abhängige Ver-

1872 durch die Bestimmung beseitigt, daß die dem Grundeigenthümer zufallenden Versicherungsgelder für Früchte, bewegliches Zubehör und abgebrannte oder durch Brand beschädigte Gebäude, wenn diese Gelder nicht statutenmäßig zur Wiederherstellung der Gebäude verwendet werden müssen oder verwendet worden sind, den Hypotheken- und Grundschuldgläubigern haften[91]). Der in der Polize genannte Versicherte ist bis zur Beschlagnahme für den Gläubiger der allein legitimirte Empfänger, und sein Recht ist der Uebertragbarkeit nicht entzogen[92]). — Im Falle einer Veräußerung der versicherten Sache trifft der Schade nicht mehr den ursprünglich Versicherten; das Gesetz läßt deshalb den Versicherungsanspruch mit der Sache auf den Erwerber übergehen[93]). Ist aber mit der Veräußerung eine nachtheilige Veränderung der Umstände herbeigeführt, so daß die Rechte aus der Versicherung untergehen, so schließt dies natürlich die Möglichkeit des Uebergangs aus[94]). Häufig wird auch in den Statuten dem Wechsel des Eigenthümers die Wirkung beigelegt, die Versicherung aufzuheben[95]).

Einseitiger Rücktritt (Abandonniren) ist keinem Theile gestattet[96]). Wenn der Vertrag ohne Schuld des Versicherten zurückgeht, der Versicherer also überhaupt keine Gefahr zu tragen gehabt hat, so muß dieser die erhaltene Prämie zurückzahlen, kann sich jedoch $1/2$ Prozent von der versicherten Summe und, wenn die Prämie weniger als 2 Prozent davon beträgt, den vierten Theil der Prämie zurückbehalten[97]). Solche Fälle von Ristorno[98]) treten z. B. ein, wenn bei Doppelversicherung ohne Schuld des Versicherten die jüngere Versicherung aufgehoben wird[99]); wenn der Versicherte die Unternehmung aufgiebt, für welche die Versicherung genommen worden[100]); wenn die versicherte Sache zufällig vor dem Zeitpunkt untergeht, mit dem der Lauf

---

günstigung. R.O.H.G. B. 17 2—19, R.G. Entsch. B. 25 S. 222. Der Anspruch kann vom Hypothekengläubiger aber nur nach Abtretung seitens des Versicherungsnehmers oder nach gegen ihn erwirkter Pfändung und Ueberweisung verfolgt werden. R.G. Entsch. B. 25 S. 221.

[91]) § 30 des Ges. v. 5. Mai 1872 über den Eigenthumserwerb. Vergl. B. III. § 199 unter I. 5. R.G. Entsch. B. 8 S. 169.

[92]) II. 8 § 2280.

[93]) II. 8 § 2163. R.O.H.G. B. 5 S. 1. Förster verstand den § 2163 umgekehrt in dem Sinn, daß der Veräußerer trotz der erfolgten Veräußerung berechtigt bleibe, auf Grund des demnächst eingetretenen Schadens den Versicherungsanspruch für sich geltend zu machen, wenn er ihn nicht besonders dem Erwerber cedirt habe. Neuerdings hat sich auch das Reichsgericht im Sinne des Texts ausgesprochen, insbesondere auch bezüglich der Mobiliarversicherung, Entsch. B. 5 S. 317. S. auch Munk bei Gruchot B. 26 S. 648.

[94]) II. 8 §§ 2117. 2157. Oben Anm. 86.

[95]) Malß a. a. O. S. 373. Darüber, daß solche und ähnliche Abreden regelmäßig nicht den Eintritt des Universalrechtsnachfolgers in die Versicherung hindern, vergl. R.G. Entsch. B. 12 S. 39.

[96]) II. 8 §§ 2300. 2330. Striethorst B. 48 S. 46. Anders bei der Seeassekuranz. D. H.G.B. 845 f. 865 fgg. Ueber Abandon überhaupt s. Benecke III. 485 f.

[97]) II. 8 §§ 2333—2335. H.G.B. 890—901.

[98]) Ueber Ristorno s. Benecke IV. 260 f. H.G.B. 899 fgg.

[99]) II. 8 §§. 2008. 2336.

[100]) II. 8 § 2337.

der Gefahr für den Versicherer beginnen soll[101]); bei Versicherungen auf gehofften Gewinn, wenn das Unternehmen, aus dem er erwartet wird, ohne Schuld des Versicherten nicht stattfindet[102]). Trifft aber in dergleichen Fällen den Versicherten ein Verschulden, d. h. ein mäßiges Versehen, so verliert er die Prämie[103]).

Die Verjährung des Anspruchs aus dem Versicherungsgeschäft beginnt mit der Zeit, wo der Schaden soweit liquide geworden ist, daß die Anstellung der Klage möglich war[104]). Unterbrochen wird sie außer durch Klageerhebung durch ein schriftliches Erbieten des Versicherers zur Vergütung[105]). Die Wirkung der Verjährung ist das Erlöschen des Anspruchs, nicht also blos die Vermuthung, daß er getilgt worden[106]). So lange zwischen den Interessenten Vergleichsverhandlungen schweben, wird der Lauf der Verjährung aufgehalten[107]).

Im Konkursverfahren über das Vermögen des Versicherers kann der Versicherungsnehmer, der bei dem Vertrage bleiben will, gegen Erstattung der dafür bezahlten Prämie und Kosten Abtretung aller Rechte aus einer genommenen Rückversicherung beanspruchen; er kann aber auch, unter Aufgabe seiner Rechte aus der Versicherung unter sofortiger Benachrichtigung des Konkursverwalters anderweitige Versicherung nehmen und die bezahlte Prämie als Konkursgläubiger zurückfordern[108]). Das ist eine besondere Regelung, die das Eintrittsrecht des Konkursverwalters in die Erfüllung eines gegenseitig noch nicht ganz erfüllten Vertrages ausschließt[109]). Der Konkurs des Versicherten hat nur insofern Einfluß auf den Bestand des Vertrages als die Erfüllung für die Zukunft von der Wahl des Konkursverwalters abhängt. Wählt dieser Nichterfüllung, so kann das Recht auf die Prämie und der Entschädigungsanspruch für den durch deren Nichtzahlung gebrochenen Vertrag nur als Konkursforderung geltend gemacht werden. Den öffentlichen, zur Annahme der Versicherung verpflichteten Feuerversicherungsanstalten steht

---

101) II. 8 § 2338.
102) II. 8 § 2345.
103) II. 8 § 2333. Mäßiges Versehen nach dem allgem. Grundsatz bei entgeltlichen Verträgen. Oben B. 1 S. 700f.
104) II. 8 § 2352. Der Lauf der Verjährung ist der ordentliche von 30 Jahren (§ 2356). Bei Seeassekuranz fünf Jahre. D.H.G.B. Art. 910. Die häufig in Versicherungsverträgen statutenmäßig vorkommende Festsetzung einer kurzen Frist zur Geltendmachung der Ansprüche, ist nicht als eine vertragsmäßig festgesetzte Verjährung aufzufassen, sondern das Klagerecht besteht nur in der Frist, und diese verlängert sich nur, wenn sie ohne Schuld des Versicherten nicht eingehalten werden konnte. Entsch. B. 17 S. 361, B. 21 S. 64. Striethorst B. 38 S. 34. R.O.H.G. B. 15 S. 39 bis B. 8 S. 408, A. M. Keyßner bei Gruchot B. 12 S. 566. (Vergl. auch Entsch. B. 14 S. 222 und oben B. 1 S. 243 so wie § 57 Anm. 95 S. 358.)
105) II. 8 § 2354.
106) II. 8 § 2353. H.G.B. 911. R.O.H.G. B. 4 S. 63.
107) II. 8 § 2355. Entsch. B. 21 S. 64. Strieth. B. 2 S. 130.
108) II. 8 §§ 2012—2015. Auch wenn der erste Versicherer nicht in die Rückversicherung eintritt, bleibt der Rückversicherer der Masse des Hauptversicherers verhaftet. § 2023.
109) K.O. § 20. Ebenso ist H.G.B. Art. 903 aufrecht erhalten.

wegen der nach Gesetz und Verfassung für das letzte Jahr vor Eröffnung des Verfahrens zu entrichtenden Leistungen das Vorrecht des § 54 Nr. 3 der Konkursordnung zu[110]).

II. **Besondere Fälle.** Durch wie viel Arten von Gefahr das Vermögen des Einzelnen beschädigt werden kann, so viel verschiedene Arten von Versicherungen kann es geben. Sie bilden daher keine abgeschlossene Zahl. Das Vorbild für alle ist, wie bereits hervorgehoben, die durch Doktrin, Praxis und Gesetzgebung am meisten entwickelte, die Versicherung gegen Seegefahren. Ihre Erörterung gehört aber dem Handelsrecht an; auch andere Fälle dürfen nur in ihren allgemeinsten Eigenthümlichkeiten berührt werden.

a. **Versicherung gegen Feuersgefahr**[111]). Diese ist mit Rücksicht auf das Gemeinwohl in vielfacher Hinsicht einer polizeilichen Kontrole unterworfen, bei Immobilien wird sie zum Theil erzwungen. Die besondere Gesetzgebung über sie hat hauptsächlich die Feststellung polizeilicher Einwirkung zum Gegenstand[112]). Die **Anzeigepflicht** des Versicherungsnehmers besteht in einer getreuen Mittheilung der Beschaffenheit des Gegenstandes, namentlich aller Umstände, die diesen mehr oder weniger feuerfest erscheinen lassen, wozu auch die Lage beziehungsweise die Beschaffenheit des Aufbewahrungsorts, die Gefährlichkeit der Nachbarschaft und der in dem Gebäude betriebenen Beschäftigungen gehört[113]). Veränderungen, die im Laufe der Versicherungsperiode eintreten und das Risiko des Versicherers erhöhen, dürfen ihm nicht verschwiegen werden[114]). Die **Pflicht des Versicherers**, den Schaden zu ersetzen, fällt weg, wenn der Schade von dem Versicherten selbst, seinem Ehegatten, seinen Kindern oder Enkeln verursacht, wenn die versicherte Sache an einen anderen Aufbewahrungsort hingebracht, wenn durch den Versicherten selbst eine gefährliche Nachbarschaft veranlaßt worden ist[115]).

---

[110]) Konk.Ordn. §§ 15. 21. 54. Vergl. Preuß. K.O. § 74. Bei der Zwangsvollstreckung in Immobilien haben die aus den beiden letzten Jahren zu entrichtenden Beiträge an die genehmigten Vereine behufs gemeinschaftlicher Uebertragung der durch Brand, Hagelschlag oder Viehsterben entstandenen Schäden als Rückstände gemeiner Lasten Anspruch auf Vorwegbefriedigung nach dem Immobiliarvollstr.Ges. v. 13. Juli 1883 § 28 (Preuß. K.O. § 49).

[111]) **Benecke** IV. 521 fg. Ueber rechtzeitige Klageanstellung aus einer Feuerversicherung s. **Stegemann** B. 4 S. 377.

[112]) S. die Gesetze v. 8. Mai 1837 und 17. Mai 1853. Erlaß v. 2. Juli 1859. (Ges.S. 394.) § 8 des ersteren Ges. bestimmt Strafe für Ueberversicherung.

[113]) II. 8 §§ 2053—2063. 2086. **Benecke** IV. 529. Bei Versicherungen von Waarenlagern kommt in den Polizen die s. g. Buchklausel vor, durch welche der Versicherte verpflichtet wird, ordnungsmäßig Buch über die Waarenbestände zu führen. S. hierüber einen Magdeb. Rechtsfall bei **Malß**, Zeitschr. I. 151.

[114]) II. 8 §§ 2158. 2161—2163. **Striethorst** B. 75 S. 20. R.G. bei **Gruchot** B. 25 S. 116.

[115]) II. 8 §§ 2156. 2160. 2235. Der vom Gesinde und sonstigen Hausgenossen verursachte Brandschaden muß dagegen ersetzt werden, sofern der Versicherer nicht nach den B. I. § 90 Anm. 55 f. dargestellten Grundsätzen dafür zu haften hat. II. 8 §§ 2236—2238. Ebenso der durch Krieg und bürgerliche Unruhen verursachte. S. hierüber **Benecke** IV. 526. Bei **Malß**, Zeitschr. I. 50 ein Erk. darüber, ob der Versicherer schuldig ist zu zahlen, wenn der Versicherte während der Untersuchung wegen Brandstiftung gestorben. (Kiel verneint, s. auch **Seuffert** B. 15 Nr. 152.)

Der Versicherer hat allen Schaden zu vergüten, den in Folge des Feuers die Sachen des Versicherten erleiden, einschließlich der Beschädigungen, die durch die Rettung, oder bei Gelegenheit und zum Zweck derselben entstehen[116]). Gegen Zahlung der vollen Versicherungssumme erhält der Versicherer Alles, was von den versicherten Sachen gerettet oder aufgefunden wird, und der Versicherte ist schuldig, ihm die bekannt gewordenen Nachrichten mitzutheilen oder sich auf Erfordern eidlich darüber zu reinigen[117]). Dies ist ein Abandon[118]). Von der Veräußerlichkeit des Rechts und der Einwirkung eines Eigenthumswechsels der versicherten Gegenstände[119]) ist bereits oben die Rede gewesen[120]).

b. Zu erwähnen ist sodann als häufig vorkommend Versicherung von Früchten gegen Hagelschaden; Versicherung gegen Krankheiten gewisser Hausthiere und gegen Viehseuchen, Versicherung gegen Eisenbahnunfälle und gegen Gefahren des Land- und Wassertransports[121]), auch Versicherung der prompten Zahlung von Hypotheken, sowie Versicherung gegen die Nachtheile der Auslosung eines Kurs habenden Papiers. Für diese Fälle hat jedoch das gemeine preußische Recht keine allgemeinen Vorschriften.

c. Einer kurzen Bemerkung bedarf aber noch die Versicherung zu Kriegszeiten, weil diese gewissen Einschränkungen unterliegt. In Kriegszeiten darf kein Preuße auf Kriegsbedürfnisse Versicherung geben, die feindlichen Unterthanen gehören, auf Lebensmittel, die dem Feinde gehören oder ihm zugeführt werden sollen, auf Waaren und Sachen, über welche ein Handel mit feindlichen Unterthanen verboten worden ist. Wer wissentlich diesen Verboten zuwider Versicherung giebt, muß die gezeichnete Summe dem Fiskus zahlen, wer unwissentlich, verliert die erhaltene Prämie an den Fiskus[122]).

§ 146. Versicherung der Person.

A.L.R. II. 8 §§ 1968—1979. 2050. 2051. 2085. 2089. 2152—2155. 2287—2299. Ges. vom 11. Juli 1845 (Ges.S. S. 495, wodurch § 1973 geändert worden). Allerh. Erlaß v. 2. Juli 1859 (Ges.S. S. 394). Dernburg II. § 239. Fischer § 84. — Benecke IV. 537f. Staudinger, Die Rechtslehre vom Lebensversicherungsvertrage, 1858 (s. Goldschmidt, Zeitschr. f. Handelsr. II. 462). Malß, Betrachtungen, 1862,

---

116) II. 8 §§ 2240. 2241. Also auch für Diebstahl. Benecke a. a. O. 524. S. Heuser IX. 426. Vergl. oben Anm. 71. Auch für die Entwerthung bis zur Zeit der Taxation haftet der Versicherer. R.G. Entsch. B. 6 S. 195.

117) II. 8 §§ 2331. 2332.

118) II. 8 § 2330. Benecke III. S. 485.

119) II. 8 §§ 2163. 2280.

120) S. oben Anm. 92. 93.

121) Ueber Versicherung von Waaren, deren Transport verboten. II. 8 §§ 1955—1958.

122) II. 8 §§ 1959—1967.

und in seiner Zeitschr. f. Versicherungsrecht B. 2 S. 129f. Hinrichs in Goldschmidt's Zeitschr. B. 20 S. 339. Predöhl ebenda B. 22 S. 442. Goldschmidt ebenda B. 23 S. 179. Hans Hoffmann, Lebensversicherungsvertrag, 1879. Friedrich Fick, Der juristische Charakter der Lebensversicherung, 1884. Rüdiger, Rechtslehre vom Lebensversicherungsvertrage, 1885. Ungenannter bei Gruchot B. 25 S. 1. Köhne in Busch, Archiv f. Handels- und Wechselrecht, B. 46 S. 51. 190. Ehrenberg in Goldschmidt's Zeitschr. B. 32 S. 409. Heck, im Arch. f. bürg. Recht B. 4 S. 17. Johannes Mittelstädt in Gruchot B. 38 S. 327. — Endemann, Handelsrecht, S. 835. Beseler II. § 117. Bluntschli § 161. Thöl, Handelsrecht I. 2 § 310. Goldschmidt, Handbuch I. S. 582.

Trotz mancher Verschiedenheit, die zwischen der Sachversicherung und der **Personenversicherung** besteht, darf letzterer dennoch der Charakter einer Versicherung nicht abgesprochen werden[1]). Auch ist sie wie jene in Wahrheit eine Vermögensversicherung[2]). Es sollen die Vermögensnachtheile beseitigt werden, die durch den Tod einer Person für deren Angehörige oder für Dritte entstehen können, beziehungsweise die ihr selbst oder Anderen durch Krankheit, Alter oder Arbeitsunfähigkeit verursacht werden. Auch gegen die Vermögensnachtheile, die eine Freiheitsberaubung herbeiführt, konnte Versicherung stattfinden. Aber es mischt sich mit der Sicherung gegen solche Nachtheile noch ein anderer Gesichtspunkt. Durch die Einzahlung eines Kapitals oder fortlaufender Beiträge wird für den Fall des Todes, der Arbeitsunfähigkeit oder Krankheit, oder für den Fall, daß der Versicherte ein gewisses Alter erreicht, u. s. w. demselben für sich selbst oder für diejenigen, für welche er die Versicherung genommen hat, eine voraussichtlich in ihrer Höhe der Summe der Leistungen mit Zwischenzinsen ungefähr entsprechende Leistung, — ein Kapital oder eine Rente[3]) — zugesichert. So zeigt sich die Versicherung thatsächlich zugleich als Mittel der Kapitalaufsammlung, der Ersparung[4]).

---

[1]) Staudinger S. 53. Goldschmidt a. a. O. R.G. Entsch. B. 3 S. 104. B. 24 S. 295. A. M. Hinrichs, Thöl, Dernburg. Es muß zugegeben werden, daß in einer Reihe von Fällen die Beseitigung eines Vermögensnachtheils nur in künstlicher Weise als das Ziel der Versicherung festgehalten werden kann. Indessen hat das Recht diesen Ausgangspunkt nicht aufgegeben, und es kommt nur darauf an, daß im Sinne der Kontrahenten z. B. an den Tod eines Menschen für den Versicherten ein Nachtheil als geknüpft angenommen wird, dessen Uebernahme der Vertrag bezweckt. Der Vertrag ist ein entgeltlicher. Staudinger S. 55. 57fg. u. R.G. a. a. O. Das aleatorische Element gehört nicht in den Begriff S. 60fg.

[2]) Staudinger S. 93fg. 135.

[3]) Staudinger S. 17fg. will die Versicherung einer künftigen Rente — in Folge dessen besonders die Wittwenpensionsanstalten — nicht hierher rechnen, jedoch aus unzureichenden Gründen. Ob die Versicherungssumme in Kapital oder Rente gezahlt wird, kann einen Unterschied im Wesen des Geschäfts nicht begründen, und es kann nicht zugegeben werden, was St. S. 20 oben sagt, daß der Zweck der Rentenversicherung nur der sei, dem Rentenempfänger dieselben Vortheile zukommen zu lassen, wie dem Leibrentenempfänger. Die Vortheile sind zwar dieselben, dort und hier eine Rente, aber bei dem Leibrentenvertrag wird die Rente ohne Rücksicht auf eine zufällige Gefahr verschuldet, während die Voraussetzung der Forderung einer versicherten Rente darin besteht, daß eine zufällige Gefahr hervorgetreten ist. Es wird also vom Versicherer eine Gefahr übernommen. Hierin liegt der begriffliche Unterschied.

[4]) Malß, Betracht. S. 61. Ueber die zu weit gehenden Folgerungen Predöhls a. a. O. aus diesem Sparkassenelement vergl. Goldschmidt Zeitschr. B. 23 S. 181.

Häufiger als bei der Sachversicherung besteht bei der Versicherung der Person eine Personenverschiedenheit des Versicherungsnehmers und des Versicherten. Es ist daher nöthig, im einzelnen Fall genau festzustellen, wer der Versicherte, wer der Versicherungsnehmer und was das Objekt der Versicherung ist[5]). Diese Begriffe sind durch einige Beispiele klar zu stellen. Ein Ehemann sichert bei einer Gesellschaft seiner Wittwe und seinen Kindern für den Fall seines Todes ein Kapital oder eine Rente. Der Nehmer ist der Ehemann, Versicherte aber sind Frau und Kinder. Das Objekt der Versicherung ist der Vermögensnachtheil, der den letzteren durch den Tod des Mannes und Vaters entstehen wird. Sein Leben ist ihm selbstverständlich nicht versichert worden, es bildet ebensowenig den Gegenstand des Vertrages, wie das Haus oder Schiff, welches gegen Feuer und Seeunglück versichert wird. — Es versichert ein Mann sich für den Fall zeitig eintretender Erwerbsunfähigkeit oder für den Fall seines Lebens in einem gewissen Zeitpunkt ein Kapital oder eine Rente: hier ist er selbst Versicherungsnehmer und Versicherter, das Objekt der aus der Arbeitsunfähigkeit entstehende Nachtheil, die Nothwendigkeit im Ueberlebungsfall für die weitere Erhaltung zu sorgen. — Ein Gläubiger versichert das Leben seines Schuldners, der ihm die Schuld durch Raten allmählich abtragen soll. Der Gläubiger ist Versicherungsnehmer und Versicherter, der Schuldner hat hier dieselbe Bedeutung, wie das Haus oder Schiff, nur in diesem Sinne kann er als versichert bezeichnet werden, das Objekt aber ist der Nachtheil, den der Gläubiger erleidet, der durch den vorzeitigen Tod des Schuldners seine ferneren Abschlagszahlungen verlieren kann[6]).

Der Nachtheil wird ohne weiteren Schadensnachweis ausgeglichen durch eine bestimmte Kapital- oder Rentenleistung; dem Versicherer wird als Prämie entweder ein Kapital oder eine fortlaufende Summe gezahlt; die Versicherung wird genommen auf den Tod des Nehmers, oder eines Dritten oder zweier Personen, und dann wieder entweder so, daß die Versicherungssumme zahlbar wird bei dem ersten und zweiten Todesfall, oder daß das Kapital oder die versicherte Rente für den Fall des Erlebens eines gewissen Zeitpunktes gezahlt werden muß, so lange der Versicherte lebt oder noch über dessen Tod hinaus an eine andere Person (Ueberlebensversicherung). Die Versicherung kann genommen werden auf den Tod überhaupt, oder auf den bei einer bestimmten Gefahr gefürchteten Tod: im letzteren Fall erlischt die Versicherung, wenn die Gefahr glücklich überstanden ist, und der Versicherer haftet nicht für eine andere Gefahr. Sie kann genommen werden gegen die durch Alter und Krankheit herbeigeführte Beeinträchtigung des Erwerbs in der Person

[5]) Staudinger S. 43 fg., der jedoch bei der Terminologie dem Wort Versicherter eine nicht feste Bedeutung unterlegt und den Versicherungsnehmer Versichernder nennen will, was sich, wie Malß richtig bemerkt, nicht empfiehlt.

[6]) Staudinger nimmt als Objekt oder Gegenstand der Versicherung das Leben des Menschen an. S. 75 fg.

des Nehmers oder eines Dritten. Hier wird die Summe fällig, wenn das bezeichnete Alter erreicht oder die Arbeitsunfähigkeit eingetreten ist. Man faßt alle diese verschiedenen Arten unter dem Gattungsnamen Lebensversicherung[7]) zusammen, und obschon dieser nicht für alle Fälle genau paßt, ist es zweckmäßig, ihn beizubehalten. Hierher gehören also auch die zahlreichen Wittwen- und Waisenpensionsanstalten, auch die Aussteuerkassen, bei denen der Gesichtspunkt einer Ersparung, die für den Fall gesichert werden soll, daß der Versicherte ein bestimmtes Alter erreicht oder sich verheirathet, fast ausschließlich hervortritt; aber nicht hierher gehört der § 129 dargestellte Leibrentenvertrag, der nicht den Zweck einer Versicherung hat.

Die Eigenthümlichkeiten, welche einen solchen Versicherungsvertrag von der Sachenversicherung unterscheiden, bieten sich leicht dar. Das Leben, die Arbeitsfähigkeit eines Menschen ist nicht schätzbar, also kann auch von einer Abschätzung des Schadens, den der Tod, das Alter, die Schwächung der Kräfte bewirkt, nicht die Rede sein, darum auch nicht von der Zurückführung der gezeichneten Summe auf die Vergütung des wirklichen Schadens. Die volle gezeichnete Summe muß gezahlt werden, wenn die Gefahr eintritt[8]), Ueberversicherung ist nicht denkbar[9]). Die Größe der Prämie richtet sich wirthschaftlich nach der Größe des Risico's[10]).

Es ist ferner zwar bezweifelt worden, ob aus dem Vertrage des Versicherungsnehmers mit dem Versicherer ein unmittelbares Klagerecht des versicherten Dritten erwachse. Mit dem Reichsgericht wird an der bejahenden Antwort festgehalten werden müssen[11]). Nach den in der Lehre von

---

[7]) Staudinger berücksichtigt nur die Versicherung gegen Tod. Ueber die verschiedenen Arten der Lebensversicherung in e. S. s. das. S. 22 fg.

[8]) II. 8 § 2089 knüpft die Giltigkeit des Vertrages daran, daß genau festgesetzt werde, was der Versicherer zu leisten habe, weil, wie Svarez hervorhob, sonst zu Prozessen Anlaß gegeben wäre, die der Natur der Sache nach keinen Ausgang haben können. Koch, Komm. Note zu diesem §. Staudinger S. 112 fg. 137. Die Gefahr muß zufällig eingetreten sein. Daher Selbstmord, Tödtung in einem Duell regelmäßig den Anspruch auf die Versicherungssumme ausschließt. Das. S. 87 fg.

[9]) Malß a. a. O. S. 58.

[10]) Staudinger S. 107 f. Sie wird bei den Versicherungsanstalten nach Wahrscheinlichkeitsberechnungen über die mittlere Lebensdauer eines Menschen bestimmt. Siehe unten Note 18.

[11]) Vergl. oben B. I. § 75 Anm. 48, die dort citirten Entscheidungen und Schriften, aus denen besonders hervorzuheben ist: Heck in Kohler und Rings Archiv für bürgerliches Recht B. 4 S. 17. Der landrechtliche Jurist ist nicht in der Lage, sich mit der Versicherung, daß das Verkehrsleben diesen Fall der Verträge zu Gunsten Dritter dahin ausgestaltet habe, daß dadurch unmittelbar ein Recht des Dritten — sei es ein unbedingtes, oder ein bedingtes, ein unwiderrufliches oder ein widerrufliches — begründet werde, genügen zu lassen, wie das allerdings vom Reichsgericht bei Gruchot B. 27 S. 966 unter Bezugnahme auf Kübel in Hartmann Centralorg. B. 6 S. 291 und Gareis, Vertr. z. Gunsten Dritter S. 216. 223 geschehen ist. Denn das Landrecht gestattet nicht die Bildung eines gemeinen Gewohnheitsrechts. Vielmehr muß versucht werden, das vom Verkehr angestrebte Rechtsverhältniß darauf hin zu prüfen, ob und wieweit es sich nach den bestehenden Gesetzen begründen und aufrecht erhalten läßt. In R.G. Entsch. B. I. S. 191 wird der Bestimmung im A.L.R. II. 8 § 2280 untergelegt, daß der, auf dessen Namen die Polize lautet, ein Anderer sei als der Versicherungsnehmer. Im Hinblick auf II. 8 §§ 2071. 2072 ist diese Auffassung zu billigen,

den Verträgen zu Gunsten Dritter gegebenen Auseinandersetzungen beschränkt sich der landrechtliche Begriff dieser Verträge auf diejenigen Fälle, in denen nach dem Willen beider Kontrahenten namentlich auch des Versprechenden selbst die Leistung dahin zugesichert wird, daß sie nur als Leistung an den bestimmten Dritten soll gefordert werden können, wenn auch zunächst nur der Empfänger des Versprechens das Recht daraus geltend machen kann[11a]). Der Wille sich gerade nur so zu verpflichten wird dem Versicherer regelmäßig fern sein, wenn bei ihm bedungen wird, daß die genommene Versicherung nicht dem Versicherungsnehmer, sondern einem Dritten zukommen solle. Ein Interesse daran, daß seine Leistung statt an den Kontrahenten gerade an jenen Dritten stattzufinden habe, ist beim Versicherer ohne denkbare Grundlage. Dagegen wird die Sachlage möglicher Weise den Schluß rechtfertigen, daß der ganze Vertrag in Vertretung des Dritten geschlossen wird[11b]). Indessen tritt auch diese Möglichkeit thatsächlich gegenüber der recht eigentlich dem Leben angehörigen Auffassung zurück, daß die vom Versicherer gegen den Versicherungsnehmer übernommene Verbindlichkeit von diesem allein und durch dessen Willensakt dem Dritten überwiesen wird, und zwar in der Art, daß der Versicherungsnehmer den Versicherer anweist, nach dem Verfall des Versicherungsbetrags statt an ihn selbst an den Dritten Zahlung zu leisten, und daß der Dritte ermächtigt wird, in jenem Zeitpunkt die Zahlung für seine eigene Rechnung zu erheben[11c]). Wird von diesem Gesichtspunkt ausgegangen, so hat der Versicherungsnehmer die Möglichkeit,

---

und es ist damit eine gesetzliche Grundlage gewonnen. Es kommt aber doch noch darauf an, das Rechtsverhältniß zu konstruiren, um einen sicheren Standpunkt dafür zu haben, inwieweit der Versicherungsnehmer Herr des Rechtsverhältnisses bleibt.

11a) Band I. § 75 Anm. 19 ff. Danach kann die Ausführung in Entsch. d. R.G. B. I. S. 190 nicht gebilligt werden, daß es sich hier um Ausnahmebestimmungen von § 75 ff. I. 5 A.L.R. handelt.

11b) Daß das Geschäft „zugleich“ in Vertretung des zu Versichernden geschlossen werde, läßt sich nicht aufrecht erhalten; entweder wird das Geschäft als Geschäft des Handelnden oder es wird in Vertretung geschlossen; die Annahme eines zugleich in Vertretung eines Andern geschlossenen Geschäfts ist dann möglich, wenn neben einem Hauptgeschäft zwischen A und B ein nur äußerlich damit verbundenes Nebengeschäft steht, das A in Vertretung des C mit B schließt. Hier handelt es sich aber um Leistung und Gegenleistung aus demselben Geschäft. Hier wäre ein gleichzeitiges Paciscиren im eigenen Namen und als Vertreter höchstens dann zu konstruiren, wenn das Hauptgeschäft im Namen des Vertretenen geschlossen, und daneben eine Bürgschaft des Vertreters für die Prämienzahlung erklärt würde. Das ist aber dem Leben fremd. Soll in der That das Interesse des Dritten am Leben des Versicherungsnehmers versichert werden, so steht nichts entgegen, im Abschluß des Vertrages eine stellvertretende negotiorum gestio zu sehen, so daß der Vertrag durch Ratihabition des Dritten wirksam wird, — freilich auch bei mangelnder Ratihabition ganz zusammenfällt, — aber nur, wenn das wirklich beabsichtigt ist.

11c) Vergl. Band I. § 75 S. 433. Die Anweisung des Allgemeinen Landrechts I. 16 §§ 251 ff. (oben B. I. § 95) setzt freilich ein Geschäft zwischen Assignant und Assignatar voraus. Aber auch die Vollmacht, im Namen des Vollmachtgebers und für ihn ein Geschäft abzuschließen, kann in der Weise ertheilt werden, daß dem Dritten erklärt wird, daß der Bevollmächtigte legitimirt sein solle (vergl. I. 13 §§ 147 ff.); und es ist nicht abzusehen, warum nicht durch Erklärung gegen den Dritten die Legitimation als Assignatar, als procurator in rem suam, soll hervorgerufen werden können. Darum rechtfertigt es sich II. 8 § 2280 in diesem Sinne auszulegen.

jedenfalls bis zum Eintritt des Versicherungsfalls noch seinen Willen über die Art der Zahlung zu ändern, ohne daß der Versicherer oder der Dritte widersprechen kann. Das Recht gehört also insoweit zum Vermögen des Versicherungsnehmers. Andererseits ist nach Eintritt des Versicherungsfalls ein unmittelbares Klagerecht des Dritten als Assignatars gegen den Versicherer begründet, sofern die Anweisung nicht inzwischen widerrufen ist. Erst nach Eintritt des Versicherungsfalls, insbesondere bei der Versicherung auf den Todesfall nach Eintritt des Todes des Versicherungsnehmers fällt dieses Recht des Widerrufs fort[11d]). Dies läßt sich zwar nicht aus der rechtlichen Natur der Anweisung herleiten, bei der vielmehr regelmäßig das Widerrufsrecht auf die Erben übergeht; aber es muß als der bei einem solchen Vertragsschluß regelmäßig obwaltende und durch ihn erklärte Wille des Versicherungsnehmers angesehen werden, daß das Recht des Dritten mit dem Eintritt des Todesfalls ein unwiderrufliches sein soll[11e]).

[11d]) Eine solche bedingte und nur von dem Versicherungsnehmer, nicht von seinen Erben geltend zu machende Widerruflichkeit hat das Reichsgericht sowohl in Entsch. B. I. S. 190 wie bei Gruchot B. 27 S. 971 angenommen. Heck a. a. O. argumentirt aus einer von ihm angenommenen Schenkung auf den Todesfall. Sofern kein Widerruf erfolgt ist, besteht das Recht nicht nur für den Dritten selbst, sondern auch für seine Erben. R.G. bei Gruchot B. 36 S. 455. Eine Verpfändung durch den Versicherungsnehmer wirkt zwar als Belastung, aber nicht als Widerruf. Ebenda.

[11e]) Daraufhin ist in Frage gestellt worden, ob die Verfügung des Versicherungsnehmers nicht als eine Verfügung von Todeswegen anzusehen sei, so daß der Anspruch als zum Nachlaß gehörig angesehen werden müsse, und dem Dritten als Legatar ein Recht nur nach Bezahlung der Nachlaßschulden zukomme. So das Obertribunal Entsch. B. 51 S. 43, B. 71, S. 1. Aber diesen — auch vom Obertribunal in Entsch. B. 72 S. 94 aufgegebenen — Standpunkt hat das Reichsgericht mit Recht in wiederholten Entscheidungen gemißbilligt. R.G. Entsch. B. 1 S. 188, bei Gruchot B. 28 S. 896, B. 33 S. 1021. Bis zum Tode des Versicherungsnehmers muß das Vertragsrecht, weil es vom Versicherungsnehmer unter Widerruf der erklärten Anweisung durch Cession übertragen werden kann, auch als gegen ihn pfändbar angesehen werden. Das R.G. bei Gruchot B. 27 S. 971 läßt dies dahingestellt, nimmt aber an, daß dem Versicherungsnehmer jedenfalls eine Verfügung zum Nachtheil der Gläubiger untersagt werden kann, wenn diese an ihn und den drittbenannten Versicherten als gemeinsam Verpflichtete (Gütergemeinschaftsgenossen) Forderungen haben. Konsequenz des hier vertretenen Standpunkts ist, daß das Recht dann zur Konkursmasse des Versicherungsnehmers gehört, wenn er zur Zeit der Konkurseröffnung noch gelebt hat. Man muß für Pfändbarkeit und Zugehörigkeit zur Konkursmasse einen andern Standpunkt einnehmen, falls man den Dritten von vorn herein und so lange für berechtigt ansieht, als nicht der Versicherungsnehmer ein ihm nur persönlich zustehendes Widerspruchsrecht ausübt. In einem Fall ist ausgeführt worden, daß das Recht für den Drittversicherten erst mit dem Eintritt der Unmöglichkeit des Widerrufs entstehe. R.G. bei Gruchot B. 28 S. 895. Das scheint ein Zurückfallen in die Konstruktion des Erwerbs als eines Erwerbs von Todeswegen, wenn auch diese Worte vermieden sind. Es zeigt, wie die Rechtsprechung auf diesem Gebiet stets nach Mitteln sucht, den wirtschaftlichen Ersparungszweck des Versicherungsnehmers durchzuführen und die Versicherung dem zu Gute kommen zu lassen, den der Versicherungsnehmer hat begünstigen wollen. Der Herausgeber kann indessen über die Annahme eines dem Dritten durch den Vertrag mit der Möglichkeit des Widerrufs zu eigenem Vortheil des Dritten zugewiesenen Rechts nicht hinauskommen. — Das Recht des Dritten ist hiernach ein auf der Zuwendung des Versicherungsnehmers beruhendes. Auf dieser Auffassung, die den Standpunkt, daß der Vertrag in Vertretung des Drittversicherten geschlossen werde, verwirft, beruht es, daß das Reichsgericht in Entsch. B. 14 S. 21 für den Fall, daß eine Ver-

Diese Grundsätze müssen auch eingreifen, wenn der Dritte, zu dessen Gunsten die Versicherung genommen ist, gleichzeitig Erbe des Versicherungsnehmers wird. Er erlangt dann das Recht aus dem Versicherungsvertrag dennoch als ein ihm schon auf Grund des Vertrages zustehendes Recht; es fällt ihm nicht erst als Theil der Erbschaft zu, den er auch als Vorbehaltserbe zur Zahlung der Nachlaßschulden verwenden müßte. Das Reichsgericht geht indessen noch weiter. Nicht nur dann, wenn der Versicherungsnehmer nach dem ausdrücklichen oder durch Auslegung festzustellenden Willen des Erblassers für bestimmte Personen, die zugleich seine Erben sind, den Vertrag geschlossen hat, sondern in allen Fällen eines Lebensversicherungsvertrages soll daraus, daß der Versicherungsnehmer sich selbst als den Empfänger des Versicherungsbetrages nicht im Auge gehabt haben kann, gefolgert werden müssen, daß der Vertrag für die Erben als Versicherte geschlossen sei[11f]). Diese Auffassung kann als richtig nicht zugegeben werden.

Die Rechte aus der Lebensversicherung sind übertragbar und pfändbar. Zur Uebertragung aber gehört eine gehörige Cession[12]). Wird stipulirt, daß die Lebensversicherungspolize an jeden Inhaber zahlbar sein soll, so wird die Polize dadurch nicht zu einem Inhaberpapier, dessen rechtliche Verbindlichkeit wegen des mangelnden staatlichen Privilegs in Frage gestellt werden könnte. Der Inhaber soll durch solche Klausel nicht der Berechtigte werden, sondern die Klausel ist in dem Sinne zu verstehen, daß die Polize als Legitimationspapier wirken und den Schuldner von der Prüfung der Legitimation entbinden soll[12a]). Erfolgt die Cession schenkungsweise, so genügt

---

sicherung auf den Todesfall des Ehemanns für die Ehefrau genommen ist, — unter Zahlung der Prämien durch den Ehemann und bei nach dessen Tode eröffnetem Konkursverfahren, — die Anwendbarkeit des § 37 K.O., nach dem die Ehefrau aus der Konkursmasse des Mannes nur herausnehmen kann, was nicht mit den Mitteln des Gemeinschuldners erworben ist, verneint hat.

[11f]) Entsch. B. 1 S. 378 (Entsch. des V. Senats). Der Herausgeber kann in Fällen dieser Art die vermögensrechtliche Persönlichkeit des Erblassers und des Erben nicht trennen; es ist nicht anzunehmen, daß der Vertrag zur Abwendung des aus seinem Tode für eine bestimmte andere Person erwachsenden Nachtheils geschlossen ist, wenn nicht eine solche Person, für die die Versicherung genommen werde, bezeichnet ist; der Versichernde hat dann den Vertrag zu Gunsten seiner eigenen vermögensrechtlichen Persönlichkeit geschlossen, um seiner Vermögensmasse einen Vortheil zuzuwenden, den er durch längere Wirksamkeit selbst zu erreichen durch den Tod verhindert wird. Vergl. auch den Aufsatz eines Ungenannten bei Gruchot B. 25 S. 1 und Strieth. B. 62 S. 339. Zweifelnd drückt sich aus ein Erk. des IV. Senats des Reichsgerichts bei Gruchot B. 28 S. 895. Vom Standpunkt des französischen Rechts ist vom II. Senat (R.G. Entsch. B. 11 S. 173) der nach Ansicht des Herausgebers auch im preußischen Recht anzuerkennende Unterschied gemacht, ob bestimmte Personen als Destinatäre der Zuwendung ins Auge gefaßt und bezeichnet sind, oder nicht. Soll derjenige der einen Lebensversicherungsvertrag geschlossen hat, und der die Rechte daraus cediren kann, nicht auch durch Legat darüber verfügen können? Soll angenommen werden können, daß er ganz unbestimmte Personen, von deren Existenz als Erben er keine Kenntniß gehabt hat, als diejenigen hat bezeichnen wollen, für die er den Vertrag schließe?

[12]) II. 8 § 2280. Wegen der Pfändbarkeit vergl. auch Anm. 11c.

[12a]) II. 8 §§ 2071. 2072. 2281. Strieth. B. 7 S. 43. R.G. bei Gruchot B. 27 S. 968. Malß a. a. O. S. 68f. und in s. Zeitschr. I. S. 39. 82. Staudinger S. 160f. Natürlich behält der Versicherer gegen den Inhaber der au porteur ausgestellten Lebens-

zur Ausführung der Schenkungsabsicht hier wie in anderen Fällen schriftliche Beurkundung[13]).

Die besonderen Bestimmungen, die das A.L.R. über Lebensversicherungen giebt, sind folgende:

Jedermann kann sein eigenes, das Leben seiner Eltern, Ehegatten, und Abkommen[14]), aber auch zu eignem Vortheil das Leben eines Dritten versichern lassen. In allen Fällen war vor dem Eingreifen des Handelsrechts schriftliche Form nöthig und der Dritte mußte schriftlich einwilligen[15]). Bei der Gegenseitigkeitsversicherung wird regelmäßig, wie bei der Versicherung auf Prämie, eine Vorleistung des einzelnen versicherten Gesellschafters bedungen, die dann den Charakter des Vorschusses hat, auf den der zur Deckung der Versicherungsbeträge nicht gebrauchte Theil als Dividende zurückgewährt wird.

Bei dem Abschluß des Vertrages betrifft die Anzeigepflicht des Nehmers hauptsächlich das Alter, den Gesundheitszustand, die Berufs- und Erwerbsthätigkeit dessen, auf dessen Leben die Versicherung genommen wird[16]). Die Person des Letzteren muß genau bezeichnet, die Versicherungssumme genau nach Betrag und Art (ob Kapital oder Rente) festgesetzt werden. Die Versicherung des eigenen Lebens hört regelmäßig auf, wenn man die Gefahr des Versicherers dadurch erhöhet, daß man sich in eine gefährlichere Lebenslage begiebt, auf weite Reisen, in einen Krieg oder zur See geht oder eine gefährlichere Lebensart und Beschäftigung ergreift[17]). Durch positive Vorschrift ist auch geregelt, daß die Versicherung auf einen durch Verbrechen verwirkten Verlust des Lebens nicht gegeben werden kann[18]). Hieran schließt sich der Satz, daß freiwilliger Selbstmord des Versicherten die Pflicht des Versicherers regelmäßig nicht begründet[19]). Zeigt der Versicherte dem

---

polize alle Einreden, die dem Versicherungsnehmer entgegengestellt werden können (z. B. wegen unrichtiger Angabe des Gesundheitszustandes), Goldschmidt, Zeitschr. B. 3 S. 191, er verliert durch die Inhaberklausel auch nicht, wie Förster unter Berufung auf Malß Zeitschr. I. H. 2 S. 135 u. S. 180 annahm, die Ausstellungen gegen den Rechtstitel des Inhabers und seiner Vormänner. Er hat nur die Berechtigung nicht die Pflicht, ohne Legitimationsprüfung zu zahlen.

[13]) I. 11 § 399. Vergl. oben § 122 Anm. 86. Entsch. B. 54 S. 83.

[14]) II. 8 §§ 1970—1972.

[15]) Das A.L.R. II. 8 § 1973 verlangte gerichtliche Einwilligung des Dritten. Dies hat das Ges. v. 11. Juli 1845 (Ges.S. S. 495) geändert. Ueber Versicherung des Arbeiters durch den Arbeitgeber vergl. oben § 145 Anm. 25.

[16]) S. den Aufsatz von Rabemacher, über die Grundlagen der Lebensversicherung in Malß, Zeitschr. I. 23fg. Die Grundlagen der Lebensversicherung sind mathematisch. Es wird die mittlere Lebensdauer eines Menschen berechnet, und von da auf die wahrscheinliche Lebensdauer des Versicherten geschlossen. Staudinger S. 118f. Ueber die Anzeigepflicht s. auch Malß a. a. O. H. 2 S. 135. 155.

[17]) II. 8 §§ 2152. 2153. Staudinger S. 170f. Ein Beispiel bietet das Duell des Versicherten.

[18]) II. 8 § 1969.

[19]) Im Zweifel ist aber auch eine Klausel des Versicherungsvertrages, welche die Verbindlichkeit des Versicherers für den Fall der Selbsttödtung ausschließt, nicht auf den Fall der Tödtung in unzurechnungsfähigem Zustand zu deuten. R.G. Entsch. B. 4 S. 157.

Versicherer das gefährliche Vorhaben an, so findet für die noch nicht abgelaufene Zeit ein Ristorno statt. Ist aber die Versicherung für den Todesfall eines Dritten genommen, und dieser erhöht ohne Zuthun des Versicherungsnehmers die Gefahr des Versicherers, so bleibt der Versicherer doch an den Vertrag gebunden[20]).

Die Abrede, daß bei versäumter rechtzeitiger Zahlung der Prämie die Rechte aus dem Versicherungsvertrage untergehen, muß dahin aufgefaßt werden, daß wenn die Zahlung durch Schuld des Versicherers vereitelt ist, die Folge nicht eintritt[20a]). Die Zahlung der Versicherungssumme ist fällig zwei Monate nach dem Tage, „da die von dem Absterben eingegangene glaubhafte Nachricht dem Versicherer angedeutet worden"[21]), d. h. nach der Zeit, in der dem Versicherer der Tod glaubhaft nachgewiesen worden. Bei einer auf eine bestimmte Zeit geleisteten Versicherung muß nachgewiesen werden, daß der Tod diese Zeit gefallen ist[22]). Der Beweis des Todes kann aber auch durch eine vom Inhaber der Polize zu betreibende gerichtliche Todeserklärung dessen, auf dessen Leben die Versicherung genommen worden ist, in dem Fall geführt werden, wenn sich die Versicherung auf eine bestimmte bevorstehende Gefahr bezogen hat, und zugleich festgestellt worden ist, daß die Person dieser Gefahr wirklich ausgesetzt gewesen[23]). Die Summe wird dann dem berechtigten Inhaber der Polize gezahlt, wenn die Todeserklärung erfolgt ist. In der Zwischenzeit aber kann er schon von dem Ablauf der zur Dauer der Versicherung bestimmten Zeit bis zum Zahlungstage des Kapitals landübliche Zinsen verlangen. Diese Zinsen werden aber von der zu zahlenden Kapitalsumme nachmals abgerechnet, wenn nicht in dem Todeserklärungsverfahren der wirklich während der Versicherungsperiode erfolgte Tod bewiesen wird[24]). Der Versicherer erhält das Kapital ohne Zinsen zurück, wenn der Verschollene sich wieder einfindet, oder wenn nachträglich erwiesen wird, daß er die Zeit der Versicherung überlebt hat[25]). Abgesehen von dem erwähnten Fall ersetzt die Todeserklärung den Nachweis des Todes nicht.

Die jetzt unpraktische Versicherung gegen Freiheitsberaubung durch Seeräuber, feindliche Gefangenschaft bedurfte, wenn sie einen Dritten betraf, nicht seiner Einwilligung[26]). Die Versicherungssumme war das Lösegeld,

Der Beweis des unzurechnungsfähigen Zustands bei der Tödtung gehört aber jedenfalls zur Begründung des Versicherungsanspruchs. Vergl. ebenda und R.O.H.G. B. 18 S. 210. Siehe auch Fick bei Goldschmidt B. 20 S. 1 und Emminghaus ebenda B. 23 S. 183.

20) II. 8 § 2154.

20a) R.G. Entsch. B. 1 S. 196.

21) II. 8 § 2293.

22) II. 8 § 2294.

23) II. 8 § 2295.

24) II. 8 §§ 2296—2298.

25) II. 8 § 2299.

26) II. 8 § 1976.

und auf dieses nebst Kosten konnte Rückversicherung genommen werden[27]). Der Versicherungsnehmer hatte insbesondere anzuzeigen, ob und in welche der Freiheit gefährliche Unternehmung er oder der Dritte sich begeben wollte[28]). Die Versicherungssumme mußte gezahlt werden acht Tage nach Eingang glaubhafter Nachricht von der Freiheitsberaubung des Versicherten; sie mußte in gleicher Frist sichergestellt werden, wenn noch vollständiger Beweis mangelte[29]). Im Uebrigen folgt die Freiheitsversicherung den Vorschriften für die Lebensversicherung[30]). Daß Versicherung gegen eine Verhaftung wegen gesetzwidriger Handlungen unstatthaft ist, folgt aus § 1953.

Wesentlich dem öffentlichen Recht angehörig, jedoch der Vollständigkeit halber an dieser Stelle zu erwähnen ist die von der Reichsgesetzgebung neuerdings geordnete Zwangsversicherung der Arbeiter[30a]).

Die auf gewisse Betriebe beschränkte Krankenversicherung[31]), bei der sich der öffentlichrechtliche, durch Verzicht der Arbeiter nicht zu beseitigende Zwang[32]) unmittelbar gegen die Arbeitgeber und nur mittelbar gegen die Arbeiter selbst richtet, ist zunächst für die Arbeiter und für die geringer besoldeten Betriebsbeamten gewisser, regelmäßig dem gewerblichen Erwerb des Handwerks und der Fabrikation dienender Betriebe eingeführt, demnächst aber auf den Betrieb der öffentlichen Verkehrsanstalten und auf die dem Versendungsverkehr dienenden gewerblichen Betriebe, ferner auf die Betriebe der Marine- und Heeresverwaltungen und den Baggereibetrieb reichsgesetzlich ausgedehnt, kann auch durch statutarische Bestimmung der Gemeinden oder weiteren Kommunalverbände für ihren Bezirk auf eine Reihe anderer Betriebe für anwendbar erklärt werden, bei der Ausdehnung auf die in der Land- und Forstwirthschaft gegen Gehalt oder Lohn beschäftigten Personen mit gewissen Modifikationen[33]). Gewisse Ausnahmen von der Versicherungspflicht bestimmt das Gesetz[34]). Die Arbeitgeber sind zur Anzeige des Ein-

---

27) II. 8 § 1979.

28) II. 8 § 2051.

29) II. 8 § 2287.

30) II. 8 § 2155.

30a) Menzel im Berliner Archiv für bürgerliches Recht B. 1 S. 327 charakterisirt die hieraus erwachsenden Ansprüche als „gesetzliche Versicherungsansprüche“. Vergl. zu den drei Gesetzen Rosin, Das Recht der Arbeiterversicherung 1890 ff., Richard Weyl, Lehrbuch des Reichsversicherungsrechts 1894.

31) Ges. betr. die Krankenversicherung der Arbeiter v. 15. Juni 1883 jetzt geltende Redaction nach dem Gesetz vom 10. April 1892. Herausgegeben von Wödtke, Julius Hahn, Dr. Paul Köhne. Gesetz über Ausdehnung der Unfall- und Krankenversicherung vom 28. Mai 1885 (R.G.Bl. S. 159) §§ 1. 15. 16. Gesetz betr. die Unfall- und Krankenversicherung der in land- und forstwirthschaftlichen Betrieben beschäftigten Personen vom 5. Mai 1886 (R.G.Bl. S. 132) §§ 133 bis 142.

32) Ges. v. 15. Juni 1883 § 80.

33) Ein Landesgesetz, welches nach dem Reichs-Ges. v. 5. Mai 1886 § 133 eine Versicherungspflicht für land- und forstwirthschaftlich Angestellte gesetzlich begründet, ist in Preußen nicht erlassen.

34) Vergl. Krankenvers.-Ges. §§ 3. 3a. 3b. 74. 75, Ges. v. 28. Mai 1885 § 15 Abs. 2, Ges. v. 5. Mai 1886 §§ 5. 136. — Umgekehrt ist freiwilliger Beitritt zur Krankenkasse oder

tritts[35]) und Austritts ihrer Arbeiter und zur Zahlung der gesetzlichen Beiträge für sie an die Kasse verpflichtet[36]), zwei Drittel hiervon können sie den Arbeitern bei der regelmäßigen Lohnzahlung anrechnen[37]). Die Leistungen der Kassen sind gesetzlich im Mindestmaß fixirt[38]). Für die Streitigkeiten ist, soweit es sich um Ansprüche an eine Kasse[39]), außer den Betriebs- (Fabrik-) Krankenkassen[40]), handelt, eine Verwaltungsentscheidung geordnet, die mit zweiwöchiger Frist im Rechtswege, jetzt im Verwaltungsrechtswege angefochten werden kann. Streitigkeiten zwischen Arbeitgebern und Arbeitnehmern sind wie Streitigkeiten aus dem gewerblichen Dienstverhältniß zu behandeln[41]). Die Ansprüche auf Unterstützungen sind nicht abtretbar, pfändbar oder verpfändbar[42]), gehen aber kraft Gesetzes auf die Gemeinden oder Armenverbände insoweit über, als diese kraft ihrer gesetzlichen Pflicht für eine Zeit, in der die Unterstützung von der Kasse zu gewähren war, die Unterstützung gewährt haben; ebenso auf Betriebsunternehmer oder Kassen, welche diese Leistungspflicht für jene erfüllt haben[43]). Dagegen gelten gesetzliche Entschädigungsansprüche des Versicherten gegen Dritte in Höhe der geleisteten Unterstützung als der Krankenkasse cedirt[44]).

Durch die Unfallversicherung[45]) werden die Arbeiter und die geringer besoldeten Betriebsbeamten gewisser Betriebe[46]) gegen die Folgen der bei dem Betriebe eintretenden Unfälle[46a]) versichert, soweit nicht diese Folgen mit denen zusammenfallen, welchen durch das Mittel der Krankenversicherung begegnet

---

Beharren darin nach dem Austritt aus dem versicherungspflichtigen Betrieb gestattet. Ges. v. 15. Juni 1883 § 4 Abs. 2, § 27, § 63 Abs. 2, § 72 Abs. 3.

35) Ges. v. 15. Juni 1883 § 49.

36) Ges. v. 15. Juni 1883, §§ 51. 65. 72; Ges. v. 15. Juni 1883 § 15; Ges. v. 5. Mai 1886 § 133.

37) Ges. v. 15. Juni 1883 § 52, § 65 Abs. 2.

38) Ges. v. 15. Juni 1883 § 6 ff.; Ges. v. 5. Mai 1886 § 136 ff.

39) Ges. v. 15. Juni 1883 § 58; Ges. v. 15. Juni 1883 § 16.

40) Ges. v. 15. Juni 1883 § 65 Abs. 4. Die Ansprüche der Kasse auf Beiträge sind wie Gemeindeabgaben beizutreiben, Ges. v. 15. Juni 1883 § 55; für Einzahlung der Beiträge in die Fabrikkrankenkassen wird im Aufsichtswege Sorge getragen. Die Aufsichtsbehörde kann für die Kasse gegen den Fabrikherrn klagen oder der Kasse einen Vertreter bestellen. § 66.

41) Ges. v. 15. Juni 1883 § 53 Abs. 2, § 65 Abs. 4.

42) Ges. v. 15. Juni 1883 § 56.

43) Ges. v. 15. Juni 1883 § 57 Abs. 2. 3.

44) Ges. v. 15. Juni 1883 § 57 Abs. 4.

45) Unfallversicherungsgesetz vom 6. Juli 1884 (R.G.Bl. S. 69), Gesetz über die Ausdehnung der Unfall- und Krankenversicherung vom 28. Mai 1885 (R.G.Bl. S. 159). R.Ges. betr. die Unfall- und Krankenversicherung der in land- und forstwirthschaftlichen Betrieben beschäftigten Personen vom 5. Mai 1886. (R.G.Bl. S. 132). R.G. betr. die Unfallversicherung der bei Bauten beschäftigten Personen vom 11. Juli 1887 und R.G. betr. die Unfallversicherung der Seeleute und anderer bei der Seeschiffahrt betheiligter Personen vom 13. Juli 1887.

46) Ges. v. 6. Juli 1884 § 1, Ges. v. 28. Mai 1885 § 5, Ges. v. 5. Mai 1886 § 1. Der Bundesrath kann nicht gefährdende, aber an sich unter das Gesetz fallende Betriebe ausschließen. Ges. v. 6. Juli 1884 § 1 Abs. 7.

46a) Zu den Betriebsunfällen können die in Folge der Schädlichkeit des einzelnen Gewerbebetriebs sich entwickelnden Krankheiten nicht gerechnet werden. R.G. Entsch. B. 21 S. 77.

werden soll[47]). Die sozialpolitische Aufgabe des Gesetzes im Verhältniß zu dem Haftpflichtgesetz, von dem in § 151 die Rede sein wird[48]), wurde außer der Vergrößerung des Kreises der Entschädigungsberechtigten im Wesentlichen darin gefunden, daß die Versicherung den Arbeitern zu Gute kommen sollte, ohne daß es des Nachweises eines schuldhaften Verhaltens in der Leitung des Betriebs bedürfe, und ohne daß das eigene Versehen des Verletzten einen Grund gebe, die Leistung der versichernden Genossenschaft zu versagen. Nur vorsätzliche Herbeiführung des Unfalls durch den Verletzten schließt hiernach den Anspruch aus[49]).

Die Versicherung wird gewährt durch die zu Berufsgenossenschaften vereinigten Unternehmer gleicher und verwandter Betriebe. Als Unternehmer gelten hierbei diejenigen, für deren Rechnung die Betriebe erfolgen[50]). Bei den durch das Ausdehnungsgesetz vom 28. Mai 1885 bezeichneten Betrieben, und den Landwirthschafts- und Forstbetrieben, wenn sie auf Rechnung des Reichs oder eines Bundesstaats stattfinden, gewährt das Reich beziehungsweise der Staat die Versicherung[51]). Wesentliches Organ jeder Berufsgenossenschaft ist außer dem Genossenschaftsvorstand, dem die gesammte Verwaltung obliegt[52]), ein sogenanntes Schiedsgericht oder für mehrere Sektionsbezirke verschiedene Schiedsgerichte, bei deren Bildung die Arbeiter betheiligt sind, und die berufen sind, an Stelle der ordentlichen Gerichte über Entschädigungsansprüche zu entscheiden, die aus anderen Gründen, als weil es sich um einen nicht unter die Versicherung fallenden Betrieb handelt, abgelehnt oder nach Ansicht des Beschädigten zu niedrig festgestellt sind. Auch bei der Reichs- und Staatsversicherung tritt ein solches Schiedsgericht ein[53]). Die Versicherung hat im Falle einer Verletzung des Arbeiters die

---

[47]) Für die 13 ersten Wochen einer Krankheit, sogenannte Karenzzeit, wird die Versicherungsentschädigung nicht gewährt. Soweit die Krankenversicherung nicht eingreift, muß der Betriebsunternehmer das leisten, was nach dem Krankenversicherungsgesetz von der Versicherungskasse zu leisten wäre. Diese letztere Bestimmung findet indessen auf die Versicherung nach dem Gesetz vom 5. Mai 1886 keine Anwendung. Ges. v. 6. Juli 1884 § 5. Hier tritt im Nothfall die Gemeinde ein. § 10.

[48]) Ueber die Ausdehnung, beziehungsweise Aenderuug der Haftpflicht, welche durch das Ges. v. 6. Juli 1884 §§ 95 bis 97 stattgefunden hat, vergl. Riesenfeld. Das besondere Haftpflichtrecht der deutschen Arbeiter-Versicherungsgesetze. Berlin 1894. S. auch unter Anm. 59 ff.

[49]) Ges. v. 6. Juli 1884 § 5, Ges. v. 5. Mai 1886 § 5.

[50]) Ges. v. 6. Juli 1884 §§ 9. 11 ff. Dem Verletzten steht die Genossenschaft gegenüber. Das Nähere über deren Bildung ist hier nicht mitzutheilen. Innerhalb der Genossenschaft sind die einzelnen Arbeitsgeber auf Gegenseitigkeit versichert. Vergl. § 10. Entsprechend Ges. v. 5. Mai 1886 §§ 13. 15 ff. Leistungsunfähige Berufsgenossenschaften können auf Antrag des Reichsversicherungsamts (Landesversicherungsamts) aufgelöst werden. In diesem Fall gehen ihre Rechte und Pflichten auf das Reich bezw. den Staat über. Ges. v. 6. Juli 1884 §§ 33. 92; Ges. v. 5. Mai 1886 § 14.

[51]) Ges. v. 28. Mai 1885 § 2 Abs. 1. 2. § 12, Ges. v. 5. Mai 1886 §§ 102 ff.

[52]) Ges. v. 6. Juli 1884 §§ 17. 22—24. 34; Ges. v. 5. Mai 1886 §§ 22. 26 ff.

[53]) Gegen die Entscheidung der Verwaltungsbehörde (bei der Reichs- und Staatsversicherung) oder des Genossenschaftsorgans kann nur binnen 4 Wochen das Schiedsgericht angerufen werden. Trotz der Anrufung kann das Recht auf den festgestellten Betrag sofort geltend gemacht werden. Ges. v. 6. Juli 1884 § 62. Vergl. §§ 46. 57. Ges.

Kosten des Heilverfahrens von der vierzehnten Woche an und von eben dieser Zeit die Gewährung einer Rente zum Ersatz für eingetretene Erwerbsunfähigkeit des Verletzten zum Gegenstand. Im Falle der Tödtung ist neben Ersatz der Beerdigungskosten gewissen Hinterbliebenen eine Rente zu gewähren[54]). Ist zweifelhaft, ob jemand in dem letzteren Verhältniß zum Getödteten steht, so kann die Erörterung dieser präjudiziellen Statusfrage von dem Schiedsgericht auf den ordentlichen Rechtsweg gewiesen werden[55]). Wie die Umlegung der Beiträge nach den Gefahrenklassen und wie ihre Einziehung geordnet ist, kann hier nicht dargelegt werden; die Beitreibung der festgestellten Beiträge erfolgt wie die von Gemeindeabgaben[56]).

Die Bestimmungen über Unfallversicherung können ebensowenig wie die über Krankenversicherung vertragsmäßig geändert werden[57]). Das Recht auf Entschädigung ist nicht übertragbar noch verpfändbar. Gepfändet kann es nur werden für Alimentenforderungen der Ehefrau und der ehelichen Kinder des Verletzten und für die Ersatzforderungen des Armenverbandes[58]). Der Anspruch aus der Versicherung tritt für den Verletzten regelmäßig an die Stelle aller Schadensansprüche; dafür gewährt das Gesetz der Genossenschaft oder Kasse einen Ersatzanspruch gegen die Betriebsunternehmer, auch wenn diese Aktiengesellschaften, Innungen, Genossenschaften oder Handelsgesellschaften sind, gegen ihre Bevollmächtigten, Repräsentanten, Betriebs- oder Arbeitsaufseher, wenn gegen diese Personen festgestellt wird, daß sie den Unfall durch Vorsatz oder Fahrlässigkeit mit Außerachtlassung derjenigen Aufmerksamkeit, zu der sie vermöge ihres Amtes, Berufs oder Gewerbes besonders verpflichtet sind, herbeigeführt haben. Gesellschaftliche Betriebsunternehmer haften daneben für die Schuld ihres gesetzlichen Vertreters. Die Feststellung kann bei Lebzeiten des erreichbaren Schuldigen nur durch ein strafgerichtliches Urtheil stattfinden[59]). Im Falle der vorsätzlichen Herbeiführung des Unfalls kann der Verletzte oder seine durch das Unfallversicherungsgesetz geschützten Hinterbliebenen gegen den Schuldigen einen nach gesetzlichen Vorschriften ihnen zustehenden höheren Anspruch in Höhe des überschießenden

v. 5. Mai 1886 § 67. Vergl. §§ 50 ff. Gegen die Entscheidung des Schiedsgerichts findet Rekurs an das Reichsversicherungsamt statt. Ist der Zurückweisungsgrund ein nicht unter die Versicherung fallender Betrieb, so geht die Anfechtung direkt an das Reichsversicherungsamt. Das Schiedsgericht hat in keiner Weise den rechtlichen Charakter eines Schiedsgerichts; der Name erklärt sich nur aus der Betheiligung der als einander gegenüber stehend betrachteten sozialen Klassen.

54) Ges. v. 6. Juli 1884 §§ 5 f., Ges. v. 5. Mai 1886 §§ 6 ff.

55) Ges. v. 6. Juli 1884 § 63, Ges. v. Mai 1886 § 68. Aehnlich wie nach Strafprozeßordnung § 261 der Strafrichter. — Im Uebrigen ist nach R.G. Entsch. B. 19 S. 67 nur die Feststellung der Entschädigung dem Rechtswege entzogen, nicht die Entscheidung der Frage, ob Befreiung eingetreten ist, ob eine Säumniß in der Zahlung vorliegt u. s. w.

56) Ges. v. 6. Juli 1884 §§ 71—74; Ges. v. 5. Mai 1886 §§ 76 ff.

57) Ges. v. 6. Juli 1884 § 99, Ges. v. 5. Mai 1886 § 120.

58) Ges. v. 6. Juli 1884 § 68, Ges. v. 5. Mai 1886 § 73.

59) Ges. v. 6. Juli 1884 §§ 96. 97; Ges. v. 5. Mai 1886 §§ 117. 118. Vgl. oben Anm. 48.

Betrages geltend machen[60]). Hat ein Dritter den Unfall veranlaßt, so geht der für den Verletzten gegen ihn begründete Entschädigungsanspruch kraft Gesetzes insoweit auf den Versicherer über, als dieser aus der Versicherung zu Leistungen verpflichtet ist[61]).

Die Invaliditäts- und Alters-Versicherung[62]) geht über den Kreis der Betriebe, für welche die beiden anderen sozialpolitischen Institute bestimmt sind, erheblich hinaus. Unabhängig von ihren Willen sind versicherungspflichtig alle über 16 Jahre alte Arbeiter[63]) (Gehülfen, einschließlich der Handlungsgehülfen[64]), Gesellen, Lehrlinge, Betriebsbeamte, Seeleute, Dienstboten) männlichen oder weiblichen Geschlechts, deren regelmäßiger Jahresverdienst nicht über 2000 M. hinausgeht, es sei denn, daß sie in Folge ihrer geistigen und körperlichen Beschaffenheit nicht einmal mehr den dritten Theil des ortsüblichen Tagelohns verdienen können. Abgesehen von der Möglichkeit einer Erweiterung des Kreises der Versicherungspflichtigen durch Bundesrathsbeschluß können sich selbständige Gewerbtreibende, ohne pflichtig zu sein, wenn sie nicht einmal einen Lohnarbeiter ständig bei sich beschäftigen, ebenso können sich die Hausgewerbetreibenden freiwillig selbst versichern, ebenso solche die zwangsbeitragspflichtig gewesen sind, beim Aufhören der Zwangspflicht. Gegenstand der Versicherung ist zunächst der Fall eintretender wesentlicher Erwerbsunfähigkeit (Invalidität)[65]). Dieser begründet den Anspruch auf eine Invalidenrente, bei deren Bezug der Versicherte aufhört beitragspflichtig zu sein. Besteht seine Erwerbsfähigkeit über das siebzigste Jahr hinaus, so hat er mit der Erreichung dieses Alters den Anspruch auf die geringere Altersrente, bei deren Bezug er, als immer noch gegen eintretende Invalidität versichert, beitragspflichtig bleibt.

Die Versicherung wird durch Anstalten mit juristischer Persönlichkeit gewährt, die für den Bezirk kommunaler Verbände, in Preußen meist der Provinzen[66]), unter Betheiligung des Staats, der Arbeitgeber und Arbeitnehmer organisirt sind, und die unter der Aufsicht des Reichsversicherungsamts stehen. Die Beiträge, die an das Versicherungsamt durch Einkleben bei der Post käuflicher Marken in Quittungskarten, die den Namen des Versicherten tragen, entrichtet werden, sind zur Hälfte von dem Arbeitnehmer, zur Hälfte von dem Arbeitgeber aufzubringen[67]), der letztere aber hat für die pünktliche Entrichtung aufzukommen[68]). Ihre Höhe bestimmt sich im

---

[60]) Ges. v. 6. Juli 1884 §§ 95. 97; Ges. v. 5. Mai 1886 § 116.

[61]) Ges. v. 6. Juli 1884 § 98; Ges. v. 5. Mai 1886 § 119.

[62]) R.Ges. betreffend die Invaliditäts- und Altersversicherung vom 22. Juni 1889.

[63]) Zu denselben sind nicht zu rechnen die Reichs- und Staatsbeamten und die pensionsberechtigten Kummunalbeamten, auch nicht die als Arbeiter verwendeten Personen des Soldatenstandes.

[64]) Nicht jedoch die Apothekergehülfen und Lehrlinge.

[65]) Ueber die komplizirten Voraussetzungen der Invalidität s. § 9 Abs. 3 des Gesetzes.

[66]) Die Anstalten sind zum Theil zugleich Anstalten für außerpreußische Bezirke.

[67]) Bei der Selbstversicherung durch die Versicherten.

[68]) Die Versicherungsanstalt hat ein Ordnungsstrafrecht (§§ 143. 144 des Ges.) bei nicht

Allgemeinen nach gesetzlichen, für vier verschiedene Lohnklassen verschieden bestimmten Sätzen. In ähnlicher Weise bestimmt sich die Versicherungsrente für die verschiedenen Lohnklassen verschieden. Zu jeder Rente wird ein Reichszuschuß von 50 Mark gewährt. Regelmäßige Voraussetzung des Rentenanspruchs ist bei der Invaliditätsversicherung Entrichtung des Beitrags in 5 Jahren, d. h. 5 mal 47 Beitragswochen, bei der Altersversicherung Entrichtung des Beitrages in 30 mal 47 Beitragswochen[69]). Die Rente wird von der Anstalt festgesetzt mit Möglichkeit einer Berufung an ein Schiedsgericht, welches für den Bezirk der Anstalt oder für einen Theil dieses Bezirkes aus ernannten und von den Arbeitgebern und Arbeitnehmern gewählten Mitgliedern gebildet wird. Die Entscheidung des Schiedsgerichts kann durch Revision bei dem Reichsversicherungsamt angefochten werden.

Auch diese Versicherung hat, wie die Darstellung ergiebt, einen durchaus öffentlich rechtlichen Charakter; durch Abreden der Arbeitgeber und Arbeitnehmer kann an ihrer Betheiligung nichts zum Nachtheil der Arbeitnehmer geändert werden.

Zweites Kapitel.

Gesetzliche Verbindlichkeiten aus der Bereicherung durch fremde Handlungen.

§ 147. Die Bereicherung.

A.L.R. I. 13 §§ 230. 232. Koch, Pr.R. II. 358. R. d. F. III. 401. Archiv für Wechselrecht von Siebenhaar und Tauchnitz II. 51. Jacobi, Die Lehre von der nützlichen Verwendung nach preuß. A.L.R., 1861. — W. Sell, Versuche im Gebiete des Civilrechts, I. Abth., 1833, S. 1 f. H. Witte, Die Bereicherungsklagen des gemeinen Rechts, 1859, S. 254. Jacobi, Der Rechtsbegriff der Bereicherung, in Gerber u. Ihering, Jahrb. B. 4, 1860, S. 159 f. und im Archiv für Wechselrecht IX., 1860, S. 38 f. Witte in Gerber und Ihering, Jahrb. 5, 1861, S. 88. Windscheid in der krit. Vierteljahrschrift B. 1, 1859, S. 115 f. Voraussetzung S. 208 ff. Pand. II. §§ 421 fg. Kuntze in Schletter's Jahrb. B. 8, 1862, S. 109 f. Erxleben, Die condictiones sine causa. — Unger II. § 123. Paulicek, Die Lehre von den Klagen aus ungerechtfertigter Bereicherung nach österreich. Civilrecht.

Neben die Schuldverhältnisse, welche aus einer Willenseinigung der Betheiligten, aus den Verträgen hervorgehen, stellt sich ein Kreis von Obligationen, die vom Gesetz daran geknüpft werden, daß eine Verrückung der Vermögensverhältnisse zweier Personen stattgefunden hat, deren Ausgleichung

beabsichtigtem Unterlassen der Einklebung; absichtliche Versäumung ist eine strafbare Handlung, die von der Strafkammer der Landgerichte abzuurtheilen ist (§§ 149. 150).

69) Die Uebergangsbestimmungen haben diese Karenzzeit erheblich abgeschwächt. Ein ohne Bezug einer Rente ausscheidender Versicherter kann die Hälfte der für ihn gezahlten Beiträge zurücknehmen.

billiger Weise nicht versagt werden kann[1]). Im römischen Recht findet sich der Ausspruch: aequum est, neminem cum alterius detrimento fieri locupletiorem[2]). Diese allgemeine Reflexion, deren praktische Verwerthung sich in mannigfacher Anwendung als das Bestreben zeigt, Rechtsansprüche nach den thatsächlichen Verhältnissen angemessen zu regeln, war in der älteren gemeinrechtlichen Praxis als ein allgemein giltiges Rechtsprinzip aufgefaßt worden, aus dem sich die rechtliche Zulassung einer subsidiären Bereicherungsklage ergebe, die bei jeder nicht durch besondere Rechtsgründe erklärten Vermögensminderung hervortrete[3]). In neuerer Zeit ist man zu der Einsicht gelangt, daß dergleichen allgemeine Sätze nicht geeignet sind, ohne Weiteres als Rechtsprinzipien verwendet zu werden, und daß eine schrankenlose Anwendung des Satzes zu Konsequenzen führt, die unhaltbar sind, und die anderen Rechtsgrundsätzen gradezu widersprechen[4]). Jene zur Zeit der Entstehung des Landrechts maßgebende Auffassung des gemeinen Rechts ist jedoch auf die Bestimmungen des Landrechts von großem Einfluß gewesen.

Das A.L.R. wiederholt das gemeinrechtliche Axiom bei der Geschäftsführung in sehr allgemeiner Fassung: „doch darf sich Niemand die Vortheile fremder Sachen oder Handlungen ohne besonderes Recht zueignen, und sich also mit dem Schaden des Anderen bereichern"[5]). Den Begriff der Bereicherung giebt das Gesetzbuch dahin an: für bereichert wird Derjenige geachtet, dessen Vermögen durch den Aufwand eines Anderen, oder durch Handlungen, wofür derselbe bezahlt zu werden pflegt, erhalten, vermehrt oder

[1]) Der in der gemeinrechtlichen Theorie geläufige Ausdruck Quasikontrakte deutet nicht auf ein besonderes und in sich abgeschlossenes, alle Fälle umfassendes Rechtsinstitut mit gemeinsamen Grundsätzen. Vergl. Weber, Natürl. Verbindlichkeiten S. 61f. Note 1. Erxleben, Cond. sine causa, I. S. 18f. Jacobi in Gerber und Ihering, Jahrb. IV. 280f. Windscheid, Voraussetzung S. 209. Pand. II. §§ 302. 423. Vergl. jetzt auch A. Ramm, Die Quasikontrakte, 1882. Dem Landrecht ist der Begriff Quasikontrakt völlig unbekannt. Anders der Code art. 1371: Les quasicontrats sont les faits purement volontaires de l'homme, dont il résulte un engagement quelconque envers un tiers, et quelquefois un engagement réciproque des doux parties. Damit ist freilich nicht viel gesagt.

[2]) l. 14 D. XII. 6. l. 206 de R. J. Vergl. c. 48 in VIto de R. J.

[3]) Stryck, Us. mod. XII. i. c. 47. Müller ad Struvii sintagm. XII. l. n. 19 add. γ. Hellfeld, Jur. pr. for. § 915. Böhmer, Introd. in jur. Dig. IV. § 1. Glück, B. 13 S. 71. Vergl. auch noch Sell a. a. O. bes. S. 14 § 7.

[4]) Savigny, System B. 3 S. 451, B. 5 S. 526 und Oblig.R. B. 1 S. 64. Wenn er an der ersten Stelle dem Satz, daß sich Niemand mit dem Schaden eines Anderen bereichern sollte, wegen seiner allgemeinen und unbestimmten Natur eine unmittelbare Anwendung auf die Beurtheilung praktischer Rechtsfragen nicht zugesteht, und ihm nur in Verbindung mit sehr konkreten Voraussetzungen Leben und Wirksamkeit giebt und an den anderen Stellen ihn als Prinzip der Kondiktionen anerkennt, so liegt darin kein Widerspruch. Vergl. die weiteren Angaben bezüglich der gemeinrechtlichen Literatur bei der Ueberschrift dieses §, auch Förster in den früheren Ausgaben dieses Buchs, und aus der neueren gemeinrechtlichen Praxis: Seuffert XXIX. 143, XXXIV. 268. Einen reichsgesetzlichen Bereicherungsanspruch regelt das Reichsges. v. 11. Juni 1870 § 18 Abs. 6. Vergl. dazu — im Hinblick auf die Ausführungen in § 148 bei Anm. 13ff. R.G. Entsch. B. 12 S. 105.

[5]) I. 13 § 230. Entsch. B. 30 S. 76. Rehbein III. S. 78.

verbessert worden ist"[6]. Diese Sätze finden nicht nur in einer großen Reihe von Bestimmungen, die über das ganze Gebiet des Privatrechts zerstreut sind, eine näher geregelte Anwendung[7]; sondern sie enthalten den allgemeinen Grundsatz, der das Institut der Geschäftsführung regelt, insofern einerseits derjenige, der in fremder Rechtssphäre thätig geworden ist, diese Thätigkeit nicht nur fortsetzen, sondern auch die daraus erwachsenden Vortheile herausgeben muß, andererseits aber ihm aus dem Vermögen des Geschäftsherrn Ersatz zu leisten ist: sie zeigen sich in dem Rechte der Zurückforderung dessen, was durch Geben aus dem Vermögen des Einen in das des Anderen hinübergegangen ist, ohne daß ein ausreichender rechtsverbindlicher Grund dazu vorhanden war; und sie haben, wie im folgenden Paragraphen näher auseinanderzusetzen ist, dazu geführt, daß die condictio sine causa des römischen Rechts sich in die Klage aus der nützlichen Verwendung des preußischen Rechts umgewandelt hat, welches letztere Institut bei der Redaktion des Landrechts ursprünglich mit dem der Geschäftsführung in einem und demselben Abschnitt verbunden war[8]. Wenn auch diese letztere Klage nur eine subsidiäre Anwendung findet, so ist doch ihre Erörterung im Anschluß an Förster im Folgenden der Erörterung der anderen Institute vorangestellt, weil hier das zu Grunde liegende Prinzip der Bereicherung besonders hervortritt.

§ 148. Die nützliche Verwendung.

A.L.R. I. 13 §§ 262—280. — Bornemann III. 269 f. Daniels IV. 22. Koch, Priv.R. II. 216. 358. R. d. F. II. 576, III. 401. Schles. Arch. IV. 128. Archiv für Wechselrecht von Siebenhaar und Tauchnitz, B. 2 S. 51 f. Schmidt in der jurist. Wochenschrift, 1839, S. 281. Dane im Arnsb. Archiv B. 10 S. 267 fg., 1844. Korte in Gruchot's Beiträgen I. 365. 374 f. Röser das. IV. 525. Preuß. Gerichtszeitung, 1859, Nr. 25. 26. Besonders Jacobi, Die Lehre von der nützlichen Verwendung nach dem allgem. pr. L.R., 1861. Gruchot B. 14 S. 255, B. 15 S. 495. Hertz in Preuß. Anw.Zeit., 1866, S. 305 ff. v. Schlebrügge bei Gruchot B. 20 S. 641. Dernburg II. § 287. Fischer § 88. Ferner mit Rücksicht auf die reichsgerichtliche Judikatur: Ein preußischer Jurist bei Gruchot B. 24 S. 821. Boas ebenda B. 25 S. 11 und Rocholl, Rechtsfälle aus der Praxis des Reichsgerichts

---

[6] I. 13 § 232. Strieth. B. 81 S. 219.

[7] Anwendungen des Satzes kommen z. B. vor in I. 5 § 338 (Einrede), § 367 desgl., § 372 desgl. Er liegt ferner zu Grunde bei I. 5 §§ 156. 158. 337. 354. 355. 407. 419 bis 422, I. 7 §§ 37. 204 (vergl. hierzu I. 15 § 27), I. 7 §§ 212 f. 236. 239, I. 11 §§ 883. 884, I. 15 §§ 23—32, I. 16 §§ 14. 166 ff. 170. 199 ff., II. 11 § 334.

[8] Vergl. Bornemann B. 3 S. 270. 328. Erst nach einem Monitum von Svarez erhielt jedes der beiden Institute einen besondern Abschnitt. Vergl. über die Gemeinsamkeit des Prinzips auch Strieth. B. 81 S. 219. Entsch. B. 40 S. 119. Rehbein II. S. 651. — Der Entwurf des B.G.B. faßt unter dem mit Bereicherung überschriebenen Titel die Kondiktionen und die grundlose Bereicherung aus fremdem Vermögen zusammen. Die Geschäftsführung ist gesondert, eine von dem Fall der grundlosen Bereicherung aus fremdem Vermögen verschiedene Klage aus „nützlicher Verwendung" ist nicht aufgestellt.

I. S. 83. — Glück B. 14 S. 400f. Unterholzner I. S. 421f. Arndts § 274. Keller § 236. — W. Sell, Versuche im Gebiete des Civilrechts I. Abhandl. I., 1833. Kämmerer in der Zeitschrift f. Civ.R. u. Proz. B. 8 S. 349f., 1835. Leist, Civilist. Studien, H. 2. Das erlaubte ungerufene Eingreifen in fremde Vermögensverhältnisse, 1855, S. 61f., S. 178f. (über preuß. Recht). Witte, Die Bereicherungsklagen des gem. R., 1859, S. 254fg. Jacobi, Der Rechtsbegriff der Bereicherung, in Gerber und Jhering, Jahrb. B. 4 S. 195f., 1860. Jacobi im Arch. für Wechselrecht, von Siebenhaar und Tauchnitz, B. 9 S. 38f., 1860. Witte in Gerber u. Jhering, Jahrb. B. 5 S. 88, 1861.

Die actio de in rem verso stand im römischen R. demjenigen zu, der mit einer Person, die einem Anderen untergeben war (Hauskind oder Sklaven), verhandelt hatte, wenn dadurch etwas in das Vermögen ihres Gewalthabers verwendet worden war. Diese Klage konkurrirte mit der actio de peculio und griff über diese hinaus, wenn das Pekulium zum Ersatz nicht reichte. Sie war adjectitiae qualitatis, d. h. sie qualifizirte die aus dem Geschäft mit der Mittelsperson erwachsene Klage dahin, daß sie gegen den Vater oder Herrn als ganz oder mit einem Vermögenstheil mithaftend gerichtet werden konnte[1]).

Im heutigen Recht konnte von einer Anwendung dieser römischen actio de in rem verso nicht mehr die Rede sein. Man entnahm aber aus ihr in der gemeinrechtlichen Praxis einen allgemeinen Gedanken: der Vater müsse erstatten, was durch ein Geschäft des Sohns nützlich in sein Vermögen verwendet ist, in dem Umfang, wie dies vermehrt, er also bereichert worden. Dieser Gedanke konnte aber auch dann passende Anwendung finden, wenn die Mittelsperson nicht der Sohn, sondern ein selbständiger Dritter war, überhaupt also wenn freie Stellvertretung vorlag, sei es in Folge eines Auftrages oder einer Geschäftsführung ohne Auftrag[2]). Hierbei ist man in der gemeinrecht-

[1]) Tit. Dig. XV. 3. Schmidt a. a. O. S. 281fg. Daue a. a. O. S. 270fg. Leist a. a. O. S. 61fg. Witte, Bereich.Kl. S. 254f.

[2]) Die Anknüpfung zu dieser Erweiterung wurde besonders gefunden in l. 7 § 1 C. IV. 26: alioquin, si cum libero res ejus agente, cujus precibus meministi, contractum habuisti et ejus personam elegisti: pervides, contra dominum nullam te habuisse actionem, nisi vel in rem ejus pecunia processit, vel hunc contractum ratum habuit. Man entnahm hieraus, daß, so oft Jemand aus dem Geschäft eines Andern mit einem Dritten einen Vortheil erlangt habe, dieser Dritte berechtigt sei, de in rem verso gegen den Gewinnenden zu klagen. Der Andere hatte als Geschäftsführer nur die a. negot. gestor. contraria. Einige beschränkten noch diese Versionsklage auf den Fall, daß der Vermittler negotior. gestor gewesen. Viele aber ließen diese Schranke fallen, und gestatteten die Klage, auch wenn die Zwischenperson Mandatar war. Das konnte allenfalls Bedeutung haben, wenn man, wie im römischen Recht, Stellvertretung durch freie Personen nicht zuließ, denn da hatte der Dritte aus dem Vertrage mit dem Stellvertreter keine Klage gegen den Vertretenen. Da aber die gemeinrechtliche Praxis die Auffassung des römischen Rechts verlassen hatte und dem Dritten eine direkte Klage gegen den Mandanten gab, so war nicht das geringste Bedürfniß vorhanden, auch auf diesen Fall die a. de in rem verso auszudehnen. Auch die l. 27 D. XII. 1 und andere Stellen, die den Pupillen aus Geschäften des Vormundes auf das Maß der Bereicherung haften lassen (l. 3 D. XXVI. 9, l. 95 § 7 D. XLVI. 3), gaben Veranlassung zu einer ausgedehnten Anwendung des Anspruchs aus der versio in rem. Vergl. insbesondere Müller ad Struvii syntagm. jur. XV. 3 thes. 75. Leyser, Med. CXXX. 8.

lichen Praxis im Wesentlichen stehen geblieben; das Moment der Stellvertretung wurde nicht verlassen, und damit der nützlichen Verwendung immer noch ein individueller Charakter bewahrt[3]).

Die Redaktoren des A.L.R. sind aber weiter gegangen, indem sie die Vermittelung der Verwendung durch eine Zwischenperson aufgegeben haben[4]). Anfänglich zwar wurde beabsichtigt, die Lehre von der nützlichen Verwendung bei der Geschäftsführung ohne Auftrag abzuhandeln. Dann wäre der Standpunkt festgehalten worden, daß durch eine Mittelsperson verwendet sein müsse. Aber gerade Svarez ist dieser Meinung sehr bestimmt entgegengetreten, und es ist sein Werk, daß die nützliche Verwendung neben der Geschäftsführung eine selbständige Stellung erhalten hat, offenbar in der Absicht, sie als ein besonderes Rechtsinstitut anzuerkennen[5]). Es steht hiermit im Zusammen-

Böhmer, Jus Digest. XV. 3 § 7. Berger, Oecon. for. III. 14 th. 2 n. 19. Schilter, Prax. j. R. exerc. 27 § 94. Malblanc, Princ. jur. II. p. 386 § 515 u. A. Bei Stryck, Us. mod. XV. 3 § 3 heißt es: libelli autem fundamentum in eo collocandum, quod actor centum crediderit amico cuidam rei, ex qua ille sexaginta in hujus utilitatem impendit, ideoque se petere, ut reus ad hos sexaginta thaleros restituendos condemnetur. Sic datur quoque haec actio ex gesto uxoris contra maritum, si in ejus utilitatem contraxit, et si cum famulis nostris contractum itidem ex gesto eorum, quatenus in rem nostram versum est, datur actio contra dominum. Der Unterschied von der a. neg. gest. wird darin gefunden, daß zwar in beiden Fällen idem obligandi fundamentum occurrere, sc. quod alterius utilitas promota sit, aber die a. neg. gest. contr. dem gegeben werde, qui ipse pecuniam in absentis negotia vertit vel alia ratione ejus causam reddidit meliorem, die a. de in r. v. aber dem, qui ipse pecuniam in alterius utilitatem non impendit, sed filio vel servo credidit, ut ille in rem patris vel domini verterit. Vergl. noch denselben XII. 1 c. 17 f., c. 43 f. und darüber Jacobi, Nützl. Verw. S. 27 f. Lauterbach, Colleg. XV. 3 § 9 sagt: utilis de in rem verso actio etiam competit, si modo sui juris aliena negotia gerens contraxerit et exinde aliquid in rem domini negotiorum versum sit; er erklärt sich gegen die Ausdehnung ad omnes, ad quos ex alieno contractu aliquid pervenit. Vergl. Kämmerer a. a. O. S. 350 f. § 17. Koch, R. d. F. II. 580 f. Witte S. 268. Jacobi, Nützl. Verw. S. 16 fg. 24 ff. Schmidt S. 303. Gruchot B. 15 S. 499.

[3]) Selbst diejenigen der in voriger Note citirten Schriftsteller und Praktiker, welche am weitesten gehen (Leyser, Stryck, Schilter) bleiben dabei stehen, daß ex alieno contractu aliquid pervenit. S. auch Glück B. 14 S. 420 Note 69. Auch die heutige gemeinrechtl. Praxis hält daran fest und sieht in der Klage aus der Version eine actio adjectitiae qualitatis, welche erst durch die Klage aus dem Geschäft ihre bestimmte Bedeutung erhält. Heuser IV. 672. Dresd. Ann. V. 171. Lübeck bei Schletter V. 315. Seuffert XVI. 15. Vergl. auch Rocholl a. a. O. S. 87.

[4]) Vielleicht haben dazu die unbestimmten Worte von Hellfeld, Jurispr. for. § 914 geführt: dicitur autem in rem versum, quidquid pro altero vel necessario vel utiliter est impensum, und § 918: actio de in rem verso haecce habet singularia, quod adversus eum quoque locum habet, qui ex negotio se ipsum obligari nequit, pupillum, minorem. Vergl. Schilter, Prax. XX. § 73. Aber doch auch Hellf. sagt in § 916: fundamentum actionis de in rem verso in eo latet, quod reus ex contractu tertii sit locupletior. Si igitur reus ex contractu tertii locupletior haud factus, cessat actio de in rem verso. Auch Malblanc II. p. 385 § 315 sagt sehr unbestimmt: in rem autem versum vocatur, quidquid necessario vel utiliter impensum est. S. Dane S. 284 fg. Schmidt S. 307. Koch, Schles. Arch. IV. 133. Von den neueren Gesetzbüchern hat das österr. (§§ 1041—1044) ebenfalls das Moment der Vermittelung durch das Geschäft mit einer Zwischenperson aufgegeben. Das sächs. G.B. § 1357 sagt: die bloße Verwendung in den Nutzen eines Andern giebt keinen Anspruch auf Erstattung, ausgenommen wenn der Andere die Verwendung genehmigt. Der bair. Entw. Art. 750. 751 knüpft den Anspruch an ein Geschäft eines negot. gestor mit einem Dritten; dem Letzteren muß der Erstere seine Klage cediren.

[5]) Die Bemerkungen von Svarez sind abgedruckt bei Koch, Komm. Note zu § 228 d. T.

hang, daß das Landrecht zwar in der Lehre von der Zahlung diejenigen Fälle ausdrücklich behandelt, in denen die bei einer Zahlung vorausgesetzte Verbindlichkeit nur irrthümlich angenommen worden oder nachträglich nicht eingetreten oder weggefallen oder um deshalb unwirksam ist, weil sie vom Gesetz gemißbilligt wird, daß aber der Fall einer unmittelbar von dem Benachtheiligten an den Bereicherten erfolgenden Leistung, der jeder Rechtsgrund fehlt, hier keine ausdrückliche Erwähnung findet[5a]).

Die Definition des Landrechts lautet: „Derjenige aus dessen Vermögen etwas in den Nutzen eines Anderen verwendet worden, ist dasselbe entweder in der Natur zurück, oder für den Werth Vergütung zu fordern berechtigt"[6]). Der Wortlaut dieses § umfaßt in klarer Weise den Fall der direkten Verwendung aus dem Vermögen des Klägers in das des Beklagten und darüber hat in der preußischen Praxis niemals ein Zweifel bestanden[7]). Nur Koch behauptete, daß zur Versionsklage eine Mittelsperson gehöre[8]). Sein

---

und Gruchot B. 15 S. 520. Vergl. darüber Jacobi, Nützl. Verw. S. 34f. und Rocholl a. a. O. S. 90.

[5a]) I. 13 § 278 verweist wegen der formungiltigen Verträge auf den fünften Titel. Nach dessen Vorschriften wird man, wenigstens bei den mündlichen Verträgen über Sachen im Werth von mehr als 150 Mark, eine durch den berechtigten Rücktritt des Leistenden nachträglich wegfallende causa anzunehmen haben. I. 5 §§ 156ff., oben B. I. § 79 unter 4. Ebenso setzt I. 5 § 221 wenigstens zum Theil (nachträgliche Einigung über Vertragsaufhebung) eine nachmals wegfallende causa. Zum Theil enthalten diese Bestimmungen aber eine gesetzliche Anerkennung der condictio sine causa neben der condictio indebiti; es wird deshalb in Entsch. B. 16 S. 172 (Rehbein II. S. 663) nach dieser Richtung mit Recht auf sie Gewicht gelegt. Vergl. auch Strieth. B. 48 S. 361, B. 64 S. 76. Rehbein a. a. O. stellt die condictio sine causa, Bereicherungsklage, der Klage aus der nützlichen Verwendung als etwas Verschiedenes entgegen. Eine solche grundsätzliche Verschiedenheit kann nicht zugegeben werden, wenn auch unten darzulegen sein wird, daß das Landrecht die Klage zum Theil auf dasjenige beschränkt, was von der Verwendung noch vorhanden ist. Eine Klage auf Herausgabe von Werthgegenständen, die ohne dem Verwendenden zu gehören, aus seinen Händen ohne Rechtsgrund an den Beklagten gelangen, steht dem Verwendenden insofern zu, als der Besitz dieser Gegenstände einen Theil seines Vermögens ausmacht.

[6]) I. 13 § 262. Der Entwurf des B.G.B. erkennt nur einen Anspruch aus ungerechtfertigter Bereicherung für denjenigen an, auf dessen Kosten jemand ohne rechtlichen Grund etwas erhalten hat. Entw. §§ 737ff., Entw. II. §§ 757ff., Reichtagsentwurf §§ 796—806. S. unten § 150.

[7]) Vergl. die Citate in Anm. 5a. Entsch. B. 40 S. 619. Rehbein II. S. 655. Schles. Arch. VI. 97. 124. Strieth. B. 10 S. 142. Aus der Literatur: Dane S. 285. 289. Schmidt S. 307. Korte bei Gruchot I. 366. 377 a. E. Jacobi S. 66. 128. Hertz in der Anw.Zeit. 1866 S. 305f.

[8]) Schles. Arch. IV. 128fg. und in seinen übrigen Schriften. R. d. F. II. 582. Im Zusammenhang mit dieser Einschränkung der Klage aus der nützlichen Verwendung steht bei Koch (Pr.R. II. 358, R. d. F. III. 401, Arch. f. Wechs.R. II. 32, Kommentar zu § 228 I. 13 Kl. u. Einr. S. 789) die Annahme einer besonderen Klage aus der Bereicherung, condictio sine causa, die als ergänzendes Rechtsmittel da eintrete, wo Vindikation und Kondiktion nicht anwendbar seien und auch gegen Dritte gehe. Diese an Malblanc, Princ. jur. R. p. II. p. 386 und Sell, Versuche auf dem Gebiete des Civilrechts, Abth. I. sich anschliessende Theorie hat im Gebiete des preußischen Rechts keinen Beifall gefunden. Es wird deshalb die eingehende Besprechung derselben in den früheren Auflagen in dieser Aufl. weggelassen, zu der sich Förster wohl besonders um deshalb veranlaßt gesehen hat, weil er sich in „Klage und Einrede" S. 427 auf den Koch'schen Standpunkt gestellt hatte.

aus der systematischen Stellung dieser Lehre im 13. Titel, der allerdings vom Erwerb des Eigenthums durch Dritte handelt, hergeholtes Argument[9]) dafür, daß auch bei der nützlichen Verwendung eine Stellvertretung angenommen werden müsse, beweist nicht. Die Stellung im System ist nicht allein entscheidend[10]), und wenn es die Aufgabe des 13. Titels ist, den Erwerb durch Dritte zu normiren, so ist damit doch nicht gesagt, daß der Dritte durchaus und immer eine Mittelsperson sein müsse, er kann auch ein Anderer, ein Fremder sein, der nicht schon durch Vertrag dem Erwerber zu einer Leistung verpflichtet ist[11]). Die Bemerkung von Svarez, auf Grund deren die Lehre einen besonderen Abschnitt erhalten, beweist überdies entschieden gegen Kochs Argument. Svarez wies geradezu darauf hin, daß die actio de in rem verso hauptsächlich eintritt, wenn mit Jemanden kontrahirt worden, der zum Kontrahiren unfähig ist. „Dieser, heißt es, ist ex contractu nicht verpflichtet, er kann es aber ex versione sein.“ Also an Stellvertretung hat Svarez hier wenigstens nicht gedacht. Statt des Klagegrundes aus dem Vertrage, der wegen Unfähigkeit des Kontrahenten klaglos war, sollte die dem Letzteren zugefallene nützliche Verwendung der Klagegrund gegen ihn selbst sein.

Zu vielen Zweifeln hat aber die Frage Anlaß gegeben, ob der in seinem Wortlaut wiedergegebene § 262 den Fall der Verwendung in das Vermögen eines Dritten durch eine nicht in berechtigter Vertretung des Erwerbers handelnde Zwischenperson umfaßt oder ausschließt[12]). Letzteres nahm die Praxis des Obertribunals an[13]), während das Reichsoberhandelsgericht betonte, daß aus dem Umstand, daß das Landrecht von dem gemeinrechtlich geforderten Zwischenglied einer Mittelsperson absehe, nicht gefolgert werden

[9]) R. d. F. II. 582.
[10]) Korte a. a. O. S. 366. Jacobi S. 33fg. 128fg.
[11]) I. 13 §§ 1—4.
[12]) Der Standpunkt Förster's zu dieser Frage ist nicht klar. In der ersten Auflage betonte er: der Wortlaut des § 262 schließe gewiß den Fall der Verwendung durch eine Mittelsperson nicht aus; ohne diesen Passus des Textes zu ändern, bekämpfte er in der dritten Auflage in Anm. 14 den Standpunkt des R.O.H.Gerichts (vergl. Anm. 14). In Folge dessen wird Förster vom Reichsgericht (vergl. Anm. 15) als Vertheidiger der Ansicht des Obertribunals citirt, während Rocholl annimmt, daß er die Klage noch über den Standpunkt des Reichsgerichts hinaus erstrecke. — Daß die Klage dadurch nicht ausgeschlossen wird, wenn eine Mittelsperson dabei als berechtigter Vertreter des einen oder andern Theils Namens desselben thätig gewesen, bedarf keiner Hervorhebung.
[13]) Insbes. Entsch. B. 56 S. 115. Rehbein II. S. 645. Striethorst B. 73 S. 194, vergl. auch Strieth. B. 10 S. 142, B. 11 S. 315, B. 31 S. 77, B. 73 S. 159, B. 77 S. 285. Das Obertribunal hebt unter Anderem hervor: „Es würde jeden Vermögensverkehr unmöglich machen, wenn jeder frühere Besitzer einer Sache, die demnächst in den Besitz eines Andern gekommen oder in dessen Nutzen verwendet worden, sie von dem Anderen zurück oder für den Werth Vergütung fordern dürfte. Das Recht auf Rückforderung oder Werthvergütung steht nur demjenigen zu, von welchem der Empfänger die Sache ohne Rechtsgrund erhalten hat“. Anders liegt der Fall, wenn die Verwendung durch Leisten an einen Dritten in der Weise stattfindet, daß dadurch der Beklagte von einer Pflicht befreit wird; das ist Verwendung für denselben. Strieth. B. 50 S. 283. Rehbein II. S. 649.

könne, daß es die nützliche Verwendung bei dem Vorhandensein eines solchen ausschließe[14]). Das Reichsgericht hat sich mit einigen Einschränkungen für den Standpunkt des Reichsoberhandelsgerichts entschieden[15]), und dieser auch von Dernburg, wenn auch neuerdings mit Modifikationen, gebilligte Standpunkt ist demnächst von Rocholl näher entwickelt und gegen erhobene Angriffe vertheidigt. Dennoch glaubt der Herausgeber an der Ansicht des früheren Obertribunals festhalten zu sollen.

Das römische Recht läßt, wie bereits hervorgehoben, de in rem verso eine Mithaftung des Vaters oder Herrn für die Geschäftsschuld des Kindes oder Sklaven eintreten, ebenso das gemeine Recht eine Mithaftung desjenigen, zu dessen Nutzen das Geschäft vom Vertreter geschlossen ist: das Landrecht begründet durch keine Bestimmung eine solche durch die adjectitia qualitas der Verwendung begründete Mithaftung für das, wozu sich die Zwischenperson verpflichtet hat. Als Gegenstand der Verbindlichkeit des Versionsbeklagten wird vielmehr ausschließlich das Eine bezeichnet: er soll dasjenige herausgeben oder den Werth desjenigen erstatten, was aus dem Vermögen des Versionsklägers in das seine gekommen ist. Wenn nun A dem B, der dabei lediglich im eigenen Namen gehandelt hat, eine Sache verkauft und übergiebt und wenn B demnächst die von vornherein im Interesse des C gekaufte Sache an C abliefert, so geht die Sache nicht aus dem Vermögen des A, sondern aus dem des B in das des C über. Der Wortlaut des Gesetzes giebt also dem A keinen Anspruch gegen C auf die Sache. Wie sollte er auch das, was mit seinem Willen in das Vermögen des B übergegangen ist, von C für sich fordern können[16]), oder wie sollte er ein Recht auf den vollen Werth der Sache haben, wenn er sie dem B unter dem Werth verkauft hatte? Daß letzteres nicht angeht, erkennt das Reichsgericht an[17]); nur in Höhe des Betrages, den B versprochen hat, soll gegen C geklagt werden können. Rocholl[18]) bezeichnet die so konstruirte Klage mit vollem Recht als die actio adjectitiae qualitatis des römischen Rechts. Er gründet mit dem Reichsgericht die Zulässigkeit dieser Klage auf I. 13 § 262. Aber aus dem Wortlaut dieses Gesetzes läßt sich eine derartige Mitverhaftung in keiner Weise begründen. Das „Etwas", was aus dem Vermögen des A herausgegangen

---

14) R.O.H.G. B. 3 S. 377, B. 11 S. 134. (Auch Stegemann B. 4 S. 184.)

15) R.G. Entsch. B. 1 S. 143, S. 159, B. 4 S. 238; Gruchot B. 24 S. 1002, B. 25 S. 993. Just.Min.Bl. 1880 S. 141. R.G. Entsch. B. 21 S. 236. Das Reichsgericht setzt voraus: der Vertent hat bei dem Geschäft mit dem Versionskläger in eigenem Namen aber im Interesse (in thatsächlicher oder rechtlicher Stellvertretung) des Dritten gehandelt, an den er demnächst die Sache abgeliefert, nicht etwa weiter veräußert hat. Für den Fall, daß der Empfänger gegenüber der Mittelsperson berechtigt ist, erkennt übrigens das Reichsgericht an, daß von einer Bereicherung des Empfängers aus dem Vermögen des Dritten nicht die Rede sei. Vergl. Anm. 19.

16) Vergl. insbes. Gruchot B. 24 S. 821 und Boas a. a. O.

17) Entsch. B. I. S. 151: Damit ist einer dringenden Forderung des Lebens Raum gegeben, aber zugleich die Unanwendbarkeit des § 262 eingeräumt.

18) A. a. O., insbes. S. 97ff.

ist, — ist die verkaufte Sache selbst, nicht der Preis, den B zahlen soll, und nicht der Preis, sondern die Sache ist in das Vermögen des C gelangt. Das Gesetz müßte hiernach, um dem Sinne des Reichsgerichts und Rocholls zu entsprechen, den Zusatz erhalten: „Ist die Verwendung in der Weise erfolgt, daß eine Mittelsperson sich das Verwendete gegen eine noch von ihr verschuldete Gegenleistung verschafft und dann die Verwendung vorgenommen hat, so haftet der Bereicherte in Höhe der Verwendung für die so versprochene Gegenleistung." Da das Gesetz diesen Zusatz nicht hat, und da er durch keine Interpretationskunst in das Gesetz hineingetragen werden kann, so muß man, so plausibel eine solche Rechtsvorschrift de lege ferenda erscheinen mag, davon Abstand nehmen, sie im geltenden preußischen Recht finden zu wollen; das gelingt nicht, auch wenn man mit dem Reichsgericht in § 262 statt des „etwas, das verwendet ist, und seines Werths" einen „verwendeten Vermögenswerth" setzt, denn die Konklusion des Reichsgerichts bleibt doch: etwas anderes ist verwendet, etwas anderes wird als „nützlich verwendet", verschuldet[19]).

Die hiernach von der Versionsklage des gemeinen Rechts verschiedene, die römisch-rechtliche condictio sine causa in sich begreifende und wesentlich auf diese zurückzuführende Versionsklage des Landrechts[20]) hat zunächst die negative **Voraussetzung**, daß sie nur in dem Falle als begründet erkannt werden darf, wenn **kein rechtlicher** Vertrag unter den Parteien vorhanden

---

[19]) Das Reichsgericht bezieht sich noch auf I. 13 § 276. Dieser handelt aber nicht von der durch eine Mittelsperson begründeten Haftung eines Dritten, sondern stellt klar, daß derjenige, der eine durch eine Aufwendung verbesserte Sache geschenkt erhält, soweit die Verbesserung besteht, als direkt aus dem Vermögen des Bessernden bereichert angesehen werden soll. (Vergl. unten bei Anm. 44.) Noch weniger beweist die Berufung auf I. 17 § 236, wonach eine Gesellschaft demjenigen, aus dessen Vermögen etwas in das Vermögen der Gesellschaft vertirt wird, verhaftet sein soll, auf II. 1 § 324, wonach eine wirksame Vertretung des Ehemannes durch die Ehefrau außer bei Haushaltskäufen auch bei Darlehen, die wirklich von ihr zum gemeinschaftlichen Besten nützlich verwendet werden, statuirt wird, — ganz entsprechend I. 13 § 167 — und auf II. 2 § 126, wonach ein Vater durch nützliche Verwendung seiner Kinder (diesen gegenüber) gerade ebenso verpflichtet sein soll, wie durch Handlungen Dritter. Wie in diese Bestimmungen, abgesehen von II. 1 § 324, der von berechtigter Vertretung handelt, die Mittelsperson hineingedacht worden, ist schwer abzusehen. — Dagegen zeigt sich die Unmöglichkeit, den Standpunkt der in rem versio aufrecht zu halten, in der ferneren Einschränkung, die das Reichsgericht (I. S. 150, IV. S. 281) für nöthig hält, ohne sie konsequent durchzuführen, daß nämlich die durch die Verwendung begründete Bereicherung eine grundlose sein müsse, und daß deshalb, wenn die Zwischenperson die Sache dem Dritten verkauft habe, der Dritte, dem die Bereicherung solchen Falls als eine „wohl erworbene" zufalle, der Bereicherungsklage nicht hafte. Wenn dem Dritten die Sache von der Zwischenperson geschenkt ist, so hat er sie eben so „wohl erworben", hat auch „die Geschäftsführung nur in dieser bestimmten Weise ihrer Bethätigung" acceptirt. Das Reichsgericht hat freilich gegenüber diesen Ausführungen den einmal eingenommenen Standpunkt festgehalten. Vergl. bei Gruchot B. 33 S. 109.

[20]) Vergl. Dane a. a. O. S. 278f. Korte a. a. O. S. 367f. Kühnas in der Anw.-Zeit. 1862 S. 188. Hertz das. 1866 S. 305f. Andere Schriftsteller (Bornemann III. 270, Leist a. a. O. S. 179 Note 2, Kritz, Pandektenr. I. 474) verneinen einen eigentlichen Unterschied zwischen der nützlichen Verwendung und der Geschäftsführung nach preuß. R., Schmidt S. 309. 319 bezieht erstere nur auf unmittelbare Verwendung. Jacobi S. 55f. 66.

war[21]). Der Sinn dieser Bestimmung ist, daß man durch nützliche Verwendung nicht verpflichtet wird, wenn die Zuwendung den Charakter der Zahlung einer bestehenden Verbindlichkeit hatte; und dieser Satz fordert Anwendung, auch wenn nicht gerade ein Vertrag der durch Zahlung erfüllten Verbindlichkeit zu Grunde lag, sondern ein anderer zu Recht bestehender Leistungsgrund bestand[22]). Aber auch ein formloser Vertrag gilt nicht ohne Weiteres als nicht vorhanden. Für den Fall einer Leistung aus einem

[21]) I. 13 § 277. — Die Praxis erachtet durch diese Bestimmung nicht für ausgeschlossen, die nützliche Verwendung als eventuelles Fundament eines in derselben Klage auf einen Vertrag gegründeten Anspruchs geltend zu machen, Striethorst B. 23 S. 230, B. 26 S. 24, wo also die Fundamente mit einander in Widerspruch stehen, und es sich ereignen kann, daß während in erster Instanz die Klage auf Kaufgeldzahlung abgewiesen, und der Beklagte aus der Version zur Rückgabe des Kaufgegenstandes verurtheilt ist, auf die vom Kläger allein eingelegte Berufung der Beklagte zur Zahlung des Kaufgelds verurtheilt werden muß, während die in erster Instanz ausgesprochene Verurtheilung sich nicht beseitigen läßt. Bei der Kumulation der Klage auf eventuelle Zahlung des Werths der Kaufsache liegt die Sache rechtlich nicht anders, wenn es sich wirklich um die Versionsklage handelt, in Wahrheit ist aber hier regelmäßig eventuell der stillschweigend verabredete angemessene Preis mit der Kaufklage als gefordert anzusehen.

[22]) Mag die Obligation eine Entschädigungsforderung aus unerlaubter Handlung, eine Zustandsforderung oder ein gesetzlicher Anspruch sein. Besteht eine dingliche Klage, so liegt ohne sie keine Berechtigung vor. Auch die gesetzlich begründete Rückleistungspflicht aus einem aufgehobenen Vertrage ist ein solches Obligationsverhältniß. Es kann auch Inhalt einer Vertragsabrede sein, daß Gegenstände übergeben werden und zurückgegeben werden sollen, falls sie nicht später durch den Empfänger von dem Gebenden gekauft oder in bestimmter Weise verwendet werden. R.G. Entsch. B. 8 S. 370. War aber der Vertrag nichtig, z. B. simulirt, so wird die darauf erfolgte Leistung als Bereicherung zurückgefordert. Strieth. B. 10 S. 14. — Die Versionsklage muß auch als ausgeschlossen gelten, wenn die Verbindlichkeit, auf Grund deren gezahlt ist, eine öffentlich-rechtliche ist. Mit diesem Satz steht die Praxis in Widerspruch. In einer Reihe von Fällen ist angenommen, daß die von einem Armenverband einem Armen gewährte Unterstützung von dem zu besserem Vermögen gelangten Unterstützten auf Grund der nützlichen Verwendung zurückgefordert werden könne. (Entsch. B. 11 S. 410, Strieth. B. 11 S. 102, B. 73 S. 227, B. 79 S. 193, B. 81 S. 54, R.G. bei Gruchot B. 24 S. 513.) Wäre der Satz richtig, daß hier nützliche Verwendung vorliegt, so wäre es nicht gerechtfertigt, eine rechtliche Bedingtheit des Anspruchs durch Vermögensvermehrung anzunehmen. Auch wäre II. 19 § 67 — (der mit Recht auf die Armenverbände ausgedehnt wird, Strieth. B. 4 S. 90) — unerklärlich. Wozu bedürfte es neben dem unbedingten Erstattungsrecht noch der Begründung eines besondern Rechts gegen den Nachlaß, und würde nicht neben diesem auf die Höhe des Nachlasses sich beschränkenden Anspruch des § 67 der Anspruch aus der nützlichen Verwendung gegen den Erben des Armen, der das Inventar verabsäumt hat, zum vollen Betrage geltend gemacht werden können? Begründet wird der Satz rein negativ: bei der öffentlich rechtlichen Unterstützung werde eine Liberalität nicht beabsichtigt. Gewiß nicht. Aber gerade weil eine Verpflichtung dadurch erfüllt wird, ist die Vermögenszuwendung nicht geeignet, eine Versionsklage zu begründen. Vom Standpunkt des gemeinen Rechts ausgehend hat das R.G. Entsch. B. 14 S. 197 den Anspruch des Armenverbandes verneint. — Vergl. auch Binseel, Preuß-Verw.Bl. 1855 S. 395 und über die Lage der Gesetze in anderen deutschen Staaten. Krech, Handausgabe des Unterstützungs-Wohnsitzgesetzes S. 69. 71. 73. 77. 80. 287. Wie wenig der Ausdruck des Gesetzes, wenn kein rechtlicher Vertrag vorhanden, eng interpretirt werden kann, zeigt auch folgender Fall: Dem A. sind 1000 legirt, wenn er dem X. ein Pferd gebe. Er giebt das Pferd, gewiß nicht donandi, sondern conditionis implendae animo; er ist auch nicht vertragsmäßig verpflichtet das Pferd zu geben: durch das aus seinem Vermögen stammende Pferd ist das Vermögen des X. bereichert; — dennoch wird niemand ihm eine Versionsklage geben wollen.

solchen ist auf die besondere gesetzliche Regelung verwiesen[23]). Einer Leistung aus einem Vertrage wird auch gleich geachtet, wenn etwas schenkungsweise, aus Liberalität geleistet ist, mag die Absicht zu schenken ausdrücklich erklärt oder nach dem Gesetz zu vermuthen sein[24]). Eine solche Bereicherung ist keine ungerechtfertigte, sondern sie beruht auf einem gesetzlichen Grund. — Die Klage aus der Bereicherung ist ferner ausgeschlossen, wenn die Bereicherung durch Betrug herbeigeführt ist. Dann ist Ersatz nur durch die Deliktsklage zu suchen[25]).

Die nützliche Verwendung setzt ferner voraus, daß das Objekt wirklich in das Vermögen des Versionsbeklagten gelangt, und dieses Vermögen dadurch verbessert ist[26]). Dies trifft aber auch dann zu, wenn dem Beklagten nothwendige oder nützliche Ausgaben erspart worden, zu denen er entweder gesetzlich verpflichtet war, oder die er hätte machen müssen, um einen größeren Nachtheil zu vermeiden[27]). Es trifft ferner zu, wenn Geld oder Etwas an Geldeswerth in sein Vermögen gekommen, oder wenn entweder der Werth eines Vermögensstücks oder seine Vermögensumstände überhaupt wirklich durch die Zuwendung verbessert worden sind[28]). Einflußlos ist hierbei, außer im Fall der Verwendung für Unfähige, der Umstand, daß nach eingetretener Verwendung der Vortheil wieder verloren gegangen ist[29]),

---

[23]) I. 13 § 278. Vergl. oben Anm. 5a.

[24]) I. 13 § 280. Entsch. B. 45 S. 417. Strieth. B. 38 S. 322.

[25]) I. 13 § 279.

[26]) Striethorst B. 10 S. 142, B. 11 S. 315, B. 23 S. 230. Korte a. a. O. S. 378. 379. Jacobi, nützl. Verw. S. 26. Der Andere, in dessen Nutzen verwendet worden, kann auch eine Gesellschaft, eine juristische Person, eine Korporation sein. Entsch. B. 15 S. 318. Striethorst B. 7 S. 102. Wenn der Staat die Kosten der Stellvertretung für einen Beamten zahlt, der für Stellvertretung auf seine Kosten nicht zu sorgen hat, so ist nichts in das Vermögen des vertretenen Beamten gelangt. Eine nützliche Verwendung kann nicht nur durch Hingeben und Annehmen einer Sache, sondern auch durch Leistung von Handlungen, die bezahlt zu werden pflegen, ins Werk gesetzt werden. Entsch. B. 15 S. 206, B. 46 S. 248, Strieth. B. 14 S. 58, B. 41 S. 65. — Wie oben § 138 Anm. 12 ausgeführt worden, ist in solchen Fällen, wenn die Handlung zum Gewerbe des Handelnden gehört, regelmäßig ein Kontraktsanspruch als begründet anzuerkennen. Aber I. 13 § 232 führt Handlungen, für die der Handelnde bezahlt zu werden pflegt, allgemein als in den Begriff der Bereicherung fallend an; es entsteht also ein Anspruch aus nützlicher Verwendung, sofern als ein solcher Vertrag nicht anzunehmen ist. Vergl. unten § 149 Anm. 18.

[27]) I. 13 §§ 268—270. Entsch. B. 40 S. 124, B. 46 S. 368f. Strieth. B. 41 S. 65. Das. B. 23 S. 75, B. 50 S. 283. Entsch. B. 67 S. 217. Auch Strieth. B. 21 S. 109, wo das Futtern eines Thieres nicht die stellvertretende Besorgung eines Geschäfts, sondern die Leistung einer Handlung, eines Dienstes ist. Vergl. über den Erstattungsanspruch der Armenverbände gegen Alimentationspflichtige R.G. v. 6. Juni 1870 § 62.

[28]) I. 13 §§ 265—272. Entsch. B. 49 S. 106f., wo ausgeführt ist, daß, wenn die Bereicherung in einer individuell bestimmten Sache besteht, der Kläger ihr Vorhandensein im Vermögen des Beklagten beweisen muß, wenn aber die Bereicherung in baarem Gelde bestanden hat, von ihm nur die Zuwendung zu beweisen ist, weil daraus das dauernde Vorhandensein von selbst folgt, und der Verklagte als Einrede behaupten und beweisen muß, daß er das Geld verloren oder verschenkt hat.

[29]) I. 13 § 273. Strieth. B. 88 S. 155. Vergl. unter Anm. 40ff. In Beziehung auf die Ausgaben für Unfähige enthält § 271 noch eine ausdrückliche Beschränkung des

es kommt zur Begründung des Anspruchs außer in jenem Fall nicht darauf an, daß die Bereicherung noch zur Zeit der Klaganstellung im Vermögen des Beklagten vorhanden ist. Aber, wenn der Beklagte als Einrede beweisen kann, daß die Zuwendung ihm durch Zufall verloren gegangen ist, ehe er davon wirklich Nutzen gezogen hat, so fällt seine Verbindlichkeit zum Ersatz ihres Werthes weg [30]). Wenn eine dem Vollstreckungsschuldner nicht gehörige Sache vom Gerichtsvollzieher gepfändet und versteigert ist, so kann der Gläubiger, der den Erlös erhalten hat, nicht als aus dem Vermögen des wahren Eigenthümers bereichert angesehen werden, weil die Empfangnahme des Erlöses der Sache durch den Gerichtsvollzieher als Zahlung an den Gläubiger gilt, dieser also seine Forderung verloren hat [30a]). Ausdrücklich vorbehalten ist aber die Bereicherungsklage desjenigen von mehreren Pfandgläubigern, der bei der Verhandlung über Theilung des Erlöses sein besseres Recht durch Widerspruch gegen den Plan geltend gemacht, es aber nicht rechtzeitig verfolgt hat, gegen den Gläubiger, an den in Folge dessen der Betrag ausgezahlt wird [30b]). Regelmäßig kann es nach dem an die Spitze gestellten Satz nicht genügen, daß ein Dritter die Vermögenszuwendung im Namen des Beklagten erhalten hat, wenn er dazu nicht berechtigt war; aber

Begriffs der Nothwendigkeit: „wenn die Gefahr so dringend war, daß der Unfähige nicht Zeit genug hatte, den zu diesem Geschäft sonst erforderlichen Konsens derjenigen, unter deren Aufsicht er steht, einzuholen". Vergl. damit die Beschränkung der Haftung des Hausvaters aus der nützlichen Verwendung nach II. 2 § 129. 130 „zu den nothwendigsten und dringendsten Bedürfnissen des Sohns" und sofern der Sohn keine Gelegenheit gehabt, die Unterstützung von ihm zu erhalten. Entsch. B. 18 S. 285. Jacobi S. 126. S. hierüber Svarez, Schlußrevis. Jahrb. B. 41 S. 50. Koch, R. d. F. II. 585.

30) I. 13 § 266. Koch, R. d. F. II. 588 will trotz dieser Bestimmung, die er auf den Fall der Verwendung durch eine Mittelsperson beschränkt, bei direkter Verwendung in der bloßen Uebernahme schon ein „wirklich Nutzen ziehen" sehen. Es kann aber doch bewiesen werden, daß Geld oder Geldeswerth nicht nutzbar angelegt ist. Strieth. B. 55 S. 251, B. 56 S. 264, R.O.H.G. B. 11 S. 139.

30a) Vergl. den ähnlich liegenden Fall in R.O.H.G. B. 17 S. 1 und vom Standpunkt des gemeinen Rechts R.G. Entsch. B. 13 S. 180. In Fällen dieser Art kann von einer Haftung des Gläubigers nur dann die Rede sein, wenn er trotz Kenntniß des Rechts des Dritten oder trotz der gegen ihn erhobenen Klage den Verkauf stattfinden läßt, nach Analogie der §§ 15. 16 I. 15. Man darf nicht mit Koffka, Magazin f. d. Recht der Gegenwart B. 8 S. 168 davon ausgehen, daß die beizutreibende Forderung wegen Vermögenslosigkeit des Schuldners werthlos war; es ist mindestens ebenso möglich, daß wegen der Pfändung gerade dieser als Sache des Schuldners angesehenen Sache die Pfändung anderer wirklich dem Schuldner gehöriger und zur Deckung des Gläubigers sich eignender Sachen unterlassen wurde. Es hilft auch die Fiktion nicht weiter, daß nach Durchführung der Bereicherungsklage und Befriedigung des Bereicherungsklägers die Forderung gegen den Vollstreckungsschuldner wieder auflebe, jedenfalls dann nicht, wenn dieser — wozu er ein Recht hatte, — neben dem Vollstreckungstitel auch den Wechsel oder den Grundschuldbrief oder Hypothekenbrief, aus dem geklagt ist, zurückerhalten hat, der Wechsel vernichtet, die Hypothek oder Grundschuld gelöscht oder weiter zedirt ist.

30b) R.G. Entsch. B. 8 S. 204. C.P.O. § 764 Abs. 2. Immob.Vollstreck.Ges. v. 13. Juli 1883 § 113, R.G. Entsch. B. 6 S. 312. Die Praxis des Obertribunals (Entsch. B. 6 S. 399), nach welcher bei Konkurrenz mehrerer Gläubiger auf dasselbe Vermögensstück des Schuldners das einem von ihnen irrthümlich oder versehentlich zu viel Gezahlte von den dadurch Benachtheiligten kondizirt werden kann, vergl. auch R.O.H.G. B. 7 S. 163, ist auch von R.G. gebilligt. (Bei Gruchot B. 34 S. 984.)

auch hier greift ein, daß in den Fällen, in denen das Gesetz nach Außen hin eine über das Maß der wirklich ertheilten Ermächtigung hinausgehende Vollmacht begründet, wie bei dem Prokuristen, der Empfang durch den dritten als Empfang seitens des Vertretenen anzusehen ist[30c]).

Eine Absicht desjenigen, aus dessen Vermögen die Bereicherung stammt, den Bereicherten sich zu verpflichten[31]), setzt das Gesetz nicht voraus[32]). Entsprechend einer Aeußerung von Svarez: „bei der Version kommt das Recht demjenigen zu, ex cujus peculio versum est," ergeben die Bestimmungen dieses Abschnitts, daß nur der Erfolg der Bereicherung aus dem Vermögen des Klägers das entscheidende Moment ist. Ja selbst durch Zufall kann eine Bereicherung bewirkt werden, die ausgeglichen werden muß[33]). Der Verwendungsanspruch ist auch nicht davon abhängig, daß der Empfänger die Verwendung genehmigt, oder daß dessen künftige Genehmigung vorausgesetzt worden ist[34]). Erforderlich aber ist, daß die Bereicherung aus dem Vermögen des Klägers stammt, daß sie zu seinem Schaden stattgefunden hat. Dies ist aber nicht dahin zu verstehen, daß der Kläger gerade in seinem Eigenthum geschädigt sein muß, auch sonstige Vortheile der Vermögensstellung, insbesondere auch der Besitz bildet einen möglichen Gegenstand der Bereicherung zum Schaden des Klägers[34a]). Die Befreiung des Wechselschuldners von der Wechselschuld dadurch, daß der Wechselgläubiger die zur Erhaltung des Wechselanspruchs gesetzlich vorgeschriebenen Handlungen verabsäumt, ist von dem Gesetz gewollt, diese Befreiung ist also an und für sich keine ungerechte; das Gesetz hat aber hier den Begriff des Bereicherungsanspruchs dadurch erstreckt, daß es positiv vorschreibt, daß in solchem Fall der Wechselschuldner soweit, als er sich mit dem Schaden des Wechselinhabers bereichern würde, diesem verhaftet bleibt[34b]).

Der Zweck der Klage ist eine Ausgleichung, eine Wiederherstellung der unbilligen, nach Lage der Umstände als ungerechtfertigt anzusehenden Vermögensveränderung, indem von dem Beklagten der erlangte Vortheil aufgegeben oder ersetzt werden muß, um den Nachtheil des Klägers zu beseitigen. Der Antrag des Letzteren geht also auf Zurückgabe, wenn die hingegebene

---

30c) R.G. Entsch. B. 13 S. 4.

31) Die Koch, Kommentar Note zu § 262, R. d. F. II. S. 583 für erforderlich erachtet.

32) Entsch. B. 40 S. 119. Rehbein B. 2 S. 651. Striethorst B. 18 S. 114, B. 33 S. 336. Freilich schließt das Vorhandensein einer solchen Absicht die Versionsklage nicht aus. Strieth. B. 67 S. 364. Im gemeinen Recht wird gerade die Unabsichtlichkeit der Zuwendung als ein Kriterium der Versionsklage gegenüber der a. neg. gest. angesehen. Seuffert VIII. 257.

33) Die Fassung von I. 13 § 262 schließt die zufällige Bereicherung nicht aus. Nach der l. 4 § 2 D. XII. 1 findet die cond. sine causa statt, nach l. 14 § 3 D. XIX. 5 eine in factum actio. A. M. Rocholl a. a. O. S. 96, Dernburg II. § 288 Anm. 3.

34) Entsch. B. 40 S. 119. Strieth. B. 33 S. 336.

34a) Entsch. B. 49 S. 300. Rehbein II. S. 634. Klage eines seinem Machthaber verhafteten Bevollmächtigten im eigenen Namen. R.G. Entsch. B. 10 S. 111. Einen komplizirten Fall behandelt Strieth. B. 59 S. 129. Rehbein II. S. 640.

34b) Wechselordnung Art. 83.

Sache sich noch im Vermögen des Anderen befindet, oder auf Ersatz des Werths[35]), wenn sie hier nicht mehr vorhanden ist, soweit dieser Werth in den Nutzen des Beklagten verwendet worden ist, oder auf Vergütung der geleisteten Handlung bis auf den Betrag der dadurch bewirkten Bereicherung. Es kommt also regelmäßig nicht darauf an, ob das Vermögen des Beklagten in Folge der Zuwendung im Ganzen größer oder reicher erscheint, sondern nur darauf, ob Beklagter in der empfangenen Sache oder Handlung eine Bereicherung erlangt hat[36]). Der Satz, daß an Stelle der Rückgabe der Werthersatz nur nach Maßgabe der Bereicherung zu fordern ist, bürdet dem Kläger nicht einen weiteren Nachweis auf als den des Werthes selbst; der Beklagte kann nur einwenden, daß er die Sache zu geringerem Preise veräußert hat[37]); darin daß dem Beklagten dieser Nachweis zusteht, liegt eine von der römischrechtlichen condictio abweichende Regelung[38]). Zinsen des Betrages der Bereicherung können nicht kraft Gesetzes gefordert werden, ein Anspruch darauf besteht also nur, nachdem der Beklagte in Verzug gesetzt ist[39]).

So gestaltet sich die Klage, wenn die nützliche Verwendung in das Vermögen einer geschäftsfähigen Person geschehen ist; war dieselbe geschäftsunfähig, so treten Besonderheiten hervor[39a]). Hier muß nicht allein, wenn statt der Rückgabe der Ersatz verlangt wird, „die wirklich geschehene Verwendung nachgewiesen werden"[40]), sondern der Unfähige ist auch nur soweit zum Ersatz verpflichtet, als er sich zur Zeit der Klaganstellung („des gerügten Anspruchs") noch im Besitz des durch die Verwendung bewirkten Vortheils befindet[41]). Die Streitfrage, ob dies auch gilt, wenn die Klage gegen den

---

35) I. 13 §§ 263. 264. Korte S. 379 §§ 9. 10. Der Kläger braucht zur Begründung des Anspruchs auf den Werth nicht darzuthun, daß Beklagter außer Stande ist, die Sache selbst zurückzugeben. Der Anspruch auf den Werth ist begründet, wenn Beklagter nicht zurückgiebt. S. Strieth. B. 20 S. 205.

36) Jacobi, nützl. Verw. S. 42. Bei einer Verwendung von Tischlermaterialien in einen Bau kommt es nur auf den Werth der Materialien, nicht darauf an, daß das Gebäude dadurch mehr werth geworden sei. Es ist Sache des Versionsbeklagten nachzuweisen, seine Bereicherung bleibe in Folge besonderer, von ihm zu beweisender Umstände hinter diesem Werth zurück. Strieth. B. 88 S. 155. R.G. bei Gruchot B. 25 S. 992.

37) Strieth. B. 55 S. 151.

38) Korte a. a. O. S. 380.

39) Strieth. B. 84 S. 125.

39a) Darauf, daß eine sonst nothwendige Ausgabe für einen Unfähigen diesen Charakter nur hat, wenn es an Zeit fehlte, die Zustimmung des Vertreters einzuholen, ist bereits in Anm. 29 hingewiesen. Für dahrlehnsunfähige Militärs ist dieser Satz dahin ausgestaltet, daß nur ein zu Dienstausgaben wirklich verwendeter Vorschuß und auch dieser nur dann als nützlich verwendet angesehen wird, wenn es unmöglich war, den erforderlichen Konsens vorher einzuholen und wenn sogleich nachher dem Kommandeur Anzeige gemacht ist. I. 11 §§ 690. 691.

40) Das ist hier mehr, als der bloße Uebergang in das Vermögen des Bereicherten.

41) I. 13 § 274. Koch will aus diesem § allgemein entnehmen, daß es bei der Versionsklage auf die Bereicherung zur Zeit der Klaganstellung ankomme. R. d. F. III. 403. Dagegen Jacobi, nützl. Verw. S. 53. Ueber den Beweis der noch vorhandenen Bereicherung, wenn letztere in der Zuwendung von baarem Gelde bestanden hat, siehe Entsch. B. 49 S. 106 f. Vergl. oben Anm. 29. 30 über den Beweis bei vorhandener Geschäftsfähigkeit.

Empfänger nicht sofort angestellt wird, nachdem die frühere Unfähigkeit aufgehört hat, ist in der Praxis überwiegend dahin entschieden, daß nach Aufhebung der Unfähigkeit die Klage soweit erhoben werden kann, als sich der Beklagte bei Aufhebung seiner Unfähigkeit im Besitz des Vortheils befunden hat. Ein späterer Verlust ist also ebenso ohne Einfluß auf das Klagerecht, wie die eingetretene Handlungsfähigkeit auch nicht rückwärts den Anspruch erweitern kann[42]).

Die Erstreckung ins Unbestimmte, welche die Verwendungsklage in der gemeinrechtlichen Praxis erfahren hat, ist vornehmlich auch darin hervorgetreten, daß man die Klage selbst gegen einen Dritten zuließ, in dessen Vermögen nachmals der Vortheil übergegangen war, daß man ihr also einen dinglichen Charakter beilegte[43]). Nicht ganz ist das A.L.R. hiervon freigeblieben. Insofern es sich nämlich um eine durch Verwendung verbesserte Sache handelt, wird der Anspruch gegen den späteren Erwerber der Sache zwar verworfen, wenn dieser entgeltlich in den Besitz der verbesserten Sache gekommen ist; aber er wird gestattet bis auf den Betrag der zur Zeit des Erwerbs noch vorhandenen Werthverbesserung der Sache, wenn er diese unentgeltlich übernommen hat[44]).

Der Anspruch aus der nützlichen Verwendung ist der dreißigjährigen Verjährung unterworfen, weil er den Charakter eines Erfüllungsanspruchs aus einer einseitig verpflichtenden Obligation hat, er ist nicht eine Schadenersatzforderung außerhalb eines Vertrages. Eine solche würde nur vorliegen, und folgeweise die dreijährige Verjährung eingreifen, wenn der Beklagte sich einer Beschädigung schuldig gemacht hätte[45]).

§ 149. Die Geschäftsbesorgung ohne Auftrag.

A.L.R. I. 13 §§ 228—261. — Bornemann III. 265. v. Daniels III. 335. Koch, Schles. Arch. IV. 128. Priv.R. II. 394. R. d. F. III. 580. Gruchot, Glossen B. 15 S. 429. Dernburg II. §§ 284—286. Fischer § 89. — Plathner, Der Anspruch aus der Führung fremden Geschäfts, in der jurist. Wochenschr., 1848, S. 317. Korte in Gruchot's Beiträgen B. 1, 1857, S. 367. — Glück, V. S. 318. Unterholzner II. S. 600. Vangerow III. 518. Arndts §§ 297 f. Sintenis II. 583. Keller §§ 318 ff. Windscheid II. §§ 430 f. — Kämmerer in der Zeitschr. f. Civ.R. und Proz. B. 8 S. 137, 1835. Wächter, Beiträge z. L. v. d. neg. gestio im Arch. für civilist. Praxis B. 20, 1837, S. 337. Chambon, Die neg. gestio, 1848. Ruhstrat, Beiträge z. L. v. d. neg. gestio im Archiv f. civilist. Praxis B. 32 S. 173,

---

[42]) Entsch. B. 42 S. 84. Rehbein II. S. 655. Strieth. B. 50 S. 83. R.G. bei Gruchot B. 26 S. 983. Dagegen eine ältere Entsch. Präj. 684 (Samml. I. S. 80); vorher übereinstimmend mit der jetzigen Praxis: Strieth. B. 28 S. 293.

[43]) S. hierüber Jacobi, Nützliche Verw. S. 67 ff.

[44]) I. 13 §§ 275. 276. Vgl. Entw. des B.G.B., Reichstagsvorl. § 806.

[45]) Es gilt hier dasselbe, wie bei der Geschäftsführung. Oben B. I. § 57 Anm. 38 f. und unten § 149 bei Note 72.

B. 33 S. 25. 213, B. 34 S. 59, 1849. — 1851. Reinhard, Zum Kondiktionenrecht und beiläufig zur a. neg. gest. in der Zeitschr. f. Civ.R. und Proz. N. F. B. 8, 1851. Brinkmann, Verhältniß der actio communi dividundo und der actio negotior. gest. zu einander, 1849. Dankwardt, Die neg. g., 1855. Leist, Das erlaubte ungerufene Eingreifen in fremde Vermögensangelegenheiten 1855 in s. civilist. Studien H. 2 S. 103. 178 (über preuß. R.). Köllner, Die Grundzüge der oblig. neg. gest., 1856. Ruhstrat, Ueber neg. g., 1858 und bei Ihering, Jahrb. B. 9 S. 223f., B. 10 S. 208. Witte, Bereicherungsklagen, 1859, S. 6—40. Jacobi in den Jahrb. von Gerber und Ihering IV. 215f. Aarons, Beiträge z. L. v. d. neg. gest. I. Abth. 1860 (enth. Dogmengeschichte). v. Monroy, Die vollmachtlose Ausübung, 1878. Sturm, Das negotium utiliter gestum, 1878. F. Hellmann, Die Stellvertretung in Rechtsgeschäften, 1882. — Ogonowski, Geschäftsführung ohne Auftrag. Zimmermann, Echte und unechte negotiorum gestio. Kohler in Ihering's Jahrb. B. 25 S. 123.

Enger umgrenzt und bestimmter gestaltet als der Anspruch aus nützlicher Verwendung sind die beiderseitigen Ansprüche aus einer Geschäftsführung ohne Auftrag (negotiorum gestio). Die Thatsache der Besorgung eines fremden Geschäfts ohne Auftrag und ohne eine gesetzliche Verpflichtung und Berechtigung ist an sich nicht dazu geeignet, dem Geschäftsführer Rechte gegen denjenigen zu geben, für den er das Geschäft besorgt hat, — ja es ist ungehörig und zudringlich, sich in solcher Weise in die Angelegenheiten Anderer zu mischen, man macht sich ihnen dadurch verantwortlich[1]). Culpa est immiscere se rei ad se non pertinenti[2]). Diese Verantwortlichkeit ist am größten, wenn das Geschäft eines geschäftsfähigen[3]) Andern gegen dessen ausdrückliches Verbot übernommen wird. Dies ist eine Rechtskränkung[4]) und verpflichtet zum Ersatz von allem, selbst zufälligem Schaden, wenn der Zufall ohne die Einmischung dem Anderen nicht schädlich geworden wäre. Auch der dadurch entgangene Gewinn muß ersetzt werden[5]). Ebenso soll den wirklichen (nicht aber zufälligen) Schaden und entgangenen Gewinn erstatten, wer wissentlich den vom abwesenden oder sonst verhinderten Herrn

[1]) I. 13 §§ 228. 229. Oesterr. Ges.B. § 1035. Entwurf des B.G.B. I. §§ 749. 750, Entw. II. §§ 608—611, Reichstagsvorlage §§ 664—667.

[2]) l. 36 de R. J.

[3]) Der Widerspruch eines Geschäftsunfähigen wirkt nicht. Das österr. G.B. § 1040 verlangt „einen giltig erklärten Willen des Eigenthümers".

[4]) Im civilrechtlichen, nicht im strafrechtlichen Sinne. Entsch. B. 13 S. 510. Contradicentis negotia non geruntur (Hellfeld). l. 40 D. XVII. 1 und ein komplizirterer Fall in l. 8 § 3 D. III. 5. Ruhstrat, Archiv B. 34 S. 63f. Die Entscheidung des R.G. B. 11 S. 223 nimmt freilich auch in solchem Fall gemeinrechtlich actio neg. gestorum an. Praktisch erheblich wäre das insbesondere für die Verjährung. Der Anspruch muß in diesem Fall preußisch-rechtlich der kurzen Verjährung des sechsten Titels unterstellt werden. War der Verbietende zur Vornahme des Geschäfts gesetzlich verpflichtet, so wirkt sein Verbot nichts. Seuffert XIV. 94. Entw. des B.G.B. § 749 Abs. 2, Entw. II. § 609 mit der Modifikation des § 610, Reichstagsvorlage §§ 665. 666.

[5]) I. 13 §§ 249. 250, l. 8 § 3 D. III. 5. Leyser, Med. LV. 5. 6. Vergl. A.L.R. I. 3 § 13, I. 7 § 241, I. 14 § 85, I. 20 § 131, I. 21 § 251. Ferner: I. 6 § 16 (Verbotsgesetz), I. 14 § 13 (eigenmächtig gegen die Bestimmung des Niederlegers). I. 13 § 50 (eigenmächtiges Abgehen vom Mandat).

des Geschäfts bestellten Bevollmächtigten durch seine Einmischung an der Ausführung des Geschäfts hindert[6]).

Aber das strenge Festhalten dieses Standpunkts würde zur Folge haben, daß in Ermangelung eines durch eine gesetzliche Vertretungspflicht oder durch privaten Vollmachtsauftrag Berufenen die nothwendigsten Handlungen zur Erhaltung und Wahrung der Rechtsstellung Anderer unterlassen werden würden, auch wenn diese selbst an einer Thätigkeit in eigenen Angelegenheiten gehindert oder von der Nothwendigkeit des Eingreifens nicht unterrichtet sind. Noch weniger würde jemals etwas geschehen, um den Nutzen dieser Anderen zu fördern. Ja, wenn jemand unbesonnen eine Thätigkeit in Anderer Angelegenheiten begonnen und dadurch Dritte, die dasselbe gethan hätten, davon abgehalten hat, würde er vielleicht, wenn er sich von der Rechtslage besser überzeugte, das Begonnene einstellen, und gerade dadurch erst recht den Andern schädigen. Deshalb[7]) hat das Recht zunächst an das Einmischen in die Geschäfte Anderer die Folgerung geknüpft, daß damit die Pflicht übernommen wird, das Begonnene bis auf Weiteres durchzuführen, und im Falle der Genehmigung, die erlangten Vortheile dem Anderen, den das Landrecht, — nicht immer zutreffend, — als den „Eigenthümer" bezeichnet, auszuliefern. Dann fordert aber auch auf der anderen Seite die Billigkeit, daß der Vortheil, die durch das Geschäft erlangte Bereicherung dem Anderen nicht zufalle, ohne daß der Nachtheil ausgeglichen wird, den der Geschäftsführer durch seine ungerufene Thätigkeit oder dabei erlitten hat[8]). Daher utilitatis causa receptum est, invicem eos obligari[9]). Selbst in jenen Fällen der besonders unbefugten Einmischung soll wenigstens der erlangte Vortheil auf den Entschädigungsanspruch gegen den Geschäftsführer in Anrechnung gebracht werden[10]). Wo aber für einen Anderen ein nützliches Geschäft ungerufen, doch auch unverboten von einem Dritten ausgeführt worden, erwächst eine Obligation, die durch Klagen geltend gemacht werden darf. Als Grund-

---

[6]) I. 13 § 252. Es ist nicht gerade eine vertragsmäßige Vollmacht vorausgesetzt, auch neben einem gesetzlichen Vertreter darf man sich nicht einmischen. Nach römischem Recht wurde einem solchen Eindringling die a. n. g. constr. versagt, weil anzunehmen sei, daß er nicht die Absicht gehabt habe, den Herrn zu verpflichten. l. 1 J. III. 27, l. 2 C. II. 19.

[7]) § 1 J. III. 26 (27) ne absentium desererentur negotia, quae sane nemo curaturus esset, si de eo quod impendisset, nullam habiturus esset actionem. l. 5 pr. D. XLIV. 7. Unterholzner II. 600. Wächter S. 347. Sturm S. 10. Ueber die Entstehung des Anspruchs im röm. Recht. Ruhstrat, Arch. B. 32 S. 198, B. 33 S. 25f. Wlassak, Zur Geschichte der negotiorum gestio. 1879.

[8]) I. 13 § 230. Leist a. a. O. S. 156. S. Entwurf des B.G.B. § 752. 753, Entw. II. §§ 613. 614, Reichstagsvorlage §§ 669. 670.

[9]) l. 5 pr. D. XLIV. 7.

[10]) I. 13 §§ 251. 241. l. 17 § 4 D. XIV. 3 videri me dolum malum facere, qui ex aliena jactura lucrum quaeram. l. 11 D. III. 5 quod si in quibusdam lucrum factum fuerit, in quibusdam damnum absens pensare lucrum cum damno debet. Glück V. 338f. Eine utilis neg. gest. actio l. 40 D. XVII. 1. Aber nach l. ult. C. II. 19 nur bei dolosem Verbot nach erlangtem Nutzen. Chambon S. 80. Nach österr. G.B. § 1040 darf nur der gemachte Aufwand in Natur zurückgenommen werden. Bair. Entw. Art. 744: das Recht der Hinwegnahme.

lage dieser Obligation läßt sich kein Kontrakt irgend welcher Art hinstellen[11]), vielmehr ist festzuhalten, daß es bei der Geschäftsführung an der Grundlage einer ausgetauschten Willenseinigung vollständig fehlt; der römische Ausdruck quasi ex contractu besagt gerade, daß es zwar an einem Vertrage fehlt, daß aber dennoch eine Obligation besteht, ein Band, das den Geschäftsführer und den, dessen Geschäfte geführt werden, verbindet, ähnlich wie bei einer aus einem Kontrakt erwachsenden Obligation[12]). Hier gebietet also das positive Recht in Anerkennung jenes Grundsatzes der Billigkeit, der durch die in § 147 erörterte Bestimmung des § 230 des dreizehnten Titels noch nach anderen Richtungen hin im allgemeinen Anerkennung gefunden hat, daß aus solcher Geschäftsführung Ansprüche erwachsen sollen[13]).

Die Grundsätze dieses Obligationsverhältnisses können nur eintreten, wenn der Handelnde nicht durch einen giltigen Auftrag[14]) oder durch eine aus dem Gesetz entspringende Berechtigung und Verpflichtung[15]) zu der Handlung berufen war. Liegt ein solches Verhältniß vor, so treten die dafür geltenden Rechtsregeln ein. Ebenso bestimmen die besonderen Regeln das Verhältniß, sofern der Handelnde aus irgend einem Grunde das Recht hat, im eigenen Interesse in die Geschäfte des Anderen einzugreifen[15a]). Es handelt sich also stets um ein zunächst unbefugtes Einmischen in fremde Angelegenheiten.

---

[11]) Abweichend Koch, R. d. F. III. 580. Schles. Arch. IV. 136. Jacobi, Nützl. Verw. S. 170 Anm. 14 (facio ut des), und in Gerber und Ihering Jahrb. IV. 216 (wo er Anm. 62 richtig ausführt, daß die neg. g. ein einseitiges Rechtsgeschäft sei, welches sich auf die einseitige Willenserklärung des gestor gründe). Leist a. a. O. S. 140. 160 fg. (Zustandsobligation) S. 187 Note 2. Korte S. 371 oblig. quasi ex contractu. Dankwardt nimmt fingirtes Mandat an. „Weder Präsumtion noch Fiktion sind innere Rechtsprinzipien produktiver Natur", Kuntze bei Schletter B. 2 S. 140.

[12]) Vergl. § 147 Anm. 1.

[13]) Nach den vorlandrechtlichen Ansichten kann es nicht zweifelhaft sein, daß man für die neg. gest. und die in rem verso unum idemque fundamentum annahm (Hellfeld § 918). Dieser Grund war der Satz: quod nemo locupletior fieri debet cum damno alterius. Von dieser Ansicht sind die Redaktoren ausgegangen, wie aus Svarez' Aeußerung folgt: „beide kommen darin überein, daß sie aus dem gemeinschaftlichen principio entspringen, quod nemo u. s. w." Entsch. B. 24 S. 150. Jacobi, Nützl. Verwend. S. 34.

[14]) I. 13 § 231. Korte S. 367. Bei Ueberschreitung der Vollmacht ist der Mandatar nur neg. gestor, die Aneignung des Vortheils gilt aber als ausdrückliche Genehmigung. I. 13 § 144. Vergl. auch Strieth. B. 33 S. 110. Ohne Vollmacht handelt auch, wer nach dem Widerruf oder der Kündigung seiner Vollmacht das Geschäft fortsetzt. I. 13 § 175. Strieth. B. 4 S. 6. Hier treten aber noch besondere Regeln hinzu. Vergl. auch noch I. 13 §§ 67. 204, I. 14 §§ 45. 115. 166. 341. 406, I. 16 § 45. Korte S. 372 f. Strieth. II. S. 342. I. 21 § 287, der einen Fall behandelt, wenn der Miether, ohne die Pflicht dazu zu haben, Schaden von der Sache des Vermiethers abgewendet hat.

[15]) Der Vater für das Hauskind, der Vormund für den Pupillen I. 13 §§ 228. 233 (der Ausdruck ist hier unrichtig: eine Bereicherung kann eintreten, aber sie erzeugt keinen Anspruch auf Ausgleichung). Ebenso wenn der Mann für die Frau Kurkosten zahlt. I. 13 C. II. 19 § 187, II. 1 A.L.R.

[15a]) Das Recht oder die Pflicht, und damit auch das Recht. So ist beim Nießbrauch (I. 21 § 124) und bei Miethe und Pacht (I. 21 § 280) abgesehen von dem am Schlusse der Anmerkung 14 gedachten Fall des Hinausgehens über den Pflichtenkreis, die Annahme einer Geschäftsführung ausgeschlossen. Grundsätzlich ist dasselbe zu sagen, so-

Fremde Geschäfte müssen besorgt sein. Bereits in der Lehre vom Vollmachtsvertrage ist darauf hingewiesen, daß es sich hier um denselben Ausdruck handelt, wie bei der Vollmacht[16]). Auch hier kommen nicht nur Rechtsgeschäfte in Betracht, sondern alle erlaubten Privatgeschäfte aus dem Geschäftskreise des Andern, die auf Grund eines Vollmachtsauftrages in Vertretung des Anderen vorgenommen werden können[17]). Wie dem Vertrag über Handlungen der Vollmachtsvertrag, so steht der Geschäftsführung die nützliche Verwendung durch Handlungen, die von dem Handelnden sonst zum Gegenstand des Arbeitervertrages gemacht oder gegen angemessene Bezahlung verrichtet zu werden pflegen, gegenüber[18]).

---

weit eine Verpflichtung des Leistenden besteht, für Erhaltung der Sache außerordentlichen Aufwand zu machen. I. 21 §§ 242. 243. Wenn hier § 244 auf die Vorschriften von Besorgung fremder Angelegenheiten ohne ausdrücklichen Auftrag hinweist, so geschieht das nur zur Begrenzung der Höhe des vertragsmäßigen Erstattungsanspruchs. Dieser beruht aber auf berechtigter Geschäftsführung und ist von Genehmigung des Verleihers unabhängig. — Hierher gehört auch die Zahlung eines Korrealschuldners, der durch sie nicht die Geschäfte seiner Mitschuldner führt, dessen Regreß vielmehr nach anderen gesetzlichen Regeln geordnet ist; die Geltendmachung von Ansprüchen durch den Assignator oder durch denjenigen, dem ein Anspruch im Wege der Zwangsvollstreckung zur Einziehung überwiesen ist, und andere Fälle.

16) Oben § 141 bei Anm. 14ff.

17) Vergl. bes. Aarons, Beitr. Der Ausdruck Förster's, daß auch hier für den Begriff des Geschäfts fest zu halten sei, daß das Moment der Stellvertretung vorliegen müsse, darf nicht dahin aufgefaßt werden, daß bei der Geschäftsführung nur ein Handeln im fremden Namen vorkommen könne; vielmehr ist entsprechend der Erstreckung des Vollmachtsbegriffs auf Fälle, in denen der Beauftragte ein Geschäft im eigenen Namen abschlißen soll, für die Abgrenzung genügend, daß es sich um eine Thätigkeit handelt, die in Vertretung des Willens des Geschäftsherrn nach Außen vorkommen kann. In der gemeinrechtlichen Literatur pflegt dem Falle, daß objektiv zur Rechtssphäre eines bestimmten Geschäftsherrn gehörige Geschäfte geführt werden, die Führung solcher Geschäfte an die Seite gestellt zu werden, bei denen das Subjekt, für das sie vorgenommen werden, nicht durch den objektiven Inhalt, sondern durch den subjektiven Willen des Handelnden klargestellt wird. Beispiele einer über Vertretung in Rechtsgeschäften mit dritten Personen hinausgehenden Geschäftsführung aus der Praxis bilden Herstellung eines Gebäudes, zu welchem Zweck neben eigener Thätigkeit mit Bauarbeiten zu kontrahiren war, — Beschaffung einer Bohrmaschine zu deren Lieferung der Geschäftsherr verpflichtet war. Strieth. B. 61 S. 69. Rehbein II. S. 626.

18) Oben § 141 a. a. O. § 148 Anm. 26. Vergl. I. 13 § 232, I. 11 §§ 873. 874. Die Vermischung der neg. gest. und versio in rem ist in der Praxis ungemein häufig, beide Institute fließen hier in einander, und es ist in der That auch oft schwer, sie auseinander zu halten, was wesentlich in der Unbestimmtheit liegt, die im A.L.R. die Obligation aus der Version zeigt. So scheint z. B. wenn die Mutter für die von ihr geleistete Verpflegung ihres unehelichen Kindes den Erzeuger in Anspruch nimmt, wenn eine Armen- oder Krankenanstalt gegen die Alimentationsverpflichteten des Verpflegten, der nur vorläufig verpflichtete gegen den erstattungspflichtigen Armenverband klagt, die Klage nicht als a. neg. gest. contr. aufgefaßt werden zu müssen, weil die Handlung der Verpflegung gar nicht in der Sphäre des Beklagten liegt, so daß er dabei zu vertreten wäre, vielmehr von ihm nur die Mittel zur Verpflegung herzugeben sind, und er von dieser Pflicht durch die gemachten Aufwendungen entlastet ist. A. M. Jacobi, Nützl. Verw. S. 181 Note 33, der hier Geschäftsführung als Klagefundament, die nützliche Verwendung als Betrag des Anspruchs auffaßt, in Folge seiner Ansicht, daß letztere überhaupt niemals Klagegrund sei, und daß durch Handlungen nicht nützlich verwendet werden könne. (S. 168fg.) Aehnlich Dresden. Anm. I. 49. Seuffert VI. 193, IX. 240 (Wolfenb.) XII. 164. Zum Theil findet hier eine Versionsklage, zum Theil ein von der Gesetzgebung besonders geregelter Anspruch statt. Wohlers, Entsch. d. Bundesamts f. Heimathw. XVII. S. 97.

Auch in subjektiver Beziehung stehen der Vollmachtsvertrag und die Geschäftsführung parallel. Wenn auch der Geschäftsunfähige sich durch die Einmischung über das Maß seiner andauernden Bereicherung hinaus nur insoweit verpflichtet, als ihm die Handlung als Rechtsverletzung zugerechnet werden kann, so kann er doch aus den ausgeführten Geschäften dieselben Ansprüche, wie ein völlig handlungsfähiger Gesellschaftsführer erheben[18a]). Als möglichen Geschäftsherrn sieht die Rechtsprechung auch eine noch gar nicht existirende, erst erhoffte Persönlichkeit an[19]). Werden die Geschäfte einer Mehrheit von Personen geführt, so haften dieselben der Regel nach nur ratarisch; mehrere Geschäftsführer haften nothwendig auf das Ganze[19a]).

Es genügt nicht, daß das Geschäft, das ausgeführt wird, oder dessen Ausführung begonnen hat, ein fremdes ist[20]). Der Handelnde muß es auch als solches und also im Interesse des Anderen[21]) unternommen haben. Die Absicht, das Geschäft als das des Anderen auszuführen, giebt der Willenshandlung einen rechtsgeschäftlichen Charakter[21a]); darauf, daß der Handelnde sich zugleich dessen bewußt ist, welche Pflichten er übernimmt, welche Rechte er gegen den Geschäftsherrn erlangen will, kommt es nicht an; das sind Folgen, die sich kraft des Gesetzes an die bewußte Thätigkeit in den Geschäften des Anderen knüpfen. Jene Absicht schließt aber, da sich unten zeigen wird, daß nur nützliche oder wenigstens für nützlich gehaltene Geschäftsführung Rechtserheblichkeit hat, die Absicht in sich durch das Geschäft das Vermögensinteresse des Herrn zu befördern[22]). Diese Absicht wird dadurch nicht aus-

---

18a) Vergl. Entw. des B.G.B. §§ 752. 756, Entw. II. § 613, Reichstagsvorl. § 669.

19) Jemand der noch nicht existirt, vielleicht nie zur Existenz kommt, hat zur Zeit freilich noch keine Geschäfte, die für ihn geführt werden. Wer sich also mit dem Geschäftsführer eines solchen Geschäftsherrn einläßt, steht der Gefahr gegenüber, das Geschehene werde sich als inhalts- und wirkungslos erweisen. Die Praxis hat aber die nachmalige Genehmigung des zur Existenz gekommenen Geschäftsherrn als zulässig und geeignet angesehen, dem Geschäft für und gegen ihn Wirksamkeit zu verschaffen. Vergl. wegen des nasciturus oben B. I. § 19 Anm. 5. Bezüglich der Kommanditgesellschaften auf Aktien und der Aktiengesellschaften (R.O.H.G. B. 20 S. 208) hat die Gründungsthätigkeit und das Rechtsverhältniß der gegründeten Gesellschaft zu dem vorgängigen Gründungsaufwand eine gesetzliche Regelung erfahren. H.G.B. Art. 175b. 180. 209b ff. Auch bei anderen in Aussicht genommenen juristischen Personen hat die Rechtsprechung die Zulässigkeit der Geschäftsführung und das Inkrafttreten der nachmals genehmigten Geschäfte angenommen. R.G. in Jur. Wochenschrift 1886 S. 421 und bei Gruchot B. 33 S. 873.

19a) I. 17 §§ 236. 237. Bei mehreren Geschäftsführern ist nicht, wie bei mehreren Mandataren eine Theilung der Haftung denkbar.

20) I. 13 § 228. Vergl. Anm. 17.

21) l. 6 § 3 D. III. 5 non mei contemplatione sed sui lucri causa. Korte a. a. O. S. 368. Jacobi Nützl. Verw. S. 127 Note 25. Leist a. a. O. S. 109. Chambon S. 43f. § 4. Ruhstrat, Arch. B. 34 S. 70f. Heuser, Ann. B. 8 S. 216. Vgl. Entw. des B.G.B. § 749, Entw. II. § 608, Reichstagsvorl. § 664. Der Umstand, daß bei der Geschäftsführung daneben auch das eigene Interesse leitend ist, vielleicht sogar an erster Stelle leitend ist, schließt die Annahme einer neg. gest. nicht aus. Vergl. R.O.H.G. B. 7 S. 362.

21a) Vergl. B. I. § 28 Anm. 13. Es bedarf nur des animus aliena negotia gerendi, nicht des animus recipiendi.

22) Korte S. 367. 368. Auch ein die Sache verbessernder malae fidei possessor ist daher

geschlossen, daß der Geschäftsführer sich über die Person dessen, den er dabei vertreten will, irrt[23]); aber sie ist ausgeschlossen, wenn das fremde Geschäft nur im eigenen Interesse oder ausgehend von der Annahme, daß es sich um ein eigenes Geschäft handle, unternommen wird[24]). Auf den letzteren Fall wird sogleich zurückzukommen sein[25]).

Wenn auch, wie eben erwähnt, es nicht nothwendig in der bewußten Absicht des Handelnden gelegen haben muß, den bestimmten Anderen (den Geschäftsherrn) sich zu verpflichten[26]), so hat doch derjenige, der durch seine Einmischung

nicht neg. gestor. Die Verpflichtung des malae fidei possessor zur Rechnungslegung (Entsch. B. 119 S. 21. Rehbein II. S. 788) ist auch ohne Annahme einer negotiorum gestio zu rechtfertigen. Ruhstrat, Arch. B. 34 S. 63 § 19 neg. gestio ohne contemplatio domini. Ist das Geschäft aus Gewinnsucht und bloß um eignen Vortheils willen besorgt, so fällt die a. contr. weg. Römer, Samml. v. Entsch. des Lübecker O.A.G. in Frankf. S. B. 1 S. 475. Heuser, Ann. B. 8 S. 217.

[23]) I. 13 § 261. Ebenso l. 5 § 1, l. 45 § 2 D. III. 5. Glück V. 350. Ruhstrat, Arch. B. 34 S. 75. Seuffert XI. 37. Vergl. Entwurf des B.G.B. § 757, Entw. II. § 617, Reichstagsvorl. § 673.

[24]) I. 13 §§ 234. 238 sprechen auch von einer Geschäftsführung zur Abwendung eines Schadens des Geschäftsherrn oder zur Befriedigung seines Vortheils. Nur für diese Geschäftsführung kommen die obligatorischen Wirkungen in Betracht. Sonst ist sie Delikt, unbefugter Eingriff, — oder Handeln in eigenen Angelegenheiten — mit der möglichen Wirkung, daß dadurch das Vermögen des Anderen verbessert wird. S. Entw. des B.G.B. § 761 Abs. 1, Entw. II. § 618, Reichstagsvorl. § 674. Auch Dernburg II. § 284 Anm. 14 hat seine frühere Ansicht aufgegeben, daß neg. gestio auch dann anzunehmen sei, wenn der Handelnde bei der Geschäftsführung irrig glaubte, eigene Geschäfte zu führen. Wie will man auch die erste und wesentlichste Wirkung des begonnenen negotiorum gestio: daß der Handelnde verpflichtet ist, das Geschäft durchzuführen, rechtfertigen, wenn Jemand mit dem irrigen Bewußtsein, in eigenen Sachen zu handeln, also auch nach Belieben aufhören zu können, die Thätigkeit, deren Umfang sich vielleicht zunächst nicht übersehen ließ, übernommen hat. Freilich hat auch das Obertribunal, z. B. Entsch. B. 63 S. 141. Rehbein II. S. 618 und Entsch. B. 65 S. 78. Rehbein II. S. 621 ausgeführt, daß bei der Frage, ob der Handelnde durch seine Thätigkeit verpflichtet werde, nicht seine subjektive Anschauung oder Absicht, sondern nur objektiv in Frage komme, ob ein fremdes Geschäft besorgt ist. Die l. 6 § 3 D. III. 5, sagt das nur von jemand, der depraedandi causa accedit, also nicht von dem, der das Geschäft für das seinige hält. Gegen jenen wird man auch nach preußischem Recht zwar nicht die actio neg. gestorum, aber eine Deliktsklage annehmen können. Vergl. Anm. 4. S. auch Strieth. B. 70 S. 343, B. 85 S. 34. R.G. Entsch. B. 7 S. 191, B. 10 S. 240 und die Bemerkungen zu den letzteren bei Rehbein II. S. 623. Vergl. auch Zimmermann a. a. O. S. 156. Köllner a. a. O. § 10. Windscheid §§ 430, 431 will den Handelnden der nicht weiß, daß er fremde Geschäfte führt, zwar als negotiorum gestor, aber nur auf die Bereicherung haften lassen. Die Konsequenz des abweichenden Standpunkts führt dazu, dem bonae fidei possessor aus allen seinen Verwendungen in die Sache die Ansprüche des neg. gestor zu geben. Vergl. dagegen Unterholzner II. 610 bei 2A.

[25]) Vergl. bei Anm. 32.

[26]) l. 4, l. 27 § 1, l. 44 D. III. 5, l. 11. 12. 15 C. II, 19. Glück V. 35. Wer in eigenem Interesse ein Geschäft vornimmt, das zufällig auch für einen Andern sich nützlich erweist, hat nicht die Absicht, diesen zu verpflichten und ist daher nicht dessen Geschäftsführer. Korte 368 bei b. Der animus obligandi wird aber vermuthet, es muß also sein Nichtvorhandensein als Einrede bewiesen werden. Koch, R. d. F. III. 584. Da der Irrthum über die Person des Herrn die Absicht, aliena negotia gerendi nicht aufhebt, so ist auch nicht nöthig, daß die Verpflichtungsabsicht von Anfang an auf eine bestimmte Person sich bezieht. Es genügt, daß man durch das Geschäft einen Andern verpflichten will. Chambon S. 43 f. Dem Dritten, mit dem das Geschäft abgeschlossen wird, kann man aber nur in eigenem Namen, oder als Stellvertreter einer bestimmten Person gegenübertreten. S. oben § 124 Anm. 12 ff. über das Kaufen

freigebig sein will, keine Klage auf Ausgleichung seiner Aufwendungen[27]). Eine solche Geschäftsführung verpflichtet ihn zwar, kann ihm aber Rechte nicht gewähren. Wenn das A.L.R. sagt: wer fremde Geschäfte nur zugleich mit seinen eigenen und nur bei Gelegenheit derselben besorgt hat, wird dennoch in Ansehung des fremden Geschäfts nach den Grundsätzen von der Geschäftsführung beurtheilt[28]), so ist dies dahin auszulegen, daß das mit dem eigenen zugleich besorgte fremde Geschäft als solches, d. h. nicht auch als eigenes und aus freigebiger Absicht ausgeführt sein muß[29]). Bei einer nothwendigen und unvermeidlichen Verbindung des eigenen mit dem fremden Geschäft (bei vorhandener Untheilbarkeit) entsteht eine Gemeinschaft des Ergebnisses, die nach den Grundsätzen von der vertragslosen (zufälligen) Gemeinschaft aufzulösen ist[30]).

Wer das eigene Geschäft für ein fremdes gehalten hat, kann natürlich einen Anspruch auf Ausgleichung nicht erwerben; denn er hat fremde Geschäfte nicht geführt; er kann auch durch seine Handlung dem Geschäftsherrn nicht verpflichtet worden sein[31]). Wer irrthümlich das fremde Geschäft für das eigene gehalten hat, wird ebenso wenig durch sein Beginnen zur Fortsetzung der Thätigkeit verpflichtet; er ist nicht negotiorum gestor. Aber durch seine Thätigkeit und durch seine Aufwendungen kann aus seinem Vermögen heraus eine Verbesserung der Vermögenslage des Anderen erwachsen sein, und für diesen Vortheil, der dem Anderen zufällt, kann er eine Ausgleichung erreichen. Die gemeinrechtliche Praxis ließ hier die Geschäftsführungsklage (als actio utilis) zu, das preußische Recht gewährt die Klage aus der nützlichen Verwendung, und in dieser ein ausreichendes Rechtsmittel[32]).

---

für eine noch unbestimmte Person. Hat der Geschäftsführer dem Dritten gegenüber sich fälschlich als Beauftragten des Geschäftsherrn ausgegeben, so haftet er dem letzteren mit der neg. gest. actio auch dann, wennn er im eigenen Interesse das Geschäft besorgt, das dadurch Erlangte für sich verwendet hat. Entsch. B. 49 S. 29, B. 65 S. 78. Rehbein II. S. 621.

27) Glück V. 383. A.L.R. I. 11 §§ 1041 f. (Strieth. XLIV. 84.) A.L.R. I. 13 § 280 ist auch auf die Geschäftsführung zu beziehen l. 4, l. 27 § 1, l. 34. 44 D. III. 5, l. 12 C. II. 19. Vergl. Entwurf des B.G.B. § 754, Entw. II. § 616, Reichstagsvorl. § 672.

28) I. 13 § 258; l. 6 § 4 D. III. 5.

29) Korte S. 368. 369.

30) I. 13 § 259. Nur beschränkt sich die Verpflichtung des Anderen auf den Betrag des ihm dadurch erwachsenen Vortheils auf Höhe der Bereicherung § 260. Siehe die citirte Abhandl. von Brinkmann bes. S. 63. l. 25 § 16 D. X. 2, l. 6 § 2 D. X. 3, l. 40 D. III. 5. Auch Unterholzner S. 601 Note d.

31) Glück V. 325. l. 6 § 4 D. III. 5. Vergl. dazu l. 1 § 11 D. XLIX. 4 palam est, eam esse propriam causam, cujus emolumentum vel damnum ad aliquem suo nomine pertinet.

32) Nach röm. R. kann der Verwendende retiniren (l. 14 § 1 D. X. 3); die gemeinrechtl. Praxis gab eine utilis neg. gest. actio. Vergl. l. 49 D. III. 5: sicut ex contrario in me tibi daretur, si cum hereditatem, quae ad me pertinet, tuam putares, res tuas proprias legatas solvisses, quandoquidem ea solutione liberarer. Glück V. 346 f. Kämmerer a. a. O. S. 137 fg. Vergl. jedoch besonders Zimmermann a. a. O. S. 15. Koch, R. d. F. III. 584 f. und Kommentar Note zu § 261 will die a. neg. gest. contr. zulassen, und Förster wollte dies im Widerspruch mit dem oben im Text bei Anm. 21

Darauf, ob der Geschäftsherr **verhindert** war, sein Geschäft selbst zu besorgen, kommt nichts an. Sicher ist zwar anzunehmen, daß zunächst den Geschäftsführern für abwesende Personen ein Klagerecht gegeben wurde, und daß das römische Recht dieses erst später auf andere Arten der Verhinderung (z. B. Minderjährigkeit, Geisteskrankheit) ausdehnte[33]); aber ein wesentliches Moment zur Begründung der Klage ist die Verhinderung schon gemeinrechtlich nicht[34]); und das A.L.R. spricht sogar direkt aus, daß Abwesenheit oder Gegenwart des Geschäftsherrn auf die Obligation ohne Einfluß sein soll[35]). Die **Kenntniß des Geschäftsherrn** von der Geschäftsführung wird im gemeinen Recht als stillschweigender Auftrag aufgefaßt[36]). An sich kann aber diese Kenntniß die Obligation aus der Geschäftsführung nicht in die aus dem Mandat verwandeln und dem Geschäftsherrn die weiteren Pflichten eines Mandanten auferlegen, noch weniger dem Besorger die eines Mandatars[37]). Zwar ist es denkbar, daß unter Umständen das wissentliche Geschehenlassen als stillschweigend ertheilter Auftrag auszulegen ist, wenn solche Handlungen vorliegen, die den Schluß auf eine gegenseitige Willenseinigung gestatten[38]). Nach preußischem Recht aber kann nur die Annahme des Auftrages stillschweigend geschehen, die Ertheilung erfordert ausdrückliche Erklärung des Machtgebers[39]). Dagegen schreibt das Landrecht vor: war dem Geschäftsherrn **vor oder während** der Besorgung **bekannt**, daß ein Anderer sie übernommen hat, so muß er sie genehmigen, wenn er nicht sofort nach erlangter Kenntniß widerspricht[40]). Hiernach wirkt die Kenntniß bei unterlassenem Widerspruch als eines der thatsächlichen Momente, welche die gerechtfertigte Erwartung begründen, daß die Genehmigung erfolgen werde,

---

Gesagten mit Rücksicht auf die gemeinrechtliche Praxis vor der Redaktion (s. die Nachweisungen bei Glück V. 347 n. 44) als richtig annehmen. In der That besteht aber gegenüber dem Wortlaut v. I. 13 §§ 228. 229 nicht einmal ein Billigkeitsgrund, mehr zu gewähren, als den nach § 262 ff. zu beurtheilenden, weit gehenden Anspruch aus der nützlichen Verwendung. Das sächs. G.B. § 1342 giebt eine Klage gegen den Geschäftsherrn, „soweit dieser bereichert ist". Vgl. die Abgrenzung im Entw. des B.G.B. § 761 Abs. 2, Entw. II. § 618, Reichstagsvorl. § 674.

33) § 1 J. III. 28. l. 1 D. III. 5, l. 5 pr. D. XLIV. 7. Ruhstrat, Neg. gest. S. 5.

34) Als wesentliche Voraussetzung behauptet von Cocceji, Jus controv. III. 5 qu. 2, dagegen bestritten von Walch, Controv. jur. § 5 pg. 668. Wenn aber auch die Verhinderung nicht an sich Voraussetzung der obligatio ex neg. gest. ist, so kann sich doch der Begriff der Utilität des Geschäfts für den verhinderten und für den nicht verhinderten Herrn ganz anders herausstellen. S. Ruhstrat, Neg. gest. S. 6 f. Dresdner Ann. I. 344.

35) I. 13 § 246.

36) l. 60 D. de R. J. Semper, qui non prohibet pro se intervenire, mandare creditur. Cocceji, Jus Controv. III. 5 qu. 2. Dagegen Walch, Controv. jur. § 5 pg. 668.

37) Koch, R. d. F. III. 583.

38) Nach röm. R. kann das Mandat durch stillschweigenden Konsens errichtet werden, und zur Ausschließung der a. neg. gest. contr. bedarf es einer unzweideutigen, auf einen Widerspruch oder ein Verbot hinauslaufenden Aussprache. Zeitschr. f. Rechtspfl. u. Verw. in Sachsen B. 14 S. 249.

39) I. 13 § 7.

40) I. 13 § 247. Dieser § entscheidet nicht allein die Kontroverse, ob Unkenntniß des Geschäftsherrn von der Geschäftsbesorgung erfordert werde, sondern auch die, ob die **während** der Besorgung eintretende Kenntniß auf das Rechtsverhältniß einwirke.

also zwar bis zu einem gewissen Punkte ähnlich wie ein Mandat oder die wirklich erklärte Genehmigung, aber doch nicht ganz soweit: Der Herr des Geschäfts haftet in Höhe des aus dem Geschäft ihm erwachsenden Vortheils, den er nachträglich nicht von sich weisen darf[41]). Das Wissen ist also nur ein mit Folgen ausgerüsteter Zwischenfall in dem regelmäßigen Lauf der Geschäftsführung[42]).

Die Pflichten des Geschäftsführers erwachsen aus seiner Thätigkeit, ohne daß es weiter darauf ankommt, welchen Erfolg diese für den Geschäftsherrn hat. Damit aber der letztere gegenüber dem Geschäftsführer verpflichtet werde, muß die Thätigkeit eine nützliche, eine utilis negotiorum gestio sein[43]). Der Begriff des Nützlichen ist nicht leicht zu bestimmen: nicht die Meinung des Geschäftsführers kann darüber entscheiden, auch nicht die nur zu vermuthende Ansicht des Herrn, der Begriff muß objektiv genommen werden[44]). Nützlich ist die Besorgung eines jeden Geschäfts, das auch der Herr unternommen hätte, wenn man sich ihn als ordentlichen Hausvater denkt, eine Thätigkeit, die verständiger Weise auch von ihm selbst nicht hätte unterlassen werden sollen[45]). Das Nützliche steigert sich entweder zum Nothwendigen oder es ist nur vortheilhaft. Das A.L.R. scheidet hiernach. Nothwendig ist das Geschäft, das unternommen wird, um einen gewissen oder wenigstens wahrscheinlichen Schaden abzuwenden[46]), vortheilhaft ein Ge-

---

[41]) Förster sagte: „als stillschweigend ertheiltes Mandat", fügte aber hinzu: Damit harmonirt freilich nicht § 248, daß der Herr dem Besorger nur auf Höhe des Vortheils haften soll; und deshalb will Koch, Note zu § 247 die Umwandlung in das Mandat nicht annehmen. Mit Recht nicht, nach Ansicht des Herausgebers: der sich nicht erklärende Herr haftet wie in anderen Fällen, in denen er die Geschäftsführung genehmigen muß.

[42]) Das geht auch aus Svarez Aeußerung hervor: bei der neg. gest. werden regulariter nur ignorantis negotia gerirt. Vergl. Glück V. 329f. Der Code, a. 1372 stellt das Requisit der Unwissenheit auf.

[43]) S. hierüber die Abhandlung v. Wächter im civil. Arch. B. 20 S. 337—361. Chambon S. 62. Ruhstrat, Neg. gest. S. 1—40.

[44]) Objektiv aber nicht abstrakt, d. h. es kommt immer noch auf die konkreten Verhältnisse des Falles an. Leist S. 122.

[45]) l. 2 C. II. 19 si negotia eorum, urgentibus necessitatis rationibus, utiliter gerantur. Wächter a. a. O. bes. S. 348fg. Leist a. a. O. S. 110. 122. Marezoll im civil. Arch. VIII. 265. Die einzelnen Verwaltungshandlungen des neg. gestor. bespricht Ruhstrat in s. neg. gestor. S. 54fg. Seuffert IX. 285, XII. 157. Die Uebernahme der Geschäftsführung muß „dem Interesse und dem wirklichen oder muthmaßlichen Willen des Geschäftsherrn entsprochen" haben. Entw. des B.G.B. § 753, Entw. II. § 614, Reichstagsvorl. § 670.

[46]) I. 13 § 234. Vergl. hierzu Koch, Note zu § 235. Auch Vangerow a. a. O. S. 523 bestimmt so das negotium necessarium. Das Mittel zur Abwendung des Schadens darf nicht von vornherein größer sein, als der Verlust des Herrn betragen würde; das wäre kein utiliter gerere. l. 10 § 1 D. III. 5: non autem negotia gerit, qui rem necessariam adgreditur. Eine Sache, die der Erhaltung nicht mehr werth ist. Wächter S. 351fg. Bezahlung der Schuld eines Anderen ist nicht unter allen Umständen eine nothwendige Geschäftsführung im Sinne des Gesetzes. Vergl. B. I. § 91 Anm. 33. Wächter S. 350 Note 19. l. 43 D. III. 5: cum ea solutione debitor a creditore liberatus sit: nisi si quid debitoris interfuit, eam pecuniam non solvi. Seuffert XV. 25. Beispiele von negotia necessaria hat Leist S. 118fg. aus den Quellen beigebracht. — Vergl. Entwurf des B.G.B. § 755, Entw. II. § 610, Reichstagsvorlage § 666.

schäft, durch welches „bloß" der Vortheil des Herrn befördert werden soll[47]). Die nothwendige Thätigkeit ist immer nützliche Geschäftsführung[48]); die Vortheil erstrebende kann unter Umständen sehr wenig nützlich sein, denn selbst erreichte Vortheile dürfen nicht aufgedrungen werden. Daher wirkt es verschieden auf die Obligation ein, je nachdem das Geschäft sich als nothwendig oder nur vortheilhaft charakterisirt. Bei ersterem sagt das A.L.R., der Geschäftsbesorger sei „berechtigt zu erwarten, daß der Eigenthümer solches genehmigen werde"[49]). Aber es besteht auch hier kein Recht, die Ertheilung der Genehmigung zu fordern, und andererseits ist die Verweigerung der Genehmigung gleichgiltig[50]). Die rechtliche Folge ist, daß der Herr das für ihn vom Geschäftsführer nützlich Verwendete auszugleichen hat[51]). Der Begriff des Nothwendigen ist hiernach ein objektiver, nicht die Meinung des Geschäftsführers entscheidet dafür, nicht die des Herrn dagegen. Anders bei dem „bloß" vortheilhaften Geschäft. Hier soll sich der Geschäftsführer um die Genehmigung des Herrn „bewerben"[52]), und es entscheidet die Annahme des Vortheils darüber, ob der Herr dem Geschäftsführer verpflichtet sein soll[53]). Weil aber nur die Annahme ihn verpflichtet[54]), und die Ablehnung, zu der er, abgesehen von dem oben erörterten Fall des § 247, unbeschränkt berechtigt ist[55]), den Anspruch des Geschäftsführers beseitigt, so ist der Begriff des Vortheilhaften subjektiv genommen. Nach der Meinung des Herrn kann auch das objektiv Vortheilhafte als unvortheilhaft gelten. Dadurch ist er gesichert gegen zudringliche Nützlichkeits-Ansichten Dritter. Auch wenn ein bloßer Zufall den Vortheil vereitelt, so fällt bei dem nur zur Beförderung des Vortheils unternommenen Geschäft der Anspruch des Geschäftsführers fort. Die Annahme des Vortheils kann dann nicht stattfinden[56]). Bei dem

---

[47]) I. 13 § 238. Leist S. 134 f.

[48]) Sie erzeugt also immer die Klage aus der neg. gest. gegen den Herrn.

[49]) I. 13 § 234.

[50]) Gegen diese Annahme s. Glück V. 323. Wäre die Vermuthung eines wirklich erfolgten Konsenses des Geschäftsherrn die Grundlage, so könnte gegen einen vertragsunfähigen Herrn aus der Geschäftsführung nicht geklagt werden. S. auch Wächter a. a. O. S. 340 fg. 348 Note 17. Unter den Neueren will bes. Chambon S. 51 die Obligation lediglich aus der Ratihabition hervorgehen lassen (s. auch S. 56). Gegen ihn Ruhstrat, Arch. B. 32 S. 177. 178 (wo jedoch Note 7 mit Unrecht behauptet wird, das A.L.R. stehe dem Standpunkt Chambons nahe) u. S. 152 f.

[51]) I. 13 § 235 „die nützlich aufgewendeten Kosten". In I. 13 § 69 heißt es „zweckmäßig aufgewendet". Der Sinn ist nicht verschieden. Leist S. 180. Oesterr. G.B. „nothwendig und zweckmäßig gemachter Aufwand".

[52]) I. 13 § 238. Ebenso Oesterr. G.B. § 1037.

[53]) I. 13 §§ 240. 241. A. M. Korte S. 370 fg. § 4, welcher als Grund der Verpflichtung des Geschäftsherrn dessen entweder stillschweigende oder in einzelnen Fällen (neg. necessarium) vom Gesetz ergänzte Genehmigung annimmt.

[54]) D. h. die Annahme, nach erlangter Kenntniß, daß der Vortheil aus der auftraglosen Geschäftsbesorgung entsprungen ist. I. 13 § 241. Eine solche Annahme verpflichtet auch, wenn das Geschäft vorher verboten worden oder nachträglich gemißbilligt wird. I. 13 § 251. Jacobi, Nützl. Verw. S. 180. 181.

[55]) Vergl. Strieth. XXII. 354. l. 40 D. XVII. 1, l. 24 C. II. 19.

[56]) Der Besorger übernimmt also ein solches Geschäft auf seine Gefahr. Wächter S. 353 f.

zur Abwendung von Schaden nothwendigen Geschäft dagegen bleibt der Anspruch des Geschäftsführers bestehen, wenn es auch nicht gelungen ist, den Schaden abzuwenden[57]). Hier genügt das utiliter coeptum, wie das römische Recht sich ausdrückt[58]).

Invicem eos obligari heißt es in der Pandektenstelle. Auf beiden Seiten sind Verpflichtungen möglich; aber diese Pflichten stehen nicht zu einander im Verhältniß der Gegenseitigkeit; es handelt sich nicht um Leistung und Gegenleistung. Und während die Pflicht des Geschäftsführers in allen Fällen der Geschäftsführung eintritt, hat bereits die vorstehende Erörterung gezeigt, daß nicht in allen diesen Fällen von einer Gebundenheit des Geschäftsherrn die Rede ist. Eine solche tritt nur zufällig nach der besonderen Lage des einzelnen Falls hervor, danach bestimmt sich auch ihr Inhalt. Wie beim Mandat handelt es sich im Sinne der gemeinrechtlichen Theorie um eine obligatio bilateralis inaequalis, der actio directa des Geschäftsherrn tritt nur unter Umständen die actio contraria des Geschäftsführers entgegen.

Der Geschäftsführer hat die Verpflichtung, das Geschäft mit Fleiß und Sorgfalt entsprechend dem muthmaßlichen vernünftigen Willen des Geschäftsherrn, und zwar bis zu Ende auszuführen, wenn nicht der Herr auf erhaltene Nachricht andere Verfügung trifft[59]); er vertritt grobes Versehen bei nothwendigen, geringes bei nur vortheilhaften Geschäften[60]), muß von seinen Handlungen, Einnahmen und Ausgaben Rechnung legen[61]) und das durch das Geschäft für den Herrn Erworbene ihm herausgeben[62]). In der

---

Hierher gehört auch das novum, insolitum negotium in l. 11 D. III. 5. Vergl. A.L.R. I. 14 §§ 113—115.

[57]) I. 13 § 236.

[58]) l. 10 § 1 D. III. 5. Wächter S. 353. 357. Oesterr. G.B. § 1036. Vgl. die Abgrenzung im Entw. des B.G.B. §§ 749—751, Entw. II. §§ 610—612, Reichstagsvorl. §§ 666—668.

[59]) I. 13 § 257. Der Tod des Geschäftsherrn ändert nichts an dieser Pflicht. l. 21 § 2 D. III. 5. Code a. 1373. Auch der bloße Umstand, daß der Geschäftsherr in der Lage ist, selbst einzugreifen, bringt die Pflicht nicht zu Ende. Der Geschäftsführer darf also nichts Nöthiges, was er vornehmen kann, unterlassen. l. 6 § 12, l. 19 § 4, l. 31 § 3 D. eod., l. 20 C. II. 19. Glück V. 370. Chambon S. 81 f. Die Pflicht des gestor geht auch auf seine Erben über.

[60]) I. 13 §§ 237. 245. Welchen Grad des Verschuldens der neg. gest. zu vertreten habe, war gemeinrechtlich sehr bestritten (Glück V. 351 fg.); nach älterer dreigliedriger Eintheilung legten viele dem gestor levissimam culpam auf. Dem haben sich die Redaktoren des A.L.R. angeschlossen. l. 23 de R. J., l. 11 D. III. 5, l. 20 C. II. 19. Dolus und culpa lata bei Abwendung von Schaden: l. 3 § 9 D. eod. Hasse, Culpa 2. A. S. 371. Chambon S. 105. Sturm a. a. O. § 4. S. Entw. des B.G.B. § 750, Entw. II. § 611, Reichstagsvorl. § 667.

[61]) I. 13 § 256. Vergl. § 61. Strieth. B. 33 S. 110. Oesterr. G.B. § 1039. Bähr bei Jhering B. 13 S. 271. Daß die Praxis dazu neigt, den Geschäftsführer auch dann zur Rechenschaft verpflichtet zu halten, wenn er das in die fremde Rechtssphäre gehörende Geschäft als ein eigenes vorgenommen hat, und warum dies bedenklich erscheint, darüber s. oben Anm. 21. Im Falle bewußten Eingreifens in die fremde Rechtssphäre ist die Pflicht zur Rechenschaft nicht zu bezweifeln.

[62]) Das sagt das A.L.R. zwar nicht, aber es versteht sich von selbst. l. 2. 31 § 3 D. III. 5.

Erhebung dieser Ansprüche liegt zugleich die Genehmigung der Geschäftsführung[63]).

Der Geschäftsherr soll, auch wenn er die Geschäftsführung ausdrücklich zu genehmigen keinen Anlaß findet, in Folge der ihn verpflichtenden Thätigkeit desjenigen Geschäftsführers, der dadurch von ihm hat Schaden abwenden wollen, diesem alles das vergüten, was diesem Zweck entsprechend nützlich von ihm aufgewendet[64]) worden ist. Ebenso ist er dann, wenn durch das Geschäft sein Vortheil befördert ist, und er sich diesen angeeignet hat, bis zur Höhe dieses Vortheils verpflichtet, dem Geschäftsführer für Schaden und Kosten gerecht zu werden[65]). Ist der Geschäftsherr eine unfähige Person, so ändert sich darin nichts, weil es auf den Willen des Geschäftsherrn, sich zu verpflichten, nicht ankommt, und die wirklich nothwendige oder nützliche Geschäftsführung ihn auch trotz der Nothwendigkeit gesetzlicher Vertretung bei eignen Rechtshandlungen verpflichtet[66]). Auf die Ausgleichung, die der Geschäftsherr zu leisten hat, kommt jedoch aller Vortheil in Anrechnung, den der Geschäftsführer bei Gelegenheit der Geschäftsbesorgung sich selbst verschafft hat[67]), während die Kosten in einem solchen Fall zwischen beiden Theilen nach dem Verhältniß ihres Gewinnes vertheilt werden[68]). Der Inhalt dieser Verbindlichkeit, actio contraria[69]), kann natürlich auch gegen die directa actio als Einrede geltend gemacht werden[70]).

Es ist oben dargelegt, daß sich aus der Geschäftsbesorgung, obgleich

---

[63]) Wächter S. 339. Chambon S. 133 f. Nach Code a. 1372 entspricht die actio directa durchaus der a. mandati directa. Der Geschäftsherr hat die Klage auch dann, wenn Jemand sein Geschäft im Auftrage eines Dritten besorgt hat. Seuffert XV. 1.

[64]) I. 13 §§ 234–236. l. 2 D. III. 5. Keine Zinsenvergütung, was nach l. 19 § 4 cod. Seuffert VI. 35 gemeinrechtlich zweifelhaft ist. Die Größe der Verwendung begrenzt die Verpflichtung zum Ersatz. Strieth. B. 61 S. 96. Rehbein II. S. 626. Wenn hier gesagt ist, daß der Anspruch auch durch die Höhe des Vortheils begrenzt wird, so ist dies für die Geschäftsführung zur Abwendung eines Schadens nicht richtig, da diese ohne Rücksicht auf den Erfolg verpflichtet. Oben Anm. 58.

[65]) I. 13 § 241. Vergl. § 230 und hierzu Strieth. XXII. 354. Es muß eine wirkliche neg. gestio stattgefunden und der Herr muß durch diese einen Vortheil erlangt haben, den er nach seiner Wahl annehmen oder ablehnen konnte. Die einmal getroffene Wahl ist unwiderruflich. — Ehe die Aneignung stattgefunden hat, ist der Geschäftsherr nicht verpflichtet. Ueber das Verhältniß zu dem Dritten, mit dem der Geschäftsführer kontrahirt, s. unten.

[66]) Förster wollte den Unfähigen nur in Höhe des noch vorhandenen Vortheils nach I. 13 § 274 haften lassen, und citirte: l. 3 § 4, l. 6 pr., l. 37 pr. D. III. 5, l. 2 C. II. 19. Glück V. 380. Unterholzner II. S. 607. Eine wirkliche Führung nothwendiger oder nützlicher Geschäfte richtet sich aber gegen den Unfähigen in seiner gehörigen Vertretung. Dernburg II. § 286 Anm. 20 stimmt hiermit überein, wenngleich er angiebt, daß seine Ansicht von der hier vertretenen abweiche. Den Standpunkt des Entwurfs des B.G.B. s. in § 752, Entw. II. § 613, Reichstagsvorl. § 669.

[67]) I. 13 § 254. Das ist z. B. der Fall, wenn man ein fremdes und ein eigenes Geschäft zusammen oder ein Geschäft in eigenem und fremdem Interesse besorgt hat. R.G. bei Gruchot B. 38 S. 474. Vergl. l. 11 D. III. 5.

[68]) I. 13 § 255. S. Koch, R. d. F. III. 594 f.

[69]) Chambon S. 135. Sie geht nicht gegen den dritten Besitzer der Sache, in Bezug auf welche das Geschäft besorgt worden ist. Glück V. 378.

[70]) Unterholzner II. 611, VII. und Note t.

dieselbe kein Vertragsverhältniß ist[71]), das eben geschilderte Obligationsverhältniß ergiebt, das als solches vom Recht anerkannt wird. Die Pflicht des Geschäftsherrn ist deshalb im Sinne der Verjährungsgesetze nicht eine Entschädigungsforderung „außerhalb eines Vertrages", und die mit jenen Klagen geltend zu machenden Ansprüche verjähren demgemäß in 30, nicht in 3 Jahren[72]). Dies gilt auch für die Klage des Geschäftsherrn gegen den Geschäftsführer in dem oben angegebenen Umfang. Wenn aber der Geschäftsherr im Falle einer Geschäftsführung zur Beförderung seines Vortheils diesen sich nicht aneignet, so tritt der an die Spitze der ganzen Erörterung gestellte Gesichtspunkt hervor. Der Geschäftsherr ist dann in der Lage, die Einmischung in seine Angelegenheiten als unbefugt und widerrechtlich anzusehen und deshalb eine in drei Jahren von Kenntniß des Schadens und ihres Urhebers verjährende Forderung zu erheben[73]). Der Geschäftsführer ist verpflichtet, die Sache in den vorigen Stand zu setzen und den Schaden zu ersetzen. Wenn aber die Wiederherstellung nicht mehr ausführbar und der Vortheil, der dem Herrn zufallen würde, „offenbar" größer ist als der Nachtheil, den er erlitten, so muß er diesen mit jenem nehmen: beides wird mit einander aufgerechnet. Aber bei einem Zweifel darüber, ob der Vortheil überwiegt, kann der Herr volle Entschädigung verlangen und dem Geschäftsführer das ganze Geschäft, also auch die Sache, auf die sich dieses bezieht, überlassen[74]).

Es ist endlich im gemeinen Recht streitig, wie die Genehmigung des Herrn auf das Schuldverhältniß einwirkt, insbesondere ob sie die Geschäftsbesorgung im Verhältniß der beiden Theile zu einander in Vertretung auf Grund einer Vollmacht verwandelt[75]). Scävola und Ulpian scheinen sich zu widersprechen, denn Ersterer will auch nach der Ratihabition die actio

---

[71]) Oben bei Anm. 11.

[72]) S. oben B. I. § 57 bei Anm. 38a ff. Koch, R. d. F. III. 590 Note 7 bezeugt, daß die Praxis zur Anwendung des § 54 I. 6 und der Dekl. 31. März 1838 mithin zur Annahme der 3jährigen Verjährung neige, und beruft sich auf zwei Erkenntnisse des O.Trib. aus den Jahren 1837 und 1840 (jur. Wochenschr. 1839 S. 5 und Schles. Arch. IV. 451 fg.). Das Erkenntniß von 1840 betraf aber nicht die a. neg. gest. directa des Geschäftsherrn gegen den Geschäftsführer, sondern eine Klage des Dritten gegen den Letzteren, weil er sich unbefugt ihm gegenüber als Mandatar gerirt habe, also eine Klage auf Grund des § 229, der soweit er sich auf die Verantwortlichkeit gegen den Dritten bezieht, nur eine Entschädigungsobligation begründet, die nicht aus dem Geschäft, sondern aus der Thatsache entspringt, daß der Beklagte fälschlich als Mandatar aufgetreten (dolus). Der Anspruch wurde abgewiesen, weil die Beschädigung des Klägers durch den Beklagten nicht festgestellt worden. Gelegentlich wird dabei geäußert, daß auch die 3jährige Verjährung durchgreife, und das war bei der Sachlage des Falls allerdings richtig. Die Entsch. aus dem J. 1837 wird aber gegenüber dem Pl.Beschl. vom 6. Septbr. 1852 (Entsch. B. 23 S. 241) nicht mehr aufrecht zu halten sein.

[73]) I 13 §§ 240. 242. 229. Der Grund dieses Anspruchs ist die Thatsache der unbefugten Einmischung, nicht die Geschäftsbesorgung. Vergl. Koch, Komm. Note zu § 243.

[74]) I. 13 §§ 242—244. Im Wesentlichen ebenso österr. G.B. § 1038.

[75]) Vergl. Chambon S. 50 fg. §§ 5. 6. Ruhstrat, Archiv B. 33 S. 228 f. Leist S. 113.

negotiorum gestorum aufrecht halten[76]). Letzterer verlangt die Anstellung der mandati actio[77]). Allein des Letzteren Ausspruch bezieht sich auf einen besonderen Fall: die Ratihabition einer für den Geschäftsherrn übernommenen Bürgschaft war erfolgt, ehe der Bürge gezahlt hatte, ehe ihm also ein Anspruch an den Geschäftsherrn zustand und hier soll die Ratihabition wirken, daß der Bürge seinen später entstehenden Anspruch aus der Mandatsklage (a. mandati contraria) geltend zu machen hat. Daraus folgt nicht, daß die Ratihabition schon wirklich gewordene Ansprüche ändern kann, am wenigsten, daß sie die Klage des Geschäftsherrn gegen den Geschäftsführer in die actio mandati directa umwandelt[78]). Aber zur Zeit der Redaktion wurde dies von einigen Juristen angenommen[79]), und das A.L.R. hat sich dieser Meinung angeschlossen, indem es vorschreibt: erfolgt die Genehmigung ausdrücklich und uneingeschränkt, so entstehen zwischen beiden die Rechte und Pflichten wie zwischen einem Machtgeber und Bevollmächtigten[80]). Das

[76]) l. 9 D. III. 5 etsi comprobem, adhuc negotiorum gestorum actionem esse, und am Schluß: nam utique mandatum non est: erit igitur et post ratihabitionem negotiorum actio. Der Grund liegt in der Frage: quum semel coeperit (nämlich a. neg. gest. nata esse) nuda voluntate tolletur? Der bloße Wille kann hinterher das entstandene Klagerecht nicht ändern. Vergl. l. 19 C. II. 19, l. 3 C. III. 32, l. 3 C. VIII. 38, wo überall trotz der Ratihabition aus der negot. gest. geklagt werden muß. Chambon S. 60. Ruhstrat B. 33 S. 237.

[77]) l. 60 de R. J. Semper, qui non prohibet, pro se intervenire, mandare creditur. Sed et si quis ratum habuerit, quod gestum est, obstringitur mandati actione (nämlich contraria). Chambon S. 57. 59. Ruhstrat B. 33 S. 231.

[78]) Dies ist auch jetzt die gemeine Meinung, welche dem nachträglich ratihabirenden Geschäftsherrn nur die a. neg. gest. directa, dem Geschäftsführer aber nach erfolgter Ratihabition die a. contr. neg. gest. und mandati zugestehen will. Es wird ja die Geschäftsbesorgung nur als solche, nicht als einem Auftrag entsprechend genehmigt. S. auch Ruhstrat, Archiv B. 33 S. 228f. Fuchs im Archiv f. prakt. R.W. B. 7 S. 291f. Dresdener Annalen B. 4 S. 351. Dagegen Seuffert XI. 38 (Cassel). Sächs. G.B. § 1340.

[79]) Glück V. S. 333f. Chambon S. 56. 57. 58. Die Meinungen waren sehr getheilt. Cocceji (j. controv. III. 5. qu. 6), Lauterbach (colleg. III. 5 § 10), Hellfeld § 413, Höpfner § 925 n. 1 unterschieden, ob ratihabirt worden vor Vollendung des Geschäfts — wo die Klagen aus dem Mandat entstehen sollten — und nach Vollendung desselben, wo die act. neg. gest. blieben. Namentlich Hellfeld läßt im ersten Fall die Ratihabition als ein von Anfang an ertheiltes Mandat wirken. Voet, comment. III. 5 § 14 legt den Nachdruck darauf, daß der Geschäftsherr in solcher Weise ratihabirt haben müsse, daß sich an der Ertheilung des Auftrags nicht zweifeln lasse.

[80]) I. 13 § 239. Das ausdrücklich und uneingeschränkt erinnert an die Ansicht von Voet (s. vorige Note). Darüber, ob mündliche Genehmigung genüge, hat die Praxis geschwankt. In Entsch. B. 18 S. 207, Nr. 4 S. 213f. ist mit Rücksicht auf § 133 I. 5 ausgeführt, daß in Fällen, wo überhaupt Schriftlichkeit nöthig sei, auch diese Genehmigung schriftlich ertheilt werden müsse. In dem Pl.Beschl.Entsch. B. 19 S. 29 ist gesagt, daß die nachträgliche Genehmigung eines von einem Mandatar ohne schriftliche Vollmacht abgeschlossenen Geschäfts dem Dritten gegenüber auch mündlich und stillschweigend geschehen könne. Endlich in der Entsch. B. 46 S. 102 (Striethorst B. 43 S. 35), Rehbein II. S. 628 ist der Unterschied aufgestellt zwischen noch dauernder und schon vollendeter Geschäftsführung, und nur in ersterem Fall, weil sich hier die Folgen in die Zukunft erstrecken, Schriftlichkeit verlangt. Vergl. auch noch Strieth. B. 51 S. 12, B. 82 S. 41, R.O.H.G. B. 12 S. 12, B. 15 S. 257. Förster hielt ohne Scheidung des Verhältnisses zwischen Geschäftsführer und Geschäftsherrn und zu dem Dritten für das Richtige, daß die Genehmigung immer ausdrücklich, niemals stillschweigend zu ertheilen, Schriftlichkeit aber je nach der Natur des vom Besorger geführten

Rechtsverhältniß kann sich zwar nachträglich nicht in ein Mandatsverhältniß wandeln; denn ein Vollmachtsvertrag war eben nicht geschlossen; aber die Forderungen aus der Geschäftsführung erhalten den erweiterten Inhalt, den die Forderungen aus einem Mandat haben würden. Die Genehmigung wirkt rückwärts[81]).

Ob zwischen dem Geschäftsherrn und dem Dritten, mit dem der Geschäftsführer verhandelt hat, ein Rechtsverhältniß entsteht, ist davon abhängig, ob der Geschäftsschluß im Namen und in Vertretung des Geschäftsherrn erfolgt ist. In diesem Fall ist das Verhältniß in der Schwebe, so lange die Thätigkeit den Charakter der auftraglosen Geschäftsbesorgung bewahrt. Wenn die Genehmigung des Geschäftsherrn, sei es ausdrücklich oder stillschweigend, sei es dem Geschäftsführer oder dem Dritten gegenüber erfolgt, so ist der Mangel der Vollmacht geheilt[82]). Das Verhältniß besteht unmittelbar zwischen dem Geschäftsherrn und dem Dritten[83]). Wird die Genehmigung versagt, so fällt das Geschäft zusammen, aber der Geschäftsführer ist dem Dritten auf Schadenersatz verhaftet[84]). Sind die Geschäfte in der Weise geführt, daß der Geschäftsführer zwar in Angelegenheiten des Geschäftsherrn und um dessen Geschäfte zu führen, aber dem Dritten gegenüber auf den eigenen Namen verhandelt hat, so ist er dem Dritten gegenüber Herr des Geschäfts. In diesem Fall kann er also wirksam die Rechte aus dem Geschäft aufgeben, während er hierzu wenn er nur im Namen und als Vertreter des Geschäftsherrn kontrahirt hat, nicht befugt ist[85]). Der

---

Geschäfts nöthig ist. Nach dem in § 141 Anm. 62 eingenommenen Standpunkt muß man mit der zuletzt gedachten Entscheidung des Obertribunals dem Dritten gegenüber unterscheiden, während für das Verhältniß zum Geschäftsführer die Genehmigung als solche überhaupt nur nach beendigter Geschäftsführung in Betracht kommt, dann aber ausdrücklich sein muß, wenn die Pflicht des Dominus auf dasjenige Maß erhöht werden soll, in welchem der Mandant dem Mandatar haftet. Die stillschweigende Genehmigung hat nur die bei Anm. 41 bezeichnete Wirkung, daß der Geschäftsherr den Vortheil nicht von sich weisen darf und in Höhe desselben haftet. — Vergl. Entw. des B.G.B. §§ 751. 753. 755. 758, Entw. II. §§ 612. 614. 615, Reichstagsvorl. §§ 668. 670. 671.

81) Oben B. I. § 42 Anm. 31. Striethorst B. 13 S. 28, B. 24 S. 125, B. 51 S. 12. R.O.H.G. B. 15 S. 25. Korte S. 370. Es würde also auch I. 13 § 74 Anwendung finden. Koch, R. d. F. III. 581. Entsch. B. 36 S. 312.

82) Auch wenn Spezialvollmacht oder gerichtliche Vollmacht erforderlich gewesen wäre. Vergl. Anm. 80.

83) Vergl. B. I. § 42 unter 2.

84) I. 13 § 229. Diese Klage verjährt in drei Jahren. Vergl. oben B. I. § 78 unter III. Schles. Archiv IV. 451. Korte S. 373. 374. Koch, R. d. F. III. 587. Der Anspruch des Dritten ist nur begründet, wenn mit ihm der Geschäftsführer als solcher verhandelt hat, und wegen Mißbilligung des Herrn die Geschäftsklage nicht erwächst, und soweit er sich an diesen auch nicht — wegen der erhaltenen Vortheile oder weil er dieselben nicht zurückweisen kann — [mit der Bereicherungsklage] zu halten in der Lage ist. Letzteres verstößt nicht gegen die subsidiäre Natur der Bereicherungsklage. Ein Nachtheil für den Dritten besteht nicht, wenn ihm der Mangel der Vollmacht bekannt war und soweit er aus irgend einem Rechtsgrund gegen den Geschäftsherrn einen Anspruch hat. Vergl. Entwurf des B.G.B. § 125, Entw. II. § 146, Reichstagsvorl. § 175.

85) Die abweichende Ansicht, daß auch für den Fall, daß im Namen des Geschäftsherrn kontrahirt ist, der Geschäftsführer bis zur ertheilten Genehmigung die Vertragsrechte

Geschäftsherr muß ihn in solchem Fall zur Abtretung seiner Rechte nöthigen, um eine unmittelbare Rechtsstellung gegen den Dritten zu erlangen. Ist der Vortheil aus einem mit dem Dritten im Namen des Geschäftsherrn geschlossenen Geschäfte von dem Geschäftsherrn angenommen, oder kann er von ihm nicht abgelehnt werden, so wird auch ohne ausdrückliche oder stillschweigende Genehmigung der Dritte die aus seinem Vermögen erfolgte Vermehrung des Vermögens des Geschäftsherrn als Grund für eine Verhaftung des Letzteren gegen ihn aus der nützlichen Verwendung geltend machen können [86]).

§ 150. Die Zurückforderungsrechte.

A.L.R. I. 16 §§ 166—212. Bornemann III. S. 328f. Daniels VI. 21f. Koch, Pr.R. II. S. 348f. R. d. F. III. S. 346—401. Gruchot B. 8 S. 547, B. 19 S. 130ff. Dernburg II. §§ 289—292. Fischer § 87. — Düesberg, Ueber die Rückforderung einer aus Irrthum geleisteten Zahlung, in Simon u. Strampff, Zeitschrift f. wissensch. Bearbeitung des preuß. R., I. 1828, S. 256f. Schweikart, Die condictio indebiti, in Bobrick und Jacobson, Zeitschr. für Theorie und Praxis des preuß. Rechts, I. 1834, S. 141f. Geyert, Ueber die cond. indeb. in der jurist. Wochenschrift, 1836, S. 213. Jacobi, Nützliche Verwendung nach dem A.L.R., 1861, S. 210fg. Glück B. 13 S. 1f. Unterholzner II. S. 6f. Vangerow III. S. 402f. Sintenis II. 517f. Arndts §§ 299ff. Keller §§ 340f. Windscheid II. §§ 421f. Sell, Versuche auf dem Gebiete des Civilrechts, I. 1833, S. 76f. Savigny, System B. 3 S. 359 a. E. f., B. 5 S. 521f., 1840. 41. Gneist, Formelle Verträge, 1845, S. 189f. Windscheid, Die Lehre des röm. R. v. d. Voraussetzung, 1850 a. m. St. Erxleben, Die condictiones sine causa, I. 1850, II. 1853. Bähr, Die Anerkennung als Verpflichtungsgrund, 1855, S. 32f., S. 61f. Witte, Bereicherungsklagen, 1859, S. 47fg. Jacobi, Der Rechtsbegriff der Bereicherung, in Gerber und Ihering, Jahrb. B. 4 S. 280f., 1861. Kiesselbach, Z. L. v. d. condictio sine causa, das. B. 5 S. 1f. Witte, das. B. 5 S. 116f., 1861. Mandry, Z. L. vom Gegenstande der Konditionen, im Arch. f. civil. Praxis B. 48 S. 220, 1865. — Paulicek, Die Lehre von den Klagen aus ungerechtfertigter Bereicherung nach österreich. Recht. — Zachariä (Crome) II. §§ 412. 412a.

I. Allgemeines. Bei der Klage aus der nützlichen Verwendung wird die Ausgleichung einer Bereicherung erstrebt, die zum Nachtheil des Vermögens des Klägers in das Vermögen des anderen Theils gelangt ist, ohne daß sich an den Hergang ein anderes, bestimmt von der Gesetzgebung geordnetes Obligationsverhältniß anknüpft [1]). Die hierbei vorausgesetzte Ver-

aufgeben könne, beruht auf einer Verwechselung des Handelns als Stellvertreter und des Kontrahirens zu Gunsten eines Dritten. Der im Namen eines Andern Kontrahirende hat für sich gar kein Recht begründet. Die Ansicht, daß für den Geschäftsherrn ein Rechtsverhältniß zum Dritten erst mit der Genehmigung entstehe, ist unrichtig. Der Dritte ist bereits aus dem pactum claudicans dem Geschäftsherrn gegenüber gebunden. Andr. A. Förster in den früheren Ausgaben, Gruchot, Beitr. B. 14 S. 285. Vergl. dagegen die gemeinrechtliche Entscheidung des R.G. Entsch. B. 11 S. 218.

[86]) Vergl. § 148. Korte S. 374, Koch, R. d. F. 580.

[1]) Oben § 148.

schiebung der Vermögensverhältnisse liegt nicht vor, wenn ein thatsächlicher Zustand mit einem vom Gesetz anerkannten Recht in Widerspruch steht. Dann macht sich gerade dieses Recht als Klage geltend[2]). Das Eigenthum oder das bessere Recht auf eine Sache wird mit der Vindikation oder der Klage aus jenem besseren Recht verfolgt, der Vertrag erzeugt die Klage auf Erfüllung[3]); und wenn der Inhaber der vindizirten Sache sich schuldhaft der Herausgabepflicht entzieht, wenn die Vertragsleistung nicht erzwungen werden kann, so giebt die Interesseklage das Mittel, den vermögensrechtlichen Rechtszustand herzustellen[4]). Hier ist also von der Ausgleichung einer Bereicherung nicht die Rede. Dagegen liegt ein besonderer vom Gesetz als eigenthümliches Rechtsinstitut ausgebauter Fall der Bereicherung bei der im vorigen Paragraphen erörterten Geschäftsführung vor, bei der sich an die Thätigkeit des Geschäftsführers in den Angelegenheiten eines Anderen mit der Absicht, die fremden Geschäfte zu führen, eine Obligation mit besonderen Regeln anknüpft[5]). Eine andere im Folgenden zu erörternde Ausgestaltung des Rechtsprinzips, daß zu verhindern ist, daß Jemand mit dem Schaden eines Anderen in unbilliger Weise reicher werde, tritt hervor, obgleich die Vermögensveränderung eine von dem Geschädigten gewollte war, und obgleich sie nur durch seine eigene darauf abzielende Mitwirkung wirksam geworden ist, weil trotz dieses Umstands die Fortdauer dieser Wirkung jenem Rechtsprinzip widerspricht.

Bei der Hingabe einer Sache zur Erfüllung einer Verbindlichkeit, insbesondere bei der Geldzahlung, aber auch bei dem Geben anderer Gegenstände verwirklicht sich die bei dem Gebenden und dem Empfänger obwaltende Absicht der Eigenthumsübertragung ohne Rücksicht darauf, ob die Pflicht, zu deren Erfüllung geleistet wurde, wirklich bestand, oder nachmals unwirksam geworden ist[6]). Der Titel der Eigenthumsübertragung, die Leistungspflicht ist keine Bedingung der Wirksamkeit des Uebertragungsakts, er bildet nur die Voraussetzung, unter welcher der Leistende die Eigenthumsübertragung will[7]). Ergiebt sich, daß diese Voraussetzung in sich zusammenfällt, so hört

---

[2]) Oben B. I. § 50.
[3]) B. I. § 61, B. III. §§ 164. 180.
[4]) B. I. § 106.
[5]) Vergl. den vorangehenden § 149.
[6]) B. I. § 23 Anm. 10f., B. III. § 178.
[7]) Die landrechtliche Lehre vom Titel und Modus geht nicht dahin, daß zum Eigenthumserwerb außer der Erwerbungsart ein zu Recht bestehendes persönliches Recht auf den Erwerb, Recht zur Sache, vorhanden sein müsse; es verlangt für die Wirksamkeit der Erwerbungsart nur den gesetzlichen Grund, der dieser Handlung die Kraft giebt; das persönliche Recht zur Sache wird von dem Gesetz bereits mit gewissen Wirkungen ausgestattet, und wenn darauf hin der Besitz erlangt wird, wandelt es sich in ein dingliches. Aber das dingliche Recht insbesondere das Eigenthum kann entstehen, wenn das Gesetz die Erwerbungsart als wirksam anerkennt, auch ohne ein wirklich begründetes Recht zur Sache. (I. 3 §§ 131—135, I. 9 §§ 1—4.) Gerade die Lehre von den Kondiktionen zeigt, daß das Landrecht die Uebergabe in der Absicht, Eigenthum zu übertragen, als wirksamen Modus anerkennt, auch wenn das dabei vorausgesetzte Recht des Erwerbers zur Sache in Wahrheit nicht bestand. Sonst hätte das Landrecht von

darum das einmal begründete Eigenthum des Andern nicht von selbst auf; aber gerade diese Rechtslage zeigt sich als eine Unbilligkeit für den Leistenden, der den Eigenthumswechsel nur, von jener Voraussetzung ausgehend gewollt hat[8]).

Hier hat das römische Recht mit den besonders ausgestalteten condictiones geholfen; und diese sind in das preußische Recht materiell übergegangen, wenn auch das Geben unter Verhältnissen, die einen Verpflichtungsgrund überhaupt nicht erkennen lassen, ebenso wie die zufällig und ohne Absicht des bisherigen Eigenthümers eintretende Eigenthumsveränderung, nicht eine besondere gesetzliche Regelung entsprechend der eigentlichen condictio sine causa des römischen Rechts erfahren haben, vielmehr alle diese Fälle, wie bereits in § 148 ausgeführt worden ist, unter den Begriff der subsidiären Bereicherungsklage zu bringen sind. Die condictio indebiti ist im Landrecht besonders geregelt.

Die Kondiktionen schließen sich an das Rechtsgeschäft der Zahlung im weitesten Sinne an. Ihr allgemeines Prinzip ist: Weil der Empfänger einen Vermögenswerth ohne Grund hat, und weil dieses Haben ohne Grund eine unbillige Bereicherung desselben mit dem Schaden eines Anderen bewirkt, so muß dieser Werth zurückgeleistet werden. Dies wird von den Redaktoren des Landrechts als das Prinzip der Kondiktionsrechte bestimmt bezeichnet, wie damals auch in der Literatur diese Meinung feststand[9]). Ge-

der Kondiktionenlehre völlig absehen und die Vindikation für durchgreifend erklären müssen. Einen Versuch, den Kondiktionen des preußischen Rechts Vindikationscharakter beizulegen, hat Baron, Abhandlungen aus dem preuß. Recht S. 96 f. gemacht. S. dagegen Gruchot B. 8 S. 433 f.

[8]) Der Begriff der „Voraussetzung" ist von Windscheid: Die Lehre des römischen Rechts von der Voraussetzung 1850, sowie an verschiedenen Stellen der Pandekten aufgestellt und hat sich — wenigstens für die Kondiktionenlehre — in der Theorie und Praxis die mannigfachste Zustimmung errungen. Verwandt ist auch die Begründung der Kondiktion bei Witte und bei Erxleben: Zweck (causa) als ursächliche Bedingung, unter der die Leistung erfolge.

[9]) Svarez, Schlußrevis. bei v. Kamptz B. 41 S. 54 Nr. 3. Vergl. J. H. Böhmer, Introd. in jus Dig. XII. 4 § 1 doctr. de actt. II. 5 § 26. Weber, Natürliche Verbindlichkeit § 35. Glück B. 13 S. 71 f. Schon bei Duarenus, Oper omn. Francof. 1502 p. 902. S. hierüber Erxleben I. S. 2 § 2 fg. Derselbe will S. 4 f. wegen der Worte l. 33 D. XII. 6: condictio locum non habebit, quia nullum negotium inter nos contraheretur: nam is, qui non debitam pecuniam solvit, hoc ipso aliquid negotii gerit, annehmen, die Kondiktionen seien nicht ein unmittelbarer Ausfluß des Satzes, daß sich Niemand mit dem Schaden eines Andern bereichern dürfe, sondern sie seien aus dem negotium abzuleiten. Dieses aber sei zwar nicht, wie früher behauptet worden, ein Quasikontrakt oder fingirter Vertrag (S. 17 ff.), sondern das Zahlungsgeschäft selbst (S. 25 f.). Die Kondiktion sei also eine Rescission des Zahlungsgeschäfts (vergl. Ziebarth, Reallexik. und Oblig. 1865 S. 207). Das ist an sich richtig, aber der Grund der Rescission ist die grundlose Bereicherung des Beklagten, und diese ist grundlos, weil die thatsächlich vorausgesetzte Verpflichtung zur Leistung nicht vorhanden ist. Es knüpft sich hier nur die genauere Ausgestaltung an das negotium der Zahlung an und setzt dieses voraus. Ob aus l. 14 D. XII. 6 unmittelbar oder mittelbar die Kondiktionen herzuleiten, ist ein unfruchtbarer Streit. Und ebenso wenig ist damit gewonnen, wenn Witte (Bereicher. Kl. S. 41 fg.) ausschließlich den Nachdruck auf das sine causa deprehenditur in der l. 66 D. XII. 6, auf das Haben ohne Grund legt. Denn das Haben ist eben darum grundlos, weil der Lei-

meinsam ist diesen **Kondiktionen**, daß der Vermögenswerth, der zurückgefordert wird, **durch eine Handlung des Klägers in das Vermögen des Beklagten gelangt ist.** Dadurch unterscheiden sie sich von denjenigen Fällen, wo der Beklagte widerrechtlich *sich selbst* diesen Werth angeeignet hat, oder wo er *zufällig* in sein Vermögen übergegangen ist. Wer durch eine *rechtswidrige Handlung* sich die Sache eines anderen aneignen will, erreicht diesen Zweck nicht; er haftet der Vindikation und er haftet ebenso aus dem Delikt für die Rückgabe oder Entschädigung[10]), es bedarf keines besonderen Rückforderungsrechts. Wem *zufällig* eine Bereicherung mit dem Schaden eines Anderen entstanden ist, haftet nach preußischem Recht aus der nützlichen Verwendung[11]), wie nach römischem Recht kraft der condictio sine causa[12]). Die Kondiktion aber greift ein, wenn eine Leistung auf Grund einer nur irrthümlich angenommenen Schuld oder eines zunächst wirksamen Vertrages erfolgt, der aber nach der Erfüllung dem Widerruf unterliegt[13]). Als Vorbild erscheint im römischen Recht die Darlehnsklage[14]), die als condictio mutui bezeichnet wird[15]), im heutigen Recht hat der Darlehnsanspruch keine nähere Beziehungen zu den hier zu behandelnden Kondiktionen[16]).

Wie bei den Ansprüchen aus der Bereicherung und der Geschäftsführung ist es hiernach auch bei den Kondiktionen zwecklos, ihnen ein vertragsähn-

---

stende nicht den Willen gehabt hat, den Empfänger zu bereichern. Jacobi (bei Gerber und Jhering B. 4 S. 296fg., bes. § 20 S. 304f. 397) will die Kondiktionen daraus herleiten, daß der Empfänger durch den Empfang der Leistung die Verpflichtung „selbstverständlich" übernommen hat, unter gewissen Fällen dem Geber ein Zurückforderungs- oder Widerrufsrecht einzuräumen. Diese Ansicht fingirt bei dem Empfänger einen Willen, der seinem wirklichen Willen direkt zuwider ist. Niemand empfängt eine Zahlung, um sie wieder zurückzugeben, sondern um sie zu behalten. Und dabei muß Jacobi die cond. ob injustam causam vel turpem ganz ausscheiden, weil hier seine Fiktion nicht paßt, und sie dem „zwingenden Recht" zuweisen. (S. hierüber Witte im Jahrb. B. 5 S. 116f.) Auch für das preuß. Recht will Jacobi (nützliche Verw. S. 211) den Unterschied zwischen Kondiktionen, die auf den Willen des Begünstigten zurückzuführen sind, und die dem zwingenden Recht angehören, beibehalten. Das ist dem A.L.R. völlig fremd.

10) Das römische Recht giebt hier abweichend von dem Prinzip der l. 1 § 1 D. XIII. 3: Rem autem suam per hanc condictionem nemo petet, (vergl. l. 53 D. XII. 6, aber bezüglich der utilis vindicatio auch l. 29. 30 D. XXXIX. 6) die condictio furtiva, obgleich eine Vindikation möglich ist, als reipersekutorische Klage auf Schadensersatz. Dem preußischen Recht ist eine besondere Kondiktion gegen den Deliquenten fremd; doch macht sich die besondere Natur des Entschädigungsanspruchs in Höhe der durch die Beschädigung hervorgerufenen Bereicherung in der Vorschrift der Deklaration vom 31. März 1838 geltend, daß die Entschädigungsforderung insoweit nur der ordentlichen Verjährung unterliegt.

11) Oben § 148 bei Note 33.

12) Savigny V. S. 523f. Sintenis II. S. 539f.

13) B. I. § 88, B. II. § 122 Anm. 127.

14) Savigny V. S. 511 Nr. IV, S. 518 Nr. VI, S. 521 Nr. VII.

15) Savigny V. 511fg.

16) Oben § 137 unter V. Das Recht des Entwurfs des B.G.B. faßt alle Fälle zusammen, in denen jemand durch Leistung eines Andern oder in sonstiger Weise auf seine Kosten etwas ohne rechtlichen Grund erlangt, oder wenn der rechtliche Grund wegfällt oder der bezweckte Erfolg nicht eintritt, — dann liegt ungerechtfertigte Bereicherung vor, die zur Herausgabe verpflichtet. Entwurf I. § 737fg. in Verbindung mit §§ 290 und 684, Entwurf II. § 737, Reichstagsvorlage § 796.

liches Verhältniß unterzulegen; sie setzen vielmehr grade voraus, daß in Wirklichkeit nicht aus einer Vertrags-causa gegeben worden, wenn auch der Leistende eine solche als vorhanden angenommen haben kann[17]). Die allgemeinen Erfordernisse dieser Klagerechte sind a. Ein Gegebenes (datum); ein Vermögenswerth muß mit dem Willen des Klägers aus dessen Vermögen an den Beklagten gelangt sein, eine bestimmte Sache, eine Summe oder Quantität, eine geleistete Handlung, ein eingeräumtes Recht[18]). b. Den Mangel eines Grundes (sine causa). Der Grund kommt hier nicht bloß als Motiv, Beweggrund zum Geben, sondern als Voraussetzung dafür in Betracht[19]), so daß, weil er fehlt, die Leistung als grundlos erscheint. Man giebt nicht, nur um zu geben, sondern man giebt immer aus einem bestimmten Grunde, der dem Hingeben erst einen rechtlichen Charakter verleiht. Durch diesen bestimmten Grund beschränkt sich der Wille des Leistenden; fällt dieser Grund weg, so ist das wirthschaftliche Ergebniß der Leistung nicht gewollt, und dies Ergebniß — einerseits die Verminderung im Vermögen des Leistenden, andererseits die Bereicherung im Vermögen des Empfängers — muß folgeweise beseitigt werden. Die Voraussetzung beruht auf Thatsachen,

[17]) Donellus, comm. XII. c. 13 nahm einen Realkontrakt an. Dann entwickelte sich die Theorie vom Quasikontrakt zuerst bei Bachoven Echt, Notae et animadvers. ad disp. Treutleri, disp. XXII. th. IV. lit. E. Besonders diese Theorie hat z. B. der Redaktion des A.L.R. Vertreter gehabt. Man wollte durchaus dem Empfänger einen consensus zur Rückgabe beilegen, und da es mit dem verus consensus seine große Schwierigkeit hatte, nahm man bei ihm einen fictus v. praesumtus consensus an, und damit war ein Quasikontrakt konstruirt. Siehe Voet, Comm. ad XII. 4 § 1. Lauterbach, Coll. XII. 4 § 5. Cocceji, Jus controv. II. 14 qu. 12. Hellfeld, Jurispr. for. I. §§ 289. 291. 307. Boehmer, Introd. in jus Dig. II. 14 § 15. Ludovici, Doctr. Pand. XII. 14 § 1. Die cond. ob. injustam vel turpem causam bezeichnet Heineccius, Elem. jur. civ. XII. 5 qu. 2 als Quasidelikt. Dagegen Glück B. 13 S. 66, welcher S. 70 die cond. indeb. als Quasikontrakt bezeichnet, wegen § 6 J. III. 28. Gegen diese Auffassungen hat Weber, Natürl. Verb. (s. oben § 147 Note 1) energisch polemisirt. Vergl. noch besonders Erxleben a. a. O. I. S. 14f. § 3. „Das Wenigste, was sich über diese Ansicht sonst sagen läßt, ist, daß sie in systematischer Hinsicht ein überflüssiger Nothbehelf ist.“ S. 18 und II. S. 79f. Auch Jacobi, Jahrb. IV. S. 296fg., der gleichwohl zu einem fictus consensus zurückgekehrt ist (oben Note 9). Unter den Neueren hat Savigny, System B. 3 S. 31f. an dem Quasikontrakt festgehalten, ohne jedoch Folgen daraus zu ziehen. Vergl. § 147 Anm. 1.

[18]) Hierher gehört das promissum, die Bestellung einer Forderung an den Leistenden. l. 1 § 1, l. 3 D. XII. 7 est et haec species condictionis, si quis sine causa promiseret. l. 31 D. XII. 6, l. 9. 1 § 1 D. XII. 4. Kiesselbach a. a. O. 27. Glück B. 13 S. 11 will wegen eines Versprechens die Kondiktion nicht zulassen, und polemisirt gegen Schulting, Thes. controvers. XLII. 5. Die citirten Stellen (vergl. noch bes. l. 1 pr. D. XXXVI. 4) beweisen aber die Zulässigkeit der Kondiktion, wenngleich der Versprechende, abgesehen von den durch die bloße Form bindenden Versprechungen, sich gegen die Erfüllungsklage mit der Einrede der Nichtschuld schützen konnte, praktisch also kein Interesse an der Klage auf Befreiung von dem indebite Versprochenen hat. — Das Gegebene muß nicht gerade zum Vermögen des Klägers gehört haben. l. 12 D. VII. 9, l. 55 D. XII. 6. Savigny B. 5 S. 527. Seuffert II. 57, IV. 122. Kondiktion eines Schuldscheins: Das. IV. 56. Im preußischen Recht hat die Zurückforderung eines Versprechens Bedeutung, sofern dasselbe eine formale oder abstrakte Verbindlichkeit zu begründen geeignet war. — Vergl. Entw. des B.G.B. § 737 Abs. 2, Reichstagsvorlage § 796 Abs. 2.

[19]) Oben Anm. 8. Schon Unterholzner (II. S. 19) hat die causa als Voraussetzung aufgefaßt.

die entweder schon eingetreten sein sollen, oder erst erwartet werden[20]), und durch deren vorausgesetzten Eintritt der Rechtscharakter des Hingebens bestimmt werden würde, oder die Grundlosigkeit des Hingebens an den Tag tritt. Hiernach haben die Kondiktionen verschiedene Entstehungsgründe, aber sie behalten trotzdem etwas Gemeinsames. Die aus der Verschiedenheit der Entstehungsgründe entlehnte Eintheilung ist „ein theoretisches Erleichterungsmittel", wesentlich praktische Folgen knüpfen sich nicht daran[21]). Wird unrichtig vorausgesetzt, daß die Thatsachen, um deretwillen gegeben wird, schon eingetreten sind, so giebt man ex falsa causa[22]), man zahlt eine Nichtschuld in der Absicht, sich von einer irrig angenommenen Schuld zu befreien (condictio indebiti). Wird noch erwartet, daß die Thatsachen, welche die Voraussetzung bilden, eintreten werden, d. h. leistet man, um eine Leistung hervorzurufen, oder um sich selbst von einer als künftig entstehend vorausgesetzten Verbindlichkeit in Voraus zu befreien[23]), und diese Erwartung schlägt fehl, so giebt man ob falsam causam[24]), und man fordert zurück wegen nicht erreichten Zwecks (condictio ob causam datorum oder cond. causa data causa non secuta). Fehlt der Voraussetzung, dem Grunde des Gebens, auch wenn er thatsächlich wirklich geworden ist, die Rechtsbeständigkeit aus rechtlichen oder sittlichen Gründen, so wird kondizirt ob injustam v. turpem causam.

c. Der Gegenstand der Zurückforderung ist das Gegebene, soweit es in Natur vorhanden, mit seinen inzwischen eingetretenen An- und Zuwüchsen und Früchten; wenn es nicht mehr vorhanden ist, sein Werth[25]). Auch Quantitäten werden in Natur zurückgegeben, so weit sie noch unterscheidbar sind; wenn aber Vermischung eingetreten ist, werden sie nicht durch Quantitäten derselben Art (tantundem ejusdem generis), sondern nach ihrem Werth ersetzt[26]); Geldsummen natürlich durch tantundem[27]). Geleistete Handlungen

---

[20]) l. 1 § 3 D XII. 7. Constat, id demum posse condici alicui, quod vel non ex justa causa ad eum pervenit, vel redit ad non justam causam.

[21]) Savigny V. S. 608. Sintenis II. S. 518 Note 1 Sp. 1.

[22]) l. 23 pr. § 4 D. XII. 6. Gaj. II. 283.

[23]) l. 65 pr. § 3 D. XII. 6. 6. Koch, R. d. F. III. 355.

[24]) l. 1 pr. D. XII. 4, l. 23 § 3 D. XII. 6, l. 5 C. IV. 6. Auch propter causam, pro causa. Windscheid a. a. O. S. 52.

[25]) l. 7, l. 15 § 1, l. 26 § 12, l. 32 pr. D. XII. 6, l. 7 § 1, l. 12 D. XII. 4, l. 38 D. XXII. 1. A.L.R. I. 13 §§ 262—264. Entw. des B.G.B. II. § 742, Reichstagsvorl. § 802.

[26]) Eine verbreitete Meinung des gem. Rechts nimmt an, daß tantundem ejusdem generis bei allen fungiblen Sachen zu restituiren sei. Vergl. Glück B. 13 S. 355. Vangerow III. 420. Sintenis II. 535. Erxleben I. 210 u. A. Dagegen mit Recht wegen l. 65 § 6 D. XII. 6 in frumento indebito soluto et bonitas est, et si consumsit frumentum, pretium repetet. Mandry im Arch. f. civil. Prax. B. 48 S. 220 f. (1865). In der Praxis wird es auch kaum anders vorkommen.

[27]) Aber immer nur tantundem mit der Beschränkung auf die Bereicherung des gutgläubigen Empfängers, da dieser nicht das periculum obligationis zu tragen hat. Vangerow III. 419 Anm. 3. A. M. Erxleben I. 201 f. in Konsequenz seiner Ansicht, daß die Kondiktionen überhaupt nicht unmittelbar aus dem Satz nemo cum damno abzuleiten seien. Doch vergl. l. 3. 26 § 12, l. 32 pr., l. 65 §§ 7. 8, l. 66 D. XII. 6, l. 8. 22 D. II. 15.

müssen nach dem üblichen Lohn vergütet werden[28]). Rechte werden zurückgewährt, von Verbindlichkeiten wird Befreiung verlangt[29]). Bestritten ist im gemeinen Recht, ob von dem Zurückgewährten Zinsen zu zahlen sind[30]). Das A.L.R. hat diese Streitfrage für den Fall der Bösgläubigkeit und vom Eintritt des Verzuges ab in bejahendem Sinne entschieden[31]) der Ansicht von Leyser folgend[32]). Dem entsprechend muß der schlechtgläubige Empfänger vom Tage des Empfangs, der gutgläubige vom Tage der Rückforderung, insbesondere der Klageerhebung Zinsen entrichten[33]). d. Die Kondiktionen verjähren nicht in drei, sondern in dreißig Jahren[34]) und sind aktiv und passiv vererblich[35]).

II. Nach der Verschiedenheit der Voraussetzungen sind, wie schon oben bemerkt, folgende Konditionsrechte zu unterscheiden.

1. Rückforderung wegen Nichtschuld (condictio indebiti), die häufigste und wichtigste Anwendung dieses Klagerechts. Das, was auf Grund einer vermeinten, aber nicht wirklich vorhandenen Verbindlichkeit geleistet worden, kann, auch wenn es ohne Vorbehalt geleistet ist, zurückgefordert werden[36]),

---

28) Das neutro modo operae repeti possunt in l. 25 D. XIX. 5 beweist nicht dagegen, s. Koch, R. d. F. III. 352f. A.L.R. I. 16 §§ 196. 197. Koch S. 359 a. E. fg. Entsch. B. 15 S. 101. Vergl. I. 11 § 873.

29) Koch III. 351 a. E. f.

30) Weil die cond. gegen den gutgläubigen Empfänger geht und dieser mit Willen des Klägers das Vermögensobjekt erlangt hat, wird die Zinsenpflicht verneint. Gegen den schlechtgläubigen Empfänger ging die besondere cond. furtiva. l. 65 § 4 D. XII. 6, l. 1 C. VI. 5, l. 4 C. IV. 7. Glück B. 13 S. 27f., S. 49 155f. Nur wenn der Empfänger von dem Empfangenen selbst Zinsen gezogen, sollte er auch diese erstatten. Cocceji XII. 4 qu. 13. Leyser 148. 10 a. E. Aus neuerer Praxis: Heuser V. 24. Seuffert X. 55, XIII. 97, XV. 132.

31) I. 16 §§ 189. 194. 195. 208. Koch, R. d. F. III. 361f.

32) Leyser, Med. 147. 4 giebt bei der cond. ob turp. causam Zinsen, weil im heutigen Recht die Kondiktionen nicht mehr stricti juris act., sondern bonae fidei seien. Er leitet die Zinspflicht ausdrücklich aus dem Verzug (committit moram unusquisque, qui sciens rem, quam tenet, alienam esse, eam domino non reddit). Die Helmstädter Juristen stimmten ihm bei, die Wittenberger widersprachen. Bei der cond. indebiti läßt Leyser (148. 9) Zinsen zwar grundsätzlich nicht zu, und er bezeugt dies aus damaliger Praxis, obschon Schilter und Ludovici dissentirten, aber in der folg. med. läßt er Zinsen fordern, si indebitum accipiens manifeste in mora est und quotis fraus accipientis intervenit. Stryck, Us. med. XII. 6 § II. will Verzugszinsen wie bei dem Darlehn bewilligen und beruft sich dafür auf den Reichsdeput.Absch. v. Speier 1600 § 130, welchen die DD. ad omnes contractus stricti juris extendiren. Aus gemeinrechtlicher Praxis für die Zinsenverpflichtung: Seuffert I. 59. Stuttgart, Kassel; gegen diese Verbindlichkeit: Seuffert II. 69. Wiesbaden.

33) Nächste Quelle ist das Concl. der Ges.Kommission vom 7. Sept. 1781 bei Rabe I. 542.

34) Dies besonders zu erwähnen macht § 54 I. 6 und die Dekl. v. 31. März 1838 nöthig. Es folgt aus den Schlußworten der letzteren. Vergl. oben Anm. 10 und B. I. § 57 bei Anm. 38a. Entsch. B. 15 S. 97. Löwenberg, Motive I. 160.

35) I. 9 § 362 läßt zwar nur die Rechte und Pflichten aus Verträgen und aus unerlaubten Handlungen übergehen. Es ist aber völlig unzweifelhaft, daß auch die Kondiktionen sich vererben. l. 2. 3 C. IV. 6.

36) I. 16 § 166. Nicht nur bei Zahlung an den ursprünglichen Gläubiger der vorausgesetzten Forderung, sondern ebenso bei Zahlung an einen Cessionar findet von diesem die Rückforderung statt; I. 11 § 142 bezieht sich nur auf den Fall der noch ungetilgten Forderung. Vom R.O.H.G. B. 2 S. 412 ist die Klage gegen den bezahlten Assignatar geleugnet, weil dieser im Verhältniß zum Assignaten ein Vertreter des Assignanten ist. Vergl. auch Entsch. des Ob.Trib. B. 6 S. 8. Zu demselben Ergebnisse gelangt man

wenn für die Person des Zahlenden gar keine, auch nicht eine bloß moralische Verbindlichkeit zur Zahlung vorhanden gewesen, und der Empfänger dadurch einen Vortheil erlangt hat, worauf er gar kein Recht hatte, auch die Zahlung aus einem wirklichen Irrthume geschehen ist[37]). Ueber die Voraussetzungen ist noch Folgendes zu bemerken:

a. Es muß zur Tilgung einer bestimmten Schuld geleistet worden sein. Ist die Zahlung mit in gehöriger Form erklärtem Vorbehalt geleistet, so ist dadurch, wie im § 91 dargelegt worden, die Anerkennung der Verbindlichkeit, die sonst in der Zahlung liegt, abgelehnt; die Zahlung soll kraft des Vorbehalts nur unter der Bedingung der Rechtsbeständigkeit der Forderung dem Empfänger verbleiben, sonst an den Zahlenden zurückfallen. Die Zurückforderung ist in solchem Fall also statthaft, ohne daß die im Folgenden erörterten weitern Voraussetzungen der condictio indebiti dargelegt werden[38]). Von diesen ist also nur bei einer Zahlung ohne Vorbehalt die Rede. Ebenso kann eine Hingabe, bei welcher der für die Zahlung nothwendige rechtsgeschäftliche Konsens fehlt, ohne weitere Voraussetzungen mit der Bereicherungsklage (condictio sine causa) zurückgefordert werden. Aber ebenso wie die Leistung des Schuldgegenstands kann eine wirklich gewollte und ausgedrückte Hingabe an Zahlungsstatt das hier erörterte Rückforderungsrecht begründen[39]). In jedem Fall muß die Leistung den Charakter der Erfüllung (solutio) an sich tragen, aber nicht nothwendig den der Zahlung im Sinne einer Geldleistung, auch andere Gegenstände, beziehungsweise deren Werth können als nicht geschuldet zurückgefordert werden[40]).

---

auch von dem Gesichtspunkte aus, daß die Zahlung, die kraft des Gesetzes die Tilgung der Schuld des Assignaten an den Assignanten und des Assignanten an den Assignatar wirkt, rechtsgeschäftlich gar nicht als Zahlung dieser bestimmten Verbindlichkeiten anzusehen ist, daß vielmehr ebenso, wie das Anerkenntniß des Assignatars als Gläubiger auf Grund der Anweisung verbindliche Kraft hat, obgleich eine Verbindlichkeit des Assignaten vorher nicht bestand, die Zahlung ohne Beziehung auf solche Schuld auf Grund der Anweisung als giltige und vollwirksame Zahlung erfolgt, ohne Rücksicht auf die Voraussetzungen der Anweisung selbst. Ist aber die Anweisung selbst bei der Zahlung nur irrig vorausgesetzt oder ist die Anweisung nichtig, so ergiebt sich die Möglichkeit der Kondiktion des Geleisteten von dem Assignatar.

37) I. 16 § 178. — Vergl. Entwurf des B.G.B. §§ 737. 738, Entw. II. 738. 739, Reichstagsvorlage §§ 797. 798.

38) Oben B. I. § 91 Anm. 79. 81.

39) I. 16 § 191. l. 40 § 2 D. XII. 6 (hier liegt in dem quidquid solutum fuerit, daß auch etwas anderes, statt der nicht geschuldeten operae, geleistet worden. Vergl. l. 26 § 12 eod.). I. 16 §§ 467. 468. Novation auf Grund irrthümlich angenommener Schuld. Oben B. I. § 97 Anm. 17. (Förster a. M.) Bei Kompensation von Schuld und Nichtschuld bleibt die giltige Schuld bei Kraft, soweit sie nicht auf Grund der Kompensationseinrede rechtskräftig abgewiesen ist. Striethorst B. 59 S. 40. Entsch. B. 54 S. 120f. Rehbein III. S. 65. Das rechtskräftige Urtheil ist nicht zu beseitigen. R.G. Entsch. I. S. 96. Ist aber die Einrede der Kompensation irrthümlich versäumt, die Klage aber wegen Verjährung der Kompensationsforderung inzwischen abgelaufen, so kann das Gezahlte kondizirt werden. Oben B. I. § 94 Anm. 79. Bei einem Kompensationsvertrage handelt es sich um Anfechtung des Vertrags wegen Irrthums, nicht um Kondiktion.

40) Oben B. I. § 83 u. § 91. Strieth. B. 59 S. 40f. Entsch. B. 6 S. 8. Rehbein

b. **Für die Person des Zahlenden muß gar keine, auch nicht eine bloß moralische Verbindlichkeit vorhanden gewesen sein.** Gar keine Schuld ist vorhanden, wenn überhaupt nichts vorlag, wodurch eine Forderung mit diesem Gegenstand gegen den Zahlenden thatsächlich entstehen konnte, oder wenn das, was thatsächlich in dieser Richtung geschehen war, rechtlich die Verbindlichkeit nicht erzeugen konnte, oder wenn die rechtlich entstandene Verbindlichkeit zu bestehen aufgehört hatte[41]). Ein von Anfang an nichtiges Rechtsgeschäft hat eine Schuld nicht begründet[42]). Einem Rechtsgeschäft, dem eine zerstörende Einrede entgegensteht, entspringt keine Schuld mehr[43]). Besteht aber die Verbindlichkeit auch nur als eine moralische oder unvollkommene, so bleibt es bei der Zahlung. Nach römischem Recht ist dies die Hauptwirkung der naturalis obligatio[44]); nach preußischem Recht ist zweifelhaft, in welchen Fällen der Satz Anwendung zu finden hat. Insbesondere ist zweifelhaft, ob bei einer verjährten Schuld, deren Zahlung bei Kenntniß des Ablaufs der Verjährung sicher nicht zurückgefordert werden kann, irrthümliche Zahlung der Kondiktion unterliegt[45]). Der Ausdruck des A.L.R. „moralische Verbindlichkeit" ist, giebt zu der Annahme Anlaß, daß selbst bloße Liebes- und Gewissenspflichten die Rückforderung verbieten; er ist aber ein Ueberbleibsel der römischen Naturobligation[46]).

III. S. 81. Koch, R. d. F. III. 376. Auch bei Zahlungen auf Grund der öffentlich-rechtlichen Abgabenpflicht ließ das Gesetz vom 24. Mai 1861 § 9, sofern die Forderung verjährt oder bezahlt war, Kondiktion im Rechtswege zu. Der materielle Rechtssatz besteht auch jetzt noch. Aber der Rechtsweg ist im wesentlichen wieder ausgeschlossen durch § 160 des Zuständigkeitsgesetzes vom 1. August 1883. Vergl. aber auch die besonderen Bestimmungen der Dekl. v. 19. Febr. 1832 § 4, des Ablösungsgesetzes vom 2. März 1850 § 49 und des Ges. v. 24. Mai 1861 §§ 9. 11. 12.

41) I. 16 § 178 Nr. 1. Koch, R. d. F. III. 365 f. Eine Beschränkung der Rückforderung indebite geleisteter Besitzveränderungsabgaben enthält § 49 des Ablös.Ges. v. 2. März 1850. Wenn eine wirkliche Schuld an einen nicht legitimirten Empfänger für den richtigen Gläubiger gezahlt wird, so kann nicht aus diesem Grunde kondizirt werden. Strieth. B. 53 S. 144. Wird die Geschäftsführung des Zahlungsempfängers nicht genehmigt, so fällt freilich nachmals die causa fort. Dies ist auch in dem Falle angenommen, wenn nur an einen Miterben vor der Theilung gezahlt wird. Entsch. B. 17 S. 245. Rehbein III. S. 68. Das steht nach gemeinem Recht anders, weil die Forderungen sich ipso jure unter die Erben theilen. l. 26 § 13 D. XII. 6. — Eine Nichtschuld in Betreff des Gegenstandes ist es auch, wenn eine alternative Schuld irrthümlich für eine einfache gehalten worden. l. 26 § 13, l. 32 § 3 D. XII. 6, l. 10 C. IV. 5. A.L.R. I. 16 § 192.

42) I. 16 §§ 170. 172. 173. Beruht die Nichtigkeit auf einem Verbot durch das Gesetz, § 174, so greift die Kondiktion des Fiskus zu 4 dieses § ein. Leistung aus einem bloß anfechtbaren Geschäft kann regelmäßig als Leistung einer Nichtschuld nicht angesehen werden, wird vielmehr in den meisten Fällen zugleich ein Anerkenntniß des Geschäfts in sich schließen.

43) l. 26 §§ 3. 7, l. 40 pr. D. XII. 6. Ein Kompetenzrecht, das hätte geltend gemacht werden können, macht die Schuld nicht zur Nichtschuld. l. 8. 9. D. eod.

44) l. 13 pr. § 1, l. 19 pr., l. 26 § 12, l. 38 §§ 1. 2, l. 51, l. 64 D. XII. 6. Erxleben I. S. 118 f. § 8.

45) Vergl. oben B. I. § 57 Anm. 79, § 61 Anm. 28—30.

46) Oben B. I. § 61 Anm. 20 f. Bewußte Erfüllung einer Pietätspflicht als solcher ist Schenkung. Zahlung auf Grund vermeintlicher Rechtspflicht in einem Fall, in dem man humaner Weise hätte schenken können, bleibt Zahlung einer Nichtschuld. Der Entwurf des B.G.B. § 737, Entw. II. § 739, Reichstagsvorlage § 798, schließt die Rück-

Nicht Liebespflichten, sondern rechtliche Verbindlichkeiten sind gemeint, zu deren Erfüllung der Schuldner nur wegen eines positiven Gesetzes nicht angehalten werden kann (unvollkommene Rechte), insbesondere ist an den Fall gedacht, wenn das Geschäft materiell zwar giltig, aber wegen versäumter Form anfechtbar ist[47]).

Ein materiell ungiltiges Geschäft kann niemals die Kraft einer moralischen oder unvollkommenen Pflicht besitzen[48]). Dahin gehören insbesondere Geschäfte, die ein Unfähiger geschlossen hat[49]). War auf ein solches während der Dauer der Unfähigkeit gezahlt, so ist das Gezahlte immer kondizirbar. Nur die Einrede der nützlichen Verwendung kann dann der Kondiktion entgegenstehn[50]). Hier treten aber im preußischen Recht zwei Besonderheiten hervor, die inkonsequent, aber darum nicht weniger gewolltes Recht sind: Was auf die Schuld eines großjährigen Haussohnes von diesem gezahlt worden, darf nicht zurückgefordert werden[51]); was ferner aus einer ungiltigen Frauenbürgschaft geleistet ist, darf ebenfalls nicht kondizirt werden[52]).

Verfrühete Zahlung auf eine an einem späteren bestimmten Termine fällig werdende Schuld ist nicht Leistung einer Nichtschuld, auch soll dem fähigen Zahler, selbst wenn die für ihn verbindliche Schuld unverzinslich

---

forderung einer Leistung aus, die einer sittlichen Pflicht oder einer auf den Anstand zu nehmenden Rücksicht entsprach.

[47]) Svarez sagt (Jahrb. B. 41 S. 53): „ein naturaliter debitum heißt just dasjenige, wo die natürliche Verbindlichkeit durch eine Disposition des positiven Rechts aufgehoben wird". Das ist dieselbe Ansicht, die bei Weber angetroffen wird (s. oben B. I. S. 378). I. 16 §§ 176. 179. 182. 183. 184. Einl. § 86. Hierüber Koch, R. d. F. III. 367f. und oben B. I. Entsch. B. 42 S. 104. Strieth. B. 34 S. 233. — Was jedoch als Liebesgabe gegeben worden ist, kann natürlich nicht kondizirt werden, weil es als geschenkt anzusehen ist. l. 27 § 1 D. III. 5, l. 5 § 14 D. XXV. 3, l. 11. 15 C. II. 19. Eine natürliche Pflicht Zinsen einer unverzinslichen Schuld zu zahlen, kennt das preußische Recht nicht; die richtige Auffassung der römisch-rechtlichen Vorschriften l. 26 pr. D. XII. 6, l. 5 § 2, l. 102 § 3 D. XLVI. 3 kann deshalb dahingestellt bleiben. Ein Bürge für eine wegen Formmangels ungiltige Verbindlichkeit, der nach Rücktritt des Schuldners von dem Geschäft ohne Kenntniß hiervon zahlt, kondizirt mit Recht. Entsch. B. 71 S. 232. Rehbein III. S. 73.

[48]) I. 16 § 166 „nicht wirklich vorhandenen".

[49]) I. 16 § 170. Dieser § lautet so allgemein, daß er nach seinem Wortlaut nicht bloß auf eine gänzliche Unfähigkeit, sondern auf eine nur für bestimmte Rechtsgeschäfte angenommene Unfähigkeit bezogen werden kann. Dies ist jedoch nicht beabsichtigt. Vergl. Note 51. 52. Es ist daher Bornem. (III. 331f.) gegen Duesberg (Simon u. Strampff, Zeitschr. I. 281) beizustimmen. Ebenso die Gesetzrevisoren P. XIV. S. 106.

[50]) I. 16 § 170.

[51]) II. 2 § 138. S. oben B. I. § 73 Anm. 21 und unten B. IV. § 222 Anm. 44. 48. Siewert, Mater. H. 2 S. 215, H. 5 S. 129. Schröter, Civil. Verf. H. 1 S. 164f. Ges.Rev. P. XV. S. 64. 65. Auch auf den minderjährigen Haussohn bezog die Bestimmung Förster in den früheren Auflagen. Koch, R. d. F. III. 369f. Svarez (Jahrb. B. 41 S. 54) erklärte das solutum eines filius fam. auf ein indebitum als Erfüllung einer Naturalobligation. — Auch zurückgezahlte Darlehne der Subalternoffiziere können nicht kondizirt werden. Oben § 137. Svarez (Jahrb. B. 41 S. 54) Ges.Rev. XVI. 106. A. M. Koch, Note zu § 170.

[52]) I. 14 § 243. Der Satz ist nur noch von Bedeutung für die vor dem Gesetz vom 1. Dezbr. 1869 eingegangenen Frauenbürgschaften. Svarez (Jahrb. B. 41 S. 51) hat die Verpflichtung der Frau aus der Bürgschaft als oblig. natur. nach röm. R. aufgefaßt und tadelt deshalb den Ausschluß der cond. ind. als Inkonsequenz.

gewesen, kein Recht zustehen den Zwischenzins nachträglich ersetzt zu fordern[53]). Eine von einem noch ungewissen Ereigniß abhängige Schuld gilt bis zur Entscheidung des bedingenden Ereignisses als Nichtschuld; was darauf irrthümlich geleistet worden, kann kondizirt werden. Ist der Eintritt gewiß, nur der Zeitpunkt ungewiß, so findet die Rückforderung nur statt, wenn sich der Irrthum (vergl. d.) auf den Eintritt des Ereignisses bezieht[54]). Der Kläger muß auch in diesem Falle die Nichtschuld beweisen, d. h. er muß darthun, daß zur Zeit der Zahlung das ungewisse Ergebniß noch nicht eingetreten war; aber seine Forderung wird trotzdem ausgeschlossen, wenn der Empfänger darlegt, daß es inzwischen eingetreten ist. Denn in diesem Falle braucht er nicht herauszugeben, was er sogleich wieder fordern kann[55]).

c. Der Empfänger muß einen Vortheil erlangt haben, auf den er kein Recht hatte[56]). Wer empfängt, was ihm wirklich zukommt, worauf er einen Rechtsanspruch hat, ist auch dann gegen die Kondiktion gesichert, wenn es ihm nicht von dem Schuldner, sondern von einem Dritten an dessen Stelle geleistet worden ist[57]). Hat der Dritte sich selbst irrthümlich für den eigentlichen Schuldner gehalten und die Zahlung auf die vermeintlich eigene Schuld geleistet, so steht ihm die Rückforderung zu. Aber der Umstand, daß er sich nur irriger Weise dem Hauptschuldner gegenüber für verpflichtet hielt, für diesen zu zahlen, kann eine Kondiktion dem bezahlten Gläubiger gegenüber nicht begründen[58]). Bestand die Schuld desjenigen, für den der Dritte im eigenen Namen zahlen wollte, in Wahrheit nicht, so ist sein Kondiktionsrecht nach den allgemeinen Regeln begründet.

---

[53]) I. 16 §§ 168. 171. Entwurf des B.G.B. § 738, Entw. II. § 738 Abs. 2, Reichstagsvorl. § 747 Abs. 2. Die Zahlung des Unfähigen ist an sich keine wirksame rechtsgeschäftliche Zahlung, aber sie gilt zu Gunsten des Unfähigen. Das Rückforderungsrecht des Unfähigen beschränkt sich durch die Bestimmung des § 171. Vergl. B. I. § 91 Anm. 25. l. 10 D. XII. 6. In diem debitor adeo debitor est. Vergl. l. 19 § 6 D. XIV. 2. Oesterr. G.B. 1434 a. E. Sächs. § 1521.

[54]) I. 16 § 169. l. 16. 18. 48 D. XII. 6. Ueber den dies incertus quando und an et quando vergl. oben B. I. S. 181. Nach röm. Recht (l. 16 § 1, l. 17 eod.) kann im Fall des dies incertus quando nicht kondizirt werden; ebenso (l. 18), wenn conditio omnimodo exstitura est. Oesterr. G.B. § 1434. Sächs. § 1521.

[55]) Vergl. l. 16 pr. D. XII. 6. Ueberhaupt muß der Kläger die Nichtschuld zur Zeit der Zahlung beweisen. Koch, R. d. F. III. 389.

[56]) I. 16 § 178 Nr. 2. In dem Fall Entsch. B. 2 S. 226 war die cond. ind. ausgeschlossen, weil der Erbe der die Zahlung empfangen, nicht ohne alles Recht war; nur die cond. ob inj. causam konnte stattfinden.

[57]) I. 16 § 180 ist eine Uebersetzung der l. 44 D. XII. 6. S. über seinen Sinn die nächste Note. Entsch. B. 41 S. 123, B. 64 S. 100. Rehbein III. S. 70. Strieth. B. 75 S. 241. Erxleben I. 154 fg.

[58]) I. 16 § 185 der nicht dem § 180 widerspricht. Wer weiß, daß er eine fremde Schuld zahlt, kann von dem Empfänger nicht kondiziren, sondern mag sich an den halten, für den er gezahlt hat. l. 12. 13 pr. D. XLVI. 2, l. 5 C. III. 31. (Hier hat der Putativerbe eine Schuld des Erblassers bezahlt. Die ersteren Stellen handeln von dem Falle, wo ein delegirter Schuldner für den Deleganten an dessen Gläubiger gezahlt hat.) Wer dagegen eine fremde Schuld zahlt, während er irrthümlich annimmt, daß es seine Schuld sei, kann auch nach röm. R. kondiziren l. 19 § 1, l. 65 § 9 D. XII. 6. Erxleben I. 153f. Seuffert IV. 232, VII. 57. Der § 180 I. 16 ist nicht anders zu verstehen. Entsch. B. 41 S. 123, B. 64 S. 100. Man kann, wenn der Zahlende sich irr-

d. **Die Zahlung muß aus wirklichem Irrthum geleistet worden sein**[59]). Jeder Irrthum genügt[60]). Das A.L.R. unterscheidet nicht zwischen thatsächlichen und rechtlichen, zwischen entschuldbarem und unentschuldbarem Irrthum: die Streitfragen des gemeinen Rechts über diese Punkte sind geradezu und absichtlich abgeschnitten[61]). Darum wird es der irrthümlichen Zahlung gleichgestellt, wenn erst in der Folge der Vertrag, die letztwillige Verfügung, das gerichtliche Urtheil, auf welche geleistet ist, für ungiltig erklärt werden[62]). Nur der Irrthum über den Formmangel ist gleichgiltig, weil das Recht trotz des Formmangels die Verbindlichkeit als in gewissem Maße wirksam anerkennt[63]). Daß der Zahlende darüber, ob die Schuld zu Recht bestehe, schon im Zweifel war, schließt die Annahme des Irrthums nicht aus[64]). Daß es bei Zahlung eines Unfähigen während der Unfähigkeit

---

thümlich für den Schuldner gehalten hat, nicht sagen, daß der Gläubiger erhalten, was ihm zukam. A. M. für preuß. R. Duesberg in Simon und Strampff, Zeitschr. I. 290fg., welcher zwischen § 180 u. 185 einen Widerspruch findet. Vergl. Schweikart in Bobrik und Jacobson, Zeitschr. I. 142. Koch, R. d. F. III. 373f. Bornem. III. 344. — Auch der Umstand, daß der Beklagte das ihm Gezahlte von einem Dritten zu fordern hat, der seinerseits Gläubiger des zahlenden Klägers ist, schließt die Kondiktion des irrthümlich Gezahlten nicht aus. R.G. Entsch. B. 19 S. 332.

[59]) Der Irrthum an sich ist aber nicht der Grund der Klage, dieser ist vielmehr das rechtlose Haben des irrthümlich gewährten Vortheils. Erxleben I. §§ 5. 6 S. 38f. S. 61.

[60]) I. 16 § 178 N. 3. Er muß sich aber auf die Verpflichtung zur Leistung beziehen; ein bloß irriger Beweggrund giebt nicht das Kondiktionsrecht. Seuffert IV. 233. Oester. G.B. § 1431. Code a. 1235. 1376—1379. Sächs. G.B. § 1523 unterscheiden ebenfalls nicht zwischen faktischem und rechtlichem Irrthum. Desgl. der bair. Entw. Art. 907. Der Entwurf des B.G.B. gestattet die Rückforderung ohne Nachweis eines Irrthums, schließt sie aber aus, wenn der Leistende Kenntniß vom Nichtbestehen der Verbindlichkeit hatte. § 737 Abs. 4. Entw. II. § 739, Reichstagsvorl. § 798.

[61]) Svarez, Jahrb. B. 41 S. 53. Duesberg a. a. O. S. 256f. Bornemann III. 384. Koch, R. d. F. III. 377. Es besteht hierüber kein Zweifel. Aus der Praxis: Entsch. B. 6 S. 17. Rehbein III. S. 81. Strieth. B. 20 S. 31. Entsch. B. 29 S. 75, B. 30 S. 76. Rehbein III. S. 78. Strieth. B. 9 S. 255. Bl. f. R.Anw. B. 19 S. 353. Die gemeinrechtliche Theorie und Praxis hat daher hier kein näheres Interesse. Das röm. Recht fordert entschuldbaren Irrthum und schließt nach der herrschenden Ansicht den error jur. aus. l. 9 § 5 D. XXII. 6, l. 10 C. I. 18 (doch vergl. l. 1 pr. D. XXXVI. 4 si vero hoc non potuisse remitti crediderit, numquid condicere possit, qui jus ignoravit? adhuc tamen benigne quis dixerit, satisdationem condici posse). S. Glück B. 13 S. 135f. Vangerow III. 409f. Erxleben I. § 6 S. 61fg. Holzschuher, 3. A. III. 550. Bähr, Anerkennung S. 77. Windscheid II. § 426 Anm. 14, wo die Praxis zusammengestellt ist.

[62]) I. 16 § 182. Strieth. B. 24 S. 344. Es bleibt aber immer noch festzustellen, ob in einem solchen Falle auch die übrigen Erfordernisse der cond. ind. vorliegen. § 183. S. hierüber Koch, R. d. F. III. 368f. Komm. Note zu § 183. Die §§ widersprechen nicht dem § 176 I. 16.

[63]) I. 16 § 176. Darum soll auch, wenn der Vertrag, die letzwillige Verordnung, das Urtheil, auf Grund deren gezahlt worden, auf Antrag des Zahlenden selbst (Duesberg a. a. O. S. 259 § 103 des ersten Entwurfs) nur wegen Mangels der Form für nichtig erklärt worden, kein die Zahlung entkräftender Irrthum angenommen werden. § 184 beschränkt den § 182 und ist eine Folge des § 176. S. Koch, Komment. Note zu § 184, wo er eine früher von ihm aufgestellte Erklärung (R. d. F. IV. 369) zurücknimmt.

[64]) An Stelle des Textes sagte Förster unter Berufung auf: l. 11 C. IV. 5. Cocceji,

auf Irrthum nicht ankommt, ist schon gesagt[65]). Bei Zahlungen durch einen Vertreter genügt dessen Irrthum[66]). Daß die Zahlung auch im Irrthum angenommen worden, d. h. daß der Empfänger sich im guten Glauben befunden haben müsse, wird im römischen Recht erfordert, weil es neben der condictio indebiti noch eine besondere condictio furtiva besaß, die gegen den schlechtgläubigen Empfänger stattfindet[67]). Das preußische Recht unterscheidet beide Ansprüche nicht. Auch gegen den, der wissentlich eine Nichtschuld annimmt, oder den Zahlenden betrüglich zu einer solchen Zahlung verleitet hat, wird die Rückforderung wegen Nichtschuld gebraucht[68]).

Vielbesprochen ist im gemeinen Recht die Frage, ob und wie der Irrthum bewiesen werden müsse[69]). Eine schwer auszulegende und wahrscheinlich nicht rein in die Pandekten aufgenommene Stelle des Paullus[70]) hat verschiedene Ansichten hervorgerufen. Für das A.L.R. existiren diese Zweifel nicht. An und für sich muß der Kläger den Irrthum behaupten und beweisen, weil der Irrthum zur rechtlichen Entstehung des Anspruchs gehört. Dieser Beweis ist aber in der Regel schon in dem Nachweis enthalten, daß die Schuld, worauf geleistet worden, überhaupt nicht, oder nicht dem Empfänger gegenüber oder nicht in Bezug auf das geleistete Objekt entstanden ist[71]), sofern nicht von der anderen Seite Thatsachen beigebracht werden, die auf eine Kenntniß schließen lassen. Vom Ermessen des Gerichts wird abhängen,

---

Jus contr. XII. 6 qu. 15. Seuffert IV. 123, VII. 54: „Zweifel steht dem Irrthum gleich". Dernburg II. § 289 Anm. 22 meint, daß preuß. Recht habe „die Gleichstellung des Zweifels mit dem Irrthum" durch Justinian mit Recht nicht angenommen. Warum aber die Leistung aufhören soll, auf Irrthum zu beruhen, weil dem Zahlenden dabei ein nicht überwundener, sondern nur unterdrückter Zweifel gekommen ist, läßt sich nicht absehen. Eine Willenserklärung, daß es bei der Zahlung bleiben soll, auch wenn die Schuld nicht besteht, liegt in der Zahlung nicht. Vergl. indessen R.O.H.G. B. 13 S. 362, B. 18 S. 238. S. auch Sächs. G.B. § 1523.

[65]) I. 16 § 170. Oben Anm. 49.

[66]) Der Irrthum des zahlenden Stellvertreters deckt des Vertretenen Kenntniß der Nichtschuld. Koch, R. d. F. III. 384. Hat aber der Prinzipal Auftrag gegeben, die Zahlung zu leisten, so kommt nur sein Irrthum in Betracht. Bl. f. Rechtsanw. B. 8 S. 334. Vergl. B. I. § 74 Anm. 15.

[67]) l. 18 D. XIII. 1, l. 43 pr. D. XLVII. 2. S. Vangerow III. 412 f. a. E. f.

[68]) I. 16 §§ 167. 189. 194. A. M. Gruchot VIII. 438 f., welcher behauptet, daß der unredliche Empfänger einer aus Irrthum indebite gegebenen Sache niemals Eigenthümer derselben werden kann, — es müßte dann also gegen ihn vindizirt, nicht kondizirt werden.

[69]) S. über diese Kontroverse Glück B. 13 S. 112 fg., von Neueren bes. Gneist, Form. Vertr. S. 198 fg. Windscheid, Vorausſ. S. 193 f. Bähr, Anerkenn. S. 75 f., S. 141 f., S. 252 f. Hofmann im Archiv für pr. R.W. N. F. B. 8 S. 253.

[70]) l. 25 D. XXII. 3. S. über das Verständniß dieser Stelle in der heutigen Praxis: Dresdn. Ann. I. 353, IV. 493 a. E. Seuffert I. 58.

[71]) Diesen Gedanken drücken schon die Worte in der l. 25 D. XXII. 3 aus: qui enim solvit, nunquam ita resupinus est, ut facile suas pecunias jactet et indebitas effundat. Seuffert VII. 56, X. 56. Vergl. Wächter, Württemb. Privatrecht. II. S. 127. Zu vergleichen ist auch die Definition des Reichsgerichts Entsch. B. I S. 200 in einer französisch-rechtlichen Sache, wonach Irrthum vorliegt, wenn nicht anzunehmen ist, daß wissentlich eine Nichtschuld bezahlt sei.

ob der Irrthum hierdurch genügend bewiesen ist[72]) oder durch weitere Thatsachen klar gestellt werden muß[73]).

e. Kläger ist derjenige, dessen Vermögen durch die Zahlung verringert worden ist. Wenn der Mandatar oder wenn der auftraglose Geschäftsführer irrthümlich eine Nichtschuld für den Mandanten oder Dritten mit dessen Mitteln gezahlt haben, so kondizirt der Mandant und der Geschäftsherr[74]). Wenn aber ein Mandatar im eignen Namen oder ein auftragloser Geschäftsführer ebenso oder zwar im Namen des Schuldners, aber aus eigenen Mitteln und ohne Genehmigung des Geschäftsherrn irrthümlich für einen Anderen eine Nichtschuld gezahlt hat, so steht ihm selbst, nicht dem Vertretenen die Rückforderung zu[75]). Der Erbe kondizirt die von dem redlichen Besitzer der Erbschaft gezahlten Nichtschulden oder ungiltigen Vermächtnisse, weil er

---

[72]) Koch, R. d. F. III. 389. Bornem. III. 339. A.L.R. I. 16 §§ 166. 178. 181. Die am Schlusse der vorigen Anm. bezeichnete Vermuthung ist für das preußische Recht jedenfalls keine Rechtsvermuthung. Präj. 1121 (Samml. I. 88). S. hierüber Koch, Komm. Note zu I. 16 § 166. Schles. Arch. I. S. 407 Nr. III. und S. 421 f. V. 425. Strieth. B. 9 S. 321. Seuffert VII. 322.

[73]) Förster zog noch aus A.G.O. I. 23 § 52 Nr. 1 unter Berufung auf l. 25 pr. D. XXII. 3 die Folge, daß der Kläger von dem Beweise des Irrthums und der Nichtschuld frei werde, wenn Beklagter den Empfang der Zahlung leugne und desselben überführt werde. Die Strafen des „frevelhaften Leugnens“ waren aber wohl schon vor den Reichsjustizgesetzen als antiquirt anzusehen, sind jedenfalls durch die C.P.O. beseitigt.

[74]) Strieth. B. 59 S. 133, l. 23 D. XII. 1.

[75]) Erfolgt Genehmigung, so ist der Geschäftsherr berechtigt, und der Zahlende hat sich an ihn mit der a. contraria zu halten, l. 6 pr. D. XII. 6. — I. 16 § 187 sagt im Anschluß an die Kondiktion eines zahlenden Unfähigen: „auch der Fähige kann die für einen Andern geleistete Zahlung soweit zurückfordern, als der Schuldner, wenn er die Zahlung selbst geleistet hätte, dazu berechtigt sein würde“. Das bezieht sich auch auf den Fall, wenn der Vertreter sich nicht an den Vertretenen halten kann. Vergl. zu § 187 das Präj. 365 (Samml. I. 89) und Strieth. B. 2 S. 342. Bei der Delegation hat der Delegant gegen den Delegatar die cond. ind., wenn jener diesem nichts schuldig war, gleichviel ob der Delegat ihm schuldig war oder nicht; der Delegat hat gegen den Delegatar nicht die cond. ind.; denn entweder war er dem Deleganten schuldig, und dann hat er sich von dieser Schuld durch die Zahlung an den Delegatar befreit, selbst wenn der Delegant dem Delegatar nichts schuldig war, — oder er war dem Deleganten nichts schuldig, dann hat er gegen diesen den Regreß oder die cond. ind. (letztere, wenn er geglaubt hat, Schuldner des Deleganten zu sein). Wenn I. 16 § 188 sagt: „nach diesen Grundsätzen (nämlich des § 187) soll auch die Befugniß der Frau beurtheilt werden, die in stehender Ehe ohne Genehmigung des Mannes (von ihr) geleistete Zahlung nach getrennter Ehe zurückzufordern“, so ist dies nicht auf Zahlungen aus dem vorbehaltenen Vermögen zu beziehen. Hat sie aus ihrem vorbehaltenen Vermögen gezahlt, dann hat sie als Handlungsfähige für den Mann gezahlt, § 222 II. 1, und kann, wenn sie von diesem, wegen seiner mangelnden Genehmigung, oder weil sie eine Nichtschuld gezahlt hat, den Ersatz nicht verlangen kann, die condict. ind. gegen den Empfänger anstellen, ohne daß sie bis zur Trennung der Ehe zu warten braucht. Hat sie aber aus dem eingebrachten Vermögen gezahlt, so hat sie während der Ehe als handlungsunfähig nicht die Kondiktion, und kann sich derselben erst bedienen, wenn sie nach getrennter Ehe wieder handlungsfähig geworden ist. A. M. Koch, R. d. F. III. 383. — Koch folgert das. S. 382 aus l. 6 § 3 D. XII. 6 und l. 6. C. IV. 6, daß der Stellvertreter nicht kondiziren kann, wenn er auch aus eignen Mitteln gezahlt hat. Aber die l. 6 C. spricht überhaupt nicht davon, daß der Zahlende seine eignen Mittel dazu verwendet hat, und der tutor und procurator haben nicht die Kondiktion, weil sie Namens des Pupillen oder Klienten gezahlt haben und für diese kondiziren können.

gleichsam durch den Besitzer vertreten war[76]). Außer in dem Fall einer Vertretung durch den Zahlenden läßt sich nicht annehmen, daß die Rückforderung für einen Anderen als den Zahlenden begründet sei. In dem von Förster hierhergezogenen Fall der Zahlung an einen nachstehenden statt des bevorrechtigten Gläubigers im Fall des Konkurses und der Subhastation[77]), sowie wenn der Benefizialerbe zahlt[78]), handelt es sich nicht um Rückforderung, sondern es greift eine Bereicherungsklage des benachtheiligten Gläubigers ein. Auch die Kondiktion des Fiskus bei Zahlungen aus verbotenen Geschäften ist keine condictio indebiti[79]).

f. Beklagter ist der Empfänger, dessen Forderung durch die Zahlung getilgt werden sollte[80]). Es ist bereits gesagt, daß es auf sein Wissen oder Nichtwissen nicht ankommt. Ein Dritter, auf den später das Objekt der Bereicherung übergegangen ist, hat nichts zurückzuleisten[81]).

g. Gegenstand der Klage ist die Rückleistung des Gegebenen[82]). War

---

[76]) I. 9 § 496 bezieht sich zwar nur auf den Erben, der nach rechtskräftiger Präklusion sich meldet und nur auf bloß freigebige Verfügungen des redlichen Erbschaftsbesitzers. Der im Text ausgesprochene Rechtssatz ist aber von keiner Seite bezweifelt. l. 2 § 1, l. 3, l. 5. D. XII. 6. Glück B. 13 S. 72.

[77]) Das ist in der preuß. Praxis bestritten gewesen. S. jurist. Wochenschr. 1836. S. 213. Bornem. III. 348 und Koch, R. d. F. III. 384f., und dagegen Komm. 3. A. Note zu § 178. In der Praxis wird die cond. indeb. gegeben. Pl.Beschl. Entsch. B. 6 S. 399. Striethorst B. 7 S. 72, B. 41 S. 145 (bezieht sich auf Subhastationen). Ferner jurist. Wochenschr. 1836 S. 165. 188. Was das Justizminist. in dem Reskr. v. 5. Mai 1835 (Jahrb. B. 45 S. 443) geäußert, erledigt die Frage juristisch nicht. Wie soll denn das Gericht Sorge tragen für die Rückzahlung? Nach der Ansicht des Herausgebers ist Rückforderung einer Zahlung nur für den denkbar, der zahlt oder bei der Zahlung vertreten wird. Der, zu dessen Nachtheil gezahlt ist, muß, wenn er keine Vertragsklage hat, aus der nützlichen Verwendung klagen. Vergl. § 148 Anm. 27. 30b.

[78]) l. 22 §§ 5. 6 C. VI. 30. Koch, R. d. F. III. 386. Auf den alten erbschaftl. Liquidationsprozeß bezieht sich auch der Pl.Beschl. in Entsch. B. 6 S. 399, wo der Fall, daß der Benefizialerbe selbst zahlt, der Prüfung offen gehalten worden ist.

[79]) I. 16 § 173.

[80]) I. 16 § 193. Der Empfänger ist der richtige Beklagte, wenn er nicht nachweist, daß er in Vertretung eines Andern empfangen (Seuffert V. 177), die Zahlung an den Vertreter bereichert den Vertretenen aber auch, wenn dieser die Zahlung nur nachmals genehmigt. I. 16 § 198. Vergl. Entsch. B. 6 S. 8, l. 14 D. XII. 4, l. 6 § 2 D. XII. 6 Sächs. Zeitschr. f. Rechtspfl. XII. 461. Zahlung an einen Handlungs-Unfähigen verpflichtet diesen nicht nach den Grundsätzen von der solutio indebiti, sondern nur zur Rückzahlung auf Höhe der z. Z. der Klage noch vorhandenen Bereicherung. I. 13 § 274, l. 3 § 4 D. III. 5. Wenn gegen eine Gemeinde kondizirt wird, so muß angegeben werden, daß die empfangende Person befugt gewesen ist, die Leistung für die Gemeinde zu empfangen. Heuser II. 246. — Wissentliche Benutzung eines Irrthums des Zahlenden kann denjenigen, der in der That nur suum recepit (vergl. Anm. 56ff.), einer Rückleistungspflicht ex dolo unterwerfen.

[81]) l. 49 D. XII. 6 his solis pecunia condicitur, quibus quoquo modo soluta sit, non quibus proficit. Glück B. 13 S. 111.

[82]) Sachen, Geld, geldgleiche Papiere, Handlungen, dingliche und persönliche Rechte, Verbindlichkeiten, überhaupt jedes geleistete Objekt. Entsch. B. 6 S. 8. Strieth. B. 58 S. 334, B. 77 S. 324 §§ 189. 193. 196. 197 d. T. Ebenso nach röm. R. z. B. l. 19 § 3 l. 22 § 1, l. 31, l. 32 § 3 l. 39 D. XII. 6. Erxleben I. § 12 S. 182f. War der Gegenstand eine Quantität (genus), so haftet der Empfänger wie aus einem Darlehn. § 193. Abweichend die herrschende Meinung des römischen Rechts, die auch hier die Bereicherung zur Zeit der Litiskontestation als maßgebend ansieht. Windscheid § 424

der Empfänger in schlechtem Glauben, so giebt er die erhaltene Sache mit den Pflichten eines unredlichen Besitzers, insbesondere auch mit Früchten vom Tage des Empfanges zurück, oder er ersetzt den Werth des nicht mehr Vorhandenen; vertretbare Sachen, die er zu ersetzen hat, muß er von da ab nach dem höchsten Satze verzinsen[83]); war er selbst im Irrthum, so wird er als redlicher Besitzer angesehen und zahlt nur Verzugszinsen[84]) von dem Tage der Klagerhebung, und ersetzt nur, um was er bereichert ist[85]). Wegen geleisteter Handlungen oder Dienste kann gegen den, der die Handlung gutgläubig als schuldig angenommen hat, nur dann geklagt werden, wenn der Leistende für dergleichen Thätigkeit bezahlt zu werden pflegt[86]), der schlechtgläubige Empfänger haftet auch sonst, sofern nur die Handlung einer Schätzung fähig ist[87]). Hat Kläger mehrere Leistungen gemacht, von denen er nur die eine oder andere schuldig war, so wählt der Beklagte, welche er zurückgeben will[88]). Hat Kläger ein dingliches Recht ohne Verbindlichkeit dazu begründet, so geht die Klage auf Entschädigung und Wiederherstellung des früheren Zustandes[89]). Bei nicht geschuldeter Uebertragung eines persönlichen Rechts (einer Forderung) muß der Cessionar zurückcediren. Hat jemand ohne Verpflichtung dazu irrig ein formelles Versprechen gegeben, so stellt er der Klage auf Erfüllung dieser Verpflichtung die Kondiktion des Versprechens entgegen[90]). Bei irrthümlicher Entlassung eines Schuldners aus seiner persönlichen oder dinglichen Verbindlichkeit wird auf Erfüllung dieser Verpflichtung geklagt[91]). Endlich wer an Zahlungsstatt eine Sache für eine Schuld gegeben hat, die nur zum Theil unrichtig war, darf nicht die Rückgabe der Sache fordern, sondern nur den Betrag des zuviel Geleisteten[92]).

2. **Rückforderung wegen Nichteintritts des als künftig eintretend Vorausgesetzten** (cond. ob causam datorum oder cond. causa

---

Anm. 3. Vergl. auch Mandry im Arch. für civ. Prax. B. 48 S. 220. Eine von Koch, zu § 193, nicht mit Recht getadelte Anwendung in Strieth. B. 29 S. 264. Oesterr. Ges.B. § 1431. S. die Regelung des Entwurfes des B.G.B. §§ 737. 740. 741, Entw. II. §§ 737. 742. 743, Reichstagsvorl. §§ 796. 802. 803.

83) I. 16 §§ 189. 194. Oben B. I. § 68 Anm. 75. Gruchot, Beitr. VIII. S. 434, der richtig ausführt, daß der Ausdruck unredlicher und redlicher Besitzer in §§ 189. 190 nur den Umfang der Restitutionspflicht angiebt — gegen Baron, Abhandl. S. 98 f. Vergl. R.O.H.G. B. 25 S. 131. Oesterr. G.B. § 1437.

84) Pl.Beschl. Entsch. B. 5 S. 283. Dazu B. 20 S. 539.

85) I. 16 §§ 190. 195. S. vor. Note 83 und zu § 195. Samml. der Entscheid. der Ges.-Kammission. I. S. 7. Klein, Ann. I. 8. l. 26 § 12, l. 65 § 8 D. XII. 6. Nach preuß. Recht behält er also die genossenen Früchte; § 189 I. 7. Das weicht vom röm. R. ab. l. 15 pr. D. XII. 6. Vergl. auch R.O.H.G. B. 7. S. 278.

86) I. 16 § 196. l. 26 § 12 D. XII. 6 si hae operae recipiunt aestimationem . . . non teneri eum, nisi forte in artificio sint (operae fabriles). Glück B. 13 S. 154.

87) I. 16 § 197.

88) I. 16 § 192 L. 21 D. XII. 6. Vergl. aber L. 10 C. IV. 5. Vergl. ob. B. I. § 65 Anm. 23. Das österr. G.B. § 1436 läßt den Kläger wählen. Ebenso das sächs. § 1525.

89) l. 15 § 1 D. XII. 6 (possessionis traditio).

90) l. 31 D. XII. 6, l. 5 § 1 D. XIX. 1. Oben Note 18.

91) l. 22 § 1 D. XII. 6 (Servitut). l. 4. 10 D. XII. 4 (Acceptilation).

92) I. 16 § 191.

data causa non secuta). Bei einem wechselseitigen Vertrag erfolgt die eine Leistung nicht in der bloßen Erwartung einer vom freien Willen des andern Theils abhängigen Leistung, sondern in dem Bewußtsein, daß der andere Theil zur Erfüllung genöthigt werden kann. Hier giebt die Nichterfüllung des anderen Theils nur ausnahmsweise ein Rücktrittsrecht vom Vertrage, dessen Ausübung und dessen Folgen besonders geregelt sind. Im römischen Recht lag aber die Sache anders bei den sogenannten Innominatkontrakten, bei denen die condictio causa data causa non secuta ihre wichtigste Anwendung fand. Das Landrecht kennt nur besondere Fälle des Rücktritts auf Grund einer Vereitelung der erwarteten Vertragserfüllung; auch die Vorleistung ist stets Vertragserfüllung. Das ändert sich nicht, wenn der Leistende glaubt, daß der andere Theil bereits erfüllt habe, ohne daß dies geschehen war, oder wenn er bei der Leistung annimmt, daß auch der Andere freiwillig ohne die Anwendung eines Zwangs leisten werde. Es können aber andere Fälle vorkommen, in denen eine Leistung gewährt wird, die nach dem dabei obwaltenden Einverständniß dem Empfänger zwar gehören, ihm aber nur verbleiben soll, wenn sich eine dabei gehegte Voraussetzung künftig erfüllt. Zweierlei muß hier zusammen treffen: a. es muß Etwas eines künftigen Erfolges willen (in der Voraussetzung eines solchen) gegeben worden sein, ohne daß eine Obligation zur Herbeiführung dieses Erfolges verpflichtete; b. dieser Erfolg ist nicht eingetreten[93]). In dem Moment des Nichteintritts oder des

[93]) I. 16 § 200 im Vergleich mit § 199. l. 52 D. XII. 6 ob rem in vero datur, ut aliquid sequatur: quo non sequente repetitio competit. Entwurf des B.G.B. §§ 742—744, Entw. II. § 737. 740, Reichstagsvorl. §§ 796, 799. Ueber den Fall wenn sub modo geleistet worden und der modus nicht erfüllt wird, vergl. B. I. § 38, B. II. § 122 Anm. 182 f., wenn bei einer mortis c. donatio der Geber die Todesgefahr übersteht oder den Empfänger überlebt, oben B. II. § 122 Anm. 204 A.L.R. I. §§ 1137—1139. Das „Etwas" in § 200 bedeutet überhaupt ein geleistetes Objekt, nicht einen Theil des geleisteten Ganzen. Entsch. B. 3 S. 356. Beispiele von der cond. ob causam dati Entsch. B. 2 S. 226, B. 64 S. 205. Rehbein III. S. 96. Strieth. B. 78 S. 144, B. 88 S. 155. Rehbein III. S. 94. R.G. bei Gruchot B. 34 S. 124 und eine Anwendung des § 200 auf Scheingeschäfte bei Strieth. B. 10 S. 14. Rehbein III. S. 93. Pränumeration oder Wechselausstellung in der Erwartung, daß der andere Theil gewisse Forderungen erwerben werde. R.G. B. 5 S. 26. — Der künftige Erfolg kann in dem Verschaffen einer Sache (l. 16 D. XII. 4), in einem Ueberlassen (l. 3 pr. D. XII. 4. l. 3 C. IV. 6), in der demnächstigen Uebernahme einer Verbindlichkeit (l. 3 pr. § 1 D. eod.) bestehen. Andere Fälle sind l. 6 pr. l. 9 pr. D. eod. l. 2 eod. S. Erxleben II. 139 f. 157 f. 16 f. 25 f. Windscheid II. §§ 427. 428. — Es ist nicht um eines bestimmten Erfolges willen gegeben, wenn man bei dem Hingehen schon wußte, daß das Eintreten des Erfolges unmöglich ist. l. 53 D. de R. J. — Ueber die Beweislast vergl. Windscheid § 429 Anm. 1, Bähr, Anerkennung S. 68. R.G. Entsch. B. 5 S. 26, B. 14 S. 225. Die Begründung des Satzes, daß der Beklagte den Eintritt der causa zu beweisen habe, dadurch, daß der Empfänger, der nur unter der Voraussetzung des Eintritts der causa futura erhalten hat, zunächst sine causa besitzt, und daß der Nichteintritt der causa nicht Entstehungsgrund der condictio, sondern der Eintritt Erlöschungsgrund für die Rückforderung sei, kann nicht gebilligt werden. So lange der Eintritt oder Nichteintritt der causa unbestimmt ist, hat der Empfänger die Leistung mit dem Willen des Leistenden, er soll auch die Leistung bis zur Entscheidung jedenfalls behalten, es läßt sich also nicht sagen, daß er schon vom Empfang an sine causa habe. Geht man hiervon aus, so muß man prinzipiell die Pflicht der Behauptung

Wegfalls der Voraussetzung entsteht das Recht zur Rückforderung. Es wird geklagt auf Rückgabe des Geleisteten mit Früchten, Zuwachs, Zinsen. Jedoch wird unterschieden: ist der Zweck durch Schuld des Empfängers nicht erreicht, so giebt er als unredlicher Besitzer zurück[94]); ist der Zweck vereitelt durch Schuld des Gebers, so kann dieser nur die zur Zeit der Klage noch wirklich vorhandene Bereicherung von dem Beklagten fordern, und wenn der Letztere einen Anspruch auf Interesse hat, so wird dieses abgerechnet[95]); ist endlich der Zweck durch Zufall verfehlt, so ist die nützliche Verwendung der Maßstab für die Rückgabe[96]).

3. Rückforderung wegen nicht gerechtfertigten Empfangs (cond. ob injustam causam). Die injusta und die turpis causa sind nach gemeinem Recht darin verschieden, daß jene die Leistung unter einer vom Recht nicht anerkannten Voraussetzung zum Gegenstand hat, diese eine aus Gründen der Sittlichkeit oder Ehrbarkeit unerlaubte Leistung ist. Man hat aber zur Zeit der Redaktion des A.L.R. angenommen, die injusta causa sei eine ungerechte[97]), eine das Recht verletzende Leistungsursache; und das A.L.R. schließt sich in dem Paragraphen des sechszehnten Titels, in welchem diese Kondiktion erwähnt ist[98]), dieser engeren Ansicht an: insbesondere können danach abgenöthigte Leistungen kondizirt werden. Der Beklagte muß als unredlicher Besitzer zurückleisten[99]).

---

und des Beweises dem Kläger zuschieben, was früher auch in der gemeinrechtlichen Theorie angenommen wurde. Bethmann-Hollweg, Versuche V. S. 326. Erxleben II. S. 499.

[94]) I. 16 § 201. Z. B. wer einen Modus nicht erfüllt. I. 4 § 154, l. 11 C. IV. 6.

[95]) I. 16 §§ 203. 204. Nach gem. R. fällt hier die Kondiktion ganz weg. l. 10 C. IV. 6. Glück B. 13 S. 31 will sie nur wegfallen lassen, wenn der Geber zur Beförderung des Zwecks rechtlich verbunden war, oder das Gegebene bloß der Sinnesveränderung wegen nicht zurückgefordert werden konnte. Für letzteres beruft er sich auf l. 1 § 1 D. XII. 4. S. dagegen Holzschuher III. 533.

[96]) I. 16 § 202. Aehnlich wenn die Erfüllung eines Vertrags zufällig unmöglich wird I. 5 §§ 364—368. Ueber Vereitelung der causa unter dem Einfluß des Zufalls vergl. Wächter, Civ.Arch. B. 25 S. 214, Erxleben I. 386, Windscheid, Voraussetzung S. 177.

[97]) Aus der Ueberschrift des Cod. IV. 9 de condictione ex lege et sine causa vel injusta causa kann entnommen werden, daß injusta c. und sine causa gleichbedeutend sei. An anderen Stellen wird jedoch mehr in den Begriff der injusta causa gelegt, wie z. B. l. 6 D. XXIV. 3 aus den Worten non concessa donatione folgt, während die cond. indeb. stattfindet, ex omnibus causis, quae jure non valuerunt, vel non habuerunt effectum. l. 54 D. XII. 6. Daher entwickelte sich die Meinung, die injusta causa sei eine jure civili improbata, Voet, Comm. ad Pand. XII. 5 Nr. 4, oder wie Hellfeld, Jurispr. for. § 825 sich ausdrückt: quae jus perfectum laedit. Auch Vangerow III. 424 nimmt die cond. ex inj. c. an, wenn Jemand durch wirkliche Ausübung eines Frevels oder Unrechts einen Vermögensvortheil erworben hat. Siehe Koch III. S. 398.

[98]) I. 16 §§ 207—209, l. 7 D. XII. 5.

[99]) I. 16 § 208. Der Unterschied zwischen der cond. und der a. quod metus c. liegt nicht darin, daß für die erstere nicht die Anzeige vom Zwange nach § 45 I. 4 nöthig ist, sondern darin, daß mit dem beschränkten Rechtsmittel des vierten Titels das Geschäft angefochten, und die daraus hergeleitete Zahlungspflicht bekämpft wird, I. 16 § 209, während ein unmittelbar die Leistung herbeiführender Zwang die condictio begründet. Zurückzuleisten ist mit den höchsten erlaubten Zinsen vom Tage des Empfanges der Zahlung. Pl.-Beschl. Entsch. B. 14 S. 12. Rehbein III. S. 89. Unter den hier be-

Ein weiterer landrechtlicher Anwendungsfall der condictio ex injusta causa war die mit dem strafrechtlichen Begriff des Wuchers nach Landrecht zusammenhängende Bestimmung, daß, was über das gesetzliche Maß der Zinsen rechtsungiltig gegeben worden, binnen sechs Jahren nach völlig abgetragener Schuld noch zurückgefordert werden kann[100]). Diese Bestimmung ist, soweit die landrechtliche Wuchergesetzgebung antiquirt ist, weggefallen. Bezüglich der Zinseszinsen ist sie geltendes Recht[101]). Interessant ist die Bestimmung besonders deswegen, weil nur das Uebermaß der Zinsen als injuste gezahlt zu kondiziren war. Ein Geschäft, das gegen die Reichswuchergesetze vom 24. Mai 1880 und 19. Juni 1893 geschlossen worden, wird in diesen Gesetzen nach seinem ganzen Inhalt als ungiltig bezeichnet. Daß trotz dieses Satzes ein Recht des nach dem Gesetze strafbaren „Gläubigers" auf Zurückforderung des aus dem ungiltigen Vertrage Geleisteten aufrecht erhalten ist, und die rechtliche Konstruktion dieses Rechts hat bereits Erörterung gefunden[102]). Hier ist noch von der Leistung des durch den Wucher ausgebeuteten Schuldners zu handeln. Die von ihm oder für ihn geleisteten Vermögensvortheile müssen zurückgewährt und vom Tage des Empfangs verzinst werden. Dieser Anspruch würde gegenüber dem Empfänger dieser Leistungen unter dem Gesichtspunkt einer condictio ex injusta causa gebracht werden können. Das Gesetz läßt aber für diesen Anspruch alle, die sich des Wuchers schuldig gemacht haben, solidarisch haften; dies entspricht nicht einer Klage, die auf dem Haben ohne Grund beruht; der Anspruch ist deshalb als Entschädigungsforderung aus unerlaubter Handlung zu bezeichnen[103]).

---

zeichneten Gesichtspunkt gehört im Fall der Zwangsvollstreckung auch die Rückforderung des auf Grund eines vorläufig vollstreckbaren Titels Geleisteten. Vergl. dazu B. I. Anhang zu §§ 55. 56, auch Strieth. B. 5 S. 358, B. 83 S. 185. Rehbein III. S. 90. Ist freiwillig geleistet, so muß die Leistung als unter Vorbehalt geschehen angesehen werden. Der Entwurf I. des B.G.B. regelte den Fall ausdrücklich unter den Fällen der Rückforderung wegen nachträglichen Wegfalls des Rechtsgrundes der Leistung. §§ 745. 746; nach den Beschlüssen bei Entw. II. ist eine Aenderung der C.P.O. in Aussicht genommen.

100) A.L.R. II. 20 §§ 1271. 1272.

101) Vergl. oben B. I. § 68 Anm. 44. Ebenso Dernburg II. § 292 Anm. 11.

102) Am Ende des § 137 bei Anm. 138a ff.

103) Wer mit Kenntniß des Sachverhalts eine unter Verstoß gegen das Wuchergesetz entstandene Forderung erwirbt und veräußert oder geltend macht, haftet in Höhe des von ihm oder seinem Rechtsnachfolger Empfangenen. Auf die Natur der Schadensforderung ex delicto verweisen auch Sten. Ber. des Reichstags 1880 III. S. 377. Trotz der Ungiltigkeit des Vertrags wird man übrigens die in dessen Erfüllung erfolgten Leistungen für geeignet erachten müssen, Eigenthum zu übertragen, so daß nicht etwa eine Vindikation, die sich zugleich auf die fructus percepti und percipiendi erstrecken würde, als zulässig erscheint. Der Deliktsanspruch des Wuchergesetzes verjährt nach Art. 3 Abs. 3 in fünf Jahren seit dem Tage der Leistung. — Wer das Recht aus dem wucherischen Vertrage ohne Kenntniß der wucherischen Entstehung erwarb, hat das Forderungsrecht an und für sich nur in demselben Maße, wie es dem des Wuchers schuldigen Cedenten nach Art. 3 Abs. 4 des Wuchergesetzes zusteht; ein höherer Anspruch ist ihm nur gewährt, insoweit ihm nach den Bestimmungen des Landrechts die Ungiltigkeit nicht entgegen gesetzt werden kann. Vergl. oben § 237 Anm. 140. Insoweit ihm die Ungiltig-

4. Rückforderung des zu einem unehrbaren oder unerlaubten Zweck Gegebenen und des aus verbotenem Geschäft unerlaubt Empfangenen. Die Rückforderung wegen unerlaubten Zwecks[104]) hat im A.L.R. eine eigenthümliche Gestaltung erhalten, für welche jedoch schon die damalige gemeinrechtliche Praxis nicht ohne Anhalt ist[105]). Was zu einem unerlaubten Zweck gegeben worden ist, kondizirt der Fiskus[106]), ebenso was zu einem unehrbaren (unsittlichen) Zweck gegeben ist, aber letzteres nur, wenn dem Empfänger beim Empfang das Verwerfliche des Zwecks bekannt war[107]). Der gutgläubige Empfänger behält das Empfangene[108]). Wenn einem Beamten dafür, daß er sein Amt ausübe oder nicht ausübe, freiwillig eine gesetzlich nicht gestattete Belohnung gegeben wird, so kondizirt auch diese der Fiskus[109]). Dagegen kondizirt der Geber, wenn ihm die Leistung widerrechtlich abgenöthigt worden[110]), und wenn der Beamte ihn zu der unerlaubten Belohnung verleitet hat[111]), und zwar in beiden Fällen mit allen Nutzungen und den höchsten Zinsen[112]). Die Kondiktion des Fiskus beruht also überall darauf, daß wie das Empfangen auch das Geben verboten oder unsittlich war.

Mit diesen Bestimmungen im Zusammenhang und zugleich ein Ausfluß des Grundsatzes, daß man durch unerlaubte Handlungen zwar Verpflichtungen überkommen, nicht aber Rechte erwerben kann[113]), ist die Bestimmung, daß aus einem Geschäfte, das gegen ein ausdrückliches Verbotsgesetz läuft, der Zahlende seinerseits zu einer Zurückforderung nicht berechtigt sei, daß

---

keit nicht entgegensteht, kann natürlich auch die dem Cessionar geleistete Zahlung von diesem gar nicht zurückgefordert werden, sie ist nur gegen den des Wuchers Schuldigen geltend zu machen. Ist an den gutgläubigen Cessionar, dem die Ungiltigkeit nach Landesrecht entgegengesetzt werden kann, mehr als das gezahlt, was auch der Wucherer fordern konnte, so hat er ein Indebitum erhalten, und die Zurückforderung des Gezahlten von ihm regelt sich „nach dem bürgerlichen Rechte", d. h. nach den unter Nr. 1 dargestellten Grundsätzen der condictio indebiti. Es kommt also dann darauf an, ob die Zahlung irrthümlich in Annahme einer Pflicht oder trotz der Kenntniß der Unverbindlichkeit des Anspruchs des Cessionars geleistet worden war.

[104]) Beisp. Seuffert VIII. 25, XVI. 100.

[105]) Stryck, Us. mod. XII. 5 § 3. Voet XII. 5 § 3. Schilter, Exerc. XXIV. § 23. Kind III. c. 32 p. 222. Berger III. 12 th. 6 n. 1. Glück B. 13 S. 60. Bei beiderseitiger turpitudo wird dem Geber die condictio versagt: Seuffert XIII. 257. S. Entwurf des B.G.B. §§ 743. 747, II. §§ 737. 741, Reichstagsvorl. §§ 796. 801.

[106]) I. 16 § 205. Anwendungsfälle bieten I. 11 §§ 714. (719) 1071. Vergl. R.G. Entsch. B. 25 S. 258 (Rückforderung des für Zustimmung des Empfängers zu einem Akkordschluß Geleisteten). Der Begriff der turpitudo ist nicht identisch mit krimineller Strafbarkeit, vielmehr genügt zur Kond., wenn die Handlung gegen die Ehrbarkeit und die guten Sitten verstößt. Dresdener Annalen IV. 495 f. Auch gehört nicht zur Begründung dieser Kond., daß der Zweck erreicht worden. Das. VI. 67 f.

[107]) I. 16 § 206.

[108]) I. 16 § 209, welcher auf Tit. 4 § 31 f. verweist.

[109]) I. 16 §§ 210. 211. Selbst die nur angebotene Belohnung soll dem Fiskus anheimfallen.

[110]) I. 16 § 207.

[111]) I. 16 § 212.

[112]) Der auf die §§ 189. 194 zurückweisende § 208 ist im § 212 citirt. Entsch. B. 14 S. 12 (oben Note 99).

[113]) I. 3 § 35.

aber der Fiskus dem Empfänger den verbotenen Gewinn entreißen könne; und daß wenn der Zahlende ein Geschäftsunfähiger war, er zwar nicht gehindert sei, die Zahlung zu kondiziren, daß aber der Geschäftsunfähige wegen (ihm zuzurechnender) Theilnahme an der unerlaubten Handlung, die also als unerlaubte Handlung des Empfängers gedacht ist, dem Fiskus gleich dem Empfänger verhaftet bleibe[114]). Als Anwendungsfälle dieser gesetzlichen Regeln lassen sich hervorheben: daß der Fiskus den Gewinn zu beanspruchen hat, der von einem der Paziscenten eines Vertrags über die Sache oder das Recht eines Dritten gezogen ist, sofern beide sich durch diesen Vertrag einer unerlaubten Handlung schuldig gemacht haben[115]), und der antiquirte Fall, daß jemand verbotswidrig einem Studenten Geld oder Geldeswerth zu unnützen Ausgaben oder gar zur Ueppigkeit oder Schwelgerei geliehen oder kreditirt und darauf Zahlung erhalten hat. Sowohl der Wortlaut der allgemeinen Bestimmungen als diese Anwendungsfälle zeigen, daß die Bestimmung nur diejenigen Fälle im Auge hat, in denen es sich um einen für den Empfänger der Zahlung verbotenen Vertrag und zwar um einen solchen handelt, bei welchem gerade auch der Empfang der Zahlung von dem Verbot betroffen ist und als ein „unerlaubter Gewinn" bezeichnet werden kann. Wie schon im Band I. § 28 auseinandergesetzt worden ist, kann selbst das strafrechtliche Verbot eines Geschäftsschlusses die civilrechtlichen Folgen des Geschäfts unberührt lassen; es wird deshalb im einzelnen Falle zu prüfen sein, ob das Geschäft dem Zahlungsempfänger einen vom Gesetz als unerlaubt bezeichneten Vortheil hat gewähren sollen[116]), und die Folge des Gesetzes kann ferner nur eintreten, wenn es sich um eine unter der Herrschaft des Landrechts empfangene Zahlung handelt[117]).

---

114) I. 16 §§ 172 bis 175.

115) I. 5 § 50, I. 11 § 160.

116) Ob das Verbot selbst ein Verbot des Landrechts oder ein reichsrechtliches Verbot ist, erscheint selbstverständlich gleichgiltig. Wie daran haben Zweifel bestehen können, ist nicht recht zu begreifen, Ob der Art. 32 der Reichsverfassung mehr hat ausdrücken sollen, als daß der Abgeordnete eine Zahlung nicht nehmen solle, und ob er das Geben von Unterstützungen verbietet, wird auch nach der Entsch. des R.G. (Entsch. B. 16 S. 88) zweifelhaft bleiben.

117) Schon aus diesem Grunde wird man nicht annehmen können, daß die von einem außerpreußischen Lotterieunternehmer am Sitze des Lotterieunternehmens erfolgte Zahlung an denjenigen, der in Preußen sich strafrechtswidrig an dem Spielen in der Lotterie betheiligt hat, dem preußischen Fiskus ein Konditionsrecht gegeben habe, — abgesehen davon, daß die in Rede stehenden Strafgesetze den Abschluß des Spielvertrages, soweit er ohne Autorisation stattfindet, strafen, aber nicht das Gewinnziehen aus einer solchen Lotterie verbieten wollen. Das Reichsgericht hat anerkannt, daß der außerhalb Preußens von einem Preußen geschlossene Lotterievertrag ein verbotenes Geschäft im Sinne des A.L.R. I. 16 § 172 nicht ist. Aus dem den Preußen bindenden Verbot der Betheiligung an solchem Geschäft folgt nicht eine dem Fiskus zustehende Kondiktion des Gewinns aus dem civilrechtlich wirksamen Geschäft. R.G. Entsch. B. 16 S. 106, B. 17 S. 300.

Drittes Kapitel.

Schuldverhältnisse aus rechtswidrigen Handlungen.

§ 151. Verletzungen der Person.

A.L.R. I. 6 §§ 98—136. Oben B. I. §§ 89. 90. Heydemann, Einleitung I. S. 317f. Gruchot, Beiträge IV. 166f. Bornemann II. 201f. Daniels IV. 9f. Koch, Pr.R. II. 531f. §§ 730—732. R. d. F. III. S. 1139f. §§ 390—392. Dernburg II. §§ 296. 297. 301. Fischer §§ 90—92. — Unterholzner II. 759. Vangerow III. 605. 657. 659. Arndts §§ 324. 339. Windscheid II. §§ 455f.

Die allgemeinen Grundsätze des Landrechts von den Entschädigungsforderungen, die sich an unerlaubte Handlungen knüpfen, sind bereits im allgemeinen Theil des Rechts der Schuldverhältnisse erörtert [1]). Im Einzelnen sind nur noch einige Besonderheiten nachzutragen, die sich insbesondere auf Art und Umfang des zu leistenden Ersatzes beziehen.

Verletzungen der Personen kommen schon im heutigen gemeinen Recht auf dem Gebiete des Privatrechts nur als Grundlage von Entschädigungsansprüchen in Betracht. Die Entschädigung kann nur in einer Vermögensleistung bestehen. Die öffentliche Strafe berührt nicht das Privatrecht. Im weiteren Sinne wurde bei den Römern jede Kränkung der Person mit dem Ausdruck injuria bezeichnet, sei es, daß sie durch That oder durch Wort verübt worden war [2]). Thätliche Kränkungen aber können immer nur physische Personen treffen, wörtliche sind auch denkbar gegen juristische Personen [3]). Daneben stand das abgegrenzte, aber von der Praxis allmählich erstreckte Gebiet der actio ex lege Aquilia [4]). Ob außer dem Verletzten — beziehungsweise seinen Erben — andere Personen, insbesondere Familienangehörige wegen Entziehung des Ernährers Entschädigungsansprüche haben, ist streitig [5]).

Das A.L.R. stellt folgende einzelne Fälle auf:

1. Tödtung [6]). Wenn widerrechtlich ein Mensch um das Leben ge-

[1]) B. 1 §§ 89. 90. Vergl. aus dem Entwurf des B.G.B. §§ 704—736, Entw. II. §§ 746ff., Reichstagsvorlage §§ 807 bis 837.

[2]) l. 1 § 1 D. XLVII. 10.

[3]) Unterholzner II. 759. 760. l. 15 § 9 D. XIVII. 10. Injurie gegen einen Stand von einer bestimmt begrenzten Anzahl von Mitgliedern: Seuffert VI. 197.

[4]) Vangerow III. 605 Nr. 4. l. 13 pr. D. IX. 2 (als actio utilis).

[5]) Seuffert XXIV. 116, XXIX. 137. Strieth. Arch. B. 16 S. 261. R.G. Entsch. B. 3 S. 320, B. 7 S. 141. Windscheid II. § 455 Anm. 19. Bezüglich der nur vertragsmäßig zur Forderung von Alimenten gegen den Getödteten Berechtigten vergl. Seuffert XXX. 146.

[6]) I. 6 §§ 98—110. Svarez (Schl.Rev. bei Kamptz B. 41 S. 7f.) sagt: „de jure Romano fand actio ex lege Aquilia statt, wenn ein freier Mensch verwundet, nicht aber wenn er getödtet worden. Dieser sonderbare Satz, der sich auf eine bloße Spitzfindigkeit des römischen Rechts gründet, ist durch die Praxis längst abgeschafft, und der Satz, daß wer einen Menschen tödtet, seine Frau und Familie entschädigen müsse, steht ex moribus längst fest. Die hier vorkommenden Sätze sind also nicht Abweichungen von dem bisherigen gemeinen Rechte, sondern nur Ergänzungen und nähere Bestimmungen desselben. Stryck, Us. mod. IX. 2 § 9. Vinnius, Ad. inst. IV. 3 in pr.

bracht ist, so klagen seine Wittwe und Kinder auf Entschädigung [7]). Diese besteht bei geringem Versehen in dem Ersatz der Kur-, Begräbniß- und

Grotius III. 33". In dieser Praxis und den Sitten hat sich das deutsche Recht erhalten, das in seinem Wergeldsystem eine Entschädigung bei Tödtungen und Verletzungen darbot. Vergl. Stobbe B. 3 § 203. Aus der Praxis z. B. das bei Heydemann, Einleit. S. 317 Note 586 citirte Erk. der Frankf. Fakultät v. 1610. Bezüglich der neueren Praxis vergl. Anm. 5. S. auch Entwurf des B.G.B. §§ 722—725, Entw. II. §§ 767—769, Reichstagsvorl. §§ 828—830.

[7]) Der Ausdruck des § 98 „Mensch" bezieht sich nach dem Zusatz „seine Wittwe" zunächst auf Männer. Beim Tode einer Frau steht den Kindern ein Anspruch auf Alimente gegen den Tödtenden jedenfalls dann nicht zu, wenn der alimentationspflichtige Mann am Leben ist. Eigenthümlich dem preuß. Recht ist die kasuistische Abstufung des Umfangs der Entschädigung nach dem Grade des Verschuldens, die weil doch schließlich Alles auf das Arbitrium des Richters zurückkommt, völlig unnütz ist. — Die Klage haben die Wittwe und Kinder, nicht die Erben als solche. Mit Recht wird deshalb von Dernburg II. § 297 Anm. 9 gegen Entsch. B. 56 S. 28, Rehbein I. S. 607 geltend gemacht, daß ein vom Beschädigten vor seinem Tode über die Folgen der Verletzung mit dem Schuldigen geschlossener Vergleich den Anspruch nicht ausschließen könne. Aus I. 16 § 415 ist jene Entscheidung nicht zu begründen. Der Verletzte kann sich nur über sein eigenes, durch I. 6 §§ 111 ff. begrenztes Forderungsrecht vergleichen. Es kann höchstens in Frage kommen, ob der Vertrag eine Garantie des Verhaltens der Berechtigten enthält, die auf diese als Erben übergegangen ist. — Auch das erst nach dem Tode des Vaters geborene Kind muß als klageberechtigt angesehen werden. A.L.R. I. 1 § 12. Vergl. R.O.H.G. B. 23 S. 68. Dagegen ist eine Frau, die der Verletzte erst nach der Verletzung vor seinem Tode geheirathet hat, nicht forderungsberechtigt. Anders auf Grund des Haftpflichtgesetzes. R.G. Entsch. B. I. S. 49. Dernburg II. § 297 bei Anm. 5 schließt auch Ansprüche eines erst nach dem Delikt konzipirten Kindes aus; weil das noch nicht konzipirte Kind nicht verletzt sein könne. — Ueber uneheliche Kinder und andere Alimentationsberechtigte vergl. Anm. 10. — Widerrechtliche Tödtung ist die Grundlage des Anspruchs. Betheiligung an einer Schlägerei, bei der jemand getödtet worden, steht der Tödtung nicht gleich. R.G. Entsch. B. 1 S. 91. — Das Recht der Angehörigen ist ein ihnen selbständig zustehendes, nicht vererbtes; dennoch könnte daraus, daß die Höhe des Anspruchs sich bemißt nicht nach dem Grade der Schuld bezüglich der Verletzung des Alimentationsrechts, sondern — ohne Rücksicht auf Kenntniß des Thäters von dem Vorhandensein der Alimentationsberechtigten — nach dem Grade der Schuld bei der Tödtung gefolgert werden, daß es nur insoweit im Gesetze anerkannt wird, als eine bloße schädigende Verletzung des Getödteten für diesen einen Entschädigungsanspruch begründet haben würde, und daß daher die konkurrirende Schuld des Getödteten zum Nachtheil der Angehörigen in Betracht gezogen werden muß. Hierfür wäre ferner geltend zu machen, daß derjenige, der die in seiner Macht stehende Abwehr der ihn bedrohenden Handlung unterläßt, in Wahrheit durch dieses sein eignes Verhalten das Leben verliert, daß der Kausalzusammenhang seines Todes mit dem — an sich schuldhaften — Akt des Andern zu leugnen ist, weil quod quis sua culpa damnum sentis, damnum sentire non intellegitur. Die R.G. Entsch. B. 14 S. 254 hat indessen ausgeführt, daß die Bestimmungen in I. 6 §§ 98 ff. eine vollständige Regelung der Schuldfrage enthalten, welche die Berücksichtigung der konkurrirenden Schuld ausschließen. Vergl. auch R.G. bei Gruchot B. 25 S. 950, B. 34 S. 930. Der Verletzte selbst wird hiernach mit dem Anspruch auf Kurkosten rechtskräftig abgewiesen werden können, und dennoch werden nach Eintritt seines Todes Wittwe und Kinder mit Erfolg auf Entschädigung klagen, weil sie für die konkurrirende culpa ihres Ernährers nicht in Frage kommt. Diese Rechtssprechung läßt auch fraglich erscheinen, ob nicht auch im Fall der Tödtung durch Zweikampf die Ansprüche begründet sind. Der Entwurf II. des B.G.B. § 769 erklärt das im § 217 (249) ausgesprochene Prinzip der Berücksichtigung der Schuld des Verletzten anwendbar. Gruchot IV. 169 a. E. fg. Dernburg II. § 297 Anm. 11 lassen den im Zweikampf Tödtenden haften. Vergl. Wächter, Arch. f. civ. Prax. B. 23 S. 81. — Ueber Nothwehr und Nothstand vergl. B. I. § 49 Anm. 2, § 89 Anm. 23. Striethorst B. 96 S. 127. — Ueber Wirkung der Tödtung auf eine Leibrente s. oben § 129 Anm. 22 f. Gruchot IV. S. 171. — Kann auch der Ehemann klagen, wenn die Frau getödtet worden? Bei Striethorst B. 16 S. 261 für gemeines Recht bejaht; für preuß. R. wird es nach dem Wortlaut des § 98 verneint werden müssen. R.G. B. 3 S. 320.

Trauerkosten [8]). Bei mäßigem Versehen tritt hinzu eine nach Verhältniß des Standes des Entleibten nothdürftige Verpflegung [9]). Eine solche muß der Schuldige aber nicht allein der Wittwe und den Kindern, sondern auch denjenigen Personen gewähren, welche einen gesetzlichen Anspruch auf Unterhalt an den Getödteten gehabt haben würden. Diese Personen haben also ebenfalls ein selbständiges Klagerecht soweit und für so lange, als der Getödtete ihnen zur Gewährung eines Unterhalts verpflichtet gewesen wäre [10]). Der Wittwe ist der nothdürftige Unterhalt zu gewähren, bis sie sich wieder verheirathet [11]) oder in Umstände kommt, wo sie die Unterstützung entbehren kann [12]). Den Kindern ist der Unterhalt, dessen sie nothwendig bedürfen, zu leisten bis zur Erlangung ihrer Selbständigkeit, spätestens bis zu ihrer Volljährigkeit und nur wenn sie nach ihrer körperlichen und geistigen Beschaffenheit erwerbsunfähig bleiben, darüber hinaus bis zu ihrer Wiederherstellung oder bis zu ihrem Tode [13]). Außer dieser Verpflegung muß den Kindern auch eine Erziehungsbeihülfe gewährt werden soweit, als ihre Erziehung nicht durch die Einkünfte des hinterlassenen Vermögens oder durch Beiträge

---

[8]) I. 6 §§ 98. 110. Strieth. B. 61 S. 272. Das Recht auf die Kurkosten bis zur Zeit seines Todes ist ein Recht des Erblassers. Es ist anzunehmen, daß es von der Frau und den Kindern nur als Erben geltend zu machen ist, da es auch von anderen Erben geltend gemacht werden kann. Das Recht entsteht für den Erblasser nach I. 6 § 111 sofort mit der Verletzung. Vergl. Gruchot B. 4 S. 171 aber auch Seuffert XV. 225. — Trauerkosten können jedenfalls nur als eigenes Recht der Familienglieder, nicht anderer Erben geltend gemacht werden.

[9]) I. 6 §§ 103—108. Auf die Versicherungsgesellschaft, welche einen Lebensversicherungsbetrag zahlt, gehen die Entschädigungsforderungen nicht ohne Weiteres über. Anders jedoch bei der Unfallversicherung, soweit die Verpflichtung zum Ersatz der Unfallentschädigung geht. Unfallvers.Ges. v. 6. Juli 1884 § 98. Vergl. auch Ges. betr. die Krankenversicherung v. 15. Juni 1883 § 57.

[10]) I. 6 § 109. — Die Alimentationspflicht endet, von der Alimentationspflicht gegen uneheliche Kinder abgesehen, regelmäßig mit dem Tode des Pflichtigen, wie sie abgesehen von jenem Fall durch das Unvermögen des Pflichtigen ausgeschlossen wird. War der Getödtete unvermögend, so wird auch der Tödtende Alimente nicht zu zahlen haben. Ist aber nach dem natürlichen Lauf der Dinge anzunehmen, daß der Getödtete zu einer späteren Zeit unterstützungsfähig geworden sein würde, so muß dem Hülfsbedürftigen auch dafür Ersatz gewährt werden. Dies gilt selbst von dem Fall, wenn der Getödtete zunächst noch hinter anderen alimentationspflichtig war. R.G. Entsch. B. 33 S. 278. Im Gebiete des gemeinen Rechts wird angenommen, daß die Ansprüche gegen den Delinquenten sich auf die Zeit beschränken, welche voraussichtlich der Getödtete noch gelebt haben würde (Vergl. Gruchot B. 4 S. 341. R.G. Entsch. B. 5 S. 109, B. 7 S. 50), ohne daß indessen hierbei l. 68 pr. D. XXXV. 2 analog anzuwenden sei. Preußischrechtlich spricht der bloße Wortlaut des Gesetzes dafür, daß der Alimentenanspruch ohne diese Grenze gegeben ist, da § 108 die Alimentationspflicht nur aufhören läßt, falls der Getödtete, „wenn er noch lebte", frei werden würde. (Vergl. auch den übereinstimmenden § 101.) Indessen hat das R.G. Entsch. B. 23 S. 217 sich durch den Wortlaut nicht für gebunden erachtet, sondern entschieden, es sei nicht anzunehmen, daß das Preußische Recht habe von dem gemeinen abgehen wollen. — Uneheliche Kinder, die sich an dem Nachlaß des Getödteten halten können, also nicht bloß beim Fortleben Unterhalt zu fordern berechtigt sein würden, sondern auch jetzt aus dem Nachlaß Alimente fordern können, sind nicht beschädigt und haben keinen Anspruch.

[11]) Vergl. Anm. 17.

[12]) I. 6 § 107. Hieraus ergiebt sich, daß der Anspruch von vorn herein nicht besteht, wenn die Wittwe ausreichendes eigenes Vermögen besitzt, auch wenn ihr dieses erst nach dem Tode des Mannes anderswoher zugefallen ist. Der § 100 I. 6 greift hier nicht ein.

[13]) I. 6 §§ 105. 106.

des Staats oder eines Dritten besorgt werden kann[14]). Endlich sind die unversorgten Kinder in der Art auszustatten, wie sie es von ihrem Vater hätten verlangen können[15]). Alle diese Verpflichtungen des Beschädigers sind aber von der Voraussetzung abhängig, daß der Getödtete selbst dazu verpflichtet gewesen wäre; sie fallen weg oder hören wieder auf, wenn Umstände eintreten, die auch den Getödteten davon befreit haben würden[16]). Bei Vorsatz und grobem Versehen steigert sich die Verpflichtung noch weiter. Der Beschädiger muß der Wittwe und den Kindern statt des nothdürftigen standesmäßigen Unterhalts, den letzteren auch standesmäßige Erziehung und Ausstattung geben, ohne daß in diesem Fall zu seinen Gunsten die anderweitig ihnen zufließenden Unterstützungen (z. B. Wittwenpension und vom Staat oder von einer Korporation gewährte Erziehungsgelder) oder das hinterlassene Vermögen berücksichtigt werden[17]).

Auch die zum Empfang ihres Unterhalts von dem Entleibten berechtigten anderen Personen machen den Anspruch an den Beschädiger geltend[18]). Seine Verbindlichkeit dauert so lange, als der Getödtete verpflichtet gewesen wäre, seiner Familie und den anderen Personen solche Verpflegung und Unterstützung zu leisten[19]).

Für die juristische Behandlung des Anspruchs ist noch die Frage erheblich, ob auf denselben, soweit er gegen den Beschädiger erhoben wird, die Grundsätze anzuwenden sind, welche das Gesetz für Alimentationsansprüche aufstellt, insbesondere die Sätze, welche die Forderung nur auf die Zukunft richten lassen, die Kompensation ausschließen, die Pfändbarkeit beschränken, die vorläufige Vollstreckbarkeitserklärung des Urtheils vorschreiben[19a]). Man wird hierbei davon auszugehen haben, daß für einen verloren gehenden gesetzlichen Alimentationsanspruch Entschädigung gewährt werden soll, und daß der Tödtende aus dem Delikt auf Schadenersatz für diese Entziehung haftet. Er hat also nicht zu alimentiren, sondern dafür schadlos zu halten, daß der Getödtete nicht alimentirt; die Forderung kann deshalb für die Vergangen-

---

14) I. 6 § 102.
15) I. 6 § 104.
16) I. 6 §§ 101. 102. 105. 108. 109.
17) I. 6 §§ 99. 100. Das eigene Vermögen, das Wittwe und Kinder haben, wird, sofern es einen Alimentationsanspruch ausschließt, berücksichtigt, bei Tödtung aus mäßigem Versehen auch das, was vom Getödteten ererbt oder auf Grund seines Todes gewährt wird, bei Tödtung aus Vorsatz oder grobem Versehen ist letzteres ausgeschlossen. — Vom Obertribunal Entsch. B. 44 S. 11. (Rehbein I. S. 804) wird der Satz des § 107, daß die Wiederverheirathung der Wittwe ihr Recht auf Alimente zerstöre, auch auf den Fall der Tödtung aus Vorsatz oder grobem Versehen angewendet. A. A. die neuesten Auflagen von Koch zu § 107. Das Reichsgericht bei Gruchot B. 28 S. 917 hat sich dem Obertribunal angeschlossen.
18) I. 6 § 109. Nicht auch solche, die in ihren Vertragsansprüchen durch den verfrühten Tod verkürzt sind, vergl. R.O.H.G. B. 13 S. 426, oder Verwandte, die kein Alimentationsrecht, aber andere Ansprüche z. B. auf Dienste des Getödteten hatten.
19) I. 6 §§ 101. 102. Strieth. B. 61 S. 272. Vergl. indessen Anm. 10.
19a) Vergl. unten B. 4 § 239, — A.L.R. I. 16 §§ 366. 367. 5. C.P.O. § 749 Z. 2 § 648 Z. 6.

heit erhoben werden, die Kompensation ist nicht ausgeschlossen, die Pfändbarkeit ist anzuerkennen, die Vollstreckbarkeitserklärung folgt nicht aus der Natur des Anspruchs[19b]). Daß Vorwegzahlung für die Zukunft in periodischen Zwischenräumen zu beanspruchen ist, folgt nicht sowohl aus der Alimentennatur, als daraus, daß der Anspruch den Alimentenanspruch ersetzen soll[19c]).

Die Bestimmung, was unter nothdürftiger oder standesmäßiger Verpflegung, Erziehung und Ausstattung zu verstehen sei, fällt dem richterlichen Ermessen anheim.

2. Körperverletzung[20]). Bei geringem Versehen werden dem Verletzten nur die Kur- und Heilungskosten ersetzt, ohne daß weiter auf die nachtheiligen Folgen gesehen wird, die der Verletzte erlitten hat[21]). Der Umfang der Entschädigungsverbindlichkeit erweitert sich nach dieser Richtung, sofern der Verletzte sich bereits in einer Erwerbstellung befand, durch ausdrückliche Vorschriften, wenn das Versehen ein schwereres war[21a]). Wenn nämlich durch mäßiges Versehen der Verletzte dauernd erwerbsunfähig geworden ist, müssen ihm auch diejenigen Vortheile ersetzt werden, die ihm durch die Erwerbsunfähigkeit entzogen sind. Hierbei ist die Lage maßgebend, in welcher er sich zur Zeit der Verletzung befunden hat[22]). Bei grobem Versehen und Vorsatz wird darauf gesehen, welche Vortheile nach dem natürlichen und gewöhnlichen Lauf der Dinge zu erwarten waren[23]).

19b) Als Alimentationsanspruch wird der Anspruch unter Anderen von Windscheid II. § 475 Anm. 3, Stobbe III § 203 bei Anm. 9 angesehen. Vergl. R.O.H.G. B. 12 S. 80. Vom Obertribunal und dem Reichsgericht ist die Frage bezüglich des Reichshaftpflichtgesetzes im Sinne des Textes beantwortet. Vergl. Seuffert XXXV. 128. R.G.Entsch. B. 1 S. 231. Ausdrücklich gegen den Text will der Entwurf des B.G.B. § 724 oder nach den Beschlüssen des Entwurfs II. Zusatzvorschriften zu C.P.O. das Verhältniß regeln.

19c) Vergl. R.O.H.G. B. 23 Nr. 77.

20) Bei Körperverletzungen fand schon nach röm. R. die a. leg. Aquil. utilis Anwendung. l. 13 pr. D. IX. 2, l. 3 D. IX. 1, l. 7 D. IX. 3. Glück B. 10 S. 342. Körperverletzung unterscheidet sich von der Realinjurie dadurch, daß sie eine wirkliche Verletzung des Körpers, eine Störung der Gesnndheit voraussetzt. Heuser VII. 481. S. Entwurf des B.G.B. § 726, II. § 766, Reichstagsvorl. § 827.

21) I. 6 §§ 111. 118. Die Frage, ob die Klage auch schon dann angestellt werden kann, wenn diese Kosten noch nicht bezahlt worden, ist in der preuß. Praxis bejaht. Arnsberger n. Arch. Bd. 16 S. 63. Striethorst B. 32 S. 190fg. Auch nach gemeinem Recht ist es nicht zweifelhaft, quia eo, quod tenentur, damnum videntur pati. l. 2 pr. D. IX. 1. Mercedes medicis praestitae und impendia, quae in curatione facta: l. 3 D. eod. § 1 J. IV. 5. Seuffert VIII. 215 (Stuttgart). Einen Anspruch Anderer als des Verletzten, z. B. der alimentationsberechtigten Verwandten, denen durch die Erwerbsunfähigkeit des Verletzten der Ernährer entzogen ist, statuirt das Gesetz nicht. Vergl. jedoch R.G. Entsch. B. 7 S. 141.

21a) Im Uebrigen gelten die allgemeinen Vorschriften in I. 6 §§ 10ff. Danach bemißt sich insbesondere der einem Kinde bei mäßigem oder grobem Vergehn zu leistende Ersatz. R.G. Entsch. B. 38 S. 271.

22) I. 6 §§ 115. 117. Glück B. 10 S. 389f. l. 7 D. IX. 3, l. 3 D. IX. 1, l. 7 pr. D. IX. 2. Seuffert VIII. 222. Die Entschädigung muß als Jahresrente, nicht als Pauschsumme gezahlt werden. Das. XIV. 235. Vgl. Entw. II. des B.G.B. §§ 765. 766. Reichstagsvorl. §§ 826. 827.

23) I. 6 § 116. In allen Fällen erlischt die Verbindlichkeit mit dem Tode des Beschädigten. Gruchot IV. 177.

Vorübergehende Arbeitsunfähigkeit verpflichtet zur Erstattung der Versäumnißkosten, die ebenso, wie jene dauernd entzogenen Vortheile, berechnet werden[24]). War die Folge der Verletzung eine Verminderung oder Erschwerung des Gewerbes, so soll der Richter billig ermessen, wie viel zu vergüten ist[25]). Dasselbe muß angenommen werden, wenn der Verletzte genöthigt gewesen ist, seinen bisherigen Beruf aufzugeben, und Kosten für die Vorbereitung zu einer anderen Erwerbsthätigkeit aufzuwenden[26]). Gelangt später der Verletzte wieder zu einem Erwerb, so mindert sich um dessen Betrag die Entschädigungspflicht[27]).

Verstümmelung oder Verunstaltung des Körpers zieht, wenn sie aus Vorsatz oder grobem Versehen entstanden ist, und wenn dadurch dem Verletzten sein Fortkommen erschwert wird, außer den Kur- und Heilungskosten eine nach den Umständen billig zu arbitrirende Entschädigung nach sich[28]). Strenger aber faßt das A.L.R. diese Entschädigungspflicht auf, wenn eine Frauensperson verunstaltet, und ihr dadurch die Gelegenheit erschwert ist, sich zu verheirathen. Bei Vorsatz und grobem Versehen muß hier nämlich der Beschädiger eine Ausstattung geben, die so hoch arbitrirt werden soll, daß die Beschädigte Hoffnung auf eine standesmäßige Heirath erhält und unterdessen von den Einkünften des zu zahlenden Kapitals ihren Unterhalt nehmen kann[29]). Bei mäßigem Versehen wird die Ausstattung danach berechnet, wie der Vater sie ihr nach seinem Stande hätte geben müssen[30]).

---

24) I. 6 §§ 120. 121. (Versäumnißkosten wegen eines auf der Eisenbahn erlittenen Unfalls, Entsch. B. 37 S. 42 f.)

25) I. 6 § 122. R.O.H.G. B. 8 Nr. 89.

26) Angenommen in der Praxis. S. Ergänz. zu §§ 115. 119.

27) I. 6 § 119. Das braucht nicht bei der Verurtheilung hervorgehoben zu werden. R.O.H.G. B. 8 Nr. 89. Die Ermäßigung tritt nicht, wie nach dem Reichshaftpflichtgesetz § 7 Abs. 2, mit dem ermäßigenden Urtheil, sondern ipso jure ein, also von der Zeit des gebesserten Erwerbs. R.G. bei Seuffert XXXV. 213.

28) I. 6 § 128. Nicht nach röm. R., quum liberum corpus aestimationem non recipiat. l. 3 D. IX. 1, l. 1 § 5, l. 7 D. IX. 3, aber nach gemeinrechtlicher Praxis. Voet, IX. 2 n. II. Cocceji, jus controv. qu. 11. Glück B. 10 S. 324. 389 f. Ueber den Begriff der Verstümmelung s. Erk. d. O.Trib. im J.M.Bl. 1860 S. 421. 423. Nach gem. R. ist auch hier der Grad des Verschuldens ohne Einfluß auf die Größe der Entschädigung Seuffert XIII. 28. Freies Arbitrium des Richters, das. 29.

29) I. 6 §§ 123. 124. R.G. bei Gruchot B. 25 S. 716. Wenn gleichzeitig die Erwerbsfähigkeit gemindert ist: Gruchot B. 34 S. 932. Die Forderung ist, wenn die Frauensperson zur Zeit der Verstümmelung noch in unreifem Alter stand, bis zu erreichter Mannbarkeit nicht, wie Förster annahm, nur betagt, sondern dadurch bedingt, daß sie in das Alter kommt, in welchem ihr die Gelegenheit sich zu verheirathen durch die Deformität erschwert ist. Vergl. auch Koch, R. d. F. III. 1152. Dernburg II. § 296 Anm. 16 hält ein Recht auf Sicherstellung dieses Anspruchs für begründet. Koch, Komm., R. d. F. III. 1152. Mit Bornemann II. 209 und Koch gegen Dernburg sind diese Bestimmungen nicht anzuwenden, wenn die Verletzte wohlhabend ist, weil dann die Verheirathung nicht als Versorgung erscheint, die entzogen ist. Es muß der Verletzten soviel gewährt werden, daß sie ihren Lebensverhältnissen entsprechend aus den Zinsen den Unterhalt gewinnen kann. A. M. Dernburg a. a. O. — Aus der gemeinrechtlichen Praxis: Stryck IX. 3 § 5, Glück B. 10 S. 389 f. (Hufnagel, Mitth. H. 1 S. 35), Seuffert I. 65. — Ueber die Entschädigungsforderung wegen außerehelichen Beischlafs. Vergl. B. IV. § 217.

30) I. 6 § 125. Es ist also der Stand, nicht die Vermögenslage des Vaters als Grund-

Die Ausstattung wird als Kapital gezahlt, und wenn der Beschädiger ein solches nicht leisten kann, muß er von dem nach jenen Grundsätzen arbitrirten Kapital Fünf vom Hundert jährlich entrichten und zwar auf Lebenszeit der Verstümmelten, auch wenn sie sich verheirathet[31]).

Gegen diese Entschädigungsverbindlichkeiten ist dem Beklagten die Einrede, daß er dadurch unvermögend werde, die Seinigen pflichtmäßig zu ernähren, ausdrücklich versagt[32]).

Das A.L.R. verpflichtet außerdem den Beschädiger, wenn der Beschädigte eine „Person vom Bauern- oder gemeinen Bürgerstande" ist, und die Verletzung aus Vorsatz oder grobem Versehen zugefügt worden, ein s. g. Schmerzensgeld zu entrichten, dessen Höhe nicht unter der Hälfte und nicht über den doppelten Betrag der erforderlichen Kurkosten betragen darf, innerhalb dieser Grenzen aber von dem Richter nach dem Maß der ausgestandenen Schmerzen arbitrirt werden soll[33]). Dieser dem römischen Recht unbekannte Anspruch ist aus der gemeinrechtlichen Praxis, welche ihn aus Art. 20 der peinlichen Gerichtsordnung hergeleitet hat[34]), in das A.L.R. übergegangen. Es zeigt sich hierin eine Nachwirkung der altdeutschen Privatbußen. Eigenthümlich dem A.L.R. ist die Beschränkung der Forderung auf Personen niederen Standes oder besser gesagt geringerer Bildung. Deshalb ist auch diese Vorschrift, weil es sich hier nicht um eine Rechtsungleichheit verschiedener Stände handelt, durch die Verfassungsurkunde nicht beseitigt[35]). Unter den erforderlichen Kurkosten, nach denen das Schmerzensgeld zu berechnen ist, wird das Honorar des Arztes und der Betrag der Arzneikosten

---

lage billigen Ermessens maßgebend. Entsch. B. 69 S. 266. Rehbein I. S. 609. Nach demselben Urtheil besteht der Anspruch auch im Falle der Beschädigung durch ein deliktsfähiges Kind.

31) I. 6 §§ 126. 127.

32) I. 6 § 129.

33) I. 6 §§ 112—114. Nicht bloß im Fall einer äußeren Verletzung, sondern auch bei verursachter Krankheit. Präj. 1189 (Samml. I. S. 21). Svarez (Jahrb. B. 41 S. 8): „Das Schmerzensgeld ist beinahe in ganz Deutschland üblich, Stryck IX. 2 § 9 die Wiederherstellung desselben, wenigstens in Ansehung der niederen Stände, scheint daher ebenso unbedenklich als selbst der Billigkeit gemäß zu sein." Vergl. über gemeines R. Glück B. 10 S. 388 f. und jetzt bes. Seitz, Untersuchungen über die heutige Schmerzensgeldklage. 1860. Stobbe B. 3 S. 203. Windscheid II. § 455 Anm. 29 f. Vorausgesetzt wird natürlich eine verschuldete Verletzung. Bl. für R.Anw. 1854. S. 154. Bemessen wird die Summe gemeinrechtlich nach dem Grade des Verschuldens und unter Berücksichtigung der Vermögenslage des Beklagten. Seuffert XV. 131 (München). Die gesetzlichen Grenzen des zulässigen Anspruchs § 113 I. 6 bestehen auch nach der Civilprozeßordnung. Mit demselben Rechte, wie Dernburg II. § 296 Anm. 7 die Höhe des Schmerzensgeldes als einer „Entschädigungsforderung" auf Grund des § 260 C.P.O. dem freien Ermessen des Richters ohne Berücksichtigung der Höhe der Kurkosten unterwerfen will, müßte er es dem freien Ermessen des Richters unterstellen, ob nicht auch Personen höherer Stände ein Schmerzensgeld als Entschädigung fordern können. Das Schmerzensgeld ist eine Interessenforderung; aber ob und wieweit ein Interesse als ein rechtlich zu ersetzendes vom Richter anzuerkennen ist, das regeln auch nach der C.P.O. die positiven Gesetze.

34) S. die Ausführung hierüber in Seuffert IV. 227 (München). XIII. 31 (Kassel).

35) Strieth. B. 32 S. 190 f. Verf.Urk. Art. 4.

verstanden, nicht was sonst noch zur Krankenpflege oder zur Erlangung der ärztlichen Hilfe hat aufgewendet werden müssen[36]). Wo Kurkosten nicht entstanden sind, kann auch ein Schmerzensgeld nicht verlangt werden[37]). Auf das Schmerzensgeld ist nur im Civilprozeß zu erkennen, es muß also vom Verletzten gefordert werden[38]). Ob das Recht auf Schmerzensgeld vererbt wird, ist bestritten; die Vererblichkeit ist aber anzuerkennen[39]).

Wer ein Gewerbe betreibt, womit nach seiner Natur Gefahren für die gewerblichen Arbeiter oder für andere Personen verbunden sind, wird billig in stärkerem Maße als nur bei erweislicher Schuld zur Tragung der entstehenden Nachtheile herangezogen. Hierauf beruht es, daß die Gewerbeordnung den Gewerbeunternehmer verpflichtet, alle diejenigen Einrichtungen herzustellen und zu unterhalten, die mit Rücksicht auf die besondere Beschaffenheit des Gewerbebetriebes und der Betriebsstätte zu thunlichster Sicherheit der Arbeiter gegen die Gefahr für Leben und Gesundheit nothwendig sind[40]). Hierin ist indessen keine Rechtsvorschrift zu finden, aus der ein außerkontraktlicher Entschädigungsanspruch herzuleiten wäre. Vielmehr enthält die Vorschrift eine öffentlichrechtliche Norm, die das Vertragsrecht zwischen dem Gewerbeunternehmer und seinen gewerblichen Arbeitern, dahin regelt, daß der Unternehmer den Arbeitern schlechthin zu jenen Einrichtungen kraft des Arbeitsvertrages für verpflichtet zu erachten ist, so daß er aus dem Kontrakt auf Entschädigung in Anspruch genommen werden

[36]) Arnsberger Archiv B. 13 S. 565, Strieth. B. 49 S. 287, Koch, R. d. F. III. S. 1153 Note 11.

[37]) Koch a. a. O. Auch für preuß. R. angenommen v. O.A.G. München (Bl. f. R.Anw. III. 30). Glück B. 40 S. 389. Die Forderung des Schmerzensgeldes schließt die Forderung auf Erstattung der Kurkosten nicht aus. Strieth. B. 32 S. 190b.

[38]) Das sagt I. 6 § 112, insofern stimmt das A.L.R. mit dem österr. Ges.B. § 1325 „auf Verlangen", nur daß letzteres die Beschränkung auf Personen niederen Standes nicht kennt. Das deutsche Str.G.B. § 231 läßt bei Körperverletzungen neben der Strafe auf eine Buße erkennen, jedoch nur auf Antrag des Verletzten. Die Buße schließt jeden andern Entschädigungsanspruch, also auch das Schmerzensgeld aus. Stobbe III. § 203 Anm. 28 will das Schmerzensgeld nicht als Entschädigungsforderung sondern als Privatstrafe behandeln.

[39]) Gegen Koch, R. d. F. III. S. 1153 verneint Gruchot IV. 175. Der letztern Ansicht trat Förster bei, weil der Ursprung des Anspruchs aus den altdeutschen Privatbußen und aus Art. 20 der C. C. C. zeige, daß hier nicht die Natur des Schadenersatzes entscheidet, sondern der Charakter einer persönlichen Genugthuung. Seitz S. 183. Seuffert I. 220. VIII. 138, l. 5 § 5 D. XI. 3. Heuser I. 519. Das Landrecht faßt aber den Anspruch als eine Interessenforderung und enthält keine Vorschrift, welche eine Beschränkung des Uebergangs auf die Erben rechtfertigen konnte. Vergl. auch Dernburg II. § 296 Anm. 8. — Die Klage verjährt nach preuß. R. in 3 Jahren, nach § 54 I. 6 und der Dekl. v. 31. März 1838. Strieth. B. 41 S. 339. Im gemeinen Recht ist die Verjährung streitig; München, Seuffert XIII. 137 wendet die Verjährung von einem Jahr der a. aestimat. inj. an. Das ist auch das richtigere nach der Natur des Anspruchs. Glück B. 10 S. 384.

[40]) Reichsgewerbeordnung § 120 Abs. 3, § 126a der Ver. v. 1. Juni 1891 (Ältere Redaktion § 107). R.G. Entsch. B. 17 S. 271. 275, B. 4 S. 23, B. 5 S. 73. 201, B. 8 S. 342, B. 12 S. 45. 130, B. 14 S. 84. Sache des Klägers ist es, die versäumte Einrichtung oder Anordnung zu bezeichnen. R.G. Entsch. B. 14 S. 84. Anordnungen und Verbote des Unternehmers, die sich an die Arbeiter richten, sind kein Ersatz für fehlende erforderliche Einrichtungen. H.G. bei Gruchot B. 37 S. 133.

kann. Der Anspruch unterliegt deshalb auch nur der Verjährung der Vertragsklage, und es kommt dabei nicht auf Darlegung eines bestimmten Grades der Schuld an.

Als eine Bestimmung, die ohne Rücksicht auf das Bestehen eines Vertragsverhältnisses einen Entschädigungsanspruch regelte, war dagegen das Gesetz über die Eisenbahnunternehmungen anzusehen, welches die Eisenbahngesellschaft für alle bei der Beförderung auf der Bahn an Personen und Gütern entstehenden Schaden verantwortlich erklärte, insoweit dieser Schade nicht erweislich auf eine eigene Schuld des Beschädigten oder auf unabwendbaren äußeren Zufall zurückzuführen ist[40a]). Auf derselben Grundlage beruht das Reichsgesetz betreffend die Verbindlichkeit zum Schadenersatz für die bei dem Betrieb von Eisenbahnen, Bergwerken u. s. w. herbeigeführten Tödtungen und Körperverletzungen vom 7. Juni 1871[41]) das s. g. Haftpflichtgesetz. Bezüglich der Eisenbahnunternehmungen ist hier die Verbindlichkeit des Betriebsunternehmers für den Fall der Tödtung oder Körperverletzung auf den Kreis der dem öffentlichen Betrieb nicht übergebenen Bahnen[42]) und auf alle aus dem Betrieb hervorgehenden Gefahren erstreckt[43]). Bei den Unternehmungen eines Bergwerks, eines Steinbruchs, einer Gräberei und einer Fabrik haftet der Unternehmer für die Schuld eines Bevollmächtigten oder der zur Leitung oder Beaufsichtigung des Betriebs oder der Arbeiter angenommenen Personen in Ausübung ihrer Dienstverrichtungen[44]). Im Falle der Tödtung geht der Anspruch für die Erben des Getödteten nur auf Ersatz der Nachtheile, die der Getödtete während der Krankheit durch Erwerbsunfähigkeit erlitten hat, auf Ersatz der Kur- und Begräbnißkosten. Wer aber zur Zeit des Todes gesetzlich alimentationsberechtigt gegen den Getödteten war, kann insoweit Ersatz fordern, als ihm in Folge des Todesfalls der

---

[40a]) Ges. üb. die Eisenbahn-Unternehmungen vom 3. Nov. 1838 § 25.

[41]) R.G.Bl. S. 207. Von den Kommentaren ist der umfangreichste von Eger. Vergl. auch Mandry, Civilrechtl. Inhalt S. 495. Der Unfall ist nur dann, als durch höhere Gewalt herbeigeführt, nicht zu vertreten, wenn er mit aller denkbaren Umsicht unabwendbar war. R.G. Entsch. B. 1 S. 276, B. 14 S. 82. Aber es sind bei der hiernach eingreifenden Pflicht, das schädigende Ereigniß abzuwenden oder unschädlich zu machen, doch nur solche Mittel in Betracht zu ziehen, durch deren Anwendung der wirthschaftliche Erfolg des Unternehmens nicht völlig ausgeschlossen werden würde. R.G. Entsch. B. 21 S. 13.

[42]) R.O.H.G. B. 20 S. 151, B. 25 S. 203, R.G. Entsch. B. 1 S. 247, B. 2 S. 38. Gruchot B. 24 S. 1110, B. 29 S. 410. Pferdeeisenbahnen: R.O.H.G. B. 21 S. 242. R.G. Entsch. B. 2 S. 3 bei Gruchot B. 37 S. 743. Vergl. Martinius bei Gruchot B. 19 S. 656.

[43]) R.O.H.G. B. 19 S. 101, B. 25 S. 102, R.G. Entsch. B. 1 S. 52. 253, B. 2 S. 85, B. 3 S. 19, B. 4 S. 25, B. 5 S. 99, B. 6 S. 37. 384, B. 7 S. 40, B. 11 S. 147, B. 12 S. 145, B. 14 S. 26, B. 15 S. 17. R.G. bei Gruchot B. 37 S. 1143, B. 38 S. 1152. 1155. 1160.

[44]) Ueber den Umfang des Begriffs Fabrikbetrieb vergl. R.G. Entsch. B. 4 S. 98, Beaufsichtigung des Betriebs, ebenda B. 3 S. 4, selbständige Hülfsgewerbe, auf welche das Haftpflichtgesetz nicht anzuwenden. R.O.H.G. B. 22 S. 311. Vergl. auch R.G. B. 6 S. 384, B. 7 S. 30, B. 10 S. 288, B. 11 S 61.

Unterhalt entzogen ist[45]). Bei einer Körperverletzung soll außer den Heilungskosten Ersatz für die entzogene oder verminderte Erwerbsfähigkeit auf deren Dauer, regelmäßig durch eine Rente, gewährt werden[46]). Unter Umständen ist die Leistung eines Versicherers auf die zu gewährende Entschädigung anzurechnen, und der rechtskräftig festgestellte Anspruch ist noch nachträglich wandelbar bei Aenderung der Nachwirkungen des Unfalls. Auf die Bestimmungen hierüber kann hier nur im Allgemeinen verwiesen werden[47]). Von der zweijährigen Verjährung des Anspruchs ist bereits die Rede gewesen[47a]). Hervorzuheben ist, daß diese Verjährung für die Alimentationsberechtigten mit dem Tage des Todes beginnt, während sie im Uebrigen vom Tage des Unfalls läuft.

Die im § 146 am Schluß erörterte Unfallversicherung hat dem Haftpflichtgesetz einen erheblichen Theil seiner praktischen Wichtigkeit entzogen. Doch gilt es auch jetzt noch ausschließlich für alle Fälle, in denen in Folge des Betriebs solche Personen getödtet, beziehungsweise beschädigt werden, welche nicht im Verhältniß eines Arbeiters oder eines Beamten mit einem 2000 M. nicht übersteigenden Einkommen zu dem Betriebsunternehmer stehen, oder wenn der bei einem Betrieb des Reichs, eines Bundesstaats oder einer Kommunalverwaltung Verletzte ein mit festem Gehalt und Pensionsberechtigung angestellter Beamter des Reichs, des Staats oder des Kommunalverbandes war oder zu den Personen des Soldatenstandes gehört. Es kann auch der Betrieb durch Beschluß des Bundesraths von der Unfallversicherung ausgeschlossen sein, und dann gilt das Haftpflichtgesetz auch für alle Arbeiter und Beamte des Betriebs. Daß trotz der Unfallversicherung in Höhe des ihren Betrag überschießenden Betrages von dem Verletzten wegen vorsätzlicher durch strafgerichtliches Urtheil festgestellter Herbeiführung des Unfalls ein Anspruch aus dem Haftpflichtgesetz zu erheben ist, während dieser Anspruch soweit der Versicherungsbetrag geht, von der Versicherungsanstalt erhoben werden kann, hat bereits § 146 Erwähnung gefunden.

3. **Ehrverletzung**, wenn sie einen unmittelbaren, nach Geld zu berechnenden Schaden verursacht, also den Beleidigten in seinem Fortkommen und Erwerb beeinträchtigt hat, verpflichtet zur Entschädigung[48]).

---

[45]) Nach der Praxis selbst dann, wenn er erst nach der Verletzung in das die Alimentationsberechtigung begründende Verhältniß getreten ist. Vergl. R.G. Entsch. B. 1 S. 49 und dagegen Dernburg II. § 301 Anm. 26; die Berechtigung eines zur Zeit des Unfalls bereits empfangenen, aber später geborenen Kindes (R.O.H.G. B. 23 S. 107, B. 24 S. 115) ist auch hier anzunehmen. Vergl. oben Anm. 7.

[46]) §§ 3. 7 des Gesetzes.

[47]) §§ 4. 7 Abs. 2 des Gesetzes.

[47a]) Oben B. I. § 57 Anm. 38b.

[48]) I. 6 §§ 130. 131. Gruchot IV. 178. Vgl. Entw. des B.G.B. § 704, Entw. II. § 748, Reichstagsvorl. § 808. Der Anspruch hat keine Verwandtschaft mit der längst (K.O. v. 1. Februar 1811) aufgehobenen Privatgenugthuung. Ueber die Interpretation des unmittelbaren Schadens s. Heydemann I. 321. Das deutsche Strafges.B. hat in dem § 188 dem Beleidigten oder Verletzten das Recht auf eine Buße gegeben, welche auf

4. **Freiheitsberaubung** verpflichtet zum Ersatz des ganzen Interesse (zu vollständiger Genugthuung)[49]. Die Kosten, die aufgewendet werden müssen, um den Gefangenen wieder zu befreien, sind außerdem zu erstatten[50]. Kann ihm die Freiheit nicht wieder verschafft werden, so haben seine Frau und Kinder dieselben Ansprüche wie im Fall der Tödtung[51].

§ 152. Die Vermögensbeschädigung.

A.L.R. I. 6 §§ 82—97.

Eine schuldhafte Vermögensbeschädigung erzeugt im heutigen Recht nicht mehr verschiedenartige Ansprüche, je nach den Thatsachen, wodurch die Beschädigung verursacht oder nach den Gegenständen, die beschädigt worden sind; es giebt nicht mehr zu unterscheidende Klagen, wie actio doli, actio ex lege Aquilia, actio injuriarum, actio furti u. s. w. Bereits erwähnt ist aber, daß das preußische Recht den von ihm allgemein bei jedem schuldhaften und widerrechtlichen Eingriff in die Rechtssphäre eines Andern gewährten Anspruch auf Beseitigung der schädlichen Folgen nach dem Grade der Verschuldung verschieden bestimmt. Es ist daher der Darstellung, die diese Obligation bereits in § 90 erfahren hat, hier nichts weiter hinzuzufügen[1]. Auch über die Ersatzleistung im Falle der **Herbeiführung gerichtlichen Zwangs**, der sich nachmals als ungerechtfertigt herausstellt, durch **Vollstreckung** eines nachmals abgeänderten oder aufgehobenen Urtheils oder durch **Arrestlegung**, und die Auffassung ihrer Folgen in der Praxis ist früher gesprochen[2]. Ebenso hat die an Stelle der Haftung aus den sogenannten Quasidelikten des römischen Rechts eintretende Haftung der Herrschaft, des Meisters oder Hauswirths, unter Umständen der Gemeinde für andere oder für unbekannte Thäter und desjenigen der ein schädliches Thier hält, das in der Haushaltung nicht gebraucht wird, Erörterung gefunden.

Das gemeine Recht bietet zur **Abwendung eines erst drohenden Schadens** mehrere Klagerechte, die sich sämmtlich auf Grundstücke beziehen: insbesondere das interdictum quod vi aut clam und die operis novi nuntiatio[3], sowie die cautio damni infecti[4]. Im preußischen Recht haben diese

---

Antrag unter den besonderen Voraussetzungen dieser Gesetzesvorschrift, neben der Strafe zu erkennen ist, und die Geltendmachung eines weiteren Entschädigungsanspruchs ausschließt.

[49]) I. 6 §§ 132—134. Vergl. Entwurf des B.G.B. §§ 727. 728, Entw. II. § 770, Reichstagsvorlage § 832. Der Schätzungseid als Recht des Klägers ist auch hier durch C.P.O. § 260 beseitigt.

[50]) I. 6 § 135.

[51]) I. 6 § 136.

[1]) B. I §§ 89. 90.

[2]) B. I § 90 unter A.

[3]) **Korte** im Arnsb. Arch. XII. 74. **Windscheid** II. § 465. **Stölzel**, Die Lehre von der operis novi nuntiatio. **Derselbe** bei **Ihering** B. 8 S. 139. **Hesse**, Einspruchsrecht gegen Bauunternehmer. Ueber den Widerspruch nach A.L.R. I. 9 §§ 332. 342, I. 20 § 43 vergl. unten B. III. in §§ 176 und 187.

[4]) **Burckhard**, Die cautio damni infecti. **Hesse**, Rechtsverhältniß zwischen Grundstücksnachbarn S. 144. **Koch**, Recht der Ford. III. 111 ff.

Klagerechte ihre Bedeutung verloren, weil die umfassendere Thätigkeit der Polizei dafür zu sorgen hat, daß dergleichen Störungen des Nebeneinanderlebens verhütet werden, und weil den Beschädigten nach eingetretenem Schaden ohne den Umweg eines vorgängigen Anspruchs auf Zusicherung des Schadensersatzes die Entschädigungsklage offen steht[5]).

§ 153. Der Nachdruck und andere Verletzungen immaterieller Rechte.

Gesetz v. 11. Juni 1870 betr. das Urheberrecht an Schriftwerken, Abbildungen, musikalischen Kompositionen und dramatischen Werken (R.G.B. S. 339). — Gesetz betr. das Urheberrecht an Werken der bildenden Künste vom 9. Januar 1876 (R.G.Bl. S. 4). Gesetz betr. den Schutz der Photographien gegen unbefugte Nachbildung vom 10. Januar 1876 (R.G.Bl. S. 8). Gesetz betr. das Urheberrecht an Mustern und Modellen vom 11. Januar 1876 (R.G.Bl. S. 11). Patentgesetz vom 25. Mai 1877 (R.G.Bl. S. 501). Patentgesetz vom 7. April 1891 (R.G.Bl. S. 70). Gesetz zum Schutz der Waarenbezeichnungen vom 1. Juni 1891 (R.G.Bl. S. 441). Oscar Wächter, Autorrecht 1875. Urheberrecht an Werken der bildenden Künste rc., 1877. Dambach, Urheberrecht, 1871. Gutachten des liter. Sachverständigenvereins, 1874. Kohler in Iherings Jahrb. B. 18 S. 129. Anders, Literarisches und artistisches Urheberrecht, 1881. Daude, Urheberrecht, 1888. Dernburg II. §§ 304 ff. Schürmann, Entwickelung des deutschen Buchhandels, I. 1880. Klostermann, Patentgesetzgebung. Dambach, Das Patentgesetz, 1877. Gareis, Patentgesetz, 1877. Kohler, Patentrecht, 1878. Robolski, Theorie und Praxis des deutschen Patentrechts, 1890. Lasky, Markenrecht und Zeichenregister, 1890.

Die gesetzliche Anerkennung des Urheberrechts als des ausschließlichen Rechts dessen, dem ein literarisches Werk seinen Ursprung verdankt, auf den Gewinn aus der Vervielfältigung des Werkes beruht auf der Gesetzgebung dieses Jahrhunderts.

Es war in der Wissenschaft das Bewußtsein, warum der Nachdruck unerlaubt sei, noch nicht durchgearbeitet[1]), und man behauptete noch vielfach, daß der Nachdruck eine erlaubte, dem Gemeinwohl sogar nützliche Thätigkeit sei[2]),

---

[5]) Als etwas der cautio damni infecti Aehnliches läßt sich die Verurtheilung zur Sicherstellung gegen künftige Beunruhigungen in den Fällen der §§ 152. 153 I. 7 und A.G.O. I. 24 § 54, jetzt C.P.O. § 775 bezeichnen. Dernburg I. § 219 Anm. 10 leitet aus der Ersatzpflicht für den Fall eines aus schuldhafter Versäumniß der Abstellung der Baufälligkeit hervorgehenden Schadens die Zulässigkeit einer Klage auf Reparatur und Sicherheitsstellung wegen Schadens her „bei gegenwärtiger Gefahr". Für die Zulassung dieser Klage bietet das positive Recht keinen Anhalt. Bei der Erörterung der Eigenthumsbeschränkungen des öffentlichen Rechts und des Nachbarrechts ist darauf zurückzukommen, welche Beschränkungen anerkannt werden. S. Entwurf des B.G.B. § 735, Entw. II. § 759, Reichstagsvorl. § 820.

[1]) Die Geschichte der Jurisprudenz über den Nachdruck s. bei Jolly S. 5—45. Wächter S. 61 fg. Eine sehr interessante Uebersicht des älteren Rechtszustandes bis zum Erscheinen des A.L.R. bei Goltdammer XV. 110 fg. Vergl. auch das Erk. des Obertribunals (Plen. der Straffenate) Entsch. B. 57 S. 26. Rehbein II. S. 382.

[2]) Im J. 1726 hatte die Jenenser Juristenfakultät mit Zustimmung der Fakultäten von Gießen, Helmstädt, Erfurt den Nachdruck als erlaubt erklärt, und obschon namentlich J. St. Pütter denselben energisch angegriffen, so neigte sich doch, zum Theil in Folge des Eifers für Aufklärung, die gemeine Meinung am Ende des vorigen Jahr-

als zuerst eine chursächsische Verordnung vom 18. Dezember 1773[3]) für den Leipziger Buchhandel den Nachdruck verbot und dann das A.L.R. umfassender die Strafbarkeit dieser Handlungsweise im Anschluß an den landrechtlichen Begriff des „Verlagsrechts“ legislativ feststellte[4]). Auch die ältere Reichsgesetzgebung hat Versuche gemacht, dem Unwesen Einhalt zu thun[5]). Nachdem schon durch Art. 18d. der Bundesakte dem Deutschen Bunde die Aufgabe gestellt worden war, sich mit der Sicherung der Rechte der Schriftsteller und Verleger gegen den Nachdruck zu beschäftigen, kam es nach einem nur vorbereitenden Beschluß von 1833 am 9. November 1837 zu dem ersten Bundesbeschluß, der die Grundsätze des inzwischen erlassenen preußischen Gesetzes vom 11. Juni 1837 wesentlich in die Bundesgesetzgebung übertrug. Dieses Gesetz, das die Vorschriften des A.L.R. I. 11 §§ 1020, 1024—1036 außer Kraft setzte, hat neben den publizirten Bundesbeschlüssen und einem Nachtragsgesetz vom 20. Februar 1854 das gemeine preußische Recht bis dahin gebildet, wo endlich nach vieljährigen Bemühungen und Vorarbeiten und im Anschluß an die Bestimmung die Reichsverfassung, die den Schutz des geistigen Eigenthums der Reichsgesetzgebung zuweist, das Gesetz des Norddeutschen Bundes vom 11. Juni 1870 einen einheitlichen Rechtszustand herbeiführte, der jetzt über das Gebiet des Deutschen Reichs erstreckt ist[6]).

Dem literarischen Urheberrecht und seinem Schutz ist dann der Schutz der Kunstwerke und Photographien, der Schutz der Muster und Modelle und das Patentrecht zur Seite getreten. Ueberall bildet hier den Gegenstand des Schutzes die ausschließliche gewerbliche Verwerthung einer geistigen Produktion, bei welcher das Gesetz unter bestimmten Voraussetzungen einem ausschließlichen Recht Schutz zu gewähren Anlaß gefunden hat.

Daß schon das Landrecht im Gebiete der literarischen Produktion das Verlagsrecht als die ausschließliche Befugniß, eine Schrift durch den Druck zu vervielfältigen und abzusetzen, anerkennt, hat bereits Erwähnung gefunden[7]). In der Gesetzgebung von 1837 und den Bundesbeschlüssen kehrte dieses Recht als „geistiges Eigenthum“ wieder. Die Reichsgesetzgebung

hunderts dahin, daß der Nachdruck nach positivem Recht erlaubt sei. Jolly S. 27. Selbst Eichhorn und Maurenbrecher haben in ihren Kompendien über deutsches Privatrecht noch gelehrt, daß dem Nachdruck nur partikularrechtliche Verbote entgegenstanden. Es war also zu keinem gemeinen deutschen Gewohnheitsrecht gekommen.

[3]) Gedruckt bei Pütter, Der Büchernachdruck nach den Grundsätzen des älteren Rechts. 1774. S. 190.

[4]) A.L.R. I. 11 §§ 1024—1036. Für die preußische Nachdruckgesetzgebung vergl. insbes. Heydemann, Sammlung von Gutachten des preußischen literarischen Sachverständigenvereins 1848. Heydemann und Dambach, Die preußische Nachdrucksgesetzgebung. 13.

[5]) Die Geschichte der Gesetzgebung über den Nachdruck s. bei Jolly, Die Lehre vom Nachdruck S. 45—59. Wächter S. 2fg.

[6]) Art. 43 Nr. 6 der Reichsverf., Ges. v. 26. April 1871 (B.G.B. S. 87) § 11.

[7]) Oben § 134 Anm. 6.

hat den Ausdruck „Urheberrecht" gewählt, der in den sich anschließenden Gesetzen wiederkehrt. Während einige dieses Recht auf den Schutz der Persönlichkeit in ihrer Individualität zurückführen [8]), hat sich allmählich die herrschende Ansicht dahin festgestellt, das es als ein eigenthümliches Vermögensrecht anzusehen ist, wie es schon oben bezeichnet worden, als das ausschließliche Recht, ein geistiges Erzeugniß gewerblich zu verwerthen [9]).

Im Gebiete des Obligationenrechts schließt sich an diesen Begriff auf dem Boden des literarischen Urheberrechts als die Handlung, durch die es verletzt wird, der Nachdruck, dem gegenüber sich die Ausschließlichkeit des Urheberrechts durch eine Entschädigungsforderung wegen der widerrechtlichen Vermögensbeschädigung Geltung verschafft. Es kommt also auf den Thatbestand des Nachdrucks an.

1. Objektiv ist Nachdruck vorhanden, wenn ein literarisches oder artistisches Werk mechanisch von einer dazu nicht berechtigten Person vervielfältigt wird. Als solche Werke nannte das A.L.R. nur gedruckte Bücher, Landkarten, Kupferstiche, topographische Zeichnungen, musikalische Kompositionen. Das Gesetz vom 11. Juni 1837 ging weiter, es fügte bei Manuskripte, nachgeschriebene Predigten und Lehrvorträge, Zeichnungen und Abbildungen, welche nach ihrem Hauptzweck nicht als Kunstwerke zu betrachten, Kunstwerke und bildliche Darstellungen (Zeichnungen, Gemälde, Kupferstiche, Stahlstich, Holzschnitt, Farbendruck, Uebertragung u. s. w.), Skulpturen. Das Reichsgesetz vom 11. Juni 1870 bezieht sich auf Schriftwerke aller Art, geographische, topographische, naturwissenschaftliche, architektonische, technische und ähnliche Abbildungen, auf musikalische Kompositionen, und auf öffentliche Aufführungen dramatischer, musikalischer und dramatisch-musikalischer Werke. Die Fälle sind so unendlich mannichfaltig, daß eine reiche Fülle von Kasuistik denkbar ist. Gemeinsam ist allen, daß das Erzeugniß ein geistiges, ein Produkt eigner geistiger Arbeit sein muß; gemeinsam aber auch, daß es objektiv die Bestimmung der Veröffentlichung durch Mittel des gewerblichen Verkehrs haben kann, und daß es die zu diesem Zweck nöthige Form erhalten hat [10]). Erst wenn der geistige Inhalt die entsprechende Form erhalten, kann das Produkt Gegenstand des Urheberrechts werden.

Weil der Gegenstand das Produkt einer individuellen geistigen Arbeit sein soll, so scheiden Auszüge aus fremden Schriften und bloße Textabdrücke aus; es müssen dagegen Bearbeitungen fremder Werke, Noten, Kommentare, als Erzeugnisse eigner, selbständiger Arbeit angesehen werden. Weil der Gegenstand objektiv die Eigenschaft haben muß, in den literarischen Verkehr

[8]) Vergl. hauptsächlich Bluntschli (Pr.R. § 47). Aehnlich Beseler und Gareis. Vergl. auch Dahn in Behrend Zeitschr. B. 5 S. 5.

[9]) Wächter §§ 10. 11. Klostermann I. S. 113. Kohler S. 282. Dernburg II. § 304.

[10]) Dernburg II. § 305 Anm. 8 legt darauf Gewicht, daß ein „Schriftwerk" nothwendig ein „Werk" sein müsse, und meint, daß der Ausdruck nur bei einer größeren planmäßigen Darstellung zutreffe.

gebracht zu werden, so scheiden ferner solche geistigen Erzeugnisse aus, welche durch ihren Zweck eine erwerbliche Verwerthung durch den Verfasser ausschließen, Gesetze, Verordnungen der Staats-, Gemeinde- und Kirchenbehörden, überhaupt amtliche Schriftstücke und Verhandlungen aller Art, auch Reden vor Gericht und in politischen und ähnlichen Versammlungen [11]). Aehnlich steht der einzelne Artikel einer Zeitschrift oder eines öffentlichen Blattes, mit Ausnahme novellistischer und wissenschaftlicher Ausarbeitungen und größerer Mittheilungen, sofern an deren Spitze der Abdruck ausdrücklich untersagt wird [12]). Hier sind noch besonders die Briefe hervorzuheben. Soweit ihr Inhalt sie nicht als geeignet erscheinen läßt, bei selbständiger Verbreitung Käufer zu finden, weil z. B. eine wissenschaftliche Erörterung darin enthalten ist, oder weil sie durch die Person des Schreibenden ein allgemeineres Interesse darbieten, können sie regelmäßig als literarische Schriftwerke nicht angesehen werden.

Nur das in bestimmter Form in die Erscheinung getretene Schriftstück hat den gesetzlichen Schutz. Handelte es sich um den Schutz eines Rechts an den eigenen Gedanken, so müßte jede unbefugte Aneignung eines fremden Gedankens zur Entschädigung verpflichten; aber der Gesetzgeber würde bedenken müssen, daß es völlig originelle Gedanken kaum giebt, daß im geistigen Leben jeder an dem geistigen Erwerb mitschafft, und daß Niemand zu unterscheiden vermag, wieweit etwas überliefert, wieweit es im eigenen Geiste entstanden ist. Die Aneignung fremder Gedanken in einem eigenen Schriftwerk ist hiernach kein Nachdruck. Auch nicht die Wiedergabe einzelner kleiner Theile des Schriftwerkes eines Anderen in der Form, die ihm hier gegeben ist; sofern nur im letzteren Fall der Urheber oder die benutzte Quelle ausdrücklich bezeichnet ist [13]). Telegramme können nachgedruckt werden, da das bloße Verschaffen telegraphischer Nachrichten ein Autorrecht nicht erzeugt [14]).

Dem Schriftwerk gleich steht die vorgetragene mündliche Rede, jedoch nur, wenn es sich um Vorträge zum Zweck der Erbauung, der Belehrung oder der Unterhaltung handelt [15]). Ebenso die Herausgabe von Uebersetzungen eines in einer todten Sprache verfaßten oder gleichzeitig in der Sprache der Uebersetzung herausgegebenen Werks. Bei anderen in fremder Sprache erscheinenden Werken kommt es darauf an, ob sich der Verfasser das Recht zur Uebersetzung auf dem Titelblatt ausdrücklich vorbehalten hat. Auch wenn dies geschehen ist, muß er zur Erhaltung seines Rechts von jenem Vorbehalt in der vom Gesetz bestimmten Frist Gebrauch machen [16]).

---

[11]) G. v. 11. Juni 1870 § 7 c. d. Wächter S. 135 fg.
[12]) G. v. 11. Juni 1870 § 7 b. Vergl. R.O.H.G. B. 6 S. 171, B. 25 S. 36.
[13]) Reines Plagiat. Ges. v. 11. Juni 1870 § 7 a, § 47. R.O.H.G. B. 16 S. 239. Massenhaftes Excerpiren kann Nachdruck sein. Heydemann und Dambach S. 299. 340. 378. 385.
[14]) Wächter S. 542.
[15]) G. v. 11. Juni 1870 § 5 b.
[16]) § 6 des Gesetzes. Die Uebersetzung muß im Kalenderjahr nach dem Erscheinen des

Es ist gleichgiltig, ob das Werk schon dem öffentlichen Verkehr übergeben worden ist oder nur in einer solchen Form vorliegt, daß es fähig ist, ein Gegenstand der Verbreitung zu werden[17]). Jede Vervielfältigung eines bereits herausgegebenen oder nur im Manuskript oder als mündlicher Vortrag existirenden Werks oder eines Theils davon, gilt als Nachdruck[18]). Aber nur mechanische Vervielfältigung kommt in Betracht. Darunter fällt auch die Abschrift dann, wenn sie zum Zweck der Verbreitung gefertigt ist, also den Druck ersetzen soll[19]).

2. Subjektiv wird vorausgesetzt, daß der Nachdrucker kein Verlagsrecht an dem Erzeugniß hat, weder ein ursprüngliches noch abgeleitetes. Aber auch derjenige, dem ein solches als Urheber oder Verleger zugestanden hat, begeht einen Nachdruck, wenn er das Urheberrecht veräußert hatte, insbesondere also der Urheber selbst, wenn er zum Nachtheil dessen, mit dem er einen Verlagsvertrag geschlossen hat, das Werk mechanisch vervielfältigen läßt, und ebenso der erste Verleger gegen den Autor oder gegen einen zweiten Verleger, der von diesem das Verlagsrecht erworben hat, wenn er über das Maß des Verlagsvertrags hinaus die Vervielfältigung fortsetzt[20]).

Die Folgen des Nachdrucks sind theils strafrechtlich, theils civilrechtlich. Erstere können hier nicht näher erörtert werden. Civilrechtlich knüpft sich an den Nachdruck die Entschädigungspflicht gegenüber dem Verlagsberechtigten, sei dieser der Urheber oder ein Rechtsnachfolger desselben. Die Entschädigung seitens des strafrechtlich schuldigen oder des nur durch die Einrede des guten Glaubens vor Strafe geschützten Thäters soll eine vollständige sein, sie besteht also in Ersatz des wirklichen Schadens und des entgangenen Gewinns[20a]). Die Feststellung des Schadens erfolgt nach freiem, aus dem Inbegriff der Verhandlung geschöpften Ermessen des Richters[21]). Statt der Entschädigung kann von dem Verletzten eine Geldbuße beantragt werden, deren Zuerkennung einen weiteren Entschädigungsanspruch ausschließt[22]). Nur auf Höhe der Bereicherung haftet der Veranstalter des Nachdrucks, wenn ihn kein Verschulden trifft[23]); der Verbreiter, der als solcher nicht strafbar ist, hat sich

---

Originals begonnen und binnen 3 Jahren vollendet sein, Beginn und Vollendung aber in die Eintragsrolle der §§ 39 ff. des Nachdruckgesetzes eingetragen werden.

[17]) J.Min.B. 1864 S. 55. Gerichtssaal B. 15 S. 452. Dambach a. a. O. S. 15 f.

[18]) §§ 4. 5 Ges. v. 11. Juni 1870. J.Min.Bl. 1864 S. 55. Gerichtssaal B. 15 S. 452 f. Dambach S. 39 f.

[19]) § 4 des Ges. v. 11. Juni 1870. Dambach S. 49.

[20]) § 5 c und d des Ges. v. 11. Juni 1870. Es liegt hier kein bloßer Vertragsbruch, sondern Verletzung des Urheberrechts mit strafrechtlicher Folge vor.

[20a]) §§ 18. 25 des Ges. v. 11. Juni 1870.

[21]) §§ 19. 29 des Ges. Das entspricht dem § 260 C.P.O. Die Vorschrift des § 19 gehört aber zu den nach § 13 Einf.G. zur C.P.O. in Kraft erhaltenen prozeßrechtlichen Vorschriften der Reichsgesetze; was für die sich anschließenden §§ 30. 31 über die Sachverständigenvereine von praktischer Erheblichkeit ist.

[22]) § 18 des Ges. Für die Buße haften die dazu Verurtheilten solidarisch; der Maximalbetrag der Buße ist 6000 Mark.

[23]) § 18 Abs. 6 des Ges. Vergl. dazu R.O.H.G. B. 12 S. 331 und oben § 148.

nur die Einziehung der zur Verbreitung bestimmten Nachdrucksexemplare gefallen zu lassen[24]).

Als verletzt durch den Nachdruck, mithin als berechtigt zur Klage auf Entschädigung und zum Antrag auf Bestrafung bezeichnet das Gesetz den Urheber, dessen Erben und Rechtsnachfolger, d. h. diejenigen, welche ihre Befugniß von ihm herleiten, denen er sie vermacht oder an die er sie vertragsmäßig veräußert hat[25]), den Autor auch neben dem Verleger, wenn er ein von diesem unabhängiges Interesse hat[26]). Der Verletzte hat als Kläger sein Verlagsrecht und die Thatsache des Nachdrucks zu beweisen, auch die Thatsachen darzulegen, aus denen das Vorhandensein eines Schadens und dessen Höhe vom Richter entnommen werden soll[27]). Es ist bezweifelt worden, ob dem Kläger der Beweis seines Verlagsrechts aufzuerlegen sei, weil es schwierig, fast unmöglich erscheint, die Urheberschaft an einem Werke des Geistes nachzuweisen. Deshalb ist vielfach früher, namentlich auch in Preußen, angenommen worden, dem beklagten Nachdrucker liege ob, zu beweisen, daß ein Anderer, als der Kläger oder dessen Autor der Urheber des Werks sei, und daß er selbst von diesem Andern das Verlagsrecht erworben habe[28]). Die Frage hat jetzt ihre Bedeutung verloren, weil das Gericht nach freier Ueberzeugung die Urheberschaft festzustellen hat. Bei anonymen und pseudonymen Werken muß Kläger die ihm bestrittene Urheberschaft jedenfalls beweisen[29]).

Der Schutz gegen den Nachdruck ist nach positivem Recht zeitlich beschränkt, kommt aber auch den Werken zu, welche bei Erlaß des Gesetzes nicht geschützt waren oder unter einer kürzeren Schutzfrist standen[29a]). Der Schutz erstreckt sich auf die Lebenszeit des Autors und auf fernere 30 Jahre zu Gunsten seiner Erben, bei nachgelassenen Werken auf 30 Jahre vom Tage ihrer Veröffentlichung, für juristische Personen auf 30 Jahre seit Vollendung des Werkes oder dem Erscheinen jedes einzelnen Bandes von Sammelwerken, endlich bei pseudonymen und anonymen Werken auf 30 Jahre vom Tage des Erscheinens[30]). Nur 5jährig ist der vom Gesetz gewährte Schutz gegen Uebersetzungen in andere Sprachen[31]). Diese zeitliche Beschränkung führt auf die Frage, ob sie sich aus der Natur des Verlagsrechts ergiebt oder nur

---

[24]) § 25 des Ges.

[25]) §§ 1—3, § 18 des Ges. v. 11. Juni 1870.

[26]) Heydemann und Dambach S. 186. 193. 345. 462.

[27]) Wächter S. 676. Dambach S. 182. Wird dagegen nicht auf Entschädigung, sondern auf Herausgabe der Bereicherung geklagt, so muß auch der Betrag der letzteren vom Kläger bewiesen werden. Dambach S. 183. S. oben Anm. 23.

[28]) Heydemann, Gutachten S. 43. 144. 153.

[29]) Dambach S. 177. 182, Ges. v. 11. Juni 1870 § 29.

[29a]) Vergl. jedoch § 58 wegen der bereits vorhandenen Vervielfältigungen und der Verbreitung.

[30]) §§ 8—17 des Ges. v. 11. Juni 1870. Auch hier ist die Eintragsrolle der §§ 39 ff. von Bedeutung.

[31]) § 15 des Ges.

als positive Satzung anzusehen ist. Die Meinungen sind getheilt. Förster sprach im Anschluß an Ortloff[32]) sich im Prinzip für die zeitliche Unbegrenztheit des Autorrechts aus, weil es im Wesen jedes Vermögensrechts liege, daß es unbegrenzt fortwirke, wenn nicht aufhebende Thatsachen eintreten. Aber auch von diesem Standpunkte aus werden Nützlichkeitsgründe anerkannt, welche als Rücksichten auf das gemeine Wohl höher stehen als das Vermögensrecht Einzelner und es rechtfertigen, daß die Gesetzgebung dem Schutz eine Grenze gesetzt hat, um so mehr, als das Verlagsrecht seine tiefere Begründung in der sittlichen Bedeutung der Arbeit, der persönlichen Thätigkeit hat, und diese nur in der Person des Urhebers zu ihrer eigentlichen Geltung kommt[33]). Die Bestimmung der Zeitdauer ist jedenfalls nur ein Akt positiver Festsetzung, und entzieht sich wie jedes Zahlenverhältniß im Recht prinzipieller Begründung. Die Klage auf Entschädigung und auch die aus der Bereicherung verjährt in drei Jahren von dem ersten Tage der Verbreitung[34]).

Das Gesetz vom 11. Juni 1870 schützte gegen Nachdruck außer den Schriftwerken auch geographische, topographische, naturwissenschaftliche, architektonische, technische und ähnliche Abbildungen[35]), sowie musikalische Kompositionen[36]) und die öffentlichen Aufführungen dramatischer, musikalischer, oder dramatisch-musikalischer Werke[37]), dagegen bezog es sich nicht auf andere Nachbildungen von Werken der bildenden Künste, oder der s. g. Kunstindustrie, und nicht auf Photographien[38]). In ersterer Beziehung war es also für Preußen bei dem alten Recht geblieben, welches in dem Gesetz vom 20. Februar 1854[39]) § 1 in Ergänzung des Gesetzes vom 11. Juni 1837 auch die plastische Nachbildung eines Kunstwerkes der Malerei oder der zeichnenden Künste verbot, wenn die Nachbildung auf rein mechanischem Wege erfolge. Photographien entbehren des Schutzes. In beiden Beziehungen haben die Reichsgesetze vom 9. und 10. Januar 1876, ohne jedoch den Schutz auch auf die Gebilde der Baukunst zu erstrecken, für das ausschließliche gewerbliche Ausbeutungsrecht des Urhebers ähnliche Schutzvorschriften gegeben. Eine fernere Ergänzung haben die Bestimmungen zum Schutz der immateriellen Rechte dadurch erhalten, daß zunächst gewerbliche Muster oder Modelle d. h. neu erfundene Formenschöpfungen als Geschmacksmuster und Vorbilder für gewerbliche Erzeugnisse, einen Schutz gegen unbefugte Nachbildungen in

---

[32]) S. hierüber bes. noch Harum, Oesterr. Preßgesetzg. S. 37fg., Oesterr. Vierteljschr. B. 12 S. 110.
[33]) § 33 des Ges. v. 11. Juni 1870.
[34]) §§ 43. 44 Ges. des R.O.H.G. B. 3 S. 315.
[35]) §§ 45—49 des Ges.
[36]) §§ 50—56 des Ges. Ueber die Verträge, durch welche dies Aufführungsrecht eingeräumt wird, vergl. R.O.H.G. B. 12 S. 319, auch Nissen in Goldschmidt's Zeitschr. B. 18 S. 352.
[37]) Dambach S. 7. 8.
[38]) Ges.Samml. S. 93.
[39]) H.G.B. Art. 15ff. — Vergl. A.L.R. II. 8 §§ 620ff.

dem Gesetz vom 11. Januar 1876 gefunden haben. Dem hat sich der Schutz industrieller Erfindungen, durch die ein bisher noch nicht bekannter technischer Erfolg erzielt wird, sofern sie eine gewerbliche Verwerthung gestatten, in der Weise angeschlossen, daß das dafür zu beanspruchende Patent das ausschließliche Recht der Ausbeutung begründet. Auf dem gleichen Boden wie die Patentgesetze vom 28. Mai 1877 und 1. Oktober 1891 ist der Schutz von Gebrauchsmustern, d. h. Modellen von Arbeitsgeräthschaften oder Gebrauchsgegenständen, die den Arbeits- oder Gebrauchszwecken durch eine neue Gestaltung, Anordnung oder Vorrichtung zu dienen bestimmt sind, nach dem Gebrauchsmustergesetz vom 1. Juni 1891 erwachsen. Eine nähere Erörterung dieser reichsgesetzlichen Vorschriften gehört nicht hierher. Auf demselben immateriellen Rechtsgebiete hatte schon vorher das Firmenrecht und das Recht einer kaufmännischen Firma zur ausschließlichen Benutzung einer Marke[40]) im gewerblichen Verkehr rechtliche Anerkennung gefunden.

§ 154. Die Beschädigung durch Amtshandlungen.

A.L.R. II. 10 §§ 88—93. 127—145, I. 6 § 33, I. 11 §§ 355. 358, I. 12 §§ 97. 140. 141. 158, I. 14 § 227, I. 20 §§ 428—435, II. 18 §§ 301—307. 464. 465. 474. 475. 476. 514. A.G.O. III. 1 § 23. Ges. v. 13. Febr. 1854. G.S. S. 86). Grundbuchordnung vom 5. Mai 1872 §§ 29. 46. 131. — Koch, R. d. F. III. 1211. Pr.R. II. 546. Daniels IV. 14. Hinschius in der jurist. Wochenschr., 1836, S. 737f.; 1841, S. 255f. Scheele bei Gruchot VIII. 162. Dernburg II. § 298. — Unterholzner II. 739f. Weber in der Zeitschr. f. Civ.R. und Proz. B. 7 (1834) S. 1f. Strippelmann, Neue Sammlung bemerkenswerther Entscheid. des O.A.G. Kassel B. 3 (1843) S. 289f. Schwarze in der sächs. Zeitschr. f. Rechtspfl. u. Verw., N.F., B. 12 S. 289fg. Vangerow III. 656. Arndts § 338. Windscheid II. § 470. —

Der Beamte steht zum Staat oder zu der Korporation, als deren Beamter er angestellt ist, in einem Rechtsverhältniß, das eine öffentlich rechtliche Grundlage hat[1]). Die Thätigkeit des mit öffentlichen Angelegenheiten betrauten Staatsbeamten kann aber auch in mannigfacher Weise in die Rechtssphäre dritter Personen eingreifen. Handelt es sich nicht um Führung staatlicher Geschäfte, ist vielmehr Jemand nur von Staatswegen zu einer privaten Thätigkeit in einem bestimmten Kreise bestellt, zu einer Thätigkeit, die er nach dem von ihm geschlossenen privatrechtlichen Vertrage zu üben hat, ohne daß dabei die Geltendmachung eines ihm zugeschriebenen öffentlich rechtlichen imperium in Frage kommt, so wird sein Verhalten völlig durch das rein privatrechtliche Vertragsverhältniß geregelt[2]). Insoweit aber jemand in der

---

[40]) H.G.B. Art. 15—27. Markenschutzgesetz v. 30. Nov. 1874 (R.G.Bl. S. 143).

[1]) Vergl. oben § 141 Anm. 13, Band I. § 57 hinter Anm. 38e.

[2]) Dies ist die Stellung der Rechtsanwälte, welche im heutigen Recht überhaupt nur noch in strafrechtlicher Beziehung einen Amtscharakter haben. Sie haften aus dem Mandat. — Auch im preuß. R. haftete der Anwalt als Mandatar, obschon er vom älteren Recht schlechthin als Beamter angesehen wurde, aber als ein Beamter, der im

Verwaltung eines obrigkeitlichen Amts in solcher Weise thätig wird, daß diese Thätigkeit in einer durch das öffentliche Recht nicht sanktionirten Weise schuldhaft Privatrecht verletzt, so ist seine Verantwortlichkeit gesetzlich in besonderer Weise geregelt [3]).

Nach gemeinem Recht ist es nicht zweifelhaft, daß der Beamte für alle Beschädigungen haftet, die er durch sein Versehen oder vorsätzlich verschuldet hat, und daß seine Verpflichtung in dem Ersatz des ganzen Interesses besteht [4]). Man schied aber die Richter von allen übrigen Kategorien der Beamten. Zwei Sätze hat das römische Recht überliefert, deren einer, eine Art Talion, jetzt unpraktisch ist: quod quisque juris in alterum statuerit, ut ipse eodem jure utatur [5]), der andere aber noch die Grundlage des heutigen Rechts bildet: si judex litem suam facit, quasi ex malificio tenetur in factum actione [6]). Das litem suam facere wird erläutert als das dolo malo in fraudem legis sententiam dicere. Das liegt besonders vor, wenn aus Gunst, Feindschaft oder Eigennutz das Recht gebeugt oder gebrochen wird. Es soll aber auch imprudentia dazu verpflichten, den Schaden zu ersetzen, der in der

---

Namen der Partei handeln, nicht im Namen des Staats einen Akt staatlicher Hoheit üben sollte. Entsch. B. 10 S. 136, A.L.R. I. 13 §§ 13. 19, A.G.O. I. 3 § 67, R.G. bei Gruchot B. 32 S. 976. Er vertritt nach §§ 57. 58 I. 13 geringes Versehen, wenn er Honorar erhält, mäßiges, wenn er ohne Entgelt arbeitet. — Die Rechtsanwaltsordnung vom 1. Juli 1878 hat das Rechtsverhältniß zwischen Mandanten und Mandatar nicht einer neuen Ordnung unterzogen. Der einer Partei im Civilprozeß nach C.P.O. § 107, R.A.O. §§ 33. 34 beigeordnete Rechtsanwalt bedarf wie jeder andere Bevollmächtigte der Beibringung der Vollmacht, die sein Verhältniß beherrscht. Bei dem Rechtsanwalt, der im Strafprozeß einem Angeschuldigten als Vertheidiger zugeordnet wird, liegt die Sache anders, ebenso wie bei dem früheren Offizialanwalt. Jedoch hat auch hier die Praxis (Entsch. B. 45 S. 444) Haftung nach den Grundsätzen des Vollmachtsvertrages angenommen. — Die Vertretungspflicht des Anwalts aus einer Prozeßführung wird nicht schon durch seine Versäumniß, sondern durch den Nachweis begründet, daß ohne diese Versäumniß ein günstiges Erkenntniß erstritten worden wäre. Seuffert XIII. 22.

[3]) Dies gilt auch von den Notaren, die nach § 48 III. 7 A.G.O. (vergl. § 45 Not.O.) bei ihren Verrichtungen mit den Gerichten in Parallele gestellt werden. Förster (ebenso Dernburg II. § 298 Anm. 27) lassen den Notar nach den Grundsätzen vom Vollmachtsvertrage haften. Vergl. auch Strieth. B. 23 S. 35. — Daß die Gerichtsvollzieher in ihrem Verhältniß zu ihrem Auftraggeber nicht als deren Bevollmächtigte anzusehen sind, und daß dieses Verhältniß sich nicht nach den Grundsätzen vom Mandatsvertrage regelt, ist oben B. II. § 141 Anm. 17 näher erörtert. Ebenda ist bereits erwähnt, daß das Reichsgericht verneint hat, daß aus der Stellung des Gerichtsvollziehers bei der Zwangsvollstreckung, darauf, daß er Träger eines Imperium ist, das nicht vertragsmäßig, sondern nach den Vorschriften der Gesetze und Dienstanweisungen zu üben ist, eine lediglich subsidiäre Haftung des Gerichtsvollziehers aus schuldhaften Handlungen oder Unterlassungen, durch welche der Auftraggeber verletzt ist, hergeleitet werden kann. Dritten gegenüber aber wird sich auch von diesem Standpunkt aus, soweit überhaupt eine Haftung des Gerichtsvollziehers anzunehmen ist, die Sufsidiarität dieser Haftung ergeben.

[4]) Koch, R. d. F. III. S. 997 f. bei Nr. II. Seuffert X. 51, XVI. 113. Windscheid a. a. O. Anm. 3.

[5]) Dig. II. 2. Der Satz war im Edikt enthalten, betraf aber nur dolus l. 1. 2. Glück B. 3 S. 258. 261.

[6]) l. 15 § 1 D. V. 1, l. 6 D. L. 13; pr. J. IV. 5, l. 5 § 4 D. XLIV. 7.

vera litis aestimatio besteht[7]). Hieran hat sich im gemeinen Recht der Streit geknüpft, ob der Richter nur Vorsatz, oder auch Versehen, und ob er nur grobes oder auch geringes Versehen zu vertreten habe. Die Gesetzgebung des alten Reichs beschränkt die Syndikatsklage auf vorsätzliche Verletzung der Amtspflicht des Richters[8]). Die Kammergerichtsordnung von 1555 verwies die Partei an das geordnete Rechtsmittel, wenn das Urtheil allein aus Versehen, Unfleiß, Unwissenheit oder Irrsal der Richter gefolget, und läßt die Syndikatsklage gegen den Richter nur zu, wenn aus Betrug, Arglist, von Geschenk, Miet, Gab, Bitt, Freundschaft, Feindschaft, oder andere dergleichen Ursachen wegen eine nichtige oder ungerechte Urtheil gefället wäre[9]). Damit stimmte der jüngste Reichsabschied von 1654 § 157, der die Richter ermahnet, daß sie gleich Priestern und getreuen Vorstehern der heilsamen Justiz, wie ihren geleisteten Pflichten gebühret, den geraden Weg hindurch gehen, und anordnet: daß, wenn sich befinden würde, daß der eine oder andere nicht ex justitia, sondern ex affectu judiciret und geurtheilet, derselbe litem suam gemacht haben und dem syndicatui verfallen sein solle. Auch die Bestimmung der peinlichen Halsgerichtsordnung, Art. 150, die den Richtern die Begünstigung und Nachsicht gegen die Verbrecher untersagt, bezieht sich auf das wissentliche Befreien der Uebelthäter. Mögen nun die Aussprüche des römischen Rechts über Vorsatz und Versehen der Richter sich wirklich widersprechen oder die Möglichkeit zu einer Vereinigung bieten[10]): für das heutige gemeine Recht muß auf Grund der Reichsgesetzgebung der Satz als geltend behauptet werden, daß die Vertretung des Richters nur eintritt, wenn er vorsätzlich rechtswidrig geurtheilt hat[11]). Bei einem geordneten Instanzenzuge scheint der Gefahr von Beschädigungen, die aus bloßem Versehen

---

7) l. 5 § 4 D. XLIV. 7, l. 6 L. 13; pr. J. IV. 5, l. 2 C. II. 2. Vergl. noch l. 51 D. XXI. 2, l. 4 § 7 D. XXXIX. 2, l. 19 C. IV. 20.

8) Ueber den Namen sagt Leyser sp. 680 m. 4 nomen traxit a syndicis, peculiari magistratu apud Italos et Gallos ad hoc constituto, ut rationes a magistratibus reposcat et de delictis in officiis ab iis commissis cognoscat, ipsosque, qui deliquerunt, puniat. Vergl. auch Schilter exerc. X. § 60.

9) Th. 7 Tit. 53 §§ 5. 6. 10. Abgedruckt in Emminghauß, Corpus juris Germanici. 2. A. S. 241 f.

10) Vergl. über die verschiedenen Ansichten bes. Sintenis II. § 125. Note 38 bes. Sp. 2 S. 767. Windscheid II. § 470 Anm. 1. Weber, Zeitschr. B. 7 S. 17fg. Bayer, Vortr. über Civ.Proz., 8. A., S. 276. Strippelmann a. a. O. S. 591—303.

11) Das ist die herrschende Ansicht, doch gilt als zweifelhaft, ob die lata culpa dem dolus auch hier gleichstehen soll. S. Unterholzner II. 740 (im Geiste der Reichsgesetze nur Haftung für Gewissenlosigkeit), Weber, Zeitschr. B. 7 S. 1fg. (nur dolus mit Ausschluß der culpa lata), Pfeiffer, Prakt. Ausführungen B. 2 S. 365 (dolus und culpa lata), Bayer, Vortr. S. 277 (nur Betrug und Arglist), Sintenis bes. S. 770 in der Note (dolus und culpa lata), Arndts S. 536 (dolus und culpa lata), Keller S. 697 (nur wegen Betrugs und Arglist), Wetzell, Civ.Proz. § 36 Note 14 (1. A. S. 278) stellt dem dolus die culpa lata gleich; Strippelmann a. a. O. S. 311 nach der Reichsgesetzgebung nur wegen dolus. Die Einwendung, daß die Reichsgesetzgebung sich nur auf die Beisitzer des Kammergerichts bezogen habe, mithin nicht gemeines Recht bilde (Heffter, Civ.Proz. S. 89 Note 217), ist unrichtig. S. Sintenis S. 768 in der Note, Bayer S. 277. Aus gemeinrechtlicher Praxis: Seuffert XIV. 140 (Jena, dolus und culpa lata).

entspringen, mehr, als dies im römischen Recht der Fall war, vorgebeugt. Die Syndikatsklage geht auch gegen die Erben des Richters, aber die strengere Auffassung des kanonischen Rechts ist durch die Praxis gemildert, die den Erben nur mit den Kräften des Nachlasses haften läßt[12]). Voraussetzung der Klage ist, daß die Partei durch das ungerechte Urtheil einen wirklichen Schaden bereits erlitten hat. Ob ihr eine subsidiarische Natur beizulegen, ist gemeinrechtlich bestritten, aber nach richtiger Ansicht zu verneinen[13]). Daß die Vertretung nur im Falle des Vorsatzes eintritt, widerspricht der Subsidiarität.

In Deutschland hat jedoch der Richter nicht bloß zu urtheilen; es liegt ihm eine Menge anderer Geschäfte ob, sowohl in Parteiangelegenheiten, als in Angelegenheiten der staatlichen Verwaltung, jetzt nur noch der Justizverwaltung. Nach allen diesen Richtungen hat der Richter ebenso wie jeder andere Beamte für seine Versehen einzustehen. Dies gilt auch von der streitigen Gerichtsbarkeit, soweit sie eine andere Thätigkeit außer der Entscheidung des Rechtsfalls fordert. Der Richter haftet hier für jedes Versehen, insbesondere soweit ihm eine Justizverweigerung oder Verzögerung zur Last fällt[14]). Ebenso besteht seine Vertretungspflicht bei der Ausübung der s. g. freiwilligen Gerichtsbarkeit, bei Aufnahme von Verträgen und Testamenten, bei dem Grundbuchwesen und den Vormundschaften. Das gemeine Recht ist also von dem Satz beherrscht, daß jedes Versehen eines Richters oder anderen Beamten zur Entschädigung verpflichtet, wenn dadurch eine amtliche Pflicht verletzt worden ist[15]).

Das preußische Recht hat die Materie im Landrecht durch bestimmte Vorschriften geordnet, deren staatsrechtlicher Charakter dazu geführt hat, sie über das Geltungsgebiet des Landrechts hinaus auf andere Landestheile zu erstrecken[15a]).

Die nicht richterlichen Beamten haften, wie im gemeinen Recht, nach den Regeln des Civilrechts für ihre vorsätzlich oder aus Versehen verübten Beschädigungen. An die Spitze wird die Bestimmung gestellt: Was ein Beamter vermöge seines Amts und nach den Vorschriften desselben unternimmt, kann gegen ihn als Privatbeleidigung, d. h. als ihn haftbar machendes Ver-

---

[12]) Bayer, Vortr. S. 280. v. Quistorp, Beiträge z. Erl. versch. Rechtsmaterien, 1787, S. 56.

[13]) Gaill, Observ. I. 153 Nr. 3. Struben, Rechtl. Bedenken II. 124. Bayer S. 270. Sintenis a. a. O. Die Reichsgesetze stellen die Syndikatsklage nicht als subsidiär hin. Daß vor Ausklagung aller anderen Personen ein Schade nicht vorhanden sei, weil sich die Wiederaufhebung der schädigenden Umstände noch erreichen lasse, ist nicht als richtig zuzugeben. Vergl. Windscheid II. § 470 Anm. 1.

[14]) Strippelmann S. 314fg.

[15]) Strippelmann S. 318fg. Aus der Praxis: Struben, Bed. V. 5. Leyser 680 m. 1. Bülow und Hagemann, Prakt. Erört. VI. 263, VIII. 89. 97. Bl. f. Rechtsanw. B. 8 S. 352. Windscheid II. §§ 445. 470. Die Analogie des Agrimensor spricht nur für Haftung für dolus und culpa lata. Vergl. aber Seuffert XXV. 110 und die daselbst citirte ältere Praxis.

[15a]) Vergl. V. v. 23. Sept. 1867 § 1.

letzen von Privatrechten, „nicht gerügt werden“ [15b]). Also nur Handeln gegen die Amtspflicht kann verantwortlich machen. In dieser Beziehung aber heißt es: „Niemand soll sein Amt zur Beleidigung oder Bevortheilung Anderer mißbrauchen; wer ein Amt übernimmt, muß auf die pflichtmäßige Führung desselben die genaueste Aufmerksamkeit wenden; jedes dabei begangene Versehen, welches bei gehöriger Aufmerksamkeit und nach den Kenntnissen, die bei der Verwaltung des Amts erfordert werden, hätte vermieden werden können und sollen, muß er vertreten“ [16]). Hiernach muß angenommen werden, daß der Beamte, wenn nicht besondere Gesetze eine Einschränkung bieten, in der Regel sogar für geringes Versehen haftet, was auch mit der strengeren Pflicht der Kunst- und Sachverständigen übereinstimmt [17]). Wenn die ältere Praxis trotzdem nur die Haftbarkeit für mäßiges Versehen annahm [18]), so kann sie sich für diese Ansicht weder auf die Worte „gehörige Aufmerksamkeit“ berufen, denn diese ist eben hier die „genaueste“, noch auf die Bestimmung über die solidarische Haftbarkeit der Mitglieder eines Kollegiums, weil hier besondere Momente in Betracht zu ziehen sind.

Daß die Entschädigungsklage gegen den Beamten in allen Fällen subsidiär, d. h. nur dann stattfindet, wenn kein anderes gesetzmäßiges Mittel, um den nachtheiligen Folgen abzuhelfen, übrig ist, hat das A.L.R. direkt ausgesprochen [19]). In der neueren preußischen Gesetzgebung war ferner die

---

15b) II. 10 § 87. Vergl. unten Anm. 20.

16) II. 10 §§ 86. 88. 89. Auch auf mittelbare Staatsbeamte anzuwenden. Strieth. B. 9 S. 86, B. 33 S. 279. Natürlich nur sofern sie im Namen des Staats zu handeln, das Staatsamt, das staatliche imperium zu üben haben. Vergl. oben Anm. 2. Daß die Vertretung des Beamten nicht bloß gegenüber dem Staat, sondern auch der Privatpartei gegenüber ins Auge gefaßt ist, folgt aus II. 10 § 90. Der Entwurf des B.G.B. § 736, Entw. II. § 762, Reichstagsentw. § 824 läßt für dolose und fahrlässige Verletzung der Pflicht, die dem Beamten dritten gegenüber aufliegt, haften, für fahrlässige Verletzungen aber nur aushilfsweise; die Thätigkeit bei Leitung und Entscheidung einer Rechtssache macht privatrechtlich nur verantwortlich, soweit die Pflichtverletzung zugleich strafrechtlich mit öffentlicher Strafe bedroht war, — schuldhaftes Rechtshandeln durch Verweigerung oder Verzögerung der Ausübung des Amts macht auch diese Beamten verantwortlich. Der § 825 der Reichstagsvorlage fügt eine Beschränkung im Haftungsumfange bei gewissen Versäumnissen bei.

17) I. 13 §§ 57. 58, I. 3 § 22, I. 5 § 281.

18) Strieth. B. 20 S. 195. In diesem Fall lag culpa lata vor; die Frage, ob für geringes Versehen nicht zu haften, ist jedoch bejahet worden, weil § 89 II. 10 nur auf mäßiges Versehen hinweise. Die im § 128 II. 10 enthaltene Verweisung auf § 29 I. 6 beweist nichts. Nach Svarez (Ges.Revis. XII. 53) ist anzunehmen, daß der Beamte für geringes Versehen haften soll, der mildere Ausdruck in § 89 sollte nur einigen Spielraum der Billigkeit offen halten. Hinschius a. a. O. S. 742. Ges.Revis. XII. 53. Ferner Strieth. B. 17 S. 51. Die §§ 88. 89 bestimmen übrigens nur, welchen Grad des Versehens der Beamte zu vertreten habe, im Uebrigen kommen die allgemeinen Grundsätze des I. 6 A.L.R. zur Anwendung, namentlich über Konkurrenz der culpa. Strieth. B. 33 S. 274 (hier ist auch von dem geringen Versehen des Beamten die Rede, welches durch das konkurrirende grobe Versehen des Beschädigten beseitigt wird, daraus scheint die Vertretbarkeit des geringen Versehens, wenn solche Konkurrenz nicht vorliegt, zu folgen). Bei Strieth. B. 70 S. 188 ist Haftung für geringes Versehen angenommen.

19) II. 10 § 91 und zwar auch im Fall des dolus und culpa lata. Präj. 8 (Samml. I.

Vorfrage, ob eine zur gerichtlichen Verfolgung geeignete Ueberschreitung oder Verletzung der Amtspflicht vorliegt, wenn es die vorgesetzte Behörde des Beamten beantragt, der Entscheidung des ordentlichen Gerichts entzogen und dem Gerichtshof zur Entscheidung der Kompetenzkonflikte übertragen. An die Stelle dieses Gerichtshofes ist nach der Seite der hier in Rede stehenden Berufsthätigkeit jetzt das Oberverwaltungsgericht getreten. Auch ist die Vorentscheidung auf die Feststellung einer Ueberschreitung der Amtsbefugnisse oder der Unterlassung einer dem Beamten obliegenden Amtspflicht beschränkt. Die Verneinung dieser Frage ist für die Gerichte bindend. Und dies gilt auch bei Ansprüchen gegen mittelbare Staatsbeamte, gegen bereits ausgeschiedene Beamte und gegen Erben von Beamten. Aus dem Kreise der Justizbeamten kann nur wegen der Thätigkeit der Staatsanwälte und der Beamten der gerichtlichen Polizei der Konflikt erhoben werden[20]).

Die Vertretungspflicht der Richter, welche nicht, wie die der anderen Beamten von einer Vorentscheidung abhängig gemacht werden kann[21]), hat die A.G.O. so ausgedrückt: wenn sich offenbaret, daß ein Justizbedienter wirklich seine Pflicht vernachlässigt, oder aus den Augen gesetzt, eine Ungerechtigkeit verübt, den Vorschriften der Gesetze und den Obliegenheiten seines Amtes zuwider gehandelt hat, so soll derselbe allen der Partei dadurch verursachten Schaden ersetzen"[22]). Daraus ergiebt sich, daß der Richter ohne Unterscheidung der einzelnen Arten seiner verschiedenen Thätigkeit, Vorsatz und Versehen vertritt und vollständige Entschädigung leisten muß. Welchen

S. 205). Vergl. bezüglich des Gerichtsvollziehers Anm. 3. Es ist aber nur nöthig, daß gegen die prinzipal verpflichtete Partei geklagt, nicht, daß der Prozeß durch alle Instanzen fortgesetzt worden ist. Strieth. B. 25 S. 236 bes. S. 254. A. M. Hinschius S. 744 f. wegen §§ 18. 19 I. 6. Aber das Nichteinlegen der Rechtsmittel ist kein Verschulden. Wegen Streitverkündung an den Beamten in dem zunächst angestellten Prozeß vergl. Entsch. B. 14 S. 431. Eine Klage auf vorläufige Feststellung der Vertretungspflicht des Beamten galt bei Praxis des älteren Rechts als unzulässig. Präj. 504 (Samml. I. 206). Der subsidär verpflichtete Beamte steht zu der prinzipal verpflichteten Partei und zum Beschädigten nicht in dem Verhältniß des Bürgen zum Hauptschuldner und zum Gläubiger. Die analoge Anwendung der §§ 284. 285. 298. I. 14 ist unstatthaft. Präj. 1381 (Samml. I. 206). Strieth. B. 23 S. 1. Jetzt entscheidet sich die Frage nach der Zulässigkeit einer Feststellungsklage aus § 231 C.P.O. das Interesse an als baldiger Feststellung wird kaum anerkannt werden können. — Das Gesetz verlangt nicht nothwendig das Ausklagen der vor dem Beamten haftenden Personen, wenn es doch nicht zur Befriedigung des Gläubigers führen kann. Eine Ausnahme von der subsidiarischen Haft giebt § 133 I. 6. S. unten bei Note 27.

[20]) Die Erhebung des Konflikts und dessen Beurtheilung durch das Oberverwaltungsgericht regelt jetzt § 11 Einf.Ges. z. Ger.Verf.Ges. in Verbindung mit dem Ges. vom 13. Februar 1854 (G.S. S. 86). Die Bestimmung in § 6 des Gesetzes vom 13. Februar 1854, nach der bei Personen des Soldatenstandes nach Erhebung des Konflikts durch den Divisionskommandeur oder den kommandirenden General das „Militär-Justizdepartement" eine Vorentscheidung im vollen Umfange des Gesetzes von 1854 abzugeben hat, ist durch die nur auf „Beamte" bezügliche Bestimmung in § 11 Einf.G. z. Ger.Vf.Ges. unberührt gelassen.

[21]) Ges. v. 13. Febr. 1854 § 7 Nr. 1. Der Ausdruck „richterliche Beamte" muß hier auch von den Mitgliedern der Verwaltungsgerichte in deren verwaltungsgerichtlicher Thätigkeit verstanden werden, obgleich es eine solche 1854 noch nicht gab.

[22]) A.G.O. III. 1 § 23. Vergl. über den Entwurf des B.G.B. oben Anm. 16.

Grad des Versehens, das folgt aus den oben erwähnten Bestimmungen des A.L.R., die sich auf alle Beamte beziehen, — sofern nicht für einzelne richterliche Geschäfte eine geringere Haftbarkeit vorgeschrieben ist. Direkt ausgesprochen ist nicht, daß der Richter für ein ungerechtes Urtheil einzustehen habe. Im Anschluß an das gemeine Recht, von dem abzuweichen die Redaktoren nicht Willens gewesen, muß die Haftpflicht auch in diesem Fall angenommen werden; — es scheint sogar, daß dieselbe weitergreift, weil das Landrecht scheinbar den Richter für jedes Versehen bei jeder Amtsthätigkeit verantwortlich macht. Die Praxis hat jedoch den Satz aufgestellt: die unterliegende Partei ist nicht berechtigt, den Spruchrichter wegen eines bei Abfassung des rechtskräftigen Erkenntnisses von ihm angeblich begangenen Versehens auf Schadenersatz in Anspruch zu nehmen[23]). Sie rechtfertigt diesen Satz nicht aus einzelnen Vorschriften des Gesetzes, sondern durch die allgemeine Betrachtung, daß es mit dem geordneten Rechtsgange, dem Instanzenzuge und dem Wesen eines rechtskräftigen Urtheils unvereinbar sei, wenn die unterliegende Partei das zwischen ihr und der Gegenpartei durch das Erkenntniß festgestellte Recht durch einen Angriff gegen den Spruchrichter selbst einer neuen Beurtheilung unterwerfen dürfte. Man kann dieser Motivirung eine gewisse Richtigkeit nicht absprechen — aber doch nur soweit, als dem erkennenden Richter ein Versehen zur Last fällt, denn nur gegen dieses, gegen die imprudentia kann der Instanzenzug, wie es die Reichsgesetzgebung anerkennt, sichern. Unrichtig und mit der oben gegebenen Bestimmung der A.G.O. unvereinbar wäre der Satz, wenn er auf ein vorsätzlich ungerechtes Urtheil[24]) bezogen würde[25]).

Wenn nun auch der Richter in Betreff aller solchen Amtshandlungen, die er nicht als Spruchrichter vornimmt, den anderen Beamten gleichsteht[26]), so haben doch die Gesetze vielfach seine Vertretungspflicht auch für solche noch besonders normirt.

1. Solidarisch (nicht subsidiär) mit dem, auf dessen Gefahr oder falsche

---

[23]) Entsch. B. 3 S. 253. Ebenso das Kammergericht, Jur. Wochenschrift. 1841. S. 331 und das Reskr. d. Just.Min. vom 16. August 1834 (Jahrb. B. 44 S. 179). Das ist, wie Dernburg II. § 298 bei Anm. 15 bemerkt, auch auf die Verwaltungsgerichte anzuwenden.

[24]) Hinschius a. a. O., Koch a. a. O. und das Reskr. v. 5. Juni 1840 (J.M.Bl. S. 216) erklären, wegen Vorsatz und groben Versehens auch den erkennenden Richter für haftbar. Das Urtheil in der Entsch. B. 3 S. 253 bezieht sich zwar nur auf Versehen (culpa), aber die allgemeine Haltung der Gründe läßt vermuthen, daß auch bei Vorsatz die allgemeinen Vorschriften über die Entschädigungsverbindlichkeit der Beamten außer Anwendung bleiben sollen. Uebrigens ist auch die Motivirung der Entsch. insofern nicht zutreffend, als die Klage gegen den Beamten das durch das Urtheil zwischen den Parteien festgestellte Recht nicht mehr in Frage stellt, sondern vom Richter Schadenersatz erstrebt.

[25]) Hiernach würde die Syndikatsklage gegen den erkennenden Richter nach preuß. R. der des gemeinen Rechts entsprechen, mit der einzigen Abweichung, daß sie nach preuß. R. auch im Fall des dolus subsidiär ist. Koch, Komm. Note zu § 90 II. 10.

[26]) Die Syndikatsklage hat nach A.L.R. Anwendung auf alle Beamte.

Vorspiegelung ein widerrechtlicher Personalarrest verhängt worden, soll der Richter dem Beleidigten haften, wenn er dabei den gesetzlichen Vorschriften zuwider gehandelt hat[27]).

2. Bei der Zwangsversteigerung unbeweglicher Sachen soll der Richter, der sich einer Vernachlässigung der Förmlichkeiten schuldig gemacht hat, also nicht der Richter, der bei der Abfassung des Zuschlagsbescheids ein Versehen begeht, den Interessenten für allen daraus erweislich entstandenen Schaden haften. Nach der oben gegebenen Auslegung der §§ 88. 89 II. 10 ist hier geringes Versehen hinreichend, um zur vollen Entschädigung zu verpflichten[28]).

3. Bei der Aufnahme von Testamenten vertritt der Richter mäßiges Versehen[29]). Hat er eine Form versäumt, ohne die das Testament nicht bestehen kann, so soll er dem Honorirten wegen des durch seine Schuld entstehenden Schadens gerecht werden[30]). Handelt es sich nur um Vernachlässigung der ihm zur Pflicht gemachten Deutlichkeit des Inhalts, so hat er, wenn über Auslegung der Erklärung Prozesse entstehen, „die sonst nicht entstanden wären“, die Prozeßkosten zu ersetzen[31]). Ebenso weit geht seine Haftpflicht, wenn er dorfgerichtlich aufgenommene Testamente nicht noch dem Testator vorgelegt hat, und dann ein Prozeß über den Inhalt des Testaments entstanden ist, der durch jene Vorlegung hätte vermieden werden können[32]).

4. Besonders ausführliche Vorschriften waren über die Vertretungspflicht des Vormundschaftsrichters gegeben. Sie sind mit dem Vormundschaftsrecht des Landrechts aufgehoben, und es greifen zur Zeit die allgemeinen Regeln ein. Die Haftbarkeit des Grundbuchrichters, welche bei der weiten Ausdehnung, die im A.L.R. dem Legalitätsprinzip gegeben war, ihre Bedenken hatte, ist durch die neuere Gesetzgebung dahin aufrecht erhalten, daß die Beamten des Grundbuchamts für jedes Versehen bei Wahrnehmung ihrer Amtspflichten in subsidium haftbar sind[33]).

---

27) I. 6 § 133. Heydemann, Einleitung I. S. 321 Nr. 598. Oben Note 19 a. E. Der Personalarrest ist noch zulässig als Sicherheitsarrest (C.P.O. §§ 798. 812) und als Zwanghaft zur Ergänzung von Handlungen in der Zwangsvollstreckungsinstanz (C.P.O. §§ 774 ff. §§ 782 ff.).

28) I. 11 §§ 355. 358. Die Praxis hat auch hier mäßiges Versehen als nothwendig angenommen. Strieth. B. 47 S. 3.

29) I. 12 §§ 140. 141.

30) I. 12 § 140.

31) I. 12 § 158.

32) I. 12 § 97.

33) Gr.B.O. § 29. Förster, Grundbuchrecht S. 40. Ob in der falschen Beurtheilung thatsächlicher oder rechtlicher Verhältnisse eine Schuld obwaltet, ist Thatfrage; aber es ist eine zu enge Begrenzung der Haftung, wenn bezüglich der vom Grundbuchrichter vorzunehmenden Erwägungen dieser Art die Haftung auf das Maß der Haftung des Spruchrichters beschränkt wird. Vergl. Dernburg u. Hinrichs, Preuß. Hypothekenrecht B. I. S. 133. Dernburg II. § 298 Anm. 18. — Ob eigene Schuld des Beschädigten konkurrirt und die Haftung ausschließt, hängt ebenso von thatsächlicher Erwägung ab. Die positiven Vorschriften z. B. A.L.R. I. 20 §§ 450 ff. § 503 können nicht mehr in Betracht kommen. — Einen Fall der Haftung des Grundbuchrichters aus der Praxis des Reichsgerichts

Einer besonderen Erörterung bedarf die Vertretungspflicht der **Beamtenkollegien**, wenngleich die praktische Bedeutungen dieser Bestimmungen mit der Zurückdrängung der Kollegialverfassung in Justiz- und Staatsverwaltung abgeschwächt ist. Das A.L.R. stellt an die Spitze den Grundsatz: daß die **Mitglieder** der Kollegien der Partei **solidarisch** als Mitbetheiligte an der Schadenszufügung für den Schaden haften[34]), bei Vorsatz und grobem Versehen rein solidarisch, bei mäßigem und geringem Versehen zunächst antheilweise[35]), jedoch so, daß die zahlungsfähigen Mitglieder, aushilfsweise die Antheile der anderen nicht zahlungsfähigen zu tragen haben[36]). Damit eine Verantwortlichkeit anerkannt werde, muß das einzelne Mitglied schuldhaft betheiligt sein[37]). Aber es kann auch noch einwenden, daß das Versehen durch den unrichtigen Vortrag eines anderen Mitgliedes verursacht, daß die Verfügung nicht gemäß dem Beschluß des Kollegiums abgefaßt, oder der Schaden durch andere Pflichtwidrigkeiten oder Fahrlässigkeiten eines einzelnen Mitgliedes entstanden ist[38]). Aber den Beweis hierfür zu erbringen, ist Sache der beklagten Mitglieder[39]).

Die Wirkung dieser Einrede ist, daß sich der Kläger in erster Linie und unmittelbar nur an das schuldige Mitglied und demnächst an den Vorgesetzten des Kollegiums, wenn er durch die ihm obliegende Aufmerksamkeit das Versehen hätte verhüten können[40]), an die übrigen Mitglieder aber nur subsidiär und nur dann halten darf, wenn **besondere** Gesetze ihnen eine **vorzügliche** Aufmerksamkeit auf die Handlungen ihrer Kollegen **ausdrücklich** zur Pflicht gemacht haben[41]). Mit Recht tadelt **Koch** diese letzte Bestimmung als unklar und unpraktisch[42]). Dergleichen besondere Gesetze existiren

---

s. **Gruchot** B. 25 S. 453. — Die Haftung ist für Grundbuchrichter und Grundbuchführer eine solidarische, insoweit jedem von ihnen eine schuldhafte Pflichtverletzung zur Last fällt. R.G. bei **Gruchot** B. 33 S. 1080. Ist eine Eintragung auf eine Grundlage hin zugelassen, die sie nicht rechtfertigt, und ist diese Eintragung in Folge dessen als nichtig angesehen, so kann der Richter nicht dafür verantwortlich gemacht werden, daß er nicht zurückgewiesen und den Antragsteller zu rechtzeitiger Beschaffung einer ausreichenden Grundlage veranlaßt hat. Der Schaden entspringt hier nicht aus dem Versehen des Richters, sondern daraus, daß der Verletzte selbst nicht in gehöriger Weise für Wahrung seiner Rechtsstellung gesorgt hat.

34) II. 10 §§ 127. 128. Nicht das Kollegium als juristische Person, sondern diejenigen einzelnen Personen, die zur Zeit des beschädigenden Beschlusses Mitglieder des Kollegiums waren. Gegen die einzelnen ist daher auch die Klage zu richten. **Hinschius** a. a. O. S. 746. Ges.Rev. XII. 80. Vergl. I. 9 § 9 D. L. 8, I. 23 C. X. 31. Bl. für R.Anw. II. 310. In der Entsch. bei **Strieth.** B. 20 S. 195b ist angenommen, daß im Fall des groben Versehens auch ein oder einige Mitglieder auf das Ganze allein in Anspruch genommen werden können. Das folgt aus der Solidarhaft.

35) Oben B. I. § 63 Anm. 32. Vergl. die in § 128 citirten §§ 29 f. I. 6.

36) II. 10 § 129.

37) Vergl. B. I. § 63 Anm. 66.

38) II. 10 §§ 130. 131.

39) **Strieth.** B. 47 S. 292 bei b. und über die Beweisführung bei c. d. Nach § 826 des Reichstagsentwurfs des B.G.B. Haftung als Gesammtschuldner.

40) **Strieth.** B. 47 S. 293 bei e.

41) II. 10 §§ 131—133.

42) Note 24 zu § 133. Ges.Rev. XII. 81, wo die Entstehungsgeschichte des § 133 mitgetheilt ist.

nicht, die übrigen Mitglieder werden also durch jene Einreden frei[43]). Ferner sind die übrigen Mitglieder (außer dem Dezernenten und dem Vorgesetzten) frei, wenn die Sache, in welcher das Versehen begangen, überhaupt nicht vorgetragen worden, oder wenn sie bei dem Vortrag und an der Beschlußfassung wegen erlaubter Abwesenheit oder Krankheit nicht Theil genommen haben, oder wenn ihnen ein Votum in der Sache nicht zukam, oder endlich wenn sie gegen den Beschluß des Kollegiums ihr abweichendes Votum schriftlich zu den Akten begründet haben[44]).

Eigenmächtige Geschäftsvertheilung unter die Mitglieder des Kollegiums ist ohne Einfluß auf das Recht der Partei[45]). War aber nach der Verfassung eines Kollegiums einem Theil der Mitglieder die Bearbeitung der Angelegenheit besonders übertragen, und dem anderen nur eine Aufsicht dabei überwiesen, so haften jene für den Schaden ausschließlich, diese vertreten nur subsidär eine Vernachlässigung der Aufsicht[46]). Eben dies gilt bei dem Versehen der Subalternbeamten. Für solche haften die Mitglieder des Kollegiums nur subsidär bei versäumter Aufsicht, soweit ihnen solche zusteht. Wenn bei ihrer Auswahl und Anstellung ein grobes und mäßiges Versehen begangen ist, so haben dafür die Mitglieder der Anstellungsbehörde einzustehen[47]). Die Klage gegen die Mitglieder des Kollegiums geht auch gegen ihre Erben nach den allgemeinen Regeln[48]). Einen Regreß haben die verurtheilten Mitglieder gegen denjenigen von ihnen, der das Geschäft ausschließlich übernommen hatte, auch wenn dies bei einer eigenmächtigen Geschäftsvertheilung geschehen war[49]); außerdem kann sich nach den allgemeinen Regeln dasjenige Mitglied, das den Schaden allein ersetzt oder mehr gezahlt hat, als sein Antheil beträgt, an die übrigen halten[50]). Vorsätzliche Beschädigung schließt den Regreß aus[51]).

Hervorzuheben ist schließlich noch, daß der Staat sowie das Reich nicht nur zu seiner Sicherung gegen Beschädigung der eigenen fiskalischen Interessen, sondern zugleich zur Sicherung derjenigen, welche durch Amtshandlungen der Beamten beschädigt werden möchten, sich von einem Theile der

---

[43]) D. h. die schuldigen Mitglieder sind zu verurtheilen, die Klage gegen die Nichtschuldigen wird abgewiesen. Ges.Rev. XII. 80.

[44]) II. 10 §§ 134. 135. 141—144. In dem Reskr. v. 16. Aug. 1834 (Jahrb. B. 44 S. 179) ist es mit Recht gemißbilligt, Separatvota bei Abfassung der Erkenntnisse zu den Akten zu geben. Nur in Vormundschafts-, Hypotheken- und Depositalsachen sind sie statthaft. In jenen Sachen würden sie keinem rechtlichen Zweck, sondern nur der Eitelkeit oder Rechthaberei dienen.

[45]) II. 10 § 136. Der in der Entsch. bei Strieth. B. 47 S. 292 unter a. formulirte Rechtssatz ist bedenklich. Hiernach könnte es vorkommen, daß Mitglieder haften müssen, die nicht allein das Versehen nicht begangen haben, sondern nicht einmal in der Lage gewesen sind, es zu hindern. Oben Note 37.

[46]) II. 10 §§ 138. 139.

[47]) II. 10 § 140. Regelmäßig haben die Kollegien nicht mehr Subalternbeamte zu bestellen.

[48]) II. 10 § 145.

[49]) II. 10 § 137.

[50]) II. 10 §§ 136. 137. I. 6 § 33. Oben B. I. § 63 Anm. 73.

[51]) I. 6 § 34.

Beamten eine Kaution bestellen läßt, die für alle von den Beamten zu vertretenden Schäden und Defekte an Kapital und Zinsen, sowie für die gerichtlichen und außergerichtlichen Kosten der Ermittelung des Schadens haftet[52]).

Viertes Kapitel.

Gesetzliche Schuldverhältnisse aus Zuständen.

§ 155. Ueberſicht. Insbesondere Exhibitions-, Editions- und Manifestationspflicht.

In einer monographischen Behandlung des Obligationenrechts müssen auch die s. g. Zustandsobligationen ihre erschöpfende Darstellung finden. Anders steht die Sache in einem das ganze System des Privatrechts erörternden Werke. Hier gehören diese Obligationen an die Stelle, wo die Rechtszustände, aus welchen sie entstehen, zu untersuchen sind. Von diesem Gesichtspunkt ausgehend soll hier zunächst eine Uebersicht der wichtigsten Schuldverhältnisse aus Zuständen gegeben werden.

1. Dem **Sachenrecht** gehören an: Die Obligation aus gemeinschaftlichem Eigenthum (communio incidens); die Verbindlichkeit, eine nothwendige Servitut zu bestellen; die Verbindlichkeit des zeitweiligen Grundstückseigenthümers aus der Belastung seines Grundstückes mit einer Reallast.

2. Dem **Familienrecht** gehören an: Die Verbindlichkeit zur Alimentation, Ausstattung, Beerdigung, die Forderungen aus außerehelichem Geschlechtsverkehr.

3. Dem **Erbrecht**: Die Forderungen auf Grund der Gemeinschaft der Miterben, als einer besonderen Gestalt der communio incidens.

Endlich 4. dem **Recht der juristischen Personen**: Das Alimentationsrecht des verarmten Patrons einer Kirche u. a.

---

[52]) Als Pfand vergl. oben § 139 Anm. 73. Der § 10 des Bundesgesetzes v. 2. Juni 1869, welcher diese Bestimmung bezüglich der Kaution der Reichsbeamten aufstellt, fügt hinzu „dem Bunde“; diesem wird auch nach § 2 des Gesetzes die Kaution durch Uebergabe zum Faustpfand (§ 5 ebenda) bestellt. In § 10 des nachgebildeten preußischen Gesetzes betreffend die Kautionen der Staatsbeamten vom 25. März 1873 (G.S. S. 125) ist das entsprechende in der Regierungsvorlage enthalten gewesene Wort „dem Staate“ in Folge von Amendements im Landtage gestrichen. Dadurch ist zunächst klar gestellt, daß der Staat im Falle der Beschädigung von Privatpersonen durch den Beamten seine Vermittelung zur Deckung des Schadens eintreten lassen kann und dem Beamten gegenüber berechtigt ist, für diese Deckung den Pfanderlös zu verwenden. Der Gedanke ist aber wohl weiter gegangen: die Kaution sollte, obgleich nur dem Staat bestellt, neben dem Staat auch jedem Privatbeschädigten als Pfand haften. Juristisch ist das aber nur zu konstruiren, jedenfalls würde es gegenüber § 14 des Einführungsgesetzes zur Konkursordnung gegenwärtig eine rechtliche Wirksamkeit nur haben, wenn angenommen werden könnte, daß der Staat den Gewahrsam der Pfandobjekte nicht nur im eignen Namen, sondern auch für die bei der Pfandbestellung unbekannten, vielleicht im Laufe der Amtsführung beschädigten Personen erlange. Das ist im Gesetz nicht zum Ausdruck gebracht, und die juristische Konstruktion eines Pfandhalters für unbe-

Eine allgemeinere Bedeutung kann das Recht auf Exhibition und Manifestation beanspruchen. Wenn auch von diesen Klagerechten im Landrecht nirgends näher gehandelt ist, so wird man zunächst doch anzunehmen haben, daß die im römischen Recht näher geordnete Exhibitionspflicht[1]) auch im Gebiete des Landrechts zu Recht besteht, wenn sie auch nicht so häufig wie im altrömischen Recht geltend gemacht werden muß, um die thatsächlichen Grundlagen einer anzustellenden Klage zu beschaffen[2]). Sie zeigt sich in der Vorschrift, daß, wer fremde Sachen ohne Wissen und Willen des Eigenthümers verbunden, vermengt oder vermischt hat, verpflichtet ist, auf seine Kosten die Sonderung vorzunehmen, ohne die der Eigenthümer nicht in der Lage ist, eine bestimmte Sache zu vindiziren[3]). Hieraus und aus dem allgemeinen Satze, daß, wem die Gesetze ein Recht geben, damit auch die Mittel bewilligt sind, ohne die es nicht ausgeübt werden kann[4]), ist auch in anderen

---

kannte und vielleicht nie hervortretende Personen ist der Gesetzgebung sonst fremd: man wird deshalb nicht annehmen können, daß das Gesetz in der Fassung, in welcher es in Preußen zum Gesetz geworden ist, etwas anderes bestimme, als das Bundesgesetz. Wenn man aber auch annimmt, daß nach dem Gesetz ein „Pfandrecht" des einzelnen Beschädigten an der Kaution begründet wird, so wird dies Pfandrecht dem einzelnen Beschädigten doch nicht das Recht geben, das in der Hand des Staats befindliche Kautionsobjekt gegen dessen Widerspruch für sich pfänden lassen, oder vom Staat die Herausgabe desselben behufs der Deckung der Forderung zu verlangen. Vielmehr wird auch, wenn man ein Pfandrecht des Beschädigten annehmen kann, mit diesem das Pfandrecht des Staats und aller anderen im Laufe der Amtsführung beschädigten Personen konkurriren, selbst wenn noch ungewiß ist, ob derartige Forderungen zur Entstehung kommen. Nur als ein Recht der vorgesetzten Dienstbehörde bezeichnet es § 11 der beiden Gesetze, wenn eine aus der Kaution zu deckende Forderung zur Exekution steht, die Kaution (auch schon während der Amtsführung) behufs Deckung der Forderung zum Verkauf zu bringen. Dem Andringen des Gläubigers wird also der Staat mit Erfolg Widerstand leisten und die Herausgabe der Kaution bis nach Beendigung des Amts verweigern. Erst in der Konkurrenz mit allen anderen Gleichberechtigten könnte nach beendigtem Amt das Pfandrecht als ein Recht des Beschädigten geltend gemacht werden. Praktisch würde hiernach die Sache für den Beschädigten nicht viel anders stehen, als wenn in § 10 nur eine Haftung dem Staate gegenüber ausgedrückt ist, wie oben angenommen wird. — Hervorgehoben mag bei dieser Gelegenheit noch werden, daß im Fall einer Konkurseröffnung über das Vermögen des Beamten der gleichlautende § 11 Abs. 2 beider Gesetze nicht mehr die gleiche Geltung hat. Die Bestimmung des Reichsgesetzes besteht neben der Konkursordnung, während die des preußischen Gesetzes dadurch aufgehoben ist. Aber wenn hiernach auch der Verwalter im Konkurse des preußischen Beamten Versilberung der Kaution im Laufe des Verfahrens beanspruchen kann, so würde der Erlös doch bis zur Beendigung des Amts behufs abgesonderter Befriedigung des Staats aus den etwa sich ergebenden Ansprüchen bewahrt bleiben müssen.

[1]) Dig. X. 4. Demelius, Die Exhibitionspflicht.

[2]) Dernburg I. § 246 Anm. 16 behauptet freilich, eine besondere Exhibitionsklage bestehe im heutigen Recht nicht mehr. In § 235 Anm. 9 verweist er die Exhibition in die Vollstreckungsinstanz. Aber wenn der Kläger nicht sagen kann, welche Sache er vindizirt, kann der Richter auch keine zusprechen. Klageantrag und Urtheil wären wegen Unbestimmtheit des Gegenstandes nicht zulässig. Und wenn man auch die Möglichkeit einer Kumulation der Klage auf Aufhebung der Vermischung und der Vindikation zugeben könnte, so wäre ohne solche Kumulation an Vollstreckung eines Erkenntnisses, das die Herausgabe einer nicht individuell bezeichneten Sache anordnet, nicht zu denken. Auch der Entwurf des B.G.B. I. § 774, II. § 695, Reichstagsvorlage § 794 giebt einen Anspruch auf Vorlegung, soweit ein Interesse daran besteht.

[3]) A.L.R. I. 9 § 298.

[4]) A.L.R. Einl. § 89. Vergl. z. B. den Fall bei Seuffert IV. 11. Gestatten des Nach-

Fällen eines rechtlichen Interesses an Vorzeigung oder Vorlegung einer Sache die Zulässigkeit einer darauf gerichteten Klage zu folgern. Diese hat auch im Erbrecht insofern ausdrückliche Anerkennung gefunden, als ein Legatar, der zufolge der zu seinen Gunsten gemachten letztwilligen Zuwendung das Wahlrecht aus verschiedenen Sachen hat, zunächst verlangen kann, daß ihm die im Nachlaß befindlichen Gegenstände sämmtlich vorgelegt werden, weil er daraus wählen könne[5]). Vielfach wird aber auch im preußischen wie im gemeinen Rechtsleben der Fall so liegen, daß der Inhaber einer Sache gar nicht die Herausgabe einer dem Anderen gehörigen Sache geweigert hat, daß es nur darauf ankommt, dem Kläger die Gelegenheit zu geben, Zugang zu der Sache zu erhalten, um sie fortnehmen zu können[6]). In den Bereich dieser nicht vorbereitenden, sondern um ihrer selbst willen zu fordernden Exhibition gehört auch das römischrechtliche Interdictum de liberis exhibendis et ducendis, dem im heutigen Recht in Wahrheit nicht eine Pflicht entspricht, ein Kind dem Gewalthaber „herauszugeben", sondern nur ihm den Zutritt zu dem Kinde zu gestatten und der Fortführung keinen Widerstand entgegen zu stellen[7]).

Der Exhibition von Sachen entspricht bei Urkunden die Editionspflicht[8]), welche die Civilprozeßordnung nur insoweit regelt, als sie den für beide Theile gemeinschaftlichen Inhalt der vorzulegenden Urkunde sowohl der Prozeßpartei als Dritten gegenüber neben den sonst nach bürgerlichem Recht durchgreifenden Rechtsgründen für genügend erklärt, um darauf hin die Vorlegung einer Urkunde zu verlangen. Die Preußische Allgemeine Gerichtsordnung bezeichnete als solche anderen Rechtsgründe Eigenthum oder Miteigenthum, verwies aber auch auf andere den Anspruch rechtfertigende Gründe[9]). Handelsgesetzlich bilden die Handlungsbücher des Prozeßgegners

---

grabens in einem Keller nach einem Schatz IX. 38. Durchsehen einer Bibliothek zur Feststellung, ob gewisse Bücher des Klägers darin enthalten waren.

5) A.L.R. I. 12 § 399.

6) Seuffert VIII. 49. Klage auf Gestattung des Einfangens übergeflogener Bienen. A.L.R. I. 9 § 122. Die hier gegebene Klage auf Gestattung des Betretens des fremden Grundstücks zum Einfangen der Bienen ist keine andere als die Exhibitionsklage.

7) Bei richtiger Formulirung des Klageantrags und des Urtheils findet man sich auch nicht vor der Verlegenheit, daß die Civilprozeßordnung kein Mittel giebt, das Urtheil auf Herausgabe eines Kindes zur Vollstreckung zu bringen. Wenn die preußische Geschäftsanweisung für Gerichtsvollzieher § 96 den Gerichtsvollzieher ermächtigt, im Falle eines solchen Urtheils nach Analogie der Bestimmungen über Vollstreckung von Urtheilen auf Herausgabe einer Sache zu handeln, so beruht das anscheinend darauf, daß, wenn das Urtheil den fortzuführenden Menschen wie eine Sache behandelt, die herausgegeben werden kann, auch der Gerichtsvollzieher den Menschen als Sache behandeln darf. Indessen ist es gewiß richtiger ein solches Urtheil dahin zu interpretiren, daß es dem Verklagten verbietet, der Fortführung des Kindes Widerstand entgegen zu setzen. Das Reichsgericht hat freilich gelegentlich die Behandlung von Kindern als von herauszugebenden Sachen gebilligt.

8) Dig. tit. II. 13 De edendo. Entw. des B.G.B. I. § 775, II. § 696, Reichstagsvorl. § 795.

9) A.G.O. I. 10 § 93. Dazu Entsch. B. 66 S. 285. Im Fall einer Cession oder eines sonstigen Uebergangs der verbrachten Forderung wird man auf Grund der Annahme, daß die Urkunde in der Hand des ursprünglichen Gläubigers den Charakter der Pertinenz hatte, zu dem Ergebniß gelangen können, daß das Recht an der Forderung auch

und die Tagebücher des Handelsmaklers nicht den Gegenstand eines Editionsrechts der Partei; aber die Vorlegung kann jederzeit vom Richter angeordnet werden[10]).

In jedem Fall, wenn die Pflicht besteht, einen Inbegriff von Sachen oder Rechten ganz oder zu einem bestimmten Antheil anzuzeigen oder herauszugeben, wandelt sich nach der ausdrücklichen Vorschrift der Preußischen Allgemeinen Gerichtsordnung, welche bezüglich dieser materiellen Rechtsvorschrift noch immer Gesetzeskraft hat, die Pflicht zur Exhibition in eine Pflicht zur eidlichen Offenbarung (Manifestation) der in seinem Besitz befindlichen zu dem Inbegriff gehörigen Gegenstände[11]). Anwendungen dieser Pflicht berühren das Erbrecht, die Auseinandersetzung unter Ehegatten, die Rechnungslegung des Mandatars. Auf den Manifestationseid ist zu erkennen; das Urtheil hat dabei genau anzugeben, wie der Eid geleistet werden soll. Der Zwang dazu ist derselbe wie bei anderen auf eine Handlung gerichteten Urtheilen. Der Eid ist kein prozessualischer; auch wenn die Interessenten sich darüber ohne Prozeß einigen, muß er vom Richter abgenommen werden[12]). Wie die Manifestation den gegenwärtigen Zustand und Bestand klarzustellen bestimmt ist, so geht die Pflicht zur Rechnungslegung, von der bereits im § 48 die Rede gewesen ist, auf Offenlegung thatsächlicher Verhältnisse der Vergangenheit[12a]). Bezüglich aller dieser Pflichten ergiebt sich die Frage, ob sie als streng persönliche anzusehen sind, oder ob sie sich im Falle des Todes des Pflichtigen auf die Erben übertragen. Auch wenn letzteres zu leugnen ist, kann gegen den Erben das Recht auf Offenbarung oder Rechnungslegung als ein selbständiges Recht bestehen. Die Praxis hat indessen geradezu die Vererblichkeit jener Pflicht, die ja nur nach bestem Wissen des derzeitigen Schuldners zu erfüllen ist, angenommen[13]).

---

das Recht auf wirkliche Herausgabe der Urkunde begründet. Jedenfalls wird man aber in dem Interesse des Berechtigten an Benutzung der Urkunde zum Beweise eine genügende Grundlage einer Editionsforderung sehen müssen.

10) H.G.B. Art. 37. 79.

11) A.G.O. I. 22 § 28. Vergl. Einf.Ges. z. C.P.O. § 16 Z. 3. Siehe R.G. Entsch. B. 8 S. 161. Vergl. Entw. des B.G.B. I. § 777, II. §§ 699. 700. Reichstagsvorlage §§ 254. 255. Die Offenbarungspflicht erstreckt sich niemals weiter als auf das, was der Pflichtige im Besitz hat oder gehabt hat, nicht auf andere dem Besitz nicht unterliegende Bestandtheile des Inbegriffs. R.G. Entsch. B. 22 S. 233. R.G. bei Gruchot B. 36 S. 970. Der Begriff des Inbegriffs ist in diesem Zusammenhang vom Reichsgericht sehr weit erstreckt. Vgl. R.G. Entsch. B. 33 S. 314.

12) Z. B. vom Nachlaßrichter. Das Urtheil auf Leistung des Offenbarungseids hat im Falle des Streites anzugeben, vor welchem Richter der Eid zu leisten ist. Die Vollstreckung des Urtheils nach den Grundsätzen von der civilprozessualischen Pflicht, den Manifestationseid zu leisten, ist unzulässig. A. M. Mugdan bei Gruchot B. 26 S. 274.

12a) Vgl. Klewitz. Die Verpflichtung zur Rechnungsstellung 1889. Entwurf des B.G.B. I. § 591, II. § 698, Reichstagsvorl. § 253.

13) Entsch. B. 65 S. 402, Strieth. B. 80 S. 253, Rehbein I. S. 884. Abweichend Seuffert XXXII. 366.

Kolibri 360 GmbH
Ferdinand-Jühlke-Straße 7
99095 Erfurt, Deutschland
produktsicherheit@kolibri360.de